HEYNE FILMBIBLIOTHEK

Ronald M. Hahn

DAS HEYNE LEXIKON DES EROTISCHEN FILMS

Über 1600 Filme
von 1933 bis heute

WILHELM HEYNE VERLAG
MÜNCHEN

HEYNE FILMBIBLIOTHEK
32/224

Herausgeber: Bernhard Matt

Copyright © 1993 by Wilhelm Heyne Verlag GmbH & Co. KG, München
Umschlagfoto: Bildarchiv Engelmeier, München
Rückseitenfoto: Pandis Media/Scope Features, München
Umschlaggestaltung: Atelier Ingrid Schütz, München
Printed in Germany 1995
Herstellung: H + G Lidl, München
Satz: Satz & Repro Grieb, München
Druck und Bindung: Presse-Druck Augsburg

ISBN 3-453-09010-1

Inhaltsverzeichnis

Vorbemerkung
Seite 7

Abkürzungen
Seite 10

Lexikon des erotischen Films
von A–Z
Seite 11–571

Die Regisseure und ihre Filme
Seite 573

Verzeichnis der Originaltitel
Seite 603

Bibliographie
Seite 623

*»He who hath no fantasies
doth not lead a full life.«*
(WILLIAM SHAKESPEARE)

»Blöde Filme können Gehirnzellen vernichten.«
(US-FILMKRITIKER JACK KROLL)

Vorbemerkung

Erotik [griech., von Eros], Liebeskunst, den geistig-seelischen Bereich einbeziehende sinnliche Liebe; *Erotika, 1.* Plur. v. Erotikon. 2. Bücher über die Liebe und das Geschlechtsleben. *Erotiker, 1.* Liebeskünstler; 2. Verfasser von Liebesliedern und erotischen Schriften; *erotisch,* die Erotik betreffend, darauf beruhend; *erotisieren,* geschlechtlich reizbar machen; *Erotologie,* Wissenschaft von der Erotik; *Erotomane,* Mensch mit gesteigertem Geschlechtstrieb; *Erotomanie,* krankhaft gesteigerter Geschlechtstrieb, Liebeswahnsinn.

Ob *Alpenglühn im Dirndlrock* wohl ein erotischer Film ist? Vielleicht *Das verflixte siebente Jahr?* Oder *Blutjunge Masseusen* bzw. *Mädchen, die sich selbst bedienen?* Wer sich diese Frage stellt, ist von vornherein verloren, denn: Was erotisch, sexy oder pornographisch ist – was einen anmacht –, definiert letztendlich jeder für sich selbst. Wem *Das süße Leben* wenig zu sagen hat, wird unter Umständen seine Freude an *Graf Porno und seine Mädchen* haben; wem *Das Schweigen* zu wenig sexy ist, kommt vielleicht bei *Die Story von Johanna* auf seine Kosten; und wem *Sie trugen nur die braune Haut* nicht spekulativ genug ist, kann sicher den *Heißen Bräuten auf der Schulbank* etwas abgewinnen.

Frage also: Müssen erotische Filme unbedingt so gemacht sein, daß der Zuschauer »physische Reaktionen« (Rolf Thissen, 1985) zeigt?

Filmen, die nur mit dem Ziel produziert werden, die schnelle Mark am Hauptbahnhof zu machen, kann man mit seriöser Kritik kaum beikommen, wenn man vermeiden will, Traktate wider den Kommerz abzufassen. Werden Filme dieser Art deswegen nicht von den Kritikern und Feuilletonisten wahrgenommen? Und was die seriöse Kritik nicht wahrnimmt und nicht bespricht, findet keinen Eingang in die Sekundärliteratur. Wer schaut sich sowas schon an? Und wenn, aus welchen Gründen? Seriöse Kritiker ignorieren diese Themen; Herausgeber von Filmjahrbüchern weigern sich schon, Sexfilme nur zu nennen.

Unternimmt man den Versuch, Informationen über die Filme, die sich in den letzten drei Jahrzehnten in der einen oder anderen Form mit dem Thema Erotik bzw. Sex befaßt haben, zwischen Buchdeckel zu pressen, sieht man sich einer Titelflut gegenüber, die entweder mit bewußt verfälschenden Adjektiven hausieren geht oder Produkte anpreist, deren Erotik sich in Accessoires erschöpft, die heute, im Zeitalter des Pornofilms nicht mal mehr ein Achselzucken erzeugen: Bücher über das Thema Erotik im Film, die in den fünfziger und sechziger Jahren erschienen sind, verzeichnen eine Unzahl von Streifen, die man damals nur deswegen für erotisch hielt, weil sie sogenannte Sexbomben zeigen, irgendwo im Hintergrund eine Stripperin agiert oder verruchte Weibchen ihre Gatten hörnen.

Dieses Lexikon steckt das Feld großflächig ab, um aufzuzeigen, wie sich die Vorstellung von Erotik im Film mit der Zeit verändert hat. Daß simple Nudisten-, Striptease- oder Nuttenfilme gestern noch heftig angegriffen wurden, zeigt nur, daß man einst Harmloses für gefährlich und subversiv hielt. Aus den einfachen, billigen Aufreizfilmchen der fünfziger Jahre ist inzwischen aufgrund vermehrt öffentlich gemachten Bedarfs eine Industrie entstanden, die früher Verbotenes realisiert und ausbeutet – und dabei gewaltig absahnt.

Vorbemerkung

Im Gegensatz zum Stagfilm der zwanziger Jahre ist der erotische Film von heute nicht nur stunden- und abendfüllend, sondern zeigt auch die gesamte Breite und Tiefe der menschlichen Sexualität. Ein erotischer Film kann eine Komödie oder ein Drama sein; er kann ein platter Sexfilm, ein Softporno oder eine Dokumentation sein. Wer eindeutig definieren will, was erotisch ist und was nicht, gerät schnell aufs Glatteis. Für dieses Lexikon gilt: Erotisch ist das, was mit dem Vorhaben entstanden ist, unterschiedliche Zielgruppen sinnlich zu stimulieren. Ob das fertige Produkt dann auch wirklich erregt, ist eine andere Frage, wenn TV-Kabelsender den Zuschauern mit Stumpfsexkömodien, bis auf das »Füllmaterial« zersäbelten Expornos und angejahrten Sylt-Strip-Movies auf den Geist gehen. Dieses Angebot ist zwar im allgemeinen weniger eindeutig als das der Videotheken, doch daß das Fernsehen überhaupt filmische Erotik bringt, kann nur heißen, daß sich das Genre allgemeiner Akzeptanz erfreut.
Wie im Horrorfilm dominiert auch im Sexfilm das Zweitrangige, Durchschaubare, Sexistische, Zotige, Billige und mies Inszenierte, und wie in keinem anderen Genre der Unterhaltung wird der Sexfilm von einfallslosen Drehbuchschreibern, Amateurkameramännern, Möchtegernkomponisten, Privatmaskenbildnern und Akteuren gemacht, die noch nicht einmal eine Schauspielschule von außen gesehen haben. Im Sexfilm geht Quantität eindeutig vor Qualität, auch wenn es einige wenige Produktionen gibt, deren Niveau im Vergleich zum Mainstream-Unterhaltungsspielfilm gar nicht übel ist. Angesichts der geringen Reputation, die das Genre und seine Macher bei der Kritik genießen, kann man sich nur wundern, daß Videotheken ihren Gewinn zu fünfzig Prozent aus dem Verleih von Eindeutigem beziehen.
Die Auswahlkriterien dieser Bestandsaufnahme: So viele Filme wie möglich, lautete die (gut gemeinte) Devise, doch über einen bestimmten Umfang nicht hinaus (sagten uns Kalkulator und Terminkalender). Was Sie hier aus Platzmangel nicht finden werden: Alle je gedrehten Anmacherfilme; alle Filme, in denen Sexualität eine Rolle spielt, und sei es in Form von Fremdgängerei, drallen Schenkeln, schmachtenden Blicken, Bikinigirls und Lustmolchen, und alle existierenden Versionen des gleichen Stoffes. Die Verarbeitung all dieser Daten hätte dieses Lexikon auf den doppelten Umfang anschwellen lassen – und außerdem ist, wie der deutsche Filmregisseur Laurens Straub sagt, jeder Film auf irgendeine Weise erotisch. Und natürlich enthält dieses Buch nur Filme, die in deutscher Sprache aufgeführt wurden. Manche Filme stehen dabei stellvertretend für eine Reihe anderer: Eine prominente Sexbombe wie Brigitte Bardot, die mehr für ihren Schmollmund als dafür berühmt war, daß sie sich laufend entblättert hätte, steht für andere Sexbomben ihrer Zeit (und zudem ist nicht einzusehen, warum man sämtliche Filme auflisten sollte, in denen sie die Verführerin gespielt hat). Ein typisches Produkt (es als Genre zu bezeichnen, wäre wohl kaum richtig) der siebziger und achtziger Jahre – der Frauenknast- bzw. Lagerfilm – ist hier nur vereinzelt vertreten, da die sexuelle Betätigung in diesen Schinken nur eine untergeordnete Rolle spielt und Gemeinheiten in ihm vorrangig sind.
Qualitative Bewertungen vorzunehmen, ist ein verhängnisvolles Unterfangen, denn: Wie bewertet man Sexfilme? Nach dem Hosenspanner-Effekt? Nach der künstlerischen Form? (Wer erwartet so etwas in einem Streifen, der *Stachel für*

heiße Bienen heißt?) Bewertet man sie nach der originellen Idee der Autoren? (Keiner der geistigen Väter der Sexfilm-Industrie wäre auch nur in der Lage, ein spannendes Jerry Cotton-Heft zu schreiben). Nach den Fähigkeiten des Kameramanns? (Kaum einer von ihnen hat mehr als einen Film gedreht!). Vielleicht nach dem stimulierenden Soundtrack? (Der meist aus monotonem Rock-Gekrache oder wenig ohrenfreundlichen Versuchen von Heimorgelbesitzern besteht?). Nach der Ausstattung? (Nach welcher Ausstattung?).

Nun: Zwar kann jeder einen guten Plot erkennen, wenn er einem geboten wird (und das ist selten genug der Fall), und es sollte einem auch keine Probleme bereiten, das Talent der Akteure einzuschätzen, doch bei der inszenatorischen Bewertung akrobatischer Leistungen und ihrer Ausleuchtung gerät man – siehe oben: jeder hat seine eigenen Kriterien – schnell ins Abseits. Deswegen sollten beinharte Genrefans die hier vorgenommenen Wertungen mit Vorsicht genießen. Cinéastischen Snobs, die Lexika dieser Art ohnehin für überflüssig halten, sei gesagt, daß sie dennoch ihren Wert haben: Endlich findet man die Genre-Credits mal auf einem Haufen.

Wuppertal, im Juli 1993   *Ronald M. Hahn*

Abkürzungen

R	Regie	(2):	Zweiter Teil (etc.)
B	(Dreh-)Buch	Min.	Minuten
K	Kamera	N.N.	Nomen Nescio
D	Darsteller		(wörtlich: Das weiß ich nicht)
M	Musik	TV	Fernsehfassung
F	Farbe	Ⓥ	Video
SW	Schwarzweiß	AT:	Anderer Titel

Danksagung

Ohne die Unterstützung folgender Personen und Institutionen wäre dieses Buch sicher nicht zustandegekommen: Uwe Anton, Wuppertal; Andreas Decker, Wuppertal; Marc-Alain Dupont, Montréal; Rüdiger Fliess, Haiger; Manfred Kluge, München; Lothar Just, Ebersberg; Norbert Stresau, München; A.B. Film, Keisterbach; Concorde Tivoli Film, München; Mike Hunter Video, Köln; Beate Uhse Video, Flensburg; Neue Constantin Film, München; UFA, München; Atlas Film, Duisburg, IMV Video, Ismaning; Sunrise Video, Interpathé Video, MGM/UA Film, München; Lorimar Video, Ismaning; EuroVideo, Ismaning; RCA/Columbia Video, München.

A

Abarten der körperlichen Liebe
BRD 1970.
R Franz Marischka. **B** Fritz Leist.
K Gunter Otto. **M** Dieter Reith.
D Christine Schuberth, Carmen Jäckel, Evelyn Döhring, Ursula Beck, Dithe Faul, Doris Arden, Beatrice Kotter, Elfi Jannik, Heinrich Kiefer, Gideon v. Kettner, Joachim Reinecke, Werner Cartano, Bernd Kessler, Werner Röglin, Günter Backes, Alexander Höller, Eva Astor. **F** 97 Min.
Pseudoaufklärungsfilm, der in mehreren Episoden weibliche und männliche Homosexualität, Transvestismus, Sadomasochismus und Fetischismus vorführt und ihre Ursachen zu erklären versucht. – Schwerfällig inszenierter Sexfilm, kommentiert von einem echten Wissenschaftler. Unbedeutend.

Ach, blas mir doch mal einen Marsch
(ALLEY TRAMP). USA 1966.
R Armand Parys [= Herschell Gordon Lewis]. **B** Paul Gordone [Alison Louise Downe]. **K** Georges Parades [= Herschell Gordon Lewis]. **M** N.N.
D Annette Courset (Marie), Jean Lamee (Philip), Lisa Bourdon (Mutter), Marie Delmonde, Lamone Baima, Annette Souvet, Jacques Sette. **SW** 75 Min.
Marie, eine miniberockte Sechzehnjährige, fängt, nachdem sie ihre Eltern im Bett gesehen hat, eine heiße Affäre mit ihrem Vetter Philip an, macht es mit dem Geliebten ihrer Mutter, entwickelt sich in Blitzesschnelle zur Nymphomanin, wird schwanger und fällt auch noch einen Pfleger an, als sie sich im Krankenhaus von den Folgen einer Abtreibung erholt. – Der Film, von einem auf ›Nudies‹ spezialisierten Kinobesitzer produziert, ist in zwei oder drei Tagen entstanden, und so sieht er auch aus.

Ach, du Schreck, mein Mann ist weg
Siehe **Liebling, sei nicht albern**

Ach, jodel mir noch einen
Siehe **Stoßtrupp Venus bläst zum Angriff**

Adam in Schweden
(ADAMSSON I SVERIGE).
Schweden 1966.
R Stig Ossian Ericson. **B** Olle Länsberg. **K** Gunnar Fischer.
M N.N. **D** Hans Ernback (Adam), Christina Schollin, Mona Andersson, Kerstin Tidelius, Margareta Krook.
SW 79 Min.
Ein schwedischer Soldat namens Adam desertiert und schlägt sich als Autor von Sexromanen durch. Als sein Verleger meint, ihm mangele es an sexueller Phantasie, sucht er sich ein Mädchen, das auch noch eine liebeshungrige Schwester hat und betreibt, damit sein nächstes Buch ein Bestseller wird, Recherchen am lebendigen Objekt. Ein Film mit ironischen Untertönen, der zusehends zur Schmonzette verkommt.

Adelaide
(FINO A DARTI MALE/ADELAIDE).
Italien/Frankreich 1968.
R Jean-Daniel Simon. **B** Jean-Daniel Simon/Jean Patrolacci. **K** Patrice Pouget. **M** Pierre Vassiliuo. **D** Ingrid Thulin (Elizabeth Heumann), Jean Sorel (Frederic Sournot), Sylvie Fennec (Adelaide Hermann), Jacques Portet (Potier), Faith Brook (Gouvernante), Jean-Pierre Bernhard (Christian), Joelle Bernard (Janine), Robert Higgins, Simone Gusin, Cynthia Grenier.
F 90 Min.
Der Ingenieur Frederic heiratet die verwitwete Elizabeth, ist aber auch ihrer Tochter Adelaide zugetan. Elizabeth

weiß, daß er ein Verhältnis mit ihrer Tochter hat, doch eines Tages wird sie des Dreiecksverhältnisses müde und bittet ihn, von Adelaide abzulassen. Man schaut einen gewissen Monsieur Potier für Adelaide aus, doch Frederic muß feststellen, daß er von seiner Stieftochter nicht lassen kann. Nach einem Kampf mit seinem Rivalen verletzt, wird er von Mutter und Tochter liebevoll gepflegt. Aber dennoch knallen bald die ersten Schüsse. Kolportagefilm über sexuelle Hörigkeit und eine schiefgehende Ehe zu dritt.

Africa Erotica
(IL DECAMERONE NERO).
Italien/Frankreich 1972.
R Piero Vivarelli. **B** Ottavio Alessi/Piero Vivarelli. **K** Roberto Gerardi. **M** Luciano Michelini. **D** Beryl Cunningham, Djbril Diop, Serigne N'Diaye, Gonzales.
F 83 (TV: 80) Min.
Episodisch angelegter Sexstreifen mit schwarzen Darsteller/innen, und die Geschichtchen von einem Erzähler mit Kommentar notdürftig verbunden. Vom SCHWARZEN DEKAMERON (so der Originaltitel) kann keine Rede sein.
Ⓥ Taurus

Afternoon – Stunden der Leidenschaft
(AFTERNOON). Italien 1987.
R Joe d'Amato [= Aristide Massechesi]. **B** N.N. **K** N.N. **M** N.N. **D** Allen Cort (Courtney), Valentine Demy (Connie), Carey Sally (Nora), Robert La Brosse. **F** 93 Min.
Der Journalist Courtney, der in New Orleans über eine religiöse Sekte recherchiert, um den Tod eines Schriftstellers zu klären, sucht im Zuge seiner Ermittlungen nach einer Frau, die mit einem lüsternen Lechzbold aus der Unterwelt durchgebrannt ist. – Softsexhalbporno aus Italiens Ein-Mann-Sexfabrik d'Amato. – AT: ELF TAGE UND ELF NÄCHTE (3).
Ⓥ Highlight

Agentin für Sex
(GIRL FROM S.E.X.). USA 1982.
R Paul G. Vatelli. **B** Mike Hunt. **K** C.P. Mitchell. **M** Joan Wilson. **D** Lisa De Leeuw (38DD), John Sigliono (James), Ernie Blowfeld (P), William Margold (Mr. Big). Don Hart, Bridgette Monet, Jane Luckner, Holly Page, Billy Dee, Brooke West, Michael Morrison, Kevin James. **F** 88 Min.
Agentin 38DD (38DD ist eine amerikanische Büstenhaltergröße) von der Organisation S.E.X. bekämpft die bösen Russen, die mit gefälschten Dollars die Weltwirtschaft ins Wanken bringen wollen. Und natürlich hat sie dabei jede Menge Gelegenheit, mit Männleins und Weibleins in Bett zu hüpfen. Sexparodie auf James Bond- und andere Agentenfilme, die ihr Leben als Harcoreporno begann. Für Freunde des Eindeutigen. – AT: DAS MÄDCHEN VON S.E.X.
Ⓥ Videorama

Akamoru, das dunkle, wilde Begehren
(CHI WA TAIYOO YORI AKAI).
Japan 1967.
R Koji Wakamatsu. **B** Yoshiaki Ohtani. **K** Hideo Itoh. **M** N.N. **D** Kazuhiko Ohtsuka (Hiroshi), Tamami Wakahara (Etsuko). **SW/F** 81 Min.
Der achtzehnjährige Schüler Hiroshi verliebt sich in Etsuko, doch als deren Vater seine Stelle verliert, zieht sie sich von ihm zurück. Hiroshi spürt ihr nach und stößt auf Korruption und Heuchelei: Sein Bruder hat Etsukos Vater arbeitslos gemacht und seine Schwägerin treibt es mit dem Chef ihres Vaters. Der Frust treibt ihn über orgiastische Partys und sexuelle Exzesse bis an den Rand des

Abgrundes. – All das wollte Herr Wakamatsu natürlich als heroischen Protest gegen den Opportunismus in der Umgebung seines Helden verstanden wissen.

Alfie, der liebestolle Schürzenjäger
(ALFIE DARLING). GB 1975.
R Ken Hughes. **B** Ken Hughes. **K** Ousama Rawi. **M** Alan Price. **D** Alan Price (Alfie), Jill Townsend (Abby), Paul Copley (Bakey), Joan Collins (Fay), Annie Ross (Claire), Sheila White (Norma), Hannah Gordon (Dora), Roger Dumont (Pierre), Rula Lenska (Louise), Minah Bird (Gloria), Derek Smith (Harold), Vicki Michelle (Bird), Brian Wilde (Arzt), Robin Parkinson (Parker), Rosaline Elliott (Sekretärin), Jenny Hanley (Empfangsdame), Timothy Peters, Ben Aris, Hugh Walters, Sally Bulloch. **F** 102 Min.
Der Fernfahrer Alfie nutzt jede Gelegenheit, hübschen Frauen nachzusteigen, selbst wenn er dafür auf die Schnelle einen Hexenschuß vortäuschen muß. Joan Collins als lüsterne Gattin eines Geschäftsmannes, die seine Liebesdienste zu schätzen weiß. – Eine Komödie.

Alfreds unheimliche Begegnung mit der Reizwäsche
(HISTORIA DE S). Spanien 1981.
R Francisco Lara Polop. **B** Juan José Milian. **K** Raul Arigot. **M** Antón Garcia Abril. **D** Alfredo Landa (Alfred), Sara Lezania (Antonia), Francisco Cecilio (Rocky), Silvia Aguilar (Irene), Adriana Vega (Katja). **F** 90 Min.
Der verklemmte Textilfabrikant Alfred wird plötzlich vom Virus der Lust befallen. Fortan strebt er nach sexueller Aufklärung und lebt seine erotischen Phantasien aus, indem er die Objekte seiner heimlichen Begierden in eine selbst entworfene Kollektion von Reizwäsche steckt. Auch seine Gattin Antonia entpuppt sich daraufhin als aufreizendes Mannequin.
Ⓥ Thorn EMI

Alice in Wonderland
(ALICE IN WONDERLAND). USA 1976.
R Bud Townsend. **B** Anthony Fredrichs. **K** Joseph Bardo. **M** Bucky Searles. **D** Kristine De Bell (Alice), Bradford Arndexter, Juliet Graham, Nancy Dare, John Lawrence, Ron Nelson, Terri Hall, Alan Novak, Larry Spelman. **F** (88) 72 Min.
Die hübsche Bibliothekarin Alice verweigert sich ihrem Bräutigam (Arndexter), weil sie unschuldig in die Ehe eingehen möchte. Als ein Traum sie in eine seltsame Welt voller skurriler Genußmenschen versetzt, lernt sie die Freuden der Erotik kennen. – Ein professionell gemachtes erotisches Musical, dem man sein geringes Budget nicht ansieht.
Ⓥ Arcade

Alice – Wild und unersättlich
(ALICE: RENT A GIRL). Frankreich/Schweiz 1981.
R Michel Leblanc [= Michel Lemoine]. **B** Monique N. **K** Francis About. **M** Daniel White. **D** Olinka Hardiman (Alice), Gabriel Pontello (Michel), Marie-Claude (Nanette), Dany Berger, Martina Alberti. **F** 90 (TV: 73) Min.
In der Hoffnung, einen Ehemann zu finden, läßt sich das Monroe-Duplikat Alice von dem Playboy Michel in eine verschneite Skihütte in den Schweizer Bergen einladen. Sie lernt mehrere Sexsüchtige kennen und findet in einem muffigen Cellisten, der das geile Treiben seiner Nachbarn mit Abscheu betrachtet, den Mann fürs Leben. Ein flacher, mit Längen behafteter Sexfilm mit lesbischen Einlagen, der trotz der Kurven seiner Heldin nicht auf Touren kommt. Übersehbar.

Alle Kätzchen naschen gern
BRD 1969.
R Joseph Zacher. B Kurt Nachmann/Günter Heller. K Kurt Junek. M Gerhard Heinz. D Angelica Ott (Babette), Barbara Capell (Monique), Ernst Stankovski (Graf), Sieghardt Rupp (Oberst), Edwige Fenech (Blanche), Ivan Nesbitt (René), Paul Esser (Richter), Ernst Waldbrunn (Generalprokurator), Ossy Kollmann (Maitre Corbon), Ilse Peternell (Tante Ficquet), Ralf Wolter (Philippe), Helen Vita (Mme. Peronnière). F 84 Min. Frankreich im 19. Jahrhundert: Während die Rechtsgelehrten (meist im Bordell) zu klären versuchen, wer der rechtmäßige Besitzer eines alten Schlosses ist, buhlen ihre Mandanten (ein seniler Graf und ein cholerischer Oberst) um die Gunst der Wäscherinnen Babette und Monique – denn sie sind die letzten Jungfrauen des Dorfes. – Eine läppische Sexkomödie. Kommentar überflüssig. – AT: IM SCHLOSS DER WILDEN TRIEBE.

Alle Laster dieser Welt
Siehe **Emanuela – Alle Lüste dieser Welt**

Alle Perversionen dieser Welt
Siehe **Emanuelle: Sinnlichkeit hat 1000 Namen**

Allein mit Giorgio
(LIZA/MELAMPO). Italien/Frankreich 1971.
R Marco Ferreri. B Jean-Claude Carriére/Marco Ferreri/Ennio Flaiano. K Mario Vulpiano. M Philippe Sarde. D Cathérine Deneuve (Liza), Marcello Mastroianni (Giorgio), Michel Piccoli (Freund), Corinne Marchand (Giorgios Frau), Valérie Stron (Giorgios Tochter), Pascal Laperrousaz (Giorgios Sohn), Dominique Marcas (Haushälterin). F (100) 97 Min.
Die schöne Liza begegnet auf einer einsamen Insel dem Maler Giorgio und stellt unter Beweis, wer der beste Freund des Mannes ist. – Wer? Der Hund! Hier dargestellt von Cathérine Deneuve, die ihrem Herrchen die Finger leckt, das Stöckchen apportiert und sich an die Kette legen läßt. – Keine Frage, daß die Sache einen tieferen Sinn hat, aber welchen? Für Freunde morbider Sexphantasien.
Ⓥ ITT

Aller Anfang macht Spaß
Siehe **Die gierigen jungen Biester**

Alles was Erotik bieten kann
(THE FILTHY FIVE). USA 1968.
R Andy Milligan. B Gerald Jacuzzo. K Andy Milligan. M N.N. D Anne Linden (Rose), Matthew Garth (Johnny), Jackie Colton, Nick Orzel, Maha, Gerald Jacuzzo, Mark Jenkins, Selena Robins. F 82 Min.
Die Boxmanagerin Rose kümmert sich so lange um ihren seine Freizeit im Umfeld von Sexbesessenen verbringenden und sie an der Nase herumführenden Schützling Johnny, bis ihre Liebe in Haß umschlägt und sie seine Karriere vernichtet. – Ein Schmuddelschundi aus der Factory des amerikanischen Schnellschuß-Fabrikanten Andy Milligan, der sich brüstet, für keinen Film mehr als zehntausend $ ausgegeben zu haben, und den nicht wenige Kritiker als »absolut schlechtesten Regisseur der Welt« bezeichnen. Welcher Kunst er sonst so frönt, zeigen die (hier übersetzten) Titel seiner übrigen Produkte: »Die Degenerierten« (1967), »Abschaum der Gosse« (1969), »Blutdurstige Metzger« (1970), »Der Folterkeller« (1970).

Alpenglühn im Dirndlrock
BRD 1974.
R Siggi Götz. B Florian Burg.

Cathérine Deneuve und Marcello Mastroianni in dem Hörigkeitsdrama *Allein mit Giorgio* von Marco Ferreri

K Heinz Hölscher. **M** Gerhard Heinz.
D Elisabeth Volkmann (Hedda), Rinaldo Talamonti (Roberto), Caterina Conti (Moni), Elisabeth Felchner (Vroni), Hans Terofal (Kogler), Jürgen Feindt (Spaletti), Ulrike Butz (Rosl), Erich Padalewski (Graf), Werner Röglin (Röstli), Erika Blumenberger (Mathilde), Jörg Nagel (Toni), Gerry Thiele (Oskar), Puppa Armbruster (Kathi), Achim Neumann (Otto), Astrid Bergson (Susi), Willi Harlander (Sepp Ploderer), Gerhard Deutschmann (Florian).
F 87 Min.

Diese »handfeste Gaudi aus der Welt der prallen Mieder und strammen Lederhosen« (Verleiherwerbung) berichtet vom kollektiven Bemühen einer finanzschwachen und intellektuell unterbelichteten Dorfgemeinschaft, sieben neue Einwohner auf die Welt zu bringen, um den Titel einer Marktgemeinde zu erringen. Welch ein Glück, daß wir die (wie wir alle wissen: immer scharfen) Gastarbeiter haben, denn so wird das angestrebte Ziel dank der pausenlosen Aktivitäten des Italieners Roberto schon nach 87 Minuten erreicht. Ein völlig anspruchsloser Sexschwank.
Ⓥ UFA

Alpha Blue – Liebe im 21. Jahrhundert

(THE SATISFIERS OF ALPHA BLUE). USA 1981.
R Gerard Damiano. **B** Gerard Damiano. **K** Elroy Brandy/J.M. Calmont/A.C. Peters. **M** N.N. **D** Richard Bolla (Algon), Herschel Savage (Griffin), Lysa Thatcher (805), Hillary Summers, Jody Maxwell, Sharon Mitchell, Tiffany Clark, Annie Sprinkle, Coral Cie, Carlyn Sand, George Payne, Ron Hudd, Mal O'Ree.
F 82 Min.

Das 21. Jahrhundert kennt zwar keine Kriege und keine Armut mehr, und auch mit der Umwelt wird ordentlich umgegangen, aber mit dem Sexleben liegt's im Argen: Teleporteure bringen ausgewählte Sexpartner zu den Bewohnern des Urlaubsplaneten Alpha, wo die Leute es treiben, bis die Schwarte kracht. Doch dann kommt ein Mann namens Algon auf die perverse Idee, sich richtig romantisch zu verlieben, und das führt dann zu allerlei unvorhergesehenen Schwierigkeiten. Das Science Fiction-Thema ist hier nur Mittel zum Zweck: Wichtiger war den Machern allemal das bestens ausgeleuchtete Ächzen und Zucken schwitzender Menschenleiber. Ⓥ VFL

Das älteste Gewerbe der Welt
(LES PLUS VIEUX METIÉR DU MONDE).
BRD/Frankreich/Italien 1966.
R Franco Indovina/Mauro Bolognini/Philippe de Broca/Michael Pfleghar/Claude Autant-Lara/Jean-Luc Godard. **B** Ennio Flaiano/Daniel Boulanger/Georges und André Tabet/Klaus Munro/Jean Aurenche/Jean-Luc Godard. **K** Heinz Hölscher/Pierre Lhomme. **M** Michel Legrand.
D Michéle Mercier (Brit), Enrico Maria Salerno (Maler), Gabriele Tinti (Händler), Gastone Moschin (Flavius), Elsa Martinelli (Domitilla), Jeanne Moreau (Mimi), Jean-Claude Brialy (Philibert), Jean Richard (Korse), Raquel Welch (Nini), Martin Held (Eduard), France Anglade (Catherine), Nadia Gray (Dana), Jacques Charrier (Nick S.), Anna Karina (Natascha).
F 120 Min.
1. »2000 Jahre vor Christi«: Das hübsche Steinzeitmädchen Brit wird zu seinem Erstaunen von einem Händler abgewiesen, läßt sich daraufhin von ihrem malenden Gefährten schminken, sticht nun aus den Reihen der anderen Frauen hervor und läßt sich von dem nun auf sie aufmerksam werdenden Mann für seine ›Sympathie‹ bezahlen. – 2. »Römische Nächte«: Der gelangweilte Kaiser Flavius läßt sich inkognito von einem Dichter in ein Edelbordell bringen und beschläft dort ahnungslos seine Gattin, die in ihrer Freizeit dort als Hure tätig ist. – 3. »Mademoiselle Mimi«: Während der französischen Revolution beschläft der völlig mittellose, aber gewitzte Philibert die Pariser Hure Mimi, indem er ihr baldigen Reichtum vorschwindelt – denn vor ihrem Fenster wird angeblich gerade sein Onkel geköpft. – 4. »Fräulein Nini«: Der ältliche Bankier Eduard lernt in einem zweifelhaften Lokal die Berliner Hure Nini kennen, geht mit ihr auf ein Zimmer und wird von ihr so gerissen hereingelegt, daß er sie für eine Dame von Welt hält und heiratet. – 5. »Die Amazonen heute«: Die Prostituierte Catherine und ihre ›Managerin‹ Dana narren die französische Polizei, indem sie ihr Geschäft in einem Krankenwagen betreiben und nachweisen können, daß ihr erster Kunde tatsächlich Arzt ist. – 6. »Ein Wochenende auf der Erde«: Im Jahr 2000 hat ein Außerirdischer namens Nick auf dem Pariser Raumhafen einen nicht geplanten Zwischenaufenthalt und bekehrt in der ihm zur Verfügung stehenden Zeit eine aufs Reden ›spezialisierte‹ Hure zu einer auf Erden völlig unbekannten Perversion: dem Küssen. – Ein Episodenfilm.

Als die Frauen das Bett erfanden
(QUANDO GLI UOMINI ARMARONO LA GLAVE E... CON LE DONNE FECERO DIN-DON).
Italien 1971.
R Bruno Corbucci. **B** Fabio Pitorru/Massimo Felisatti/Bruno Corbucci. **K** Fausto Zuccoli. **M** Giancarlo Chiaramello. **D** Antonio Sabáto (Ari), Aldo

Giuffré (Goot), Lucretia Love (Lella), Gisela Hahn (Sissi), Pia Giancaro (Bea), Vittorio Caprioli (Großer Weiser), Nadia Cassini (Lystra), Valeria Fabrizi, Elio Randolfi, Howard Ross. **F** 86 Min.

Ein Mittwoch in der Steinzeit: Die Frauen verweigern sich ihren Männern so lange, bis sie mit dem Kriegführen aufhören. – Ein Sexlustspiel, in dem es hauptsächlich um die Themen Ficken, Saufen, Fressen und Raufen geht, aber auch andeutet, daß Männer, die ewig mit Waffen hantieren, schlechte Liebhaber sind.
Ⓥ Royal

Als im P... das Licht ausging
(LILLE MAND, PAS PA!).
Dänemark 1967.
R Werner Hedman. **B** Ivar Soe. **K** Per Gunsen. **M** Peter Weiner. **D** Keld Stanley, Elfi Jannick, Polly McGoom, Lis Adelvard, Knud Rex. **SW** 82 Min.

Die Inhaberin eines Bordells, die ihre Kunden mit pornographischen Filmen unterhält, läßt heimlich von einem Staatsanwalt eindeutige Fotos machen, um ihn später erpressen zu können. Natürlich geht die Sache schief. – Eine Sexklamotte mit einem verworrenen Drehbuch.

American Eiskrem
(FRATERNITY VACATION).
USA 1985.
R James Frawley. **B** Lindsay Harrison. **K** Paul Ryan. **M** Brad Fiedel.
D Stephen Geoffreys (Wendell), Sheree J. Wilson (Ashley Taylor), Leigh McCloskey (Charles Lawlor III), John Vernon (Chief Ferret), Britt Ekland (Evette), Cameron Dye, Tim Robbins, Matt McCoy. **F** 89 Min.

Raquel Welch als listige Hure in *Das älteste Gewerbe der Welt* (Episode »Fräulein Nini«) von Michael Pfleghaar

Drei amerikanische Studenten wetten im sonnigen Palm Springs um tausend Dollar, daß es ihnen gelingt, Ashley Taylor, die schönste Frau der Stadt, ins Bett zu kriegen. Aller faden Aufreißertricks zum Trotz macht das Rennen am Ende der, von dem es keiner erwartet hat. – Eine typische Teeniesexkomödie der achtziger Jahre. Das kennen wir alles schon, aber nicht unbedingt besser.

American Teens

(H.O.T.S.). USA 1979.
R Gerald S. Sindell. B Chester Caffaro/Joan Buchanan. K Harvey Jenkins. M David David. D Susan Kiger (Honey), Lisa London (O'Hara), Pamela Jean Bryant (Teri Lynn), Kimberley Cameron (Sam), Mary Steelsmith (Klutz), Angela Amers (Boom-Boom), Lindsay Bloom (Melody), K.C. Winkler (Cynthia), Donald Petrie (Doug), Larry Gilman (Mad Dog), David Gibbs (Maco Man), Danny Bonaduce (Richie), Ken Olfson (Dean Chase), Dick Bakalyan (Charlie Ingels), Louis Guss (Bugs Benny), Sandy Johnson (Stephanie), Marilyn Rubin (Jackie), Dan Reed (Norman), Marvin Katzoff (Big Boy), Steve Bond (John), Talmadge Scott (Hunk), Dorothy Meyer (Ezzetta), Scott Ellsworth (Professor), Bunny Summers. F 96 Min.

Eine amerikanische Collegestudentin, die in einem Studentenklub nicht landen kann, gründet einen eigenen Verein, in dem sich bald Scharen von sexhungrigen Teenies mit dem beschäftigen, was sie am meisten interessiert. – »Der Film zeigt mehr Busen und Hinterteile pro Filmmeter als alle anderen in Jahrzehnten.« (James W. Limbacher, SEXUALITY IN WORLD CINEMA).
Ⓥ UFA

Kim Novak als Liebesdienerin und Vittorio De Sica als Mann von Adel in *Die amourösen Abenteuer der Moll Flanders* von Terence Young

Die amourösen Abenteuer der Moll Flanders
(THE AMOUROS ADVENTURES OF MOLL FLANDERS). GB 1964.
R Terence Young. **B** Dennis Cannan/Roland Kibbee. **K** Ted Moore. **M** John Addison. **D** Kim Novak (Moll Flanders), Richard Johnson (Jemmy/Capt. Meredith), Lilli Palmer (Herzogin), Angela Lansbury (Lady Blystone), Vittorio De Sica (Graf), Leo McKern (Squint), Daniel Massey, Peter Butterworth, George Sanders. **F** (121) 119 Min.
Im England des 18. Jahrhunderts verliert das ehrgeizige Dienstmädchen Moll Flanders als junges Mädchen ihre Unschuld an einen feinen Gentleman und verbringt die folgenden Jahre damit, sich von den Herren gegen Bezahlung verführen zu lassen. Am Ende verliebt sie sich in einen Räuber und wandert nach Amerika aus. – Ein relativ braver, auf einem Roman von Daniel Defoe (1660–1731) basierender Film, dem es deutlich an Spannung mangelt.

Anatomie des Liebesaktes
BRD 1970.
R Hermann Schnell. **B** Hermann Schnell. **K** Dieter v. Soden. **M** Maurice Ravel. **D** Henriette Gonnermann, Günter Kieslich, Wolfgang Reinhard. **F** 91 Min.
Pseudodokumentation eines »idealen Ehepaars« und dessen »Bemühungen«, sich lustvoll zu vereinigen. – Ein sogenannter Aufklärungsfilm. Ein echtes Schlafmittel.

Andrea
(ANDREA). Frankreich 1976.
R Henri Glaeser. **B** Henri Glaeser. **K** Claude Lecomte. **M** A. Cahit Berklay. **D** Odette Laurent (Andrea), Jean-Marc Dupuich (Pierre), Jacques Zolty (Jeff), Michele Moretti (Antiquarin), Liliane Rovere (La Tauliere), Sim O'Connor (Mehmet), Dominique Zardi (Cletrides), Valerie Mairesse (Schönheit), Claudine Dalmas (Alice), J. Jacques Chamalet (Antonio), Marie-Christine Descouard. **F** 87 Min.
Andrea, eine unerfahrene junge Frau, wird vor der Hochzeit von ihrem Gatten in spe auf eine Reise in den fernen Osten geschickt, um sich »die Hörner abzustoßen«. Unterwegs begegnet sie Lesbierinnen und Gruppensexlern und kommt allmählich auf den Geschmack. – Ein Film, der sich nahe an der Grenze zur Pornographie befindet.
Ⓥ VMP

Andrea – Wie ein Blatt auf nackter Haut
BRD 1967.
R Hans Schott-Schöbinger. **B** Hans Schott-Schöbinger. **K** Hanns Matula. **M** Hans Hammerschmidt. **D** Dagmar Lassander (Andrea), Joachim Hansen (Peter), Hans v. Borsody (Frederick), Herbert Fux (Felix), Arthur Brauss (Joschi), Gita Rena (Clarisse), Ann Famoss (Mila), Ralph Clemente (Thomas), Fred Bernhoff (Dr. Wagner), Helmut Alimonta (Schorsch), Ingrid Simon (Luisa). **SW** 72 Min.
Andrea, die nymphomane Tochter eines Schloßbesitzers, versucht mit allen Tricks, einen gut aussehenden Stallknecht zu verführen. – Ein biederer deutscher Sexfilm, der heute freilich niemanden mehr ins Kino locken könnte.

Andy Warhols Dracula
(DRACULA VUOLE VIVERE: CERCA SANGUE DI VERGINE).
Italien 1973.
R Paul Morrissey. **B** Paul Morrissey. **K** Luigi Kuveiller. **M** Claudio Gizzi. **D** Joe Dallessandro (Mario), Udo Kier (Graf Dracula), Maxime de la Falaise (Gräfin di Fiori), Vittorio De Sica

Joe Dallessandro als linker Domestik und Stefania Casini als Oberklassentochter in *Andy Warhols Dracula* von Paul Morrissey

(Graf di Fiori), Arno Juerging (Anton), Dominique Barel (Saphiria), Stefanie Casini (Rubinia), Silvia Dioniso (Perla), Milena Vukotic (Esmeralda), Eleonora Zani (Draculas Schwester), Giorgio Dolfin, Stefano Opelisano (Kunden), Roman Polanski (Gast). **F** 102 Min.

Graf Dracula zieht nach Italien, wo es angeblich von Jungfern wimmelt, denn deren Blut benötigt er. Im Palazzo des Grafen di Fiori warten dessen vier katholisch erzogene Töchter auf den ersten Freier. Dracula muß erkennen, daß zwei der angeblich jungfräulichen Töchter di Fioris es eifrig mit dem Knecht Mario treiben, aber da ist es schon zu spät: das Blut der Mädchen hat eine üble Wirkung auf seinen Magen. Um zu verhindern, daß Dracula ihm bei der letzten Grafentochter zuvorkommt, meuchelt Mario ihn mit einem Holzpflock. – Konzeptionslos zusammengeflickte Sexschauermär eines untalentierten Regisseurs, der Anfang der siebziger Jahre des öfteren mit dem Namen seines Freundes Andy Warhol hausieren ging. Übersehenswert.

Andy Warhols Frankenstein

(CARNE PER FRANKENSTEIN).
Italien/Frankreich 1973.
R Paul Morrissey. **B** Paul Morrissey.
K Luigi Kuveiller. **M** Claudio Gizzi.
D Joe Dallessandro (Nicholas), Udo Kier (Baron Frankenstein), Monique van Vooren (Katrin Frankenstein), Arno Juerging (Otto), Fiorella Masselli, Imelda Marani, Rosita Torosh (Prostituierte), Lio Bosisio (Olga), Aleksic Miomir, Dalila Dewart (Zombies), Nicoletta Elmi (Monica), Marco Liofredo (Erik), Carla Mancini, Srdjan Zelenovic (Monster). **F** 94 Min.

Frankenstein bastelt ein Kunstmenschenpaar, das ein neues Geschlecht zeugen soll. Seine Eva fällt so sexy aus, daß er sich schon auf dem Operationstisch an ihr vergeht. Doch im Hause Frankenstein lebt man sowieso nach anderen Maßstäben: Die Kinder spielen mit Leichen und köpfen Puppen; Frau Frankenstein (die Schwester des Hausherrn) treibt es mit dem Diener Nicholas. Frankensteins Traumpaar erweckt die Begierde von Frau F. und des Gehilfen Otto, doch das Mann-Monster drückt Frau F. zu Tode, während Otto das Weibmonster so heftig attackiert, daß es sich in seine Bestandteile auflöst. Herr F. erwürgt daraufhin Otto und wird von dem Mann-Monster umgebracht, das anschließend einen Suizid begeht. Dann kommen die Kinderchen mit dem Skalpell und spielen mit Nicholas. – Der Film spielt im 19. Jahrhundert, selbst wenn die Dessous und die technischen Gags dagegen sprechen. Wer einen Horrorfilm erwartet, wird ein ebenso langes Gesicht machen wie der, der einen Sexfilm erwartet: Dieser Streifen ist ein Vorläufer jener Gattung Film, die Kannibalismus- und Zombie-gehärtete Zuschauer bevorzugen.

Anfängerglück
(BEGINNER'S LUCK). USA 1986.
R Caroline A. Mouris/Frank Mouris. **B** Frank Mouris/Caroline A. Mouris. **K** Anne S. Coffey. **M** Richard Lavsky. **D** Sam Rush (Hunter), Riley Steiner (Tech), Charles Humet (Aris), Kate Talbot (Bethany), Mickey Coburn (Babs), Bobbie Steinbach (Courtney), Rima Miller (Judith), John Adair (Pastor/Tankwart), Cynthia Weagle (Stella/Bonnie), Stephen Weagle (Don/Ronnie), John Eisner (Nathan).
F 85 Min.
Weil er so gut wie keine sexuellen Erfahrungen hat, überredet der Jurastudent Hunter seine Nachbarn Tech und Aris, eine Kontaktanzeige in einem Sexmagazin aufzugeben, doch die Paare, die sie daraufhin treffen, sind weniger sexhungrig als auf ausgeflippte Weise pervers. Bei einem Wochenendausflug entwickelt sich zwischen Hunter, Tech und Aris eine Menage-à-trois, und fortan treiben sie es zu dritt – bis unverhofft Hunters reiche und feiste Verlobte auftaucht, vor der sie ihre Aktivitäten um jeden Preis geheimhalten müssen. – Eine amüsante kleine Sexfarce, zwar ohne jeden ›Schauwert‹, aber nicht ohne komische Momente.

Anfassen verboten
Siehe **Scandali Nudi**

Angela – Körper in Ekstase
Siehe **Italienische Früchtchen**

Angelina – Von allen begehrt
(LA SIGNORA DELLA NOTTE).
Italien 1986.
R Pietro Schivazappa. **B** Pietro Schivazappa. **K** Giuseppe Ruzzolini. **M** Guido & Maurizio di Angelis. **D** Serena Grandi (Angelina), Fabio Sartor (Marco), Francesca Topi, Alberto Di Stasio, Emanuela Taschini, Stanko Molnar.
F 93 Min.
Die sexuell frustrierte Aerobic-Lehrerin Angelina, Gattin eines in seinem Beruf aufgehenden Flugingenieurs, holt sich das, was ihr fehlt, bei anderen Männern, doch als sie ihre Maso-Gelüste ausgetobt hat, erkennt sie, daß ihr Marco doch kein übler Kerl ist. – Ein in buntgelackte Bilder verpackter Softporno mit aufgesetzter Psychologie, die so tut, als wolle sie vor den Gefahren des Alleinseins warnen. Ⓥ GMP

Animal Love
(ANIMAL LOVE). USA 1969.
R N.N. Kenny. **B** N.N. Kenny. **K** Paul

Prado. **M** N.N. **D** Mary Dunn (Mara Harris), Sam King (Charles Harris), Dan Neri (Hank), Henry Nelson (Dr. Borrow), Rose Poey (Wilma).
F 62 Min.
Richter Harris wird mit seiner Gattin Mara auf eine Orgie eingeladen und entdeckt, daß ihn der Anblick einer Frau, die einen Mantel aus Leopardenfell trägt, tierisch antörnt. Und von nun an kann er nur noch mit Frauen im Pelz. Früher Softporno, der nicht eben von handwerklichem Können zeugt.

Animal Women – Animalische Frauen
(PETS). USA 1974.
R Raphael Nussbaum. **B** Richard Reich. **K** N.N. **M** N.N. **D** Candy Rialson, Ed Bishop, Joan Blackman, Teri Guzman, Bret Parker, Matt Green, Mike Cartel, K.T. Stevens, Walton Dornisch, Robert Contreras.
F (102) 76 Min.
Ein Mädchen, das seinem Elternhaus den Rücken gekehrt hat, landet im Haus eines Jet Setters, dessen Hobby darin besteht, Frauen in Käfigen zu halten, um sie zu ›zähmen‹, weil Mama ihn verkorkst hat. Nachdem unsere Heldin seine Neigungen eine Weile ertragen hat, dreht sie den Spieß um und tauscht mit ihm und seiner Freundin die Rollen. – Ein Softsexfilm, dessen Inhalt der (katholische) FILMDIENST weiland als »Anhäufung von Geschmacklosigkeiten und Perversitäten« beschrieb.
Ⓥ USA

Annie Belle – Zur Liebe geboren
(LA FINE DELL'INNOCENZA / BLUE BELLE). GB/Italien 1975.
R Massimo Dallamano. **B** Massimo Dallamano/Marcello Coscia. **K** Franco Delli Colli. **M** Bixio Frizzi Tempera.
D Annie Belle (Annie Belle), Ciro Ippolito (Angelo), Al Cliver (Philip), Felicity Devonshire (Linda), Patrizia Banti (Susan), Peter Crowne (George), Linda Ho (Genivieve), Ines Pellegrini (Sarah), Vittorio Fiore (Harry), Charles Fawcett (Michael), Edith McDonald (Caroline). **F** 86 Min.
Die Exklosterschülerin Annie Belle schaut sich im sonnigen Hongkong diverse Sehenswürdigkeiten an und läßt sich von Frauen und Männern aus dem Schickimickimilieu beschlafen. Ein langweiliger Softporno, dessen Handlung kaum auszumachen ist. – AT: TEENAGE EMANUELLE – GESTÄNDNISSE EINER SIEBZEHNJÄHRIGEN. JOY OF LOVE – VERFÜHRUNG IN HONGKONG.

Aphrodite
(APHRODITE/AFRODITA). Frankreich/Italien 1982.
R Robert Fuest. **B** John Melson. **K** Bernard Daillencourt. **M** Jean-Pierre Stora. **D** Horst Buchholz (Harry), Valérie Kaprisky (Chrysis), Catherine Jourdan, Capucine, Yves Massard, Delia Boccardo, Daniel Beretta, Yves Massard, Paolo Baroni, Monica Nickel. **F** 96 Min.
Horst Buchholz in der Rolle des schwerreichen Reeders Harry, der zusammen mit seiner Geliebten Chrysis auf seiner Jacht und seiner griechischen Insel die orgiastischen Liebesabenteuer der Aphrodite nacherleben will – inklusive historischer Kostüme, Wein und Gesang. – »Erotik mit Weichzeichner.« (CINEMA).

Ars Amandi – Die Kunst der Liebe
(L'ART D'AIMER). Frankreich/Italien 1983.
R Walerian Borowczyk. **B** Walerian Borowczyk/Wilhelm Buchheim/Enzo Ungari. **K** Walerian Borowczyk/Noel Very. **M** Luis Bachalov. **D** Marina Pierro (Claudia), Massimo Girotti (Ovid), Laura Betti (Clio), Michele Placido

(Macarius), Philippe Taccini (Cornelius), Pier Francesco Aiello (Flavius), Philippe Lemaire (General), Milena Vukotic (Frau des Generals). **F** 89 Min.
Das römische Reich, kurz nach der Geburt Christi: Während General Macarius die nördliche Grenze gegen die Barbaren schützt, lebt seine Frau Claudia unter Aufsicht ihrer Schwiegermutter in Rom, hört Ovids Vorlesungen über die Kunst des Liebens («Aus dem tiefsten Mark fühle die Frau gelöst den Liebesgenuß, und gleich groß sei die Lust für beide») und lernt durch ihn die Theorie auch in der Praxis kennen. Am Ende erwacht sie in einem Auto am Straßenrand, und man erfährt, daß sie in ein Eifersuchsdrama verwickelt war, wie es sich zu Ovids Zeiten (43 v. Chr. bis 17 n. Chr.) abgespielt hat. – Kunstgewerbe-Sexfilm eines Regisseurs, der mit UNMORALISCHE GESCHICHTEN (1973), UNMORALISCHE NOVIZINNEN (1977) und UNMORALISCHE ENGEL (1977) auch schon besseres geliefert hat. Unbedeutend.
Ⓥ VPS

Arschibald, der Porno-Butler
(WE, A FAMILY). USA 1971.
R Jean van Hearn. **B** Jean van Hearn. **K** John Coester. **M** Jaime Mendoza. **D** Steven Goodwyn (Archie), Jennie Lee, Ralph Esor, Revel Quinn, Elsa Singman, Erika Andrea. **F** 72 Min.
Ein distinguierter britischer Butler, der von einer amerikanischen Familie engagiert wird, muß feststellen, daß das Hauspersonal hauptsächlich dazu dient, seinem neuen Brötchengeber, dessen Gattin, beiden Töchtern und deren Freundinnen das Dasein sexuell zu versüßen – einschließlich einer Orgie in den Räumen der Dienstboten.

Astrologie und Sexualität
Siehe **Wenn die Jungfrau mit dem Stier**

Attraction
(NERO SU BIANCO). Italien 1968.
R Tinto Brass. **B** Tinto Brass/ Franco Longo/Giancarlo Fusco. **K** Silvano Ippoliti. **M** Freedom. **D** Anita Sanders (Barbara), Nino Segurini (Paolo), Terry Carter (Schwarzer). **F** 76 Min.
Die frustrierte Italienerin Barbara fährt mit ihrem Gatten Paolo, einem Geschäftsmann, ins Swinging London der sechziger Jahre, bummelt einen Tag durch die Stadt und gibt sich in Gedanken sexuellen Wunschphantasien hin. – Ein Bilderbogen aus der hippen Zeit, in der wir alle noch schulterlange Haare trugen. Der Film ist zwar voller sexueller Symbole, aber nicht eben das, was man von Tinto Brass sonst gewöhnt ist.

Auf der Suche nach der Sexgöttin
Siehe **Porno-Reise zur Sex-Göttin**

Au-pair Girls
(AU-PAIR GIRLS). GB 1972.
R Val Guest. **B** David Hamilton-Grant/Val Guest/David Adnopoz. **K** John Wilcox. **M** Roger Webb. **D** Gabrielle Drake, Astrid Frank, Me Me Lay, Richard O'Sullivan, Nancy Wait, John Le Mesurier, Geoffrey Bayldon, Rosalie Crutchley, Julian Barnes, Steve Peterson, Ferdy Mayne. **F** 82 Min.
Ein episodischer Streifen um die Erlebnisse von vier Au-pair-Mädchen in London, die keine Mühe haben, nette und scharfe Bettpartner zu finden. – Sexkomödie eher biederen Zuschnitts von einem Regisseur, der sich seinen Namen hauptsächlich im Genre der Science Fiction gemacht hat.

Auch Engel baden manchmal nackt
(PAPPA VAR FOR ÄR DU ARG). Schweden 1968.
R Arne Stivell. **B** Arne Stivell.

K Bengt Dalunde. M Hans Wahlgren.
D Monica Ekman, Torsten Lillecron, Gunnar Björnstrand. F 80 Min.
Episodischer Sexfilm über ein Paar auf einer einsamen Insel, einen Teenie, der unbedingt wissen möchte, wie ›es‹ ist, und einige andere Knallchargen, auf deren Beitrag man ebenso leicht verzichten könnte. – Ein spannungsloses, frühes Schwedenprodukt aus der Zeit, als Szenen nackt badender Menschlein noch stimulierend (auf Zuschauer) wirkten.

Auch Fummeln will gelernt sein
BRD 1972.
R Fred Wagner [= Kurt Nachmann].
B Kurt Nachmann. K Heinz Hölscher.
M Gerhard Heinz. D Peter Planer (Ferdinand Hutter), Christine Schuberth (Josefine), Daria Damar (Beate), Herbert Rosybal (Klein-Ferdinand), Charly Winkler (Vibiral), Astrid Boner (Frau Vibiral), Sonja Burian (Melanie), Margot Neugebauer (Pepi), Wilhelm Sedelec (Oberleutnant), Peter Wehle (Dr. Ungrader), Peter Göller (Major v. Rusiczka), Heinz Nick (Capuzzi), Leo Wastel (Arzt), Andreas Adams (Wenzel), Olga Felber (Gouvernante), Elisabeth Fez (Madame), Kurt Nachmann (Pfarrer), Brigitte Brandt (Wetti), Frank Dietrich (Mikosch), Kurt Schuh (Oberst Semmler), Heidemarie Thimig (Frau Semmler), Ulrich Gotsbacher (Hutter), Rosemarie Morell (Mutter Hutter), Erich Padalewsky (Otto), Helly Möslein, Peter Biedermann, Ronald Leopoldi. F 81 Min.
Der österreichische k.u.k-Leutnant Ferdi, den seine Kameraden aufgrund einiger Mißverständnisse für den größten Umleger aller Zeiten halten, obwohl er im Grunde seines Herzens ein echt verklemmtes Hascherl ist, schleicht sich am Vorabend seiner Hochzeit heimlich ins Bordell, um der Hure Josefine in Rückblenden zu erzählen, wo die Ursachen

seiner Verklemmung liegen. – Ein recht frivoles und gelegentlich auch zotiges Filmchen, das aber den Schwachsinn ähnlicher Produktionen weitgehend zu vermeiden versucht und ab und an auch witzig ist. – AT: FERDINAND UND DIE MUTZENBACHERIN.

Auch im Kloster wird gejodelt
Siehe **Die Lüsternen und die Schwestern**

Auch Ninotschka zieht ihr Höschen aus
BRD 1973.
R Claus Tinney. B Claus Tinney.
K Ernst W. Kalinke. M Sonoton.
D Rinaldo Talamonti, Jürgen Feindt, Elma Karlowa, Franz Muxeneder, Kristina Wanka. F 82 Min.
Drei sowjetische Mädchen kommen nach München, um auf einer Messe landwirtschaftliche Geräte zu verkaufen und machen unverhofft Bekanntschaft mit Sex und Ausschweifungen.

Auf der Alm da gibt's koa Sünd
BRD 1974.
R F.J. Gottlieb. B Hubert Frank.
K Heinz Hölscher. M Gerhard Heinz.
D Alena Penz, Alexander Miller, Alexander Grill, Sissy Löwinger, Eva Garden, Joanna Jung, Hans Terofal, Rinaldo Talamonti, Ulrich Beiger, Walter Feuchtenberg. F 85 Min.
Die Agenten Sally und Heiner suchen im Auftrag eines Professors nach einem verschwundenen Mikrofilm, der aus Versehen in der Lederhose eines Tankwarts gelandet ist. Was natürlich Gelegenheit gibt, diversen Mannsbildern viele, viele Lederhosen auszuziehen. – Eine Sexklamotte. Ⓥ UFA

Auf ins blaukarierte Himmelbett
Siehe **Hey, Marie, ich brauch mehr Schlaf**

Der unverwüstliche Franz Muxeneder und Partnerinnen in *Auch Ninotschka zieht ihr Höschen aus* von Claus Tinney

Auf und nieder – ich könnt schon wieder
(HETEROSEXUALS). USA 1973.
R John Hayes. **B** John Hayes. **K** N.N.
M N.N. **D** Caleb Goodman, Becky Pearlman, Claire Thomas, Sandra Gould. **F** 59 Min.

Ein schusseliger Bursche in den besten Jahren kommt, als sich mehrere Damen ernsthaft um ihn bemühen, erstmals sexuell zum Zuge und auf den Geschmack. – Ein amerikanischer Softcore-Exploiter, dessen deutsche Fassung mit einem Henkerbeil gekürzt wurde.

Der Aufreißer
Siehe **Der verführte Mann**

Aus dem Tagebuch einer Frühreifen
Siehe **Wilder Sex junger Mädchen**

Ausgerechnet ihr Stiefvater
(BEAU PERE). Frankreich 1981.
R Bertrand Blier. **B** Bertrand Blier.
K Sascha Vierny. **M** Philippe Sarde.
D Patrick Dewaere (Rémy), Ariel Besse (Marion), Maurice Ronet (Charly), Nathalie Baye (Charlotte), Nicole Garcia (Martine), Maurice Risch (Nicolas), Geniviéve (Simone), Macha Meril (Hostess), Pierre Lerumeur, Yves Gasc, Rose Thierry, Jenri-Jacques Huet, Michel Berto, Catherine Alcocer. **F** 124 Min.
Nach dem Tod seiner Frau sieht sich der erfolglose Pianist Rémy unverhofft den erotischen Nachstellungen seiner sexhungrigen vierzehnjährigen Stieftochter Marion ausgesetzt. Zwar tut er anfangs alles, um sich ihrer Nachstellungen zu erwehren, doch im Lauf der Zeit läßt seine Widerstandskraft nach, und er gerät in zunehmende Schwierigkeiten. – Der Film ist nicht gerade das Gelbe vom Ei.

Das ausschweifende Leben des Marquis de Sade
(DE SADE). BRD/USA 1969.
R Cy Endfield. **B** Richard Matheson/ Peter Berg. **K** Richard Angst.
M Billy Strange. **D** Keir Dullea (Marquise De Sade), Senta Berger (Anne De Montreuil), John Huston (Abbé De Sade), Lilli Palmer (Mme. De Montreuil), Anna Massey (Renée De Montreuil), Uta Levka (Rose Keller), Sonja Ziemann (La Beauvoisin), Barbara Stanek (Colette), Susanne v. Almassy, Herbert Weissbach, Heinz Spitzner, Max Kiebach, Maria Caleita, Susanne Hsiao, Rolf Eden, Eva-Maria Gebel, Tilly Lauenstein, Ortrud Groß.
F 100 Min.
Wegen sexueller Ausschweifungen gesucht, flieht Marquis De Sade auf den Sitz seiner Familie, wo ihm sein Onkel, der Abbé, sein Leben vorführt. Die Inszenierung zeigt, wie der Abbé ihn von Frauen hat auspeitschen lassen, um ihn ›die Lust der Qual‹ zu lehren; die Vermählung De Sades mit Renée, die er nicht liebt; sein Verhältnis mit einer Sängerin; wüste Orgien im Freudenhaus; der Kerker, in dem er Bücher schrieb. Auf dem Höhepunkt verhilft der Abbé De Sade zum späten Glück mit seiner einzigen Liebe, seiner Schwägerin Anne, mit der er nach Italien flieht. Anne stirbt, De Sade wird zu lebenslänglichem Kerker verurteilt. Am Ende reitet er in die Nacht hinaus. Die Häscher liegen auf der Lauer. – Ein trotz seines Themas langweiliger Film, der den Marquis De Sade als Autor beinahe unerwähnt läßt und ihn wider besseres Wissen als Opfer eines verkommenen Onkels darstellt. Recht ordentlich: Keir Dullea. – AT: DIE LIEBESABENTEUER DES MARQUIS S.

Die Aussteigerin
(LA DÉROBADE). Frankreich 1979.
R Daniel Duval. **B** Christopher Frank/Daniel Duval/Jeanne Cordelier.
K Michel Cenet. **M** Vladimir Cosma.
D Miou-Miou (Marie), Maria Schneider (Maloup), Daniel Duval (Gerard), Niels Ästrup (André), Brigitte Ariel (Odette), Jean Benguigui (Jean-Jean), Martine Ferriére (Mme. Pedro), Marie Pillet (Lulu), Régis Porte (Francois).
F 115 (TV: 104) Min.
Die junge Verkäuferin Marie geht aus Liebe zu dem verschuldeten Zuhälter Gérard auf den Strich, arbeitet sich aus einer kleinen Bar in ein Luxusbordell hoch, erduldet alle Demütigungen ihres

Arielle Besse und Patrick Dewaere in dem Pseudo-Inzest-Drama *Ausgerechnet ihr Stiefvater* von Bertrand Blier

Maria Schneider (Mitte) und Miou-Miou (rechts) als Gunstgewerblerinnen in *Die Aussteigerin* von Daniel Duval

Gewerbes und rafft sich schließlich mit ihrer Kollegin Maloup zum Aussteigen auf. – Verfilmung der Memoiren einer Exprostituierten.
Ⓥ RCA/Columbia

Die Auto-Nummer – Sex auf Rädern
BRD 1971.
R Gabriel Axel/Richard Rimmel.
B Reinhold Brandes/Klaus E.R. v. Schwarze. **K** Richard R. Rimmel.
M Gerhard Heinz. **D** Barbara Klingered (Ulla), Fernando Gómez (Rikki), Christian Fredersdorf, Ula Kopa, Franz Schafheitlin, Maud Maria Blümel, Walter Feuchtenberg, Mogens von Gadow, Joachim Hackethal, Doris Arden, Carl Heinz Eismann, Ingeborg Steinbach, Gernot Möhner, Sylvia Falk, Friedrich Karl Grund, Peter Mühlen, Helge T. Larisch, Rolf S. Eden, Claudia Höll, Michael v. Harbach, Karin Waas, Alla Beate, Reinhold Scholtz, Katharina Herberg, Hansi Lohmann, Alexander Miller, Margit Weinert, Karl-Heinz Peters. **F** 88 Min.

Der Film zeigt in episodischer Form die sexuellen Begegnungen junger und nicht mehr ganz so junger Menschen in Heuwagen, Wohnmobilen, Kleinwagen, auf Feuerstühlen und Fahrrädern. – Mächtig originell. – AT: SEX AUF RÄDERN.
Ⓥ ITT (Sex auf Rädern)

Autostop-Lustreport
BRD 1974.
R Barny Bornhauser [= Hans D. Bornhauser]. **B** N.N. **K** N.N. **M** N.N.
D Walter Klinger, Erik Baumgärtner, Dorothea Rau, Rosi Schubert, Astrid Brigson. **F** 80 (TV: 72) Min.
Ein triebstarker Fernfahrer wird von Hehlern und willigen Frauen mit Sex geködert und dann mattgesetzt, weil andere es auf seine lukrative Ladung abgesehen haben. – Lustfilmchen über Hehlerei auf bundesdeutschen Fernstraßen, wie üblich mit deftigen und gemeinen Zoten garniert. Die Story ist schwer auszumachen, dafür wird heftig gemenschelt. – AT: BRUMMI, SEIN KOLBEN LÄUFT AUCH OHNE DIESEL.

B

Baby Cat
(BABY CAT). Frankreich 1983.
R Pierre Unia. **B** Pierre Unia. **K** Pierre Taftori. **M** Paul de Sénèville. **D** Felix Marten, Jean Francois Garréaud, Julie Margo, Corinne Corson, Luc Florian, Eloise Beaune, Robert Duranton.
F 80 Min.
Ein schlaffer Kidnapper-Softporno mit einem Budget von 1,98 DM, der so tut, als sei er in der Karibik entstanden: Diverse Lumpen wollen einen Verleger entführen, doch der gute Mann erweist sich als zu klug für sie. Deswegen soll sein Sohn dran glauben... Die Landschaftsaufnahmen geben auch nichts her. – Vielleicht hätte Regisseur Pierre Unia doch bei seinen (unter dem Pseudonym Reine Pirau gedrehten) Pornos bleiben sollen.
Ⓥ Pegasus

Baby Doll – Begehre nicht des anderen Weib
(BABY DOLL). USA 1956.
R Elia Kazan. **B** Tennessee Williams/ Elia Kazan. **K** Boris Kaufman. **M** Kenyon Hopkins. **D** Carroll Baker (Baby Doll), Eli Wallach (Silva Vacarro), Karl Malden (Archie Meighan), Mildred Dunnock (Rose Comfort), Lonnie Chapman (Rock), Eades Hogue (Marshal), Noah Williamson (Deputy), Rip Torn. **SW** 114 Min.
Archie Meighan betreibt eine Baumwollentkörnungsmaschine im US-Staat Mississippi. Aus Furcht vor seinem aus Sizilien stammenden Konkurrenten Vacarro steckt er dessen Besitz in Brand. Vacarro schöpft Verdacht. Um herauszufinden, ob Meighan der Täter war, verbringt er einen Tag mit dessen minderjähriger Frau, einem äußerlich zwar voll

Die minderjährige Ehefrau: Carroll Baker in *Baby Doll* von Elia Kazan entwickelten, aber sonst recht dümmlichen Geschöpf namens Baby Doll, das laut eines Eides, den ihr Gatte abgelegt hat, erst als Zwanzigjährige die Jungfräulichkeit verlieren soll. Ob Vacarro Baby verführt, enthüllt die Handlung zwar nicht, doch Baby Dolls Präsenz führte seinerzeit angeblich dazu,»daß das Zelluloid dampfte« (THE MOTION PICTURE GUIDE), und daß die amerikanischen Sitten- und Anstandsvereine beinahe Amok liefen. – »Möglicherweise der schmutzigste amerikanische Film, der je legal vorgeführt wurde.« (TIME). Der Film basiert auf einer Story von Tennessee Williams (1911–1983).

Baby Face
(BABY FACE). USA 1977.
R Alex De Renzy. B Alex De Renzy.
K N.N. M N.N. D Otis Sistruch (Dan), Lyn Cuddles Malone, Amber Hunt, Linda Wong, Kristine Heller, Desiree Cousteau, Dan Roberts, Paul Thomas, Joey Silvera. F 85 Min.
Der blonde Hüne Dan, der sich in einem Lagerschuppen mit einer Minderjährigen einläßt, die es faustdick hinter den Ohren hat, wird von der Mutter seiner Partnerin überrascht und flüchtet als vermeintlicher Kinderschänder vor der Polizei. Er findet Zuflucht in einem Bordell, in dem u.a. reiche Lesbierinnen verkehren. Die weiblichen Betreiber des Bordells nehmen ihn als neuen Mitarbeiter unter ihre Fittiche. Doch eines Tages begegnet er an seinem neuen Arbeitsplatz der sich als wenig moralisch entpuppenden Mutter seines einstigen ›Opfers‹. Ein Film, der an Deutlichkeit nichts zu wünschen übrig läßt. Ausgezeichnet mit dem Erotic Film Award 1978 für die beste Regie. Ⓥ Beate Uhse

Babyspeck und Fleischklößchen
(MEATBALLS). USA 1979.
R Ivan Reitman. B Len Blum/Dan Goldberg/ Janis Allen/Harold Ramis.
K Don Wilder. M Elmer Bernstein.
D Bill Murray (Trapper), Harvey Atkin (Morty), Kate Lynch (Roxanne), Russ Benham (Crockett), Kristine De Bell (A.L.), Sarah Torgov (Candace), Jack Blum (Spaz), Keith Knight (Fink), Cindy Girling (Wendy), Todd Hoffman (Wheels), Margot Pinvidic (Jackie). F 94 Min.
Nette Boys und Girls vertreiben sich in einem kanadischen Sommercamp die Zeit mit lahmen Späßchen, müden Witzchen (die Opa schon 1928 gerissen hat) und sportlichen Leistungen, die in den Staaten so wichtig sind. Eine Teeniekomödie mit dem obligatorischen Sparsex.

Babystrich im Sperrbezirk
BRD 1983.
R Otto W. Retzer. B Otto W. Retzer.
K Franco el Redel. M Gerhard Heinz.
D Romy Haag, Domenica.
F (92) 84 Min.
Ein später Sexreport aus deutschen Großstädten mit Einblicken in Sado-Maso-Etablissements, Sexklubs und das Hamburger Sextheater Salambo. Trotz der echten Interviews mit Angehörigen des Gunstgewerbes ein Film, dessen Konzept ganz auf Seh-Leute abgestimmt ist. Und ohne daß man auf die Idee käme, den Titel zu erklären: Vom Babystrich ist ebensowenig zu sehen wie vom Sperrbezirk. – »Unterhaltsamer Pseudo-Report für alle, die das Laster lockt, denen es aber an Moneten mangelt.« (VIDEO).
Ⓥ Mike Hunter

Bacchanale, die totale Erotik
(BACCHANALE). USA 1970.
R John Amero/Lem Amero. B John Amaro/Lem Amero. K John Amero.
M Firth De Mule. D Uta Erickson (Ruth), Darcy Brown (Conferencier), Chuck Federico (Gitarrist), Lydia

Burns (Fag Hag), Pat Agers (Louise), Ron Babin (Mann im Sarg), Richard Sherman (Wächter), Stanley Crmel (Geliebter), Linda Joyce (Gräfin), Donny Lee (Go Go), LaRue Watts (Harpyie), Steve Gould (Klagender), Bobby Niles (Sklave).
SW/F (77)
70 Min.
Eine junge Frau hat Träume und Phantasien, in denen es um Lesbisches, ein bißchen Inzest, Flagellation und Masturbation geht. – Die Amero-Brothers haben die Abfallkörbe ihrer alten Sexploiter-Movies nach Schnittresten durchsucht, die ganze Chose montiert und eingefärbt, und – Voila! – fertig ist das auf ›Kunst‹ getrimmte Sexspektakel, in dem Ruth stets auf Achse sein muß, um den mit viel Rauch, Nebel, Beschwörungen, Peitschengeschwinge und unheimlichen Geräuschen entstandenen Nummernshows beizuwohnen. Mystisch, mystisch!

Bachelor Party
(BACHELOR PARTY). USA 1984.
R Neal Israel. **B** Neal Israel/Pat Proft. **K** Hal Trussell. **M** Robert Folk.
D Tom Hanks (Rick Gassko), Tawny Kitaen (Debbie Thompson), Adrian Zmed (Jay O'Neill), George Grizzard (Mr. Thompson), Barbara Stuart (Mrs. Thompson), Robert Prescott (Cole Whittier). **F** 106 Min.
Als der Schulbusfahrer Rick seinen Kumpanen sagt, daß er seine Freundin Debbie heiraten will, organisieren sie als Abschiedsveranstaltung vom Junggesellenleben eine Hotelparty mit Huren, Suff und Pornofilmen. Doch allzu viele Verwechslungen verhindern, daß man wirklich zur Sache kommen kann: Aus dem geplanten wüsten Abend wird ein Chaos, das auch Debbies Familie nicht verschont. Auch wenn die Girls, die einen Großteil der Filmhandlung bestrei-

Szene aus *Das Badehaus zu den sieben Glückseligkeiten* von Tan Ida

ten, weitgehend in Beate Uhse-Kampfanzügen brillieren, passiert nichts, dessen Rick sich schämen müßte. – »Fetzig, crazy, geil und irre« (Verleihwerbung).
Ⓥ CBS/Fox

Das Badehaus zu den sieben Glückseligkeiten
(ONNA UKIYO BURO). Japan 1968.
R Tan Ida. **B** Iwao Yamazaki. **K** Hidemitsu Iwahashi. **M** Seitaro Omori.
D Ryiji Hayama, Jiro Okazaki, Toshi Nihonyanagi, Miki Hayashi, Kaoru Miya.
F 75 Min.
Ein japanischer Feudalherrscher des 18. Jahrhunderts schickt seine Vasallen aus, um junge Mädchen zu rauben, die ihm und seinen Freunden in einem Badehaus zu Willen sind und dabei die Freuden der lesbischen Liebe entdecken. Ein junger Held geht dem Lumpen ans Leder und befreit die Mädchen.
Ⓥ Monte

Bademeister-Report
BRD 1973.
R Sergio Casstner. **B** Heinrich v Treptow. **K** Michael Marszalek. **M** Rolf Bauer. **D** Margot Mahler, Felix Langenstein, Pia Trajun. **F** 86 Min.
Diverse Bademeister berichten in episodischer Form von ihren sexuellen Eroberungen. – Ein äußerst blöder Softcore-Prickteaser-Film, der auf der Reportwelle reitet.

Baden Sie nackt? (Ein Tag im Nudistencamp)
BRD 1965.
R K.H. Ronke. **B** Heinz Reinhard. **K** Horst Kaskeline/ Herbert Nauck. **M** N.N. **D** N.N. **F/SW** 70 Min.
Baden Sie nackt? Das war die Frage, die man dem Publikum 1965, sieben Jahre vor DEEP THROAT, stellen mußte, wenn man es in einen Film locken wollte, der nichts hielt, was seine Werbung versprach. Dementsprechend haben wir es hier mit einem aus deutschem, französischem und US-Material zusammengestoppelten Filmchen zu tun, das nichts anderes wollte, als in Form einer Pseudo-Dokumentation über das ›gesunde Leben am FKK-Strand‹ leicht- bis unbekleidete Damen zu zeigen.

Die Ballade der Lucy Jordan
(MONTENEGRO). Schweden/GB 1980.
R Dusan Makavejev. **B** Dusan Makavejec. **K** Tomislav Pinter. **M** Kornell Kovach. **D** Susan Anspach (Lucy Jordan), Erland Josephson (Martin Jordan), Marianne Jacobi (Cookie Jordan), Jamie Marsh (Jimmy Jordan), Per Oscarsson (Dr. Pazardjian), Svetozar Svetkovic (Montenegro), Bora Todorovic (Alex Rossignol), Marina Lindahl (Sekretärin), John Zacharias (Opa), Patricia Gelin. **F** 93 Min.
Die Amerikanerin Lucy, verheiratet mit einem schwedischen Businessman, strandet, als ihr Gatte nach Brasilien reist, in einer Stockholmer Kneipe, in der sie – nicht zuletzt in den Armen des jugoslawischen Gastarbeiters Montenegro – das pralle Leben kennenlernt. Montenegro überlebt ihr Zusammensein zwar nicht, doch als Lucy heimkehrt, sieht es so aus, als sei sie nicht bereit, wieder in den alten Trott zurückzufallen. – »Eine ergötzliche Studie über die aufgelöste Psyche einer gelangweilten und frustrierten Hausfrau. Der Film ist lustig, sehr erotisch und voller Leidenschaft... Im Gegensatz zu Makavejevs sonstigen... Filmen, ist [er] leicht und unkompliziert; eine einfache Geschichte, einfach erzählt. Die Botschaft ist die gleiche – sexuelle Unterdrückung führt zum Wahnsinn, aber sinnliches Schwelgen läßt den Geist aufleben.« (ADULT MOVIES). Ⓥ Atlas

Banana Airlines – Die verrückteste Lustlinie der Welt
(PACIFIC BANANA). Australien 1981.
R John Lamond. **B** Alan Hopgood. **K** Gary Wapshott. **M** N.N. **D** Graeme Blundell (Martin), Robin Stewart (Paul), Deborah Gray (Sally), Alyson Best (Mandy), Helen Hemingway (Julia), Luan Peters, Mannia Taie, Audine Leith. **F** 79 Min.
Die Piloten und Stewardessen einer kleinen Fluggesellschaft, die ewig lüsterne Passagiere in die Südsee bringen, haben ihre liebe Not, die Ordnung an Bord aufrechtzuerhalten. Dies ist besonders für den Helden Martin ein Problem, da ihn jeder Nieser auf der Stelle impotent macht. – Ein Sexklamaukfilm, der sich gelegentlich auch rüder Töne bedient.

Barbara, die Unkeusche
(MON NOM EST FEMME).
Luxemburg 1968.
R Max Frobenius. **B** N.N. **K** Jean Gonnet. **M** N.N. **D** Ellen Bahl (Barbara),

Alexandre Greco, Alexandre Mincer, Joel Barbouth, Ghislaine Paulou, Hamra. **SW** 83 Min.

Die an Sex uninteressierte Ehefrau Barbara, deren Mann für ein halbes Jahr beruflich nach China geht, verspürt urplötzlich ein wildes Begehren und läßt sich von einer Freundin zu ›mehr Abwechslung‹ überreden. Nach einigen Sexpartys sowie gewagten Stellungsübungen auf Tisch und Bett entwickelt ein Verehrer Barbaras Ambitionen, sie auf den Strich zu schicken, was natürlich zu nichts Gutem führen kann: Nach einem Suizid-Versuch findet sie zu ihrem Gatten zurück. – Ein zotiger Schundfilm.

Barbarella
(BARBARELLA).
Italien/Frankreich 1967.
R Roger Vadim. **B** Terry Southern/ Brian Degas/Claude Brule/Clement Wood/Tudor Gates/ Vittorio Bonicelli/ Jean-Claude Forest/Roger Vadim.
K Claude Renoir. **M** Maurice Jarre.
D Jane Fonda (Barbarella), John Philip Law (Pygar), Anita Pallenberg (Schwarze Königin), Milo O'Shea (Durand-Durand), Marcel Marceau (Prof. Ping), Claude Dauphin (Präsident), David Hemmings (Dildano), Ugo Tognazzi (Mark Hand), Antonio Sabato (Jean-Paul), Talitha Pol, Serge Marquand, Veronique Vendell.
F 98 Min.

Im Jahr 40 000 wird die Agentin Barbarella ausgeschickt, um einem Wissenschaftler eine Geheimwaffe abzujagen, mit deren Hilfe er das Universum unterjochen will. Doch bis sie ihn gefunden hat, muß sie viele fantastisch-erotische Abenteuer bestehen: Auf einer Eiswelt gerät sie in die Fänge sadistischer Kinder, aus denen sie ein Trapper rettet, dem sie zum Dank einen Liebesdienst er-

Sexbombe im All: Jane Fonda in *Barbarella* von Roger Vadim

weist. Auf der Welt der lesbischen Schwarzen Königin soll sie von einer ›Lustorgel‹ durch permanente Orgasmen getötet werden. In der Stadt der Schwarzen Königin, in der man ständig neue Perversionen ersinnt, rutscht sie ins Hauptquartier des Rebellen Dildano und hilft auch diesem, aus seinem sexuellen Frust herauszukommen.
Ⓥ CIC

Die barfüßige Gräfin
(THE BAREFOOT CONTESSA). USA 1954. **R** Joseph L. Mankiewicz. **B** Joseph L. Mankiewicz. **K** Jack Cardiff. **M** Mario Nascimbene. **D** Ava Gardner (Maria Vargas), Humphrey Bogart (Harry Dawes), Edmond O'Brien (Oscar Muldoon), Marius Goring (Alberto Bravano), Rossano Brazzi (Vincenzo Torlato-Favrini), Valentina Cortesa (Eleonora Torlato-Favrini) Elizabeth Sellars (Jerry), Warren Stevens (Kirk Edwards), Franco Interlenghi (Pedro), Mari Aldon (Myrna), Bessie Love (Mrs. Eubanks), Diana Decker (Betrunkene Blondine), Bill Fraser (J. Montague Brown), Alberto Rabagliati (Clubbesitzer), Enzo Staiola (Kellner), Maria Zanoli (Marias Mutter). **F** 128 Min.
Regisseur Harry Dawes soll einem Film über eine schöne Frau drehen und findet sie in der spanischen Tänzerin Maria Vargas. Während der Produzent Edwards und der Millionär Bravano um ihre Gunst buhlen, bedenkt Maria ihren alten Geliebten nicht nur mit Geld, sondern auch mit Liebe. Graf Vincenzo gewinnt Marias Herz; als sie verheiratet sind, gesteht er ihr, daß er aufgrund einer Kriegsverwundung impotent ist. Da Maria ihren Gatten trotzdem liebt, will sie ihn mit Hilfe ihres Geliebten – zum Vater machen. Dies wiederum kann der stolze Vincenzo nicht ertragen: Er bringt Maria um. – Ein Filmklassiker, in dem die Erotik hinter geschlossenen Türen stattfindet. Spannend. Dramatisch.

Baron Pornos nächtliche Freuden
Österreich 1969. **R** Fritz Fronz. **B** Georg Falser. **K** Peter Kodera. **M** Theo Braun. **D** Frank Roberts (Baron Alexander v. Wertenberg), Monika Ceber (Karin), Isa Franke (Petra), Jon Finch (Gustav), Eva Bardos (Doris), Elisabeth Weigel (Rita), Trixi Mairinger (Herta), Marianne Hundt (Margot), Monique Chartell (Susann), Judith Sebesy (Annette), Brigitte Spoor (Marianne), Elfriede Schill (Henny), Louise Schreiter (Minou), Felix Czerny (Emil Fernburg), Walter Raha (Peter Randolf), Erwin Celerin (Dr. Kurt Mertens), Fred Weißmann (Mirko Daiewksy), Margit Zemene (Gerda), Marlies Burger (Marion), Claudia Lanzner (Lilly), Elvira Pirran (Eva), Johanna Huber (Mona), Nora Terreny (Sissy), Ilse Hackl (Hanni), Anny Graf (Gucki), Eleonora v. Sachse (Puppe), Sascha Helvin (Jack the Ripper), Lilo Madison (Mädchen), Vera Bloomquist, Petit Bijou.
F 79 Min.
Der Playboy Alexander verbringt seine Zeit so lange in Bars und auf Sexpartys, bis er an die attraktive Sängerin Karin gerät, der es gelingt, ihn finanziell völlig auszunehmen. Und dann sucht sie mit einem anderen Liebhaber das Weite. – Ein dröges Ding! – AT: ROULETTE D'AMOUR.

The Beach Girls – Strandhasen
(THE BEACH GIRLS). USA 1982. **R** Pat Townsend. **B** Patrick Duncan. **K** Michael Murphy. **M** Michael Lloyd. **D** Debra Blee (Sarah), Val Kline (Ginger), Jeanna Tomasina (Ducky), James Daughton (Scott), Adam Roarke (Carl), Dan Barrows, Herb Braha, Mary Jo Catlett. **F** (91) 88 Min.

Drei Mädchen nisten sich im Haus eines abwesenden Onkels ein und feiern eine Party, die durch eine Ladung an den Strand gespültes Marihuana noch ausgelassener wird. – Harmlose Späßchen in einem sich komödiantisch gebenden kleinen T and A-Movie.
Ⓥ UFA.

Beatrice – im Reich der Sinnlichkeit
(B... COMME BEATRICE).
Frankreich 1977.
R Reine Pirau [= Pierre Unia]. **B** N.N. **K** N.N. **M** N.N. **D** A. Jenny, Gil Duroc, Barbara Moose. **F** (87) 79 Min.
Hier geht es um das lustige sexuelle Treiben eines frisch verheirateten Paares bei nicht weniger geilen Freunden auf dem Lande sowie das Ausprobieren von Stellungen und Tauschen von Partnern.
Ⓥ Silwa

Bei Anruf Liebe
BRD 1983.
R Otto W. Retzer. **B** Thomas Veszelitis/Georg Elmer. **K** Franz Xaver Lederle. **M** Gerhard Heinz. **D** Susann Bonneik, Kerstin Schröter, Herbert Stiny, Werner Sing, Sandra Atia, Susanne Aviles, Julio M. Pinheiro, Peter Hart. **F** 83 (TV: 79) Min.
Dieser Film ist eine Reportage mit gelegentlichen Spielhandlungen über jene Damen und Herren, die ihre Dienste in vielen deutschen Tageszeitungen unter der Bezeichnung ›Hostesss‹ oder ›Modell‹ offerieren. Außerdem befragt Otto W. Retzer Mädchen und Frauen vom Straßenstrich, gibt uns einen kurzen Einblick in das Hamburger Sex-Theater Salambo und stellt eine Agentur vor, die streßgeplagten Herren Begleiterinnen vermietet, die natürlich nicht per Prostitution aufs Geldmachen aus ist. – »Hüstel, hüstel.« (nach Donald Duck).
Ⓥ VMP

Die Beichte der Josefine Mutzenbacher
BRD 1979.
R Hans Billian. **B** Hans Billian. **K** N.N. **M** N.N. **D** Patricia Rhomberg (Josefine), Linda Rogers, Irene Silver. **F** 90 Min.
Vroni, eine naive Landpomeranze, besucht ihre Tante, die Dirne Josefine Mutzenbacher, in ihrem Wiener Bordell und nimmt, von dem in ihren Räumen stattfindenden orgiastischen Treiben entzückt, einen Lebensweg, den ihr Vater sich garantiert nicht vorgestellt hat. – Regisseur Billian zeigt harte Tatsachen, gehört aber zu den wenigen deutschen Sexfilmern, deren Streifen auch in den USA Furore machen.
Ⓥ Tabu

Beichte einer Liebestollen
BRD 1971.
R Alois Brummer. **B** Peter Kross. **K** Paco Joan. **M** Fred Tornow. **D** Eva Karinka (Sabine), Sandra Reni, Johannes Buzalski, Josef Moosholzer, Peter Mühlen, Mika Erras, Walburga Becker.
F 79 Min.
Als Mama sie bei unzüchtigem Treiben mit dem zukünftigen Stiefvater erwischt, fliegt Sabinchen aus dem Haus. Nachdem sie Erfahrungen mit einem ›toleranten‹ Ehepaar gesammelt hat, landet sie auf dem Dorf, wo ihr die Männer und Frauen in Scharen nachsteigen – bis sie die Beichte ablegt. – Ein Sexfilm à la Alois Brummer, mit den für diesen ›Regisseur‹ typischen Eigenheiten: pralle Busen, sprunghafte Handlung, mangelnde Logik, und eine Akteuse, die für ihr Filmalter (sechzehn) hundert Prozent zu alt ist.

Beichte eines Pornomädchens
Siehe **Löckchen – ein nackter Spatz in fremden Federn**

Beim Jodeln juckt die Lederhose
BRD 1974.
R Alois Brummer. **B** Alois Brummer. **K** Hubertus Hagen. **M** Fred Strittmaier. **D** Konstantin Wecker (Sepp) Franz Muxeneder (Wirt), Rosl Mayr (Putze), Judith Fritsch (Töchterlein), Josef Moosholzer, Monique Rodier, Peter Wacker.
F 84 (TV: 81) Min.
Der Almdudler Sepp, der sich erfolglos um die Hand eines Wirtstöchterleins bemüht, stößt (freilich ohne zu ahnen, daß er eine Pipeline angebohrt hat) auf seinem Grundstück auf Öl und macht doch noch sein Glück. Nebenher geben sich die einheimischen Dorflackl alle Mühe, sexuell unausgefüllte Preußinnen ins Heu zu legen. – »Das Niveau entspricht dem einer unterdurchschnittlichen Bauernbühne.« (FILMDIENST). – Unglaublich: Konstantin Wecker als bayerischer Potenzprotz!
Ⓥ Movie Star

Beiß mich, Liebling
BRD 1970.
R Helmut Förnbacher. **B** Martin Roda Becher/Helmut Förnbacher/ W.H. Riedl. **K** Igor Luther. **M** Charly Nissen. **D** Eva Renzi (Sabrina von der Wies), Patrick Jordan (Hartlieb von der Wies), Amadeus August (Peter Busch), Brigitte Skay (Dr. Stein), Ralf Wolter (Christian Wagner), Frederick Pressel (Priester), Herbert Fux (Engelmann), Barbara Valentin (Rosi), Wera Frydtberg (Frau Brenner), Hansi Linder (Christine), Rainer Basedow (Totengräber), Dieter Augustin (Verkäufer), Toni Treutler (Witwe Noelte), Gudrun Herms (Bernadette), Folker Bohnet, Toni Netzle, Peter W. Engelmeier. **F** 85 (TV: 80) Min.
Ein Sexualberater, von dem niemand weiß, daß er insgeheim ein Vampir ist, bangt um den Niedergang seiner hauptsächlich ›Grüne Witwen‹ bedienenden Praxis, als ein mit seiner Nichte verhei-

Dracula auf Abwegen: *Beiß mich, Liebling* von Helmut Förnbacher

rateter Postbote anfängt, die sexuellen Probleme seiner Klientinnen auf natürliche Weise zu lösen. – Ein jämmerlicher Streifen, der an der Kinokasse mächtig floppte.
Ⓥ Mike Hunter

Belle de Jour – Schöne des Tages
(BELLE DE JOUR).
Frankreich/Italien 1966.
R Luis Buñuel. **B** Luis Buñuel/Jean-Claude Carriére. **K** Sacha Vierney. **M** N.N. **D** Cathérine Deneuve (Séverine Sevigny), Jean Sorel (Pierre Sevigny), Geniviéve Page (Mme. Anais), Michel Piccoli (Henri Husson), Francisco Rabal (Hyppolite), Macha Méril (Renée), Pierre Clementi (Marcel), Georges Marchal (Herzog), Francoise Fabian (Charlotte), Maria Latour (Mathilde), Francis Blanche (Adolphe), Francois Maistre (Lehrer), Bernard Fresson (Narbiger), Muni (Pallas), Dominique Dandrieux (Catherine), Brigitte Parmentier (Séverine als Kind), Iska Charvey (Japaner).
F 99 (TV: 95) Min.
Die mit dem Chirurgen Pierre verheiratete Séverine ist zwar frigide, sehnt sich aber insgeheim nach ausgefallenen Sexpraktiken. Als Pierres Freund Husson von Ehefrauen erzählt, die als Teilzeitprostituierte tätig sind, bewirbt Séverine sich einem Bordell. Als ›Belle de Jour‹ ist sie fortan jeden Tag drei Stunden dort tätig; ihre Ausstrahlung als Frau von Klasse macht sie zur Attraktion. Séverine setzt sich allen Formen der Erniedrigung aus: Sie gibt sich den nekrophilen Neigungen eines Herzogs und den mysteriösen Wünschen eines Japaners hin. Befriedigung findet sie auch beim rotzfrechen Junggangster Marcel, der sich so in sie vernarrt, daß er ihr folgt und Pierre auf der Straße in einem Anfall von Eifersucht niederschießt. Pierre ist gelähmt. Husson kommt Séverine auf die

Der unausgelebten Wünsche Erfüllung: Cathérine Deneuve und Iska Charvey in *Belle de Jour – Schöne des Tages* von Luis Buñuel

Schliche. Er informiert Pierre, der völlig zerbricht. Séverine muß sich um ihren hilflosen Gatten kümmern; ihre sexuellen Probleme spielen offenbar keine Rolle mehr. – Ein surrealer Trip durch die Innenwelt einer Frau, die sich auf ungewöhnliche Weise verwirklicht, um ein Bedürfnis zu befriedigen, das sie selbst nicht definieren kann. Doch da sich ihr Leben ständig mit der Phantasie vermischt, ist nur schwer erkennbar, welche von Séverines Erlebnissen nun Wahrheit oder erotischer Wunschtraum sind. Sehenswert.
Ⓥ Euro

Benjamin – Aus dem Tagebuch einer männlichen Jungfrau
(BENJAMIN, OU LES MÉMOIRES D'UN PUCEAU). Frankreich 1967.
R Michael Deville. **B** Nina Companez/Michel Deville. **K** Ghislain Clo-

quet. **M** N.N. **D** Michéle Morgan (Gräfin), Michel Piccoli (Graf Philippe), Pierre Clementi (Benjamin), Catherine Deneuve (Anne), Jacques Dofilho (Camille), Francine Berge (Marion), Anna Gael (Celestine), Cathèrine Rouvel (Victorine), Odile Versois (Odette), Jacques Filh (Adrian), Magali Louis (Pascaline), Cecile Vassort (Aline). **F** 104 Min.

Benjamin (17) trifft im 18. Jahrhundert auf dem Landsitz seiner Tante ein, die dort mit ihrem gräflichen Liebhaber Philippe wohnt. Da Tantchen in der ständigen Furcht lebt, Philippe könne sie zugunsten einer jüngeren Frau verlassen, toleriert sie seine Amouren mit dem Personal und den Damen der Gesellschaft. Benjamin trifft die schöne Waise Anne, die auf einem benachbarten Landsitz lebt, und erfreut sich bald der Gunst aller Frauen, mit denen Philippe es treibt. Benjamin bandelt mit Anne an. Anne bandelt mit Philippe an. Als das Interesse der Tante an Philippe erlahmt, bandelt auch sie mit Benjamin an.

Benny, der Pechvogel
(ADVENTURES OF A PLUMBER'S MATE). GB 1978.
R Stanley Long. **B** N.N. **K** N.N.
M Christopher Neil. **D** Christopher Neil, Arthur Mullard, Elaine Page, Stephen Lewis, Anna Quale, Jonathan Adams, Neville Barber, Vicki Scott.
F (97) 89 Min.

Weil er wegen seiner hohen Wettschulden ständig mit der Welt und seinen Gläubigern im Streit liegt, bemüht sich der junge Klempner Benny, in den Betten Londons Geld aufzutreiben.
Ⓥ VPS

Besessen – Das Loch in der Wand
(OBSESSIONS).
BRD/Niederlande 1968.
R Pim de la Parra. **B** Pim de la Parra/Wim Verstappen. **K** Frans Bromet/Hubs Hagen. **M** Bernard Herrmann. **D** Alexandra Stewart, Dieter Geissler, Victoria Naelin, Tom van der Beek, Marijke Boonstra, Vibeke Lökkeberg, Donald Jones, Fons Rademakers. **F** 90 Min.

Durch ein Loch in der Wand beobachten ein Student und eine Journalistin die mysteriösen sexuellen Handlungen eines, wie sich später herausstellt, recht mörderischen Nachbarn. Doch bevor man diesem das Handwerk legen kann, findet der Student den Tod. – Ein finsterer kleiner Sexthriller, an dessen Drehbuch kein geringerer als Martin Scorsese mitgearbeitet haben soll.
Ⓥ Monte

Bestie der Wollust
(THE RAVAGER). USA 1970.
R Charles Nizet. **B** Charles Nizet.
K Carl Johnston. **M** N.N. **D** Pierre Gaston (Joe Salkow), Jo Long (Wirtin), Lynn Hayes, Luana Wilcox, Ann Hollis, Diane Thurman, Darlene Dawes. **F** 76 Min.

Der amerikanische GI Joe, der während des Krieges in Vietnam Zeuge einer Vergewaltigung wurde, kehrt psychisch krank nach Hause zurück, beobachtet als Spanner heimlich Pärchen beim Liebesspiel und sprengt sie (bis auf ein lesbisches Duo) in die Luft. – Dieser Film ist natürlich keine Kritik am Vietnamkrieg, sondern für Mr. Nizet lediglich ein Alibi, um den Zuschauer voyeuristisch an seinen Phantasien teilhaben zu lassen.

Bettgeheimnisse
Siehe **Schlüsselloch-Report**

Bettgeknister, Sexgeflüster
(PORNO LUI EROTICA LEI).
Italien 1908.
R Mario Siciliano. **B** Mario Siciliano. **K** Luigi Ciccarese. **M** N.N. **D** Karin

Weill (Marina), Eugenio Gramignano (Roberto), Guia Lauri (Gräfin Frederica), Mark Shannon, Giuseppe Curia, Sandy Samuel, Mara Bronzoni, Lidia Ruga, Marisa Aresu, Tiziana Fornetti. **F** 76 Min.
Weil Roberto es nicht lassen kann, ständig anderer Frauen Schürzen zu jagen, zahlt Marina es ihm heim, indem sie eine lesbische Beziehung aufnimmt. – Sexfilm eindeutigen Zuschnitts, mit vielen ansehnlichen Damen in unterschiedlichsten Stadien der Entkleidung. Ⓥ VPS

Die Betthostessen
Schweiz 1972.
R Michael Thomas [= Erwin C. Dietrich]. **B** Manfred Gregor [= Erwin C. Dietrich]. **K** Peter Baumgartner. **M** Walter Baumgartner. **D** Ingrid Steeger, Christa Free, Monica Marc, Kenita Flynn, Karin Hofmann, Tiara Moana, Christian van Bergen, Roman Huber, Rolf Häubi, Kurt Meineke, Jürg Coray, Carlo Monti. **F** 76 Min.
Ein Schweizer Sexfilm aus der Fabrik von Erwin C. Dietrich, dessen Titel wohl alles sagt. – AT: DIE HOSTESSEN.

Betthupferl in Oberbayern
Siehe **Die Jungfrauen von Bumshausen**

Bettkanonen
BRD 1973.
R Ilja von Anutroff [= Ralf Gregan]. **B** Max Milian [= Ralf Gregan]. **K** Michael Marszalek. **M** Rolf Bauer. **D** Günther Glaser, Karl-Heinz Bauer, Heidrun Hankammer, Claus Jurichs, Judith Fritsch. **F** 88 Min.
Zwei Journalisten, die sich in einer Hotelbar treffen, reden über Frauen, deren ›Karrieren‹ in irgendwelchen Betten begonnen haben (und die wir dann per Rückblende erleben), bis der jüngere sich anschickt, auf gleiche Weise ins Big Business aufzusteigen: Eine Fotografin, die ihm zu Willen ist, entpuppt sich als Tochter seines Chefs. – Ein episodischer Schnickschnack, dessen Perfidie kaum noch zu unterbieten ist. Ⓥ Euro

Bettkarriere
BRD 1972.
R Ilja von Anutroff [= Ralf Gregan]. **B** Claus Tinney. **K** Benno Bellenbaum. **M** Rolf Bauer. **D** Angelika Wehbeck, Claus Tinney, Elfi Estell, Ingrid Steeger, Rena Bergen, Joachim Ruschke, Hans-Walter Clasen, Perry Herr, Siegfried Unruh, Renate Blume, Conchita Alverdes, Vanessa von Brandenburg. **F** 85 Min.
Auf einer Party, die eine reiche Industrielle veranstaltet, überredet ein zynischer Fotograf (mit Hilfe von Rückblenden, die den ›Karriereweg‹ der anderen weiblichen Gäste dokumentieren), ein zögerndes Mädchen dazu, im Pornogeschäft aktiv zu werden. – Ein Machwerk, das so tut, als könnten Frauen nur über die Betten der Mächtigen ›Karriere‹ machen.

Bettys roter Salon
(CLINIC EXCLUSIVE). GB 1971.
R Don Chaffey. **B** Alton Hawke. **K** Brendan Stafford. **M** Ted Dicks. **D** Georgina Ward (Betty), Geoffrey Morris (Sir Roderick Clyde), Polly Adams (Anne), Mike Lewin (Roger Dawes), Alex Davion (Lee Maitland), Carmen Silvera (Elsa Farson), Vincent Ball (Bernard Wilcox), Basil Moss (Philip Eveleigh), Maria Coyne (Marilyn), April Olrich (Paula), Windsor Davies (Geoffrey Carter), John Boyce (Barmann), Peter Halliday (Fawcett), Mike Hunt (Mechaniker), Pearl Wright (Zimmermädchen), Tony Wright (Inspektor), Donald Bisset (Chauffeur). **F** 93 Min.

Georgina Ward als tückische Hure in *Bettys roter Salon* von Don Chaffey

Betty, die attraktive Besitzerin eines Massagesalons, nutzt ihr Wissen über die sexuellen Vorlieben ihrer Kundinnen und Kunden für Erpressungen aus. Nachdem sie eine verklemmte Lesbierin in den Selbstmord getrieben hat, verliebt sie sich in einen Mann, der sie ausnimmt wie eine Weihnachtsgans – und sich als rächender Sohn ihres Opfers entpuppt. – Ein Sexkrimi.

Bibi – sündig und heiß
(BABY LOVE). Schweiz 1973.
R Joseph W. Sarno. **B** Joseph W. Sarno. **K** Peter Rohe. **M** Günter Moll. **D** Maria Forssa (Bibi), Nadja Henkova, Anke Syring, Inés André. **F** 97 Min.
Bibi kommt frisch vom Land zu ihrer Tante in die Stadt und merkt recht schnell, daß diese nicht nur ständig erhitzt, sondern auch dem eigenen Geschlecht zugetan ist. Bibi macht mit, läßt aber auch die Männerwelt nicht links liegen. Am Ende schämt sie sich dann, weil solches Verhalten in den Zeiten, als dieser Film entstand, von der Zensur gern gesehen wurde.
Ⓥ Telerent

Die Bikini-Falle
(PRETTY SMART). USA 1987.
R Dimitri Logothetis. **B** Dan Hoskins. **K** Dimitri Papacostantis. **M** Jay Levy/Eddie Arkin. **D** Tricia Leigh Fisher (Daphne Ziegler), Lisa Lorient, Dennis Cole, Brad Zutat, Patricia Arquette. **F** 94 (TV: 79) Min.
Die poppig-punkige Daphne wird gegen ihren Willen auf ein griechisches Internatsschloß verbracht, wo sie sich den »Subs« anschließt, einer Gruppe, die mit den hochnäsigen »Preens« im ständigen »Klassenkampf« liegt. Wenn die Girls nicht gerade ihre Unterwäsche spazierenführen oder es auf eine Weise, die ihr Alter Lügen straft, mit den Boys eines Nachbarinternats treiben, werden sie von ihrem (mit Heroin handelnden) Schuldirektor mit versteckten Kameras gefilmt. Trotz größter Mühen war die im Titel angeführte »Bikini-Falle« nirgends zu erblicken; auch versteht man nicht, warum ein Direx sich damit abgibt, mit Videoaufnahmen neckischer Kissenschlachten Geld zu machen, wo doch im Heroin ungemein höherer Profit liegt. – Ein Teeniesexstreifen für Wäschefetischisten.
Ⓥ Highlight

Das Bildnis des Dorian Gray
(THE PICTURE OF DORIAN GRAY). USA 1945.
R Albert Lewin. **B** Albert Lewin. **K** Harry Stradling. **M** Herbert Stothart. **D** Hurd Hatfield (Dorian Gray), George Sanders (Lord Henry Wotton), Donna Reed (Gladys Hallward), Angela Lansbury (Sybil Vane), Peter Lawford (David Stone), Lowell Gilmo-

re (Basil Hallward), Richard Fraser (James Vane), Douglas Walton (Allen Campbell), Morton Lowry (Adrian Singleton), Miles Mander (Sir Robert Bentley), Lydia Billbrook (Lady Agatha), Bernard Gorcey. **SW/F** 110 Min. London, 19. Jahrhundert: Dorian Gray wird auf manipulative Weise von dem durchtriebenen Lord Wotton zu einem verderbten Charakter gemacht. Bald hegt er perverse Gedanken, nimmt an Orgien teil (die man nicht zu sehen bekommt; der Film entstand 1945!) und gibt Sybil, die er heiraten wollte, einen Korb. Sybil bringt sich um. Gray läßt sich von dem Künstler Gilmore malen, schließt einen Pakt mit den Mächten des Bösen und tauscht seine Seele gegen die ewige Jugend ein. Fortan bleibt er jung, nur sein Porträt gibt seine Ausschweifungen wider: Es wird zu einer gräßlichen Visage, Gray selbst bleibt faltenlos. Als Gilmore das Bild entdeckt, bringt Gray ihn um. Jahre später balzt Gray mit Gladys, Gilmores Nichte. Stone, der Gladys ebenfalls verehrt, warnt sie vor Gray. Als er das Gemälde findet, sticht Gray, nun wahnsinnig, auf das Porträt ein und wird zum grauenhaften Abbild des Gemäldes, das sich auf wunderbare Weise wieder verjüngt. – Diese exzellente Verfilmung des Klassikers von Oscar Wilde (1854–1900) läßt die Erotik zwar weitgehend außen vor (man bedenke das Entstehungsjahr), begeisterte das Publikum jedoch wegen seiner Horrorsequenzen und erhielt zwei Oscar-Nominierungen.

Das Bildnis des Dorian Gray
(IL DIO CHIAMATO DORIAN). BRD/Italien/Liechtenstein 1969. **R** Massimo Dallamano. **B** Massimo Dallamano/Marcello Coscia/Günter

Oscar Wilde goes Sex: Helmut Berger und Gespielin in *Das Bildnis des Dorian Gray* von Massimo Dallamano

Ebert. **K** Otello Spila. **M** Peppino de Luca/Carlo Pes. **D** Helmut Berger (Dorian Gray), Herbert Lom (Henry Wotton), Marie Liljedahl (Sybil Vane), Richard Todd (Basil Hallward), Margaret Lee (Gwendolyn), Isa Miranda (Frau Ruxton), Eleonora Rossi-Drago (Frau Clouston), Maria Rohm (Alice Campbell), Stuart Black (Jim Vane), Beryl Cunnigham (Adrienne).
F 93 Min.
Die europäische Filmversion des berühmten Romans von Oscar Wilde (1854–1900) ist zwar nur ein Abklatsch der US-Fassung (1945), gibt aber dem ausschweifenden Charakter des Helden mehr Raum: Dorian ist ein schnieker Jet-Setter; das Portrait zeigt ihn mit nacktem Oberkörper und einem lässigen Halstuch. Auf Wotton wirkt er so schön, daß er nicht nur das Bild, sondern auch Dorian besitzen will: Er führt ihn in die große Welt ein und läßt ihn seine Neigungen ausleben. Während alles um Dorian herum altert, bleibt er selbst jung und schön. Als sein ausschweifendes Leben auf dem Gemälde sichtbar wird, erkennt er den ihm lastenden Fluch und tötet den Maler – in der Hoffnung, ein neues Leben anfangen zu können. Doch das Gemälde verändert sich nicht. Erst bei Dorians Tod erstrahlt das Gemälde in jugendlichem Glanz. – »Das Ganze wurde in einem Stil verfilmt, der eine Mischung aus Zigarettenreklame, Body-Building, Kolle-Streifen und einen Schuß ›Aktenzeichen XY… ungelöst‹ darstellt.« (FILMBEOBACHTER).
Ⓥ VPH

Bilitis
(BILITIS). Frankreich 1976.
R David Hamilton. **B** Catherine Breillat. **K** Bernard Baillencourt. **M** Francis Lai. **D** Patti d'Arbanville (Bilitis), Mona Kristensen (Melissa), Bernard Girardeau (Lucas), Gilles Kohler (Pierre), Mathieu Carriére. **F** 95 (TV: 89) Min.
Die siebzehnjährige Schülerin Bilitis verliebt sich kurz vor den Sommerferien in den Fotografen Lucas, findet jedoch nicht den Mut, sich ihm körperlich hinzugeben. Während des Urlaubs im Haus ihrer verheirateten Bekannten Melissa wird sie Zeugin, wie Melissa von ihrem Mann Pierre gegen ihren Willen genommen wird. Bilitis und Melissa kommen einander näher, doch die lesbische Begegnung, die sich zwischen ihnen ergibt, wird von Melissa nicht fortgeführt. Bilitis erkennt sich selbst, und als Lucas auftaucht, wird ihr klar, daß er der Mann ist, den Melissa braucht. Ohne in mehr als eine flüchtige erotische Beziehung verwickelt worden zu sein, kehrt sie ins Internat zurück. – »Dieser Film lebt von seiner erlesenen Fotografie in zarten Pastelltönen und dem Spiel der Titeldarstellerin. Patti d'Arbanville… stellt Bilitis voll Schönheit und sinnlicher Poesie dar… BILITIS ist ein Film wie ein zärtlicher Traum, der Liebe und des Mysteriums der Erotik.« (Karl Correns, FILMECHO/FILMWOCHE).
Ⓥ Atlas

Bitte, bitte, eine Frau
(LES MALES). Kanada 1970.
R Gilles Carlé. **B** Gilles Carlé. **K** René Verzier. **M** Stéphane Venne. **D** Donald Pilon (Pierre), René Blouin (Emile), Andrée Pelletier (Rita), Katherine Mousseau (Dolores), J. Léo Gagnon.
F 95 Min.
Pierre und Emile, kanadische Holzfäller, die seit zwei Jahren keinem Menschen mehr begegnet sind, wollen ausgerechnet Dolores, die Tochter des örtlichen Polizeichefs entführen, doch statt dessen landen sie im Knast. Dolores, die nicht nachtragend ist, befreit sie. Pierre und Emile tauchen im Wald unter, wo sie dem Hippie-Mädchen Rita begegnen,

Ciao, Bello! Silvana Mangano in *Bitterer Reis* von Giuseppe de Santis

mit dem sie ein Trio bilden, bis sie sich wegen Rita zerstreiten. Sie ergreift die Flucht, und die beiden Helden folgen ihr nach Montréal, da sie ohne sie nicht mehr leben können. – Eine flott gefilmte frivole Kömodie, die männliche Gelüste ordentlich aufs Korn nimmt. Sehr lustig und rasant!

Bitterer Reis
(RISO AMARO). Italien 1949.
R Giuseppe de Santis. **B** Giuseppe de Santis/Carlo Lizzani/Carlo Musso/Gianni Puccini/Corrado Alvaro/Ivo Perillo. **K** Otello Marteli. **M** Goffredo Petrassi. **D** Silvana Mangano (Silvana), Vittorio Gassman (Walter), Doris Dowling (Franncesca), Raf Vallone (Marco), Checco Russone (Aristide), Nico Pepe (Beppe), Lia Corelli, Maria Grazia Fanvia, Lina Ganneri.
SW 103 Min.
Der Gauner Walter läßt seine Freundin Silvana eine Gruppe von Saisonarbeiterinnen unterwandern, die in der Poebene auf einem großen Reisfeld arbeiten, da er plant, die Ernte zu stehlen. – Der leicht melodramatische Film erregte Anfang der fünfziger Jahre internationales Aufsehen wegen der ansehnlichen Rundungen seiner Hauptdarstellerin, aber man sollte nicht verschweigen, daß sie auch als Akteuse Beträchtliches leistet.
Ⓥ UFA

Bitterer Whisky
(FIERAS SIN JAULA/DUE MASCHI PER ALEXA). Spanien/Italien 1971.
R Juan Logar. **B** Juan Lopez Garcia/Jesus L. Folgar. **K** Igino Florentini. **M** Piero Piccioni. **D** Curd Jürgens (Ronald), Rosalba Neri (Alexa), Juan Luis Galiardo, Manolo Otero.
F 81 Min.
Die sinnliche junge Alexa heiratet Ronald, den reichen Vater ihrer Freundin,

verliebt sich jedoch in einen Mann ihres Alters und sieht sich dem bösartig ausgeklügelten Racheplan ihres Gatten ausgesetzt. – »Keinen Augenblick verläßt der Film das verdummende Illustriertenniveau; schwülstig-banale Dialoge und spekulative Sexszenen verstärken den negativen Eindruck.« (FILMDIENST). – AT: IM RAUSCH DER SINNE.
Ⓥ Loyal/VTD (Im Rausch der Sinne)

Black Cats
(BLACK ALLEY CATS). USA 1973.
R Henning Schellerup. **B** Joseph Drury. **K** Ray Icely. **M** N.N. **D** Sunshine Woods, Charlene Miles, Johnny Rhodes, Marsha Jordan, Pepe Russo, Sandy Dempsey. **F** 61 Min.
Eine schwarzweiße Mädchenbande erleichtert die Besucher von Spielkasinos um ihre Penunzen und ist während ihrer riskanten Aktionen auch sexuellem Treiben nicht abgeneigt. – Der erste Spielfilm des Kameramannes Henning Schellerup, der auch sonst noch nicht durch Mitarbeit an Produktionen von Wert aufgefallen ist. – AT: SCHWARZE KATZEN – HEISSE LUST.

Black Emanuelle (1)
(EMANUELLE NERA). Italien 1975.
R Albert Thomas [= Adalberto Albertini]. **B** Adalberto Albertini/Ambrosio Molteni. **K** Carlo Carlini. **M** Nico Fidenco. **D** Laura Gemser (Emanuelle), Karin Schubert (Ann Danieli), Angelo Infanti (Gianni Danieli), Isabelle Marchall (Gloria), Gabriele Tinti (Richard), Don Powell (Kamau).
F 94 Min.
Die dunkelhäutige Fotografin Emanuelle wird bei einer Fotoreise über den afrikanischen Kontinent und durch die örtliche Natur ausgiebig von einem weißen Ehepaar (er: Großfarmer; sie: Schriftstellerin) vernascht und treibt es nebenher mit einem Eingeborenen und einem kompletten Hockeyteam. – Ja, und das ist auch schon alles.
Ⓥ ITT Contrast, VMP

Lesbische Spielchen in Afrika: Laura Gemser und Porno-Queen Karin Schubert in *Black Emmanuelle (1)* von Albert Thomas

Black Emanuelle (2)
(EMMANUELLE NERA ORIENT REPORTAGE). Italien 1976.
R Joe d'Amato [= Aristide Massaccesi]. **B** Maria Pia Fusco. **K** Aristide Massaccesi. **M** Nico Fidenco. **D** Laura Gemser (Emmanuelle), Gabriele Tinti, Ely Galleani, Ivan Rassimov, Venantino Venantini, Giacomo Rossi Stuart, Gaby Bourgois, Koike Mahoco, Fausti Di Bella, Chris Avram, Attilio Duse, Debra Berger. **F** 91 Min.
Die Journalistin Emanuelle lernt auf einer Reise nach Bangkok einen thailändischen Prinzen kennen, der sie, wenn er nicht gerade am Thron des Königs sägt, durch Sexpartys und Massagesalons schleust. Als sie seinetwegen in politische Verwicklungen gerät, ist sie einer Gruppe von Königstreuen zu Willen und flieht nach Casablanca, wo sie – bis zum nächsten Auftrag – eine lesbische Beziehung mit der Tochter des US-Konsuls aufnimmt. – Konzeptionsloser Softsexer mit erheblichen handwerklichen Mängeln.
Ⓥ ITT Contrast, VMP

Black Emanuelle – Stunden wilder Lust
(EMMANUELLE IN AMERICA). Italien 1976.
R Joe d'Amato [= Aristide Massaccesi]. **B** N.N. **K** Marco Dentici. **M** Nico Fidenco. **D** Laura Gemser (Emanuelle), Gabriele Tinti, Roger Brown, Lars Black, Riccardo Salvino, Maria Piera Regoli, Matilde dell'Aglio, Stefania Nocilli, Paola Senatore. **F** 92 Min.
Die Journalistin Emanuelle entlarvt einen lüsternen Waffenschieber, nimmt in Venedig an einem Partywettbewerb teil, dessen erster Preis, ein nacktes Mädchen, verpackt in eine Cremetorte, ist, und entwischt aus einem Männerbordell für reiche Tucken, indem sie beweist, daß sie auch Frauenfleisch nicht verachtet. Nachdem es ihr gelungen ist, Fotos von Sado-Maso-Fans zu knipsen, die niemand drucken will, weil sie zu heiß sind, düst sie mit einem strammen Mann auf eine Insel, um fortan nur noch der ›wilden Lust‹ zu frönen.
Ⓥ VPS

Der blaue Engel
Deutschland 1930.
R Josef von Sternberg. **B** Carl Zuckmayer/Karl Vollmöller/Robert Liebmann. **K** Günther Rittau/Hans Schneeberger. **M** Friederich Holländer. **D** Marlene Dietrich (Lola-Lola), Emil Jannings (Prof. Immanuel Rath), Kurt Gerron (Kiepert), Rosa Valetti (Gusti Kiepert), Hans Albers (Mazeppa), Reinhold Bernt (Clown), Eduard v. Winterstein (Schuldirektor), Hans Roth (Pedell), Rolf Müller (Angst), Roland Varno (Lohmann), Karl Balhaus (Ertzum), Robert Klein-Lörk (Goldstaub), Karl Huszar-Puffy (Wirt), Wilhelm Diegelmann (Kapitän), Gerhard Bienert (Polizist), Ilse Fürstenberg (Raths Wirtschafterin).
SW 108 Min.
Als der spießige Professor Rath bei Studenten Fotos einer freizügig gekleideten Vatiétésängerin namens Lola-Lola findet, die in einer Bar namens ›Der blaue Engel‹ auftritt, nimmt er sich vor, die jungen Männer dortselbst auf frischer Tat zu ertappen. Doch unerwartet übt die Sängerin einen magischen Reiz auf ihn aus, und am nächsten Morgen findet er sich in ihrem Bett wieder. Als seine Schüler ihm mit obszönen Tafelzeichnungen zeigen, daß sie von seinem Abenteuer wissen und auch der Direktor davon erfährt, fliegt Rath von der Schule. Lola-Lola, beeindruckt von seinen Ersparnissen, kümmert sich um ihn. Rath heiratet sie, muß aber bald feststellen, daß er kaum mehr als ihr Diener ist, deren ›Sex‹-Fotos er verkaufen muß. Als

Der blaue Engel

May Britt in *Der blaue Engel* von Edward Dmytryk

die Truppe von einer Tournee wieder in die Stadt zurückkehrt, in der Rath Lehrer war, zwingt man ihn, auf der Bühne den Trottel zu spielen. Gedemütigt eilt er hinaus, erwischt Lola-Lola in flagranti mit dem Schauspieler Mazeppa und versucht sie zu erwürgen, was Bühnenarbeiter im letzten Moment verhindern können. Aus dem Theater geworfen, sucht Rath seine alte Schule auf, wo ihn höhnische Gespenster aufziehen, und er stirbt.
Ⓥ UFA

Der blaue Engel
(THE BLUE ANGEL). USA 1959.
R Edward Dmytryk. **B** Nigel Balchin.
K Leon Shamroy. **M** Hugo Friedhofer.
D Curd Jürgens (Prof. Immanuel Rath), May Britt (Lola-Lola), Theodore Bikel (Klepert), John Banner (Harter), Fabrizio Mioni (Rolf), Ludwig Stössel (Prof. Braun), Wolff Barzell (Clown), Ina Anders (Gussie), Richard Tyler (Kieselsack), Vojtek Dolinski (Müller), Ken Walken (Erizum), Del Erickson (Lohmann), Edith Angold (Emilie). **F** 107 Min.

Der Gymnasialprofessor Rath entbrennt in heißer Liebe zu Lola-Lola, einer Tingeltangel-Tänzerin, hängt für sie seinen Beruf an den Nagel, um letztendlich von ihr gedemütigt zu werden. Ein Remake des gleichnamigen Films von Josef von Sternberg (Deutschland 1930). – »Ein sonnig-blauer Himmel lacht über dem pittoresken deutschen Städtchen (von außen Passau, von innen Rothenburg); nichts Schauriges haben mehr die Gassen, die im alten Film noch expressionistisch verkantet dastanden. Aus Sternbergs Lola, dem Symbol nicht domestizierter, versengender Weiblichkeit, ist ein ›good bad girl‹ geworden, das für den

Gatten nur das Beste will, weshalb denn dieser auch nicht ganz verkommt, sondern ›there is still a chance‹.« (Enno Patalas, FILMKRITIK).

Die blaue Lagune
(THE BLUE LAGOON). GB 1948.
R Frank Launder. **B** Frank Launder/John Baines/Michael Hogan. **K** Geoffrey Unsworth. **M** Clifton Parker. **D** Jean Simmons (Emmeline Foster), Donald Houston (Michael Reynolds), Susan Stranks (Emmeline als Kind), Noel Purcell (Michael als Kind), James Hayter (Dr. Murdock), Cyril Cusack (Paddy Button), Maurice Denham (Capt. Johnson), Philip Stainton (1. Offizier), Patrick Barr (2. Offizier), Nora Nicholson (Mrs. Stannard), Lyn Evans (Trotter), Russell Waters (Craggs), Stuart Lindsell (Jachtbesitzer), Dorothy Batley (Ehefrau).
SW 93 Min.
Inhalt siehe DIE BLAUE LAGUNE (USA 1980; **R** Randall Kleiser). Dies ist die gleiche Geschichte – bloß ohne Sex.

Die blaue Lagune
(THE BLUE LAGOON). USA 1980.
R Randall Kleiser. **B** Douglas Day Stewart. **K** Nestor Almendros. **M** Basil Pouledouris. **D** Brooke Shields (Emmeline), Christopher Atkins (Richard), Leo McKern (Paddy Button), William Daniels (Arthur Lestrange), Elva Josephson (Emmeline als Kind), Glenn Kohan (Richard als Kind), Alan Hopgood (Kapitän), Gus Mercurio (Offizier), Jeffrey Means (Wachtposten), Bradley Pryce (Paddy als Dreijähriger), Chad Timmermans (Paddy als Säugling). **F** 105 (TV: 100) Min.
Die Kinder Richard und Emmeline und der alte Seemann Paddy, der bald das Zeitliche segnet, überleben als einzige einen Schiffsuntergang und wachsen auf einer Südseeinsel auf. Sie kommen sich näher, zeugen aus Liebe und Unwissenheit ein Kind und werden Jahre später, obwohl sie die Insel eigentlich nicht wieder verlassen wollen, von einem Schiff aufgenommen, dessen Kapitän im Auftrag von Richards Vater nach ihnen sucht. – Ein Remake von THE BLUE LAGOON (GB 1948; **R** Frank Launder).

Das blaue Paradies
(PARADISE). Kanada 1981.
R Stuart Gillard. **D** Stuart Gillard. **K** Adam Greenberg. **M** Paul Hoffert. **D** Willie Ames (David), Phoebe Cates (Sarah), Richard Curnock (Sir Geoffrey), Tuvia Tavi (Schakal), Neil Vipond (Reverend), Aviva Marks (Rachel), Joseph Shiloah (Ahmed).
F 93 (TV: 89) Min.
Die Teenies David und Sarah fliehen im 19. Jahrhundert vor einem bösen arabischen Sklavenhändler in eine paradiesische Oase, in der es jede Menge zu Essen gibt, erleben ein paar Abenteuer, kommen sich menschlich näher und zeigen – weil's eine Story im eigentlichen Sinn nicht gibt – in vielen schön ausgeleuchteten Szenen ihre ansehnlichen Leiber, um das Interesse der Päderasten unter den Zuschauern wachzuhalten. – Das alles ist trotz des anderen Settings natürlich ein Ideenklau von THE BLUE LAGOON (USA 1980) von Randall Kleiser, der seine Idee wiederum von Frank Launders THE BLUE LAGOON (GB 1948) geklaut hat.
Ⓥ Embassy

Bleib wie du bist
(COSI COME SEI). Italien/Spanien 1978.
R Alberto Lattuada. **B** Paolo Cavara/Enrico Oldoini/Alberto Lattuada. **K** José Luis Alcaine. **M** Ennio Morricone. **D** Marcello Mastroianni (Giulio Marengo), Nastassja Kinski (Francesca Fosca), Francisco Rabal (Lorenzo), Anja Pieroni (Cecilia), Barbara De

Rossi (Ilaria Marengo), Monica Randal, Giuliana Calandra, Alberto Lattuada. **F** 105 (TV: 95) Min.
Der Landschaftsarchitekt Giulio, Ende vierzig, Vater einer Tochter, verliebt sich in Florenz in die siebzehnjährige Studentin Francesca. Die beiden bleiben einen Tag und eine Nacht zusammen und beschließen, sich wiederzusehen. Als Giulio seinem Freund Lorenzo von der Begegnung erzählt, erinnert Lorenzo ihn daran, daß er vor achtzehn Jahren eine Affäre mit einer gewissen Frau Fosca hatte, deren Tochter Francesca heißt. Schock! Schauer! Schrecken! Sie könnte seine Tochter sein... – »Ennio Morricone... übergießt alles mit dem Zuckerguß der süßen Geigen, und wenn am Ende ein paar Leute mit Tränen der Rührung das Kino verlassen... dann ist wohl der Zweck des Ganzen erfüllt. Allerdings nur der kommerzielle Zweck.« (Axel Winterstein, FILMBEOBACHTER).
Ⓥ RCA/Columbia

Die blonde Haremsdame
Siehe **Der lüsterne Türke**

Die Blonde mit dem süßen Busen
Siehe **Blutjunge Verführerinnen (3)**

Blondes Feuer
(BLONDE FIRE). USA 1979.
R Bob Chinn. **B** Jeffrey Neal. **K** Frederick Roe. **M** May-Loo/Jeffrey Neal. **D** John C. Holmes (Johnny Wadd), Jesie St. James (Miss Kelly), John Martin (Simon), Fatima Hamoud (Fatima), Kitty Shayne (Lala), James Price (Malcolm) Fay Burd (Dagny), Dorothy Le May (Careena), John Seeman, Charles Scott, Seka. **F** 96 Min.
Kapstadt: Der amerikanische Privatdektiv Johnny Wadd kommt mit einem Dollarkoffer nach Südafrika, um im Auftrag von Finanziers einen Riesendiamanten zu kaufen. Doch da sich das Geschäft verzögert, weil er Expertisen sehen will, vertreibt er sich die Zeit mit ansehnlichen Frauen, die nie schnell genug aus den Kleidern kommen können (sofern sie überhaupt welche tragen), sobald sie ihn nur sehen. Ein paar dubiose Gangster beiderlei Geschlechts, die Johnnys Dollarkoffer stehlen wollen, tun auch noch so, als spielten sie eine Rolle, und daß die Diamantenhändler sich als Betrüger entpuppen, bringt den Film (dessen Inhalt sich sowieso um ganz andere Dinge dreht) zu einem schnellen Ende. Sexprotz John Holmes und seine Kollegen kommen zwar fast ganz ohne Zoten aus, aber ein Spannungsbogen will sich ums Verrecken nicht entwickeln.
Ⓥ Tabu

Blow Up
(BLOW UP). GB 1966.
R Michelangelo Antonioni. **B** Michelangelo Antonioni/Antonino Guerra/Edward Bond. **K** Carlo Di Palma. **M** Herbert Hancock. **D** David Hemmings (Thomas), Vanessa Redgrave (Jane), Sarah Miles (Patricia), Jane Birkin, Gillian Hills (Teenager), Peter Bowles (Ron), Harry Hutchinson (Antiquar), John Castle (Maler), Susan Broderick (Antiquarin), Mary Khal (Redakteurin), Ronan O'Casey (Janes Geliebter), Tsai Chin (Empfangsdame), Jill Kennington, Peggy Moffitt, Rosaleen Murray, Ann Norman, Melanie Hamsphire, The Yardbirds.
F 111 (TV: 106) Min.
Der Modefotograf Thomas, der in London ein schickes Atelier besitzt und sich für nichts anderes interessiert, als ›sein eigenes Ding zu machen‹, glaubt auf der Vergrößerung eines im Stadtpark spontan gemachten Fotos eine Leiche zu erkennen. Die ansehnliche Jane, die ebenfalls auf dem Bild zu sehen ist, setzt ihre Reize ein, um ihm das Negativ abzujagen. – Ein in jeder Hinsicht fehlgeschla-

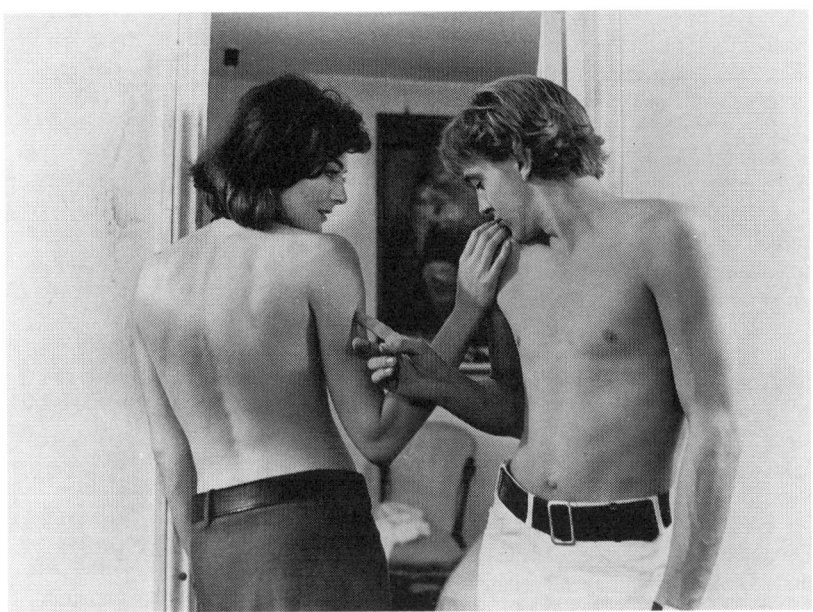

Können diese Augen lügen? Vanessa Redgrave und David Hemmings in *Blow Up* von Michelangelo Antonioni

gener Film: Weder ein Porträt des Swinging London der wilden Sixties, noch ein Thriller. Und (aus heutiger Sicht) schon gar kein Sexfilm, wie der Fan ihn erwartet.

Blue Rita
Siehe **Das Frauenhaus**

Blumen ohne Duft
(BEYOND THE VALLEY OF DOLLS). USA 1970.
R Russ Meyer. **B** Roger Ebert/Russ Meyer. **K** Fred J. Koenekamp.
M Stuart Phillips. **D** Dolly Read (Kelly MacNamara), Cynthia Myers (Casey Anderson), Marcia McBroom (Petronella Danforth), John Lazar (Ronnie Barzell), Michael Blodgett (Lance Rock), David Gurian (Harris Allsworth), Edy Williams (Ashley St. Ives), Erica Gavin (Roxanne), Phyllis Davis (Susan Lake), Harrison Page (Emerson Thorne), Duncan McLeod (Porter Hall), Jim Iglehart (Randy Black), Charles Napier (Baxter Wolfe), Henry Rowland (Otto), Princess Livingston (Matrone), Stan Ross (Jünger), Lavelle Roby (Vanessa), Angel Ray (Mädchen in der Badewanne), Veronica Ericson (Blondine), Haji (Katzenfrau), Karen Smith (Rotschopf), Sebastian Brook (Baumeister), Bruce McBroom (Kameramann), Jan Sander (Junge in der Badewanne), Yoko Tani (Kameraassistentin), Samantha Scott (Cynthia), Tea Crawford (Kathy Page), Heath Jobes (Maskenbildner), John Logan (Eskorte), Susan Reed (Modell), Robin Bach (Schwuler), Ceil Cabot (Mutter). **F** 104 Min.
Kelly, Casey und Petronella, drei ansehnliche Girls, gründen eine Beatband und machen sich mit ihrem Manager auf

nach Hollywood, wo sie mit Hilfe von Kellys Tante rasch Karriere machen. Auf dem Weg nach oben treffen sie viele unterschiedliche Typen: den Schauspieler Lance, die lesbische Modezeichnerin Roxanne; einen halbkriminellen Anwalt; einen Jurastudenten namens Thorne und den Preisboxer Randy. Und natürlich schließen sie auch Bekanntschaft mit allem, was man kennen muß, um ›in‹ zu sein: ausschweifenden Partys, Drogen, Partnertausch, Sex jeder Art, Transvestiten und SM. Als es zu rituellen Morden kommt, wird das süße Leben für die Mädchen schal, und sie erkennen, daß sie auf dem falschen Weg sind. – »Perfekt – wie stets bei Meyer – ist ... Szenenbau und Schnitt, mit einer fast altväterlichen Vorliebe für Köpfe in Großaufnahmen; perfekt sind die Farben und Doppelbelichtungen«, fand der FILMBEOBACHTER. Doch: »Die Darsteller lassen auch den geringsten Anflug von Ausdrucksvermögen vermissen und machen so die psychologischen Purzelbäume der Geschichte noch auffälliger.« (FILMDIENST).
Ⓥ Magnetic

John Karlen und Danielle Ouimet in dem Vampirdrama *Blut an den Lippen* von Harry Kümel

Blut an den Lippen
(LE ROUGE AUX LÈVRES).
BRD/Belgien/Frankreich 1970.
R Harry Kümel. **B** Harry Kümel/Pierre Drouot/J.J. Amiel. **K** Edward van der Enden. **M** Francois de Robaix. **D** Delphine Seyrig (Gräfin Elisabeth Bathory), Danielle Oimet (Valérie), John Karlen (Stefan), Andrea Rau (Ilona Harczy), Paul Esser (Portier), Georges Jamin (Mann), Joris Collet (Butler), Fons Rademakers (Mutter).
F 89 Min.
Die Flitterwöchner Stefan und Valérie quartieren sich in einem alten Hotel in Ostende ein und lernen die Comtesse Elisabeth Bathory und ihre Begleiterin Ilona kennen. Der Portier, der die Comtesse schon vor vierzig Jahren gesehen hat, ist erstaunt über ihr unverändertes Aussehen. Aus einzelnen Bemerkungen erfährt man, daß sie ein Vampir ist und Ilona kontrolliert. Valérie soll ihr nächstes Opfer werden. Beim Abendessen erzählt die Comtesse dem Paar von ihrer Großmutter, der ›blutigen Gräfin‹, die achthundert Jungfrauen töten ließ, um in ihrem Blut zu baden. Die verstörte Valérie fordert Stefan auf abzureisen, doch er reagiert auf den Sado-Bericht mit sexueller Erregung. Schockiert sucht Valérie das Weite, kehrt aber unter dem hypnotischen Einfluß der Comtesse zurück. Ilona verführt Stefan und kommt dabei durch widrige Umstände ums Leben. Die lesbische Comtesse, die sich inzwischen an Valérie vergangen und sie zum Vampir gemacht hat, zwingt Stefan, Ilonas Leiche zu vergraben. Sie und Valérie bringen Stefan um, wälzen sich in seinem Blut und werfen seinen Leichnam

ins Meer. Als die beiden im Morgengrauen das Hotel verlassen, treibt die Comtesse Valérie zu schnellerem Fahren an. Ein Sonnenstrahl blendet Valérie, sie kommen von der Straße ab. Die Comtesse wird aus dem Wagen geschleudert und von einem Ast aufgespießt; Valérie tritt ihr Erbe an und nimmt Kontakt zu einem Pärchen auf. – »BLUT AN DEN LIPPEN ist sicher ein schlimmer Film, wie einige Kritiker behaupten, und er ist auch kein Prachtstück, aber er ist sexy, phantasievoll, amüsant und macht unbestreitbar Spaß.« (Danny Peary, CULT MOVIES II).

Blutjung und liebeshungrig
BRD 1972.
R Franz Antel. **B** Hans Billian/Gretl Löwinger. **K** Ernst W. Kalinke. **M** Ralf Novy. **D** Paul Löwinger (Bumshäuptl), Sybil Danning (Elisabeth), Sascha Hehn, Eva Garden, Arlene Sörje, Claus Tinney, Christiane Maybach, Puppa Armbruster, Gernot Möhner, Wolfgang Jansen, Josef Moosholzer, Erich Padalewski, Rinaldo Talamonti, Heiner Lauterbach. **F** 79 Min.
Der Apotheker Bumshäuptl, mit zwei lüsternen Töchtern namens Christl und Marie geschlagen, macht das Geschäft seines Lebens, als es den beiden Mädchen nebst einem Apothekergehilfen gelingt, nach einem alten Rezept eine potenzsteigernde Pille zu entwickeln: Im Umkreis seines Geschäfts bricht spontan die unkontrollierte Geilheit aus. – Ein recht doofer Schinken. – AT: DIE LIEBESTOLLEN APOTHEKERSTÖCHTER.

Blutjung zur Lust verführt
(IL PRETO SPOSATO).
Italien/Frankreich 1972.
R Marco Vicario [= Renato Marvi].
B Marco Vicario [= Renato Marvi].
K Alessandro d'Eva. **M** Armando Travaioli. **D** Lando Buzzanca (Don Salvatore), Rossana Podesta, Salvo Randone, Magali Noel, Enrico Maria Salerno, Barbara Bouchet, Silvia Dioniso, Mariangela Melato, Luciano Salce. **F** (98) 83 Min.
Der junge Pastor Salvatore hilft als Beichtvater in einer Kirche aus, die hin und wieder von leichten Mädchen aufgesucht wird. Obwohl er jede Art von Unzucht, die sie betreiben (besonders die kommerzielle) verdammt, machen ihn die ansehnlichen Bordsteinschwalben täglich spitzer. Als auch eiskalte Duschen nicht mehr helfen, denkt er ernsthaft darüber nach, die dralle Rossana zu heiraten. – Eine Sexkomödie, die sich an der Doppelmoral der Kirchenfürsten hochzieht und zeigt, was mit Priestern passieren kann, die sich dem Zölibat verschreiben: sie landen in der kirchlichen Klapsmühle. – Gell, ein Titel wie BLUTJUNG ZUR LUST VERFÜHRT klingt doch besser als PRIESTER, DU SOLLST NICHT OHNE LIEBE LEBEN – doch so hieß dieser Film in seiner ersten Fassung. – AT: IM HIMMEL STEHT KEIN DOPPELBETT.
Ⓥ UFA (Im Himmel steht kein Doppelbett)

Blutjunge Masseusen
Schweiz 1972.
R Michael Thomas [= Erwin C. Dietrich]. **B** Manfred Gregor [= Erwin C. Dietrich]. **K** Peter Baumgartner.
M Walter Baumgartner. **D** Rena Bergen, Christa Free, Nadine de Rangot, Margrit Sigel, Chitta Coray, Emmy Waller-Diemont, Carlo Monti, Rolf Häubi, Gaby Walther, Claudia Fielers, Karin Hofmann, Antje Schlärf, Elke Boltenhagen, Melitta Tegeler, Karin Götz, Josef Moosholzer, Walter Bustelli, Raphael Britten, Max Crottet. **F** 76 Min.
Ein Reisebüro schickt Rudel von üppigen ›Masseusen‹ an die unterschiedlichsten Urlaubsorte (Rom, Bangkok, Paris,

Blutjunge Unschuld

Kopenhagen, Wien, Zürich, Stockholm, Berlin, Nizza und München), damit die Touristen auch fern der Heimat nicht auf das Gewohnte verzichten müssen. – Ein episodischer Quark aus Erwin C. Dietrichs Schweizer Sexfabrik, in der man auch mit Ende zwanzig noch immer als ›blutjung‹ durchgeht. – Der reine Schwachsinn und das technisch-handwerkliche Unvermögen reichen sich blöde grinsend die Hand.

Blutjunge Nymphomaninnen
Siehe **Ein Sommer der wilden Liebe**

Blutjunge Unschuld
(SANDRA, THE MAKING OF A WOMAN). USA 1971.
R Gary Graver. **B** Gary Graver/Robert Aiken. **K** Gary Graver. **M** N.N.
D Monica Gayle (Sandra), Darryl Largo, Raymond Zona, Jean Clark, James Ritter, Bobbie Seasons, Desiree Trayle, Crack Laird, Keel Smythe, Ronald Mowry. **F** 79 Min.
Die unerfahrene Sandra zieht nach dem Tod ihres Alkoholiker-Vaters nach San Francisco, fällt dort sexbesessenen Kerlen und Weibern in die Hände, lernt alle Formen der ›Erotik‹ kennen und entwickelt sich zur hemmungslosen Genießerin, die ihrem Freund klipp und klar sagt, daß sie nicht bereit ist, sich sexuell einzuschränken. – »Die angeblich ›blutjunge‹ Unschuld... ist weder das eine noch das andere. Sie ist vielmehr ein ausgekochtes Biest, das die Männer schneller wechselt als die Schlüpfer.« (FILMDIENST).

Blutjunge Verführerinnen
BRD/Schweiz 1971.
R Michael Thomas [= Erwin C. Dietrich]. **B** Manfred Gregor [= Erwin C. Dietrich]. **K** Peter Baumgartner.
M Walter Baumgartner. **D** Evelyn Träger, Ingrid Steeger, Klaus Jurichs, Bernd Wilczewski, Herbert Klüver, Bernd Zahn, Andreas Mannkopf, Margret Cicek, Rena Bergen, Yvonne Zolliker. **F** 79 Min.
Mehrere Journalisten, die einen Report über die Sexaktivitäten von Schülerinnen planen, phantasieren sich episodische ›Fälle‹ zusammen, die ihnen dann als Grundlage für ihre Materialsammlung dienen. – Ein Sexfilm, der auf einem sogenannten Report der Punzenpresse-Publikation WOCHENEND basiert – was über das Niveau und die Wissenschaftlichkeit dieses Schlüpferfilmchens auch schon alles sagt.

Blutjunge Verführerinnen (2)
Schweiz 1972.
R Michael Thomas [= Erwin C. Dietrich]. **B** Manfred Gregor [= Erwin C. Dietrich]. **K** Peter Baumgartner.
M Walter Baumgartner. **D** Ingrid Steeger, Evelyn Traeger, Christa Free, Rena Bergen, Margrit Sigel. **F** 74 Min.
Ein Drehbuchautor, der zufällig ebenso heißt wie der Autor dieses Films, stellt eine Studentin als Tippse ein und diktiert ihr, wie er sich die Strategien ›blutjunger Verführerinnen‹ von 1972 vorstellt: Wie ein Skihaserl einen Skilehrer antörnt; wie ein Mädchen gleich zwei Männer in der Eisenbahn vernascht; wie eine Abiturientin einen Schüler inmitten eines Hühnerschwarms liebt; wie eine Anhalterin sich zwei Fernfahrer zur Brust nimmt; wie ein Au-pair-Mädchen den Hausherrn verführt und anschließend seine Gattin tröstet. – Und wie der Herr Drehbuchautor am Ende von seiner ›blutjungen‹ (ca. fünfundzwanzig Jahre alten) Tippse verführt wird.

Blutjunge Verführerinnen (3)
Schweiz 1972.
R Michael Thomas [= Jesus Franco Manera]. **B** Manfred Gregor [= Erwin C. Dietrich]. **K** Peter Baumgartner.

M Walter Baumgartner. **D** Ingrid Steeger (Ingrid), Karin Hofmann, Margit Sigel, Nadine de Rangot, Rolf Häubi, Jörg Coray. **F** 92 (TV: 82) Min.
Das Mädchen Ingrid flüchtet per Anhalter aus dem Internat und unterhält den Mann, in dessen Wagen sie steigt, mit pikanten Histörchen über das Sexleben ihrer Mitschülerinnen. – Der Film kommt ohne Schauspieler aus: Die Kerle, die hier agieren, sind zum Grausen; die ›Mädchen‹ könnten problemlos ihre eigenen Mütter spielen. Besonders grandios: Ein Fünf-Minuten-Dialog zwischen einer Maid und einem Waldarbeiter, der komplett aus dem Off gesprochen wird, weil dies die Synchronisation billiger macht: Redet er, lüpft sie neckisch das Röckchen; redet sie, futtert er ein Butterbrot. In der besten Szene strengt sich ein Pärchen an, Lust zu heucheln, während im Vordergrund ein Rammler ungerührt an einer Möhre knabbert. Offiziell ist der Film von Michael Thomas (alias Erwin C. Dietrich) inszeniert worden, doch Anzeichen sprechen dafür, daß der wirkliche Regisseur Jesus Franco Manera heißt. – AT: DIE BLONDE MIT DEM SÜSSEN BUSEN. Ⓥ UFA (Die Blonde mit dem süßen Busen)

Bob & Carol & Ted & Alice
(BOB & CAROL & TED & ALICE). USA 1969.
R Paul Mazursky. **B** Paul Mazursky/Larry Tucker. **K** Charles E. Lang. **M** Quincy Jones. **D** Natalie Wood (Carol), Dyan Cannon (Alice), Elliot Gould (Ted), Robert Culp (Bob), Horst

Wer zweimal mit derselben pennt, gehört schon zum Establishment: Elliot Gould, Nathalie Wood, Robert Culp und Dyan Cannon in *Bob & Carol & Ted & Alice* von Paul Mazursky

Ebersberg (Horst), Lee Bergere (Emilio), Donald F. Muhich (Psychiater), Noble Lee Holderhead (Sean), K.T. Stevens, (Phyllis), Celeste Yarnall (Susan), Greg Mullavey (Gruppenführer), André Philippe (Oscar), Dianne Berghoff (Myrna), John Halloran (Conrad), Susan Merin (Toby), Jeffrey Walker (Roger), Vicki Thal (Jane), Joyce Easton (Wendy), Howard Dayton (Howard), Alida Ihle (Alida), John Brent (Dave), Garry Govdrow (Bert), Carol O'Leary (Sue), Constance Egan (Norma). **F** 105 Min.

Zwei amerikanische Ehepaare nehmen an einer gruppentherapeutischen Sitzung teil, die das Ziel hat, sie zu natürlichem und spontanem Verhalten zu erziehen. Nachdem sie gelernt haben, ehrlich und offen zu sein, gestehen drei der Teilnehmer, zwei Männer und eine Frau, Seitensprünge. Die andere Frau ist daraufhin erst mal schockiert, schlägt aber dann eine Partnertauschorgie vor. Als es soweit ist, sind es die Männer, denen der Mut zum letzten Schritt abgeht. Dennoch trollen sich alle Beteiligten ohne Groll ins eigene Ehebett... – Eine nicht unwitzig gemachte Sexkomödie, die den Höhepunkt des Sexrummels gegen Ende der sechziger Jahre aufs Korn nimmt, wenn auch relativ brav und mit einem guten Schuß typisch amerikanischer Prüderie.
Ⓥ RCA/Columbia

Boccaccio

(BOCCACCIO). Italien/Frankreich 1971. **R** Bruno Corbucci. **B** Mario Amendola/Bruno Corbucci. **K** Luigi Kuveiller. **M** Carlo Rustichelli. **D** Enrico Montesano (Buffalmacco), Alighiero Noschese (Lambertuccio De Cecina), Isabella Biagini (Ambrugia), Sylva Koscina (Fiametta), Pascale Petit (Giletta), Maria Baxa (Tebalda), Bernard Blier (Dr. Mazzeo), Raymond Brussieres (Cagastraccio), Lino Banfi (Ignazio), Mario Carotenuto (Nicola). **F** 95 Min.

Sechsteiliger Episodenfilm nach dem klassischen »Decamerone« von Boccaccio, in dem der flotte Lustmolch Buffelmacco und ein Schwung lüsterner Weiber depperten Ehemännern pausenlos Hörner aufsetzen.

Boccaccio '70

(BOCCACCIO 70) Italien/Frankreich 1961. **R** Mario Monicelli/Federico Fellini/Luchino Visconti/Vittorio De Sica. **B** Giovanni Arpino/Italo Calvino/Tullio Pinelli/Enzo Flaiano/Suso Cecchi d'Amico/Cesare Zavattini. **K** Giuseppe Rotunno/Otello Martelli/A. Nanuzzi. **M** Nino Rota/Armando Travaioli. **D** Sophia Loren (Zoe), Luigi Giuliani (Gaetano), Alfio Vita (Cuspet), Romy Schneider (Pupe), Thomas Milian (Graf), Romolo Valli, Paolo Stoppa. Anita Ekberg (Anita), Peppino De Filippo (Dr. Antonio), Dante Maggio, Giacomo Furia, Alberto Sorrentino.
F 156 Min.

1. »Die Versuchung«: Das vollbusige Fotomodell Anita, das auf einer gigantischen Plakatwand für die Steigerung des Milchkonsums wirbt, setzt die Phantasie des gegen Pornographie kämpfenden Dr. Antonio in Brand, erscheint ihm im Traum und versucht ihn zu verführen, was ihn schlußendlich in der Klapsmühle enden läßt. – 2. »Der Job«: Nach dem Auffliegen eines Callgirlrings stellt eine reiche Industriellentochter fest, daß ihr Mann, ein vom Geld ihres Vaters lebender Graf, sie mit sämtlichen Damen dieses Unternehmen betrogen hat. Sie verlangt von ihm, er solle sie, wenn er mit ihr schlafen will, wie eine Prostituierte honorieren, was der Taugenichts auch prompt tut. – 3. »Der Hauptgewinn«: Ein durch die italienische Provinz ziehender Schießbudenbesitzer bietet seine üppige Assistentin Zoe als Hauptgewinn

Anita Ekberg (auf der Plakatwand) in *Boccaccio 70* von Federico Fellini

an. – Derbes, pralles und gelegentlich sogar humorvolles Kino, wie es in Italien leider nicht mehr allzu oft vorkommt. – Ein Episodenfilm.
Ⓥ Embassy

Bohr weiter, Kumpel
BRD 1974.
R Siggi Götz. **B** G. Eisenkirchen. **K** G. Ford. **M** Gerhard Heinz. **D** Leopold Gmeinwieser (Egon Kappes), Alena Penz (Erna Kappes), Rinaldo Talamonti (Giancarlo), Elisabeth Volkmann (Frau Dose), Alexander Grill (Karl Sauer), Puppa Armbrüster (Heike), Renate Kasché (Elsbeth Speckmeier), Klaus Münster (Ernst Speckmeier), Roman Skrobek (Walter Schmielewski), Gerhard Ruhnke (Heinrich Maurer), Achim (Bert Lock), Werner Plath (Noppenei), Gisela Gehlen (Frau Maurer), Marie Luise Lusewitz (Wirtin). **F** 87 Min.
»Wenn fünf fröhliche Kumpels als Tippgemeinschaft lange auf den ›großen Schluck aus der Pulle‹ gewartet haben und nun endlich ›fünf Richtige mit Zusatzzahl‹ haben, dann dürfen die Damen daheim mit Recht die schwarze Wäsche anziehen, denn dann wackeln im Revier Biertische und Betten... Aber leider ging der Tippzettel verloren.« (Verleihwerbung). – Eine Geschichte über Maloche, Bier und Bett im Ruhrgebiet, wie's sich Münchner Produzenten halt so ausmalen, wenn der Föhn bläst. Ein Beitrag zum Thema ›Wie man Filme dreht, vor denen es sogar der Sau graust‹.
Ⓥ UFA

Bora Bora
(BORA BORA). Italien/Frankreich 1969.
R Ugo Liberatore. **B** Ugo Liberatore. **K** Leonida Barboni. **M** Piero Piccioni. **D** Doris Kunstmann (Marita), Corrado Pani (Roberto), Haydée Politoff, Ivan Scatuglia, Rosine Copie.
F 98 (TV: 94) Min.

Marita hat das dekadente Gehabe ihres Ehemannes Roberto satt und tut sich auf Tahiti mit dem Fischer Mani zusammen, der sie auch als Bettgefährte nicht unbefriedigt läßt. Roberto reist Marita hinterher, um sie erneut an sich zu binden, doch dann kreuzt eine einheimische Schöne seinen Weg, und auch er hat alle Hände voll zu tun. Müder Sexfilm ohne erkennbare Handlung.

Born For Love
BRD 1987.
R Sascha Alexander [= Hans Moser]. **B** N.N. **K** Hughes Baron/Parker Bartleff. **M** Silke und Theo Rox. **D** Sybille Rauch (Sylvie Deschamps), John Leslie (Jasper Colbert), Elle Rio (Jenny Deschamps), Karin Schubert (Yvonne Dupont), Joey Silvera (Angelo Ponti), Jamie Summers (Esther Rothman), Sophie Marseille (Sharon Kane), Tom Byron (Jacques Vidoux), Sasha Gabor (Norbert), Jonathan Wilde (Samuel Kronstein), Gordon Parker (Rodger Nicholson), Madeleine Amand (Brigitte). **F** 300 Min.
Ein Produzent, ein Regisseur und ein Schauspieler tun sich zusammen, um die recht kurvenreiche Blondine Sylvie zu bewegen, eine Rolle in einem ›freizügigen‹ Film zu spielen. Erst ziert sie sich, doch als der schöne Akteur Angelo ihr im Bett erklärt, wie wenig im Grunde dabei ist, vor der laufenden Kamera zu menscheln, ist sie sofort zu allem bereit und besorgt es auch dem Regisseur und dem Produzenten. – Die HC-Fassung dieses artistischen Streifens zeigt dann auch, wo's lang geht: Hier wird nicht nur die hübsche Sylvie für dumm verkauft, sondern auch der Zuschauer.
Ⓥ VTO

Boys and Sex – Die Nackten und die Perversen
Siehe **Die Nackten und die Perversen**

Brummi, sein Kolben läuft auch ohne Diesel
Siehe **Autostop-Lustreport**

B.S. I Love You
(B.S. I LOVE YOU). USA 1970.
R Steven Hillyard Stern. **B** Steven Hillyard Stern. **K** David Dans. **M** Jimmy Dale/Mark Shekter. **D** Peter Kastner (Paul Bongard), Joanna Camerin (Michele »Marilyn« Ink), Louise Sorel (Ruth), Gary Burghoff (Ted Bufman), Joanna Barnes (Jane Ink), Richard B. Shull (Finlay Harris), John Gerstad (Mr. Bongard), Mary Lou Mallorce (Autoverleiherin), Jeanne Sorel (Mrs. Bongard), Joe Kottler (Taxifahrer), Tom Ruisinger (Reiseberater), Frank Orsatti (Manuel), Barry Woloski (Hippie). **F** 98 Min.
Paul, in der Werbung tätig, wird von einer gewissen Marilyn auf der Toilette eines Flugzeuges verführt, verliert seinen Job, findet einen neuen, setzt den Flirt mit der jungen Dame fort, hält seine Braut Rose hin, läßt sich von seiner Chefin Jane verführen, und muß eines Tages erkennen, daß Marilyn Janes Tochter ist. Rose, inzwischen ordentlich vom Frust geplagt, bricht zu einer Englandreise auf. Paul, der erkennt, daß Rose die richtige für ihn ist, jagt hinterher. – Eine Komödie.

Das Bullenkloster
Siehe **Laß jucken Kumpel (2): Das Bullenkloster**

Bumsfallera in Kitzelhausen
Siehe **Die liebestollen Baronessen**

Das bumsfidele Häuschen
Schweiz 1971.
R Mario d'Alcala. **B** N.N. **K** Hans Jura. **M** N.N. **D** Alon d'Armand, Ursula Reith, Margot Mahler, Kurt Grundmann, Josef Moosholzer, Walter

Kraus, Elke Boltenhagen, Karin Götz, Heinz Mann, Monica Rhode. **F** 84 Min.
Episodenfilmchen über sexuelle Begegnungen an ›stillen Örtchen‹: Von der Stammtischplauderei ehemaliger Kriegskameraden über den ›Donnerbalken‹ bis hin zur lesbischen Aktion auf der Damentoilette. – Genau das, was der Welt noch gefehlt hat! – »Ein Glück, daß der Geruchsfilm noch nicht erfunden wurde.« (FILMDIENST). – AT: DAS LIEBESTOLLE HÄUSCHEN. TOILETTENGEFLÜSTER.

Das bumsfidele Heiratsbüro
Schweiz 1972.
R Charles Ferrer. **B** N.N. **K** Uli Otth. **M** N.N. **D** Elisabeth Felchner, Joanna Jung, Rose Nougy, Yves Jofa, Knut Reschke. **F** 84 (TV: 71) Min.
Von einem kleinen Bus aus operierend macht sich ein Lechz-Sextett (drei Männer, drei Mädchen) in der Schweiz ein feines Leben, indem es dafür sorgt, daß mit Hilfe eines Computers alle paar Minuten die Hüllen fallen. – Ein Sexfilm aus der Produktion des Veteranen Werner Kunz, der unsere Eltern schon mit seinem 20-Minuten-Klassiker MITTSOMMERNACHT IN SCHWEDEN (Schweiz 1964) nicht am Einschlafen hindern konnte (wenngleich der FILMDIENST der Meinung war »Die spekulative Darbietung nackter Frauenkörper verletzt das sittliche Empfinden«). – AT: DER TOSENDE LIEBESQUELL. SEX-CONNECTION.

Das bumsfidele Töchterinternat
Siehe **Charley's Tante – nackt**

Die bumsfidelen Mädchen vom Birkenhof
Schweiz 1974.
R Michael Thomas [= Erwin C. Dietrich]. **B** Manfred Gregor [= Erwin C. Dietrich]. **K** Peter Baumgartner. **M** Walter Baumgartner. **D** Nadine De Rangot, Monika Rhode, Laurel Conic, Helga Blabst, Peter Capra. **F** 83 Min.
Drei dem Nudistentum frönende Schwestern, die auf einem Bauernhof leben, zeigen der zufällig vorbeikommenden Männerwelt, wo die Glocken hängen. – Und Humor ham wir auch, denn: »Lachen ist das zweitliebste, was die bumsfidelen Mädchen tun.« (Verleihwerbung).
Ⓥ UFA

Die Bumsköpfe
(L'INSEGNATE). Italien 1975.
R Nando Cicero. **B** Tito Carpi/Francesco Milizia. **K** Giancarlo Ferrando. **M** Piero Umiliani. **D** Edwige Fenech, Vittorio Caprioli, Alfredo Pea, Lino Banfi, Mario Carotenuto, Stefano Amato, Carlo Delle Piane, Francesca Romano Coluzzi, Gianfranco d'Angelo, Leo Colonna, Niki Gentile. **F** 82 Min.
Ein sexhungriger Gymnasiast baggert seine Lehrerin an und erreicht das Ziel seiner Wünsche schließlich mit Hilfe seines Vater und des trotteligen Schulrektors. – Eine der zotig-albernen italienischen Schulsexklamaukschmonzetten, von denen dreizehn auf ein Dutzend gehen. Selten so jelacht!

Der Bumsladen-Boß
BRD 1973.
R H.D. Bornhauser. **B** H.D. Bornhauser **K** N.N. **M** N.N. **D** Dorothea Rau, Imka Eberle, Margareta Boulevard, Johnnes Buzalski. **F** 84 Min.
Naive Girls, die in einer Hostessenschule unterkommen wollen, landen in einem von bösen Buben geführten Nachtbarpuff, bis sie sich mit Hilfe von außen befreien können und ihren Rettern freiwillig das geben, was sie anderen zuvor nur unfreiwillig gegeben haben. – »Die eine oder andere Einzelheit des Schwachsinns könnte als Persiflage gedeutet werden; doch Absicht der Her-

steller war das wohl kaum.« (FILM-DIENST).

Butterfly
Schweiz 1974.
R Joseph W. Sarno. **B** N.N. **K** Peter Rohe. **M** Günter Moll. **D** Maria Forssa (Denise), Harry Reems (Chef), Eric Edwards, Rob Everett, Natascha Verell, Irene Wendlin, Marius Aicher, Zoe Uva, Nadia Henkowa.
F (93) 81 Min.
Denise, eine blonde Unschuld vom Lande, bekommt einen Job in einem Nachtclub. Schon bald treibt sie es eifrig mit ihrem Chef, doch als sie bemerkt, daß er zu den polygamen Typen gehört, kommt ihr die Idee, es ebenfalls mit anderen Partnern zu versuchen. Was leider nicht ohne ein paar Komplikationen abgeht. – »Der Film ist wunderbar fotografiert, und auch die Darsteller erbringen eine ordentliche Leistung.« (ADULT MOVIES).
– AT: SEX-EXPERTS.
Ⓥ ITT Contrast, Focus (Sex-Experts)

Butterfly, der blonde Schmetterling
Siehe **Der Richter von Nevada**

C

Californien-Story – Liebe, Sex und Abenteuer
(NATURE'S PLAYMATES). USA 1962.
R Lewis H. Gordon [= Herschell Gordon Lewis]/Paul Mart. B Richard Tyler [= Bentley Williams]. K William Devar [= William R. Johnson]. M Lawrence W. Brady. D Vickie Miles (Diana), Scott Osborne (Russ Harper), Peter Lathrop (Ellsworth Elliot), Teri Stevens (Mrs. Elliot), Kip Behar (Fredy), Judy Miller (Mary), Al Glick, Fred Gordon, Graig Maudsley, Warrene Gray, Ingrun Albert, Marsha Monnet, Elaine Roberts, Judy Parsons, Shirley Gresham, Doris Wisher [= Doris Wishman], Amy O'Connell. F 80 Min.
Fredy und Mary fahren durch Kalifornien und sehen sich einen Film an, in dem eine Frau ein Detektivpärchen beauftragt, ihren auf einem FKK-Gelände ›verschollenen‹ Gatten zu suchen. Wie stets in diesen Filmen ist die Dame schwer gehemmt und eine beinharte Gegnerin des Nudismus. Dennoch gelingt es den Detektiven, sie zum Betreten des Nackerten-Camps zu überreden, wo sie fortan fröhlich mit ihrem Gatten in der Sonne badet. – Ein frühes Nudie-Spektakel von Herschell Gordon Lewis (Originallänge: 62 Minuten), von einem gewissen Paul Mart mit einer Rahmenhandlung versehen, damit das Produkt auf Spielfilmlänge kommt.

Caligula und Messalina
(CALIGOLA E MESSALINA).
Italien 1981.
R Anthony Ross [= Bruno Mattei].
B Bruno Mattei. K Luigi Cicaresi.
M Albert Minsi/Ted Scotto/Giacomo Dell'Orso. D John Turner (Caligula), Betty Roland (Messalina), Marie-Noelle Arnault, Francoise Blanchard, Vladimir Brajovic, Raul Cabrera, Jean-Pierre Lemaire. F 111 Min.
Eine flink zusammengeklebte Montage aus Resten von Gladiatorenfilmen und Neuaufnahmen von ›Stellungen‹, um die Dekadenz und Lüsternheit des römischen Kaisers Caligula und der Huren in seinem Umfeld zur Schau stellen. – Billig, billig. Ⓥ Euro

Der Callgirl-Club
(BEVERLY HILLS MADAM). USA 1986.
R Harvey Hart. B Nancy Sachett.
K Isidore Mankofsky. M Lalo Schifrin. D Faye Dunaway (Lil Hutton), Melody Anderson (Claudia), Marshall Colt (Steven Beck), Robin Givens (April), Donna Dixon (Wendy), Terry Farrell (Julie). F 92 Min.
Lil Hutton leitet einen exklusiven Callgirl-Club, dessen Mitarbeiterinnen gelegentlich den Ausstieg proben: Claudia will einen Geschäftsmann heiraten, April möchte Tänzerin werden, und Wendy steckt zuviel Energie in ihren Hauptberuf (sie ist nämlich Studentin). Claudias Verlobung platzt, als sie vom Onkel ihres Bräutigams in die Pfanne gehauen wird. Als sie April an ihrer Stelle zu einem Freier schickt, wird sie ermordet. Als Julie, ein Branchenneuling den Abschied einreicht, steht Lil vor der Pleite. – »Dünnblütige Kolportage aus der Welt des schönen Scheins, modisch gelackt fotografiert.« (Hans Messias, FILMDIENST).

Call-Girls in Manhattan
Siehe **New York Nights**

Candido Erotico
Siehe **Ein Mann für eine Nacht**

Candy
(CANDY / CANDY).
Italien/Frankreich 1968.
R Christian Marquand. B Buck Henry.
K Giuseppe Rotunno. M Dave Grusin.

D Ewa Aulin (Candy), Charles Aznavour (Buckliger), Marlon Brando (Grindl), Richard Burton (McPhisto), James Coburn (Dr. Krankheit), John Huston (Dr. Dunlap), Walter Matthau (General Smight), Ringo Starr (Emmanuel), John Astin (Daddy/Onkel Jack), Elsa Martinelli (Livia), Sugar Ray Robinson (Zero), Anita Pallenberg (Schwester Bullock), Lea Padovani (Silvia), Florinda Bolkan (Lolita), Marilu Tolo (Conchita), Nicoletta Macchiavelli (Marquita), Umberto Orsini (Lump), Joey Forman (Polizist), Fabian Dean (Sergeant), Enrico Maria Salerno (Jonathan J. John), The Byrds, Steppenwolf. **F** 101 Min.

Candy, eine naive, doch attraktive Blondine, törnt mit ihrer unschuldigen Art und der Bereitwilligkeit, es jedem Mann rechtzumachen, die Männerwelt an wie eine Lampe die Fliegen. – »Eine bombastische, prätentiöse Adaption des satirischen Sexromans ›Boiled Down‹ von Terry Southern mit einer Reihe kurzer Gastauftritte berühmter Filmstars. Aulin wird in der Rolle der unglaublich naiven und unwissenden Titelfigur von dem versoffenen Dichter McPhisto, dem mexikanischen Gärtner Emmanuel, dem rechtsradikalen General Smight, dem bizarren Guru Grindl, einem Buckligen und sogar von ihrem eigenen Vater verfolgt und begegnet unterwegs dem exzentrischen Dr. Krankheit, dem durchgedrehten Krankenhausleiter Dunlap, Sugar Ray Robinson und dem Rolling Stones-Groupie Anita Pallenberg.« (THE MOTION PICTURE GUIDE).

Candy – Das Traumgirl
(WEEKEND WITH THE BABY SITTER). USA 1970.
R Don Henderson. **B** James E. McLarty. **K** Jack Steeley. **M** Robert O. Ragland/Marcia Waldorf. **D** George E. Carey (Jim Carlton), Susan Romen (Candy Wilson), James Almanzar (Rich Harris), Luanne Roberts (Mona Carlton), Anthony Victor (Sancho), Bob Bernard (A.K.), Guy Edwards (Leon), Steve Vinovich (Snitch), Annik Borel (Doris), Gloria Hill (Mary Mary), James E. McLarty (Smitty), Patrick Whyte (Vertreter), Pat Welch (Kellnerin), Ellen Bailey (Telefonistin), Susan L. Stoner (Marge), Easton Herd (Michael Carlton). **F** 93 Min.

Als die Gattin mit den Kleinen übers Wochenende zur Schwiegermutter fährt, läßt der Drehbuchautor Jim den versehentlich eingetroffenen Babysitter Candy sein neuestes Produkt lesen. Die hippe Candy hält seinen Text natürlich für Unfug und nimmt Jim zu ihrer Clique mit, auf daß er erfahre, wie die jungen Leute von heute (bzw. 1970) wirklich leben: hauptsächlich im Umfeld von Sex und Drogen. Da ist die Polente natürlich auch nicht fern. – Kaum ein weiterer Oscar-Anwärter.

Carmen Baby
(CARMEN BABY). USA 1967.
R Radley Metzger. **B** Jesse Vogel. **K** Hans Jura. **M** Daniel Hart. **D** Uta Levka (Carmen), Claus Ringer (José), Walter Wilz (Baby Lucas), Christiane Rücker (Misty), Michael Münzer (Stadtrat), Doris Arden (Darcy), Barbara Valentin (Dolores), Carl Möhner (Medico), Christian Fredersdorf, Arthur Brauss. **F** (90) 83 Min.

Die Kellnerin Carmen, ein nymphomanischer Vamp, ruiniert mit ihren sexuellen Eskapaden das Leben des Polizisten José und des Rockstars Baby Lucas. – Eine ›moderne‹ und reichlich sexy ausgefallene Version des Romans von Prosper Merimée. – »[Metzger] hat seinem Namen Ehre gemacht. Die 17. filmische Bearbeitung der CARMEN ist wirklich Metzgerarbeit.« (FILMDIENST).
Ⓥ PolyGram

Uta Levka und Claus Ringer in *Carmen Baby* von Radley Metzger

Casanova
(CASANOVA). USA 1987.
R Simon Langton. B George MacDonald Fraser. K José Luis Alcaine. M Michel Legrand. D Richard Chamberlain (Giacomo Casanova), Faye Dunaway (Mme. Durfay), Ornella Muti (Henriette), Sylvia Kristel (Maddalena), Hanna Schygulla (Zanetta Casanova), Frank Finlay (Razetta), Patrick Ryecart. F 87/81 Min.
Die Lebens- und Liebesabenteuer des bekannten Potenzprotzes Giacomo Casanova, der sich damit brüstete, nicht weniger als einhundertsechzehn Damen beglückt zu haben. Gegen Sexprotze von heute, wie etwa John Holmes (fünfzehntausend), wirkt er damit eher wie ein Anfänger. – Amerikanischer TV-Zweiteiler, in ›erotischer‹ Hinsicht so ziemlich das Langweiligste, das man sich vorstellen kann.
Ⓥ Warner

Casanova Frankenstein
(FRANKENSTEIN ALL'ITALIANA). Italien 1975.
R Armando Crispino. B Massimo Franciosa/Maria Luisa Montagnana. K Giuseppe Aquari. M Stelvio Cipriani. D Gianrico Tedeschi (Dr. Frankenstein), Aldo Macciona (Monster), Jenny Tamburi (Janet), Lorenza Guiererri (Alice), Anna Mazzamauro (Maud), Ninetto Davoli (Igor).
F 88 Min.
Dr. Frankenstein lebt mit seiner hübschen Frau Janet auf einem italienischen Schloß und bastelt mit Hilfe seines Dieners Igor und seinen Assistentinnen Maud und Alice wieder einmal an der Herstellung von künstlichen Menschen. Als ihm der große Wurf gelingt, stellt er zu seinem Schrecken fest, daß sein neues Monster nicht nur intelligenter ist als alle bisherigen von ihm erschaffenen, sondern auch viel geiler, denn es be-

Aldo Maccione als Frankensteins Geilmonster und Jenny Tamburi in *Casanova Frankenstein* von Armando Crispino

springt alles, was ihm über den Weg läuft.
Ⓥ Mike Hunter

Casanova & Company
(LES TREIZE FEMMES POUR CASANOVA). BRD/Österreich/Frankreich/Italien 1976.
R Francois Legrand [= Franz Antel].
B Joshua Sinclair/Tom Priman.
K Hanns Matula. **M** Riz Ortolani.
D Tony Curtis (Giacomo/Casanova), Marisa Berenson (Calipha), Hugh Griffith (Caliph), Marisa Mell (Herzogin Francesca), Jean Lefebvre (Sergeant), Sylva Koscina (Gattin des Präfekten), Britt Ekland (Gräfin Trivulzi), Umberto Orsini, Andrea Ferreol (Bäkkerin), Victor Spinetti (Präfekt), Umberto Orsini (Graf Tiretta), Jeannie Bell (Fatme), Lillian Müller (Beata), Olivia Pascal (Angela). **F** 104 Min.

Tony Curtis in einer Doppelrolle, als der echte, gerade aus dem Gefängnis entwischte, wenig potente echte Umleger Casanova und sein viel leistungsfähigerer Doppelgänger, der stets seine Stelle einnehmen muß, wenn es an die nackten Tatsachen geht. – »So farbmunter der Schauplatz Venedig und seine Atmosphäre zuweilen ins Bild geraten, so blaß bleiben meist die Figuren. Bezopfte Gags, Klamauk und aufgesetzte Munterkeit dominieren... Franz der Große, wie Antel sich mit seinem Decknamen nennt, ist er in diesem Streifen kaum.« (FILMECHO/FILMWOCHE).
Ⓥ UFA

Catch Your Dreams
BRD 1983.
R Moritz Boerner. **B** Moritz Boerner.
K Andreas Schulz. **M** Kitaro/Lin/Amugama. **D** Andrea Jacobsen, Angela

Lilleystone, Petra Lunghaard, Nora Müller, Nina Oelrich, Peter Panther, Christian Piel. **F** 80 Min.
Mehrere junge Leute treffen sich unter der Leitung eines Regisseurs in einem klotzigen Schloß und treiben vor Andreas Schulzens Kameraauge das, was sie schon immer mal treiben wollten: Sie drehen einen Porno ohne den Streß und Leistungsdruck, der bei kommerziellen Produktionen üblich ist.

Cathérine
(CATHERINE CHERIE).
BRD/Spanien 1982.
R Hubert Frank. **B** Hubert Frank.
K Franz Xaver Lederle. **M** Gerhard Heinz. **D** Berta Cabre (Cathérine), Micha Kapteijn (Jan), Miguel Avriles (Mantoni), Arlene Guevera Gatica (Nora), Ajita Wilson (Anita), Dagmar Altmann, Peter Steiner jr., Raquel Evans. **F** 94 Min.
Der auf Gran Canaria lebende Autor Mantoni schaut nicht nur gern zu, wenn seine singende Geliebte Cathérine es mit dem Hausmädchen treibt, sondern benutzt sie ohne ihr Wissen auch als Drogenkurier. Ein Yuppie-Reporter namens Jan, der ebenfalls an Cathérine Gefallen findet, stellt sich ihm in den Weg, und als Mantoni die beiden in flagranti erwischt, zwingt er sie mit der Pistole zu Sexspielchen. Das kann natürlich nicht gut ausgehen: Jans Freunde und Mantoni beschießen sich, zwei Mann bleiben auf der Strecke. – »Sie ist sechzehn, und nichts ist ihr fremd.« (Verleihwerbung).
– AT: CATHERINE CHERIE.
Ⓥ VPS (Catherine Cherie)

Ceylon My Love
(L'ILE DES PASSIONS/ RITUELS DE LA PASSION).
BRD/Frankreich 1980.
R Jack Regis [= Hubert Frank].
B N.N. **K** N.N. **M** N.N. **D** Chris Murphy, Vera Floux, Dirke Altevogt, Béatrice Philip. **F** (85) 81 Min.
Der Fotograf Gérard fliegt mit zwei hübschen Modellen, die nicht abgeneigt sind, ihm alles zu geben, nach Ceylon, verliebt sich in eine geheimnisvolle Singhalesin und wird Zeuge einer rituellen Orgie. – »Ein bißchen Exotik, viel Erotik, aber nichts neues.« (FILMJAHR 1982/1983).

Champagner aus dem Knobelbecher
BRD 1975.
R Franz Marischka. **B** Franz Marischka/Werner P. Zibaso/ Friedrich G. Marcus. **K** Gunter Otto. **M** Peter Weiner.
D Axel Scholtz, Fred Stillkrauth, Peter Steiner, Franz Muxeneder, Eva Astor, Erich Kleiber, Günther Clemens, Michael Hinz. **F** 99 Min.
Ein kleines Schundfilmchen über die sexuellen Eskapaden deutscher Landser im besetzten Frankreich im 2. Weltkrieg. Schade um jeden belichteten Zelluloid-Meter. – AT: MELDE GEHORSAMST: ALLES IM EIMER.
Ⓥ Telerent

Champagner für Zimmer 17
BRD/Schweiz 1969.
R Michael Thomas [= Erwin C. Dietrich]. **B** Manfred Gregor [= Erwin C. Dietrich]. **K** Peter Baumgartner.
M Walter Baumgartner. **D** Tamara Baroni, Renate Larsen, Herbert Fux, Thomas Rainer, Alexander Allerson, Elio Crovetto, Uschi Moser.
F 86 Min.
Sittenpolizisten bemühen sich, einen als Schönheitssalon getarnten Edelpuff auszuheben, wobei die an sexuellem Frust leidende Gattin eines Kriminalbeamten, die aus Geldgier in eben diesen Kreisen gelandet ist, am Ende daran glauben muß. – AT: ICH BIN EIN CALLGIRL.
Ⓥ Heeres, UFA (Ich bin ein Callgirl)

Champagner zum Frühstück
(CHAMPAGNE FOR BREAKFAST).
USA 1980.
R Chris Warfield. **B** Chris Warfield.
K Chris Warfield. **M** N.N. **D** Leslie Bovee (Champagne), John Leslie (Harry), Kandi Barbour, Dorothy Le May, Candida Royalle, Ken Scudder, David Morris, John Seeman, Bonnie Holliday, Blair Harris, Kay Parker, Sharon Kane. **F** (102) 84 Min.
Die in der Kosmetikbranche tätige Karrierefrau Champagne erfährt, wie man die Herren der Schöpfung mit Hilfe von Erotik manipuliert und findet soviel Gefallen an ihrem neuen Wissen, daß sie sich in Begleitung ihres angeblich schwulen Chauffeurs Harry zu einer Sexodyssee aufmacht, auf der ihr Begleiter unverhofft die Seite wechselt. – »Diese Perle des erotischen Films... besticht durch solide Kameraführung, überdurchschnittlich gute Darstellung und einige sehr interessante Szenen.« (ADULT MOVIES). Nicht zu verwechseln mit CHAMPAGNE FOR BREAKFAST (USA 1935; **R** Melville Brown).
Ⓥ UFA

Der Chapman-Report
(THE CHAPMAN REPORT). USA 1963.
R George Cukor. **B** Wyatt Cooper/Don M. Mankiewicz/Arthur Seekman.
K Harold Lipstein. **M** Leonard Rosenman. **D** Shelley Winters (Sarah Garnell), Jane Fonda (Kathleen Barclay), Claire Bloom (Naomi Shields), Glynis Johns (Teresa Harnish), Efrem Zimbalist jr. (Paul Radford), Ray Danton (Fred Linden), Andrew Duggan (Dr. George C. Chapman), Ty Hardin (Ed Kraski), Harold J. Stone (Frank Grabell), Corey Allen (Wash Dillon), Jennifer Howard (Grace Waterton), Cloris Leachman (Miss Selby), Henry Daniell (Dr. Jonas), Hope Cameron (Ruth), Evan Thompson (Cass Kelly), Jack Cassidy (Ted Dyson), Roy Roberts (Alan Roby), John Baer (Boy Barclay), Chad Everett, Alex Viespi, Jack Littlefield, Ray Foster, Pamela Austin, William Hummer, Erma Amador, Elizabeth Camp, Blythe Daly, Beatrice Greenwood, Rita Royce, Gloria Atkin, Stuart Hall, Patricia Olson, Edith Tucker, Fern Barry, Michael Belle, Raymond Dannis, Pamela Gray. **F** 132 Min.
»Vorgebliche Kritik an der Seelenlosigkeit sexualpsychologischer Enquéten (alias Kinsey) dient hier zur lüsternen Darbietung von vier Fällen, die rüde über einen Kamm geschoren werden: Von der trunksüchtigen Nymphomanin über die intellektuelle Frigide und die Kalenderehe (»Heute ist unser Tag«) mit schelmischem Fremdbefriedigungsversuch bis hin zur Torschlußpanik einer ehemüden Endvierzigerin. Die Frigide erweist sich am Ende als heilbar mittels Liebe, was den Autoren zur Widerlegung Kinseys gereicht. – »Eine schmuddelige Spekulation auf die Voyeurinstinkte des Zuschauers.« (FILMKRITIK).

Charley's Tante – nackt
Schweiz 1969.
R Norbert Terry. **B** Norbert Terry/Klaus v. Wahl. **K** Walter Suter/Werner Kunz. **M** B. de Wolfe. **D** Vincent Gauthier (Andreas), Barbro Hedstroem (Inger Anderson), René St. Cyr, Noel Roquevert, Louis Navarre, Bruno Kaspar, Lillemor Planck, Wiange Törnquist, Julie Jordan, Marianik Revillon, Gilla Becklhammer, Uta Schanziger. **F** 104 Min.
Als die frühreife Inger wider Erwarten von ihren Eltern beim ›Körpern‹ mit ihrem Freund Andreas erwischt wird, landet sie in einem Schweizer Mädchenpensionat. Andreas weiß sich jedoch zu helfen: Er verkleidet sich als Mädchen, beantragt die Aufnahme in das feudale

Haus, treibt's dort heimlich mit seiner Kleinen, und macht auch sonst noch diversen Schabernack. Auch die restlichen Zöglinge des von debilen Paukern geleiteten Instituts haben nur Sex und Exhibitionismus im Sinn: Mangels (männlicher) Masse gerät dabei auch ein Vibrator zum Einsatz. – Kaum zu glauben, selbst wenn man's gesehen hat! Ein Anwärter für die Liste der fünftausend schlechtesten Schweizer Sexfilme. – AT: DAS BUMSFIDELE TÖCHTERINTERNAT.
Ⓥ Monte Video (Das bumsfidele Töchterinternat)

Charlys Nichten
BRD 1974.
R Walter Boos. **B** August Rieger. **K** Werner Kurz. **M** N.N. **D** Josef Moosholzer (Max), Bertram Edelmann (Stefan), Massimo E. Melis (Luigi), Karlheinz Otto (Charly Braun), Elke Boltenhagen (Gerlinde), Eva Gross (Resi), Patricia Vioti (Claude), Orchidea de Sanctis (Dominique), Jean Marie Dany (Li), Flori Endlicher (Jackyboy), Elisabeth Volkmann (Berta Schwarzkopf), Günter Kieslich (Albert Schwarzkopf), Nico Wolferstätter (Kurt Hellwig), Josef Fröhlich (Johann), Edgar Wenzel (Konrad), Marie Luise Lusewitz (Anna), Rosl Mayr (Frau Bösig), Ulrich Beiger (Dr. Stingl), Susanne Baer (Bernhardina), Hartmut Neugebauer (Knall), Anneliese Gröbl (Dicke), Willy Schultes (Gerichtsvollzieher). **F** 79 (TV: 75) Min.
Drei unter hohen Schulden ächzende Typen verkleiden sich als Frauen und schleichen sich bei einem Fotografen ein, der zwar nichts von der Weiblichkeit als solcher hält, aber täglich die knackig-

Lustmolch im Haus der Sirenen: *Der Chauffeur von Madame* von Jean-Claude Laureux

sten Modelle vor der Kamera hat. Nebenher kommt das Trio einem Fall von Erbschleicherei auf die Spur. – Eine Lustklamotte aus Debilien. – AT: WIE, IHR WOLLT SCHON WIEDER?

Der Chauffeur von Madame
(LES BIJOUX DE FAMILLE). Frankreich 1974.
R Jean-Claude Laureux. B Michel Parmentier. K Jean Orjollet. M Maurice Lecoeur. D Francoise Brion (Helene), Elizabeth Graine (Marianne), Corinne O'Brian (Juliette), Michel Fortin (Marcel), Jean Gabriel Nordman (Julien), Alexandre Rignault (Edmond), Jean Louis Blum (Antoine), Yves Marc Gilbert (Goebbels), Jacqueline Staup (Victoire), Frederique Barral (Nina), Brigitte De Borghese (Lola), Katy Amalzo (Lila), André Chaumeau. F 84 Min.
Nach dem Tod des spießigen großbürgerlichen Abgeordneten Georges Lafitte kehrt dessen kesse Tochter Marianne nach Hause zurück, verbündet sich mit dem Hausmädchen Juliette und dem Chauffeur Marcel und läßt die Sau raus: Sie tändelt mit dem schüchternen Sekretär Julien, der seinerseits Madame anbetet (die es wiederum mit Marcel treibt). Und als Madame eine Fête gibt, bedient Marcel alle Gäste, bis Juliette ihm zu verstehen gibt, wohin er gehört – ans andere Ufer. – Ein debiler Rammelfilm, in dem die Klassenschranken nicht aus politischer Einsicht, sondern aus purer Geilheit fallen. Ⓥ Euro

China Blue – Bei Tag und Nacht
(CRIMES OF PASSION). USA 1985.
R Ken Russell. B Barry Sandler.
K Dick Bush. M Rick Wakeman.
D Kathleen Turner (Joanna), Anthony Perkins (Reverend Peter Shayne), John Laughlin (Bobby Grady), Annie Potts (Amy Grady), Bruce Davison (Hopper), John G. Scanlon. F 106 Min.
Die geschiedene Joanna führt zwei Leben: Tagsüber ist sie eine fleißige Designerin für Sportkleidung, die von ihrem Chef für frigide gehalten wird; bei Nacht trägt sie eine blonde Perücke, nennt sich ›China Blue‹ und ist die heißeste 50-Dollar-Hure auf dem Strich. Sie führt ein Doppelleben, weil sie es genießt, Macht über ihre Freier auszuüben und auf der Straße alles sein zu können, was sie will. Der Elektroniker Bobby, der nach zwölf Ehejahren erkennt, daß seine Frau weder an ihm noch an Sex interessiert ist, wird auf Joanna angesetzt, weil man sie verdächtigt, Entwürfe an die Konkurrenz zu verkaufen. Bobby lernt sie als Kunde kennen und verliebt sich in sie, doch der fanatische Prediger Shayne, der vom Kommerz-Sex fasziniert und abgestoßen zugleich ist, wird China Blues Schicksal. – »[CHINA BLUE] ist... mehr als ein Sexthriller. Er ist eine Orgie in rauschhaften Farben und unbeschönigten Sex-Traumata, inszeniert mit einer artifiziellen Überzogenheit, die der Zuschauer nach Geschmack als lächerlich, melodramatisch oder besonders eindringlich empfinden kann.« (CINEMA).

Cine-Girl
(CINE GIRL). Frankreich 1969.
R Francis Leroi. B Francis Leroi.
K Pierre Levent/Jean Gonnett.
M Daniel White. D Juliet Berto, Francis Leroi, Christiane Gueho, Henri-Jacques Huet, Tanner Celensu.
F 95 Min.
Ein Drehbuchautor nimmt die Lebensgeschichte einer gescheiterten Schauspielerin auf Tonband auf, die uns dann per Rückblende gezeigt wird.

Class – Vom Klassenzimmer zur Klassefrau
(CLASS). USA 1983.
R Lewis John Carlino. B Jim Kouff/David Greenwald. K Ron Waite.

Der Traum vom Mann-Sein – endlich erfüllt. Jacqueline Bisset und Andrew McCarthy in *Class – Vom Klassenzimmer zur Klassefrau* von Lewis John Carlino

M Elmer Bernstein. **D** Rob Lowe (Skip Burroughs), Jacqueline Bisset (Ellen Burroughs), Andrew McCarthy (Jonathan Ogner), Cliff Robertson (Mr. Burroughs), Stuart Margolin (Balaban), John Cusack (Roscoe), Alan Ruck (Roger), Rodney Pearson (Allen), Remak Ramsey (Kennedy), Virginia Madsen (Lisa), Deborah Thalberg (Susan). **F** 98 Min.

Jonathan, neunzehn, etwas naiv, wird auf dem College von seinem Zimmergenossen Skip, der ihm einredet, die Schüler hielten alljährlich eine traditionelle Dessous-Parade ab, bis auf die Knochen blamiert. Später macht Jonathan einen Ausflug nach Chicago und lernt in einer Kneipe die attraktive fünfunddreißigjährige Ellen kennen, die ihn spontan in einem Lift verführt. Jonathan, auf den Geschmack gekommen, trifft weitere erotische Verabredungen mit seiner erwachsenen Nachhilfelehrerin, doch als Skip ihn zum Wochenende ins Haus seiner Eltern einlädt, lernt Jonathan nicht nur seinen langweiligen Vater kennen, sondern auch seine Mutter: Es ist seine Bettgespielin Ellen. – Ein ordentlich fotografierter, stellenweise witziger moderner Sexfilm, wie man ihn nicht allzu oft findet.
Ⓥ VCL

Claudia
(CLAUDIA). GB 1986.
R Anwar Kawadri. **B** Colin Spencer/Sarah Jane Vickers/Heather Holden. **K** Wolfgang Suschitzky. **M** David Bell. **D** Deborah Raffin, Nicholas Ball, Barbara Jefford, John Moulder-Brown, Ed Devereaux. **F** 93 Min.

Die mit einem Engländer verheiratete Italienerin Claudia verläßt frustriert ihren nur an seinen Geschäften interessier-

ten Gatten, um mit ihrem Freund Peter glücklich zu werden, doch Männe läßt Peter beseitigen und wird von Claudia dafür listig bestraft. – Ein von schwerfälliger Hand inszenierter Möchtegernthriller vom Regisseur der nicht weniger einschläfernden Sexplotte LIEBESSPIELE (GB 1975). Der Film vertreibt, sobald Sie ihn in den Rekorder legen, garantiert jeden unwillkommenen Besuch.
Ⓥ G.L.

Clinch
(HOT TIMES). USA 1974.
R Jim McBride. **B** Jim McBride. **K** Affonso Beato. **M** Thomas H. Valentino. **D** Henry Cory (Archie Anderson), Gail Lorber (Ronnie), Amy Farber (Betty), Bob Lesser (Coach), Steve Curry (Mughead), Clarissa Ainley (Kate), Bobbie Gondel (Gloria), Jack Baran (Alex Mogulmuph), Betty Mur (Chochita), Irving Horowitz (Potemkin). **F** 82 Min.
Weil seine Freundin Betty den Befehlen ihres Guru folgt, der nach einem sexlosen Monat einen Monat des Coitus interruptus propagiert, begibt sich der sexhungrige Student Archie auf die Suche nach anderen willigen Mädchen. Er betätigt sich als Voyeur im College-Duschraum, bei der eigenen Schwester, begegnet einer minderjährigen puertorikanischen Hure, die er jedoch nicht bezahlen kann, versucht sich als Stuntcock in einem Pornofilm und landet am Silvesterabend in den Armen der willigen Gloria. – Ganz das gewohnte Spiel mit den Stellungen. Der Film gibt sich komödiantisch, ist aber nur eine nicht enden wollende Zote mit extrem frauenfeindlichen Dialogen. – AT: HEISSE ZEITEN.
Ⓥ Silwa (Heiße Zeiten)

Ursula Buchfellner (links) und Olivia Pascal in *Cola, Candy, Chocolate* von Siggi Götz

Cocktail-Hostess
Siehe **Zeig mir deins, ich zeig dir meins**

Cola, Candy, Chocolate
BRD 1979.
R Siggi Götz. **B** Henry Kwan. **K** Franz Xaver Lederle. **M** Gerhard Heinz. **D** Olivia Pascal (Gaby), Ursula Buchfellner (Carmela) Christina Gianna [= Dolly Dollar] (Christine), David Auker (Johnny), Roland Astor (Roland), Philippe Ricci (Andreas). **F** 82 Min.
Gaby und Carmela jetten im Urlaub zu den Philippinen und haben dort Späßchen, Problemchen und Eifersüchteleien mit diversen Männern. Dazu sehen wir noch Chocolate, Discos, Sonne, viele nackte Busen und jeden Quatsch, den sich einfallslose Autoren ausdenken, wenn die Kasse gefüllt werden muß. – Ein T- and A-Movie. Ⓥ Telerent

Crazy Teens – Blutjunge Nymphomaninnen
Siehe **Ein Sommer der wilden Liebe**

Cream – Schwabing-Report
BRD 1970.
R Leon Capetanos. **B** Leon Capetanos/Ernst Ritter von Theumer. **K** Klaus König. **M** Irmin Schmidt. **D** Astrid Boner, Sabi Dor, Rolf Zacher, Eva Christian, Catherina Fürst, Barbara Klingered, Ulla Kopa. **F** 85 Min.
Der italienische Gigolo Franco, der nach München gekommen ist, um seiner Familie mit harten Deutschmark unter die Arme zu greifen, schläft sich durch die Betten wohlhabender Nymphomaninnen, macht die Bekanntschaft eines Pornofilmers, gerät auf die schiefe Bahn und nimmt sich das Leben. – Sexfilm.
Ⓥ Toppic

D

Dancing is my Life
(DIRTY LOVE). Italien/USA 1988.
R Joe d'Amato [= Aristide Masaccesi]. B N.N. K Federico Slavesco. M N.N. D Valentine Demy, Rick Munroe, Cully Holland, Lisa Lowenstein, Janet Lori. F 82 Min.
Ein gut gebautes Mädchen zieht in die Großstadt, um Tänzerin zu werden und geht zielstrebig ihre Karriere an, die (wie das Klischee es verlangt) durch alle möglichen Betten führt. Am Tanz ist Regisseur Joe d'Amato weniger inszeniert, und Signore Slavesco, der die Kamera fährt, läßt keine voyeuristische Einstellung aus. – AT: DIRTY LOVE. MÄDCHEN FÜR VERBOTENE SPIELE (2).

Danish Flowers
(THE ALL AMERICAN GIRLS/ INGA'S SEX LIFE). USA 1972.
R Mark Haggard. B Mark Haggard. K Don Dunn. M N.N. D Peggy Church (Inga), Alan Burton. F 76 Min.
Die sechzehnjährige Babysitterin Inga geht bei ihren Nachbarn und deren Sohn ›Stellungen üben‹, bevor sie ihrem Freund zeigt, was sie alles kann. – Ein billiges, eindeutig zweideutiges Filmchen.

Danish Movie
(ET DOGN MED ILSE). Dänemark 1971.
R Annelise Hovmand. B Annelise Hovmand. K Claus Örsted/Marten Bruus Pedersen. M Sören Christensen. D Ilse Dansgard (Ilse), Cy Nicklin (Hennes), Caesar (Sänger), Lisbeth Lundquist, Birgit Brüel. F 88 Min.
Halbdokumentarischer Film über eine Hausfrau namens Ilse, die ihrem Gatten als Stripperin das Studium finanziert; Paare, die andere ›unterhalten‹, indem sie es auf der Bühne treiben, sowie ein Journalistenpaar, das sich damit beschäftigt, ›freiheitliche Auffassungen‹ in Sachen Sex zu vermitteln, damit die rückständige Welt endlich mal schnallt, was Sache ist. – Für das Jahr 1971 sicher sehr gewagt.

Dany – die Anhalterin
(DANY LA RAVAGEUSE).
Frankreich 1971.
R Willy Rozier. B Xavier Vallier. K Pierre Fatori. M Jean Yatove. D Sandra Julien (Dany), Jürgen Drews (Théodore), Michel Paulin (Bob), Jacqueline Laurent (Talassa), Jacques Dynam (Leichenwagenfahrer), Claude Guillaume (Sébastien), Jacques Marbeuf (Mario), Angelo Bossi (Alfred), Sébastien Floche (Irrer), Jacques Hansenne (Henri). F 81 Min.
Ein Modell namens Dany, das seine Reisespesen zwar einsackt, dann aber, weil es auf den eigenen Wagen spart, per Anhalter von einem Modeschöpfer zum anderen reist, begegnet unterwegs fortwährend lüsternen Sado-Maso-Tanten, Lesbierinnen sowie reichen Protzen, Ganoven und Betrügern, die alle nur das eine von ihr wollen. – Episodischer Sexfilm, dessen stereotype Situationen auch den gutwilligsten Zuschauer bald ermüden.

Das gibt es nur im wilden Westen
(TONIGHT FOR SURE). USA 1962.
R Francis Ford Coppola. B Francis Ford Coppola. K Francis Ford Coppola. M Carmen Coppola. D Don Kenney, Virginia Gordon, Marli Renfro, Landy Silver, Linda Gibson.
F (69) 48 Min.
Ein Mann stößt sich das Köpfchen an und bildet sich fortan ein, überall – meist in einer kalifornischen Strip-Bar – nackte Frauen zu sehen. Einer der ersten filmischen Gehversuche des US-Filmers Coppola, der mit THE PEEPER (1961; auch: THE WIDE OPEN SPACES), sowie

THE BELLBOY AND THE PLAYGIRLS (1962) und COME ON OUT (1962) auch drei Pornos gedreht hat, bevor er mit THE GODFATHER (1971) Weltruhm erlangte.

Dauernd erregt
(KEEP IT UP). USA 1972.
R Conrad Foxx. **B** Conrad Foxx/Roger Thompson. **K** Alex Ingle. **M** N.N. **D** Justin Tyme (Sean), Jim Anthony (Pete), Ralph Mauro (Paul), Paul Gregory (Bob), Charles Allan (Perry), Kathy Whaley (Margo), Linda Marie (Kathy), Holly Woodstar (Pam), Lotta Nuki (Marnie). T.M.C. (Mike).
F 76 Min.
Ein junger Mann geht eine Wette ein, laut der in zwei Tagen vier sittsame Damen verführen muß. Zu seinem Glück erweist sich die ins Auge gefaßte Weiblichkeit ausnahmslos als brünstig, so daß er mit Leichtigkeit gewinnt. – Eintöniger Softsexschinken ohne jede Spannung.

Decameron
(IL DECAMERONE/LE DECAMERON). Italien/Frankreich/BRD 1970.
R Pier Paolo Pasolini. **B** Pier Paolo Pasolini. **K** Tonino delli Colli. **M** Ennio Morricone, Pier Paolo Pasolini.
D Franco Citti (Ciappelletto), Ninetto Davoli (Andreuccio von Perugia), Angela Luce (Peronella), Patrizia Capparelli (Alibech), Pier Paolo Pasolini (Giotto), Jovan Jovanovich (Rustico), Gianni Rizzo (Abt), Silvana Mangano (Madonna), Vincento Amato, Giuseppe Zigaina, Gerhard Exel, Wolfgang Hillinger, Giacomo Rizzo, Giovanni Esposito, Lucio Amatelli, Antonio Diddio, Gabriella Frankel, Vincenzo Cristo, Giorgio Ivovine, Salvatore Bilardo, Vincenzo Ferrigno, Luigi Seraponte, Mirella Catanesi, Vincenzo de Luca, Ermino Nazzaro, Giovanni Filadoro, Lino Crispo, Alfredo Sivoli, Guido Alberti, Vittorio Vittori, E. Janotta Carrino, Adriana Donnorso, E. Maria de Julis, Patrizia de Clara, Guido Mannari, Michele di Matteo, Giovanni Scagliola, Givanni Davoli, Enzo Spitaler, Monique van Voren, Luciano Telli, Anne Marguerite Latrove, Franco Mariletta, Vittorio Fanfoni. **F** 111 Min.
Ein Film nach Boccaccio: 1. Der Kaufmann Andreuccio begegnet auf einer Reise einer Frau, die angeblich seine verschollene Schwester ist. Sie bringt ihn um seine Barschaft und flüchtet. Später zwingen zwei Diebe Andreuccio zu einer Leichen- und Grabschändung. – 2. Um Nonnen die Freuden der Liebe nahezubringen, stellt Masetto sich taubstumm. Er wird aus Mitleid als Gärtner in ein Kloster aufgenommen, wo er sich den Damen dienlich zeigt, bis seine Kräfte schwinden. Als er sich beschwert, hält man die Wiederkehr seiner Sprache für ein Wunder und befreit ihn von allen Tätigkeiten außer ›der einen‹. – 3. Nachdem drei sizilianische Brüder aus Standesdünkel den Geliebten ihrer Schwester Lisabetta umgebracht haben, erscheint der Tote dem Mädchen im Traum und nennt ihr die Lage seines Grabes. Da Lisetta seinen Leichnam nicht allein tragen kann, schneidet sie ihm den Kopf ab und deponiert ihn in einer Vase, damit er ihr immer nahe ist. Die Brüder entdecken Lisettas Geheimnis und werfen sie aus dem Haus, bis sie aus Gram stirbt. – 4. Caterina gibt sich Herzog Ricciardo auf der Terrasse ihres Elternhauses hin und wird dabei von ihrem Vater überrascht. Seine anfängliche Empörung legt sich, als er von der adeligen Herkunft ihres Galans erfährt; er gestatte ihnen, das Liebesspiel im Bett fortzusetzen. – 5. Als ihr Ehemann heimkommt, versteckt Petronella ihren Liebhaber in einem Faß, das der Gatte verkaufen will. Petronella gibt vor, sie hätte

einen erheblich mehr bietenden Interessenten – er sei dabei, das Faß von innen zu inspizieren. Der Gatte ist zufrieden. – 6. Die Wüstlinge Tingoccio und Meuccio versprechen sich, daß derjenige, der als erster stirbt, zur Erde zurückkehren soll, um dem anderen vom Leben im Jenseits zu berichten. Als Tingoccio stirbt, erscheint er seinem Freund im Traum und teilt ihm mit, ihn erwarte zwar eine Strafe, doch Liebe sei auch im Jenseits keine Sünde. Meuccio pflegt seinen wüsten Lebensstil weiter. – 7. Der lüsterne Geistliche Gianni schwindelt dem einfältigen Pietro vor, er könne seine Gattin Gemmata in eine Stute verwandeln, doch dürfe man bei dem Experiment kein Wort reden. Die neugierige Gemmata kniet sich hin, Gianni spricht seine Zauberformel und besteigt sie. Als Pietro sich beschwert, macht der Geistliche ihn empört für das Scheitern des Experiments verantwortlich. – DECAMERON brachte Pasolini den Vorwurf ein, Pornograph zu sein, doch der Film verarbeitet auf derbe Weise die sexuelle Sinnesfreude einfacher Menschen in Gestalt eines bunten Bilderbogens. Der Charme der Storys liegt in ihrer archaischen Vitalität und der unverblümten Darstellung der Nacktheit. – Ein Episodenfilm.

Antonella Murgia und Mario Brega in *Decamerone – Abenteuer der Wollust* von Mino Guerrini

Decamerone – Abenteuer der Wollust

(DECAMERONE N. 2 – L'ALTRE NOVELLE DEL BOCCACCIO).
Italien 1971.
R Mino Guerrini. **B** Luigi Russo. **K** Antonio Maccoppi. **M** Elio Mancuso/Burt Rexon. **D** Enzo Puccrano (Pietro di Vinciolo), Claudia Bianchi (Seine Frau), Salvatore Hiocondo (Liebhaber), Camille Keanton (Alibech), Heinrich J. Rudisser (Rustico), Luigi Miguetta (Egano), Filippo de Gara (Anichino), Doris Kristanel (Beatrice), Pupo de Luca (Puccio), Antonella Murgia (Isabetta), Fausto di Bella (Don Felice), Cecilio Fortunato (Zeppa di Mino), Lidia Caroncini (Carmella), Enzo Rinaldo (Spinello), Bruna Olivieri (Filomena).
F 98 (TV: 79) Min.
Film nach Boccaccio: 1. Der Bauer Pietro überrascht seine Frau mit ihrem Geliebten, jagt ihn aus dem Haus und findet später selbst Gefallen an ihm. – 2. Rustico, ein Eremit, redet der hübschen Alibech ein, er ›besitze‹ den Teufel – und es sei ein gottgefälliges Werk, selbigen in die ›Hölle‹ zu sperren, die wiederum sie besitze. – 3. Beatrice will ihrem Gatten Egano beweisen, daß der Diener Anichino sie verführen will und überredet ihn, an ihrer Stelle zu dem Rendezvous zu gehen. Während Egano auf den Verführer wartet, vergnügt sich Beatrice heimlich mit Anichino. – 4. Puccio, der gern

ein Heiliger wäre, läßt sich von dem Geistlichen Felice empfehlen, eine Nacht ausgestreckt auf der Terrasse zu liegen und zu beten. Während Puccio dies tut, treibt Felice es mit seiner Frau Isabetta. – 5. Zeppa erfährt, daß seine Frau ihn mit Spinello betrügt. Er informiert Spinellos Frau und treibt es aus Rache mit ihr. – Ein Episodenfilm.
Ⓥ Euro

Deep End
(DEEP END). BRD/USA 1970.
R Jerzy Skolimowski. **B** Jerzy Skolimowski /Jerzy Gruza/Boreslaw Sulik. **K** Charly Steinberger. **M** Cat Stevens/ The Can. **D** Jane Asher (Susan), John Moulder-Brown (Mike), Diana Dors (Kundin), Karl Michael Vogler (Schwimmlehrer), Christopher Sandford (Chris), Louise Martini (Prostituierte), Erica Beer (Kassiererin), Anita Lochner (Kathy), Anne Marie Kuster (Clubmädchen), Cheryl Hall, Christina Paul (Hot Dog Girls), Dieter Eppler (Heizer), Karl Ludwig Lindt (Bademeister), Eduard Linkers (Kinobesitzer), Will Danin, Peter Martin (Polizisten), Gerald Rowland (Mikes Freund), Burt Kwouk (Hot Dog-Verkäufer), Ursula Mellin (Kundin), Erika Wackernagel (Mikes Mutter), Uli Steigberg (Vater), Jerzy Skolimowski (Fahrgast).
F 91 Min.

Mike, fünfzehn, als Hilfskraft in einer Londoner Badeanstalt tätig, dient einer fetten Nymphomanin (ausgezeichnet: Diana Dors) als Objekt ihrer Begierde und verliebt sich in die acht Jahre ältere Susan, die zwar mit Chris verlobt ist, aber nebenher auch ein Techtelmechtel mit dem Schwimmlehrer hat und es all-

Halb zog sie ihn, halb sank er hin: Louise Martini und John Moulder-Brown in *Deep End* von Jerzy Skolimowski

gemein mit der Treue nicht so genau nimmt. Nach mehreren Versuchen, ihre Beachtung zu gewinnen, will Susan sich Mike hingeben, doch im entscheidenden Augenblick führt ihre Gleichgültigkeit zur Katastrophe. – »Skolimowski hat dieses Pubertätsdrama inmitten einer düsteren Erwachsenenwelt feinfühlig und präzise in Szene gesetzt.« (DER SPIEGEL). – »Präzise Erfahrungsvermittlung und Skurrilität vermischen sich in diesem gestalterisch gekonnten, lebendigen und sensibel gespielten Film.« (FILMBEOBACHTER).

Deep Love
Siehe **Ein Mann für eine Nacht**

Deep Throat
(DEEP THROAT). USA 1972.
R Jerry Gerard [= Gerard Damiano].
B Gerard Damiano. **K** Harry Flecks.
M N.N. **D** Linda Lovelace (Linda), Harry Reems (Dr. Young), Dolly Sharp (Helen), Bill Harrison (Dr. Maltz) William Love (Wilbur Wang), Carol Connors (Sprechstundenhilfe), Bob Philips (Mr. Fenster), Ted Street, John Byron, Michael Powers, Al Gork [= Gerard Damiano] (Partygäste).
F 62 Min.
Linda gesteht ihrer Freundin Helen, die den Sex in vollen Zügen genießt, daß sie noch nie zum Orgasmus gekommen ist. Helen organisiert eine Orgie für Linda, doch auch dies bringt nicht den gewünschten Erfolg. Ein Besuch bei dem leicht irren Psychiater Young bringt eine Sensation ans Tageslicht: Lindas Klitoris sitzt in ihrer Kehle. Dr. Young schlägt oralen Sex vor und bietet sich als Testobjekt an. Zum ersten Mal erfüllen sich Lindas Träume: beim ersten Orgasmus läuten Glocken, brechen Dämme und starten brüllende Raketen. Fortan arbeitet sie für Dr. Young als Sex-Therapeutin, bis sie Gefallen an einem reichen, aber recht verklemmten Erben findet, der zudem auch noch ihr ›Traummaß‹ aufweist... – »Hard to swallow, but fun to watch«. (James L. Limbacher, SEXUALITY IN WORLD CINEMA).
Ⓥ Midnight Star

Deep Throat in Tokio
(TOKIO DEEP THROAT). Japan 1975.
R Hiroshi Mukai. **B** N.N. **K** N.N.
M N.N. **D** Kumi Sakuma, Hideo Murota, Shinobu Miura. **F** 71 Min.
Die Schwiegertochter eines japanisches Großkapitalisten kriegt von irgendwelchen Finsterlingen, die offenbar Fans von Gerard Damiano sind, die Klitoris in die Kehle transplantiert. – Das schreit nach Rache!
Ⓥ VMP

Die Degenerierten
(SATYRICON). Italien 1969.
R Gian Luigi Polidori. **B** Rodolfo Sonego. **K** Benito Romano Frattari.
M Carlo Rustichelli. **D** Ugo Tognazzi, Laura Antonelli, Tina Aumont, Don Backy, Mario Carotenuto, Clara Colosimo, Franco Fabrizi, Claudio Gora, Graziella Granata, Valérie Lagrange, Tito Leduc, Paola Tedesco. **F** 122 Min.
Hier geht es um die Erlebnisse des Studenten Encolpius im dekadenten Rom des Kaisers Nero. – »Dieser Film ist ein hastig heruntergekurbeltes, schamloses Rip-Off des bekannten Films FELLINIS SATYRICON (Italien 1969), flugs auf den Markt gebracht, um von der Vorab-Publizität des anderen zu profitieren. Routinemäßig glatt in Szene gesetzt, wenn auch mit großem Kostüm- und Ausstattungsaufwand. – »Und mit einem zotigen Dialog versehen, der wohl Heiterkeit auslösen soll.« (FILMDIENST).

Dein Kind, das unbekannte Wesen
Siehe **Oswalt Kolle: Dein Kind, das unbekannte Wesen**

Dein Mann, das unbekannte Wesen
Siehe **Oswalt Kolle: Dein Mann, das unbekannte Wesen**

Deine Frau betrügt uns
(HOPLA PA SENGKANTEN).
Dänemark 1976.
R John Hilbard. **B** Gritte Palsby/John Hilbard. **K** Jan Weincke. **M** Ole Hoyer. **D** Vivi Rau, Ole Söltoft, Sören Strömberg, Annie Birgit Garde, Ulla Jessen, Louise Frevert, Paul Hagen, Arthur Jensen, Björn Puggard-Möller, Annemie Warburg. **F** 83 Min.
Eine sexuell unbefriedigte Ehefrau tritt in die Dienste einer Hostessen-Agentur, um ihre Triebe auszuleben und trifft in ihrem neuen Wirkungsfeld ihren Gatten wieder, der angesichts dieser Überraschung sofort aus seinen Fehlern lernt. – Komödiantisch im Ansatz. – »Die Machart ist schlicht, doch es darf gelacht werden.« (Otto Kuhn, FILMBEOBACHTER). – AT: HILFE, MEINE FRAU IST EINE HOSTESS.
Ⓥ Pacific (Hilfe, meine Frau ist eine Hostess)

Deine Frau, das unbekannte Wesen
Siehe **Oswalt Kolle: Deine Frau, das unbekannte Wesen**

Der Nackten Moral
(DAUGHTERS OF THE SUN).
USA 1962.
R Lewis H. Gordon [= Herschell Gordon Lewis]. **B** N.N. **K** Lewis H. Gordon [= Herschell Gordon Lewis]. **M** David Freeman [= David Friedman]. **D** Rusty Allen (Lehrerin), Jerry Stallon, Pearl Krohn.
SW/F (60) 41 Min.
Als von einer jungen Dame Aktfotos in Umlauf kommen, versucht sie, ihre Nachbarn von der über jeden Verdacht erhabenen Moral der FKK-Bewegung zu überzeugen: Sie führt einen interessierten jungen Mann durch ein Nudistencamp, wo Männlein und Weiblein sich friedlich in der Sonne tummeln. – Ein handwerklich und inhaltlich jämmerliches Produkt aus der Zeit, in der man Nudisten für hemmungslose Geilhuber hielt und Produzenten der FKK-Ideologie nur deswegen frönten, um nackte Frauen vorführen zu können.

Desert Hearts
(DESERT HEARTS). USA 1985.
R Donna Deitch. **B** Natalie Cooper. **K** Robert Elswit. **M** N.N. **D** Helen Shaver (Vivian Bell), Patricia Charbonneau (Cay Rivers), Audra Lindley (Frances Parker), Andra Akers (Silver), Dean Butler (Darell), Gwen Welles (Gwen), James Staley (Art Warner), Katie La Bourdette (Lucille), Alex McArthur (Walter), Anthony Ponzini (Joe Lorenzo), Denise Crosby (Pat), Tyler Tyhurst (Buck).
F (96) 93 Min.
Die New Yorker Lehrerin Vivian, die sich von ihrem Mann scheiden lassen will, zieht sich, um den örtlichen Trennungsgesetzen Genüge zu tun, 1959 auf eine Ranch bei Reno (Nevada) zurück, auf der mehrere Frauen in vergleichbaren Situationen leben, lernt dortselbst die junge Cay kennen, die sie mehr oder weniger dazu zwingt, ihre eigene Sexualität zu untersuchen, und sie erkennt verblüfft ihre lesbische Ader. – Nichts für ›Sehleute‹ – Kunst! Ⓥ Vestron

Desert Lovers – Heiße Liebe im Wüstensand
(DESERT LOVERS). Frankreich 1985.
R Michel Leblanc [= Michel Lemoine]. **B** Michel Leblanc [= Michel Lemoine]. **K** N.N. **M** Francois Dumont. **D** Michelle Davy (Victoria), Michelle Leska, Linda Parker, André Kay, Christopher Gil. **F** 90 (TV: 66) Min.

Desideria

Abenteuersexfilm über eine Gruppe von Menschen, die illegal die Grenze eines afrikanischen Staates überschreiten wollen und aufgrund einer Autopanne pausieren müssen. Victoria, die sich selbständig macht, wird von einem Beduinen in einen Harem verschleppt und treibt's in einer Oase mit Weißen, Braunen und Schwarzen beiderlei Geschlechts. – Auch als Porno.
Ⓥ Mike Hunter

Desideria
(DESIDERIA – LA VITA INTERIORE). Italien/BRD 1980.
R Gianni Barceloni. **B** Gianni Barceloni/Enzo Ungari/Günter Ebert. **K** Claudio Cirillo. **M** Pino Donaggio. **D** Stefania Sandrelli (Viola) Lara Wandell (Desideria), Klaus Löwitsch (Tiberi), Vittorio Mezzogiorno (Erostrato), Orso Maria Guerrini (Quinto), Paolo Zambiasi (Emilio), Guiliano Sestili (Autista), Lory Del Santo, Francesca Giordani, Rossana Marra. **F** 104 Min.
Desideria, die Adoptivtochter der reichen Viola, frißt aus reinem Frust, doch als sie sich ihres Babyspecks endlich entledigt hat, stellt sie fest, daß ihre bürgerliche Mama es mit ihrem Vermögensverwalter treibt. Sie zahlt es ihr heim, indem sie auf den Strich geht und ihr Heil bei dem Revolutionär Quito sucht, für den sie allerdings auch nur ein Sexobjekt ist. Der unverhoffte Kontakt mit dem Terrorismus läßt sie ihre Strapse gegen eine Knarre vertauschen. Sie entledigt sich ihres kleinbürgerlichen Geliebten und kehrt zu Viola zurück. Nach einem Roman von Alberto Moravia (1907–1990).
Ⓥ VPS, VCR

Höhere Tochter nimmt Rache am Elternhaus: Lara Wandell in *Desideria* von Gianni Barceloni

Dieses obskure Objekt der Begierde
(CET OBSCUR OBJET DU DESIRE). Frankreich/Spanien 1977
R Luis Buñuel. **B** Luis Buñuel/Jean-Claude Carriére. **K** Edmond Richard. **M** Richard Wagner. **D** Fernando Rey (Mathieu), Carole Bouquet, Angela Molina (Conchita), Maria Asquerino, Ellen Bahl, Julien Bertheau, Valérie Blanco, André Weber. **F** 103 Min.
Der reiche Mathieu erzählt einigen Mitreisenden im Zug von seiner von Frustration geprägten Liebe zu der Zofe Conchita, die sein Verlangen pausenlos angestachelt hat, ohne sich ihm je hinzugeben. Er hat ihr kostbare Geschenke gemacht, doch sie hat nur grausame Spiele mit ihm gespielt; ihn ins Bett gelockt, mit einem eng verschnürten Korsett gefoppt; sich als Jungfrau ausgegeben, und doch mit einem Burschen herumgemacht. Auch hat sie Kontakte zu einer ausgeflippten Terrororganisa-

Patrick Swayze und Jennifer Grey üben für den großen Auftritt in *Dirty Dancing* von Emile Ardolino

tion, deren Attentate den Film ständig unterbrechen. – Die ironisch inszenierte Geschichte einer Amour fou basiert auf einem 1898 erschienenen Roman von Pierre Louys und erhielt zwei Oscar-Nominierungen. Eine Bombenrolle für Fernando Rey. Sehenswert.

Dirndljagd am Kilimandscharo
BRD 1983.
R Michel Lang [= Franz Marischka].
B Erich Tomek/Franz Marischka.
K Fritz Baader. M Gerhard Heinz.
D Wolfgang Jansen (Harry Weber), Karl Dall (J.R. Pfefferkorn), Bea Fiedler (Melanie Weber), Angelica Böck (Julia), Franco Schick (Florian Pfefferkorn), Wolfgang Firek (Toni), Sissy Halacek (Christine), Dolly Dollar (Agathe).
F 85 Min.
Der Geschäftsmann Harry reist mit der Sekretärin Julia nach Kenia, um hinter dem Rücken seiner Frau Melanie sein Späßchen zu haben, doch Julia läßt ihn nicht ran, und so macht er Christine an. Frau Melanie ist auch nicht weit, denn sie ist mit dem Skilehrer Toni in demselben Hotel abgestiegen, auch sie will auf Sex und Sünde nicht verzichten. – Ein echtes deutsches Urlaubsdrama nach Art des Millowitsch-Theaters: Wer fremdgeht, fliegt auf die Schnauze. Ansonsten dominiert in diesem Schwank mehr Fleisch als Sex. – AT: DAS VERRÜCKTE STRANDHOTEL.
Ⓥ UFA

Dirndljagd am Wörthersee
Siehe **Her mit den kleinen Schweinchen**

Dirty Dancing
(DIRTY DANCING). USA 1987.
R Emile Ardolino. B Eleanor Bergstein. K Jeff Jur. M John Morris.
D Patrick Swayze (Johnny Castle), Jennifer Grey (Frances »Baby« Houseman), Jerry Orbach (Dr. Jake Houseman), Cynthia Rhodes (Penny John-

son), Jack Weston (Max Kellerman), Jane Bruckner (Lisa Houseman), Kelly Bishop (Marjorie Houseman), Lonny Price (Neil Kellerman), Max Cantor (Robbie Gould), Charles Honi Coles (Tito Suarez). **F** 97 Min.

1962: Babe Housman fährt mit Mama und Papa in die Sommerfrische, wo sie rasch auf den Animateur-Tänzer Johnny abfährt und sich, als seine Ex-Braut Geld für eine Abtreibung braucht, hilfreich in die Bresche wirft. Als Johnny eine Tanzpartnerin braucht, um einen wichtigen Auftritt zu absolvieren, ist Babe bereit, das schweißtreibende Training in pausenloser Arbeit hinter sich zu bringen – mit großem Erfolg. Als Papa Housman erfährt, wozu das Geld gedient hat, das er Babe ohne Fragen zu stellen, geliehen hat, findet er, Johnny sei nicht der Richtige für sein Töchterlein. Doch Babe hält zu Johnny, und niemand kann ihre wahre, ewige Liebe verhindern. – »Absolut sensationell! Ein irrer Film! Sexy, gefühlvoll, außergewöhnlich!« meinte David Ansen in NEWSWEEK. – »Ein Senkrechtstarter!« meinte David Edelstein in ROLLING STONE. (ROLLING STONE). Ein Ersatzporno, meinen andere, dessen hochgelobte Tanzszenen für jene inszeniert wurden, die noch zu jung sind, um sich auf legale Weise Schärferes anzusehen. Ⓥ Vestron

Dirty Love
Siehe **Dancing is my Life**

Django Nudo und die lüsternen Mädchen von Porno Hill
(BRAND OF SHAME). USA 1968.
R B. Ron Elliot. **B** Gene Radford/ David A. Friedman. **K** I.C. Freeley/ Andreas Demmer. **M** Billy Allen/Peter Graf/Walter Baumgartner. **D** John Eversteiff (!), Steve Stunning, Paula Pleasure, Bart Black, Darlene Darling. **F** 73 Min.

Django setzt sich in dem texanischen Kaff Porno Hill für die Erbin einer Mine ein, die von Bösmännern und lesbischen Schnepfen bedroht wird und paßt sich an die lockeren Sitten an, die dort herrschen. – Ein amerikanischer Sexwestern, szenisch nicht weit von einem Porno entfernt.

Dr. Fummel und seine Gespielinnen
BRD 1969.
R A. Trenalg [= Atze Glanert].
B Walter Hämmerli. **K** Hubertus Kanus. **M** K.H. Frank. **D** Michael Cromer, Franz Muxeneder, Veronika Faber, Robert Fackler, Doris Arden, Wolfram Guenther, Ruth Witt, Sissy Engel, Rita Berg, Rinaldo Talamonti, Margit v. Mecklenburg, Annemarie Wendl.
F 80 Min.

Ein leicht vertrottelter Kaufmann aus der Provinz gerät, als er einen Bandscheibenschaden auskurieren will, zufällig in einen Münchner ›Massagesalon‹, der von einem gewissen Dr. Fummel betrieben wird. Dort lernt er die sexuellen Freuden der menschlichen Existenz kennen und kehrt nach einer Orgie zu seiner liebeshungrigen Gattin zurück.
Ⓥ UFA

Dolce Vita 2000
Siehe **Heißer Sex in Frankreich**

Don Juan '73
(DON JUAN OU SI DON JUAN ETAIT UNE FEMME/UNA DONNA COME ME). Frankreich/Italien 1972.
R Roger Vadim. **B** Jean Cau/Roger Vadim/ Jean-Pierre Petrolacci. **K** Henri Decae/Andreas Winding. **M** Michel Magne. **D** Brigitte Bardot (Jeanne), Maurice Ronet (Pierre), Mathieu Carriere (Paul), Robert Hossein (Prevost),

Jane Birkin (Clara Prevost), Michéle Sand (Léporella), Robert Walker jr. (Gitarrist), Laurent Vergez (Student), Léna Grinda (Pierres Frau), Sylvie Reichenbach (Pierres Sohn), John Ashley (Freund von Jeanne).
F 95 Min.
Jeanne, ein weiblicher Don Juan, beichtet einem Priester ihr sündhaftes Sexleben: Wie sie den netten Pierre verführt und zugrunde richtet; wie sie den Millionär Prevost zur Schnecke macht; wie sie seine Frau Clara verführt; wie sie das Glück eines jungen Paares vernichtet; wie sie, als Mann verkleidet, ein Mädchen verführt und sich einem Musiker hingibt, der für dieses Privileg mit dem Leben bezahlen muß. Und auch der Priester kann dem Charme Jeannes nicht widerstehen. – »Das Drehbuch, das die Historie des Don Juan aktualisierend ins Weibliche umkehrt, ist dramaturgisch artifiziell vom ersten bis zum letzten Augenblick, und wird von… Vadim zu lukullischer Optik stilisiert. Die angestrebte Hintergründigkeit des Geschehens, die Fadenscheinigkeit der Beziehungen zwischen den Geschlechtern, die Provokation der Gesellschaft und das Ironisieren abgestandener Philosophismen, blitzt nur gelegentlich durch. Die Donna Juana ist Brigitte Bardot; Roger Vadim versteht es immer noch, mit diesem Idol Konsumenten-Neugier zu facettieren.« (Helmut Müller, FILM-ECHO/FILMWOCHE).

Don Juans 1001. Nacht
Siehe **Sein Schlachtfeld war das Bett**

Dona Flor und ihre zwei Ehemänner
(DONA FLOR ET SUS DUOS MARIDOS). Brasilien 1976.
R Bruno Baretto. **B** Bruno Baretto. **K** Maurilo Salles. **M** Chico Buarque.

José Wilker, Sonia Braga und Mauro Mendonca in *Dona Flor und ihre zwei Ehemänner* von Bruno Baretto

D Sonia Braga (Dona Flor), José Wilker (Vadinho), Mauro Mendonca (Teodoro), Dinorah Brillanti (Rozilda), Nelson Xavier (Mirandao), Artur Costa Filho (Carlinhos), Ruiz Rezende (Cazuzat), Mario Gusmao (Arigof).
F 106 Min.
Die junge Brasilianerin Flor liebt ihren Ehemann Vadinho, einen Zocker, Angeber und Gigolo, bis er im Karneval tot umfällt. Sie heiratet den rechtschaffenen Apotheker Teodoro und merkt, daß er vom Sex wenig hält. In ihrer Phantasie erweckt sie Vadinho zu neuem Leben, und von nun an ist er – nackt, doch für alle anderen Menschen unsichtbar – bei allem, was Flor tut, immer dabei. – »Diese Geschichte, die viele Möglichkeiten zu einer Satire auf kleinbürgerliches Verhalten geboten hätte, ist nicht mehr als ein harmloser, langweiliger Spaß, der soziale Mißstände als malerisches Dekor mißbraucht.« (FILMDIENST).

Donnerwetter! Donnerwetter! Bonifatius Kiesewetter
BRD/Italien 1968.
R Helmut Weiss. B Bodo Baumann/Werner Hauff. K Siegfried Hold. M N.N. D Robert Christian (Bonifatius Kiesewetter), Paul Dahlke (Kiesewetter sen.), Marianne Schönauer (Emma Kiesewetter), Gretl Schörg (Baronin Ziegler), Loni Heuser (Mathilda), Petra Perry (Angelika), Barth Warren (Brown), Monika Pardo (Annette), Grit Freyberg (Lilo), Adriana Alben (Monika), Brigitte Kiel (Mizzi).
F 90 Min.
Bonifatius Kiesewetter, ein junger Mann aus gutem Hause, fährt nach Bonn, um dort ein Studium zu beginnen. Unterwegs lernt er das entzückende Fräulein Annette kennen, das er später in dem Edelpuff Villa Mathilda wiedertrifft, wo er – nach einer durchzechten Nacht allen Geldes verlustig gegangen – seine Schulden als Hausdiener abarbeiten muß. Bald stellt er fest, daß sich nicht nur die Bonner Honoratioren bei seiner neuen Arbeitgeberin ein Stelldichein geben, sondern auch sein Vater.
ⓥ Toppic

Das Doppelleben der Sister George
(THE KILLING OF SISTER GEORGE). GB 1969.
R Robert Aldrich. B Lukas Heller. K Joseph Biroc. M Gerald Fried. D Beryl Reid, Susannah York, Coral Browne, Ronald Fraser, Patricia Medina, Hugh Paddick, Cyril Delevanti. F 138 Min.
Eine alternde lesbische Aktrice, die in einer Endlos-TV-Serie den Charakter der Krankenschwester George verkörpert, soll aus der Geschichte ›herausgeschrieben‹ und damit kaltgestellt werden. Doch nicht nur das: Eine Dame aus dem Produktionsbüro macht ihr – in einer Verführungsszene, in der es gewaltig dampft – auch noch ihre junge Geliebte abspenstig. Für Schwester George bricht die Welt zusammen. Ihr letzter Job: Sie endet als Synchronstimme einer Kuh in einer Zeichentrickserie.

Dornwittchen und Schneeröschen
BRD 1969.
R Erwin Klein. B Erwin Klein. K Otto Pammer. M Manuel Rigoni/Richard Schönherz. D Monika Strauch, Georg W. Siedler, Tina André, Alfred Böhm, Lotte Lang, Nora Nicol. F 83 Min.
Charly Prinz, ein Dessous-Vertreter, entdeckt die weiland von der bösen Fee in den Tiefschlaf versetzte Prinzessin Schneeröschen, küßt sie wach und muß sich anschließend ihres aufgestauten Sexhungers erwehren. – Anderswo hat Prinz Dornwittchen alle Hände voll zu tun, den homosexuellen Attacken eines Majordomus' und diverser lesbischer Hofdamen zu begegnen. Dabei begeg-

Susannah York als lesbische Gespielin der Filmheldin in *Das Doppelleben der Sister George* von Robert Aldrich

nen ihm allerlei geile Figuren aus der Märchenwelt, die auch nur das eine im Kopf haben. – Ein episodischer Sex- und Zotenverschnitt mit humoristischem Anspruch.

Dorotheas Rache
BRD/Frankreich 1974.
R Peter Fleischmann. **B** Peter Fleischmann/ Jean-Claude Carriére. **K** Klaus Müller-Laue/Jean-Jacques Flori. **M** Philippe Sarde. **D** Anna Henkel (Dorothea), Gunther Thiedicke (Vater), Regis Genger (Mutter), Elisabeth Potchanski (Sissi), Barbara Ossenkopp (Nora), Reinhard Hansel (Prof. Wagg), Alexander v. Paczensky (Bert), Anemon Gehann (Anémone), Monika Steffens (Elke), Klaus Kucker (Idiot).
F 92 Min.
Die siebzehnjährige Dorothea, die trotz all ihrer bisherigen Erfahrungen beweisen will, daß es doch so etwas wie echte Gefühle gibt, bricht zu einer Sexodyssee auf und bemüht sich, jeden zu befriedigen, der auf Befriedigung aus ist, und erlebt dabei »einen Foltermarkt der Triebe und Instinkte« (FILMDIENST). – Fleischmanns Antiporno, eine Reaktion auf die Aufklärungs- und Sexwelle, ist allerdings so gemacht, daß er sich kaum von dem unterscheidet, was er anzuprangern vorgibt und läßt auch an Deutlichkeit nicht viel zu wünschen übrig.
Ⓥ Telerent

Downtown – Die Puppen der Unterwelt
Schweiz 1976.
R Wolfgang Frank [= Jesus Franco Manera]. **B** Wolfgang Frank [= Jesus Franco Manera]/Christine Lembach. **K** David Khunne [= Jesus Franco Manera]. **M** Walter Baumgartner. **D** Jess

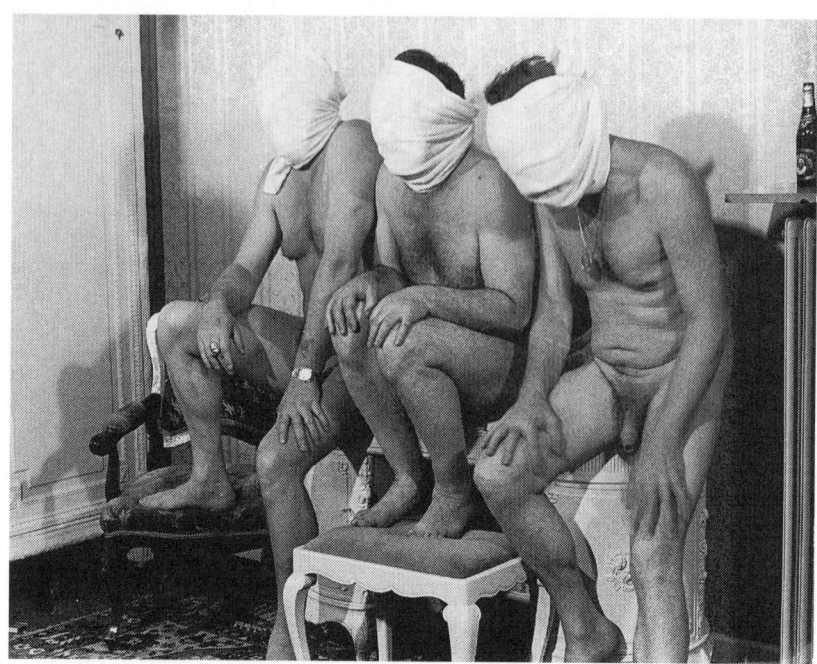

Regisseur, Drehbuchautor und Finanzier von *Dorotheas Rache* (Peter Fleischmann) nach der Premiere

Franco, Lina Romay, Paul Müller, Beni Cardoso, Martine Stedil, Ronald Weiss, Eric Falk, Monica Swinn, Roman Huber. **F** (82) 74 Min.
Ein Detektiv verstrickt sich in den Netzen zweier schöner Frauen, die ihn als Bauer in ihren Sexplänen mißbrauchen. Dem simplen Plot kann man nur mit Schwierigkeiten folgen, weil der Mann an der Kamera das Objektiv hauptsächlich auf die Geschlechtsteile der Darstellerinnen richtet. – AT: Down Town – Nackte Puppen der Unterwelt.
Ⓥ Heeres (Down Town – Nackte Puppen der Unterwelt)

Draculas lüsterne Vampire
(GUESS WHAT HAPPENED TO COUNT DRACULA). USA/Schweiz 1970.
R Laurence Merrick/Mario d'Alcala.
B Laurence Merrick. **K** Bob Caramico/Hans Jura. **M** Fred Tornow, Eric Frantzen. **D** Des Roberts (Graf Dracula), Claudia Barron (Angelica), John Landon (Guy), Robert Branche (Dr. Harris), Frank Donato (Kobold), Sharon Beverly (Vamp), Damu King (Buckel), Jim Settler (Zwerg), Jeff Cady (Larry), John King III (Gil), James Young-El (Macumba-Geweihter), Angela Carnon (Schwester), Yvonne Gaudry (Zigeunerin), Ula Kopa, Ika Häussler, Eten Keresztes, Alon d'Armand, Hansi Lohma, Mico Novak, Anne de Vos.
F 76 Min.
Graf Dracula, im Hollywood des 20. Jahrhunderts als Nachtklubchef tätig, gelüstet es nach Angelica, der Geliebten eines Showkünstlers. Doch da Angelica nicht als Vampirin enden will, muß er sie in sein von Monstern aller Couleur be-

völkertes Gruselschloß verschleppen und sie sich auf einer Schwarzen Messe und mehreren Lustorgien gefügig machen. Mit Erfolg: Als ihr Showman sich nächtens zur Befreiungsaktion in des Grafen Haus einschleicht, fällt er ihr zum Opfer. – Ein US-Horrorfilm, in der Schweiz mit Sexszenen versehen, damit er auf dem Lechz-Markt ein paar Mark mehr einspielt.

Dralle Brüste, steile Schenkel
(TEENAGE BRIDE). USA 1972.
R Gary Troy. **B** Gary Troy. **K** Michael Elser. **M** Vic Lance. **D** Sharon Kelly, Don Summerfield, Cindy Summers, Ron Preston. **F** 72 Min.
Betrügerischer Ehemann will seine bessere Hälfte loswerden und setzt einen Schnüffler auf sie an, um sie sich mit Hilfe pfeffriger Sex-Fotos vom Halse schaffen. Am Ende ist er selbst der Gelackmeierte, denn auch seine Geliebte erweist sich als untreu. – AT: WILDE EROTIK EINSAMER FRAUEN.

Drei Arten Liebe
(TRE SLAGS KAERLIGHEID).
Dänemark 1970.
R Mac Ahlberg. **B** Peer Gulbrandsen. **K** Mac Ahlberg. **M** Sven Gyldmark/ Bertrand Bech. **D** Gun Falck (Siv), Inger Sundh (Birthe), Klaus Pagh (Leo Smidth), Tom Scott (Stephan), Ellen Faison (Lisa), Sören Strömberg (Egon), Bent Warburg (Max), Helli Louise (Patientin), Tove Bang, Tove Maes (Alte Damen), Benny Hansen, Poul Glargaard (Rocker), John Larsen (Journalist), Susanne Jagd (Hippie).
F 81 Min.
Die minderjährige Birthe kommt unverhofft aus dem Internat nach Hause. Sie überrascht ihre Mutter nicht nur bei einem Tête-à-Tête, sondern stößt auch auf Mamas Aktfotos, was sie so verwirrt, daß sie von zu Hause fortläuft und über mehrere Zwischenstationen bei einem Mädchen landet, das sich als lesbisch entpuppt. Am Ende führt sie deren Vetter zum Traualtar. – Fortsetzung des Films ICH, EINE FRAU (Schweden 1965; **R** Mac Ahlberg).

Drei Bayern in Bangkok
Siehe **Drei Oberbayern auf Dirndljagd**

Drei Dirndl in Paris
BRD 1981.
R Kenneth Howard [= Jürgen Enz]. **B** Jürgen Enz. **K** Lutz Ziervogel. **M** Jack Kruppa. **D** Peter Steiner, Eleonore Melzer, Marina Randel, Kristiane Krenner, Beatrice Paulik, Lucia Baroni. **F** 91 Min.
Drei bayerische Madln, die schon im heimatlichen Dorf nur an das eine denken können, fahren im Rahmen eines Schüleraustausches nach Paris und lassen dort die Gastgeberfamilie und diverse andere Kasperlpuppen tanzen. – AT: DREI SCHULMÄDCHEN IN PARIS.
Ⓥ Sunrise

Drei Lederhosen in St. Tropez
BRD 1980.
R Franz Marischka. **B** Franz Marischka/Kurt Eiser. **K** Ernst W. Kalinke. **M** N.N. **D** Peter Steiner, Fred Stillkrauth, Franz Muxeneder, Uschi Buchfellner, Eleonore Melzer, Mario Pollak, Alexandra Beau, Rosl Mayr, Hermann Giefer, Jacques Herlin, Bob Lockwood, Sybille Rauch.
F 91 Min.
Drei bayerische Seppl geraten aus Versehen mit einem preisgekrönten Zuchtstier nach St. Tropez und stiften dort Verwirrung unter Einheimischen, Touristen und wenig bekleideten Damen. – Stümperei, dein Name ist deutsche Sexkomödie!
Ⓥ UFA

Zwei muntere Akteure beim alten Rein-Raus-Spiel in *Drei Lederhosen in St. Tropez* von Franz Marischka

Drei Liebesnächte
(TRE NOTTI D'AMORE).
Italien/Frankreich 1964.
R Renato Castellani/ Luigi Comenici/ Franco Rossi. **B** Castellano & Pipolo/ Renato Castellani/Luigi Comencini/ Marcello Fondate/Massimo Franciosa/ Luigi Magni. **K** Mario Montuori. **M** Giovanni Fusco/Carlo Rustichelli/ Piero Piccioni. **D** Catherine Spaak (Ghiga/Giséle/Cirilla), John Philip Law (Pater Felice), Renato Salvatori (Nicola), Enrico Maria Salerno (Giuliano), Diletta d'Andrea (Gabriella), Aldo Puglisi, Dante Posani, Rina Franchetti, Tiberio Murgia, Joe Sentieri, Anna Maria Checchi, Toni Ucci.
F 103 Min.
1. Das Callgirl Ghiga bemüht sich, den jungen Pater Felice zu verführen, der ihre Seele retten möchte. Als es ihr nicht gelingt, tritt sie in seinen Orden ein – und Felice tritt aus. – 2. Die junge Witwe Giselle überführt die Leiche ihres Gatten nach Sizilien. Sie erfährt, daß er ein Mafioso war und erkennt, daß seine Freunde, denen sie sehr zugetan ist, ihn umgebracht haben. – 3. Cirilla, die junge Braut Giulianos stellt fest, daß ihr Freund Probleme mit der Erektion hat. Als sie ihm rät, es mit einer anderen Frau zu versuchen, erfährt sie, daß er längst eine Geliebte hat. – Ein Episodenfilm.

Drei Oberbayern auf Dirndljagd
BRD 1975.
R Siggi Götz. **B** Florian Burg. **K** Franz X. Lederle. **M** Gerhard Heinz. **D** Franz Muxeneder (Pfarrer/Fred Greifmann), Willy Harlander (Sepp Ploderer), Jürgen Schilling (Toni Huber), Gina Janssen (Emma), Marie Ekorre (Vroni), Nancy Lee Galloway (Olga), Werner Röglin (Egi Kühl), Grit Castell (Frau Löffler), Gary Thiele (Florian).
F 85 (TV: 76) Min.
Die Sexabenteuer zweier Bayern, die nach Bangkok fliegen, um etwas für die

Ankurbelung des Bierexports zu tun, und dann ihre liebe Not haben, einen sittenstrengen Pfarrer abzuschütteln. – Humor aus Bayern. AT: WAS TREIBT DIE MAUS IM BADEHAUS. DREI BAYERN IN BANGKOK. Ⓥ Telerent

Drei Schulmädchen in Paris
Siehe **Drei Dirndl in Paris**

Drei Schwedinnen auf der Reeperbahn
BRD 1980.
R Walter Boos. **B** Georg Elmer. **K** Franco Mazzolini. **M** Gerhard Heinz. **D** Bea Fiedler (Rita), Tanja Scholl (Lill), Mick Werup (Pit), Paul Edwin Roth (Senator), Uta Koepke (Kirsten), Biggi Ludwig (Moni), Walter Kraus (Herr Senator), Verena Witt (Frau Senator), Tobias Meister, Frank Lang, Hertha Worell, Carlos Stafford, Gina Janssen, Walter Feuchtenberg, Wolfgang Köpke, Marie Luise Lusewitz. **F** 81 Min.

Drei schwedische Internatsgören, die sich die sündige Meile von St. Pauli ansehen, schnuppern ein bißchen Verruchtheit, geraten mit rabiaten Neppern und Zuhältern aneinander und nisten sich in der schicken Wohnung einer Dame des horizontalen Gewerbes ein. – Sexfilm. Bauernbühnenreife Verwechslungen und ein als running gag fungierendes schweizerisches Ehepaar sorgen für den nötigen ›Humor‹.
Ⓥ PolyGram

Drei Schwedinnen in Oberbayern
Siehe **Drei Schwedinnen in Tirol**

Drei Schwedinnen in Tirol
BRD 1977.
R Siggi Götz. **B** Florian Burg/Siggi Götz. **K** Franz Xaver Lederle. **M** Gerhard Heinz. **D** Gianni Garko (Otto Gruber), Alexander Grill (Alois), Beate Hasenau (Olga Gruber), Inge Fock (Birgit), Anika Egger (Ulla), Ann Lündell (Vivi), Herbert Fux (Pfarrer), Rosl

Auf der Alm da gibt's koa Sünd: Szene aus *Drei Schwedinnen in Tirol* von Siggi Götz

Mayr (Josefa), Herta Worell (Ehefrau), Peter Muckenstruntz (Ehemann), Wolfgang Bamschabl (Max), Walter Klinger (Toni), Werner Röglin (Schorschi), Renate Hess (Isolde), Claudia Mehringer (Barbara), Willy Harlander, Willy Schultes, Gerhard Deutschmann (Bayern), Jacques Herlin (Müller-Meyerfall). **F** 93 Min.
Der verschuldete Hotelbesitzer Otto kann mit Unterstützung der dem Sexus nicht abgeneigten Schwedin Birgit und ihrer Freundinnen einen ruppigen Kreditgeber dazu bewegen, nicht allzu böse mit ihm umzuspringen. – Eine klamottige ›Komödie‹ mit Fleischbeschau und Darstellern, die keiner Bauernbühne zur Ehre gereichen. – »Das hat nichts mit Porno zu tun, wenn da drei Nackerte durchs Bild laufen und ihre Brüste ein bisserl wippen. Das ist ein lustiger Film, mit Situationskomik. Die Leute sitzen da drin und lachen. Immerhin hat der Film im Gegensatz zu anderen... Gewinn gemacht.« (Herbert Fux, KINO 78).
– AT: DREI SCHWEDINNEN IN OBERBAYERN.
Ⓥ Telerent (Drei Schwedinnen in Oberbayern)

Dreieck der Lust
(OGGETTO SESSUALE). Italien 1987.
R Bob Singer. **B** Pietro Regnoli. **K** Raffaele Mertes. **M** Serfran.
D Simonetta Caro (Laura), Fabio Meyer (Sergio), Al Cliver (Marcello), Liliana Terzic (Gloria), Maria Cristina Colecchia (Carmela). **F** 84 Min.
Das Schickeria-Callgirl Laura trifft auf ihren Ex-Verlobten, der sie engagiert, um seinen unbedarften und schöngeistigen Sohn in seiner Luxusvilla auf Ischia zum Mann zu machen. – Ein Softporno wie hundert andere, mit viel Off-Text; inszeniert von einem Regisseur, der hauptsächlich in härteren Genres tätig ist. Ⓥ VPS

Dressage
(DRESSAGE). Frankreich 1985.
R Pierre B. Reinhard. **B** Jean-Claude Roy/Jen-Pierre Berger. **K** Denis Lenoir. **M** Philippe Brejan. **D** Veronique Catanzaro (Nathalie), Patrick Guillemin (Baron Plessis Du Regard), Cornelia Wilms (Eliane), Marc Henry, Henri-Jacques Huet, André Nader, Sylvie Novak, Pierre Doris, Katya Strambi, Carole Grove, Marie-José Urbain, Kate Nelson, André Vinouze, Myriam Baujat, Annick Chatel, Bernard Musson. **F** 96 Min.
In den zwanziger Jahren machen sich mehrere dekadente Lebemänner und Playgirls nach einer Wette auf, das Leben zweier angesehener französischer Bürger zu ruinieren: Nathalie und Eliane, zwei junge Damen, schleichen sich als Hauslehrerinnen bei einem Landadeligen und einem rechtsextremen Politiker ein, richten deren halbwüchsige Kinder auf abgefeimte Weise für Sado-Maso-Spielchen ab und geben ihre Väter nach vollbrachter Tat der Lächerlichkeit preis, was beide in den Irrsinn treibt. – Ein billiger Sexfilm mit großen Längen und nicht immer logischer Handlung. Ⓥ VPS

Die dressierte Frau
BRD 1972.
R Ernst Hofbauer. **B** Günther Heller. **K** Klaus Werner. **M** Gert Wilden.
D Anke Syring (Reporterin), Heino van Borg (Achim), Ulrike Butz (Hanni), Josef Moosholzer (Paul), Dieter Assmann, Bernd Bergemann, Astrid Frank, Michael v. Harbach, Carmen Jäckel, Dietrich Kerky, Hans Kern, Jasmin Kompatscher, Esther Konrad, Hansi Linder, Roger Losch, Margot Mahler, Monica Marc, Ruth Marcus, Rosl Mayr, Karl-Heinz Otto, Felix Rakosi, Roman Skrobek, Otto Storr, Hans Terofal, Claus Tinney,

Evelyne Traeger, Iris Wobker.
F 88 (TV: 70) Min.
Ein episodischer Reportfilm mit Straßenbefragungen und einigen Spielszenen, der zu beweisen versucht, daß die weibliche Emanzipation nur auf dem Papier stattfinde: In Wahrheit werden Frauen ›abgerichtet‹ und nur wahrgenommen, wenn sie als Sexbombe auftreten. – Inwiefern die Vermarktung weiblicher Kurven erst durch Frauen ermöglicht wird, die in Filmen dieser Art auftreten, klammert der sich kritisch gebende Film aus. Wie wenig ernst den Herstellern das Thema ist, zeigt der reißerische Videotitel. – AT: DRESSURAKT FÜR WILDE MÄDCHEN.
Ⓥ VPS (Dressurakt für wilde Mädchen)

Dessurakt
Siehe **Das fröhliche Bordell**

Dessurakt für wilde Mädchen
Siehe **Die dressierte Frau**

Drop Out – Mysterien blutjunger Mädchen
(DROP OUT). USA 1977.
R A.C. Stephen [= Stephen C. Apostolof]. **B** N.N. **K** N.N. **M** N.N. **D** Angela Caron, Terri Johnson, Lynn Harris, Kathy Hilton, Forman Shane.
F 61 Min.
Amerikanische Hausfrauen, die der Langeweile der Vorstadt entfliehen möchten, geben sich heimlich sexuellen Exzessen hin und werden bei ihren Spielchen von einem voyeuristischen Motelbesitzer beobachtet. – Müde. Schlaff. Doof. Und ›blutjung‹… Nun ja.

Drüber, drunter und drauf
(UP). USA 1976.
R Russ Meyer. **B** B. Callum [= Russ Meyer]. **K** Russ Meyer. **M** William Lohse/Paul Ruhland. **D** Raven de la Croix (Margo Winchester), Janet Wood (Alice), Robert McLane (Paul), Monte Bane (Homer Johnson), Edward Schaaf (Adolph Schwartz), Mary Gavin (Kopfperson), Elaine Collins (Köchin), Su Ling (Limehouse), Linda Sue Ragsdale (Gwendolyn), Larry Dean (Leonard Box), Marianne Marks (Vollbusi), Bob Schott (Rafe), Foxy Lae (Pocahontas), Fred Owens (Rufus), Wilburn Kluck (Kluck), Ray Reinhardt (Polizeichef), Francesca ›Kitten‹ Natividad (Tänzerin).
F 80 Min.
Ein genau an den richtigen Stellen gerundetes Weibchen kündigt eine moralische Erzählung an: Adolph Schwartz, der rein zufällig einem anderen berühmten Adolf sehr ähnlich sieht, probiert in den Grüften seines Schlosses neue Verfahren der ›sexuellen Fesselung‹ aus, wobei ihm drei Frauen und ein gewisser Paul zur Hand gehen. Während Paulchen sich den Gelüsten seines Herrn unterwirft, hat seine Frau Alice mit Gwendolyn ein Techtelmechtel im Wald. Nach dem Ritual wird Adolph in der Badewanne von einem maskierten Fremdling ins Jenseits befördert, der einen Piranha zu ihm ins Wasser wirft. Später taucht die Tänzerin Margo in der Stadt auf und läßt sich von dem Lustmolch Leonard zu einer Autofahrt einladen. Leonard will Margo an die Wäsche, doch sie beherrscht Karate und macht ihn alle. Sheriff Johnson beobachtet den Mord und zwingt Margo, seine Geliebte zu werden. Margo nimmt einen Job im Café Pauls und Alices an; ihre verführerische Erscheinung sorgt für wirtschaftlichen Aufschwung. Paul und Alice eröffnen ein Lokal, in dem Margo ihr Tänzchen aufführen kann. Bei der Premiere ist das Haus rammelvoll, und Margos lüsternes Gezucke macht den besoffenen Holzfäller Rafe so spitz, daß er sich ihr nähert. Dies führt zu einem gewaltigen Schlag-In, bei dem Paul, der auch mit Margo

tändelt, die Besinnung verliert. Als der Sheriff eintrifft, flieht Rafe und nimmt Margo, Alice und eine Axt mit. Der Sheriff verfolgt ihn mit einer Motorsäge, bis beide auf ihrem Weg von einer Klippe stürzen. Als Margo nach dem Gemetzel duscht, wird sie von Alice attackiert – in Wirklichkeit Eva Braun junior. Sie hat auch Adolph getötet, weil sein Einfluß auf Paul ihre Ehe ruiniert hat. Paul will die Frauen töten, weil sie nicht auf ihn fliegen. Margo trickst ihn aus – sie arbeitet als Regierungsagentin. Paul und Alice gehen in den Knast; Margo wird wegen ihrer guten Arbeit gelobt. Als die Erzählerin mit der Moral von der Geschichte kommt, wird sie von einem Aggressivling daran gehindert. – Russ Meyer, wie man ihn kennt: Auch dieser Film, in dem es von feigen, geilen Kerlen und üppigen Tanten nur so wimmelt, verwendet die Versatzstücke, die den Meister des Sexreißers berühmt gemacht haben. – »Herbei, herbei – der Titten-Meyer ist wieder da!« (Ponkie, ABENDZEITUNG). – »Meyer bleibt ein Fall für Politikwissenschaftler, Psychoanalytiker und alle, die unbefriedigte Saugreflexe kompensieren müssen.« (FISCHER FILM ALMANACH 1987).

Du – Zwischenzeichen der Sexualität
BRD 1968.
R Gerhard Zenkel. **B** Wolfgang Hochheimer/Gerhard Zenkel. **K** N.N. **M** N.N. **D** Menschen wie du und ich. **F** 94 Min.
Ein Aufklärungsfilm, der vorgibt, menschliche Sexualität von Tabus befreien zu wollen und um Verständnis für das wirbt, was von der ›Norm‹ (was immer das sein mag) abweicht.

Duett im Bett
(LITTLE MISS INNOCENCE).
USA 1973.
R Chris Warfield. **B** Lee Patchen. **K** Ray Steckler. **M** N.N. **D** John Alderman (Ric), Sandra Dempsey, Judy Medford, **F** 76 Min.
Zwei sexbesessene Girls rücken dem erfolgreichen Komponisten Ric auf die Bude, der ihre freie Art sehr zu schätzen weiß. Während die eine nur ›lernen‹ will, verfolgt die andere den tückischen Plan, ihn zu Tode zu ›lieben‹, weil sie sich an den bösen Männern rächen will. Dieser Softsexfilm hat freilich ein Happy End. – AT: SEXAKTIVE VERFÜHRERINNEN.

E

Ehemänner-Report
BRD 1971.
R Harald Phillip. **B** Fred Denger/ Harald Philipp. **K** Helmut Meewes. **M** Chappel Verlag. **D** Gernot Möhner (Bernd Mittler), Angelika Baumgart-Frey (Brigitte Mittler), Kim Dimon (Berndorf), Sybil Danning (Sybille), Elisabeth Volkmann (Frau Berndorf), Peter Schiff (Wollmann), Peter Kranz (Wollmann jr.), Gerhard Frickhöffer (Fricke), Nadine de Rangot (Frau Fricke), Josef Moosholzer (Hirnbeiß), Waltraud Habicht (Frau Hirnbeiß), Doris Arden (Seelentrösterin), Max Giese (Dr. Wolf), Dagobert Walter (Pacek), Wolfgang Wiehe (Nickel), Hilde Sessak (Frau Nickel), Heinz Kammer (Lohmeister), Renate Kasché (Susi), Ingrid Steeger (Edeltraud).
F 78 Min.
Der Film geht der Frage nach, warum manche Ehemänner oft abgeschlafft nach Hause kommen, während andere, kaum daß sich die Tür hinter ihnen schließt, bei der Gattin gleich zur Sache kommen: Die Schlaffis, so erfahren wir, verschießen ihr Pulver schon vor dem Feierabend. – AT: SEITENSPRUNG-REPORT.

Ehepaar sucht gleichgesinntes
BRD 1969.
R F. J. Gottlieb. **B** Günther Heller. **K** Klaus Werner. **M** Gerhard Heinz. **D** Vera Jesse, Günter Klemens, Til Kiwe, Harald Dietl, Renate Kasché.
F 93 Min.
Episodische Geschichtchen um sexgierige und verklemmte Ehepaare, die erst beim Rudelbums so richtig ihre Gefühle aufleben lassen, was aber den bösen Nachbarn nicht gefällt. – Ein typisches Produkt der Sexwelle der sechziger Jahre, das heute nur noch unfreiwillig komisch wirkt.

Das ehrliche Interview
BRD 1971.
R Werner M. Lenz. **B** Fred Denger. **K** Horst Chlupka. **M** The Cats. **D** N.N. **F** 91 Min.
1. Nachdem in Susis und Bernhards Ehe der Alltag eingezogen ist, knüpft Susi sexuelle Bande zu ihrem Stiefsohn. Bis sie schwanger wird und nicht weiß, wer der Vater ihres Kindes ist. – 2. Dieter lernt Helene kennen und läßt sich von Britta scheiden, doch Britta wird sexuell plötzlich sehr aktiv und verführt ihn, so daß er sich fragt, mit welcher Frau er besser fährt. – 3. Als Sabine nach einer Liebesnacht mit Michael einen alten Liebesbrief ihres Freundes an eine andere findet, nimmt sie Schlaftabletten. – 4. Angela, eine Ex-Stewardess, entdeckt, daß ihr Gatte John ein Verhältnis mit einer ihrer Ex-Kolleginnen hat und schlägt eine ›Ehe zu dritt‹ vor, bis sie erkennt, daß sie dadurch vom Regen in die Traufe gekommen ist. – Ein Episodenfilm.

Ein dreifach Hoch dem Sanitätsgefreiten Neumann
BRD/Italien 1969.
R Franz Marischka. **B** Franz Marischka/Erwin Klein. **K** Bob Klebig. **M** Peter Kreuder. **D** Siegfried Rauch (Neumann), Alexandra Marischka (Julia), Christiane Rücker (Klärchen), Rudolf Prack (Erzherzog Rudolf), Hubert v. Meyerinck (Dr. Treppwitz), Willi Colombini (Gino Conte di Gelati), Mario Novelli (Lt. Romeo), Luisa Rivelli (Mme. Chloe Pompadour), Dagmar Hanauer (Dodo), Karin Torsten (Frou-Frou), Linda Schulz (Lola), Johanna Huber (Marion), Maria Raaber (Yvonne), Erna Selmer (Frau v. Wussow), Sepp Gneissl (Pfister), Loni Heuser (Frau v. Pfau), Heribert Aichinger (Martin), Ellen Umlauf (Frau

Oberleutnant), Katharina Hoffmeister (Gouvernante).
F 85 (TV: 81) Min.
Harmlose und alberne, gelegentlich aber auch zotige Sexkomödie um die ›Abenteuer‹ eines Sanitätsgefreiten in der Donaumonarchie. Nach dem Lied mit den tausend Strophen. – MIT GRAPSCH UND GLORIA.
Ⓥ Joy

Ein flottes Hausmädchen
(LA RAGAZZA ALLA PARI). Italien 1976.
R Mino Guerrini. **B** Paolo Barberio/Giovanni Pantano. **K** Pier Luigi Santi. **M** Pulsar Music. **D** Gloria Guida (Domenica), Oreste Lionello, Loretta Persichetti, Rossella Como, Carlo Giuffré, Patrizia Webkey, Dada Galloti, Alessandra Wazzoler, Vincenzo Crocitti, Cristiana Lionello.
F 82 Min.
Das Hausmädchen Domenica, das vom Land in den Haushalt einer städtischen Familie kommt, sieht sich den Begierden ihrer Herrschaft ausgesetzt und muß sich ständig ausziehen. – Eine italienische Sexklamotte auf dem Niveau der berüchtigten ›Flotten Teens‹-Serie.

Ein Graf in Ober-Bayern
Siehe **Graf Porno und die liebesdurstigen Töchter**

Ein guter Hahn wird selten fett
BRD 1976.
R Johnny Wyder. **B** N.N. **K** N.N. **M** N.N. **D** Remus Peets, Karin Larson, Jan Boven, Tina Traven, Nicole Walden, Waltraud Schaadt, Ricky Huhnholz. **F** 75 Min.
Zwei Burschen, die in einem Hochhaus ein Reinigungsunternehmen betreiben, sind während der Arbeitszeit meist damit beschäftigt, es ihren einsamen Kundinnen zu besorgen.

Ein Haus voll Verrückter
Siehe **Töchter der Liebe**

Ein Zwinger voll Verrückter
Siehe **Töchter der Liebe**

Ein heißer Eislutscher
(THE LITTLE BLUE BOX). USA 1979.
R Howard Howard. **B** N.N. **K** N.N. **M** N.N. **D** John Leslie (John Michaels), Jennifer Welles, (Ms. Azure/Jennifer), Leslie Bovee (Leslie), Jamie Gillis, Alan Clements, Gloria Leonard, Sharon Mitchell, Ming Toy.
F (87) 81 Min.
Ein sexuell frustrierter Schriftsteller, dessen Frau lieber zu feministischen Vorträgen geht, statt mit ihm ins Bett zu hüpfen, läßt sich mit der üppigen Ms. Azure ein und fantasiert sich mit Hilfe einer geheimnisvollen Blue Box, die seine Träume real werden läßt, zusammen, wie er es mit der knackigen Blondine Leslie treibt. – »Ein prickelnder Film«, meint die UFA-Werbung zur Softsexfassung. Im Klartext: Der Film ist ziemlich scharf, aber handwerklich unter aller Kanone.
Ⓥ UFA

Ein irres Feeling
BRD 1984.
R Nikolai Müllerschön. **B** Florian Burg/Rolf Kainzbauer. **K** Franz X. Lederle. **M** Drafi Deutscher/Lisa Boray/Rhonda/Orchester Jacques Michel. **D** Alexandra Beau (Julie), Sina Karven (Tina), Henriette Linn (Alfa), Lawrence Tosh (Tim), Helmut v. Grolman, Albrecht v. Weech, Hilde Gobbi, Liane Hielscher, Karl Dall.
F 82 Min.
Diverse Tussis und Sonnenstudio-Galane üben sich bei öder Popper-Musik in Sachen Partnerfang und fallen dabei ungezählte Male ins Wasser. – Platsch!
Ⓥ Pegasus

Sex und Sünde auf dem platten Land: *Ein Kaktus ist kein Lutschbonbon* von Rolf Olsen

Ein Kaktus ist kein Lutschbonbon
BRD 1981.
R Rolf Olsen. **B** Dudley Joker [= Rolf Olsen]. **K** Vlada Majic. **M** Gerhard Heinz. **D** Jürgen Drews (Axel Adam), Babsi May (Gaby Frey), Heinz Eckner (Pfarrer Strauss), Corinna Gillwald (Heide), Tobias Meister (Bruno), Patrizia Richter (Louisa Hopf), Gary Thiele (Eduard Meinhold), Bianca Carroll, Achim Strietzel, Renat Langer, Walter Fitz, Marie Luise Lusewitz, Dagobert Dohn.
F 83 Min.

Der Grafiker Axel, Zeichner des Comic-Strips ›Als die Bayern noch Schwänze hatten‹, und seine Freundin Gaby suchen in dem bayerischen Kaff Lochthal nach einer Ausgabe des Sexmagazins ›Play Me‹, geraten dabei ungewollt in Situationen, in denen der Sexus eine nicht unwichtige Rolle spielt und drohen am Ende einem Bankräubertrupp zum

Opfer zu fallen. – »Mit schlüpfriger Verlogenheit badet der Film in Klischees und Vorurteilen, wobei er mit besonderer Perfidie die ausländischen Arbeitnehmer aufs Korn nimmt.« (J. M. Thie, FILMBEOBACHTER).
Ⓥ PolyGram

Ein Körper voller Lust
(BABY VICKIE). USA 1969.
R Harold Perkins. **B** Harold Perkins.
K John Lyons. **M** N.N. **D** Sharon Matt (Baby Vickie), Sebastian Gregory (Tony), Bonnie Clark (Lorne), Dana Raven (Vickies Mutter), Bill Moore (Steve), Barbara Kline (Stripperin), William Gary (Vater). **F** 71 Min.
Vickie, aus spießigen Verhältnissen stammend, läuft von zu Hause weg, wird im Hafen von einem Mann vergewaltigt, heiratet, reißt aus, sucht ihren ehemaligen Peiniger auf, dem sie sich hingibt, freundet sich mit einer Prostituierten an und gerät immer mehr auf die schiefe Ebene, bis ihr Gatte sie vor einem Dasein als Stripperin bewahrt.

Ein langer Ritt nach Eden
BRD 1971.
R Günter Hendel. **B** N.N. **K** Lutz Ziervogel. **M** N.N. **D** Günter Hendel, Mike Run, Karin Heske, Ingrid Steeger. **F** (86) 75 Min.
In einem Wildwestkaff warten zwei Desperados nach einem Banküberfall auf ihren Partner und vertreiben sich die Zeit, indem sie zwei Quäkerehepaare sexuell und anderweitig hart rannehmen. – Eine erbärmlich gespielte, jämmerlich inszenierte Mixtur aus Western und Zotensex. Ⓥ Loyal/VTD

Ein lasterhafter Sommer
Schweiz 1981.
R Rolf Juschi. **B** Claus Jurisch.
K Peter Baumgartner/Gérard Loubeau.
M Walter Baumgartner. **D** Christian Filippi, Alain Raybaud, Nicole Segaud, Alban Ceray, Isabelle Besco.
F 85 Min.
Als ein spanischer Banker seine Gattin beim Menscheln mit seinem Bruder beobachtet, macht er Randale, weswegen seine Tochter mit ihrem Bräutigam erschreckt das Weite sucht. Ein gemeinsamer Familienurlaub soll die Atmosphäre entgiften, doch auch in der Ferienvilla wird – mitunter sogar auf dem Frühstückstisch – fleißig weitergepimpert, ohne auf den Grad der Verwandtschaft zu achten. – »Nach der Sexakrobatik folgen dann zur Entspannung Landschaftsaufnahmen.« (FILMBEOBACHTER).

Ein Liebesfall
(LJUBAVNI SLUCAJ ILI TRAGEDIJA SLUZBENICE). Jugoslawien 1967.
R Dusan Makavejev. **B** Dusan Makavejev. **K** Aleksandr Petkovic. **M** Dusan Aleksic. **D** Eva Ras (Isabela), Slobodan Aligrudic (Ahmed), Ruzika Sokic (Evas Freundin), Miodrag Andric (Mica), Aleksandar Kostic (Sexologe), Zivojin Aleksic (Kriminologe).
SW 76 Min.
Eine Belgrader Telefonistin geht ein Liebesverhältnis mit einem Beamten des Gesundheitsamtes ein und verspielt ihre Chancen wegen Untreue. – Vorsicht, Kunscht! Sehr anspruchsvoll.

Ein liebeswertes Freudenhaus
(THE BEST HOUSE IN LONDON).
GB 1969.
R Philip Savile. **B** Denis Norden.
K Tony Spratling. **M** Mischa Spoliansky. **D** David Hemmings (Walter Leybourne/Benjamin Oakes), Joanna Pettet (Josephine Pacefoot), George Sanders (Sir Francis Leybourne), Dany Robin (Babette), Warren Mitchell (Graf Pandolfo), John Bird (Innenminister), Maurice Denham (Times-Herausgeber), Martita Hunt

(Rektorin), Wolf Morris (Feng), Marie Rogers (Phoebe), Carol Friday (Flora), Avril Angers (Floras Mutter), William Rushton (Sylvester Wall), Bill Fraser (Insp. MacPherson), Arnold Diamond (Charles Dickens), Hugh Burden (Lord Tennyson), John De Marco (Oscar Wilde). **F** 97 Min.
Im viktorianischen London gibt sich, als die Regierung die Prostitution verbieten will, ein junger Taugenichts alle Mühe, in den Besitz eines Bordells zu gelangen, das sein Vater seiner Geliebten hinterlassen hat. – Eine hin und wieder lustige Komödie, deren Witz nicht zuletzt darauf basiert, daß die britische Regierung die Prostitution unwissentlich fördert.

Ein Mann für eine Nacht
(CANDIDO EROTICO). Italien 1977. **R** Claudio De Molinis. **B** Romano Bernardi. **K** Emilio Loffredo. **M** Nico Fidenco. **D** Lili Carati (Charlotte), Mircha Carven (Carlo), Maria Baxa (Veronique), Ajita Wilson, Marco Guglielmi, Fernando Cerulli, Carlos Albert Valles. **F** 90 Min.
Carlo, im Nachtgewerbe tätig, verliert, nachdem er die schöne Charlotte geheiratet hat, seine Potenz, doch als er mit seiner Gattin öffentlich auf einer Bühne auftritt, kann er wieder. – AT: CANDIDO EROTICO. DEEP LOVE.

Ein Mann für gewisse Stunden
(AMERICAN GIGOLO). USA 1980. **R** Paul Schrader. **B** Paul Schrader. **K** John Bailey. **M** Giorgio Moroder. **D** Richard Gere (Julian Kay), Lauren Hutton (Michelle), Hector Elizondo (Sunday), Nina v. Pallandt (Anne), Bill Duke (Leon James), Brian Davies (Charles Stratton), Robert Wightman (Floyd Wicker), Kay Callan (Lisa Williams), Tom Stewart (Rheiman), Patti Carr (Judy Rheiman), David Cryer (Lt. Curtis), Jessica Potter (Jill),

Senatorengattin auf der Suche nach Liebe: Lauren Hutton in *Ein Mann für gewisse Stunden* von Paul Schrader

Carole Cook (Mrs. Dobrun), Carol Bruce (Mrs. Sloane), Frances Bergen (Mrs. Laudner), McDonald Carey (Schauspieler), William Dozier (Anwalt), Peter Turgeon (Anwalt), Richard Derr (Williams). **F** 117 Min.
Julian ist ein gut aussehender amerikanischer Gigolo. Er hat perfekte Manieren, verkehrt in den besten Restaurants, fährt teure Autos – und liebt Damen aus besten Kreisen, die ihn für seine Tätigkeit bezahlen. Doch dann schieben ihm ein paar böse Buben einen Sexualmord in die Schuhe, und Julian muß feststellen, daß er tatsächlich nur eine männliche Hure ist: Seine gut betuchten Gespielinnen lassen ihn fallen – bis die Senatorengattin Michelle, die sogar so weit geht, ihm in seiner aussichtslosen Lage ein falsches Alibi zu geben.
Ⓥ CIC Taurus

Ein nackter Po im Kissen
Siehe **Ein nackter Po im Schnee**

Ein nackter Po im Schnee
(LA SETTIMANA BIANCA).
Italien 1981.
R Mariano Laurenti. **B** Mariano Laurenti. **K** Maurizio Maggi. **M** Gianni Ferrio. **D** Annamaria Rizzoli, Gianfranco d'Angelo, Enzo Cannavale, Bombolo, Carmen Russo, Linda Lume, Giacomo Furia. **F** 87 Min.
Männliche und weibliche Angestellte einer römischen Textilfirma (die Männer: ausnahmslos geile, häßliche Wichte; die Frauen: in der Mehrzahl drall) amüsieren sich auf einem Betriebsausflug in einem Gebirgshotel mit kindischem Ulk und lassen keine Zote und kein Klischee aus. – Alberner Sexfilm, mit laienhaft inszenierten ›Naturaufnahmen‹ mühsam auf Spielfilmlänge gestreckt. – AT: FLOTTE TEENS IM SCHNEE. EIN NACKTER PO IM KISSEN.
Ⓥ VTD

Ein nacktes Mädchen weiß zuviel
(LA VEDOVA DEL TRULLO).
Italien 1979.
R Franco Bottari. **B** N.N. **K** N.N. **M** N.N. **D** Rosa Fumetto (Magdalena), Renzo Montagnani, Mario Carotenuto, Carlo Giuffré, Enzo Valli, Margie Morean. **F** 85 Min.
Nachdem der Gatte der knackigen Magdalena bei einem Feuerwerk ums Leben gekommen ist, hecheln die männlichen Bewohner eines kleinen Dorfes hinter der jungen Witwe her. Diese zieht es jedoch vor, es mit dem Verblichenen im Traum zu treiben – bis sie einem Schüler zeigt, was Sex ist und mit einem Höhlenforscher abzieht, der ihrem toten Gatten wie aus dem Gesicht geschnitten ist. – Eine schludrig zusammengestümperte Sexkomödie, die sich alberner Witze bedient. Die Frage, wieso ein ›nacktes Mädchen‹ zuviel weiß, wird nicht mal aufgeworfen.
Ⓥ VTD

Ein pikantes Geschenk
(LA CADEAU). Frankreich/Italien 1982.
R Michel Lang. **B** Michel Lang. **K** Daniel Gaudry. **M** Michel Legrand. **D** Pierre Mondy (Gregoire Dufour), Claudia Cardinale (Antonella Dufour), Clio Goldsmith (Barbara), Jacques Francois (Loriol), Cécile Magnet (Charlotte), Renzo Montagnani (Emir Feisal), Rémi Laurent (Laurent), Leila Frechet (Sandrine).
F 109 (TV: 104) Min.
Der Banker Gregoire, ein Mann in den mittleren Jahren, erhält zur Pensionierung eine Venedigreise zum Geschenk. Auch seine Kollegen lassen sich nicht lumpen: Sie beauftragen das mondäne Callgirl Barbara, Gregoire auf der Reise ›zufällig‹ kennenzulernen und ihm unvergeßliche Tage zu bereiten. Der entzückte Gregoire verwandelt sich binnen Stunden in einen Playboy. Barbara, die in ihrem Luxushotel eine Kollegin trifft, sucht ihr Geheimnis zu hüten; Gregoires Sohn und seine Frau tauchen unverhofft auf, und auch sein spießiger Chef ist mit einem jungen Mädchen in ihrem Quartier abgestiegen. – Eine turbulent inszenierte, dialogreiche, unterhaltsame Sexkomödie. Sehenswert.
Ⓥ Atlas

Ein Slip auf Trip
(LES FOLIES D'ELODIE).
Frankreich 1981.
R André Génovès. **B** Gérard Croce/Paul Gegauff. **K** Jean-Claude Couty. **M** Claude Pimpere. **D** Marsha Grant (Elodie), André Génovès (Edouard), Bruno du Louvat (Philippe), Caroline Aguilar (Rose), Yves Massard (Georges), Denyse Roland (Solange), Gérard Croce (Priester),

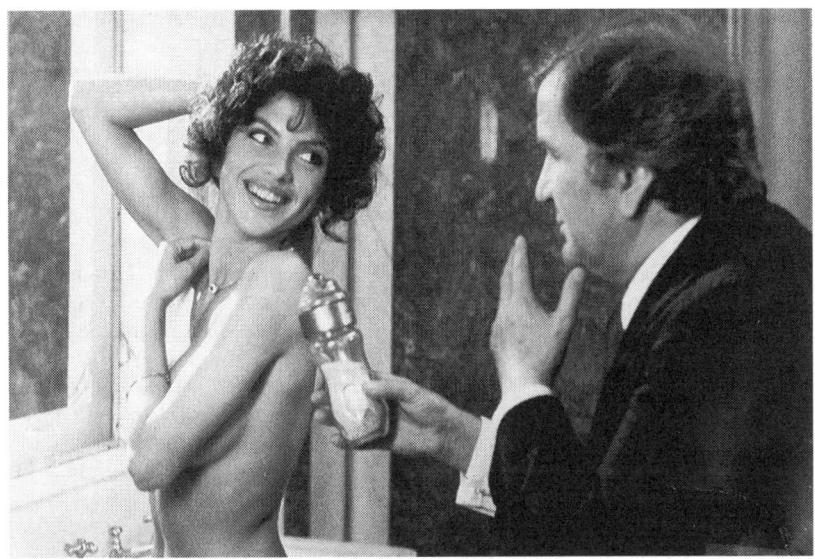

Edelhure und Biedermann in Venedig: Clio Goldsmith und Pierry Mondy in *Ein pikantes Geschenk* von Michel Lang

Claude Chabrol (Gast), Daniel Beretta, Marthe Mercadier, Charlotte Walior.
F 89 (TV: 86) Min.
Die hübsche Elodie, Gattin des Anwalts Georges und Mutter einer halbwüchsigen Tochter, ersteht einen violetten Slip, der sie und mehrere ihrer Bekannten in eindeutig zweideutige Situationen bringt. – Ein schwerfälliger Softporno, in dem in einer kurzen Szene der Regisseur Claude Chabrol als Gast zu sehen ist. Ⓥ UFA

Ein Sommer auf dem Lande
(SEGRETE EXPERIENZE DE LUCA E FANNY). Italien 1980.
R Gérard Loubeau. **B** N.N. **K** Roberto Girometti. **M** Bob Deramont. **D** Dominique Saint Claire, Jane Baker, Brigitte Lahaie, Enzo Garinei, Daniela Giordano, Julia Perrin, Fawzi Devaux, Annie Carol Edel, Aldo Materazzi, Piotr Stanislas, Guy Berardan.
F 82 Min.

Der halbwüchsige Luca verbringt den Sommer im Landhaus seiner Tante, entdeckt dort den Sex in Gestalt zweier williger Hausmädchen und landet schließlich, als Cousine Fanny ihn abweist, im Bett ihrer Mutter. – Ein Softporno von einem Regisseur, der ansonsten in härteren Bereichen tätig ist; nicht gerade von Bedeutung.

Ein Sommer der wilden Liebe
(LOVING AND LAUGHING).
Kanada 1971.
R John Sone. **B** Martin Brolsten.
K Roger Moride. **M** Dean Morgan.
D André Lawrence (Lucien Lapalme), Mignon Elkins (Mrs. Harrison), Gordon Fisher (Reggie Parker), Céline Lomez (Joan Harrison), Michéle Mercure (Lovely), Sue Helen Petrie (Belinda Harrison), Julie Wildman (Diane). **F** 80 Min.
Das Großbürgersöhnchen Reggie und der Hipster Lucien tauschen die Rollen:

Während Lucien sich als Haus- und Sexlehrer einer höheren Tochter verdingt und dabei auch eine Zofe namens Diana nicht vernachlässigt, amüsiert sich Reggie mit den willigen Mädchen einer Hippie-Kommune. – Ein pseudokritischer Sexstreifen, der vorgibt, Heuchelei und Kommunikationsprobleme zu diskutieren, aber nur das Ziel hat, Kohle zu machen. – AT: CRAZY TEENS – BLUTJUNGE NYMPHOMANINNEN.

Ein Sommer in St. Tropez
BRD 1983.
R David Hamilton. **B** David Hamilton. **K** N.N. **M** Benoit Widemann. **D** Laien. **F** 60 Min.
Sieben junge Nymphen tummeln und begrabbeln sich in der ländlichen Umgebung eines Landhauses in St. Tropez, ohne dabei irgendwelche großartigen Worte zu wechseln. – Ein direkt für den Videomarkt produzierter Kurzfilm vom Regisseur der Filme BILITIS (1976), DIE GESCHICHTE DER LAURA M. (1979), ZÄRTLICHE COUSINEN (1980) und ERSTE SEHNSUCHT (1983), angepriesen als »prickelnde Unterhaltung von frivolem Charme«. – Man könnte auch sagen: Ein Mann verfilmt seine Neigungen.
Ⓥ Atlas

Ein Sommer voller Leidenschaft
(L'ETE LES PETITES CULOTTES S'ENVOLENT).
Schweiz/Frankreich 1984.
R Michel Leblanc [= Michel Lemoine]. **B** N.N. **K** N.N. **M** N.N. **D** Olinka Hardiman, André Vinouze, Nathalie, Sophie Zillers. **F** 75 (TV: 70) Min.
Da er im Urlaub nicht auf seine Geliebte Chloe verzichten will, quartiert Hugo sie in der Nähe seines Feriendomizils ein, bevor er mit Gattin Brigitte und Tochter Beatrice auf die Alm fährt. Da auch Beatrices Geliebter Alain in der Nähe weilt, Chloe eine Freundin mitbringt, und Hugos Freund Jean zu Besuch kommt, sind der sexuellen Betätigung bald keine Grenzen mehr gesetzt. – Stupider Rammelfilm, der nicht mal mit seinen Naturaufnahmen überzeugen kann.

Ein Sommer voller Liebe
(VIRGINIA). Spanien 1983.
R Alba Gran. **B** N.N. **K** N.N. **M** N.N. **D** Karin Netzer, Monique Daumier, Claudine Marc. **F** 90 Min.
Ein spanischer Maler nimmt die Anhalterin Virginia mit in die Villa seiner Freunde, die sich – samt und sonders sexuell besessen – auf sie und auf einander stürzen, wobei es nicht von Wichtigkeit ist, wer welchem Geschlecht angehört.

Ein Sommer voller Zärtlichkeit
(LA PROF ENSEIGNE SANS PRESERVATIFS). Frankreich 1981.
R Bob W. Sanders [= Jean Claude Marchetti]. **B** Bob W. Sanders [= Jean Claude Marchetti]. **K** Louis Soulanes. **M** N.N. **D** Helen Shirley, Eric Saville, Tony Valles, Cathy Maynard, André Kay, Hubert Ceylan, Yves Soubeyran. **F** 63 Min.
Ein Polizist versucht den Geliebten seiner Gattin hereinzulegen, indem er ihm eine Straftat in die Schuhe schiebt. – Die im Originaltitel erwähnten ›Preservatifs‹ sollten nicht mißverstanden werden, auch wenn es sich bei diesem Heuler um einen radikal beschnittenen Hardcoreporno handelt.

Ein superheißes Ding
(DOUBLE AGENT 73). USA 1974.
R Doris Wishman. **B** Doris Wishman. **K** N.N. **M** N.N. **D** Chesty Morgan, Harry Reems, Curt Brandt, Frank Silvano, Jill Harris, Cooper Kent, Donny Lee. **F** 74 Min.
Eine Geheimagentin, deren hervorstechendstes Merkmal abnorm große Lun-

genauswüchse sind, gibt sich alle Mühe, Angehörigen eines Drogenringes das Handwerk zu legen. – Der Film ist weniger eine Sexstory als eine Killergeschichte, aber die Mitwirkung von Sexstars wie Harry Reems und Chesty Morgan macht ihn auch für das erotische Genre interessant. – Eine Fortsetzung des Busenfilms DEADLY WEAPONS (USA 1973; **R** Doris Wishman).

Ein verrücktes Freudenhaus
(KEEP IT UP, JACK). GB 1973.
R Derek Ford. **B** Derek Ford/Alan Selwyn. **K** Geoff Glover. **M** Terry Ward. **D** Mark Jones (Jack James), Sue Longhurst (Virginia), Maggie Burton (Fleur), Paul Whitsun-Jones (Fairbrother), Frank Thornton (Clarke), Queenie Watts (Putzfrau), Steve Vidor (Muskelmann), Jack Le White (Inspizient), Linda Regan (Gloria), Jenny Westbrook (Caroline), Veronica Peters (Francine), Yvette Vanson (Sylvie), Juliet Groves (Lily), Marian Brown, Jan Foster. **F** 88 (TV: 80) Min.
Der abgehalfterte Verwandlungskünstler Jack (»Der Mann mit den 1000 Gesichtern«) verliert seinen Job als Schmierenkomödiant, doch Rettung ist nah: Er erbt von seiner Tante ein feudales Landhaus, in dem sie einen Edelpuff betrieben hat. Mit Hilfe der Edelhure Virginia nimmt Jack, als Tantchen verkleidet, das Establissement wieder in Betrieb, doch als er sich in die Jungprostituierte Fleur verliebt, überkommen ihn Skrupel, und er tritt in diversen Masken als ›Exklusiv-Kunde‹ auf. – Eine Sexkomödie. Harald Juhnke spricht den guten Jack exzellent.

Ein wildes Leben
(LA JEUNE FILLE ASSASSINÉE). BRD/Frankreich/Italien 1974.
R Roger Vadim. **B** Roger Vadim.

Sirpa Lane und Roger Vadim in *Ein wildes Leben* von Roger Vadim

K William Glenn. **M** Mike Oldfield.
D Sirpa Lane (Charlotte), Matthieu Carrière (Eric), Michel Duchaussoy (Serge), Roger Vadim, Alexandre Astruc, Elisabeth Wiener, Anne-Marie Deschodt, Sybil Danning, Thérèse Liotard, Louis Arbessier. **F** 100 Min.
Ein Schriftsteller recherchiert für sein neues Buch das Leben seiner Ex-Geliebten, eines inzwischen ermordeten Mannequins aus gutem Hause, das sich nie um bürgerliche Konventionen geschert hat. Er interviewt ihren Gatten, einen homosexuellen Filmkritiker, erfährt von zahlreichen Episoden aus ihrem an Sex und perversen Spielchen äußerst reichen Leben und entlarvt einen dekadenten Millionärssproß als ihren Mörder. – Ein Tiefpunkt im Schaffen des Regisseurs Roger Vadim.
Ⓥ IMV

Ein zärtliches Biest
(CICCIOLINA AMORE MIO).
Italien 1979.
R A. van Dyke [= Amasi Damiani]/Jimmy Matheus [= Bruno Mattei].
B Riccardo Schicchi. **K** Antonio Piazza. **M** Gianni Marchetti. **D** Ilona Staller (Cicciolina), Patrizia Basso, Paola Ludovica Barbanera, Giancarlo Mariangeli, Enrico Nessieres.
F 87 Min.
Die wasserstoffblonde Cicciolina aus Bella Italia wirbt bei einem privaten Rundfunksender für hemmungslose Geilheit und zeigt uns, wo in Sachen Lesbiertum und Masturbation die Post abgeht. Und ihr Teddy ist immer dabei. – Ein Softporno, der sich von anderen deswegen unterscheidet, daß seine Heldin als Abgeordnete im italienischen Parlament gesessen hat.

Eine Armee Gretchen
BRD/Schweiz/Österreich 1973.
R Erwin C. Dietrich. **B** Manfred Gregor [= Erwin C. Dietrich]. **K** Peter Baumgartner. **M** Walter Baumgartner.
D Carl Möhner, Birgit Bergen, Helmut Förnbacher, Renate Kasché, Alexander Allerson, Karin Heske, Elisabeth Felchner, Claus Knuth, Hasso Preiss, Milan Beli, Walter Kraus, Anne Graf, Eduard Huber, Gerd Amann, Oliver Domnick, Michael Jacot, Pat David.
F 95 Min.
Gegen Ende des Zweiten Weltkrieges entscheidet das Oberkommando der deutschen Wehrmacht, daß es fortan gestattet ist, auch Frauen im Armeedienst einzusetzen. Eingeknastete Huren verlangen daraufhin per Petition ihr »Recht auf den deutschen Mann« und gehen zur Stützung der Moral an die Front. Von nun an bumsen nicht nur die Granaten. Eine Zelluloid-Stümperei, wie die meisten Filme von Erwin C. Dietrich, der als Michael Thomas Dutzende von billigen Sexern inszeniert hat.
Ⓥ UFA

Eine Flamme in meinem Herzen
(UNE FLAMME DANS MON COEUR).
Frankreich 1987.
R Alain Tanner. **B** Myriam Mézières/Alain Tanner. **K** Acacio de Almeida. **M** Johann Sebastian Bach.
D Myriam Mézières (Mercedes), Aziz Kabouche (Johnny), Benoit Regent (Pierre), Biana, Jean-Yves Berthelot, André Marcon, Anne Rucki, Jean-Gabriel Nordmann. **SW** 110 Min.
Die Schauspielerin Mercedes flüchtet vor den Besitzansprüchen ihres Freundes Johnny in ein kleines Hotel und lernt den Journalisten Pierre kennen, mit dem sie eine spontane Liebesbeziehung eingeht. Nach einer beruflichen Reise Pierres zwingt Mercedes ihn, sie nie wieder allein zu lassen. Sie tanzt in einer Jahrmarkts-Peepshow, doch als sie mit Pierre zwecks einer Reportage nach Kairo reist, verliert sie sich im Trubel einer

Kasbah und bleibt allein zurück. – Ein konfuser Sexfilm in französischer Sprache, auf ›Kunst‹ getrimmt. Nichts für Freunde harter Aktion.

Eine Frau für die Nacht
(UNA DONNA DI NOTTE). Italien 1979.
R Nello Rossati. **B** Roberto Gianviti/Nello Rossati/Paolo Vidali. **K** Sandro Mancori. **M** Gianfranco Plenizio. **D** Lorraine De Selle, Ajita Wilson, Otello Belardi, Daniele Vargas, Giulio Cassani, Giovanna Materassi, Sandro Ghiani. **F** 80 Min.
Ein Softporno über die sexuellen Phantasien eines Autors, der einen Pornoroman schreiben soll. Ⓥ USA

Eine Frau für alle Fälle
(L'INFIRMIERA DI CAMPAGNA). Italien 1981.
R Alan W. Cools [= Mario Bianchi]. **B** Mario Bianchi. **K** N.N. **M** N.N. **D** Laura Gemser, Gabriele Tinti. **F** 90 Min.
Eine knackige dunkelhäutige Krankenschwester kommt in ein italienisches Dorf, und ehe man ›Gustaf der sechste Adolf‹ sagen kann, sind alle Männer hinter ihr her. – Sexfilm. – AT: FRAU DOKTOR KANN'S NICHT LASSEN.
Ⓥ VMP

Eine Jungfrau in Blue Jeans
(UNE VERGINE E FAMIGLIA). Italien 1975.
R Luca Delli Azzeri. **B** Luca Delli Azzeri. **K** Gino Santini. **M** Carlo Savina. **D** Franca Gonella (Anna), Gianni Dei, Femi Benussi, Mario Colli, Carla Calo, Louis Torre, Giorgio Ardisson, Enzo Andronico. **F** 79 Min.
Damit Anna nicht unter die Räder kommt und brav als Jungfrau in die Ehe geht, schickt Papa sie aufs Land, was sich nicht als der Weisheit letzter Schluß erweist – denn auf dem Gut von Tante Franca kommt sie erst richtig auf den Geschmack. Anna treibt es im Kornfeld und anderswo, doch als sogar Onkel Orest vor ihren Reizen kapituliert, muß sie das Haus verlassen. Bei Freunden, wo sie unterkriecht, stößt sie auf den Mann fürs Leben. – Sexfilm.
Ⓥ Toppic

Eine nach der anderen – Laß fummeln, Puppe
(COME ONE, COME ALL). USA 1970.
R Sebastian Gregory. **B** Sebastian Gregory. **K** Henning Schellerup. **M** David Kenzie. **D** Sebastian Gregory (Sebastian), Gina Montaine (Geraldine), Henry Dillon (Michael), Diane Lampert (Louise), Roberta Landis (Monica), Loretta Tyler (Shirley), Dorothy Campbell (Tänzerin), Christine March (Goldlöckchen). **F** 73 Min.
Hier geht es um die Sex-Abenteuer eines potenten Stenzes, der sein Leben als Callboy bestreitet, bis er eines Tages – vom Streß geplagt – die Lust an seiner Tätigkeit verliert. – Ein anspruchsloses Sexfilmchen nach üblichem Strickmuster; auch formal unter aller Kanone.

Eine Schwedin in Paris
(SVENSKA FLICKOR I PARIS). Schweden 1960.
R Barbro Boman. **B** Barbro Boman. **K** Peter Weiss. **M** Martial Solal. **D** Anita Lindoff, Ulla Blomstrand, Gösta Alm, Maud Elfvsjö. **SW** 77 Min.
Ein schwedisches Mädchen, das in Paris zunächst einem Maler Modell steht, endet kurz darauf auf dem Strich. – Filme dieser Art reißen heute zwar niemanden mehr von Hocker, waren aber 1960 wegen ihrer Nacktszenen noch ein Wagnis.
– AT: VERLOCKUNG.

Eine verhängnisvolle Affäre
(FATAL ATTRACTION). USA 1987.
R Adrian Lyne. **B** James Dearden.

Das Einhorn

Noch ahnt er nicht, was er sich da eingefangen hat: Michael Douglas und Glenn Close in *Eine verhängnisvolle Affäre* von Adrian Lyne

K Howard Atherton. **M** Maurice Jarre.
D Michael Douglas (Dan Gallagher), Glenn Close (Alex Forrest), Anne Archer (Beth Gallagher), Ellen Hamilton Latzen (Ellen Gallagher), Stuart Pankin (Jimmy), Ellen Foley, Fred Gwynne, Meg Mundy, Tom Brennan, Lois Smith, Mike Nussbaum.
F 119 Min.
Als Dan Gallaghers Frau übers Wochenende zur Schwiegermutter fährt, gibt ihm die blonde Alex deutlich zu verstehen, daß sie einer Affäre ohne Verpflichtungen nicht abgeneigt ist. Dan verlebt eine betriebsame Nacht voller sexueller Ausschweifungen, doch als er wieder zum Tagwerk übergehen will, entpuppt sich seine wilde Schöne zunächst als besitzergreifend und dann als eindeutig psychopathisch. Die Love-Story wird zum Psycho-Thriller: Um das Verhältnis mit Dan fortzuführen, ist Alex jedes peinliche Mittel recht, und um ihn mit terroristischen Maßnahmen weichzuklopfen, ist sie letzten Endes sogar zum Mord bereit. – Der Film ist ein sehenswertes Lehrstück für Männer, die mit Seitensprüngen liebäugeln. – »Und nicht zuletzt ein Kommentar zur modischen Angst vor Aids – ein Film mit einer klaren Botschaft, so bieder wie böse: Wer sich für eine Nacht auf eine fremde Frau einläßt, muß sie schon töten – wenn er wieder Ruhe finden will.« (Norbert Grob, DIE ZEIT).
Ⓥ CIC

Das Einhorn
BRD 1977.
R Peter Patzak. **B** Dorothee Dhan.
K Ulrich Burtion. **M** Peter Zwetkoff.
D Peter Vogel (Anselm Kristlein), Gila von Weitershausen (Birga Kristlein), Lucie Visser (Orli), Miriam Spoerri (Melanie Sugg), Christiane Rückert (Barbara Salzer), Anton Diffring (Blomich), Lilian Rack (Rosa), Isolde Barth (Maria), Harald v. Koeppelle (Beumann), Hans-Helmut Dickow (Nacke Dominik Bruut), Helmut Fischer (Dr. Blagge), Emmerich Schäffer (Karsch), Lutz Hilbert (Bamber), Gerd Eichen (Heinrich Müller), Sepp Wäsche (Gustav Janzen), Hannes Kaetner (Riedesser), Elke Landsknecht (Drea), Marlies Landsknecht (Lissa), Felix Schieferdecker (Guido), Alexander Schieferdecker (Philip), Elma Karlowa, Hans Reiser, Helmut Wöstmann, Nicki Nowotny, Jochen Jahn, Eberhard Steib, Klaus-Dieter König, Manfred Böhm. **F** 111 Min.
Nach der Veröffentlichung seines ersten Romans erhält der Werbetexter Anselm Kristlein von seiner Schweizer Verlegerin Melanie Sugg den Auftrag, einen ›Sachroman‹ über die Liebe zu schreiben. Doch da sich eine wahre Dichterseele natürlich nicht für schnöde Sex-

Reports (denn ein solcher wird erwartet) hergibt, hat Anselm mit dem Schreiben so seine Schwierigkeiten: Bei einer Lesereise, die ihm dreihundert Mark pro Abend einbringt, reist er durch die Lande und die Betten verschiedener Frauen. – All das ist stinklangweilig, denn die Romanvorlage stammt von Martin Walser, dessen Helden ständig literarische Klassiker zitieren.

Eis am Stiel (1)
(LEMON POPSICLE). Israel 1977.
R Boaz Davidson. **B** Boaz Davidson/Eli Tavor. **K** Adam Greenberg. **M** Hits der 50er Jahre. **D** Zachi Noy (Johnny), Jesse Katzur (Benny), Jonathan Segal (Bobby), Deborah Kedar, Anne Atzmon. **F** 94 Min.
Johnny, Benny und Bobby, drei Schüler im besten Teenie-Alter, sind ständig auf der Suche nach willigen Mädchen, bei denen sie sich als Sex-Protze beweisen können. Da sie nicht allzu oft zum Zuge kommen, heuern sie eine professionelle Gunstgewerblerin an, die sie jedoch mit wenig beliebten Insekten infiziert. – »Der Film ist von einer fidelen Derbheit, die – je nachdem – auf die Nerven geht oder zum Kreischen beflügelt.« (Friedrich Luft, DIE WELT).
Ⓥ UFA

Eis am Stiel (2): Feste Freundin
(ESKIMO LIMON/GOING STEADY). Israel 1979.
R Boaz Davidson. **B** Boaz Davidson & Eli Tavor. **K** Adam Greenberg. **M** Hits der 50er Jahre. **D** Zachi Noy (Johnny), Jesse Katzur (Benny), Jonathan Segal (Momo), Yvonne Michaels, Rachel Steiner, Daphne Armoni, Dorit Kroizer, Orit Kroizer.
F 88 (TV: 84) Min.

Drei jugendliche Lustmolche auf der Suche nach der ultimaten Erfahrung: Zachi Noy, Jesse Katzur, Jonathan Segal mit Sybille Rauch in *Eis am Stiel (3): Liebeleien* von Boaz Davidson

Die sexhungrigen, aber nicht sonderlich hellen Teens Benny, Bobby und Johnny feiern mit ihren Freundinnen im Mondschein eine Strandparty und geraten mit Rockern aneinander, die ihnen die Mädchen abspenstig machen und ihre Kleider stehlen. Auf dem Heimweg kommt es zu einigen Turbulenzen, und auch später ergibt sich so allerlei. – Eine einfältige Komödie aus dem Leben Spätpubertierender. Ⓥ UFA

Eis am Stiel (3): Liebeleien
(SHIFSHUF NAIM/HOT BUBBLEGUM). BRD/Israel 1981.
R Boaz Davidson. **B** Boaz Davidson/Eli Tavor/Sam Waynberg. **K** Amnon Salomon. **M** Hits der 50er Jahre.
D Zachi Noy (Johnny), Anat Atzmon (Nellie), Jonathan Segal (Bobby), Jesse Katzur (Benny), Sybille Rauch (Trixi), Menashe Warschansky (Bennys Vater), Ariela Rabinovich, Rachel Steiner, Christiane Schmidtmer, Deborah Kedar. **F** 90 Min.
Die blonde Trixi aus Deutschland versetzt mit ihren prallen Rundungen das auf voyeuristische Reize stehende Trio Benny, Bobby und Johnny in Aufregung. Wenn die Jungs nicht gerade nach einer sturmfreien Bude suchen, lecken sie Eis am Stiel und treiben sich auf Fêten herum. – Anspruchslose Sexkomödie aus dem Teeniemilieu.
Ⓥ UFA

Eis am Stiel (4): Hasenjagd
(SAPICHES/PRIVATE POPSICLE). BRD/Israel 1983.
R Boaz Davidson. **B** Boaz Davidson. **K** Adam Greenberg. **M** Hits der 50er Jahre. **D** Jesse Katzur (Benny), Zachi Noy (Johnny), Jonathan Segal (Bobby), Deborah Kedar, Menasche Warschewski, Joseph Shiloah, Sonja Martin, Bea Fiedler, Moshe Ish-Kassit. **F** 100 (94) Min.

Benny, Bobby und Johnny müssen sich, aus dem Urlaub kommend, der militärischen Grundausbildung unterziehen und entdecken in der Umgebung des Ausbildungslagers ein Mädchencamp, in dem es allerlei zu begaffen gibt. – Ein übersehenswerter Schnellschuß für den Teeniemarkt.
Ⓥ Cannon/VMP

Eis am Stiel (5): Die große Liebe
(BABY LOVE). BRD/Israel 1984.
R Dan Wolman. **B** Boaz Davidson/Eli Tavor. **K** Ilan Rosenberg. **M** Hits der 50er Jahre. **D** Zachi Noy (Johnny), Jesse Katzur (Benny), Jonathan Segal (Bobby), Stefanie Petsch (Ginny), Dolly Dollar (Frieda), Sabrina Cheval, Bea Fiedler, Menasche Warschewski, Deborah Kedar, Renate Langer.
F 84 (TV: 80) Min.
Benny, der Romantiker, verliebt sich ausgerechnet in Bobbys Schwester Ginny, was Bobby in die Rolle des großen Bruders und Beschützers drängt, bis er erkennt, daß sein Kumpel es ernst meint und er zur Verbindung der beiden seinen Segen erteilt. Und zwischendurch sehen wir ganz das gewohnte: Hasenjagd am Strand und anderswo.
Ⓥ Cannon/VMP

Eis am Stiel (6): Ferienliebe
(LEMON POPSICLE VI). BRD/Israel 1985.
R Dan Wolman. **B** Eli Tavor/Sam Waynberg/Dan Wolman. **K** Ilan Rosenberg. **M** Hits der 50er Jahre. **D** Zachi Noy (Johnny), Jesse Katzur (Benny), Jonathan Segal (Bobby), Petra Kogelnik, Bea Fiedler, Yehuda Afroni.
F 86 Min.
Der fette Johnny und seine Freunde Benny und Bobby geraten auf der Flucht vor dem empörten Vater einer jungen Schönen auf einen Ferienkreuzer, wo sie Gelegenheit haben, mit Mädels anzu-

»Komm, mach mir den Hengst!« Bea Fiedler und Yehuda Afroni in *Eis am Stiel (6): Ferienliebe* von Dan Wolman

bandeln bzw. sämtliche Fehler zu wiederholen, die sie schon in den ersten fünf Folgen der EIS AM STIEL-Serie gemacht haben. – Ein harmloses Teeniesexgeplänkel. Ⓥ Cannon/VMP

Eis am Stiel (7): Verliebte Jungs
(LEMON POPSICLE: YOUNG LOVE).
BRD 1987.
R Walter Bannert. **B** Anton Moho.
K Hanus Polak. **M** Hits der 50er und 60er Jahre. **D** Jesse Katzur (Benny), Zachi Noy (Johnny), Jonathan Segal (Bobby), Sonja Martin (Sandy), Sissi Liebold (Patti), Sybille Rauch (Dame mit Hund), Gregory Tal (Gatte), Eva Astor (Hertha), Michael Gahr (Alfred Rosenberg), Linda Caroll (Lilli), Leonard Lansink (Schnitzer jr.), Ya'arkale Ben Sira (Schnitzer sen.), Dvora Sharf (Frau Schnitzer), Itzhak Aharon (Body Builder), Dorit Ardi (Freundin), Igor Borisov (Mann mit Liegestuhl), Meir Along (Job-Vermittler), Archie Leahman (Angestellter), Daron Tzafir (Barmann am Pool), Shmulik Tene (Chefkellner). **F** 91 (TV: 79) Min.
Nach einem flotten Tag am Strand und diversen Mißerfolgen bei den Girls baut Johnny mit Papas Straßenkreuzer einen Unfall. Die Rechnung zwingt ihn und seine Kumpane Benny und Bobby, einen Job in einem Strandhotel anzunehmen, in dem es von heißen Frauen wimmelt. Bobby trifft seine alte Liebe Sandy, doch sie ist mit dem fiesen Schnitzer verlobt, den es auszutricksen gilt. – Ein Kalauer über sexhungrige Boys, die sich in keiner Lebenslage aus der Fassung bringen lassen. Mit der Logik hapert es. – »An ort- und zeitlosen Stränden spielt sich billigster Klamauk ab.« (Frank Arnold, ZITTY).
Ⓥ Cannon/VMP

Eis am Stiel (8): Summertime Blues
(LEMON POPSICLE VIII: WEST OF EDEN). BRD/Israel 1988.
R Reinhard Schwabenitzky. **B** Reinhard Schwabenitzky. **K** Karl Kases. **M** Hits der 60er Jahre. **D** Jesse Katzur, Zachi Noy, Jonathan Segal, Elfi Eschke, Sybille Rauch, Sissi Liebold, Sonja Martin. **F** 90 (TV: 85) Min.
Benny, Johnny und Bobby, drei israelische Boys, wollen eine Discothek eröffnen, aber da sie chronisch pleite sind, müssen sie, um das Ziel zu erreichen, der Tochter des Verpächters schöne Augen machen. – Ein anspruchsloses Filmchen.
Ⓥ Cannon/VMP

Ekstase – Symphonie der Liebe
(EXTASE). Tschechoslowakei 1933.
R Gustav Machaty. **B** Gustav Machaty. **K** Jan Stallich. **M** Giuseppe Becce. **D** Hedy Kiesler/Lamarr (Eva), Aribert Moog (Adam), Zvonimir Rogoz (Emil), Leopold Kramer. **SW** 81 Min.
Nachdem sie entdeckt hat, daß ihr Ehemann impotent ist, lernt die schöne Eva einen jungen Mann kennen, der ihr unter anderem zeigt, was Cunnilingus ist. – »Die zu recht berühmte Verführungsszene hat möglicherweise mehr Bild-für-Bild-Abdrucke in Filmbüchern erhalten als jede andere Filmgeschichte, und der weltweite Skandal, den der Gatte der jungen Hedy Lamarr mit seinem Bemühen heraufbeschworen hat, alle Kopien des Films zu vernichten, hat ihn nicht nur seit über fünfzig Jahren zu einem Kino-Kuriosum gemacht, sondern ihm einen Ruf verschafft, den das übersättigte Publikum von heute kaum noch nachvollziehen kann.« (Mick Martin/Marsha Porter, VIDEO MOVIE GUIDE 1988).

Ekstase
(BOLERO). USA 1983.
R John Derek. **B** John Derek. **K** John Derek. **M** Peter Bernstein/Elmer Bern-

Bo Derek (die schöner ist als das, was sie macht) in *Ekstase* von John Derek

stein. **D** Bo Derek (Ayre McGillivray), George Kennedy (Cotton), Andrea Occhipinti (Angel Contreras), Ana Obregon (Catalina), Olivia d'Abo (Paloma), Greg Bensen (Scheich), Ian Cochrane (Robert), Mirta Miller (Evita), Mickey Knox (Führer).
F 86 (TV: 83) Min.
Die junge Engländerin Ayre McGillivray (genannt Mac) erbt in den zwanziger Jahren ein Vermögen und will sich einen Traum erfüllen: Ein glutäugiger Scheich soll sie mit in sein Zelt nehmen und ihr eine ekstatische Nacht bereiten. Leider ist der Scheich, dem die Schöne ihre Unschuld opfern will, eine Schlafmütze. In Spanien verknallt sich Mac in den Matador Angel, der sie zwar entjungfert, doch kurz darauf in der Arena einen Unfall hat, der ihn impotent macht. Mac macht es sich zur Aufgabe, ihn zu heilen; sie schafft dies, indem sie nackt auf

einem Pferd reitet. – Wer's glaubt... Die US-Fassung dauert 104 Minuten.
ⓥ VFL

Ekstase zwischen Gier und Lust
(PRETTY LADY DAMNED TO KILL). USA 1969.
R Jack Baltasa. **B** F. Schier. **K** Gunter Otto. **M** N.N. **D** Joachim Henschel, Sonja Gammerich, John Eller, Yvonne Benda, Werner Cartano, Gitta Jung, Cathy Grumb. **SW/F** 73 Min.
Nachdem ein potenter Fotograf nach zahlreichen Affären im Ehebett versagt, versucht er auf Sizilien die Potenz wiederzuerlangen. Die Story endet böse: Der frustrierte Mann von Welt entwickelt sich zum amoklaufenden Voyeur, der nach diversen Missetaten von eigener Hand stirbt. – Ein Sex-Schundi, dessen nationale Herkunft nicht eindeutig geklärt werden kann, mit von deutscher Hand hinzugefügten ›Stellen‹.

Ekstasen, Mädchen und Millionen
BRD 1981.
R Pablo Juan Torena. **B** Werner Ritterbusch/Heiko Hagemann. **K** Pierre Hoya. **M** Werner Ritterbusch. **D** Martine Mercier, Karin Hoffmann, Peter Kwapinski, Paola Pasetti, Judy London, Mario Moretti. **F** 89 Min.
Junge Tochter einer Banknotenfälscherin reißt nach Ibiza aus und wird im Auftrag ihrer Mutter von einem Galan gesucht, der sie aus den Krallen zweier Geilhuber rettet, die sie zwecks Lustgewinn auf ihre Yacht verschleppt haben. – Ein recht eindeutiger Film. ⓥ Ribu

Elf Tage und elf Nächte
(UNDICI GIORNI, UNDICI NOTTE). Italien 1986.
R Joe d'Amato [= Aristide Massaccesi]. **B** Sarah Asproon [= Aristide Massaccesi] /Clyde Anderson. **K** Federico Slonisco. **M** Piero Montanari. **D** Jessica Moore (Sarah Asproon), Joshua McDonald (Michael), Mary Sellers, Tom Mojack. **F** 92 Min.
Elf Tage vor dem Tag, an dem Michael den Bund fürs Leben schließen will, begegnet ihm auf einer Fähre bei New Orleans die Frau seines Lebens, die ihm unmißverständlich zu verstehen gibt, daß sie ihn haben will: Die Autorin Sarah Asproon, die für ein Buch über die Eigenarten ihrer ersten hundert Liebhaber noch einen Kandidaten für ausgefallene Sexspiele benötigt. Der gute Michael nimmt das Angebot der einfallsreichen Dame bereitwillig an, zumal seine Braut die Biederkeit in Person ist. Zu spät bemerkt er, daß er für Sarah nur ein Opfer ist. – Ein voyeristisch fotografierter Softporno. (Fortsetzung: TOP MODEL).
ⓥ Highlight

Elf Tage und elf Nächte (3)
Siehe **Afternoon – Stunden der Leidenschaft**

Die elftausend Ruten: Schlag mich, Liebling!
(LES ONZE MILLE VERGES). Frankreich 1975.
R Eric Lippmann. **B** Eric Lippmann. **K** Bernard Joliot. **M** Michel Colombier. **D** Yves-Marie Maurin (Romain), Florence Cayrol, Nathalie Zeiger, Marion Game. **F** 94 Min.
Romain, ein schüchterner Bankangestellter, kann bei den leichtgeschürzten Damen an seinem Arbeitsplatz nicht landen. Als er auf die erotischen Lebenserinnerungen eines Ahnen stößt, wird seine sexuelle Phantasie beflügelt: Im Nu findet er sich zu Beginn des 20. Jahrhunderts wieder und darf als lüsterner Prinz durch Bordelle und Damenschlafzimmer stromern. – Früher Sexfilm mit ironischen Untertönen, handwerklich etwas besser als der übrige Schamott.
ⓥ VMP (1.000 Ruten)

Elisabeth – Eine Frau lebt ihre Träume
(CEREMONY – PRIVATE PLEASURES).
Schweden 1975.
R Axel C. Englund. **B** Axel C. Englund. **K** Lasse Björne. **M** Kelle Larsen. **D** Elone Glenn, Ulf Brunnberg, Per-Axel Arosenius. **F** 84 Min.
Eine junge Schwedin, die kurz vor der Heirat steht, wird urplötzlich von heißen sexuellen Tagträumen heimgesucht und beschließt, sie wahr werden zu lassen, damit sie ihren Seelenfrieden wiederfindet.

Emanuel und seine Gespielinnen
(ET SI TU N'EN VEUX PAS).
Frankreich/Belgien 1974.
R Jacques Treyens. **B** Jean Benezech/Jacques Treyens. **K** Jean Benezech. **M** Frank Aldo. **D** Jean Roche (Emanuel), Francoise Pascal, Joelle Coeur, Dany Danyel, Nanette Corey, Claude Marcault, Gilda Arancio, Marie-Christine Carliez, Alice Arno, Henri Djanik. **F** (91) 80 Min.
Ein attraktiver Jungmann vom Land nimmt einen Job als Buchhalter bei einem exklusiven Pariser Modehaus an, und bald darauf buhlen nicht nur die Mannequins, sondern auch die weiblichen Kunden heftig um seine Gunst. – Ein Softporno. – »Eine mit fotografischem Schick ummäntelte Brunftplotte.« (FILMDIENST).

Emanuela
(EMMANUELLE). Frankreich 1973.
R Just Jaeckin. **B** Jean-Louis Richard. **K** Richard Suzuki. **M** Pierre Bachelet. **D** Sylvia Kristel (Emanuela), Marika Green (Bee), Alain Cuny (Mario), Daniele Sarky (Jean), Jeanne Colletin (Ariane), Christine Boisson (Marie-Ange). **F** (105) 93 (TV: 88) Min.
Emanuela, die junge Frau eines Diplomaten, reist zu ihrem Gatten nach Bangkok, wo sich die Angehörigen der euro-

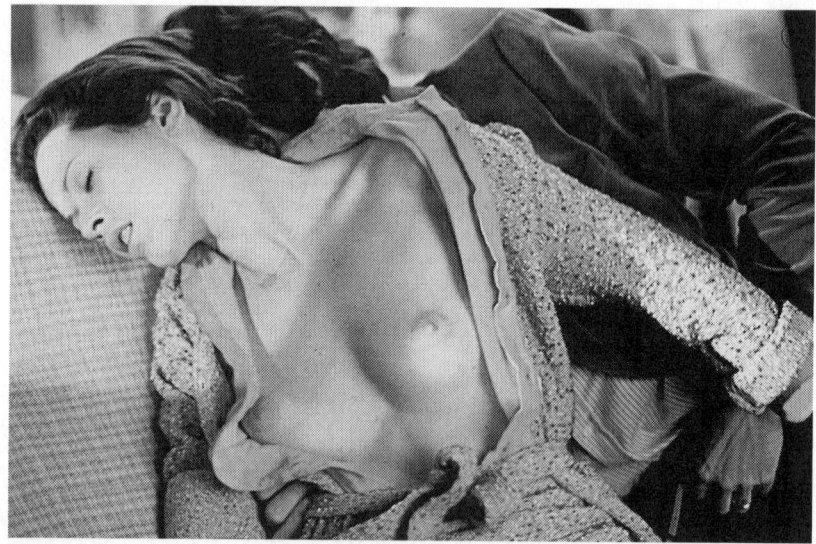

Die Freude am Fliegen: Sylvia Kristel und anonymer Galan in *Emanuela (1)* von Just Jaeckin

Laura Gemser als Masseuse in *Emanuela (2): Im Garten der Liebe* von Franco Giacobetti

päischen Kolonie den lieben langen Tag mit Sexspielen vergnügen und schließt unterwegs und am Ort Bekanntschaft mit mehreren Männern und Frauen, denen sie ihre Gunst nicht versagen kann. Ein libertinärer Intellektueller, der die Ausschweifungen der Protagonisten philosophisch ummäntelt, veranstaltet eine Orgie in einer Opiumhöhle, nach der die Heldin der Monogamie für alle Zeiten abschwört. – Ein Softporno (inszeniert von einem Regisseur, der sein Handwerk besser versteht als viele andere), der international große Kasse gemacht hat und für einen Strom von billigen Nachziehern (meist unter der Regie von Joe d'Amato) verantwortlich war. Ⓥ Atlas, VMP

Emanuela (2): Im Garten der Liebe
(EMMANUELLE L'ANTIVIERGE). Frankreich 1975.
R Franco Giacobetti. **B** Robert Elia/Franco Giacobetti. **K** Robert Fraisse. **M** Francis Lai. **D** Sylvia Kristel (Emanuela), Umberto Orsini (Jean), Catherine River (Anna Maria), Frédéric Lagache (Christopher), Carolin Laurence (Ingrid), Florence Lafuma (Laura), Henri Czarniak (Funker), Claire Richard (Wong), Tom Clark (Peter), Christiane Gibelin, Eva Hamel, Laura Gemser (Masseusen), Venantino Venantini (Polospieler).
F 80 (TV: 75) Min.
Im zweiten Teil der erotischen Abenteuer Emanuelas ist die Heldin keine suchende junge Frau mehr, sondern Gattin eines Weltmannes namens Jean, dem sie nach Hongkong und Bali folgt, auf ihren Reisen allein und mit ihm erotische Abenteuer erlebt, und die Diplomatentochter Anna-Maria in die Freuden der Erotik einweiht. – Fortsetzung von EMMANUELLE (Frankreich 1973; **R** Just Jaeckin). – »Die Charaktere sind keine

realen, sondern ätherische, traumhafte Geschöpfe, die durchs Leben schweben. Die Methode funktioniert zwar recht gut, wenn Sylvia Kristel anderen Frauen begegnet... doch wenn sie es mit Männern hat, wird man das Gefühl nicht los, einer ›Vorstellung‹ beizuwohnen. Die männlichen Akteure wirken weder so mitfühlend und gefühlvoll wie die Frauen, noch sind ihre Charaktere entwickelt.« (ADULT MOVIES).
Ⓥ Telerent

Emanuela 77

(LA MARGE). Frankreich 1975.
R Walerian Borowczyk. **B** Walerian Borowczyk. **K** Bernard Daillencourt. **M** Elton John/Pink Floyd/Sailor. **D** Sylvia Kristel (Emanuela), Joe Dallessandro (Sigismond), Mireille Audibert (Sergine), André Falcon (Antonin Pons), Denis Manuel (Schnauzbart), Louise Chevalier (Gouvernante), Dominique Markas (Alte Frau), Camille Lariviére (Junge Prostituierte), Luz Laurant (Zimmermädchen), Karin Albin (Prostituierte im Wald), Isabelle Mercanton, Sylvaine Charlet, Nicole Karen, Cynthia Sydney, Norma Piccadilly. **F** 95 Min.
Emanuela kehrt nach einer Reise in den fernen Osten nach Paris zurück und gesellt sich, um ihre sexuelle Neugier zu befriedigen, zu den Mädchen, die im ›Maison de Rendezvous‹ arbeiten. Sie lernt den bürgerlichen Provinzler Sigismond kennen und beginnt eine Affäre mit ihm, doch als sie merkt, daß er verheiratet ist, trennt sie sich von ihm. Sigismond sucht sie – vergeblich; schließlich kehrt er nach Hause zurück. Emanuela beschließt, weiter nach der Liebe zu suchen. – »Nicht um die erotischen Eskapaden der nun in einem Pariser Freudenhaus hospitierenden Film-›Emanuela‹ geht es hier, sondern um die Begegnung eines Provinzlers mit einer Prostituierten, aus der eine erotische Besessenheit entsteht. Nicht Pornographie oder Sex enttabuisiert Borowczyk in pseudo-philosophischer Verbrämung (wie Just Jaeckin); er entmystifiziert und entmoralisiert die Erotik, zeigt sie als verführerisches, freies, eiskaltes, ernstes und rauschhaftes Zeremoniell, das Sinneslust in ein geheimes und bedrängendes Spiel verwandelt. Borowczyk, dieser Poet destruktiver Leidenschaften, ist auch hier ein distanziert-betroffener Voyeur, der den Betrachter zum Beteiligten seiner Obsessionen macht.« (DIE ZEIT).

Emanuela: Alle Lüste dieser Welt
(EMMANUELLE: PERCHE VIOLENZE ALLE DONNE). Italien 1977.
R Joe d'Amato [= Aristide Massaccesi]. **B** Joe d'Amato [= Aristide Massaccesi]. **K** Aristide Massaccesi. **M** Nico Fidenco. **D** Laura Gemser (Emanuela), Karin Schubert, Ivan Rassimov, Paul Powell, Kristine Bell. **F** 94 Min.
Die Journalistin Emanuela reist nach Rom und anderswohin, um mit Hilfe einer Kollegin Beweismaterial zu sammeln, das einem internationalen Mädchenhändlerring das Handwerk legen soll. Keine Frage, daß sie bei ihren Recherchen im Sexbusiness permanent in Situationen gerät, in denen sie den Schlüpfer ausziehen muß. – Über die Fähigkeiten des Regisseurs Joe d'Amato, der Sexreisefilme dieser Art im Dutzend ausstößt, gibt es allerhand zu sagen – aber nicht, daß er weiß, wie man Geschichten erzählt. – »Zwar treibts die kaffeebraune Schöne mit Männlein und Weiblein aus aller Welt, aber meistens gibts nach dem Abstreifen der Gewänder einen diskreten Schnitt. Also nicht viel für Fleischbeschauer.« (Reinhard Krüger, FILMECHO/FILMWOCHE). – AT: ALLE LASTER DIESER WELT.
Ⓥ UFA

Emanuela: Dein wilder Erdbeermund
(INHIBITION EMMANUELLE).
Italien 1976.
R Paul Price [= Paolo Poeti]. **B** Adriano Belli. **K** Giancarlo Ferrando. **M** Guido und Maurizio de Angelis. **D** Claudine Beccarie (Emanuela), Ilona Staller (Carol), Ivan Rassimov (Peter), Cesare Barro (Robert). **F** 96 (TV: 78) Min.
Nach dem Ableben ihres abartigen Gatten sucht die von den Männern angewiderte Emanuela (total tot verkörpert von der französischen Porno-Aktrice Claudine Beccarie, deren an Einfalt nicht zu überbietende Miene selbst den gutwilligsten Voyeur vergrault) bei der Sekretärin Carol und ihren Fingern Befriedigung – bis ein schwarzgelockter Heldentyp ihr zeigt, was eine Harke ist! – Doch selbst wenn die Werbung krakeelt: »Welche Lust, diese Frau zu lieben! Mit dem Leib einer Göttin und der Seele eines Weibes! Spüren und genießen Sie diesen faszinierenden Film! Erleben Sie Emanuela mit der ganzen Kraft Ihrer Fantasie!« – man sollte nicht verschweigen, daß dieser Schinken zu den ödesten Langweilern gehört, die das 20. Jahrhundert hervorgebracht hat.
Ⓥ UFA

Emanuela: Im Teufelskreis der Leidenschaft
Siehe **Im Garten der Wollust – Porquoi?**

Emmanuelle 4
(EMMANUELLE 4). Frankreich 1983.
R Francois Giacobetti. **B** Francois Leroi/Iris Letans. **K** Jean-Francois Gondre. **M** Michael Magne. **D** Sylvia Kristel (Sylvia), Mia Nygren (Emma-

Monique Gabrielle (links) und Partnerin in *Emanuelle 5* von Walerian Borowczyk

nuelle), Patrick Bauchau (Marc), Christian Marquand (Dr. Santano), Deborah Power (Donna), Sophie Berger (Maria), Dominique Troyes (Nadine), Gerard Dimiglio Rodrigo).
F 91 Min.
Nachdem die Journalistin Sylvia auf einer Party in Beverly Hills ihrem Ex-Lover Marc begegnet ist, mit dem sie eine ›unerträgliche‹ Liebe verband, läßt sie sich in Sao Paulo von den Messern eines genialen brasilianischen Chirurgen in eine Jungfer namens Emmanuelle verwandeln, die gleich in die nächste Bar geht, um einen Mann zu suchen, der sie defloriert. Und was dann folgt, ist das übliche Herumgepaare mit attraktiven Vertretern beider Geschlechter – auf Partys und in der Pampas. Doch auch als Emmanuelle erkennt Sylvia, daß Marc der Größte war: Sie fliegt, doch ohne ihr Geheimnis zu lüften, nach Paris, um ihn zu verführen. – »Wem die früheren Emmanuelle-Geschichten gefallen haben, wird sich auch über diese nicht beschweren können.« (VARIETY).
Ⓥ CBS/Fox

Emmanuelle 5
(EMMANUELLE 5). Frankreich 1986.
R Walerian Borowczyk. **B** Walerian Browczyk. **K** Max Montellet.
M Pierre Bachelet. **D** Monique Gabrielle (Emmanuelle), C. Hardester, Dana Burns Westberg, Yaseen Khan, Harold Kay, Marie Chocolat, Marie Vanille, Isabelle Strawa, Tina.
F 85 (TV: 78) Min.
Die Schauspielerin Emmanuelle führt auf den Filmfestspielen in Cannes ihren neuen Film vor, den die Kritik zerfetzt. Vor dem Festspielhaus reißen ihr begeisterte Fans die Klamotten vom Leib. Emmanuelle flüchtet, die Schühchen in der Hand, splitternackt auf ein Motorboot. Der reiche und despotische Prinz Rajid, Herrscher des Phantasiestaates Benglajistan, bittet sie in sein Reich, was die Eifersucht des reichen und verliebten High-Tech-Experten Charles D. Foster hervorruft. In Benglajistan landet die Schöne im prinzlichen Harem. Foster und sein Freund Eddie schreiten zur Befreiungsaktion. – Ein Sexfilm aus dem Schickeriamilieu, mit entsetzlich pathetischen Dialogen. Urgh!
Ⓥ VPS

Emmanuelle 6
(EMMANUELLE 6). Frankreich 1988.
R Bruno Zincone. **B** Jean Rollin.
K Max Monteillet/Serge Gorodet/Otto W. Retzer. **M** Olivier Day. **D** Nathalie Uher (Emmanuelle), Jean-René Gossart, Yuma Morena, Brigitte Belmondo, Tamira, Gustavo Rodriguez, Thomas Ossermuller, Ilina d'Arcy, Mala, Edda, Dagmar, Hassan Guerrar, Luis Carlos Mendés.
F 79 (TV: 75) Min.
Emmanuelle, die sich während einer Karibik-Kreuzfahrt als Mannequin betätigt, wird zusammen mit ihren nicht weniger ansehnlichen Kolleginnen auf eine Hazienda eingeladen, deren Besitzer ein verkappter Mädchenhändler ist. All dies und noch ein bißchen mehr berichtet sie später Professor Simon, einem venezolanischen Psychiater (und den Voyeuren vor der Leinwand), und sorgt so ganz allmählich dafür, daß sich im Kino bzw. vor dem Videorecorder ein großes Schnarchen breitmacht. – Den Film hat Jean Rollin geschrieben, der besser bei seinen Sexvampiren geblieben wäre.
Ⓥ VPS

Emanuelle: Insel ohne Tabus
(LA SPIAGGIA DEL DESIDERIO).
Italien 1976.
R Enzio d'Ambrosio. **B** Enzio d'Ambrosio. **K** N.N. **M** N.N. **D** Laura Gemser (Haydee), Arthur Kennedy (Vater), Paolo Giusti (Daniel). **F** 72 Min.

Der Schiffbrüchige Daniel gelangt auf eine abgelegene Insel und treibt es mit einer dunkelhäutigen Schönheit, die uns der deutsche Titel (da sie von Laura Gemser gespielt wird) rotzfrech als Emanuelle verkauft.
Ⓥ VMP

Emanuelle: Die Nackte von Sados
(SECRETES EROTIQUES D'EMMA-NUELLE/EMMANUELLE – QUEEN OF SADOS). Griechenland 1979.
R Ilias Mylonakos. **B** Ilias Mylonakos. **K** Vassilis Christomoglou. **M** Giovanni Ullu. **D** Laura Gemser (Emmanuelle Brindisi), Gabriele Tinti (Tommy Snow), Gordon Mitchell (Robert), Livia Russo (Livia Brindisi), Harris Stevens (Mario Infanti), Nadia Neri, Pantelis Agelopou. **F** 80 Min.
Die hübsche Emanuelle ist mit einem gemeinen Lustmolch verheiratet. Als ihr endlich der Kragen platzt, heuert sie Mario an, um ihn zu beseitigen. Mario tut seine Arbeit, doch dann erpreßt er Emanuelle wegen Geld und Sex und sabbert hinter ihrer Stieftochter Livia her. – Das kann nicht gutgehen – und es geht auch nicht gut! – »Was hier vom Drehbuch als Krimi verkauft wird, ist… nichts anderes als einer der gewohnten ›Nummern‹-Filme, in denen sich in wohlkalkulierten Abständen die nackten Paare balgen und mit einstudiertem Stöhnen Leidenschaft mimen.« (Otto Kuhn, FILMBEOBACHTER).
Ⓥ Atlas

Emanuelle: Sinnlichkeit hat 1000 Namen
(NOTTI PORNO NEL MONDO). Italien 1977.
R Jimmy Matheus [= Bruno Mattei].
B Jimmy Matheus [= Bruno Mattei].
K Enrico Biribicchi. **M** Joe Dynamo.
D Laura Gemser. **F** 80 Min.
Die ›Porno-Nächte der Welt‹ (so der Originaltitel) präsentiert nichts anderes als dokumentarische Nightclub-Acts aus den Großstadt-Metropolen der Welt, durch die uns (mal an-, mal ausgezogen) die Film-Emanuelle Laura Gemser führt. – AT: ALLE PERVERSIONEN DIESER WELT. EMMANUELLES SEXNÄCHTE.
Ⓥ Heeres, Movie

Emmanuelles Sexnächte
Siehe **Emmanuelle: Sinnlichkeit hat 1000 Namen**

Emily
(EMILY). GB 1976.
R Henry Herbert. **B** Anthony Morris.
K Jack Hildyard. **M** Rod McKuen.
D Kathleen Stark (Emily), Sarah Brackett (Margaret), Victor Spinetti (Richard), Jane Hayden (Rachel), Constantin de Goguel (Rupert), Ina Skriver (Augustine), Richard Oldfield (James), David Auker (Billy), Jeremy Child (Gerald), Jeannie Collings (Rosalind), Jack Haig (Taxifahrer), Pamela Cundell (Mrs. Prince). **F** 88 Min.
Jung-Emily kommt 1928 aus dem Internat nach Haus und stellt fest, daß Mama ihr Geld als Callgirl verdient. Doch ihr Schock währt nur kurz. Schon bald wird sie von einem Gutsverwalter in das eingeführt, was man so Liebe nennt, und kurz darauf treibt sie es auch schon mit vielen anderen Angehörigen des starken Geschlechts. – »Jede Menge Nuditäten und Sex, aber trotzdem langweilig.« (Mick Martin/Marsha Porter, VIDEO MOVIE GUIDE).

Engel der Erotik
(THE AGONY OF LOVE). USA 1966.
R William Rotsler. **B** William Rotsler.
K N.N. **M** N.N. **D** Pat Barrington, Sam Taylor, Parker Garvey.
SW 52 Min.
Eine sexverrückte Ehefrau mietet, ohne daß ihr Mann davon erfährt, eine sepa-

rate Wohnung, in der sie in Gesellschaft gutbetuchter Damen und Herren Sado-Maso-Spielchen und Gruppensexpartys veranstaltet, bis sie eines schönen Orgientages mit ihrem Gatten zusammentrifft. – Regisseur Rotsler ist zwar von Haus aus Science Fiction-Autor, aber wie man sieht, hat er nicht nur naturwissenschaftliche, sondern auch schmutzige Phantasien.

Engel der Sünde
BRD 1968.
R Jean C. Aurive [= August Rieger].
B August Rieger. **K** Walter Kindler.
M Johannes Martin Dürr. **D** Angelica Ott (Silvana Orth), Christiane Rücker (Renate), Yvonne ten Hoff (Ingrid), Felix Franchy (Johnny), Sieghard Rupp (Rosmann), Claus Ringer (Christian), Monika Zinnenberg (Margot), Erik Schumann (Mecky), Rainer Basedow (Blonder), Alfred Geiger (Dunkler), Herbert Fux (Gover), Felix Dvowak (Askin), Peter Lodynski (Köth), Elisabeth Stemberger (Ria), Eva Kinsky (Judith). **SW** 100 Min.
Eine junge Journalistin schleicht sich in die Halb- und Unterwelt ein, um einen Hintergrundbericht über die Prostitution zu schreiben. – Mehr Crime als Sex. – AT: 69 LIEBESSPIELE.

Engel sind nackt am schönsten
(AMANTI MIEI). Italien 1981.
R Aldo Grimaldi. **B** John Brilon.
K John Brilon. **M** Pino Buricchi.
D Cindy Leadbetter, Vassili Karis, Anna Maria Clementi, Maurice Poli, Carlo De Mejo, Paolo Gozlino, Francesca Antonaci, Jane Morrison, Paulette Debre. **F** 93 Min.
Barbara, wütend und frustriert, weil Sergio es mit einer anderen treibt, rächt sich, indem sie sich durch seinen Bekanntenkreis schläft und lesbische Erfahrungen sammelt, bis Männlein klein beigibt. – »Der Rest ist Stöhnen.« (FILMJAHR 1982/1983).

Engelchen – oder die Jungfrau von Bamberg
BRD 1967.
R Marran Gosov. **B** Franz Geiger/Marran Gosov. **K** Werner Kurz. **M** Jacques Loussier. **D** Gila v. Weitershausen (Katja), Uli Koch (Tim), Dieter Augustin (Gustl), Gudrun Vöge (Doris), Edgar Boelke (Volker), Michael Luther (Ulrich), Peter Wortmann (Christian), Christof Wackernagel (Franz), Hans Clarin (Graf), Roland Astor, Veronika Mehringer, Hartmut Neugebauer, Geschwister Jäckel, Hellmut Markwort. **F** 81 (TV: 78) Min.
Katja aus Bamberg fährt nach München, um ihre Unschuld loszuwerden und umgibt sich, da sie nicht als Landpomeranze auffallen will, mit dem Image eines internationalen Fotomodells. Doch die Männer, die sie trifft, sind ausnahmslos

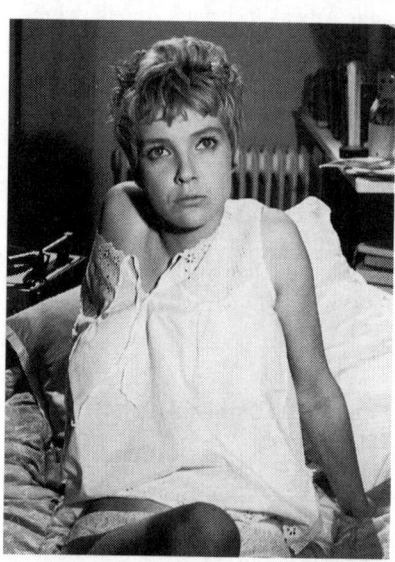

Gila von Weitershausen als Landpomeranze in *Engelchen oder Die Jungfrau von Bamberg* von Marran Gosov

Schlaffis, so daß sie, um ihrem Image gerecht zu werden, Tricks anwenden muß, um in dem neuen Umfeld nicht als das zu gelten, was sie ist: Jungfrau. Ein Graf erlöst sie schließlich von ihrer Pein; Engelchen kehrt zu ihrem braven Verlobten nach Bamberg zurück. – Ein handwerklich schwaches Sexlustspiel, das aber seinerzeit ein Kassenhit war und Gila von Weitershausen zum Star machte.

Engelchen macht weiter – hoppe, hoppe Reiter
BRD 1968.
R Michael Verhoeven. **B** Franz Geiger. **K** Werner Kurz. **M** Axel Linstädt/ Improved Sound. **D** Gila von Weitershausen (Helene), Mario Adorf (Gustl), Uli Koch (Walter), Christof Wackernagel (Wimpie), Dieter Augustin, Gert Wiedenhofen, Ilse Pagé, Elisabeth Volkmann, Rob Houwer. **F** 87 Min.
Der kreuzbrave Verkäufer Gustl wird von der Sexwelle dermaßen angeheizt, daß er sich unbedingt als Potenzprotz erweisen und an Gruppensex- und Partnertausch-Orgien teilnehmen möchte, damit die Welt sieht, daß er kein Spießer ist. Helene, seine Gattin, ist zwar nicht auf derlei Spielchen aus, kommt aber überraschend schneller zum Zuge als Gustl, so daß er recht bald von seinen Vorstellungen abweicht.

Entfesselte Begierde
(KOSHOKU). Japan 1965.
R Ichiro Keido. **B** Saburo Kyodo/Ken Ansai. **K** Kazuo Miyata. **M** Hajime Utida. **D** Kazuko Wakasugi, Kotaro Mori, Maya Mizuzuwa. **SW** 77 Min.
Eine japanische Ehefrau, die von ihrem Gatten betrogen wird, sucht sich einen Liebhaber und rächt sich, indem sie den Spieß umdreht und ihren Begierden nachgeht. – Einer der vielen japanischen Sexfilme, die in den sechziger Jahren auf den deutschen Markt kamen, um, wie der FILMDIENST meinte, »alle Abseitigkeiten des Geschlechtslebens vorzuführen.«

Entfesselte Begierde
(LA COMTESSE NOIRE).
Frankreich/Belgien 1977.
R J.P. Johnson [= Jesus Franco Manera]. **B** J.P. Johnson [= Jesus Franco Manera]. **K** Joan Vincent. **M** Daniel J. White. **D** Lina Romay (Irina von Karlstein), Jack Taylor (Baron von Rathony), Alice Arno (Zofe), Monica Swinn (Prinzessin Rochefort), Jess Franco (Dr. Roberts), Luis Barboo (Diener), Jean-Pierre Bouyxou (Dr. Orloff).
F 92 Min.
Eine außergewöhnliche Mordserie an jungen Mädchen versetzt die Stadt Madeira in Angst und Schrecken: Die Opfer sind nicht nur ausnahmslos hübsch, sondern auch völlig blutleer – und zudem deutet alles darauf hin, daß der hier sein Unwesen treibende Vampir eine eigenartige Form des Cunnilingus schätzt. Dr. Orloff und Dr. Roberts, die sich des Falles annehmen, kommen auf die Spur der hübschen Gräfin Irina von Karlstein – sie ist ein Vampir, der sich vom Blut junger Frauen ernährt – ENTFESSELTE BEGIERDE existiert in mindestens drei Fassungen, von denen eine sexy, eine pornografisch und eine ganz auf Horror getrimmt ist. Ⓥ VTD

Entschuldigen Sie, sind Sie normal?
(SCUSI, LEI E NORMALE?).
Italien 1979.
R Umberto Lenzi. **B** Umberto Lenzi. **K** D. Mancorli. **M** Franco Micalizzi. **D** Anna Maria Rizzoli (Anna Maria), Renzo Montagnani, Ray Lovelock, Aldo Maccione, Salvatore Jacono, Sammy Bardot, Mario Gardini.
F 91 Min.

Der homosexuelle Franco lebt zwar mit dem Transvestiten Nicole zusammen, verliebt sich aber trotzdem in das Model Anna, das in halbpornographischen Fotoromanzi auftritt. Als Nicole aus Eifersucht einen Selbstmord vortäuscht, kommt Franco schwer in die Klemme. Nebenher hat er noch schwere Probleme mit seinem spießigen Onkel, einem Staatsanwalt, der wild gegen Unzucht und Pornos wettert, bis er sich selbst in Nicole verliebt. – AT: Das heisse Girl und der Staatsanwalt.
Ⓥ VTD, Pegasus

Er war besonders wertvoll für die Damen – Ein echter Hausfrauenfreund
Siehe **Feuchte Träume, heiße Betten**

Erikas heißer Sommer
(ERICA'S HOT SUMMER). USA 1970.
R Gary Graver. **B** Gary Graver.
K Gary Graver. **M** Robert Hirth.
D Erica Gavin (Erika), Walt Phillips (Steve), Mercie Montello (Sherry), Julie Stone (Lynn), Gary Shermack, Joseph Stark, Mary Sillmar, Gloria Jacobs, Marlene Williams, Michael Land, Sean Wilkins, Rita Spencer, Lilian Collis, Rocco Marchetti. **F** 75 Min.
Erika liebt den sexbesessenen Cover-Fotografen Steve, der zwar ein Verhältnis mit Sherry hat, aber auch mit ihr rummacht – bis Sherry sie in flagranti ertappt und erschießt. – Ein Kolportagefilm reinsten Wassers, aber nicht schlecht gefilmt (Regisseur/Kameramann Graver hat für Orson Welles gearbeitet und ist heute als Pornofilmer tätig).

Eros Center Hamburg
BRD 1969.
R Günther Hendel. **B** Sven O. Larsen.
K Atze Glanert. **M** Walter Geiger.
D Günther Hendel (Eddy Green), Christine Lange (Helga), Regina Jorn (Karin), Achim Hammer (Lefty Townsend), Doris Arden (Biggy), Erich Fritze (Kommissar Peters), Anatol Gardner (Assistent), Ursula Holstein (Ruth), Alexandra Bokokewicz (Ellen), Fritz Pauly (Professor), Renate Hofgartner (Lore), Rinaldo Talamonti (Riccardo), James Ruffin (James), Roswitha Randl (Lisa), Ingemo Engström (Moni), Pierre Pistek (Jean), Evelyn London (Ria), Gernot Balzus (Ossy), Dieter Prochnow (Erich), Michael Eder (Postler), Dieter Brändle (Fritz), Alexander Kessler (v. Schleck), Annemarie Weltz (Gattin), Karl Obermayr (Anwalt). **F** 95 Min.
Ein Journalist namens Eddy, der im St. Pauli-Puff-Milieu die Lebensumstände der dort tätigen Damen recherchiert, wird in einen Mordfall verwickelt, den er ganz cool aufklärt. – Die Story ist die übliche: Nicht die Recherche treibt sie voran, sondern die Aufnahmen der in jeder Stellung aktiven Damen.

Erotica
(L'AMORE DIFFICILE).
BRD/Italien 1962.
R Sergio Sollima/Alberto Bonucci/Nino Manfredi. **B** Alessandro Continenza/Ettore Scola/Fabio Carpi/Guglielmo Santangelo/Renato Mainardi/Giuseppe Orlandini/Nino Manfredi.
K Carlo Carlini/Enrico Menczer.
M Piero Umiliani. **D** Enrico Maria Salerno (Antonio), Claudia Mori (Bruna), Catherine Spaak (Valeria); Lilli Palmer (Hilde Brenner), Bernhard Wicki (Bernhard Brenner), Nino Manfredi (Soldat), Vittorio Gassman (Tullio Monari), Fulvia Franco (Witwe), Nadja Tiller (Elena de Gasperi), Gastone Moschin, Lilla Brignone, Adriano Rimoldi, Rosita Pisano, Anna Maria Mustari, Corrado Olmi, Sandro Dori, Giuseppe Grasso, Luigi Borghese,

Libero Zuccariello, Carolina Druscia, Marcella Punturi. **F** 105 Min.
1. »Die Frauen«: Antonio, leicht verärgtzt, da seine regulären Geliebten anderweitig beschäftigt sind, treibt es mit seiner verheirateten Bekannten Bruna und wird anschließend von der jungen Valeria verführt, die ihm eröffnet, daß sie noch Jungfrau gewesen sei (was ihn reichlich verwirrt). – 2. »Die Schlange«: Hilde versucht im Urlaub auf Sizilien, die Aufmerksamkeit ihres Gatten auf sich zu lenken, doch als sie beim Anblick einer Schlange kreischt, verärgert ihn dies nur. Als sie später von zwei Lkw-Fahrern mitgenommen wird, schreit sie Vergewaltigung, was die Männer in den Knast und ihren Gatten zu der Bemerkung bringt, sie hätte wohl irgendwelche Probleme. – 3. »Das Abenteuer des Soldaten«: Ein Soldat bemüht sich, während einer Bahnfahrt eine üppige Witwe zu verführen, doch sie ignoriert ihn. Erst als die restlichen Passagiere aussteigen, gibt sie sich ihm wortlos hin.

Erotica
(PAUL RAYMOND'S EROTICA).
GB 1981.
R Brian Smedley Aston. **B** Brian Smedley Aston. **K** Alan Hall. **M** Steve Gray. **D** Brigitte Lahaie (Brigitte), Diana Cochran (Diana), Paul Raymond (Paul), The Damous Revuebar Girls. **F** 90 Min.
Die französische Fotografin Brigitte trifft in London ein, um eine Reportage über die Sexy-Girls zu machen, die in der bekannten Revuebar des britischen Sexverlegers Paul Raymond auftreten. Sie hat eine erotische Begegnung mit ihrer Kollegin Diana, mehreren Männern und lernt die Londoner Sexzene kennen. – Pseudodokumentation, aber gut fotografiert und mit starker erotischer Ausstrahlung.
Ⓥ Mike Hunter

Erotik am Abgrund
(A WOMAN'S URGE). USA 1966.
R A.C. Ruaman [= Ed Hall]. **B** Charles Ross. **K** N.N. **M** N.N. **D** Maud Fergusson, Ed Hall, Laurie Ringham, Charles Ross. **SW** 74 Min.
Auf der Flucht vor ihrem von inzestuösen Lüsten geleiteten Vater kommt Maud in die Großstadt, jobbt als Kellnerin, arbeitet sich zur ›Tänzerin‹ hoch, entwickelt sich (was wohl an ihrem aufreizenden Arbeitsplatz liegt) zur Nymphomanin, sammelt Erfahrungen beim weiblichen Geschlecht und landet nach einem Selbstmordversuch (sowas machte seinerzeit in Filmen dieser Art immer gut) beim Psychiater. – »Optisch verschont der Film, obwohl die Absicht klar ist, den Zuschauer vor dem Schlimmsten. Dafür ist der Dialog erstklassige Gosse.« (FILMDIENST). – AT: DIE NÖTE EINER FRAU.

Erotik auf der Schulbank
BRD 1968.
R Hannes Dahlberg/Roger Fritz/Eckart Schmidt. **B** Hannes Dahlberg. **K** Michael Marszalek/Hubertus Hagen/Gernot Roll. **M** Wolf Hartmeier. **D** Helga Anders, Ewa Strömberg, Sabine Bethmann, Ortrud Gross, Janine Richter, Wolf Hartmeier, Paul Albert Krumm, Kurt Pratsch-Kaufmann, Jochen Schröder, Manfred Tümmler, Martin Walther, Walter Tappe. **F** 94 Min.
1. Lehrer schwängert Schülerin und landet vor Gericht. – 2. Frühreife Schülerin läßt keine Gelegenheit aus, sich vor ihrem Lehrer in gewagten Posen zu präsentieren und beschuldigt ihn aus enttäuschter Liebe der Unzucht, bis er sich das Leben nimmt. – 3. Die Tagträume eines Schülers, der so auf seine Lehrerin fixiert ist, bis er Fakt und Fiktion nicht mehr auseinanderhalten kann. – Ein Episodenfilm.

Erotik im Beruf
BRD 1971.
R Ernst Hofbauer. **B** Günther Heller.
K Klaus Werner. **M** Peter Thomas.
D Christian Engelmann, Peter Raschner (Reporter), Karin Field (Boutiquenbesitzerin), Reinhard Glemnitz, Emely Reuer, Wolfgang Petersen, Michael Conti, Ursula Bode, Walter Feuchtenberg, Eva Berthold, Hermann Röbeling, Barbara Stanek, Wolf Harnisch, Rosl Mayr, Günther Ungeheuer.
F 88 Min.
Ein Abteilungsleiter wird von einer minderjährigen Stenotypistin verführt und landet wegen Unzucht mit Abhängigen vor Gericht. Ein Lagermeister zwingt ein Lehrmädchen mit Drohungen zu ›perversen‹ Handlungen. Angestellte treiben es in Lastenaufzügen, Lagerschuppen und Toiletten. – Ein pseudodokumentarischer Episodenfilm mit Statements von Psychologen und Betriebsräten, die nicht im Traum geahnt haben, daß sie in einem Arsch-und-Titten-Film mitwirken.
Ⓥ VPS

Anbaggern im Archiv: Szene aus *Erotik im Beruf* von Ernst Hofbauer

Erotik in Fesseln
(STRANGE COMPULSION). USA 1964.
R Irvin Berwick. **B** Jason Johnson.
K Mutel Co. **M** Joseph V. Mascelli.
D Preston Sturges, Helene Malene, Jason Johnson, Shirlee Garner, Jane Oliver. **SW** 77 Min.
Ein Student offenbart einem braven Onkel Doktor seine sexuellen und voyeuristischen Zwangsvorstellungen.

Erotik mit Gebrauchsanweisung
Siehe **Der Porno-Graf von Luxemburg**

Erotik unter vier Augen
(DA SKA DU FA EN GUNGSTOL AV MIG – EN BLA). Dänemark 1958.
R Hakan Ersgerd. **B** Ove Tjernberg.
K Ake Dahlquist/Lasse Dahlquist.
M Jan Johansson. **D** Bente Dessau (Anna), Bob Asklof (Erik), Ewa Strömberg, Ake Grönberg, Margit Carlquist.
SW 81 Min.
Eine frisch geschiedene Ballettlehrerin geht mit einem zehn Jahre jüngeren Schauspielschüler ein Verhältnis ein, wird schwanger, treibt ab und setzt das Verhältnis fort, obwohl ihr Ex-Gatte einen Versuch macht, wieder mit ihr zusammenzukommen. – Nicht unbedingt etwas für ›Sehleute‹ – der Film entstand 1958.

Erotische Bestien
(CARGO OF LOVE). USA 1968.
R Robert Steiner. **B** Robert Steiner.
K N.N. **M** N.N. **D** Sue Ann Kimble,

Arthur Viking, Lisa Porque, Ivan Goddof, Helga Garret. **SW** 66 Min.
Eine junge Frau läßt sich von der Polizei in die luxuriöse Lasterhöhle einer wohlhabenden Dame einschleusen, die mit Inseraten hübsche Mädchen anlockt und in einem geheimen Sexklub mit Drogen dazu zwingt, als Liebesdienerinnen zahlungskräftige Kunden zu bedienen.

Erotische Gelüste
(THE PLEASURE MACHINES).
USA 1969.
R Ron Garcia. **B** R.G. Vicry. **K** Paul Hunt. **M** N.N. **D** Barbara Lynn, Beverly Walker, Patricia Miller. **F** 70 Min.
Ein Erfinder konstruiert einen weiblichen Sexroboter, an dem er sich eifrig verlustiert. Als seine Gattin ein männliches Exemplar für sich verlangt, baut er für sie einen Roboter, der sich nicht abschalten läßt.

Erotische Geschichten aus 1001 Nacht
(IL FIORE DELLE MILLE E UNA NOTTE). Italien/Frankreich 1974.
R Pier Paolo Pasolini. **B** Pier Paolo Pasolini. **K** Giuseppe Ruzzolini. **M** Ennio Morricone. **D** Ninetto Davoli, Franco Merli, Ines Pellegrini, Luigina Rocchi, Francesco Paolo Governale, Zeudi Biasolo, Elisabetta Val Genovese, Abidat Ghidei, Salvatore Verdetti, Christian Aligny, Franco Citti, Tessa Bouche, Margaret Clementi, Alberto Argentino, Salvatore Sapienza, Barbara Grandi, Gioacchino Castellani, Mohamed Ali Zedi, Jocelyne Munchenbach, Jeanne Gauffin Matthieu. **F** 130 Min.
Ein arabischer Prinz, der seine verlorene Liebe (eine Sklavin) sucht, läßt sich auf der Reise mit sexuell eindeutigen Erzählungen unterhalten. – Harmlos. Dritter Teil einer Pasolini-Trilogie, deren erste Lieferungen unter den Titeln DECAMERON (1970) und PASOLINIS TOLLDREISTE GESCHICHTEN (1971) aufgeführt wurden.

Erotische Lust
(MIDNIGHT PLOWBOY). USA 1971.
R Buck Alew [= Bethel Buckalew]. **B** Bethel Buckalew. **K** Roger Dobek. **M** Ted Botkin. **D** John Tull (Junior), Jack Richesim, Terri Johnson, Debbie Osborne, Linda Crae, Anna Christie, Nancee. **F** 89 Min.
Country Boy kommt nach Hollywood und macht dort als Fahrer eines fahrenden Bordells flott Karriere. – Eine andere Fassung kam, mit pornographischen Inserts versehen, unter dem Titel QUELLEN EROTISCHER LUST in die Kinos.
Ⓥ UFA

Erotische Raffinessen
(JANUARIUS). USA 1971.
R Albert Irving. **B** S. Roberts/Albert Irving. **K** M. Hooper. **M** N.N.
D Sherry Leeds (Barbara), Larry Gray, Dolores Rey. **F** 80 Min.
Als die blonde Barbara erfährt, daß ihr Hausmacho (»Ich bin ein Mann, ich darf das!«) sie laufend betrügt, geht sie aus Rache wahllos mit Frauen und Männern ins Bett (u.a. mit einem Scheich, der sie gern als fünfte Frau hätte), bis sie am Ende zu ihm zurückfindet. – Stellenweise voyeuristisch angelegter Softporno; hergestellt von einer Italo-Crew mit englischen Pseudonymen, und offenbar mit Dollars produziert.

Der erotische Zirkus
(LA FILLE DU GARDE-BARRIERE). Frankreich 1975.
R Jerome Savary. **B** Roland Topor/Jerome Savaray. **K** Bob Alazraki. **M** Eric Demausan. **D** Mona Mour (Mona), Michel Dussarat (Dudu), Monique Berger, Valerie King, Ensemble des Grand Magic Circus.
SW 86 Min.

Mona, die Tochter eines Schrankenwärters, kriegt's auf den Schienen von einem Tramp besorgt, lernt Dudu den Clown kennen und wird von einer Puffmutter in einem Rolls Royce verschleppt. Dudu findet sie in einem Bordell wieder, in dem Damen und Herren gleichermaßen verwöhnt werden und fällt lüsternen Ladys aus der High Society in die Hände. Später wird er aufgrund seiner Kenntnisse Lehrmeister im Harem eines Scheichs, und Mona heiratet den Herzverpflanzer Dr. Bonard. Dudu beerbt den Scheich, kehrt nach Paris zurück und befreit Mona aus den Händen ihres ungeliebten Mediziners. – Eine frivole Klamotte voller Gags, die nicht zuletzt auch die Pornowelle parodiert.

Die erotischen Abenteuer von Annette Haven
(V – THE HOT ONE). USA 1978
R Robert McCallum. **B** Robert McCallum. **K** N.N. **M** N.N. **D** Annette Haven (Valerie), John Leslie, Laurien Dominique, Desiree West, Kristine Heller, Sandi Penny, Kay Parker, Paul Thomas, Joey Silvera, John Seeman.
F 95 (71) Min.
Die angeblich frigide Anwaltsgattin Valerie, die unter einem Kindheitstrauma leidet (Mama hat sie beim Masturbieren erwischt und ein böses Mädchen genannt), erweist sich im Bett mit fremden Männern als unersättliche Nymphomanin. Aber nur so lange, bis sie erkennt, warum sie so verkorkst ist: Dann besinnt sie sich eines Besseren und kehrt zu Männe zurück. – Handwerklich befriedigender Hardcorestreifen, der aber leider an der Ausdruckslosigkeit seiner Heldin krankt. Ⓥ Beate Uhse

Die erotischen Träume einer Frau
(ALTRI DESIDERI). Italien 1982.
R Andrew White [= Andrea Bianchi].
B Andrea Bianchi. **K** Frank Willard.

M N.N. **D** Pauline Teutscher (Barbara), Alban Ceray (Maurice), Nicole Segaund (Freundin), Lise Pinson.
F 93 (TV: 88) Min.
Obwohl sie ihm frühmorgens noch bereitwillig entgegenkommt, trennt sich die Pariserin Barbara von ihrem Gatten Maurice, da er, wie die Pressemitteilung behauptet, ein übler Schürzenjäger ist, und fährt ans Mittelmeer. Sie nimmt eine Tramperin mit auf die Insel, auf der sie eine Villa besitzt. Die Tramperin weiß Barbaras Begierden anzustacheln, indem sie vor ihren Augen masturbiert. Die angeregte Barbara läßt sich mit einem Discobesitzer ein. Maurice taucht auf, kann sie aber nicht zur Rückkehr bewegen. Der Diskochef vernascht die Tramperin, Maurice vernascht dessen Freundin. Es stellt sich heraus, daß Maurice und die Tramperin sich verschworen haben, Barbara zu ermorden. – Ein kräftig gekürzter Exporno, der ohne die ›entscheidenden‹ Stellen keinen Sinn mehr ergibt. Eine langweilige Story.

Erotissimo
(EROTISSIMO/EROTISSIMO).
Italien/Frankreich 1968.
R Gérard Pires. **B** Nicole de Buron.
K Jean Marc Ripert. **M** Michel Polnareff/William Sheller. **D** Annie Girardot (Annie), Jean Yanne (Philippe), Francis Blanche (Steuerinspektor), Venantino Venantini (Silvio), Dominique Maurin (Bernard), Didi Perego (Chantal), Erna Schurer (Sylvie), Uta Taiger, René Boulocq, Jacques Higelin, Rufus, Jacques Balutin, Henri Chapier, Nicole Croiseille, Claude de Givray, Serge Gainsbourg, Pierre Grimblat.
F 84 Min.
Annie, die Gattin des Babyausstatters Philippe, verfällt dem Wahn, Frauen würden nur dann geliebt, wenn sie eine erotische Ausstrahlung hätten. Fortan besteht ihr Dasein nur noch aus Sex und

Verführung. Da der Workaholic Philippe ihre Veränderung gar nicht zur Kenntnis nimmt, läßt Annie sich auf Anraten einer Freundin auf ein Abenteuer mit einem berühmten Künstler ein. Von dessen Zynismus in Sachen Erotik abgeschreckt, flieht sie zu Philippe zurück, der endlich wieder Zeit für sie hat. – Dies ist mitnichten einer der billigen Sexfilme, die das bundesdeutsche Kino der sechziger Jahre überfluteten, sondern eine witzige und treffsichere Satire auf den Sexrummel, ihre Apologeten und die Werbung.

Erste Klasse
(AMORE IN PRIMA CLASSE/ L'AMOUR EN PREMIÉRE CLASSE). Italien/ Frankreich 1979.
R Salvatore Samperi. **B** Salvatore Samperi/ Gianfranco Manfredi. **K** Camillo Bazzoni. **M** N.N. **D** Sylvia Kristel (Beatrice), Enrico Montesano (Carmelo), Lorenzo Aiello (Malcolm), Franca Valeri, Felice Andreasi, Memmo Carotenuto, Sergio Di Pinto, Gianfranco Manfredi, Christian de Sica, Enzo Cannvale, Luc Merenda. **F** 95 Min.
Der fortschrittliche Ehemann Carmelo fährt mit seinem Söhnchen Malcolm mit der Eisenbahn nach Süditalien und lernt in einem 1.-Klasse-Abteil die Paläontologiestudentin Beatrice kennen, die zu einem Kongreß unterwegs ist. Zwischen den beiden funkt es sofort, doch Malcolm, eine wahre Nervensäge, ist pausenlos aktiv und verhindert alle Naselang, daß sie zur Sache kommen können. Bis Carmelos Geduldsfaden reißt: Er läßt seinen Sohnemann auf einem Bahnhof zurück und geht mit Beatrice in den Gepäckwagen. – Ein unterhaltsamer, nicht unwitziger Sexfilm.
Ⓥ Monte Video

Das erste Mal
(LET'S DO IT). USA 1982.
R Bert I. Gordon. **B** Bert I. Gordon.

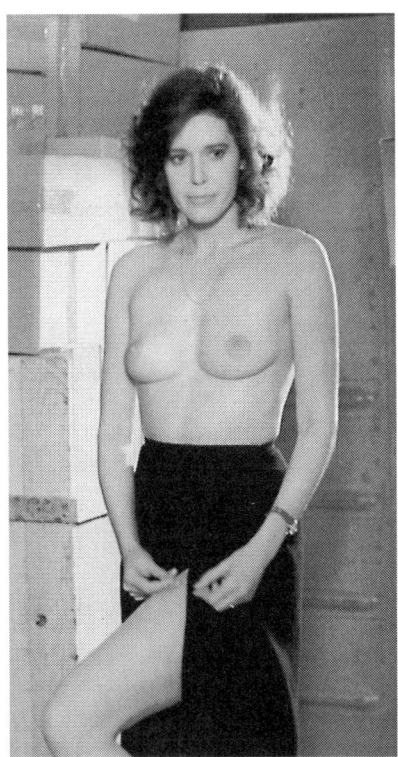

Treffpunkt Güterwagen: Sylvia Kristel in *Erste Klasse* von Salvatore Samperi

K Daniel Yarussi. **M** Howard Pfeifer. **D** Greg Bradford (Freddie), Britt Helfer Melody), Victoria Wells, Amanda Cleveland, Patti Blankenship.
F 82 Min.
Freddie, ein amerikanischer Student, erfährt, daß seine Angebetete allerhand erotische Wünsche hat, und unternimmt deswegen einen ›Lehrgang‹ in Sachen Sex und Stellungen, was nicht ohne Mühsal vor sich geht. – »Langweilig inszenierte Yuppie-Komödie... die den Sex als wichtigsten Lebensinhalt verkauft, ohne auch nur einen Funken Erotik auszustrahlen.« (FISCHER FILM ALMANACH 1988).
Ⓥ Gloria

Erste Sehnsucht

Monica Broeke (links) und Anja Schüte machen Ferien an der Côte d'Azur in *Erste Sehnsucht* von David Hamilton

Erste Sehnsucht
(PREMIER DÉSIR).
Frankreich/BRD 1984.
R David Hamilton. **B** Bertrand Levergeois/Philippe Gautier/Michael Erdmann. **K** Alain Derobe. **M** Philippe Sarde. **D** Monica Broeke (Caroline), Patrick Bauchau (Jordan Jordan), Inger Maria Granzow (Julia Drake), Anja Schüte (Dorothee), Emmanuelle Béart (Helene), Bruno Guillain (Etienne). **F** 93 Min.
Drei junge Mädchen verleben die Ferien an der Côte d'Azur, wo sie die im Titel erwähnte ›erste Sehnsucht‹ verspüren. Caroline, die Heldin, verliebt sich, wenn sie sich nicht gerade nackt irgendwo herumräkelt, in einen braungebrannten Playboy. – Eine Softcore-Schnulze des Weichzeichner- und Nymphenknipsers Hamilton, der sich mit dieser Arbeit von seinen restlichen Werken durch nichts unterscheidet. Eventuell für Päderasten interessant.

Erstes Öffnen junger Lippen
(LES PLAISIRS SOLITAIRES).
Frankreich 1976.
R Francis Leroi. **B** Francis Leroi. **K** Roger Fellous. **M** Jean Pierre Pouret/Danny Darres. **D** Marylin Guillaume, Sigrid Cellier, Chris Martin, Jean-Baptiste Oury, Hervé Amalou, Dolores Manta. **F** 81 Min.
Drei frustrierte Damen toben sich in den Betten diverser Herren aus und reagieren ihre Gelüste auf einer Gruppensexorgie ab. – Vom ›ersten Öffnen junger Lippen‹ kann keine Rede sein; die Bienen rammeln wie die Kaninchen.
Ⓥ Telerent

Es war nicht die Nachtigall
Siehe **Der Liebesschüler**

Die Eule und das Kätzchen
(THE OWL AND THE PUSSYCAT).
USA 1969.
R Herbert Ross. **B** Buck Henry.
K Harry Stradling/Andrew Laszlo.
M Richard Halligan/Blood, Sweat and Tears. **D** Barbra Streisand (Doris Wilgus), George Segal (Felix Sherman), Robert Klein (Barney), Allen Garfield (Ladenbesitzer), Roz Kelly (Eleanor), Jacques Sandulescu (Rapzinsky), Kim Chan (Kassiererin), Jack Manning (Weyderhaus), Grace Carney (Mrs. Weyderhaus), Barbara Anson (Miss Weyderhaus), Stan Gottlieb (Garderobier), Joe Madden, Fay Sappington (Nachbarn), Evelyn Lang (Mädchen), Dominic T. Barto (Mann in Bar), Marshall Ward, Tom Atkins, Stan Bryant (Gang), Marilyn Briggs (Barneys Freundin), Buck Henry. **F** 97 Min.
Die als Go Go Girl und Liebesdienerin tätige Möchtegernschauspielerin Doris und der verhinderte Schriftsteller Felix leben im gleichen Wohnhaus. Als Felix, wütend über Doris' nächtliche Eskapaden, beim Hauswirt Terror schlägt, verlieren beide ihre Wohnung. Sie verbringen die Nacht bei Felix' Freund Barney und erleben nach einem höllischen Streit das erste sexuelle Abenteuer. Doch da sie nicht zueinander passen, folgt der nächste Krach auf dem Fuße, und sie trennen sich. Felix sieht Doris in einem Pornofilm wieder. Als Doris einsieht, daß sie sich nicht mehr verkaufen kann, versuchen sie es noch einmal in Felix' leerem Elternhaus. Doch die zurückkehrenden Eltern treiben sie in den Stadtpark hinaus... – Eine Sexkomödie.
Ⓥ RCA/Columbia

Eva
BRD 1968.
R Herbert Ballmann. **B** Eberhard Schaetzing. **K** Michael Marszalek.

Barbra Streisand in *Die Eule und das Kätzchen* von Herbert Ross

Eva modern – Spiele zu dritt

M Pepe Naumann. **D** Renate Larsen, Ulrike Teichmann, Barbara Stanek, Ursula Ludwig, Arnold Marquis, Ilse Zielstorff, Inken Sommer, Elisabeth Hitzenberger. **F** 94 Min.

Ein Aufklärungsfilm über das Heranwachsen eines Mädchens, inklusive Doktorspiele im Internat, Petting auf der Parkbank, Geschmuse im Freien, Diskussion über die Pille und ungewollte Schwangerschaft. Wie schön!

Eva modern – Spiele zu dritt
(PUSS OCH KRAM). Schweden 1966.
R Jonas Cornell. **B** Jonas Cornell.
K Lars Swanberg. **M** Bengt Ernryd.
D Sven Bertil Taube (Max), Agneta Ekmanner (Eva), Hakan Serner (John), Lena Granhagen, Rolf Larsson, Ingrid Boström, Carl Johann Rönn.
SW (96) 94 Min.

Um seine öde Ehe aufzupeppen, lädt der Fabrikant Max den Autor John in sein Haus ein, der sich mit seiner Gattin Eva vergnügt, bis es zu einem Dreiecksverhältnis kommt. Spiele zu dritt – was immer man sich darunter vorzustellen hat – finden freilich nicht statt. Der Film erregte die Aufmerksamkeit der Öffentlichkeit, weil er zu den ersten gehörte, die es wagten, Schamhaar zu zeigen.

Eva Nera
Siehe **Die nackte Eva**

Eva Nera – Die nackte Schlangentänzerin
Siehe **Die nackte Eva**

Eva und das nackte Paradies
(SANDY, THE RELUCTANT NATURE GIRL). GB 1963.
R Stanley Pelc. **B** S.M.C. Mitchell.
K Terry Maher. **M** Keith Amos/Dick Laurie. **D** Annette Bryant (Eva), Jeremy Howes (David), Vivienne Taylor, Peter Benison. **SW** 80 Min.

Eva hat einen Freund, der überzeugter

Renate Larsen und Hartmut Solingen in dem Aufklärungsfilm *Eva* von Herbert Ballmann

Porno-Aktrice Claudine Beccarie und Partnerin in der Dokumentation *Exhibition* von Jean Francois Davy

Nudist ist, zögert jedoch, es ihm gleichzutun. Doch nach und nach gelingt es ihr, sich zu überwinden, bis sie sich eines Tages traut, sich nackt am FKK-Strand zu präsentieren.

Eva unter nackter Sonne
(THE NUDIST STORY). GB 1959.
R Ramsey Herrington. **B** Norman Armstrong. **K** Jimmy Wilson. **M** Tony Crombie. **D** Brian Cobby (Bob Sutton), Shelley Martin (Jane), Natalie Lynn (Tante Meg), Anthony Oliver (Blake), Jacqueline d'Orsay (Gloria), Joy Hinton (Carol), Paul Kendrick (Tim). **SW** 88 Min.
Jane erbt von ihrem Großvater einige Grundstücke, darunter auch ein Nudistencamp, das sie auf der Stelle schließen will – bis sie den netten Leiter der Anlage kennenlernt, der sie bittet, sich doch zuerst mal anzusehen, was sie da abschaffen will. – Wetten, daß es ihr dort gefällt? Wetten, daß sie den netten Leiter heiratet? Wetten, daß sie bald selbst ohne Hüllen in der Sonne badet?

Exhibition
(EXHIBITION). Frankreich 1975.
R Jean Francois Davy. **B** Jean François Davy. **K** Roger Fellous. **M** N.N.
D Claudine Baccarie, Benoit Archenoul, Frédérique Barral, Béatrice Harnois, Michel Dauba, Patrick Segalas, Ellen Coupey, Mandarine, Didier.
F 86 Min.
Halbdokumentarischer Film über das Leben und die Arbeit der französischen Porno-Aktrice Claudine Beccarie, die als junges Mädchen von einem Onkel vergewaltigt wurde, in einem Mädchenheim erste lesbische Erfahrungen sammelte, dann auf den Strich ging und schließlich beim Film landete, wo sie

neben vielen harten Sachen dann auch die Hauptrolle in dem Sexfilm EMANUELA – DEIN WILDER ERDBEERMUND (Italien 1976, **R** Paul Price) spielten durfte.

Exit – Nur keine Panik
BRD/Österreich 1981.
R Franz Novotny. **B** Gustav Ernst/Franz Novotny. **K** Alfio Contini. **M** Otto M. Zykan. **D** Hanno Pöschl (Kirchhoff), Isolde Barth (Gerti), Paulus Manker (Plachinger), Eddie Constantine (Poigrard), Peter Weibel (Langner), Peter Turrini, Ulli Neumann, Konrad Becker, Beatrice Frey, Heribert Sasse, Joe Berger, Sabrina Thurm, Ernst Schmidt jr. **F** 105 Min.

Ein Bursche namens Kirchhoff fegt, sich ewig als Macho bestätigend, mit dem Auto durch Wien, jagt dem Traum vom eigenen Caféhaus nach, legt alle willigen Mädchen um, und nimmt Reißaus vor einem Schwulen, der in ihm einen latenten Homo zu sehen glaubt. – »Das Rüdeste, Wüsteste und dabei Vergnüglichste, was sich ein deutschsprachiger Film in den letzten Jahren zugetraut hat.« (ABENDZEITUNG MÜNCHEN).

Egon Schiele: Exzesse
(EGON SCHIELE, ENFER ET PASSION). BRD/Frankreich/Österreich 1980.
R Herbert Vesely. **B** Herbert Vesely/ Leo Tichat. **K** Rudolf Blahacek. **M** Brian Eno/Anton von Webern/Felix Mendelssohn-Bartholdy. **D** Matthieu Carriére (Egon Schiele), Jane Birkin (Wally), Christine Kaufmann (Edith Harms), Nina Finkenstein (Tatjana), Kristina van Eyck (Adele Harms), Marcel Ophuls (Dr. Stovel). **F** 92 Min.

Der österreichische Maler und Zeichner Egon Schiele (1890–1918) war mit seinen erotischen Bildern schon zu Uropas Zeiten immer für einen Skandal gut. Der Film skizziert in episodischer Form verschiedene Perioden seines Lebens, während die Kamera mehr darauf aus ist, die sexy Posen seiner Modelle auf Zelluloid zu bannen.
Ⓥ Euro

Exzesse im Folterkeller
(DABIDE NO HOSHI/BEAUTY TRAPPER). USA/Japan 1980.
R Peter Pandorias. **B** N.N. **K** N.N. **M** N.N. **D** Sandra Stuart, Robert Randall, Diana Williams, Hiromi Namino, Takasi Domai, Natsi Kashiro.
F 85 Min.

Der Titel gibt sich zwar so, als ginge es in diesem Film um sabbernde Ungeheuer, die in Graf Draculas Grüften Brandeisen erglühen lassen bzw. die Streckbank ölen, aber hier geht es in erster Linie um simple (aber nicht weniger sabbernde) Sado-Maso-Fans.
Ⓥ Euro

F

Falsche Scham – Gefahren der Liebe
(MOM AND DAD). USA 1947.
R William Beaudine. **B** Mildred Horn.
K Barney Saracky. **M** N.N. **D** Hardie Albright (Carl Blackburn), Sarah Blake (Lois Austin), George Eldridge (Dan Blake), June Carlson (Joan Blake), Jimmy Clark (Dave Blake), Bob Lowell (Jack Griffin).
SW 87 Min.
William ›One-Shot‹ Beaudine erklärt uns anhand dreier ›Fallstudien‹, wie schlimm es ausgeht, wenn Jugendliche mit dem Sex nicht warten können: Geschlechtsverkehr ohne Trauschein führt nämlich ins lebenslange Elend und zur Geburt unehelicher Kinder! – Ein alter ›Aufklärungsfilm‹, produziert von Kroger Babb, dem König des Exploitation-Kinos, der seinerzeit mit dem Werbespruch »A Vital Educational Production Appealing to All True Americans« versehen mit dem Absingen des »Spar-Spangled Banner« gestartet wurde – zur Abhärtung der Zuschauer, damit sie eine Zelluloid-Geburt verkraften konnten.

Fanny Hill
(FANNY HILL). USA/BRD 1964.
R Russ Meyer. **B** Robert Hill. **K** Heinz Hölscher. **M** Erwin Halletz. **D** Letitia Roman (Fanny Hill), Miriam Hopkins (Mrs. Brown), Ulli Lommel (Charles), Chris Howland (Norbert), Helmut Weiss (Spieler), Alex d'Arcy (Offizier), Karin Evans (Martha), Cara Garnett (Phoebe), Veronica Ericson (Emily), Marshall Raynor (Johnny), Christiane Schmidtmer (Fiona), Hilde Sessak (Mrs. Snow), Walter Giller (Hemingway). **SW** 96 Min.
Fanny Hill, eine Unschuld vom Lande, kommt nach London und lernt in einer

Walter Giller und Letitia Roman in der Komödienstadl-Version von *Fanny Hill* (Russ Meyer)

obskuren Arbeitsvermittlung eine Mrs. Brown kennen, die ihr eine Stellung in ihrem ›Haus der Freuden‹ gibt. Fanny, anfangs nicht ahnend, auf was sie sich eingelassen hat, merkt bald, daß die feinen ›Nichten‹ ihrer Chefin und die gutbetuchten Herren, die in Mrs. Browns Etablissement ein- und ausgehen, nicht nur Karten spielen und Tee trinken. Besonders Phoebe kümmert sich um Fanny, und irgendwann kommt auch für sie der Tag der Wahrheit: Die Herren stehen Schlange, um sie näher kennenzulernen. – Ein Film des US-Busenfetischisten Russ Meyer, den dieser aber nicht zu seinen Werken zählt, da ihm die Produzenten laufend ins Konzept hineingeredet haben. Eine harmlose Sexkomödie.
Ⓥ Toppic

Fanny Hill
(FANNY HILL). GB 1983.
R Gerry O'Hara [= Quentin Masters]. **B** Stephen Chesley. **K** Tony Spratling. **M** Paul Hoffert. **D** Lisa Raines (Fanny Hill), Shelley Winters (Mrs. Cole), Oliver Reed (Anwalt), Wilfried Hyde-White (Barville), Alfred Marks (Lustmolch), Jonathan York (Charles), Paddie O'Neil (Mrs. Brown), Maria Harper. **F** 98 (TV: 94) Min.
Die junge Fanny Hill kommt vom Land ins finstere London des 18. Jahrhunderts und wird prompt ausgeraubt. Sie bekommt einen Job als Zofe im Edelbordell der Mrs. Brown, wird, während im Parterre eine Orgie steigt, von der Prostituierten Phoebe in die lesbische Liebe eingeweiht und darf durch Löcher in den Wänden zusehen, was in den anderen Zimmern passiert. Fanny merkt bald, daß sich ihre Tätigkeit nicht auf das Abstauben von Vasen beschränken wird: Die Kunden der Mrs. Brown sind alle ganz verrückt nach ihr, weil sie noch unschuldig ist. Nachdem Fanny einen alten Lustmolch ausgetrickst hat, treibt sie es mit dem netten Charles, der sie freikauft. Nach der Geburt ihres Kindes muß Charles nach Indien. Fanny, wieder mittellos, läßt sich mit einem Landedelmann ein und wohnt auf seinem Gut. Als der Edelmann es mit der Zofe treibt, vergnügt sich Fanny mit dem Stallknecht, doch sie wird erwischt und landet wieder auf der Straße. Eine Kollegin bringt sie im Sextheater der Mrs. Cole unter. Fanny lernt den wohlhabenden alten Mr. Barville kennen und ist ihm zu Diensten. Barville stirbt und hinterläßt ihr ein Riesenvermögen. Als Charles wieder auftaucht, ist ihr Glück perfekt. – Ein von leichter Hand inszenierter Film, der vor allem durch humoristische Untertöne zu bestechen weiß. Ein Ärgernis ist freilich die Snychronisation, die mit sprachlichen Anachronismen daherkommt.
Ⓥ Cannon/VMP

Fanny Hill auf Schwedisch
(FANNY HILL, SVERIGE). Schweden 1968.
R Mac Ahlberg. **B** Mac Ahlberg. **K** Jan Lindenström. **M** Georg Riedel. **D** Diana Kjaer (Fanny), Keve Hjelm, Gio Petré, Hans Ernback, Hans Lindgren. **F** 99 Min.
Das Freudenmädchen Fanny Hill ist in dieser Version eine junge Schwedin, die es aus einem kleinen Ort im hohen Norden nach Stockholm zieht, weil die Burschen daheim nicht viel mehr können ›als mit den Ohren wackeln‹. Schon auf der Reise kriegt sie das Angebot, in einem Massagesalon zu arbeiten. Der Sohn eines reichen Reeders fährt zum Unwillen seines Vaters auf Fanny ab und soll zur Strafe in die USA gehen. Der Reeder besticht Fanny mit Geld, damit sie von seinem Junior abläßt, doch sie lebt weiterhin als Prostituierte, bis der alte Herr das Zeitliche gesegnet hat und sein Sohn nach Schweden zurückkehrt.

Fans – Fans – Fans – Runter mit den Pants
(THE CHEERLEADERS). USA 1972. **R** Paul Glickler. **B** Paul Glickler/Tad Richards/Ace Baandige. **K** Richard Lerner. **M** Harry Betts. **D** Stephanie Fondue (Jeannie), Denise Dillaway (Claudia), Jovita Bush (Bonnie), Sandy Evans (Susie), Kim Stanton (Patty), Richard Meatwhistle (Jon), John Jacobs (Norm), Raoul Hoffnung (Novi), Patrick Wright (Trainer), Terri Teague (Isabel), Jack Jonas (Daddy), Jay Lindner (Mom), John Bracci (Vinnie), William Goldman (Sal), Bill Lehrke (Kellner). **F** 84 Min.
Diverse Mädchen, deren Freizeitbeschäftigung darin besteht, das Publikum einer High School-Footballmannschaft mit Gehopse und Geschrei anzufeuern, bemühen sich, ihrem Neuzugang Jeannie einen Partner zu besorgen, damit sie endlich die Unschuld verliert. – Ein langweiliger, vulgärer, stümperhafter T and A-Film auf dem Niveau der deutschen Schulmädchen-Reports, dessen gummikauende, dummes Zeug plappernde Möchtegern-Darstellerinnen nicht einmal den Charme von Barbie-Puppen ausstrahlen. Der Film ist nur peinlich. – AT: IHR SCHÄRFSTES MATCH.

Fantasy
(FANTASY). USA 1979. **R** Gerard Damiano. **B** Gerard Damiano. **K** N.N. **M** N.N. **D** Georgina Spelvin, Kyoto Sunn, Jon Martin, Brooke West, Liza Morceau, Shirley Woods, Lorri Blue, Nicole O'Neal, Dorothy Le May, Paul Thomas, David Morris, Lysa Thatcher, Suzanne Nero. **F** 90 Min.
Ein Film, in dem sich u.a. eine junge Braut bizarre sexuelle Spielchen erträumt, um die sie ihren Freund nicht zu bitten wagt. – Eine Parodie auf die amerikanische TV-Serie »Fantasy Island«, einen Dauerbrenner, der in jeder Folge einen Stargast auf eine Insel führt, deren Herrscher reichen Leuten Herzenswünsche erfüllt.
Ⓥ Beate Uhse

Felicity – Sündige Versuchung
(FELICITY). Australien 1979. **R** John D. Lamond. **B** Felicity Robinson [= John D. Lamond]. **K** Gary Wapshott. **M** D. Lambert/B. Potter. **D** Glory Annen (Felicity Robinson), Christopher Milne (Miles), Jody Hanson (Jenny), Joni Flynn, Marylin Rodgers, Gordon Charles, David Bradshaw, Toni Maines, John M. Howson. **F** 90 (81) Min.
Im Alter von siebzehn Jahren macht Felicity Robinson ihre ersten lesbischen Erfahrungen in der Klosterschule von Willow's End. Dann fliegt sie nach Hongkong, wo sie in Begleitung der Eurasierin Mi Ling »alle Stationen der Erotik« (Verleihwerbung) in einem lesbischen Bordell und einem chinesischen ›Haus der Freude‹ erlebt. Sie verliebt sich in den Businessman Miles, dem sie an allen erdenklichen Orten (Kino, Bus, Lift) zeigt, welche Stellungen sie inzwischen gelernt hat. – Hier ist zwar oft von der Liebe die Rede, die die Welt am Laufen hält, doch die Nummern, die unsere auf jung getrimmte Heldin abzieht, zeigen deutlich, daß sie sich auch in jeder unbemannten Lebenslage zu helfen weiß.
Ⓥ Mike Hunter

Der Hengst und die Nymphe
Siehe **Les Felinés – Der Hengst und die Nymphe**

Fellinis Casanova
(IL CASANOVA DI FELLINI). Italien 1976. **R** Federico Fellini. **B** Federico Fellini/Bernardino Zapponi. **K** Giuseppe

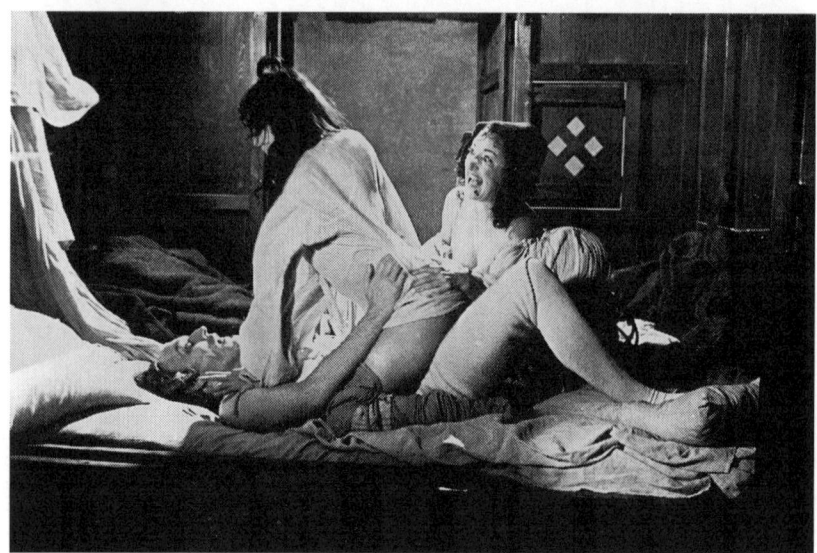

Donald Sutherland und Partnerinnen in Äktschn in *Fellinis Casanova* von Federico Fellini

Rotunno. **M** Nino Rota. **D** Donald Sutherland (Giacomo Casanova), Margaret Clementi (Maria Maddalena), Claretta Algranti (Marcolina), Chesty Morgan (Barberina), Sandy Allen Riesendame), Cecil Brown (Madame d'Urfe), Carmen Scarpitta (Charpillons Mutter), Diane Kurys (Charpillons Tochter), Daniel Emilfork (Dubois), Harold Innocent (St. Germain), Wulphert Heiblom (Edgard). **F** 154 Min.

Szenen aus dem Leben des weltberühmten Verführers Giacomo Casanova: 1. Beim Karneval in Venedig erhält Casanova eine Einladung der Geliebten des französischen Botschafters und trifft sich mit ihr zu einem Stelldichein, ohne zu ahnen, daß der Botschafter die beiden heimlich beobachtet. – 2. Casanova wird aufgrund seines Lebenswandels vor die Inquisition zitiert und eingekastelt, kann jedoch fliehen. – 3. Casanova wird in Paris von einer lüsternen Marquise aufgenommen. – 4. Auf dem Weg nach Italien rettet Casanova die hübsche Enrichetta vor einem ungarischen Offizier und bleibt eine Weile mit ihr zusammen. – 5. Als der deprimierte Casanova sich in London das Leben nehmen will, zieht ihn der Schatten einer Frau an, die er auf einem Jahrmarkt wiederfindet. – 6. Casanova beichtet in Rom dem Papst seine Sünden. – 7. Casanova trifft in der Schweiz auf Voltaire und macht die schöne Isabella an. – 8. In Dresden wendet Casanova sich zwei Schauspielerinnen zu und begegnet seiner alten Mutter. – »Ein destruktiver Film, der die Legende des berühmten Schlafzimmer-Artisten in jeder Szene entmystifiziert.« (THE MOTION PICTURE GUIDE).

Fellinis Satyricon

(SATYRICON). Italien 1969. **R** Federico Fellini. **B** Federico Fellini/Bernardino Zapponi. **K** Giuseppe Rotunno. **M** Nino Rota/Alhan Mimaroglu/Tod Dockstader/Andrew Rudin. **D** Martin Potter (Encolpius), Hiram

Keller (Ascyltus), Max Born (Giton), Salvo Randone (Eumolpus), Fanfulla (Vernaccio), Marcello Bonini (Erster Richter), Alberto Benucci (Zweiter Richter), Ingrid Embon (Kaiserin), Gordon Mitchell, Donyale Luna, Lucia Bose, Carlo Giordana, Joseph Wheeler, Mario Romanogli.
F 135 Min.

Ein surrealistisch montiertes Bild der römischen Kaiserzeit nach Gaius Petronius Arbiter im Stil eines Abenteuer- und Schelmenromans, in dem es um die erotischen Abenteuer zweier junger Männer geht. Führer durch die Unterwelt ist der hübsche Jüngling Encolpius, der sich anfangs mit Ascyltus um die Liebe des Knaben Giton streitet. In Begleitung des Dichters Eumolpus nimmt er an einem Gastmahl des Trimalchio teil, das als wüste Schlemmerei und Manifestation des schlechten Geschmacks eines Emporkömmlings aufgezogen ist und mit einer vorweggenommenen Trauerfeier für den Gastgeber endet. Dann treffen sich Encolpius, Ascyltus und Giton auf einem mit Sklaven vollgestopften Schiff, dessen Kommandant sich in Encolpius verliebt und ihn auf der Stelle heiratet. Später treffen Ascyltus und Encolpius in einer Villa, deren Bewohner Selbstmord begangen haben, eine Sklavin, mit der sie eine vergnügte Nacht verbringen. Nach einer Begegnung mit einer Nymphomanin und einem Hermaphroditen kämpft Encolpius in einem Labyrinth gegen den Minotaurus; doch erweist sich das Ganze als Scherz zu Ehren des Lach-Gottes. Bei der Schönen, bei der er sich für das Ausgestandene schadlos halten darf, blamiert er sich durch seine Impotenz, doch er wird von der Zauberin Enotea geheilt. Ascyltus und Eumolpius gehen den Weg allen Fleisches. Eumolpius legt seinen Erben die Pflicht auf, seinen Leichnam zu verzehren. Encolpius besteigt mit anderen jungen Leuten ein Schiff, um in ferne Gegenden zu fahren. – Fellinis Sex-Odyssee durch das alte Rom beschreibt ausführlich die ›sexuelle Dekadenz‹, wird aber nie *deutlich*, auch wenn die Geschichte von Huren und Lustmolchen wimmelt und ihre Geilheit als unersättlich dargestellt wird.
Ⓥ Warner

Fellinis Stadt der Frauen
(LA CITTA DELLE DONNE).
Italien/Frankreich 1979.
R Federico Fellini. **B** Federico Fellini/Bernardino Zapponi/Brunello Rondi. **K** Giuseppe Rotunno. **M** Luis Bacalov. **D** Marcello Mastroianni (Snaporaz), Ettore Manni (Katzone), Anna Prucnal (Snaporaz' Frau), Bernice Stegers (Frau im Zug), Jole Silvani (Mädchen), Fiametta Baralla (Onlio), Catherine Carrel (Kommandantin), Marcello di Falco (Sklave), Silvana Fusacchia (Schlittschuhläuferin), Gabriella Giorgelli (Fischhändlerin), Helene Calzarelli, Dominique Labourier, Stephanie Loik Emilfork, Silvie Mayer, Maite Nahyr (Feministinnen), Sibilla Sedat (Richterin), Alessandra Panelli (Hausfrau), Loredana Solfizi (Schwarze Feministin), Sara Tafuri (Mädchen), Carla Terlizzi (Katzones zehntausendste Geliebte), Katrin Gebelein (Frau mit sechs Männern), Fiorella Molinari (Punk-Girl), Nadia Vasil, Silvie Wacrenier (Feministinnen), Jill und Viviane Lucas (Zwillinge), Donatella Damiani (Tänzerin). **F** 140 Min.

Beängstigend waren die Frauen für den geilen Snaporaz schon immer: Sie verfolgen ihn sogar im Traum. Auf einer holperigen Fahrt in der Eisenbahn fällt sein Traum besonders schlecht aus: Er folgt einer Unbekannten, die ihn lockt und zugleich hinhält. Auf ihrer Spur gerät er ausgerechnet auf einen Feministen-Kongreß, und somit in einen

Hexenkessel der Männerverachtung, wo der Jäger alsbald zum Gejagten wird. Snaporaz findet Unterschlupf in einer Villa, in der sich ein Sexprotz ersten Ranges verschanzt hat – gegen die Feministinnen, die ihn bedrängen und sein Schloß der Lüste zu zerstören drohen. Snaporaz wird zur Feier seiner zehntausendsten ›Besteigung‹ eingeladen und erlebt neben mancher anderen Überraschung ein Zusammentreffen mit seiner eigenen Frau. Der Hausherr übernimmt sich, und so muß Snaporaz die Nacht im Zimmer des Verstorbenen verbringen. Heimliche Stimmen locken ihn fort, und auf einer Achterbahn begegnet er den erotischen Erinnerungen seiner Jugend. Die Fahrt endet in einer Art Verlies. Snaporaz gerät auf der Suche nach der idealen Frau in eine Arena und schließlich in eine luftige Ballongondel. Das Gewehrfeuer der Feministinnen holt ihn auf die schüttelnde Wagenbank des Zuges zurück, wo er sich zu seiner Verblüffung nicht nur seiner Frau gegenüber, sondern auch von den Protagonistinnen seines Traums umgeben sieht. – »Von allen Fellini-Filmen ist dies wahrscheinlich der erotischste, auch wenn er weniger eine Studie des Erotizismus als die erotische Phantasie eines Mannes über den Kampf der Geschlechter ist... Der Film befriedigt zwar die erotische Lust nie ganz, aber er ist dessen ungeachtet prickelnd und stimulierend. Fellinis Thema – daß Frauen die Tatsache verabscheuen, daß Männer so leicht zu erregen sind – wird am wirkungsvollsten von Damiani vermittelt, einer üppigen, sehr hübschen jungen Schauspielerin, die fast ständig nackt durch den Film läuft. Obwohl der Film nie ermüdet, erfüllt er doch nie die erotischen Erwartungen, die man hat, sondern zieht es vor, seine eigene bizarre Realität zu erforschen. Er enthält Science Fiction- und Abenteuer-Elemente, ist aber genaugenommen eine Fantasy über

Szene aus *Fellinis Stadt der Frauen* von Federico Fellini

die Entfremdung zwischen Männern und Frauen.« (ADULT MOVIES).

Ferdinand und die Mutzenbacherin
Siehe **Auch Fummeln will gelernt sein**

Fetzig, frei und endlich high
(MOI, FLEUR BLEU). Frankreich 1977. **R** Eric Le Hung. **B** Philippe Bourgoin/Eric Le Hung. **K** Marcel Combes. **M** Francos d'Aime. **D** Sydne Rome (Sandy), Jodie Foster (Rose), Jean Yanne (Max), Bernard Girardeau (Sylvester), Lila Kedrova (Olga), Claude Gensac, Zoe Chauveau, Odette Laure, Jean-Francois Maurin.
F (98) Min.
Das Fotomodell Sandy und ihre sechzehnjährige Schwester leben in Paris. Sandy verdient u.a. mit Aktaufnahmen

Geld, Rose hat nur Flausen im Kopf und wartet darauf, daß ein Mann sie entjungfert. Sandy lernt Max kennen und lieben, Rose verliebt sich in seinen Freund Sylvester. Sandy reist zu Aufnahmen ans Mittelmeer; Rose flüchtet von der Schule und folgt ihr per Anhalter nach Süden. Max und Sylvester lassen sie per Rundfunk suchen. Happy End. – Eine mit ironischen Untertönen versehene Liebesgeschichte mit unpassendem Titel. – AT: LIEBESERWACHEN.
Ⓥ Mike Hunter

Feuchte Lippen spritziger Mädchen
Siehe **Geheime Lüste blutjunger Mädchen**

Feuchte Träume junger Frauen
BRD 1973.
R Jörg Michael. **B** N.N. **K** N.N. **M** N.N. **D** Werner Stecker, Arthur Kühn, Elke Löscher, Judith Glaser. **F** 79 Min.
Hier geht's mit leicht humoristischem Unterton um die flotten Abenteuer eines Heiratsschwindlers, der überall willige Opfer findet.

Feuchte Träume, heiße Betten
Österreich 1974.
R Kurt Nachmann. **B** Kurt Nachmann. **K** Klaus Werner. **M** N.N. **D** Peter Hamm, Margaret Rose Keil, Gisela Kraus, Eva Gross, Ljuba Welitsch, Hasso Preiss, Elfriede Gerstl, Michaela Roos. **F** 78 Min.
Ein potenter verheirateter Stenz arbeitet in einem bayerischen Ferienhotel als Callboy für liebeshungrige Frauen. – Ein Softporno, vom katholischen FILMDIENST seinerzeit als »geistiger Unrat übelster Sorte« eingestuft. – AT: ER WAR BESONDERS WERTVOLL FÜR DIE DAMEN – EIN ECHTER HAUSFRAUENFREUND. DER PROSTITUT.
Ⓥ VPS (Ein echter Hausfrauenfreund)

Feuchter Sex aus Skandinavien
(WILD SWEDISH GIRLS).
Schweden 1979.
R Anonym. **B** Anonym. **K** Anonym. **M** Anonym. **D** Anonym. **F** 92 Min.
Hechelnde Hasen hocken hinter Häusern und Hügeln und heulen hysterisch: »Hasch mich!« – Ein recht eindeutiges Produkt für alle, die Spaß daran haben, zuzuschauen, wie Frauen ihren Trieben freien Lauf lassen. – Der Film existiert auch in einer 65-Minuten-Version. AT: WILD SWEDISH GIRLS.
Ⓥ Eros

Feuer zwischen den Lippen
(VISTA VALLEY P.T.A.). USA 1981.
R Anthony Spinelli. **B** Anthony Spinelli. **K** Jack Remy. **M** N.N. **D** Jesie St. James (Ms. Martin), John Leslie (Daddy Davis), Dewey Alexander (Greg Davis), Juliet Anderson (Sharon), Dorothy Le May (Sandra), Jamie Gillis (Spinner), Shirley Woods (Tochter), Aaron Stuart (Walter), Kay Parker (Mildred), Shirley Woods, Desiree West, Richard Pacheco. **F** 81 Min.
In einem kalifornischen Kaff namens Vista Valley geht sexuell alles drunter und drüber, da es hier offenbar jeder mit jedem treibt und auch die Schüler keine Gelegenheit auslassen, ihrer Lehrerin zu zeigen, was sie außer den klassischen Fächern sonst noch können. – Wüste sexuelle Ausschweifungen allerorten.

Fieber im Blut
Siehe **Liebesfeuer in Venedig**

Fieber unter nackter Haut
(LA FIÉVRE DANS LA PEAU).
Frankreich 1977.
R Paul Martin. **B** N.N. **K** N.N. **M** N.N. **D** Guy Royer, Richard Lemieuvre. **F** 72 Min.
Ein Regisseur lernt in Spanien ein geheimnisvolles Excallgirl aus besseren

Kreisen kennen und vertreibt sich (na, wie wohl?) mit ihr die Zeit. – Französischer Exporno, der aufgrund starker Schnitte nur noch ahnen läßt, was er vorher war.

Fiona, ein Körper voller Feuer
(FIONA ON FIRE). USA 1978.
R Kenneth Schwartz [= Warren Evans]. **B** N.N. **K** N.N. **M** N.N.
D Amber Hunt (Fiona), Sam Dean (Lt. Wilbur Davis), Jamie Gillis, Gloria Leonard, Marlene Willoughby, Reggie De Morton, Richard Bolla.
F (113) 77 Min.

Ein schwarzer Polizist fahndet nach den Mördern einer recht promiskuitiven Frau und liest dabei ihr Tagebuch, aus dem sich ihr Ende in einer Serie von Rückblenden offenbart. – Im Original ein Hardcore-Porno, in dem es mächtig dampft; die deutsche Fassung wurde um 36 Minuten gekürzt. – »Exzellente Kameraführung.« (ADULT MOVIES).

Fiktive Imtimitäten
(THE TAMING). USA 1968.
R Robert Arkless. **B** Robert Arkless.
K Julianna Wang. **M** Marcel Aimee.
D Lindsey Bowen, Liz Stevens, Sharon Church, Sam Stewart, Anita Ventura, Tia Waters. **F** 73 Min.

Ein junger Underdog, sexuell gefrustet, erträumt sich beim Anblick zweier hübscher Mädchen in der New Yorker U-Bahn nicht nur tolle Abenteuer, sondern auch eine Triole, deren realistischer Ausgang ihn ermutigt, seine beiden Herzensdamen anzusprechen.

Die flambierte Frau
BRD 1983.
R Robert van Ackeren. **B** Robert van Ackeren/Katharina Zwerenz. **K** Jürgen Jürges. **M** Peer Raben. **D** Gudrun Landgrebe (Eva), Matthieu Carriere (Chris), Hanns Zischler (Kurt), Gabriele La Fari (Yvonne), Matthias Fuchs, Christiane Horn, René Schönenberger, Klaus Mikoleit, Magdalena Montezuma, George Tryphon, Walther Busch, Johannes Grützke, Carola Regnier, Salomé, Catharina Zwerenz, Ute Gerhard, Joachim v. Ulmann, Roland v. Schulze, Ursula Tahiri, Achim E. Ruppel, Klaus Hoser, Rosemarie Heinze, Thomas Voborka, Shawn Lawton.
F 106 Min.

Die von ihrem bürgerlichen Freund Markus und seinem schicken Umfeld angewiderte Studentin Eva beschließt, auf häusliche Geborgenheit zu pfeifen und als Edelprostituierte tätig zu werden. Eine Bekannte führt ihr auf Kommissionsbasis erste Kunden zu. Eva überwindet ihre Schüchternheit und stellt fest, daß das Geschäft sich besser auszahlt, wenn sie wenig gibt und sich

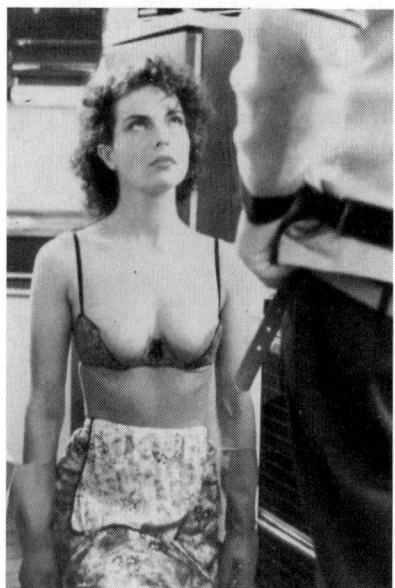

Das Callgirl entdeckt seine Macht über die Männerwelt: Gudrun Landgrebe in *Die flambierte Frau* von Robert van Ackeren

›dominant‹ gebärdet. Bald empfängt sie ihre Kunden in Leder und Ketten. Ihr Leben ändert sich, als sie den bisexuellen Chris kennenlernt, der es reichen Damen für Geld besorgt. Sie verlieben sich und ziehen zusammen. Chris hat auch eine Beziehung zu Kurt. Da er in die Jahre kommt, plant er den Absprung in eine bürgerliche Existenz: Er will ein schickes Restaurant eröffnen. Eva lehnt seine Pläne ab. Je mehr Chris sich um Eva bemüht, desto mehr verliert sie das Interesse an ihm. Als Chris erkennt, daß er Eva zu verlieren droht, steckt er sie in Brand. – Da Herr van Ackeren Künstler ist, kam ihm im letzten Augenblick der Gedanke, die Kritik könne den durchaus ansehbaren Film für ein *Kommerzprodukt* halten und möglicherweise runtermachen. Und so beschloß er, seinem Werk ein typisches Luis-Buñuel-Ende anzuhängen – was ein totaler Schuß in den Ofen war.
Ⓥ Atlas

Flashlight
(WHIRLPOOL). GB 1969.
R José R. Larraz. **B** José R. Larraz.
K Julio Perez de Rozas. **M** Stelvio Cipriani. **D** Karl Lanchbury (Theo), Vivian Neves (Tulia), Pia Anderson (Sarah), Edwin Brown, Andrew Grant, Berry Craine, Ernst Jennings, Johanna Hegger, Larry Dann. **F** 80 Min.
Die attraktive Tulia lernt bei ihrer Freundin Sarah den Fotografen Theo kennen, der sie zuerst mit Alkohol und Haschisch enthemmt und dann Aktfotos von ihr macht. Doch Tulia entdeckt, daß Theo ein abartiger Mörder ist und schon ein Mädchen auf dem Gewissen hat. – Ein Schundfilm, wie er im Buche steht.

Flavia – Die Sexsklavin des Cäsar
(FLAVIA). Italien 1986.
R Lawrence Webber. **B** N.N.
K Pasquale Fanetti. **M** N.N. **D** Mary Ann Levine (Flavia), Aldo Sambrel (Cäsar), Susy Goodman.
F (90) 64 Min.
Cäsar verguckt sich in die schöne Sklavin Flavia und tut, wenn er nicht gerade auf Orgien zugange ist und Sexspielchen frönt, alles, um sie in sein Lotterbett zu kriegen. – »Glaubt man diesem Streifen, dann wurde das römische Reich vor allem von kleinen, geilen Wüstlingen bevölkert.« (VIDEO MARKT).
Ⓥ Carrera Topline

Fleischeslust
(FEAR OF LOVE). USA 1970.
R Emilio Portici. **B** Emilio Portici.
K N.N. **M** N.N. **D** Duke Moberdy, Nicole Vadim, Maxime Springer.
F 64 Min.
Ein Eheberater nebst Assistent und Assistentin steht Ehepaaren mit Rat und Tat zur Seite, die Probleme (Frigidität, Impotenz) mit ihrem Sexualleben haben.

Die fleißigen Bienen vom fröhlichen Bock
BRD 1970.
R Hans Billian. **B** Hans Billian.
K Dieter Wedekind. **M** Gert Wilden.
D Michaela Martin (Renate Störtebek), Rosemarie Lindt (Christina), Ursula Blauth (Ingrid), Henry van Lyck (Rasch), Laurence Bien (Rainer Winkler), Gerhard Frickhöffer (Leichtmann), Rudolf Schündler (Lorenzen), Nina Janowska (Flavia), Christel Gogoll (Sonja), Tex H. Jacobus (Bob), Beppo Loucka (Raunzinger), Robert Fackler (Polizist), Inger Steinbach (Senta), Elfi Jannik (Rosi), Tina Sanders (Hannelore), Ruth Eiben, Ines Billian, Werner Cartano, Heinz Platl.
F 90 Min.
Renate, Tochter eines Fabrikanten, soll einen Amerikaner heiraten, doch sie geht stiften und tauscht die Identität mit der Kellnerin Christina. Zwei Angestellte

ihres Vaters, die auf sie achten sollen, werden in eine Affäre verwickelt, die Schadensersatzforderungen nach sich zieht und mißbrauchen die Villa ihres Chefs als Liebesnest, um an das nötige Geld zu kommen. Christina kriegt dann doch den Ami; Renate bleibt bei Rainer, den sie in der Kneipe ›Zum fröhlichen Bock‹ kennengelernt hat. – Eine dilettantisch inszenierte Fleischbeschau mit eindeutigen Dialogen. – AT: SCHWARZWALDRÖSCHEN OHNE HÖSCHEN.
Ⓥ Tabu (Schwarzwaldröschen ohne Höschen)

Flesh and Love – Die hungrigen Mädchen
(COME BACK, PETER). GB 1969.
R Donovan Winter. **B** Donovan Winter. **K** Gus Coma/Ian D. Struthers. **M** N.N. **D** Christopher Matthews (Peter), Erika Bergmann (Lisa), Penny Riley (Sue), Yolanda Turner (Mrs. Beaufort-Smith), Maddy Smith (Tochter), Valerie St. Helene (Cleo), Annabel Leventon (Creampuff), Nicole Paget (Jenny). **F** 84 Min.
Ein phantasiebegabter Jungmann, im Hauptberuf Metzger, sieht sich in realistischen Tagträumen als begabter Aufreißer und begehrter Bettgefährte der permanent lüsternen und auch lesbischer Liebe nicht abgeneigten Weiblichkeit. – Monoton.

Flesh Gordon
(FLESH GORDON). USA 1974.
R Howard Ziehm. **B** Michael Benveniste/ William Hunt. **K** Howard Ziehm/Lynn Rogers. **M** Ralph Ferraro. **D** Jason Williams (Flesh Gordon), Suzanne Fields (Dale Ardor), Joseph Hudgins (Dr. Flexi Jerkoff), William Hunt (Kaiser Hodis), John Hoyt (Prof. Gordon), Mycle Brandy (Prinz Pornis), Nora Witernik, Candy Samples, Steven Grummette, Lanc Larsen, Judy Ziehm, Donald Harris, Linus Gator, Susan Moore, Mark Fore, Maria Aranoff, Rick Lutze, Sally Alt, Duane Paulsen, Leonard Goodman, Patricia Burns, Linda Shepard, Mary Gavin, Dee Dee Dailes, Jack Rowe, Pat Hudson, Annette Anderson, Shannon West, Nancy Ayres, Kathy Foster, Terri Johnson. **F** 85 Min.
Die Erde wird von einem Sexstrahl getroffen, der die Menschen zu allerlei akrobatischen Aktivitäten zwingt. Der geniale Wissenschaftler Dr. Jerkoff (sic!) konstruiert einen Raumer, um den Planeten Porno aufzusuchen, die Quelle der Geilheitsstrahlen. Mit seinen Kollegen Flesh Gordon und Dale will er dem boshaften, sexbesessenen Kaiser Hodis ans Fell, in dessen Palast pausenlos Orgien stattfinden. Auf Porno treffen sie allerlei sexgeladene Merkwürdigkeiten an: Penisaurier; Roboter, die es nach Mädchen gelüstet, Hermaphroditen und die geile Nellie. Mit Hilfe des Prinzen Pornis, dem es nicht gefällt, daß Hodis aus dem Planeten ein riesiges Bordell gemacht hat, lokalisiert das Heldentrio den Standort der die Sexstrahlen aussendenden Maschine und vernichten sie mitsamt dem Herrscher des Planeten.
Ⓥ Arcade

Flotte Bienen – wilder Honig
Siehe **Wenn die prallen Möpse hüpfen**

Flotte Biester auf der Schulbank
BRD 1983.
R Jan D. Lefpa [= Jan Apfeld].
B Jan D. Lefpa [= Jan Apfeld]. **K** Lutz Ziervogel. **M** N.N. **D** Sandra Nova [= Uschi Karnat], Peter Steiner, Eleonore Melzer, Chris Parker, Susanne Hofer, Sybille Sting. **F** 79 Min.
Eine Gymnasiallehrerin beerbt ihren Onkel, einen Sexhändler, überwindet aber angesichts der Umsatzzahlen des anrüchigen Unternehmens rasch ihre

Bedenken. – In der Hauptsache wird in diesem Sexfilm natürlich fleißig kopuliert.

Flotte Teens im Schnee
Siehe **Ein nackter Po im Schnee**

Flotte Teens jetzt ohne Jeans
(LICEALE NELLA CLASSE DEI RIPETENTI). Italien 1978.
R Mariano Laurenti. **B** Mariano Laurenti/Michele M. Tarantini. **K** N.N. **M** Claudia Barry/Ronnie Jones.
D Gloria Guida (Loredana), Alvaro Vitale, Lino Banfi, Helene Chauvin, Rodolfo Legotti, Carlo Sposito, Ria De Simone, Stefano Amato, Sylvain Green, Gianfranco D'Angelo.
F 90 Min.
Eine kalauernde, zotenreißende Klasse von Abiturienten, die von einem völlig schwachsinnigen Lehrkörper beaufsichtigt wird, soll in einem Kurzlehrgang ihre Leistungen verbessern, hat aber eigentlich alles andere im Kopf (oder auch nicht). Nebenher haben sich noch ein Lehrer und der Onkel der hübschen Loredana an der Krawatte. – Das »Feuerwerk von frechen Gags, Sprüchen und Action am laufenden Band«, wie uns die Verleihwerbung weismachen will, ist weit und breit nicht zu erspähen.
Ⓥ VPS

Flotte Teens und der Staatsanwalt
Siehe **Entschuldigen Sie, sind Sie normal?**

Flotte Teens und heiße Typen
Siehe **Wenn bei süßen Teens die Hüllen fallen**

Flotte Teens und die neue Schulmieze
(L'INSEGNATE VA IN COLLEGGIO). Italien 1975.
R Mariano Laurenti. **B** Francesco Mili-

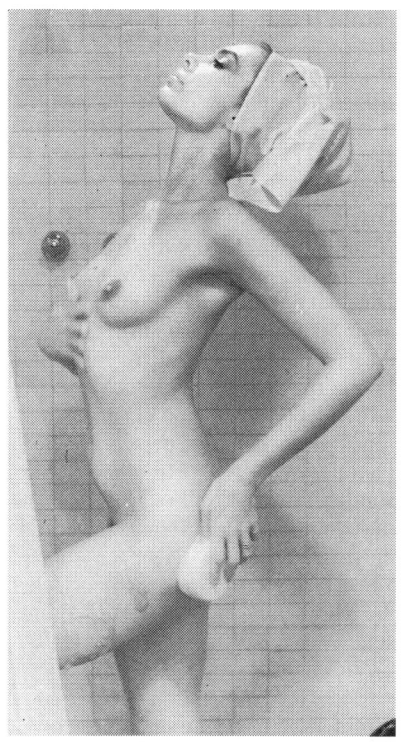

Italienischer Sexklamauk: Gloria Guida in *Flotte Teens und die neue Schulmieze* von Mariano Laurenti

zia/Franco Mercuri. **K** Federico Zanni. **M** Gianni Ferrio. **D** Edwige Fenech, Renzo Montagnani, Alvaro Vitale, Gianfranco D'Angelo, Luciano Martino, Leo Colonna, Niki Gentile.
F 90 Min.
Die ›neue Schulmieze‹ ist eine üppig gebaute Lehrerin, die auch schon mal ›ohne‹ duscht, und die ›flotten Teens‹ sind die ewig spitzen und possenreißenden Schüler eines italienischen Gymnasiums, dessen Lehrer allesamt einer Klapsmühle entsprungen zu sein scheinen. – Wer einen Film mit den ›flotten Teens‹ gesehen hat, der hat mit Sicherheit alle gesehen.
Ⓥ AVU

Flotte Teens und heiße Jeans
(LA LICEALE). Italien 1975.
R Michele M. Tarantini. B Francesco Milizia/Marino Onorati/Michele M. Tarantini. K N.N. M Vittorio Pezzolla.
D Gloria Guida (Loredana), Giuseppe Pambieri, Gianfranco D'Angelo, Gisella Sofio, Rudolfo Bigotti, Alvaro Vitali, Angela Doria, Enzo Cannavale, Mario Carotenuto. F 95 (TV: 82) Min.
Die blonde Abiturientin Loredana hat zwar Spaß daran, einen amerikanischen Austauschschüler und den vertrottelten Lehrkörper anzutörnen, doch die Unschuld läßt sie sich von einem erwachsenen Beau nehmen, der zudem noch Familienvater ist. – Ein alberner Sexstreifen, dessen ›Erotik‹ sich weitgehend im exhibitionistischen Getue seiner Heldin erschöpft. Das Drehbuch stammt von drei Autoren, die mit Sicherheit über die Klippschule nicht hinausgekommen sind.
Ⓥ VPS

Flotte Teens und Sex nach Noten
(L'INSEGNANTE BALLA... CON TUTTA LA CLASSE). Italien 1978.
R Giuliano Carnimeo. B Giuliano Carnimeo/Mariano Laurenti. K Nico Celeste. M Gianni Ferrio. D Nadia Cassini (Claudia), Paolo Morra, Renzo Montagnani, Mario Carotenuto, Alvaro Vitali, Lino Banfi, Niki Gentile. F (90) 83 Min.
Ein verblödeter Abiturient und ein infantiler Schuldirektor verwetten auf der Rennbahn Spendengeld für das olympische Komitee und überreden die hübsche Turnlehrerin Claudia, es bei einem Tanzwettbewerb wieder hereinzuholen. Nebenher führt man lüsterne Schüler, spießig-blöde Pauker und einen sowjetischen Sportverein vor, der an Dämlichkeit nicht zu unterbieten ist. Man fragt sich, ob die Zoten, die Geschwätzigkeit der Figuren oder die Konzeptionslosigkeit der Macher das Schlimmste an diesem Film ist. – AT: LIEBE UNTER ACHTZEHN.
Ⓥ Madison

Flotte Teens, runter mit den Jeans
(LA LICEALE AL MARE CON L'AMICA DI PAPA). Italien 1980.
R Marino Girolami. B Aldo Cino Capone. K Federico Zanni. M Ubaldo Contiello. D Alvaro Vitali (Massimo), Sabrina Siani (Sonia), Marisa Mell (Violante), Renzo Montagnani (Fulgenzio), Gianni Ciardo (Terenzio), Cinzia De Ponti (Placida), Aldo Massasso. F 86 Min.
Weil Sonia durchs Abitur gerasselt ist, soll sie auf Mamas Geheiß Nachhilfestunden nehmen. Ihr Vater Massimo, ein armer Trottel, der seiner mondän-perversen Gattin des schnöden Mammons wegen ständig den Lustmolch mimen muß, sieht daraufhin endlich eine Chance, seine junge Geliebte in Nonnentracht ins Haus zu holen. Zwei Erztrottel versuchen derweil, Sonia zu entführen, und ein italienischer Soldatentrupp führt uns vor, daß Brunst die Welt regiert. – »Eine Pubertätsklamotte«, meint die RHEINISCHE POST (und zeigt sich unerwartet liberal).

Fluch der Erotik
(LA CONSEQUENZA). Italien 1967.
R Sergio Capogna. B Sergio Capogna. K Nino Cristiani. M Franco Pisano. D Marisa Solinas, Mario Valdemarin, Marina Berti, Pierre Massimi, Venantino Venantini. F 92 Min.
Eine junge Italienerin aus einer spießigbürgerlichen Familie tobt sich zum Schrecken der Verwandtschaft hemmungslos sexuell aus.

Der Fluch der schwarzen Hexen
Schweiz 1973.
R Joseph W. Sarno. B Joseph W. Sar-

Sex, Horror und Geheimbündelei in *Der Fluch der schwarzen Schwestern* von Joseph W. Sarno

no/Steve Silverman. **K** Steve Silverman. **M** Rolf Hans Müller. **D** Nadja Henkova (Wanda), Maria Forssa (Helga), Anke Syring (Julia), Ulrike Butz, Flavia Keyt, Nico Wolf, Alon d'Armand, Irina Kant, Natascha Michowna, Eric Mancy, Christa Jaeger, Heidrun Hankammer.
F 102 Min.
Vier Personen suchen während eines Unwetters Zuflucht in einem alten Kastell, dessen Verwalterin die Baronesse Varga beschwören möchte, die vor vierhundert Jahren als Vampir verbrannt wurde. Eine Gruppe attraktiver Damen, die einem geilen Kult angehören, halten eine der Neuankömmlinge für die Baronesse und wollen sie per Kerzenschein-Ritual dazu bringen, sich an ihr früheres Dasein zu erinnern, damit sie sich an den Nachfahren ihrer einstigen Richter rächen kann. – Wirrer Horrorsex mit kurvenreichen, aber untalentierten Darstellern. – AT: DER FLUCH DER SCHWARZEN SCHWESTERN.
Ⓥ Telerent (Der Fluch der schwarzen Schwestern)

Der Fluch der schwarzen Schwestern
Siehe **Der Fluch der schwarzen Hexen**

Flucht ins Paradies
Schweiz 1965.
R Wolfgang Selnig. **B** Wolfgang Selnig. **K** Wolfgang Anders. **M** Werner Kruse/Hans Möckel. **D** Dolly Doreac, Bambi Miller, Birgit Nilson, John Wala. **F** 70 Min.
Ein vom Streß geplagter US-Modeschöpfer begibt sich, da ihm nichts rechtes mehr einfällt, auf eine Weltreise, wobei ihm seine Sekretärin und eine Journalistin ständig auf den Fersen sind, die keine Gelegenheit auslassen, die örtlichen Nacktbadestrände zu besuchen. – Ein harmloses FKK-Filmchen über Leute, die es in sonnige Gefilde treibt. – AT: DIE OBEN-OHNE-STORY.

Flying Sex – Die kessen Stewardessen
(DIARIO DI UNA HOSTESS).
Italien 1979.
R Frank Martin [= Franco Martinelli]. **B** N.N. **K** N.N. **M** N.N. **D** Evelyne Barnett, Al Cliver, Venantino Venantini, Franz Muller, Brenda Shington.
F 75 Min.
Eine junge Frau, durch einen sexuellen Traum aufs Fliegen fixiert, wird Stewardess, bis ihr frustrierter Mann ebenfalls in die Lüfte geht und die beiden endlich ein befriedigendes Sexleben haben.
Ⓥ VPS

Foltergarten der Sinnlichkeit
(EMMANUELLE E FRANCOISE – LE SORELLINE). Schweiz 1975.
R Joe d'Amato [= Aristide Massaccesi]. **B** Aristide Massaccesi. **K** Aristide Massaccesi. **M** Joe Dynamo. **D** George Eastman (Carlo), Patrizia Gori, Rose-Marie Lindt, Carole Annie

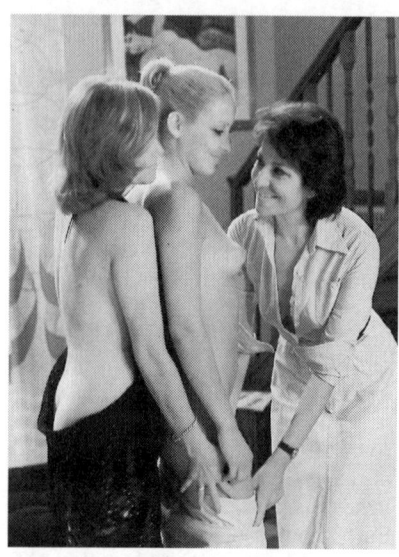

»So, jetzt woll'n wir dich mal'n bißchen foltern.« – »Au ja, aber nich so doll!« Szenen aus *Foltergarten der Sinnlichkeit* von Joe d'Amato

Edel, Mary Kristal, Giorgio Fleri, Massimo Vanni, Al Capri. **F** (90) 80 Min. Eine junge Frau spürt den Mörder ihrer Schwester auf, verführt ihn und nimmt ihn dann so hart ran, daß er den Spieß umdreht. – Ein Schnellschuß aus der italienischen Ein-Mann-Schundfabrik Aristide Massaccesi, die immer wieder aufs neue beweist, daß die Dummen nicht alle werden. – »Peinlich und geschmacklos.« (FILMJAHR '79). – AT: DIE LADY MIT DER PUSSY CAT.
ⓥ Movie

Fontäne der Lust
(FOUNTAINS OF LUST).
Griechenland 1978.
R Giorgios Papakostas. **B** Giorgios Papakostas. **K** N.N. **M** N.N. **D** Giorgios Moutsios (Graf Mario), Gisella Dalli (Melina), Dora Douma (Bianca), Elias Conway (Solon), Giorgios Mathis (Vico). **F** 89 (70) Min.
Der impotente italienische Graf und Parfümfabrikant Mario, der unbedingt Kinder zeugen muß, um an Schwiegerpapas Erbe zu kommen, sucht auf einer griechischen Insel Heilung. Die nymphomanische Hotelbesitzerin Melina läßt ihn in einem Grottensee mit potenzsteigernder Wirkung baden, und bald ist Mario nur noch in ihrem Bett zu finden. Er schafft auch noch Bianca, die unversehens auftauchende Freundin seiner Frau, doch durch den harten Einsatz erschöpft, bricht er zusammen. Als Melinas windiger Partner Solon ein Kraut findet, das nicht nur Schafsböcke potent macht, gewinnt Mario die Potenz zurück und bringt es am Ende sogar bei seiner Gattin Margarita. – Der am meisten verwendete Satz dieses auf Witz getrimmten Streifens ist »Mehr! Mehr!«, und die eingeflickten Szenen, die mit der Handlung nichts zu tun zu haben, bringen die Story auch nicht weiter. – AT: WILDE LUST.

Footballmatch und süße Girls
(THE SWINGING CHEERLEADERS).
USA 1974.
R Jack Hill. **B** Jane Witherspoon/Betty Conklin. **K** Alfred Taylor. **M** William Castleman/William Loose. **D** Jo Johnston (Kate Cory), Rainbeaux Smith (Andrea), Colleen Camp (Mary Ann), Rosanne Katon (Lisa), Ron Hajek (Buck), Ric Carrot (Ross), Jason Sommers (Thorpe), Ian Sander (Ron), George Wallace (Putnam), Jack Denton (Trainer), John Quade (Belski), Bob Minor (Ryan), Mae Mercer (Jessica), Dion Lane (Janie), Hank Rolike (Barkeeper), Fred Scheiwiller (Jerry), Jodi Carlson (Cheerleader), Gary Schneider (Jock), Sandra Dempsey, Candy All (Bewerberinnen).
F 94 (87) Min.
Um Material für ihre Examensarbeit (Thema: Cheerleader als willige Sexobjekte scharfer Sportler) zu bekommen,

schleicht sich die Publizistikstudentin Kate als Cheerleader in eine College-Mannschaft ein. Als sie zu ihrem Erstaunen feststellt, daß die Footballspieler, die sie für doof und sexbesessen hält, durchaus auch andere Qualitäten haben, verkracht sie sich mit ihrem zynischen Geliebten, der sie aus Wut ans Messer liefert. – Ein eilig heruntergekurbelter Billigsexer aus dem Collegemilieu, dessen Darsteller nicht gerade aus dem Actor's Studio kommen.

The Fox

(THE FOX). USA 1967.
R Mark Rydell. **B** Lewis John Carlino. **K** William Fraker. **M** Lalo Schifrin. **D** Anne Heywood (Ellen March), Sandy Dennis (Jill), Keir Dullea (Paul Renfield).
F 110 Min.

Ellen und Jill, ein lesbisches Paar, leben auf einer abgelegenen Farm, die regelmäßig von einem diebischen Fuchs heimgesucht wird. Während Jill die Rolle des kochenden und backenden Mütterchens spielt, das in der Wärme des Hauses ›über Wind und Wetter triumphiert‹, hat Ellen die Rolle des Mannes (mit Knarre und Stiefeln) übernommen. Paul, Seemann auf Urlaub und Enkel des früheren Hofbesitzers, reißt sie aus ihrem betulichen Dasein. Er zieht die unschuldige Aufmerksamkeit Jills auf sich, wendet sich dann aber Ellen zu und will sie heiraten. Ellen, zwischen Paul und der ›hilfsbedürftigen‹ Jill hin und hergerissen, wehrt sich gegen die in ihr aufkeimenden Gefühle, gibt sich Paul aber dann hin. Als Jill hinter das Verhältnis kommt, ändert sich ihr Verhalten; als feststeht, daß sie Ellen verliert, opfert sie

Der Fuchs im Hühnerhaus sorgt für sinnliche Verwirrung: Anne Heywood in *The Fox* von Mark Rydell

ihr Leben. – Gute Leistungen aller drei Schauspieler, speziell von Sandy Denny, deren unstete Art einem schon nach wenigen Minuten auf den Keks geht.

Frank und Eva
(FRANK EN EVA). Niederlande 1973.
R Pim de la Parra. **B** Pim de la Parra/ Charles Fromley. **K** Frans Bromet. **M** Antoine Duhamel. **D** Hugo Metzers (Frank), Willeke van Ammelrooy (Eva), Helmert Woudenberg, Lex Goudsmit, Sylvia Kristel.
F 91 Min.
Amsterdamer Sexprotz, im Hauptberuf Autoverkäufer, nervt seine Angetraute zwar mit ständig neuen erotischen Affären, doch irgendwie schafft er es immer wieder, sie um Verzeihung und zum Beischlaf zu bewegen – falls die beiden sich nicht gerade an die Gurgel fahren. – »Todernst, distanzlos und ohne jede Spur von Ironie.« (FILMDIENST).
Ⓥ Atlas

Das französische Frühstück
Österreich/Frankreich 1984.
R Bert Haid **B** K.H. Koizar/Bert Haid. **K** Michael Koschmieder. **M** Gerhard Heinz. **D** Dorle Buchner, Ursula Gaussmann, Christine Schwarz, Siggi Buchner, Albin Rous, Rolf Zigan.
F 85 Min.
Drei Episoden um junge Mädchen, die versuchen, mit dem Einsatz körperlicher Reize Karriere zu machen. Und natürlich basiert alles auf wahren Begebenheiten! – AT: LOLITA.

Französische Küsse
(RAPT IN LOVE). Frankreich 1980.
R Gérard Loubeau. **B** Gérard Loubeau. **K** Jean-Jacques Renon. **M** Eric Vivie. **D** Eva Lyberten, Raquel Evans, Bertha Linguerman, Romarin.
F 91 Min.
Die beiden Ganoven Stef und Boris entführen in Südfrankreich Maya und Modelia, zwei Mädchen aus reichem Hause. Das Quartett landet in einer spanischen Villa, in der Marc, seine Stieftochter Sybille und Cecile leben. Sybille, die Marc liebt, hat Schwierigkeiten mit ihrer Mutter. Stef und Boris warten auf das Lösegeld. Boris findet den Tod, Marc wendet sich Sybille zu, und die gekidnappten Mädchen suchen mit dem Lösegeld das Weite. Zwischendurch werden eifrig Stellungen auf der Matratze geübt. – Routine-Softporno.
Ⓥ UFA

Der französische Salon der Lady O
(LAS ALUMNAS DE MADAME OLGA). Spanien 1981.
R Joseph L. Bronstein [= José L. Gill]. **B** José L. Gill/Melvin Quinones. **K** Hans Bürman. **M** Ramón Balcazar. **D** Helga Linné, Mary Harper, George Gonce, Lynn Enderson, Evy Lyberten, Anthony Smith, Jazmine Venturini.
F 70 Min.
Spanischer Softporno um die Liebeserlebnisse eines Mannes, dem Informationen über einen politischen Skandal in die Hände fallen.

Frau Doktors kann's nicht lassen
Siehe **Eine Frau für alle Fälle**

Die Frau mit dem roten Hut
BRD/Japan 1981.
R Tatsumi Kumashiro. **B** Eiji Uchida. **K** Shinsaku Himeda. **M** Jun Fukamachi. **D** Toshiyuki Nagashima (Ich), Kristina van Eyck (Frau), Shigeru Izumiya (Tono), Bernd Stephan (Radfahrer), Erhard Hartmann (Schauspieler). **F** 90 (TV: 85) Min.
Ein japanischer Autor, der 1923 von einem Freund eingeladen wird, nach München zu kommen, verliebt sich in eine klapperdürre Deutsche mit einem roten Hut, die zwar verarmt, aber von

Adel ist, und ihre Ex-Liebhaber in der Regel umbringt. Mit ihr verbringt er die meiste Zeit im Bett.

Frau Professor kanns noch besser
(THE DEAN'S WIFE). USA 1970.
R Benjamin Onivas. **B** L.K. Farbella. **K** Henning Schellerup. **M** N.N. **D** Jim Gentry (Prof. Fabian), Christine Murray (Grace Fabian), Mark Edwards (David), Guy Anthony (Peter), Linda Marie (Cynthia), Anita Joyce (Annabelle), Tracy Mills, Pudence Smythe, Lynn Leon, Lee Summers. **F** 65 Min.
Studenten und Studentinnen einer amerikanischen Universität versuchen Professor Calvin klarzumachen, daß auf dem Campus unbedingt sexuelle Freizügigkeit vonnöten ist. Calvin reagiert abweisend, doch seine Frau Grace, eine Nymphomanin, kommt den Studenten entgegen. Als in ihrem Haus eine Orgie steigt, läuft Calvin, dem man einen LSD-Trip verpaßt, bereitwillig zu den Sexbesessenen über, und bringt sich, um der Moral Genüge zu tun, am Ende um. – Ein für die siebziger Jahre typischer ›Hippiescheiß‹, der sämtliche Vorurteile ausbeutet, die alte Filmproduzenten 1970 hatten.

Frau und Geliebte
(MOGLIAMANTE). Italin 1977.
R Marco Vicario [= Renato Marvi]. **B** Rodolfo Sonego/Marco Vicario [= Renato Marvi]. **K** Ennio Guarnieri. **M** Riz Ortolani. **D** Marcello Mastroianni (Luigi De Angelis), Laura Antonelli (Antonia De Angelis), Leonard Mann (Dr. Dario Favella), Gastone Moschin (Vincenzo), Olga Karlatos (Dr. Pagano), Stefano Patrizi (Claras verlobter), William Berger (Graf Brandini), Annie Belle (Clara), Helen Stolaroff (Wirtin), Elsa Vazzoler (Teresa). **F** 106 Min.
Der Weinhändler Luigi, der seine Frau Antonia für frigide hält, nutzt seine Geschäftsreisen für Liebesaffären. Als er in einen Mordfall verwickelt wird, konstruiert er Indizien, die den Eindruck erwecken, er sei nicht mehr am Leben. Antonia, die das Geschäft weiterführt, bereist seine alte Tour. Als Luigis Pferd, das die Strecke auswendig kennt, sie an die Orte seiner Untaten bringt, kapiert sie schnell und beschließt, sich zu rächen. Von nun an treibt sie's mit allen Mannsbildern, und der ›tote‹ Luigi, der im Haus gegenüber untergetaucht ist, muß ihren Eskapaden als unfreiwilliger Voyeur, der nicht eingreifen kann, ohne sich zu gefährden, hilflos zusehen. – »Schade, daß Regisseur Marco Vicario diesen wirklich originellen Einfall zu einem Film zerdehnt, der sein Thema und sich selbst viel zu ernst nimmt. Diese Emanzipation auf Italienisch ist zu sehr Tragikomödie.« (Jörg Altendorf, FILMECHO/FILMWOCHE).

Die Frau vom heißen Fluß
(LA MUJER DE DE TIERRA CALIENTE/ LA DONNA DELLA CALDA TERRA). Spanien/Italien 1979.
R José Maria Forquet. **B** Hermogese Sainz & Adriano Bolzoni. **K** Alejandro Ulloa. **M** Carlo Savini. **D** Stuart Whitman (Mann), Laura Gemser (Frau), Gabriele Tinti (Don Giuliano), Pilar Velasquez (Monica), Paola Senatore (Hure), Enrique Alzuguray (Oreste), Javier Lojola (Arthur Benson), Antonio Gamero (Arquimedes), Francisco Algora (Goyo). **F** 79 Min.
Ein in Südamerika tätiger amerikanischer Bauingenieur, der nach diversen Eheproblemen seine Schickimicki-Frau verliert, lernt bei einer Fahrt in einem Pferdetransporter eine mit ihren Reizen nicht geizende und recht redegewandte dunkelhäutige Schöne kennen. Sie erzählen einander die Geschichte ihres hauptsächlich aus Kummer und unverbindlichen sexuellen Begegnungen be-

stehenden Lebens, finden zueinander und verlieren sich wieder. – Forquets Versuch, einen seriösen Sexfilm zu drehen, ist schmählich in die Hose gegangen. Das philosophisch anmutende Geschwätz seiner beiden Helden ist weniger überzeugend als die bodenständige ›Normalität‹ und permanente Lüsternheit der beiden Männer, die sie transportieren. Ⓥ UFA

Die Frau von nebenan
(LA FEMME D'A CôTÉ).
Frankreich 1981.
R Francois Truffaut. **B** Francois Truffaut/Susanne Schiffman/Jean Aurel.
K William Lubtchansky. **M** Georges Delerue. **D** Gérard Depardieu (Bernard Coudray), Fanny Ardant (Mathilde Bauchard), Henry Garcin (Philippe Bauchard), Michéle Baumgartner (Arlette Coudray), Véronique Silver (Mme. Jouvé), Philippe Morier-Genoud (Arzt), Roger van Hool (Roland Duguet), Olivier Becquaert, Nicole Vauthier, Muriel Combe. **F** 106 Min.
Mathilde und Bernard, die sich leidenschaftlich lieben und einander sexuell hörig sind, leben ihre sadistischen Neigungen aus und trennen sich schließlich. Beide heiraten neu. Schnitt. Als hilfsbereite Nachbarn treffen sie sich wieder – das Spiel beginnt von vorn; was die beiden noch mehr reizt, da sie nun gebunden sind. – Die exzellent gespielte Geschichte einer amour fou. Sehenswert. Ⓥ Mike Hunter

Frau Wirtin bläst auch gern Trompete
BRD/Österreich/Italien 1970.
R Franz Antel. **B** Kurt Nachmann.
K Hanns Matula. **M** Gianni Ferrio.
D Terry Torday (Susanne), Harald

Fanny Ardant in *Die Frau von nebenan* von François Truffout

Leipnitz (Ferdinand), Glenn Saxon (Von Trenck), Jacques Herlin (Baron Bierrechalet), Paul Löwinger (Sergeant), Rudolf Schündler (Physikus), Rudolf Prack (Erzherzog), Ernst Waldbrunn (Zacherl), Andrea Rau (Marika), Poldo Bendandi (Krispin), Rosalba Neri (Leontina), Hannelore Auer (Agnes), Elisabeth Felchner (Dorothea), Christine Fischer (Bauernmädchen), Willy Millowitsch (Bürgermeister). **F** 94 Min.

Nach Napoleons Sturz werden Susanne, die Wirtin von der Lahn, und ihr Begleiter Ferdinand nach Ungarn verschlagen, wo der geldgierige Baron Bierrechalet das Singen, das Trinken und die Liebe besteuert. Wegen ihrer ›steuerfreien‹ Taverne geraten sie mit ihm aneinander, doch Hilfe naht: Freiherr von Trenck sägt, um der Macht willen, an des Barons Stuhl. – Eine harmlose Sexkomödie mit beträchtlichen Längen, die nur bei schlichten Gemütern keine Langeweile aufkommen läßt.

Frau Wirtin hat auch eine Nichte
BRD/Österreich/Italien 1969.
R Franz Antel. **B** Kurt Nachmann.
K Hanns Matula. **M** Gianni Ferrio.
D Terry Torday (Susanne), Claudio Brook (Adrian v. Ambras), Margaret Lee (Pauline Borghese), Karl Michael Vogler (Fürst Borghese), Harald Leipnitz (Ferdinand), Jacques Herlin (Fürst Dulakieff), Heinrich Schweiger (Napoleon), Ralf Wolter (Uhrmacher), Rosemarie Lindt (Bertha), Judith Dornys (Dorine), Franz Muxeneder (Pumpernickel), Lando Buzzanca (Graf Y), Erich Nikowitz (Waldeshain), Edwige Fenech (Rosalie), Annemarie Szilvassy (Agathe), Eva Vadnai (Babuschka), Georg Maday (Füchsel), Erich Padalewski (Adjutant), Eva Vodickova (Denise), Sissy Löwinger (Serafine).
F 98 Min.

Terry Torday als Wirtin Susanne in *Frau Wirtin hat auch eine Nichte* von Franz Antel

Susanne, die Wirtin von der Lahn, und ihre schauspielernden Mitstreiterinnen gehen auf Tournee im Elsaß ihres Kutschers Ferdinand verlustig, der irrtümlich für einen rebellischen Adeligen gehalten wird. Doch es gelingt ihr, bis zu Napoleon vorzudringen. Sie bewahrt den französischen Kaiser vor den Ränken finsterer Intriganten und rettet Ferdinand vor einem bösen Schicksal. – Ein langweiliger Schmarren.
Ⓥ UFA

Frau Wirtin hat auch eine Schwester
Siehe **Frau Wirtin treibt es jetzt noch toller**

Frau Wirtin hat auch einen Grafen
BRD/Österreich/Italien 1968.
R Franz Antel. **B** Kurt Nachmann/Günter Ebert. **K** Hanns Matula. **M** Gianni Ferrio. **D** Terry Torday (Susanne), Pascale Petit (Herzogin Elisa), Jeffrey Hunter (Graf Enrico), Harald Leipnitz (Ferdinand), Jacques Herlin (St. Laduc), Hannelore Auer (Sophie), Gustav Knuth (Bürgermeister), Ralf Wolter (Buchhändler), Judith Dornys (Dorine), Heinrich Schweiger (Napoleon), Franz Muxeneder (Pumpernikkel), Erich Padalewski (Apotheker), Edwige Fenech (Celine), Anke Syring (Fiametta), Rosemarie Lindt (Martha), Femi Benussi (Giovanna), Annemarie Szilvassy (Agathe), Daniele Giordano (Coralie), Bela Erny (Andrea), Reza Fazelli (Latouche), Carlo Della Piane (Pipo), Guido v. Salis (Hippolyth), Eva Vadnai (Babuschka), Georg Maday (Füchsel).
F 93 Min.
1809, während der napoleonischen Kriege, verschlägt es Susanne, die Wirtin von der Lahn, ihren Freund Ferdinand sowie ein paar Mädchen und Männer ins sonnige Italien, wo sie dem Grafen Enrico gegen den Intriganten St. Laduc beisteht, nebenher noch dessen Bruder Andrea mit Napoleons Schwester Elisa verkuppelt und vor dem Kaiser der Franzosen einen Strip hinlegt. – Ein grauenhaft müder Schwank, dessen ›Erotik‹ sich in gesungenen Frau-Wirtin-Versen, Pascale Petits Möpsen in einem Badezuber und Edwige Fenech als ›Wundermittel‹ gegen Impotenz erschöpft. – AT: DER GRAF VON SANTA CROCE.
Ⓥ UFA

Frau Wirtin kann's nun mal nicht lassen
Siehe **Frau Wirtin treibt es jetzt noch toller**

Frau Wirtin treibt es jetzt noch toller
BRD/Österreich 1970.
R Franz Antel. **B** Kurt Nachmann/August Rieger. **K** Hanns Matula. **M** Gerhard Heinz. **D** Terry Torday (Susanne/Ilona), Glenn Saxson (Stefan), Harald Doetl (Jedele), Herbert Propst (Török). Gunther Philipp (Graf Seibersdorf), Jacques Herlin (Vicomte de Champenoise), Wolfgang Jansen (Bock), Paul Löwinger (Frosch), Fritz Muliar (Seiberl), Herbert Hisel (Istran), Marianne Lebeau (Erszi), Dolores Schmidinger (Ludmilla), Monika Strauch, Elisabeth Felchner, Sissy Löwinger, Erich Padalewski, Sepp Löwinger, Elisabeth Stiepl. **F** 87 Min.
Die junge Ungarin Ilona soll mit einem Vicomte verheiratet werden, den sie nicht ausstehen kann. Deswegen verkleidet sie sich als Mann und schlägt sich nach Wien durch, wo sie dank der Fürsprache der Wirtin Susanne, hinter der ein Graf Seibersdorf herseibert, endlich ihren Schwarm Stefan heiraten kann. Zwischendurch entkleiden sich Nutten und Komtessen, und es wird allerorten durchs Schlüsselloch gelinst. – AT: FRAU WIRTIN HAT AUCH EINE SCHWESTER. LILO – JETZT TREIBT SIE ES NOCH TOLLER.
Ⓥ UFA (Lilo – jetzt treibt sie es noch toller)

Frau Wirtins tolle Töchterlein
BRD/Italien 1973.
R Franz Antel. **B** Kurt Nachmann. **K** Siegfried Hold. **M** Stelvio Cipriani. **D** Terry Torday (Susanne Delberg), Gabriele Tinti (Vincent v.d. Straten), Margot Hielscher (Oberin), Femi Benussi (Clarissa), Paul Löwinger (An-

tonius), Hans Terofal (Jussuf), Kurt Großkurth (Pater Thaddäus), Franz Muxeneder (Bauer), Christina Losta (Francoise), Marika Mindzenty (Piroschka), Arlene Sörje (Anselma), Sonja Jeannine (Susanne), Erich Padalewski (Sandor), Dolores Schmidinger (Schwester Perpetua), Raoul Retzer (Osmin), Maja Hoppe (Marianne), Raimund Folkert (Florian Holderbusch), Jacques Herlin (Dulac).
F 87 Min.
Der Anwalt Van der Straten muß als Testamentsvollstrecker die in einer Klosterschule lebende uneheliche Tochter der Wirtin von der Lahn ausfindig machen und entdeckt zu seiner Überraschung dort gleich fünf Mädchen, die – nicht nur ihm – flink beweisen, daß der Apfel nicht weit vom Stamm gefallen ist. – »Das Ganze freilich ist auch ein Beispiel für den Abstieg eines Regisseurs und für die dreiste Eindeutigkeit, mit denen das Kino hierzulande wieder ungestraft sein Publikum beleidigen darf.« (H. J. Weber, FILMECHO/FILMWOCHE).

Frau zu verschenken
(PREPAREZ VOS MOUCHOIRS). Frankreich/Belgien 1978.
R Bertrand Blier. **B** Bertrand Blier.
K Jean Penzer. **M** Georges Delerue.
D Gérard Dépardieu (Raoul), Patrick Dewaere (Stephan), Carole Laure (Solange), Riton (Christian Beloeil), Michel Serrault (Nachbar).
F 105 (101) Min.
Der junge Raoul, dessen Gattin Solange in unerklärbare Schwermut verfällt, lädt einen ihm völlig Unbekannten in einem Restaurant ein, ›frischen Wind‹ in seine Ehe zu bringen. Doch alle gemeinsamen Bemühungen schlagen fehl. Erst als die ewig strickende und von Ohnmachtsanfällen geplagte Solange in einem Ferienlager einen frühreifen dreizehnjährigen Intellektuellen kennenlernt, ändert sich die Lage, und sie hat plötzlich wieder Appetit aufs Bett. – Der Film hat durchaus seine komischen Seiten, wird aber im Laufe der Handlung immer grotesker und endet, als wäre er von Buñuel. – »Eine pikareske Sex-Farce, sensitiv und sensuell, die rüden Witz mit herzzerrei-

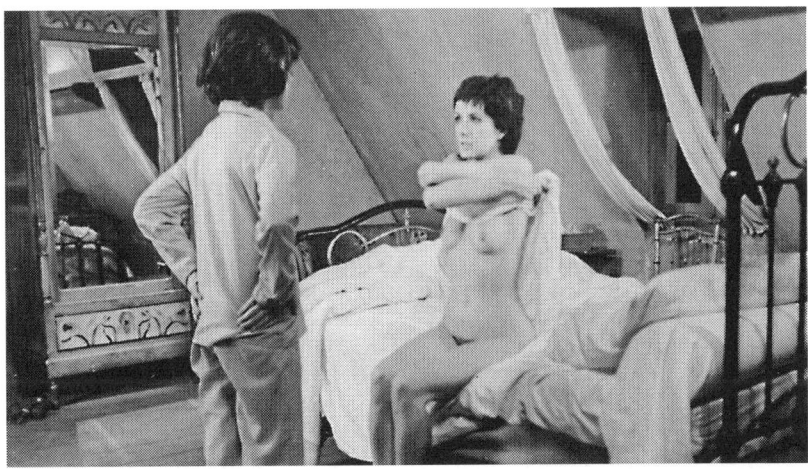

Auch die Kleinen wollen nach oben: Riton und Carole Laure in *Frau zu verschenken* von Bertrand Blier

ßender Traurigkeit verbindet.« (DIE ZEIT). Ⓥ Mike Hunter

Frauen – Gequält und geschändet
Siehe **Tokugawa – Gequälte Frauen**

Frauen hinter Zuchthausmauern
(WOMEN IN CAGES).
USA/Philippinen 1976.
R Jerry De Leon. **B** David Osterhout/ Jim Watkins. **K** N.N. **M** N.N.
D Jennifer Gan, Judy Brown, Roberta Collins, Pamela Grier. **F** 83 Min.
»The dirty dolls of devil's island. You can meet them for a price!« – Wüstes Knastdrama über wilde Weiber hinter Gittern und eine lesbische Wächterin, die sich nicht nur an ihnen verlustiert. – Ein Schundfetzer ersten Ranges, ein Vorläufer der Frauen-im-Knast-Film-Welle. – AT: SEXFIEBER.

Frauen im Bordell
(MUSTANG: THE HOUSE THAT JOE BUILT). USA 1975.
R Robert Guralnik. **K** Robert Guralnik. **M** N.N. **D** Laien. **F** 82 Min.
›Dokumentarfilm‹ über ein Bordell im amerikanischen Nevada, wobei die dort tätigen Damen nicht nur bereitwillig ihre Reize zeigen, sondern auch ganz offen über ihren Job reden.

Frauen waren sein Hobby
(THE MAN WHO LOVED WOMEN). USA 1983.
R Blake Edwards. **B** Blake Edwards/ Milton Wexler/Geoffrey Edwards.
K Haskell Wexler. **M** Henry Mancini.
D Burt Reynolds (David Fowler), Julie Andrews (Marianna), Kim Basinger (Louise), Marilu Henner (Agnes), Barry Corbin (Roy), Cynthia Sykes (Courtney), Jennifer Edwards (Nancy), Sela Ward (Janet), Ben Powers (Al), Elle Bauer (Svetlana), Denise Crosby (Enid). **F** 110 Min.

Auf der Beerdigung des Groß-Umlegers und Bildhauers David treffen sich all seine ›Affären‹ an seinem Sarg und erinnern sich, wie es in jedem Einzelfall begonnen hat: Die Psychiaterin Marianna, der einfällt, wie er depressiv zu ihr kam; Agnes, der David folgte, weil er die Beine ihrer Cousine mit den ihren verwechselt hat; die junge Nancy, die er vor der Prostitution bewahrte, indem er ihr einen Job besorgte; und Louise, die stinkreiche verheiratete, nymphomanische Texanerin, die es ihm sogar im Auto macht, während sie auf das Ausstellen eines Strafzettels wartet. Bis David durch ein hübsches Paar Frauenbeine im Krankenhaus landet und die Beine einer Schwester ihn ins Grab bringen... – US-Remake des Films DER MANN, DER DIE FRAUEN LIEBTE (Francois Truffaut).

Frauen, die für Sex bezahlen
Schweiz 1974.
R Michael Thomas [= Erwin C. Dietrich]. **B** Manfred Gregor [= Erwin C. Dietrich]. **K** Peter Baumgartner.
M Walter Baumgartner. **D** Monika Rhode, Flavia Keith, Christa Free, Miko Erras, Michael Roos, Iris Indra.
F 71 Min.
Ein potenter Stenz verführt im Auftrag ehemüder Herren deren Frauen und beliefert seine Auftraggeber nach getaner Arbeit mit pikanten Fotos, die ihre Scheidungsklage untermauern.
Ⓥ Videophon

Frauen, die uns nachts begegnen
(THE FLESH IS WEAK). GB 1957.
R Don Chaffey. **B** Lee Vance. **K** Massey Collier. **M** Tristram Cary. **D** John Derek (Tony Giani), Milly Vitale (Marisa Cooper), William Franklyn (Lloyd Buxton), Martin Benson (Angelo Giani), Freda Jackson (Trixie), Vera Day (Edna), Shirley Ann Field (Susan), Patricia Jessel (Millie), Norman

Augenschmaus für Fetischisten: Szene aus *Das Frauenhaus* von Jess Franco

Wooland (Insp. Kingcombe), Harold Lang (Henry), John Paul (Sgt. Franks), Denis Shaw (Saradine), Joe Robinson (Lofty), Roger Snowden (Benny). **SW** 103 Min.
Britisches Girl wird von bösen Buben zum Dienst auf dem Strich gezwungen. – Ein finsterer Schundi aus alten Zeiten, der heute keinen Hund mehr hinter dem Ofen hervorlockt. – AT: DAS ZUHÄLTERSYNDIKAT.

Frauengefängnis
(FEMMES EN CAGE). Schweiz 1975. **R** Jess Franco [= Jesus Franco Manera]. **B** Jess Franco [= Jesus Franco Manera]. **K** David Khunne [= Jesus Franco Manera]. **M** Daniel White/Walter Baumgartner. **D** Lina Romay (Maria), Monica Swinn (Direktorin), Paul Müller (Costa), Roger Darton (Gouverneur), Eric Falk (Folterknecht), Raymond Hardy (José), Jess Franco (Marias Vater), Martine Stedil, Peggy Markoff, Lilliane Sollberger, Madeleine Ammann. **F** (90) 78 Min.
Die perverse Leiterin eines südamerikanischen Inselgefängnisses quält ihre weiblichen Gefangenen, bis drei Frauen den Ausbruch wagen und zum Gouverneur fliehen, dem jedoch die Befriedigung seiner sexuellen Triebe wichtiger ist als Gerechtigkeit. – Das klingt alles gewaltig nach Terror und Sadismus, ist aber nur die Sexversion der in den achtziger Jahren populär gewordenen Frauenknastfilme, die die Neugier eines einschlägigen Publikums ausbeuten und

mit Lesbensex und Sado-Einlagen Geschäfte machen. Franco war ein Pionier dieses Genres, aber so weit wie seine Nachahmer ist er nie gegangen.
Ⓥ Videophon, UFA

Das Frauenhaus
Schweiz 1977.
R Jess Franco [= Jesus Franco Manera]. **B** N.N. **K** Rudolf Küttel. **M** Walter Baumgartner. **D** Pamela Stanford, Martine Flety, Eric Falk, Dagmar Bürger, Esther Moser, Sarah Strasberg, Guy Delorme, Angela Richard, Néné Kaò.
F 75 Min.
Eine Interpol-Agentin schleicht sich als Tänzerin in den Pariser Nachtclub ›Blue Rita‹ ein, entlarvt die Chefin des Unternehmens als Kopf einer Spionageorganisation und das weibliche Personal als Lockvögel, die ihre Opfer mit Sex ködern, um sie im Keller des Etablissements kirre zu machen. – Ein wirrer, schlampiger Sex-Thriller. Nicht der Mühe wert. – Die heißere Fassung heißt BLUE RITA (Schweiz 1977).
Ⓥ Heeres

Fräulein Julie
(FRÖKEN JULIE). Schweden 1951.
R Alf Sjöberg. **B** Alf Sjöberg. **K** Göran Strindberg. **M** Dag Wirén. **D** Anita Björk (Julie), Ulf Palme (Jean), Märta Dorff (Kristin), Anders Henrikson (Graf), Lissi Alandh (Gräfin), Inger Nordberg, Jan Hagermann, Inga Gill.
SW 99 Min.
Fräulein Julie, die Tochter eines adeligen Ehepaars, wird von ihrer dominierenden Mutter zu einem Knaben ›geformt‹ und wird im Zuge ihrer Erziehung zu einem seelischen Zwitterwesen, das zwar die Peitsche schwingen kann, gleichzeitig aber das masochistische Verlangen empfindet, sie selbst zu spüren. – Trotzdem gibt es für ›Sehleute‹ in diesem Film nicht das zu sehen, was sie

Die Jungfrau und die Peitsche: Anita Björk und Ulf Palme in *Fräulein Julie* von Alf Sjöberg

erwarten. FRÖKEN JULIE entstand 1889 nach einem Einakter des schwedischen expressionistischen Dichters August Strindberg (1849–1912), und das war nicht gerade ein Autor, der für Verlage wie Olympia Press geschrieben hätte.

Freiheit für die Liebe
BRD 1969.
R Eberhard Kronhausen/Phyllis Kronhausen. **B** Eberhard Kronhausen/Phyllis Kronhausen. **K** Paul Grupp/Heidrun Bergthold. **M** N.N. **D** Marie Antoinette, Paula Shaw, Kenneth Carr, Dan Halleck, Margit Mecklenburg, Gaby Esche, Annemarie Graf, Dr. Alan Guttmacher, Dr. Wardell Pomeroy, Harriet Pilpel, H.H. Brydensholt, Kenneth Tynan, Mr. Trevelyan, Betty Dodson, Hugh Hefner, Inga und Sten Hegeler. **F** 83 Min.
Dieser ›Dokumentarspielfilm‹ »richtet

sich gegen überholte Gesetze und Zensurbestimmungen vieler Länder und berichtet über die Erfahrungen der Länder mit fortschrittlicher Sexualgesetzgebung. Er rekapituliert nahezu alle wesentlichen Komplexe dieses Themas: Beziehungen zu Gleichgeschlechtlichen und zu Minderjährigen, Prostitution, Abtreibung, Gruppensex, Zensur und Gesetzgebung, sexuelle Frustration.« (Pressemitteilung). Und empfiehlt u.a. ›therapeutische Orgien‹.

French Love
(BANANAS MECANIQUES). Frankreich 1972.
R Jean François Davy. **B** Jean François Davy. **K** Roger Fellous. **M** Raymond Ruer. **D** Anne Libert (Starlette), Pauline Larrieu (Pauline), Philippe Gaste (Francois), Marie-Claire Davy, Elisabeth Drancourt, Maris-Georges Pascal, Christian Chevreuse, Pierre Forget. **F** 76 Min.
Fünf junge Mädchen aus Frankreich, die im sonnigen Süden Urlaub machen, lassen auf dem Weg dorthin nichts anbrennen. Als sich ihre Lüste auf einen bestimmten Mann konzentrieren, sucht dieser eilig Hilfe. – Ein Softporno mit viel Fleischbeschau.

Freude am Fliegen
Siehe **Sylvia im Reich der Wollust**

Das Freudenhaus von Nagasaki
Siehe **Tokugawa – Das Freudenhaus von Nagasaki**

Das Freudenhaus
BRD 1971.
R Alfred Weidenmann. **B** Alfred Weidenmann. **K** Ernst W. Kalinke. **M** Otto Schütt. **D** Karin Jacobsen (Rosa), Herbert Fleischmann (Leopold Grün), Gisela Peltzer (Frau Silberstein), Gisela Trowe (Oma), Paul Edwin Roth (Herr Silberstein), F.G. Beckhaus (Baumann), Wolfgang Stumpf (Von Weber), Monika Kaufmann (Wally), Astrid Frank (Inge), Ingrid Buck-Setter (Sonja), Eva Gelb (Dodo), Christiane Maybach (Tilly), Wolfgang Michael Büttner (Michael), Matthias Einert (Egon), Georg Michael Fischer (Jonathan), Wolfgang Giese (Siegfried), Hans Hessling (Schachspieler), Manfred Reddemann (Karl), Hans J. Seibt (Willi), Gerda Gmelin, Peter Ahrweiler.
F 92 Min.
Der Exclown Leopold und die Hure Rosa erwerben von ihrem Gesparten ein altes Mietshaus mit Kneipe und wandeln es im Laufe der Zeit (die Geschäfte gehen schlecht) schrittweise in ein Bordell um. Als die Mädchen einziehen und die Kasse klingelt, häufen sich die Schwierigkeiten: Leopold wird geldgierig; Rosas kleine Tochter Wally liebäugelt mit dem Nuttentum, und dann geschieht ein Mord: »Das Freudenhaus wird zum Kartenhaus. Sein Zusammenfall ist nicht mehr aufzuhalten.« – Nach dem Roman von Henry Jaeger.
Ⓥ IP

Der Freudenspender
(THE FEMALE). USA 1973.
R Don Chee. **B** N.N. **K** N.N. **M** N.N.
D Billy Busby, Jackie Rhodes.
F 68 Min.
Ein junger Lagerarbeiter richtet seinen Trieb auf eine lebendig gewordene Schaufensterpuppe. – Mann, ist das sexy! Ⓥ Loyal/VTD

Frisch, fromm, fröhlich, frei
BRD 1970.
R Rolf Thiele. **B** Rolf Thiele. **K** Wolf Wirth. **M** Uli Roever. **D** Monika Berg (Cäcilie), Maria Brockerhoff (Krumpke), Ingrid Simon (Mariechen), Jutta Simon (Aurelia), Inger Zielke (Zilly),

Horst Frank (Klingel), Wolfgang Lukschy (Bülow), Werner Hessenland (Schönau), Hannes Keppler (Hans Enders), Jo Herbst (Rudi), Jürgen Scheller (Kurtchen), Albrecht Rueprecht (Ulrich), Gunther Beth (Alexander), Gustl Mayer-Fürst (Hans als Junge), Jan Koester (Klaus Enders).
F 96 Min.

Ein besorgter Vater, der seinem sechzehnjährigen Junior nachspürt, weil dieser vergessen hat, über Nacht nach Hause zu kommen, erinnert sich daran, wie es zu seiner und Opas ›Aktivistenzeit‹ in Deutschland war. – Ob 1934, 1925 oder 1907: »Jede Zeit verdirbt ihre Kinder auf ihre Weise.« (Rolf Thiele). In vier Episoden erleben wir, wie's früher war. Und damals hatte die Jugend eigentlich auch nichts anderes im Kopf, als so schnell wie möglich einen Partner aufzutun. – Ein mit leichtem Augenzwinkern erzählter Sexfilm, der schon zur Zeit seines Entstehens in die Rubrik Brav und Bieder eingereiht werden konnte.
Ⓥ Toppic

Frivole Spiele
(SE PERMETTE PARLIAMO DI DONNE/ PARLONS FEMMES).
Italien/Frankreich 1964.
R Ettore Scola. **B** Ruggero Maccari/ Ettore Scola. **K** Sandro d'Eva. **M** Armando Travaioli. **D** Vittorio Gassman (Adam), Maria Fiore, Sylva Koscina, Eleonora Rossi Drago, Antonella Lualdi, Giovanna Ralli, Heidi Stroh, Jeanne Valérie, Walter Chiari, Umberto d'Orsi, Edda Ferronao, Olga Romanelli.
SW (107) 75 Min.

Adam, ein italienischer Herzensbrecher, berichtet von seinen zahlreichen Eroberungen und den Überraschungen, die er im Laufe des Lebens mit den Frauen erlebt hat. – Eine kreuzbrave Komödie.

Unwilliger Ehemann, willige Gattin: Szene aus *Frivole Spiele* von Ettore Scola

Das fröhliche Bordell
(BORDELLET – EN GLAEDESPIGENS ERINDRINGER). Dänemark 1971.
R Ole Ege. **B** Ole Ege. **K** Morten Arnfred/Ole Ege. **M** Johann Strauß/Frederic Chopin/Alexander Borodin/Erik Bögn. **D** Lonny Feddersen (Inga), Ingerlise Gaarde (Madame), Gotha Andersen (Sörensen), Leni Kjellander (Tänzerin), Sune Pilgaard (Rasmussen), Palle Arrestrup (Ramon), Ulla Bjergskov (Elisabeth), Marianne Nilsson (Amalie), Marianne Feldsted (Marguerite), Conny Nielsen (Leonora), Lisbeth Olsen (Sophie), Jytte Petersen (Charlotte), Ole Ege (Fotograf), Alan North (Geistlicher). **F** 84 Min.
Inga, eine Unschuld vom Lande zieht in die sündige Großstadt Kopenhagen, landet im Haus des Bordellbesitzers ›Julius des Geilen‹ und steht auch dort ihre Frau. Erst als ihr Chef bei der Ausübung seiner Lieblingsbeschäftigung das Zeitliche segnet, kommt es zu Verwirrungen, bei denen sein Erbe (ein Geistlicher) und ein Ganove, der weiß, daß Julius wertvolle Diamanten in seinem Haus versteckt hat, eine Rolle spielen. – Eine stellenweise zotige Sexklamotte. – AT: DRESSURAKT.

Die fröhlichen Holzfäller der nickenden Fichten
(LE JOURNAL EROTIQUE D'UN BUCHERON). Frankreich 1973.
R Jean-Marie Pallardy. **B** Jean-Marie Pallardy. **K** Jean-Paul Pradier. **M** Bruno Zincone. **D** Willeke van Ammelrooy, J.M. Pallardy, Renate Wolf, Georges Guéret, Chantal Arondelle, Claudine Beccarie, Claude Sendron, Jean Luisi, Joelle Coeur. **F** 84 Min.
Ein angesehener Naturwissenschaftler baut in einer abgelegenen Waldgegend ein Sexcamp auf, das von einem Beamten der Sitte und seiner netten Assistentin ausgeforscht wird. Wie immer in solchen Filmen lassen sich die spießigen Sittenwächter am Ende davon überzeugen, daß es besser ist, sich auf die Seite der Bespitzelten zu schlagen. – Story: Nicht der Rede wert.

Frühreif und liebestoll
(LOVE GARDEN). USA 1972.
R Guy Gilbert. **B** N.N. **K** N.N. **M** N.N. **D** Barbara Miles, Roland Miller, Susan Scott, Linda York. **F** 69 Min.
Ein amerikanischer Autor verliebt sich in ein schüchternes Mädchen und verführt es, doch als er es heiraten will, muß er erkennen, daß seine Angebetete mehr auf Mädchen steht. An der deutschen Fassung wurde mächtig herumgesäbelt.

Frühreife Betthäschen
BRD 1972.
R Ilja von Anutroff [= Ralf Gregan]. **B** Ilja von Anutroff [= Ralf Gregan]. **K** Benno Bellenbaum. **M** Rolf Kühn. **D** Gaby Heinecke, Morena Landen, Dorit Henke, Rita Koslowski, Rainer Preetz, Jürgen Grossmann, Günter Glaser, Rena Bergen, Michael Büttner, Herbert Übelmesser, Bianca Herr, Zenta Bayer-Ozols, Barbara Nicolai, Rita Koslowski, Monika Koslowski, Dagmar Conrad. **F** 72 Min.
Ein Film um sexverrückte Teenies, die sich beim Wasserski deflorieren lassen; Boutiquenbesitzern zu willen sind, damit sie sich kostenlos einkleiden dürfen, und mit Discochefs ins Bett hüpfen, um Karriere zu machen. – »Alles ist von solcher Einförmigkeit, daß die einzelnen Episoden und Figuren kaum auseinanderzuhalten sind.« (FILMDIENST).

Die frühreifen Mädchen
(LES PETITES FILLES MODELES). Frankreich 1970.
R Jean-Claude Roy. **B** Francoise de

Bernis. **K** Claude Saulnier. **M** Michel Lecoeur. **D** Jessica Dorn (Madeleine), Michéle Girardon (Mme. de Fleurville), Bella Darvi (Mme. de Rosbourg), Marie-Georges Pascal (Camille), Cathy Regain (Marguérite), Sylvie Lafontaine (Sophie), Francois Guerin (Dr. Lucon), Romain Bouteille (Croupier), Nicole Isimat (Elisa), Béatrice Arnac (Mme. Fichini). **F** 86 Min.
Die Witwe Mme. de Fleurville und ihre Töchter Camille und Madeleine erhalten auf ihrem Schloß Besuch von Mme. Rosbourg und deren Tochter Marguerite. Dazu gesellt sich die hübsche Zofe Sophie, und bald beginnt unter der Anleitung Mme. de Fleurvilles ein zügelloses Treiben. Der Arzt und Yoga-Fan Julien wird zum Opfer ihrer sexuellen Eskapaden, und ein Fest, bei dem Aphrodisiaka gereicht werden, artet zur Orgie aus. – »Gelegentlich persiflierende Ansätze werden von Albernheiten und Obszönitäten überlagert.« (FILMDIENST).

Der Frühreifen-Report
BRD 1973.
R Ernst Hofbauer. **B** Günther Heller. **K** Klaus Werner. **M** K.A. Dilz. **D** Laien. **F** 87 Min.
Hoppehoppereiter mehrerer Jugendlicher, wobei die im Titel erwähnten ›Frühreifen‹ gemäß dem Gesetz zum Schutze der Jugend recht angejahrt aussehen. – Ein Episodenfilm.

Frustration
(FRUSTRATION). Frankreich 1971.
R José Benazeraf. **B** José Benazeraf/Michel Lemoine. **K** Georges Strouve. **M** Camille Sauvage. **D** Michel Lemoine (Michel), Janine Reynaud (Adelaide), Elisabeth Teissier (Maria), José Benazeraf. **F** 90 (81) Min.
Die sexuell frustrierte Adelaide lebt im Haus ihrer Schwester Maria, die mit dem Landarzt Michel verheiratet ist. In ihren Träumen sieht sie sich als Strichmädchen und ›dritte Kraft‹ bei einer Triole mit Maria und Michel. Nach der Begegnung mit einem Pfarrer sieht sie sich als Zeugin der Inquisition: Maria wird von einem Bischof gefoltert, während dessen Leute sich an ihr verlustieren. Als die Phantasie Adelaide in die Arme der eigenen Schwester treibt, gelangt sie zum Orgasmus, doch sie zerstört auch ihre Psyche und treibt sie in den Tod. – Scharfer Sexfilm, inszeniert und geschrieben von zwei Herren, die sich später auch erfolgreich im Pornogenre betätigten.

Fucking City
BRD 1982.
R Lothar Lambert. **B** Lothar Lambert. **K** Lothar Lambert. **M** N.N. **D** Ulrike S. (Helga), Stefan Menche (Rüdiger), Lothar Lambert (Kurt), Dagmar Beiersdorf (Klara), Ayla Algan (Mutter), Hans Marquardt (Jungfilmer), Renate Soleymany, Erika Rabau (Pflegefälle), Dorothea Moritz (Vorgesetzte), Kwadwo Sarfo (Afrikaner), Turgut Karatekin (Türke), Mustafa Iskandarini (Libanese), Pia Lau (Prostituierte). **SW** 88 Min.
Vier Berliner Typen und ihre Obsessionen: Helga und Rüdiger laden Ausländer ein und filmen sie bei Sexspielchen; der schwule Metzger Kurt befriedigt seinen Trieb im Stadtpark; Klara muß auf Kurts Befehl hin einen Asylanten heiraten, der ihm gefällt. Natürlich kann all dies nicht gut ausgehen. (Tut es auch nicht). – »Die interessanten thematischen Ansätze… bleiben größtenteils in exhibitionistischem Schmierentheater stecken.« (FILMDIENST).

Der Fummeltrick der jungen Sally
(THE DIRTY MIND OF YOUNG SALLY). USA 1973.
R Bethel Buckalew. **B** Bethel Bucka-

lew. **K** Boris Swenning. **M** N.N. **D** Sharon Kelly (Sally), C. D. La Fleure, Robyn Whitting, James Mathers, Angela Carnon, Harry Novak. **F** 83 Min.
Ein Pärchen mit schmutziger Phantasie gründet einen Piratensender und törnt seine Zuhörer mit Stöhn-Nummern an.

Funny Boys und Funny Girls
BRD 1984.
R Dietrich Krausser. **B** Dietrich Krausser. **K** Wolfgang Knigge.
M Manfred Burzlaff/Rolf Bauer. **D** Jan Boven, Rainer Peets, Brigitte Borré, Karin Lorson, Gina Janssen, Maria Dominguez, Gilda Gregory. **F** 83 Min.
Frank und Fred, zwei Gebäudereiniger, machen sich selbständig, damit sie während der Arbeit leichter an überall herumlungernde lüsterne Frauen herankommen – bis ihre Gschpusis sie wegheiraten. – Ein platter Sexfilm.

Future Love
Siehe **Pornographische Aufnahmen**

Gabriela
(GABRIELA). Brasilien 1983.
R Bruno Bareto. **B** Leopoldo Serran.
K Carlo Di Palma. **M** Antonio Carlos Jobim. **D** Marcello Mastroianni (Nacib), Sonia Braga (Gabriela), Antonio Cántafora (Tonico Bastos), Paulo Goulart (Oberst), Nelson Xavier (Hauptmann), Nuno Leal Maia (Ingenieur), Fernando Ramos (Tuisca), Nicole Puzzi (Malvina), Tania Boscoli (Gloria), Jofre Soares (Ramiro), Paulo Pilla (Prinz), Claudia Gimenez (Olga), Ricardo Petraglia (Rosue), Antonio Pedro (Arzt). **F** 96 Min.
1925 lernt die arme Gabriela in dem brasilianischen Küstenstädtchen Parati den Barbesitzer Nacib kennen, der sie als Köchin in sein Haus holt. Nacib kleidet sie ein und bemüht sich, eine andere aus ihr zu machen. Als Gabriela die Aufmerksamkeit anderer Männer erringt, heiratet Nacib sie. Bald betrügt Gabriela ihn mit seinem Freund. Nacib läßt sich von ihr scheiden, doch als beide wieder ungebunden sind, blüht ihre Beziehung erneut auf. – Ambitionierter Film über eine amour fou zwischen einem sinnlich-animalischen Mädchen und einem, den bürgerlichen Werten anhängenden Mann. Ansehbar.
Ⓥ Warner

Gabriela, blutjung und unbefriedigt
(GABRIELA). USA 1970.
R Arthur Marks/Mack Bing. **B** Mack Bing. **K** N.N. **M** N.N. **D** Pat Woodell, Marki Bey, Sandra Currie, Barbara Caron, Philip Terry, Lynn Cartwright, Chris Beaumont, Luanna Roberts, Hal Hidey, Ronald Lawrence.
F (82) 72 Min.
Gabriela, aufgrund ihrer Erziehung sexuell gefrustet, lernt auf einer Party

Ich will, was ich will, und ich will es jetzt: Sonia Braga in *Gabriela* von Bruno Baretto

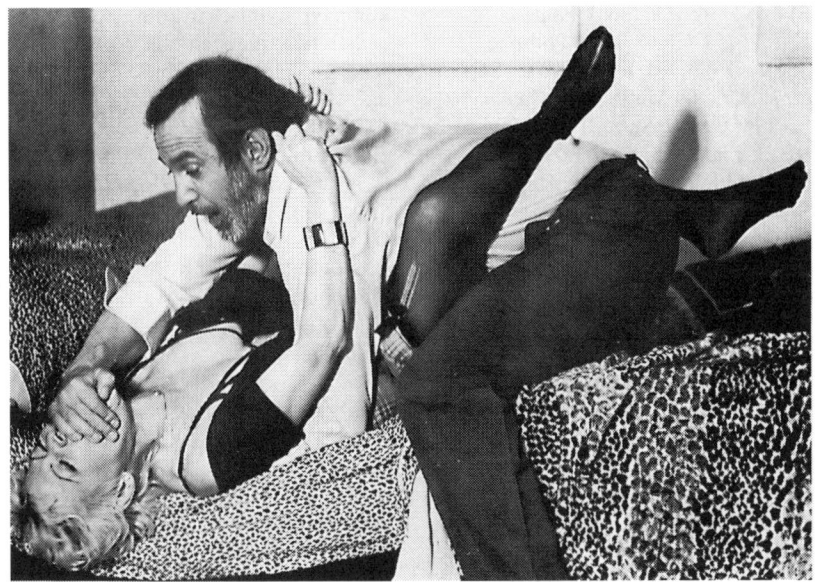

Dichter zwischen Suff und Geilheit: Ben Gazzara als Charles Bukowski und Gespielin in *Ganz normal verrückt* von Marco Ferreri

einen jungen Mann und ein Ehepaar kennen, das Sexfilme produziert. Man nimmt ihr verbal und handlungsmäßig die Hemmungen, bis sie es mit ihrem neuen Freund vor der Kamera treibt. – So einfach ist das – das Ansehen von Pornos verleitet gehemmte Damen dazu, in diesem Genre selbst aktiv zu werden. Eingeflicktes Gequassel und Szenen über den miesen Zustand der Welt sollen diesem unsäglichen Streifen einen gesellschaftskritischen Anstrich geben.

Games That Lovers Play
(GAMES THAT LOVERS PLAY).
GB 1970.
R Malcolm Leigh. **B** Malcolm Leigh.
K Ken Higgins. **M** Davis Lindup.
D Joanna Lumley (Fanny Hill), Penny Brahms (Constance Chatterley), Richard Wattis (Lothran), Jeremy Lloyd (Jonathan Willoughby), Diane Hart (Mrs. Hill), Nan Munro (Lady Evelyn), John Gartell (Bischof), Charles Cullum (Charles), Graham Armitage (Fotograf), George Belbin (Major Thumper), June Palmer (Mädchen), Leigh Anthony (Helfer). **F** 90 Min.
Im London der zwanziger Jahre wetten die Puffmütter Mrs. Hill und Lady Evelyn, welche von ihnen über die beste Hure der Stadt gebietet. Ihre Kandidatinnen tun das Beste: Während die eine einen Transvestiten verführt, lockt die andere einen dicklichen Bischof ins Lotterbett. Doch erst die gemeinsame Verführung eines wenig potenten Weinhändlers bringt die Wette zu einem (unentschiedenen) Ende.
Ⓥ VCL

Ganz normal verrückt
(STORIA ORDINARIA FOLLIA/CONTE DE LA FOLIE ORDINAIRE).
Italien/Frankreich 1981.
R Marco Ferreri. **B** Sergio Amidei/

Marco Ferreri/Anthony Foutz.
K Tonino Delli Colli. **M** Philippe Sarde. **D** Ben Gazzara (Charles Serking), Ornella Muti (Cass), Tanya Lopert (Vicky), Susan Tyrell, Roy Brocksmith, Katja Berger, Hope Cameron, Judith Drake, Patrick Hughes, Wendy Welles.
F 101 Min.
Charles Serking, ein versoffener Autor und Lebenskünstler, verbringt sein Leben in öden Kneipen und der Gesellschaft nymphomaner Weiber, die kein normaler Mensch mit der Kneifzange anfassen würde. – Kaum verhüllte, doch wenig erotische Episoden aus dem Leben des US-Schriftstellers Charles Bukowski, dessen Bücher man im Gegensatz zu diesem Film wirklich empfehlen kann, obwohl sie, wie die Amerikaner sagen, ›not for the easily offended‹ bestimmt sind.

Die ganz teuren Mädchen
(COVER GIRLS).
Frankreich/Italien 1963.
R José Benazeraf. **K** Yves Denieux/José Benazeraf. **K** Alain Levent/Alain Derobe. **M** Léo Missir/André Borly.
D Maria Grazia Buccella, Tex Williams, Claudio Gora, Georgia Moll, Heidi Balzer, Jean Valmont, Carol Walker, Paul Muller, Ulla Anderson, Bétrice Laforet, Evi Marandi.
F 92 Min.
Ein Regisseur, der einen Film über Covergirls drehen will, nimmt Kontakt mit einem Starfotografen auf, der eine junge Schwedin auf dem Markt durchsetzen will. Filmer und Fotograf geraten mit der untalentierten Dame über die Besetzung der Hauptrolle in Konflikt, so will sie ihr Talent mit einem inszenierten Selbstmord beweisen. Das Filmprojekt wird zum Fiasko; aus unerwiderter Liebe zu dem Fotografen erwägt die Schwedin eine Karriere als Modell. – »...ein vollkommen mythischer Film über die Lebensfreude, die sich aus dem Anblick schöner Mädchen ergibt, ein Film über das Metier von Bénazéraf... [und] ein Film über die existenziellen Ängste eines Filmregisseurs.« (Rolf Thissen, PIONIERE UND PROMINENTE DES MODENEN SEXFILMS).

Das Gasthaus der strammen Mädchen
Siehe **Zum Gasthof der spritzigen Mädchen**

Gasthaus zur Wollust
(LA LOCANDA DELLA MALADOLESCENZA). Italien 1979.
R Marco Sole. **B** Carlo Veo. **K** Sebastiano Celeste/Remo Buccheri. **M** Walter Rizzati. **D** Carlo di Mejo, Marcella Petri, Paola Montenero, Enzo Robutti, Andrea Aurelia.
F 81 Min.
In diesem Gasthaus, geht es, wie man vermuten kann, recht heiß zu.
Ⓥ Action

Gaudi in der Lederhose
BRD 1977.
R William Howard [= Jürgen Enz].
B Jürgen Enz/Friedrich G. Marcus.
K Gunter Otto. **M** Peter Weiner.
D Mascha Sieger, Walter Schwarzmayer, Christa Abelein, Ginny Noack, Emmi Seidl, Miriam Daniel, Eleonore Leipert, Birgit Zamulo.
F 85 (TV: 59) Min.
Zwei Berliner, die auf einem bayerischen Bauernhof urlauben, entdecken den Sex in allen Variationen, über die wir hier keine weiteren Worte verlieren wollen. – Ein Griff in die unterste Schublade. Eine andere Fassung ist nur 60 Minuten lang, damit man sie im Fernsehen zeigen kann. – AT: OBERBAYRISCHE BETTSPIELE.
Ⓥ ABC

Gefährliche Leidenschaften
(LE FEU SOUS LA PEAU).
Frankreich 1985.
R Gérard Kikoine. **B** André Koob.
K Raoul Pacioselli. **M** Vincent Malone. **D** Kevin Bernhard (Raphael), Eva Cemerys (Audrey), Michel Jacob (Alexis), Lydie Denier (Priscilla), Philippe Mareuil (Georges), Marie Bosseé (Madeleine), Cornelia Wilms, Veronique Beguin, Georges Saint Yves.
F 87 Min.
Raphael, ein stattlicher junger Mann, wird von seinem Schulfreud Alexis in das Haus seiner reichen Eltern gebracht, die Mühe haben, sich durchs Leben zu langweilen. Während Papa Georges ganz in seiner Arbeit aufgeht, hängen Mama Audrey und Tochter Priscilla ihren erotischen Träumen nach. Raphael bringt das Blut der Damen in heiße Wallung und macht sie sich Untertan, doch ist er nicht nur gekommen, um seinen Gelüsten zu frönen: Er will sich einer bösen Schmach wegen am Familienoberhaupt rächen. – Ein von in der Regel härtere Kost abliefernder Hand inszenierter Schickeria-Softporno mit vielen Brunftszenen, die aber auch nicht verhindern können, daß man die Dürftigkeit der gelackten Story bemerkt.
Ⓥ VPS

Gefährliche Liebschaften
(LES LIAISONS DANGEREUSES / RELAZIONI PERICOLOSE).
Frankreich/Italien 1959.
R Roger Vadim. **B** Roger Vadim/ Roger Vailland/Claude Brule.
K Marcel Grignon. **M** Thelonious Monk/J. Murray. **D** Gérard Philippe (Valmont de Merteuil), Jeanne Moreau (Juliette de Merteuil), Jeanne Valerie (Cécile), Annette Stroyberg (Marian-

Ein junges Mädchen wird »verdorben«: Annette Stroyberg in *Gefährliche Liebschaften* von Roger Vadim

ne), Jean-Louis Trintignant (Danceny), Simone Renant (Mme. Volanges), Boris Vian (Prévan), Frederic O'Brady, Gillian Hills.
SW (115) 102 Min.
Das seine außerehelichen Neigungen skrupellos auslebende Ehepaar Valmont und Juliette De Merteuil gerät in eine ernstliche Krise, als er sich im Zuge seiner Eskapaden unerwartet in die junge Marianne verliebt. Valmont kommt um; Jeanne wird von einem Feuer gräßlich entstellt. – Nach einem Roman von Choderlos de Laclos (1782) in die fünfziger Jahre des 20. Jahrhunderts übertragen. – »Vadims Film ist frivol und nichts als das. Unsere Zeit [1961] braucht sich nicht getroffen zu fühlen, weil sie nicht getroffen wird. Die Schandtaten des Paares erregen uns so wenig wie uns die Schicksale ihrer Opfer – der flatterhaften Cécile und der dümmlichen Madame de Tourvel – anrühren. Jeanne Moreau und Gérard Philippe wirken wie Menschen aus einer anderen Welt, ein Eindruck, der durch den Schluß mit Hexenverbrennung und Schandmal noch verstärkt wird.« (FILMKRITIK).

Gefährlicher Sex frühreifer Mädchen
BRD 1972.
R Alois Brummer. **B** Peter Kross/Alois Brummer. **K** Hubertus Hagen/Peter Dolp. **M** Fred Strittmaier. **D** Elke Hagen, Jutta Dorn, Gabriele Duppel, Eva Karinka, Peter Asam, Josef Moosholzer, Brigitte Bucher, Rinaldo Talamonti, Christine Noack, Franziska Kahn, Natascha. **F** 85 Min.
Schülerinnen erzählen sich nach den Sommerferien ihre haarsträubenden erotischen Abenteuer, um herauszufinden, welche von ihnen am besten geeignet ist, den beliebten Tennislehrer auf die Matratze zu legen. Als der Lehrer die Initiative selbst ergreift, gerät ihm dies zum Nachteil, denn die Justiz ist gegen ihn. Wenn's nach Brummer ginge, müßten freilich die Mädchen in den Knast. – AT: GIPFELGLÜHN IM DIRNDLROCK.
ⓥ UFA (Gipfelglück im Dirndlrock)

Gefährlicher Sex frühreifer Mädchen (2): Höllisch heiße Mädchen
BRD 1972.
R Alois Brummer. **B** Alois Brummer. **K** Hubertus Hagen. **M** Fred Tornow. **D** Eva Karinka, Elke Hagen, Eleonore Leipert, Jutta Dorn, Joe Moser.
F 88 Min.
Junges Mädchen reißt von Zuhause aus und schläft sich durch die Betten potenter Männer und lüsterner Nonnen, bis es in den Hafen der Ehe einläuft. – »Für die geistige Einfalt deutscher Pseudopornofilmer und ihrer Handlanger und Werkzeuge bleibt allein noch Bedauern übrig.« (FILMDIENST).

Gefangene Frauen
Schweiz 1979.
R Michael Thomas [= Jesus Franco Manera]. **B** Manfred Gregor [= Erwin C. Dietrich]. **K** Peter Baumgartner. **M** Walter Baumgartner. **D** Karine Gambier, France Lomay, Brigitte Lahaie, Nadine Pascal, Paul Grey, Eric Falk. **F** 85 Min.
Nach einer Misswahl landen ein paar junge Frauen unverhofft auf einer südamerikanischen Knastinsel, wo sie in die Fänge einer blonden Hexe geraten, die den Part der Oberaufseherin mimt. Die gefangenen Frauen sind alle lesbisch und ständig erregt, was den Gelüsten der auf Sadosex stehenden Knastleiterin sehr entgegenkommt. – Wie fast alle Streifen dieser Art weist auch dieser (von Jesus Franco Manera unter dem Pseudonym des Schweizer Sexfabrikanten Erwin C. Dietrich gedreht) keinerlei handwerkliche Qualitäten auf.
ⓥ Videophon

Lüstlinge auf der Knastinsel:
Gefangene Frauen von Michael Thomas (Jess Franco)

Geh, zieh dein Dirndl aus
BRD 1973.
R Siggi Götz. **B** Florian Burg.
K Werner Kunz. **M** Gerhard Heinz.
D Elisabeth Volkmann (Gisela Horn), Alexander Grill (Hias), Marie Ekorre (Zenzi), Rinaldo Talamonti (Vittorio), Dorothea Rau (Resi), Raoul Retzer (Wirt), Elisabeth Felchner (Rosl), Jürgen Schilling (Toni), Walter Klinger (Sepp), Ulrich Beiger (Conte Traverso), Maja Hoppe (Gina), Juliane Röm (Lore), Max Griesser (Ignaz), Willy Schultes (Xandl), Willy Harlander (Florian), Werner Röglin (Mario), Doris Delaas (Josefa), Erich Kleiber.
F 85 Min.
Die ›preußische Ziege‹ Gisela hat dem Tiroler Bauern Florian einen schmucken Hof weggeschnappt und lebt nun mit ihren Nachbarn in ständigem Kleinkrieg. Sabotage und Personalabwerbung sind an der Tagesordnung, und ein aus Italien eintreffendes Männer-Mädchen-Quartett kompliziert die Lage noch mehr. – »Hinter jedem Heuhaufen und auf allen Almwiesen attackieren stramme Lederhosen die prallen Mädchenmieder und alles, was da hinein und dazu gehört...« meint die Verleihwerbung. Und: »Hier wird jederzeit geliebt, daß es nur so bumst und kracht.«
Ⓥ UFA

Geheime Lüste blutjunger Mädchen
BRD 1978.
R Jürgen Enz. **B** N.N. **K** N.N. **M** N.N.
D Margitta Sommer, Linda Clemens, Peter Thom, Christine Klinger, Marion Brandmaier. **F** (85) 77 Min.
Ein junger Graf hat gleichzeitig Verhältnisse zu vier Frauen; sein Diener versucht, es ihm gleichzutun. – Der Film, der auch in einer HC-Fassung durch einschlägige Kinos geistert, ist falsch betitelt: Er sollte GEHEIME LÜSTE ALTER REGISSEURE heißen. – AT: FEUCHTE LIPPEN SPRITZIGER MÄDCHEN. DAS LUSTHAUS AM VENUSBERG.

Geheime Perversionen der Cleopatra
(THE NOTORIOUS CLEOPATRA).
USA 1970.
R Arthur P. Stootsberry. **B** Jim Macher. **K** Dwayne Rayven. **M** Victor Lance. **D** Sonora (Cleopatra), John Rocco (Marcus Antonius), Jay Edwards (Julius Cäsar), Dixie Donovan (Charmian), Mason Bakman (Enobarbus), Christopher Stone (Demetrius), Michael Cheal (Cicero), Ron Smith (Lepius), Woody Lee (Cassius), Tom Horn (Brutus), Ty Hamilton (Hohepriester), James Brand (Centurio), Bobby Love (Tänzer), Joe Pepe (Auktionator), Jess White (Wächter), Frank James (Kurier), Tommy David (Haremswächter). **F** 76 Min.
Da es Cäsar nach der drallen Cleopatra gelüstet, schickt er Markus Antonius

nach Ägypten, doch der untreue Vasall geht selbst mit der Königin ins Bett. In Rom nehmen Cleo und ihre Zofe Charmian an einer Orgie teil. Ein Getreuer Markus erkennt sie. Markus sperrt beide ein, doch Charmian verführt die Wachen und flieht mit ihrer Herrin nach Ägypten. Cäsar wird ermordet. Markus wird zum Sündenbock gemacht; auch er flieht nach Ägypten. Als zwei römische Offiziere in Cleos Palast eindringen und sich an ihr vergehen, tötet Markus Cleo und begeht Selbstmord. – Ein infantiles Sexabenteuer über antike Triebtäter; ein Film, dessen Bauten so billig sind wie seine Dialoge schwachsinnig.

Das geheime Sexualleben des Casanova
(THE EXOTIC DREAMS OF CASANOVA). USA 1971.
R Dwayne Avery. B Dwayne Avery.
K N.N. M N.N. D Johnny Rocco, Jane Louise, John Vincent. F 78 Min.
Hier geht's um die erotischen Abenteuer eines rasenden Reporters in der Gegenwart und seine Erlebnisse bei Gruppensexorgien und anderswo. – Ein witzig gemeinter, aufgrund handwerklichen Unvermögens jedoch langweiliger Schnellschuß aus Dwayne Averys Sexfilmproduktion.

Das geheime Sexualleben von Romeo und Julia
(THE SECRET SEX LIFES OF ROMEO AND JULIET). USA 1969.
R Arthur P. Stootsberry. B J. Maher.
K Dwayne Rayven. M N.N. D Forman Shane Romeo), Dicora Carse (Julia), Mickey Jones (Lady Capulet), Stuart Lancaster (Capulet), Adam Lawrence (Montague), Jay Edwards (Balthasar), Wendell Swink (Bruder Lawrence), Vincene Wallace (Amme), Shannon Carse (Prinz), Don Jones (Gregory), Marvin Sweetbody (Paris), Sydney Carlysle (Derek), James Brand (Erzähler). F 70 Min.
1592: Im englischen Globe Theater treffen sich Shakespeare-Fans, um mitzuerleben, wie es zwischen Romeo und Julia ›wirklich‹ war: – »Platte Sexualität beherrscht die Szene; ausdauernd und ausschließlich Sex in verschiedenen Kulissen bestreitet die Handlung – mal rustikal im Stroh, mal ›normal‹ im Bett, mal lächerlich auf Boden und Truhe, mal makaber in Sarg und Grabkammer...«
(FILMDIENST).

Geheimtechniken der Sexualität
BRD 1973.
R Robert Furch. B Robert Furch/Heinz Kuskopruski. K N.N.
M N.N. D Gerd Engelbrecht, Alexandra Bogojevic, Doris Delaas, Gabriele Frank. F 81 Min.
Ein sogenannter Sexologe erforscht die Ursachen der zunehmenden ›Sexualisierung der Gesellschaft‹, wobei er jede Menge Studien am lebenden Objekt betreiben muß. – Der Film ist trotz seines hochtrabenden Titels ein stinknormaler, platter Sexer ohne Wert.
Ⓥ ITT Contrast.

Das geile Mädchenpensionat
(COLLEGIENNES A TOUT FAIRE). Frankreich 1977.
R Georges Fleury [= Jean Desvilles].
B N.N. K Paul Le Cublac. M N.N.
D Dominique Avelline, Mika Barthel, Marlène Simon, Claude Loir, Marilyn Wild, Céline. F 75 Min.
Ein frühreifes Mädchen, das zuviel mit Jungs rumpoussiert, wird zur Strafe in ein Internat gesteckt. Doch da geht die Post natürlich erst recht ab, wie uns schon der eindeutige Titel sagt. Ⓥ VPH

Geile Nichten
Österreich 1978.
R Eddy Saller. B Eddy Saller/Erich

Neumann /Gunther Otto. **K** Gunther Otto. **M** Frank Neumann. **D** Erich Padalewesky, Verena Delahn, Reinhard Reiner. **F** 90 Min.
Ein platter Sexfilm, der aus Teilen von LIEBE DURCH DIE AUTOTÜR (Österreich 1972; **R** Eddy Saller) und neuen Sequenzen besteht.

Geilermanns Töchter – Wenn Mädchen mündig werden
BRD 1973.
R Alois Brummer. **B** Alois Brummer. **K** N.N. **M** N.N. **D** Ulrike Butz, Josef Moosholzer, Viktor Lange, Marta Meding, Horst Gebert, Inge Hoffmann, Verena Carre, Johannes Buzalski, Karla Meding. **F** 87 Min.
»Bar von Scham und Hemmung« (FILMDIENST) erzählen sich in diesem Brummer-Streifen diverse Kleinstädter an der Theke ihre sexuellen Erfahrungen (wobei man auf das Erscheinen der mündig werdenden Töchter des titelgebenden Herrn Geilermann freilich vergeblich wartet).

Geißeln der Erotik
(LE PEUR ET L'AMOUR).
Frankreich 1966.
R Max Pécas. **B** Patrick Manchette. **K** Robert Lefebvre. **M** Louiguy.
D Claude Cerval, Véra Valmont, Milarka Nervi, Pierre Tissot.
SW 76 Min.
Ein mißtrauischer Ehemann läßt seine Frau von einem Privatdetektiv überwachen und findet heraus, daß sie früher Prostituierte war. Als Madame ihre Tochter, ein Fotomodell, die es gleich mit zwei Männern hat, in einer Situation tröstet, die man mißverstehen kann, wird sie von dem Schnüffler fotografiert und mit den Fotos erpreßt. Ansonsten sehen wir jede Menge Stripperinnen, Killer und ›Sehleute‹. – Sex and Crime nach Schema F.

Gejodelt wird im Unterhöschen
BRD 1974.
R Ernst Hofbauer. **B** Günther Heller.
K Klaus Werner. **M** Toni Stricker.
D Ulrike Butz, Judith Fritsch, Günther Kieslich, Eva Gross, Josef Moosholzer, Rinaldo Ralamonti. **F** 70 Min.
Fünf Episoden umrahmen die Versuche eines jungen Paares, sexuell zum Zuge zu kommen.

Das gelbe Haus am Pinnasberg
BRD 1970.
R Alfred Vohrer. **B** Ernst Flügel/Alfred Vohrer. **K** Ernst W. Kalinke. **M** Rolf Kühn. **D** Bengta Bischoff (Erzählerin), Eddie Arent (Majordomus), Siegfried Schürenberg (Werner Zibell), Gernot Endemann (Stefan Bornemann), Tilly Lauenstein (Clarissa Zibell), Mascha Gonska (Luise Zibell), Fritz v. Friedl, Thomas Astan, Birke Bruck, Gisela Schundig, Jan Groth, Alexander Miller, Bernd Wilczewski, Alon d'Armand, André Ehoulan, Elisabeth Ackermann, Willem Fricke, Willy Harlander, Gundel Thormann, Alex Klingenburg, Helge-Thomas Larisch, Hans Daniel, Renée Hepp, Fanny Herrera, Gabriele Sharon, Hans Schellbach, Dieter Traier, Theodor Vetter, Dieter Wagner, Dick Price, Ann Smyrner, Ursula Grabley, Renate Larsen, Maria Litto, Inken Sommer, Renate Schubert, Judy Winte. **F** 94 Min.
Zibell gründet in Hamburg ein Bordell, in dem potente Herren einsamen Damen sexuell zu Diensten sind. Natürlich geht dies nicht ohne die üblichen Komplikationen, Eifersüchteleien und ›vertragswidrigen‹ Liebschaften ab. – Nach dem gleichnamigen Erfolgsroman von Bengta Bischoff. Ⓥ VPS

Die Geliebte
(UNA STORIA D'AMORE). Italien 1969.
R Michele Lupo. **B** Leone Antonio

Viola. **K** Guglielmo Mancori. **M** Francesco Masi. **D** Anna Moffo, Gianni Macchia, Jean Claudio, Alicia Brandet, Gigi Ballista.
F 85 Min.
Von ihrem Gatten vernachlässigte adelige Dame hängt sich an einen Playboy, der nichts anbrennen läßt, und sich auch als Charakterschwein entpuppt: Er erpreßt die Frauen, die sich mit ihm einlassen, mit eindeutigen Fotos. – Für 1969 war das ganz schön scharf, und es gibt eine Menge Leute, die es der italienischen Operndiva Anna Moffo nie verziehen haben, daß sie sich für dieses ›Nudie‹ entblättert hat.

Geliebte Christa – Stewardessen lieben heiß
(CHRISTA – SWEDISH FLY GIRLS). USA/Dänemark 1970.
R Jack O'Connell. **B** Jack O'Connell. **K** Henning Kristiansen. **M** Manfred Mann. **D** Birthe Tove (Christa), Daniel Gélin (André), Clinton Greyn (Derek), Baard Ove (Torben), Gastone Rosilli (Michael), Cyrus Elias (Umberto), Susan Hurley (Studentin/Stewardess), Inger Stender (Christas Mutter), Kjeld Jacobsen (Christas Vater), Jörn Rose (Detektiv), Inge Levin (Stewardess).
F 99 Min.
Christa, eine nymphomanische Stewardess, deren Mann sich wegen seiner Impotenz das Leben nimmt, nimmt zwar jeden Flugpassagier mit ins Bettchen, der ihr gefällt, doch in Wahrheit sehnt sie sich trotz ihrer sexuellen Freizügigkeit nach der reinen, wahren Liebe und einem spießbürgerlichen Leben mit Mann, Haus, Kind und Hund. – »Der hübsche, runde Unterhaltungsfilm ist leicht geschürzt und bietet tiefe Einblicke, ohne zu sudeln oder in Porno auszuarten. Die Kamera fing schöne Bilder ein.« (Walter Müller-Bringmann, FILMECHO/FILMWOCHE).

Die Geliebte meines Vaters
(LE REMPART DES BEGUINES / GLI AMORI IMPOSSIBILI). Frankreich/Italien 1972.
R Guy Casaril. **B** Francoise Mallet-Joris. **K** Andreas Winding. **M** Michel Delpach. **D** Nicole Courcel (Tamara), Anicée Alvina (Hélène), Jean Martin (René), Venantino Venantini (Max), Ginette Leclerc (Nina), Harry Max (Großvater), Yvonne Clech (Mme. Périer), Elizabeth Teissier (Puck), Nadja Barentin (Julia), Axelle Abbadie (Madeleine), Jeanne Mondon (Lehrerin), Clément Michu (Howard).
F 90 Min.
Als die minderjährige Hélène erfährt, daß Papa René ein Verhältnis mit einer gewissen Tamara hat, die er auch noch zu ehelichen gedenkt, nimmt sie heimlich Kontakt mit der Dame auf. Aus der ersten Begegnung entwickelt sich schnell eine lesbische Beziehung, die für Tamara reine Taktik ist, denn sie will in die Gesellschaft ›aufsteigen‹ und Hélène, die ihrer Ehe im Wege stehen könnte, lediglich in Schach halten.
Ⓥ IMV

Gelobt sei, was hart macht
BRD 1972.
R Rolf Thiele. **B** Willibald Eser/Friedhelm Lehmann. **K** Michael Marszalek. **M** Bernd Kampka. **D** Sybil Danning (Phyllila), Margot Wahl (Nanna), Eva Garden (Arete), Bianca Herr (Ianthenes), Thomas Danneberg (Onos), Wolfgang Büttner (Glaukias), Friedelm Lehmann (Daumus), Erich Schwarz (Damophon), Georg Tryphon (Nekeres), Eric Vaessen (Theagenes), Helmut Heyne (Ajax), Bernd Kampka (Sosias), Otto Heuer (Kreon), Krikor Melikyan (Arzt), Richard Haller (Gesundheitskommissar), Frank Walten (Lampis), Peter Koslowski (Polynikos). **F** 82 Min.

Nicole Courcel und Annicée Alvina in dem Film *Die Geliebte meines Vaters* von Guy Casaril

Sex-Olympiade: Szene aus *Gelobt sei, was hart macht* von Rolf Thiele

Der sexuell arg strapazierte Anthony Newley und Connie Kreski in *Die Gelüste des Hieronymus* von Anthony Newley

Onos, von den Behörden Spartas wegen körperlicher Unzulänglichkeit ins Meer geworfen, wird von einem Athener Fischer gerettet und aufgezogen. Zum Mann herangewachsen, geht er zu den Hetären und übt sich im Laufen. Als schnellster Läufer Athens startet er bei den fünfundvierzigsten Olympischen Spielen alter Zeitrechnung. Es ist zugleich sein Pech und sein Glück, daß für Sparta ein als Mann getarntes Mädchen startet, weil es niemanden gibt, der ihm das Wasser reichen kann. Obwohl Onos als zweiter durchs Ziel geht, wird er als Sieger gekrönt. – Ein als Sexfilm getarnter Propagandastreifen, der gewollt witzig gegen Ostblock-Staatsamateure Front macht.

Gelüste der Frauen
(SCORPIO 70). USA 1970.
R Ronald Sullivan. **B** Dario Finelli.
K N.N. **M** N.N. **D** Jennifer Welles (Layne), Stacy Michaelis (Glenn), Michael Hanes (Bill), Iris Brooks (Janet), Hollis Solomon (Dorothy), Blaine Quincy (Pete), Jessica Stuart (Christina), Larry Hunter (Captain), Whitey Wayne (Leutnant), Jud Phillips, Robin Elliot (Matrosen).
F 80 Min.
Layne, die sexuell stets geladene Geliebte eines Drogenschmugglers vertreibt sich auf einer Seereise die Zeit, indem sie alle Männer und Frauen verführt, die in ihre Nähe kommen – bis sie erkennt, daß ihr Geliebter sich nur deswegen so rar macht, weil er der Kapitänstochter zu Willen sein muß, die zuviel über ihn weiß. – Regisseur Ron Sullivan hat sich inzwischen unter dem Pseudonym Henri Pachard entwickelt.

Die Gelüste des Hieronymus
(CAN HIERONYMUS MERKIN EVER FORGET MERCY HUMPPE AND FIND TRUE HAPPINESS?). GB 1968.
R Anthony Newley. **B** Herman Rau-

cher/Anthony Newley. **K** Otto Heller.
M Anthony Newley. **D** Anthony Newley (Hieronymus Merkin), Joan Collins (Polyester Poontang), Milton Berle (Good Time Eddie Filth), Bruce Forsyth (Onkel Rampenlicht), Connie Kreski (Mercy Humppe), Patricia Haynes (Oma), Victor Spintti (Sharpnose), George Jessel (Gegenwart), Stubby Kaye (Dicker Autor). **F** (117) 103 Min.
Ein Sänger und Tänzer namens Hieronymus Merkin blickt im Stil einer Bühnenshow auf seine (wie er meint) sexgeladene Vergangenheit zurück, ohne daß es ihm gelingt, das Publikum und die Kritik von seinem vermeintlichen Talent zu überzeugen. – »Total verunglückte Parodie auf europäische Filme, bestehend aus Sex-Episoden und verschiedenen Einschüben. Insgesamt ein wirres Spektakel, durchsetzt mit Spekulationen und Zoten«. (FILMDIENST)

Geraubte Küsse
(BAISERS VOLES). Frankreich 1968.
R François Truffaut. **B** François Truffaut/Claude de Givray/Bernard Revon. **K** Denys Clerval. **M** Antoine Duhamel. **D** Jean-Pierre Léaud (Antoine Doinel), Claude Jade (Christine Darbon), Delphine Seyrig (Fabienne Tabard), Daniel Ceccaldi (Lucien Darbon), Claire Duhamel (Mme. Darbon), Michel Lonsdale (Georges Dabard), André Falcon (Blady), Harry Max (Henri), Catherine Lutz (Catherine), Paul Pavel (Julien), Christine Pellé (Ida), Marie-France Pisier (Colette Tazzi), Jean-Francois Adam (Albert Tazzi), Jacques Robiolles (Autor), Serge Rousse (Unbekannter), François Darbon (Adjutant), Simono (Albani), Jacques Delord (Zauberer), Jacques Rispal (Colin), Martine Brochard (Mme. Colin), Cambourakis (Liebhaber), Marcel Mercuer, Joseph Merieau (Männer in Garage). **F** 191 Min.

Nachdem er mehr oder weniger unehrenhaft aus der französischen Armee entlassen worden ist, sucht der romantische Antoine ein Bordell auf und erlebt dort eine Enttäuschung. Später unternimmt er einen fruchtlosen Versuch, seine alte Freundin Christine zu verführen. Nach einem kaum erfolgreicheren Zwischenspiel als Portier in einer Absteige macht Antoine sich als Detektiv selbständig und endet in den Diensten von Monsieur Tabard, dem Besitzer eines Schuhgeschäfts. Er verliebt sich in dessen Gattin Fabienne, die ihm einiges zeigen kann; doch da nicht sein kann, was nicht sein darf (sie ist viel älter als Antoine), findet er schließlich zu der netten Christine zurück. – Eine episodisch angelegte Geschichte, doch nicht ohne Ironie und Humor, die gekonnt verdeutlicht, wie jungen Leuten schrittweise die Illusionen genommen werden.

Die Geschichte der Laura M.
(LAURA, LES OMBRES DE L'ETE). Frankreich 1979.
R David Hamilton. **B** Joseph Morham/André Szots. **K** Bernard Daillencourt. **M** Patrick Juvet. **D** Dawn Dunlap (Laura Moore), James Mitchell (Paul Thomas Wyler), Maude Adams (Sarah Moore), Pierre Londiche (Richard Moore), Thierry Redler (Costa), Maureen Kerwin (Martine Royer), Michael Pochna (Gérard), Gunilla Astrom (Diane), Katia Kofet (Claudine), Bernard Daillencourt (Dr. Benoit), Louise Vincent (Mme. Flory), Luciano (Timothy), Bill Millie (Choreograf). **F** 90 (TV: 85) Min.
Der Bildhauer Paul hat sich in ein südfranzösisches Dorf zurückgezogen, wo er die sechzehnjährige Ballettratte Laura aus dem Meer steigen sieht. Gegen den Willen ihrer eifersüchtigen Mutter will er sie modellieren, doch ein Unfall läßt ihn erblinden. Laura lehrt ihn, ihren Kör-

per mit den Händen zu sehen. Paul zeigt ihr u.a. dafür, was Cunnilingus ist. – Ein zum Schnarchen langweiliges Kunstgewerbefilmchen voller pastellfarbener Bilder von sprießenden Jungmädchenbrüsten und blasierten Visagen.
Ⓥ Atlas

Die Geschichte der O (1)
(L'HISTOIRE D'O). Frankreich 1975.
R Just Jaeckin. **B** Sébastien Japrisot. **K** Robert Fraisse. **M** Pierre Bachelet. **D** Corinne Clery (O), Udo Kier (René), Anthony Steel (Sir Stephen), Christiane Minazzoli (Anne-Marie), Jean Gaven (Pierre), Martine Kelly (Thérèse), Alain Noury (Ivan), Nadine Perles (Jeanne), Albane Navizet (Andrée), Sylvie Olivier (Claire), Claudie pellerin (Yvonne), Henri Pigay (Herr 1), Jean-Pierre Andreani (Herr 2), Vladimir Brajovic (Herr 3), Li Sellgrin (Jacqueline). **F** 105 Min.

Eine junge Frau mit dem seltenen Namen O lernt den schicken Sir Stephen kennen, der die Ansicht vertritt, Frauen seien von Natur aus minderwertiger als Männer, und deshalb müßten sie, wenn sie die wahre Ekstase erleben wollten, sich allen männlichen Launen und Lüsten unterwerfen. O verliebt sich in diesen Kryptofaschisten und unterwirft sich zahlreichen Prüfungen, ehe sie in sein Haus darf, wo viele Frauen seinen Gesinnungsnossen als Spielzeuge dienen: Sie dürfen nicht sprechen und sich nicht beschweren. Wer sich gegen die Regeln der Herrlichkeit auflehnt, wird bestraft. – Nach dem gleichnamigen Roman von Pauline Réage. – »Man kann den Film alles mögliche nennen, aber kaum ›subtil‹. Dennoch ist er trotz der extrem ein-

Träume, Sehnsüchte, erotische Visionen: *Die Geschichte der Laura M.* von David Hamilton

Die Arglose unter den Perversen: Corinne Clery (Mitte) in *Die Geschichte der O (1)* von Just Jaeckin

seitigen Sichtweise des Weiblichen nicht widerwärtig, sondern hat einen verführerischen Reiz, in dessen exotische Prämisse man hauptsächlich durch die Schönheit und Sinnlichkeit Corinne Clerys hineingezogen wird.« (ADULT MOVIES).
Ⓥ VPS

Die Geschichte der O (2)
(HISTOIRE D'O, CHAPITRE II). Frankreich 1984.
R Eric Rochat. **B** Eric Rochat/Jeffrey Kelly. **K** Andrea Berenguer. **M** Stanley Myers. **D** Sandra Wey (O), Manuel de Blas (James Pembroke), Rosa Valenti (Sally Pembroke), Christian Cid (Larry P.), Carole James (Carol P.).
F 97 Min.
Vorgeschichte: Siehe DIE GESCHICHTE DER O (1). – Fräulein O., die am Ende des Romans von Pauline Réage um ihren Tod bittet, lebt weiter: Im zweiten Teil ihrer galanten Sado-Maso-Abenteuer hat sie sich als ›Herrin‹ etabliert und sorgt unter Einsatz aller Tricks dafür, daß der mächtige Industriekapitän Pembroke um seine sexuelle Potenz gebracht wird. O unterwirft zunächst Pembrokes Frau Sally und seine Kinder Larry und Carol, die sich ihren Verführungskünsten gegenüber recht aufgeschlossen zeigen. Am Ende kriegen alle das, was sie haben wollen: In Os Lasterhöhlen-Villa klatscht die Peitsche. Und die Kinkokasse klingelt dazu.
Ⓥ Embassy

Die Geschichte der Piera
(STORIA DI PIERA/L'HISTOIRE DE PIERA). Italien/Frankreich/BRD 1982.
R Marco Ferreri. **B** Pierra Degli Esposti/Dacia Maraini/Marco Ferreri. **K** Ennio Guarnieri. **M** Renato Angiulini. **D** Hanna Schygulla (Eugenia), Bettina Gruhn (Piera als Kind), Isabelle Huppert (Piera), Marcello Mastroianni (Lorenzo). **F** 110 Min.

Marcello Mastroianni und Hanna Schygulla in *Die Geschichte der Piera* von Marco Ferreri

Eugenia, die Frau eines schüchternen Professors, lebt in den fünfziger Jahren in einem italienischen Provinzstädtchen ihre sexuellen Neigungen aus, doch da sie nicht nur für ihren Mann und ihre Tochter Piera (zwölf) ein Extrem ist, sondern auch für ihre Umwelt, trifft man sie meist in einer Nervenklinik an. Eugenia bringt Piera, die ihre Affären beobachtet, mit ihren Liebhabern zusammen, bis auch sie in einen sexuellen Wirbel gezogen wird, der ihre Gesundheit angreift. Als junge Frau muß Piera mit ansehen, wie ihre Eltern geistig verfallen; als erfolgreiche Schauspielerin besucht sie ihren Vater in einer Anstalt. Die Story endet mit der immer noch sinnlichen Mutter und der nicht weniger neurotischen Piera, die sich nackt am Strand umarmen. – Vorsicht: ›KUNSCHT‹! – oder was man darunter auch immer verstehen mag
Ⓥ UFA

Die Geschichte der Puppen
Siehe **Taifun der Zärtlichkeit**

Geschichten hinter Wänden
(KABE NO NAKANO HIME GOTO). Japan 1965.
R Koji Wakamatsu. **B** Yoshiak Otani/Koji Wakamatsu. **K** Hideo Ito. **M** Noboru Nishiyama/J. Miyata. **D** Nori Yoshizawa, Hiroko Fujino, Mikio Terajima, Kazuko Kanoo, Yoishi Yasukawa, Michito Suzuki. **SW** 70 Min.
Ein Schüler, der sich vom Fenster eines Wohnsilos aus als Voyeur betätigt, um sich an den Liebesspielen der Nachbarn zu ergötzen, verfällt seinen erotischen Phantasien und versucht bei seiner Schwester und einer Nachbarin zu landen. Als er sexuell versagt, entlädt sich sein Frust in einem Mord. – »Die intendierte soziale Anklage bleibt auf einige bedeutungslose Panoramaschwenks über Wohnsilos japanischer Großstädte beschränkt, der Rest ist ein Sammelsurium von bekanntermaßen bei der Zensur nicht für anstößig gehaltenen und daher im Film schon des öfteren gezeigten Sexszenen, an denen sich wohl kaum noch jemand delektieren dürfte.« (Joachim von Mengershausen, FILM).

Das Gesetz der Begierde
(LA LEY DEL DESEO). Spanien 1986.
R Pedro Almodóvar. **B** Pedro Almodóvar. **K** Angel Luis Fernandez. **M** Pedro Almodóvar. **D** Eusebio Poncela (Pablo Quinte), Carmen Maura (Tina Quintero), Antonio Banderas (Antonio Benitez), Miguel Molina (Juan Bermudez), Manuel Velasco, Bibi Andersen, Fernando Guillen, Nacho Martinez, Helga Linné, Fernando G. Cuervo, German Cobos, Maruchi Leon, Marta Fernandez Muro, Alfonso Vallejo, Tinin Almodóvar. **F** 101 Min.

Pablo liebt Juan, der seine Liebe nicht erwidert. Pablo wendet sich dem besitzergreifenden Antonio zu. Als Antonio erkennt, daß Pablo Juan noch liebt, tötet er Juan. Pablo verunglückt, verliert das Gedächtnis und wacht im Krankenhaus auf. Antonio, der sich nicht traut, ihm entgegenzutreten, verführt Pablos Schwester Tina. Als Pablo dies erfährt, kehrt seine Erinnerung zurück. Er macht sich auf, um die beiden zur Rede zu stellen. Antonio nimmt Pablo als Geisel und zwingt ihn, ihm einen letzten Wunsch zu erfüllen. – »Bei aller Bewunderung für iberische Fabulierkunst und die Freude am Verbotenen, eher ein knalliger Fotoroman als großes spanisches Kino.« (TIP)

Geständnis einer Nonne
(SUOR OMICIDI). Italien 1978.
R Giulio Berruti. **B** Enzo Gallo.
K Tonino Maccoppi. **M** Alessandro Alessandrini. **D** Anita Ekberg, Joe Dallesandro, Lou Castel, Alida Valli, Massimo Serato, Laura Nucci, Paola Morra, Lee de Barrialut. **F** (90) 81 Min.
Anita Ekberg in der Rolle einer triebhaften, männerhassenden, mordenden Nonne, die sich nicht scheut, einer drogenabhängigen (!) Mitschwester die Schuld an ihren Untaten in die Schuhe zu schieben. Um einen Skandal zu vermeiden, läßt Mutter Oberin sie heimlich vergiften. – »Nach Originalakten des Vatikans«. – Ha, ha!
Ⓥ Euro

Gestatten... Vögelein im Dienst
BRD 1971.
R Albert Trenalg [= Atze Glanert].
B Atze Glanert. **K** Dieter Francesco.
M Fred Tornow. **D** Eva Karinka, Annemarie Wendl, Josef Moosholzer, Robert Fackler, Elke Hagen, Uta Stone. **F** 82 Min.

Die Hitze des Sommers weckt grenzenlose Leidenschaft bei Pablo und Tina: Antonio Banderas und Carmen Maura in *Das Gesetz der Begierde* von Pedro Almodóvar

Nach den Originalakten des Drehbuchautors Enzo Gallo (nachts in Rom auf einem Bierfilz gefunden): *Geständnis einer Nonne* von Giulio Berruti

Ein junger Buchhändler, der es wagt, ein Mädchen mit auf seine Bude zu nehmen, verliert Wohnung und Job. Er schlägt sich als Vertreter eines Lesezirkels durch, hat dabei viele fröhliche Kontakte mit der Weiblichkeit und mietet schließlich ein Haus, in dem freizügige Partys gefeiert werden. – Ende.

Das gewisse Etwas der Frauen
(COME IMPARAI AD AMARE LE DONNE). BRD/Frankreich/Italien 1966. **R** Luciano Salce. **B** Willibald Eser. **K** Enrico Menczer. **M** Ennio Morricone. **D** Robert Hoffmann (Robert), Romina Power (Irene), Chachin Chantal (Wilma), Sandra Milo (Direktorengattin), Gianrico Tedeschi (Direktor), Orchidea De Santis (Agnes), Elsa Martinelli (Rallyefahrerin), Vittorio Caprioli (Playboy), Sonja Romanoff (Monika), Anita Ekberg (Margaret Joyce), Heinz Erhardt (Schlüssel), Erica Schramm (Betty), Nadja Tiller (Baronin Laura), Zarah Leander (Olga), Patrizia Perini (Anna Maria), Bernadette Kell (Violetta), Gigi Ballista (Sir Archibald), Michéle Mercier (Franziska). **F** 102 Min.

Robert, ein attraktiver Mechaniker, macht erste Erfahrungen mit dem ›gewissen Etwas‹ der Frauen: Er läßt sich von der Gattin eines Direktors in die Grundlagen der Liebe einweihen, probiert die neuen Kenntnisse an einer flotten Rallyfahrerin und einem Sexstar aus, läßt sich im Haus der Baronin Laura von der Hausherrin und ihren Nichten antörnen, wird zum Manager ihres Dessousgeschäfts und lernt auf einer Schickeriaparty die reizvolle und intellektuelle Physikerin Franziska kennen, die privat ganz anders ist als ihr dröger Ruf. Doch erst in den Armen von Irene, der Nichte eines Konsuls, findet er das wahre Glück.

Die gierigen jungen Biester
(UN MOMENT D'EGAREMENT). Frankreich 1977.
R Claude Berri. **B** Claude Berri. **K** André Neau. **M** Michael Stelio.

D Jean-Pierre Marielle, Victor Lanoux, Christine Dejoux, Agnés Soral, Martine Sarcey. **F** 93 Min.
In einem ›Augenblick der Verirrung‹ gibt ein Mann Ende vierzig dem Gebalze der siebzehnjährigen Tochter seines Freundes nach. – AT: ALLER ANFANG MACHT SPASS.

Gilda
(SCANDALOSA GILDA). Italien 1985.
R Gabriele Lavia. **B** Gabriele Lavia/Riccardo Ghione. **K** Mario Vulpiani. **M** Giorgio Carnini. **D** Monica Guerritore (Sie), Gabriele Lavia (Er), Pina Cei. **F** 94 Min.
Nachdem ihr Gatte sie betrogen hat, setzt sich eine hübsche Frau an das Steuer ihres Wagens und läßt sich mit einem Mercedes-Fahrer, den sie unterwegs kennenlernt, auf ein schlüpfrig-wüstes Abenteuer in einem Hotel ein. – Unsereiner hat schon immer den Verdacht gehabt, daß Sexfilmregisseure, die in ihren Produkten die männliche Hauptrolle übernehmen, nur aus einem Grund in der Filmbranche tätig sind...

Gipfelglühn im Dirndlrock
Siehe **Gefährlicher Sex frühreifer Mädchen**

Girls – Die kleinen Aufreißerinnen
(GIRLS).
BRD/Frankreich/Kanada 1980.
R Just Jaeckin. **B** Just Jaeckin.
K Claude Agostini. **M** Eric Stewart/ Duncan McKay/Graham Gouldman.
D Isabelle Méjias (Betty), Charlotte Walior, Zoe Chauveau (Annie), Anne Parillaud (Catherine Flavin), Charlotte Valieur (Suzanne), Christophe Burseiller (Bernard), Philippe Klébert (Jerome), Laszlo Szabo, Just Jaeckin, Eddy Mitchell, Claus Obalski, Georg Bürki, Eric Caspar, Michael Schwarzmaier, Michael Aufhäuser. **F** 95 Min.
Eine Jugendclique, die sich in einem Café trifft, hänselt die kleine Betty wegen ihrer noch andauernden Jungfräulichkeit, bis sie sich auf ein sexuelles Abenteuer einläßt – und prompt schwanger wird. Die Clique zeigt jedoch Solidarität: Sie sammelt Geld für einen Eingriff.
Ⓥ Monte

Die Girls vom Crazy Horse
(CRAZY HORSE DE PARIS).
Frankreich 1976.
R Alain Bernardin. **B** Alain Bernardin.
K Roland Pontaizeau. **M** Jacques Morali. **D** John Lennox (Reporter), Lova Moor, Rosa Fumetto, Lily Paramount, Polly Underground, Sofia Palladium, Tracula Bonbon, Moony Trafalgar, Norma Piccadilly, Usha Starlight, Vanilla Banana, Victoria Rodeo, Prima Symphony, Kiki Zanzibar, Greta Fahrenheit, Eva De Bratislava, Baba Moleskine, Goody Pentagone, Loida

Der alte Lustmolch und die Siebzehnjährige: *Die gierigen jungen Biester* von Claude Berri

Calumet, Miko Miku, Galia Pederewska, George Carl, Milo und Roger, Dickie Henderson, Señor Wences. **F** (95) 80 Min.
Der Verleger einer britischen Zeitschrift schickt den Reporter Lennox nach Paris, der einen Bericht über das berühmte Striplokal ›Crazy Horse‹ und die dort beschäftigten Damen schreiben soll. Und die Damen zeigen uns derweil, was sie alles so an künstlerischen Nummern drauf haben. – Produzent und Regisseur dieses touristischen Werbefilms war Alain Bernardin, der Eigentümer des Crazy Horse.

Die Girls vom Jumbo-Jet
(THE STEWARDESSES). USA 1970.
R Al Silliman jr. **B** Al Silliman jr.
K Christopher Bell. **M** James Navas.
D Christina Hart, Michael Garrett, Janet Wass, Patricia Fein, Donna Stanley, Angelique de Moline, William Basil, Tina Erikson. **F** 85 Min.
3-D-Film in sechs Teilen, in dem es um lesbische Liebe unter Stewardessen, Promiskuität beim dem Personal einer Fluggesellschaft und um einen Mann geht, der von einer Stewardess getötet wird, nachdem er sie belästigt hat. Eine 1981 ›bearbeitete‹ Version dieses Films zeigt ›zusätzliche‹ Stellen, was zu eigenartigen Phänomenen führt: Kaum sind die Akteure der Originalfassung aus den Kleidern, übernehmen sogenannte ›Stuntcocks‹ die Handlung. – Ein Episodenfilm.

Giulia
(DESIDERANDO GIULIA).
Italien 1985.
R Andrea Barzini. **B** N.N. **K** N.N.
M N.N. **D** John Leysen (Emilio Brentani), Serena Grandi (Giulia), Valeria D'Obici (Amalia), Sergio Rubini (Stefano Bemberg), Giuliana Calandra. **F** 91 (TV: 87) Min.

Der als Ghostwriter tätige Schriftsteller Emilio begegnet im Foyer eines Theaters der geheimnisvollen Giulia, die ihn in den Fundus lockt und ihn dort verführt. Später lernt er Giulia durch den Rocksänger Stefano näher kennen: Sie ist Fotomodell, aber auch eine Femme Fatale, vor der ihn alle warnen. Obwohl Giulia keine Gelegenheit ausläßt, es mit anderen Männern zu treiben, wird Emilio ihr hörig. Während sich seine tablettensüchtige Schwester Amalia mit dem zynischen, an Saso-Maso-Spielchen interessierten Stefano einläßt, verfällt Emilio seiner Giulia, die im Erfinden abseitiger Sexspielchen ebenfalls große Klasse ist, immer mehr. Als sie versucht, ihn unter Einwirkung von Koks in Anwesenheit eines Freundes zu einer Triole zu bewegen, dreht Emilio durch. Nach Hause zurückgekehrt, findet er seine Schwester vergiftet vor. Giulia tröstet ihn, doch dann verschwindet sie wieder. – Ein Softporno, der sich zumindest bemüht, so etwas wie eine Handlung auf die Beine zu stellen.

Give Me Love
(BRIGADE MONDAINE).
Frankreich 1978.
R Jacques Scandelari. **B** Pierre Germont/Jacques Scandelari/Jacques Robert. **K** Francois About. **M** Cerrone.
D Patrice Valota (Boris Corentin), Odile Michel (Micheline), Florence Cayrol (Annie), Jean-Paul Brissart (Brichot), Jacques Berthier (Saint Loup), Marianne Comtell (Nada), Marie-Georges Pascal (Peggy), Patrick Olivier (Patrick Morel). **F** 90 Min.
Die ›Brigade Mondaine‹, eine Art internationale Sittenpolizei, legt einem sexuell besessenen Exbeamten und dessen perverser Haushälterin das Handwerk, die sich mit Hilfe enthemmender Drogen junge Frauen gefügig gemacht haben.

Glanz und Elend einer Verlorenen
Siehe **Die Wahrheit über Rosemarie**

Das Glöcklein unterm Himmelbett
BRD 1970.
R Hans Heinrich. **B** Georg Laforét
[= Franz Seitz]. **K** Peter Reimer.
M Rolf Wilhelm. **D** Hansi Kraus (Ludwig Steinbeißer), Christine Schuberth (Franziska Kloiber), Ralf Wolter (Emil Giesecke), Alexander Golling (Johann Baptist Kloiber), Monika Dahlberg (Urschl Kranzeder), Hans Terofal (Emmeran Spitzeder), Elfi Pertramer (Hebamme), Walter Sedlmayr (Richter), Toni Netzle (Anna Kloiber), Horst Frank (Pater Guderian).
F 84 (TV: 79) Min.
Diese völlig anspruchslose Sexposse schildert in mehreren deftigen Episoden die erotischen Verwicklungen und schrägen Züge bayerischer Dörfler zu Anfang dieses Jahrhunderts – und das angeblich nach dem ›Bayerischen Dekameron‹ (1927) des ob dieses Machwerks in seinem Grab rotierenden Schriftstellers Oskar Maria Graf (1894–1967).
Ⓥ VPS

Glut der heißen Körper
(PRIMITIVE LONDON).
GB 1965.
R Arnold Louis Miller. **B** Arnold Louis Miller. **K** Stanley A. Long. **M** Basil Kirchin. **D** Ray Martine, McDonald Hobley, Billy J. Kramer, Diana Noble, Vicki Grey, Beatrice Kotter, Gert Einert. **F** 81 Min.
Eine Ehefrau, die sich von allen erdenklichen Fernsehsendungen sexuell aufheizen läßt, verführt ihren Gatten zu diversen ›Liebesspielen‹. – Ein billiger kleiner Teaser von A.L. Miller, dem wir unter anderem auch die Pseudo-Prostituierten-Dokumentationen LONDON IN THE RAW (GB 1964) und WEST END JUNGLE (GB 1964) verdanken.

Golden Bananas
Siehe **Liebesmarkt in Dänemark**

Die Goldene Banane von Bad Porno
BRD 1971.
R Ralf Gregan. **B** Ralf Gregan.
K Benno Bellenbaum. **M** Rolf Bauer.
D Gary Duwner (Gary), Ingrid Steeger (Frl. Pingel), Siegfried Mayer (Siggi), Rena Bergen, Doris Bierett, Joachim Tennstedt, Melitta Tegeler, James Jordan, Christie Ericsson, Farthi el Saba, Sybil Danning. **F** 95 Min.
Zwei Filmfritzen, die es darauf anlegen, auf einem Filmfestival in Bad Porno die allseits begehrte ›Goldene Banane‹ zu erringen, gurken auf der Suche nach geeigneten Darstellerinnen und zündenden Ideen für ein Projekt mit dem vielsagenden Arbeitstitel ›Als er stecken blieb‹ durch die Landschaft und raufen sich mit ihren nicht weniger ambitionierten Konkurrenten. – Der Film ist ein reines Chaos. – AT: GOLDEN BANANAS.
Ⓥ Starlight (Golden Bananas)

Die goldene Pille
BRD 1967.
R Manfred Adloff. **B** Manfed Adloff/Peter Laregh. **K** Michael Marszalek.
M Erich Ferstl. **D** Petra Pauly (Elke Marwitz), Inge Marschall (Lissy Berner), Claudia Butenuth (Bärbel), Horst Naumann (Dr. Holthoff), Angela Hillebrecht (Gattin), Julius Dallmeyer (Jürgen), Thomas Astan (Rainer), Klaus Höhne (Berner), Marlies Schönau (Gattin), Peter Capell (Pfarrer), Horst Manfred Adloff (Bärbels Freund), Horst v. Hartlieb (Direktor), Helmut Helmund (Schulrat), Olga v. Togni (Frau Wellinghausen), Wolfgang Bassenge (Arzt). **F** 94 Min.
Drei Primanerinnen, die sexuelle Kontakte mit Männern haben, verteilen, nachdem eine von ihnen ungewollt

Die goldene Pille

Die Liebe und die Pille: Traumsequenz aus *Die goldene Pille* von Manfred Adloff

schwanger geworden ist (und zur Abtreibung ins Ausland fahren mußte), an der Schule einen Fragebogen, um die Ansichten ihrer Mitschülerinnen über die Pille zu erfahren. Der Fragebogen fällt dem Lehrkörper in die Hände und erzeugt mehr als ein Stirnrunzeln, doch ein verständnisvoller Pauker, mit einer religiösen Frau verheiratet und deshalb kinderreich, setzt sich bei seinen verständnislosen Kollegen für die Belange der Jugend ein. – Kleinigkeiten? Gewiß, aber 1967 konnten Kleinigkeiten dieser Art wahrlich noch Skandale erzeugen.

Good Bye, Emmanuelle
(GOOD BYE, EMMANUELLE). Frankreich 1977. **R** Francois Leterrier. **B** Monique Lange/Francois Leterrier. **K** Jean Badal. **M** Serge Gainsbourg. **D** Silvia Kristel (Emanuelle), Umberto Orsini (Jean), Jean-Pierre Bouvier (Gregory), Charlotte Alexandra (Chloe), Jacques Doniol-Valcroze (Michel), Olga Georges-Picot (Florence), Caroline Laurence (Cecile), Alexandra Stewart (Dorothee), Eric Colin (Guillaume), Radiah Frye (Angelique), Jack Allen (Snow), Bob Asklof (Deutscher), Sylvie Fennec (Clara). **F** 99 (TV: 94) Min.
Lust und Laster auf den Seychellen: Emmanuelle und ihr Gatte Jean treiben's zusammen und getrennt, doch sie berichten einander von ihren Liebesabenteuern, bis der Regisseur Gregory auftaucht: Obwohl er sich anfangs als rechter Lump erweist, verfällt ihm Emmanuelle, und als Jean erkennt, daß es diesmal um mehr als ein Sexabenteuer geht, greift er zu allen Tricks, um den Nebenbuhler loszuwerden. Es gelingt ihm, doch Emmanuelle nimmt ihm sein Vorgehen übel und verläßt ihn. – »Der Filminhalt in einem Satz: Erotische Freizügigkeit in einer Ehe wird da gefährlich, wo einer der Partner durch eine starke Fremdbindung das Laissez-faire aus dem Gleichgewicht bringt.« (Georg Herzberg, FILMECHO/FILMWOCHE).
Ⓥ RCA/Columbia

The Good Wife
(THE GOOD WIFE). Australien 1982. **R** Ken Cameron. **B** Peter Kenna.

Stellungsspiele auf den Seychellen: Sylvia Kristel und Partner in *Good Bye, Emmanuelle* von Francois Leterrier

K James Bartle. **M** Cameron Allan.
D Rachel Ward (Marge Hills), Bryan Brown (Sonny Hills), Steven Vidler (Sugar Hills), Sam Neill (Neville Gifford), Jennifer Claire (Daisy), Bruce Barry (Archie), Clarissa Kaye-Mason (Mrs. Jackson), Peter Cummins (Ned Hopper), Carole Skinner (Mrs. Gibson), Susan Lyons (Mrs. Fielding).
F 92 Min.
Australien während der dreißiger Jahre: Weil das Leben in der Provinz recht eintönig ist, gibt Marge, die Gattin des leicht biederen Holzfällers Sonny, dem Liebeswerben ihres Schwagers Sugar nach und verfällt schließlich dem Kneipenwirt Neville, der sie zuerst sexuell hörig und später vor der Öffentlichkeit diskriminiert. Ⓥ Ascot

Graf Bobby und seine Nichten
(I TYRENS TEGN). Dänemark 1982.
R Torben Bille [= Werner Hedman].
B Werner Hedman/Palle Amestrup.
K Rolf Rönne. **M** Bertani Bech.
D Preben Mahrt, Karl Stegger, Ole Söltoft, Otto Brandenburg, Ole Monty, Bent Warburg, Lone Helmer. **F** 78 Min.
Der geile Graf Victor hinterläßt, nachdem ihn bei seiner Lieblingsbeschäftigung der Schlag getroffen hat, sein Vermögen dem ersten unehelich geborenen Kind einer dänischen Gemeinde, was die Bewohner derselben dazu animiert, flugs welche zu zeugen. – AT: GRAF VICTOR, DER SEXJÄGER. DIE GOLDENEN ZWANZIGER.
Ⓥ Euro (Graf Victor, der Sexjäger)
Ⓥ UFA (Die Goldenen 20er)

Graf Porno bläst zum Zapfenstreich
BRD 1970.
R Alois Brummer. **B** Peter Krass.
K Paco Joan. **M** Schrittmacher.
D Rinaldo Talamonti (Willibald), Michael Cromer (Graf), Doris Arden, Nina Simone, Karin Götz, Barry Gordon, Johannes Buzalski, Chantal Esquil, Rita Weinberg, Sissy Engel, Annamerie Wendel, Veronika Faber, Inga Seyric, Karin Glier, Nina Simona.
F 80 Min.
Der faule Sexprotz Willibald lebt mit mehreren Mädchen zusammen, doch als sie ihn beim Fremdgehen erwischen, landet er auf der Straße. Auch als Koch hat er nur Sex im Kopf, was ihn die Stellung kostet. Schließlich nimmt er einen Job bei einem verarmten, doch recht potenten Grafen an, der die Tochter eines reichen Gutsbesitzers ehelichen will – bis deren Vater merkt, welch Früchtchen er sich auf den Hals geladen hat. – Ein Brummer-Sexfilm, mit reichlich vorhandener unfreiwilliger Komik. – AT: RINALDO BLÄST ZUM ZAPFENSTREICH. Ⓥ UFA (Rinaldo bläst zum Zapfenstreich)

Graf Porno und die liebesdurstigen Töchter
BRD 1969.
R Günther Hendel. **B** Günter Hendel.
K Atze Glanert. **M** Walter Geiger.
D Günther Hendel, Ingeborg Piontek, Margit v. Mecklenburg, Inga Seyrik, Rita Berg, Ricci Hohlt, Doris Arden, Carola Höhn, Rinaldo Talamonti, Marisa Alberti, Johannes Buzalski.
F 80 Min.
Graf Garibaldi von Geilsberg flüchtet vor seinen Gläubigern auf ein Lustschloß, läßt sich vom weiblichen Personal verwöhnen und beschließt, daß sein Sohn eine reiche Erbin ehelichen muß, damit die Kasse wieder stimmt. Wie's der Zufall will, hat Sohnemann die Auswahl unter sechs Schwestern. Der Graf faßt derweil die Ehe mit deren Mutter ins Auge. – »Ein echter Brummer-Film!« Wie wahr, wie wahr. – AT: EIN GRAF IN OBERBAYERN.
Ⓥ UFA (Ein Graf in Oberbayern)

Eine »liebesdurstige« Tochter aus *Graf Porno und die liebesdurstigen Töchter* von Günther Hendel

Graf Porno und seine Mädchen
BRD 1969.
R Günther Hendel. **B** Sven Ole Larsen. **K** Klaus Beckhausen. **M** Walter Geiger. **D** Rinaldo Talamonti (Harry Holz), Doris Arden (Elsie v. Hachwitz), Terry Neciel, Roswitha Randel, Gaby Habermann. **F** 86 Min.
Harry, ein nicht gerade mit Intelligenz geschlagener Privatdetektiv, gelangt auf der Suche nach der verschwundenen Nichte des sexhungrigen Grafen Porno in ein Internat für höhere Töchter, die den lieben langen Tag duschen und ihre Reizwäsche spazieren führen. – Peinlich, peinlich. Eine deutsche Sexkomödie, produziert von Alois Brummer. – AT: Rinaldos flotte Mädchen.
ⓥ UFA (Rinaldos flotte Mädchen)

Graf Victor, der Sexjäger
Siehe **Graf Bobby und seine Nichten**

Der Graf von Santa Croce
Siehe **Frau Wirtin hat auch einen Grafen**

Gräfin der Lust
Siehe **Die Jungfrau mit der scharfen Klinge**

Gräfin Frankensteins Liebestempel
(HOUSE ON BARE MOUNTAIN).
USA 1968.
R Robert L. Frost. **B** Robert L. Frost/ Robert W. Cresse. **K** Robert L. Frost.
D Bob Cresse (Granny Good), Laura Eden (Prudence Bumgartner), Hugh Cannon (Krakow), Warren Ames (Frankenbsteins Monster), Jeffrey Smithers (Dracula), Angela Webster, Ann Meyers, Flo Kim, Geraldine Toki, Jean McDime, Tina Cinedi. **F** 62 Min.
Granny Good betreibt in ihrem Internat für höhere Töchter eine illegale Schnapsbrennerei, in die sich die nette Prudence Bumgartner als Polizeispitzel einschleicht. Da an einem bestimmten Abend eine große Schnapsladung verschickt werden soll, organisiert Granny einen heißen Kostümball, an dem u. a. auch Graf Dracula und Frankensteins Monster teilnehmen. Die angeblich hö-

heren Töchter entpuppen sich als eher heiße Töchter. Der Film, der nicht so genau weiß, ob er ein Krimi oder ein Sexfilm ist, erweist sich als simpler Prickteaser.

Gräfin Porno von Ekstasien
BRD/Frankreich 1964.
R Hans Albin/Peter Berneis. **B** Peter Berneis. **K** Klaus v. Rautenfeld/Hans Sachs. **M** Hermann Thieme. **D** Ingrid Thulin (Nadine Anderson), Paul Hubschmid (Eliot T. Anderson), Nikos Kourkoulos (Nikos), Claudine Auger (Elektra), Bernard Verley (Martin), Gregor v. Rezzori, Helga Lehner, Inge Book, Helen Vita, Spyros Bakojannis, Eric Helgar, Cecilie Geler. **F** 90 Min.
Völlig gefrustet, da ihr Gatte (schwedischer Botschafter in Griechenland) lieber mit seinem Sekretär Martin verkehrt statt mit ihr, mietet Nadine Anderson sich eine Bude im Hafen von Piräus, wirft sich in Leder und verführt Matrosen und Hafenarbeiter. Während sie bei Tag die elegante Gastgeberin spielt, streift sie nachts als Hure umher und verliebt sich bald in den Arbeiter Nikos. Als Nikos böse Schwester Elektra das Verhältnis entdeckt, zwingt sie Nadine, sie als Zofe einzustellen. Als Elektra Martin verführt, verlangt der Botschafter Elektras Entlassung. Elektra haut Nadine in die Pfanne. Doch der Botschafter ist nur an Martin interessiert, er läßt Nadine mit Nikos ziehen. Elektra erzählt Nikos, wer Nadine ist und daß sie sich auch mit anderen amüsiert hat. Nikos bringt Elektra ungewollt um und vernichtet so die Chance für eine Zukunft mit Nadine. – Der Film hieß ursprünglich DIE LADY, aber GRÄFIN PORNO VON EKSTASIEN hat natürlich mehr Kassenmagnetismus. Fragt sich, was Ingrid Thulin und Paul Hubschmid davon halten.
Ⓥ Ring (Die Lady)

Greta – Die Fremde kam nackt
(CLAUDE ET GRETA). Frankreich 1969.
R Max Pécas. **B** Michéle Ressi/Max Pécas. **K** Robert Lefebvre. **M** Berry Hall. **D** Astrid Frank (Greta), Nicole Debonne (Claude), Yves Vincent (Mathias), Frédéric Sakiss (Jean), Kim Camba, Adaly.
F 91 Min.
Greta, schwedisches Au pair-Mädchen in Paris, sucht, nachdem der Herr des Hauses zudringlich geworden ist, eine Bleibe, um sich als Fotomodell durchzuschlagen. Doch auch in dieser Branche stößt sie nur auf geile Hechte. Der Lebemann Claude macht sie an, doch Greta will weder für Geld noch aus Dankbarkeit mit ihm schlafen. Bei dem schwulen Maler Max lernt sie Jean kennen, in den sie sich verliebt, doch der hat's auch mit Max. Greta kann Jean verführen und ihm klarmachen, daß er ein ›anormales Leben‹ führt. Max zückt den Colt. Claude versucht einen Suizid, als er merkt, daß er bei Greta nichts mehr besehen kann. – Kolportagefilm.

Griechische Feigen
BRD 1976.
R Siggi Götz. **B** Patrizia Piccardi. **K** Heinz Hölscher. **M** Gerhard Heinz. **D** Betty Vergés (Patrizia), Olivia Pascal (Amanda) Claus Richt, Wolf Goldan, Karlheinz Maslo, Eric Wedekind, Walter Kraus, Sabi Dorr, Rut Rex, Sylvia Fröhlich, Milda Jansen.
F 95 Min.
Patrizia, Tochter eines in Athen lebenden deutschen Industriellen, soll nach beendetem Urlaub wieder zum Studium nach München reisen, doch da Griechenland ihr besser gefällt, verschenkt sie ihr Flugticket, trampt durch das Land und macht allerlei ›erotische‹ Erfahrungen, bis sie in den Armen eines netten deutschen Journalisten landet. – Abgesehen von den zotigen Ausdrücken

zweier BRD-Machos ist der Film, verglichen mit anderen, die sich an ein einschlägiges Publikum wenden, nicht mal übel, aber auch die schönen Agäis-Aufnahmen können nicht darüber hinwegtäuschen, daß man es hier mit einer Billigproduktion zu tun hat. Nicht verpassen: Thomas Fritsch in einem Cameo als Kneipengast!
Ⓥ Telerent, Atlas

Grimms Märchen von lüsternen Pärchen
BRD 1969.
R Rolf Thiele. **B** Rolf Thiele. **K** Wolf Wirth. **M** Bernd Kampka. **D** Marie Liljedahl (Schneewittchen), Eva v. Rueber-Staier (Aschenputtel), Ingrid van Bergen (Königin), Gaby Fuchs (Dornröschen), Kitty Gschopf, Evelyn Dutree (Stiefschwestern), Walter Giller (Hans), Peter Hohnberger (Heinz), Hugo Lindinger (Bauer), Isolde Stiegler (Alte).
F 91 Min.
Die Bauerntölpel Hans und Heinz tauschen einen Goldklumpen gegen ein Roß. Dies bringt sie in den Zauberwald, wo Schneewittchen von einem lüsternen Jäger bedrängt wird. Nachdem sie den Gaul gegen eine Kuh, die Kuh gegen ein Schwein, und das Schwein gegen eine Gans eingetauscht haben, finden sie das Dornröschenschloß und wollen die schlafende Prinzessin mit einem zünftigen Geschlechtsverkehr zum Leben erwecken. Dornröschen erweist sich als sexbesessen, so daß sie reißaus nehmen und in einem Gasthaus landen, wo man gerade damit beschäftigt ist, die liebreizende Aschenputtel zu verspeisen. Hans und Heinz schalten die Freßlustigen aus und retten das Mädchen. Eine böse Hexe verwandelt die beiden in ein Tauben-

Olivia Pascal und Betty Vergés in *Griechische Feigen* von Siggi Götz

paar, und sie brechen auf, um eine Zauberblume zu finden, die Glück beschert: Schneewittchen wird von einem Edelmann vor der bösen Königin gerettet; Aschenputtel kriegt ihren Prinzen; Dornröschen wird von einem Jüngling beglückt, und Hans und Heinz erhalten ihre menschliche Gestalt zurück. – »Obwohl es von Nuditäten wimmelt, konzentriert sich die reale Handlung auf die deutliche Zurschaustellung abgehackter Finger, Zehen und Füße, sowie ganzer Körper, die in Nahaufnahmen liebevoll aufgeschlitzt werden.« (VARIETY). – AT: SCHNEEWITTCHEN... DOCH EIN FLITTCHEN? Ⓥ Toppic

Der Große Arztreport
(INFRASEXUM). BRD/USA 1969/1971.
R Carlos Tobalina/Claus Muras.
B Carlos Tobalina/Claus Muras.
K William Larrabure/Michael Goritschnig. M N.N. D Erroff Lynn (Peter Allison), Carlos Tobalina (Carlos), Marsha Jordan (Joyce), Maria Pia, Sharon Matt, Janette Wass, Anita De Moulin, Luis Vargas, William Larrabure, Rolf Mamero, Aranka Jaenke, Gertrud Prey, Claus Muras. F 74 Min.
Der Millionär Peter Allison wird von seiner Gattin des Fremdgehens verdächtigt, ist aber in Wirklichkeit impotent und versucht seine Manneskraft zurückzugewinnen, indem er sich als ›Sehmann‹ betätigt. Am Ende geht er zu einem Psychiater, von dem er erfährt, daß Impotenz nicht nur weltweit verbreitet ist, sondern auch seelische Ursachen haben kann. – Ein amerikanischer Sexfilm mit reichlich viel Fleisch und lesbischer Betätigung, in der BRD mit zusätzlichen Szenen zum ›Aufklärungsfilm‹ verschnitten. In der Hauptrolle ein gewisser Erroff Lynn (!), der ungefähr so aussieht, wie Errol Flynn drei Tage vor seinem Ableben. – AT: INFRASEXUM.

Der Große deutsche Sexreport
Siehe **Wunderland der Liebe – Der Große deutsche Sexreport**

Die große Ekstase
(LE GRAND DÉLIRE / PROSSIGAA PERTURA CASA DI PIACERE). BRD/Frankreich/Italien 1975.
R Denis Berry. B Denis Berry.
K Pierre Lhomme. M Patrick Lanjean.
D Jean Seberg, Pierre Blaise, Yves Beneyton, Stefania Casini, Isabelle Huppert, Wolfgang Preiss, Jacques Debray, Gladys Berry. F 93 Min.
Ein findiger Arztsohn gründet nach dem Ableben seines Vaters mit seiner nymphomanischen Freundin und diversen Damen des horizontalen Gewerbes in seinem Haus ein florierendes Bordell für die reiferen Jahrgänge. – Das ist zwar alles komödiantisch gemeint, aber von gähnender Langeweile.
Ⓥ Monte Video

Das große Fressen
(LA GRANDE BOUFFER/LA GRANDE ABUFFATA). Frankreich/Italien 1973.
R Marco Ferreri. B Marco Ferreri/Rafael Azcona. K Mario Vulpiani.
M Philippe Sarde. D Marcello Mastroianni (Marcello), Ugo Tognazzi (Ugo), Michel Piccoli (Michel), Philippe Noiret (Philippe), Andrea Ferreol (Andrea), Florence Giorgetti (Anne), Monique Chaumette (Madeleine), Rita Scherrer (Anulka), Solange Blondeau (Danielle), Michéle Alexandre (Nicole), Cordelia Piccoli (Barbara), Henri Piccoli (Hector), Bernard Menez (Pierre), James Campbell (Zack), Patricia Milochevitch (Mini), Luis Navarre (Braguti), Mario Vulpiani (Kopilot). F 129 Min.
Der Gastwirt Ugo, der TV-Producer Michel, der Pilot Marcello und der Richter Philippe sind gute Freunde, die zwar beruflich erfolgreich sind, aber offenbar

Großväterchen frönt Perversionen: *Die große Ekstase* von Denis Berry

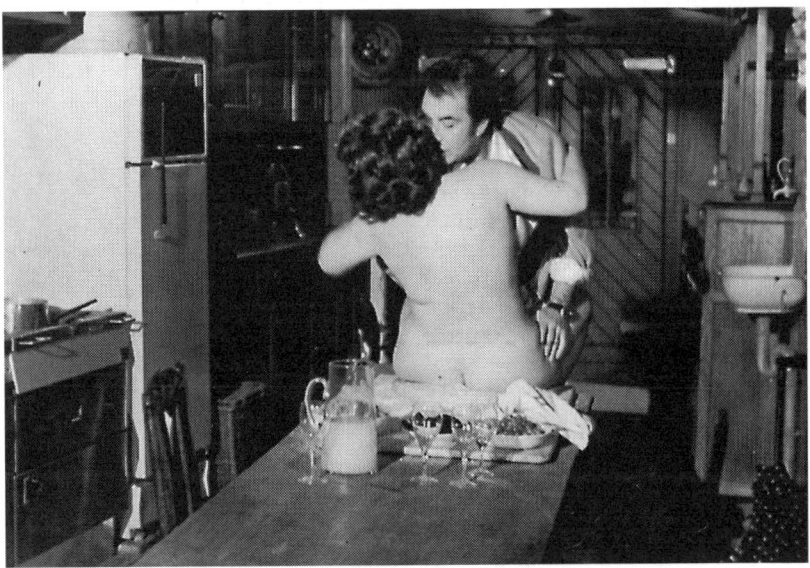

Die Große Nummer wird gemacht, und wenn der ganze Zirkus kracht:
Ugo Tognazzi und Andrea Ferreol in *Das große Fressen* von Marco Ferreri

Die große Orgie

Szene aus *Die große Orgie* von Miklos Jancso

an ihrem Dasein verzweifeln. Um der schnöden Welt Adè zu sagen, ziehen sie sich in Philippes luxuriöses Elternhaus zurück, um sich zu Tode zu fressen. Marcello, ständig geil, kann auf Frauen nicht verzichten: Also lädt man die zufällig des Weges kommende pummelige Lehrerin Andrea und drei Prostituierte ein. Letzteren schlägt die Völlerei schnell auf den Magen, weswegen sie sich nach einer ausschweifenden Nacht verabschieden. Andrea hält die Stellung und dient den vier Männern willig bis zum bitteren Ende. – Daß DAS GROSSE FRESSEN Kunst ist, erkennt man schon daran, daß die Helden ihre wirklichen Namen benutzen und daß Andrea mit keiner Wimper zuckt, als die erste Leiche im Kühlraum landet. Die Dialoge drehen sich ums Fressen, um Banalitäten oder um Zoten, und der Zuschauer erfährt nichts über das Motiv der Helden. Wer sich nicht gerade den Bauch vollschlägt, bumst in der Garage, im Salon oder auf dem Küchentisch. – Die beste Szene: eine explodierende Klosettschüssel.
Ⓥ Taurus

Die große Orgie
(VIZI PRIVATI, PUBBLICHE VIRTU). Italien/Jugoslawien 1974.
R Miklos Jancso. **B** Giovanna Gagliardo. **K** Tomislav Pinter. **M** Francesco de Masi. **D** Lajos Balazsovits, Therese Ann Savoy, Franco Branciaroli, Laura Betti, Ivica Pajer, Zvonimir Crnko, Pamela Villoresi. **F** (105) 92 Min.
Der Kronprinz eines Kaiserreiches entzieht sich seinem Vaterhaus und der Politik in die freie Natur, entsagt dem goldenen Käfig des Reichtums und veranstaltet im Verein mit seinen aus ähnlichen Kreisen stammenden Freunden und Freundinnen eine gewaltige Orgie, um seine Verachtung für die bürgerliche Moral zu demonstrieren. – »Auf dem

Hintergrund einer erotischen Erzählung werden hemmungslose Sexualität, Nacktheit sowie gewöhnlicher und ungewöhnlicher Sex gezeigt – von einer technischen Schönheit und erotischen Kraft, die ihresgleichen in der Geschichte des Kinos noch nicht gefunden hat.« (P. P. McGuinness, THE NATIONAL TIMES). – Wie man sieht, wird nicht überall in Großbritannien die Kunst des Understatement gepflegt.
Ⓥ UFA

Das große Liebesspiel
BRD/Österreich/Frankreich 1963.
R Alfred Weidenmann. **B** Herbert Reinecker. **K** Georg Bruckbauer. **M** Charly Niessen. **D** Lilli Palmer (Schauspielerin), Hildegard Knef (Callgirl), Nadja Tiller (Geschiedene Frau), Daliah Lavi (Sekretärin), Elisabeth Flickenschild (Ältere Dame), Daniele Gaubert (Französin), Alexandra Stewart (Rektorengattin), Paul Hubschmid (Diplomat), Martin Held (Rektor), Peter van Eyck (Chef), Thomas Fritsch (Schüler), Peter Parten (Student), Angelo Santi (Gastarbeiter), Charles Regnier (Regisseur), Walter Giller (Polizist). **SW** 118 Min.
Ein episodisch aufgebauter Film, der auf Arthur Schnitzlers DER REIGEN basiert und im Wesentlichen die Versuche mehrerer Reihe Personen zeigt, ihren jeweiligen Partner zu hintergehen, um Liebesabenteuer ›außer der Reihe‹ zu genießen. So balzen ein Schüler mit der Frau seines Rektors, der Rektor mit einer Sekretärin, die es wiederum mit ihrem Chef hat, während die Exfrau des Chefs sich einen Studenten angelt, der es dann mit einer Französin treibt, die es später mit einem Italiener macht, der wiederum einer Schauspielerin zu Diensten ist, die sich einem Diplomaten zuwendet, der von einer reichen alten Schachtel protegiert wird. – Das ist natürlich alles völlig harmlos und ganz und gar nichts für Leute, die scharfe Sachen sehen wollen.

Grüne Witwen, billig zu haben
(THE SWAP AND HOW THEY MADE IT).
USA 1966.
R Joseph W. Sarno. **B** Joseph W. Sarno. **K** Robert Gage. **M** James Lynch. **D** Lorraine Claire, Stella Britton, George Wolfe, Chim Chisholm. **SW** 81 Min.
Zwei sexbesessene Pärchen kommen in eine fremde Stadt und werden Mitglie-

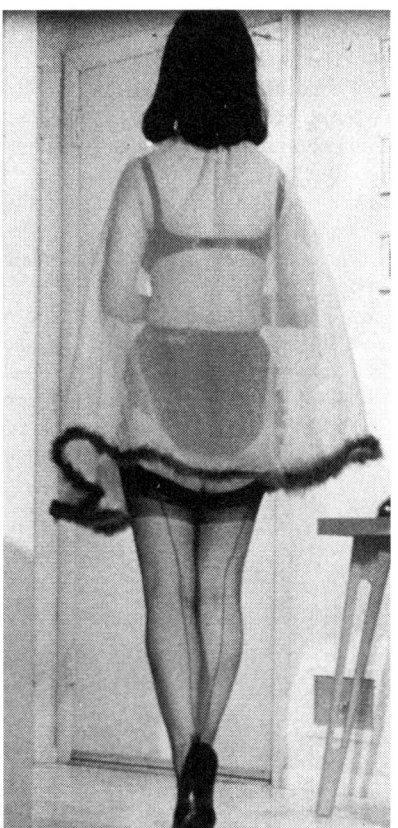

Der einzige Grund, sich *Grüne Witwen – Billig zu haben* (Joseph W. Sarno) anzusehen: Stella Britton im Hausanzug

der eines orgiastischen Privatclubs, bis sie erkennen, daß sie in einen ›Sumpf‹ hineingeraten sind. – »Sie küssen, kosen und keuchen in ermüdender Monotonie.« (FILMDIENST).

Gwendoline
(GWENDOLINE). Frankreich 1983.
R Just Jaeckin. **B** Just Jaeckin/Jean-Luc Balfour. **K** André Domage.
M Pierre Bachelet. **D** Tawney Kitaen (Gwendoline), Brent Huff (Willard), Zabou (Beth), Bernadette Lafont (Königin), Jean Rougerie (Darcy), André Julien (Tom). **F** 105 Min.

Als die Klosterschülerin Gwendoline den Eindruck hat, ihr Wissenschaftler-Vater sei bei der Suche nach einem raren Schmetterling im fernen Asien verschollen, bricht sie mit ihrer Freundin Beth auf, um ihn zu suchen. In einer exotischen Küstenstadt treffen sie den Abenteurer Willard, der sich ihnen anschließt und sie vor lüsternen Chinesen, hungrigen Kannibalen und unangenehmen Sandstürmen beschützt, bis sie im Land Yik Yak in ein unterirdisches Reich und vom Regen in die Traufe gelangen, denn die böse Königin, die dort herrscht, erweist sich als Sadistin, der nichts über die Folter geht. Für Gwendoline und ihre Begleiter brechen harte Zeiten an. – »Die Geschehnisse in der Verbotenen Stadt bilden Jaeckins zentrales Anliegen. Hier bietet sich ihm… ausführlich Gelegenheit für Sado-Maso-Praktiken, Kopulationsszenen und Fleischbeschau. Und gerade hier gleitet ihm der Film vollends aus den Händen. Ein Anschlußfehler folgt dem nächsten, dramaturgische Mängel verstärken seine Schwächen in der Schauspielerführung. Erotische Arrangements kann er durch seinen Kameramann noch einfangen lassen, [doch] sollen seine… Schauspieler agieren, gerät der Film zu einem persönlichen Desaster.« (Hartmut Geisler, FILMECHO/FILMWOCHE. – »Trotz seines sich brüstenden Quellenmaterials… ist GWENDOLINE nichts, was einen zum Sabbern bringt. Just Jaeckins Fantasy-Abenteuer über die hübsche Unschuld in der grausamen Welt hat im Grunde nur wenig mit dem einst skandalösen Comic-Strip John Willies zu schaffen, in der das Schicksal des üppigen jungen Dings darin bestand, fortwährend in Ketten gelegt und verschiedensten Erniedrigungen unterzogen zu werden.« (VARIETY). Ⓥ Constantin

H

Haben Sie Interesse an der Sache?
(VOUS INTERESSEZ – VOUS A LA CHOSE?). BRD/Frankreich 1973.
R Jacques Baratier. **B** Claude Eymuche/Stéphane Jourat/Michel Ribes/Jacques Baratier. **K** Daniel Gaudry. **M** Yani Spanos. **D** Nathalie Delon (Tante Lise), Didier Haudepin (Patrick), Muriel Catala (Dina), Christine Schuberth (Marie), Bernard Jeantet (Julien), Joachim Hansen (Bernard), Reneé St. Cyr (Oma), Tim Behrens (Tim), Roland Blanche (Alexandre). **F** 79 Min.
Zwei Knaben, die ›nur das eine‹ im Sinn haben, verbringen den Urlaub im Landhaus einer französischen Großfamilie, deren Angehörige kaum andere Interessen haben als sie selbst. Sie stellen der Cousine nach und gewinnen auch ihre sinnliche Tante dazu, sie in die Mysterien des Sexus einzuweihen.
Ⓥ PolyGram

Haferbrei macht sexy
(EVERY HOME SHOULD HAVE ONE). GB 1970.
R Jim Clark. **B** Marty Feldman/Barry Took/Denis Norden. **K** Ken Hodges. **M** John Cameron. **D** Marty Feldman (Teddy), Shelly Berman (Nat Kaplan), Judy Cornwall (Liz), Julie Ege (Inga Giltenberg), Patrick Cargill (Wallace Truefit), Jack Watson (McLaughlin), Patience Collier (Mrs. Levin), Penelope Keith (Lotte v. Gelbstein), Dinsdale Landen (Rev. Mellish), John McKelvey (Col. Belper), Annabel Leventon

Werbefuzzi im Land der Träume: Julie Ege und Marty Feldman in *Haferbrei macht sexy* von Jim Clark

(Sekretärin), Moray Watson (Chandler), Sarah Badel (Joanna Snow), Michael Bates (Magistrat), Roland Curran (Kellner), Dave Lee (Ern), Hy Hazell (Mrs. Kaplan), David Hutchinson (Broker), Judy Huxtable (Draculas Opfer), John Wells (Tolworth).
F 94 (88) Min.
Ein *Sexfilm* mit Marty Feldman in der Hauptrolle??? Natürlich nicht – aber eine lüsterne Komödie, in der der gute Marty in der Rolle eines Werbefritzen der Öffentlichkeit einen dämlichen Haferbrei schmackhaft machen muß. Und wie immer, wenn die Werbung Mist verkaufen muß, den niemand haben will (und den man schon mal gar nicht braucht), verfällt er auf den allerseits bekannten Schmutztrick Nr. 17: Haferbrei macht sexy! Also denkt er sich einen Haufen Sexy-Werbespots aus, in denen er als ewiger Dirty Old Man durch die Szenen trampelt. – Dämlich.

Hänsel und Gretel verliefen sich im Wald
BRD 1969.
R F.J. Gottlieb. **B** F.J. Gottlieb.
K Petrus Schloemp. **M** Attila Zoller.
D Francy Fair (Gretel), Dagobert Walter (Hänsel), Barbara Klingered (Hexe), Herbert Fux (Knecht), Karl Dall (Oswald), Rainer Basedow.
F 80 (TV: 73) Min.
Weil die blonde Gretel erst in den heiligen Stand der Ehe treten möchte, bevor sie den sich machohaft gebärdenden Hänsel in ihr Bett läßt, sucht der nur auf die Erfüllung seiner sexuellen Phantasien bedachte Jungplayboy Rat bei einer offenherzig gekleideten und sich lasziv gebärdenden jungen Burgherrin. Auf der Burg der lüsternen Dame erkennt Gretel, daß der – auch ziemlich schusselige – Hänsel sich von den Reizen ihrer neuen Bekannten umgarnen läßt. Fazit: Sie sieht ihren ›Irrtum‹ ein und erobert ihn mit den ›Waffen der Frau‹ zurück. Mit von der Partie: Herbert Fux als geiler Knecht, und Karl Dall als dämlich kichernder ›Oswald, der Schnitzer‹. – Ein Film zum Davonlaufen! – AT: LASS UNS KNUSPERN, MÄUSCHEN.

Harlis
BRD 1972.
R Robert van Ackeren. **B** Robert van Ackeren/Joy Markert/Iris Wagner.
K Dietrich Lohmann/Lothar Stickelbrucks. **M** Gustav Mahler. **D** Mascha Rabben (Harlis), Gabi Larifari (Pera), Ulli Lommel (Raymond), Rolf Zacher (Prado), Heidy Bohlen (Ria), Jean Pierre Bonnin, Ellen Esser, Helga Hennig, Monika Bonet, Eleonore Münchhoff, Uschi Lina. **F** 90 Min.
Harlis und Pera sind Revuetänzerinnen und einander in lesbischer Liebe zugetan. Als der schmucke Raymond, der es bisher mit einer Fleischerin hatte, sich an Harlis heranmacht, reagiert Pera sauer. Doch Harlis mag sich nicht festlegen. Die Exgeliebte Raymonds verbündet sich mit Prado und heiratet ihn, um sich zu rächen, doch Prado ermordet sie in der Hochzeitsnacht. Raymond unternimmt einen Selbstmordversuch, Harlis rettet ihn. Sie heiratet Raymond, und Pera hat auch nichts mehr dagegen.

Hattu Keuschheitsgürtel, muttu knabbern
(IL DECAMERONE PROIBITO).
Italien 1972.
R Carlo Infascelli. **B** Carlo Infascelli/Ugo Moretti/Mario Amandolla/Gastone Ramazotti/Antonio Raccioppi.
K Riccardo Palottini. **M** Giancarlo Chiaramello. **D** Marisa Longo, Dada Crostarosa, Carlos de Carvalho, Mario Frera, Gabriella Giorgelli, Orchidea De Santis, Eleana Puatto, Margaret Rose Keil, Mario Maranzana.
F (95) 90 Min.

Eine knackige Dame erweckt die Begierde eines potenten Grafen, doch im kritischen Moment greift ihr Gatte ein. – Dies ist die Rahmenhandlung der Erzählungen Boccaccios, die Carlo Infascelli zu einer Sexstory aus dem Italien des 16. Jahrhunderts (mit vielen nackten Hinterteilen und prallen Brüsten) verbraten hat. – AT: Das Liebesnest.
Ⓥ All

Das Haus der ausgefallenen Wünsche
(CLUB PRIVEE POUR COUPLES AVERTIS). Frankreich 1973.
R Max Pécas. **B** Michel Vocoret. **K** Robert Lefebvre. **M** Dery Hall. **D** Philippe Gaste (Marcel), Eva Stroll (Corinne), Chantal Arondel (Lise), Michel Vocoret (Charlie), Henri Serre (Patrick), Anne Libert, Christophe Alberola, Gilda Arancio, Cathy, Roland Charbaux, Anne Kerylen, Guy Pieraud, Liliane Ponzio, Julia Thomas, Claude Villaret. **F** (83) 77 Min.
Der Taxifahrer Marcel fährt die offenherzige Corinne zu einem Privatclub. Als er auf sie wartet, wird er hereingebeten und delektiert sich an den Übertragungen der hausinternen TV-Station, die die sexuellen Ausschweifungen der Gäste überträgt. Als Marcel seine Braut Lise beim Liebesspiel mit einem orientalischen Prinzen beobachtet, klinkt er aus. Lise gibt ihm den Laufpaß. Von Corinne erfährt er, daß sie und ihr Mann eine Beziehung zu Lise haben und ihn daran teilhaben lassen wollten.
Ⓥ Silwa

Haus der Begierde
(LA MAISON DES MILLE ET UN PLAISIRS). Frankreich/Schweiz 1984.
R Michel Leblanc [= Michel Lemoine]. **B** N.N. **K** N.N. **M** N.N. **D** Olinka Hardiman (Claudine), Dominique St. Clair (Madame Blanche), André Kay (Albert), Gabriel Pontello (Parzival), Marianne Aubert, Laura Clair, Jacky Arnal (Huren), Alban Ceray, Gérard Gregory, John Oury (Kunden).
F 85 (TV: 75) Min.
Die junge Claudine wird von einer Bordellbesitzerin in ihr Etablissment eingeführt, kann sich jedoch in letzter Konsequenz nicht durchringen, wie eine Hure aufzutreten. Als die Puffmutter den Versuch macht, den anständigen Millionär und Stammgast Albert, in den Claudine sich verliebt hat, mit schweinischen Fotos zu erpressen, brennt die unwillige Hure durch. Ein Sexfilm, der seinem Titel nicht gerecht wird: Die »tausend Freuden« lassen einem die Füße einschlafen. Softversion eines Pornos.

Das Haus der Erotik
Siehe **Pension Clausewitz**

Das Haus der freien Liebe
Siehe **Pension der freien Liebe**

Das Haus der geheimen Lüste
BRD 1979.
R Hans Billian. **B** Hans Billian. **K** N.N. **M** N.N. **D** Gretchen Meyer, Alma Katz, Heidi Mahler, Lydia Loring, Claude Bach, Jean-Luc Pitard, Felix Wurtmann. **F** 90 Min.
Herr von Klingenberg, ein Kämpfer für Anstand und Moral, wird zum Ehrenbürger seiner Heimatstadt ernannt – was einem Journalisten gar nicht paßt, denn er ist Stammgast im örtlichen Bordell – wie alle anderen Heuchler, die in der Stadt das Sagen haben. – Ein ansehbarer Sexfilm aus der Zeit, als Videokassetten noch 200 Mark kosteten.
Ⓥ Starlight

Das Haus der tausend Freuden
(LA CASA DE LAS MIL MUNECAS). BRD/Spanien 1967.
R Jeremy Summers. **B** Peter Welbeck

Maria Rohm (KREISCH!) in *Das Haus der tausend Freuden* von Jeremy Summers

[= Harry Alan Towers]. **K** Manuel Merino. **M** Charles Camilleri. **D** George Nader (Stephen Armstrong), Vincent Price (Felix Manderville), Ann Smyrner (Marie Armstrong), Wolfgang Kieling (Insp. Emil), Sancho Gracia (Fernando), Yelena Samarina (Mme. Viera), Maria Rohm (Diane), Luis Rivera (Paul), José Jaspe (Ahmed), Diane Bond (Liza), Andrea Lascelles, Jill Echols, Kitty Swan, Ursula Janis, Loli Munoz, Karin Skarreso, Monique Aimé, Lara Lenti, Caroline Coon, Marisol, Sandra Petrelli, Francoise Fontages (Die tausend Freuden), Milo Quesada, Fernando Cebrián, Irene Caba. **F** 90 Min.
Der FBI-Agent Stephen Armstrong legt die anerkannt bösen Mädchenhändler von Tanger aufs Kreuz. – Trotz der Beteiligung von Sex-Mogul Harry Alan Towers (Drehbuch) und seiner aus vielen schlechten Fleisch-Filmen bekannten Braut Maria Rohm enthält dieser Streifen mehr Crime als Sex, aber auch als Krimi ist er schlecht.

Haus der tausend Perversionen
(THE CORPORATE QUEEN). USA 1970.
R Lem Amero. **B** Lem Amero. **K** John Amero. **M** Firth Demule. **D** Alon d'Armand, Alice Ottawa, Ula Kopa, Renay Clair, Tony Vito. **F** 82 Min.
Die nicht mehr ganz taufrische, aber stinkreiche Chefin eines blühenden New Yorker Massagesalons erzählt vom Aufstieg ihres Unternehmens, das gegen harte Dollars die Wünsche von Lustmolchen aller Art (Lesbierinnen, Bisexuellen, Fetischisten, Voyeuren) erfüllt, indem die Kunden »mit raffinierten sexuellen Befriedigungsinstrumenten und ausgefallenen Pornospielen ... beglückt und befriedigt« (Verleihmitteilung) werden. Bis ihr Bräutigam am Ende mit ihrem Geld und einer anderen durchgeht und aus Rache in die Luft gesprengt wird. – Hauptdarsteller Alon d'Armand betätigt sich heute als Hellseher bzw. Geistheiler.

Das Haus der verlorenen Mädchen
(THE SINFUL DWARF). Dänemark 1973.
R Vidal Raski. **B** William Mayo. **K** N.N. **M** Ole Orsed. **D** Torben, Anne Sparrow, Tony Eades, Clara Keller, Werner Hedman, Gerda Madsen, Dale Robinson. **F** 92 (88) Min.
Sexfilm um einen Zwerg, der Mädchen unter Drogen setzt, um sie Lustmolchen auszuliefern. – Nicht zu verwechseln mit TRAQUENARDS EROTIQUE (Frankreich 1968; **R** Jean-Francois Davy), dessen deutsche Fassung ebenfalls unter dem Titel DAS HAUS DER VERLORENEN MÄDCHEN gelaufen ist.

Das Haus voller Liebesnarren
(LES PETITS DESSOUS DES GRANDS ENSEMBLES). Frankreich 1975.
R Christian Chevreuse. **B** Horst Alex-

ander. **K** N.N. **M** N.N. **D** Christian Chevreuse, Pierre Doris, Mérette Souplex, Michel David. **F** 78 Min.
Ein gemischter Trupp von Sexbesessenen trifft sich in einer Villa, um dem gemeinsamen Hobby zu frönen. – Nicht gerade aufwendig gestalteter, wenig origineller Sexfilm.
Ⓥ VFL

Die Hausaufgabe
(LA TAREA). Mexiko 1990.
R Jaime Humberto Hermosillo. **B** Jaime Humberto Hermosillo. **K** Toni Kuhn. **M** N.N. **D** Maria Rojo (Virginia), José Alonso (Marcelo). **F** 85 Min.
Virginia, eine Filmstudentin, lädt ihren Exlover Marcelo ein, der sich auf eine heiße Liebesnacht freut. Doch sie hat eine Kamera in der Wohnung versteckt, um die Nummer aufzuzeichnen. Marcelo ist beleidigt, kommt aber sexuell auf seine Kosten. – »So etwas haben wir früher als experimentell gelobt, jetzt langweilt es bis zur Bewußtlosigkeit... Der Schluß des Ganzen ist dann derart peinlich, daß es nicht mal Spaß macht, ihn zu verraten.« (Rainer R. Seipel, TZ).

Hausaufgaben
(HOMEWORK). USA 1982.
R James Beshears. **B** Maurice Peterson/Don Safran. **K** Paul Goldsmith. **M** Tony Jones/Jim Witzel. **D** Joan Collins (Diana), Michael Morgan (Tommy), Shelley Kepler (Lisa), Lanny Horn (Ralph), Lee Purcell (Miss Jackson), Renee Harris (Cookie), Erin Donovan (Sheila), Mark Brown (Mix), Steve Gustafson (John), Carrie Snodgress (Dr. Delingua), Wings Hauser (Red Dog), Joy Michael (Diana, 16), Mel Welles, Beverly Todd, John Romano, Ernestina Jackson, Bill Knight, Newell Alexander, Deedee Downs, Howard Storm, Betty Thomas.
F (90) 88 Min.

Der sexhungrige, doch im Gegensatz zu seinen Freunden nie zum Zuge kommende Teenager Tommy verzehrt sich nach der Schulpsychologin Dr. Delingua und wieselt pausenlos in Hollywood herum, um ein Mädchen aufzutun, das bereit ist, ›es‹ mit ihm zu machen. Dann stößt er auf die laszive Diana, die Mutter seiner Bekannten Sheila, die natürlich sofort sabbert, als sie den knackigen Sechzehnjährigen zu Gesicht bekommt... – Der Film entstand 1979 unter dem Titel GROWING PAINS, doch die Produzenten waren selbstkritisch genug, ihn in der sogenannten ›shit can‹ verschwinden zu lassen. Erst die neu erwachte Popularität von Joan Collins (TV-Serie *Denver-Clan*) ließ sie die Sache neu überdenken.
Ⓥ CIC

**Hausfrauen-Report (1):
Unglaublich, aber wahr**
BRD 1971.
R Eberhard Schröder. **B** Werner P. Zibaso. **K** Klaus Werner. **M** N.N. **D** Wolf Ackva, Doris Arden, Astrid Boner, Renate Kasché, Gernot Möhner, Ellen Umlauf, Alexander Allerson, Angelika Baumgart-Frey, Sybill Danning, Hans Dieter Kerky, Elisabeth Volkmann.
F 81 Min.
In zehn Episoden erfahren wir vom Verhalten deutscher Hausfrauen und ihrer streßgeplagten Ehemänner: Weil Papa zu erschöpft zum Sex ist, treiben's sie es mit Briefträgern, mit Fernfahrern und den Chefs der Gatten, damit der arme Hund nicht den Job verliert. – »Der Film erhebt mit seinen Beispielen keinen Anspruch, symptomatisch für das Leben bzw. Liebesleben der deutschen Haus- und Ehefrau zu sein. Er will lediglich warnen (!), aufmerksam machen und Denkanstoß (!) sein« (Verleihmitteilung). – Alice Schwarzer, wo warst du, als dieser Dreck produziert wurde?

(Wahrscheinlich gerade in Frankreich, Fernando Arrabal verkloppen).
Ⓥ UFA

Hausfrauen-Report (2)
Siehe **Der Neue Hausfrauen-Report (2)**

Hausfrauen-Report (3)
BRD 1972.
R Eberhard Schroeder. **B** Werner P. Zibaso. **K** Klaus Werner. **M** Chapell Verlag. **D** Alexander Allerson, Angelika Baumgart, Gernot Möhner, Fernando Gómez, Josef Moosholzer, Hasso Preiss, Sascha Hehn, Peter Capell, Eva Garden, Claus Tinney, Jochen Busse, Dorit Henke, Biggy Jordan, Brigitte Knuth, Rosl Mayr, Rainer Penkert, Maria Raber, Angelika Schlerf, Rinaldo Talamonti, Claus Tinney, Dagobert Walter, Anne de Vos, Dieter Assmann, Marianne Ködermann, Günther Geiermann. **F** 97 Min.
Wie schon im ersten und zweiten Teil der ›Hausfrauen'-Serie bemühen sich auch in diesem Film offenbar massenhaft vorhandene, sexuell nicht ausgelastete deutsche Hausfrauen, das Objekt ihrer obskuren Begierden außerhalb des heimischen Bettes zu finden. Und sie finden sie reichlich. – Schmalbrüstiger Episodenfilm.

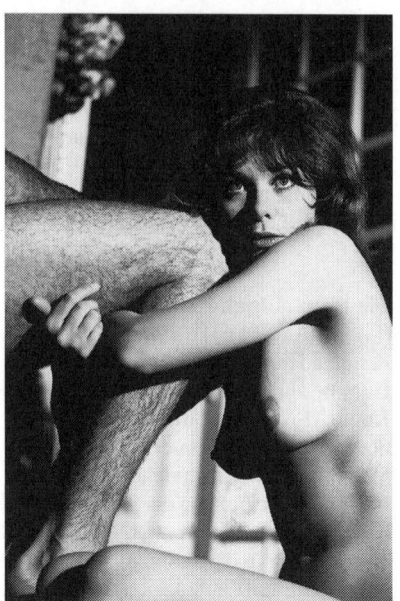

Nur das eine im Kopf: Szene aus *Hausfrauen-Report (4): Hausfraueneport international* von Ernst Hofbauer

nachlässigt – wenn man der Phantasie der Filmemacher trauen kann. Denn auch anderen Orts treiben die Damen es mit Nachbarn, Verwandten, Psychiatern, Taxifahrern und Athleten. – Auch dieser ein nur schmalbrüstiger (no pun intended) Episodenfilm.
Ⓥ VPS

Hausfrauen-Report (4): Hausfrauenreport International
BRD 1973.
R Ernst Hofbauer. **B** Werner P. Zibaso. **K** Klaus Werner. **M** N.N. **D** Gernot Möhner, Angelika Baumgart, Ingrid Steeger, Horst Keitel, Sally Ann Peters, Claus Tinney, Erich Padalewsky. **F** 95 (TV: 82) Min.
Ebenso wie deutsche Hausfrauen werden auch Hausfrauen in Budapest, London, New York, Pariser und Barcelona von ihren Gatten permanent sexuell ver-

Hausfrauen-Report (5)
BRD 1973.
R Eberhard Schroeder. **B** Quirin Steiner. **K** Werner Kurz. **M** N.N. **D** Rosl Mayr, Elisabeth Volkmann, Marianne Gross, Ulrike Butz, Doris Denberg, Rinaldo Talamonti, Josef Moosholzer, Horst Reichel. **F** 84 Min.
Inhalt siehe HAUSFRAUENREPORT 1–4. – Der Unterschied zu den bisherigen Folgen besteht darin, daß ein paar Leute einem Reporter ihre – uns dann gezeigten – Liebesabenteuer erzählen.

**Hausfrauen-Report (6):
Warum gehen Frauen fremd?**
BRD 1977.
R August Rieger. **B** N.N. **K** N.N.
M N.N. **D** Gernot Möhner (Bernd), Angelika Baumgart, Rinaldo Talamonti, Biggi Jordan, Eva Garden, Sascha Hehn, Josef Moosholzer.
F 91 (TV: 87) Min.
Der Doktorand Bernd wird von seiner Frau bei den Recherchen zur Filmtitel-Umfrage unterstützt und zieht von der Mietskaserne zur Luxusvilla, um auszuspähen, warum Frauen fremdgehen. – Warum? Weil sie ständig erhitzt und ihre Ehemänner Schlappschwänze sind.
Ⓥ UFA

Die Hauslehrerin
(L'INSEGNATE VIENE A CASA).
Italien/Frankreich 1978.
R Michele Massimo Tarantini. **B** Francesco Milizia/Michele Massimo Tarantini. **K** Giancarlo Ferrando. **M** Franco Campanino. **D** Edwige Fenech (Luisa), Renzo Montagnani (Ferdinando), Lino Banfi (Amedeo), Ria De Simone (Sen. Marinotti), Alvaro Vitali, Marco Gelardini, Carlo Sposito, Giselle Solto.
F 83 Min.
Luisa läßt sich in der Provinz im Haus eines Chirurgen nieder, um Klavierstunden zu geben, doch jedermann hält sie für eine Gunstgewerblerin und versucht, in ihrem Bett zu landen. Luisa wimmelt die Männer ab, doch dann erwischt sie ihren Geliebten Ferdinando mit seiner eigenen Frau. Und so muß sie sich an ihm rächen. – »Eindeutig voyeuristisch.« (FILMBEOBACHTER).
Ⓥ UFA

Die Haut
(LA PELLE/LA PEAU).
Italien/Frankreich 1980.
R Liliana Cavani. **B** Liliana Cavani/Robert Katz. **K** Armando Nanuzzi. **M** Lalo Schifrin. **D** Burt Lancaster

Die unfreiwillige Gunstgewerblerin: Edwige Fenech und Renzo Montagnani in *Die Hauslehrerin* von Michele Massimo Tarantini

Die Haut zu Markte tragen: Claudia Cardinale und Marcello Mastroianni in *Die Haut* von Liliana Cavani

(General Cork), Marcello Mastroianni (Curzio Malaparte), Claudia Cardinale (Prinzessin Caracciola), Ken Marshall (Jimmy Wren), Alexandra King (Deborah Wyatt), Carlo Giuffré (Mazzullo). **F** 111 Min.

Als die gut genährten und gelegentlich recht einfältigen Angehörigen der siegreichen amerikanischen Armee 1943 ins italienische Neapel einmarschieren, sehen sich die hungernden Bewohner der Stadt um des Überlebens willen buchstäblich gezwungen, ihre Haut zu Markte zu tragen: Egal ob Frau, Mann oder Kind, alles wird zu einem gewissen Preis zur Ware. Die Sieger, auf andere Weise ebenfalls ausgehungert, zeigen sich konsumfreudig und lassen sich finanziell nicht lumpen. Bis sich – als fungiere er als Gottes Strafgericht – der Vesuv in das morbide Treiben einschaltet. – »Spekulativen Voyeurismus und effekthascherische Schockeffekte« (FILMDIENST) gibt es zwar, doch heute würde man sie bestimmt mit anderen Augen sehen. DIE HAUT ist keinesfalls Sexfilm im üblichen Sinn.

Ⓥ UFA

He and She – Der perfekte Liebesakt

(HE AND SHE). USA 1970.
R Matt Cimber [= Matteo Vitale].
B Marvin Miller/Matt Cimber.
K Anonym. **M** Anonym. **D** Anonym.
SW 65 Min.

Film über ein junges Ehepaar, das sich auf einem runden Bett liebt. Dazu Schnittsalat über das Vorspiel, die ersten Wochen ihres Zusammenlebens, Spiele am Strand und unter der Dusche, Spaziergang in Hollywood und Fahren per Anhalter. Beim Orgasmus, erfahren wir, denkt man an Cunnilingus, Fellatio, Eisessen, Feuerwerke, Bomben und Raketen. – Matt Cimber war der letzte Ehemann des Busenwunders Jayne Mansfield, und die Firma, die HE AND SHE in den USA verleiht, heißt ›Institut für Erwachsenenaufklärung‹. Was kaum ernstzunehmen ist, wenn man weiß, daß dieses Produkt aus dem Studio der auf Schnellschüsse spezialisierten Produktionsfirma New World stammt. – Kein Aufklärungsfilm.

He and She (2): Brother and Sister
(BROTHER AND SISTER). USA 1973.
R Roland Miller. **B** Roland Miller.
K N.N. **M** N.N. **D** Robin Whitting, Lawrence Edwards. **F** 66 Min.
Ein voyeuristisches Inzestfilmchen über ein Liebesverhältnis zwischen Bruder und Schwester, das mit dem Film HE AND SHE – DER PERFEKTE LIEBESAKT (USA 1970; **R** Matt Cimber) – vom nicht vorhandenen Niveau abgesehen – nichts gemein hat.

Heb hoch das Hemd, wenn's Höschen klemmt
Siehe **Liebe durch die Autotür**

Heißblütig
(NYMPHS ANONYMOUS). USA 1970.
R Gregory Sandor [= Manuel S. Conde]. **B** Gregory Sandor. **K** N.N.
M N.N. **D** Lois Lane, Karen Lee, Natasha, Betty Boppo, Banana Peel, Michele Angelo. **SW** 76 Min.
Scharfe Ehefrauen gründen einen Sexclub in den Hügeln von Hollywood und locken Lesbierinnen, Nymphomaninnen, Fetischisten und Voyeure in ihr Haus. Doch ihre Gatten, die dahinterkommen, beobachten ihr Treiben aus dem Hintergrund und schalten die Konkurrenz auf mehr oder weniger unfeine Art aus. – Ein Sexlustspiel, in dem die Leichen sich häufen.

Heiße Berührungen
(LEVRES ROUGES ET BOTTES NOIRES). Frankreich/Schweiz 1975.
R Jess Franco [= Jesus Franco Manera]. **B** Manfred Gregor [= Erwin C. Dietrich]. **K** Peter Baumgartner. **M** Walter Baumgartner. **D** Lina Romay, Monica Swinn, Raymond Hardy. **F** (75) 63 Min.
Eine mit ihren körperlichen Reizen nicht geizende Stripperin, die unter Mordverdacht steht, wird gekidnappt und verbringt den Rest der ›Story‹ in möglichst nackerten Posen vor der Kamera. – Ein heillos verworrener, dankenswerterweise jedoch kurzer Schnittabfall aus den Mülltonnen einer Produktionsfirma, die selten Besseres zustande bringt.
Ⓥ Heeres, Movie

Heiße Bräute auf der Schulbank
BRD 1984.
R Albert Naumann. **B** Albert Naumann. **K** Günter Lemmer. **M** N.N.
D Sybille Sing, Eleonore Melzer, Uschi Karnat, Sepp Kneisl, Rolf Ernser. **F** 77 Min.
Ein sexhungriger Schulrektor versucht mit vielen schrägen Zügen, in eine andere Stadt versetzt zu werden, da dort seine Geliebte an einer anderen Bildungseinrichtung unterrichtet, und bettet im Zuge seiner Intrige rudelweise willige Schülerinnen. – In den sechziger Jahren wäre das noch ein Skandal für die Titelseite der BILD-Zeitung gewesen.
Ⓥ Movie Star

Heiße Feigen
BRD 1978.
R Enrico Calvi. **B** N.N. **K** N.N.
M N.N. **D** Anne Anderson. **F** 69 Min.
Softsexer um die Vor- und Nachteile, die

der Gruppensex mit sich bringt. – Ein höchstwahrscheinlich heftig beschnittener Exporno.

Heiße Fingerspiele
(MRS. STONE'S THING). USA 1972.
R Joseph F. Robertson [= Lasse Braun]. **B** Joseph F. Robertson [= Lasse Braun]. **K** N.N. **M** N.N. **D** Sue Frank, Louise Stone, John Wilding, Linda Johnson. **F** (90) 73 Min.
Zwei Angestellte einer sexbesessenen Großindustriellen nehmen ihre Gattinnen mit auf eine Party, die von ihrer Chefin veranstaltet wird und lernen sie dort in völlig neuem Licht kennen. – Die Softsex-Kinofassung dieses ursprünglichen Pornos ist sehr stark gekürzt.
Ⓥ Mike Hunter

Heiße Girls aus Dänemark
Siehe **Das tosende Mädchenpensionat**

Heiße Haut im Sommerwind
Schweiz 1983.
R Michel Leblanc [= Michel Lemoine]. **B** N.N. **K** N.N. **M** N.N. **D** Gabriel Pontello (Roland), Cathy Menard (Doris), Olinka Hardiman (Marianne), Marion Sicard, Aurore. **F** 76 Min.
Der schöne Roland lernt auf einem Schiff am Züricher See das Marilyn Monroe-Double Marianne kennen und nimmt es mit nach Hause zu seiner Frau Doris, damit beide etwas von Marianne haben. Dann kriegt Doris einen Katzenjammer und nimmt eine Einladung ihres Chefs zum Wochenende an, wo sie u.a. lernt, weniger besitzergreifend zu sein.
– Ein Sexfilm, der an Deutlichkeiten zwar nicht spart, aber keine Spannung aufkommen läßt.

Heiße Höschen
(SWEET SEXY SLIPS). BRD 1982.
R Michel Jean. **B** N.N. **K** N.N. **M** N.N. **D** Richard Allan (Richard Pertini), Alban Ceray (Jean), Uschi Karnat, Claudine Gautier, Helen Shirley, France Lomay, Som Shit, Guia Lauri, Isabelle Brel, Patricia Charon. **F** 90 (TV: 70) Min.
Dessous-Fabrikant Pertini hat Absatzprobleme. Sein Freund Jean verschafft ihm eine neue Sekretärin und mehrere Modelle. Doch da Pertinis Lüsternheit sein kaufmännisches Talent übersteigt, verstrickt er sich in heiße Sexaffären und wird auch noch entführt. Eine sorgfältig gemachte wollüstige Komödie mit knackigen Maiden. Als SWEET SEXY SLIPS auch als Hardcore-Fassung auf dem Markt.
Ⓥ Ribu (Seet Sexy Slips)

Heiße Kartoffeln
BRD 1980.
R Siggi Götz. **B** Ralf Gregan/Siggi Götz. **K** Franz X. Lederle. **M** Bernie Paul. **D** Zachi Noy, Stephanie Hillel, Ursula Buchfellner, Amadeus August, Bea Fiedler, Reinhard Glemnitz, Corinna Genest, Rudi Block, Isa Haller, Horst Pinnow, Margit Geissler, Peter Schlesinger, Imke Barnstedt, Tobias Meister, Manfred Grünert, Peter Doering, Larisa Leontiew. **F** 82 Min.
Ein Student, der nebenher für einen der Spielleidenschaft verfallenen Gynäkologen als Kunstfälscher tätig ist, wird versehentlich mit seinem Auftraggeber verwechselt und gerät in dessen Praxis in eindeutig zweideutige Situationen. – Mehr lustig als lüstern.

Heiße Kolleginnen
(LES COLLEGIENNES). Frankreich 1977.
R Alain Nauroy. **B** N.N. **K** N.N. **M** N.N. **D** Madeleine Legrand, Denise Blanche, Eric Duval. **F** 70 Min.
Vier attraktive Englischlehrerinnen haben an einer Schule in Paris nicht nur alle Hände voll zu tun, und das auch noch,

Möchtegern-Doktor im Dauerstreß: *Heiße Kartoffeln* von Siggi Götz

wie man es bei Alain Nauroy erwarten kann, nicht nur im Unterricht. – Ein Sexfilm, bei dem nicht mal der deutsche Titel überzeugt.

Heiße Liebe in Blue Jeans
Siehe **Das Sex-Abitur – Heiße Liebe in Blue Jeans**

Heiße Nächte auf Jamaika
(NUITS TRES CHAUDES AUX CARAIBES). Frankreich 1980.
R Francis Leroi. **B** Francis Leroi.
K Francois About. **M** Padovan.
D India, Bernard Baudoin, Jean Vannier. **F** 84 Min.
Ein Mafioso fährt mit einem Dämchen, das für eine Konkurrenzgruppe arbeitet, nach Jamaika, um einen Mikrofilm zu erbeuten und gerät dort an eine Undercover-Agentin. – Wenn nicht gerade dummes Zeug geredet wird, dampfen die Leiber.

Heiße Nächte in St. Tropez
(LES FILLES DE ST. TROPEZ). Frankreich 1987.
R Jean Rougeron. **B** Michel Caputo.
K Gérard Loubeau. **M** André Marvan.
D Yves Jouffroy, Laurence Savin, Elisabeth Steiner, Pierre Lordiche, Wanda Mendres, Henri Poirier. **F** 83 Min.
Ein für die Zeit, in der der Film spielt (achtziger Jahre) viel zu jung gebliebener Naziverbrecher betreibt im Auftrag der deutschen Organisation »Horch« in Paris ein Schickimicki-Modehaus und leitet seine Mitarbeiter an, für geile Scheiche Mädchen aus gutem Hause zu beschaffen. Ein Ganove ist zu erfolgreich: Nachdem er die zu allem bereite Nichte des deutschen Botschafters aufgetan hat (eine Karriere als Mannequin lockt), läßt die französische Polizei den Laden auffliegen. – Ein langweiliger Softporno aus dem Jet Set-Milieu, der auch trotz manch heißer Szene nicht

überzeugen kann. Auch hier wurde am Drehbuch gespart. – AT: ST. TROPEZ VICE.
Ⓥ VTO (St. Tropez Vice)

Heiße Sehnsucht
(HOT DESIRE).
Frankreich/Schweiz 1981.
R Michel Leblanc [= Michel Lemoine]. **B** Michel Leblanc. **K** Philippe Theaudiere. **M** Anonym. **D** Michelle Leska (Chantal), André Kay (Claude), Jessica Stehl (Sekretärin), Gabriel Pontello (Burrows), Chris Grosso [= Christophe Clark], Isa Dery, Yasmina Louvert.
F 85 (TV: 66) Min.
Chantal fährt, den Gatten Burrows in London wähnend, mit ihrem Geliebten Claude ins Wochenend, doch Männe, der etwas mit seiner Sekretärin hat, taucht überraschend auf. Chantal gibt Claude als Gatten ihrer Freundin aus. Claude lernt die Sekretärin in einem Gasthof kennen und überredet sie, seine Gattin zu spielen. – Was eine flotte Komödie hätte werden können, endet als platter Bums. Unmotiviert eingefügte Szenen sich im Bett wälzender Teenies tragen nicht zur Aufhellung der Verwicklungen bei. – »Die Sendung mit der Maus ist spannender.« (TV MOVIE).

Heiße Semesterferien
BRD/Griechenland 1983.
R Ilias Mylonakos. **B** Vagelis Fournistakis /Erich W. Burger. **K** Ericos Merontis. **M** Michael Landau. **D** Anna Zarni, Herbert Hofer, Claire Williams, Sabine Schneider, Eva Benson, Tony Skopelitis.
F 81 Min.
Eine deutsche Modefotografin schläft sich im sonnigen Griechenland durch

Marie Liljedahl und Partner in *Heiße Spiele* von Arne Mattson

sämtliche Betten. – Ein mies inszeniertes Softsex-Kopulationsstück mit völlig unfähigen Darstellern.

Heiße Spiele
(ANN OCH EVA – DE EROTISKA). Schweden/Jugoslawien 1969.
R Arne Mattson. **B** Ernest Hotch. **K** Max Wilén. **M** Bengt-Arne Wallin. **D** Gio Petré (Anne), Marie Liljedahl (Eva), Francisco Rabal (Francesco), Julian Mateos (Verwalter), Heinz Hopf (Fischer), Olivera Vuco (Sängerin), Erik Hell, Bozidarka Frajt, Nevenka Filiovic. **F** 83 Min.
Die wohlhabende Schwedin Anne fährt mit ihrer kurz vor der Eheschließung stehenden Freundin Eva quer durch Europa nach Jugoslawien und bemüht sich unterwegs mit aller Kraft, Evas Glauben an die reine Liebe zu zerstören. Die beiden erleben auf ihrer Reise allerlei sexuelle – auch lesbische – Affären, die Eva zwar kurzfristig aus der Bahn werfen, doch ihren Wunsch nach der Ehe nicht ausradieren können. – »Der Film ist handwerklich kaum sauber gemacht, und mit der Psychologie hapert es ständig.« (FILMDIENST).

Heiße Sporen
(HOT SPURS). USA 1969.
R Robert L. Frost. **B** Robert L. Frost/Bob W. Cresse. **K** Denny Martin. **M** Denny Martin. **D** Virginia Jordan (Susan O'Hare), James Arena (Jason O'Hare), Joseph Mascolo (Carlo), Wes Bishop, Tom McFadden, John Alderman, Paul Frank, Monique Heguy, Angel Carter, Ellen Gaines, Paul Wilmoth, Rod Wilmoth, Sky. **F** 86 Min.
Ein ›Sexwestern‹, in dem sich der junge Mexikaner Carlo für die Schweinereien des Ranchers O'Hare rächt, indem er dessen Frau entführt und ihr an die Wäsche geht, hergestellt von einem Regie- und Autorenteam, das sich auf billige und selten geschmackvolle Exploitation-Movies spezialisiert hat.

Heiße Stuten
Siehe **Verboten**

Heiße Teens aus gutem Hause
Siehe **O Happy Day**

Der heiße Tod
Siehe **Sex im Frauengefängnis**

Heiße Träume auf der Schulbank
BRD 1979.
R Kenneth Howard [= Jürgen Enz]. **B** N.N. **K** N.N. **M** N.N. **D** Helen Thomas, Susi Vandervelde, Eric Nielsen. **F** 83 Min.
Gute Noten sind auf dieser Schule weniger wichtig.
Ⓥ VPS

Heiße Zeiten
Siehe **Clinch**

Die heißen Engel
(LA NOTTATA). Italien 1974.
R Tonino Cervi. **B** Vincente Simonetto. **K** Franco di Giacomo. **M** Vince Tempera. **D** Sara Sperati (Susi), Susanna Javicoli (Angela), Giancarlo Prete (Vito), Maximiliano Delys, Giuliana Caladra, Francesco Bagaglio, Angela Pellegrino, Giorgio Albertellier. **F** (88) 85 Min.
Nachdem der schwarzhaarigen Susi auf der Damentoilette ein Diamantring zugelaufen ist, will sie selbigen mit ihrer rothaarigen Freundin Angela und dem Taxifahrer Vito versilbern. Ein Deal mit einem Hehler schlägt fehl, weil der gerade sitzt. Erfolg haben sie auf einer Transvestiten-Fête, wo sie den Stricher Gianni kennenlernen, der nach einem flotten Vierer im Taxi mit den eingenommenen dreihunderttausend Lire ver-

schwindet. Ein reiches, abartiges Trio nimmt Susi, Angela und Vito mit in eine Villa, wo Vito fast dem Hausherrn zum Opfer fällt und Angela einen weiteren Stricher kennenlernt. Sie nimmt ihn mit, doch er versagt im Hotelbett. Am Ende haben Susi und Angela sowohl Geld als auch den Ring zurück und lachen sich eins. – Ein melancholischer, manchmal auch komödiantischer Film über zwei attraktive Nachtschwärmer, die pausenlos in Situationen geraten, in denen sie sich zeigen dürfen.
Ⓥ Euro

Die heißen Nächte der Josephine Mutzenbacher
BRD 1981.
R Hans Billian. **B** Hans Billian.
K Bernd Lukas. **M** Johann Strauß.
D Andrea Werdien (Josephine), Hans Peter Kremser (Loisl), Monika Zierer (Maria), Peter Strasser, Melitta Berger.
F 93 Min.
Nach der erfolgreichen Abwicklung eines Medizinerballs in Josephine Mutzenbachers ›Caféhaus‹ macht die Inhaberin mit zwei Kolleginnen und einem jungen Mann einen Betriebsausflug. Als es die Damen auf der grünen Wiese überkommt, werden ein Förster und sein Gehilfe zu Nutznießern der weiblichen Erregung. Der Förster schickt seinen Sohn Loisl nach Wien, damit er bei einem Tischler in die Lehre geht, doch lernen tut er mehr von Josephine. Loisls Fortschritte sind beachtlich: Er verführt die Tochter des Meisters und verliert deswegen seinen Job, doch Josephine übertölpelt den Alten als angebliche Gräfin und sorgt dafür, daß seine Tochter im Kreis ihrer Freunde gerade an das herangeführt wird, was er verhindern wollte. Bald ist die Kleine das beste Pferd in ihrem Stall, was auch die Polizei sehr zu schätzen weiß. – »Und die Schrammeln spielen dazu.« (Otto Kuhn, FILMBEOBACHTER). – Der Film existiert unter dem Titel DAS TAGEBUCH DER JOSEPHINE MUTZENBACHER auch in einer Hardcore-Fassung.
Ⓥ Jaguar

Die heißen Nächte der Lucrezia Borgia
(LUCREZIA GIOVANE). Italien 1974.
R André Colbert. **B** André Colbert.
K Aldo de Robertis. **M** Franco Micalizzi. **D** Simonetta Stefanelli, Massimo Foschi, Fred Robsham, Ettore Manni, Anna Orso, Paolo Malco.
F 90 Min.
Lucrezia Borgia, die Tochter des Papstes Alexander VI., mit dem sie ein inzestuöses Verhältnis hat, gilt zwar als abgefeimte und verdorbene Bestie, liebt aber ihren Bruder, den machthungrigen Cesare, bis das sich in ihrer Umgebung anbahnende Intrigenspiel um die Macht sie zur Mörderin macht. – Ein spekulatives Schundfilmchen. – AT: DIE SÜNDEN DER LUCREZIA BORGIA.
Ⓥ Mike Hunter

Die heißen Nächte des Caligula
(LE CALDE NOTTI DI CALIGOLA). Italien 1977.
R Roberto Montero. **B** N.N. **K** Gino Santini. **M** Carlos Savina. **D** Carlo Colombo, Cinzia Romanazzi, Patrizia Webley, Piero Regnoli. **F** 84 Min.
Nachdem Kaiser Caligula, der altrömische Lustmolch, bei den Erektions-Wettspielen versagt hat, durchläuft er eine Sextherapie, doch nicht mal Sado-Maso-Shows vermögen ihn zu härten: Erst die Gattin seines Vetters Tiberius, die an den Hof gekommen ist, um ihn zu ermorden, heilt ihn versehentlich von der Impotenz. – Ein Schrottfilm, in noch stehenden Kulissen alter Gladiatorendramen entstanden, den man am besten ganz schnell wieder vergißt.
Ⓥ ITT Contrast

Melitta Berger, Hans-Peter Kremser und Monika Zierer in *Die heißen Nächte der Josephine Mutzenbacher* von Hans Billian

Heißer als die Sonne
(HER PRIVATE LIFE).
Griechenland 1972.
R Omiros Efstratiadis. **B** John Tsiotis.
K Eric Merodis. **M** Manos Loizos.
D Anna Fonsou (Anna), Andreas Barkulis (Basil), Tell Zotos (Stathis), George Mathe, Renna Kosmy.
F 79 Min.
Das Haus der wohlhabenden und in der Auswahl ihrer Männerbekanntschaften nicht gerade wählerischen Anna – sie ist »heißer als die Sonne« – wird von unbekannten Tätern ausgeraubt. Anna tröstet sich nach dem Schreck erst einmal in den Armen ihres Exgeliebten Basil – bis Stathis, ein anderer Verehrer, herausfindet, daß gerade dieser den Raub begangen hat. – Ein kleiner, schmutziger Sexkrimi, in dem die Suche nach dem Täter keine Rolle spielt, weil die Story ohnehin niemanden interessiert.

Heißer Mund auf feuchten Lippen
Schweiz 1975.
R Michael Thomas [= Erwin C. Dietrich]. **B** Manfred Gregor [= Erwin C. Dietrich]. **K** Peter Baumgartner.
M Walter Baumgartner. **D** Tamara Baroni, Martina Domingo, Herbert Fux, Margrit Sigel, Ulrich Falk.
F 76 Min.
Während die Münchner Kripo sich bemüht, einen Massagesalon auszuheben, muß einer der Polizisten erkennen, daß seine Angetraute in eben diesem Etablis-

sement tätig ist, um die Familienkasse aufzubessern. In den meisten Szenen dieses Sexfilms geht es aber um etwas anderes.

Heißer Sand auf Sylt
BRD 1967.
R Jerzy Macc. **B** Jürgen Knoop/Jerzy Macc. **K** Bob Klebig. **M** Maris Musik. **D** Horst Tappert (Bergmann), Charlotte Kerr (Frau Bergmann), Renate v. Holt (Renate), Alex Burg (Alexy), Uschi Mood (Uschi), Babsi Zimmermann (Babsi), Rolf Eden (Rolf), Reinhold Timm (Timm), André Esterhazy (Dr. Bauer), Francis Heym (Franzi), Jürgen Knoop (Chauffeur). **F** 94 Min.
Ein Top-Manager, den der Zweite Weltkrieg um seine Jugend betrogen hat, fährt zu einer Tagung nach Sylt, verknallt sich in ein junges Mädchen, schließt sich einer jugendlichen Clique an, vergißt seine Grundsätze und will sich schließlich auch noch scheiden lassen. – Ein braver Film ... für heutige Zeiten.
Ⓥ Heeres

Heißer Sex auf Ibiza
Schweiz 1982.
R Gérard Loubeau. **B** Michael Thomas [= Erwin C. Dietrich]. **K** Peter Baumgartner. **M** Walter Baumgartner.
D Kitty Hilaire, Marianne Aubert, Olinka Hardiman, Dominique Patricia Sejoume, Iris, Andrea, Doris.
F 78 Min.
Eine Gruppe junger Frauen fährt nach Ibiza und treibt es dort miteinander und der verfügbaren Männerwelt. – Produziert vom Schweizer Sexfabrikanten Erwin C. Dietrich, der auch für das Drehbuch zuständig war. – »Touristikwerbung für die Sonnen- und Liebesinsel im Mittelmeer, wobei an Textilien ebenso gespart wurde wie an der Story.« (FILMBEOBACHTER).

Heißer Sex in Bangkok
Schweiz 1973.
R Michael Thomas [= Erwin C. Dietrich]. **B** Manfred Gregor [= Erwin C. Dietrich]. **K** Peter Baumgartner. **M** Walter Baumgartner. **D** Michel Jacot, Claude Martin, Angela, Suzie, Jolly. **F** 78 Min.
Ein Kegelverein fährt mit dem Bums-Bomber nach Bangkok und kehrt mit dem Tripper-Clipper nach Hause zurück. Zwischendurch treiben es die Herren mit den ansehnlichen Bangkoker Bordsteinschwalben, die unter einem unerklärlichen Waschzwang leiden. – Wenn's nicht gerade ein Sexfilm wäre, müßte man sich über diesen Seximperialismus wirklich empören!

Heißer Sex in Frankreich
(LA DOLCE VITA 2000).
Frankreich 1982.
R Alain Nauroy. **B** N.N. **K** N.N.
M N.N. **D** Sandra Chivas, Helène Beauvais, Reginald Renault. **F** 83 Min.
Diverse hübsche Miezen reißen im Urlaub an der Cote d'Azur Männer auf. – Sexfilm. – AT: SEX HOLIDAYS. DOLCE VITA 2000. Ⓥ Silwa (Dolce Vita 2000)

Heißer Strand
(L'ETERNITE POUR NOUS).
Frankreich 1961.
R José Benazeraf. **B** G.M. Dabat/Yves Denaux. **K** Marcel Combes. **M** Louiguy. **D** Michel Lemoine (Jean-Marc), Monique Just (Maria Barnier), Sylvia Sorrent (Brigitte), Sophie Grimaldi, Giséle Gallois. **SW** 79 Min.
Maria, die attraktive Besitzerin einer Bar an der Cote d'Azur, verguckt sich in den Musiker Jean-Marc, der jedoch mit der Tänzerin Brigitte liiert ist. Als Marias Mann stirbt, kommt es zu Querelen, Erpressung und Mordverdacht. – Ein eher banales Hautfilmchen, für seine Zeit jedoch mit recht erotischen Szenen.

Heißes Pflaster Ibiza
BRD 1980.
R Rainer Brönneke. **B** Rainer Brönneke. **K** Klaus Paetzold. **M** Henner Hoier. **D** Gina Jansson (X 07), Jack C. Brousse, Uwe Kanter, Paulo Juvena, Andrea Martin, Elena Kasset, Sylvia Routier, Jutta Bienek, Ina Marcel, Barbara Bergen. **F** 76 Min.
Kurvenreiche Geheimagentin sucht auf der spanischen Ferieninsel Ibiza einen europäischen Karatemeister und einen Koffer mit einer geheimen Formel, was uns Gelegenheit gibt, neben Bombenexplosionen und Verfolgungsjagden viele schöne touristische Bilder und knackige Madln anzuschauen. – Denn sie waren der einzige Grund, diesen Film zu drehen. – AT: Kesse Kurven und Kanaillen.

Heißes Verlangen blutjunger Mädchen
(THE CLASS REUNION). USA 1971.
R A.C. Stephen [= Stephen C. Apostolof]. **B** Stephen C. Apostolof. **K** N.N. **M** N.N. **D** Lisa Wood, Karin Hentze, Ric Lutze, Terry Johnson, Harvey Shain, Marsha Jordan, René Bond. **F** 73 Min.
Ein Rudel etwa dreißigjähriger ›blutjunger‹ Mädchen versammelt sich mit alten Freunden in einem Hotel zu einem Klassentreffen, wo man von vergangenen Liebesabenteuern berichtet und sich einen seinerzeit heimlich gedrehten Film anschaut, der ihre Ausschweifungen illustriert. Der Film regt die Exschüler so an, daß sie eine Gruppensexparty veranstalten und ihre alten Liebschaften wieder aufleben lassen.

Die heißeste Frau der Welt
(MY PLEASURE IS MY BUSINESS). Kanada 1974.
R Al Waxman. **B** Alwin Boretz. **K** N.N. **M** N.N. **D** Xaviera Hollander, Henry Ramer, Colin Fox, Kenneth Lynch, Jayne Eastwood. **F** 85 Min.
Sexkomödie mit der prominenten niederländischen Edelnutte und Buchautorin Xaviera Hollander in der Hauptrolle.
Ⓥ Transatlantic

Helga
BRD 1967.
R Erich F. Bender. **B** Erich F. Bender. **K** Klaus Werner/Fritz Baader/Erwin Burcik. **M** Karl Barthel. **D** Ruth Gassmann (Helga), Asgard Hummel, Ilse Zielstorff, Eberhard Mondry. **F** 77 Min.
In diesem Film wird die schwangere Helga vom Besuch beim Frauenarzt bis zum ersten Baden ihres Säuglings von der Filmkamera begleitet. – »HELGA ist ein Aufklärungsfilm im sauberen Sinne des Wortes. Er wendet sich an die heranwachsende Jugend, an junge Paare, an Eheleute, an Eltern und Erzieher. Er

Elke Hart und Claus Hoeft in *Helga* von Erich F. Bender

zeigt, wie bereits Kleinkinder in aller Selbstverständlichkeit an das naturgemäße Geschehen des Geschlechtlichen herangeführt werden. Er schildert, wie das Wecken des geschlechtlichen Bewußtseins je nach der Altersstufe des Kindes zum Teil der Gesamterziehung werden kann und muß.« (Erich F. Bender, der Regisseur). – Die Fortsetzung: HELGA UND MICHAEL.

Helga und die Männer
BRD 1969.
R Roland Cämmerer. **B** Roland Cämmerer/Klaus E. R. v. Schwarze. **K** Hans Jura/Adolf Gürtner/Antonio Goncalves. **M** Karl Barthel. **D** Ruth Gassmann (Helga), Felix Franchy (Michael), John Herbert (Carlos), Erich Fritze (Dr. Lehner), Ariane Calix (Barbara), Manfred Spies (Chefredakteur), Christian Engelmann (Roy), Nicky Makoulis (Thomas).
F 91 Min.
Fortsetzung der Filme HELGA (1967) und HELGA UND MICHAEL (1968). – Die Journalistin Helga schreibt eine Arbeit über die sogenannte sexuelle Revolution, bandelt in Brasilien mit einem Dolmetscher an und findet nach diesem Techtelmechtel zu ihrem Biologen-Ehemann Michael zurück.
Ⓥ Toppic

Helga und Michael
BRD 1968.
R Erich F. Bender. **B** Erich F. Bender/ Roland Cämmerer/ Klaus E. R. v. Schwarze. **K** Fritz Baader/Erdmann Beyer/Erwin Burcik. **M** Karl Barthel. **D** Ruth Gassmann (Helga), Felix Franchy (Michael), Elfi Rüter (Junge Mutter), Hildegard Linden (Ärztin), Christian Fredersdorf, Ursula Mellin (1. Familie), Jochen Piel (Vater), Lisa Ravel (Mutter), Christian Marguliés (Christian), Sonja Lindorf (Bettina),

Claus Hoeft (Charly), Elke Hart (Freundin), Peter Bach (Peter), Sabine Dall (Doris), Ulla Best (Doris' Mutter). **F** 96 Min.
Fortsetzung des Aufklärungsfilms HELGA (BRD 1967). – Hier geht es um die Themen Kinderentwicklung, erste Schwierigkeiten in der Ehe und das Nicht-zusammen-Können charakterlich nicht ausgereifter Paare, denen die harmonische Ehe von Helga und Michael gegenübergestellt wird.
Ⓥ Toppic

Helgalein (Trimm dich durch Sex)
BRD 1969.
R Herbert Ballmann. **B** Peter Anton/Herbert Ballmann. **K** Ted Kornowicz. **M** Werner Last. **D** Anita Kupsch (Helgalein), Ulli Koch, Dieter Augustin, Heidi Stroh, Ralf Wolter.
F 91 Min.
Helgalein, die Unschuld vom Lande, kommt zu einer lüsternen Freundin in die Stadt und nimmt einen Job bei einer Firma an, die sexuelle ›Hilfsmittel‹ produziert. – Ein Parodieversuch auf die in den späten sechziger Jahren grassierende Film-Aufklärungswelle, die sich speziell in Filmen wie HELGA (1967), HELGA UND MICHAEL (1968) und HELGA UND DIE MÄNNER (1968) niederschlägt.

Helm auf, Hose runter
(LA DOTTORESSA VA IN CASERNA). Italien 1980.
R Michele M. Tarantini. **B** N.N. **K** N.N. **M** N.N. **D** Lino Banfi (Oberst Cassini), Nadia Cassini (Eva), Alvaro Vitali, Malisa Longo, Enzo Andronico.
F 75 Min.
Der vertrottelte und cholerische Militärarzt Cassini verguckt sich auf einem Kongreß in seine hübsche Kollegin Eva und lädt sie zu sich ein, wogegen seine attraktive Gattin nichts hat. Cassini stellt Eva zwar nach, traut sich aber nicht recht

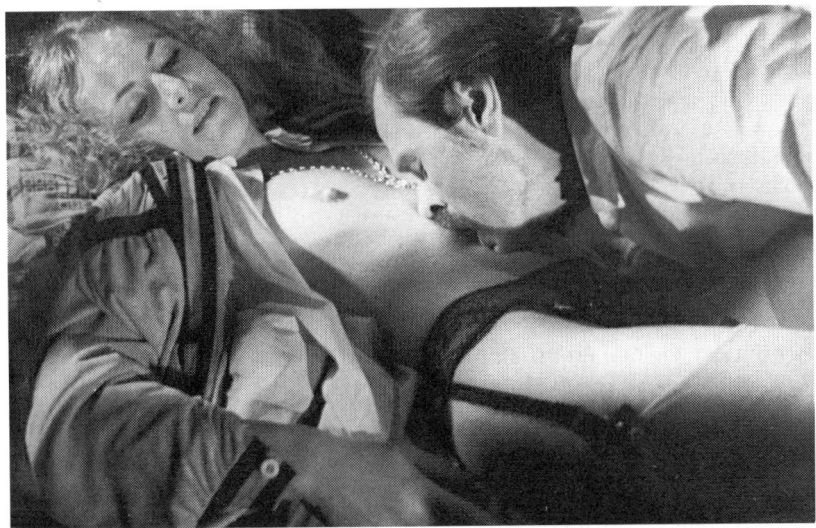

Der Burgherr und das Objekt seiner Begierde: Francoise Gayat und Partner in *Hemmungslose Erotik* von Régine Deforges

ran. Eva erwidert des kleinen Fettsacks Avancen und weist zu seinen Gunsten einen netten Assistenzarzt ab. Da Cassini an seiner Männlichkeit zweifelt, überredet er einen idiotischen, doch ›stark gebauten‹ Soldaten, an dem seine Gattin insgeheim ihr Lüstchen stillt, zu einer Penistransplantation mit unvorhersehbaren Folgen. – Eine Sexklamotte aus der untersten Schublade.
Ⓥ Starlight

Hemmungslos der Lust verfallen
(SOLLAZZEVOLI STORIE DI MOGLI GAUDENTE E MARITI PENITENTI).
Italien 1972.
R Romano Gastaldi. **B** Aristide Massaccesi/Romano Gastaldi. **K** Aristide Massaccesi. **M** Franco Salina. **D** Monica Audras, Marzia Damon, Francesca Romana Davila, Attilio Dottesio, Ari Hanow. **F** 80 Min.
Jämmerlich schlechter, episodischer Sexfilm über geile Mönche, lüsterne Nonnen und betrogene Ehemänner.

Hemmungslose Emanuela
Siehe **Sklavenmarkt der weißen Mädchen**

Hemmungslose Erotik
(LES FILLES DE MADAME CLAUDE). Frankreich 1980.
R Régine Deforges. **B** Régine Deforges/Mauro Ivaldi. **K** Alain Derobe. **M** Martial Carceles. **D** Francoise Gayat (Doris), Zora Kerowa (Nathalie), Béatrice (Lotus), Fabienne Mai (Maria), Antonio Ferrante (Paolo), Vito Fornari, Serge Feuillard (Julio), Carine Barone (Jeanne), Geniviéve Omini (Catherine), Salima Gardel, Carmen Russo. **F** 85 Min.
1. Jeanne verliert im Kasino einen Haufen Geld. Um ihrem Gatten die Katastrophe zu verschweigen, schließt sie einen Pakt mit dem voyeuristischen Chinesen Truong, einem Kasinochef in Hongkong: Sie spielt ohne Einsatz gegen seine Croupiers und muß alle Verluste mit Sex bezahlen. – 2. Ein adeliger Burgherr

mit religiösem Tick feiert in seinem Schloß Orgien, bis er sich in die brünstige Doris verliebt und mit ihr gegen Honorar eine perverse Messe zelebriert. – 3. Zwei scharfe Fernfahrer verprassen ihre Ersparnisse mit den Huren von Rom. – Drei Episoden zum Thema Nummer eins, die zwar recht scharf, aber kaum ›hemmungslos‹ sind. Der Kameramann Alain Derobe ist der einzige Profi weit und breit. – Ein Episodenfilm.

Her mit den kleinen Französinnen
(LES BRANCHES A ST. TROPEZ).
Frankreich 1983.
R Max Pécas. **B** Max Pécas. **K** Jean-Claude Couty. **M** Léo Carrier/Jean-Paul Daine. **D** Olivia Duton (Laura), Xavier Lepetit (Christian), Yves Thuiller (Antoine), Aleksandra Sikorska (Charlotte), Michel Vocoret (Jerry), Tiki Holgado, Joel Prevost, Philippe Klébert, Gérard Croce.
F 90 Min.
Zwei flotte junge Pärchen machen Urlaub an der Riviera und geraten dabei in den Dunstkreis eines Falschmünzers. – Sex und Crime. Übersehbar.
Ⓥ Atlas

Her mit den kleinen Engländerinnen
(A NOUS LES PETITES ANGLAISES).
Frankreich 1975.
R Michel Lang. **B** Michel Lang.
K Daniel Gaudry/Gérard Petit.
M Mort Shuman. **D** Rémi Laurent (Alain), Stéphane Hillel (Jean-Pierre), Véronique Delbourg (Claudine), Sophie Barjac (Véronique), Brigitte Bellac (Mireille), Michel Melki (Pierrot), Julie Neubert (Carol), Rynagh O'Grady (Doreen), Eric Deacon (Mike), David Morris (Dave), Aina Walle (Britt). **F** 112 (TV: 106) Min.
Jean-Pierre und Alain, zwei siebzehnjährige Franzosen, sind wegen mangelnder Englischkenntnisse sitzengeblieben und müssen zur Strafe im Land des Nebels einen Sprachkurs belegen. Die Strafe versüßen sollen ihnen die kleinen Engländerinnen, von denen man sagt, daß sie leicht zu haben seien. Doch weit gefehlt! Die Mädchen, denen sie begegnen, sind entweder unattraktiv oder schon in festen Händen. So bleiben ihnen nur die kleinen Französinnen, die aus dem gleichen Grund wie sie nach England gekommen sind. Und so geht's los: Der erste Flirt, der erste hautnahe Kontakt, der erste Knutsch und dann – DAS ERSTE MAL. – Recht nett gemacht, und auch nicht ohne Witz!

Her mit den Jungs
(A NOUS LE GARCONS).
Frankreich 1984.
R Michel Lang. **B** Michel Lang.
K Daniel Gaudry. **M** M. Munz.
D Sophie Carle, Valerie Allain, Franck Dubose, Jean-Noel Broute, Amandine Rajau. **F** 106 Min.
Hier geht's um die erotischen Phantasien zweier Freundinnen, die noch zur Schule gehen.
Ⓥ VCL

Her mit den kleinen Schweinchen
BRD 1984.
R Otto W. Retzer. **B** Florian Burg.
K Franz X. Lederle. **M** Gerhard Heinz. **D** Bea Fiedler (Renate), Wolfgang Fierek (Freddy), Susanne Bonneik, Alexander Gittinger, Patricia de Lorenzo, Alexander Gill, Franz Marischka, Wolfgang Jansen, Julia Romero. **F** 82 (TV: 78) Min.
Renate und Freddy werden in der Sauna die Kleider gestohlen. Und bei der Suche nach Ersatz erleben sie so allerlei. – Deutscher Sexepisoden-Schwankfilm, gegen den jede Aufführung des Ohnsorg-Theaters ein reiner Kunstgenuß ist.
– AT: DIRNDLJAGD AM WÖRTHERSEE.

Her mit den kleinen Playboys
(EVERYDAY – WELL ALMOST).
GB 1972.
R Gregory B. Britton. **B** N.N. **K** N.N.
M N.N. **D** David E. Michaels (Jasper Jenkins), Anthony Galusa. **F** 80 Min.
Weil der verklemmte Verleger Fielding unbedingt ein Buch mit dem Titel »Wie reißt man Mädchen auf?« herausbringen möchte, soll sein verklemmter Angestellter Jasper die im Manuskript beschrieben Methoden am lebendigen Objekt testen. Jasper, nicht weniger schüchtern als sein Chef, gibt sich zwar alle Mühe, doch da er recht tollpatschig ist, bringen ihn die ausgetüftelten Handbuch-Tricks nicht weiter. Erst als er auf eine ebenso schüchterne Kollegin stößt, findet er das Glück. – Eine flotte, anspruchslose Geschichte.

Her mit den kreuzfidelen Mädchen
Siehe **Die Lüsternen und die Schwestern**

Die Herrenreiterin
(LA PADRONA E SERVITA).
Italien 1980.
R Mario Lanfranchi. **B** Pupi Avati.
K N.N. **M** Stelvio Cipriani. **D** Senta Berger (Angela), Maurizio Arena (Domenico), Bruno Zanin, Barbara Nascimbe, Pina Cei. **F** 85 Min.
Nach dem Tod eines verschuldeten Aristokraten erscheint der neureiche Domenico mit seinem Sohn Daniele im Haus der Hinterbliebenen, um die Ländereien des Verblichenen zu übernehmen. Beide verfallen sofort der attraktiven Witwe Angela, die mit ihren drei Töchtern und einer Zofe zusammen lebt. Domenico zieht in das Haus der sinnlichen Frau ein und macht ihr klar, daß er ernste Absichten hat, doch Angela wendet sich Daniele Sohn zu, und beginnt, als Domenico abwesend ist, ein Verhältnis mit ihm.
Ⓥ UFA

Herzblatt
BRD 1969.
R Alfred Vohrer. **B** Ernst Flügel.
K Ernst W. Kalinke. **M** Hans Martin Majewski. **D** Mascha Gonska (Herzblatt), Georg Thomalla (Männchn), Paul Esser (Max), Siegfried Schürenberg (Rektor), Günter Lüders (Dr. Seebauer), Carola Höhn (Anne). **F** 84 Min.
Herzblatt, Männchens Tochter, läuft aufgrund ihrer unverklemmten Erziehung am liebsten im Evaskostüm herum. Ihre Erziehung ist auch Schuld daran, daß sie nicht erkennt, daß ihre freimütig zur Schau gestellten Reize die Lehrer und den Rest der Männerwelt ernstlich verwirren. – Eine nach heutigem Standard harmlose Sexkomödie um die Irrungen und Verwirrungen eines besorgten Vaters, der sich bemüht, seiner Tochter nahezubringen, daß es zwei Geschlechter gibt und was sie unterscheidet. – »Ein wenig komischer Versuch, den zeitgenössischen Aufklärungsrummel ... zu ironisieren.« (FILMDIENST).

Die Herzensbrecher
(THE HEARTBREAKERS). USA 1984.
R Bobby Roth. **B** Bobby Roth.
K Michael Ballhaus. **M** Tangerine Dream. **D** Peter Coyote (Blue), Nick Mancuso (Eli), Carole Laure (Liliane), Max Gail (King), James Laurenson (Terry Ray), Carol Wayne (Candy), Kathryn Harrold (Cyd), Jamie Rose (Libby), George Morfogen (Max), Jerry Hardin (Warren Williams), Henry G. Sanders (Reuben), Walter Olkewitz (Marvin), Terry Wills, Annie O'Neill, Michelle Davison, Claire Malis, Carmen Argenziano. **F** 98 Min.
Der Künstler Blue, dessen Arbeiten meist mit Peitschen, Ketten, Strapsen und Miedern zu tun haben (inkl. der Damen, die sie tragen), wird von seiner Geliebten verlassen, die glaubt, seine Kunst sei ihm wichtiger als sie. Auch

Blues Freund Eli, ein reicher Bengel und Erbe einer Textilfabrik, hat so seine Schwierigkeiten mit den Frauen: Er konsumiert sie, wie andere Frühstücksmarmelade. Ⓥ VCL

Herzflimmern
(LE SOUFFLE A COEUR / SOFFIO A CUORE).
Frankreich/Italien/BRD 1971.
R Louis Malle. **B** Louis Malle. **K** Ricardo Aronovitch. **M** Gaston Freché.
D Léa Massari (Clara Chevalier), Benoit Ferreux (Laurent Chevalier), Daniel Gélin (Dr. Chevalier), Michel Lonsdale (Pater Henri), Fabien Ferreux (Thomas Chevalier), Marc Winocourt (Marc Chevalier), Gila von Weitershausen (Freda), Ave Ninchi (Augusta), Micheline Bona (Tante Claudine), Henri Poirier (Onkel Léonce), Jacqueline Chauveau (Hélène), Francois Werner (Hubert), Corinne Kersten (Daphné), Liliane Sorval, Erik Walter, René Boulac, Jacques Gheusi, Yvon Lec, Jean-Pierre Pessoz, Bernadette Robert, Annie Savarin, Jacques Sereys. **F** 105 Min.

Ein pubertierender Knabe fühlt sich während der fünfziger Jahre in der französischen Provinz von seiner attraktiven Mutter angezogen, bis es zum Inzest kommt. – Aber da Louis Malle mitnichten Ferkelskram-Filme inszeniert, ist sein Werk natürlich wenig ergiebig für jene, die auf die überall vielzitierten ›Schauwerte‹ aus sind.
Ⓥ VPS

Hey, Baby, hey
(LES DELICES DU TOSSING).
Schweiz 1982.
R Gérard Kikoine. **B** N.N. **K** Gérard Loubeau. **M** Raymond Bacharach.
D Cathy Stewart, Marilyn Jess, Marlene Alibert, Christian Black, Alban Ceray, Mascha Mouton, Dominique St. Clair. **F** 90 Min.

Cathy, frisch aus den USA in Paris eingetroffen, führt ihre Kolleginnen vom Schnelltransportunternehmen ›Mini-Service‹ in die Freuden des ›Tossing‹ ein: Man schaut sich auf der Straße oder im Kaufhaus einen attraktiven Stenz aus, zwinkert ihm zu, und sucht sich ein Plätzchen, an dem man es mit ihm treiben kann. Der Witz besteht darin (ha, ha), daß man bei der Sache kein Wort reden darf. – Was auch eine Methode sein kann, um Darsteller/innen ohne Ausbildung in Filmen mitspielen zu lassen.
Ⓥ Beate Uhse

Hexenkessel der Erotik
(CAROSELLO DI NOTTE – SEXY SHOW).
Italien 1963.
R Elio Balletti. **B** Elio Balletti. **K** Elio Balletti. **M** Marcello Gigante. **D** Rita Himalaya. **F** 83 Min.

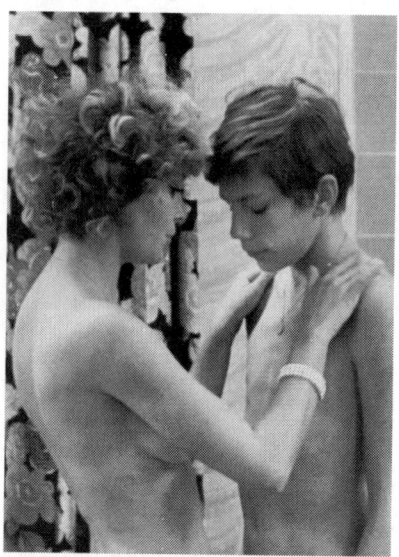

Léa Massari und Filmsohn Benoit Ferreux in *Herzflimmern* von Louis Malle

Zwei gewichtige Gründe, um Gnade zu betteln: *Hey, Marie, ich brauch mehr Schlaf* von Alois Brummer

Eine abgefilmte Striptease-Show aus einem Pariser Nachtlokal, von der FSK in völliger Verkennung der Kinoentwicklung der siebziger und achtziger Jahre gewaltig geschnitten bzw. mit schwarzen Balken versehen.

Hey, Marie, ich brauch mehr Schlaf
BRD 1974.
R Alois Brummer. **B** Alois Brummer. **K** N.N. **M** N.N. **D** Franz Muxeneder, Josef Moosholzer, Herbert Fux.
F 87 Min.
Diverse bayerische Zenzis und Seppls suchen, nachdem Bonn ihnen einen wichtigen Kredit verweigert hat, in einem Dorf und dessen Umgebung nach einem verborgenen Schatz. Meist finden sie sich dabei in gewissen Stellungen wieder, und das nicht nur im Heu. – AT: AUF INS BLAUKARIERTE HIMMELBETT.
Ⓥ Scala (Auf ins blaukarierte Himmelbett)

High
(HIGH). Kanada 1967.
R Larry Kent. **B** Larry Kent. **K** Paul van der Linden. **M** The Side Tracks. **D** Astri Thorvik (Vicky), Lenny Beckman (Tom), Joyce Cay, Denis Payque, Carol Epstein, Doris Cowan, Mortimer Golub, Al Mayoff, Melinda McCracken, Janet Amos, Paul Kirby, Jack Epstein, Peter Pyper, Gary Eisencraft, Daphne Kirsten, Sue Kirsten.
F (85) 78 Min.
Das Thema dieses Films sind die kanadischen Kids der sechziger Jahre und ihr Auskommen bzw. Nicht-Auskommen mit der Gesellschaft, dem Sex und den Drogen. – Der Film ist ein typisches unverständliches Produkt seiner Zeit, da seinen Machern die psychedelischen Effekte wieder mal wichtiger waren als die Story.

High-Life-Klinik
(STITCHES). USA 1985.
R Alan Smithee. **B** Michael Choquette/Michael Paseornek. **K** Hector R. Figueroa. **M** Robert Folk. **D** Parker Stevenson (Robert Stevens), Geoffrey Lewis (Ralph Rizzo), Eddie Albert (Dekan Gordon Bradley), Ed McNamara (Osgood Hamilton), Rebecca Pearle (Bambi Bilenka), Brian Tocchi, Robin Dearden, Bob Dubac, Tommy Koenig, Sydney Lassick, Ken Stovitz, Russ Marin. **F** 87 Min.
Infantile Medizinstudentenclique vertreibt sich die Zeit an einer US-Universität mit Zoten, ›Hasenjagen‹ und frivolen Späßen und bringt den spießigen Lehrkörper gegen sich auf. – Eine präpubertäre Klamotte, die zeigt, was man

von der Hollywood-Drehbuchautoren-generation der achtziger Jahre noch alles zu erwarten hat.
Ⓥ Euro

Die Highschool-Fete
(GETTING IT ON). USA 1983.
R William Olsen. **B** William Olsen.
K Austin McKinney. **M** Ricky Keller.
D Martin Yost (Alex Carson), Heather Kennedy (Sally), Kathy Brickmeier, Mark Allan Ferri, Jeff Edmond, Charles King Bibby, Caroline McDonald, Amanda Bost.
F (96) 86 Min.
Der ewig spitze Schüler Alex leiht sich von seinem das freie Unternehmertum predigenden Vater viertausend Dollar – angeblich, um eine Videoproduktion auf die Beine zu stellen. Doch statt mit der Technik Geld zu machen, belauscht Alex Schülerinnen aus seinem Bekanntenkreis bei der Bettakrobatik und beim Ausziehen. – Ein wirrer, nicht selten zotiger Streifen, in dem Highschool-Fêten natürlich gar nicht erst vorkommen.
Ⓥ VPS

High Society Club
(FOR MEMBERS ONLY). Italien 1985.
R Derek Ford. **B** Derek Ford. **K** Pier Luigi Santi. **M** Muzak. **D** Ibis Gardner, Marina Miller, Sonja Otero, Elisabeth Ray, Gianrico Tondinelli, Maurice Larry Dolgin. **F** 82 Min.
Reiche Knaben treffen sich in einer verschwiegenen Villa in Venedig, um sich sexuellen Ausschweifungen hinzugeben, bis der Laden auffliegt. – Und noch ein Werbespruch: »Unerfüllte Leidenschaften! Unersättliche Objekte! Zügellose Orgien!«
Ⓥ UFA

Hilfe, ich bin eine männliche Jungfrau
Siehe **Casanova & Company**

Hilfe, meine Frau geht wieder zur Schule
(MIA MOGLIE TORNA A SCUOLA).
Italien 1981.
R Giuliano Carnimeo. **B** Carlo Veo/Giorgio Mariuzzo. **K** Sebastiano Celeste. **M** Walter Rizatti. **D** Renzo Montagnani (Aristide), Carmen Russo (Valentina), Cinzia De Ponti, Marisa Merlini, Enzo Robutti, Toni Ucci, Roberto Gallozzi. **F** 77 Min.
Da Valentina, die wohlgerundete Gattin des infantilen Gemüsehändlers Aristide, ihre Bildung vervollkommnen möchte, besucht sie (sehr zu seinem Unwillen) ein Internat, um ein ›Kulturdiplom‹ zu erwerben. Während sie sich in der Schule den Nachstellungen eines lüsternen Professors und ihrer Mitschüler erwehrt, versucht der sexhungrige Aristide, in tolldreisten Verkleidungen in die streng bewachte Schule einzudringen, um es mit ihr zu treiben. – Eine alberne Strapsklamotte über sabbernde Lustmolche und eine geile alte Schachtel, die nie zum Zuge kommt, ganz in der Tradition der unsäglichen Filmheuler um die ›Flotten Teens‹.
Ⓥ VPS

Hilfe, meine Frau ist eine Hostess
Siehe **Deine Frau betrügt uns**

Der Himmel drückt ein Auge zu
(VINDINGEVALS). Schweden 1968.
R Ake Falck. **B** Lars Widding/Ake Falck. **K** Mac Ahlberg. **M** Georg Riedel. **D** Diane Kjaer (Elvira), Gio Petré (Hanna), Keve Hjelm (Australier), Erik Hell (Oscar Kron), Cay Bond (Linnea), Kent Andersson (Alexander), Mona Andersson (Doris), Olle Björling (Bent), Tina Bedström (Rosa), Peter Lindgren (Söder). **F** 99 Min.
Die Bewohner eines verschlafenen schwedischen Dorfes flippen aus, weil sich der Teufel angeblich in Gestalt eines

Sexvirus unter sie mischt: »Die Jungen schielen nicht vergebens begehrlich nach den Mädchen; die Dorfschöne prüft selbstgefällig einem Witwer die Größe seiner Liebesfähigkeit; ein Zigeunermädchen, scharf wie eine Wildkatze, umschleicht seine willigen Opfer, um sie liebeswütig zu vernaschen; selbst eine Laienpriesterin läßt sich übermannen und gibt sich Lust und Sünde preis, indem sie den Akt der Nächstenliebe auf sehr weltliche Art und Weise praktiziert.« (Pressemitteilung). – Eine episodisch angelegte, humoristisch gemeinte Klamotte. – AT: WILDKATZEN KENNEN KEIN PARDON.
Ⓥ Mike Hunter (Wildkatzen kennen kein Pardon)

Hinterhöfe der Liebe
BRD 1968.
R Michael Thomas [= Erwin C. Dietrich]. **B** Erwin C. Dietrich. **K** Andreas Demmer/Peter Baumgartner. **M** Walter Baumgartner /Frank Valdor. **D** Eva Lindfors, Brigitte Frank, Peter Capra, Peter Peiker. **SW** 75 Min.
Ein früher deutscher Sexfilm zum Thema Tanzgirls für den Nahen Osten, Stripperinnen, Mädchenhandel. – In den sechziger Jahren gingen von Filmen dieser Art dreizehn auf ein Dutzend, und einer war so öde wie der andere. Deutsches Exploitation-Kino!

Hitze am Strand
Siehe **Von der Zensur verboten**

Hochzeitsnacht-Report
BRD 1972.
R Hubert Frank. **B** Hubert Frank. **K** Dieter v. Soden. **M** Rolf Kühn.
D Christine von Blanc (Elfie), Michael Maien (Dieter), Reinhold Brandes (Heinz), Brigitte Goebel (Eva), Alexander Miller (Thomas), Ingrid Steeger (Verena), Ewa Stroemberg (Bertha), Eva Czemerys (Evelyn), Gustaf Dennert (Langbein), Ina Lane (Claudia), Herbert Klüver (Karl), Renate Pelster (Mia), Alexandra Bogojevic (Zenzi), Josef Moosholzer (Sepp), Philip Sonntag (Hans). **F** 82 Min.
Nach der Hochzeit von Dieter und Elfie richten sich die Gäste im Dorfgasthaus ein und veranstalten, als die frisch Vermählten sich zurückziehen, das ›Flaschenspiel‹: Jeder, auf den die Pulle zeigt, muß die Geschichte seiner eigenen Hochzeitsnacht erzählen. – »Auf unterstem Niveau«, fand der FILMDIENST, wegen »unannehmbarer Grundeinstellung zu Liebe und Ehe.«
Ⓥ Toppic

Höllisch heiße Mädchen
Siehe **Gefährlicher Sex frühreifer Mädchen (2): Höllisch heiße Mädchen**

Hollywood
(HEAT). USA 1972.
R Paul Morrissey. **B** Paul Morrissey. **K** Paul Morrissey. **M** John Cale. **D** Joe Dalessandro, Sylvia Miles, Andre Feldman, Pat Ast, Ray Vestal, P.J. Lester, John Hollowell. **F** 99 Min.
Ein arbeitsloser Hollywood-Schauspieler prostituiert sich zugunsten eines alternden weiblichen Exfilmstars. – Da werden Erinnerungen an Billy Wilders BOULEVARD DER DÄMMERUNG wach – und daran, wie *Könner* Filme machen.

Die Hollywood-Affäre
(THE HAPPY HOOKER GOES TO HOLLYWOOD). USA 1980.
R Alan Roberts. **B** Devi Goldenberg. **K** Stephen Gray. **M** N.N. **D** Martine Beswick (Xaviera Hollander), Adam West (Lionel Lamely), Phil Silvers (William B. Warkoff), Richard Deacon (Warkoffs Schwiegersohn), Edie Adams (Talkmasterin), Chris Lemmon

Der Hollywood-Clan

(Robby Rottman), Dick Miller, Lindsay Bloom (Lionels Freundin). **F** 85 Min.
Die aus New York kommende Edelnutte Xaviera will ihre Lebensgeschichte verfilmen lassen und gründet in Hollywood mit Hilfe ihrer heißen Kolleginnen eine ›Finanzierungsgesellschaft‹, um einer Filmproduktion zu helfen, die aufgrund von Korruption in Schwierigkeiten geraten ist. – Dieser Film ist eine äußerst hohle Niete und soll eine Fortsetzung der Sexfilme THE HAPPY HOOKER (USA 1975; **R** Nicholas Sgarro) und THE HAPPY HOOKER GOES TO WASHINGTON (USA 1977; **R** William A. Levey) sein. Produziert von Menahem Golan und Yoram Globus, denen man allerhand nachsagen kann – bloß nicht, daß sie das Pulver erfunden haben. Ⓥ Cannon/VMP

Der Hollywood-Clan
(LOVE SCENES). USA 1984.
R Bud Townsend. **B** C. Panning Master. **K** N.N. **M** N.N. **D** Tiffany Bolling, Franc Luz, Julie Newman, John Warner Williams, Laura Sorrenson, Britt Ekland, Susan Benn, Jack Carter, Danile Pilon. **F** 86 Min.
Ein Regisseur will einen Film drehen, in dem es um die Gattin eines Kunsthändlers geht, die von ihrem Mann unbewußt zum Ehebruch getrieben wird. Seine Gattin soll die Heldin spielen. Sie lehnt das Buch zunächst ab, sagt aber dann aus Loyalität zu ihrem Mann zu. Der Regisseur schreibt das Buch während der Aufnahmen um und macht es geiler – bis seine Gattin in den Armen des männlichen Hauptdarstellers den ersten Orgasmus ihres Lebens hat. – Ein billig produzierter Film mit meist unbekannten Darstellern, die sich ordentlich ins Zeug legen und zeigen, daß Sex viel erotischer ist, wenn man Wert auf eine nachvollziehbare Story legt.
Ⓥ Cannon/VMP

Hollywood High – Die neckischen Spielchen der College-Girls
(HOLLYWOOD HIGH). USA 1977.
R Patrick Wright. **B** N.N. **K** Jonathan Silveira. **M** Scott Gale. **D** Marcy Albrecht (Bebe), Sherry Hardin (Candy), Rae Sperling (Monica), Susanne (Jan), Kevin Mead (Fenz), John Young (Mike), Joseph Butcher (Buzz), Richard Hynes (Sam), Marla Winters (June East), Kress Hytes (Ms. Crotch), Hy Camp (Flowers), Phil J. Macias, Mark Lawhead, Lori Bump, Dan Howard, Scott Gale, Tino Dominguez, Dale Caldwell, Jon Page.
F (81) 72 Min.
Um Zugang zu den zahlreichen Schlafzimmern einer alten Hollywooddiva zu kriegen, melden sich vier College-Girls bei der Dame zum Schauspielunterricht an, aber kaum sind sie in ihrem Haus, passiert genau das, worauf wir gewartet haben: Die Villa der Dame wird zum Amateurpuff, und bald stehen die Jungs aus der Umgebung Schlange, um an den Spielchen der Mädels teilzunehmen. Und auch die Exdiva weiß aus dem regen Besucherverkehr ihren Gewinn zu ziehen. – Ein plattes Sexfilmchen, das direkt zur Sache kommt.

Hollywood Hot Pools
(HOLLYWOOD HOT TUBS). USA 1984.
R Chuck Vincent. **B** Mark Borde/ Craig Horrall. **K** Larry Revene. **M** Joel Goldsmith. **D** Paul Gunning (Shawn), Donna McDaniel (Leslie Maynard), Michael Andrew (Jeff), Katt Shea (Dee Dee), Edy Williams (Desire), Jewel Shepard (Crystal), Stafford Morgan (Al), Remy O'Neill (Pam), Rex Ryan (Jesse), Sasha Gabor (Burt Reynolds), Mark Costello (Slate).
F 103 (TV: 99) Min.
Die frivolen Erlebnisse zweier Klempner unter den wilden und pausenlos sexuell erhitzten Ladys in den heißen

Bädern von Hollywood. – Eine Sexkomödie aus der Fabrik des Pornofilmers Chuck Vincent, der sein Unwesen seit den achtziger Jahren auf dem Teenieklamaukmarkt treibt. Mit einem beeindruckenden Auftritt von Edy Williams als Sado-Maso-Tittenmonster, einem Cameo des Burt Reynolds-Doppelgängers und Pornostars Sasha Gabor, und einem Nachspann, der, so man der englischen Sprache mächtig ist, hundertmal witziger daherkommt als der Rest des Films. Die deutsche Synchronisation verwechselt ›Ausländer‹ mit ›Außerirdischen‹. Aua. Ⓥ Vestron

Honey
(MIELE DI DONNE).
Italien/Spanien 1981.
R Gianfranco Angelucci. **B** Gianfranco Angelucci/Liliana Betti/Enrique U. Herrera. **K** Jaime Deu Casas. **M** Riz Ortolani. **D** Clio Goldsmith, Catherine Spaak, Fernando Rey, Donatella Damiani, Luc Merenda, Susan Scott. **F** 89 Min.
Eine hübsche Autorin rückt unverhofft einem Verleger auf die Pelle und zwingt ihn mit gezückter Waffe, ihren neuen Roman vorzulesen. Darin geht es um die erotischen Abenteuer einer jungen Frau, die in einer Pension allerlei merkwürdigen Gestalten begegnet, die ihre Phantasien wecken... Pointe: Verleger und Autorin sind ein Ehepaar, das sich sexuell stimuliert.
Ⓥ CBS/Fox

Honeybun – Wild aufs erste Mal
(HONEYBUN). Niederlande 1988.
R Ruud van Hemert. **B** Ruud van Hemert. **K** Willy Stassen. **M** Peter Schön/Ruud van Hemert. **D** Nada van Nie (Honeybun), Marc Hazewinkel (Harry), Hans Man in't Veld (Vater), Marijke Merckens (Mutter), Coen Vlink (Virnley), Herbert Flack, Nora Kretz, Annette Nijder, Linda Krijgsman, Josephine Peper. **F** 93 Min.
Die sechzehnjährige Honeybun flieht nach der Lektüre eines erotischen Romans aus der Klosterschule und schlägt sich auf der Suche nach der wahren Liebe ins Sündenbabel Amsterdam durch, der sie in Form von Sex und geilen Hechten begegnet. – Eine flotte Sexkomödie aus den Niederlanden, die keinen Gag ausläßt.
Ⓥ Cannon/VMP

Hospital der Sexy-Schwestern
Siehe **Mit der Pille um so toller**

Die Hostessen
Siehe **Betthostessen**

Der Hostessen-Sex-Report
Siehe **Mädchen auf Stellungssuche – Der Hostessen-Sex-Report**

Hot Dogs auf Ibiza
BRD/Frankreich 1975.
R Max Pécas. **B** Hartmut Neugebauer/Didier Philippe Gérard. **K** Roger Fellous. **M** Gerhard Heinz/Georges Garvarentz. **D** Ursula Buchfellner (Nelly), Claus Obalski (Hans), Sylvain Green (Cri-Cri), Marco Perrin (Gomez), Eric Legrand, Maurice Illouz, Venantino Venantini, Daniel Derval, Gérard Croce, Paul Bomart, Charles Varel, Christina Davis. **F** 80 Min.
Exvertreter auf Ibiza macht Furore als Entertainer in einem Ferienclub, nasführt seinen alten Chef und verliebt sich in dessen Tochter – wenn er nicht gerade mit den halbnackten Girls an Pool und Strand zugange ist, die einen Bettpartner suchen. – Quatschsexfilm mit viel Fleischbeschau. Ⓥ Telerent

Hot Dogs und Bananeneis
Siehe **Junge Mädchen mögen's heiß, Hausfrauen noch heißer**

Hot Ice – Liebe, Eis und Gangster
(HOT ICE). USA 1978.
R Stephen C. Apostolof. **B** Stephen C. Apostolof. **K** Stephen C. Apostolof. **M** N.N. **D** Michael Thayer (Winford), Teresa Parker (Danielle), Harvey Shain (Victor), Patti Kelley (Charlotte), Fred Spenser. **F** 95 Min.
Die Gauner Winford und Charlotte flüchten aus Frankreich in einen US-Gebirgskurort, wo sie den Hotelbesitzer Victor und dessen Gattin Danielle nicht nur dazu verführen wollen, ihnen den Zugang zum Safe freizumachen. – Stephen C. Apostolof, der als A.C. Stephen unzählige minderwertige Sex- und Pornofilme produziert und inszeniert hat, zeigt sich in diesem hölzern gespielten Produkt von seiner altbekannten Seite.

Hot Love
(LISA'S FOLLY). USA 1970.
R Mike Harris. **B** N.N. **K** Joe Hawkins. **M** John Scott/Allan Hankshaw. **D** Ray Sebastian, John Alderman, Vince Barbi, Nancy Ison, Luanne Roberts. **F** 66 Min.
Zwei lüsterne Pärchen bringen einen in Las Vegas beheimateten Mafioso um seine ergaunerte Millionen, doch der weibliche Teil des Quartetts legt den männlichen herein und kratzt mit der Beute die Kurve. – Das alles ist der Rahmen für eine Menge Kopulationsspielchen.

Hot Summer
(LA COGNATINA). Italien 1974.
R Sergio Bergonzelli. **B** Piero Regnoli. **K** Tonino Maccoppi. **M** Nello Ciangherotti. **D** Karin Well, Robert Wood, Greta Vaillant, Carlo Micolano, Pupo De Luca, Mimma Monticelli, Alfredo D'Ippolito, Luigi Guerra.
F 85 Min.
Frisch aus der Klosterschule entlassen will Monica sich in der Apotheke ihrer Schwester nützlich machen, doch als die Frühlingsgefühle in ihr erwachen, stellt sie ihrem malenden Schwager und einem Fußballer nach. Nachdem sie mit Unterstützung einer Prostituierten einen ganzen Kickerverein geschwächt hat, damit die eigene Mannschaft auch mal eine Chance kriegt, sorgt die eifersüchtige Schwester mit Erpressung dafür, daß Monica vor den Traualtar tritt: zusammen mit dem Stürmer, der auch ihr gefällt. – Eine wirre Sexklamotte, die Landbewohner als debile Sodomiten, Pfarrer als salbadernde Schwachköpfe und Frauen als ständig erregte Stuten vorführt. Natürlich auch mit Tortenschlacht. – AT: Jung, Frech, Frei.
Ⓥ Gloria

Hot Swedish Summer Night
(HOT SWEDISH SUMMER NIGHT). Schweden 1979.
R Anonym. **B** Anonym. **K** Anonym. **M** Anonym. **D** Anonym. **F** 58 Min.
Mittsommernächtliches Gepimper auf einer schwedischen Insel.

Hot T-Shirts
(HOT T-SHIRTS). USA 1980.
R Chuck Vincent. **B** N.N. **K** N.N. **M** N.N. **D** Ray Holland, Stephanie Lawlor, Pauline Rose, Corinne Alphen. **F** 86 Min.
Um den Umsatz seiner Kneipe zu erhöhen, kommt ein Wirt in einem amerikanischen Kaff auf die Idee, das Publikum mit ›heißen‹ T-Shirt-Tragewettbewerben anzulocken. – Ein Softsexfilm des Pornoaltmeisters Chuck Vincent, der inzwischen darauf gekommen ist, daß man mit billiger Teeniekost auch viel Kohle machen kann.
Ⓥ Cannon/VMP

Das Hotel der heißen Teens
(L'AFFITACAMERE). Italien 1976.
R Mariano Laurenti. **B** N.N. **K** Franco

Klamotte ohne viel Klamotten: *Das Hotel der heißen Teens* von Mariano Laurenti

Vitale. **M** N.N. **D** Gloria Guida (Loredana), Lino Banfi, Enzo Cannavale, Vittorio Caprioli, Adolfo Celi, Luciano Salve, Marila Dona. **F** 90 Min.
Nach dem Tod ihrer Tante erben die blonde Loredana und ihre feiste Schwester Angela eine kleine Pension und geraten in Schwierigkeiten, als ihre – ausnahmslos bekloppten – Gäste das Unternehmen für ein Bordell halten. Die Schwestern heizen die sexuellen Erwartungen der lüsternen Herren an, ohne freilich ihre Erwartungen zu erfüllen. – Ein Lustspiel mit Sexeinlagen, in dem beim Humor mit dem Holzhammer und beim Sex mit der Sparflamme gearbeitet wird.

Hotel Eros – Intim
(MOTEL CONFIDENTIAL). USA 1969.
R A.C. Stephen [= Stephen C. Apostolof]. **B** Mark del Mondo. **K** Robert Rubin. **M** Igor O'Gigaguski. **D** Mark Shannon (Stanley Buddington III.), Desirée d'André (Ann Pepper), Vic Lance (Romero Tampert), Sharon Patino (Daisy Ferguson), John Bealey (Casper Murk), Helena Clayton (Phyllis DooGoodie), John Patino (Harry Ferguson), Dianna Denning (Helen Gibbins), Harvey Shane (Willy King), Pat Niece (Susan Harrison), Hugh Johnson. **F** 73 Min.
Sex und heiße Spiele in einem Hotel in Los Angeles, wobei nicht nur die Gäste zeigen, welche Stellungen sie beherrschen, sondern auch das Personal. Putzig: Ein brünstiger Macho, der von einem Transvestiten gefoppt wird. – »Präzision waltet lediglich in den Intimszenen.« (FILMDIENST).

Das Hotel für Fremdenverkehr
(HOTEL ALOJAMENTO).
Argentinien 1966.
R Fernando Ayala. **B** N.N. **K** Oscar Melli. **M** Chico Novarro. **D** Olinda Bozan, Augusto Codeca, Gogo Andreau, Marilina Ross, Rodolfo Beban. **SW** 95 Min.
Ein billig heruntergekurbelter Sexstreifen über das brünstige Treiben in einer argentinischen Absteige, dem man um des lieben Profits willen später den reißerischen Titel PORNO CENTER gab.

Hotelzimmer-Report
(ROOM 11). USA 1971.
R Bud Irwin. **B** Bud Irwin. **K** Imer Leaf. **M** Bunny Yeager. **D** Terri Julson (Doll), Arthur Davis (Portier), Joan Gruthirds (Jungfrau), Gene Helton, Rhonda Campus (Pärchen), Betty Andrews (Lesbierin), Dan Roper (Geschäftsmann), Mary Howard (Sekretärin), Don Plourde (Snuten), Ruby Allyn. **F** 66 Min.
Sex und Sünde in einem kleinen Hotel: Ein Angestellter vermietet das Zimmer Nummer 11 stundenweise unter der Hand und hat deswegen jede Menge zu tun, um es rechtzeitig wieder zu räumen,

wenn die nächste Schicht auf der Matte steht. Und wenn Not am Mann ist, legt seine Gattin auch mal Hand mit an.

101 Acts of Love – Der Weg zur sexuellen Freiheit
(101 ACTS OF LOVE). USA 1970.
R Jeffrey Haims. **B** Ann Forster/A.D. Reynolds. **K** Jim Hastings. **M** Ray Scott. **D** Anonym. **F** 64 Min.
Ein Trupp amerikanischer Anonymlinge zeigt uns, von süßer Musik untermalt, diverse Dutzend Stellungen beim Geschlechtsverkehr (101 sind es zum Glück jedoch nicht), damit wir wissen, in welche Richung der ›Weg zur sexuellen Freiheit‹ führt.

Hunger nach Zärtlichkeit
(FOTOGRAFANDO PATRIZIA). Italien 1984.
R Salvatore Samperi. **B** Edith Bruck/Massimo Diluzio/Riccardo Ghione/Salvatore Samperi. **K** Dante Spinotti. **M** Fred Bongusto. **D** Monica Guerritore (Patrizia), Lorenzo Lena (Emilio), Saverio Vallone (Arrigo), Gianfranco Manfredi, Gilla Novak. **F** 95 Min.
Die erfolgreiche Modemacherin Patrizia, die auch dem eigenen Geschlecht gegenüber keine Vorurteile hegt, richtet ihre Triebe plötzlich auf Brüderlein Emilio und geht, nachdem sie ihm die attraktivsten Mädchen aus der Modebranche zugeführt hat, ein inzestuöses Verhältnis mit ihm ein. Ⓥ UFA

Huren-Report
Siehe **Sex-Report blutjunger Mädchen**

Hurra... die Deutsche Sex-Partei
BRD 1974.
R Barny Bornhauser [= Hans D. Bornhauser]. **B** Barny Bornhauser. **K** Eb Dycke. **M** N.N. **D** Lisa Lotz (Rita), Michael Conti (Klaus), Angela Adams, Johannes Buzalski, Sissi Engel, Rita Waldenberg, Gaby Kopicz, Renate Markl, Rudi Sandmeyer, Sigi Philipp, Rolf Eberhart, Hans Banzhaf, Wil Philipp. **F** 79 Min.
Während der spießige Inspektor Erwin alle Hebel in Bewegung setzt, um das Büro der Deutschen Sexpartei als Unzuchtschuppen zu entlarven, versucht sich der Reporter Klaus an einer Reportage über die ansehnliche DSP-Chefin Rita und ihre pummeligen und einfältigen Parteimiezen. Während Rita die Bürger von Reutlingen in anzüglichen Posen politisch aufklärt, suchen ihre Kolleginnen, so sie nicht gerade unter der Regie eines bayerisch parlierenden Schwarzen einen Propagandafilm drehen, nach Neumitgliedern, die sie dank ihrer freien Einstellung zum Sex leicht finden. – Unmotiviert abbrechende Szenen zeigen, daß der Streifen in zwei Fassungen vorliegt. – AT: SEX-PLAY.
Ⓥ Mike Hunter (Sex-Play)

Hurra, die Schwedinnen sind da
BRD 1978.
R F.J. Gottlieb. **B** Florian Burg. **K** Franz X. Lederle. **M** Gerhard Heinz. **D** Wolf Goldan (Niki Moser), Scarlett Candy (Marianne), Jacques Herlin (Ministerialrat), Josef Moosholzer (Sepp Huber), Jürgen Schilling (Toni), Bea Fiedler (Iris), Werner Röglin (Eginhart Kühl), Wolfgang Bamschabl (Max), Peter Muckenstruntz (Franz), Erich Padalewsky (Oskar), Heinz Reincke (Heinz), Corinne Genest (Olga), Corinne Cartier (Betty), Renate Langer (Antje), Margot Mahler (Wilma), Oliver Linow (Karli), Rosl Mayr (Josefa), Marie Luise Lusewitz (Rosl), Otto Prem (Otto), Margarethe Kuske (Emma), Roswitha Höchstetter (Zenzi). **F** 93 Min.
Weil Niki dem Huberbauern die vier-

Das »Kurhotel« der neuen Zeit: *Hurra, die Schwedinnen sind da* von Franz Josef Gottlieb

hunderttausend Mark nicht zurückzahlen kann, die er ihm zur Ersteigerung eines Hotels geliehen hat, will er im Ministerium Subventionen für ein Kurhotel lockermachen, doch der prüfende Ministerialrat kreuzt mit seiner Geliebten persönlich auf, so daß Niki, um florierenden Betrieb vorzutäuschen, Freunde und diverse Schwedinnen als Gäste engagiert. Und die haben natürlich auch nur das eine im Kopf. – Sexklamotte der einfältigen Art. – AT: Drei Schwedinnen in Oberbayern (2).

Hütet eure Töchter
BRD 1964.
R Rob Houwer/Eberhard Hauff/Karl Schedereit/Michael Blackwood/Wolf Hart. **B** Wolf Hart. **K** Wolfgang Treu. **M** Hans Martin Majewski. **D** Gila von Weitershausen, Klaus Kusterer, Andreas Blum, Ulli Philipp, Heidi Pawellek, Angelika Thieme, Monika Feldenau, Renate Kasche, Alexander Braumüller. **SW** 100 Min.
Ein pseudo-dokumentarischer Spielfilm und Vorläufer der Schulmädchen-Reports, der in acht Episoden, die angeblich Polizei-, Gerichts- und Jugendamtsakten entnommen sind, zeigen, welchen ›Versuchungen‹ und ›geheimen Verführern‹ frühreife Mädchen ausgesetzt sind, die kein vertrauensvolles Verhältnis zu ihren Eltern haben.

I Feel it Coming – Ich fühl es kommen
(I FEEL IT COMING). USA 1971.
R Sidney Knight. **B** Sidney Knight.
K Richard Morgenstern. **M** N.N.
D Linda Shall, Cathy Neilman, Dandy Thomas.
F 69 Min.
Leider fühlt er gar nichts ›kommen‹: Ein US-Soldat kehrt impotent aus dem Vietnamkrieg zurück und läßt sich mit Hilfe seiner Geliebten erfolglos von Striptease, Gruppensex, Voyeurismus etc. antörnen, bis sie vorschlägt, es mit Drogen zu versuchen. Was dann auch klappt – nur anders, als sie erwartet hat.

Ich bin ein Callgirl
Siehe **Champagner für Zimmer 17**

Ich bin neugierig – gelb
(JAG ÄR NYFIKEN, GUL).
Schweden 1967.
R Vilgot Sjöman. **B** Vilgot Sjöman.
K Peter Wester. **M** Bent Ernryd.
D Lena Nyman (Lena), Peter Lindgren (Rune), Börje Ahlstedt (Börje), Holger Löwenadler (König), Marie Göransson (Börjes Frau), Ollegerd Wällton (Dolmetscher), Magnus Nilsson (Magnus), Vilgot Sjöman (Regisseur), Chris Wahlström (Runes Freund), Ulla Lyttkens (Ulla), Sven Wollter (Kapitän), Anders Ek (Instrukteur), Olof Palme (O.P.), Jewgeni Jewtuschenko (J. J.), Martin Luther King (M.L.K.).
SW (121) 95 Min.
Die junge Schwedin Lena versucht ihren Idealen – der Gewaltlosigkeit, der freien Liebe und dem demokratischem Sozialismus – treu zu bleiben, doch die Realitäten des Lebens zwingen sie immer wieder zu faulen Kompromissen. – ICH BIN NEUGIERIG – GELB war der Skandalfilm der sechziger Jahre, da er, von einem ›anerkannten‹ Regisseur inszeniert, nackte Tatsachen und (angedeuteten) Geschlechtsverkehr auf die Leinwand brachte. Während der Film in Schweden mehr wegen Sjömans linker Gesinnung statt seiner sexuellen Offenheit kritisiert wurde, war er in der BRD trotz gewaltiger Schnitte (26 Minuten!) ein von zahllosen Regenmantelträgern besuchter Renner, die das Kino freilich bald wieder verließen, weil das ›politische Gequassel‹ ihnen zuviel des Erträglichen war. – Die noch unerotischere Fortsetzung: SIE WILL'S WISSEN (Schweden 1968).

Lena Nyman in *Ich bin neugierig – gelb* von Vilgot Sjöman

Ich, Christine Keeler
(AFFAEREN CHRISTINE KEELER / THE KEELER AFFAIR). Dänemark/GB 1963.
R Robert Spofford. **B** Matt White/Robert Maxwell/Robert Spofford.
K Michael Rocca. **M** Roger Bourdin.
D Yvonne Buckingham (Christine Keeler), Mel Welles (Jewgenij Iwanowitsch), John Drew Barrymore (Dr. Stephen Ward), Alicia Brandel (Mandy Rice-Davies), Peter Prowse, Mimi Heinrich. **SW** 86 Min.
Als Sechzehnjährige verläßt Christine Keeler ihr Elternhaus in Wraysbury geht

nach London, wo sie als ›Schönheitstänzerin‹ arbeitet bzw. von Prostitution lebt. 1961 lernt sie den Arzt Stephen Ward kennen. Nun geht es bergauf: Ward richtet ihr eine Wohnung ein und nimmt sie zu Empfängen und Partys der Upper Ten mit. Christine lernt den britischen Verteidigungsminister Profumo und den sowjetischen Militärattaché Iwanow kennen und hat mit beiden gleichzeitig honorierte Beziehungen. Als ihre Bettgeschichten 1963 bekannt werden, kommt es zum Skandal: Profumo muß zurücktreten, Iwanow kehrt in die UdSSR zurück, und Ward, einer Anklage wegen Zuhälterei ins Auge sehend, nimmt sich das Leben.

Ich, das Abenteuer, heute eine Frau zu sein
BRD 1972.
R Roswitha vom Bruck. **B** Roswitha vom Bruck/Denise De Boer. **K** Werner M. Lenz. **M** Heinz Kiessling/The Cats. **D** Renate Carol (Monika), Frank Glaubrecht (Kai), Ingo Baerow (Dr. Thomas Hoffmann), Joey Flueger (Carsten), Bert Hochschwarzer (Rolf), Marianne Lebeau (Anna). **F** 89 Min.
Monika, die junge Gattin des streß- und termingeplagten Bauingenieurs Kai, fühlt sich sexuell zunehmend frustriert, versucht es kurzfristig mit Masturbation und sucht sich auf Anraten einer Freundin bald anderswo Befriedigung. – Der erste deutsche Sexfilm, der von einer Frau inszeniert wurde, kann leider auch nicht verhehlen, daß er für ein einschlägiges männliches Publikum gedreht wurde.

Ich, ein Groupie
BRD 1970.
R Fred Williams [= Erwin C. Dietrich]. **B** Manfred Gregor [= Erwin C. Dietrich]. **K** Peter Baumgartner. **M** Walter Baumgartner/ Terry Wolt/ Birth Control/Murphy Blend. **D** Ingrid Steeger (Vicky), Vivian Weiss, Li Paelz, Stewart West, Bernd Koschmider, Nadia Pilar, Achim Hammer, Rolf Eden, Terry Mason, Sharon Richardson, Petra Prinz, Pony Poindexter.
F 103 Min.
Ein deutsches Groupie liebt sich durch die Musikszene von London, Amsterdam, Zürich und Berlin, verfällt den Drogen, nimmt an einer Schwarzen Messe teil und klinkt nach einer Opiumdosis, an deren Ende sie Wahnsinn und Tod erwarten, völlig aus. – Ein typisches Schundprodukt seiner Zeit, erdacht von einer Spießerphantasie, die davon ausgeht, als hätten Musiker und Langhaarige nur Sex und Drogen im Kopf. – AT: DAS MÄDCHEN MIT DEM EINWEG-TICKET.
Ⓥ UFA (Das Mädchen mit dem Einweg-Ticket).

Ich, ein Liebhaber
(JEG – EN ELSKER).
Schweden/Dänemark 1966.
R Niels Holm [= Börje Nyberg].
B Peer Gulbrandsen. **K** Jan Lindström. **M** Sven Gyldmark. **D** Jörgen Ryg, Kerstin Wartel, Axel Ströbye, Dirch Passer. **SW** 94 Min.
Einem an Impotenz leidenden Ehemann läuft die Frau davon, aber nachdem er Bekanntschaft mit einer Prostituierten geschlossen hat, funktioniert er wieder so gut, daß er sogar auf einer Sexorgie seinen Mann steht. Doch erst als er sich zum größten Umleger der Stadt entwickelt hat, kehrt seine Gattin zu ihm zurück.

Ich, eine Frau
(JEG – EN KVINDE).
Schweden/Dänemark 1965.
R Bert Torn [= Mac Ahlberg]. **B** Peer Gulbrandsen. **K** Mac Ahlberg. **M** Sven Gyldmark. **D** Essy Persson (Siw), Jörgen Reenberg (Dr. Dam), Preben

Mahrt (Heinz Gerzen), Preben Körning (Sven), Frankie Steele (Erik).
SW 88 Min.
Die Lebensbeichte der sinnlichen Krankenschwester Siw, der es gar nichts ausmacht, nymphomanisch veranlagt zu sein: Sie hat nämlich beschlossen, sich nicht auf einen Mann zu beschränken. Doch als ausgerechnet der gute Erik nach der ersten Nummer einen Rückzieher macht, weil er glaubt, sie wolle ihn an sich binden, ist sie doch rechtschaffen sauer. – »Nicht der Sex, der Schwachsinn feiert in Ahlbergs Film wahre Orgien.« (FILMDIENST).

Ich habe Lust (2): Meine Nächte mit Sven
(NAGON ATT ELSKA/THE SEDUCTION OF INGA). Schweden/USA 1967.
R Joseph W. Sarno. **B** N.N. **K** Max Wilén. **M** N.N. **D** Marie Liljedahl (Inga), Tommy Blom, Inger Sundh, Lennart Lindberg, Lissi Alandh, Lennart Norbäck, Harriet Ayres.
F (96) Min.
Inga verliebt sich in einen Gitarristen, doch ihre finanzielle Lage zwingt sie, einen Job bei einem alternden Schriftsteller anzunehmen. Sie wird seine Geliebte und entdeckt, daß er in einem inzestuösen Verhältnis mit seiner Tochter lebt. Als der Autor sich umbringt, tröstet Inga sich mit seiner Tochter und kriegt am Ende ihren Gitarristen. – Fortsetzung von INGA – ICH HABE LUST.

Ich schenk dir meinen Körper
(JE T'OFFRE MON CORPS).
Frankreich 1984.
R Michel Leblanc [= Michel Lemoine]. **B** Michel Leblanc [= Michel Lemoine]. **K** N.N. **M** N.N. **D** Olinka Hardiman (Natascha), Gabriel Pontello (Daniel), Cathy Menard, Laura Clair, Eric Dray, John Oury. **F** 87 Min.
In diesem als Spionagegeschichte verkleideten Softporno mit der Marilyn Monroe-Doppelgängerin Olinka Hardiman geht es u.a. auch um böse KGB-Agenten, die in Frankreich ihr Unwesen treiben.
Ⓥ Ascot

Ich spüre deine Haut
BRD 1969.
R Günter Schlesinger. **B** Ernst Nickstadt. **K** Wolfgang Lührse. **M** N.N. **D** Solvi Stübing, Frank Rheinboldt, Anja Forster, Frank Hollfelder.
F 75 Min.
Zwei aus einem Heim geflüchtete Mädchen stoßen an der Ostsee auf einen Camper, der seinen Spaß an voyeuristischer Betätigung hat, und lernen schnell, wie man seine Haut verkauft, um sie zu retten. – Ein von schwerfälliger Hand inszenierter Sexkrimi aus dem Bar- und Bordellmilieu; mit Schauspielern, von denen die Welt nie wieder etwas gehört hat.
Ⓥ Mike Hunter

Ich war ihm hörig
(DISPOSTA A TUTTA). Italien 1978.
R Giorgio Stegani. **B** Roberto Gianvitti. **K** Sandro Mancori. **M** Gianni Marchetti. **D** Bekim Fehmiu, Eleonora Giorgi, Laura De Marchi, Barbara Magnolti. **F** 92 Min.
Ein von sich und seinen Ansichten überzeugter Playboy bewegt eine ihm hörige Schülerin dazu, diverse ›Prüfungen‹ zu durchlaufen, damit sie seiner ›würdig‹ wird, bis das Mädchen sich seiner Lage klar wird und sich von ihm befreit.

Ich will dich ohne
(BAD GIRLS GO TO HELL). USA 1965.
R Doris Wishman. **B** Doris Wishman. **K** N.N. **M** N.N. **D** Gigi Darlene, Alan Yorke, George La Rocque.
SW 63 Min.
Ein Mädchen tötet einen Mann, der ihm

an die Wäsche will, reist nach New York, wo es in die Hände einer Lesbe fällt, die ihm ebenfalls heftige Avancen macht, und erwacht aus einem Alptraum, der sich bald als Anfang der Realität erweist – auch für den Zuschauer.

Der Idiotenzwinger
(L'INFERMERIA NELLA CORSICA DEI MILITARI). Italien 1980.
R Mariano Laurenti. **B** Mariano Laurenti/Francesco Milizia. **K** Federico Zanni. **M** Gianni Ferrio. **D** Nadia Cassini (Grazia), Lino Banfi (Larussa), Paolo Giusti, Karin Schubert, Elio Zamuto, Carlo Sposito, Renato Cortesi, Alvaro Vitali, Susan Scott.
F 87 Min.
Die knackige Barsängerin Grazia fängt im Auftrag ihres Chefs als Schwester in der Nervenklinik von Professor Larussa an, um wertvolle Gemälde zu stehlen und hat ihre liebe Not, sich einer Horde lüsterner Doktoren und Patienten zu erwehren. Grazia klaut die Bilder, doch als ihr Chef sie foppen will, jagt sie sie ihm wieder ab. – Eine alberne italienische Sexklamotte.
Ⓥ UFA

Ihr schärfstes Match
Siehe **Fans – Fans – Fans – runter mit den Pants**

Il Corpo – Black Erotic
(IL CORPO). Italien 1974.
R Luigi Scattini. **B** Massimo Felisatti/Fabio Pittorru/Luigi Scattini. **K** Antonio Borghesi. **M** Piero Umiliani.
D Zeudi Araya, Enrico Maria Salerno, Leonard Mann, Carroll Baker, Luigi Guerra. **F** 86 Min.
Auf einer pazifischen Insel kommt es zu Mord und Totschlag, nachdem sich ein Abenteurer in die Frau seines Freundes verguckt hat, und sie seine Zuneigung erwidert. – Dennoch ein »Sexfilmchen vom Fließband« (FILMDIENST). – AT: LOCKENDE AUGEN.
Ⓥ Euro (Black Erotic)
Ⓥ Scala (Lockende Augen)

Im Bett der nackten Schwestern
(THE GAME IS SEX). USA 1969.
R Harry Wuest. **B** Harry Wuest.
K Harry Wuest. **M** George Craig.
D Irene Rosetti (Irene), Susanna March (Nancy), Michael Canavan (André), Alan Wylie (Max), Joanna Morris (Joan), Ken Jard (Martin), Jacqueline Diann, Margaret Harel, Beverly Kolber, André Lessere, Sasha Stevens. **F** 84 (80) Min.
Um ihre in Monotonie erstarrte Ehe zu retten, denken Irene und André sich frivole Sado-Maso-Spielchen aus, die Irene jedoch abstoßen, als André sie zu verbissen betreibt. Man trennt sich. Während Nancy Irenes Stelle einnimmt, schläft Irene anderswo herum. Auf einer Orgie treffen die beiden sich wieder, fangen ein Verhältnis an und betreiben Liebe zu dritt, die bald wieder in die alte Sado-Maso-Leidenschaft ausartet. Nancy, die sich zum Objekt ihrer Gelüste degradiert sieht, begeht Selbstmord.

Im Fieber der Lust
(TAKE HER BY SURPRISE).
Kanada 1967.
R Rudi Dorn. **B** N.N. **K** Gerhard Alsen. **M** John Bath. **D** Paul Negri (Walter Dorland), Noel Beckett (Miklos), Joan Armstrong (Margaret Dorland), Peter F. Adamson (Korba), Solveigh Schattmann (Sozialarbeiterin), Michelle Albert (Korbas Assistentin), Dara Wells (Carla), Edward McCormack (Kimble), Marjorie McCormack (Mrs. Kimble), Marjorie Spencer. **F** 90 Min.
Walter heuert den schrägen Vogel Miklos an, um seine Gattin Margret zu ermorden, doch Margret gelingt es, den

sexhungrigen Killer auszuschalten. Sie dreht den Spieß herum und sorgt dafür, daß Walter das kriegt, was ihm zusteht.
Ⓥ Hot Movie

Im Fummelschuppen von Buffy County
(SOUTHERN COMFORTS). USA 1970.
R Bethel Buckalew. **B** Bethel Buckalew/Jack Richesin. **K** Dwayne Rayven. **M** Hal Souther, Harold Hensley. **D** Jack Richesin (Colonel Melanie), Jacob Oft (Danny), John Tull (Junior), Judy Angel (Brenda), Pam Princess (Sängerin), Wendy Winter (Julie), Monica Gayle (Carol). **F** 75 Min.
Eine Bande scharfer Jugendlicher aus der Stadt quartiert sich auf dem Land in der Scheune eines Excolonels ein und begeistern ihn und seinen Sohn mit sexuell freizügigen Eskapaden. Als sie einen ›Schönheitswettbewerb‹ veranstalten, schlägt ein Ordnungshüter zu, doch der Colonel überzeugt ihn, daß niemand eine Straftat begangen hat.

Im Garten der Lust
(MUDHONEY). USA 1965.
R Russ Meyer. **B** Friday Locke/W.E. Sprague. **K** Walter Schenk. **M** Henry Price. **D** Lorna Maitland (Clara Belle), Rena Horten (Eula), Hal Hopper (Sidney Brenshaw), Stuart Lancaster (Lute Wade), Antoinette Christiani (Hannah Brenshaw), Princess Livingstone (Magie Marie), John Furlong (Calif McKinney), Sam Hanna (Injoys), Nick Wolcuff (Sheriff), Frank Bolger (Hanson), Lee Ballard (Sister Hanson), Mikkey Fox, Rufus Owens.
SW 91 Min.
Calif McKinney findet Arbeit auf einer Farm in Missouri, die Lute Wade gehört. Als dessen geile Nichte Hannah sich an Calif heranmacht, kriegt er es dicke von ihrem brutalen Gatten Sidney, so daß Lute sich lieber den Nutten zuwendet.

Lorna Maitland zeigt ihre Muschi in *Im Garten der Lust* von Russ Meyer

Als Sidney erfährt, daß Lute seine Farm Calif vererben will, kommt es zu Mord, Brand und versuchtem Lynchen. – Wie in fast allen Filme Russ Meyers kommt der Sex auch in diesem hauptsächlich in Gestalt stets erhitzter, vollbusiger Weiber daher.

Im Garten der Qualen
(LE JARDIN DES SUPPLICES). Frankreich 1977.
R Christian Gion. **B** Pascal Laine. **K** Lionel Legros. **M** Jean-Pierre Doering. **D** Roger van Hool (Antoine Durieux), Jacqueline Kerry (Clara Greenhill), Toni Taffin (Greenhill), Ysabelle Lacamp, Jean-Claude Carriére. **F** 93 Min.
Ein junger französischer Arzt und Schürzenjäger wird in den zwanziger Jahren nach Kanton (China) verschlagen und gerät dort a) in die Revolutionswir-

ren und b) in die Krallen der sinnlichen Clara Greenhill, der Tochter eines Dunkelmannes. – Die Vorlage soll von dem französischen Schriftsteller Octave Mirbeau (1848–1917) stammen.
Ⓥ Telerent, ITT Contrast

Im Garten der Wollust – Pourqoui?
(JE SUIS FRIGIDE – POURQUOI?). Frankreich 1971.
R Max Pécas. **B** Jean Curtelin/Claude Mulot. **K** Robert Le Febvre. **M** Derry Hall. **D** Sandra Julien (Doris), Jean-Luc Terrade, Marie-Georges Pascal, Joelle Coeur, Virginie Vignon, Stéphane Machanovitch. **F** 94 Min.
Doris, die Tochter des Gärtners, wird vom Schloßherrn vergewaltigt, kommt ins Internat, hält sich für frigide, und arbeitet später in einem Maklerbüro, das in Wahrheit eine getarnte Callgirl-Zentrale ist. Um herauszufinden, wie es um ihre Gefühlskälte bestellt ist, unterzieht sie sich einer Psychoanalyse. – Resultat: Sie liebt den Mann, der sie mit Gewalt genommen hat. – AT: EMANUELA – IM TEUFELSKREIS DER LEIDENSCHAFT.

Im Gasthaus zum Scharfen Hirschen
BRD 1976.
R Hans Billian. **B** Hans Billian. **K** Hama Tora [= Hubertus Hagen]. **M** N.N. **D** Josef Moosholzer, Victor Lange, Karin Lorson, Joseph Gneissl, Christine Szenatra, Wolfgang Vogel, Elke Kraus, Ursula Stiegelmair, Angelika Hefner, Christian Fricke, Patricia Rhomberg, Elisabeth Höhenberger. **F** 85 Min.
Drei pummelige, wenig attraktive weibliche Angestellte eines bayerischen Winz-Hotels geben sich im Auftrag ihres Chefs alle Mühe, es den männlichen Gästen zu jeder Tageszeit ordentlich zu besorgen. – Das übliche Stellungspiel, das unter dem Titel ZIMMERMÄDCHEN MACHEN ES GERN auch in einer Hardcore-Fassung zu haben ist.

Im Himmel steht kein Doppelbett
Siehe **Blutjung zur Lust verführt**

Im Kloster der heißen Nonnen
(SISTER LUNA). Japan 1979.
R Masura Omuna. **B** N.N. **K** David Mortimer. **M** N.N. **D** Shinichi Tani, Terumi Azuma, William Pearson, Robert Stigwood, Sharon Rott. **F** 72 Min.
Die junge Luna verliert den Geliebten an ihre nymphomanische Schwester und geht aus Wut darüber ins Kloster. Dort stellt ein spitzer Abt ihr nach und zwingt sie zur Befriedigung seiner Gelüste. Zusammen mit der Äbtissin Yuki, die Luna in ihr Bettchen lockt, schmiedet sie einen Racheplan. – Und natürlich ist dies ein Schundfilm!

Im Knast der heißen Katzen
Siehe **Mädchen im Tigerkäfig**

Im Labyrinth der Sexualität
(NEL LABIRINTO DEL SESSO / PSYCHIDION). Italien 1969.
R Alfonso Brescia. **B** Giacinto Ciaccio/Massimo d'Avaco. **K** Fausto Rossi. **M** Italo Fischetti. **D** Orchidea de Santis (Margareta), Franco Ressel (Renaud), Willy van der Valle (Anna), Maria Pia Conte (Tante), Massimo Foschi (Psychiater), Sergio Doria (Junkie), Ilona Drash (Sadistin), Evaristo Maran (Exhibitionist), Gioia Desideri (Mädchen), Susy Andersen (Nymphomanin). **F** 75 Min.
Billiger Episodenfilm, der sich mit (natürlich) ›rein aufklärerischer‹ Absicht mit Themen wie Nymphomanie, Homosexualität, Fetischismus, Exhibitionismus und Sado-Masochismus beschäftigt – im Prinzip aber hauptsächlich ›Stellen‹ für Voyeure ablichtet. Übersehenswert.

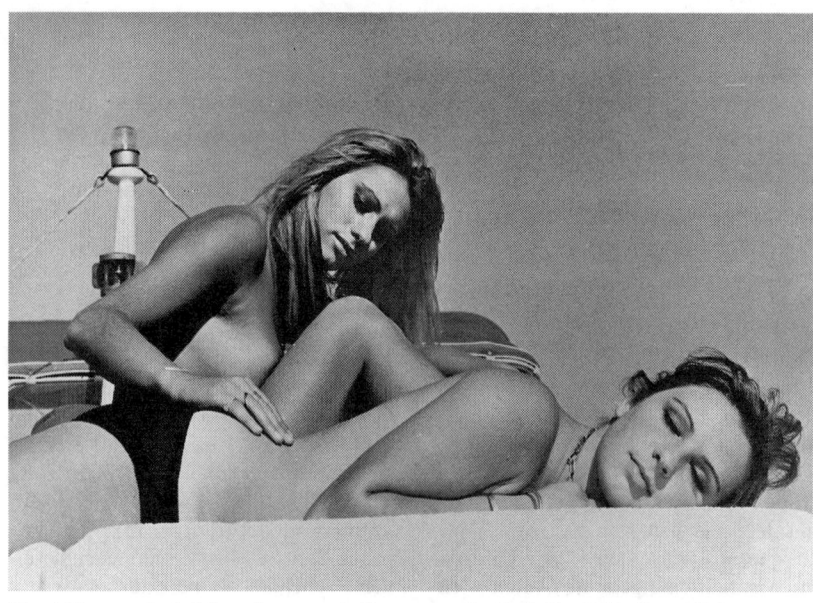

Zwei Frauen sind sich selbst genug. Szene aus *Im Labyrinth der Sexualität* von Alfonso Brescia

Im Liebesgarten
(ZERO IN AND SCREAM/SEX POWER).
USA 1971.
R Les Emerson. **B** Howard Edding. **K** Lee Frost. **M** Music Film of Hollywood. **D** Dawna Rae, Michael Stearns, David Kelley, Sherill Thomas, Edward Frank, John Medford, Joan McBride, Cathy Horton, Angela Thomsen.
F 72 Min.
Ein Voyeur belauscht Pärchen mit einem Zielfernrohr und schießt auf die Männer, bis ihm durch eine Festnahme die Polizei das Handwerk legt. – Der Film besteht hauptsächlich aus aneinandergereihten Sexszenen, und der Typ mit dem Zielfernrohr wurde nur ins Spiel gebracht, weil man eine Rahmenhandlung brauchte. – »Der Zuschauer wird andauernd in die Rolle des Voyeurs gedrängt und mit raffinierten Tricks seiner etwa aufkommenden Schuldgefühle ›beraubt‹.« (FILMDIENST).

Im Liebesnest der Hippiemädchen
BRD 1980.
R Hans Billian. **B** Hans Billian. **K** N.N. **M** N.N. **D** N.N. **F** 90 Min.
Die achtzehnjährige Julia lebt bei ihrem Onkel, dessen Bettaktivitäten sie gewaltig anheizen. Als ein ›Hippie‹-Mädchen in die Wohnung einbricht, wird es vom Onkel erwischt (etc. pp.) Die diebische Elster lebt natürlich in einer Kommune, die den ganzen Tag nur ferkelt. Eines Tages besuchen die Kommunarden Julia und ihren Onkel (etc. pp.), bis dieser so eifersüchtig wird, daß er sich selbst seiner Nichte annimmt. Ⓥ Love

Im Lustgarten der wilden Mädchen
(THE SEXIEST STORY EVER TOLD).
USA 1973.
R René Martinez. **B** René Martinez. **K** Dick Mark. **M** Grace Winters. **D** Steve Hawkes, Minnie the Mermaid, Bonnie Key, John McLaughlin,

Loratia Lee, Baby Mermaid. **F** 70 Min.
Ein Mitarbeiter des US-Herrenmagazins ›Laygirl‹ soll einen Artikel über die Geschichte des Nacktfilms schreiben. Deswegen schaut er sich aus ›rein wissenschaftlichen Gründen‹ ein paar Schmuddelfilme an, die seine Sekretärin so antörnen, daß sie mit ihm zur Aktion schreitet.

Im Netz der Leidenschaften
(THE POSTMAN ALWAYS RINGS TWICE). USA 1946.
R Tay Garnett. **B** Harry Ruskin/Niven Busch. **K** Sidney Wagner. **M** George Bassman. **D** Lana Turner (Cora Smith), John Garfield (Frank Chambers), Cecil Kellaway (Nick Smith), Hume Cronyn (Arthur Keats), Leon Ames (Kyle Sackett), Audrey Totter (Madge Gorland), Alan Reed (Ezra Liam Kennedy), Jeff York (Blair), Charles Williams (Jimmie White), Cameron Grant (Willie), Wally Cassell (Ben), William Halligan, Morris Ankrum (Richter), Garry Owen (Lkw-Fahrer), Dorothy Phillips (Krankenschwester), Edward Earle (Arzt), Byron Foulger (Picknick-Manager), Sondra Morgan (Alte Dame).
SW 103 Min.
Der Tramp Frank nimmt einen Job in einer Raststätte an und verliebt sich in Cora Smith, die attraktive Gattin des Besitzers. Cora weiß Frank geschickt zu umgarnen. Als Frank ihr sexuell hörig ist, gesteht sie ihm, sie habe Smith nur geheiratet, um nicht mehr arm sein zu müssen, doch nun langweile sie sich zu Tode. Sie will ihren Mann loswerden. Der völlig unter Coras Einfluß stehende Frank inszeniert einen Autounfall, doch die Behörden schöpfen Verdacht: Von nun an wird das Paar pausenlos beobachtet, und der einsetzende Druck hinterläßt bald Spuren... – AT: DIE RECHNUNG OHNE DEN WIRT.

Im Paradies der Lüste
(LES PETITES COLLEGIENNES). Frankreich 1979.
R Don Hanikson. **B** N.N. **K** N.N.

Lana Turner und John Garfield in dem Sex und Mord-Drama *Im Netz der Leidenschaften* von Tay Garnett

M N.N. **D** Hèléne Chablie, Françoise Schneider, Gérald Deneuve. **F** 74 Min.
Die aus zahlreichen Sexfilmen bekannten, ewig heißen Internatsmiezen fahren ins Wochenende und stürzen sich unterwegs auf alles, was Hosen trägt.

Im Paradies der Nackten
(GENTLEMEN PREFER NATURE GIRLS). USA 1962.
R Doris Wishman. **B** Melvin Stanley.
K Raymond Pheelan. **M** N.N. **D** Lon Alexion (Bill Brooks), Joan Bromford (Ann Bell/Brooks), William Mayer (Bennett), James Antonio, Richard Johnson, Mary Jowalls, Lee Abbell, Sandy Sinclair. **F** 58 Min.
Bill und Ann arbeiten im Maklerbüro von Mr. Bennett und verbringen ihre Freizeit im FKK-Klub. Als Bennett von Bills Hobby erfährt, wird er gefeuert. Ein anderer Nudist lockt den hochmoralischen Bennett nächtens ins Camp, und als dieser sich am nächsten Morgen von Nackedeis umgeben sieht, ändert er spontan seine Ansichten über den Nudismus. – Toll, ne? (Und da der Film 1962 gedreht wurde, zeigt er außer Bikinimädchen und ein paar blanken Busen natürlich nichts, was den Beschauer sozialethisch verwirren könnte, und selbstverständlich geht es auf dem FKK-Gelände hochmoralisch zu.)

Im Rausch der Sinne
Siehe **Bitterer Whisky**

Im Rausch der Wollust
(LA CULPA). Argentinien 1968.
R Kurt Leland. **B** Ariel Cortazzo.
K Oscar Melli. **M** Alberto Nunez Palacio. **D** Libertad Leblanc (Margara), Carlos Estrada (Rudolph Guerrero), Fabio Zerpa (Ernest), Juan Carlos Lamas, Guillermo Hebling, Hector Armendariz, Aldo Mayo, Ricardo Darin. **SW** 80 Min.

Die Modeschöpferin Margara verliebt sich in den Flugkapitän Rudolph und zieht sich mit ihm aus der High Society zurück, um das Liebesglück zu genießen. Als man Rudolph nach einem Autounfall die Fluglizenz (?) entzieht, fällt er in die Krallen des Alkohols. Margara wendet sich Ernest zu, den sie, als er sie bedrängt, tötet. Als Rudolph wieder fliegen darf, ist das Glück perfekt, doch inzwischen wird ein Tramp verdächtigt, Ernest umgebracht zu haben. – Sex and Crime von der billigsten Sorte.

Im Reich der Leidenschaft
(AI NO BOREI / L'EMPIRE DE LA PASSION). Japan/Frankreich 1978.
R Nagisa Oshima. **B** Nagisa Oshima.
K Yoshio Miyajima. **M** Toru Tekemitsu. **D** Kazuko Yoshiyuki (Seki), Tatsuya Fuji (Toyoji), Takahiro Tamura (Gisaburo), Takuzo Kawatani (Inspektor Hotta), Akiko Koyoma (Mutter des Grundbesitzers), Sumi Sasaki (Odame) Masami Hasegawa (Oshin), Taka-ki Sugiura (Denzo), Kenzo Kawarazaki. **F** 108 Min.
Japan, Anfang des 20. Jahrhunderts: Eine in die Jahre kommende Ehefrau betrügt ihren Mann, einen Rikschafahrer, mit einem Exsoldaten. Um den Gatten los zu sein, töten ihn die beiden. Doch nicht nur das schlechte Gewissen hindert sie fortan daran, ihren erotischen Gelüsten zu frönen: Auch der Geist des Toten sorgt dafür, daß die untreue Gattin und ihr Geliebter für ihre Tat büßen. – Wer's glaubt: die Geschichte soll 1936 wirklich passiert sein. ⓥ VMP

Im Reich der Sinne
(AI NO CORRIDA/L'EMPIRE DES SENS). Japan/Frankreich 1976.
R Nagisa Oshima. **B** Nagisa Oshima.
K Hideo Ito. **M** Minoru Miki. **D** Eiko Matsuada (Kichozo), Tatsuya Fuji (Sada), Meika Seri. **F** (110) 102 Min.

Eiko Matsuada und Tatsuya Fuji in *Im Reich der Sinne* von Nagisa Oshima

Ein japanisches Pärchen ist sexuell dermaßen aufeinander fixiert, daß der Mann die Frau nach unzähligen Stellungen und viel, viel Gekeuche bittet, ihn umzubringen. – Das ist nun nicht gerade das, was bei den Fans von Filmen wie INTERNATS-GEHEIMNISSE JUNGER MÄDCHEN Euphorie aufkommen läßt...
Ⓥ VMP

Im Schloß der blutigen Begierde
BRD 1967.
R Percy G. Parker [= Adrian Hoven].
B Eric Martin Schnitzler/Percy G. Parker [= Adrian Hoven]. **K** Jorge Herrero/Franz Hofer. **M** Jerry van Rooyen.
D Janine Reynaud (Vera), Howard Vernon (Graf Saxon), Jan Hendriks (Georg v. Kassell), Michel Lemoine (Baron Brack), Elvira Berndorff (Elena), Pier A. Caminecci (Roger), Claudia Butenuth (Marion/Katharina), Vladimir Medar (Alecos). **F** 80 Min.
Der lüsterne Baron Brack, mit Marion liiert, fällt während einer Party so ungestüm über die schöne Elena her, daß sie flieht. Ihr Verlobter Roger, ihre Schwester Vera und Marion finden sie im Schloß von Graf Saxon wieder, der ihnen die Geschichte einer Ahnfrau erzählt, die im Dreißigjährigen Krieg von Landsknechten geschändet und ermordet wurde. Der Vater der Toten brachte daraufhin seine intrigante Geliebte um, um seine Tochter mit ihrem Blut wieder zum Leben zu erwecken. Nun ist Graf Saxons Tochter im Wald angefallen und zu Tode malträtiert worden. Saxon will sie wieder zum Leben erwecken – mit dem Herzen einer anderen Frau. Marion wird sein Opfer. Während Elena, Vera und Roger durch das Gemäuer irren, dringt Brack, von einem Bären angefallen, in das Schloß ein. Als Saxons Experiment beendet ist, erkennt seine Tochter in Brack ihren Peiniger wieder. – Die im Titel zitierte ›blutige Begierde‹ kommt zwar nicht recht zum Zuge, doch lassen die an diesem Lichtspiel beteiligten Damen keine Chance aus, uns ihre von

Janine Reynaud (links) mit Partnerin in *Im Schloß der blutigen Begierde* von Percy G. Parker

schicker Wäsche bedeckten ansehnlichen Kurven zu zeigen. Ⓥ Silwa

Im Schloß der wilden Triebe
Siehe **Alle Kätzchen naschen gern**

Im Taumel der Erotik
(JEUX INTIMES AUX DOMICILE). Frankreich 1978. **R** Alain Nauroy. **B** N.N. **K** N.N. **M** N.N. **D** Denis Lascene, Francois Bousof, Nadine Scant, Roy Arnoul, Hey Reney. **F** (90) 74 Min.
Ein ständig unter Druck stehender Dentist treibt es mit seinen Patientinnen, bis die Gattin ihn erwischt und in den Armen des Dienstmädchens Trost sucht. Doch der Zahnarzt erobert sie zurück. – Ein Sexfilm, dessen Kinofassung stark beschnitten wurde.
Ⓥ Hot Movie

Im tiefen Tal der Superhexen
(BENEATH THE VALLEY OF THE ULTRAVIXENS). USA 1979. **R** Russ Meyer. **B** Roger Ebert/Russ Meyer. **K** Russ Meyer. **M** William Tasker. **D** Kitten Natividad (Lavonia), Anne Marie (Eufaula Roop), Ken Kerr (Lamar Shedd), June Mack (Junkyard Sal), Pat Wright (Mr. Peterbuilt), Robert Pearson (Asa Lavender), Henry Rowland (Martin Bormann), Michael Finn (Semper Fidelis), Sharon Hill (Flovilla Thatch), Don Scarborough (Beau Badger), Aram Katcher (Tyrone), DeForest Covan (Zebulon), Steve Tracy (Rhett), Uschi Digard (Supersoul), Mary Gavin (Große Blonde), Stuart Lancaster (Erzähler), Russ Meyer (Russ).
F 93 (TV: 58) Min.
Ein eloquenter alter Knabe kommentiert die sexuellen Schrullen der Bewohner des Texas-Städtchens Smalltown: Da gibt es die geile Lavonia, die mit ihrem Macho-Gatten Lamar (IQ 37) Probleme hat, da er nur auf Analsex steht; eine fette Schrottplatz-Chefin, die ihre Arbeiter fröhlich an die Brust nimmt; Herrn Mar-

tin Bormann (!), der seine nekrophilen Neigungen in einem Sarg auslebt; eine üppige Dame vom Rundfunk, die es gern in der Badewanne macht; einen schwulen Zahnarzt und seine läufige Assistentin, die auf Frauen und Dildos steht ... Auch wenn die üppige Lavonia das Publikum und ihren dämlichen Gatten mit einer Bühnenshow und dem ›Sockentrick‹ zu Begeisterungsstürmen hinreißt: – Russ Meyer, der sich all diese Ferkeleien ausdenkt, um sie dann abzufilmen, ist ein Genie – freilich des Obszönen.
Ⓥ VMP

In 80 Betten um die Welt
Schweiz 1976.
R Michael Thomas [= Erwin C. Dietrich]. **B** Manfred Gregor [= Erwin C. Dietrich]. **K** Peter Baumgartner. **M** Walter Baumgartner. **D** Esther Studer, Esther Moser, Sigard Sharaf, Lore Bucher, Yvonne Eduser, Vera Chollet. **F** (82) 79 Min.
Sexfilm-Clips aus New York, San Francisco, Kopenhagen, Amsterdam, Hamburg und Istanbul – von ›Inhalt‹ keine Spur.
Ⓥ Movie

In allen Stellungen
Österreich 1971.
R Fritz Fronz. **B** Fritz Weiss. **K** Ferencz Vass. **M** Frank Neumann. **D** Karen Thorsten, Jolantha Wührer, Gaby von Radatz, Peter Wolsdorff, Gary Corner, Lilly Begusch, Elfie Gerstel, Werner Kos, Krista Wilk-Wanke, Sylvia Pabel, Phil Herb, Gerhard Wahl. **F** 75 Min.
Unschuld vom Land findet im Hotel ›Harmonie‹ eine Stelle als Zimmermädchen und erkennt, daß sie in einem Sündenpfuhl tätig ist. Hier frönt man nicht nur der Prostitution, sondern auch der lesbischen Liebe, der Homosexualität, der Sodomie, dem Sadismus und dem Voyeurismus, und zu allem Übel muß sie sich auch noch gegen die Zudringlichkeiten der Chefin und des Geschäftsführers wehren. Als eine dem Trunk ergebene Prostituierte umkommt, spitzt sich die Lage zu, doch ein mutiger Journalist kann unsere Heldin vor dem Schlimmsten bewahren. – AT: PERFEKT IN ALLEN STELLUNGEN. SCHARF IN ALLEN STELLUNGEN.

Kitten Natividad in *Im tiefen Tal der Superhexen* von Russ Meyer

In der Glut des Mittags
BRD/Italien/Spanien 1970.
R Riccardo Freda. **B** Riccardo Freda.
K Peter Baumgartner. **M** Walter Baumgartner. **D** Michael Maien, Claudia Wedekind, Ettore Manni. **F** 89 Min.
Das alte Testament in Form eines Sexfilms, produziert von der Sex-Factory Erwin C. Dietrich. – Unter aller Kanone. – AT: ONAN UND TAMARA. Ⓥ UFA

In Love – Sex um jeden Preis
(IN LOVE). USA 1983.
R Chuck Vincent. **B** Chuck Vincent/Rick Marx. **K** Larry Revene.
M Ian Shaw. **D** Jerry Butler (Andy Whitman), Kelly Nichols (Jill Travis), Samantha Fox (Elaine), Joanna Storm (April), Jack Wrangler (Dick), Tish Ambrose (Janet), Michael Knight (Kip), Henri Pachard (Buck), Susan Nero (Hure), Veronica Hart (Melinda), Dan Stephens (Jason). **F** 100 Min.
1962 rettet der verheiratete Vertreter Andy in Florida die betrunkene Jill vor zwei Handtaschendieben. Da man versehentlich ihn für den bösen Buben hält, verbringt er die Nacht im Knast. Am nächsten Morgen will er von Jill nichts mehr wissen. Doch es überkommt die beiden, und sie verbringen drei wüste Tage im Bett. Da Andy mit der Tochter seines Chefs verheiratet ist, trennen sich ihre Wege, doch sie können einander nicht vergessen. Während Andys Karriere auf und ab geht, macht Jill sich als Autorin einen Namen und vermarktet ihre Affäre als Buch und Film. Zwanzig Jahre später will sie, von Hollywood und der Presse angeekelt, das Handtuch werfen. Andy, inzwischen ebenfalls stinkreich, nimmt ihre Spur auf, und sie finden wieder zueinander. – Ein ehrgeiziger Softporno zum Thema ›Verlorene Jugendliebe'; in den Hauptrollen prominente Pornoakteure, deren Können überrascht.
Ⓥ VTO

Infrasexum
Siehe **Der Große Arztreport**

Inga – Ich habe Lust
(INGA / JAG – EN OSKULD).
USA/Schweden 1968.
R Joseph W. Sarno. **B** Joseph W. Sarno. **K** Bruce Spaths. **M** Clay Pitts/The Bamboo. **D** Marie Liljedahl (Inga), Monica Strömmerstedt (Greta), Thomas Ungewitter (Einar), Carsten Lassen (Karl), Else-Marie Brandt (Frida), Sissi Kaiser (Sigrid), Anne-Lise Myhrvold (Dagmar), Kurt Eriksson, Rose-Marie Nilsson, Lennart Nörbeck, Lotta Persson, Anders Boling, Kitty Kurkinen, Annabel Reis. **SW** 82 Min.
Greta, fünfunddreißig, lebt mit dem Möchtegernautor Karl zusammen und finanziert seine Existenz. Als ihre Nichte Inga, siebzehn, zu ihr zieht, verschwört sie sich mit Sigrid, um Inga an deren Bruder Einar, einen Journalisten, zu verkuppeln, denn dies soll ihre Kasse aufbessern. Als auch Karl Gefallen an Inga findet, bemüht sich Greta, das Glück der beiden zu hintertreiben, doch sie kann nicht verhindern, daß sie sich finden und fortgehen. – Sexfilm. Fortsetzung: ICH HABE LUST (2): MEINE NÄCHTE MIT SVEN.

Insel der Begierde
(CEREMONY). Griechenland 1977.
R Werner Hauff. **B** John Sklavos/Werner Hauff. **K** Peter Karras. **M** N.N.
D Angela Stamou (Elektra), Maria Costa (Maria), Chris Nomicos (Stefano), George Yindi (Ari), Peter Kirn, Samantha Roman, Constance Marian.
F 81 Min.
Ithaka: Zwei griechische Fischer, die von der Reederstochter Maria überredet werden, eine Ikone zu stehlen, müssen vor der Polizei in die Berge fliehen, wo sich die Geliebte und die Schwester des einen um sie kümmern, bis die Behörden dem Kuddelmuddel ein Ende bereiten. –

Maria Costa und Chris Nomicos von der Lust gepackt in dem Schrottfilm *Insel der Begierde* von Werner Hauff

Langweiliger Softporno mit Plots und Gegenplots, von denen keiner funktioniert, so daß es einem arg erschwert wird, der wirren Handlung zu folgen. Wichtiger sollten wohl die lahmen Sexeinlagen sein, die dumme Story an den unmöglichsten Stellen unterbrechen. Ⓥ Toppic

Die Insel der Frauen
(L'ILE AUX FEMMES NUES).
Frankreich 1953.
R Henri Lepage. **B** J. De Benac [= Henri Lepage]. **K** Charles Suin.
M G. Lefarge. **D** Armand Bernard, Lili Bontemps, Felix Oudart, Jane Sourza, Alice Tissot, Jean Tissier, Saint-Granier, Michel Flamme, Nicole Besnard, Antonin Berva. **SW** 86 Min.
Der Konkurrenzkampf zwischen zwei Möchtegerngemeinderäten aus der Provence führt dazu, daß der eine auf ein FKK-Gelände gelockt und dort fotografiert wird, was seiner Karriere ein Ende bereitet. – Doch wie in FKK-Filmchen aus dieser Zeit üblich, erkennen der gute Mann und seine bessere Hälfte, daß Nacktbaden gesund ist und überwinden ihre Moralvorstellungen. – Ein Obenohne-Film, für seine Zeit recht gewagt.

Insel der grausamen Mädchen
(SLAVES OF LOVE). USA 1969.
R Charles Nizet. **B** Charles Nizet.
K Peter Iofolice. **M** N.N. **D** Peter Owen (Joe), Lloyd Davish (Troy), Tina Brown (Anführerin), Sally Blair (Tänzerin), Lynn Hays, Cary St. Clair, Tina Vienna, Mary Horton (Sklavinnen). **F** 72 Min.
Der Pilot Joe verliert die Kontrolle über seine Maschine und notlandet auf einer von sexgierigen Frauen bewohnten Insel, die ihm und seinem Freund Troy unverblümt klarmachen, daß sie ihnen zu Willen sein oder sterben müssen. Obwohl man Joe mit einem Liebestrank und schlüpfrigen Tänzen in Stimmung bringt, kann er nicht die Gelüste aller Damen befriedigen. Bevor er wegen seines Versagens einen Kopf kürzer gemacht wird, gelingt ihm mit Unterstützung einer Überläuferin die Flucht. – Ein jämmerlicher Abenteuerstreifen, dessen kurvenreiche Heldinnen den dünnen Plot nicht übertünchen können.

Insel der Lüste
(MYKONOS, OU LE PAYS GAY).
Frankreich 1978.
R Herbert Stend. **B** N.N. **K** Paul Saulignac. **M** Philippe Bréjan. **D** Laurent Cabouret, Jean-Marc Rossi, Annette

Haven, Julia Renoir, Paolo Dangelo, Theo Kaboulos. **F** 80 Min.

Ein Fotomodell, das es exzessiv mit einem griechischen Galan treibt, glaubt den Geliebten nach einer wilden Auseinandersetzung tot, macht sich auf nach Mykonos und wird dort in eine pornographisch angehauchte Mord- und Erpressergeschichte verwickelt.

Insel der tausend Freuden
BRD 1978.
R Hubert Frank. **B** Jean Jacques Duval. **K** Franz Xaver Lederle. **M** Gerhard Heinz. **D** Olivia Pascal (Peggy), Philippe Garnier (Michel), Marine Mervil, Bea Fiedler, Antje Schnell, Otto Brem, Lili Murati, William Levine, Roger Clency, Benjamin Paul, Arthur Brauss. **F** 90 Min.

Junge Privatdetektivin observiert im Auftrag einer reichen Lady auf einer Insel im Indischen Ozean deren Neffen, der aufgrund hoher Spielschulden in die Fänge ihres Erzkonkurrenten geraten ist. Sie deckt Mordkomplotte gegen ihre Auftraggeberin auf und bandelt mit dem Gefährdeten an. – Ein Pseudokrimi.

Der Inseratenreport
BRD/Italien 1965.
R Harry Reisch. **B** N.N. **K** N.N. **M** N.N. **D** Susi Glenn, Inge Adam, Peter Rolfs, Wendy Gardell, Nana Galotti, Aldo Peretti, Werner Cartago, Gary Dartnall, Robert Jones. **F** 72 Min.

Eine sexgeladene Pseudodokumentation über Menschen, die in Zeitschriften der sogenannten ›St. Pauli-Presse‹ per Inserat Sexpartner suchen und finden. – AT: LIEBE PER INSERAT.

Ⓥ Movie Star (Liebe per Inserat)

Internatsgeheimnisse junger Mädchen
BRD/Frankreich 1981.
R Gérard Loubeau **B** Gérard Loubeau.

K Werner Wagner. **M** N.N. **D** Ulrike Maas, Dagmar Merkel, Connie Cramer, Peter Kwapinski, Sabine Sachon, Dominique Troyes, Peter Slawe, Jean-Pierre Armand, Richard Lemieuvre, Lydia. **F** 90 (77) Min.

Vor einem anberaumten Klassentreffen erinnert sich die Exschülerin eines Internats an sexuelle Begegnungen mit den Mitschülerinnen und Angehörigen des ewig scharfen Lehrkörpers. Flott gefilmter Softporno, dessen Hardcore-Fassung 90 Minuten läuft. Ⓥ Ribu

Intim-Report
BRD 1967.
R Joachim Mock/Peter Ehmke/Ruben Sharon. **B** N.N. **K** Wolfgang Hannemann/Harry Grant/Wolfgang Lührse/ Klaus Merl/Karl Günther. **M** Bill Hartmayer. **D** Marion Seipelt, Monika Elfert, Wolf Hartmayr. **F** 72 Min.

Aufklärungsfilm mit Publikumsbefragung über sexuelle Verhaltensweisen. Bettszenen, abgefilmte ›Tänze‹ aus Nachtclubs und die Geburt eines Kindes inklusive; ein bunter und dämlicher Zelluloidsalat, wahrscheinlich aus nicht fertig gewordenen Projekten zusammengeschustert.

Intime Beichte einer Frau
(IL MONDO PORNO DI DUE SORELLE). Italien 1979.
R Fred Garner [= Franco Rosetti].
B Franco Rosetti. **K** Pierluigi Santi.
M N.N. **D** Sherry Buchanan, Paolo Montenero, Brunella Chiodetto, Marina Frajese, Daniele Dublino, Daniela Herford, Flora Denizzo. **F** 97 Min.

Eine junge Ehefrau, die von ihrem Gatten vernachlässigt wird, gerät unter den Einfluß ihrer Schwester, die ein Bordell betreibt und tut ihr Bestes, um ›zu sich selbst‹ zu finden. – Ein Softporno, der auch in einer Hardcore-Fassung existiert. Ⓥ Hot Movie

Das intime Liebesleben von Bunny und Clod
(BUNNY AND CLOD). USA 1969.
R Robert A. Poore. **B** Jacques Strapp.
K William C. Davies. **M** N.N. **D** Joe Brock (Bunny), Diana Evans (Clod), Sonny Dunne, Mark Desmond, Vince Barbi. **F** 74 Min.

Dieser an Niveau wahrlich nicht reiche Schinken beutet die Popularität des Gangsterfilms BONNIE UND CLYDE (USA 1967; **R** Arthur Penn) dahingehend aus, daß seine zwielichtigen Helden (hier Bunny und Clod genannt) ebenfalls auf der Flucht vor der Polizei sind und dabei – und nicht zuletzt im Knast – permanent unersättlichen Figuren begegnen.

Intime Liebschaften
BRD 1980.
R Hans Billian. **B** Hans Billian.
K N.N. **M** N.N. **D** Petra Dyrthen, Ursula Schmidt, Christine Rennert, Klaus Reinhold. **F** 84 Min.

Drei unersättliche junge Frauen lassen sich auf ihre Weise antörnen: Die eine belauscht Sexpartys, die andere führt ihren Körper in einem Sexschuppen vor, und die dritte, die sich von ihrem Gatten scheiden lassen will, der plant, sie mit einem bezahlten Bock hereinzulegen, tobt sich in einem sogenannten Pärchenklub aus. – AT: INTIMES LIEBESGEFLÜSTER.

Intime Spiele im Mädchenpensionat
Siehe **Teenager – Ein französischer Internatsreport**

Intime Spiele junger Pärchen
(LES COUPLES DU BOIS DE BOLOGNE). Frankreich 1974.
R Bernard Legrand. **B** N.N. **K** N.N.
M N.N. **D** Philippe Gasté, Anne Libert, Pierre Danny, Nanic Sordona, Fernand Berset, Pascale, Jacques Jeanet, Nanette Corey, Alain Nader, Michel Delahaye. **F** 77 Min.

Ein Ehepaar aus der Provence kommt einer Erbschaft wegen nach Paris und gerät in die Kreise von Sexbesessen, die

Peter Steiner und die Schenkel lüsterner Schülerinnen in *Intime Stunden auf der Schulbank* von Kenneth Howard

ihnen jede Menge neue Stellungen zeigen.

Intime Stunden auf der Schulbank
BRD 1981.
R Kenneth Howard [= Jürgen Enz].
B Jürgen Enz. **K** Lutz Ziervogel.
M Hans-Dieter Kruppa. **D** Eleonore Melzer, Peter Steiner, Ralph Wieck, Mandy Atigi, Christa Ludwig, Lucy Baroni, Evelyn Pascal. **F** 82 Min.
Die Lehrerinnen und Schülerinnen einer Winz-Schule haben während des Unterrichts und in der Freizeit nur das eine im Kopf und scheuen auch nicht davor zurück, einen strengen Pauker, der mit seiner Gattin sogenannte Privatvideos produziert, mittels eines technisch unmöglichen Tricks lächerlich zu machen. – Am Rande des Hardcore-Films angesiedelte, doch im Grunde flaue Kopulationsgeschichten eines Regisseurs, der auf ›Schulmädchen‹ abonniert ist. Wenigstens drei der Darsteller sind auch in Pornofilmen aktiv. – AT: SEX MIT SECHZEHN.
Ⓥ VPS

Intime Stunden der Lust
(MIDNIGHT WOMAN). USA 1990.
R Henri Pachard [= Ron Sullivan].
B Ron Sullivan. **K** N.N. **M** N.N.
D Victoria Paris (Carol), John Dough (Paul), Samantha Strong (Angie), Joey Silvera (Jeff), Jeannie Pepper (Zofe), Jerry Butler, Jamie Gillis. **F** 84 Min.
Da ihre Träume geiler sind als das wirkliche Leben, verweigert sich die Ehefrau Carol ihrem Gatten Paul. Paul setzt einen Psychotherapeuten und dessen Assistentin ein, die den Plan schmieden, Carols Phantasien wahr werden zu lassen, um sie so zu ›heilen‹. Carols Phantasien, in denen sie als lüsterne Hure auftritt, verlieren jedoch ihren Reiz, als zwei zu diesem Zweck angeheuerte Bauarbeiter sie in die Mangel nehmen wollen. Carols Schwester Angie, die einen Teil der Filmhandlung bestreitet, hat hingegen keine Probleme: Sie und ihre Freunde sexen auf Teufel komm raus. – Ein Softporno, der hart an der Grenze liegt.

Die Intimen Momente der Madame Claude
(MADAME CLAUDE II).
Frankreich 1980.
R Francois Mimet. **B** Alex Park/ Lucien Duval/Magali Dea. **K** Jean-Jacques Flory. **M** Francis Lai. **D** Alexandra Stewart (Claude), Bernard Fresson (Paul Berton), Lise Thoresen (Karin Andersen), Isabelle Lacamp, Johanna Perkins, Kim Harlow, Yanet Cuevas, Lena Carlson, Beatrice Philippe, Dirke Altevogt. **F** 99 Min.
Madame Claude betreibt im Regierungsauftrag einen auf Klasse bedachten Callgirl-Ring, der Upper Class-Girls an Industriebosse und Bankiers vermittelt, wenn bestimmte Geschäfte Sondereinsätze verlangen. Als ein Journalist Claude auf die Spur kommt, wollen Regierungsbeamte sie mit Gewalt aus der Stadt vertreiben, doch einen Millionenauftrag gilt es noch durchzuziehen, denn vier wichtige Bankiers müssen zur Gewährung eines Kredits bewegt werden. Claudes Mädchen – eine Pop-Sängerin, eine Cellistin, ein Tenniscrack, eine gerissene Großkauffrau und eine biedere Hausfrau und Mutter – sind mit Leib und Wäsche bei der Sache. Am Ende erpreßt Claude einen Zeitungsverleger mit einem Videoband, das ihn bei Sexspielchen mit drei Mädels zeigt. – Ein schnell heruntergekurbelter, schlapper Nachzieher des Films MADAME CLAUDE UND IHRE GAZELLEN, mit vielen Farbsprüngen, die den Verdacht nähren, daß hier zwei Teams unabhängig voneinander tätig waren. – Die Dialoge sind zum Grausen, die Dekorationen kitschig, und die Ge-

lüste der Hochfinanz so anspruchslos, daß zu ihrer Befriedigung auch gewöhnliche Huren ausgereicht hätten. – AT: DIE PLAYGIRLS.
ⓥ UFA (Die Playgirls)

Intimes Liebesgeflüster
Siehe **Intime Liebschaften**

Intimo
(INTIMO). Italien 1987.
R Bob J. Ross. **B** Bob J. Ross. **K** Franco Delli Colli. **M** N.N. **D** Eva Grimaldi, Leonardo Traviglio, Thomas Arana, Gabriele Gori, Elettra d'Assar, Monica Peracino, Hernani Moreira. **F** 81 Min.
Sexfilm über ein Mannequin, das nebenher in einem Sexklub arbeitet und sein Herz an einen Typ verliert, der sich als Sado-Maso-Fan entpuppt. Rätsel über Rätsel! Heiße Liebe! Glühende Leidenschaft! Abgründe an Perversion! Mystizismus! Whoa! (Natürlich geht alles gut aus.)
ⓥ VPS

Invasion der Liebesdrohnen
(INVASION OF THE LOVE DRONES). USA 1977.
R Jay Hard [= Jerome Hamlin].
B Jerome Hamlin. **K** Jerome Hamlin. **M** N.N. **D** Bree Anthony, Tony Blue, Sarah Nicholson, Eve Latio, Jamie Gillis, Eric Edwards, Viveca Ash.
F 72 Min.
Eine außerirdische Kaiserin, die mit ihrem Raumschiff zur Erde kommt, macht die Männer zu ›Liebesdrohnen‹, bis das Pentagon zurückschlägt. – Da schnallste ab; und natürlich ist dies ein Film, der nur in der Bäh-Bäh-Ecke der Videotheken steht.
ⓥ VFL

Inzest
(MY LOVER, MY SON). GB 1969.
R John Newland. **B** William Marchant/ Jenny Hall. **K** David Muir.
M Norrie Paramor/Mike Vickers.
D Romy Schneider (Francesca Anderson), Donald Houston (Robert Anderson), Dennis Waterman (James Anderson), Patricia Blake (Julie), Peter Sallis (Sir Sidney Brent), William Dexter (Parks), Alexander Bastedo (Cicely Clarkson), Mark Hawkins (Macer), Maggie Wright (Prostituierte), Janet Brown (Mrs. Woods), Tom Chatto (Woods), Michael Forest (Chidley), Peter Gilmore (Barmann), Rosalie Horner (Empfangsdame), Arthur Howard (Richter), Chrissie Shrimpton (Kenworthys Freundin), David Warbeck (Kenworthy), Robert Wilde (Parks Assistent), Cleo Sylvestre (Schneiderin), Paul Dawkins (Geschworener).
F 96 (TV: 92) Min.
Nach dem Tod ihres Geliebten wendet sich Francesca, die Frau des reichen Robert Anderson, ihrem Sohn James zu, doch Papa, dem das nicht gefällt, schickt Sohnemann aufs College, wo er bei der netten Julie die Unschuld verliert. Als James zurückkehrt, macht Mutter ihm Avancen, und als Robert sie im Clinch erwischt, kommt es zur Prügelei, bei der Francesca ihn erschlägt. James, der sich für den Täter hält, erfährt die Wahrheit, aber auch, daß Francescas verstorbener Geliebter sein Vater war. Er kehrt zu Julie zurück. – Recht ordentlich inszenierter Psychothriller; die deutsche Fassung wurde um 10 Minuten gekürzt.

Die italienische Affäre
(CAPRICCIO). Italien 1987.
R Tinto Brass. **B** Tinto Brass. **K** Silvano Ippoliti. **M** Riz Ortolani. **D** Nicola Warren (Jennifer), Andy J. Forest (Fred), Francesca Dellera (Rosa), Luigi Laezza (Ciro), Isabella Biagni, Venantino Venantini, Pino Pennese, Dodi Moscati, Osride Pevarello, Jose-

phine van As, Vittorio Capiroli, Bea Lulu, Matteo, Vittorio Caprioli.
F 98 Min.
1947 kehrt der Amerikaner Fred im Auftrag der UNESCO mit seiner Frau Jennifer nach Capri zurück, wo sie im Krieg als Offizier und Krankenschwester im Einsatz waren: Beide verfolgen den Plan, alte Bekannte wiederzusehen. Fred flüchtet sich zu der Hure Rosa und fährt mit ihr in die Toskana; Jennifer sucht ihren alten Geliebten Ciro auf, der jedoch so wenig von ihr wissen will, daß sie ihm Geld anbietet, damit er mit ihr schläft. – Zwar wehrt sich Tinto Brass gegen den Vorwurf, ein ›gewöhnlicher‹ Sexfilmer zu sein, doch in seinem Gesamtwerk dominieren üppige Busen, dralle Popos und stramme Strapse – was manchen Zuschauer für den nicht immer spannenden Verlauf seiner Plots entschädigt.
Ⓥ RCA/Columbia

Italienische Früchtchen
BRD 1978.
R Charlie Bundt. **B** Charlie Bundt.
K Horst Kähler. **M** Peter K. Seiler.
D Uschi Karnat, Helen Thomas, Inge Binder, Bernd Böhm, F.C. Barn, Silvana Biolzi, Alexander v. Lieven, Roy Hohmann. **F** 101 Min.
Pseudogangsterfilm über das Kidnapping der ständig erregten Gattin eines monegassischen Millionärs. Mit vielen, vielen hetero- und lesbischen Stellungen, denn auch Kidnapper brauchen Liebe. – Ein handwerklich stümperhaft gemachter Sexfilm. – »Die Primitivität der Story und die Albernheit der Dialoge schlagen voll auf die Darstellung durch. Das Ergebnis ist Langeweile.« (Otto Kuhn, FILMBEOBACHTER).

Italienische Liebesgrüße
(DIVA FUTURA). Italien 1989.
R Ilona Staller. **B** Ilona Staller. **K** N.N.
M N.N. **D** Moana Pozzi (Moana), Eva Orlosky (Eva), Rik Battaglia (Bonze), Ramba (Ramba), Baby Pozzi (Baby), Lucio Rosato (Forscher). **F** 84 Min.
Softsexfilm über eine Gruppe militanter Weiber, die das ›Spießertum‹ bekämpfen und einen Forscher beschützen, der ein AIDS-Gegenmittel gefunden hat und nun von einem Kondomfabrikanten erpreßt wird. – Die Staller ist nicht in der Lage, logische Geschichten zu erzählen. Wieso das AIDS-Mittel nicht in Produktion gehen kann, wenn der Forscher dem Bösmann die Formel gibt, bleibt unerfindlich. Der völlig konfuse Film ist ein Schnipselsalat über schicke Frauen, die nur mit dem Arsch wackeln – und damit der Zuschauer bei der Stange bleibt, wird jeder Dialog spätestens nach zwei Sätzen durch ›Tänze‹ unterbrochen. Die Dummheit, mit der hier ›Kritik‹ an der Gesellschaft geübt wird, tut weh. Frau Staller ist ein Hirni.

It's called Murder, Baby
(DIXIE RAY – HOLLYWOOD STAR).
USA 1983.
R Sam Weston [= Anthony Spinelli].
B Anthony Spinelli. **K** N.N. **M** Arthur Kempel. **D** John Leslie (Nick Podopolis), Lisa Trego [= Lisa De Leeuw] (Dixie Ray), Veronica Hart (Trixie), Cameron Mitchell (Leutnant).
F 101 (92) Min.
Hollywood in den vierziger Jahren. Die knackige, aber trotzdem völlig untalentierte Schauspielerin Dixie wird mit einem ferkeligen Foto erpreßt. Sie beauftragt den Detektiv Nick, den Lumpen zu finden, der ihr schaden will – was natürlich nicht abgeht, ohne daß Nick im Zuge der Ermittlungen auf zahllose unbefriedigte Frauen stößt. – Ein gekürzter Porno, in dem (was selten genug vorkommt), mit Cameron Mitchell auch mal ein Hollywoodstar auftaucht.
Ⓥ IMV

J

Jack und Jill entdecken die Lust
(JACK' N JILL). USA 1979.
R Mark Ubell [= Chuck Vincent].
B N.N. **K** N.N. **M** N.N. **D** Jack Wrangler (Jack), Samantha Fox (Jill), Vanessa Del Rio, Eric Edwards, Roger Caine, Ron Hudd, George Payne, Rikki O'Neal. **F** 75 Min.
Jack und Jill, ein Pärchen, das nur Sex und Erotik im Kopf hat, versucht sein Glück in der Swingerszene und trifft dort mit allerlei ausgeflippten Sexfreaks zusammen. – »Witzig, komisch, sehr sexy und über dem Durchschnitt.« (ADULT MOVIES).

Jagd auf Jungfrauen
BRD 1973.
R John Weeran [= Wolfgang Bellenbaum]. **B** N.N. **K** N.N. **M** N.N. **D** Judith Fritsch, Gerhard Wolf, Margit Cizek, Frank Samer. **F** 90 Min.
Angehörige eines Betriebes, die eine Reise nach Berlin machen, verbringen den Hauptteil ihres Kurzurlaubs in Hotelbetten und Sexkinos. – Eine Klamotte, die man der FSK gar nicht erst vorgelegt hat.

Jagdzeit für Naschkätzchen
Siehe **Muschi-Maus mags grad heraus**

Jagdrevier der scharfen Gemsen
BRD 1975.
R Hubert Frank. **B** N.N. **K** N.N. **M** N.N. **D** Josef Moosholzer, Franz Muxeneder, Elfie Zacharias, Alexandra Bogojevic. **F** 80 (TV: 76) Min.
Ein nach Texas ausgewanderter Bayer erbt ein Hotel in Heidelberg und entdeckt, daß der Laden in Wahrheit ein Puff ist. Im Zuge seiner chaotischen Ermittlungen geht er seiner Hosen verlustig und legt sich mit Zuhältern an. – Der Rest ist purer Irrsinn, bei dem der unfreiwillige Humor weit überwiegt. – TV: MEI HOS IST IN HEIDELBERG GEBLIEBEN.

Je t'aime
(JE T'AIME, MOI NON PLUS). Frankreich 1975.
R Serge Gainsbourg. **K** Willy Courant.

Jane Birkin in dem Müll- und Bisex-Drama *Je t'aime* von Serge Gainsbourg

M Serge Gainsbourg. **D** Jane Birkin (Johnny), Joe Dallessandro (Krassky), Hugues Quester (Padovan), Reinhard Kolldehoff (Boris), Jimmy Davis (Moise), Gérard Depardieu (René La Canne), Michel Blanc. **F** 89 Min.
Krassky und Padovan, zwei homosexuelle Müllfahrer, halten an der Raststätte eines gewissen Boris an, und als Krassky sich in die bisexuelle Kellnerin Johnny verliebt, sind die Probleme auch schon da. – Das Lied »Je t'aime, moi non plus« war 1969 ein Gainsbourg/Birkin-Hit und zog sich aufgrund seiner ›Unmoral‹ den Zorn von Papst Paul II. zu. Der Film beschreibt ein nicht aufgehendes Verhältnis zwischen einem Homo- und einer Bisexuellen. Ansehbar. Ⓥ VPS

Jedem Pferdchen seinen Reiter
Siehe **Loving Feeling**

Jeder Körper hat seinen Preis
Siehe **New York's Finest**

Jetzt treibt sie's auch noch mit dem Pauker
(LA LICEALE SEDUCE I PROFESSORI). Italien 1978.
R Mariano Laurenti. **B** N.N. **K** N.N. **M** N.N. **D** Gloria Guida (Angela), Ninetto Davoli (Arturo), Fabrizio Moroni, Alvaro Vitali, Lorraine de Stelle, Lino Banfi. **F** 93 (TV: 76) Min.
Die blonde Angela geht in die Provinz, um dort das Abitur zu machen, doch die Disco und die Pauker sorgen dafür, daß von ihrem Vorsatz nicht viel übrig bleibt. Angela bandelt mit einem Lehrer an, was den Rest der Schüler auf die Palme bringt, wittern sie doch Bestechung bei der Notengebung. – Nichts Neues an der Schlüpferfront. Ⓥ Monte Video

Jill – Satan in Blond
(JILL). Spanien 1977.
R Enrique Guevara. **B** N.N. **K** N.N.

M N.N. **D** Raquel Evans (Jill), Maximo Valverde, Miraya Ros, Daniel Martin, Emma Cohen, Lynn Enderson. **F** 81 Min.
Abgehalfterter Filmstar läßt sich als Stripperin in billigen Bums-Bars verheizen und nimmt sich, nachdem die Kundschaft und ihre lesbische Agentin es zu toll mit ihr getrieben haben, das Leben. – Eine langweilige und wirre Story.

Josefine Mutzenbacher
BRD 1970.
R Kurt Nachmann. **B** Kurt Nachmann. **K** Heinz Hölscher. **M** Gerhard Heinz. **D** Kai Fischer (Lady J.), Bert Fortell (Marbach), Christine Schuberth (Josefine), Renate Kasché (Zenzi), Harry Hardt (Suchanek), Uli Steigberg (Vater), Astrid Boner (Mutter), Kurt Bülau (Ekkehard), Alan d'Arnand (Rudolf), Elisabeth Volkmann (Stiefmutter), Elga Machaty (Clementine), Hilde Brand (Frau Reintaler), Werner Abrolat (Horak), Walter Kraus (Kooperator), Kurt Hepperlin (Kommissar), Helmut Früchtenicht (Amtsarzt), Maria Manté (Frau Hofrat), Tino Schubert (Herr), Ernst Ziegler (Alter Mann), Günter Clemens (Junger Mann), Hans Möllinger (Albert), Nino Korda (Fotograf), Maria Raaber (Melanie). **F** 89 Min.
Lady J., früher als Josefine Mutzenbacher bekannt, kehrt nach langjähriger Abwesenheit als wohlhabende ›schottische Millionärin‹ in ihre Vaterstadt Wien zurück und erhält vom nichtsahnenden Bürgermeister den prüden Ministerialrat Marbach als Begleiter zur Seite gestellt, der ein Werk über Sitte und Moral verfaßt hat. Lady J. weiht den Herrn in einem langen Rückblick in die Vergangenheit des Freudenmädchens Josefine ein, bis ihm allmählich klar wird, daß sie von sich selbst redet. – Ein episodischer Sexfilm, der sich zwar bemüht, sein The-

ma mit Humor zu behandeln, aber meist nur schmuddelig wirkt. Das beste an dem ganzen Ding sind noch die Kulissen.
Ⓥ Telerent, Atlas

Josefine Mutzenbacher (2): Meine 365 Liebhaber
BRD 1971.
R Kurt Nachmann. **B** Kurt Nachmann. **K** Heinz Hölscher. **M** Gerhard Heinz. **D** Christine Schuberth (Josefine), Renate Kasché (Zenzi), Tonio v.d. Meden (Adrian), Rolf Wanka (Dr. Pischauer), Nino Korda (Lt. Ferry/Mikosch), Elisabeth Volkmann (Gräfin/ Wirtin), Günther Clemens (OLt. Conrad), Doris Arden (Komteß/ Melanie), Achim Hammer (Franz), Astrid Boner (Milli), Werner Abrolat (Pankraz/Wambach), Walter Feuchtenberg (Cölestin/ Lehrer), Otto Falvay (Graf/Oberst), Thomas Fischer (Lt. Bobby/Lechner), Wolf Harnisch (Hofstätter/Kaufmann), Margot Mahler (Kellnerin), Elga Machaty (Clementine), Jochen Mann (Lord), Maximilian Sillaber (Wachmann), Marion Haberl (Rosette/Piccolo), Kurt Bülau (Kutscher/ Fleischhauer), Hellmuth Haupt.
F 87 (TV: 82) Min.
Die Wiener Dirne Josefine Mutzenbacher bringt den bei einem Duell angeschossenen Kaufmannssohn Adrian in ihre Wohnung und unterhält ihn mit der Geschichte ihrer dreihundertfünfundsechzig Liebhaber. Nach der Genesung führt Adrian die gute Josephine zum Dank in die Wiener Gesellschaft ein, wo sie einen reichen Amerikaner kennenlernt und heiratet. – »Diesmal hat man sich noch weniger Mühe gegeben, die schwülen Schweinereien mit angeblich gesellschaftskritischen oder satirischen Absichten zu kaschieren ...« (FILMDIENST).
Ⓥ Telerent

Josefine Mutzenbacher – Wie sie wirklich war (1)
BRD 1976.
R Hans Billian. **B** Hans Billian. **K** N.N. **M** N.N. **D** Patricia Rhomberg (Josephine Mutzenbacher), Linda Rogers, Irene Silver. **F** (116) 90 Min.
Die Geschichte der berühmten Dirne Josephine Mutzenbacher, angefangen bei ihrer ersten Begegnung mit dem Sex bis zur Gründung ihres eigenen Bordells. – Ein eindeutiger Streifen, der in den USA unter Kennern den Status eines der besten ausländischen ›Erwachsenenfilme‹ hat.
Ⓥ Herzog

Josefine Mutzenbacher – Wie sie wirklich war (2)
BRD 1973.
R Gunter Otto. **B** F.G. Marcus **K** Klaus Beckhausen. **M** Carlo Monty/Karl I. Wycak. **D** Sandra Nova [= Uschi Karnat] (Josephine Mutzenbacher), Ernst Kraus, Sigi Buchner, Jürgen Winter, Christine Tiefenthaler.
F 88 (TV: 82) Min.
Die Wiener Dirne Josephine erzählt uns, in die Jahre gekommen sowie ›reich und wohlhabend‹ geworden, ein paar Episoden aus ihrer Vergangenheit: Wie sie wegen Prostitution im ›Hefn‹ gelandet ist; wie der ›Stenz‹ Poldi sie mit Hilfe eines impotenten Barons aus demselben heraushold; wie sie Poldi im Haus eines Freundes dafür dankt; wie Poldi die Gattin dieses Freundes vernascht; wie Poldi Josephine und die besprungene Gattin ins Haus eines russischen Adeligen bringt, in dem gerade eine römische Orgie steigt; wie Josephine sich in den russischen Grafen Wanja verliebt; wie Wanjas Freund Josephine mißbraucht; wie Wanja beim Duell ums Leben kommt; wie Josephine einen alten Herrn Direktor kennenlernt, der sie in sein Haus aufnimmt; wie Josephine es mit

einem Maler treibt und von dessen Vetter geschwängert wird – und wie sie dem Herrn Direktor das Kind unterschiebt. – Trotz flinker Arbeit am Schneidetisch läßt auch die TV-Fassung dieses Pornos an Deutlichkeit nichts zu wünschen übrig. – AT: JOSEFINE MUTZENBACHER – MEIN LEBEN FÜR DIE LIEBE (1).
Ⓥ VFL

Josefine Mutzenbacher – Wie sie wirklich war (3)
BRD 1973.
R Gunter Otto. B F.G. Marcus. K Klaus Beckhausen. M Carlo Monty/Karl I. Wycak. D Sandra Nova [= Uschi Karnat] (Josephine Mutzenbacher), Ernst Kraus, Siggi Buchner, Jürgen Winter. F 89 Min.
Sexabenteuer einer Wiener Gunstgewerblerin um die Jahrhundertwende. – AT: JOSEPHINE MUTZENBACHER – MEIN LEBEN FÜR DIE LIEBE (3). Ⓥ Herzog

Josefine, das liebestolle Kätzchen
BRD/Italien 1969.
R Geza von Cziffra. B Geza von Cziffra. K Günther Haase. M Rolf Bauer. D Barbara Capell (Josefine Huber), Karl Lieffen (Grundeis), Rolf Eden (Ricci), Marcella Michangeli (Vera Ricci), Ivano Davoli (Hahn), Reinhold Brandes (Dr. Falke), Gerhard Frickhöffer (Merkens), Erich Fiedler (Prof. Schmalstich), Gudrun Schmidt (Melanie), Ronald Nitschke (Ulli), Dieter Kursawe (Dr. Schmidt), Poldi Waraschitz (Gerichtsdiener), Max Giese, Renate Heuer, Ulla Hinkelmann, Hilla Höfer, Fred Roland, Astrid Schaarschmidt, Hannelore Schimmer. F 79 Min.
Um die Glaubwürdigkeit der Zeugin Josefine zu erschüttern, die vor Gericht gegen den lüsternen Turnlehrer Hahn aussagen soll, erfährt ihr Privatleben eine eingehende Untersuchung. Da sämtliche Befragten genau wissen, welch frühreifes Früchtchen Josefine ist, wird ihr Stand immer schwieriger. Bis sie dann zu ihrem eigenen Schutz zum Gegenangriff übergeht und ihre kindfraulichen Reize spielen läßt: bald sind alle – die Richter inklusive – auf ihrer Seite. – Eine harmlose Sexkomödie von einem Regisseur und Autor, der im Laufe seiner Karriere hauptsächlich Revuefilme geschrieben hat. Ⓥ Toppic

Joy – 1½ Stunden wilder Lust
(JOY). Frankreich/Kanada 1983.
R Serge Bergon [= Sergio Bergonzelli]. B Marie-Francoise Hans/ Christian Charriére/Sergio Bergonzelli. K René Verzier. M Alain Wisniak. D Claudia Udy (Joy Laurey), Gérard-Antoine Huart (Marc Charoux), Manuel Gélin (Alain), Kenneth Legallois (Bruce), Geoffrey Carey (David), Jeffrey Kime, Agnés Torrent, Elizabeth Mortensen, Claire Nadeau, Danièle Gaudet, Michel Caron. F 108 Min.
Das Top-Modell Joy, das in den USA vorehmlich für Dessous vor der Kamera steht, lernt auf einer Schickeria-Party den weltmännischen Architekten Marc kennen und fährt mit ihm nach Paris. Doch in Marcs Leben spielt auch die Journalistin Joelle eine wichtige Rolle – was Joy wenig zupaß kommt, da sie auf der Suche nach dem Mann ihrer Träume ist, und der muß nun mal die gleichen Qualitäten haben wie Papa. – »In sterilen Bildern einer unnatürlich glitzernden Nacktheit vollführen Joy und ihre Lovers Liebestänze von einer derart unterkühlten und stereotypen Erotik, daß selbst das schwere Atmen während des Höhepunktes nur zum Ausstattungsdetail dieser Orgie in Plüsch gerät.« (CINEMA).

Joy of Love – Verführung in Hongkong
Siehe **Annie Belle – Zur Liebe geboren**

Isabelle Solar und Karine Gambier in *Joy und Joan* von Jacques Saurel

Joy of Sex
(JOY OF SEX). USA 1984.
R Martha Coolidge. **B** Kathleen Rowell/J.J. Salter. **K** Charles Corell. **M** Bishop Holiday/Scott Lipsker/Harold Payne. **D** Cameron Dye (Alan Holt), Michelle Mayrink (Leslie Hindenberg), Charles Van Eman (Max Holt), Lisa Langlois (Melanie), Colleen Camp (Liz Sampson), Joanna Baron (Miss Post), Danton Stone (Farouk), Ernie Hudson (Porter), David H. McDonald (Carp), Darren Dalton (Ed), Robert Prescott (Pittman), Paul Tulley (Ted), Christopher Lloyd (Coach), Heidi Holicker (Candy), Cristen Kauffman (Sharon), Terry Wagner-Otis (Jenny). **F** 93 Min.
Die männlichen und weiblichen Absolventen einer amerikanischen High School bemühen sich redlich, herauszufinden, ob das Gerede über Sex und das Ausleben desselben tatsächlich zwei verschiedene Dinge sind. – Ein Teenieklamaukfilm, in dem es – wie üblich – von offenherzigen Maiden und wenig hellen Jungs wimmelt, doch mehr Scherzchen als Stellungen angesagt sind.
Ⓥ CIC

Joy und Joan
(JOY ET JOAN). Frankreich 1984.
R Jacques Saurel. **B** Jean-Pierre Imbrohoris/Emma Geher. **K** Dominique Brabant. **M** Francois Valéry. **D** Brigitte Lahaie (Joy), Isabelle Solar (Joan), Pierre Londiche (Bruce), Jean-Marc Maurel (Charoux), Jacques Brylant (Cornelius), Benjamin Simon.
F 87 (TV: 76) Min.
Das Fotomodell Joy ist in den Journalisten Marc verliebt, der jedoch keine allzu feste Bindung eingehen will. Als er dienstlich gen Bangkok entschwindet, folgt sie ihm in Begleitung des reichen und sexhungrigen Bruce. In Thailand findet sie zwar ihren Marc, erlebt aber wieder einmal eine sexuelle Enttäuschung. Joy lernt die attraktive Joan ken-

nen und geht mir ihr eine lesbische Beziehung ein, die einen nicht geringen Teil der Geschichte einnimmt. – Ein voyeuristischer Softporno, mit einer Hauptdarstellerin, die meist in härteren Filmen zu sehen ist.
Ⓥ Marketing

Jubel weiter, Zenzi!
BRD 1974.
R Walter Boos. **B** Jean C. Aurive [= August Rieger]. **K** Günther Hasse. **M** N.N. **D** Josef Moosholzer, Florian Endlicher, Peter Hamm, Elke Deuringer, Alexander Bogojevic. **F** 90 Min.
Dieser Sexstreifen ist angeblich eine Fortsetzung von LASS JUBELN ZENZI! [OSTFRIESEN-REPORT] (**R** Walter Boos, 1973).

Julchen und Jettchen, die verliebten Apothekerstöchter
Schweiz 1980.
R Michael Thomas [= Erwin C. Dietrich]. **B** Manfred Gregor [= Erwin C. Dietrich]. **K** Peter Baumgartner.
M Walter Baumgartner. **D** Brigitte Lahaie, Nadine Pascal, Ella Rose, Jane Baker. **F** 75 Min.
Bettgerangel in einem Mädchenpensionat, dessen Schülerinnen vom Intellekt und vom Alter her den Eindruck erwecken, sie seien samt und sonders zehnmal sitzengeblieben.

Jung, frech, frei
Siehe **Hot Summer**

Jung, hübsch und hemmungslos
(THE GRASSHOPPER). USA 1969.
R Jerry Paris [= Radley Metzger].
B Jerry Belson/Garry Marshall.
K Sam Leavitt. **M** Billy Goldenberg.
D Jacqueline Bisset (Christine Adams), Jim Brown (Tommy Marcott), Ramon Bieri (Roosevelt Dekker), Christopher Stone (Jay Rigney), Roger Garrett (Buck Brown), Stanley Adams (Buddy Miller), Dick Richards (Lou Bellman), Tim O'Kelly (Eddie Molina), Joseph Cotten (Richard Morgan), Corbett Monica (Danny Raymond), Stefanianna Christopherson (Libby), Ed Flanders (Jack Bishop), Wendy Farrington (Connie), Sandy Gaviola (Kyo), Eris Sandy (Vicky), John David Wilder (Timmy), Jay Laskay (Manny), Jim Smith (Larry), Therese Baldwin (Gigi), Chris Wong (Billy), Kathalyn Turner (Anna Maria), William H. Bassett (Aaron), Marc Hannibal (Marion Walters), David Duclon (Miller jr.). **F** 96 Min.
Die Kanadierin Christine, des häuslichen Spießerdaseins überdrüssig, reist in die USA und treibt sich dort mit verschiedenen Männern herum, bis sie schließlich einen Schwarzen heiratet, der einem Mord zum Opfer fällt. Kiffend und (wie ein Grashüpfer) ständig auf Achse, betätigt sie sich schließlich als Luxushure. Eine Kontaktaufnahme zu ihrem alten Geliebten Jay endet damit, daß er sie um ihre Ersparnisse betrügt. Als für Christine nichts mehr geht, schreibt sie ihre Lebensphilosophie (»Scheiß drauf!«) mit dem Düsenstrahl eines Flugzeugs an den Himmel. – Ein für seine Zeit schickes Melodram.

Junge Aphroditen
(MIKRES APHRODITES).
Griechenland 1962.
R Nikos Koundouros. **B** Vassilis Vassilikos/Costas Sfikas. **K** Giovanni Variano. **M** John Marcopoulos. **D** Eleni Prokopiou (Arta), Takis Emanouil (Tsakalos), Kleopatra Rota (Chloe), Vangelis Joannides (Skymnos), Anestis Vlachos (Hirte), Yannis Jeannino (Molossas), Constantin Papaconstantinou (Lykas). **SW** 84 Min.
Griechenland, ca. 200 v. Chr. – Aus den Bergen kommende Hirten, die Weide-

plätze suchen, verirren sich in einem einsamen Tal, bis der zehnjährige Skymnos am Meer ein Dorf entdeckt, in dem nur Frauen leben. Skymnos verliebt sich in die See und in die zwölfjährige Chloe, die seine Bewunderung als schmeichelhaft und erregend empfindet. Die junge Arta trifft sich im Wald mit dem Hirten Tsalakos, und der stumme Lykas irrt erregt zwischen Arta/Tsalakos und Chloe/Skymnos hin und her. Chloe und Skymnos stoßen im Wald auf Arta und Tsalakos, die sich am Boden wälzen und schauen ihnen fassungslos zu. Chloe ergreift die Flucht und versteckt sich, weil die Beziehungen zwischen Mann und Frau sie ängstigen. Die Hirten brechen auf und nehmen Skymnos mit, der am Meer bleiben will. Chloe wandert am Meer entlang, Lykas folgt ihr. Sie gibt sich ihm hin und fühlt sich als Frau.

Kleopatra Rota in *Junge Aphroditen* von Nikos Koundouros

Skymnos kehrt zurück und sieht Chloe in den Armen Lykas‹. Er wirft sich ins Meer. – »Heidnisch-archaische Pubertätsromanze, deren ›antike‹ Bildpoesie manchmal etwas angestrengt und künstlich wirkt – als wolle man krampfhaft der Spekulation entgehen. Einige allzu ›gewagte‹ erotische Szenen fehlen in der deutschen Verleihfassung.« (FILMDIENST)

Junge Haut
(UN AMORE/UNE GARCE INCONSCIENTE).
Frankreich/Italien 1965.
R Gianni Vernuccio. **B** Ennio de Concini/Eliana de Sabato/Enzo Ferrari. **K** Aldo Scavarda. **M** Giorgio Gaslini. **D** Agnés Spaak (Laida), Rossano Brazzi (Antonio), Gérard Blain (Marcello), Marisa Merlini (Piera), Lucilla Morlacchi.
SW 95 Min.
Der Architekt Antonio, ein Mann in den vierziger Jahren, verliebt sich in die geheimnisvolle siebzehnjährige Ballett-Elevin Laida, wird ihr hörig und kommt schrittweise dahinter, daß sie nicht die ist, die sie zu sein scheint: Er (bzw. sein Geld) dient ihr lediglich als Mittel zum Zweck. – Nach einem Roman von Dino Buzzati (1906–1972).

Junge Körper – hemmungslos
(KINFOLK). USA 1971.
R John Hayes. **B** John Hayes. **K** Paul Hipp. **M** Mario Toscano. **D** Mady Maguire (Cindy), Jay Scott (Zeb), Janice Douglas (Mrs. Pruitt), Donna Young (Sue), Ruth Stanley (Babs), Marland Proctor (Col. Simpson), Lynn York (Rose), William Guhl (Luke), Ann Ryan (Tricia), John Dennis (Barkeeper), Buck Stahl (Wilson), Richard Gentry (Randy). **F** 90 Min.
Cindy, die mannstolle Nymphe, und Zeb, der es zu etwas bringen will, leben

in einer muffigen Kleinstadt und wollen in die große Welt: Getrennten Wegs brechen sie auf. Cindy endet nach diversen Liebesaffären als Gunstgewerblerin in einem Bordell, während sich Zeb die Chance bietet, in eine Firma einzuheiraten. Die beiden begegnen sich in einem Bordell wieder, doch Zeb geht lieber auf Nummer sicher: Er heiratet die Tochter seines Chefs. – Sexfilm-Dutzendware.

Junge Lady Chatterley
(YOUNG LADY CHATTERLEY).
GB 1976.
R Alan Roberts. **B** Steve Michaels.
K Bob Brownell. **M** Don Bagley.
D Harlee McBride (Cynthia Chatterley), Peter Ratray (Paul), Joi Staton (Mary), Anne Michelle (Gwen), William Beckley (Philip), Mary Forbes (Frances Chatterley), Patrick Wright (Gärtner), Henry Charles (Sidney), Laurence Montaigne (Carl), Lindsay Freeman (Sybil), Kelly Ann Page (Janette), Ray Martin (Ronnie), Ray Myles (Barskin), Michael Hearne (Anhalter), Edgar Daniels (Hartford), Ryna Seidner, Marisa Helm.
F 100 (TV: 95) Min.
Cynthia Chatterley arbeitet in einer Londoner Boutique und steht kurz vor der Eheschließung mit dem latent homosexuellen Philip, als sie überraschend das Landgut ihrer Ahnin Frances erbt. Beim Besuch des Gutes findet sie Frances' geheimes Tagebuch, erfährt von ihrer Liebesaffäre mit einem Gärtner, und stürzt sich daraufhin mit einem Anhalter und dem Hauspersonal in zügellose sexuelle Abenteuer, bis sie in einem Nachfahren ihrer Vorfahrin die Liebe fürs Leben findet. Auch Philip ist von ihrem Erbe begeistert; er wird vom Stallknecht und den Zofen bedient und zögert nicht, Cynthias verschuldetes Gut vor dem Hammer des Auktionators zu bewahren. – Ein in manchen Szenen humoristisch angelegter Softsexfilm. – AT: ZARTES FLEISCH.

Ⓥ Lightning (Zartes Fleisch)

Junge Liebe
(FIRST LOVE). USA 1977.
R Joan Darling. **B** Jane Stanton Hitchcock/ David Freeman. **K** Bobby Byrne. **M** John Barry. **D** William Katt (Elgin Smith), Susan Day (Caroline), John Heard (David), Beverly d'Angelo (Shelley), Robert Loggia (John March), Tom Lacy (Prof. Oxtan), Swoosie Kurtz (Marsha), June Barrett (Felicia), Patrick O'Hara (Wächter), Judy Kerr (Sekretärin), Virginia Leith (Mrs. March), Billy Beck (Cafeteria-Chef). **F** 91 Min.
Der romantisch veranlagte College-Student Elgin, von der sexuellen Libertinage seiner Umwelt mächtig verstört, ist schockiert, als er erfährt, daß die von ihm angebetete Carloline einen verheirateten Geliebten hat. Dennoch findet er nach einigen Verwicklungen in ihr seine Braut. – Ein recht kitschiger Film. Nach einer Erzählung von Harold Brodkey.

Junge Mädchen mögens heiß, Hausfrauen noch heißer
BRD 1973.
R Eberhard Schroeder. **B** Werner P. Zibaso. **K** Hanns Matula. **M** Gerd Bauer.
D Achim Neumann (Rolf), Gunther Möhner (Götz), Ulrike Butz (Gudula), Claudia Fielers (Babs), Eric Wedekind (Hasso), Eckehardt Belle (Conny), Rainer Fischer (Gerber), Christine v. Stratowa (Sylvia), Ingrid Steeger (Nathalie), Birgit Bergen (Charlotte), Ricci Hohlt (Antoinette), Renate Kasché (Ingrid), Dorothea Rau (Maja), Karin Lorson (Sybille), Elisabeth Volkmann (Linda), Enzi Fuchs (Herlitschka), Manfred Spies (Dieter), Klaus Münster (Dr. Wandel), Rosl Mayr (Nachbarin), Judith Armbrüster (Verkäuferin),

Elisabeth Volkmann (mit Hütchen) und Partnerinnen in dem Sexstreifen *Die jungen Ausreißerinnen* von Walter Boos

Peter Capell (Direktor), Ruth Küllenberg (Frau Bernwald), Astrid Boner (›Babs‹ Mutter). F 85 Min.
Die männlichen Angehörigen einer Abiturklasse verwöhnen zwecks Aufbesserung ihres Taschengeldes gutbetuchte, sexhungrige Damen in den besten Jahren, bis ihre Freundinnen zur Sexattacke blasen, um sie zurückzugewinnen. – Ein Sexlustspiel deutscher Machart. – AT: HOT DOGS UND BANANENEIS. MÄDCHEN KOMM, DIE LIEBE JUCKT.
Ⓥ Euro (Hot Dogs und Bananeneis)

Junge Teenager für wilde Spiele
Siehe **Liebe in drei Dimensionen**

Die jungen Ausreißerinnen
BRD 1972.
R Walter Boos. **B** Günther Heller. **K** Klaus Werner. **M** Gert Wilden.
D Sonja Spitzweg (Traudl), Rosl Mayr (Frau Bichler), Walter Kraus (Marascher), Marlene Wiese (Ingrid), Ellen Umlauf (Lizzy), Heiner Quest (Walter), Doris Arden (Barbara), Tony Stahl (Colonel), Birgit Tetzlaff (Bambi), Fernando Gómez (Armand), Christian van Bergen (Egon), Alexander Miller (Junger Mann), Evelyne Traeger (Christa), Carmen Jaeckel (Carlotta), Elisabeth Volkmann (Monika), Michael Conti (Massimo), Harry Raymon (Manzini), Karin Böttcher (Margot), Katrin Gebelein (Mrs. Farner), Mathis Böttcher (Philip Farner), Dieter Groest (John Farner).
F 97 (TV: 91) Min.
Ein Film über Ausreißerinnen, die in München, Hongkong, Tunis, Paris, Rom und London nicht immer erfreuliche Erfahrungen machen: Geile Chefs, finanzielle Probleme, falsche Vorstellungen vom Leben einer Tänzerin, Karriereflausen und Träume vom Schickerialeben treiben die braven Teenies in die Welt der Abenteuer hinaus, bis sie erkennen müssen, daß man auch dort nur an ihren körperlichen Reizen interessiert ist. Reumütig kehren sie wieder zu Mama, Papa und dem spießigen Verlobten zurück. – Ein Episodenfilm. – AT: LIEBESBEICHTE JUNGER AUSREISSERINNEN.
Ⓥ VPS

Jungfrau aus zweiter Hand
BRD 1966.
R Akos von Ratony [= Hans Billian].
B Rolf O. Becker. **K** Franz Vass.
M Zoltan Nemes. **D** Stefania Caredu, Mady Rahl, Michael Maien, Helga Sommerfeld, Wolfgang Preiss, Ingrid van Bergen. **F** 85 Min.
Der Mord an einer Prostituierten wird in ihrem sozialen Umfeld aufgeklärt. – Ein Straps- und Reizwäsche-Schmuddelfilm, der allem Anschein nach aus einem unbeendeten Krimi und nachgedrehten Scharfmach-Szenen entstanden ist. – Farbsprünge und dilettantisch maskierte Darsteller-Doubles weisen auf ein Abfallprodukt hin. Von einer »Explosion in Sex und Erotik«, von »Dimensionen menschlicher Leidenschaften« und »einem furiosen Wirbel erotischer Bilder« kann kaum die Rede sein.

Die Jungfrau mit der scharfen Klinge
(ZENABEL/ZENABEL).
Italien/Frankreich 1969.
R Ruggero Deodato. **B** Antonio Raccioppi/Ruggero Deodato. **K** Roberto Reale. **M** Bruno Nicolai/Ennio Morricone. **D** Lucretia Love (Zenabel), Lionel Stander (Cenaro), Mauro Parenti, John Ireland. **F** 78 Min.
Als die junge Gräfin Zenabel erfährt, wer ihren Vater getötet hat, stellt sie eine Frauenstreitmacht auf, befreit eine Gruppe junger Mädchen, denen ein böser Baron beim Jungfrauenfest an die Wäsche will und besteht allerhand Abenteuer mit sexhungrigen Böslingen, bevor es endlich zum Happy End kommt. – Mantel-und-Degen-Film mit Sexeinlagen. – AT: Gräfin der Lust.

Jungfrau, reich garniert
(AIMEZ-VOUS LES FEMMES?).
Frankreich/Italien 1964.
R Jean Léon. **B** Roman Polanski/Gérard Brach. **K** Sacha Vierny.
M Ward Swingle/Gérard Brach.
D Sophie Daumier (Violette), Guy Bedos (Jerome Fenoic), Guido Alberti (Khouroulis), Edwige Feuillère (Tante Flo), Gregoire Aslan, Gérard Séty, Maria Rose Rodriguez, Graziella Granata, Roger Blin. **SW** 90 Min.
Der Vegetarier Jerome findet auf der Toilette eines Müslirestaurants eine Leiche. Dann lernt er die knackige Violette kennen, und von nun an wird er von Bösmännern verfolgt, die alles tun, um ihn aus dem Weg zu räumen. Weitere Morde und rätselhafte Anschläge folgen. Als auch Violette spurlos verschwindet, findet Jerome im Keller seines Lieblingsrestaurants auf eine kultische Stätte – und eine vegetarisch lebende Sekte, die einmal im Jahr eine reich garnierte Jungfrau verzehrt. – Ein surrealer Trip, den Roman Polanski sich, als er mal wieder ein Loch in seiner Börse entdeckte, an einem verregneten Mittwoch ausgedacht hat. Für Freunde des Schwarzen Humors und Leute, die auch im Essen so etwas wie Erotik sehen.

Die Jungfrau und die Peitsche
Siehe **Die Wildkatze**

Die Jungfrau von 18 Karat
(UDEN EN TRAEVL). Dänemark 1968.
R Annelise Meineche. **B** Annelise Meineche/Jens Grönborg. **K** Jens Weincke. **M** Ole Hoyer. **D** Anne Grete (Lilian), Ib Mossin (Dr. Petersen), Nils Borksand (Henry), Leif Fich (Heini), Ki-Jo Feza (Britta), Joan Gamst (Lisa), Sören Strömberg (Jan), Dale Robinson (Freddy), Jan Kress (Pierre), Dieter Eppler (Konsul), Ake Engfeld, Niels Dybeck. **F** (96) 88 Min.
Die dänische Landpomeranze Lilian, die sich aus nicht näher erklärten Gründen für gefühlskalt hält, begibt sich auf ärztlichen Rat hin auf eine Europareise, um

die Männer zu testen. Sie landet schließlich in den Armen eines gewissen Henry.
– Die Geschichte war zwar als Sexkomödie intendiert, mußte aber in der BRD dennoch heftig gekürzt werden.
Ⓥ Starlight

Die Jungfrauen von Bumshausen
BRD 1970.
R Hans Billian. **B** Hans Billian.
K Dieter Wedekind/Horst Schäfer.
M Gert Wilden. **D** Joav Jasinski (Michael Horn), Helga Tölle (Gaby), Maria Brockerhoff (Inge), Regina Walther (Christel), Kurt Großkurth (Ehrentraut), Michaela Martin (Dagmar), Christina Kuhn (Christina), Hans Stadtmüller (Rauch), Hugo Lindinger (Meckermann), Alexander Allerson (Landrat), Ilona Grübel (Frau Majorin), Ingrid Simon (Anneli), Karin Glier (Felizitas), Jochen Busse (Lorenz), Sepp Gneißl (Balduin), Astrid Boner (Susanne), Christoph Geraths (Dr. Richter), Lotti Ohnesorge, Michaela Czuday. **F** 95 Min.
In ›Vöglershausen‹ vergnügen sich die Frauen in den heißen Föhnnächten so lange mit dem potenten Dorfschmied, bis die dralle Dagmar ihn für sich allein beansprucht. – Was verhindert werden kann, indem man Gaby auf ihn hetzt, denn sie laugt den potenten Burschen dermaßen aus, daß er der Damenwelt fortan nicht mehr zur Verfügung stehen kann. – Beim Niveau dieser Story wundert es einen schon nicht mehr, daß in diesem Film weder Jungfrauen noch ein Ort namens Bumshausen auftauchen. –
AT: Betthupferl in Oberbayern.

Jungfrauenreport
BRD 1972.
R Jess Frank [= Jesus Franco Manera].
B Paul Alexander. **K** José Climent.
M Daniel J. White/Rolf Bauer. **D** Hans Hass jr., Diane Winter, Howard Vernon, Ingrid Steinbach, Eva Garden, Herbert Weissbach, Christine Werner, Robert Costor, Friedrich Quandt.
F 78 Min.
Eine billig zusammengestümperte Pseudoreportage über die Entwicklung von Liebe, Sex und Moral seit der Steinzeit. Hölzern und geschwätzig dargeboten, und mit Ausschnitten aus Kulturfilmen versetzt. Ⓥ Toppic

Die jüngsten Kätzchen sind die schärfsten
(DAGMAR'S HOT PANTS, INC. / DAGMARS HETA TROSOR).
USA/Schweden 1971.
R Vernon P. Becker. **B** Vernon P. Becker/Louis M. Heyward. **K** Tony Forsberg/Torbjörn Andersson. **M** Les Baxter. **D** Diana Kjaer (Dagmar Anderson), Anne Grete (Ingrid Lindberg), Robert Strauss (John Blackstone), Inger Sundh (Anne Engstrom), Tommy Blom (Jan Anderson), Anne-Lie Alexandersson (Vivi Eriksen), Lars Söderström (Gunnar Hansen), Karl Erik Flens (Dr. Adamsen), Bobby Kwan (Tishoro Suzuki), Cecil Cheng (Sessue Nakajima), Ake Fridell (Igor Smirnov), Tor Isedal (Vincent Lombardoci), Ole Söltoft (Lennart), Svend Johansen (Leutnant). **F** 85 Min.
Dagmar, eine schwedische Prostituierte, die heimlich in Kopenhagen als Callgirl arbeitet, um ihrem Verlobten Lennart das Studium zu finanzieren, will nach dessen Examen in ihre Heimat zurückkehren, doch unverhofft auftauchende Stammkunden, hilfesuchende Kolleginnen und ein zwielichtiger Typ, der ihren Start als Freiberuflerin finanziert hat, klingeln unentwegt bei ihr an und hindern sie mit ihren Gelüsten an der Abreise. – Zumindest die Story ist originell, über die Machart wollen wir lieber schweigen.
Ⓥ RCA/Columbia (Die Lust-Agentur)

Justine – Grausame Leidenschaften
(CRUEL PASSION). GB 1985.
R Chris Boger. **B** Ian Cullen. **K** Roger Deakins. **M** Richard Wagner. **D** Koo Stark, Martin Potter, Lydia Lisle, Katherine Kath, Hope Jackman, Barry McGinn. **F** 88 Min.
Das unschuldige Waisenkind Justine fällt in die Hände geiler Nonnen und Mönche und muß sich gegen sie wehren. – Marquis De Sade, der unwissentlich die literarische Vorlage dieses Streifens lieferte, würde zur Peitsche greifen! Siehe auch die Einträge JUSTINE – LUSTSCHREIE HINTER KLOSTERMAUERN und JUSTINE UND JULIETTE. Ⓥ IHE

Justine – Lustschreie hinter Klostermauern
(JUSTINE DE SADE).
Frankreich/Italien/Kanada 1971.
R Claude Pierson. **B** Huguette Boisvert. **K** Jean-Jacques Tarbes. **M** Françoise Cotte/Roger Cotte. **D** Alice Arno (Justine), Yves Arcanel, Georges Beauvillier, Christian Chevreuve, Franco Fantasia, Lida Ferro, Robert Lombard, Maurice Mirowski, Diana Lepvrier, Marco Perrin, André Rouyer, Dominique Santarelli, France Verdier, Mauro Parenti. **F** 101 Min.
Nach dem Tod ihrer Eltern gehen die in einem Kloster erzogenen Schwestern Justine und Juliette getrennte Wege. Während Juliette sich skrupellos hochschläft und Karriere macht, fällt die keusche Justine in die Hände schurkischer Banditen, brutaler Edelmänner und scharfer Mönche, die sie zwingen, an Sexorgien teilzunehmen. Als sich die Schwestern viele Jahre später, ohne einander zu erkennen, in einem Gasthof begegnen, erzählt Justine Juliette die Geschichte ihres Lebens. Dann wird sie vom Blitz erschlagen. – Justines Abenteuer basieren auf einem 1791 erschienenen Werk von Marquis De Sade (1740–1814), das die Ansicht vertritt, daß Anstand nur ausgenutzt und das Böse belohnt wird. Piersons werkgetreuer Film wurde von der französischen Zensur anfangs verboten – wegen sichtbarer Peitschenstriemen auf der Haut der Hautdarstellerin. Ein relativ dezent inszenierter Sexfilm, der auch ohne »Lustschreie« (siehe Titel) auskommt.
Ⓥ VPS

Justine und Juliette
(JUSTINE OCH JULIETTE).
Schweden 1974.
R Bert Torn [= Mac Ahlberg].
B Edward Mannering [= Mac Ahlberg]. **K** Anton Berg. **M** N.N. **D** Marie Forssa (Justine), Bic Warburg (Juliette), Harry Reems, Felix Franchy, Bent Warburg, William Kinsum, Poul Bundgaard, Kate Mundt, Brigitte Maier, Otto Brandenburg, Bert Bellman, Jim Steffen. **F** 80 Min.
Die Schwestern Justine und Juliette werden von ihrer hartherzigen Tante vor die Tür gesetzt. Juliette, die es faustdick hinter den Ohren hat, tobt sich sexuell aus, ohne etwas davon zu haben, doch die bescheidene Justine, der das Leben recht übel mitspielt, gewinnt das Herz eines reichen Mannes, der ihr ein Vermögen vererbt. – AT: SKLAVINNEN DER LUST.

K

Kaffeebraun und nymphoman
(LOVE, LUST AND EXTASY).
Griechenland 1984.
R Ilias Mylonakos. **B** Suzy Astor.
K Vasilis Cristomoglou. **M** Giovanni
Ullu. **D** Ajita Wilson, Mireille Damien, Danilo Micheli, Massimo Sadurny, Stratos Zamidis.
F 90 Min.
Eine untreue Millionärsgattin wird von einem Privatdetektiv erpreßt und später ermordet. – Ein amateurhaft gespielter und inszenierter Sexfilm mit Krimi-Alibi.
Ⓥ Starlight

Der Käfig
(LA GABBIA). Italien 1985.
R Giuseppe Patroni Griffi. **B** Francesco Barilli/Alberto Silvestri/Lucio Fulci. **K** Juan Amoros/Hans Burmann.
M Ennio Morricone. **D** Laura Antonelli (Marie), Tony Musante (Michael), Florinda Bolkan, Laura Troschel, Blanca Marsillach, Cristina Marsillach, Mercedes Duval, Laura Troschel, Achille Brunini, Mercedes Duval, José Maria Bastus, Manuel Tienda.
F (105) 101 Min.
Der Playboy Michel trifft, als seine Freundin verreist ist, in Paris auf ein junges Mädchen, das ihn an seine Exgeliebte Marie erinnert. Er folgt ihr nach Hause und findet heraus, daß sie Maries Tochter ist. Marie zeigt Freude über sein Erscheinen, doch als Michel am nächsten Tag erwacht, findet er sich in einem Käfig eingesperrt wieder. Marie, die er stets nur zu seinem sexuellen Vergnügen benutzt und später verlassen hat, startet mit Hilfe ihrer Tochter Jacqueline einen Rachefeldzug – bis zu einem bitteren und unerwarteten Ende. – »Eine düstere Parabel zu den Bereichen Besitzdenken und Sexualität.« (Karl-Eugen Hagmann, FILMDIENST).

Kamasutra – Vollendung der Liebe
BRD 1969.
R Kobi Jaeger. **B** Kobi Jaeger/P.D. Shenoy/George Wilson. **K** Richard Rimmel. **M** Irmin Schmidt. **D** Bruno Dietrich, Barbara Schöne, Richard Abbott, Franziska Bronnen, Maren Kaehler. **F** 90 Min.
Ein zum Gähnen langweiliger ›Aufklärungsfilm‹ über das indische Liebeslehrbuch Kamasutra.

Die Kameliendame
(CAMILLE). USA 1937.
R George Cukor. **B** Zoe Akins/James

Florinda Bolkan in *Der Käfig* von Giuseppe Patroni

Marion/James Hilton. **K** Karl Freund/William Daniels. **M** Herbert Strothart. **D** Greta Garbo (Camille), Robert Raylor (Armand Duval), Lionel Barrymore (Duval), Henry Daniell (Baron De Varville), Elizabeth Allan (Nichette), Jessie Ralph (Nanine), Lenore Ulric (Olympe), Laure Hope Crews (Prudence), Rex O'Malley (Gaston), Russell Hardie (Gustave), E.E. Clive (Saint Gaudens), Douglas Walton (Henri), Marion Ballou (Corinne), Joan Brodel (Marie Jeanette), June Wilkins (Louise), Fritz Leiber jr. (Valentin), Elsie Esmonds (Mme. Duval). **SW** 108 Min.

Camille, eine wunderschöne Kurtisane im Paris des 19. Jahrhunderts, verguckt sich, obwohl sie einen üblen Ruf hat, in einen unschuldigen jungen Mann und stirbt schließlich in seinen Armen an der Schwindsucht. Der zwölfte nach dem Roman LA DAME AUX CAMÉLIAS (dt. 1848) von Alexandre Dumas d. J. (1824–1895) entstandene Film ist zwar – von den Stummfilmversionen abgesehen – die am wenigsten erotische, wurde aber von der Kritik stürmisch gefeiert. (Frühere Versionen: Dänemark 1907, Italien 1909, Frankreich 1911, USA 1912, Italien 1915, USA 1915, USA 1917, Deutschland 1917, USA 1921, Schweden 1925 und USA 1927.

Die Kameliendame
(LA DAME AUX CAMÉLIAS/LA DAMA DELLA CAMELIE).
Frankreich/Italien/ BRD 1980.
R Mauro Bolognini. **B** Jean Aurenche/Vladimir Pozner. **K** Ennio Guarnieri. **M** Ennio Morricone. **D** Isabelle Huppert (Alphonsine Plessis), Gian Marie Volonté (Plessis), Fabrizio Bentivoglio (Alexandre Dumas d.J.), Carla

Greta Garbo und Robert Taylor in *Die Kameliendame* von George Cukor

Fracci (Marguerite Gautier), Paola Borboni (Mme. De Mesnil), Clio Goldsmith (Clemence), Fernando Rey (Graf Stackelberg), Yann Babilee (Agenor De Guich), Bruno Ganz (Graf Perregaux), Fabio Traversa (Priester), Clio Goldsmith, Mario Maranzana, Olga Karlatos. **F** 125 (TV: 177) Min.
Die attraktive Bauerntochter Alphonsine zieht, nachdem die Bewohner ihres Dorfes sie wegen mehrerer Strichaffären (u.a. hat sie einen Priester verführt) verjagt haben, nach Paris und arbeitet dort als Näherin. Sie gewinnt wohlhabende und adelige Gönner, macht Karriere, heiratet einen Comte, in dessen Abwesenheit sie wieder ihren alten Geschäften nachgeht, und lernt den Schriftsteller Alexandre Dumas kennen, der ihr spontan verfällt, aber aufgrund seiner Armut keine Chance hat, ein festes Verhältnis mit ihr einzugehen. Alphonsine infiziert sich bei einem ihrer Liebhaber mit Tbc; als sie von der Krankheit gezeichnet ist, wird sie von allen Verehrern im Stich gelassen. – »Obwohl der ... Film den selbstgestellten Ansprüchen nicht genügt, ist er ... wegen seiner Darsteller und als Sittengemälde sehenswert.« (Wolfgang J. Fuchs, FILMBEOBACHTER). Ⓥ Mike Hunter

Kameliendame 2000
(CAMILLE 2000). USA 1969.
R Radley Metzger. **B** Michael Deforrest. **K** Ennio Guarnieri. **M** Pierro Piccioni. **D** Daniéle Gaubert (Marguerite Gauthier), Nino Castelnuovo (Armand Duval), Silvana Venturelli (Olympe), Eleonora Rossi-Drago (Prudence), Roberto Bisacco (Gaston), Philippe Foquet (De Varville), Massimo Serrato (Armands Vater), Zachary Adams (Gody). **F** 100 Min.
Marguerite, von einem Adeligen ausgehalten, führt ein luxuriöses und ausschweifendes Leben. Armand Duval entflammt für sie und erfährt, daß sie ihren Gönner über seine Tochter in der Suchtklinik kennengelernt hat. Duval merkt, daß Marguerite ihn betrügt. Als sie ihm verspricht, fortan treu zu sein, unternehmen sie eine Kreuzfahrt. Als Duvals Vater Marguerite bittet, seinen Sohn freizugeben, weil sie ihn ruiniert, reist sie ab. In Rom, wo sie Duval erneut begegnet, tobt sie sich aus und verfällt wieder den Drogen. Duval wendet sich von ihr ab, Marguerite stirbt. – Eine moderne, freie Fassung des berühmten Kurtisanenromans von Alexandre Dumas d. J. – AT: Der Liebestempel.

Karawane der nackten Frauen
(HUYENDO DE SI MISMO).
Spanien 1968.
R Pierre Chevalier. **B** N.N. **K** N.N. **M** Daniel White. **D** Clint Douglas, Nathalie Link, Jean Barrez, Dominique Delpierre. **SW** 77 Min.
Mädchenhändler ködern junge Frauen in einer Hafenbar und setzen sie unter Drogen, um sie später in den Orient zu verkaufen. Ein Arzt legt ihnen das Handwerk, und die Mädchen nehmen Rache.

Die Karriere der Frances B.
(FRANK AND I).
USA/GB/Frankreich 1983.
R Gérard Kikoine. **B** Peter Welbeck. **K** Gérard Loubeau. **M** Marc Hillman. **D** Jennifer Inch (Frances Holmes), Christopher Pearson (Charles Beaumont), Sophie Favier (Maud Collins), Jacques Ferry (Watson), April Hyde (Mrs. Evans), Alain Dumaurier (Graf Harstorf), Eloise Beaune (Miss Dundas), Emanuel Karsen (Jeffrey Brook). **F** 83 Min.
Im viktorinischen England: Der Geschäftsmann Charles Beaumont liest auf der Straße einen Jungen namens Frank auf, der sich bald als Mädchen namens Frances entpuppt. Frances wurde als

Waise von einer Puffmutter aufgenommen und ergriff die Flucht, als sie in ihre Dienste treten sollte. Nachdem Beaumont ihr nähergekommen ist, bringt er sie zu seiner alten Maud, die eine Lady aus ihr machen soll. Während einer Geschäftsreise stellt ein Amerikaner namens Brook Frances nach. Beaumonts Eifersucht erwacht. Frances beweist zunehmendes Selbstbewußtsein. Um sie nicht zu verlieren, heiratet er sie, und wenn sie nicht gestorben sind ... – Dezent inszenierter Sexfilm nach einem anonym erschienenen viktorianischen Klassiker. ⓥ VMP

Karriere durch alle Betten
(THE LONELY LADY). USA 1983.
R Peter Sasdy. **B** John Kershaw/Shawn Randall. **K** Brian West. **M** Charles Calello. **D** Pia Zadora (Jerrilee), Lloyd Bochner (Walter), Bibi Besch (Veronica), Joseph Cali (Vincent), Anthony Holland (Guy), Jared Martin (George), Ray Liotta (Joe), Carla Romanelli (Carla), Olivier Pierre (George), Kendall Kaldwell (Joanne), Lou Hirsch (Bernie), Kerry Shale (Walter jr.), Sandra Dickinson (Nancy), Shane Rimmer (Adolph), Nancy Wood (Janie), Ed Bispho (Dr. Baker), Giovanni Rizzo (Gino), Mickey Knox (Tom), Kenneth Nelson (Bud), Jay Benedict (Dr. Sloan), Robyn Mandell (Kim), Cecily Browne (Mrs. Stone), Billy J. Mitchell (Gross), Glory Annen (Marion), Harrison Muller (Martin), Mary D'Antin (Margaret), Carolynn De Fonseca (Joanna), Cyrus Elias (Nick), Kieran Canter (Gary), David Mills, Bob Hope, Frank Sinatra.
F 92 Min.
Nachdem das High School-Girl Jerrilee zur Aufsatz-Queen gewählt wurde, wird sie von einem Jungen aus der Hollywood-Schickeria mit der Düse eines Gartenschlauches entjungfert. Sie heiratet den viel älteren Drehbuchautor Walter, publiziert einen Roman, hat eine heftige Affäre mit dem verheirateten Schauspieler George und versucht sich als Autorin von Drehbüchern. Fortan wird es unerläßlich für sie, die Karriere durch die Betten wichtiger Männer und Frauen zu machen, denn Hollywood erweist sich als genau der Sumpf, für den man ihn hält. Mit dem Oscar ausgezeichnet, gesteht Jerrilee ihren Kollegen vom Podium des Festsaals herab expressis verbis, daß sie sich ihren Preis ›erfickt hat‹, wie alle anderen. Vorhang. – Falls der Film eine tiefere Bedeutung hat, ist er uns entgangen. Nach einem Roman von Harold Robbins (1916).

Katharina, die nackte Zarin
BRD 1983.
R Scott Hunt [= Klaus König]. **B** Fred Cohen/William Porter. **K** Marc Almar/Toni Hoffmann. **M** N.N. **D** Sandra Nova [= Uschi Karnat] (Katharina), Frank Williams, Jean Paul Blondeau, Angela Fellini, Nadja Boyer, Christian Beumer, Vladimir Tartakovski, Sylvia Franke, Jacqueline Roussel, Mara Soerensen, Robert Wagner.
F 97 (TV: 88) Min.
Weil sich ein fescher Leutnant der sexbesessenen Zarin Katharina verweigert (er liebt nämlich die letzte Jungfrau bei Hofe), muß er, wie alle, die den Unwillen der bösen russischen Herrscherin erregt haben, im finstersten Kerker von St. Petersburg schmachten. Bis ihm und seiner Geliebten die Flucht aus dem Tempel der Nymphomanin gelingt. – Auch die zahlreichen prallen Popos und Brüste der Darstellerinnen können nicht kaschieren, daß hier ein Rudel von Untalenten am Werk war. ⓥ All

Katja – Alle brauchen Liebe
(DADDY DARLING). Dänemark 1969.
R Joseph W. Sarno. **B** Joseph W.

Sarno. **K** Michael Salomon. **M** Tony Hazzard. **D** Helle Louise (Katja), Gio Petré (Svea), Ole Wisborg (Eric), Lise Henningsen (Lena), Sören Stromberg (Lars), Lisa Thomson (Eva), Tove Maes (Segrid), Kyo Feze (Lise), Inger Gleerup (Marie), Jeanette Swenson (Tonja). **F** 90 Min.

Die Halbwaise Katja ist abgöttisch in ihren Vater verliebt, doch als dieser mit der hübschen Svea anbandelt, treibt die Eifersucht sie in die Arme mehrerer Liebhaber und Lesben. Um Daddy zu beweisen, daß Svea seiner nicht würdig ist, lockt Katja sie mit dem Vorhaben ins Bett, sie später in die Pfanne zu hauen... – Ein Sexfilm des in aller Herren Länder Sex- und Pornofilme drehenden US-Regisseurs Joseph W. Sarno. – AT: KATJA – VOM MÄDCHEN ZUR FRAU.

Katja – vom Mädchen zur Frau
Siehe **Katja – Alle brauchen Liebe**

Kätzchen zum Vernaschen
(GOISSA). Griechenland 1966.
R Nikos Ikonomous. **B** Jannis Kokolis. **K** Jannis Velopoulous. **M** N.N. **D** Julia Stamulaki (Tina), Giorgios Ermisas, Peter Tsubris.
F 75 Min.
Angebliche Filmproduzenten testen ein karrieregeiles Mädchen, das nur allzu gern bereit ist, zu zeigen, was es alles kann.

Keine Frau für eine Nacht
Siehe **Der verführte Mann**

Kesse Kurven und Kanaillen
Siehe **Heißes Pflaster Ibiza**

Kesse Teens und irre Typen
BRD 1979.
R Walter Boos. **B** N.N. **K** Ernst W. Kalinke. **M** Ralph Siegel. **D** Roland Schröder (Mischa), Peter Punak (Nick), Kalle Möllemann (Speedy), Margit Geissler (Marion), Jasmin Losensky (Sylvic), Brigitte Döllerer (Liz), Robert Öztürk-Raab (Ulli), Alexander Allerson (Tippelskirch), Maritta Jödicke (Claudine), Ellen Umlauf (Tante Gundula). **F** 86 Min.

Die munteren Bettspiele dreier deutscher Urlaubs-Casanovas, die sich auf der Suche nach drei Mädchen, die ihnen den Laufpaß gegeben haben, im spanischen Alicante herumtreiben. Sie finden ihre Freundinnen in der Villa eines schmucken Schmocks und seiner beknackten Tante und nehmen miteinander sexuelle Beziehungen auf, bis jede(r) jede(n) durchhat. – Sexfilm-Dutzendware auf unterstem Niveau.
Ⓥ VMP

Die Keusche
(L'ENTREINTE).
Frankreich/Belgien 1969.
R Paul Collet/Pierre Drouot. **B** Paul Collet/Pierre Drouot. **K** Guido Collet. **M** Roger Mores. **D** Daniel Vigo (Michel), Nathalie Vernier (Giselle), Letitia Sorel (Leni), Oscar Delmart (Onkel). **F** 97 Min.

Der Playboy Michel stellt, weil er des Aufräumens nach den zügellosen Partys überdrüssig ist, die in seiner Wohnung gefeiert werden, die keusche Giselle als Hausmädchen ein. Er verändert schrittweise ihren Charakter und ihr Aussehen, läßt sie zur Zeugin seiner Ausschweifungen werden und weckt in ihr nie gekannte Begierden. Während seiner Abwesenheit kommen Giselle und Michels Exfreundin Leni einander näher, und damit sind die Zustände, in denen Michel bisher gelebt hat, zu Ende. – »Die delikate Fotografie und die schönen Farben helfen aber dem miesen Produkt nicht auf die Beine. Ein oder zwei schwache Ansätze gegen Schluß des Films sind sicher unbeabsichtigt.« (FILMDIENST).

Die Keusche mit den feuchten Lippen
(FLOSSIE – EN VENUS PÄ 15).
Schweden 1974.
R Bert Thorn [= Mac Ahlberg]. **B** Mac Ahlberg. **K** Mac Ahlberg. **M** N.N.
D Maria Lynn [= Maria Forssa] (Flossie), Anita Andersson (Dame der Gesellschaft), Jack Frank, Kim Frank, Lars Dahlgard, Marianna Larson, Tomas Svensson, Karl Göransson, Gunilla Göransson. **F** (93) 75 Min.
Flossie, fünfzehn, entdeckt im Internat die lesbische Liebe und tut sich später mit einer reichen Dame zusammen, die ihre Neigungen teilt. Ein britischer Botschaftsangestellter, der auch Flossies lesbische Gönnerin beschläft, kommt nach Stockholm. Die Dame verkuppelt ihn mit Flossie, weil sie glaubt, sie auf die Dauer nicht befriedigen zu können. – Werbeschlagzeilen: »Heiße Schenkel und jungfräuliche Sinneslust in einem Eros-Schocker ohne Beispiel« – »Die totale Lust jungfräulicher Eros-Miezen und knackfrischer Betthäschen in einem faszinierenden Film ohne Tabus« – »Triebhafte Jungfräulichkeit und sinnlich erregende Liebesspiele zweier Sex-Gespielinnen«. Eine Kritik: Autsch!

Der Keuschheitsgürtel
(LA CINTURA DI CASTITA/ON MY WAY TO THE CRUSADES I MET A GIRL WHO ...). Italien/USA 1967.
R Pasquale Festa Campanile. **B** Luigi Magni/Larry Gelbart. **K** Carlo Di Palma. **M** Riz Ortolani. **D** Tony Curtis (Guerrando De Montone), Monica Vitti (Boccadoro), Hugh Griffith (Sultan von Bari), Ivo Garani (Fürst Pandolfo), Nino Castelnuovo (Marculfo), John Richardson (Dragone), Ivo Garrani (Herzog von Pandolfo), Umberto Raho, Leopoldo Trieste, Gabriella Georgelli, Francesco Mulé, Franco Sportelli. **F** (110) 93 Min.
Irgendwann im Mittelalter, um 3.00 Uhr nachmittags: Der frisch zum Ritter geschlagene Guerrando begehrt die üppige Wildhüterstochter Boccadero zum Sexobjekt, doch er kann ihren Willen erst nach vielen schrägen Zügen brechen. Bevor er seine Rechte als Ehemann ausüben kann, ruft ihn der Landesherr zum Kreuzzug. Guerrando legt Boccadero einen Keuschheitsgürtel an, was sie sehr vergrätzt. Sie folgt ihrem Gatten, erbeutet den Schlüssel, und gerät vom Regen in die Traufe. Geile Sarazenen, die Boccadero gefangennehmen, wollen sich das nehmen, was selbst Guerrando noch nicht bekommen hat. – Eine ulkige Sexkomödie, die die Geschichte gehörig auf die Schippe nimmt. Ansehbar.

The Key – Der Schlüssel
(LA CHIAVE). Italien 1983.
R Tinto Brass. **B** Tinto Brass. **K** Silvano Ippoliti. **M** Ennio Morricone.
D Frank Finlay (Nino Rolfe), Stefania Sandrelli (Teresa Rolfe), Franco Branciaroli (Laszlo Apony), Barbara Cupisti (Lisa Rolfe), Armando Marra, Maria Grazia Bon, Gino Cavalieri, Piero Bortoluzzi, Pietro Lorenzoni, Irma Veithen, Emilia Corinaldi, Giovanni Michelagnoli. **F** (116) 104 Min.
Venedig in den vierziger Jahren: Die schöne Teresa ist mit dem doppelt so alten Pensionsbesitzer und Fälscher Nino verheiratet, der aufgrund ihrer sexuellen Hemmungen zunehmend frustriert wird. Als Teresa sein Tagebuch findet und daraus von Ninos sexuellen Phantasien erfährt, ist sie zwar anfangs mächtig schockiert, doch dann übt das sexuelle Seelenleben Ninos großen Reiz auf sie aus. Sie ›antwortet‹ ihm, indem sie ein Tagebuch beginnt, in dem sie ihre Begierden und eine Affäre mit ihrem Schwiegersohn Laszlo niederlegt und dafür sorgt, daß Nino ihre Bekenntnisse findet. Aus dem schriftlichen Dialog

Stefania Sandrelli lebt ihre Phantasien aus: *The Key – Der Schlüssel* von Tinto Brass

wird ein gefährliches Spiel: Die junge Frau liefert sich den ausschweifenden Phantasien ihres Gatten aus und gefällt sich in der Rolle des sinnlichen Objekts, was zur Gesundheit des herzkranken Nino nicht eben beiträgt. – »So banal die Geschichte erscheint, so oberflächlich ist der Film... So ist die Verlegung des Romans [von Junichiro Tanizaki] ins Italien der vierziger Jahre ohne Sinn; die durchs Bild marschierenden Faschisten, allzu probates Mittel zur Steigerung des ›Filmniveaus‹, sind überflüssige Dekoration. Verquaste pseudointellektuelle Dialoge von famoser Plattheit und lächerliche Kamera-Manierismen tragen dann noch das Ihrige zum Mißvergnügen bei.« (Norbert Stresau, FILMECHO/FILMWOCHE). Ⓥ Euro

Keyhole – Heißer Sex aus Dänemark
(NOGLEHULLET). Dänemark 1975.
R Paul Gerber. **B** Paul Gerber. **K** Dirk Brüel. **M** Moirana. **D** Marie Ekorre (Mette), Torben Larsen (Sören), Bent Warburg (Jens), Max Horn (Per), Pia Larsen (Lone), Lene Andersen (Masseuse), Dorte Jensen (Lis). **F** 88 Min.
Ein Filmemacher aus der Pornobranche beschließt mangels besserer Ideen, das Sexualleben seines Chefs aus der Schlüssellochperspektive zu beschreiben. – Dänischer Sexschwank der üblichen Machart.

Killing Devil – Die gefährlichste Waffe: Ihr Körper
(TOO HOT TO HANDLE).
USA/Philippinen 1976.
R Don Schain. **B** J. Michael Sherman/Don Buday. **K** Freddy Conde.
M Hugo Montenegro. **D** Cheri Caffaro (Samantha Fox), Aharon Ipalé, Vic Diaz, Corinne Calvet, John Van Dreelen, Jordan Rosengarten, Butz Aquino, Subas Herrero, Grace Lee, Paquito Salcedo. **F** 90 Min.

Matt Lattanzi versucht sein Glück bei Kitten Natividad: *Die Klassenfete* von George Bowers

Ein rundum knackiger Blondschopf namens Samantha Fox (der freilich weder mit dem GB-Busen-, noch mit dem US-Pornostar identisch ist) betätigt sich im Auftrag diverser Lumpen auf den Philippinen als Killer, indem sie Karatekünste und Kurven einsetzt. – Ein voyeuristischer Actionfilm, dessen ›Erotik‹ sich sofort in Luft auflöst, sobald die Heldin die Klappe aufmacht. Äußerst putzig: John Van Dreelen als Maso-Fan, der im eigenen Folterkeller ein übles Ende findet. – AT: DIE TÖDLICHE LADY.
Ⓥ Starlight (Die tödliche Lady)

Die Klassenfete
(MY TUTOR). USA 1983.
R George Bowers. **B** Joe Roberts.
K Mac Ahlberg. **M** Webster Lewis.
D Caren Kaye (Terry Green), Matt Lattanzi (Bobby Chrystal), Kevin McCarthy (Mr. Chrystal), Clark Brandon (Billy), Bruce Bauer (Don Sylvester), Arlene Golonka (Mrs. Chrystal), Crispin Glover (Jack), Amber Denyse Austin (Bonnie), John Vargas (Manuel), Maria Melendez (Maria), Kitten Natividad (Anna Maria). **F** 95 Min.
Der Schüler Bobby, Sohn eines angesehenen Anwalts, ist bei der High School-Abschlußprüfung in Französisch durchgefallen und hat eine Nachprüfung zu erwarten. Papa engagiert die Privatlehrerin Terry, damit sie ihm Nachhilfe erteilt. Als Bobby von seiner Freundin verlassen wird und selbst ein Bordellbesuch ihm nichts bringt, verknallt er sich in Terry, denn ihre Kurven sind interessanter als die der Geometrie. Landen kann er freilich erst bei ihr, als sie von ihrem Freund betrogen wird. – Eine Sexkomödie der unbedarfteren Art und einigen ironischen Untertönen. Ⓥ VPS

Der kleine Dicke mit dem großen Langen
BRD 1973.
R Thomas Werner. **B** Thomas Werner.

K N.N. M N.N. D Heribert v. Wachenheim, Lorose Keller, Leif Amon, Melitta Tegeler. F 88 Min.

Zwei polizeilich gesuchte Ganoven kriechen auf einem Gutshof unter, um der Besitzerin und einigen anderen Frauen beim Versüßen der Freizeit zu helfen. Frei nach dem Motto: »Mach mir den Hengst.« – Monoton.

Der Kleine mit dem dicken Hammer
(IL PADRONE E L'OPERARIO).
Italien 1975.
R Steno [= Stefano Vanzina].
B Luciano Vincenzoni/Sergio Donati.
K Luigi Kuveiller. M Gianni Ferrio.
D Renato Pozzetto (Gianluca), Teo Teocoli (Luigi), Francesca Romana Coluzzi (Maria Luce), Gianfranco Barra (Vismara), Gillian Bray (Silvana). F 103 Min.

Der italienische Unternehmer Gianluca, von seinem tyrannischen Schwiegervater und seiner sexhungrigen Gattin Maria Luce derart gebeutelt, daß er an heftigen Anfällen von Impotenz leidet, nimmt sich den Arbeiterplayboy Luigi zum Vorbild und bemüht sich mit wechselndem Erfolg, bei stets bereiten Damen jeglicher Herkunft als Casanova Karriere zu machen.

Die Kleine mit dem süßen Po
Österreich 1975.
R Hans G. Keil [= Georg Tressler].
B Willi Fritsch. K Dietmar Graf/Hans Bogendorfer. M Hans Hammerschmid.
D Werner Ploner (Picheldorfer), Sonja Sitar (Birgit), Christian Schratt (Michael), Gustaf E. Schneller (Spanner), Lydia Mikulski (Muschi), Heinz Holden (Thomas), Monika Sebek (Angela), Franz Waldeck (Oberförster), Karl Krittl (Pfarrer), Annemarie Schüler (Tatjana), Renée Felden (Frau Kellermann), Elfriede Gerstl (Dr.Küssnacht), Gerti Schneider (Claudia), Margit Schwarzer (Petra), Fritz Goblirsch (Kellermann), Johann Sklenka (Wassermann). F 75 (TV: 72) Min.

Der Dorfwirt Alois läßt sich von Herrn Spanner überreden, seine Ersparnisse in dessen Sexladen zu investieren, muß aber bald erkennen, daß er einem Pleitegänger auf den Leim gekrochen ist. Als Alois erfährt, daß Spanner einen Diamanten in einer ›Liebeskugel‹ versteckt hat, begibt er sich mit seinem Sohn auf die Suche nach dem Kleinod, um wenigstens einen Teil seines Geldes zu retten. Doch statt des Diamanten erwarten sie überall nur sexhungrige Damen.
Ⓥ Euro

Die kleinen Blonden sind da
Siehe **Oh, la, la – die kleinen Blonden sind da**

Die kleinen Französinnen – Das erste Mal
(LA PREMIER FOIS). Frankreich 1976.
R Claude Berri. B Claude Berri.
K Jean César Chiabaut. M René Urtreger. D Alain Cohen (Claude), Charles Denner (Vater), Zorica Lozic (Mutter), Delphine Lavy (Arlette), Claude Lubicki (René), Philippe Teboul (Bernard), Jérome Loeb (Sammy), Bruno Rosenker (Loulou), Daniele Schneider (Carole), Maryse Raymond (Bernadette), Carine Rivière (Iréne), Daniele Minazzoli (Nathalie), Roland Blanche (Robert), Joel Moskowitz (Léon).
F 83 Min.

Paris, 1952: Claude, sechzehn, gibt sich alle Mühe, ein Mädchen aufzureißen, weil er ›es‹ endlich erleben will, doch eine Pleite reiht sich an die nächste: Bei Irene funken die Eltern dazwischen; Pornohefte bringen auch nicht das Ersehnte; mit Nathalie im Schilf wird es nichts. Ein käufliches Mädchen langweilt sich so, daß Claude, vom Frust gepackt, die Flucht ergreift. Nadja liebt

es zu dritt, doch das liebt Claude nicht, und als es bei Carole endlich klappt, fällt es ihm schon fast gar nicht mehr auf. – »[Berri] siedelt seine Geschichte in den fünfziger Jahren an, verwendet jedoch das heutige Vokabular auf der Basis der jetzigen Mentalität. So beraubt er seinen Film des Reizes der Tabus, die die jungen Menschen vor einem Vierteljahrhundert noch beachteten.« (Herbert G. Hegedo, FILMECHO/FILMWOCHE). – AT: SWEET DREAMS – DIE KLEINEN FRANZÖSINNEN.
Ⓥ ITT Contrast
Ⓥ Madison (Sweet Dreams – Die kleinen Französinnen)

Die kleinen Scheinheiligen
(LES PETITES SAINTES Y TOUCHENT). Frankreich 1974.
R Michel Lemoine. **B** Michel Lemoine. **K** Philippe Théaudiére. **M** Guy Bonnet. **D** Marie Héléne Regne (Fabienne), Nathalie Zeiger (Agnés), Jacques Bernard (Grey), Jerry Brouer (Smith), Maria Mancini (Pamela), Robert Icart, Aurore Benn, Martine Azencot, Catherine Mouton, Catherine Flaubert. **F** 82 Min.
Lüsterne Internatsgören, in einem strengen katholischen Nonnenkloster erzogen, unterhalten sich über Themen, die sich in der Regel im Bett abspielen.

Kleines Mädchen, großer Schock
(LITTLE GIRL, BIG TEASE). USA 1977.
R Roberto Mitrotti. **B** N.N. **K** N.N. **M** N.N. **D** Jody Ray, Rebecca Brooks, Robert Furey, Phil Bendone, Joey Mancini, Joey Adinaro. **F** 83 Min.
Eine junge Dame aus reichem Hause, die sich vor sexueller Betätigung fürchtet, wird von einem attraktiven Trio entführt und läßt in der Gefangenschaft alle Hemmungen fahren. – Ein Spekulationsfilmchen der Klasse Z, bei dem man sich fragt, wer hier das größte Untalent ist: der kolumbianische Regisseur, der immerhin 1971 auf den Oberhausener Kurzfilmtagen zwei Preise abstaubte, oder die Knallchargen, die durch die Handlung stolpern. – »Selbst wenn es draußen regnet, wird sich das Kino rasend schnell wieder leeren.« (TIME OUT).
Ⓥ Cannon/VMP

Die Klosterschülerinnen
(LE CHATEAU). BRD/Frankreich 1972.
R Eberhard Schroeder. **B** Werner P. Zibaso/Michael Gast. **K** Helmut Mewes. **M** Giorgio Moroder. **D** Doris Arden, Ulrich Beiger, Astrid Boner, Felix Franchy, Ellen Frank, Enzi Fuchs, Sascha Hehn, Brigitte Knuth, Elga Machaty, Gudrun Volkmann, Nadine de Rangot, Philippe Dumat, Carina Kreisch, Josef Moosholzer, Elisabeth Volkmann, Gudrun Vaupel, Krista Nell, Renate Kasché, Arlette Thomas,

Doris Arden in *Die Klosterschülerinnen* von Eberhard Schroeder

Karin Wieland, Karin Waas, Brigitte Morisan, Inge l'Arronge. **F** 91 Min. Dieser »schockierende Bericht über verbotene Liebe hinter Klostermauern« (Verleihwerbung) handelt von sexuell frustrierten Klosterschülerinnen, Lehrerinnen und Ordensschwestern, die Dampf ablassen, indem sie sich heimlich mit jungen Männern treffen, sich mit Pornoheften anregen, ihre eigenen Körper erforschen und lesbische Liebe betreiben. – Da schnallste ab!
Ⓥ VPS

Knastakademie
(SLAMMER GIRLS). USA 1986.
R Chuck Vincent. **B** Draig Horrall/ Chuck Vincent/ Rick Marx. **K** Larry Revene. **M** Ian Shaw/Kay Joffe. **D** Devon Jenkins, Jack Eagle, Jane Hamilton, Ron Sullivan, Tally Brittany. **F** 78 Min.
Nachdem Melody den Versuch unternommen hat, einen Gouverneur zu töten (der Schock hat ihn impotent gemacht, weshalb er nun alle Hoffnungen auf eine Penistransplantation setzt), landet sie im Knast, wo – Gähn – tückisch-böse Aufseherinnen und permanent erregte Weiber nur das eine im Sinn haben. – »Kein Film, sondern ein Anschlag – nicht nur auf den guten Geschmack!« (FILMDIENST).
Ⓥ Vestron

Der Köder
(ESA). Japan 1967.
R Kan Mukai. **B** Miki Yamada. **K** Jiro Suzuki. **M** N.N. **D** Michiko Shiroyama (Shizue Fujikawa), Senjo Ichiriki (Koichi Okamoto), Machiko Matsumoto (Akiko Shimizu), Keisuke Senda (Koichis Vater), Natsue Hanaha (Miki), Keiko Naruse (Etsuko Harada), Yuri Nishi (Kinko), Taro Yagami (Ken), Jiro Kenda (Joji). **SW** 63 Min.
Koichi, ein Junge aus den Slums von Tokio, wird von der Schauspielerin Shizue aufgelesen und zu ihrem Geliebten macht. Doch das Geld, das Shizue ihm gibt, ist ihm wichtiger, weil er damit seine Familie unterstützen kann. Shizue beutet Koichi aus, der auch ihrer Clique zu willen sein muß. Als Koichi sich in Akiko verliebt und einen Ausbruch versucht, bringt Shizue ihn ins Gefängnis. Sie zwingt Akiko zu ähnlichen ›Liebesdiensten‹ und führt Koichi später vor, was sie aus ihr gemacht hat. Koichi schlägt zurück: Er macht mit Shizues Tochter das, was sie mit anderen Mädchen macht.

Kohlpiesels Töchter
BRD 1979.
R Kenneth Howard [= Jürgen Enz]. **B** N.N. **K** N.N. **M** N.N. **D** Peter Hinrichsen, Christa Abel, Marianne Welz, Eva Schmidt, Marion Brandt, Doris Brauner, Mario Pollak, Manfred Walser, Sascha Atzenbeck. **F** 73 Min.
Sexversion des deutschen Komödien-Klassikers KOHLHIESELS TÖCHTER: Nur müssen hier gleich zwei weibliche Trampel unter die Haube gebracht werden, wobei ihnen zwei attraktive Schwestern hilfreich zur Hand gehen. Auch als Hardcore-Fassung.
Ⓥ PK, Videorama

Komm auf die Couch, Luise
(PSEXOANALISIS). Argentinien 1968.
R Hector Olivera. **B** Hector Olivera. **K** Tino Olivera. **M** Jorge Lopez Ruiz. **D** Jorge Barreiro, Elsa Daniel, Libertad Leblanc, Malvina Pastorino, Enzo Viena, Soledad Silveira, Pepe Soriano, Norman Briski. **F** 87 Min.
Episodisch angelegter Film über einen schrägen Vogel, der sich als Psychiater ausgibt, um in dieser Eigenschaft die Hintergründe der feuchten Träume seiner Patienten und Patientinnen zu auszuleuchten. – Harmlos.

Komm, geig mit mir
Siehe **Das nackte Cello**

Komm nach Wien, ich zeig dir was
Österreich/BRD 1969.
R Rolf Thiele. **B** Joachim Fernau.
K Wolf Wirth. **M** Bernd Kampka.
D Tanja Gruber (Kottanerin), Andrea Rau (Bubula/Nubierin/Weinberg-Mizzi), Julia Holt (Bruni), Kitty Kino (Mizzi bei A.H.), Sonja Bohuslav (Mizzi Kolschitzky), Veit Relin (Metternich), Peter Kollek (Herzog), Achim Hammer (A.H.), Jürgen Draeger (Makart), Thilo v. Berlepsch (Talleyrand), Inken Sommer (Gräfin Zichy), Suzanne Geyer (Königin Elizabeth), Inge Toifl (Baronin), Peter Hohberger (Mutius), Bernd Kampka (Tannhäuser), Kurt Strauss (Friedrich IV.), Harry Hardt (Waldstein), Christiane Klein (Fanny Eissler), Krista Wilk-Wanke (Mizzi bei Friedrich IV.).
F 83 (TV: 79) Min.
Ein episodischer Film über die nicht nur knackigen, sondern auch heldenhaften Wiener Mizzis, deren körperlicher Einsatz, wenn man Rolf Thiele glauben darf, im Laufe der Jahrhunderte sogar die Geschichtsschreibung beeinflußt haben: Von den Römern bis zu den Russen waren sie aktiv dabei, wenn es galt, die Interessen Österreichs angemessen zu vertreten. – AT: WIEN IM LUSTWANDEL DER ZEITEN. Ⓥ Monte (Wien im Lustwandel der Zeiten)

Komm nur, mein liebstes Vögelein
BRD/Italien 1968.
R Rolf Thiele. **B** Ernst Flügel/Rolf Thiele. **K** Heinz Hölscher. **M** Bernd Kampka. **D** Maria Raber (Hildilein), Peter Hohberger (Siegfried), Tanja Gruber (Burgherrin), Kim Dimon (Burgherr), Marius Aicher (Kuno), Bernd Kampka (Graf Heinrich), Herbert Kersten (Vorsitzender), Kurt Strauss (Priester), Hans Terofal (Bademeister), Walter Cubelik (Schultheiß), Evelyn Rolleder (Hannele), Eduard Springer (Gerd), Manfred Hoffmann (Rat), Michael Schrenk (Student), Astrid Boner (Mutter), Charlotte Werner (Tochter), Christiane Rücker (Bärbel), Inge Marschall (Syblle), Jörg v. Liebenfels (Konrad), Tilo v. Berlepsch (Baron), Inken Sommer (Baronin), Barbara Capell (Fränzi), Anne Marie Eckhoff (Fränzis Mutter), Gerd Wiedenhofen (Alphonse), Maria Brockerhoff (Elisabeth Charlotte), Achim Hammer (Karl Heinrich), Otto Ambros (Gerichtsvorsitzender), Fulvio Mingozzi (Nieswurz), Wanda Morena-Piaentini (Frau Nieswurz), Italo Gasperini (Oskar), Gerd Baltus (Kommentator). **F** 93 Min.
Rolf Thiele kommentiert das Geschehen der Sex- und Sittengeschichte der letzten zweitausend Jahre – von den Germanen über das Mittelalter und die Hexenprozesse bis in die Nazi-Ära hinein und zu modernen Volksaufklärern wie Oswalt Kolle. Mit schwellenden Brüsten und lüsternen Gatten, episodisch, voller Anachronismen und satirisch gemeinten Anspielungen. Nach einem Sachbuch von Joachim Fernau (*1909). Der harmlose Unterhaltungsfilm, 1968 ab achtzehn Jahren freigegeben, könnte heute problemlos im Fernsehen laufen.
Ⓥ Mike Hunter

Komm, liebe Maid und mache
BRD 1969.
R Joseph Zacher. **B** Kurt Nachmann.
K Kurt Junek. **M** Claudius Alzner.
D Joachim Hansen (Fabian v. Weyden), Francy Fair (Eugenie), Katharina Alt (Arabella), Walter Buschhoff (Phileas Leuwenstam), Michaela May (Annette), Sissy Löwinger, Ralf Wolter, Sieghardt Rupp, Gustav Knuth.
F 84 (TV: 76) Min.

»Zwei Äuglein flink aus Frankenreich/ein schwellend Mund aus Österreich/von Köln zwei weiße Hände/von Brabant zwei schmale Lenden/aus Niederland die Brüsteleyn/aus Bayernland das Büscheleyn...« Christiane Rücker und Inge Marschall in *Komm nur, mein liebestes Vögelein* von Rolf Thiele

Eine lahme Geschichte um Verwechslungen und Partnertauschversuche auf einem Schloß, plus jede Menge pralle Möpse. – AT: Die tolldreisten Geschichten – Nach Balzac. Ⓥ Telerent

Komm, liebe mich
(L'AMOUR). Frankreich 1968.
R Richard Balducci. **B** J.P. Bertrand/R. Havard/Richard Balducci. **K** T. G. Suzuki. **M** Charles Aznavour. **D** Martine Brochard (Jackie), José Maria Flotats (Bob), Christian Hay (Francois), Dominique Delpierre (Patricia), Nicole Debonne (Angela), Argia Venturino (Micheline), Iréne Daix (Concierge), Scott Finch (John), Jean-Louis Paris (Pierre), René Havard. **F** 90 Min.

Jackie und Bob, ein junges, verliebtes Paar, gerät nach der Geburt ihres Kindes in finanzielle Schwierigkeiten und trennt sich nach einem Ehekrach. Bob findet eine Geliebte, wird jedoch vernünftig, als sein Kind erkrankt. Eine Erfindung, die er während der Trennung gemacht hat, beseitigt die Ursache der Probleme, und bald ist wieder alles Friede, Freude, Eierkuchen. – Gelegentlich langatmige Leinwandschnulze mit Sexeinlagen. Nicht eben bedeutend.
Ⓥ Mike Hunter

Komm, spiel mit mir
Siehe **Wer macht was mit wem, und warum nicht mit mir?**

Komm und mach's mit mir
(MALABIMBA). Italien 1980.
R Andrew White [= Andrea Bianchi]. **B** Andrea Bianchi. **K** Angelo Viadenci. **M** Mario Montebello/Berto Pisano. **D** Katell Laenec, Patrizia Webley, Enzo Fisichella, Giuseppe Marrocu, Elisa Mainardi, Maria Angela Giordan, Pupita Lea. **F** 87 Min.
Vania, die Tochter eines Burgbesitzers, wird urplötzlich vom Geist ihrer perversen Ahnfrau Lucrezia Borgia besessen und terrorisiert die Familie, indem sie mit Quakstimme Obszönitäten blökt und mimisch demonstriert, daß es nicht gut um ihre Nerven steht. Ⓥ VDP

Komm, wir machen Liebe
(LA MOGLIE VERGINE). Italien 1975.
R Franco Martinelli. **B** N.N. **K** N.N. **M** Armando Travaioli. **D** Edwige Fenech (Valentina), Ray Lovelock (Giovanni), Carroll Baker (Lucia), Renzo Montagnani (Federico), Gabriella Giorgelli, Florence Barnes, Antonio Guidi, Michele Gammino, Maria Rosaria Riuzzi, Gianfranco de Angelis. **F** (99) 89 Min.
Giovanni, frisch verheiratet, hat, obwohl sich die holde Valentina alle Mühe gibt, ihn anzuregen, Probleme mit der Standfestigkeit. Als alle Mittel – Straps, Schnaps, Bananen von Nachbars Palme und Sexschrittmacher – versagen, geht Valentina in ein Nudistencamp und läßt sich von einem Franzosen deflorieren. Auf der Suche nach ihr werden Giovanni und seine ansehnliche Schwiegermutter Lucia von einem Unwetter überrascht und fliehen in eine Hütte, wo geschieht, was zu erwarten war: Die beiden mögen sich. – Eine geschwätzige Sexklamotte.
– AT: Mann, ist das ein Ding.
Ⓥ VPS (Mann, ist das ein Ding)

Komm, zieh dein Hoserl aus
Siehe **Oktoberfest! Da kann man fest!**

Kommt her, ihr wilden Schwedinnen
(MOLLY). USA/Schweden 1976.
R Bert Torn [= Mac Ahlberg]. **B** Edmund Harmzung. **K** Mac Ahlberg. **M** Olivier Toussaint. **D** Maria Lynn [= Marie Forssa], Eva Axen, Chris Chitell, Darby Lloyd Rains, Kim Pope, Rob Everett, Anita Anderson, Peter Loury. **F** 85 Min.
Molly, Adoptivtochter einer reichlich dekadenten Familie, schwärmt für ihren ›Bruder‹, der das Junggesellendasein nicht aufgeben will. Nach der unbefriedigend ausfallenden Hochzeit mit dem zweiten ›Bruder‹ landet Molly wieder im Bett des ersten. – Langweilig.
Ⓥ VMP

Kommt nur, ihr süßen kleinen Amerikanerinnen
(SWEATER GIRLS). USA 1976.
R Don Jones. **B** Don Jones/Neva Frieden. **K** Ken Gibb. **M** Richard Hieronymus. **D** Harry Moses, Meegan King, Noelle North, Kate Sarchet, Carol Seflinger, Tamara Barkley, Julie Parsons. **F** 89 Min.

Eine Sex- und Pubertätsklamotte über Teenager während der fünfziger Jahre in Amerika. – »Junge Leute ohne Namen machten einen Film über junge Leute.« (CINEMA). Und erzählten dabei eine Geschichte, die uns schon tausend andere erzählt haben.

Kommt pudelnackt, das Erbe lacht
(AMICHE MEI). Italien 1982.
R Michele M. Tarantini. **B** Francesco Milizia/Michele M. Tarantini. **K** Giuseppe Pinori. **M** Fabio Frizzi. **D** Carmen Russo (Claudia), Nadia Cassini (Rita), Olivia Link [= Olinka Hardiman] (Caterina), Michele Gammino, Sergio Leonardi, Lucio Montanaro, Gianfranco d'Angelo. **F** 85 Min.
Eine reiche Dame hinterläßt drei Freundinnen ihr Vermögen unter der Bedingung, daß sie innerhalb von drei Tagen ihre Gatten betrügen. Was sich als nicht einfach erweist, auch wenn die Damen sich sogleich in den Kampfanzug werfen und nach willigen Partnern Ausschau halten. – »Der Sex ist so bieder wie in Filmen der sechziger Jahre, und die Witzchen so dürftig wie am Stammtisch.« (FILMBEOBACHTER). Der Streifen gehört zu den ›Besseren‹ des Regisseurs. – AT: DIE SÜNDIGE ERBSCHAFT. SEITENSPRÜNGE LOHNEN SICH.
Ⓥ VTD, Scala (Die sündige Erbschaft)

Komödie in Po-Dur
Siehe **Das nackte Cello – Komm, geig mit mir**

Komteß Elisa – Das Loch im goldenen Käfig
(DER KOM EN SOLDAT).
Dänemark 1968.
R Peer Gulbrandsen. **B** Peer Gulbrandsen. **K** Erik Wittrup Willumsen. **M** Sven Gyldmark. **D** Willy Rathnov (Soldat), Olaf Ussing (Pinscher), Astrid Villaume (Baroneß Regina), Karl Stegger (Schäfer), Poul Bund-

Nach der wilden Jagd: Helmut Förnbacher als Hahn im Korb in *Köpfchen in das Wasser, Schwänzchen in die Höh* von Helmut Förnbacher

gaard (Dobermann), Ullabella Johannson (Komteß Elisa), Ove Sprogoe (Baron Royal), Hanne Borchsenius (Hexe). **F** 93 Min.
Dieser Film ist eine in die Gegenwart verlegte Fassung des Andersen-Märchens »Das Feuerzeug«: Ein magisches Feuerzeug bringt einem Soldaten Glück, Geld und die Liebe einer Komteß.

Köpfchen in das Wasser, Schwänzchen in die Höh
BRD 1969.
R Helmut Förnbacher. **B** Helmut Förnbacher/Martin Roda Becher. **K** Igor Luther. **M** Charly Niessen. **D** Helmut Förnbacher (Berger), Gila v. Weitershausen (Monika), Heinz-Leo Fischer (Bronner), Jane Tilden (Frau Bronner), Konrad Georg (Dr. Ahrens), Hannsi Lindner (Agentin), Barbara Valentin (Helga), Rosemarie Heinikel Barbara Stanek. **F** 83 (TV: 79) Min.
Da der verkrachte Schauspieler und Jungehemann Berger die Finger nicht von den Damen lassen kann, bringt ihn der Vater seiner Frau in einem Sanatorium unter, das ausgerechnet von liebestollen Frauen bevölkert wird. – Die angebliche Parodie auf die Sexwelle der sechziger Jahre ging voll in die Hose.

Krankenschwestern-Report
BRD 1972.
R Walter Boos. **B** Werner P. Zibaso. **K** Klaus Werner. **M** Chapell Verlag. **D** Doris Arden (Beate), Ingrid Steeger (Melanie), Karin Heske (Gertrud), Rosl Mayr (Oberin), Gernot Möhner (Bernd), Emily Reuer (Frau Helwig), Barbara Stanek (Brigitte), Claus Tinney (Dr. Helwig), Elisabeth Volkmann (Frau Ziegler), Frank Nossack (Dr. Moser), Karl-Heinz Otto, Elisabeth Welz, Dieter Groest, Ibrahim Aslanhan, Dagmar Walter, Felix Franchy, Willy Schultes, Melitta Tegeler, Dorothea Rau, Dorit Henke, Claudia Fielers, Ulrike Butz, Brigitte Tetzlaff, Maria Lucca, Iris Wobker. **F** 81 Min.
Ein Hospitalheuler um Ärzte, Pfleger und Schwestern, die nur Vögeleien im Kopp haben. Und warum? Weil ihre Freizeit so knapp ist, daß sie nur auf der Station und im Behandlungszimmer Dampf ablassen können, um überhaupt was abzukriegen. – Ein Film, der seinerzeit von vielen Krankenhausmitarbeitern heftige Kritik erhielt. Ⓥ CMV

Kreuzberger Liebesnächte
BRD 1980.
R Claus Tinney. **B** Claus Tinney. **K** Franz Xaver Lederle. **M** Rolf Bauer. **D** Sascha Hehn, Ulla Maris [= Ursula Buchfellner], Eberhard Couhrs, Klaus Dahlen, Lynn Traeger, Christian Enner. **F** 83 (TV: 78) Min.
Ein junges Callgirl nimmt seine Liebesspiele per Videokamera auf, doch auf-

Uschi Buchfellner im Kampfanzug: *Kreuzberger Liebesnächte* von Claus Tinney

grund einer (unmöglichen) Fehlerschaltung kommen die Nachbarn via Fernseher in den visuellen Genuß ihrer Aktivitäten. – Einen Jux wollt er sich machen, der Tinney-Claus; und man könnte fast sagen, er ist ihm gelungen. – »Der Film erhebt auch nirgends den Anspruch, mehr sein zu wollen als eben Klamauk, mit Keßheit, nackter Haut und etwas geulkter Laszivität.« (Axel Winterstein, FILMBEOBACHTER). – AT: WO SCHLAFEN WIR HEUT NACHT?
Ⓥ Toppic (Wo schlafen wir heut nacht?)

Die kühle Blonde mit der heißen Masche
(GIRLS ARE FOR LOVING). USA 1973.
R Don Schain. **B** Don Schain.
K Howard Block. **M** Robert G. Orpin.
D Cheri Caffaro (Ginger McCallister), William Grannell (Jason), Timothy Brown (Clay), Jocelyne Peters (Ronnie), Scott Ellsworth (James), Fred Vincent (William), Robert C. Jefferson (Metteo), Rod Loomis (Mark), Larry Douglas (Minister), Anthony C. Cannon (Neil), Yuki Shimoda (Botschafter). **F** (95) 85 Min.
Eine Organisation, die Böses im Schilde führt, versucht hohe Beamte der US-Regierung mit einer Schwadron von Sexy-Girls zu beeinflussen. Die kurvenreiche Agentin Ginger kommt der Bande auf die Spur und sorgt dafür, daß die Fetzen fliegen. – Das alles ist zwar völlig ernst gemeint, aber wer diesen Schundi als Komödie sieht und ein Fan schlechter Filme ist, kommt voll auf seine Kosten.
Ⓥ Euro

Der Kumpel läßt das jucken nicht
Siehe **Laß jucken Kumpel (4): Der Kumpel läßt das jucken nicht**

Die Kunst zu lieben
(CARNAL KNOWLEDGE). USA 1970.
R Mike Nichols. **B** Jules Feiffer.
K Giuseppe Rotunno. **M** N.N. **D** Jack Nicholson (Jonathan), Candice Bergen (Susan), Arthur Garfunkel (Sandy), Ann-Margret (Bobbie), Rita Morena (Louise), Cynthia O'Neal (Cindy), Carol Kane (Jennifer). **F** 98 Min.
Jonathan, der genußsüchtige Karrierist, und Sandy, der Schüchti, reden, wenn sie einander treffen, was im Laufe ihres Lebens sehr oft passiert, pausenlos über ›das eine‹: Wie toll sie es doch als Studenten getrieben haben, und auch später, mit wechselnden Geliebten und Partnerinnen – bis Jonathan nach einer tollen Laufbahn als Deckhengst impotent wird und sich an die zungenfertige Prostituierte Louise hängt. – Das alles war 1970 wahnsinnig vulgär, wirkt aber heute nur noch geschwätzig und langweilig: Eine typische Nabelschau des Größenwahns mancher Aktivisten der sechziger Jahre. – AT: DER OBSZÖNE VOGEL DER LUST.

Der Kurpfuscher und seine fixen Töchter
BRD 1980.
R Franz Marischka. **B** Franz Marischka. **K** Ernst W. Kalinke. **M** N.N.
D Peter Steiner, Rosl Mayr, Ursula Buchfellner, Fred Stillkrauth, Alena Penz, Sybille Rauch, Toni Netzle, Wilfried Schmidt, Josef Moosholzer, Hansi Zacher. **F** 85 Min.
Ein nicht ganz astreiner Vertreter für obskure Wundermittelchen, der in einem bayerischen Dorf für den sehnlichst erwarteten Onkel Doktor gehalten wird, nimmt sich mit Unterstützung dreier Maiden profitträchtig seiner neuen Aufgabe an. – Eine nach üblichem Muster ablaufende bayerische Sex-Gaudi-Komödie. – AT: DER LIEBESDOKTOR UND SEINE FIXEN TÖCHTER.
Ⓥ ITT Contrast

Kursaison für scharfe Kumpel
Siehe **Kursaison im Dirndlhöschen**

Kursaison im Dirndlhöschen

Kursaison im Dirndlhöschen
BRD 1981.
R Alois Brummer. **B** Alois Brummer.
K Klaus Beckhausen. **M** N.N. **D** Edi Bierling, Uli Steigberg, Nani Burger, Hans Vondertann, Ady Angerer, Dorle Buchner, Rolf Zigann, Hans Peter Gillich, Chris Parker, Britt Boyer, Miss Königssee. **F** 95 Min.
»In der Heimat müd und schlapp, bringt die Kur sie voll auf Trab.« (Verleihwerbung). – Ein bayerisches Dorf, über dem der Pleitegeier kreist, versucht alles mögliche – darunter auch einen Bankraub –, um sich vor der drohenden Eingemeindung zu retten. – Ach ja, Sex gibt's auch: Im Kuhstall und beim Bier! – AT: KURSAISON FÜR SCHARFE KUMPEL.

Küß mich, als gäb's kein morgen
(FESTIVAL GIRL). USA 1960.
R Leigh Jason. **B** Royal Foster/Ralph Straub. **K** Erich Küchler. **M** Borut Lesjak. **D** Barbara Valentin (Valentine), Alex D'Arcy (Larry Worthington), Scilla Gabel (Nadia), Alan Dijon (Dirk Vangard), Eduard Linkers (Jerome), Regina Seiffert (Liz), Ivan Cuk (Hotelmanager), Frank Trefalt (George), Demeter Bitenc (Jury-Mitglied), Ute Böhnig, Anita Semmler, Helga Liotta (Starlets), Helga Liotta, Helma Vandenberg. **SW** 77 Min.
Larry und Jerome, zwei abgehalfterte Filmemacher, bauen die blonde Valentine mit einer geschickten Presseaktion zum Star auf, bringen den Lebemann Dirk dazu, in ihren Sexstreifen ›Blondes Dynamit‹ zu investieren, und machen bei den Filmfestspielen in Venedig den dritten (!) Platz. – AT: SEX IM DUNKELN.

Küß mich, Monster
(BESAME MONSTRUO).
BRD/Spanien 1967.
R Jesus Franco [= Jesus Franco Manera]. **B** Jesus Franco [= Jesus Franco Manera]/Gerd Günther Hoffmann.
K Jorge Herrero. **M** Jerry van Royen.
D Janine Reynaud (Diana), Rosana Yanni (Regina), Adrian Hoven (Vicas), Chris Howland (Malou), Maria Rohm (Anita), Ana Casares (Linda), Manolo Velasco (Andy), Martha Reves (Irina), Barta Barri (Kramer/Prof Bertrand), Manuel Otero (Dimitri). **F** 80 Min.
Die Nachtklubstars Diana und Regina lernen in der Karibik Professor Bertrand kennen, der wie weiland Dr. Frankenstein mit menschlichen Homunkuli experimentiert. Als er gewaltsam umkommt, bringen sie seine Formel und sein ›Lebenswasser‹ nach Europa. Diverse Attentate später kehrt der Totgeglaubte zurück und verlangt die Früchte seiner Arbeit. Unsere schmucken Heldinnen legen ihn herein, um mit der Erfindung attraktive Männer für den Eigenbedarf zu entwickeln. – Ein billig zusammengeschustertes Sex and Crime-Produkt. Ⓥ Zenith

Stenz und Stenzi in der Scheune:
Kursaison im Dirndlhöschen von Alois Brummer

L

La Bête
(LA BÊTE). Frankreich 1975.
R Walerian Borowczyk. **B** Walerian Borowczyk. **K** Bernard Daillencourt/Marcel Grignon. **M** N.N. **D** Sirpa Lane (Romilda de l'Esperance), Lisbeth Hummel (Lucy Broadhurst), Elisabeth Kaza (Virginia Broadhurst), Pierre Benedetti (Mathurin de l'Esperance), Guy Trejan (Pierre de l'Esperance), Marcel Dalio (Duc Rommondelo de Balo), Roland Armontel (Priester), Pascale Rivault (Clarisse de l'Esperance), Jean Martinelli (Kardinal Joseph de Balo). **F** 94 Min.
Marquis Pierre will den Fortbestand seiner Dynastie sichern: Sein Sohn Mathurin soll die reiche Lucy heiraten, zeigt jedoch mehr Interesse am Paarungsverhalten von Rössern. Lucy hört, daß sich Romilda, eine Ahnin Mathurins, vor zweihundert Jahren im Wald mit einer Bestie gepaart hat und nimmt im Traum deren Rolle ein: Sie begegnet dem lüsternen, haarigen Ungetüm, das sich über sie ergießt. Lucy wird so erregt, daß sie die Initiative ergreift und die Bestie zu einem tödlichen Orgasmus bringt. Mathurin wird tot aufgefunden. Man entdeckt, daß er halb Tier, halb Mensch ist. Lucy flieht, Pierre bringt sich um. Auf der Flucht träumt Lucy, daß Romilda die Bestie im Wald verscharrt und zum Familiensitz zurückgeht. In sich trägt sie die Saat ihrer Begierde.
Ⓥ Atlas

La Bonne Auberge
(LA BONNE AUBERGE). Frankreich 1976.
R José Benazeraf. **B** José Benazeraf. **K** N.N. **M** Gérard Salesse. **D** Elisabeth Lang, Patricia Cummings. **F** 90 Min.
Die ›schöne Herberge‹ des Titels ist ein exklusives Mädchenpensionat, in das die Upper Ten ihre Töchter schicken, auf daß sie eine solide Bildung erhalten. In dieses Internat kommen Alice und Ellen Parker. ›Gebildet‹ werden sie auch – von einer sexbesessenen Blondine; bloß nicht in den Fächern, die Mama und Papa wichtig sind. Ⓥ Beate Uhse

Ladies, Ladies
(LE DOLCE SIGNORE). Italien 1967.
R Luigi Zampa. **B** Ruggero Maccari/Ettore Scola/Stefano Strucchi. **K** Ennio Guarnieri. **M** Armando Travaioli. **D** Ursula Andress (Anna Delmonte), Brett Halsey (Carlo Delmonte), Virna Lisi (Virna), Jean-Pierre Cassel (Aldo), Marisa Mell (Paola), Frank Wolff (Cesare), Claudine Auger (Esmeralda), Mario Adorf (Orlando), Luciano Salce (Sandro). **F** 102 Min.
Da ihr Mann geschäftlich ins Ausland muß und sie fürchtet, sie könne sich ihrem attraktiven Sekretär hingeben, fährt Esmeralda nach Rom zu ihren verheirateten Freundinnen. Doch auch diese kämpfen fortwährend gegen den Reiz des Verbotenen: die schnuckelige Virna, die es täglich mit anderen Männern treibt, fällt Erpressern in die Hände; die mit einem eifersüchtigen Gatten geschlagene Paola strippt sich auf einer Veranstaltung zugunsten armer Waisen auf der Bühne frei, und die dralle Anna alpträumt pausenlos von dem strammen Polizisten Carlo, bis sie beschließt, ihn sich von ihrem Psychiater als »Kur« verschreiben zu lassen. Die brave Ehefrau Esmeralda schließlich kauft sich ein schickes Negligé, um sich den Sekretär anzulachen. Doch ihr Gatte kehrt unverhofft zurück. – Eine episodische, von leichter Hand inszenierte Sexkomödie.

Lady Chatterleys Liebhaber
(LADY CHATTERLEY'S LOVER). GB/Frankreich 1981.
R Just Jaeckin. **B** Christopher

Sylvia Kristel als Connie Chatterley und Nicholas Clay als Liebhaber Oliver in *Lady Chatterleys Liebhaber* von Just Jaeckin

Wicking/Just Jaeckin/Marc Behm. **K** Robert Fraisse. **M** Stanley Myers/ Richard Harvey. **D** Sylvia Kristel (Constance Chatterley), Shane Bryant (Clifford Chatterley), Nicholas Clay (Oliver Mellors), Ann Mitchell (Ivy Bolton), Elizabeth Spriggs (Lady Eva), Anthony Head (Anton), Peter Bennett (Butler), Pascale Rivault (Hilda). **F** 104 (TV: 98) Min.

Sir Clifford Chatterley hat gerade seine geliebte Constance geheiratet, als er in den Ersten Weltkrieg einrücken muß. Da er nach der Heimkehr gelähmt ist und seinen ehelichen Pflichten nicht mehr nachkommen kann, schlägt er vor, Constance solle sich einen Liebhaber suchen, doch erst als sich die Krankenschwester Ivy in die Ehe einmischt, läßt sie sich mit dem Forstverwalter Oliver Mellors ein. Aus dem anfangs rein körperlichen Begehren wird eine innige Liebesbeziehung, die Sir Clifford nicht gefällt. Um die Liebenden zu trennen, schickt er Constance nach Frankreich, wo sie bemerkt, daß sie schwanger ist. Constance kehrt zurück. Clifford hat Mellors entlassen. Sie sucht ihn auf, informiert ihn über die Folgen ihrer Liebe und hofft auf eine Zukunft zu dritt. Clifford akzeptiert die Gegebenheiten und tröstet sich platonisch mit seiner Pflegerin. – »Natürlich gibt es hier Sex und Nuditäten, doch die Liebesszenen sind abgedroschen, gedrängt, von lyrischer Banalität und lassen jede Sinnlichkeit vermissen... Die Kristel ist zwar attraktiv, aber als Schauspielerin ausdruckslos. Ihr sexueller Hunger wird zwar angedeutet, doch nicht spürbar gemacht...« (VARIETY).
Ⓥ RCA/Columbia

Die Lady, das Mädchen aus dem Hafen
Siehe **Gräfin Porno von Ekstasien**

Lady L. und ihre lüsternen Mädchen
(THIS LADY IS A TRAMP). USA 1980.
R Chuck Vincent. **B** Chuck Vincent/ Jimmy James. **K** N.N. **M** N.N. **D** Samantha Fox (Dana Dewars), Gloria Leonard (Danas Freundin), Molly Malone (Mutter), Richard Bolla (Danas Mann), Bobby Astyr, Merle Michaels, Veri Knotty, Ron Jeremy, Kurt Mann. **F** 80 (75) Min.
Dana, mit einem reichen Mann verheiratet, droht die Scheidung, da sie beim Fremdgehen erwischt wurde. Als sie einem Anwalt ihre Geschichte erzählt, erfährt der Zuschauer, wie sie es wirklich getrieben hat: Vom Sex mit dem Stiefvater bis zu Pornofilmereien mit einer Freundin. – »Die Gags sind arg gezwungen, und die Mitspieler übertreffen sich gegenseitig nur in der Dämlichkeit ihres Gesichtsausdrucks und der unbeholfenen Gestik.« (VIDEO). Auf den Auftritt von Lady L wartet der Genießer freilich vergebens. Ⓥ VFL

Lady of the Orient Express
(THE LADY OF THE ORIENT EXPRESS). Italien 1989.
R Frank C. Lucas. **B** Steve Light. **K** Richard Anderson. **M** Manuel De Sica. **D** Melissa Lang (Gloria), Pico Herreno Tomás (John), Carol Blake, George Towers. **F** 85 Min.
Um ihre Ehe sexuell aufzupeppen, bucht John für sich und seine gehemmte Frau Gloria eine Fahrt im Orient-Expreß und verführt sie zu raffiniert eingefädelten Sexspielen mit anderen Passagieren. Am Ende des lüsternen Trips zeigt sich, daß Gloria alles nur geträumt hat. Doch der Traum hat ihr gefallen... – Ein ziemlich scharfer Softporno.

Lagune der Lust
(ARCHIPEL – LES FRUITS DE LA PASSION). Frankreich 1981.
R Alain Nauroy. **B** N.N. **K** N.N. **M** N.N. **D** Verena Lessing (Olga), Dominique Bonval (Patricia), Gregor Salvatin (Paul), Lucy van Roul. **F** 77 Min.
Patricia, eine Unschuld vom Lande, gerät als Hausmädchen auf einer griechischen Insel in die Krallen eines geilen Pärchens aus der Verlagsbranche, doch nach vielen Seufzern und Stellungen kann ein beherzter und aufrichtiger Fischersmann sie vor dem letzten Schritt in den Abgrund bewahren. – »Alfred E. Neuman in seinem MAD-Buch der Maßeinheiten: 1 Lechz entspricht 10 Metern, also genau der Filmlänge, die ein Pornostreifen seiner reinen Handlung widmet.« (Norbert Stresau, FILMBEOBACHTER).

Laila – Vampir der Lust
(MANTIS IN LACE). USA 1968.
R William Rotsler. **B** Sanford White. **K** Leslie Kovacs/Richard Anguilar. **M** Vic Lance. **D** Susan Stewart (Laila), Steve Vincent (Sgt. Collins), M. K. Evans (Lt. Ryan), Vic Lance (Tiger), John Carroll (Ben), Pat Barrington (Cathy), Janu White (Angel), Stuart Lancaster (Frank), John LaSalle (Fred), Hinton Pope (Barnes), Bethel Buckalew (Barkeeper), Lyn Armondo (R.E.), Norton Holper (Mieter), Judith Crane, Cheryl Trepton (Tänzerinnen). **F** 73 Min.
Verführung und Vergewaltigung sind zwei Elemente dieses Tease-Films über eine Stripperin, die sich Männer greift und sie, um ihre Gelüste zu befriedigen, in ein Lagerhaus schleppt, um sie unter dem Einfluß von LSD zu meucheln.

Laß jubeln, Zenzi!
Siehe **Ostfriesen-Report**

Laß jucken im Heu
(SASSY SUE). USA 1973.
R Bethel Buckalew. **B** Bethel Buckalew. **K** Don Clark. **M** N.N. **D** John Trill, Patrick Wright, Sharon Kelly. **F** 73 Min.
Ein US-Farmer hat Schwierigkeiten mit seinem depperten Sohn: Obwohl er sich alle Mühe gibt, Junior mit der stets willigen Weiblichkeit zusammenzubringen, stellt dieser lieber den Kühen nach. – »Daß daneben manche Bilder und Dialoge so dreckig sind, wie die als Handlungsrahmen dienende Farm, kann kaum noch verwundern.« (FILMDIENST).

Laß jucken, Kumpel (1)
BRD 1972.
R Franz Marischka. **B** Franz Marischka. **K** Gunter Otto. **M** Jochen Baum. **D** Michel Jacot (Heiner Lenz), Anne Graf (Gisela Lenz), Walter Kraus (Georg Gernot), Elke Boltenhagen (Rosemarie Gernot), Birgit Bergen (Ingrid Gerlach), Manuela Wittmann (Ute Sabrowski), André Eismann (Fritz Roggartz), Rinaldo Talamonti (Lucky), Karl Nisimoff (Adolf Eichel), Willy Krause (Opa Wagner), Ruth Eiben (Frau Wagner), Michael Wallace (Thomas Lenz), Marius Eicher (Klaus Gärtner). **F** 95 Min.
Der Bergmann Heiner Lenz und seine Kollegen Fitti, Adolf und Klaus haben nur eins im Kopf: die Maloche, das Bier und das Bett. Doch da Heiners Gisela nicht allzeit bereit sein kann, müssen die kesse Ingrid und ein paar andere für sein Vergnügen herhalten. Auch dem Italiener Lucky steht der Sinn nur nach Amore, und die Kellnerin Ute hat ihre liebe Last mit ihm, ehe sie sich ein Herz

Er kann's nicht lassen: Michel Jacot und Betthäschen in *Laß jucken, Kumpel (1)* von Franz Marischka

nimmt und sich seiner erbarmt. – Das muß man gesehen haben, um es zu glauben!
Ⓥ Telerent, Herzog

Laß jucken, Kumpel (2): Das Bullenkloster
BRD 1973.
R Franz Marischka. **B** Franz Marischka. **K** Gunter Otto. **M** Peter Weiner/Jochen Baum. **D** Michel Jacot (Heiner Lenz), Rinaldo Talamonti (Lucky), Hans Henning Claer (Jupp Kaltofen), Claudia Fielers (Bardame), Willi Krause (Opa Wagner), Anne Graf (Gisela Lenz), Elke Boltenhagen (Rosemarie Gernot), André Eismann (Fritz Roggartz), Marisa Feldgitscher. **F** 92 Min.
Nachdem der Bergmann Heiner Lenz wegen der brünstigen Umtriebe seiner Frau Gisela die Scheidung durchgesetzt hat, mietet er sich in einem sogenannten Bullenkloster (= Ledigenheim) ein, vernascht die geile Putze Trudi und verführt eine Kellnerin in der Badewanne. Sein italienischer Kumpel Lucky wird permanent von den Frauen frustriert, und auch sein Saufkumpan Jupp (ein Ex-Boxer) erfährt, daß Weiber den Suff nie ersetzen können. Nach mehreren Sauftouren und mancher zünftigen Klopperei findet Heiner zu seiner inzwischen auf dem Strich tätigen Gisela und seinem Sohn zurück. Ein paar Szenen, die in einem billigen Strip-Schuppen spielen und einige Rückblenden auf den ersten Teil runden das zusammengestoppelte Machwerk ab.
Ⓥ Telerent

Laß jucken, Kumpel (3): Maloche, Bier und Bett
BRD 1974.
R Franz Marischka. **B** Franz Marischka/Friedrich G. Marcus/Hans-Henning Claer. **K** Gunter Otto. **D** Helga König, Johannes Buzalski, Ulrike Butz, Rinal-

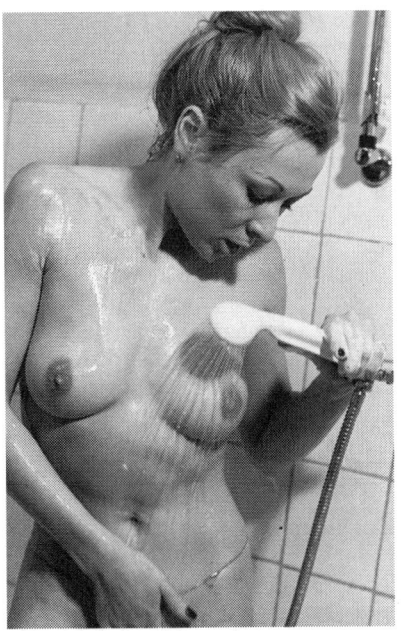

Eine der vielen anonymen Schönen aus *Laß jucken, Kumpel (3): Maloche, Bier und Bett* von Franz Marischka

do Talamonti, Hans Henning Claer. **F** 95 Min.
Auch im dritten Teil der Kumpel-Serie haben die Malocher aus'm Ruhrgebiet und ihre scharfen Alten immer nur dat aine im Kopp: Sex und Suff. Zwischendurch bereiten sie eine Doppelhochzeit vor und amüsieren sich bei zotigen Schwänken aus der seligen Landserzeit, die zeigen, daß auch der Zweite Weltkrieg ein Vergnügen war.
Ⓥ Telerent, Herzog

Laß jucken, Kumpel (4): Der Kumpel läßt das Jucken nicht
BRD/Frankreich 1974.
R Franz Marischka. **B** Friedrich G. Marcus/ Franz Marischka. **K** Gunter Otto. **M** Dave Apfelbaum. **D** Gisela Krauss, Carl-Heinz Kühn, Daniela Sander, Ludwig Vogl, Johannes Buzalski,

Laß jucken, Kumpel (5): Zwei Kumpel auf der Alm
Heide Albinsky, Herbert Fux, Marie France, Peter Steiner, Jean Droze.
F 87 Min.
Nach Feierabend holt sich Kumpel Anton (oder so), da seiner Angetrauten der Sinn nach anderen Dingen steht, sein Sexvergnügen anderswo, denn die Gegend, in der er wohnt, wimmelt von willigen Weibern. Dann gibt's Zoff inne Kneipe sowie Begegnungen mit den Damen des Gunstgewerbes und deren Louies. – »Den Rahmen der Geschmacklosigkeit allerdings sprengt die schon kriminell zu nennende Methode, mit der Kinder hier in die sexuellen Perversionen eingebaut werden.« (FILMDIENST).
Ⓥ Telerent, Herzog

Laß jucken, Kumpel (5): Zwei Kumpel auf der Alm
Siehe **Liebesgrüße aus der Lederhose (2)**

Laß jucken, Kumpel (6): Laß laufen, Kumpel
BRD 1981.
R Franz Marischka. **B** Franz Marischka. **K** Ernst W. Kalinke. **M** Archiv.
D Hans-Henning Claer (Kopetzki), Eleonore Melzer (Elke Kopetzki), Franz Muxeneder (Kummetat), Margit Ojetz (Biggi Borowsky), Mario Pollak (Blacky), Peter Steiner sen. (Robert Cerny), Peter Steiner jr. (Lucky), Zachi Noy (Emil), Sybille Rauch (Carola), Michel Jacot, Alena Penz.
F 87 Min.
Der impotente Bergmann Kopetzki ist dem Stürmer-Star des FC 09 (wäre FC 69 nicht passender?) nicht grün, weil dieser mit seiner stets erregten Gattin Elke ein ›Krösken‹ anfängt. Aus Wut kokelt er die eigene Wohnung an. Der Rest der Story: Ein mißglückter Suizid mit E 605, ein zerballertes Hinterteil und sich haufenweise zu Nümmerkes anbietende Frauen, die Provinzfußballer mit lockend hingehaltenen Teilchen und sündiger Wäsche munter machen. All das mit feinen Zoten garniert und in einem ›Ruhrpottdialekt‹, der das Lokalkolorit nicht mal ansatzweise rüberbringt. – Ein Film von Gehirnamputierten für Gehirnamputierte.
Ⓥ UFA

Laß knacken, Schätzchen
Siehe **Der Sexbaron von St. Pauli**

Laß uns Doktor spielen
(HEALERS). USA 1974.
R Kenneth Schwartz [= Warren Evans]. **B** N.N. **K** N.N. **M** N.N.
D Margo Singer, Arlana Blue, Eberhard Ellis. **F** 63 Min.
Ein ebenso flotter wie potenter Heilpraktiker, der von der Schulmedizin wenig hält (was sich hauptsächlich darin äußert, daß er keine Spritzen gibt), heilt seine Patientinnen per Penisinjektion – inkl. Stimmbandschäden.

Laß uns knuspern, Mäuschen
Siehe **Hänsel und Gretel verliefen sich im Wald**

Lasse Brauns Geheime Träume
(AMERICAN DESIRE). USA 1981.
R Lasse Braun [= Alberto Ferro].
B Lasse Braun [= Alberto Ferro].
K N.N. **M** N.N. **D** Veronica Hart (Sheila Welles), Richard Bolla (Bob Welles), Lysa Thatcher (Teenie), Allan Clement (Sheilas Vater), Mai Lin (Freundin), George Payne (Student), Ray Stuart (Fremder), Dave Ruby, Lisa Adams, Tracy, Mistress Candice.
F 90 Min.
Sheila und Bob machen sich auf die Suche nach der vielzitierten sexuellen Erfüllung und stoßen dabei auf Gleichgesinnte, die sie in Hülle und Fülle finden. – Mit kleinem Budget gedrehter, doch hochqualitativer Streifen aus der

US-Periode des Italieners Alberto Ferro, der sich unter dem Namen Lasse Braun weltweit als Porno-Papst einen Namen gemacht hat. – »Der Film weist eine Natürlichkeit und Glaubwürdigkeit auf, die man in Streifen dieser Art selten findet.« (ADULT MOVIES).
Ⓥ Beate Uhse

Lasse Brauns Liebesgeflüster
(FRENCH BLUE). Niederlande 1974.
R Lasse Braun [= Alberto Ferro].
B Alberto Ferro. **K** N.N. **M** N.N.
D Brigitte Maier, Nico Tellier, Willi Braque, Silvia Bourdon, Robert Le Ray, Claudio Rossa, Aria Arsikainen, Elizabeth Welt, Claudine Beccarie, Alberto Ferro. **F** 90 Min.
Der italienische Regisseur Lasse Braun (wirklicher Name: Alberto Ferro), der in den frühen siebziger Jahren in Europa und USA als Sexpapst gefeiert wurde, tritt in dieser Dokumentation mit seinem Star Brigitte Maier auf und bringt uns nahe, wie heiße Filme enstehen. In anhängenden Kurzfilmen sehen wir Casanova in einem kleinen Gasthof mit drei drallen Mägden; einen lüsternen Geistlichen und einen Ordnungshüter, die es ins Bett der Dorfschönheit zieht; einen Geschäftsmann, der sich von zwei Kosmetikerinnen bedienen läßt, und eine Orgie in der Wüste, bei der auch mehrere Buttercremetorten tragende Rollen spielen. – Auch in diesem Produkt zeigt Pornopapst Lasse Braun sich von seiner altbekannten Seite. (Einer anderen Quelle zufolge hat ein gewisser »Falcon Stuart« hier Regie geführt).
Ⓥ Mike Hunter

Laura
(LAURE). Frankreich/Italien 1975.
R Emmanuelle Arsan. **B** Emmanuelle Arsan/Sonja Molteni. **K** Roberto d'Ettore Piazzoli. **M** Franco Micalizzi.
D Annie Belle (Laura), Emmanuelle Arsan (Myrthe), Al Cliver (Nicolas Murray), Orso Maria Guerrini (Gualtier Morgan), Michéle Starck (Natalie), Pierre Haundebourg (Dolly).
F 93 Min.
Der Ethnologe Gualtier, seine Frau Nathalie, beider Freundin Myrthe, der Filmemacher Nicolas und das Mädchen Laura wollen einen geheimnisumrankten Eingeborenenstamm auf den Philippinen ausforschen und vertreiben sich die Wartezeit bis zum Beginn ihrer Expedition in Manila mit Partnertausch und intimer Filmerei. – Stumpfsinniger Softporno.

Laura – Eine Frau geht durch die Hölle
(VIOLENZA IN UN CARCERE FEMMINILE). Italien/Frankreich 1982.
R Vincent Dawn [= Bruno Mattei].
B Palmanbrogio Monteni. **K** Luigi Ciccarese/Luigi Ciccarelli. **D** Laura Gemser (Laura), Gabriele Tinti (Dr. Moran), Lorraine de Selle (Wärterin), Maria Romano, Ursula Flores, Raul Cabrera, Franca Stoppi.
F 96 Min.
Die Journalistin Laura läßt sich als angebliche Prostituierte in das amerikanische Frauengefängnis Santa Caterina einschleusen, um die Machenschaften eines Staatsanwalts aufzudecken. – Wie in solchen Filmen üblich, wird die Recherche hinter Gittern flugs vergessen, denn die Gefangenen und das Wachpersonal sind ausnahmslos lüsterne Lesben, was den Filmemachern die Möglichkeit gibt, unter dem Vorwand der ›Anklage‹ fortwährend Fleischbeschauen in Szene zu setzen. – »Die Gemser und ihr Ehemann Tinti haben seit 1975 zwanzig Filme zusammen gemacht... Da überrascht es einen nicht, daß sie beide abgeschlafft und mürrisch aussehen, wenn sie im Bild erscheinen, selbst bei den erforderlichen Paarungen.« (VARIETY).

Le Diable Rose – Das liebestolle Freudenhaus
(LE DIABLE ROSE). Frankreich 1987. **R** Pierre B. Reinhard. **B** Jean Philippe Berger. **K** Pascal Caubere. **M** Christian Bonneau. **D** Roger Carel, Pierre Doris, Brigitte Lahaie, Marie-Christin Demarest, Mario Pecqueur, Jean-Christophe Sylla. **F** 76 Min.

Charles und Michael, zwei englische Flieger, werden im Zweiten Weltkrieg über Frankreich abgeschossen und von der Resistance in einem Puff vor der deutschen Besatzung versteckt. Mit Hilfe eines Einwegspiegels werden sie Zeugen zahlreicher im Nebenzimmer stattfindender Beischlafaktionen. – Ein Softsexer, in dem gut gebaute Darstellerinnen keine Gelegenheit auslassen, sich vorzuführen. Wie alle Filme Reinhards ist auch dieser hölzern inszeniert. Spannung will sich ums Verrecken nicht einstellen. Ⓥ VPS

Das Leben zu zweit
Siehe **Van De Velde: Das Leben zu zweit**

Lehrmädchen-Report
BRD 1972.
R Ernst Hofbauer. **B** Werner P. Zibaso. **K** Klaus Werner. **M** Chapell Verlag. **D** Marina Blümel, Carmen Jäckel, Birgit Tetzlaff, Inge Moosholzer, Angie Dormann, Renate Waigram, Ines de Luca, Christa Jäger, Jürgen Feindt, Karl Heinz Pütz, Josef Moosholzer, Elisabeth Volkmann, Claus Tinney, Walter Feuchtenberg, Hans Kern, Gaby Dorn, Hilde Brandt. **F** 76 Min.

Ein episodischer Report-Film über das Leben und sexuelle Treiben von Lehrmädchen, die von ihren Ausbildern defloriert werden, im Betrieb von Hand zu Hand gehen und schließlich lernen, was ›Massage‹ ist. – Zynisch und dumm. Ⓥ VPS

Leidenschaften
(INTERNO BERLINESE). Italien 1985.
R Liliana Cavani. **B** Liliana Cavani/ Roberta Mazzoni. **K** Dante Spinotti. **M** Pino Donaggio. **D** Gudrun Landgrebe (Louise v. Hollendorf), Kevin McNelly (Heinz v. Hollendorf), Miko Takaki (Mitsuko Matsugae), Hanns Zischler (Wolf v. Hollendorf), Massimo Girotti (Werner v. Heiden), Philippe Leroy (Herbert Gessler), William Berger, Andrea Prodan, Tomoko Tanaka, Claudio Lorimer, Edward Farrelly, John Steiner, Enrica Maria Scrivano. **F** 121 Min.

Louise von Hollendorf, die mondäne Gattin eines hohen Nazi-Diplomaten, lernt 1938 in Berlin Mitsuko kennen, die Tochter des japanischen Botschafters. Louise verfällt Mitsukos Schönheit und fängt ein lesbisches Verhältnis mit ihr an. Als sie erkennt, daß Mitsuko es auch mit dem Kunstlehrer Benno hat, wird aus der Beziehung ein Dreiecksverhältnis, das bis zur Verhaftung Bennos andauert. Louises Mann, der bisher nur Interesse an seiner Karriere gezeigt hat, verfällt ebenfalls Mitsukos Reizen; ein neues Dreieck bahnt sich an, das in Haß und Besessenheit umschlägt und in einer Katastrophe endet: Nachdem die Hollendorfs ihrer gemeinsamen Geliebten hörig worden sind, beschuldigt der geschaßte Kunstlehrer die Diplomatengattin öffentlich ›sapphischer‹ Umtriebe. – »Der Film kann die Glasglocke der Lächerlichkeit nie durchstoßen: Er wirkt fürchterlich albern.« (Ponkie, MÜNCHNER ABENDZEITUNG). Nach einem Roman von Junichiro Tanizaki (1886 bis 1965). Ⓥ VMP

Leidenschaften einer Minderjährigen
(QUELLA ETA MALICIOSA). Italien 1981.
R Silvio Amadio. **B** Silvio Ama-

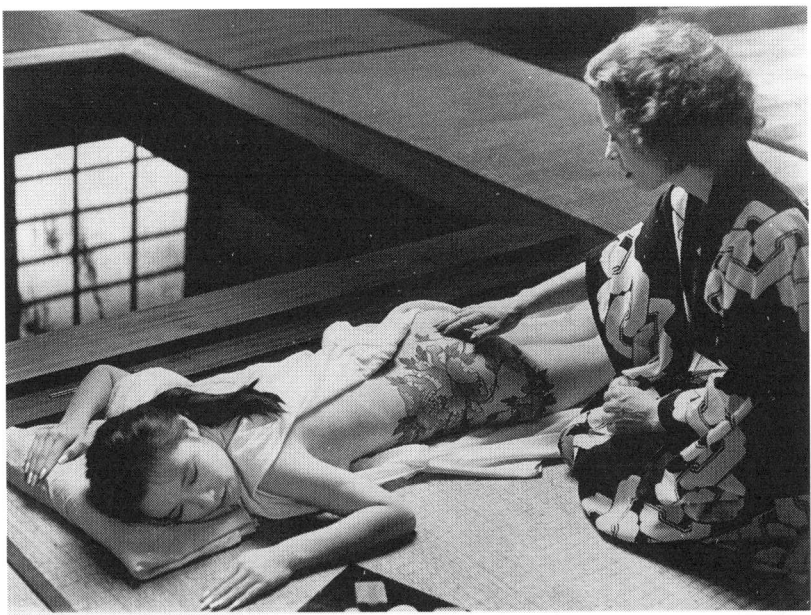

Lesbische Liebe im Nazireich: Miko Takaki und Gudrun Landgrebe in *Leidenschaften* von Liliana Cavani

dio/Pietro Regnoli. **K** Antonio Maccoppi. **M** Roberto Pregadio. **D** Gloria Guida (Valeria), Nino Castelnuovo, Silvio Amadio, Anita Sanders, Rosemary Dexter, Marco Guglielmi, Luciano Rotti, Conrado Pani. **F** 86 Min.
Eine phantasiebegabte Klosterschülerin kehrt in das Haus ihrer genußsüchtigen Familie zurück und gerät dort an einen unkonventionellen Typen, der sich ihrer annimmt. – Entweder hat Silvio Amadio schon 1975 einen Film namens QUELLA ETA MALIZIOSA gedreht (der in der BRD unter dem Titel WENN BEI SÜSSEN TEENS DIE HÜLLEN FALLEN lief), oder man sollte weniger auf die Unterlagen der Filmindustrie vertrauen.

Leidenschaftliche Blümchen
BRD 1978.
R André Farwagi. **B** Paul Nicolas [= Lutz Schaarwächter]. **K** Richard Suzuki. **M** Francis Lai. **D** Nastassja Kinski (Debbie), Carolin Ohrner (Gabi), Marion Kracht (Jane), Veronique Delbourg (Marie-Louise), Fabiana Udenio (Gina), Gabriele Blum (Cordelia), Hildegaard Buuse (Miss Bigelow), Herta v. Walter (Miss Abbott), Alwy Becker (Miss Ganzarolli), Gerry Sundquist (Fibs), Nigel Greaves (Carlos), Sean Chapman (Rodney), Peter Schmidt-Pawloff (John), Stefano d'Amato (Plumpudding), Kurt Raab (Fletcher), Alexander Markus (Malcolm), Fritz Andraschko (Forbes).
F 100 Min.
Fünf junge Mädchen, die 1956 im exklusiven Schweizer Internat St. Claire erzogen werden, schreiten zur Tat, um mit Hilfe einiger Knäblein ihre Unschuld loszuwerden und erotische Erfahrungen zu sammeln. Die Knaben zeigen sich den Aktivitäten der ›Blümchen‹ gegen-

Zum Teufel mit der Unschuld: Nastassja Kinski (Mitte), Klein-Marion Kracht (zweite von links) und Partnerinnen in *Leidenschaftliche Blümchen* von André Farwagi

über zwar recht aufgeschlossen, doch die ersten Versuche, intime Kontakte anzubahnen, bringen auch Probleme. Auf einer Stripteaseparty geht's zur Sache. – Für Päderasten.
Ⓥ UFA

Der leise Atem der Lust
(LA SERVANTE).
BRD/Frankreich 1970.
R Jacques Bertrand. **B** Jacques Bertrand. **K** Guy Suzuki. **M** Albert Goraguer. **D** Ulla Jacobsson (Helga

Marbois), Daniel Gelin (Dr. Robert Marbois), France Anglade (Aline), Gisela Hahn (Karin). **F** 90 (TV: 83) Min.
Der Pariser Arzt Robert baggert die in seinem Haushalt helfende Provinzlerin Aline an und beginnt ein Verhältnis mit ihr, bis seine Gattin Helga ihm auf die Schliche kommt und auszieht. Diesen Verlust kann der Onkel Doktor nicht verschmerzen. Sein Verhältnis zur Geliebten kühlt ab; Aline muß erkennen, daß sie für ihn nur ein Abenteuer war.

Les Baiseuses
(LES BAISEUSES/LES VIOLEUSES). Frankreich/Belgien 1975.
R Guy Gilbert [= Jacques Guy]. **B** Jacques Guy. **K** Johan Vincent. **M** Alain Pierre. **D** Bente Nielsen (Sabine Villeneuve), Laura Viala (Julie), Isabelle Coppejans (Isabelle), Monica Swinn (Fabienne Meunier), Yves Collignon (Sam), Boris Stoikoff (Jean), Jacques Guy (Herman), Sam Marée (Fotograf), Anne Watican (Modell), Suzy Falk, Jio Berk, Jean-Pierre Bouyxou, Pierre Quérut, Alexandra. **F** 85 Min.
Drei junge Mädchen, brechen mit Hilfe eines Kriminellen aus einem Heim aus, stehlen Autos, brechen in leerstehende Villen ein und nehmen jedes sich ihnen bietende lesbische bzw. heterosexuelle Vergnügen wahr. – Ein öder Krimisexfilm mit einfallsloser Handlung, noch einfallsloseren Stellungen und nervtötender Musik.
Ⓥ Monte

Les Felinés – Der Hengst und die Nymphe
(LES FELINES). Frankreich 1971.
R Daniel Daert. **B** Daniel Daert. **K** N.N. **M** N.N. **D** Janine Reynaud (Maude), Nathalie Zeiger (Florence), Jacques Insermini (Olivier), Pauline Larrieu (Claire), Georges Géret, Nadia Vasil, Stan Rol. **F** 90 Min.
Um zu erfahren, ob die Lustlosigkeit ihres betrügerischen Gatten Oliver nur vorgetäuscht ist, holt sich die Schloßbesitzerin Maude die dralle Florence ins Haus. Woraufhin der Hausherr sofort zur Aktion schreitet. – Sexfilm.

Lesbos – Hohe Schule der Liebe
(LESBO). Italien 1969.
R Eric Andrews [= Eduardo Mulargia]. **B** Joseph Towers. **K** Constantin Durytrijk. **M** Francesco De Masi. **D** Steven Tedd, Carla Romanelli, Käthe Haak, Peter Howells, Gisella Dalli. **F** 90 Min.
Auf der griechischen Insel Lesbos, auf der angeblich die Lüste den Ton angeben, bemüht sich eine mit einem impotenten Schriftstellergatten gestrafte und deshalb sexuell zu kurz kommende Ehefrau, es ihren jugendlichen Verehrern und einer lesbischen Journalistin rechtzumachen.

Leslie Abigail – Ich will immer
(LESLIE ABIGAIL IS BACK IN TOWN). USA 1974.
R Joseph W. Sarno. **B** Joseph W. Sar-

Gisela Hahn macht's sich bequem in *Der leise Atem der Lust* von Jacques Bertrand

no. **K** N.N. **M** N.N. **D** Sarah Nicholson, Jennifer Welles, Jamie Gillis, Rebecca Brooke, Rob Everett, Carol Adams, Chris Jordan, Doug Wood, Fred Lincoln, Julia Sorel.
F (106) 83 Min.
Leslie, die einst ein Verhältnis mit dem Mann einer anderen Frau hatte, kehrt mit der Absicht in ihre Heimatstadt zurück, den Nachbarn zu beweisen, daß sie keineswegs so zügellos ist, wie alle glauben. Ihre Ankunft in dem kleinen Fischerdorf sorgt jedoch für Aufregung, und der Beweis ihrer Harmlosigkeit fällt Leslie recht schwer: Ehe sie sich versieht, fängt das süße Leben wieder an. – Der Film hieß ursprünglich MISTY, seine Originalfassung war ein Porno. – AT: FUMMELN IM WASSER MACHT IMMER NASSER.
Ⓥ Telerent

Let's do it
(MARCHE PAS SUR MES LACETS). Frankreich 1977.
R Max Pécas. **B** Claude Mulot.
K Roger Fellous. **M** Georges Garvarentz. **D** Sylvain Green (Cri Cri), Jean-Marc Jubelin (Bobby), Dominique Longval (Aurelién), Vanessa Vaylord (Fanny), Catherine Mulot, Olga Valery.
F 89 Min.
Der junge Franzose Cri-Cri, der sich in drei Tagen beim Militär einfinden muß, will noch einmal ordentlich auf die Pauke hauen. Zusammen mit seinen Freunden Bobby und Aurelién dringt er in ein geschlossenes Ferienhotel ein und verbringt, als dessen Manager getarnt, eine flotte Nacht mit einer Gruppe dort absteigender sexhungriger Sportlerinnen aus England. – Eine scherzhaft gemeinte Sexkomödie, deren Witze, wie könnte es anders sein, größtenteils auf Homosexuelle zielen.
Ⓥ Telerent

Die letzte amerikanische Jungfrau
(THE LAST AMERICAN VIRGIN). USA 1982.
R Boaz Davidson. **B** Boaz Davidson. **K** Adam Greenberg. **M** Paula Erickson/Blondie/The Cars/The Police/The Waitresses/Devo. **D** Lawrence Moonson (Gary), Diane Franklin (Karen), Steve Antin (Rick), Joe Rubbo (David), Louisa Moritz (Carmela), Brian Peck (Victor), Kimmy Robertson (Rose). **F** 96 Min.
Drei dufte amerikanische High School Kids entdecken den Sex: Gary liebt Karen, doch Karen liebt Rick. Als Rick Karen schwängert und ihr den Laufpaß gibt, besorgt Gary ihr zwar das Geld für eine Abtreibung, doch sie kehrt trotzdem zu Rick zurück. – Ein flaues Exploitation Movie für den Teeniemarkt, von einem Regisseur, der hauptsächlich für die israelisch-amerikanischen Filmmogule Golan/Globus arbeitet und uns u.a. auch die erste Folge der unsäglichen EIS AM STIEL-Serie beschert hat.

Der letzte Harem
(L'ULTIMO HAREM). Italien/Spanien/BRD 1981.
R Willy S. Regan. **B** Willy S. Regan. **K** Fernando Arribas. **M** Stelvio Cipriani. **D** Corinne Clery (Laura), George Lazenby, Daniela Poggi, Ursula Fellner [= Ursula Buchfellner], Maria Kosty, Karin Fiedler, Mirta Miller.
F 92 Min.
Laura, ein schickes Fotomodell, heiratet einen Milliardär und findet nach der Eheschließung heraus, daß er noch drei weitere Gattinnen und zahlreiche Geliebte sein eigen nennt. Müder Sexfilm, koproduziert (wenn nicht gar unter Pseudonym inszeniert) vom spanischen Sexmaniak Jess Franco. In der Hauptrolle das Untalent George Lazenby (Ex-James Bond).
Ⓥ UFA

Der letzte Tango in Paris
(L'ULTIMO TANGO A PARIGI/DÉRNIER TANGO A PARIS).
Italien/ Frankreich 1972.
R Bernardo Bertolucci. **B** Bernardo Bertolucci/ Franco Arcalli. **K** Vittorio Storaro. **M** Gato Babieri. **D** Marlon Brando (Paul), Maria Schneider (Jeanne), Jean-Pierre Leaud (Tom), Catherine Sola (Script Girl), Mauro Marchetti (Kameramann), Dan Diamant (Tonmeister), Peter Schommer (Kameraassistent), Catherin Breillat (Mouchette), Luce Marquand (Olympia), Michel Delahaye (Bibelverkäufer), Laura Betti (Miss Blandish), Massimo Girotti (Marcek), Veronica Lazare (Rosa), Maria Michi (Rosas Mutter), Giovanna Galetti (Prostituierte), Catherine Allegret (Catherine), Marie-Helene Breillat (Monique), Darling Legitimus (Concierge), Gitt Magrini (Jeannes Mutter), Rachel Kesterber (Christine), Mimi Pinson (Juryvorsitzende), Ramon Mendizabal (Dirigent), Luce Marquand, Stéphane Kosiak, Gérard Lepennec.
F 129 (TV: 123) Min.
Der Exboxer, Exfilmstar und Exjournalist Paul lernt nach dem Freitod seiner Frau, deren Motive wir, wie es sich für einen Kunstfilm gehört, nicht erfahren, in einer leeren Wohnung die Studentin Jeanne kennen, die er nach ein paar Platitüden erst einmal flachlegt. Er mietet die Wohnung und richtet sie notdürftig ein, um sich regelmäßig mit Jeanne dort zum Vögeln zu treffen. Aus Gründen, die er zwar andeutet, aber nie erklärt (auch daran erkennen wir, daß wir es mit Kunst zu tun haben) weigert er sich, Jeanne seinen Namen zu nennen. Statt dessen verlangt er Dinge von ihr, die anderen Menschen möglicherweise den Magen umdrehen. Natürlich kann ein solches Verhältnis nicht von Dauer sein: Eines Tages packt Jeanne der Horror; sie setzt sich ab und erschießt ihn. – DER LETZTE TANGO IN PARIS ist weniger ein erotischer Film als ein Abstieg ins Perverse. Menschen mit schwachem Magen sollten ihn meiden.

Lexikon der Liebesspiele
(A PROPOS DE LA FEMME).
Frankreich 1969.
R Claude Pierson. **B** Huguette Boisvert/Claude Pierson. **K** Jean-Jacques Tarbes. **M** N.N. **D** Marie-Christine Auferil (Martine), Marlene Alexandre (Sophie), Astrid Frank (Joelle), Jean Perrin (Pascal), Robert Piquet (Henri), Philippe Delmar (Didier), Alexandre Mincer. **F** 86 Min.
Drei Frauen plauschen über ihre sexuellen Erfahrungen mit den Männern und kommen einstimmig zu dem Ergebnis, daß sie mit Schlaffis verheiratet sind.

Libido – Das große Lexikon der Lust
(LE DIECI MERAVIGLIE DELL'AMORE). BRD/Italien 1971.
R Sergio Bergonzelli/Werner Hauff. **B** Sergio Bergonzelli/Fabio d'Agostini/ Werner Hauff. **K** Carlo Fiore/Gunter Otto/Fausto Zuccoli. **M** Piero Piccioni. **D** Brigitte Skay (Aicha), Angelo Infanti (Pericle), Bernard de Vries (Serge), Hansi Linder (Zeno), Nino Korda (Alfio), Dithe Faul, Peter Kranz, Isa Sala, Eva Astor, Michaela Martin, Michael Conti, Dick Randall, Horst Edel, Gaspare Zola, Marisa Solinas, Luca Sportelli, Tom Felleghi, Renato Chiantoni, Sara Ross, Aurora Bautista, Viviana Vanni, Fiorella Ferrero, Antonietta Fiorito, Attilio Merteila, Willy Colombini, Gianni Pulone, Carlo Landa, Sav Lagan, Biagio Pelligra, Gian F. Tondury, Barbara Klingered. **F** 85 Min.
Sechs MedizinstudentInnen arbeiten unter der Anleitung eines Professors an einer einschlägigen Studie, filmen im

Zuge ihrer Ermittlungen ahnungslose Hotelgäste, benutzen Freunde als Versuchskaninchen, tummeln sich in einer ›Liebesschule‹ sowie in einem skandinavischen FKK-Bad und sammeln Erfahrungen in Form von Interviews und eigenen Aktivitäten. – Trotzdem schlafen einem dabei die Füße ein. – AT: LIBIDO.
Ⓥ Toppic (Libido)

Liebe 80
BRD 1981.
R Dietrich Krausser. B Dietrich Krausser. K Ted Kornowicz/Harald Zimmer. M Manfred Burzlaff/Vojtislav Kostic. D Cora v.d. Bottenberg, Frank v. d. Bottenberg, Eva Caroll, Tony Caroll.
F 81 Min.
Ein hölzerner Aufklärungsfilm mit nackten gymnastischen Übungen, vorgeführt von zwei jungen Paaren. – Von den Machern der Streifen TECHNIK DER KÖRPERLICHEN LIEBE (1968) und JUNGE LEUTE WOLLEN LIEBE (1971). – Spannender ist da schon YOGI BÄR UND SEINE FREUNDE. – AT: LIEBE 86.
Ⓥ AVU (Liebe 86)

Liebe 1-1000
(KÄRLEK 1-1000). Schweden 1966.
R Lennart Olsson. B Rune Olauson. K G. Mandahl. M Sören Christensen. D Helena Reuterblad, Per-Olof Eriksson, Inger Liljefors, Halvart Björk.
F 77 Min.
Ein junger Mann wird während eines Stadtbummels von einem mysteriösen Mädchen aus einem schicken Wagen heraus angesprochen und auf ein Schloß gebracht, in dessen Räumen die Fleischbeschau Trumpf ist, der Sekt in Strömen fließt und permanent erotische Spielchen gespielt werden, bei denen unser erhitzter Held jedoch, als er selbst daran teilnehmen will, nicht zum Zuge kommt. Und damit hat sich's.

Liebe als Gesellschaftsspiel
Siehe **Oswalt Kolle: Liebe als Gesellschaftsspiel**

Liebe am Vormittag
(MATINEE WIVES). USA 1971.
R Ken Stewart. B Robert Cole. K Ernie Chapman. M N.N. D Barbara Caron (Linda Devlin), Stephen Treadwell (Paul Devlin), Robert Cole (Tom Chandler), Allessanora (Pat Chandler), Mark Edwards (Dr. Milton Arnold), Jeanne Henderson (Betty Morgan), Christine Murray (Kay Gavin), Denny Lynn (Go Go Girl).
F 59 Min.
Zwei befreundete Architekten entdecken, daß ihre Ehefrauen es nicht nur miteinander, sondern auch mit anderen Männern treiben, woraufhin sie sich zu viert zusammensetzen, um sich durch den Austausch intimer Geheimnisse zu ›enthemmen‹, weil sie sich so spießig fühlen.

Liebe durch die Autotür
Österreich 1972.
R Eddy Saller. B Eddy Saller/Karl H. Koizar. K Gunter Otto. M Frank Neumann. D Erich Padalewsky, Verena Delahn, Reinhard Reiner, Petit Pitou, Paula Elges, Gunther Adam, Ilonka Princz, Paul Richter, Henry Carrieri, Kurt Edel, Ilse Hennig. F 78 Min.
Der Autohändler Meier vermietet sogenannte Pornowohnwagen, das dazu nötige Zubehör und seine Nichte an triebhafte Paare, doch die Fahrzeuge entwickeln eine ›Seele‹ und empören sich so über das unzüchtige Treiben an Bord, daß die Passagiere zunehmend in Schwierigkeiten kommen. – Eine Sexposse, die eigentlich ins LEXIKON DES FANTASY-FILMS gehört. – AT: HEB HOCH DAS HEMD, WENN'S HÖSCHEN KLEMMT.
Ⓥ Silwa (Heb hoch das Hemd, wenn's Höschen klemmt)

Liebe durch die Hintertür
BRD/Österreich 1969.
R Franz Antel. **B** Kurt Nachmann.
K Hanns Matula. **M** Johannes Fehring.
D Terry Torday (Inge Thal), Heidi Bohlen (Lynn), Fritz Muliar (Sixtus Vogel), Ralf Wolter (Cajetan Fingerlos), Franz Muxeneder (Vitus Fux), Ivan Nesbitt (Peter Amrain), Elfie Pertramer (Agnes Bauer), Andrea Rau (Monique), Paul Löwinger (Korbinian Ofenbröck), Herbert Hisel (Norbert Pomassel), Uschi Mood (Babs), Hansi Linder (Coco), Liesl Löwinger (Josefa Vogel), Tommy Hörbiger (Thomas Monk), Ingrid Back (Traudl), Ernst Waldbrunn (Lechner-Bartl), Rudolf Schündler (Wolfram Kent), Erich Padalewski (Hasso v. Waltherstein), Jacques Herlin (Frederic Joerges).
F 88 Min.

Die Münchner Steuerexpertin Inge freundet sich mit vier leichten Mädchen an und nimmt sie, als sie einen Bauernhof erbt, mit nach Tirol, wo die Schönen, sehr zum Leidwesen der einheimischen Damenwelt, den Bauernburschen gegen handfeste Arbeitsleistung Liebesdienste anbieten. – Sexklamauk mit Betonung auf Klamauk. – AT: DIE LIEBESTOLLEN DIRNDL VON TIROL. NACKE-DI, NACKE-DU, NACKE-DEI. ⓥ UFA (Die liebestollen Dirndl von Tirol)

Die Liebe einer Blondine
(LASKY JEDNE PLAVOVLASKY).
CSSR 1965.
R Milos Forman. **B** Jaroslav Papusek/Milos Forman/Ivan Passer.
K Miroslav Ondricek. **M** Evzen Illin.
D Hana Brechova (Andula), Vladimir Pucholt (Milda), Vladimr Mensik,

Hana Brechova und Vladimir Pucholt in *Die Liebe einer Blondine* von Milos Forman

Ivan Kheil, Jiri Hruby, Milada Jezkova, Josef Sebanek. **SW** 83 Min.
Die junge Arbeiterin Andula, die in einem Wohnheim bei Prag lebt und noch keine Erfahrungen mit Männern hat, lernt auf einer Armee-Tanzveranstaltung den Pianisten Milan kennen und verbringt die Nacht mit ihm. Milan lädt sie ein, ihn in Prag zu besuchen, doch als die verliebte Blondine bei seinen Eltern auftaucht, muß sie feststellen, daß der flotte Tastendrücker, ein echter Großstadt-Casanova, sie inzwischen schon vergessen hat. – Eine kompetent gemachte Studie über ›das Leben an sich‹, die den Weltruhm des Regisseurs begründete.

Liebe gegen Barzahlung
(DOSSIER PROSTITION).
Frankreich 1969.
R Jean-Claude Roy. **B** Jean-Claude Roy. **K** Claude Saunier. **M** Jacques Loussier. **D** Jean-Philippe Ancelle (Straßenfeger), Line Arnel (Mädchen), Valérie Boisgel (Mariette), Beatrice Gordon (Giselle), Adrien Cayla (Fabrikant), Michel Carrel (Clubbesitzer), Michel Dacquin (Aldo), Marc Dudicourt (Pächter), France Durin (Callgirl), Jackie Fouvault (Motorrad-Girl), Christian Forges (Hotelier), Noelle Hussenot (Mädchen), Liana Marelli (Sylvia), Edith Ploquin (Thérèse), Nadir Samir (Iréne), Katia Tchenko (Monique), Anne Marie Coffinet, Jacques Dhéry, Adelita Requena, Corinne Saint Laurent, Sophie Sydney, Pascal Vidal, Micheline Welter. **F** 93 Min.
Ein Dokumentarfilm zum Thema Prostitution und Mädchenhandel, mit Aufnahmen aus Paris, Hamburg, Antwerpen und Amsterdam, bei denen Prostituierte, Hoteliers, Ärzte, Fürsorgerinnen und Polizisten zu Wort kommen.

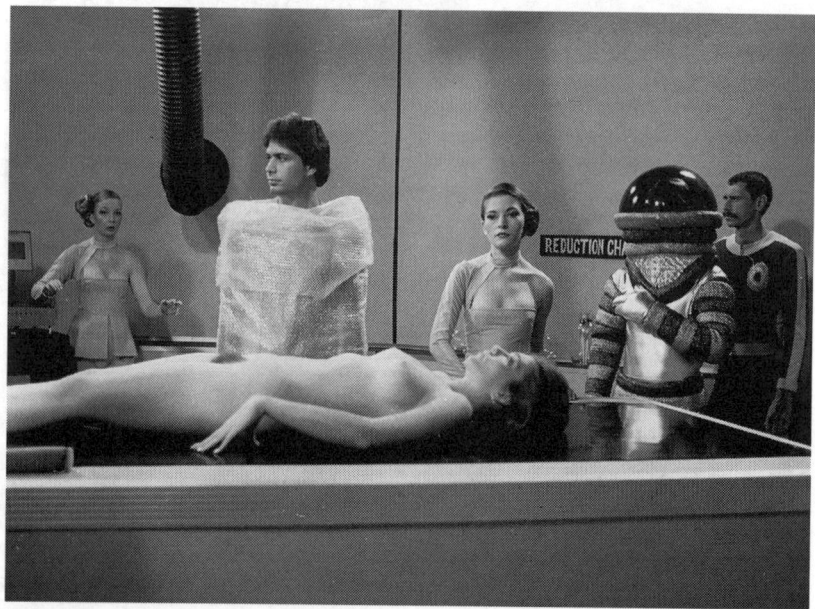

Eine »Sexverbrecherin« wird miniaturisiert: *Liebe im Raumschiff Venus* von Al Adamson

Liebe im Raumschiff Venus
(CINDERELLA 2000). USA 1977.
R Al Adamson. **B** Bud Donnelly.
K Louis Horvath. **M** Sparky Sugarman. **D** Catherine Erhardt (Cindy), Jay B. Larson (Fee), Vaughn Armstrong (Tom), Erwin Fuller (Großer Bruder), Rena Harmon (Stiefmutter), Bhuri Cowans (Bella), Adina Ross (Stella), Eddie Garetti (Roscoe). **F** 79 Min.
Auf der Erde der Zukunft hat der Große Bruder das Sagen, der jeglichen Sex auf eine rein mechanische Angelegenheit zu reduzieren befiehlt. Wer allzu große Triebhaftigkeit zeigt, wird von dem dienstgeilen Roboter Roscoe für ein halbes Jahr miniaturisiert. Nach allerlei Verwicklungen gelingt es der von ihrer bösen Stiefmutter geplagten Cindy, den impotenten Großen Bruder auf Französisch («Blubb! Blubb!») davon zu überzeugen, daß Sex ein wichtiger Bestandteil des menschlichen Zusammenlebens ist. – Der Film hat starke Anklänge an das Märchen »Aschenputtel«.
Ⓥ Telerent

Liebe in drei Dimensionen
BRD 1973.
R Walter Boos. **B** Florian Vollmer.
K Klaus Werner. **M** Sonoton. **D** Ingrid Steeger (Petra), Achim Neumann (Manfred), Evelyn Raess (Dagmar), Rosl Mayr (Frau Huber), Dorit Henke (Anita), Nico Wolferstetter (Udo), Dorothea Rau (Fanny), Anik Ellahee (Susu), Gerhard Ruhnke (Heinz), Elisabeth Volkmann (Rosi), Rinaldo Talamonti (Italiener), Ulrike Butz (Lissy), André Eismann (Otto), Christina Lindberg (Inge), Konstantin Wecker (Rudi). **F** 93 (TV: 87) Min.
Die junge Petra kommt ins sündige München und lernt im Wohnhaus ihrer unersättlichen Schwester Dagmar den schicken Manfred kennen, dem sie schließlich auf dem Balkon ihre Unschuld opfert. Nebenher vernascht eine dralle Wirtin einen alten Cop, während ihr Freund es mit einer Inderin treibt. Die listige Rosi legt ihrem Gatten Otto die pummelige Lissy ins Bett, und Konstantin Wecker betätigt sich als Macho. – Ein zusammenhangloser Episodenfilm aus der Produktionsküche des Wolf C. Hartwig. – AT: JUNGE TEENAGER FÜR WILDE SPIELE.
Ⓥ VPS

Liebe ohne Feigenblatt
(A PROMISE OF BED). GB 1969.
R Derek Ford. **B** Derek Ford/Donald Ford. **K** Stanley A. Long. **M** N.N.
D Dennis Waterman (Fotograf), Vanessa Howard (Barbara), Victor Spinetti (George), John Bird (Harold), Vanda Hudson (Susan Stress), Gordon Stearne (Produzent), Roy Brannigan (Jeffrey), Alexandra Bastedo (Angie), Sue Cole (Jo), Valerie Leon (Girl im Bad), Christopher Mitchell (Carl), Siobhan Taylor (Partygirl), Robin Courbet (Jimmy), Gregory Reid, Bill Jarvis (Partygäste), Yutte Stensgaard (Taxigirl), Angie Grant (Blumenmädchen), Michel Durant (Playboy), Larry Taylor, Cleo Goldstein, Sheila Ruskin, Heather Barber. **F** 77 Min.
Drei Sexepisödchen über a) eine Aktrice, die sich eine Hauptrolle erschleicht, indem sie den richtigen Mann verführt, b) einen Junggesellen, der von seiner Freundin verlassen wird und c) einen Taxi Driver mit ausgesprochen lebhaften Träumen. – Wie die meisten Filme Derek Fords gehört auch dieser in die Kategorie der flink hingeschluderten Billigheimer. – AT: NICHT FREIGEGEBEN.

Liebe ohne Stundenplan
(IL MEDICO... LA STUDENTESSA). Italien 1976.
R Silvio Amadio. **B** N.N. **K** Antonio Macoppi. **M** Roberto Pregadio.

D Gloria Guida, Jacques Dufilho, Susan Scott, Pino Colizzi. **F** 84 Min.
Eine blonde Studentin verknallt sich in einen jungen Medizindozenten, der unter der Fuchtel seiner Mama steht, doch es gelingt ihr, ihn mit Selbstbewußtsein zu versehen.

Liebe ohne Tabu
(KÄRLEKENS XYZ). Schweden 1971.
R Torgny Wickman. **B** Torgny Wickman. **K** Lars Björne. **M** Mats Olsson.
D Maj-Britt Bergström-Walan, Leif Silbersky, Inge Hegeler, Sten Hegeler, Joachim Israel, Ola Ullstein, Brigitta Linner, Rune-Pär Olofsson, Lars Engström. **F** 80 Min.
Ein dokumentarischer Aufklärungsfilm über die Rechte und Pflichten in- und außerhalb der Ehe, Abtreibung, Bordelle, Potenzstörungen bei Mann und Frau, und ein durchgeführtes Sexexperiment – unter Beteiligung von Ärzten, Psychologen, Eheberatern und Pfarrern.

Liebe per Inserat
Siehe **Inseraten-Report**

Liebe – stärker als Hunger und Durst
(LOVE IN A FOUR LETTER WORLD). USA 1970.
R John Sone. **B** John Sone. **K** René Verzier. **M** Dean Morgan. **D** Michael Kane (Harry Haven), André Lawrence (Walt), Kayle Chernin (Sam), Pierre Letourneau (Pierre), Monique Mercure (Louise), Helen Whyte (Vera Haven), Candy Greene (Susan Haven), Allen Whyte. **F** 92 Min.
Susan, die Tochter des Avantgardefilmers Harry (seine Ehe ist auch nicht mehr das ist, was sie mal war), läßt sich mit einem hippen Musikalienhändler ein und ballert sich auf Orgien mit Drogen zu. Als auch Harrys Frau Vera Gefallen an unserem Hippie findet, fängt er an zu saufen und macht einen Selbstmordversuch.

Liebe, Triebe, Seitenhiebe
(IL FASCINO SOTTILE DE PECCATIO). Italien 1987.
R Nini Grassia. **B** N.N. **K** N.N. **M** N.N. **D** Vito Fornari (Aurelio), Alessandra Delli Colli (Ariana), Alfredo Gallo (Gustavo), Claudia Cavalcanti (Carlotta), Saverio Vallone, Daniela Trebbi. **F** 79 Min.
Sünde und Laster hinter den Mauern einer italienischen Villa: Aurelio betrügt seine Ariana mit der Stieftochter Carlotta. Sein Sohn Gustavo wiederum ist schwul. Ariana bemüht sich, ihren Stiefsohn Gustavo mit weiblichem Sex ›umzudrehen‹ und sieht sich einer Erpressung ausgesetzt, da schlüpfrige Fotos von ihr existieren. – Platter Sexfilm.

Liebe und Abenteuer des Don Juan
Siehe **Sein Schlachtfeld war das Bett**

Liebe unter achtzehn
Siehe **Flotte Teens und Sex nach Noten**

Liebe unter siebzehn
BRD 1970.
R Veit Relin. **B** Veit Relin. **K** Reiner Walzel. **M** Jochen Ludwig. **D** Eva Matthes, Beatrice Richter, Viola Böhmelt, Stefan Pfister, Gernot Möhner, Fay Peters, Birgit Tetzlaff, Veit Relin. **F** 87 Min.
Episodisch angelegtes Lechzfilmchen über die ersten sexuellen Kontakte Heranwachsender, natürlich alles streng wissenschaftlich (und so weiter).
Ⓥ Telerent

Liebe zwischen Tür und Angel – Vertreterinnen-Report
BRD 1973.
R Ilja von Anutroff [= Ralf Gregan]. **B** Jan D. Lefpa/Ralf Gregan. **K** Micha-

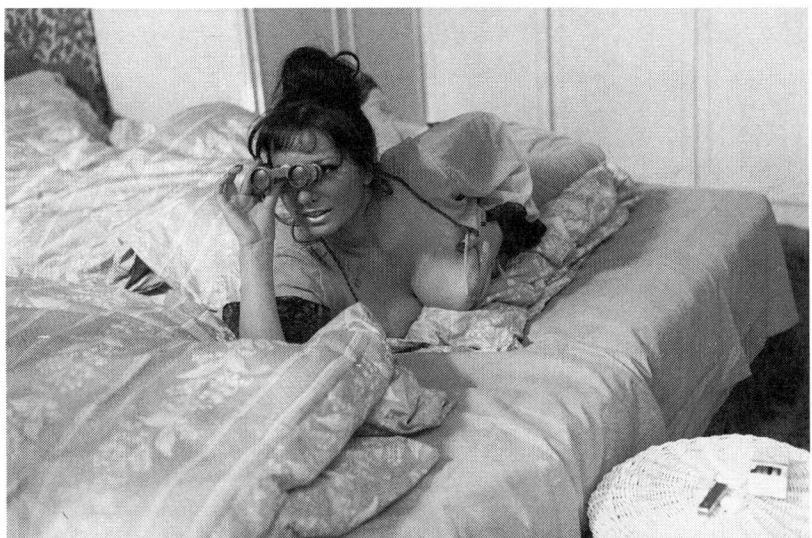

»Wow! Das törnt an!« Szene aus *Liebe zwischen Tür und Angel – Vertreterinnen-Report* von Ilja von Anutroff

el Marszalek. **M** Rolf Bauer. **D** Holger Bernhard, Marina Blümel, Michael Büttner, Sandro Castell, Katja Dennemark, Angelika Duvier, Heidrun Hankammer, Bianca Herr, Kerl Heuer, Wilfried Heym, Günter Jordan, Günter Kieslich, Herbert Klüver, Irmgard Klück, Bernd Kummer, Harald Lutz, Gerard Pascal, Rainer Peets, Carmen v.d. Poel, Vera Schmidt, Wolf Scintilla, Sylvia Swiadlek, Natascha Vorell, Caroline Winter. **F** 77 (TV: 73) Min.

Studenten und Studentinnen, die sich an der Tür als Zeitschriften-Drücker betätigen, werden von geilen Hausfrauen und lüsternen Kerlen ohne viel Getue gleich aufs Lotterbett gezogen, in lesbische Eskapaden verwickelt und zu Sexpartys eingeladen. – Sonstige Handlung? – Na, na, wer wird denn sowas noch erwarten!

Die Liebenden
(LES AMANTS). Frankreich 1958.
R Louis Malle. **B** Louis Malle/Louise de Vilmorin. **K** Henri Decae. **M** Johannes Brahms. **D** Jeanne Moreau (Jeanne Tournier), Alain Cuny (Henri Tournier), Jean-Marc Bory (Bernard Dubois-Lambert), Judith Magre (Maggy Thiébout-Leroy), Gaston Modot (Coudray), José Luis de Villalonga, Claude Mansart. **SW** (88) 85 Min.

Die verheiratete Jeanne verläßt eines Tages ihren Verlegergatten Henri und verzichtet zugunsten eines jungen Mannes, der ihr bei einer Autopanne geholfen hat, auf ihr bürgerliches Dasein, da sie in seinen Armen etwas erlebt, was ihr spießiger Gatte nicht in ihr erwecken kann. – Der Hauptteil des Films besteht aus (heute sehr brav wirkenden) Liebesszenen, die man seinerzeit für so scharf und zügellos hielt, daß die deutsche Fassung beschnitten werden mußte.
Ⓥ Mike Hunter

Lieber John
(KÄRE JOHN). Schweden 1964.
R Lars Magnus Lindgren. **B** Lars Magnus Lindgren. **K** Rune Ericson.

Jeanne Moreau als frustrierte Ehefrau und Alain Cuny in *Die Liebenden* von Louis Malle

M Bengt Arne Länsberg. **D** Jarl Kulle (John), Christine Schollin, Helena Nilsson, Morgan Andersson, Eric Hell, Emy Storm, Hakan Serner, Synnöve Liljebäck. **F** (111) 109 Min.
Die kellnernde Mutter eines unehelichen Kindes verliebt sich in einen Seemann auf Landurlaub. – Heute ein Film fürs Nachmittags-TV, aber 1964 war das mächtig scharf! – »Freimut und Ehrlichkeit kennzeichnen diesen Film, der zu den... ersten gehört, die Sex unter Erwachsenen im Rahmen einer echten Liebesbeziehung schildern. Während die Liebenden... die Vergangenheit heraufbeschwören, entdecken wir eine Erotik, in der weder Zärtlichkeit noch Lachen, noch die Mißgeschicke des täglichen Lebens fehlen. Fallengelassene Höschen, Bemerkungen über die Größe des Penis und Verhütungsmittel halten hier ihren späten Einzug in den Film.« (Amos Vogel, Kino wider die Tabus).

Liebesbeichte junger Ausreißerinnen
Siehe **Die jungen Ausreißerinnen**

Liebesabenteuer des Marquis S.
Siehe **Das ausschweifende Leben des Marquis de Sade**

Liebesbriefe einer portugiesischen Nonne
BRD 1976.
R Jess Franco [= Jesus Franco Manera]. **B** Manfred Gregor [= Erwin C. Dietrich]. **K** Peter Baumgartner. **M** Walter Baumgartner. **D** Susan Hemingway, William Berger, Herbert Fux, Ana Zanatti, Aida Kargas, Victor Mendes, Isa Schneider, Dagmar Bürger, Hermann Krippahl, Esther Studer, José Viana, Victor de Sousa, Patricia da Silva. **F** (88) 85 Min.
Die Novizin Maria kommt in ein Kloster, in dem eigenartige Dinge gesche-

hen: Die Oberin und Pater Victor verlangen zum Beweis ihrer Unterwerfung ›entwürdigende‹ Handlungen. Unschuldig und gottergeben läßt Maria alles mit sich machen, denn sie hat keine Ahnung, daß die Nonnen mit dem Bösen paktieren und wüste Orgien feiern. Erst als sie nicht mehr mithalten kann, schreibt sie einen Brief (an Gott) und wirft ihn aus dem Zellenfenster. – Ein schlampig inszeniertes Machwerk von Schweinkram-Altmeister Jess Franco, den seine ausufernde Phantasie ständig neu dazu treibt, es nicht allzu genau mit der Logik der Spielhandlung zu nehmen. Der FILMDIENST registrierte »zahllose Ungereimtheiten, offensichtliche Fehler und groben Unfug in Fülle«.
Ⓥ UFA

Der Liebesdoktor und seine fixen Töchter
Siehe **Der Kurpfuscher und seine fixen Töchter**

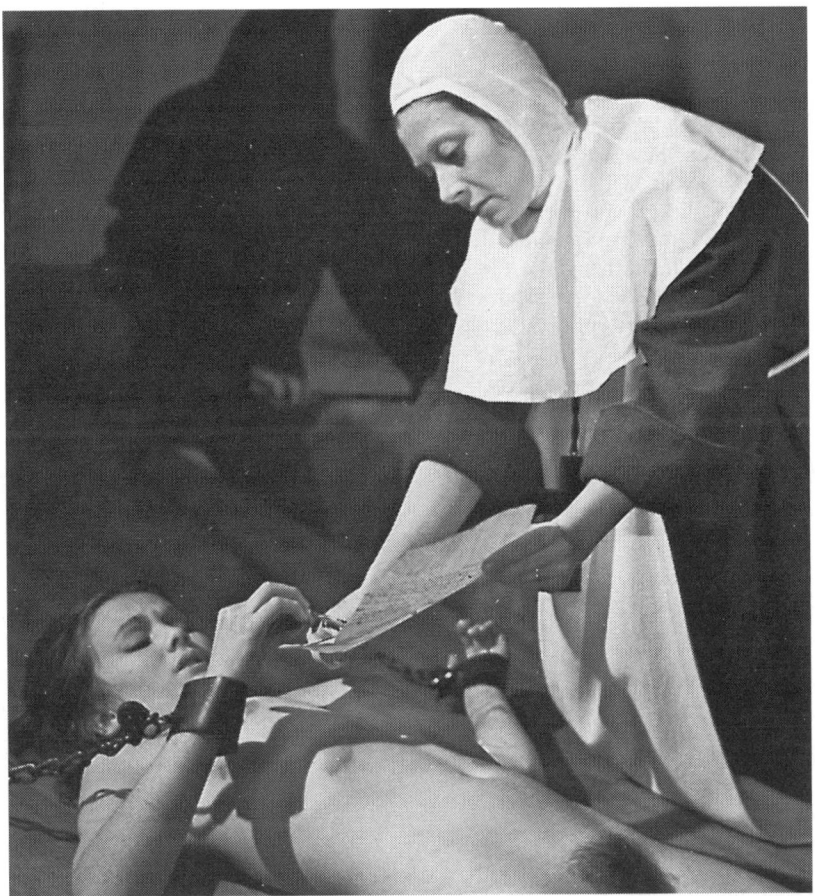

Unschuld auf der Streckbank: Susan Hemingway in dem Klosterschocker *Liebesbriefe einer portugiesischen Nonne* von Jess Franco

Die Liebesdose
(THE BABYSITTER). USA 1968.
R Don Henderson. **B** James E. McLarty. **K** Stanton R. Fox. **M** Robert O. Ragland. **D** Patricia Wymer (Saskia), George E. Carey (George Maxwell), Ann Bellamy (Edith), Cathy Williams (Julie), Robert Tessier (Laurence Mackey), Ken Hooker (Staatsanwalt), Sheri Jackson (Joan), Ruth Noonan (Doris), Paul Wilmuth (Richard), Ted C. Frank, James E. McLarty, Warren Rose, Doris Rose, Charles Messenger, Mary Messenger, Devon Blaine, Karin Longacre. **SW** 75 Min.
Um ihren Killer-Freund freizupressen, gegen den ein Prozeß ansteht, verführt die hübsche Julie Ginny, die lesbische Tochter des Staatsanwalts Maxwell. Später entdeckt sie, daß Maxwell es heimlich mit dem schwedischem Babysitter Saskia treibt, weil seine Gattin zu wenig Zeit für ihn hat. Julie filmt die sexuellen Aktivitäten der beiden, um Maxwell zu erpressen, aber natürlich siegt das Gute.

Liebeserwachen
Siehe **Fetzig, frei und endlich high**

Liebesfeuer in Venedig
(LA VENEXIANA). Italien 1986.
R Mauro Bolognini. **B** Mauro Bolognini/Massimo Franciosa. **K** Giuseppe Lanci. **M** Ennio Morricone. **D** Laura Antonelli (Angela), Monica Guerritore (Valeria), Jason Connery (Fremder), Claudio Amendola, Clelia Rondinella, Cristina Noci, Annie Belle, Stefano Davanzati. **F** 90 Min.
Venedig, im 16. Jahrhundert: Nach dem Ende der Pest verspüren zwei reiche Damen, daß ihre Triebe nicht gestorben sind. Ihre Brunst konzentriert sich auf einen gut aussehenden blonden Fremden, den es in ihre Stadt verschlagen hat. Der junge Mann treibt es, obwohl er sich in die verheiratete Valeria verguckt hat, mit der drallen Witwe Angela. – Der Film ist gut ausgestattet, schlecht ausgeleuchtet und läßt an Spannung einiges vermissen. – AT: Fieber im Blut.
Ⓥ VTD (Fieber im Blut)

Liebesgrüße aus der Lederhose (1)
BRD 1973.
R Franz Marischka. **B** Franz Marischka/Friedrich G. Marcus/Charles Ferrer. **K** Gunter Otto. **M** Ambros Seelos/Peter Weiner. **D** Peter Hamm, Julia Thomas, Rinaldo Talamonti, Birgit Bergen, Peter Steiner, Elfie Pertramer, Franz Muxeneder. **F** 92 (TV: 73) Min.
Urlaubender Strammsackl gibt sich alle Mühe, unbefriedigten oberbayerischen Dörflerinnen alles zu geben, was sie zu Hause nicht kriegen – bis das Bett oder die Schwarte kracht. – Kaum zu glauben, selbst wenn man's gesehen hat! –

Holz vor der Hüttn: *Liebesgrüße aus der Lederhose (1)* von Franz Marischka

Rosl Mayr (links) und Partner in *Liebesgrüße aus der Lederhose (4): Die versaute Hochzeitsnacht* von Gunter Otto

»Die Scherzchen sind blöde, das formale Niveau befindet sich unter dem Strich.« (FILMDIENST).
Ⓥ Telerent

Liebesgrüße aus der Lederhose (2): Zwei Kumpel auf der Alm
BRD 1974.
R Franz Marischka. **B** Franz Marischka/Friedrich G. Marcus, Hans Henning Claer. **K** Gunter Otto. **M** Peter Weiner.
D Johannes Buzalski, Peter Steiner, Ulrike Butz, Elfie Pertramer, Hans Henning Claer, Rinaldo Talamonti.
F 91 (TV: 87) Min.
Stets geile Ruhrpöttlerinnen urlauben im Allgäu und lechzen im Wald und auf der Heide einheimischen Mannsbildern hinterher.

Liebesgrüße aus der Lederhose (3): Sexexpreß in Oberbayern
BRD 1976.
R Gunter Otto. **B** Friedrich G. Marcus. **K** Didi Rossek. **M** Peter Weiner.
D Peter Steiner, Franz Muxeneder, Judith Fritsch, Erich Kleiber, Rosl Mayr. **F** 88 Min.
Zwei bayerische Gemeinden bekämpfen einander, weil sie zusammengelegt werden sollen. – Kein Zweifel, der Mensch stammt doch vom Affen ab. – »Einige ordinäre, aber in der Gesamtheit des Films unwesentliche Szenen dienen wohl nur dazu, durch eine geschickte Fotoauswahl im Schaukasten den Film als Sexfilm zu verkaufen.« (FILMBEOBACHTER). – AT: DER SÜNDENPFUHL VON ENTENBACH.

Liebesgrüße aus der Lederhose (4): Die versaute Hochzeitsnacht
BRD 1978.
R Gunter Otto. **B** Friedrich G. Marcus. **K** Didi v. Rossek. **M** Peter Weiner.
D Peter Steiner, Erich Kleiber, Franz Muxeneder, Judith Fritsch, Rosl Mayr.
F 98 Min.
Zwei bayerische Eisenbahner betreiben mit zusammengekauften Eisenbahn-

waggons, der Bürgermeistergattin und mehreren Madln ein rollendes Bordell. – Peinlich! – AT: DIE VERSAUTE HOCHZEITSNACHT.
Ⓥ JVC

Liebesgrüße aus der Lederhose (5)
BRD 1978.
R Franz Marischka. **B** Franz Marischka. **K** Lothar Stickelbrucks. **M** Pepi Scherfler. **D** Natalie Neumann, Sylvia Engelmann, Fred Stillkrauth, Herbert Fux, Franz Muxeneder. **F** 93 Min.
Der eifrige Konsum von Sexdrogen steigert die Aktivitäten einer bayerischen Dörflergemeinde.

Liebesgrüße aus der Lederhose (6): Eine Mutter namens Waldemar
BRD 1982.
R Gunter Otto. **B** Friedrich G. Marcus. **K** Friedrich Rossek. **M** Ambros Seelos. **D** Ursula Barlen, Nicole Kaiser, Knut Richter, Werner Röglin, Max Montavon, Georg Einerdinger, Sepp Gneissl, Renate Müller, Petra Warnerus. **F** 99 Min.
Sissy, Erbin einer verschuldeten Pension und eines Gestüts, soll von ihrer Tante an einen Bankier verkuppelt werden, doch der wirft leider ein Auge auf den Koch. Eine Gruppe (beruflich) unerfahrener Hotelfachschülerinnen sorgt für weitere Verwirrung, und ein entlassener Reitlehrer sinnt auf Rache. – AT: DIE WILDEN STUTEN VOM ROSENHOF.
Ⓥ Herzog

Liebesjagd durch 7 Betten
BRD 1973.
R Hans Billian. **B** Hans Billian/Werner Hauff. **K** Heinz Hölscher. **M** Karl Bette. **D** Alena Penz, Günther Ziegler, Franziska Stömmer, Rudi Neumann, Robby Murr, Birgit Bergen, Alexander Allerson, Helga König, Bea Baldur, Margot Mahler. **F** 79 Min.

Ein sexuell reichlich unerfahrener Erbe muß, ehe er an seine Knete herankommt, laut testamentarischer Bestimmung seines Onkels dessen sieben Freundinnen beglücken. Mit harter Arbeit gelingt ihm dies, und er findet die Frau fürs Leben.
Ⓥ Toppic

Das Liebeskarussell
Österreich 1965.
R Rolf Thiele/Alfred Weidenmann/Axel v. Ambesser. **B** Kurt Nachmann/Paul Hengge/Herbert Reinecker. **K** Wolfgang Wirth. **M** Erwin Halletz. **D** Curd Jürgens (Stefan v. Cramer), Nadja Tiller (Sybill v. Cramer), Ivan Desny (Baron Rudolf), Letitia Roman (Paulette), Gert Fröbe (Emil Claasen), Cathérine Deneuve (Angela Claasen), Walter Buschhoff (Arzt), Friedrich v. Thun (Heitzmann), Ingeborg Wall (Haushälterin), Heinz Rühmann (Prof. Hellberg), Johanna v. Koczian (Dorothea Parker), Richard Münch (Walter Morten), Anita Ekberg (Lolita Young), Peter Alexander (Peter Sommer), Axel v. Ambesser (Ronald), Hans Leibelt, Hans W. Hamacher, Alfons Teuber, Bum Krüger, Thilo v. Berlepsch, Balduin Baas, Gisela Hahn, Eva Kinsky, Christine Schubert, Arlette Pielmann, Elfie Kratzer. **F** 96 Min.
1. »Sybil«: Der Dirigent v. Cramer empfängt bei einem musikalischen Einsatz in Wien seine eigene Gattin zu einem Schäferstündchen, was deren Liebhaber, einen Baron, auf die Palme bringt. – 2. »Angela«: Die hübsche Angela, mit einem viel älteren Mann geschlagen, täuscht vor, sie sei Schlafwandlerin, weil sie so übers Dach spazieren kann, um Herrn Heitzmann zu treffen, dessen geile Blicke sie gewaltig anmachen. – 3. »Dorothea«: Dem einstigen Klassenprimus und jetzigen Professor Hellberg wollen seine Schulfreunde bei einem Klassentreffen einen üblen Streich spie-

len, doch der moralische Hellberg zeigt sich der Situation gewachsen und wird dafür mit reiner Liebe belohnt. – 4. »Lolita«: Das üppige Fotomodell Lolita bittet den schüchternen Trottel Peter um Hilfe, als ihr Bad unter Wasser steht. Als ihr verheirateter Geliebter auftaucht, schlägt er Krach. Doch dann taucht seine eifersüchtige Gattin auf, und Peter rettet die Situation, indem er den Geliebten als seinen Freund und Lolita als seine Geliebte ausgibt. Kurz darauf trägt Lolita ihn über die Schwelle. – Tolle Hechte, tolle Frauen, aber auch: Harmlose Komödie. Ein Episodenfilm.

Die Liebeskerze
(PANDORE). Belgien 1968.
R Guy J. Nijs. **B** Jeannine De Coster. **K** Guy J. Nijs. **M** De Wolfe. **D** Diane Dee (Peggy), Rik van Steenbergen, Robert Renaud. **F** 70 Min.
Während ihr Gatte eifrig dem Trunke zuspricht und dadurch in Schwierigkeiten kommt, treibt's die blonde Peggy im sonnigen Griechenland mit fremden Männern. – Wirrer Bildersalat aus Belgien.

Die Liebesklinik
(KARLA). USA 1969.
R Joseph W. Sarno. **B** Joseph W. Sarno. **K** Steve Silverman. **M** McKorman Prod./Jim Heineman. **D** Suzan Thomas (Jacqueline Windsor), Betty Whitman (Lorna Tanner), Danielle Leman (Karla Herrick), Susan Furman (Cecil Smith), Rita Shea (Doris Broun), René Howard (Donna Smith), Joel Saltz (Jeff Veltman), Henry Ross (Charlie Kretscher), Jean Muniz (Vera), Carol Ephram (Wilma), Frances Goodhart (Georgia), Howard Dale (Warren), Stephen Price (Pete). **F** (80) 69 Min.
Die voyeuristische Psychologin Karla betreibt ein als ›Liebesklinik‹ bezeichnetes Bordell für Lesbierinnen und löst mit Hilfe williger Assistentinnen selbst die schwierigsten Fälle. – Episodischer Gruppensex-Bildersalat führt die ›Probleme‹ besonders unersättlicher Damen vor.

Liebesmarkt
BRD 1973.
R Hubert Frank. **B** N.N. **K** Dieter v. Soden. **M** N.N. **D** Monika Marc, Britt Corvin, Wolfgang Fischer, Carmen Jaeckel, Michael Maien, Josef Moosholzer, Ingrid Steeger. **F** 96 Min.
Eine Doktorandin, die eine Arbeit über den Kontaktanzeigenmarkt vorbereitet, nimmt Kontakt zu lockeren Ehepaaren auf und wird bald dermaßen von den Objekten ihrer Forschungsarbeit vereinnahmt, daß sie Hilfe aus dem Freundeskreis braucht, um keinen Termin – Schwarze Messe inklusive – zu verpassen. – Produziert vom unverwüstlichen Alois Brummer. – AT: Matratzen-Horchdienst. Sexuelle Gelüste triebhafter Mädchen.
Ⓥ UFA (Matratzen-Horchdienst)

Liebesmarkt in Dänemark
BRD 1970.
R Renato Frustratus [= Benno Bellenbaum/Günter Vaessen]. **B** Günter Vaessen. **K** Benno Bellenbaum. **M** Rolf Bauer/Horst A. Hass. **D** Gerd Duwner (Larsen Rinström), Siegfried Zügel (Bruno Mayer), Sybill Danning (Diane), Melitta Tegeler (Britt), Contessa Crystal (Mädchen im Käfig), Carmen Kickhöfer (Tänzerin), Jutta Albrecht, Rena Aßmann, H. W. Classen. **F** 78 Min.
Bruno Mayer und der Filmproduzent Larsen Rinström suchen in Kopenhagen nach einer gewissen Ulla, um sie für eine Rolle in einem Pornofilm zu verpflichten. Ihre Odyssee führt sie auf das Gut eines abartigen Militaristen, und in einer Bar lernen sie Britt kennen, die Bruno

sogleich an die Brust nimmt. Für Rinström ist der Fall gelaufen: Da Ulla nicht zu finden ist, wird Britt ihre Stelle einnehmen. – AT: Zwei stramme Bayern in Kopenhagen. Reich mir die Geige, ich will jodeln. Golden Bananas.
Ⓥ Starlight

Die Liebesmuschel
(COOL IT, CAROL). GB 1970.
R Peter Walker. **B** Murray Smith [= Peter Walker]. **K** Peter Jessop. **M** Cyril Ornandel. **D** Janet Lynn (Carol Thatcher), Robin Askwith (Joe Sickles), Peter Elliot (Philip Stanton), Jess Conrad (Jonathan), Martin Wyldeck (Vater), Stubby Kaye (Rod Strangeways), Pearl Hackney (Mutter), Chris Sandford (David Thing), Derek Aylward (Tommy Sanders), Peter Murray, Harry Baird, Eric Barker. **F** 101 Min.
Eine Kellnerin verläßt ihr Heimatdorf und geht nach London, wo sie in Zuhälterkreise gerät, als Prostituierte das Geld nur so scheffelt, eine tolle Karriere im Sexbusiness macht, doch dann – weil die Sache sie so langweilt – ihren alten Job in der Provinz wieder aufnimmt.
Ⓥ Atlantis/VTD

Die Liebesnacht
Siehe **Stachel für heiße Bienen**

Die Liebesnächte der Lady Chatterley
Siehe **Die Liebesnächte der Madame X**

Die Liebesnächte der Madame X
(LADY CHATTERLEY IN TOKIO). Japan 1979.
R Katsuhiko Fujii. **B** N.N. **K** N.N. **M** N.N. **D** Yoko Azusa (Miyo), Hiromi Maie, Kenji Shiija, Izumi Shima, Teruho Matsunaga. **F** 86 Min.
Da Miyos Gatte, ein schwerreicher Großunternehmer, Schwierigkeiten mit der Potenz hat, und sich in eigenartigen Spielchen mit dem Hausmädchen ergeht, sucht sie sich ihre Bettgefährten anderswo, bis auch sie im Personal eine Quelle der Lust entdeckt. – Die japanische Fassung der Geschichte von Lady Chatterley, die freilich mit dem Roman nicht viel gemein hat. – AT: Die Liebesnächte der Lady Chatterley.
Ⓥ ITT Contrast

Das Liebesnest
Siehe **Hattu Keuschheitsgürtel, muttu knabbern**

Die Liebesorgel
(WALL OF FLESH). USA 1970.
R Joseph W. Sarno. **B** Joseph W. Sarno. **K** Steve Silverman. **M** Pier Marini. **D** Dan Machuen (Arthur), Lita Coleman (Vera), Marianne Prevost (Laurie), Nina Forster (Nancy). **F** 84 Min.
Ein sexuell frustriertes Schriftstellerpaar und seine nicht weniger verklemmten Freunde gehen, da es im Bett nicht mehr richtig klappt, zur Therapie in eine ›Orgienschule‹, wo die Frauen lernen, wie man sich selbst verwirklicht: Der Gattin des Autors gefällt es in den lesbischen Kreisen so gut, daß sie beschließt, dort zu bleiben. – Dutzendsexfilm. »Fast wia im richtigen Leben«. (Gerhard Polt).

Die Liebesorgien des Heinrich VIII.
(THE UNDERCOVER SCANDALS OF HENRY VIII). USA 1970.
R Charlton De Serge. **B** Lawrence Morse. **K** Manuel Whitaker. **M** Jaime Mendoza-Nava. **D** Lawrence Adams (Henry VIII.), Elizabeth Ada (Anne Boleyn), Dee Lockwood (Maria), Whit Dickington (Lord Lansing), Forman Shane (William), William Keys (Douglas), Lori Brown (Maureen), Najila (Tänzerin). **F** 75 Min.
Der englische König Heinrich VIII. (da-

heim unter dem Namen Henry bekannt) als geiler Hecht, an dessen Hof Sodomie betrieben wird und Sado-Maso-Exzesse sowie lesbische Spielchen an der Tagesordnung sind. – Ein Pseudoporno aus der untersten Schublade.

Die Liebespeitsche
(THE GOOD, THE BAD, AND THE BEAUTIFUL). USA 1970.
R Robert Canton. **B** Robert Canton. **K** N.N. **M** N.N. **D** Kate West, Elizabeth Aubert, Linda Love, John MacNeill, Bob West, Sue London.
SW 74 Min.
Ein US-Politiker, der kurz vor der Wahl zum Senator steht, läßt es sich von seinem Hausmädchen mit der Peitsche besorgen, während seine Gattin einem Erpresser in die Hände fällt, der schlüpfrige Fotos von ihr besitzt. Die Gattin bringt den Erpresser um, und damit ist die Politikerkarriere zu Ende, noch bevor sie richtig angefangen hat.

Liebespraxis in unserer Zeit
(LOVE IN OUR TIME). GB 1968.
R Elkan Allan. **B** Elkan Allan. **K** William Brayne. **M** Reg Tilsley. **D** Laien. **F** 83 Min.
Mehrere Ehepaare informieren uns über ihre sexuellen Begegnungen vor und nach der Heirat.

Liebesrausch
(UNE FEMME SPECIALE). Frankreich 1979.
R Jean-Marie Pallardy. **B** Jean-Marie Pallardy. **K** Maurice Fellous. **M** Olivier Toussaint/Paul de Senneville. **D** Karin Schubert (Yasmine), Jean-Marie Pallardy (Jean-Louis), Gordon Mitchell (Gordon). **F** 77 Min.
Die Gattin eines Drogenhändlers zieht sich auf eine griechische Insel zurück und betreibt dort im Bett und in der Natur Stellungsspiele.

Liebesspiele
(LOVE WITH THE STARS). GB 1975.
R Anwar Kawadri. **B** Tudor Gates. **K** Peter Jessop. **M** N.N. **D** Martin Burrows (Peter Bates), Susie Sylvie (Susie), Thick Wilson (Thurson), Janet Love. **F** 90 Min.
Der schüchterne Astrologiejournalist Peter wird von seinem Boss Thurson dazu verdonnert, eine monatliche Kolumne über den Einfluß der Sterne auf das Sexleben der Weiblichkeit zu schreiben. Mit Unterstützung der Sekretärin Susie (Schütze), die Peter erst einmal die Unschuld nehmen muß, zieht er – von der Off-Stimme seines brünstigen Verlegers begleitet – aus und treibt es mit elf Frauen, um ihre sexuellen Eigenarten publizistisch zu verbraten. – Ein Langweiler auf Pornofilmniveau, aber ohne die entsprechenden Szenen. – AT: SEX MIT DEN STARS.

Liebesspiele von 1–33
Siehe **Vögelein, wo steht dein Bett**

Die Liebesschule
(DORTOIR DES GRANDES).
Frankreich 1984.
R Pierre Unia. **B** Pierre Unia. **K** Pierre Fattori. **M** Jean-Marc Curtois/Pierre Unia. **D** Maureen Legrand (Adelaine), Raphaële Henault, Véronique Catanzaro, Christian Giacomazzi.
F 90 Min.
In einem Mädchenpensionat lebt Adelaine, die Stieftochter einer Dame, die es ebenfalls faustdick hat (und nicht nur hinter den Ohren) gemeinsam mit ihren Freundinnen die Phantasien des Filmemachers Pierre Unia aus. – Der Streifen ist ganz das Gewohnte, und, wie fast immer bei diesem Regisseur, der unter dem Pseudonym Reine Pirau Pornos dreht, auch handwerklich von schwerfälliger Hand gemacht.
Ⓥ Cannon/VMP

Liebesschule blutjunger Mädchen
BRD 1972.
R Gabriel von Jess [= Gustav Ehmck].
B Leo Cornelly/Bela Cornelly.
K Hubertus Hagen/Enrico Donna.
M N.N. **D** Johanna Casablanca, Ulrike Butz, Britt Corvin, Hendrik Winston, Elke Boltenhagen. **F** 82 Min.
Schülerinnen werden, um ihr Taschengeld aufzubessern, in einem geheimen Bordell aktiv.

Die Liebesschule der Josefine Mutzenbacher
BRD 1986.
R Hans Billian. **B** Hans Billian.
K I. Steam. **M** N.N. **D** Desirée Bernardy (Josefine Mutzenbacher), Georg Stilly (Baron), Nadja Kleiber, Stacey Donovan, Jeannie Pepper, Jill Oliver.
F 85 Min.
Ein wohlhabender Baron vererbt der Dirne Josephine seine Villa, die sie laut Testament als ›Liebesschule‹ führen muß. Softporno mit üppigen Madln. – AT: DAS LUSTSCHLOSS DER JOSEFINE MUTZENBACHER.
Ⓥ Hit

Der Liebesschüler
BRD 1974.
R Sigi Rothemund. **B** Wolfgang Bauer. **K** Heinz Hölscher. **M** Gerhard Heinz. **D** Ekkehard Belle (Pauli), Sylvia Kristel (Andrea), Jean-Claude Bouillon (Ralf), Terry Torday (Yvonne), Gisela Hahn (Polly), Manfred Spies (Alex), Dominique Delpierre (Ivanna), Rose Renée Roth (Oma), Peter Berling (Mann im Zug), Christine Gelsner (Hildegard).
F 88 (TV: 84) Min.
Der aus dem Internat zu Papa reisende Pauli (siebzehn) begegnet im Zug der sexuell unersättlichen Yvonne, die es mit einem Fremden auf der Toilette treibt. Kurz darauf lernt er sie als Geliebte seines Vaters Ralf kennen und wird im Luxusferienhaus seiner schrulligen Oma Zeuge sexueller Ausschweifungen, an denen sich seine Bisextante Polly (beim Sahneschlecken ganz groß: Gisela Hahn), die stets bereite Zofe Ivanna und sein perverser Onkel Alex, ein fetter Opernkomponist, beteiligen. Paulis eigene Gelüste richten sich auf die Nachbarin Andrea (siebzehn), die es kaum erwarten kann, die Unschuld zu verlieren, doch da Pauli zu schüchtern ist, kommt Papa ihm zuvor. Wie in Filmen dieser Art üblich, erkennt Pauli, daß alle Frauen Huren sind. Doch als Yvonne (Frau Wirtin Terry Torday) sich seiner annimmt, steigt sein Selbstbewußtsein, und alles endet happy. – Sexfilm, dessen Videotitel aus pekuniären Gründen unter falscher Flagge segelt. – AT: DIE NICHTE DER O. ES WAR NICHT DIE NACHTIGALL.
Ⓥ UFA (Die Nichte der O)

Die Liebessklavin
(URSULA). Frankreich 1980.
R André Marchand [= Claude Pierson]. **B** Elisabeth Leclair. **K** Claude Cassard. **M** Flavien Pierson. **D** Nadine Russial (Ursula), Sophie Belaid (Josette), Gregory (Charles), Jacques Gatteau (André). **F** (95) 76 Min.
Eine Ehefrau überrascht ihren Gatten mit seiner Sekretärin, kriegt einen Anfall und anschließend ihre Problemchen. – »Softporno… der sich in nichts von anderen Streifen dieser Gattung unterscheidet.« (FILMJAHR 1981/1982).

Liebesspiele im Lustschloß
Siehe **Das Lustschloß im Spessart**

Liebesspiele junger Mädchen – Muntere Pärchen packen aus
BRD 1972.
R F.J. Gottlieb. **B** F.J. Gottlieb.
K Heinz Hölscher. **M** Gerhard Heinz.
D Karin Götz (Renate), Mattis Bött-

cher (Bernd), Enzi Fuchs (Mutter), Mogens von Gadow (Vater), Michael v. Harbach (Detlev), Helmut Kirchner (Turnlehrer), Bruno W. Pantel (Zwilling), Karin Glier-Schöneis (Elli), Erich Padalewski (Jensen), Astrid Kilian (Julia), Christine Schuberth (Christine), Peter Kranz (Kurt), Peter Böhlke (Kurts Vater), Liane Hielscher (Kurts Mutter), Catherina Conti (Heidi), Jörg Nagel (Peter), Maria Manté (Kundin), Helmut Fürchtenicht (Kunde), Eric Wedekind (Rolf), Otto Stern (Rolfs Vater), Astrid Boner (Giselas Mutter), Josef Moosholzer (Bauernbursche), Harry Kahlenberg. **F** 84 Min.
Ein Film zum Thema ›sturmfreie Bude‹: 1. Kaum sind die alten aus dem Haus, fallen Renate und Bernd übereinander her und kommen, als sie erwischt werden, nicht mehr voneinander los. – 2. Der schüchterne Kurti wird von seinen Eltern an die dralle Christine verkuppelt. – 3. Als Mama zum Kaffeekränzchen geht, geht Heidi mit Peter ins Bett. Als Mama mit einem Liebhaber zurückkehrt, gehen Heidi und Peter unters Bett, wo kurz darauf auch Mamas Galan landet, denn Papa kommt unverhofft nach Haus. – 4. Rolf, der Julia liebt, aber unter seinem strengen Vater leidet, findet sexuelle Erfüllung in Mamas Massagesalon. – Ein Episodenfilm.
Ⓥ Telerent

Liebestechnik für Fortgeschrittene
BRD 1970.
R Kurt Palm. **B** K.H. Schwab.
K Richard Thaden. **M** The Pyramids.
D Ursula Dupera, Jennifer Monk, Petra Larsen, Vito Cesaro, Ulrich Geibs. **F** 81 Min.
Ein Professor führt einem Universitätsdekan ein Filmchen vor, um ihn für die sexuelle Aufklärung zu gewinnen. Doch da die läppische Story (abgefilmte männlich/weibliche bzw. weiblich/weibliche Pärchen sowie dämliche Aktgemälde und Statuen etc.) nie und nimmer reichen, um aus diesem Käse einen abendfüllenden Ferkelfilm zu machen, werden die Herren Akademiker permanent von klingelnden Telefonen und nicht zur Entwicklung der Handlung beitragendem ›Personal‹ gestört. Eine unfreiwillige Lachbombe.

Der Liebestempel
Siehe **Kameliendame 2000**

Liebestoll
(THE HOUSE NEAR THE PRADO). USA 1969.
R Jean van Hearn. **B** Jean van Hearn. **K** N.N. **M** J. Mendoza. **D** Charles Napier (Frank Doyle), Julia Blackburn, Marlin Marin, Marsha Jordan, Guy Anthony. **F** 83 Min.
Doyle, der Vertreter eines Elektronik-Konzerns, trifft in einer südamerikanischen Stadt ein, um über einen Vertrag zu verhandeln und Geld einzutreiben. Im ›Haus neben dem Prado‹, wo eifrige Stellungsspiele betrieben werden, läßt er sich die Wartezeit versüßen, denn er hat einen Termin mit Polizeichef Valdez, der nach dem Eintreffen fast einem Attentat zum Opfer fällt – denn die Revolution marschiert.

Das liebestolle Häuschen
Siehe **Das bumsfidele Häuschen**

Das liebestolle Hospital
(WHAT'S UP, NURSE?). GB 1977.
R Derek Ford. **B** N.N. **K** N.N. **M** N.N.
D Nicholas Field (Sweeney), Felicity Devonshire (Olivia), John Le Mesurier (Ogden), Graham Stark (Carthew), Kate Williams, Cardew Robinson, Barbara Mitchell. **F** 81 Min.
Sex im Krankenhaus, bis es dem guten Onkel Doktor (unserem Helden) gelingt, die Tochter seines Chefs zu kriegen. –

Eine Hospitalklamotte mit Einlagen, die – zumindest in der Originalfassung – an den Rand des Pornos gehen.

Das liebestolle Internat
BRD 1982.
R Jürgen Enz. **B** Jürgen Enz. **K** Lutz Ziervogel. **M** N.N. **D** Christa Abel, Biggi Stanz, Renate Ueberle, Dieter Schöller. **F** 77 Min.
Ein Rudel sexbesessener Teenies, die in einem Provinzinternat das Abitur machen sollen, haben – wen wundert's bei diesem Regisseur –, beim Anblick von Gärtnern, Dörflern und Lehrern nur das eine im Kopf. – Alles.

Die Liebestollen
Siehe **Die liebestollen Baronessen**

Die liebestollen Abenteuer von Baron X
(IL TRAPIANTO). Italien/Spanien 1967.
R Steno [= Stefano Vanzina]. **B** Giulio Scarnicci/Stefano Strucchi/Raimondo Vianello/Steno. **K** Carlo Carlini. **M** Gregor Garcia Segura. **D** Carlo Giuffre, Renato Rascel, Graziella Granata, Roberto Camardiel, Rafael Alonso. **F** 86 Min.
Ein Baron vergnügt sich mit den Frauen, weil alle Welt glaubt, er habe ›sein bestes Stück‹ zu Transplantationszwecken an einen reichen Ami verkauft. – Gott, ist das komisch! – AT: SEIN BESTES STÜCK VERKAUFT MAN NICHT.

Die liebestollen Apothekerstöchter
Siehe **Blutjung und liebeshungrig**

Die liebestollen Baronessen
BRD 1970.
R Alexis Neve. **B** Per Jansson. **K** Ted Kornowicz. **M** Heinz Kiessling. **D** Solvi Stübing (Sylvia), Barbara Capell (Veronica), Andrea Rau (Alexandra), Marianne Lebeau (Jennifer), Frank Glaubrecht (Frank), Knut Reschke (Egon), Thomas Danneberg (Waldemar), Ingrid Steeger (Frosine), Franz Otto Krüger (Dr. Nagel), Fred Howe (Schmied), Will Kley (Geselle), Harry Riebauer (Dr. Oscar Fummler), Martin Jente (Butler Martin). **F** 86 Min.
Drei Baronessen, die auf einem abgelegenen Gutshof urlauben, haben nur das eine im Sinn: das männliche Personal und einen verklemmten Sexforscher namens Dr. Fummler zu vernaschen. Dies alles zum Unwillen des ob ihrer Triebhftigkeit heftig naserümpfenden Butlers Martin. Als Dr. Fummler von seiner angeblichen Impotenz geheilt ist, steigt er allem nach, was Schlüpfer trägt (oder auch nicht), so daß sich die adeligen Damen nur retten können, indem sie Keuschheitsgürtel anlegen. – Ein Sexschwank, dessen einziger Lichtblick Martin Jente heißt (und das sagt viel über dieses Machwerk aus). – AT: DIE LIEBESTOLLEN. BUMSFALLERA IN KITZELHAUSEN. DIE WILDEN TÖCHTER VON GLÜCKSBURG.
Ⓥ Movie Star

Die liebestollen Dirndl von Tirol
Siehe **Liebe durch die Hintertür**

Die liebestollen Hexen
Siehe **Wieviel Liebe braucht ein normales Paar?**

Die liebestollen Lederhosen
BRD 1982.
R Rainer Ernst [= Ernst W. Kalinke].
B Yves Laurent/ Ernst W. Kalinke/ Peter Hinrichsen. **K** Fritz Baader. **M** Milan Pilar. **D** Franz Muxeneder, Margot Mahler, Peter Steiner sen., Franz Huber, Mario Pollak, Toni Netzle, Eleonore Melzer, Georg Einerdinger, Bettina Widmaier, Daniela Kähler, Franz Marischka, Jacques Herlin. **F** 89 Min.
Der Bürgermeister eines bayerischen

»Und Sie meinen wirklich, durch das Gewackel wird die Milch in den Kannen gebuttert, Herr Hagestolz?« Szene aus *Die liebestollen Lederhosen* von Rainer Ernst

Dorfes kehrt nach einer Cannesreise mit ein paar südländischen Damen zurück, denen zur Empörung des Pfarrers bald das ganze Dorf hinterherhechelt. – Ein schauerlich blöder Pseudobums- und Possenfilm.

Liebesvögel
(VIENI DOLCE MORTE).
BRD/Italien 1969.
R Mario Caiano. **B** Mario Caiano/Piero Anchisi. **K** Enrico Menczer. **M** Bruno Nicolai. **D** Christine Kaufmann (Gräfin), O.W. Fischer (Graf), Claudine Auger (Marina), Tony Kendall (Mino), Lydia Alfonsi (Connie), Giancarlo Sbragia (Guido), Wolf Fischer (Butler).
F (82) 73 Min.
Ein Autor, seine Frau und deren Liebhaber, die in einer stürmischen Nacht in einem Schloß Schutz suchen, lernen einen mysteriösen Grafen und dessen übersexte Schwester kennen und liefern sich ihnen nach einigen schwülen verbalen Spielchen, die ihnen die Abgründe der eigenen Seele enthüllen, als sexuell Hörige aus. – Nicht zu verwechseln mit einem Softporno gleichen Titels von 1979. – AT: KOMM, SÜSSER TOD.

Die Liebesvögel
BRD 1979.
R Kenneth Howard [= Jürgen Enz]. **B** N.N. **K** N.N. **M** N.N. **D** Brigitte Horn, Ginny Noack, Rolf Zinnemann, Christa Abel. **F** 73 Min.
Ein an Impotenz leidender junger Bankangestellter findet im sündigen München bei einer Blumenverkäuferin sein Glück. – Ein Sexfilm. – AT: SWEET PLAYGIRLS (2).

Liebling, du beißt so gut
(DRACULA SUCKS). USA 1979.
R Philip Marshak. **B** Darryl A. Mar-

shak/ David J. Kern. **K** Hanania Baer. **M** Lionel Thomas. **D** Jamie Gillis (Dracula), Annette Haven (Mina), Serena (Lucy Webster), John Leslie (Dr. Arthur Seward), Richard Bulik (Richard Renfield), John Holmes (Dr. John Stoker), Paul Thomas (Jonathan Harker), Kay Parker (Dr. Sybil Seward), Detlef van Berg (Dr. van Helsing), Bill Margold (Henry), Mike Ranger (Dr. Peter Bradley), Pat Manning (Irene Renfield), Seka (Dr. Betty Lawson), David Lee Bynum (Jarvis), Irene Best (Magd), George Lee (Cowboy), Kurt Sjöberg (Adolf Hitler), Martin L. Dorf (Martin), Renee André, Slavica, Henry Hoffman, Ken Michaels, Mitch Morrill. **F** 83 Min.

Nachdem Dracula Transsylvanien leergesaugt hat, zieht es ihn mit seinem Komplizen Renfield in ein zur Klapsmühle umfunktioniertes Schloß, in dem er sich an dem weiblichen Personal delektiert. Der Direktor ruft den bekannten Vampirjäger Van Helsing zu Hilfe, der wiederum die wohlgeformte Mina auf den alten Sauger ansetzt. Und so ereilen den bösen Grafen des Schicksals Mächte: Mina besorgt es ihm so gut, daß er bei ihr bleibt, bis die Sonn' aufgeht – deren Strahlen bekanntlich Vampire töten. – Bleibt noch anzumerken, daß weder der Graf noch die anderen Akteure auf Blut aus sind, wenn sie saugen.

Ⓥ Telerent, VMP, Monte, Atlas

Liebling, ich komme!
Siehe **Up 'n Coming**

Liebling, sei nicht albern
BRD 1970.
R Hubert Frank. **B** Hubert Frank.
K Ernst W. Kalinke/ Albert Benitz.
M Peter Thomas. **D** Jürgen Draeger (Andreas), Janie Murray (Maria), Francisca Tu (Nicole), Hans Hass jr. (Martin), Jochen Busse (Freund), Felicitas Ferber (Christina), Christiane Lange (Beauty), Christa Siems (Hotelbesitzerin), Edgar Bessen (Portier), Friedrich Schütter (Chef), Hansi Waldherr, Rolf Jahnke (Gangster), Willy Wiesgen (Konrad), Maria Kloth (Anastasia), Bruno W. Pantel (Polizist), Herbert Weissbach. **F** 79 Min.

Der frisch verheiratete Fotograf Andreas hat Schwierigkeiten, seine Maria ins Bett zu kriegen, da ihn seine Freunde, diverse Ex-Geliebte und berufliche Verpflichtungen ständig daran hindern. Erst im heimatlichen Kuhstall kann die Defloration erfolgen. – AT: ACH DU SCHRECK, MEIN MANN IST WEG.

Liebling, vergiß die Peitsche nicht
(JEG, EN MARKI). Dänemark 1969.
R Mac Ahlberg. **B** Peer Gulbrandsen.
K Mac Ahlberg. **M** Sven Gyldmark/Frédéric Chopin/Johann Strauß.
D Gabriel Axel (Marcel De Sade), Elsa Prawitz (Frau Mikkelsen), Karl Stegger (Mikkelsen), Lotte Herman (Bürodame), Björn Puggard-Müller (Prokurist), Carl-Axel Elving (Musikprofessor), Lisbeth Lindeborg (Gräfin Olga), Lotte Horne (Else), Lotte Tarp (Baronesse), Buster Larsen, Preben Nikolajsen, Carl Ottosen, Hans Brenaa, John Price, Tove Maes, Lise Thomsen. **SW** 84 Min.

Herr Ringelschwanz läßt seinen Namen in De Sade ändern, da er einen französischen Vornamen hat. Von nun an sieht ihn die Welt mit anderen Augen – als den perversen Marquis. Alle Damen, die seine Bekanntschaft machen, werden vom Virus der Begierde gebissen und träumen von Sado-Maso- und Strippartys, die Herr De Sade gegen Honorar organisiert, um mit den Einnahmen seine Schulden zu bezahlen. – Ironisch aufgezogener Sexfilm eines Regisseurs, der auch Dutzende von Hardcorepornos gedreht hat.

Das liebste Spiel
(DET KAERE DEGETOJ).
Dänemark 1968.
R Gabriel Axel. **B** Gabriel Axel.
K Rolf Rönne. **M** Bertrand Bech.
D Gurli Taschner, Birgit Brüel, Henrik Wiebe, Aage Fönns, Susanne Jagh, Kurt-Erik Nielsen, Eddie Karnel, Paul Möller, Arne Hansen, Poul Kelvin, Ejnar Hans Jensen, Isa Sörensen, Anne-Marie Poulsen, Kirsten Norholt, Hans Jacob Kolgard, Kurt Rahvig, Per Pallesen, Hardy Rafn sowie Mitarbeiter und Modelle der dänischen Porno-Branche. **F** 89 Min.
Dokumentarfilm über die Herstellung, Verbreitung, Modelle und Kunden dänischer Pornomagazine und -filme, inklusive Besuch bei den Dreharbeiten eines einschlägigen Films und Passantenbefragung auf der Straße.

Lilo – jetzt treibt sie es noch toller
Siehe **Frau Wirtin treibt es jetzt noch toller**

Lippen voller Lust
(REQUIEM POUR UN VAMPIRE).
Frankreich 1971.
R Jean Rollin. **B** Jean Rollin. **K** Renan Polles. **M** N.N. **D** Marie-Pierre Castel, Mireille D'Argent, Philippe Gasté, Louise Dhour, Dominique, Michel Delesalle, Dominique Toussaint, Paul Biscaglia, Olivier Francois, Antoine Mausin. **SW** 95 Min.
Ein billig produzierter Horrorsexfilm über zwei Mädchen, die am Silvesterabend einen Polizisten töten, in einem unheimlichen Schloß Zuflucht suchen, und dort in die Hände diverser Ghoule (= Leichenverzehrer) und eines lüsternen Vampirs fallen. – Hier wird zwar

Über die Herstellung von Sex- und Pornofilmen: Szene aus der Dokumentation *Das liebste Spiel* von Gabriel Axel

kaum gesprochen, und die Sexszenen sehen wie eingeklebt aus, aber für Freunde nebliger Friedhöfe, Skelette und gruseliger Atmosphäre hat der Streifen etwas zu bieten.

Little Lips – Der zärtliche Tod
(HISTORIA DE EVA/LITTLE LIPS). Spanien/Italien 1978.
R Domenico Cattarinich. **B** N.N. **K** N.N. **M** N.N. **D** Pierre Clementi (Paul), Katya Berger (Eva), Barbara Rey, José Luis Lopez Velazquez, Maria Monti. **F** (90) 84 Min.
Der Gutsbesitzer Paul, wegen einer Schußwunde, die er sich im Ersten Weltkrieg zugezogen hat, nicht mehr zur Liebe fähig, kehrt nach Hause zurück und begegnet der frühreifen dreizehnjährigen Pächtersnichte Eva, die gewisse Hoffnungen in ihm erzeugt. Schon bald verzehrt er sich nach ihren sprießenden Brüstchen. – Sexfilm-Dutzendware.
Ⓥ Toppic

Löckchen – Ein nackter Spatz in fremden Federn
(SONJA – 16 ÄR). Dänemark 1969.
R Hans Abramson. **B** Hans Abramson. **K** Mikael Salomon. **M** »Made in Sweden« **D** Gertie Jung (Sonja), Björn Puggaard-Müller (J.P.), Paul Glargaad (Egon), Isa Möller-Sörensen (Dora), Jeanne Darville. **F** 93 Min.
Eine junge Erbschleicherin macht sich auf Anraten ihres Galans einen wohlhabenden Fabrikanten sexuell hörig, damit in Zukunft beider Kasse stimmt, doch natürlich kann das nicht gut ausgehen, denn auch Zuhälter, so hat man den Eindruck, sind gegen Eifersucht nicht gefeit. Nach einem Roman von Johannes Allen. – AT: BEICHTE EINES PORNOMÄDCHENS.

Lockende Augen
Siehe **Il Corpo – Black Erotic**

Lockende Nächte (Black and White)
(SUPERSEXY 64 [SESSANTAQUATTRO]). Italien 1964.
R Mino Loy. **B** Mino Loy. **K** Floriano Trenker. **M** Franco Tomponi. **D** N.N. **F** 100 Min.
Eine von flinker (und recht ungeschickter) Hand zusammengeklebte Pseudodokumentation über Tanzrevuen und Stripteaseshows aus allen Teilen der Welt, inszeniert, um den Dummen das Geld aus der Tasche zu ziehen.

Lockere Geschäfte
(RISKY BUSINESS). USA 1982.
R Paul Brickman. **B** Paul Brickman. **K** Raynaldo Villalobos/Bruce Surtees. **M** Tangerine Dream. **D** Tom Cruise (Joel Goodson), Rebecca de Mornay (Lana), Curtis Armstrong (Barry), Raphael Sbarge (Glenn), Bronson Pinchot (Barry), Joe Pantoliano (Guido), Richard Masur (Rutherford), Nicholas Pryor, Janet Carroll, Shera Danese. **F** (103) 96 Min.
Als seine Eltern urlauben, fährt der Schüler Joel Papas Wagen in den Teich. Er nimmt die Prostituierte Lana mit nach Hause und erlebt die Freuden der Liebe. Dann wird's ernst, denn er muß Geld für die Autoreparatur verdienen. Als Lana eine Kollegin mitbringt, kommt Joel die Idee, wie er das drohende Unheil der rückkehrenden Eltern abwenden kann: Aus dem Haus wird ein Puff gemacht. Bald stehen seine Schulfreunde mit dem Taschengeld Schlange. – Unterhaltsame Teeniekomödie ohne übermäßige Schlüpfrigkeiten.
Ⓥ Warner

Lolita
(LOLITA). USA 1962.
R Stanley Kubrick. **B** Vladimir Nabokov. **K** Oswald Morris. **M** Nelson Riddle. **D** James Mason (Humbert

Die kesse Biene und der Dirty Old Man: Sue Lyon und James Mason in *Lolita* von Stanley Kubrick

Humbert), Sue Lyon (Lolita Haze), Shelley Winters (Charlotte Haze), Peter Sellers (Clare Quilty), Diana Decker (Jean Farlow), Jerry Stovin (John Farlow), Suzanne Gibbs (Mona Farlow), Gary Cockrell (Dick Schiller), Marianne Stone (Vivian Darkbloom), Cecil Linder (Arzt), Lois Maxwell (Mary Lord), William Greene (Swine), C. Dernier Warren (Potts), Isobel Lucas (Louise), Maxine Holden (Empfangsdame), James Dyrenforth (Beale), Roberta Shore (Lorna), Eric Lane (Roy), Shirley Douglas (Mrs. Starch), Roland Brand (Billy), Colin Maitland (Charlie Holmes), Irvin Allen (Pfleger), Marion Mathis (Miss Lebone), Craig Sams (Rex), John Harrison (Tom). **SW** 153 Min.

Professor Humbert sucht ein Zimmer für seinen Urlaub, und findet es im Haus der lüsternen Witwe Charlotte, die es kaum erwarten kann, ihn als Gast zu haben. Als der gestandene Akademiker im Garten Charlottes liebreizende Tochter Lolita erblickt, ist er sofort gefangen. Fortan geht Charlotte ihm um den Bart, doch Humbert, der nach der Nymphe Lolita lechzt, vertraut seine Gefühle seinem Tagebuch an. Da Charlotte Angst hat, ihre Tochter könne sie (wieder einmal) beim Anbaggern eines Logiergastes stören, schickt sie Lolita ins Ferienlager und schafft es sogar, daß Humbert sie heiratet. Als sie sein Tagebuch findet, ist sie außer sich und wird nach einer heftigen Auseinandersetzung von einem Lkw überrollt. Humbert holt Lolita unter dem Vorwand, ihre Mutter läge im Krankenhaus, aus dem Ferienlager. Nachdem Lolita Humbert in einem Hotel verführt hat, erfährt sie, daß ihre Mutter nicht mehr lebt. Humbert zieht während der Ferien mit ihr von einem Hotel zum anderen, doch Lolita erkennt, wie leicht sie ihn um den Finger wickeln kann und empfindet allmählich Abneigung gegen ihn. Später geht sie wieder zur Schule, und Humbert mietet ein Haus in einer Universitätsstadt. Lolita lernt junge Leute kennen und belügt ihn pausenlos. Humbert wird krank vor Eifersucht. Als der erste Klatsch aufkeimt, bewegt Humbert Lolita zu einer Reise; als Lolita krank wird und ins Krankenhaus muß, holt ein Fremder sie dort ab. Humbert bricht zusammen. Jahre später hört er wieder von Lolita: sie ist verheiratet, erwartet ein Kind und will Geld. Humbert sucht sie auf, erfährt, daß sie ihn nie geliebt und ein ständiges Techtelmechtel mit dem Autor Quilty gehabt hat. Quilty hat sie rausgeworfen, weil sie nicht in einem Pornofilm mitspielen wollte. Obwohl Humbert sie bittet, zu ihm zurückzukommen, will sie bei ihrem Mann (den sie im übrigen auch nicht liebt) bleiben. Humbert gibt Lolita Geld und erschießt Quilty. – »Alles in diesem Film ist unerträglich grobschlächtig, plump und unbeholfen. James Mason… rettet sich, von Drehbuch und Regie allein gelassen, in die Darstellung eines Schüchterlings, der den Situationen, in die er gerät, nicht gewachsen ist. Shelley Winters… spielt eine entsetzlich übertriebene Karikatur einer Kleinstadt-Amerikanerin (überzeugend ist allein die Sequenz nach der Entdeckung des Tagebuchs)… Alles in allem läßt sich sagen, daß Nabokov sich mit diesem Film an die Vergnügungsindustrie verkauft hat (falls er nicht von ihr überfahren worden ist), und daß Stanley Kubrick, einst Rebell gegen Hollywood, hier den endgültigen Beweis seiner Korruption geliefert hat.« (FILMKRITIK)

Lolita am Scheideweg
(EUGENIE – HISTORIA DE UNA PERVERSION). Spanien 1980.
R Jess Franco [= Jesus Franco Mane-

Katja Bienert und Püppi in *Lolita am Scheideweg* von Jess Franco

ra]. **B** Jess Franco [= Jesus Franco Manera]. **K** Juan Soler. **M** Gerhard Heinz. **D** Katja Bienert (Lolita), Mabel Escano (Alba), Robert Foster (Alberto), Maria Gonzales (Mutter), Toni Skyos (Toni), Candy Coster [= Lina Romay] (Sultana), Melo Costa (Walter), Antonio Mayans. **F** (91) 77 Min.
Der lüsterne Lebemann Alberto, der es mit seiner Stiefschwester Alba und einer Zofe hat, setzt es darauf an, ein junges Mädchen namens Lolita zu verführen. – Der zweite Aufguß einer Story, die der Regisseur schon unter dem Titel DE SADE 70 (1970) inszeniert hat.
Ⓥ PolyGram

Lorenza
(PROFUMO). Italien 1987.
R Giuliana Gamba. **B** Giuliana Gamba/Massimo Cerati. **K** Giorgio DiBattista. **M** Franco Piersanti. **D** Florence Guerin (Lorenza), Luciano Bartoli (Guido), Robert Egon Spechtenhauser (Edward), Giuliano Sestili, Vasco Santoni, Erminia Garofano. **F** 92 Min.
Nachdem die unschuldige Nymphe Lorenza dem alten Lustmolch Guido ehelich auf den Leim gekrochen ist und seine ausgefallenen Ideen zur Genüge kennengelernt hat, erwachen ihre sinnlichen Triebe. Sie lacht sich den jungen Edward an und spielt fortan mit ihm – was Guido (und wen kann das wundern?) allmählich zur Weißglut treibt. – Ein leicht morbider Softporno; wie in fast allen Fällen, die Italien aus diesem Genre anbietet, kein Film, der Chancen für einen Oscar hätte.
Ⓥ UFA

Lorna – Zuviel für einen Mann
(LORNA). USA 1964.
R Russ Meyer. **B** James Griffith. **K** Russ Meyer. **M** James Griffith/Hal Hopper. **D** Lorna Maitland (Lorna), Mark Bradley (Flüchtling), James Rucker (James), Hal Hopper (Luther), Doc Scott (Jonah), James Griffith (Prophet), Althea Currier (Ruthie). **SW** 74 Min.
Die dralle Lorna, ein dummes und triebhaftes Weibchen, wird von einem übermäßigen Sexualtrieb beherrscht, den James, ihr Mann, nicht befriedigen kann. Erhitzt und frustet nimmt sie im Fluß ein Nacktbad, und als ein ausgebrochener Sträfling rüde um ihre Gunst nachsucht, läßt sie ihren Gefühlen freien Lauf. Fortan frönt sie ihren Trieben auch im eigenen Heim, einer abseits liegenden Hütte. In der Mine, in der James tätig ist, redet man bald über Lornas Untreue. James verteidigt den Ruf seiner Frau mit den Fäusten. Als er nach Hause kommt, eilt Lorna ihm entgegen, um ihn vor dem Sträfling zu warnen. Es kommt zu einem wüsten Kampf. Lorna kommt im letzten Moment zur Besinnung und rettet James. Dann stirbt sie zusammen mit dem Sträfling, der sie tödlich verletzt hat. – »Regisseur Russ Meyer... hält sich an drastische Tatsachen, als da sind Busen, Blut und Zoten. Dazwischen delektiert er sich an einer mehr als hinreichenden Portion Brutalität. Mit abseitigem Genuß läßt er seine negative Typenauslese im häßlichsten Rinnsteinjargon eindeutige ›Witze‹ aufsagen, denen er das ›beweiskräftige‹ Verhalten der anlaßgebenden Ehefrau entgegensetzt.« (FILMDIENST).

Love and Sexual Freedom
(SEXUAL FREEDOM IN DENMARK). USA 1970.
R M.C. van Hellen. **B** M.C. van Hellen. **K** Finster Thoman. **M** N.N. **D** Ole Lassen, Lizzy Kalkreuth. **F** 72 Min.
Eine schlampige Montage aus Report- und Dokumentarfilmen, die sich zwar ›aufklärerisch‹ gebärdet, aber im Grunde nur eine nichtssagende Aneinanderreihung von Sexszenen ist.

Love Dreams
Schweiz 1980.
R Alain Varga. B Alain Varga.
K George Nuddhouse [= Alain Varga].
M Keith Westwood. D Elisabeth Hanancourt, Cindy Springfield, Monique De Pate, Christine Clodard, Harriet Stone, Judy Tower, Jane O'Connor, Richard Monet, Guy Caleche, Robert White, John Anderson, Jack Schneider, Gilbert Grosse, Murray Spinell, Monique De Pate. F (90) 74 Min.
Ein französisches Au-pair-Mädchen wird über eine Agentur nach San Francisco vermittelt, wo es in den Betten von Lustmolchen männlichen und weiblichen Geschlechts landet. – Der Film existiert auch als Hardcore-Fassung.
Ⓥ Beate Uhse

Das Love-Hotel in Tirol
BRD/Österreich 1978.
R Franz Antel. B N.N. K Franz X. Lederle. M N.N. D Erich Padalewski (Peter/Paul Berger), Rinaldo Talamonti (Peppino), Terry Torday (Caroline), Fritz Muliar (Bürgermeister Katzinger), Ida Krottendorf (Wally Katzinger), Uschi Zech (Christa), Chris Lohner (Susi Burg), Heinz Reincke (Prokurator), Jacques Herlin (Anwalt), Marthe Harell. F 92 (TV: 88) Min.
Die Zwillinge Paul (ein frommer Spießer) und Peter (ein Playboy) erben ein verfallenes Haus in Tirol. Während Paul, ganz Biedermann, es zu einem christlichen Hospiz ausbauen will, kommt Peter während einer Reise nach Bangkok die Idee, aus dem alten Kasten ein sogenanntes Love-Hotel zu machen. Beide Brüder nehmen Kontakt mit den Behörden auf, doch weder der Pfarrer noch der Bürgermeister merken, daß sie es mit zwei Bauherren zu tun haben, die verschiedene Pläne verfolgen. Im Glauben, daß der fromme Paul Hilfe braucht, schickt der Pfarrer sogar die Dorfschönheiten in den Edelpuff. Bayerische Fensterl-Buam und ein Kölner Kegelverein sorgen ebenso für Verwirrung wie Peters sexbesessene Geliebte und die plötzlich Spaß am Sex empfindende Gattin Pauls. – Eine dümmliche Klamotte, die nur aus Zoten und ›sündig‹ angezogenen Madln Kapital schlägt.

Love in Action
(EXPOSE ME LOVELY). USA 1976.
R Armand Weston. B Armand Weston. K Armand Weston. M N.N. D Ras Kean (Frosty Knight), Cary Lacy (Karen Spencer), Iminu (Vicky), Jody Maxwell (Künstlerin), Jennifer Welles (Shelley), Bobby Astyr (Keith), Annie Sprinkle, Eve Adams. F 90 (73) Min.
Karen, die dralle Tochter eines Politikers heuert den Detektiv Frosty an, damit er ihren verschwundenen Bruder sucht. Frosty findet sich bald in einem Labyrinth von falschen Spuren, geilen Frauen und wenig logischen Wendungen wieder, kommt aber dank seiner Potenz zurecht. – Ein einfältiger Softporno aus der einschlägig bekannten Ein-Mann-Filmfabrik Armand Westons.

Love Swedish Style
(LOVE, SWEDISH STYLE). USA 1972.
R Maurice Smith. B Maurice Smith. K N.N. M N.N. D Karen Ciral, Woody Lee, Arne Werda, Peter Balakoff, Mark Roland, Rachel English, Marlan Proctor. F 78 Min.
Eine junge Schwedin geht in die USA, arbeitet in einem sogenannten Massagesalon und enthüllt später einem Psychiater ihre ausschweifende sexuelle Vergangenheit.

Loving Feeling
(LOVING FEELING). GB 1968.
R Norman J. Warren. B Robert Hewison. K Peter Jessop. M Patrick John Scott. D Simon Brent (Steve Day),

Georgina Ward (Suzanne), Paula Patterson, John Railton, Francoise Pascal, Heather Kyd, Peter Dixon, Carol Cunningham, Robert Hewison, Richard Bartlett. **F** 82 Min.

Der erfolglose Schauspieler Steve schlägt sich als Diskjockey beim Rundfunk durch und kompensiert seine schiefgegangene Ehe durch zahlreiche Affären mit Teenies, die ihn wegen seines ›Star‹-Status anhimmeln. – Ein flaues Sexdrama. – AT: Jedem Pferdchen seinen Reiter.

Das Luder

(VITA SEGRETA DI UNA CICIOTENNE). Italien 1969.
R Oscar Brazzi. **B** Renato Polselli/Oscar Brazzi/Rossano Brazzi. **K** Luciano Trasatti. **M** Gianni Marchetti. **D** Mimma Biscardi (Franca Francesconi) Nestor Garay (Batalino Francesconi), Rossano Brazzi (Dudu), Donatella Fossi (Febi), Renzo Petretto (Amorino/Nino), Giulia Licastro (Rosetta), Carola Briscord, Sergio Ammirata, Julia Tanzi, Gianni Polone, Mario Bruni. **F** 76 Min.

Franca, allgemein ›die Keusche‹ genannt, da sie sich den Zudringlichkeiten sinnlicher Böcke stets erwehrt, geht schließlich, um dem verschuldeten und arbeitslosen Papa zu helfen, nach einem Job als Aktmodell und einem lesbischen Kontakt auf den Strich. – »Was man hier sieht, ist im Grunde nichts als die Prostitution von ›Schauspielerinnen‹ für einen miserablen Film. Sie werden von einem skrupellosen Regisseur bedenkenlos als pornografisches Material verbraucht.« (Filmdienst).

Lulu

Deutschland 1929.
R G.W. Pabst. **B** Ladislao Vajda.
K Günther Krampf. **D** Louise Brooks (Lulu), Fritz Kortner (Dr. Peter Schön), Franz Lederer (Alwa Schön), Carl Götz (Schigolch), Alice Roberts (Gräfin Anna Geschwitz), Daisy D'Ora (Marie de Zarniko), Krafft Raschig (Rodrigo Quast), Michael v. Newlinsky (Marquis Casti-Piani), Siegfried Arno (Inspizient), Gustav Diessl (Jack the Ripper). **SW** 131 Min. (Stummfilm).

Die fesche Tänzerin Lulu ist die Geliebte des Verlegers Schön. Ihr versoffener Ziehvater Schigolch ist wütend, weil sie ihre Karriere vernachlässigt. Als Schön die Ministertochter Marie heiraten will, hat Lulu nichts dagegen, solange er nicht vergißt, zu ihr zu kommen. Schigolch stellt Lulu den Kraftmeier Rodrigo vor, der mit ihr im Varieté auftreten will. Schöns Sohn Alwa, ebenfalls in Lulu verliebt, will seinen Vater bewegen, Lulu zu heiraten, doch dieser will seine Karriere nicht ruinieren. Alwa produziert eine Revue für Lulu; die lesbische Gräfin Geschwitz, die Lulu liebt, entwirft die Kostüme. Schön will Lulu in der Presse gebührend herausstellen lassen. Als Schön mit seiner Braut ins Varieté kommt, tut er so, als kenne er sie nicht. Lulu verführt ihn in der Requisite, und Alwa und Marie entdecken die beiden im Clinch. Lulu heiratet Schön. Während der Hochzeitsfeier gehen der betrunkene Schigolch und Rodrigo in Lulus Schlafzimmer und legen Blumen auf ihr Bett. Lulu küßt Schigolch. Schön glaubt, daß Lulu etwas mit beiden Männern hat und vertreibt sie mit einem Schießeisen. Als er Lulu zwingen will, sich zu töten, verliert er im Kampf sein Leben. Lulu soll ins Gefängnis, doch ihre Freunde befreien sie. Lulu verführt Alwa und flieht mittels eines von Gräfin Geschwitz geliehenen Passes mit ihm aus Deutschland. Im Zug erkennt der geldgierige Marquis Casti-Piani Lulu und erpreßt Alwa. Er überredet die beiden, mit ihm auf ein Kasinoschiff zu gehen. Schigolch und Rodrigo gehen ebenfalls mit. Alwa verliert sein Geld beim Spiel, der Marquis erpreßt ihn weiter. Rodrigo will Geld von Lulu, da er heiraten will. Gräfin Geschwitz kommt an Bord. Schigolch redet Rodrigo ein, daß die Gräfin ihn liebt und ihm Geld geben wird. Lulu bittet die Gräfin um Hilfe. Sie gibt Lulu Geld, damit Alwa sein Glück wieder im Spiel versuchen kann und geht mit Rodrigo in eine Kabine. Rodrigo fällt über sie her. Alwa wird mit Schigolchs gezinkten Karten beim Falschspielen erwischt. Polizei rückt an; Rodrigo wird tot aufgefunden. Lulu entwischt; sie, Schigolch und Alwa erreichen London, wo sie in einer eiskalten Bude leben. Alwa wird krank. Als die Not am größten ist, beschließt Lulu, Geld als Hure zu verdienen. Alwa protestiert, Schigolch schaltet ihn aus. Am Heiligen Abend hat Lulu den ersten Kunden – Jack the Ripper. Ohne zu wissen, was aus Lulu geworden ist, folgt Alwa einer Gruppe der Heilsarmee in die Nacht; Schigolch erhält in einer Kneipe etwas zu essen. – Nach Frank Wedekinds (1864–1918) Dramen »Erdgeist« (1998) und »Die Büchse der Pandora« (1904). [Ein Zensurprozeß um »Die Büchse der Pandora«, der von 1903–1906 durch drei Instanzen ging, endete mit Wedekinds Freispruch und dem Verbot des Werkes.]

Lulu
Österreich 1962.
R Rolf Thiele. **B** Rolf Thiele.
K Michael Kelber. **M** Carl de Groof.
D Nadja Tiller (Lulu), O.E. Hasse (Dr. Schön), Hildegard Knef (Gräfin Geschwitz), Mario Adorf (Rodrigo), Charles Regnier (Jack the Ripper), Rudolf Forster (Schigolch), Leon Askin (Goll), Sieghardt Rupp (Schwarz), Klaus Höring (Alwa Schön), Fritz Friedl (Hugenberg). **SW** 100 Min.

Die strahlend schöne und bis zum Kern verdorbene Lulu wird, aus der Gosse kommend, von Dr. Schön in sein Haus aufgenommen und mit dem reichen alten Medizinalrat Goll verheiratet. Als Goll Lulu von Herrn Schwarz malen läßt, verliert dieser angesichts der drallen Maid die Beherrschung. Goll erleidet einen tödlichen Herzanfall. Lulu erwehrt sich der geilen Gräfin Geschwitz. Schön verheiratet sie mit Schwarz, der reich und berühmt wird. Lulu langweilt sich mit Schwarz; es zieht sie zu ihrem Gönner Schön, bis der Maler sich das Leben nimmt. Lulu tritt mit Hilfe des Schön-Sohns Alwa als Tänzerin auf und hat Erfolg. Als Schön sen. Lulu brüskiert, brüskiert Lulu seine Verlobte, und der Skandal ist perfekt. Lulu zieht zu Schön, doch mit ihr kommt allerlei Halbwelt ins Haus. Schön will Lulu töten, um sie los zu sein, doch Lulu ist schneller. Die Gräfin Geschwitz ermöglicht Lulu die Flucht nach Paris und London, wo ein recht prominenter Mörder ihrer im Nebel harrt: Jack the Ripper wetzt schon sein Messer. – Nach den Stücken »Erdgeist« und »Die Büchse der Pandora« von Frank Wedekind.

Lulu
(LULU / LULU).
BRD/Frankreich/Italien 1980.
R Walerian Borowczyk. **B** Geza von Radvanyi/Walerian Borowczyk.
K Michael Steinke/Uli Meier. **M** Giancarlo Chiamello. **D** Anne Bennent (Lulu), Heinz Bennent (Dr. Schön), Michele Placido (Schwarz), Jean-Jacques Delbo (Dr. Goll), Hans-Jürgen Schatz (Alwa Schön), Bruno Hübner (Schigolch), Carlo Enrici (Hunidei), Beate Kopp (Gräfin Geschwitz), Pierre Saintons (Kungu Poti), Udo Kier (Jack the Ripper). **F** 86 Min.
Remake von LULU (Deutschland 1929; **R** G.W. Pabst) und LULU (Österreich

1962, **R** Rolf Thiele). Auch in dieser Version ist Lulu ein teuflisches Geschöpf, das die Männer, die um ihre Gunst buhlen, hemmungslos gegeneinander ausspielt und in den Tod treibt: Sie endet in einem Londoner Bordell und stirbt durch die Hand von Jack the Ripper. – »Ein Film von betörender Schönheit«, meinte FRANCE SOIR über dieses Produkt des Erotomanen Borowcyk. Andere waren anderer Meinung: »Erotomanenschwulst, der gelegentlich zwar... ironische Ansätze ahnen läßt, aber weitgehend... uninspiriert bleibt.« (FISCHER FILM ALMANACH 1981). – »Im Endeffekt bleibt... ein ziemlich platter Film, der weder sonderlich aufregt, noch irgendwie schockiert. Von Wedekinds satirisch-zynischem Kampf gegen die bürgerliche Moral ist ohnehin nicht mehr viel zu erkennen.« (Wolfgang J. Fuchs, FILMJAHR 1980/81). ⓥ Monte

Die Lust
(IL PIACERE). Italien 1985.
R Joe d'Amato [= Aristide Masseccesi]. **B** Homerus S. Zweitag. **K** Aristide Massacesi. **M** Cluster. **D** Laura Gemser, Dagmar Lassander, Steve Wyler, Isabelle Andrea Guzon, Marco Mattioli, Lilli Carati. **F** 90 Min.
Eine Achtzehnjährige möchte ihre Unschuld an den Geliebten ihrer Mutter verlieren. Softporno. – »Entfesselte Begierden und offenherzige Leidenschaften der Sonderklasse. Erleben Sie den Karneval in Venedig von seiner freizügigsten Seite.« (PREMIERE).
ⓥ Cannon/VMP

Die Lust-Agentur
Siehe **Die jüngsten Kätzchen sind die schärfsten**

Lust auf heiße Lippen
(TOBACCO ROADIE). USA 1971.
R Bethel Buckalew. **B** Bethel Buckalew. **K** Dwayne Rayven. **M** Hal Southern/Harold Hensley. **D** Dixie Donovan (Tootie), Johnny Rocco (Mose), Debbie Osborne (Liz), Wendy Winters (Lulu), Gigi Perez (Carolina), John Law (Sheriff), Maxine De Ville France (Danielle), Jack Richesin

Anne Bennent und Michele Placido in *Lulu* von Walerian Borowczyk

(Parker), Buckaroo (Harry), Joe Dunnigan, Tom A. Sipress, Clyde Stone (Farmer). **F** 78 Min.

Liz, die Gattin des versoffenen Farmers Mose, treibt's liebend gern mit fremden Männern; ihre Töchter sind bisexuell und nymphoman, und auch die Magd hat es faustdick hinter den Ohren. – Eine Handlung war schwer auszumachen, zumal sich die Sprecher der deutschen Fassung abartiger Dialekte bedienen.

Die Lust des Stärkeren
Siehe **Die Macht des Stärkeren**

Die Lust und die Gewalt
(IL MITO). Italien 1963.
R Adimara Sala. **B** Ugo Guerra/Adimaro Sala. **K** Franco Villa. **M** Armando Travaioli. **D** Lisa Gastoni, Raoul Grassili, Dino Mele, Norma Bengell. **SW** 77 Min.

Zwei Epidoden aus dem wahren Leben, die beweisen sollen, daß die Ehe, wenn sie nur aus sexuellen Gründen geführt wird, scheitern muß: 1. Ein Ehemann wendet sich der Pflegerin seiner kranken Frau zu. – 2. Eine Bande von Halbwüchsigen vergeht sich an einer frustrierten Ehefrau, die recht schnell Spaß an ihrem Tun empfindet. – »Ein Leckerbissen in SEX – kein Film für ›Moralisten‹! Dieser gewagte Film sollte nur einem kleinen Kreis reifer Menschen vorbehalten sein!« meinte weiland die Verleihwerbung; es ist anzunehmen, daß er in der Tat nur einem kleinen Kreis bekannt wurde.

Die lüsterne Tochter der Fanny Hill
(THE NOTORIOUS DAUGHTER OF FANNY HILL). USA 1967.
R Arthur P. Stootsberry. **B** Arthur P. Stootsberry. **K** Lee Ganther/Art Radford. **M** Chet Moore/Sam Brown. **D** Stacy Walker, Letitia Farrell, John Andrews, Tom Duncan. **F** 79 Min.

Kissy Hill, die Tochter der legendären Fanny, behandelt einen begehrlichen Abgeordneten des britischen Oberhauses, zeigt dem Marquis De Sade, was eine Harke ist, läßt es sich von einem Country Boy machen, stellt ihre lesbischen Qualitäten unter Beweis, und brilliert als Lehrerin auf einer Party, wo es drei Pärchen miteinander treiben, bis die böse lesbische Herzogin von Roxbury sie umbringt. – AT: UND AMOR SAGT O.K. DAZU. DAS PORNO-HAUS DER FANNY HILL.

Der lüsterne Türke
BRD 1971.
R Renato Frustratus [= Michael Miller]. **B** Michael Miller. **K** Benno Bellenbaum. **M** Rolf Bauer/Horst A. Hass. **D** Ingrid Steeger (Eliza), Claus Tinney (Bey), Arnold Marquis (Sultan), Angelika Wehbeck (Erzählerin), Eva Curtis, Gerd Duwner, Nadia Pilar, Ursula Heyer, Tina Rainford, Wolf Pahl, Siegfried Zügel, Jutta Albrecht, Günter Notthoff, H.H. Jochmann. **F** 81 (TV: 72) Min.

Die Engländerin Eliza, ihr Bräutigam und ihre Zofe werden (off camera, damit's billiger wird) von arabischen Piraten geraubt. Eliza landet im Harem des Bey von Algier, der Bräutigam wird Diener bei einem Sklavenhändler, dessen Gattin Gefallen an ihm findet. Um ihm bei der Suche nach Eliza zu helfen, organisiert sie seine Entführung. Als der erhitzte Bey sich bemüht, den Widerstand der unschuldigen Eliza zu brechen, tötet sie ihn während einer Orgie und flieht. – Ein unglaublicher Schrottfilm. – AT: DIE BLONDE HAREMSDAME.

Die Lüsternen und die Schwestern
(FRATELLO HOMO SORELLA BONA). Italien 1972.
R Mario Sequi. **B** Alfredo Tucci. **K** Guglielmo Mancori. **M** Mario Berto-

lazzi. **D** Sergio Leonardi, Krista Nell, Nazareno Natale, Enrico Lazareschi, Patrizia Adiutori. **F** 73 Min.
Vier Lustmolche ziehen sich, als die Pest ausbricht, mit ihren Mädchen in ein Kloster zurück. – AT: AUCH IM KLOSTER WIRD GEJODELT. HER MIT DEN KREUZFIDELEN MÄDCHEN.

Lustgefühle
(GETTING INTO HEAVEN). USA 1970.
R Edward L. Montero. **B** Edward L. Montero. **K** James P. Somich. **M** N.N.
D Marie Marceau (Heaven), Jennie Lynn (Sin), Miles White (Salacity), Scott Cameron (Bernie), Phyllis Stangel (Karen). **F** (81) 75 Min.
Die Blondine Heaven fährt mit ihrem Wagen einen Polizisten an, nimmt ihn mit nach Hause und zeigt ihm, was sie sonst noch alles kann. Auch ihre Freundinnen Sin und Karen sowie deren Lover, die sich in ihrem Heim verlustieren, sind nicht ohne. Dann gibt's noch Striptease und Gruppensex. – Zusammengestückelter Schnittabfall aus dem Papierkorb eines Regisseurs, der sich später als Pornofilmer versuchte.

Das Lusthaus am Venusberg
Siehe **Geheime Lüste blutjunger Mädchen**

Lusthaus der teuflischen Begierden
(IL VANGELO SECONDO SATANA). Italien 1970.
R Renato Polselli. **B** N.N. **K** N.N. **M** N.N. **D** Isarco Ravaioli, Rita Calderoni, Vulpio Vergassa, Claudia v. Rosen, Irene Staufer, Vera Mandy, M.P. Bastian, Sergio Amirata, Marie Paule. **F** 87 Min.
Als ein römischer Schriftsteller erfährt, daß seine unersättliche Geliebte ihn betrogen hat, fingiert er einen Selbstmord, der so aussieht, als habe sie ihn ermordet. Die Dame wird sofort erpreßt – von geilen Hechten, die der ›Tote‹ (der am Ende wieder aufsteht, um zur täglichen Orgie zu gehen) engagiert hat. – Ein Machwerk.

Lustrausch wilder Mädchen
Siehe **Sex hinter geschlossenen Türen**

Das Lustschloß der grausamen Frauen
(LE VAMPIRE NUE). Frankreich 1969.
R Jean Rollin. **B** Jean Rollin/ S. H. Mosti. **K** Jean-Jacques Renon.
M Yvon Girault/Francois Tusques.
D Olivier Martin (Pierre Radamante), Maurice lemaitre (Georges Radamante), Caroline Cartier (Nackte Vampirin), Ly Letrong (Ly), Bernard Musson (Voringe), Jean Aron (Frédor), Ursulle Pauly (Solange), Cathy Tricot, Pony Tricot (Georges' Dienerinnen), Michel Delahaye (Großmeister), Pascal Fardouls (Robert), Paul Bisciglia (Hausdiener). **F** 85 Min.
Pierre, der Sohn des Geschäftsmannes Georges, stellt fest, daß in seinem Vaterhaus bizarre Gestalten verkehren. Als er herausfinden will, was hinter den Mauern des väterlichen Anwesens getrieben wird, stößt er auf eine kostümierte Horde halbnackter Frauen, die sich in mysteriösen Riten ergehen, lesbische Spielchen betreiben und sich wollüstig vor seinen Augen räkeln. Die Gesellschaft besteht aus außerirdischen Vampiren! Sein Vater experimentiert mit ihrem Blut, um unsterblich zu werden, doch am Ende wenden sich seine Gäste gegen ihn und seine Gehilfen. – Ein collagenartiger, optisch durchaus reizvoller Billigfilm. – AT: DIE NACKTEN VAMPIRE.

Das Lustschloß der Josefine Mutzenbacher
Siehe **Die Liebesschule der Josefine Mutzenbacher**

Das Lustschloß im Spessart
BRD 1978.
R Viktor Stuck. **B** Viktor Struck.
K Siegfried Hold. **M** Heinz Neubrand.
D Inge Fill, Renate Kastelik, Gerti Schneider, Werner Ploner, Eva Janku, Sissy Weiner, Renate Hess, Gabriella Pallin, Franz Muxeneder.
F 84 (TV: 78) Min.
Eine sexbesessene gemischte Gesellschaft tobt sich unter dem Einfluß eines Liebestranks in einem zum Luxushotel umgebauten Schloß aus und hält dies für eine ungeheure Gaudi. – »Viel Hirnschmalz wurde weder beim Drehbuch noch bei der Inszenierung verbraucht.« (Otto Kuhn, FILMBEOBACHTER). – AT: LIEBESSPIELE IM LUSTSCHLOSS.

Lustschreie hinter Klostermauern
Siehe **Justine – Lustschreie hinter Klostermauern**

Lustvoll eine Schlange streicheln
(BOKO SHOJO NIKKI). Japan 1968.
R Hiroshi Mukai. **B** N.N. **K** Juta Sol.
M C. Azuma. **D** Kemi Suboshi (Myako), Ari Nakao, Kaisunke Akitsu, Shiyi Kubo. **F** 75 Min.
Myako, ein Girl aus den Slums, steigt von der kleinen Straßendirne zur Großverdienerin auf, wird immer skrupelloser und verliert alle Freunde. Als sie ein junges Mädchen vor dem gleichen Schicksal bewahren will, wird sie sogar zur Mörderin. – Ein mit Krimi-Einlagen versehener Ferkelfilm aus Japan.

M

Mach weiter, Emmanuelle
(CARRY ON, EMMANUELLE).
GB 1978.
R Gerald Thomas. **B** Lance Peters.
K Alan Hume. **M** Eric Rodgers.
D Suzanne Danielle (Emmanuelle), Kenneth Connor (Leyland), Jack Douglas (Lyons); Beryl Reid (Mrs. Valentine), Kenneth Williams (Emile), Joan Sims (Mrs. Dangle), Peter Butterworth (Richmond), Larry Dann (Theodore), Henry MCGee (Harold Hump), Howard Nelson (Harry Hernia), Albert Moses (Arzt). **F** 88 (TV: 84) Min.
Da sich der französische Botschafter lieber mit anderen Dingen als mit seiner sexbesessenen Gattin Emmanuelle beschäftigt, durchschläft sie halb London und macht sich sogar an den Premierminister heran. Die Verwicklungen folgen auf dem Fuße, so daß am Ende auch ihr Ehemann kräftig seinen Teil dazu beiträgt. – Eine putzige Satire auf den Sexrummel, ausgeführt vom bewährten Team der britischen ›Carry On‹-Truppe.
Ⓥ VMP

Mache alles mit
BRD 1971.
R Kurt Nachmann. **B** Kurt Nachmann. **K** Heinz Hölscher. **M** Gerhard Heinz.
D Marion Forster (Dagmar Hintze), Astrid Boner (Ellen Hintze), Harry Kalenberg (Carl Hintze), Ellen Umlauf (Tante Magda), Henner Quest (Thomas Wenk), Roswitha Randl (Rosi), Uli Steigberg (Pfarrer), Wolfgang Hellmund (Kripomann), Ursula Mellin (Fürsorgerin), Doug Parish (Gabor), Elisabeth Volkmann (Frau Gabor), Dunja Lock (Frl. Schmitt), Richard Kley (Theo v. Landis), W.R. Heyking (Prof. Cornelius) Gernot Möhner (Mosinger). **F** 87 Min.
Dagmar, siebzehn, kommt durch ein Zeitungsinserat mit einem Ehepaar in Kontakt, das eine Bettgespielin sucht, doch der Spaß ist nur von kurzer Dauer: Das Jugendamt nimmt den Laden hoch; Dagmar geht zur Tante aufs Land und lernt den frommen Thomas kennen, der dem Sex abgeschworen hat, um zu beweisen, daß er kein Sklave seines Unterleibes ist. Sie erleben eine platonische Romanze, dann taucht Papa auf und sorgt dafür, daß seine verworfene Tochter ins Heim kommt. Thomas sieht sich einer Anzeige wegen Verführung Minderjähriger gegenüber. – Sexfilm, handwerklich und inhaltlich unter aller Kanone.
Ⓥ Telerent

Machen wir's im Auto – The Van
(THE VAN). USA 1976.
R Sam Grossman. **B** Robert Rosenthal/Celia Susan Cotelo. **K** Irvin Goodnoff. **M** Michael Lloyd. **D** Stuart Getz (Bobby Hampton), Deborah White (Tina), Harry Moses (Jack Crandall), Marcie Barkin (Sue), Bill Adler (Steve), Danny DeVito (Andy), Stephen Oliver (Dugan Hicks), Connie Lisa Marie (Sally Johnson), Jim Kester (Tom), Michael Gitoner (Jim).
F 89 Min.
Bobby, ein potenter Tankwart, spitzt mit seinem mit allen Schikanen und einem Wasserbett ausgerüsteten VW-Bus die Girls an und verwendet seinen Wagen als Liebesnest. – Eine Teeniesexkomödie mit munteren Darstellern, einigermaßen erträglichen Späßchen und flotten Dialogen.
Ⓥ Telerent

Die Macht des Stärkeren
(NO ES MADA, MAMA, SOLO UN JUEGO). Spanien/Venezuela 1974.
R José Maria Forque. **B** Hermogenes Sainz/José Maria Forque. **K** Alejandro Ulloa. **M** Adolfo Waitzman. **D** David

Hemmings (Juan), Alida Valli (Mutter), Francisco Rabal (Vater), Andrea Rau (Lola). **F** 86 Min.

Juan, der triebhafte Sohn einer südamerikanischen Plantagenbesitzerin, triezt das Hausmädchen Lola so lange, bis es seinen Nachstellungen nachgibt – und später, inzwischen zu Macht und Geld gekommen, knallhart zur Rache schreitet. – AT: SPIELBALL DER LUST. DIE LUST DES STÄRKEREN.

Ⓥ USA (Spielball der Lust)

Madame Bovary
Siehe **Die nackte Bovary**

Madame Claude und ihre Gazellen
(MADAME CLAUDE). Frankreich 1976.
R Just Jaeckin. **B** André G. Brunelin.
K Robert Fraisse/Michel Aurard/Thierry Nahon/Philippe Welt/Bruno de Keyzer. **M** Serge Gainsbourg. **D** Francoise Fabian (Mme. Claude Berger), Dayle Haddon (Elisabeth), Murray Head (David Evans), Maurice Ronet (Pierre), Vibeke Knudsen (Anne-Marie), André Falcon (Paul), Klaus Kinski (Zakis), Francois Perrot (Lefevre), Jean Gaven (Gustave Lucas), Robert Webber (Howard), Marc Michel (Hugo), Marie-Christine Deshayes (Florence), Ylva Setterborg (Jill), Karl Held (Stanfield), Ed Bishop (Smith). **F** 111 Min.
Die schicke Madame Claude betreibt in Paris einen Callgirl-Ring, der Industriekapitänen, Politikern und Aristokraten zur Verfügung steht. Ihre zu willenlosen Lustobjekten abgerichteten Mädchen werden überall eingesetzt. Madame schwimmt im Geld und auf dem Gefühl, Macht über die Männer auszuüben. Der Fotograf David, der Claudes Mädchen nicht nur beschläft, sondern auch heimlich mit ihren prominenten Kunden knipst, erweckt das Mißtrauen der CIA: Er wird beschattet, da man annimmt,

Jet-Set-Huren: *Madame Claude und ihre Gazellen* von Just Jaeckin

Madame und er planen Erpressungen. Als David untertauchen will, ist es zu spät: die Mörder warten schon. Claude ergreift die Flucht; sie will nicht das nächste Opfer sein. – »Klaus Kinski mimt hier einen griechischen Reeder, der bei Madame ein feinsinnig getrimmtes Luxusgeschöpf bestellt und dieses seinem Sohn zuführt, nur um ihn zu lehren, daß man auf dieser Welt für Geld alles haben kann.« (Karl Correns, FILM-ECHO/FILMWOCHE). – Nach einem Roman von Jacques Quoirez.
Ⓥ RCA/Columbia

Madame O und die ganz teuren Mädchen
(AGENT 69 JENSEN – I SKORPIONENS TEGN). Dänemark 1977.
R Anders Sandberg [= Werner Hedman]. **B** Edmondt Jensen/Werner Hedman. **K** Rolf Rönne. **M** Bertrand Bech. **D** Ole Söltoft (Jensen), Poul Bundgaard (Boss), Anna Bergman (Penny), Karl Stegger (Skorpion), Gina Janssen (Mata Hari), Sören

Strömberg (Arnold), Judy Gringer (Irma), Bent Warburg, Arthur Jensen, Birger Jensen, Hans Jörgen Jacobsen, Torben Bille, Adam Schmedes, Kate Mundt, Doug Crutchfield.
F (89) 81 Min.
Ein schusseliger dänischer Geheimagent und ein paar andere Typen jagen hinter einem Mikrofilm her, der in einem Brötchen versteckt ist. Dabei geraten sie mit dem irren Nachrichtenhändler Skorpion aneinander, dessen gut gewachsene Mitarbeiterinnen ständig in Situationen geraten, die sie zwingen, in Dessous herumzulaufen. – Eine Klamotte, in der die Fleischbeschau Triumphe feiert, die Protagonisten in den unpassendsten Augenblicken kopulieren und weder Madame O noch ›teure‹ Mädchen in Erscheinung treten.
Ⓥ UFA (Madame O und ihre Mädchen)

Madame P und ihre Mädchen
(A HOUSE IS NOT A HOME). USA 1964.
R Russell Rouse. **B** Russell Rouse/ Clarence Green. **K** Harold Stine. **M** Joseph Weiss. **D** Shelley Winters (Polly Adler), Robert Taylor (Frank Costigan), Broderick Crawford (Harrigan), Cesar Romero (Lucky Luciano), Ralph Taeger (Casey Booth), Kaye Ballard (Sidonia), Micky Shaughnessy (Sgt. John Riordan), Lisa Seagram (Madge), Meri Welles (Lorraine), Jesse White (Rafferty), Connie Gilchrist (Hattie Miller). **SW** 98 Min.
Die polnische Einwanderin Polly schuftet in einer New Yorker Fabrik und erhält in einem Tanzlokal von zwei Mädchen Tips, wie man Männer anmacht. Daraufhin wird sie prompt von einem Vorarbeiter ihres Betriebes vergewaltigt. Vom Onkel aus dem Haus geworfen, landet Polly bei dem Ganoven Frank, der sie dafür bezahlt, daß sie ihre Freundinnen zu heißen Partys einlädt. Polly wird zur Kupplerin mit eigenem Salon, in dem Gangster, korrupte Politiker und Geschäftsleute verkehren. Sie verliebt sich in den Musiker Casey, doch als er erfährt, welchen Beruf sie hat, ist er sauer und geht. Als Casey zurückkehrt, lehnt Polly seinen Antrag ab: Sie weiß, daß sie mit ihrer Reputation keine glückliche Ehe führen kann. – Die rührselig verfilmte Lebensgeschichte der bekanntesten Puffmutter New Yorks. Ansehbar.

Madame und ihre Nichte
BRD 1969.
R Eberhard Schroeder. **B** Werner P. Zibaso. **K** Klaus Werner. **M** Gert Wilden. **D** Ruth Maria Kubitschek (Michelle v. Obardi), Edwige Fenech (Yvette), Fred Williams (Peter v. Hallstein), Rainer Penkert (Jochen Reiter), Karl Walter Diess (Dr. Fink), Ini Assmann (Amelie), Ann Hellstone (Karin), Valerie Antelmann (Sophie), E.O. Fuhrmann (Juwelier).
F 87 (TV: 82) Min.
Nach dem Tod eines Industriemagnaten lernt dessen Geliebte Michelle seinen Sohn Peter kennen, doch als sie dazu ansetzt, die Krallen nach ihm auszustrecken, erhält sie unerwartet Konkurrenz von ihrer Tochter Yvette. – Ein harmloses Frivolfilmchen, das seine magere Story mit ein paar Kuschel- und Stripszenen aufzupeppen versucht.

Mädchen auf der Matratze
(CROISIÉRE EROTIQUE).
Frankreich 1978.
R Bernard Papeyre. **B** Bernard Papeyre. **K** N.N. **M** N.N. **D** N.N.
F 68 Min.
Zwei lüsterne Paare fallen in der griechischen Inselwelt unter die Räuber.

Mädchen auf Stellungssuche – Der Hostessen-Sex-Report
BRD 1973.
R Dieter Lohmann. **B** Hans Billian.

K Walter Waldeck. **M** N.N. **D** Britt Corvin, Kurt Meineke, Gaby Borck, Josef Moosholzer, Hanni Berelle. **F** 93 Min.
Ein Episodenfilm über Liebe im Auto, die ›Stellungssuche‹ eines jungen Mädchens, die anders ausfällt als geplant, und schlüpfrige Konversationen am Swimming Pool – all das mit entsprechenden Bildbeispielen illustriert.
Ⓥ VPH

Die Mädchen aus der Peep Show
BRD 1983.
R Percy Parker. **B** Thomas Veszelits/ Fritz Müller-Scherz. **K** Reinhard Oefele/Walter A. Franke. **M** Paradise Studio. **D** Eleonore Melzer, Carmen Lenz, Bea Sel, Marianne Wäckerle, Renate Huber, Peter Steiner jr., Fritjof Klausen. **F** 77 Min.
Pseudodokumentation über Frauen, die in Peep Shows arbeiten, dazu einige Filmmeter, in denen die Akteure ›stellungsmäßig‹ zur Tat schreiten. Auch angekündigt unter dem Titel »Blutjunge Biester – Zu allem bereit«. – AT: VERBOTENE LUST IM SPERRBEZIRK.

Mädchen beim Frauenarzt
BRD 1971.
R Ernst Hofbauer. **B** Wolf Romberg/ Manfred Purzer. **K** Klaus Werner. **M** Erwin Halletz. **D** Monika Dahlberg (Erika), Christine Schuberth (Karin), Brigitte Harrer (Brigitte), Evelyn Träger (Ulrike), Marion Abt (Monika), Brigitte Eickhoff (Renate), Jutta Speidel (Inge), Trautl Drechsler (Inges Mutter), Christine Reitmeyer (Anja), Brigitte Reimers (Ada), Christine Grandmontagne (Erna), Ulrich Beiger (Karins Vater), Rolf Castell (Inges Vater), Ralph Persson (Robert), Stephan Kayser (Jürgen), Thomas Fischer (Helmut), Peter Heinrich (Alfi), Michael v. Horbach (Toni), Sascha Hehn (Conny), Gernot Möhner (Bauarbeiter), Stefan Saifert (Herbert). **F** 82 Min.
Dieser pseudo-aufklärerische Spielfilm nach einer Artikelserie in der Tenniezeitschrift *Bravo* plaudert in sieben Episoden über die sexuellen Erfahrungen von Mädchen zwischen fünfzehn und zwanzig, wie sie angeblich in der Praxis eines Gynäkologen vorgekommen sind: Geschichten über Mädchen, die sich auf Abenteuer einlassen, deren Konsequenzen sie nicht absehen: Es geht um Schwangerschaft, Verhüterli, lesbische und nymphomane Erfahrungen sowie Fast-Vergewaltigungen. – »Ausgiebig wird... knospende Weiblichkeit vor der Kamera entschält, und es gibt nicht einmal einen Verzicht auf die Indezenz [= Unschicklichkeit], minutiöse gynäkologische Untersuchungen in Großaufnahme darzubieten. – So ist der Film ungeachtet kundiger Ansatzpunkte nichts anderes als ein weiterer kommerzieller Beitrag zur Förderung sexueller Schaulust.« (Günter Bastian, FILMDIENST).

Die Mädchen der Madame
BRD 1969.
R Günter Schlesinger. **B** Horst Müller. **K** Wolfgang Lührse. **M** Bill Hartmeyer. **D** Christine Dass, Gaby Herbst, Thomas Rau. **F** 76 Min.
Vier Knastologen brechen aus dem Gefängnis aus und kriechen auf dem Landsitz einer schicken Lesbe (Beruf: Boutiquenbesitzerin) unter, die es sich gerade mit vier Dämchen bequem machen will. Der Rest besteht aus Peitschengeknalle, bis es Madame und ihren Gespielinnen gelingt, die Eindringlinge mit Pillen kampfunfähig zu machen. – Ein schludriger Lesbo/Sado-Maso-Krimi, der so recht in die wilden sechziger Jahre paßte, als man noch Alibis (= von Natur aus böser Bube versus männerhassende les-

Sonnyboy und Sugarbaby: Sascha Hehn und Christine Schuberth in *Mädchen beim Frauenarzt* von Ernst Hofbauer

bische Schnepfe) brauchte, um ›Sex‹ auf die Leinwand zu bringen.

Mädchen, die am Wege liegen
BRD 1976.
R Joseph K. Shalbert. **B** Peter Lorry. **K** Peter Baumgartner. **M** Walter Baumgartner. **D** Miriam Lee, Monica Marc, Karin Hoffmann, John Dillinger. **F** (93) 77 Min.
Ein episodischer Streifen über Stellungsspiele, Lesbensex, weibliche Masturbation und Girls, die sich durchs Leben schlagen, indem sie ihre körperlichen Reize einsetzen. – Nicht gerade das, was man eine spannende Geschichte nennt, zumal eine (!) Lesbenszene die Hälfte des Films ausmacht.
Ⓥ Heeres

Mädchen, die es wissen wollen
BRD 1983.
R Volker Boese. **B** N.N. **K** N.N.

M N.N. **D** Marianne Kren, Inge Schön, Hanno Mohr, Heike Grass, Thomas Moll, Malte Rens. **F** 76 Min.
In diesem Film erfahren sie's.

Mädchen, die nach Liebe schreien
Schweiz 1973.
R Michael Thomas [= Erwin C. Dietrich]. **B** Manfred Gregor [= Erwin C. Dietrich]. **K** Peter Baumgartner. **M** Walter Baumgartner. **D** Christa Free (Christa), Kenita Flynn, Turgut, Kurt Meinike, Angelika Schlerff, Rolf Häubi, Roman Huber, Steffi Yagmetti, Tiara Moana. **F** 73 Min.
Christa, ein Fotomodell, das sich in Kopenhagen für Pornos ablichten läßt und während der Arbeit regelmäßig so in Ekstase gerät, daß sie Männer bezahlt, um mit ihr zu schlafen, verliebt sich Hals über Kopf in Fred, doch dessen nicht weniger nymphomanische Kollegin Olga buhlt mit ihrem Körper und schmut-

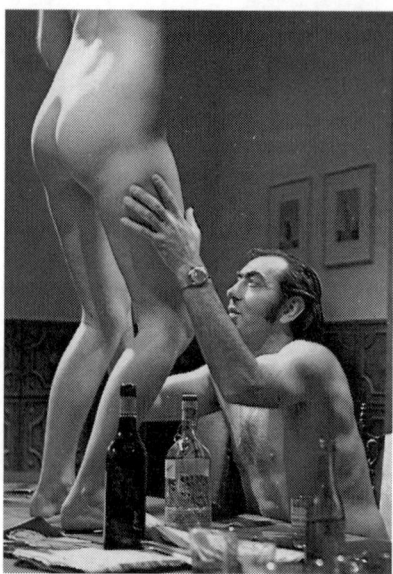

Die Puppen tanzen auf dem Tisch:
Mädchen, die nach Liebe schreien von Michael Thomas

zigen Tricks um seine Gunst. – AT: Mein Körper will genommen sein.

Mädchen, die nach München kommen
BRD 1972.
R Walter Boos. **B** Günther Heller. **K** Klaus Werner. **M** Gert Wilden.
D Elfriede Payer (Cécile), Gerd Arnau (Ernst Kasbauer), Dorit Henke (Ellinor), Christina Lindberg (Anja), Gunther Möhner (Pepi), Ingeborg Moosholzer (Leni Kasbauer), Josef Moosholzer (Otto Baldhammer), Ludwig Wühr (Adolf Gründl), Elisabeth Welz (Frau Baldhammer), Ulrike Butz (Ina), Marlene Rahn (Katja Brüggemann), Ingo Baerow (Kurt Brüggemann), Rosl Mayr (Putzfrau), Karl-Heinz Otto (Weigand), Joachim Hackethal (Brettschneider), Marianne Köddermann (Selma), Horst A. Reichel (Buschrieder), Ernest Menzer (Betterli), Monica Fleischer (Ilse), Wolfgang Reinhard (Knut Bergedorf), Hans Zander (Bauer), Erika Binder (Annette Holt), Dagobert Walter (Uli), Ingrid Steeger (Betty), Gerd Acktun (Karl), Horst Pasderski (Obermeier), Walter Feuchtenberg (Platzl), John Stone (Heinz), Karin Böttcher. **F** 87 (TV: 80) Min.

Die Französin Cécile kommt als Aupair-Mädchen nach München, trickst ein paar alte Geilhuber aus und holt sich den Sohn ihrer Gastgeber ins Bett. Die kühle Gerichtstippse Ellinor entpuppt sich als Freizeit-›Masseuse‹ und gewinnt ihren Amtsvorsteher als Kunden. Das naive Kindermädchen Ina wird von ihrer lüsternen Arbeitgeberin und ihrem Arbeitgeber vernascht. Anja lernt in den Kreisen chaotischer Intellektueller einen jungen Maler kennen, der sich als Mann ihres Lebens entpuppt, und die kesse Betty (Ingrid Steeger mit schwarzer Perücke) angelt sich, da sie um jeden Preis Karriere machen will, einen Fotoreporter und später einen bayerischen Landwirt. – Ein mit Zoten und zweideutigen Dialogen durchsetzter Episodenfilm über Klischee-Landpomeranzen, die in der Metropole Karriere machen wollen und schnurstracks in den Betten irgendwelcher Männer landen. Ⓥ VPS

Mädchen, die sich hocharbeiten
Schweiz 1974.
R Michael Thomas [= Erwin C. Dietrich]. **B** Manfred Gregor [= Erwin C. Dietrich]. **K** Andreas Demmer. **M** Walter Baumgartner. **D** Marianne Dupont, Christa Free, Mika Erras, Iris Indra, Alon d'Armand, Rita Waldenburg, Monika Rhode, Rosi Schubert, Michel Jacot, Kurt Meineke, Roman Huber.
F 73 Min.

Ein Möchtegernstarlet scheitert beruflich an einem zu kleinen Busen, kommt aber nach jeder ›Talentprobe‹ im Bett des jeweiligen Gutachters zurecht.

Mädchen, die sich lieben lassen
Siehe **Obszönitäten**

Mädchen, die sich selbst bedienen
Schweiz 1974.
R Michael Thomas [= Erwin C. Dietrich]. **B** Manfred Gregor [= Erwin C. Dietrich]. **K** Peter Baumgartner. **M** Walter Baumgartner. **D** Marianne Dupont, Martina Domingo, Christa Free, Michéle Marcelle, Rita Waldenberg, Claudia Fielers, Esther Studer, Michel Jacot, Bruno Huber, Alexander Falken, Roman Huber. **F** 66 Min.
Ein lüsterner Knabe schaut sich in einem Sexshop mehrere Kurzfilmchen an. – Ihr wißt schon welche, gell?

Mädchen für intime Stunden
(CELESTINE, BONNE A TOUT FAIRE).
Frankreich 1974.
R Clifford Brown [= Jesus Franco Manera]. **B** Nicole Franco/Jess Franco. **K** Etienne Rosenfeld/Jess Franco. **M** Paul de Senneville/Olivier Toussaint. **D** Lina Romay (Célestine), Howard Vernon (Gaston), Pamela Stanford, Olivier Mathot, Lynn Monteil, Monica Swinn, Jess Franco, Jean-Pierre Bouyxou, Bigottini. **F** 90 Min.
Das junge Freudenmädchen Célestine flüchtet nach der Razzia durch die Polizei auf ein Schloß, betätigt sich dort als Zofe und bringt ihrer verklemmten Herrschaft bei, daß man sich die Zeit auch mit Bettabenteuern vertreiben kann. – Der alte Octave Mirbeau, nach dessen »Tagebuch einer Kammerzofe« (1900) dieses Spektakel entstanden zu sein vorgibt, hätte gewiß ein paar Vorbehalte gegen die Umsetzung seines Stoffes.

Mädchen für verbotene Spiele
(LES FILLES EXPERTES).
Frankreich 1973.
R Anonym. **B** Anonym. **K** Anonym. **M** Anonym. **D** Monique Vita, Brigitte de Borghese, Catherine Laurent, Serge Martino. **F** 87 Min.
Eine Studentin der Medizin besucht das einsam gelegene Schloß eines Grafen und gerät dabei in die Gewalt seiner Lakaien, die darauf aus sind, ihren Herrn umzubringen. Ein Arzt, der in einem in der Nähe befindlichen Dorf praktiziert, kann sie jedoch retten. – Eine zwischen seichtem Horror und Sex dahinplätschernde, recht wirre und zusammenhanglose Story mit vielen Bettszenen.

Mädchen für verbotene Spiele (2)
Siehe **Dancing is my Life**

Mädchen fürs Wochenende
Siehe **Unterm Röckchen stößt das Böckchen**

Mädchen im Internat
(ADOLESCENTES AU PENSIONAT).
Frankreich 1979.
R George Gregory. **B** N.N. **K** N.N. **M** N.N. **D** Dominique Claire, Jean-Paul Armandi, Hamiri Conti. **F** 70 Min.
Die Abschlußklasse eines Mädcheninternats gibt sich alle Mühe, den einzigen männlichen Schüler zu verführen, doch der hat's lieber mit dem Lehrkörper.

Mädchen im Nachtverkehr
Schweiz 1976.
R Jess Franco [= Jesus Franco Manera]. **B** N.N. **K** Peter Baumgartner. **M** Walter Baumgartner. **D** Kali Hansa, Diatta Fatou, Pilar Coll, Yvonne Eduser, Marlies Haas, Esther Moser. **F** (76) 61 Min.
Drei Stripperinnen, die sich als Luxus-Callgirls ein paar Scheine hinzuverdienen, landen in einem orientalischen Bordell und vertreiben sich die Zeit, indem sie einander ihre Vergangenheit erzählen. – An der BRD-Kino-Fassung wurde stark herumgeschnippelt.
Ⓥ VFL (Wilde Lust)

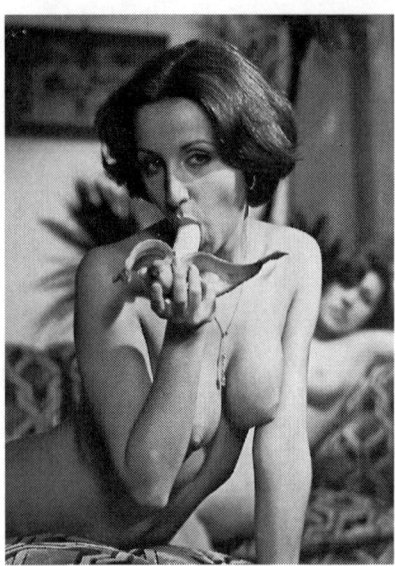

Freudscher Verschlucker? Szene aus *Mädchen im Nachtverkehr* von Jess Franco

Mädchen in der Rückenlage
(STARLET). USA 1970.
R Richard Kantner. **B** David F. Friedman. **K** N.N. **M** Billy Allen. **D** Shari Mann (Carol Yates), Stuart Lancaster (Foster), Chris Mathis (Sonia), John Alderman, Deirdre Nelson, David F. Friedman. **F** 86 Min.
Nachdem der Hollywood-Mogul Foster die Statistin Carol in einem Film zum Star gemacht hat, trennt sie sich von ihm. Fosters Ex-Geliebte Sonia, die einen Pornostreifen besitzt, auf dem Carol aktiv ist, versucht ihre alte Position mit eben diesem Wissen zurückzuerobern – erfolglos. – Eine zusammengestümperte Story über eine skrupellose Weiblichkeit, die, um Karriere zu machen, zu allem bereit ist. Ⓥ Atlantis/VTD

Mädchen in Schwierigkeiten
(GIRL IN TROUBLE). USA 1963.
R Lee Beale. **B** Lee Beale. **K** Leo J. Herbert. **M** Edwin Huttard. **D** Tammy Clark (Judy), Bettina Johnson, Ray Menard. **SW** 64 Min.
Judy, ein Mädchen vom Land, geht nach New Orleans. Einen Mann, der ihr an die Wäsche will, schlägt sie nieder und hält ihn für tot. Sie arbeitet als Mannequin und als Stripperin. Ein Zuhälter zwingt sie, sich vor Voyeuren zu präsentieren. Als sie erkennt, daß sie gar kein Menschenleben auf dem Gewissen hat, zieht sie mit einem Freund von dannen. – In der deutschen Fassung ist von der Geschichte nicht viel übriggeblieben.

Das Mädchen Julius
(LA RAGAZZA DI NOME GIULIO). Italien 1970.
R Tonino Valeri. **B** Tonino Valeri. **K** Stelvio Massi. **M** Riz Ortolani. **D** Silvia Dionisio (Julius), Anna Moffo (Gouvernante), Gianni Macchia, Esmeralda Ruspoli, Livio Barbo. **F** (TV: 91) 97 Min.
Eine alleinstehende Dame der italienischen Gesellschaft hat ihre Tochter auf den Namen Julius taufen lassen. Julius beobachtet das Hausmädchen mit einem jungen Mann bei einem Bums am Strand und wird von ihrer lesbischen Gouvernante verführt. Zwar sucht sie weiterhin sexuelle Kontakte zu Männern, doch eine durch die männerfeindliche Gouvernante erzeugte seelische Verwirrung treibt sie zu einem bestialischen Mord. – Ein Sex-Melodram.

Mädchen – jung und lüstern
(WILD PLAYGIRLS). Frankreich 1982.
R Michel Jean. **B** Michel Jean. **K** Rudolf Rapelli. **M** N.N. **D** Alban Ceray (Alban), Richard Allan (Christian), Doris Champs-Dete, Desirée Pompillon, Christine Neona, Uschi Karnat [= Sandra Nova], Christine Weiss, Laurent Bouttin, Ingrid Barlon, Cathy Stewart. **F** 90 (TV: 82) Min.

Zwei Besitzer einer maroden Werbeagentur, die nur aus dem Chefbüro besteht, gründen in der Villa eines urlaubenden Onkels ein Privatbordell für lüsterne Damen und befriedigen solo und im Duett sexhungrige Damen, die ihre Dessous nur selten ablegen. – Softfassung eines Hardcorepornos. Kompetente Kameraführung und talentierte Akteure sorgen für kurzweilige Unterhaltung. – AT: WILD PLAYGIRLS
Ⓥ Ribu

Das Mädchen Keetje Tippel
(KEETJE TIPPEL). Niederlande 1975.
R Paul Verhoeven. **B** Gerard Soeteman. **K** Jan de Bont. **M** Roger van Otterloo. **D** Monique van de Veen (Keetje Tippel), Rutger Hauer (Hugo), Andrea Domburg (Mutter), Jan Blaaser (Vater), Hanna de Leeuwe (Mina), Eddy Brugman (André), Peter Faber (George), Walter Kous, Carry Tefsen, Jennifer Willems. **F** 109 Min.
Das niederländische Mädchen Keetje Tippel, aus erbärmlichen Veältnissen stammend, kommt gegen Ende des 19. Jahrhunderts mit seinen Eltern und Geschwistern nach Amsterdam, versucht sich in verschiedenen Berufen und nimmt, als ihre an Alkoholismus leidende Schwester Mina ihren Job in einem Bordell verliert, deren Stelle ein, um zum Unterhalt der Familie beizutragen. Nach mehreren Enttäuschungen mit den Männern lernt Keetje den wohlhabenden André kennen und wird seine Frau. – Die Geschichte der niederländischen Fanny Hill.
Ⓥ VPS

Das Mädchen mit der heißen Masche
BRD 1972.
R Hans Billian. **B** Hans Billian. **K** Stanislav Szomolanyi. **M** L. Staidl. **D** Sybil Danning (Andrea), Michael Cromer (Charly), Katja Büchele (Wonnie), Fernando Goméz (Frank), Heinz Peter Schuck (Helmut), Olga Bringmann (Monika), Ula Kopa (Anemone) Felicitas Peters (Doris), Marlene Appelt (Susanne), Nino Korda. **F** 94 Min.

Die Qual der Wahl: Kunde im Hurenhaus. *Das Mädchen Keetje Tippel* von Paul Verhoeven

Zwei ansehnliche Mädchen verschwören sich, um dem attraktiven Briefkastenonkel einer Zeitung das Playboy-Handwerk zu legen: Die blonde Andrea schleicht sich als Hausmädchen bei ihm ein und bringt ihn mit aufreizender Kleidung und frivolem Gerede so auf Touren, daß er schließlich nicht mehr anders kann, als mit ihr in den heiligen Stand der Ehe zu treten.

Mädchen mit offenen Lippen
Schweiz 1972.
R Michael Thomas [= Erwin C. Dietrich]. **B** Manfred Gregor [= Erwin C. Dietrich]/Christine Lembach. **K** Peter Baumgartner. **M** Walter Baumgartner. **D** Nadine de Rangot (Lehrerin), Margrit Sigel, Rena Bergen, Alexander Miller, Carlo Monti, Yvonne Schneider, Melitta Tegeler, Libero Guidi, Steffi Yagmetti, Claude Martin, Herbert Küver. **F** 79 Min.
Nachdem eine Lehrerin in einem Schweizer Internat ihren Zöglingen den Auftrag gegeben hat, eine Arbeit zum Thema ›Vorspiel‹ zu schreiben, nimmt das allgemeine Gestöhne in der Schule und anderswo mächtig zu. – »Ohne das geringste Bemühen um eine plausible Handlung nur eine stümperhafte Aneinanderreihung von Geschlechtsakten mit entsprechenden Dialogen.« (FILM-DIENST).

Mädchen nach Mitternacht
Schweiz 1978.
R Michael Thomas [= Erwin C. Dietrich]. **B** Manfred Gregor [= Erwin C. Dietrich]. **K** Peter Baumgartner.
M Walter Baumgartner. **D** Esther Studer, Monika Kaelin, Brigitte Meier, Ingrid Kehr, Michael Lorenz, Paul Allen, Peter Maeder, Benno Anthon, Walter Conrad, Anita Greuter.
F 77 Min.
Episodische Kopulationsabfolge über die Sexträume reichlich angejahrter Internatsschülerinnen, die den Eindruck erwecken soll, der Weiblichkeit ginge nichts über eine feine Vergewaltigung. Da kann man nur mit den Ohren schlackern. Ⓥ Heeres

Das Mädchen Nanami
(HATSUKOI JIGOKUHEN). Japan 1968.
R Susumi Hani. **B** Susumu Hani/Shuji Tereyama. **K** Yuji Okumura. **M** N.N.
D Akio Takahashi (Shun), Kuniko Ishii (Nanami), Koji Mitsui (Stiefvater), Kazuko Fukuda (Stiefmutter), Minoru Yuasa (Bärtiger), Shinatora (Einäugiger), Ishiro Kimura (Psychiater). **SW** 108 Min.
Der junge Shun verliebt sich in Nanami, die in einem sado-lesbischen Club arbeitet, der von wohlhabenden Voyeuren frequentiert wird: Sie verdient ihren Lebensunterhalt damit, daß sie sich bei der Action von geilen Hechten fotografieren läßt. Der Inhaber des Clubs, der kein Interesse daran hat, daß Außenstehende ihm seine Mädchen abspenstig machen, hetzt Shun einen Killer auf den Hals. –

Akiko Takahashi in *Das Mädchen Nanami* von Susumi Hani

Eine exzellente Milieustudie aus dem japanischen Sexbusiness, ausgezeichnet fotografiert.

Mädchen ohne Männer
Schweiz 1975.
R Michael Thomas [= Erwin C. Dietrich]. **B** Manfred Gregor [= Erwin C. Dietrich]. **K** Peter Baumgartner. **M** Walter Baumgartner. **D** Ursula Maria Schaefer, René Gubser, Rita Waldenberg. **F** 80 Min.
Internatsschülerinnen setzen die grauen Theorien des Aufklärungsunterrichts in die Tat um.
Ⓥ Heeres

Das Mädchen Rosemarie
BRD 1958.
R Rolf Thiele. **B** Erich Kuby/Rolf Thiele/Jo Herbst/Rolf Ulrich. **K** Klaus v. Rautenfeld. **M** Norbert Schultze. **D** Nadja Tiller (Rosemarie), Peter van Eyck (Fribert), Carl Raddatz (Hartog), Gert Fröbe (Bruster), Hanne Wieder (Marga), Mario Adorf (Horst), Jo Herbst (Walter), Werner Peters (Nakonski), Karin Baal (Do), Horst Frank (Student), Erich v. Loewis (v. Killenschiff), Arno Paulsen (Schmidt), Thilo v. Berlepsch (Oelsen), Hubert v. Meyerinck (Kleye), Helen Vita (Eveline), Rith Hausmeister (Frau Hartog).
SW 100 Min.
Die Frankfurter Edelhure Rosemarie Nitribitt avanciert zur Beichtmutter der Industriekapitäne an Rhein, Ruhr, Main und Neckar und erfährt auf ihrem Lotterbett soviel über den realen Kapitalismus, daß sie den Plan entwickelt, aus ihrem Wissen Kapital zu schlagen. Ihre Drohung freilich, im Falle einer Nichtzahlung zu enthüllen, was nicht enthüllt werden darf, führt zur heimlichen Solidarisierung ihrer Liebhaber: Rosemarie muß sterben. Und das tut sie dann auch. – Verfilmung der Lebensgeschichte einer Frankfurter ›Lebedame‹, über deren Ableben ähnliche Spekulationen geäußert wurden.

Mädchen sind sein Steckenpferd
Siehe **Making It**

Mädchen, stillgestanden!
Siehe **Wenn Mädchen zum Manöver blasen**

Mädchen voller Sinnlichkeit
(L'ODYSSÉE DE L'EXTASE). Frankreich 1976.
R John Thomas. **B** N.N. **K** N.N. **M** N.N. **D** Bob Asklof (Paul), Emmanuelle Parese (Jeanne), Monique Phalle. **F** 55 Min.
Ein vom täglichen Einerlei geplagtes Paar peppt seine in Monotonie erstarrte Ehe durch Gruppensex und Partnertausch auf und findet auf einer Orgie wieder zueinander, ohne sich zu erkennen. – Wer's glaubt, wird selig.

Die Mädchen vom Erziehungsheim
(JOUNAL D'UNE MAISON DE CORRECTION). Frankreich 1969.
R Georges Cachoux. **B** Georges Cachaux. **K** Jean-Paul Pradier. **M** Stelvio Cipriani. **D** Veronique Day, Martine Bougeon, Eva Ionesco, Evelyne d'Assas, Dominique Webb, Patricia Lavidange, Richard Martin, Alexandre Fabre. **F** 93 Min.
Die Insassin eines Erziehungsheims antwortet auf eine Heiratsannonce und verschwindet spurlos. Ihre Freundinnen helfen der Polizei bei der Suche und stoßen im Zuge der Ermittlungen auf den üblichen Sumpf von Sex und Sünde. – Ein Schundfilm.

Das Mädchen vom Korallenriff
(AGE OF CONSENT). Australien 1969.
R Michael Powell. **B** Peter Yeldham. **K** Hannes Staudinger. **M** Peter Scult-

horpe. **D** James Mason (Bradley Morahan), Helen Mirren (Cora), Jack MacGowran (Nat Kelly), Neva Carr-Glyn (Ma Ryan), Antonia Katsaros (Isabel Marley), Michael Boddy (Hendricks), Harold Hopkins (Ted Farrell), Slim Da Grey (Cooley), Max Moldrun (Reporter), Frank Thring (Godfrey), Dora Hing (Empfangsdame), Clarissa Kaye (Meg), Judy McGrath (Grace), Lenore Katon (Edna), Diane Strachan (Susie), Roberta Grant (Ivy), Prince Nial (Jasper), Geoff Cartwright. **F** 98 Min.
Angeekelt von der Kunst-Fließbandproduktion zieht sich der Maler Morahan auf eine paradiesische australische Insel zurück, um in einer Hütte zu leben und Inspiration zu suchen. Doch ist er auf dem Eiland nicht allein: Die hübsche Cora kreuzt seinen Weg. Morahan lernt sie kennen und lieben und macht sie zu seinem Modell. Doch bald fällt ein Schatten auf das idyllische Dasein: Coras Großmutter, ein trunksüchtiges Ekel, schafft nur Schwierigkeiten. Als sie nach einer Auseinandersetzung mit Morahan und Cora tödlich verunglückt, ändert sich die Großwetterlage. – Routiniert inszenierte Geschichte über einen frühen Aussteiger.
Ⓥ RCA/Columbia

Das Mädchen von S.E.X.
Siehe **Agentin für Sex**

Die Mädchen von St. Tropez
BRD 1981.
R Gérard Kikoine. **B** N.N. **K** N.N. **M** N.N. **D** Marilyn Jess, Olinka Hardiman, Veronica Celés. **F** 90 Min.
Zwei junge Damen urlauben an der französischen Riviera und tun sich mit einem Kamerateam zusammen, das einen heißen Streifen drehen will. Und den dreht man dann, und zwar allerorten, mit endlosen Orgien und Orgasmen.
Ⓥ IP/Loyal, Beate Uhse

Das Mädchen von Triest
(LA RAGAZZA DI TRIESTE).
Italien 1982.
R Pasquale Festa Campanile. **B** Pasquale Festa Campanile. **K** Alfio Contini. **M** Riz Ortolani. **D** Ben Gazzara (Dino Romani), Ornella Muti (Nicole), Mimsy Farmer (Valeria), Andrea Ferreol (Stefanutti), Jean-Claude Brialy (Prof. Martin), Consuelo Ferrara (Francesca), Romano Puppo (Toni).
F 93 Min.
Der Comiczeichner Dino rettet die attraktive Nicole am Strand von Triest vor dem Ertrinken. Eine leidenschaftliche Affäre beginnt, doch Nicole, die kommt und geht, wie es ihr in den Kram paßt, tischt ihm pausenlos Lügen auf. Als er sie eines Tages berauscht und in provokativer Aufmachung im Café sieht, macht er sich auf, ihr Geheimnis zu ergründen. Nicole ist Patientin einer ›offenen‹ Nervenklinik. Dino will sich mit seiner Exgeliebten Valeria trösten. Er glaubt, seine Liebe könne Nicole heilen, doch das Zusammenleben wird immer problematischer. Nicole bricht ständig aus ihrer Beziehung aus. Schließlich sucht sie den Freitod im Meer. – »Spannungslos und geschmäcklerisch inszenierte Kolportage mit platitüdenreichen Dialogen; auch darstellerisch schwach.« (FILMDIENST).

Mädchen zum Mitnehmen
(GIRL WITH AN ITCH). USA 1958.
R Ronnie Ashcroft. **B** Peter Berry/E. Shayer Heath/J.M. Kude. **K** Brydon Baker/Glenn MacWilliams. **M** Günter Kauer. **D** Kathy Marlowe (Mary Lou), Robert Armstrong (Cooper jun.), Robert Clark (Cooper sen.).
SW 78 Min.
Ein blondes Luder namens Mary Lou nistet sich auf der Farm des verwitweten Mr. Cooper ein und verdreht ihm den Kopf, bis er ihr verfallen ist und sie mit

teuren Geschenken überhäuft. Doch Cooper jun. hat ein wachsames Auge auf das verdorbene Biest, und nachdem Mary Lou die Maske hat fallen lassen, setzen Vater und Sohn sie vor die Tür.

Mädchen zwischen Sex und Sünde
(THE ALLEY CATS). USA 1966.
R Radley Metzger. **B** Peter Fernandez.
K Hans Jura. **M** N.N. **D** Anne Arthur (Leslie), Charlie Hickman (Logan), Karin Field (Agnes), Sabrina Koch (Irena), Harald Baerow (Christian), Uta Levka (Sheila). **F** 76 Min.
Leslie fühlt sich von der Liebe ihres Verlobten Logan nicht ausgefüllt. Auf einer Party erkennt sie ihre latenten bisexuellen Neigungen, will sich das Leben nehmen und läßt sich von der lesbischen Malerin Irena verführen. Logan rettet Leslie für die Männerwelt; sie findet zu ihm zurück. Und wenn sie nicht gestorben sind…

Mädchen, komm, die Liebe juckt
Siehe **Junge Mädchen mögens heiß, Hausfrauen noch heißer**

Mädchenhandel lohnt sich nicht
(MASSACRE POUR UNE ORGIE). Frankreich 1966.
R Jean-Loup Grosdard. **B** Chris Pentel/Jean-Loup Grosdard. **K** Jean-Jacques Renon. **M** Glenn Buschmann.
D José Diaz (Kapitän Joe), Willy Braque (Willy), Joel Barbouth (Mekki), Gilbert Wilmark (Zucker), Pierre Cabanne (Miarkos), Jean Dumaine (Alfredo), Valentine Pratz (Nicole), Nicole Karen (Barbara), Florence Giorgetti (Florence), Syd Phyllo (Vera), Christa Nelli (Marion), Jean-Pierre Pontier (Inspektor Jean), Gaston Meunier (Kommissar), Jean Tissier (Seemann), Dany Jacquet (Janine), Maria Mynh (Mitsuko), Beatrice Cenci (Dedé). **SW** 82 Min.

Szene aus *Mädchenhandel lohnt sich nicht* von Jean-Loup Grosdard

Eine Lumpenbande, die mit Mädchen und Drogen handelt, wird, nachdem sie im ›Warenlager‹ ausgiebig zum ›Test‹ geschritten ist, von der Polizei niedergemäht. Der Hauptteil des Films besteht aus lesbischen/heterosexuellen Szenen, klatschenden Peitschen und Gekille – wie es nach Meinung des Regisseurs Jean-Loup Grosdard im Milieu so zugeht. Das ist natürlich nicht im Mindesten erotisch, war aber ebenso wie die Nudies der fünfziger Jahre so beabsichtigt. Der Film, der 1966 in Cannes (!) lief, ist ein flink zusammengeschusterter Montagesalat aus dem Abfalleimer einer Schneidewerkstatt. Von weiteren Regiearbeiten Grosdards hat die Welt nie gehört, und mindestens einer der Akteure (Willy Braque) ist später zum Hardcore-Porno abgewandert.

Die Mädchenhändler
Schweiz 1972.
R Michael Thomas [= Erwin C. Dietrich]. **B** Manfred Gregor [= Erwin C. Dietrich]. **K** Peter Baumgartner.
M N.N. **D** Nadine De Rangot, Walter Bustelli, Margrit Sigel, Rolf Häubi, Chitta, Rena Bergen, Josef Moosholzer, Libero Guidi, Monica Marc, Turgut, Ilonka List, Claudia Fielers.
F 80 Min.

Üppige Girls, die an einem ›Miss Busen International‹-Wettbewerb teilnehmen, werden ohne ihr Wissen von anwesenden Profifleischhändlern ersteigert und ihrer wahren Bestimmung zugeführt: Als Gunstgewerblerinnen sollen sie in verschiedenen Bordellen tätig werden. – »Der Film zeigt schonungslos die Machenschaften... der Mafia«, meinte weiland die Werbung. Der Filmmafia?

Madeleine Tel. 13 62 11
BRD 1958.
R Kurt Meisel. **B** Willi Berthold/ Felix Lützkendorf. **K** Kurt Grigoleit.
M Willi Mattes. **D** Eva Bartok (Madeleine), Sabina Sesselmann (Karin), Ilse Steppat (Frau Clavius), Alexander Kerst (Gert Klaiber), Heinz Drache (Wolf Siebert), Alfred Balthoff (Semler), Kai Fischer (Rebecca), Tilly Lauenstein (Thekla), Werner Stock (Müller), Edith Hancke (Edith), Stanislav Ledinek (Nikki Maybach), Cora Roberts (Gertie), Shari Khan (Janine), Rolf Weih (Alfonso). **SW** 84 Min.

Eine Kriminologiestudentin, die eine Dissertation zum Thema Prostitution schreiben will, recherchiert mit Hilfe einer im Gewerbe tätigen Bekannten in einem Berliner Edelpuff und gerät in haarige Situationen, bis unsere Freunde und Helfer den Laden hochnehmen. – Ein Nuttenfilm aus der Zeit, als der Mord an dem Frankfurter Callgirl Rosemarie Nitribitt Schlagzeilen machte.

Mädels, Mieder, Millionäre
(THE SWINDLE). USA 1991.
R Jason Holt. **B** Jason Holt. **K** N.N.
M N.N. **D** Robby West, Britt Houston, Bobby Tess, Elaina Dunn, Samantha Fong. **F** 85 Min.

Der Jungmakler Jeffrey, der eine Villa auf den Hügeln von Los Angeles an den Mann bringen soll, und der mit dem heißen Schlitten seines Vaters herumkurvende Nichtstuer Dude stellen mit Hilfe getürkter Videos eine Agentur auf die Beine, die für fünftausend Dollar Provision angebliche Millionäre (sie selbst) an Mädchen verkuppelt. Die Damen, die gern einen reichen Mann hätten, sind üppig und gern bereit, sich vor der Kamera auszuziehen – doch dann hauen ein skupelloses Flittchen und ein alter Ganove die beiden übers Ohr und ruinieren sie. – Ein amateurhafter Softsexer, der in den ›entscheidenden‹ Szenen mit Zeitlupe arbeitet und hauptsächlich Vorder- und Hinteransichten sich wollüstig wälzender Strapsweiber bietet. Das ganze Personal ist unfähig, einen vernünftigen Satz zu bilden.

Making it
(MAKING IT). USA 1970.
R John Erman. **B** Peter Barth.
K Richard C. Glouner. **M** Charles Fox.
D Kristoffer Tabori (Phil Fuller), Marilyn Mason (Yvonne), Bob Balaban (Wilkie), Joyce van Patten (Betty Fuller), Lawrence Pressman (Mallory), Louise Latham (Mrs. Wilson), Dick van Patten (Warren), John Fiedler (Ames), Sherry Miles (Debbie), Denny Miller (Skeeter), Doro Merande (Bibliothekarin), Maxine Stuart (Miss Schneider), Tom Troupe (Dr. Shurtleff), David Doyle (Fanning), Carol Arthur (Mrs. Warren), Paul Appleby (Ray), Pamela Hensley (Barmädchen).
F 97 Min.

Die Bettgeschichten eines zynischen

siebzehnjährigen Oberschülers, der außer Sex nichts im Kopf hat, es mit einer Lehrersgattin treibt, seiner Mutter eine Abtreibung besorgt und sich durch das Leben vögelt. – Ein mehr als zwiespältiger ›Jugendfilm‹. – AT: MÄDCHEN SIND SEIN STECKENPFERD.

Malizia
(MALIZIA). Italien 1973.
R Salvatore Samperi. **B** Ottavia Jemma/ Salvatore Samperi/Alessandro Parenzo. **K** Vittorio Storaro. **M** Fred Bongusto. **D** Laura Antonelli (Angela La Barbera), Turi Ferro (Don Ignazio La Brocca), Alessandro Momo (Nino), Tina Aumont (Luciana), Lilla Brignone (Oma), Pino Caruso (Don Cirillo), Angela Luce (Witwe Corallo), Gianluigi Chirizzi (Nuccio), Stefano Amato (Porcello), Massimiliano Filoni (Enzio). **F** 97 Min.

Nach dem Tod der Frau des Textilhändlers Ignazio führt die zwanzigjährige Angela ihm und seinen drei Söhnen den Haushalt. Ihr Charme führt dazu, daß Ignazio und sein Filius Nuccio (achtzehn) ihr bald den Hof machen. Sohn Nino (vierzehn), ebenfalls unsterblich in die keusche Schöne verliebt, versucht mit allen Mitteln – und vielen schrägen Zügen – zu verhindern, daß Vater und Bruder ihr Ziel erreichen. Als Ignazio Angela einen Antrag macht, den sie annimmt, vorausgesetzt, die Kinder stimmen zu, schwindelt Nino Pastor Cirillo und der Familie vor, Mama erscheine ihm im Traum: Ein böses Omen! Angela erkennt, daß er Mama nur vorschiebt, um privat bei ihr ans Ziel zu kommen: Nino drängt sie zu bizarren Sexspielen, denen Angela schrittweise nachgibt, und in einer finsteren Gewitternacht ergreift sie die Initiative. Nachdem Nino in ihren

Laura Antonelli als Dienstmädchen und Alessandro Momo als geiler Bub in *Malizia* von Salvatore Samperi

Armen seine Unschuld verloren hat, gibt er bekannt, Mama sei mit der geplanten Heirat einverstanden. – Eine nicht üble Sexkomödie, die allerdings die Motivationen der Heldin nicht klärt.

Man and Wife – Alles über die körperliche Liebe
(MAN AND WIFE). USA 1969.
R Anonym. **B** Anonym. **K** Anonym. **M** Anonym. **D** Andreas Kranich, Birgit Müller, Rosanna Romana. **F** 62 Min.
Ein Prickteaser für Arme, der in öder Umgebung zu schlaffer Musik mit nichtssagendem Kommentar neunundvierzig Stellungen demonstriert, die angeblich ein erfülltes Liebesleben ausmachen. Da weder Regisseur noch sonst jemand für diesen Kappes namentlich geradestehen wollte, sind auch die Namen der Akteure mit Vorsicht zu genießen: Andreas Kranichs und Birgit Müllers kommen in den USA recht selten vor, ganz zu schweigen davon, daß US-Ehemänner sich ›Husbands‹ nennen.
Ⓥ ITT Contrast, VPS

Manche liebens kühl
(SOME LIKE IT COOL). GB 1962.
R Michael Winner. **B** Michael Keatering. **K** Alex Sheridan. **M** Jack Brown/Cyril Paine. **D** Julie Wilson, Wendy Smith, Brian Jackson, Marc Rolland. **F** 78 Min.
Nudistenfilm über junge Leute, die zuerst gegen FKK sind, aber nach einem Besuch im Land der Sonnenanbeter recht schnell vom Gegenteil überzeugt werden. Ein typisches Produkt der sechziger Jahre, in denen man noch von ›gesundem Leben‹ faseln mußte, um ein Alibi zu haben, nackte Frauen auf die Leinwand zu bringen. – Ein früher Film des Briten Michael Winner, dem wir auch so schöne Nieten wie EIN MANN GEHT ÜBER LEICHEN (1973), EIN MANN SIEHT ROT (1974) und DIE VERRUCHTE LADY (1982) verdanken.

Manche mögens prall
BRD 1981.
R Sigi Krämer. **B** Sigi Krämer/Wolfgang v. Schiber. **K** Franz X. Lederle. **M** Jonathan Hannan/John Palmer. **D** Chris Lemmon (Albert Zack), Olivia Pascal (Holly Fox), Dolly Dollar (Christina), Marilyn Joi (Debbie Winter)), Carol Davis (Contessa Bazzani), Teresa Ganzel (Lisa Foster), Otto W. Retzer (Gangster), Corinne Alphen. **F** 80 Min.
Ein cleverer Werbefritze namens Albert Zack ist im Auftrag eines darbenden Büstenhalterfabrikanten unterwegs, um geeignete Modelle für dessen neue Reizwäschekollektion aufzutreiben. – »Und da die Damen prall… sind, ist auf weitere Ideen verzichtet worden.« (FILMJAHR 1981/1982).
Ⓥ PolyGram

Manji – Die Liebenden
(MANJI). Japan 1964.
R Yasuzo Matsumura. **B** Kanendo Shindo. **K** Sersuyo Kobayashi. **M** Tadashi Yamauchi. **D** Ayaka Wakao (Mitsuko Tokumitsu), Kyoko Kishida (Sonoko Kakiuchi), Yusuke Kawazu (Eijiro Watanuki), Eiji Funakoshi (Kotaro Kakiuchi). **F** 74 Min.
Sexuell frustrierte Anwaltsgattin verliebt sich beim Zeichenunterricht in eine Mitschülerin und fängt mit ihr ein lesbisches Verhältnis an, in das später auch ein zweifelhafter männlicher Charakter Zutritt findet. Doch der Sex zu dritt führt zu Erpressung und Ruin fast aller Beteiligten.

Der Mann, der die Frauen liebte
(L'HOMME QUI AMAIT LES FEMMES). Frankreich 1977.
R François Truffaut. **B** François Truf-

Der Mann, der die Beine liebte: Charles Denner in *Der Mann, der die Frauen liebte* von Francois Truffaut

faut/Michel Fermaud/Suzanne Schiffman. **K** Nestor Almendros. **M** Maurice Jaubert. **D** Charles Denner (Bertrand Morane), Brigitte Fossey (Geniviéve Bigey), Nelly Borgeaud (Delphine Grezel), Geniviève Fontanel (Hélène), Nathalie Baye (Martine Desdoits), Sabine Glaser (Bernadette), Valérie Bonnier (Fabienne), Anna Perrier (Babysitter), M.J. Montfajon (Bertrands Mutter), Leslie Caron (Vera), Nella Barbier (Liliane), Jean Dasté (Urologe), Francois Truffaut. **F** 119 Min.
Bertrand erblickt ein paar faszinierende Frauenbeine und bemüht sich, die dazugehörige Dame ausfindig zu machen, doch als er sie endlich findet, trägt sie – oh, Frust! – Hosen. Eine andere langbeinige Dame, die in einem Schaufenster eine Puppe mit Dessous bekleidet, meint, er sei zu alt für sie, obwohl sie nicht jünger ist als er. Bertrand schreibt seine Memoiren, in denen er sein lebenslanges Sehnen nach der idealen Frau und seine Abenteuer bei der Suche nach derselben beschreibt, und findet in der Lektorin Geniviéve eine interessierte Leserin. Er beginnt eine Affäre mit ihr. Eines abends läuft Bertrand hinter einem neuen faszinierenden Beinpaar her und wird von einem Auto überfahren. Die Beine einer Krankenschwester werden ihm zum Verhängnis: Als er, von ihnen magisch angezogen, aus dem Bett klettern will, reißt er sich die Infusionsschläuche aus dem Leib und stirbt. – Bertrand liebt vorrangig Frauen*beine*, und die bekommt man in diesem tragikomischen Film zahlreich zu sehen: Wenn die Kamera über sie hinweggleitet, zeigt sie, daß sie für Bertrand der Mittelpunkt des Universums sind. Und daß die Beine der

an seinem Grab trauernden Frauen von unten aufgenommen werden, deutet an, daß sie Spaß am Exhibitionismus hatten. Sehenswert.
Ⓥ Atlas

Mann, ist das ein Ding
Siehe **Komm, wir machen Liebe**

Der Mann mit dem goldenen Pinsel
(LE UOMO DAL PENNELLO D'ORO). BRD/Italien 1969.
R Franz Marischka. **B** Horst Hächler. **K** Klaus Werner. **M** Karl Bette/Raimund Rosenberger. **D** Willy Colombini (Archie), Marcella Michelangeli (Luisa), Dick Randall, Rainer Basedow, Edwige Fenech. **F** 86 Min.
Der Pop-Art-Künstler Archie, in Wahrheit ein gewöhnlicher Scharlatan, legt die blasierte, von keinerlei Kunstverständnis beleckte Schickeria herein, ist aber zumeist mit Dingen beschäftigt, bei denen sein fleischfarbener Pinsel zum Einsatz kommt. – Als Ulk aufgezogenes Ausziehfilmchen, bei dem vor allem Fleisch- und Dessous-Fans auf ihre Kosten kommen.
Ⓥ Scala

Mann, oh, Mann
Siehe **Sex Appeal**

Männer in den besten Jahren
Siehe **Total versext**

Männer mögen's heiß
Italien 1985.
R Giuliano Carnimeo. **B** Wolfgang Burmann. **K** Nino Celeste. **M** N.N. **D** Renzo Montagnani, Cannavale, Bombolo, Nadia Cassini, Maria Luisa San Jose, Paco De Cecilio, Yorgo Voyagis. **F** 88 Min.
Der Lechzbold Aldo verguckt sich in die kesse Erika, verliert daraufhin den Verstand und ein gewinnträchtiges Lotterielos und macht sich mit seinem Kumpel Gaetano auf, die Schöne zu suchen. Erika scheint jedoch von allen Männern gesucht zu werden: Von dem Papagallo Arturo, von dem Playboy Nicky, und von Giorgio, ihrem ›Verlobten‹. – Italienische Klamotte mit Sexeinlagen und infantilem Humor.
Ⓥ VPS

Die mannstollen Weiber
(DEN SVARA PRÖVNINGEN). Schweden 1969.
R Torgny Wickman. **B** Torgny Wickman/Inge Ivarson. **K** Lars Björne/Sven Thermaenius. **M** Mats Olsson. **D** Jarl Borssén, Diana Kjaer, Margit Carlqvist, Magali Noel, Annegrete Nissen, Lissi Alandh, Solveig Andersson, John Elfström, Dirch Passer, Cornelis Vreeswijk, Hakan Westergren, Ake Fridell. **F** 83 Min.
Mit magischen Kräften versehene Nachfahrin einer im Mittelalter vom Klerus wegen Hurerei hingerichteten Magd nimmt späte Rache an einem jungen Pastor, indem sie ihn sexuell dermaßen aufputscht, daß er sich zu einem Sexprotz entwickelt. – Ein in jeder Beziehung ›fantastischer‹ Film.

Mariannes süße Versuchung
Siehe **Privat-Club für intime Spiele**

Marilyn – Geheimste Leidenschaften
(MARYLIN, MON AMOUR). Frankreich/Schweiz 1985.
R Michel Leblanc [= Michel Lemoine]. **B** Michel Leblanc [= Michel Lemoine]. **K** Philippe Theaudiere. **M** Gary Sandeur. **D** Olinka Hardiman (Amour), Gabriel Pontello (Louis), André Kay (Parfait), Christoph Grosso [= Christophe Clark] (Albert). Marilyn Jess, Isa Dery, Mina Sole, Jenny, Jean-Pierre Armand. **F** 90 (TV: 63) Min.

Der Rennfahrer Parfait und sein Manager Louis übernachten in einem Hotel, dessen Personal die Gäste sexuell verwöhnt. Während Louis es mit willigen Damen treibt, denkt Parfait nur ans Training. Dann verknallt er sich in die Sängerin Amour, die von einer Karriere im Pariser Olympia träumt. Da sie sich unwillig zeigt, ihn zu ehelichen, entführt er sie, und darf nach einer Raststättenorgie mit ihr ins Bettchen hüpfen. – Langweiliger Sexer ohne jede Logik; ein wüst verschnittener Pornofilm. – AT: MARYLIN.
Ⓥ Mike Hunter

Marilyn – Heiß wie ein Vulkan
(INSIDE MARYLIN II/MARILYN IN LOVE). Schweiz 1985.
R Michel Leblanc [= Michel Lemoine]. **B** Michel Leblanc [= Michel Lemoine]. **K** Francis Abôut. **M** Gary Sandeur. **D** Olinka Hardiman (Mitzi), Gabriel Pontello (Renato), Claus Bini (Dan Butler), Dominique Gérard, Elinia Martinelli, Pierre Martinelli, Gérard Gregory.
F 75 Min.
Als die Schauspielerin Mitzi nach einem Bums im Studio ihren Geliebten Dan in der Garderobe beim Gruppensex erwischt, kehrt sie zu ihrem Ex-Lover Renato zurück und nimmt eine lesbische Beziehung mit der ihr nachgereisten Garderobiere auf. Dan unternimmt einen Selbstmordversuch; Mitzi kehrt zu ihm zurück, zahlt es ihm aber heim, indem sie es mit einem Kollegen treibt. – Annehmbar fotografierter, jedoch sehr handlungsarmer Softporno, in dem ein Swimming Pool eine tragende Rolle spielt.

Marilyne – Feuchte Träume aus Paris
Siehe **Marilyne – Im Paradies der Sinnlichkeit**

Marilyne – Im Paradies der Sinnlichkeit
(MARILYNE).
Frankreich/Spanien 1976.
R Jean Luret. **B** N.N. **K** Domingo Solano. **M** N.N. **D** Monique Miriel, Angel Aranda, Marie Pascal, Pierre Chardoux. **F** 76 Min.
Aus Wut, weil Mama ihren Freund umschwirrt, reist Marilyne mit ihrer auch dem weiblichen Geschlecht nicht abholden Freundin Veronique zu Papa nach Spanien, doch auch der hat auch keine Zeit für sie; er treibt's lieber mit seiner eigenen Geliebten, und Veronique kommt gerade recht. – AT: MARYLINE – FEUCHTE TRÄUME AUS PARIS.
Ⓥ World

Marquis de Sade: Justine
(JUSTINE OVVERO LA DISAVENTURA DELLA VIRTU / LES INFORTUNATES DE LA VERTU).
BRD/Italien/Frankreich 1968.
R Jess Franco [= Jesus Franco Manera]. **B** Arpad de Riso/Erich Kröhnke. **K** Manuel Merino. **M** Bruno Nicolai. **D** Romina Power (Justine), Maria Rohm (Juliette), Klaus Kinski (Marquis de Sade), Harald Leipnitz (Maler), Horst Frank (Baron), Sylvia Koscina, Mercedes McCambridge (Mörderin), Howard Vernon, Jack Palance, Akim Tamiroff, Rosemary Dexter. **F** 90 Min.
Der Marquis De Sade (verkörpert vom völlig desinteressierten Klaus Kinski, der seinen Gig wahrscheinlich in dreißig Minuten abgerissen hat, um dann mit der Gage in die nächste Cantina zu entschwinden) sitzt im Kerker und bringt seine Phantasien über Gut und Böse zu Papier – auf das der Zuschauer durch die Geschichte der Waisen Justine und Juliette erkenne, daß nur die im Leben weiterkommen, die skrupellos über Leichen gehen. Während die kaltblütige

Die Marquise von Sade

Lina Romay (links) und Martine Stedil in *Die Marquise von Sade (Das Bildnis der Doriana Gray)* von Clifford Brown

Juliette es vom Freudenmädchen immerhin zur Geliebten eines adeligen Ministers bringt und durch blutige Verbrechen zu Macht und Reichtum gelangt, fällt ihre ehrbare Schwester Justine, die ein gottgerechtes Leben führen will, in die lüsternen Pfoten der Vereinigung der ›Freunde des Verbrechens‹, die sie sexuell mißbrauchen und erniedrigen. – Ein Film der Firma Schnellschuß & Schundig – von schwerfälliger Hand inszeniert, von Untalenten gespielt, und von Analphabeten geschrieben.

Die Marquise von Sade
Schweiz 1976.
R Clifford Brown [= Jesus Franco Manera]. **B** Jesus Franco Manera.
K Peter Baumgartner/Jesus Franco Manera. **M** Walter Baumgartner. **D** Lina Romay (Doriana Gray), Monica Swinn, Raymond Hardy, Peggy Markoff, Renato Romando, Stewart Black, Pamela Stanford, Olivier Mathot.
F 68 Min.

Doriana Gray lebt in einem großen Kastell und erhält Besuch von Frauen und Männern, mit denen sie es treibt, bis sie unter nicht ganz klaren Umständen sterben. Ihre Zwillingsschwester hält sich derweil in einer Nervenklinik auf, wo sie Dorianas sexuelle Aktivitäten per Telepathie (?) miterlebt. Falls Doriana nicht gerade im roten Negligé durch ihr Schloß wandert, steht die Kamera auf dem Unterleib ihrer fingerfertigen Schwester. – Der Hauptteil dieses Films besteht aus Schnittabfällen des Sex and Crime-Opus DIE SKLAVINNEN (1976). Und natürlich steht er weder in Beziehung zu Oscar Wilde noch zu De Sade.
Ⓥ VFL

Maßlose Teenager
Siehe **Der neue heiße Sexreport: Was Männer nicht für möglich halten**

Massagesalon der jungen Mädchen
BRD 1972.
R Eberhard Schroeder. **B** Werner P. Zibaso. **K** Hanns Matula. **M** Hans Martin Majewski. **D** Elisabeth Volkmann (Sonja), Felix Franchy (Per), Lukas Ammann, Maria Raaber, Dagobert Walter, Steve Wyatt, Rainer Fischer, Mai Ling Shan, Ingrid Steeger, Georgia Dillans, Josef Moosholzer, Astrid Boner, Rosl Mayr, Hasso Preiss. **F** 87 (TV: 82) Min.
Der schicke Illustriertenreporter Per erhält den Auftrag, eine Reportage über sogenannte Massagesalons zu schreiben. Im Flugzeug lernt er die fingerfertige Sonja kennen, die eine Nacht mit ihm verbringt, und im Zuge seiner Recherchen, die ihn durch allerlei obskure Sexetablissements führen, muß er sich der Tatsache stellen, daß sie Europas Starmasseuse ist und einen eigenen Laden führt. – AT: Therapie d'Amour.
Ⓥ Euro

Die Massagesalons von Bangkok
(MASSAGE GIRLS). Thailand 1979.
R John Armorn. **B** Tiron Sirivat. **K** Eddie Wong. **M** Ben Satja. **D** Varee Pornsavan, Mariam Boonkong, Virot Paosorn, Supreeya Vichit, Nop Nirun, Seni Suntrorn. **F** 77 Min.
Zwei Männer ziehen auf einer ›Sex-Reise‹ durch Bangkok und kommen mit schweren Jungs und leichten Mädchen in Kontakt.

Mata Hari
(MATA HARI). USA 1984.
R Curtis Harrington. **B** Joel Ziskin. **K** David Gurfinkel. **M** Wilfrid Josephs. **D** Sylvia Kristel (Mata Hari),

Sylvia Kristel (links) als Mata Hari und Taylor Ryan als Gräfin in *Mata Hari* von Curtis Harrington

Christopher Cazenove (Karl v. Bayerling), Oliver Tobias (Ladoux), Gaye Brown (Frl. Doktor), Gottfried John (Wolff), William Fox (Maitre Clunet), Michael Anthony (Herzog Montmorency), Vernon Dobtcheff (Staatsanwalt), Anthony Newlands (Baron Joubert), Brian Badcoe (Gen. Messigny), Tutte Lemkow (Ybarra), Taylor Ryan (Contessa), Tobias Rolt (Jean Prevost), Victor Langley (Col. Michaud), Nicholas Selby (Von Jagow), Malcolm Terris (Von Krohn), Carlos Sutton (Schlesser), Neil Robinson (Manager), Derek De Lint, Agnes David, Odon Gyalog, Ferenc Nemethy. **F** 108 Min.

Im Ersten Weltkrieg wird die Tänzerin Mata Hari gezwungen, als Spionin für den deutschen Geheimdienst zu arbeiten. Angeleitet von Hauptmann Karl von Bayerling, mit dem sie eine sexuelle Beziehung unterhält, treibt sie es mit der französischen Prominenz und Ladoux, Bayerlings Gegenspieler. Als Matas Geschäfte bekannt werden, endet sie vor einem Exekutionskommando. – »Kristel ist keine sonderlich talentierte Schauspielerin, und ihre größte Gabe besteht darin, selbst dann gelassen zu wirken, wenn sie nackt ist und von einer Bande orientalischer Piraten belästigt wird, und in diesem Film hat sie jede Menge Gelegenheiten, ihren immer noch attraktiven Körper herzuzeigen, wenn sie für ihre deutschen Herren Informationen über die Stärke der französischen Truppen sammelt.« (THE MOTION PICTURE GUIDE).

Matratzen-Horchdienst
Siehe **Liebesmarkt**

Matratzentango
BRD 1973.
R Eberhard Schroeder. **B** Fred Denger. **K** Klaus Werner. **M** N.N. **D** Rinaldo Talamonti (Ugo), Dorothea Rau (Ursula), Franz Muxeneder, Eva Mattern. **F** 88 Min.

Da der italienische Müllkutscher Ugo bei der deutschen Jungfrau und Beamtentochter Ursula wegen allzu großer Standesunterschiede nicht landen kann, gewinnt er ihr Herz durch sportliche Leistungen: als Radfahrer. – Ein Sexfilm typisch germanischer Machart, in dem Gastarbeiterquartiere und der bayerische Wald zu Voglertreffpunkten umfunktioniert werden. Ⓥ VPS

Die Mausefalle im Stundenhotel
(LA CAMERIERA SEDUCE I VILLEGGIANTI). Italien 1981.
R Aldo Grimaldi. **B** N.N. **K** Angelo Lotti. **M** Piero Umiliani. **D** Anna Maria Rizzoli (Maria Cesares), Carlo Giuffre (Orazzio Cesares), Isabella Bignani, Pippo Santonastaso, Giorgio Bracardi, Isa Pometti. **F** 85 Min.
Fremdgänger und Ganoven treffen sich unabhängig voneinander in einem italienischen Hotel, bis es zu den üblichen Verwechslungen kommt.
Ⓥ Cannon/VMP

Mazurka im Bett
(MAZURKA PA SENGEKANTEN). Dänemerk 1970.
R John Hilbard. **B** Bob Ramsing. **K** Erik Wittrup Willumsen. **M** Ole Hoyer. **D** Ole Söltoft (Max Mikkelsen), Axel Ströbye (Otto Bosted), Annie Birgit Garde (Erna Bosted), Birthe Tove (Line Bosted), Karl Stegger (Barneweller), Annegrete Nissen (Erica Bosted), Paul Hagen (Herbert Holst), Gunilla (Nadja), Susanne Jagd (Mädchen), Christoffer Bro, Jörn Bille, Carsten Brandt, Freddie Andersen, Sten Fröhne (Studenten). **F** 91 Min.
Der verklemmte Studienrat Max soll Internatsdirektor werden, doch dies ist nur möglich, wenn er eine Ehefrau vorweisen kann. Die Schülerinnen, die ihn gern

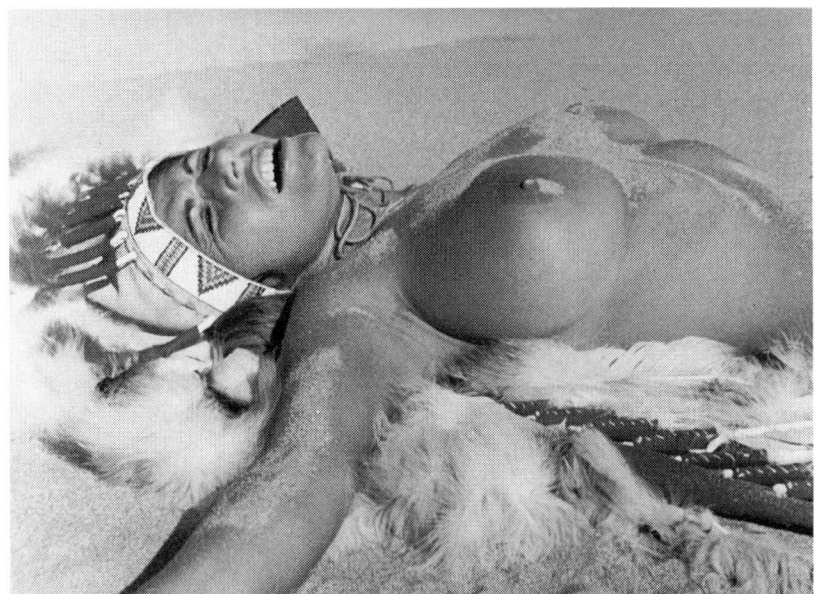

Uschi »Mops« Digard im Rausch der Begierde: *Megavixens* von Russ Meyer

zum Direx hätten, blasen zur Attacke, um ihm die Hemmungen zu nehmen; die Schüler schicken ihm leichte Mädchen ins Haus, und die Damen, die sich gern ›Frau Direktor‹ nennen würden, lassen sich auch etwas einfallen. – Harmloses Sexlustspiel. – AT: WO SIND DIE SÜSSEN DÄNINNEN?

Megavixens
(CHERRRY, HARRY AND RAQUEL).
USA 1969.
R Russ Meyer. **B** Russ Meyer Tom Wolfe. **K** Russ Meyer. **M** Igo Kantor/ William Loose. **D** Linda Ashton (Cherry), Larissa Ely (Raquel), Charles Napier (Harry), Astrid Lillimor [= Uschi Digard] (Soul), Bert Santos (Enrique), Franklin H. Bolger (Franklin), Michele Grand (Millie), John Milo (Apache), Robert Aiken (Tom), Michael Lane (Dr. Lee), John Koester (Tankwart), Daniel Roberts (Bote).
F 71 Min.

Der korrupte Sheriff Harry, der Mexikaner Enrique und ein mysteriöser Apache schmuggeln im Auftrag des sexverrückten Mr. Franklin Marihuana von Mexiko nach Texas. Als der Apache sich selbständig macht, befiehlt Franklin seinen Tod. Nach einem fehlgeschlagenen Attentat holt der Apache zum Gegenschlag aus. Falls die Akteure seinen Kugeln nicht gerade ausweichen, wälzen sie sich mit lüsternen Weibern im Bett. – Eine wirre Story, in der es hauptsächlich, wie immer bei Russ Meyer, um geile Hengste und Frauen mit Riesenbrüsten geht, die nicht abgeneigt sind, auch beim eigenen Geschlecht aktiv zu werden.

Mei Hos ist in Heidelberg geblieben
Siehe **Jagdrevier der scharfen Gemsen**

Mein Körper will genommen sein
Siehe **Mädchen, die nach Liebe schreien**

Meine drei Cousinen
(CUGINE MIEI). Italien 1978.
R Marcello Avallone. **B** N.N. **K** N.N.
M N.N. **D** Franca Gonella, Christiana Borghi, Carlo Marini, Susan Scott.
F 78 Min.
Drei offenherzige exhibitionistische Miezen aus Rom ziehen nach Padua, um dort eine Schule zu besuchen und bringen mit Entblößungsspielchen die Zöglinge eines Jesuiteninternats und den Rest der Provinzwelt durcheinander, bis Onkelchen sie zur Strafe in eine Klosterschule steckt. Ⓥ VPS

Melde gehorsamst: Alles im Eimer
Siehe **Champagner aus dem Knobelbecher**

Melody in Love
BRD 1978.
R Hubert Frank. **B** Hubert Frank.
K Franz X. Lederle. **M** Gerhard Heinz. **D** Melody O'Brian (Melody), Sascha Hehn (Alain), Claudine Bird (Rachel), Wolf Goldan (Octavio), Scarlett Cunden (Angela).
F 96 (TV: 83) Min.
Die junge Melody fährt in den Urlaub auf die Insel Mauritius, läßt sich von der hübschen Rachel in die Liebe einführen und verliert anschließend ihr Herz an Alain, bis sie nicht mehr weiß, wer von den beiden der/die Richtige für sie ist. – Deutscher Softporno, in tropischen Zonen gedreht.
Ⓥ Euro

Memory of Love
(BAKSMÄLLA). Schweden 1974.
R Jörn Donner. **B** Jörn Donner.
K Hans Dittmer. **M** Claes af Geijerstam. **D** Christine Jyhagen, Jörn Donner, Diana Kjaer, Rolf Bengtsson, Lisbeth Westergaard. **F** (92) 79 Min.
Ein verheirateter Schauspieler, der es nicht lassen kann, geht mit jeder erreichbaren Frau ins Bett und spricht sich mit seiner Gattin aus, als sie von seinen Ausschweifungen erfährt. – Wenig Handlung, aber viele ›Stellen‹.

Messalina – Kaiserin und Hure
(MESSALINA, MESSALINA).
Italien 1977.
R Bruno Corbucci. **B** Mario Amendola/Bruno Corbucci. **K** Marcello Mastiocci. **M** Guido und Maurizio de Angelis. **D** Anneka di Lorenza (Messalina), Lory Kay Wagner (Agrippina), Thomas Milian (Baba), Vittorio Caprioli (Claudius), Lino Toffolo (Gajus Silius), Giancarlo Prete, Raf Luca, Bombolo, Pino Ferrera, Sal Borgese, Alessandra Sportelli, Ombretta di Carlo, Primo Marcotulli. **F** 88 Min.
Die dauererregte römische Kaiserin Messalina funktioniert den Hof ihres Gatten Claudius in eine Stätte ausschweifender Orgien um und die dort tätigen Soldaten und sonstigen Angehörigen des männlichen Geschlechts zu Hurenböcken. – Ein zum Gähnen langweiliges Sexschmierenheater, gedreht in den Pappkulissen irgendeines alten, garantiert spannenderen (auch wenn's schwer vorstellbar ist) Herkulesfilms.
Ⓥ UFA

Messalina (2): Poppea, die Hure von Rom
(POPPEA, LA PUTANA DI ROMA).
Italien 1981.
R Alfonso Brescia/ Wolfgang Müller.
B Mario Amendola/Vittorio Vighi/ Alfonso Brescia. **K** Franco Villa/Werner Kurz. **M** Carlo Savina/V. Baumuk.
D Don Backy (Savio), Femi Benussi (Poppea), Vittorio Caprioli (Nero), Howard Ross (Tigelino), Peter Landers (Otone), Linda Sini (Agrippina), Carla Mancini (Priesterin), Domenica Niehoff (Lusmenica), Eva Zemeri (Totiall). **F** 89 Min.

Die römische Exhure Poppea, zur Gattin des dem Voyeurismus und dem Dichtertum frönenden Kaisers Nero avanciert, führt mit Hilfe ihrer ebenso an Stellungsspielen interessierten Schwiegermutter Agrippina das fort, was Messalina schon in MESSALINA, KAISERIN UND HURE (Italien 1977) erfolgreich begonnen hat. Kaiser Nero, auch ein rechtes ›Ferkel‹, ist ebenfalls mit von der Partie. Messalina indes kommt trotz des deutschen Titels im Film nicht vor. – Seh-Leute sollten darauf gefaßt sein, daß ihnen bei dieser Posse die Füße einschlafen: Die vorgeführten Sexspiele sind wenig aufregend.

Mich will jeder
(KVINNOLEK). Schweden 1967.
R Börje Nyberg. **B** Chris Tonnert. **K** Ake Dahlkvist. **M** N.N. **D** Gun Falck (Lisa), Gunilla Ivansson (Ingrid), Heinz Hopf (Nils), Lars Lind, Mimmi Nelson, Sten Ardenstam, Ittla Frodi, Ulf Brunnberg, Rose-Marie Nilsson, Rex Bradhe. **SW** 81 Min.
Die wohlhabende schwedische Modeschöpferin Lisa hat wenig Glück in der Liebe, dafür aber den Alkohol zum Freund. Als sie vom Streß auf dem Land ausspannt, lernt sie die lebenshungrige siebzehnjährige Ingrid kennen, nimmt sie mit in die Stadt, stellt sie den Männern vor und sieht mit an, wie sie sich immer mehr zum Sexobjekt verändert. Lisa, von Ingrids Lebenskraft angemacht, ist drauf und dran, ins andere Lager zu wechseln, doch Harald, Ingrids Freund im Dorf, tritt im letzten Moment auf den Plan, um ihr Opfer mitzunehmen. – Die Gesamtleitung des Films hatte der US-Sexfilmer Joseph W. Sarno.

Michaela – Liebesclub der Unersättlichen
(DANDY). USA 1971.
R R. Charleton Wilson. **B** R. Charleton Wilson. **K** N.N. **M** Billy Dee.

Dem eigenen Geschlecht durchaus nicht abgeneigt: *Messalina – Kaiserin und Hure* von Bruno Corbucci

D Cynthia Denny (Michaela), John Alderman (Larry Lebot), John Romano (Jacko), Robert Lethe (Max), Lynda Prisch (Loreen), Barbara Peeters (Zimmermädchen), Lou Thomney (Mädchen), Mason Backman, (Anson), Alf Wilson (Penrod), Frank Cuva (Verkäufer), Lou Anne Roberts, Lynn Lyons, Ed Kelly, Steve Vincent.
F 76 Min.
Siebzehnjährige büxt mit einem halbgaren Stenz von Zuhause aus, wird von ihm an einen Agenten für ›Fotomodelle‹ vermakelt, der auch nur Böses will, überrascht ihren Stenz mit einer anderen im Bett und hüpft, zutiefst gefrustet, ›von einem Bett ins andere‹ (Verleihmitteilung), wo sie ihren Gespielen ›die abartigsten Perversitäten‹ (dito) erfüllt, doch ›gaaanz‹ am Ende doch die große Liebe findet.

Midnight Ladies
(LADIES OF LOTUS). USA 1986.
R Lloyd A. Simandl/Douglas C. Nicolle. **B** Jane M. Hausen. **K** Victor Nicolle. **M** Greg Ray. **D** Richard Dale (Philip), Angela Read (Dominique), Patrick Birmel (Sean), Darcia Carnie (Tara), Martin Evans, Nathalie Andrews, Lisanne Burk. **F** 88 Min.
Syndikat betreibt einen Callgirl-Ring, der Mädchen in alle Welt vermittelt und tarnt sich als Modestudio. Doch die Bosse des Unternehmens sind einander nicht grün. Ⓥ UFA

Mir hat es immer Spaß gemacht
BRD 1970.
R Will Tremper. **B** Will Tremper.
K Richard C. Glouner/ Karl Löb.
M Klaus Doldinger. **D** Barbara Benton (Lynn Keefe), Klaus Kiski (Sam), Hampton Fancher (Gino), Clyde Ventura (Nick), Roman Murray, Broderick Crawford, Lionel Stander, Massimo Serato, Claude Farrell, José Luis de Villalonga, Bruce Low, Max Nosseck, Robert Morley, Hugh Hefner, Jeff Cooper, Mark de Vries.
F (105) 89 Min.
Die Studentin Lynn hat das Spießerleben satt, übersiedelt in die Großstadt und faßt nach einigen Männerbekanntschaften den Plan, mit dem Körper Geld zu verdienen. Angeleitet von ihrem ›Manager‹ Sam geht sie nach Rom und macht sich an den reichen, adligen Gino heran, der jedoch von seiner Familie enterbt wird. Lynn geht heimlich wieder ihrer alten Tätigkeit nach – und auch Gino findet Gefallen daran, eine Gräfin gegen Bares zu erfreuen. Bis sie sich gegenseitig ertappen. – Nutten-Kolportagestory der xten Art. – AT: Wie kommt ein so reizendes Mädchen zu diesem Gewerbe?

Miranda
(MIRANDA). Italien 1985.
R Tinto Brass. **B** Tinto Brass. **K** Silvano Ippoliti/Enrico Menczer. **M** Riz Ortolani. **D** Serena Grandi (Miranda), Franco Interlenghi (Konsul Carlo), Andy J. Forrest (Norman), Franco Branciaroli (Toni), Andrea Occhipinti, Malisa Longo, Laura Sassi, Isabella Illiers, Jean René Lemoine, Mauro Paladini, Enzo Turin, Luciana Cirenei.
F 96 Min.
Miranda, eine knackige, lebenslustige italienische Wirtin, deren Gatte im Zweiten Weltkrieg ums Leben gekommen ist, macht in den frühen fünfziger Jahren die Männer spitz, weil sie von der Langeweile geplagt wird. Nach dem Ex-diplomaten und Geheim-Faschisten Carlo, der mal wieder eine Karriere in Aussicht hat, dem robusten Unternehmer Berto, und dem Konstrukteur Norman, der sie in Ekstase bringt, erkennt sie schließlich, daß Toni, ein in ihrem Lokal arbeitender Kellner, der richtige für sie ist. – Wie alle Filme von Tinto

Serena Grandi und Franco Interlenghi in *Miranda* von Tinto Brass

Brass ist auch dieser (nicht zuletzt aufgrund der Rundungen Serena Grandis) ein Fest für Voyeure.
Ⓥ UFA

Mister Billions Dollar Babies
(MISTER BILLION'S DOLLAR BABIES). USA 1988.
R Fred J. Lincoln. **B** Michael D'Angelo. **K** Ryan De Niro. **M** N.N. **D** Joey Silvera, Jerry Butler, Joanna Collins, Kathleen Jentry. **F** 99 Min.
Obwohl Mr. Billion ein mächtiges Industrieimperium leitet und ihm die Steuer auf den Fersen ist, hat er noch genügend Zeit, einen Ölscheich und eine Reihe allzeit williger Frauen zu unterhalten. – Ein recht scharfer Softporno, der wahrscheinlich unter einem anderen Titel auch in härterer Form irgendwo ausliegt; inszeniert von einem Exdarsteller aus der ›Fleischbranche‹. Ⓥ VTO

Misty Beethofen
(THE OPENING OF MISTY BEETHOVEN). USA 1976.
R Henry Paris [= Radley Metzger].
B Radley Metzger. **K** N.N. **M** N.N. **D** Constance Money (Misty Beethoven), Jamie Gillis (Seymour Love), Ras Kean, Terri Hall, Jacqueline Beaudant, Gloria Leonard, Mary Stuart. **F** 88 Min.
Seymour, ein Angehöriger der Oberen Zentausend, schreibt – sein Hobby – über Sex. Als er in Paris Recherchen betreibt, stößt er auf ein gewöhnliches Straßenflittchen und glaubt, er könne es in eine Edelnutte verwandeln. Da einer seiner snobistischen Freunde ganz anderer Ansicht ist, läßt er sich auf eine Wette ein. Und dann legt Seymour los: Er bringt Misty bei, wie man Frauen und mehrere Männer zugleich vernascht. – MY FAIR LADY läßt grüßen! – »Ein erotischer Klassiker, ein Juwel.« (ADULT MOVIES).
Ⓥ Tabu/Starlight

Mißbraucht
(JEG, EN KVINDE II). Schweden 1969.
R Mac Ahlberg. **B** Peer Gulbrandsen. **K** Mac Ahlberg. **M** Sven Gyldmark. **D** Gio Petré (Siv Holm), Lars Lunoe

(Henrik Holm), Hjördis Petterson (Frau Holm), Bertel Lauring (Svendsen), Klaus Pagh (Leo). **F** 80 Min.
Nachdem der Antiquitätenhändler Holm, der seine Frau Siv des öfteren nackt fotografiert und die Bilder seinen Kunden zeigt, einen Mann mit nach Hause bringt und ihn ermuntert, mit seiner Frau etwas anzufangen (was sie sowohl entsetzt als auch erregt), lernt Siv seine Exfrau kennen. Auch sie hat er entwürdigt und auf den Strich geschickt. Sie erschießt ihn.

Mit der Pille um so toller
(IL GINECOLOGO DELLA MUTUA).
Italien 1979.
R Joe d'Amato [= Aristide Massaccesi]. **B** Aristide Massaccesi. **K** Aristide Massaccesi. **M** Renato Serio. **D** Renzo Montagnani, Paolo Senatore, Massimo Serrato, Mario Carotenuto, Aldo Fabrizi, Tony Ucci. **F** 77 Min.
Italienischer Frauenarzt verfällt den Verführungskünsten seiner Patientinnen und sorgt in Fällen von ehelicher Impotenz (durch das Weglassen der Pille) für ersehnten Nachwuchs. – AT: HOSPITAL DER SEXY-SCHWESTERN.

Mit Eva fing die Sünde an
BRD 1958.
R Fritz Umgelter. **B** Dieter Hildebrandt/Margh Malina. **K** Paul Grupp. **M** Klaus Ogermann. **D** Karin Dor, Mady Rahl, Willy Fritsch, Michael Cramer, Hanne Wieder. **SW** 85 Min.
Eine junge Akteuse, die Hemmungen hat, sich auf der Bühne zu entblättern, läßt sich von einem Regisseur in die ›Sittengeschichte‹ der Menschheit einführen. – 1962, als Francis Ford Coppola gerade mal wieder nichts zu beißen hatte, gab ihm der Produzent Harry Ross, der auch ein paar Dollar brauchen konnte, den Auftrag, Umgelters satirischen Streifen ›umzubauen‹. Francis Ford warf einen Teil des Films weg, drehte ein paar scharfe 3-D-Farbinserts und brachte das neue Produkt in den USA als THE PLAYGIRLS AND THE BELLBOY auf den Markt. Darin geht es um einen Kellner, der sich in einem Hotel als Schlüssellochvoyeur betätigt. Gell, Hildebrand, da schaugst?

Mit Grapsch und Gloria
Siehe **Ein dreifach Hoch dem Sanitätsgefreiten Neumann**

Mit Rohrstock und Peitsche
(NATHALIE, L'AMOUR S'EVEILLE).
Frankreich 1968.
R Peter Knight [= Pierre Chevalier].
B Bob Sierens/Pierre Chevalier.
K S. Brissaud. **M** N.N. **D** Annie Talbot, Dominique Prado, Jean Roche, Geniviéve Baillard, Marcel Charvey.
SW 80 Min.
Nach einem sexuell freizügigen Sommer auf dem Lande lernt die Schülerin Elsa den Playboy Jack kennen, der sie nicht nur in die exklusive Welt der teuren Restaurants und Nachtklubs einführt, sondern auch mit LSD und Orgien vertraut macht. Am Ende kommt der Katzenjammer: Elsa ist schwanger und allein. Doch der väterliche Hausarzt, der in Filmen mit solchen Titeln nie fehlen darf, damit der moralische Aspekt nicht zu kurz kommt, richtet das naive Kind wieder auf. – Ein heuchlerischer Sexfilm, dessen Titel in gewissen Kreisen Erwartungen weckt, die er nicht halten kann.

Die Mißbrauchte
(ZOKU JOJI NO RIREKISHO).
Japan 1967.
R Hiroshi Mukai. **B** Yutaka Mano.
K Noboru Funabashi. **M** Shingo Akutagawa. **D** Kyoko Kitamikado, Ryu Chiba, Tamaki Katori. **SW** 73 Min.
Unschuld vom Lande kommt in die ja-

panische Großstadt, wird zur Luxus-Gunstgewerblerin, stürzt ab, als sie mit ihrer Chefin um einen reichen Knaben konkurriert, und kehrt reumütig wieder ins Dörfchen zurück. – Ein naives Prostituiertenmelodram, das zeigt, daß im Dschungel der Großstadt nur das Verderben lauert.

Mon Bel Amour
(MON BEL AMOUR). Frankreich 1987. **R** José Pinheiro. **B** Louis Calaferte/Sotha/José Pinheiro. **K** Richard Andry. **M** Romano Musumarra. **D** Stéphane Ferrara (Patrick), Catherine Wilkening (Catherine), Véra Gregh (Regisseurin), Véronique Barrault (Clémentine), Jacques Castaldo (Jean-Ba), Philippe Manesse, Jacky Sigaux, Catherine Mongodin, Mouss. **F** 103 Min.

Die junge Schauspielerin Catherine wird von dem rüden Macho Patrick auf offener Straße mehr oder weniger vergewaltigt, und später zwingt er sie, es mit ihr auf einer Theaterbühne zu treiben. Zwischen Ekel und Faszination von Patrick angezogen, rückt sie Patrick auf die Bude, geilt ihn mit obszönen Sprüchen auf und läßt sich von ihm abweisen, und treibt es auf einer Toilette mit einer Lesbe. Als der Typ ihr zum Hals raushängt und sie keine Zeit mehr für ihn hat, lauert er ihr auf und klinkt aus. – »Die Beweggründe [der] Figuren bleiben obskur, und ihre Leidenschaft wirkt wenig überzeugend.« (CINEMA). – AT: TÖTE, WAS DU LIEBST.

Ⓥ (Töte, was du liebst)

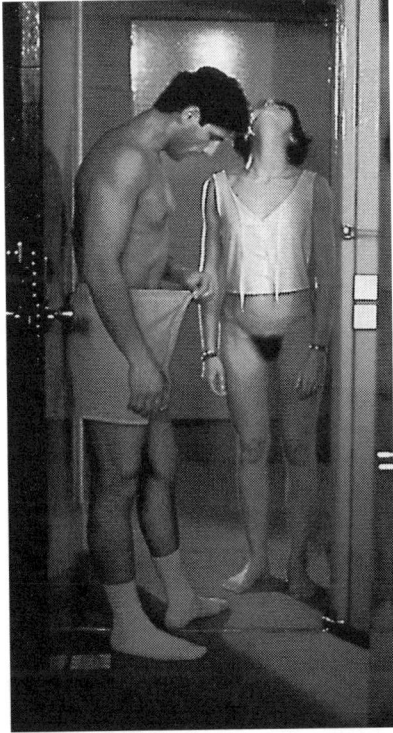

Stéphane Ferrara und Catherine Wilkening in *Mon Bel Amour* von José Pinheiro

Mondo Nudo – Nackte Welt
(LE CITTA PROIBITE). Italien 1963. **R** Giuseppe Scotese. **B** Angelo Faccenna. **K** Fulvio Testi/Gian Paolo Santini/Massimo Dallamano. **M** Marcello Giombini. **D** N.N. **F** 93 Min.

Dokumentarfilm über die verschiedensten Städte der Welt, die Kuriositäten, die sie zu bieten haben, und ihre Rotlichtdistrikte und Stripteaseschuppen. Fröhlich im Atombunker twistende Teenager steuern den Zeitgeist der frühen sechziger Jahre bei. – Kameramann Massimo Dallamano machte sich später (teilweise als Max Dillman) als Regisseur im Nacktgenre selbständig und landete VENUS IM PELZ einen Hit.

Mondo Nudo (2)
(I PIACERI NEL MONDO). Italien 1963. **R** Vinicio Marinucci. **B** Vinicio Marinucci. **K** Fulvio Testi/Gian Paolo Santini. **M** Marcello Giombini. **D** N.N. **F** 80 Min.

Pseudoreport über die sündigen Meilen

und Vergnügungszentren dieser Welt (hier: Hongkong und Rio), inkl. Striptease und Baratmosphäre. – Produziert von Angelo Faccenna und Giuseppe Scotese, den Herstellern von MONDO NUDO – NACKTE WELT.

Mondo Sexuality
(MONDO FREUDO). USA 1966.
R Robert Lee Frost. **B** D. Schier. **K** Michael Eder. **M** The Duvals. **D** Anonym. **F** 73 Min.
Exhibitionistischer Pseudodokumentarfilm mit Studio-Einschüben über Sado-Maso-Strip-Trallala in New York und anderswo. – Die Darsteller wollten für diesen Heuler nicht mit ihrem Namen geradestehen. Ⓥ Atlantis/VTD

Mondo Topless
(MONDO TOPLESS). USA 1966.
R Russ Meyer. **B** Russ Meyer. **K** Russ Meyer. **M** Popmusik der 60er Jahre. **D** Eva Horvath, Sin Lenée, Babette Bardot, Diane Young, Donna Scott, Pat Barringer, Darlene Grey, Lorna Maitland. **F** 60 Min.
Ein aus Resten und neuen Szenen montierte Busenparade des US-Filmers Russ Meyer, in dem wir eine Reihe ansehnlicher Stripperinnen mit gewaltigen Brüsten zu sehen bekommen, die von ihrem Beruf erzählen und die Möpse wippen lassen. Plus: Material aus EUROPE IN THE RAW (USA 1963; **R** Russ Meyer) und THE NAKED CAMERA (USA 1960; **R** Russ Meyer). Der Film ist nach Meyers eigener Aussage nur entstanden, weil er dringend Geld brauchte.
Ⓥ Gloria

Monique – Das Mädchen mit dem heißen Höschen
Siehe **Monique – Mein heißer Schoß**

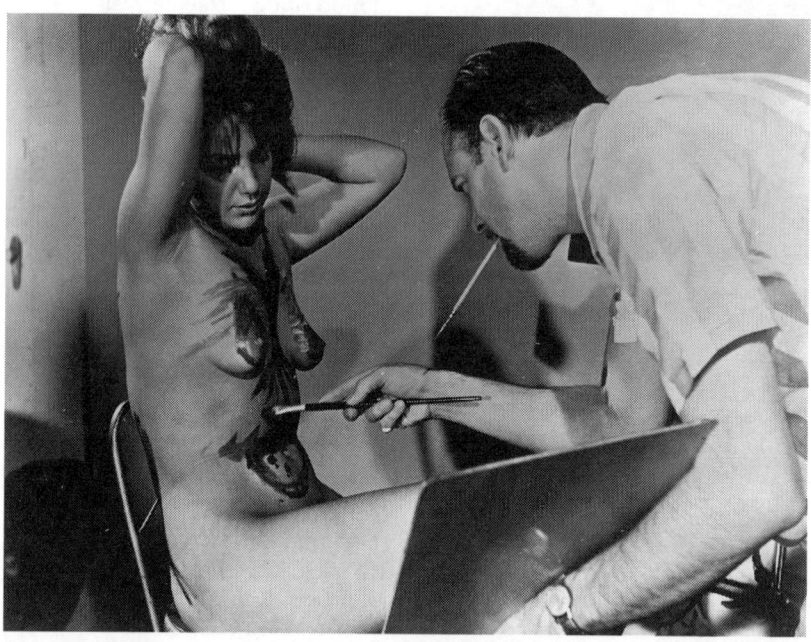

Szene aus *Mondo Sexuality,* einem frühen Exploitation Movie von Robert Lee Frost

Charlotte Rampling und Michel Serrault in *Mörderischer Engel* von Jacques Deray

Monique – Mein heißer Schoß
Österreich 1978.
R Eddy Saller. **B** Pierre Laurant/Roswitha Nowak. **K** Didi Rossek. **M** Gerhard Heinz. **D** Judith Fritsch (Monique), Peter Garell, Günther Wolff, Sissy Weiner. **F** 90 Min.
Medizinstudentin namens Monique verführt den naiven Sohn ihrer Wirtin, wird dem Fotojournalisten Alexander sexuell hörig, läßt sich von ihm zu Erpressungen mißbrauchen und sucht am Ende flugs das Weite. – »Witzig, frech, offenherzig«, meint die Werbung. »Einfältig und geschmacklos«, fand die Kritik in FILMJAHR 1979. – AT: MONIQUE – DAS MÄDCHEN MIT DEM HEISSEN HÖSCHEN.
Ⓥ Mike Hunter (Monique – Das Mädchen mit dem heißen Höschen)

Monique oder die Sache mit dem Dreieck
(MONIQUE). GB 1969.
R John Brown. **B** John Brown. **K** Moray Grant. **M** Jacques Loussier. **D** Sibylla Kay (Monique), Joan Alcorn (Jean), David Summer (Bill), Jacob Fitz-Jones (Edward), Nicola Bown (Susan), Davilia O'Connor (Harriet), Carol Anne Hawkins (Mädchen), Howard Rawlinson (Richard).
F (87) 80 Min.
Das französische Au-pair-Mädchen Monique kommt nach London, um der Hausfrau Jean zur Hand zu gehen, wird von deren Gatten Bill umgarnt und ›freundet‹ sich schlußendlich mit Jean an, bis Bill die beiden in lustvoller Umarmung erwischt, und man fröhlich zur Triole schreitet.

Mörderischer Engel
(ON NE MEURT QUE DEUX FOIS).
Frankreich 1985.
R Jacques Deray. **B** Jacques Deray/Michael Audiard. **K** Robin Cook.
M Claude Bolling. **D** Charlotte Rampling (Barbara Spark), Michel Serrault

(Inspektor Robert Staniland), Xavier Deluc (Marc Spark), Elisabeth Depardieu (Margo Berliner), Jean Pierre Bacri, Jean Leuvrais, Jean-Paul Rousillon. **F** 102 Min.

Inspektor Staniland untersucht den Mord an einem Säufer und findet unter den Habseligkeiten des Toten ein Toband, auf dem er von seiner leidenschaftlichen Liebe zu einer gewissen Barbara spricht. Staniland sucht sie auf, gerät in ihren Bann und kommt einem inzestuösen Verhältnis auf die Spur, das mörderisch ist. – »Sie ist ohne Selbstachtung, obszön. Er wird ihr Opfer, hörig. Sie verfallen perverser Harmonie.« (Verleihwerbung).
Ⓥ Marketing

Die munteren Sexspiele unserer Nachbarn
BRD 1978.
R Rudolf Krause. **B** N.N. **K** Victor Korger. **M** Freddie Broksieper.
D Edith Hanke, Margot Mahler, Renate Hess, Claus Tinney. **F** 78 Min.
Sex, Tratsch und Tralala von Hausfrauen und ihren Liebhabern sowie deren Töchtern und ihren Schulfreunden. – Ein Schwänklein zum Abgewöhnen.

Muschi-Maus mags grad heraus
BRD 1973.
R Hubert Frank. **B** Hubert Frank. **K** Laszlo Nemeth. **M** Hans Hammerschmid. **D** Ulrike Butz, Josef Moosholzer, Uschi Stegelmaier, Roland Trenk, Boris Bergenow. **F** 87 Min.
Die Memoiren eines Mädchens, das sich vorwiegend auf Sexorgien betätigt hat. – AT: JAGDZEIT FÜR NASCHKÄTZCHEN.

Müssen Männer schön sein?
(QUARANTI GRADI ALL OMBRA DEL LENZUOLO). Italien 1975.
R Sergio Martino. **B** Tonino Guerra/Giorgio Salvioni. **K** Giancarlo Ferrando. **M** Guido und Maurizio De Angelis. **D** Edwige Fenech (Cavallone), Thomas Milian (Cavaliere Morelli), Barbara Bouchet (Barbara), Enrico Montesano (Salvatore), Aldo Maccione (Adriano), Synde Rome (Marcella), Marty Feldman (Alex), Dayle Haddon (Marina), **F** (100) 89 Min.
Ein kesser und amüsanter Film: 1. Die üppige Gattin eines Notars läßt sich von den Anrufen eines Unbekannten sexuell erregen, ohne zu ahnen, daß sie es mit dem Vorsitzenden des Kirchenvorstandes zu tun hat. – 2. Ein gewitzter Charmeur zahlt der Gattin seines Chefs sechzig Millionen Lire für drei Schäferstündchen, bis sie dahinterkommt, daß die Knete ihr sowieso gehört. – 3. Ein leicht verstörter Buchhalter bewahrt ein Mädchen vor dem Selbstmord und wird beim Kassieren der ›Belohnung‹ von einem bissigen Schäferhund auf den gleichen Sims gejagt, von dem er die Schöne gerettet hatte. – 4. Die unkonventionellen Methoden eines glubschäugigen Leibwächters (irre gut: Marty Feldman), treiben die schnuckelige Tochter eines Millionärs an den Rand des Nervenzusammenbruchs, doch als er sie vor einer Kidnapperbande bewahrt, gewinnt er ihr Herz. – Eine rundum gelungene, spaßige Sache. Ein Episodenfilm.
Ⓥ VPS

Mutti, Mutti, er hat doch gebohrt
(TANDLAEGE PA SENGEKANTEN). Dänemark 1971.
R John Hilbard. **B** John Hilbard/Finn Henriksen. **K** Rolf Rönne. **M** Ole Hoyer. **D** Ole Söltoft (Thomas), Birte Tove (Nina), Annie Birgit Garde (Tante), Susanne Jagd (Lisbeth), Carl Ottosen (Professor), Sören Strömberg (Michael), Paul Hagen (Anwalt), Karl Stegger (Minister), Jette Weibel (Marianne), Otto Brandenburg (Otto), Christoffer Bro, Effie Schou, Gertie

Jung, Connie Lindquist, Lise-Lotte Norup, Kirsten Passer, Sigrid Horne-Rasmussen, Kate Mundt. **F** 82 Min. Dänischer Softporno mit komödiantischem Einschlag: Eine wohlhabende Dame will ihren trotteligen Neffen nur zu ihrem Universalerben machen, wenn er beweist, daß er ihrem verstorbenen Mann in Sachen Umlegerei in nichts nachsteht. – Eine ziemlich doofe Klamotte, deren Witze vorwiegend auf Kosten von Zahnärzten und Studenten gehen. Ⓥ Splendid

Myra Breckinridge – Mann oder Frau

(MYRA BRECKINRIDGE). USA 1970. **R** Michael Sarne. **B** Michael Sarne/David Giler. **K** Richard Moore. **M** Lionel Newman. **D** Raquel Welch (Myra Breckinridge), Mae West (Leticia), John Huston (Buck Loner), Farrah Fawcett (Mary Ann), Roger Carmel (Dr. Montag), Roger Herren (Rusty), Rex Reed (Myron), George Furth (Charlie Flager jr.), Calvin Lockhart (Irving Amadeus), Jim Backus (Arzt), John Carradine (Chirurg), Grady Sutton (Kid Barlow), Andy Devine (Coyote Bill), Robert Lieb (Charlie Flager sen.), Skip Ward (Chance), Kathleen Freeman (Bobby Dean Loner), B.S. Pully (Tex), Buck Kartalian (Jeff), Monty Landis (Vince), Tom Selleck (Stud), Peter Ireland (Student), Nelson Sardelli (Mario), Genivieve Waite (Patientin), William Hopper (Offizier), Charlene Jones (Masseuse). **F** 94 Min. Der homosexuelle Myron Breckenridge läßt sich einer Geschlechtsumwandlung unterziehen und wird zur hübschen Myra. Myra fährt nach Hollywood, um ihren Onkel, der eine Schauspielschule leitet, dazu zu bewegen, ein ihr zustehendes Erbteil auszuzahlen. Onkel erweist sich als stur, stellt Myra jedoch als Lehrerin ein. Myra verliebt sich in den untalentierten und tumben Schauspielschüler Rusty, der nicht so will wie sie, weshalb sie ihn mit einem Dildo vergewaltigt. Als Myra sich unverhofft in Rustys Freundin Mary Ann verliebt, zweifelt sie an ihrer Weiblichkeit. Um den Erbschaftsanspruch durchzufechten, tut sie sich mit der Agentin Letitia zusammen, die sich aus Eigennutz für ansehnliche Jungschauspieler einsetzt und ihnen beim Besteigen der Karriereleiter hilft. Letita verhilft Myra zwar zu ihrem Erbe, doch als Myra nach einem Unfall im Krankenhaus erwacht, hat sie das Gefühl, daß aus ihr wieder Myron geworden ist. – Eine stellenweise witzige, turbulente Persiflage auf das Leben und Streben in der amerikanischen Filmmetropole Hollywood, aber zu unstet, um stilistisch zu überzeugen. Nach einem Roman von Gore Vidal (*1925). Ⓥ Magnetic

Myriam – Meine wilden Freuden

BRD 1982. **R** Lester C. Williams [= Andreas Katsimitsouilas]. **B** Gerhard Stahl. **K** Werner Kurz. **M** Tony Plessas. **D** Bea Fiedler (Myriam), Mario Pollak, Herbert Stiny, Eleonore Melzer, Michaela Feicht, Susi Hermann, Wolfgang Sammer, Robert Dengl, Ralph Wieck, Hans Zotz, Sina. **F** 95 (TV: 92) Min. Myriam, eine Ehefrau mit prallen Rundungen, muß zu ihrem Schreck erkennen, daß ihr daheim stets lustloser Gatte sie mit ihrer besten Freundin betrügt. Aus Rache stürzt sie sich in ähnliche Abenteuer – bis sie erfährt, daß ihr Mann ihre Liebhaber bezahlt, um nicht die Kontrolle über sie zu verlieren. – Oh, Frust!

Mysterien der Pornographie

(IT'S ALL FOR SALE). USA 1969. **R** Alexander Maxwell. **B** Alexander

Maxwell. **K** Glen Konig. **M** Mike Hall. **D** Albert Jenkins, Patricia Collins, Sue Saber. **F** 83 Min.

Die US-Vorlage zum deutsch-italienischen INSERATEN-REPORT (1976): Kontaktanzeigen aus der Schlüpferpresse dienen als Vorwand für laszive Spielszenen, oder auch, wie der Verleih meint, »ausgewählte Grenzfälle aus dem Bereich menschlichen Sexualverhaltens«, bei denen ein junger Mann mit allerlei Sexverrückten zusammentrifft, die er per Inserat kennenlernt, um ihre Orgien heimlich zu filmen. – Nicht gerade das Gelbe vom Ei – wenn man weiß, daß in Aktentaschen versteckte Kameras nicht fähig sind, allein zu bestimmen, welche Einstellung sie fahren sollen.

N

Nach Bangkok, der Liebe wegen
(BANGKOK PORNO). Schweiz 1977.
R Alain Payet. **B** Alain Payet. **K** N.N.
M N.N. **D** Corelli Lancaster, Gabriel Coez, Karine Gambier, Martine Flety, Elisabeth Buret. **F** 80 Min.
Junger Deutscher reist mit dem Bums-Bomber nach Bangkok, um sich von den dortigen Girls, die's für ein Butterbrot tun, die Unschuld nehmen zu lassen, was auch schnell gelingt. – AT: SEXPUPPEN AUS FERNOST. ⓥ Beate Uhse

Nach Stockholm, der Liebe wegen
(SOM HAN BÄDDAR FAR HON LIGGA). BRD/Schweden 1970.
R Gunnar Höglund. **B** Gunnar Höglund/Nine Christine Jönsson/Carlo Fedier. **K** Karl Erik Alberts. **M** Peter Thomas. **D** Harald Leipnitz (Horst Praterweiß), Diana Kjaer (Johanna), Anne-Bella Munther (Magdalena), Lil Terselius (Sara), Helene Mäkelä (Margareta), Vera Tschechowa (Christina), Sune Mangs (Portis), Lissie Alandh (Emma), Jarl Borssén (Klempner), Hakan Westergren (Professor), Sten Ardenstam (Portier), Börje Mellwig (Direktor), Barbara Schöne, Bert Ake Warg, Lars Lennartsson. **F** 86 Min.
Der deutsche Soziologe Horst Praterweiß, der sich über die Sexualmoral der Schweden informieren will, knüpft sexuelle Bande zu vier miniberockten Bewohnerinnen eines Studentenheims. Als sie sein Doppelspiel erkennen, drehen sie den Spieß um und ›entkräften‹ ihn einzeln und bei einer dampfenden Orgie zu fünft, bis die mißtrauische Verlobte des ›Forschers‹ nach Stockholm kommt und ihn vor die Wahl stellt. – Ein Sexfilm mit jämmerlichen Dialogen und albernen Szenen, bei denen sich sogar der Gutwilligste mit Grausen wendet. Eine Primitivproduktion der frühen siebziger Jahre.

Nachhilfe in Sachen Liebe
(THE BIG BET). USA 1986.
R Bert I. Gordon. **B** Bert I. Gordon.
K Tom DeNove. **M** Gary Pickus.
D Sylvia Kristel (Michelle), Lance Sloane (Chris), Kim Everson (Beth), Ron Thomas (Norman), Kenneth Davis (Frank). **F** 90 (TV: 86) Min.
Der Collegeboy Chris geht die Wette ein, daß es ihm gelingt, innerhalb einer Woche die ansehnliche Beth flachzulegen, aber da ihm die dazu nötige Erfahrung fehlt, muß er erst bei hilfsbereiten Michelle Unterricht nehmen. – Bert ›Zwergenhirn‹ Gordon, der Mann, der uns so hübsche SF- und Horror-Schundis wie GIGANT DES GRAUENS (1958), DIE RACHE DER SCHWARZEN SPINNE (1958), DIE INSEL DER UNGEHEUER (1976) und IN DER GEWALT DER RIESENAMEISEN (1977), beschert hat, ist seit den achtziger Jahren in der Teeniesexbranche tätig. Aber auch hier kommt er über den Durchschnittsflop nicht hinaus. Shame on you, Bertie! ⓥ New Vision

Der nächste Herr, dieselbe Dame
BRD 1968.
R Akos von Ratony [= Hans Billian].
B C.V. Rock/Gini Rock/Hans Billian.
K Klaus v. Rautenfeld. **M** Herbert Jarczyk. **D** Margrit Weiler (Madame Feh), Ellen Umlauf (Dr. Sylvia Boysen), Alexander Allerson (Alexander), Silvia Frank (Gloria), Ini Assmann (Helga), Albert Rueprecht (Kom. Menken), Fritz Korn (Hermännchen), Lothar Grützner (Dr. Glaser), Thomas Reiner (Pohland), Harry Hardt (Kassner), Ursula v. Borsodi (Blacenka), Helmut Fürchtenicht (Eisenmann), Charly Müller (Reitmann). **F** 85 Min.
Die Exknastologin Madame Feh gründet mit der drogenabhängigen Ärztin Sylvia ein als Sanatorium für ›Vital-Therapie‹ getarntes Etablissement, in dem Lust-

massagen angeboten werden, bis sich Dealer, Erpresser und eine mit pornographischen Fotos handelnde Stripperin in ihr Geschäft einmischen und es auffliegen lassen. – Das war für seine Zeit ganz schön verrucht, aber heute? – »Wenn der Jargon von Strichdamen und Anschaffern durch das Kino tönt, kennt das Schenkelschlagen keine Grenzen.« (FILM).

Die Nacht der wilden Ladies
(THE DANCERS). USA 1981.
R Anthony Spinelli. **B** Michael Ellis. **K** N.N. **M** N.N. **D** John Leslie (Jackie), Randy West (Sebastian), Richard Pacheco (Jonathan), Joey Silvera (Mr. Bad), Kay Parker (Nachtclubchefin), Vanessa Del Rio (Frances), Georgina Spelvin (Katherine), Aaron Stewart, Jon Martin, Mai Linn, Anna Turner.
F 98 Min.
›Jackie & The Dreams‹ sind eine amerikanische Männer-Striptease-Gruppe, die den weiblichen Gästen eines einschlägigen Lokals im amerikanischen Mittelwesten Freude bereitet und auch nicht abgeneigt ist, ihnen nach Dienstschluß zu Gefallen zu sein. – »Die Sex-Szenen wachsen organisch aus ihrer Situation heraus und werden dem zunehmenden weiblichen Publikum für Erwachsenen-Unterhaltung sicher gefallen. Überragende Produktionswerte, wenn auch manchmal ungleichgewichtig. Der Film wurde 1981 von der Adult Film Association of America zum Besten des Jahres gewählt.« (ADULT MOVIES). Ⓥ UVG

Die Nächte der Gamiani
(POURVU QU'ON AIT L'IVRESSE). Frankreich/Italien 1974.
R Reynald Bassi. **B** Reynald Bassi. **K** Etiénne Szabo. **M** Carl Orff. **D** Alain Noury (Octave), Paul Guers (Dejeunee), Denyse Roland (Gamiani), Valérie de Tulbourg (Hure), Olivier Hussenot (Gilbert), Stefania Carredu (Fanny), Jean Valmont, Olivia Orlandi, Jean-Paul Solal, Yvon Lec.
F 95 (82) Min.
Gegen Ende des 19. Jahrhunderts wird der wohlhabende Müßiggänger Octave von seiner Flamme Gamiani kurz hintereinander zweimal betrogen. Obwohl sie sich ihm an den Hals wirft, verstößt er sie und fängt an zu trinken. Sein Freund, der impotente Anwalt Dejeunee, will ihn auf andere Gedanken bringen und führt ihn der jungen Fanny zu, doch als Octa-

Alain Nauroy und Partnerin in *Die Nächte der Gamiani* von Reynald Bassi

Charlotte Rampling singt Friedrich Hollaender in *Der Nachtportier* von Liliana Cavani

ve sich wieder mal unsterblich verknallt hat, entpuppt sie sich als Nichte und lesbische Geliebte der bösen Gamiani. Kamera, Musik, Dekors: O. K. Text: Phrasengedresche. Story: Null. Moral: Fragwürdig.

Der Nachtportier
(IL PORTIERE DI NOTTE/THE NIGHT PORTER). Italien/GB 1973.
R Lilliana Cavani. **B** Liliana Cavani/ Italo Moscati. **K** Alfio Contini.
M Danele Paris. **D** Dirk Bogarde (Max), Charlotte Rampling (Lucia), Philippe Leroy (Klaus), Gabriele Ferzetti (Hans), Giuseppe Addobbati (Stumm), Isa Miranda (Gräfin Stein), Nino Bignamini (Adolf), Marino Masé (Atherton), Amadeo Amodio (Bert), Piero Vida (Tagesportier), Geoffrey Coppleston (Kurt), Manfred Freiberger (Dobson), Ugo Cardea (Mario), Hilda Gunther (Greta), Nora Ricci (Nachbarin), Piero Mazzinghi (Hausmeister), Kai S. Seefeld (Jakob), Claudio Steiner (Dobson). **F** 117 Min.

1958: Der Exnazi Max arbeitet unerkannt als Nachtportier in einem Wiener Hotel, dessen Gäste, ebenfalls ›alte Kameraden‹, der Meinung sind, sie hätten keine Zeugen ihrer Untaten überleben lassen. Eines Tages buchen Lucia und ihr Gatte in dem Hotel, in dem Max tätig ist, ein Zimmer. Max erkennt in Lucia die Frau wieder, an der er im KZ Sexexperimente durchgeführt hat, die ihr – so schwer es zu glauben ist – gefallen haben. Lucia erkennt Max ebenfalls, doch statt ihn anzuzeigen, fällt sie in ihre alte Rolle als Sexsklavin zurück, und Max beschützt sie vor seinen Spießgesellen, die Lucia, aus Angst, sie könne sie entlarven, umbringen wollen. – »Ein beunruhigender Trip in Dekadenz, Erotizismus und Bondage. Der Film ist ausgezeichnet fotografiert und geschnitten.

Die Darstellung, speziell bei Dirk Bogarde, dem es gelingt, wirklich starke gemischte Gefühle zu transportieren, ist künstlerisch... Am verwirrendsten ist die Plausibilität des Films, trotz seiner ziemlich unorthodoxen Entwicklung. Der Film ist nicht unbedingt anregend, zeigt aber die ernsten Schäden auf, die durch sexuellen Mißbrauch entstehen können.« (ADULT MOVIES).
Ⓥ PolyGram

Nachtschwester müßte man sein
(INFERMIERA DI NOTTE). Italien 1978.
R Mariano Laurenti. **B** Franco Milizia/ Mariano Laurenti. **K** Mario Valpiani. **M** Gianni Ferrio. **D** Gloria Guida (Angela), Lino Banfi (Dr. Vincento), Alvaro Vitali, Leo Colonna, Mario Carotenuto.
F 80 (TV: 76) Min.
Ein sexverrückter Zahnarzt und Erbschleicher engagiert für seinen (wie er glaubt) sterbenskranken Onkel die knackige Angela als Krankenschwester und versucht sich an sie heranzumachen.

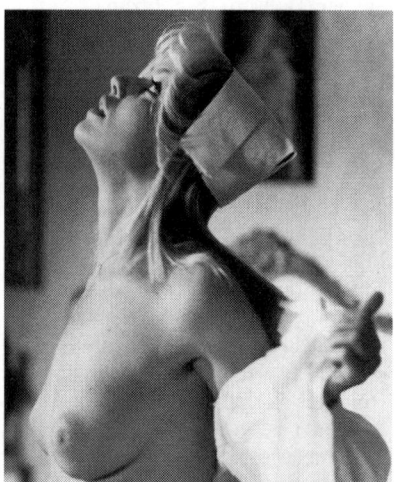

Gloria Guida zeigt, was sie zu bieten hat: *Nachtschwester müßte man sein* von Mariano Laurenti

Doch die junge Dame steht mehr auf den jungen Carlo, der sich derweil gegen eine Nymphomanin verteidigt. Bei einem Tanzwettbewerb entpuppen sich der kranke Onkel bzw. die Autoren dieses Films als Möchtegerndiamantenräuber und Vollidioten. – Wie alle Laurenti-Filme ist auch dieser eine Beleidigung des denkenden Menschen und strotzt von so vielen Zoten und Albernheiten, daß man am liebsten vor Scham im Boden versinken möchte. Ⓥ All

Nachtspiele
Siehe **Verschwiegene Spiele**

Nadines erotische Sehnsüchte
(L'ATTRAZIONE). Italien 1987.
R Joe Venuti. **B** Mario Garazza. **K** David Fraschetti. **M** Franco Campanino. **D** Florence Guerin (Nadine), Marino Masé (Viktor Schneider), Martine Brochard (Luciana), Ann Margarete Hughes (Valeria), Stefano Sabelli (Giorgio). **F** 81 (TV: 69) Min.
Um Aufnahmen im schicken Landhaus des Bankiers Viktor machen zu dürfen, läßt sich die schöne Fotografin Nadine auf ein erotisches Schachspielchen ein: Jedesmal, wenn sie eine Figur verliert, muß sie ihrem Gastgeber auf besondere Art zu Willen sein – sehr zum Verdruß seiner alternden Geliebten Luciana und der Sekretärin Valeria, die pausenlos bemüht ist, den Mann in eindeutigen Posen zu knipsen, da er gewissen Kreisen ein Dorn im Auge ist. Am Ende entpuppt sich Nadine als Viktors Gattin. Luciana bringt sich um; Valeria gibt auf. – Ein gelackter Sexfilm, in dem nur wenig (aber sehr pathetisch) geredet wird.
Ⓥ Taurus

Naked Came the Stranger
(NAKED CAME THE STRANGER). USA 1975.
R Henry Paris [= Radley Metzger].

B Radley Metzger. **K** N.N. **M** N.N.
D Darby Lloyd Rains (Gillian Blake), Levi Richards (William Blake), Alan Marlow, Mary Stuart, Christine Hutton, Kevin André, Helen Madigan, Rhonda Fuller, Rita Davis, Steve Anthony. **F** 85 Min.
Gillian und William Blake sind Gastgeber einer Rundfunk-Talkshow. Nach der Sendung macht William sich stets auf, um eine flotte Nummer mit seiner Sekretärin abzuziehen. Als Gillian dies bemerkt, fängt auch sie an, sich als Seitenspringerin zu betätigen; sie betrügt den treulosen William u.a. mit seiner eigenen Geliebten. – Eine nicht unwitzige Komödie. Nach einem Roman, den fünfundzwanzig Mitarbeiter der Zeitschrift *Newsday* unter dem Pseudonym Penelope Ashe verfaßt haben.
Ⓥ Tabu

Nacke-di, nacke-du, nacke-dei
Siehe **Liebe durch die Hintertür**

Nackt am Tigerriff
(NUDES ON TIGER REEF). USA 1961.
R Barry Mahon. **B** Barry Mahon. **K** Barry Mahon. **M** Ludwig van Beethoven. **D** N.N. **F** 65 Min.
Ein Cop ertappt in einem Kino eine prüde Gans bei der versuchten Vernichtung eines FKK-Films, doch als er ihr den Streifen über die sonnenbadenden Nackten am Tigerriff vorführt, gefällt er ihr so sehr, daß sie spontan die Kleider fallen läßt. – Zitat des Verleihs:»Nicht für den Geschmack eines Kritikers wurde der Nudistenfilm NACKT AM TIGERRIFF gedreht und gestaltet, sondern für das Publikum, welches behauptet: Nudistenfilme müssen so sein.« – Regisseur, Autor und Kameramann Barry Mahon, der später zu den größten Sex- und Porno-Tycoons der USA aufstieg, beweist zumindest in einer Hinsicht Geschmack: Er zog Ludwig van Beethoven zur musikalischen Untermalung seines Filmchens heran. Gell, Luggi, da schaugst!

Nackt durch die Welt
(THE SHAMELESS/THE BAREST HEIRESS). USA 1962.
R Jay Martin. **B** William L. Rose. **K** Philip Rossi/I. Shacke-Möller/Heinz Koestler/Charles Bernet. **M** Cinemascores. **D** Jay Martin (Robert Sanford), Doris Davis, Sheila Gilliam, Elga Jensen, Heidi Lottman, Marie Buchner. **F** 57 Min.
Der Privatdetektiv Sanford bereist im Auftrag einer gewissen Barbara die amerikanischen und europäischen FKK-Strände, um ihre Schwester, eine Millionenerbin, ausfindig zu machen. Dabei lernt er nette Nackedeis kennen.

Nackt erobern wir New York
(THE SEXPERTS). USA 1965.
R J. Nehemiah. **B** Charles Ross. **K** Ekmek Kedayeef. **M** N.N. **D** Lana Lynn (Liz Adams), Rusty Allen (Connie Mason), Ken Curtin (Barry Coleman), John Lyon (Douglas Baines), Lonnie Maggio (Leslie Carter), Anthony Ford (Baxter Standish), Dori Davis (Mimi), Yvonne Curtis, Audrey Campbell, Dixie Lester, Cary Marshall, Henry Grant, Joyce Jennifer. **F** 77 Min.
Drei Filmemacher, die einen Streifen über Sexsüchtige machen wollen, drehen ihre Story – inklusive Verführungen, Affären, einer Fast-Vergewaltigung und Orgien, ohne sich darüber zu einigen, ob sie die Hauptrolle einer reichen Lady oder einer Prostituierten geben sollen.

Nackt für eine Nacht
(THE NAKED FOG). USA 1966.
R Joseph W. Sarno. **B** Joseph W. Sarno. **K** Jerry Kalogeratos. **M** Stan Free. **D** Tammy Latour, Jan Nash, Mike Higgins, Phil Marson. **SW** 80 Min.

Eine Jet Set-Journalistin, die sich vorwiegend auf Sexpartys und in Bordellen herumtreibt, um Material für ein Buch zu sammeln, das beweisen soll, daß es neben dem Sex auch noch die Liebe gibt, findet in dem naiven Sohn einer Puffmutter den Mann fürs Leben.

Nackt im Sommerwind
(THE PRINCE AND THE NATURE GIRL). USA 1965.
R Doris Wishman. **B** Andrew J. Kuehn. **K** Nouri Haviv. **M** Picture Scores. **D** Mari Hara (Erzählerin), Joni Robert, Jeffrey Niles, Sandy, William Meyer, Lee Abbell, Warrene Gray, Barbara Taylor, Stephen Bloom, Dolores K. Norris, Ingrid Martinsen, Shirley Perrato. **F** (70) 58 Min.
Damit er nach der Revolution nicht vom Sozialamt leben muß, läßt sich der Erbprinz eines fiktiven Königreiches zum Büromenschen ausbilden. Sue und Eve, zwei Prinzessinnen aus Ohio, sind seine Kolleginnen. Der Prinz verliebt sich in Eve, die ihn in ein FKK-Camp mitnimmt, ohne zu ahnen, daß Sue diejenige ist, die ihn wirklich liebt. Eve fährt zu Besuch nach Ohio, Sue setzt eine blonde Perücke auf, gibt sich als Eve aus und erringt die Liebe des Prinzen. Zwar ist Eve anschließend sauer, aber als sie bei den FKK-Freunden Mr. King kennenlernt, zieht sie mit ihm von dannen. – Nudismuspropaganda als Vorwand, um leicht bekleidete Damen vorzuführen.

Nackt in deinen Händen
(JULIE IS NO ANGEL). USA 1967.
R Larry Crane. **B** Larry Crane. **K** Glen Tracy. **M** Larry Crane. **D** Sharon Kent (Julie), Barbara Wood, Peter Bradford, Janet Banzert, Benny Nugent, Harry Miller, Milton Levine. **SW** 76 Min.
Eine karrieregeile junge Dame geht, als Mami sie wegen fortgesetzter Unzucht mit den eigenen Liebhabern aus dem Haus wirft, nach New York, arbeitet als Callgirl und schläft sich durch die Betten von Filmmogulen und TV-Bossen, bis sie entdeckt, daß sie schwanger ist. – Jetzt wird aber schnell geheiratet! Eine irre originelle Geschichte.

Nackt ist keine Sünde
(SEARCH FOR VENUS). USA 1963.
R Arthur Knight. **B** William L. Rose. **K** Sherman Price. **M** N.N. **D** Carole Wilson (Carole), Cindy Courtland, Brigitte Baum, Donna Scott, Jane Demarest, Beverly Pye, Gretchen Bjorling, Frank Mitchell, Mel Hocker.
F (72) 64 Min.
Nach der Krönung der Nudistenkönigin von Hollywood, die eine Weltreise zu den schönsten FKK-Stränden der Welt machen darf, legt sich unsere Heldin (sie hat leider verloren), pudelnackt aufs Bett und tritt im Traum die gleiche Reise an – an all die schönen Orte, an denen man nackt und frei unter der Sonne liegt. Oh, Wonne!

Nackt jeden Abend
(GIOVENTU DI NOTTE/JEUNESSE DE NUIT). Italien/Frankreich 1961.
R Mario Sequi. **B** Mariano Bonelli/ Ugo Moretti. **K** Pier Ludovico Pavoni. **M** Piero Piccioni. **D** Tod Windsor, Cristina Gaioni, Sami Frey, Nadja Gray, Magali Noel, Nino Segurini, Bruno Carotenuto, Arnaldo Remi, Brunella Bovo, Sergio Fantoni, Claudio Gora, Lia Zopelli. **SW** 97 Min.
Ein Taugenichts überfällt mit seinen Freunden einen Kinobesitzer, der dabei versehentlich ums Leben kommt. Vier der Räuber werden geschnappt, der fünfte stellt sich. – Weniger wichtig ist an diesem Streifen das kriminelle Element: Die Mitglieder des Böse-Buben-Klubs haben in der Hauptsache L'Amour im Kopf.

Nackt und heiß auf Mykonos
BRD 1979.
R Claus Tiedemans [= Claus Tinney].
B Claus Tiedemans [= Claus Tinney].
K Franz Xaver Lederle. **M** Gerhard Heinz. **D** Margit Geissler (Ginster), Sascha Hehn (Tobias), Marietta Joy (Jasmin), Claus Obalski (Stefan), Wolf Goldan, Carina Reymond, Anne F. Lear, Fernando Gomez, Nocos Doukas. **F** 87 Min.
Ginster und Tobias, ein jungverheiratetes Paar, fahren nach einem Krach getrennt in Urlaub, landen auf Mykonos zufällig im gleichen Hotel, treiben es beide, ohne voneinander zu wissen, mit der bisexuellen Reiseleiterin Jasmin und finden nach vielen Stellungen und Begegnungen mit Nervensägen wieder zueinander.
Ⓥ IMV

Nackt und keß am Königssee
BRD 1977.
R Jürgen Enz. **B** N.N. **K** Karl Freisinger. **M** N.N. **D** Britt Corvin, Willi Neuhaus, Petra Hanz, Gerhard Funk, Uta Parris. **F** 93 (TV: 75) Min.
Ein impotenter Schotte reist auf der Suche nach einem tauglichen Potenzmittel an den Königssee und erlebt dort den für Sexfilme dieser Art branchenüblichen Schwachsinn. – Da bleibt kein Auge trocken. Peinlich, peinlich. – AT: TRIEBE UND GELÜSTE. SWEET PLAYGIRLS.

Nackt und ohne Hüllen
(MONDO NUDO). Italien 1963.
R Francesco De Feo. **B** Giuseppe Marotta. **K** N.N. **M** Theo Usurelli. **D** N.N. **F** 84 Min.
Spekulative Pseudodokumentation über angeblich weltliche Kuriositäten; in der Hauptsache jedoch ein buntes Schnippelwerk über Stripperinnen in finsteren Nachtlokalen und Bikini-Schönheiten; nacktes Fleisch etc. inklusive. – Einer

Alain Delon holt Marianne Faithful aus der Pelle: *Nackt unter Leder* von Jack Cardiff

der zahllosen Reports über absonderliche Riten und People in den Städten dieser Welt, die in den sechziger Jahren die Kinos überschwemmten.

Nackt unter Leder
(THE GIRL ON A MOTORCYCLE / LA MOTOCYCLETTE).
GB/Frankreich 1967.
R Jack Cardiff. **B** Jack Cardiff/Ronald Duncan. **K** Renée Guissard. **M** Lester Reed. **D** Alain Delon (Daniel), Marianne Faithful (Rebecca), Catherine Jourdan (Catherine), Roger Mutton (Raymond), Marius Goring (Vater), Jean Leduc (Jean). **F** (95) 91 Min.
Rebecca, mit dem biederen Raymond verheiratet, fährt – ›nackt unter Leder‹ – auf einer schweren Harley Davidson zu ihrem heimlichen Geliebten Daniel nach Heidelberg und erinnert sich während der Reise an ihre bisherigen Begegnungen mit ihm, bis sie bei einem Unfall ums Leben kommt.

Die nackte Bourgeoisie
(RITRATTO DI BORGHESIA IN NERO).
Italien 1977.
R Tonino Cervi. **B** Tonino Cervi/Cesare Grugoni/Goffredo Parise. **K** Armando Nannuzzi. **M** Vincenzo Tempera.
D Ornella Muti (Elena Mazzarini), Senta Berger (Carla Richter), Capucine (Amalia Mazzarini), Christian Borromeo (Renato Richter), Stefano Patrizi (Mattia Morandi), Paolo (Paolo Mazzarini), Mattia Sbragia (Eduardo Mazzarini), Giuliana Calandra.
F 105 Min.
Im Venedig des Jahres 1938 wird der aus der Provinz stammende Musikstudent Mattia von seinem homosexuellen Freund Renato in dessen feudales Elternhaus eingeführt. Er beginnt eine Affäre mit Renatos Mutter Carla und wechselt, als er merkt, daß er nur ein Zeitvertreib für sie ist, zu der jungen und reichen Elena. Carla will ihn zurückgewinnen, um Renato mit Elena zu verkuppeln. Es kommt zu Epressung und Mord. – Unterhaltsame Studie über Lust und Laster in den sogenannten besseren Kreisen. Nach einem Roman von Roger Peyrefitte (1907–).

Die nackte Bovary
BRD/Italien 1969.
R John Scott [= Hans Schott-Schöbinger]. **B** Arnulf Mann. **K** Klaus v. Rautenfeld. **M** Hans Hammerschmid.
D Edwige Fenech (Emma Bovary), Gerhard Riedmann (Dr. Charles Bovary), Peter Carsten (Rudolf Boulanger), Gianni Dei (Leon Dupuis), Franco Ressel (Adolphe Lheureus), Franco Borelli (Vicomte Fresnaye), Luigi Bonos (Herzog v. Artois), Mania Golec (Madeleine), Patricia Adiutori (Brigitte), Edda Ferranaro (Anastasia), Maria Pia Conte (Felicitas), Jimmy Piazza (Justin), Poldi Waraschitz (Butler). **F** 96 Min.

Die sexuell gefrustete, mit einem biederen Landarzt verheiratete Emma Bovary möchte gern aus der Eintönigkeit ihres Daseins ausbrechen, doch das Schicksal ist gegen sie: Der Vicomte Fresnaye, in den sie sich verguckt, kommt bei einem Duell ums Leben, und der Gutsbesitzer Rudolf, dem sie sich in einer Hütte hingibt, macht am Vorabend ihrer geplanten Flucht nach Paris einen feigen Rückzieher. Als sie ein Verhältnis mit einem blassen Pipi-Jüngelchen namens Leon aufnimmt (der zudem auch die Fehlbesetzung des Jahrhunderts ist), wird sie von dem Textilkaufmann Adolphe erpreßt, der Sex als Schweigegeld verlangt. Am Ende kann sie nur noch schluchzend feststellen: »Ich muß meinen Weg weitergehen, buh, huh!« – »Wer den urigen Peter Carsten als Verführer sieht und Gerhard Riedmann als Dr. Bovary... österreichisch parlieren hört, der wundert sich auch über die modernen Reithosen von Madame nicht mehr«, witzelte der FILMDIENST äußerst treffend. – AT: MADAME BOVARY.
Ⓥ Euro

Die nackte Carmen
(CARMEN NUE). Frankreich 1984.
R Albert Lopez. **B** Albert Lopez.
K N.N. **M** Georges Bizet. **D** Pamela Prati (Carmen), Lorenzo Santamaria (José), Irène Daina, Patrick Feraud, Dolorés Dominguez Luque, Zinda Carvalho, Debraire da Silva, Pierre Rosso, Jacques Nivelle. **F** 90 (TV: 81) Min.
Carmen, eine feurige Zigeunerin, läßt keine Gelegenheit aus, um den spanischen Männern den Kopf zu verdrehen. Auch als die Karten ihr prophezeien, daß ihre Ausschweifungen zu einem bösen Ende führen, läßt sie von ihrem schändlichen Tun nicht ab. Der Korporal José, den sie sich hörig macht, wird zum Mörder, als sie ihn verlassen will. – Eine auf Crime und lahme Sexeinlagen reduzier-

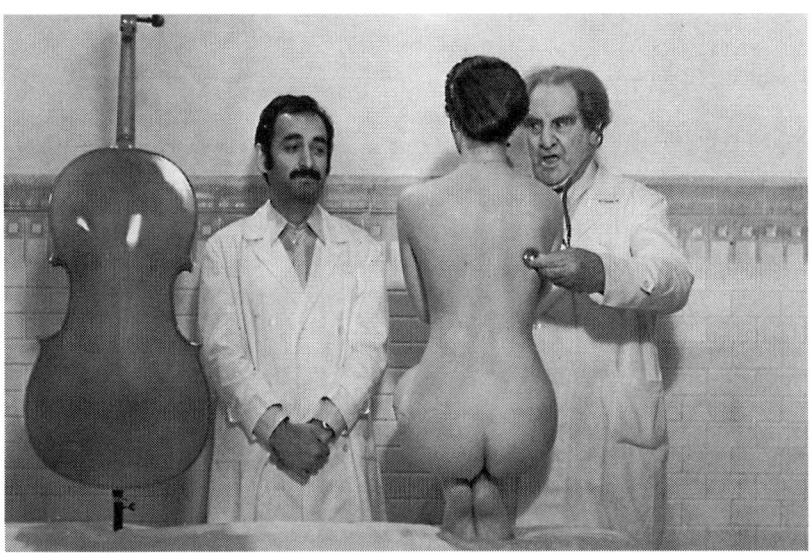

Laura Antonelli (von hinten) in *Das nackte Cello* von Pasquale Festa Campanile

te Verfilmung des Prosper Mérimée-Stoffes (Mérimée 1803–1870), ausgeführt von untalentierten Knallchargen. Der Film ist ohne jeglichen Wert und kann nicht mal einen verregneten Nachmittag aufheitern.

Das nackte Cello – Komm, geig mit mir
(IL MERLO MASCHIO). Italien 1971.
R Pasquale Festa Campanile. B Pasquale Festa Campanile. K Silvano Ippoliti. M Riz Ortolani. D Lando Buzzanca (Giacomo Vivaldi), Laura Antonelli (Constanza Vivaldi), Lino Toffolo (Maestro), Gianrico Tedeschi (Cavalmoretti), Feruccio de Ceresa, Elsa Vazzoler, Gino Cavalieri, Luciano Biancardi, Aldo Puglisi. F 93 Min.
Der nicht grundlos von schweren Minderwertigkeitskomplexen geplagte Cellist Giacomo Vivaldi sieht eines schönen Tages in einem Thermalbad mit an, wie begeistert die Schulmedizin auf den prächtigen Leib seiner Gattin Constanza reagiert. Er überredet sein Weib zum nackerten Posieren vor der Kamera, prahlt vor denen, die ihn früher nicht mal ignoriert haben, mit seinem herrlichen ›Besitz‹, und überredet Constanza zu exhibitionistischen Aktionen, die ihn am Ende in die Klapsmühle bringen. – Ironische, stellenweise lustige Sexklamotte. – AT: KOMM, GEIG MIT MIR.
Ⓥ UFA (Komödie in P-Dur)

Nackte Engel sind gefährlich
(CINDY AND DONNA). USA 1970.
R Robert J. Anderson/Terry Anderson.
B Barry Clark. K J. Berry Herron.
M Robert O. Ragland. D Debbie Osborne (Cindy), Nancy Ison (Donna), Cheryl Powell (Karn), Max Manning (Greg), Suzy Allen, Tom Koben.
F 77 Min.
Die Schwestern Cindy und Donna, Töchter eines Lustmolchs und einer Trinkerin, machen erste Erfahrungen mit Sex und Drogen, belauschen die sexuellen Aktivitäten anderer, lassen sogenannte ›intime Fotos‹ von sich anfertigen, sammeln Erfahrungen auf einer

Orgie, tummeln sich am Strand und lassen sich mit dem Dealer Greg ein. – Eine Handlung ist schwer auszumachen; der Film besteht mehr oder weniger aus Stellungswechseln.

Die nackte Eva
(EVA NERA). Italien 1976.
R Joe d'Amato [= Aristide Massaccesi]. **B** Aristide Massaccesi. **K** Aristide Massaccesi. **M** Piero Umiliani.
D Laura Gemser (Eva), Jack Palance (Judas), Gabriele Tinti (Jules), Michele Starck (Gerri), Guido Mariotti, Ziggy Zanger. **F** 95 Min.
Die dunkelhäutige Schlangentänzerin Eva zieht, nachdem ein chinesischer Freund ihr böse mitgespielt hat, in die schicke Hongkonger Wohnung der Geschäftsleute Jules und Judas ein. Judas hat einen Tick für exotische Reptilien und einen leichten Dachschaden. Jules ist nur ein Statist. Eva steht unter anderem auch auf Mädchen. Sowas kann auf Dauer natürlich nicht gutgehen. – Ein Softporno aus dem Schickeriamilieu, in dem so wenig passiert, daß das große Gähnen unausbleiblich ist. Für Leute, die regelmäßig vor dem Videorekorder einschlafen. Die TV-Fassung gibt nur noch Fragmente der Nichthandlung wieder! AT: EVA NERA. EVA NERA – DIE NACKTE SCHLANGENTÄNZERIN.
Ⓥ UFA

Das nackte Gesicht der Pornographie
Siehe **Das Porno-Haus von Amsterdam**

Die nackte Gräfin
BRD 1971.
R Kurt Nachmann. **B** Kurt Nachmann. **K** Franz Xaver Lederle. **M** Gerhard Heinz. **D** Wolfgang Lukschy (Graf Anatol Manesse-Manconi), Ursula Blauth (Gräfin Verena), Kurt Nachmann (Komm. Gabriel), Renate Kasché (Helene), Gunther Möhner (Toni), Elke Hart [= Elke Haltaufderheide] (Tilla), Elga Machaty (Roswitha), Fernando Gómez (Clemens), Michael Cromer (Volker Sachsenberger), Ernst Ziegler (Baron Cyrill), Gernot Möhner (Förster), Ibrahim Aslahan (Kemal), Julio Pinheiro (Bogdan), Jean Pierre Zola (Galupian). **F** 85 Min.
Der perverse Graf Anatol animiert seine Gattin Verena zu Sexspielen mit fremden Männern, die er dann fotografiert. Verena, von seiner Abartigkeit durchaus angetan, folgt willig seinen Wünschen, doch als sie sich ernsthaft in den Automechaniker Toni verliebt, begehrt sie auf. Anatol, der erkennt, daß die Droge Sex plötzlich nicht mehr die alte Wirkung auf sie hat, vernichtet das Glück der beiden auf zynische Weise. – Verfil-

Wolfgang Lukschy und Ursula Blauth in dem Perverso-Drama *Die nackte Gräfin* von Kurt Nachmann

mung eines italienischen Sexskandals, der 1970 international Schlagzeilen machte. Ⓥ VMP

Nackte Jugend
(SEISHUN ZANKOKU MONOGATARI).
Japan 1960.
R Nagisa Oshima. **B** Nagisa Oshima. **K** Takashi Kawamata. **M** Riichiro Manabe. **D** Yusuke Kawazu (Kyoshi Fujii), Miyuki Kuwano (Makato Shinjo), Yoshiko Kuga (Yuki Shinjo), Fumio Watanabe (Akimoto), Shinji Tanaka (Ito), Yosuke Hayashi (Higami), Shinjiro Matsuzaki (Terada), Toshiko Kobayashi (Teruko Shimonishi), Jun Hamamura (Masahiro Shinjo), Shinko Ujiie, Aki Morishima, Yuki Tominaga, Kei Stato, Asao Sano, Kan Nihonyanagi. **F** (97) 76 Min.
Als die Schülerin Makato per Anhalter fährt, gerät sie eines Tages an den Falschen. Der Student Kiyoshi kommt ihr zu Hilfe und raubt den Möchtegernvergewaltiger aus. Makato verläßt ihr Elternhaus und zieht zu Kiyoshi, wo sie den Sex kennenlernt. Da Kiyosi ständig pleite ist, macht Makoto wohlhabende Herren an und läßt sich von ihnen mitnehmen. Kiyoshi ›ertappt‹ die Freier und erpreßt von ihnen Schweigegeld. Das Geschäft floriert, bis eine Halbstarkenbande davon Wind bekommt. – »Spätestens als der halbstarke Held tränenüberströmt den Kopf hebt und laut sein Weh klagt, wird der Widerspruch von Form und Inhalt offenbar. Der Film, der eben noch nüchtern abbilderte, läßt sich gehen; weich und lang und schwülstig fotografiert er den japanischen Jungmann, der reuevoll über der leblosen Gestalt des verführten Mädchens zusammenbricht, und über Hallraum entspinnt sich ein Dialog mit der Geisterstimme der Entseelten.« (FILMKRITIK).
Ⓥ VCL

Yusuke Kawazu und Miyuki Kuwano in *Nackte Jugend* von Nagisa Oshima

Nackte Liebe im heißen Sand
Siehe **Sonny, Sylt und kesse Krabben**

Der nackte Reigen
(DIARY OF A NUDIST). USA 1962.
R Doris Wishman. **B** Melvin Stanley.
K Raymond Pheelan. **M** Harry Glass/Judith J. Kushner. **D** Davee Dekker, Dolores Carlos, Joan Bamford, Norman Casserly, Allan Blacker, Maria Stinger. **F** (75) 60 Min.
Auf der Jagd stolpert der Herausgeber eines US-Käseblättchens in Florida über ein FKK-Camp und schickt empört eine Journalistin auf den Weg, die sich dort einschleichen und die Nackedeis bloßstellen soll. Wie immer in solchen Filmen wird die Reporterin rasch zum Nudismus bekehrt. Als ihr Artikel positiv ausfällt, verliert sie ihren Job. Der Chef macht sich persönlich auf, um ihre Arbeit fortzuführen... – Wer ahnt, wie's weitergeht? Richtig. Genau so. – »Das Filmchen gibt seine Meinung über die Nacktkultur geradezu als Evangelium aus.« (FILMDIENST).

Die Nackte und der Pornoteufel
Siehe **Des Teufels nackte Tochter**

Die Nackten des Eros
(SHOJOKAIKIN). Japan 1968.
R Jonosuke Tsusuki. **B** Kyoshi Tsugawa. **K** N.N. **M** N.N. **D** Miki Hayashi, Reiko Akigawa, Takaharu Ran, Shinao Shirakawa, Jun Kitamura, Maya Hanaoka. **SW/F** 63 Min.
Eine junge Japanerin, die einen fremden Mann heiraten soll, begibt sich auf die Suche nach einem geeigneteren Liebhaber und gerät ins Abseits, als sie in Tokio als Liebesdienerin arbeitet und sich ihr Charakter völlig verändert. Zwei Freundinnen, auch nicht ohne, die ihr nachspüren, bringen sie nach allerlei Irrungen und Wirrungen wieder auf den rechten Weg. – Ein japanisches Hurenmelodram, dem Anschein nach in der BRD sexmäßig aufgepeppt.

Die nackten Superhexen vom Rio Amore
(LINDA). BRD/Spanien 1981.
R Jack Griffin [= Jesus Franco Manera]. **B** Jess Franco [= Jesus Franco Manera]. **K** Hannes Fürbringer.
M Gerhard Heinz. **D** Ursula Buchfellner (Betsy Norman), Raquel Evans (Ron Medford), Katja Bienert (Linda Norman), Antonio Mayans (Zorro), Otto W. Retzer (Miller), Bea Fiedler (Mitzi), Andrea Guzon (Sheila), Tony Skyos (Juan), Maria Segura, Teodora Segura (Zwillinge). **F** 91 Min.
Betsy, Hotelangestellte in Spanien, verliebt sich in den Manager Ron, was ihre Chefin Sheila auf die Palme bringt. Um die beiden zu trennen, läßt Sheila Betsy

Bea Fiedler erklärt einem Kunden auf Weanerisch, was Sache ist: *Die nackten Superhexen von Rio Amore* von Jack Griffin

in einen Sexklub verfrachten, damit sie, von Drogen enthemmt, Zuschauern komische Tänze vorführt. Ron nimmt Betsys Spur zwar auf, doch mit der Rettung hapert es. Nachdem Sheila versucht hat, Ron mit Hilfe von Skorpionen umzubringen, wird sie von einer Prostituierten, der sie allerhand Böses angetan hat, erschossen. Ron kann Betsy befreien. – Parallel dazu macht Betsys Schwester Linda in einer Schweizer Klosterschule lesbische Erfahrungen und reist nach Spanien, wo sie sich in Juan verliebt, doch ihre Sexabenteuer haben mit dem roten Faden so wenig zu tun, daß man annehmen muß, hier wurde ein unvollendeter mit einem halbfertigen Film zusammengeklebt. – Unmotivierte, sich ständig wiederholende Kameraschwenks über spanische Küstenstreifen vergällen einem den Streifen völlig. Ⓥ Telerent

Die Nackten und die Perversen
(BELOW THE BELT). USA 1971.
R Bethel Buckalew. **B** Bethel Buckalew. **K** Kenny Gibb. **M** Hal Southern/ Harold Hensley. **D** John Tull (Sammy Beal), Buck Flower (Benny Bravo), Fred Finklehoffe (Louie Gardino), Steve Hodge (Johnny), Mirka Madnadraszky (Lisa), Ben Shaute (Marty), Uschi Digard (Denise), Terry Johnson (Linda), Joni Presents (Rebel).
F 84 Min.
Der permanent Schürzen jagende Boxmanager Beal und sein Konkurrent Gardino setzen auf das Jungtalent Johnny. Um Beal auszustechen, setzt Gardino das Mädchen Lisa auf Johnny an. Johnny fällt auf sie herein, doch als er sie mit Beal in flagranti erwischt, kommt es zur Katastrophe. – Ein Sexfilm aus dem Boxermilieu, dessen Originaltitel («Unter der Gürtellinie») dem Verleih wohl nicht scharf genug war. – AT: Boys And Sex – Die Nackten und die Perversen.

Die nackten Vampire
Siehe **Das Lustschloß der grausamen Frauen**

Nackter Norden
BRD 1969.
R Michael Thomas [= Erwin C. Dietrich]. **B** Manfred Gregor [= Erwin C. Dietrich]. **K** Andreas Demmer. **M** Walter Baumgartner. **D** Inga Sörensen, Kirstin Anderson. **F** 69 Min.
Eine wißbegierige junge Frau reist durch Dänemark und Schweden, weil sie wissen will, ob die Geschichten über die lockere Moral der Skandinavier der Wahrheit entsprechen. – Natürlich entsprechen sie der Wahrheit. Wer hätte je daran gezweifelt?

Nackter Sex auf Sylt
Siehe **Sonne, Sylt und kesse Krabben**

Nacktes Fleisch
(NIKU). Japan 1966.
R Hiroshi Mukai. **B** Jun Tuzuka. **K** Ryo Shimizu. **M** Shigeru Miyashita. **D** Takako Uchida, Ryo Miyamoto, Rinzo Yamashita, Kimiko Asuka, Kazuo Eki. **SW** 76 Min.
1. »Das Mädchen«: Eine Studentin demonstriert einem Studenten, wie weit sie ihm wissensmäßig voraus ist. – 2. »Die Frau«: Ein durch einen Unfall impotent gewordener Ehemann führt seiner Gattin einem Freund zu und belauscht sie, als sie es miteinander treiben. – 3. »Die Prostituierte«: Eine Bordsteinschwalbe sehnt sich nach wahrer Liebe. Sie betrügt ihren Zuhälter mit einem Mann, mit dem sie durchbrennen will, ohne zu ahnen, daß er der Chef der Bande ist, für die sie arbeitet. – Ein Episodenfilm.

Nahaufnahme
(INSERTS). GB 1975.
R John Byrum. **B** John Byrum. **K** John Harris. **M** Jessica Harper. **D** Richard

Dreyfuss (Boy Wonder), Jessica Harper (Cathy Cake), Stephen Davies (Rex), Veronica Cartwright (Harlene), Bob Hoskins (Big Mac). **F** 117 Min.
Hollywood in den zwanziger Jahren: Der dem Alkohol verfallene und aller Illusionen bare Regisseur Wunderboy und die in der Filmmetropole unter die Räder gekommene drogensüchtige Kellnerin Harlene halten sich in einer Villa mit der Herstellung von Pornos über Wasser. Ihnen zur Seite steht der dämliche, von seinen ›Starqualitäten‹ überzeugte Totengräber ›Ständer‹-Rex. Während Harlene sich rührend bemüht, Wunderboy aus einer depressiven Phase zu holen, prahlt Rex mit einem einflußreichen Bekannten, der ihn ›nach oben‹ bringen will. Doch der fragliche Mann ist ein homosexueller Aufreißer, der mehr an seiner körperlichen Qualifikation interessiert ist. Nach ein paar heißen Bettszenen taucht der Produzent Big Mac auf, dann stirbt Harlene an einer Überdosis Heroin. Big Mac und Rex schaffen die Leiche beiseite. Wunderboy trinkt. Und die scheue Cathy, Big Macs Braut, entpuppt sich als Möchtegerndiva, die bereit ist, den halbfertigen Film mit Nahaufnahmen auf die erforderliche Länge zu bringen. Schrittweise gelingt es ihr, den zynischen und impotenten Wunderboy ins Bett zu locken. Big Mac schäumt und reicht den Abschied ein. Wunderboy, als Mann bestätigt, setzt sich ans Klavier: Vor seiner Villa lungert ein gewisser Clark Gable herum, der scharf darauf ist, ihn für seinen nächsten Film als Regisseur zu bekommen. – »[Der Film] enthält Szenen, die jeden Pornofilm aufwerten würden, und ist doch für jeden nicht eben prüden Besucher eine des Mit- und Nachdenkens werte Auseinandersetzung mit menschlichen Schwächen und Reaktionen... Schauspielerisch wird... perfekte Akrobatik auf dem Porno-Seil geboten. Da sitzen jede Geste und jeder Satz.« (Georg Herzberg, FILMECHO/FILMWOCHE).

Richard Dreyfuss und Veronica Cartwright in dem Suff- und Pornomelodram *Nahaufnahme* von John Byrum

Nakito – Profis der Liebe
(NIKUTAI NO MON). Japan 1964.
R Seijun Suzuki. **B** Goro Tanada. **K** Shigeyoshi Mine. **M** Naozumi Yamamoto. **D** Satoko Kasai (Sen Komasa), Yumiko Nogowa (Maya), Kayo Matsuo (O-Miyo), Tamiko Ishii (O-Roku), Misako Tominaga (Machiko), Joe Shishido (Shintaro). **F** 87 Min.
Vier junge Japanerinnen schlagen sich nach dem Ende des Zweiten Weltkrieges als Prostituierte in den Trümmern einer großen Stadt durch und lassen sich – hauptsächlich von amerikanischen Soldaten – für ihre Liebesdienste bezahlen. Sex und Sadismus auf japanische Art.

Nana
(NANA). Italien 1982.
R Dan Wolman. **B** Marc Behm. **K** Armando Nanuzzi/Yoram Globus. **M** Ennio Morricone. **D** Katya Berger (Nana), Jean Pierre Aumont (Graf Muffat), Mandy Rice-Davies (Gräfin

Die keine Gnade kennen: Szene aus *Nakito – Profis der Liebe* von Seijun Suzuki

Sabine), Debra Berger (Satin), Shirin Taylor (Zoe), Yehuda Efroni (Steiner), Paul Muller (Xavier), Robert Bridges (Fontan), Massimo Serato (Faucherie), Marcus Beresford (Hector), Annie Belle (Renee), Tom Felleghy (Mellier). **F** 92 Min.

Nana, eine femme fatale, schläft sich die soziale Leiter hinauf, indem sie ihre Gunst einem liebeshungrigen Bankier und einem hohen Beamten der Regierung schenkt, bis sie am Ende wieder in der Gosse landet. – Ein Film, der angeblich auf Emile Zola (1840–1902) basiert, im Grunde aber nur den Titel mit dessen Roman gemein hat. Eine frühere Version war NANA (Frankreich/Italien 1957) von Christian-Jacque (d. i. Christian Maudet). Ⓥ Cannon/VMP

Nana, die Nymphomanin

(NANA/NANA 70).
Frankreich/Schweden 1970.
R Mac Ahlberg. **B** Mac Ahlberg.
K Andreas Winding. **M** Georg Riedel.
D Anna Gael (Nana), Gillian Hills (Tina), Lars Lunöe (Graf Haupt), Keve Hjelm (Werner v. Falke), Gerard Berner (Georges), Rikki Septimus (Rikki), Hans Ernbach (Hoffmann), Keith Bradfield (Fotograf), Poul Glargaard (Leon Schildt), Fritz Ruzicka (Bond), Erik Holme (Pallin), Simon Rosenbaum (Baron Otis), Elsa Jackson (Ginny), Helli Louise (Simone), Yvonne Ekman (Diana), Bonnie Evans (Clara), Willy Peters (Prinz). **F** (110) 92 Min.

Die mannstolle und auch dem eigenen Geschlecht nicht abgeneigte Sängerin Nana, die gern eine Dame von Welt wäre, läßt sich zwar von dem reichen Herrn Von Falke aushalten, kann jedoch gegen ihren starken Sexualtrieb nicht an: Allen Treueschwüren zum Trotz gibt sie sich orgiastischen Ausschweifungen hin und hüpft von einem Bett ins andere, weil sie

es einfach nicht lassen kann. Ihre sich aufopfernden Liebhaber – Schlotbarone, Krautjunker und sonstige Herren von Welt – enden in Selbstmord und Ruin.
Ⓥ VMP

Nancy, ein eiskaltes Playgirl
(THE BIG BOUNCE). USA 1968.
R Alex March. **B** Robert Dozier. **K** Howard R. Schwartz. **M** Michael Curb. **D** Leigh Taylor-Young (Nancy Barker), Ryan O'Neil (Jack Ryan), Van Heflin (Sam Mirakian), Lee Grant (Motelgast), Robert Webber (Bob Rogers), James Daley (Ray Ritchie), Cindy Eilbacher (Cheryl), Noam Pitlik (Sam Turner), Victor Paul (Comacho), Kevin O'Neal (Junge im Buggy), Charles Cooper (Senator). **F** 102 Min.
Jack arbeitet als Gurkenpflücker auf der Farm von Mr. Ritchie und fängt mit der Geliebten seines Chefs, dem minderjährigen Sexkätzchen Nancy, eine dampfende Romanze an. Nancy findet es geil, die Sache auf dem Friedhof zu treiben und hat auch sonst eigentümliche Gelüste. Als sich eine andere Frau wegen Jack umbringt, Nancy einen Mord begeht und wie gedruckt lügt, um ihren Kopf zu retten, packt Jack seine Sachen. Nancy zeigt ihm den erhobenen Finger. – »Ein passendes letztes Bild für dieses widerliche Stück Schund.« (THE MOTION PICTURE GUIDE).

Naomi – Die Unersättliche
(CHIJIN NO AI). Japan 1967.
R Yasuzo Masumura. **B** Ichiro Ikeda. **K** Setsuo Kobayashi. **M** Naozumi Yamamoto. **D** Michiyo Yasuda (Naomi), Shoichi Ozawa (Joji Kawai), Masakazu Tamura, Ko Kuraishi, Yuka Konno, Sachiko Murase, Tamae Kiyokawa. **F** 87 Min.
Der Ingenieur Kawai lernt die üppige Kellnerin Naomi in einem drittklassigen Restaurant kennen und möchte sie zu seiner Frau und einer echten Dame machen. Naomi kommt seinen Gelüsten (Kawai ist begeisterter Fotoamateur) aufgeschlossen entgegen, doch kaum ist sie seine Gattin, entpuppt sie sich als egoistische Schlampe, die sein Geld aus dem Fenster wirft und ihn genüßlich erniedrigt und auf sadistische Weise mit anderen betrügt. Kawai erkennt, daß er sie nur an sich binden kann, wenn er ihr Sklave wird. – Ein japanischer Schundfilm.

Nathalie
BRD 1985.
R Ilias Mylonakos. **B** Vagelis Fournistakis. **K** N.N. **M** Giovanni Ullu. **D** Marcella Petri (Nathalie), Roger Beach (Stanley), Andrew Johnson (Dimitri), Grazia De Giorgi, Mario Cutini, Teli Stallone, Pauline Teutscher.
F 79 Min.
Nathalie, die fingerfertige Tochter eines in Griechenland lebenden Millionärs, verliebt sich in einen zwielichtigen Filmregisseur, der mit fragwürdigen Figuren verkehrt, gleich mehrere Geliebte hat und ihren Vater bitten will, nach diversen Mißerfolgen – darunter auch eine vorhergegangene Entführung Nathalies, von der geredet wird, ohne daß wir sie sehen – mit ›zu intellektuellen‹ Filmthemen nun ein kommerzielles Projekt zu finanzieren. – Man kann nur hoffen, daß dabei nicht so ein Machwerk herauskommt wie dieses. Nicht mal die gebotenen ›Stellungen‹ haben mehr Phantasie als der Plot der Geschichte. – AT: SCHULMÄDCHEN – REIF FÜR DIE LIEBE. (Auch dies: Kein Treffer).
Ⓥ Cannon/VMP

Néa – ein Mädchen entdeckt die Liebe
(NÉA). Frankreich/BRD 1976.
R Nelly Kaplan. **B** Nelly Kaplan/ Jean Chapot. **K** Andreas Winding.

M Michel Magne. **D** Ann Zacharias (Sybil), Heinz Bennent (Vater), Samy Frey (Axel Thorpe), Ingrid Caven (Axels Geliebte), Francoise Brion, Michéline Presle, Nelly Kaplan.
F 106 Min.
Die aus wohlhabenden Verhältnissen stammende Schülerin Sybil schreibt einen erotischen Roman über die Sexphantasien einer Halbwüchsigen namens Néa, bietet ihn einem Verleger an und geht mit ihm ein Bettverhältnis ein. Während die Ehe ihrer Eltern zerbricht und Mama ein lesbisches Verhältnis eingeht, zieht der Verleger schließlich Sybils Schwester vor. Sybil rächt sich mit der Behauptung, er habe sie vergewaltigt, doch später findet sie zu ihm zurück. – Langweilig. Nach einem Roman von Emmanuelle Arsan, die durch die EMMANUELLE-Serie bekannt wurde.
Ⓥ Atlas

Necronomicon – Geträumte Sünden
BRD 1967.
R Jess Franco [= Jesus Franco Manera]. **B** Pier A. Caminecci. **K** Franz Xaver Lederle/Jorge Herrero. **M** Friedrich Gulda/Jerry van Rooyen. **D** Janine Reynaud (Lorna), Jack Taylor (Bill Mulligan), Howard Vernon (Admiral), Michel Lemoine (Pierce), Nathalie Nord (Bella), Pier A. Caminecci (Hermann), Adrian Hoven (Psychiater).
F 82 Min.
Lorna arbeitet in einer Sado-Maso-Show, bei der sie ihre Bühnenpartner abwechselnd liebkost und malträtiert. Sie führt nebenher eine merkwürdige Traumexistenz, in der sie leicht bekleidet durch eine mysteriöse Stadt fährt oder sich in einem Kastell am Meer bzw. einem leeren Lokal mit nackten Kellnern aufhält. Ihr Traumleben endet meist

Sado-Maso-Bühnenshow: Janine Reynaud (Mitte) und Partner in *Necronomicon – Geträumte Sünden* von Jess Franco

damit, daß sie einen Mann oder eine Frau aufgabelt, die sie dann ermordet. Bill, ihr Geliebter, fragt sie, wer sie wirklich ist, doch Lorna weicht aus: Er soll sie so nehmen, wie sie ist. Ein Mann mit stechendem Blick, der wiederholt Lornas Weg kreuzt und ihr zu verstehen gibt, daß er ›zu befehlen‹ hat, steht in irgendeiner Beziehung zu Bill, treibt aber auch mit ihm ein falsches Spiel. Nachdem Lorna ihre Bühnenpartner wirklich getötet hat, taucht sie in Bills Wohnung auf und bringt ihn um. Der Mann mit dem stechenden Blick bringt sie zum Kastell, denn sie braucht ›Ruhe, Einsamkeit, Stille‹. – Der Film ist wirr, die Dialoge platt und pathetisch. Schriller Jazz, der einem bald auf den Senkel geht, übertönt alle Szenen. Weder wird klar, ob der Mann mit dem stechenden Blick Satan ist, noch das, was ihn mit Bill verbindet, der ihn beauftragt, Lorna zu töten. Auch Lorna weiß nicht, was sie tut und wer sie ist – das gleiche kann man von den Machern dieses Films annehmen. ›Schauwerte‹ hat NECRONOMICON wenige; er ist eher der Phantastik zuzuordnen. Der Film wurde von Adrian Hoven produziert und gehört zu den wenigen Werken von Jesus Franco Manera, die handwerklich mit Sorgfalt gemacht sind.
Ⓥ Telerent

Die Neffen des Herrn General
BRD 1969.
R Michael Thomas [= Erwin C. Dietrich]. **B** Manfred Gregor [= Erwin C. Dietrich]. **K** Peter Baumgartner. **M** Walter Baumgartner. **D** Michael Maien, Claus Tinney (Neffen), Herbert Knippenberg (General), Herbert Fux (Butler), Heidrun Kussin, Helga Körner, Gitta Körner, Inga Seyrich, Britta Aulin, Jocko Kannitzer. **F** 90 Min.
Ein wohlhabender General i.R. läßt sich in einem Haus auf der Nackedeiinsel Sylt nieder, begafft die dort sonnenbadende Weiblichkeit mit einem Fernrohr und versucht sie in sein Haus zu kriegen, indem er seine Wehrdienst ableistenden Neffen als Lockvögel einlädt. Natürlich sind es die Neffen, die sich anschließend mit den stets bereiten Schönen arrangieren. – Ein Sexfilm.

Nene, die Frühreife
(NENE). Italien 1977.
R Salvatore Samperi. **B** Alessandro Parenzo/ Salvatore Samperi. **K** Pasquale de Santis. **M** Francesco Guccini. **D** Eleonora Fani (Nene), Sven Valsecchi (Ju), Tino Scirinzi (Jus Vater), Paola Senatore (Jus Mutter), Alberto Cancemi (Rodi). **F** 97 Min.
Nach dem Ende des Zweiten Weltkrieges kommt die halbwüchsige Nene in das Haus ihres neurotischen Onkels und hat erste sexuelle Erlebnisse mit dem Mulatten Rodi.

Nero und die Huren des römischen Reiches
(NERONE E POPEIA). Italien 1980.
R Vincent Dawn [= Bruno Mattei]. **B** Bruno Mattei. **K** Luigi Ciccarese. **M** Giacomo Dell'Orso. **D** Rudy Adams (Nero), Patricia Derek, Paul Cabrera, John Turner, Bruno Rosa, Guido Scalzone, Susan Forget.
F 89 Min.
Der römische Kaiser Nero, den permanente Langeweile plagt, wälzt sich mit seiner lüsternen Mutter und diversen Gattinnen und Mätressen 89 Minuten lang auf dem Lotterbett. – Ein Zusammenschnitt aus rasch abgedrehten Monoton-Bums-Szenen und Überresten alter italienischer Gladiatorenfilme. – Zum Vergessen. »Mieses Chargieren, schleppendes Tempo und krasse technische Fehler tragen noch das ihre zum gründlichen Mißlingen des Unternehmens bei.« (FILMDIENST).
Ⓥ Euro

Tino Schirinzi und Paola Senatore probieren mal was Neues aus: *Nene, die Frühreife* von Salvatore Samperi

Der Neue Hausfrauen-Report (2)
BRD 1971.
R Eberhard Schroeder. **B** Werner P. Zibaso. **K** Klaus Werner. **M** N.N.
D Josef Moosholzer (Opitz), Elvira Jentgens (Steffi Mahler), Elisabeth Volkmann (Kalinka), Uli Steigberg (Max Haltiner), Gernot Möhner (Bernd), Brigitte Knuth (Frl. Kleiber), Felix Franchy (Henrici), Karin Lorson (Gundula Hansen), Peter Capell (Arzt), Angelika Baumgart-Frey (Brigitte), Felicitas Peters (Kati Opitz, Heinz Kaden (Oscar Mahler), Nico Vogler, Gaby Frost. **F** 76 Min.
Ein Episodenfilm über ›vernachlässigte‹ Hausfrauen und ›Grüne Witwen‹: Unter ständigem Druck stehende, gelegentlich attraktive Damen, zu sexuellen Abenteuern bereit, vergnügen sich mit Postboten, Verkaufsfahrern, Handwerkern und Geschäftsleuten. Ⓥ UFA

Der neue heiße Sexreport: Was Männer nicht für möglich halten
BRD 1971.
R Ernst Hofbauer. **B** Hans Hasenow [= Manfred Purzer]. **K** Giorgio Tonti. **M** Gert Wilden. **D** Astrid Frank (Irma), Eva Garden (Dunja), Karin Götz (Silvia), Elfi Helfrich (Frau Klose), Romana Lizalova (Gisela), Rosl Mayr (Alwine), Marlene Rahn (Frau Westberg), Thomas Fischer (Norbert), Helmut Früchtenicht (Fricke), Max Griesser (Florian), Hellmuth Haupt (Masseur), Günter Kieslich (Dr. Daniel), Karl Heinz Otto (Dobermann), Michael Schreiner (Adi), Tonio v.d. Meden (Reporter), Helen Vita. **F** 97 Min.
Wenn die Katze (bzw. der Gatte) aus dem Haus ist, tanzen die Mäuse (bzw. die Gattinnen) auf dem Tisch – und das nicht nur für Bierfahrer, Masseure,

Briefträger und die lesbische Nachbarin. Wer's glaubt... – Ein Sexreport, der Männern glauben machen will, was sie nicht für möglich halten sollen. – AT: MASSLOSE TEENAGER. Ⓥ VPS

Der Neue Schulmädchen-Report (2): Was Eltern den Schlaf raubt
BRD 1971.
R Ernst Hofbauer. B Günther Heller. K Klaus Werner. M Peter Thomas. D Friedrich v. Thun (Reporter), Christine Snyder, Rosl Mayr, Karin Götz, Hans Heiking, Jürgen Emanuel, Rolf Castell, Jochen Mann, Frank Wedekind, Hellmuth Haupt, Hans Diter Kerky, Michael Schreiner, Gerti Heibl. F 91 Min.
1. Drei Mädchen verführen einen Lehrer, fotografieren ihn heimlich und erpressen ihn, bis die Sache ans Licht kommt und er sich das Leben nimmt. – 2. Zwei Ausreißerinnen kehren reumütig nach Hause zurück, nachdem sie erfahren haben, daß die ›Freiheit‹ hauptsächlich daraus besteht, dem Willen lüsterner Kerlen nachzukommen. – 3. Eine Schülerin, die mit ihrem Taschengeld nicht auskommt, steht heimlich für Pornofotos Modell. – 4. Eine Fünfzehnjährige, die neidisch auf die sexuellen Erfahrungen ihrer Mitschülerinnen ist, läßt sich mit einem Studenten ein. – 5. Eine Achtzehnjährige, die schwanger wird, verzichtet auf die Ehe mit dem Vater ihres Kindes und findet die Unterstützung ihrer Eltern. – Ein Episodenfilm.
Ⓥ VPS

Neue Spiele für Liebestolle
(JEUX POUR COUPLES INFIDELES). Frankreich 1972.
R Georges Fleury [= Jean Desvilles]. B Sonia Salvy [= Francis Mischkind/Georges Cachioux]. K Bernhard Paris. M Alain Lemeur. D Daniéle Vlaminck (Madeleine), Pierre Rousseau (Bruno), Sophie Cnudde (Solange), Michel David (Maurice), Joelle Faguet (Modell), Jean Martinelli (Direktor), Marielle Jonas Oliver (Marie), Vicky Messica (Leiterin), Virginie Vignon (Sekretärin), Christian Chevreuse (Hausmeister). F 97 Min.
Der Werbefachmann Bruno soll auf Anraten seines Chefs seine Plakatentwürfe mit Sex aufpeppen. Die dazu nötigen Anregungen holt er sich von seiner liebestollen Frau Madeleine, die ihn zu Hause mit exhibitionistischen Aktionen gewaltig auf Touren bringt. Neidisch auf die neu erblühte Liebe der beiden wollen ihre Freunde Maurice und Solange sie auf die Probe stellen und laden sie a) zu einem Vierer und b) zu einer Gruppensexorgie auf einem Schloß ein. – Ein Softsexfilm mit viel Fleischbeschau. – AT: SEXSPIELE FÜR LIEBESTOLLE.
Ⓥ Euro

Dralle Teenies, debile Lehrer:
Der Neue Schulmädchen-Report (2): Was Eltern den Schlaf raubt von Ernst Hofbauer

Die neuen Abenteuer des Sanitätsgefreiten Neumann

BRD 1978. **R** Jürgen Enz. **B** Jürgen Enz. **K** N.N. **M** N.N. **D** Peter Hinrichsen, Wolfgang Jung, Marie-Therese Duvall, Teddy Kever, Anderl Bäuerl, Sascha Atzenbeck, Erwin Neuhauser, Johann Bucher, Paul Steiner. **F** 73 Min.
Gegen Ende des Zweiten Weltkrieges organisiert der findige Sanitätsgefreite Neumann für sich und seine Kameraden Nachschub fürs Bett. – Ein humoristisch gemeinter, doch zotigenreicher Softporno.
Ⓥ Cannon/VMP

Neuneinhalb Wochen

(9¹/₂ WEEKS). USA 1985. **R** Adrian Lyne. **B** Patricia Knop/Zalman King/Sarah Kernochan. **K** Peter Biziou. **M** Jack Nitzsche. **D** Mickey Rourke (John), Kim Basinger (Elizabeth), Margaret Whitton (Molly), David Margulies (Harvey), Karen Young (Sue), Christine Baranski (Thea), Dwight Weist (Farnsworth), William De Acutis (Ted), Roderick Cook (Sinclair). **F** 113 Min.
Die frisch geschiedene Kunsthändlerin Elizabeth begegnet während eines Stadtbummels dem undurchsichtigen Börsenmakler John und läßt sich spontan mit ihm ein. John, der ungewöhnliche erotische Vorlieben hat, verlangt von ihr völlige sexuelle Unterwerfung. Elizabeth wird ihm im Nu hörig und läßt mit sich machen, was John will (und er will alles). Nach vielen exhibitionistischen und masturbatorischen Szenen erkennt sie jedoch, daß ihr reicher Yuppie-Freund nicht richtig tickt und löst sich von ihm – gerade in dem Augenblick, als er dazu ansetzt, sich ihr zu erklären. –

Kim Basinger zeigt Mickey Rourke, wo die Glocken hängen: *Neuneinhalb Wochen* von Adrian Lyne

»Mickey Rourke ist in der Rolle als Verführer recht glaubwürdig, doch Kim Basinger trägt kaum mehr dazu bei als ihr gutes Aussehen. Doch zusammen machen sie aus simplen Dingen wie Anziehen und Essen eine recht heiße Angelegenheit.« (Mick Martin/Marsha Porter, VIDEO MOVIE GUIDE 1988). – Ein dampfender Softporno im Video-Clip-Stil, in dem nicht viel geredet und selten richtig ausgeleuchtet wird. Nach einem Roman von Elizabeth McNeil.

Neunundsechzig Liebesspiele
Siehe **Engel der Sünde**

Neunundsechzig – Vorspiel zur Ekstase
(KUUSIKYMMENTÄYHDEKSÄN).
Finnland/Schweden 1969.
R Jörn Donner. **B** Jörn Donner. **K** Kari Sohlberg. **M** Claes af Geijerstam.
D Sven-Bertil Taube (Jukka), Ritva Vepsä (Tuula), Seija Tyni (Christina), Jörn Donner (Dr. Timo), Liismaija Laaksonen (Freundin), Eila Pehkonen, Rauni Luoma, Henny Valjus, Johani Kumplainen, Jukka Sipilä. **F** 98 Min.
Tula, die Frau eines Eishockytrainers, erkennt, daß ihr ewig müder und leidenschaftsloser Ehemann eine Geliebte hat. Sie sucht einen Arzt auf, der sich in sie verliebt und gibt seinem Drängen schließlich nach. – Der deutsche Titel ist nicht weniger rätselhaft als das finnische Original.

New York's Finest
(NEW YORK CATS). USA 1988.
R Chuck Vincent. **B** Craig Horall.
K Larry Revene. **M** Joey Mennona.
D Jennifer Delora, Ruth Collins, Heidi Payne, Scott Baker, Jane Hamilton, Alan Naggar, John Altamura, Alan

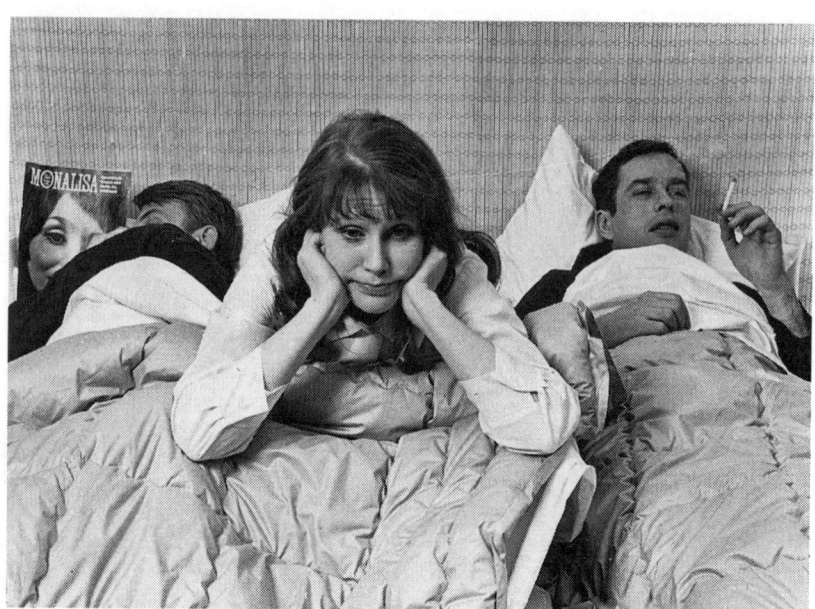

Sven-Bertil Taube, Rita Vepsä und Jörn Donner in einer wenig ekstatischen Szene des Films *Neunundssechzig – Vorspiel zur Ekstase* von Jörn Donner

Fisler Josey Duval, Russ Batt.
F 83 Min.
Loretta, Joy und Carley, drei New Yorker Callgirls, wollen ihre Karriere in der High Snobiety fortsetzen und lassen sich von einem Damenimitator beibringen, wie man sich als Lady bewegt. Doch kann der Frömmste nicht in Frieden leben, wenn es dem bösen Nachbarn nicht gefällt... Ihre Exmadame sinnt auf Rache, weil die Mädchen in die Kasse gegriffen haben, und ein Dealer, den sie haben hochgehen lassen, ist ihnen auch nicht grün. – »Eine angeblich schrille Komödie um drei unsägliche Grazien, die den gesellschaftlichen Aufstieg proben – gleichzeitig sinkt das Niveau des Films auf bedenkliche Tiefen«, fand KINO, und räsonierte: »Wenn das New Yorks Finest sind, wie sind dann erst New Yorks Baddest?« – Urteil: »Niete«. – AT: JEDER KÖRPER HAT SEINEN PREIS.
Ⓥ Cosmos

New York Nights
(NEW YORK NIGHTS). USA 1983.
R Simon Nuchtern. **B** Romano Vanderbes. **K** Alan Doberman. **M** Linda Schreyer. **D** Corinne Alphen (Brooke), George Ayer (Jesse), Gordon Press (Chauffeur), Michael Templon (Leibwächter), Bobbi Burns (Lenore Woolf), Missy O'Shea (Christina), Peter Matthey (Werner Richards), Nicholas Cortland (Harris), Marcia McBroom (Nicki), Cynthia Lee (Margo), William Dysart (Owen), Tamara Jones (Modell), Thomas Happer (Gigolo), Michael Madeiros (Regisseur), William Dafoe (Punk), Gordon Press (Chauffeur). **F** (102) 88 Min.
Ein grellbunter Episodenfilm nach dem Muster von DER REIGEN (Frankreich 1950, **R** Max Ophüls; Frankreich 1964, **R** Roger Vadim; BRD 1973, **R** Otto Schenk. Inhalt siehe dort), freilich den Gegebenheiten und Möglichkeiten der achtziger Jahre angepaßt. – Mit anderen Worten: Ein scharfer Softporno. – AT: CALL-GIRLS IN MANHATTAN.

Nicht freigegeben
Siehe **Liebe ohne Feigenblatt**

Nicht zugelassen
(OVER 18 AND READY). USA 1968.
R Lloyd Allen. **B** Don Lambert.
K Stan Landers. **M** John Barnett.
D Mary McRea (Lynn), Larry Martinelli (Barney Merritt), Margo Stevens (Billie Merritt), Gary Fox (Gerry Blair), Michelle LeGrande (Mary), Sylvia Thorne (Jane), Herbert Henry (Howie). **SW** 70 Min.
Eine Produktionsassistentin möchte die Hauptrolle in einem Sexfilm spielen. Deswegen beginnt sie eine lesbische Affäre mit der Gattin eines Produzenten, führt mit beiden eine ›Ehe zu dritt‹ und stirbt bei einem Autounfall, als sie, von Abscheu erfüllt, die Flucht ergreift. – »Ein typisches Ende für einen Sexfilm der sechziger Jahre.« (James W. Limbacher, SEXUALITY IN WORLD CINEMA).

Die Nichte der O
Siehe **Der Liebesschüler**

Die Nichten der Frau Oberst
BRD/Italien 1968.
R Michael Thomas [= Jesus Franco Manera]. **B** Manfred Gregor [= Erwin C. Dietrich]. **K** Peter Baumgartner/Andreas Demmer. **M** Walter Baumgartner. **D** Heidrun van Hoven (Julia), Tamara Baroni (Florentine), Kai Fischer (Frau Oberst), Heiner Hitz (Alexander), Steven Tedd (Ted), Britt Lindberg, Peter Capra, Claus Tinney, Michael Maien, Ernesto Rossi, Heidi Richter. **F** 85 Min.
Frau Oberst, eine Exhure, lebt zusammen mit ihren Nichten Julia und Florentine in einer großen Villa und verkuppelt

Reinlichkeit ist alles: *Die Nichten der Frau Oberst* von Michael Thomas

die beiden an ihre Geliebten. – Nach einem Roman von Guy de Maupassant (1850–1893). Jesus Franco Manera inszenierte den Film unter dem Pseudonym Michael Thomas, das hauptsächlich dem Produzenten und Regisseur Erwin C. Dietrich gehört. (Dietrich verfilmte die gleiche Geschichte 1979 erneut).

Die Nichten der Frau Oberst
Schweiz 1979.
R Michael Thomas [= Erwin C. Dietrich]. **B** Manfred Gregor [= Erwin C. Dietrich]. **K** Peter Baumgartner. **M** Walter Baumgartner. **D** Simone Sanson (Frau Oberst), Brigitte Lahaie (Julia), Celine Mood (Florentine), Hansruedi Isler (Verwalter), France Lomay (Gräfin), Cathy Stewart (Nana), Nadine Pascal (Ninette), Karine Gambier, Eric Falk. **F** 88 Min.
Die attraktive Frau Oberst, die schon in ihrer Hochzeitsnacht zur Witwe wurde, lebt mit ihren beiden Nichten auf einem kleinen Gut und gibt sich alle Mühe, sämtliche Angehörige des Männergeschlechts in das ihre und das Bett ihrer Nichten zu kriegen. – Remake des gleichnamigen Streifens von 1968. Was damals noch angedeutet war, hier wird's Ereignis!
Ⓥ UFA

Die Nichten der Frau Oberst (2): Mein Bett ist meine Burg
BRD 1968.
R Michael Thomas [= Erwin C. Dietrich]. **B** Manfred Gregor [= Erwin C. Dietrich]/Carlo Fadda/Claus Tinney. **K** Peter Baumgartner. **M** Walter Baumgartner. **D** Heidrun van Hoven (Julia), Tamara Baroni (Florentine), Kai Fischer (Frau Oberst), Claus Tinney, Michael Maien, Heidi Richter.
F 71 Min.
Der Inhalt dieses Films ist weitgehend mit dem des ersten Teils (DIE NICHTEN DER FRAU OBERST [BRD/Italien 1968]) identisch: Frau Oberst und ihre Nichten

treiben's mal wieder wild, denn was einmal gute Kasse gemacht hat, erfordert natürlich eine Fortsetzung.

Night Ladies
(NIHIKI NE MESUINU). Japan 1964. **R** Yusuke Watanabe. **B** Kikuma Shimoizaka. **K** T. Merisawa. **M** C. Watanabe. **D** Mayumi Ogawa, Mako Midori, Naoki Sugiura. **F** 88 Min.
Eine junge Japanerin spart als Prostituierte in einem Bordell für ihre Aussteuer, doch als sie genug Geld zusammen hat, um den Mann ihres Lebens heiraten zu können, hintergeht dieser sie mit ihrer Schwester.

Das nimmersatte Weib
(LEGAMI NON POSSIBILE). BRD/Italien/Frankreich 1974. **R** Sergio Bazzini. **B** Sergio Bazzini/ Ingo Hermes. **K** Mario Masini. **M** Ruggero Cini. **D** Andrea Ferreol (Ottavia), Joe Dallessandro (Walter), Daniela Metternich (Elenora), Marino Masé (Mario), Henning Schlüter (Graf), Massimo Sarchielli (Enea). **F** 93 Min.
Walter, ein neofaschistischer Terrorist, landet auf der Flucht vor seinen Exkumpanen auf dem Hof der Bäuerin Ottavia. Deren kommunistischer Gatte weilt gerade in der UdSSR, und das Alleinsein macht aus der biederen Landwirtin eine Frau, die ihre Triebe entdeckt. Die Story endet in Mord und Totschlag – Walters rachsüchtige Freunde sind nicht fern.
Ⓥ ITT Contrast

Die Nonne und das Biest
(SUORE EMMANUELLE). Italien 1978. **R** Joseph Warren [= Giuseppe Vari]. **B** Marino Oronati. **K** Guglielmo Mancori. **M** Stelvio Cipriani. **D** Laura Gemser (Emanuelle), Monica Zanchi (Monica Catsabriaga), Rik Battaglia (Catsabriaga), Gabriele Tinti (René), Vinja Locatelli (Anna), Pia Velsi, Patrizia Sacchi, Dirce Funari, Mario de Vico, Palmanbrogio Molteni. **F** (100) 82 Min.
Die triebhafte Monica wird von ihrem Vater in die Obhut eines Ordens gegeben, doch Emmanuelle, die ihren Trieben unter dem gleichen Dach als Nonne Herr zu werden versucht, entwickelt bei ihrem Anblick lesbische Gelüste, die in halbpornographischen Träumen und Aktivitäten enden. – Kein Wunder, daß der katholische FILMDIENST aufgrund dieser Vermischung von Geilheit und Ordensleben weiland schäumte: »Die Schwesterntracht... wird zur Reizwäsche degradiert, der Zuschauer soll zum Voyeur herabgewürdigt werden.«
Ⓥ VPS

Die Nonnen von Clichy
(LOS DEMONS/OS DEMONIOS). Frankreich/Portugal 1972. **R** Clifford Brown [= Jesus Franco Manera]. **B** David Khunne [= Jesus Franco Manera]. **K** Raoul Artigot. **M** Jean-Bernard Raiteux. **D** Karin Field (Madame De Winter), Doris Thomas (Oberin), Anne Libert (Catherine), Britt Nichols (Margaret), Alberto Dalbes (Frederik), John Foster (Jeffries), Howard Vernon (Marquis De Winter), Luis Barboo (Vasall). **F** (116) 94 Min.
Eine von der Inquisition verurteilte Hexe verflucht auf dem Scheiterhaufen die an ihrer Ergreifung beteiligten Personen und prophezeit, daß ihre Töchter sie rächen werden. Die Sado-Maso-Spielchen nicht abgeneigte Madame De Winter, die daraufhin im Auftrag des Inquisitors Jeffries nach den Töchtern sucht, um sie unschädlich zu machen, konzentriert sich auf die Nonne Catherine, die, von lüsternen Träumen geplagt, auch der Oberin schon aufgefallen ist. Der Marquis De Winter erkennt in Catherine seine uneheliche Tochter wieder und befreit sie. Margaret, ihre fromme Halbschwe-

Karin Field und ein anonymer Po in *Die Nonnen von Clichy* von Jess Franco

ster, erhält Besuch vom Beelzebub, verfällt der Fleischeslust und weckt die lesbischen Neigungen der Oberin, die sich vor Scham in den Tod stürzt. Von Satan umgarnt zahlt Margaret es allen heim, doch bis sie auf dem Scheiterhaufen landet und Jeffries den Todeskuß gibt, müssen noch Madame De Winter verdorben und viele fiese Kerle getötet werden. – Ein Exploitation Movie, wie es im Buche steht, mit grauenhafter Musik, dämlichen Dialogen, miesem Chargieren, voyeuristisch inszenierten Prickteaser-Szenen und Null Budget fürs Drehbuch. Die deutsche Kinofassung ist radikal gekürzt, die Videofassung kaum mehr als eine Schnipselsammlung.
Ⓥ VMP

Der Nonnenspiegel
(UNE HISTOIRE DU 17. SIECLE / STORIA UNA MONACA DI CLAUSURA). BRD/Frankreich/Italien 1974.
R Domenico Paolella. **B** Domenico Paolella. **K** Armando Nannuzzi. **M** Pierro Picconi. **D** Catherine Spaak (Elisabeta), Suzy Kendall (Oberin), Eleonora Giorgio (Carmela), Umberto Orsini (Don Diego), Konrad Georg, Martine Brochard, Ann Odessa, Antonio Falsi. **F** 96 Min.
17. Jahrhundert: Weil die adlige Carmela nicht den Mann heiraten will, dem man sie als Säugling versprochen hat, muß sie ins Kloster gehen, wo sie ein Kind zur Welt bringt und von ihren Schwestern unglaubliche Solidarität erfährt: Alle behaupten, selbst die Mutter des Kindes zu sein. Außerdem gibt's noch jede Menge schlüpfrig abgefilmte Entkleidungsszenen sowie lesbische Liebe, Intrigen, Haß und »sexuelle Ausschweifungen.« (Verleihwerbung).
Ⓥ IMV

Norma – Verbotene Erotik
(THE HANG UP). USA 1970.
R John Hayes. **B** John Hayes. **K** Paul Hipp. **M** Carlo Toscana. **D** Sebastian Gregory, Sharon Matt, Peter Balakoff, Gene Cooper. **F** (82) 75 Min.
Ein braver US-Cop ist bösen Dunkelmännern ein Dorn im Auge, weil er ein überdurchschnittlich glückliches Händchen beim Ausheben von Lasterhöhlen

Ausschweifungen hinter Klostermauern: *Der Nonnenspiegel* von Domenico Paolella

hat. Deswegen wird er in die Fänge einer manipulierten Minderjährigen getrieben, damit man ihn als Kinderverderber hinstellen kann. – Hört sich direkt sozialkritisch an, was? Ist aber trotzdem unter die Gürtellinie zielendes Schmuddelkino. Einige der Darsteller (Sebastian Gregory, Peter Balakoff) wurden dann auch recht bald im Pornogenre aktiv.

Die Nöte einer Frau
Siehe **Erotik am Abgrund**

Nothing But Love
(NOTHING TO HIDE). USA 1981.
R Anthony Spinelli. **B** Michael Ellis. **K** N.N. **M** N.N. **D** John Leslie (Jack), Richard Pacheco (Lenny), Elizabeth Randolph (Liz), Chelsea Manchester (Karen), Holly McCall (Patti), Erica Boyer, Georgina Spelvin, Raven Turner, Misty Hagen. **F** 101 Min.
Jack, ein Umleger par excellence, will seinen schüchternen Freund Lenny, der Schwierigkeiten mit den Frauen hat, verkuppeln, doch Lenny ist so schusselig, daß er sich alle Chancen selbst versaut. Erst als er in einem Park auf ein Mädchen stößt, das ebenso gehemmt ist wie er, kommt er zum Zug und will sie anschließend gleich heiraten. Jack gibt sich alle Mühe, ihm diesen Plan auszureden – umsonst. Die Hardcore-Fassung dieses Softpornos wurde mit sieben Erotica Awards (sogenannten Sex-Oscars) ausgezeichnet.
Ⓥ Tabu

Die Novizinnen
(LES NOVICES/LE NOVIZE). Frankreich/Italien 1970.
R Guy Casaril. **B** Guy Casaril. **K** Claude Lecomte. **M** Francois de Roubaix. **D** Brigitte Bardot (Agnés), Annie Girardot (Mona Lisa), Lucien Barjon (Kunde im Lazarett), Angelo Bardi (Kunde im Dorf), Jean Carmet (Kunde mit Hund), M. Deus (Geistlicher), Jacques Duby (Ambulanz-Fahrer), Jacques Jouanneau (Kunde), Clément Michu (Stotterer), Antonio Passalia (Playboy), Jean Roquel (Taxifahrer), Noel Roquevert (Alter Kunde), Dominique Zardi. **F** 90 Min.
Agnés, eine junge Nonne, flieht aus einem Kloster, begibt sich unter die Fittiche der hilfreichen Prostituierten Mona Lisa und versucht sich in deren Fach. Doch nach den üblichen Schwierigkeiten mit der Polizei sehen die beiden Frauen nur noch eine Möglichkeit: Sie tauchen *zusammen* in einem Kloster unter. – Ein Lustspiel, das wenig Lust bereitet.
Ⓥ ITT

Null Null Sex
(FINDERS KEEPERS, LOVERS WEEPERS). USA 1968.
R Russ Meyer. **B** Richard Zachary. **K** Russ Meyer. **M** Igo Kantor. **D** Anne Chapman (Kelly Lockwood), Paul Lockwood (Paul Lockwood), Gordon Wescourt (Ray), Duncan McLeod (Cal), Robert Rudelson (Feeny), Lavelle Roby (Claire), Jan Sinclair (Christiana), Joey Duprez (Joy), Nick Wolcuff (Nick), Pam Collins, Vickie Roberts, John Furlong, Michael Roberts.
F 71 Min.
Der Oben-ohne-Klub-Besitzer Paul, der ein Problem mit seiner Gattin Kelly hat, wird eines abends von der schwarzen Hure Claire in ihr Haus gelockt und vergnügt sich dort mit der blonden Christiana im Bett. Nach Heimkehr im Vollrausch (den er zu schnell überwindet, um glaubhaft zu wirken) spielt er Kelly übel mit. Kelly will sich an ihrem fiesen Gatten rächen, tritt noch am gleichen Abend in seinem Lokal auf und läßt sich anschließend von dem Barkeeper Ray zu einem Nümmerchen in seinem Haus überreden. Gleichzeitig bemühen sich

Nur für Erwachsene

Claires Komplizen Cal und Feeny, Pauls Klub-Safe zu knacken. Als Claire und Ray nach getaner ›Arbeit‹ in den Club zurückkehren, werden sie von den Einbrechern überrumpelt. Paul, der ebenfalls am Tatort erscheint, erfährt, was Kelly und Ray getrieben haben. Die Gauner entlocken ihm mit der Drohung, Kelly zu vergewaltigen, die Safekombination. In letzter Sekunde kann Paul sich befreien und die Räuber außer Gefecht setzen. – Ein recht gewalttätiges Meyer-Movie mit recht unsympathischen Kerlen und – nicht immer – vollbusigen Frauen, die aber dennoch stets genau wissen, was sie wollen. Achten Sie auf die impertinente Schleichwerbung für Budweiser-Bier!

Nur für Erwachsene
(LE DIAMANT NU). Belgien 1970.
R Guy J. Nijs. **B** Jeannine De Coster.
K Guy J. Nijs. **M** André Notte. **D** Ona Hills, Arnold Steele, Peggy Stewart, Sidney Lothering, Len Falcon, Verona Somers, Yvo Borra. **SW** (94) 68 Min.
Der in Südafrika lebende Diamantensucher Charles rettet Karina, die Verlegerin eines Sexmagazins, vor den Nachstellungen böser Buben und wird ihr Lover. Als er ihrer überdrüssig ist, kehrt er in die Wildnis zu seiner Freundin Conny zurück, bringt seinen betrügerischen Kompagnon um und flieht mit ihr zu einem Eingeborenenstamm, der auch nur Sex im Kopf hat. Am Ende erschießt ihn die Polizei. – Ein öder Filmschnipselsalat, der aufgrund der starken Kürzung des Originals völlig unverständlich ist.

Nur Vampire küssen blutig
(LUST FOR A VAMPIRE). GB 1970.
R Jimmy Sangster. **B** Tudor Gates.
K David Muir. **M** Harry Robinson.
D Ralph Bates (Giles Barton), Barbara Jefford (Gräfin Herritzen), Suzanna Leigh (Janet Playfair), Michael Johnson (Richard Lestrange), Yutte Stensgaard (Mircalla), Mike Raven (Graf Karnstein), Helen Christie (Miß Simpson), David Healey (Pelley), Michael Brennan (Wirt), Pippa Steele (Susan), Luana Peters (Trudy), Christopher Cunningham (Kutscher), Judy Matheson (Amanda), Caryl Little (Isabella), Jack Melford (Bischof), Eric Chitty (Professor Hertz), Christopher Neame (Hans), Harvey Hall (Heinrich).
F 94 Min.
Im 19. Jahrhundert landet der Autor Lestrange auf der Suche nach Anregungen für Horrorerzählungen auf dem Schloß der Familie Karnstein, der man nachsagt, sie habe Schwarze Magie praktiziert. Das Schloß beherbergt ein exklusives Mädcheninternat. Lestrange verliebt sich in die Schülerin Mircalla und läßt sich als Lehrer für englische Literatur engagieren. Barton, ein Mann, der den Okkultismus studiert, findet heraus, daß Mircalla eine Karnstein ist. Er bezahlt sein Wissen mit dem Tod. Von nun an verschwinden ständig Mädchen aus dem Schloß: Mircalla weiß sie geschickt sexuell zu umgarnen. Ein Bischof, der Schloß Karnstein als Quelle allen Übels ausgemacht hat, steckt das Gemäuer in Brand. Lestrange platzt in eine Satansmesse hinein, an der auch Mircalla beteiligt ist. Als sie sich auf ihn stürzt, wird sie von einem brennenden Dachbalken durchbohrt. – Als die Sexwelle in den siebziger Jahren überschwappte, machte sie auch vor dem Horrorfilm nicht halt: Das Publikum wollte sehen, wie es um die Sexualität der Blutsauger bestellt ist, und fortan verzichtete man nicht mehr auf blanke Busen und lesbische Einlagen. Der spannende Film basiert auf einer Erzählung des irischen Schriftstellers J. Sheridan Le Fanu (1814–1973).
Ⓥ Thorn EMI

Die Nutte von 18 Karat
(JE SUIS UN CALL GIRL).
Belgien/Italien 1973.
R Yves Coste. **B** Jacques Stany/Yves Coste. **K** Aldo Greci. **M** Roberto Mussolini/Francesco Santucci.
D Dominique Boschero (Monique), Gayle Lorraine (Antoine), Jacques Stany, Jacques Herlin. **F** (92) 79 Min.
Ein Callgirl und ein Privatdetektiv erzählen sich in einem römischen Hotelzimmer ihre Vergangenheit, die wir dann per Rückblende erleben. – Eine lendenlahme und schwerfällige Sexkomödie, dessen gekürzte deutsche Fassung nur ahnen läßt, um was es überhaupt geht.

Nymphomania
(A RAGE TO LIVE). USA 1964.
R Walter Grauman. **B** John T. Kelly. **K** Charles Lawton. **M** Nelson Riddle.
D Suzanne Pleshette (Grace Caldwell), Bradford Dillman (Sidney Tate), Ben Gazzara (Roger Bannon), Carmen Mathews (Emily Caldwell), James Gregory (Dr. O'Brien), Peter Graves (Jack Hollister), Linden Chiles (Brock Caldwell), Mark Goddard (Charlie Jay), Ruth White (Mrs. Bannon), Brett Sommers (Jessie Jay), Sarah Marshall (Connie Schoffstall), George Furth (Paul Reichelderfer), Virginia Christine (Emma).
SW 101 Min.
Obwohl sie in dem netten Sidney Tate einen Mann fürs Leben findet, kann sich die hübsche Grace Caldwell nicht gegen ihren nymphomanischen Trieb entscheiden, der sie von einem Bett zum nächsten führt. Trotz aller Beteuerungen, ihre Ehe nicht zu gefährden, läßt sie sich fortlaufend mit Männern ein – bis ihr Mann die Konsequenzen zieht.

Die Nymphomanin
(THE DIVORCEE). USA 1970.
R Marco Macaroni [= Stephen C. Apostolof]. **B** A.C. Stephen [= Stephen C. Apostolof]. **K** Robert Rubin. **M** N.N.
D Marsha Jordan (Betty Brant), Debra Downey, Mary Bauer, Bill Williams, Lloyd Hudson. **F** 88 Min.
Die frisch geschiedene und recht mannstolle Stewardess Betty räkelt sich bei der Suche nach einem Mann, der sie wirklich befriedigen kann, durch die Betten der Welt. – Wer's sieht, wird ihr – trotz aller gegenteiligen Beteuerungen – keinen Moment glauben, daß sie an ihrem Trieb leidet.

O Happy Day
BRD 1970.
R Zbynek Brynych. **B** Alexander Fuhrmann. **K** Josef Vanis. **M** Peter Thomas. **D** Anne-Marie Kuster (Anna), Nadja Tiller (Mutter), Karl Michael Vogler (Vater), Eckart Dux (Siemsen), Amadeus August (Robert), Siegfried Rauch (Chauffeur), Hanne Wieder (Lehrerin). **F** 90 Min.
Anna, eine blasierte Schickimickitante aus München (das Elternhaus: neureich und egoistisch), ›waaahnsinnig‹ gefrustet, da völlig unverstanden, gerät von einer sexuellen Situation in die nächste, gurkt mit den unterschiedlichsten Bekanntschaften durch die Stadt und bringt ihren rückständigen Alten die Flötentöne bei. – »Zum Davonlaufen langweilig!« (FILMDIENST). – AT: HEISSE TEENS AUS GUTEM HAUSE. Ⓥ Toppic (Heiße Teens aus gutem Hause)

O mei, haben die Ostfriesen Riesen!
Siehe **Ostfriesen-Report: O mei, haben die Ostfriesen Riesen!**

Oase der gefangenen Frauen
(L'OASIS DES FILLES PERDUES). Frankreich 1966.
R John O'Hara. **B** H.L. Rostaine/J. Esteban. **K** Raymond Heil. **M** Daniel J. White. **D** Nadine Pascale, Shirley Night, Francoise Blanchard, Karin Laure, Antonio Mayans, Jack Taylor, Yul Sanders. **F** (90) 79 Min.
Sorglose Teenies lassen sich in der Großstadtdisco und anderswo von Typen aufreißen, deren Visagen jede Frau in die Flucht schlagen würden und landen nach obligatorischer Behandlung durch ›Enthemmungspillen‹ in einem afrikanischen Oasenpuff, der (seines imbißbudenhaften Äußeren zum Trotz) von

Anne-Marie Kuster und Amadeus August in dem filmischen Langweiler *O Happy Day* von Zbynek Brynych

hochgestellten Persönlichkeiten frequentiert wird. Interpol haut die Mädchen, die sich der Lage ein bißchen zu flott anpassen, heraus. – Der Film ist unfreiwillig komisch (Schnitte suggerieren Dialoge zwischen Akteuren, die nie zusammen vor der Kamera gestanden haben; eine Blondine tapst in Reizwäsche auf Zehnzentimeterabsätzen durch den Urwald), bedient sich einer menschenverachtenden Sprache und zeigt Männer als Tiere, die Sex nur im Zusammenhang mit Gewalt praktizieren, expressis verbis nach dem Motto:»Gleich wird's dir schon gefallen.«

Ob Dirndl oder Lederhose – gejodelt wird ganz wild drauflos
BRD 1974.
R John Weeran [= Wolfgang Bellenbaum]. **B** John Weeran [= Wolfgang Bellenbaum]. **K** Benno Bellenbaum. **M** Rolf Bauer. **D** Monique Lundi, Michael Bütner, Horst Fürstenberg, Kalle Kirsch, Max Giese. **F** 89 Min.
Eine Rumtatakapelle aus dem schönen Bavaria vergnügt sich in einem Berliner Puff und läßt die Puppen tanzen.

Die Oben-ohne-Story
Siehe **Flucht ins Paradies**

Oben ohne – unten Jeans
(AVERE VENT'ANNI). Italien 1978.
R Fernando Di Leo. **B** Fernando Di Leo. **K** Roberto Gerardi. **M** Francesco Camanino. **D** Gloria Guida, Lilli Carati, Ray Lovelock, Vincenzo Crociti, Daniele Vargas. **F** 78 Min.
Zwei Mädchen reisen per Anhalter durch das Land und erleben allerlei Sachen, die absolut niemanden interessieren.

Oben ohne – unten nix
(THE PIGKEEPER'S DAUGHTER). USA 1971.
R Bethel Buckalew. **B** Bethel Buckalew. **K** Mark Buckalew. **M** Hal Southern/Harold Hensley. **D** Terry Gibson (Moonbeam), Patty Smith (Patty), Gina Paluzzi (Mrs. Swyner), Buck Wayner (Swyner), John Keith (Jasper Jenkins), Peter James (Verkäufer), Paul Stanley (Wyngate), Nick Armans (Prince), March (Hippie). **F** 83 Min.
Ein amerikanisches Landwirtsehepaar, das Schweine züchtet und auf den treffenden Namen Swyner hört, versucht sein Töchterlein Moonbeam, den Schwarm aller Junggesellen in der Umgebung, an einen Businessman zu verkuppeln, dem Mama schnell noch testet, bevor sie ihren Segen gibt. –»Die Schweine und ein bißchen sonstige Landwirtschaft sind lediglich überflüssige Zutat für stumpfsinnige Sexualakrobatik«, meinte Anno 1972 der FILMDIENST leicht frustriert. Recht hat er; wir hätten auch lieber einen seriösen Film über Schweinezucht und Ackerbau gesehen.

Oberbayrische Bettspiele
Siehe **Gaudi in der Lederhose**

Obszön – Der Fall Peter Herzl
BRD/Österreich 1981.
R Hans Christof Stenzel. **B** Alfred Paul Schmidt/Hans Christof Stenzel. **K** Rudolf Blahacek. **M** Ambros Seelos/Johann Sebastian Bach/Franz Schubert. **D** Volker Spengler (Peter Herzl), Lydia Kreibohm (Kathi Zokan), Karina Fallenstein (Edeltraud), Heinz Schubert (Dr. Dieter Flake), Hanno Pöschl (Joe Neuffer), Monika Bleibtreu (Rosa), Dorothea Moritz (Ilse Flake). **F** 97 Min.
Der Student Peter Herzl, in Österreich auf Reisen, wird versehentlich als Terrorist gesucht und schlüpft in Wien bei einer Prostituierten und ihrer jungen Tochter unter, die ihm, während die Fahndung läuft, das Dasein ordentlich

versüßen. – Was der Dichter damit sagen will, ist uns freilich nicht ganz klar.
Ⓥ UFA, All

Der obszöne Vogel der Lust
Siehe **Die Kunst zu lieben**

Obszönitäten
BRD 1971.
R Alois Brummer. **B** Peter Kross. **K** Paco Joan. **M** Schrittmacher. **D** Stefan Grey (Johnny), Miriam Moor, Kurt Großkurth, Johannes Buzalski, Sandra Reni, Eva Karinka, Josef Moosholzer, Elke Hagen, Sissi Engl, Helmut Alimonta, Mike Erras. **F** 77 Min.
Johnny, von der Natur mit einem Schniedelwutz bedacht, der die Damenwelt so begeistert, daß sie sogar für seine Liebe zahlt, erhält im Auftrag eines stinkreichen impotenten Adligen von einem Transplanteur die Anfrage, ob er bereit sei, sich gegen ein horrendes Honorar von seinem Ding zu trennen. Von nun an überlegt er während seiner täglichen Vernaschaktionen, ob er das Geschäft machen soll. – Der spinnt, der Kross! – AT: MÄDCHEN, DIE SICH LIEBEN LASSEN.

Die öffentliche Frau
(LA FEMME PUBLIQUE).
Frankreich 1983.
R Andrzej Zulawski. **B** Dominique Garnier/Andrzej Zulawski. **K** Sacha Vierny. **M** Alain Wisniak. **D** Francis Huster (Lucas Kessling), Valerie Kaprisky (Ethel), Lambert Wilson (Milan Mliska), Patrick Bauchau (Ethels Vater), Giselle Pascal (Gertrude), Diane Delor (Elena Mliska), Roger Dumas (André), Yveline Ailhaud (Rachel), Jean Paul Farre (Pierre), René Bériard, Yannick Gilbert, Bernard Waver. **F** 115 Min.
Ethel, ein Modell, das Karriere machen will, läßt sich gegen Honorar von geilen

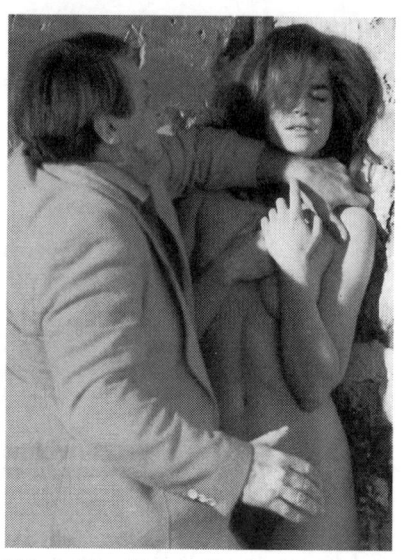

Valerie Kaprisky und Partner in *Die öffentliche Frau* von Andrzej Zulawski

Hechten fotografieren, doch als sie einen kunstbesessenen Filmregisseur kennenlernt, der ihr nach einer Begegnung in einem Treppenhaus eine tragende Rolle in seinem neuen Film (»Die Dämonen«, nach Dostojewski, 1821–1881) anbietet, setzt sie sich auch als Leinwand-Akteuse durch. Doch bald werden das Leben auf dem Set, der ständige Kampf ums Starwerden und das Verhältnis zu ihrem Förderer für sie zum Psychostreß, der das letzte von ihr verlangt. – Wem die Filme von Ingmar Bergman auf den Geist gehen, wird auch an diesem keine Freude haben. Ⓥ Atlas

Oh, la la – Die kleinen Blonden sind da
BRD/Frankreich 1977.
R Michel Gérard. **B** Michel Gérard/Werner P. Zibaso. **K** Jean Monsigny. **M** Jean-Michel De Guyl. **D** Stéphane Hillel, Remi Laurent, Darry Cowl, Evelyne Kraft, Fritz Meissner. **F** 88 Min.

Ein Angehöriger einer französischen Armeeinheit, der in einer deutschen Kleinstadt stationiert ist, legt es, wenn er nicht gerade den Hasen nachsteigt, darauf an, einen Jagdschein zu kriegen. – Eine geschwätzige, alberne Klamotte.
Ⓥ VPS

Ohne Gnade, Schätzchen
(VIXEN). USA 1968.
R Russ Meyer. **B** Robert Rudelson. **K** Russ Meyer. **M** Igo Kantor. **D** Erica Gavin (Vixen Palmer), Garth Pillsbury (Tom Palmer), Harrison Page (Niles), Jon Evans (Jud), Vincene Wallace (Janet), Robert Aiken (Dave King), Michael O'Donnell (O'Bannion), Peter Carpenter (Mountie), Jackie Illman (Mädchen), John Furlong (Gasmann). **SW** 71 (63) Min.
Während der Buschpilot Tom mit reichen Touristen in der kanadischen Wildnis unterwegs ist, vergnügt sich seine Freundin Vixen in seiner Blockhütte und der näheren Umgebung mit einem Polizisten, ihrem Stiefbruder Niles, Toms farbigem Freund und diversen Feriengästen. Ein Bösmann, der Toms Maschine chartert, um sich nach Kuba ausfliegen zu lassen, kompliziert die Lage. – »Meyer hat sich zwar nie in den echten Porno vorgewagt, doch VIXEN gehörte zu den ersten auf einer Formel basierenden Filme für den Erwachsenenmarkt. Er enthält reichlich simulierten Geschlechtsverkehr, Nuditäten und sexuelle Witze. Der Film ist zwar von seiner Eigenschaft her exploitativ, aber Meyer läßt den Plot ständig aus den erotischen Begegnungen herauslaufen und schafft dadurch statt einer Reihe billiger Aufnahmen eine unterschwellig reizvolle Sex-Komödie. Die Darstellung schwelgt stets im Überschwang, und die Charaktere sind – trotz der ausgelassenen Handlung – sehr realistisch.« (ADULT MOVIES). – AT: VIXEN – OHNE GNADE, SCHÄTZCHEN.

Onibaba – Die Töterinnen
(ONIBABA). Japan 1965.
R Kaneto Shindo. **B** Kaneto Shindo. **K** Kiyomi Kuroda. **M** Mitsu Hayashi.

Jitsuko Yoshimura und Kei Sato haben ihre Probleme in *Onibaba – Die Töterinnen* von Kaneto Shindo

D Nobuko Otowa (Mutter), Jitsuko Yoshimura (Schwiegertochter), Kei Sato (Bauer), Jukichi Uno (Samurai), Taija Tonomura (Händler).
SW 100 Min.
Japan, im Mittelalter: Eine in einem riesigen Schilfwald lebende Frau und ihre Schwiegertochter überleben einen Krieg, indem sie allein herumreisende Samurai in eine Falle locken und ihre Waffen und Rüstungen verkaufen. Als ein Händler bei der Frau auftaucht und ihr die Nachricht bringt, ihr Sohn sei im Kampf gefallen, fängt die Schwiegertochter ein Verhältnis mit ihm an, das die Frau zu hintertreiben versteht. Sie lockt einen verwundeten, maskierten Samurai in die Falle und tötet ihn. Als sie dem Toten die Maske abnimmt, hat er das Gesicht eines Ungeheuers. Die Frau setzt sie auf, um die Schwiegertochter zu erschrecken, doch als diese ihr die Maske abreißt, ist ihr Gesicht grauenhaft entstellt. – Die Verfilmung einer mittelalterlichen Legende, in der die Menschen angesichts des Kriegsgrauens innerlich wie äußerlich zunehmend vertieren, spielt mit Elementen des Horrorfilms und ist Regisseur Shindo vortrefflich gelungen.
Ⓥ Monte

Oktoberfest! Da kann man fest!
BRD 1973.
R Christian Kessler. **B** Hans Billian. **K** Hanns Matula. **M** N.N. **D** Ulrike Butz, Alena Penz, Josef Moosholzer, Walter Klinger, Dorothea Rau, Monica Marc, Sepp Gneissl, Margot Mahler.
F 84 (TV: 80) Min.
Drei Stenze vom Land machen das Münchner Oktoberfest unsicher, doch die Gattinnen kommen ihnen auf die Spur. – Eine öde Sexposse auf dem Niveau von Bauernbühnen. – AT: Komm, zieh dein Hoserl aus.
Ⓥ Toppic

Onan und Tamara
Siehe **In der Glut des Mittags**

Operation mißlungen – Patient lebt
(L'INFERMIERA). Italien 1975.
R Nello Rossati. **B** N.N. **K** Ennio Guarnieri. **M** N.N. **D** Ursula Andress (Anna), Duilio Del Prete (Leonida Bottacin), Jack Palance, Luciana Paluzzi, Lino Toffolo, Mario Pisu, Carlo Romanelli, Daniele Vargas. **F** 100 Min.
Als sich der reiche und sexhungrige Weinhändler Leonida auf dem Friedhof beim ›Ferkeln‹ mit der Frau des Totengräbers einen Infarkt holt, engagiert seine geldgierige Familie die üppige Krankenschwester Anna: Sie soll seinen Puls so anregen, daß ihn endgültig der Schlag trifft. – Eine flotte Sexkomödie, in der Ursula Andress freilich nur körperlich beeindruckt. Ⓥ VPS

Die Orgien der Cleopatra
(CLEOPATRA, REGINA D'EGITTO). Italien/Frankreich 1985.
R Cesar Tod. **B** Rino di Silvestro. **K** Giovanni Bergamini. **M** Romuald. **D** Marcella Petri (Cleopatra), Rita Silva, Jacques Stany, Andrea Coppola, Maurizio Faraoni, Paul Branco, Franca Torlone, Jacques Peyrac, Filippo Perrone, Laura Merit Mori. **F** 88 Min.
Wenn die dralle Cleo in ihren schlüpfrigen Träumen nicht gerade voraussieht, daß böse Buben es auf den alten Julius (Caesar) abgesehen haben, betreibt sie das, was schon im Titel steht. – Und damit wir auch mal das Volk der Antike zu sehen bekommen, hat ein fleißiger Monteur die Sexszenen mit ein paar Massenszenen verschnitten.

Ornella, die Unwiderstehliche
(NESSUNO E PERFETTO). Italien 1982.
R Pasquale Festa Campanile. **B** Enrico Oldoini/Franco Ferrini/Renato Pozzeto. **K** Alfio Cintini. **M** Riz Ortolani.

Ornella, die Unwiderstehliche

Ist sie nun ein Mann oder nicht? Renato Pozzeto und Ornella Muti in *Ornella, die Unwiderstehliche* von Pasquale Festa Campanile

D Ornella Muti (Chantal), Renato Pozzeto (Guerrino), Felice Andriasi (Agathe), Massimo Boldi, Gabriele Tinti, Lina Volonghi. **F** 90 Min.

Nach dem Ableben seiner Gattin sieht sich der vitale Weingroßhändler Guerrino nach Ersatz um. Er geht ein kurzes Verhältnis mit seiner allzeit bereiten Schwiegermutter ein, und lernt das umschwärmte Model Chantal kennen, das er für sich einnehmen kann und heiratet. Da sich trotz vielen Übens der ersehnte Nachwuchs nicht einstellt, fängt Guerrino an zu recherchieren – und findet zu seinem Entsetzen heraus, daß Chantal ein ›umgebauter‹ Mann ist. Nach vielem Haareraufen und einem handfesten

Clara Calamai und Massimo Girotti in *Ossessione... Von Liebe besessen* von Luchino Visconti

Skandal sieht er ein, daß es besser ist, eine halbe Frau zu haben als keine. – »Uninteressant und langweilig, nur an der Vermarktung seiner Hauptdarstellerin interessiert.« (FILMDIENST).
ⓥ Euro

Ossessione... Von Liebe besessen
(OSSESSIONE). Italien 1942.
R Luchino Visconti. **B** Antonio Pietrangeli/Giuseppe de Santis/Gianna Puccini/Luchino Visconti/ Mario Alicata. **K** Aldo Tonti/Domenico Scala. **M** Giuseppe Rosato. **D** Massimo Girotti (Gino), Clara Calamai (Giovanna), Elio Marcuzzi (Spanier), Juan De Landa (Braganna), Dhia Christiani (Anita), Vittorio Duse (Detektiv), Michele Riccardini (Don Remigio), Michele Sakara. **SW** (135) 104 Min.
Nachdem sie in heißer Liebe zueinander entflammt sind, ermorden der Tramp Gino und die schöne Giovanna den Kneipenbesitzer Braganna (Giovannas Mann), doch die Kaltblütigkeit seiner Geliebten, die den Mord schnell verdrängt und sich geschickt an die neue Lage anpaßt, führt dazu, daß Gino sich ihr entfremdet. Als Giovanna schwanger wird, finden die beiden wieder zueinander, doch die Polizei kommt ihnen auf die Spur, und sie müssen fliehen. – Nach dem Kriminalroman THE POSTMAN ALWAYS RINGS TWICE von James M. Cain (1892-1977). Remakes (die die sexuellen Aspekte der Story ungleich stärker betonen) wurden von Tay Garnett (USA 1946) und Bob Rafelson (USA 1980) inszeniert. – AT: BESESSENHEIT.

Ostfriesen-Report: O mei, haben die Ostfriesen Riesen
BRD 1973.
R Walter Boos. **B** Fred Denger/Jean C. Aurive. **K** Ernst W. Kalinke. **M** Max Hieber. **D** Josef Moosholzer (Alois), Margot Mahler (Lisa), Joachim Hackethal (Ossi Jansen), Alena Penz (Nelly), Monika Micklich (Helma), Konstantin Wecker (Hinnerk), Marc Nissimoff (Harms), Alexandra Bogojevic (Wibke), Antonio di Tullio (Rasputin), Katrin Hofmann (Gigi), Isa Brandt, Rosy Schubert, Gudrun Thiel (Stripperinnen), Walter Feuchtenberg (Ostfriese), Marie-Luise Lusewitz (Gunda), Leopold Gmeinwieser (Lars), Elke Deuringer, Claudia Fielers, Eleonora Leipert, Marita Vogelsang, Klaus Kühn, Gerd Arnau, Tina Lercher, Uschi Stiegelmaier, Evelyn Raess, Gisela Schwarz, Juliane Rom-Sock, Melitta Tegeler, Günther Heinlein, Heinz Kopitz, Bert Block, Hans Georg Goebel, Manfred Raab, Paul Spät. **F** 80 (TV: 78) Min.
Ein bayerischer Kneipier, vom Pleitegeier bedroht, rüstet eine Expedition nach Ostfriesland aus, um sein Etablissement mit willigen Strip-Madln interessanter zu gestalten. Die Mädchen finden sich recht bald, doch als die Buam ihnen einiges ›beibringen‹ wollen, kommt's, wie immer in solchen Filmen, zum Chaos. Am Ende geraten unsere Helden in Seenot und müssen, bevor ihre Eroberungen sie retten, ewiges Untertanentum schwören. – Ein rechter Schwachsinn. – AT: LASS JUBELN, ZENZI!
ⓥ Telerent

Oswalt Kolle: Das Wunder der Liebe (1)
BRD 1967.
R F.J. Gottlieb. **B** Oswalt Kolle. **K** Werner M. Lenz. **M** Johnnes Rediske. **D** Petra Perry, Michael Maien, Regis Vallée, Katharina Haertel, Biggy Freyer, Wilfried Gössler.
F 81 (TV: 50) Min.
Oswalt Kolle erklärt das ›Wunder der Liebe‹ anhand zweier Fallstudien über ein frisch verheiratetes Paar und die in Routine übergehende Ehe eines ande-

ren, das seit sieben Jahren verheiratet ist. – Und dergleichen. Ein Aufklärungsfilm.

Oswalt Kolle: Das Wunder der Liebe (2): Sexuelle Partnerschaft
BRD 1968.
R Alexis Neve. **B** Oswalt Kolle.
K Werner M. Lenz. **M** Heinz Kiessling. **D** Petra Perry, Solvy Stübing, Michael Maien.
F 116 (TV: 51) Min.
Oswalt Kolle erklärt ›Verhaltensfehler‹ in der Ehe eines jungen Paares. – Ein Aufklärungsfilm.

Oswalt Kolle: Deine Frau, das unbekannte Wesen
BRD 1968.
R Alexis Neve. **B** Oswalt Kolle.
K Werner M. Lenz. **M** Heinz Kiessling. **D** Heidrun Kussin, Sonja Lindorf, Bert Hochschwarzer, Kathrin Kretschmer, Dieter Kaiser, Itta Schahm.
F 94 (TV: 50) Min.
Oswalt Kolle untersucht anhand von drei gespielten Episoden die sexuelle Innenwelt einiger junger Mädchen und zweier Ehepaare. – Ein Aufklärungsfilm.
Ⓥ Movie Star

Oswalt Kolle: Zum Beispiel Ehebruch
BRD 1969.
R Alexis Neve. **B** Oswalt Kolle.
K Werner M. Lenz. **M** Heinz Kiessling. **D** Heidrun Kussin, Kathrin Kretschmer, Marianne Lebeau, Dieter Kaiser, Bert Hochschwarzer.
F 93 (TV: 50) Min.
Oswalt Kolle erklärt anhand zweier Fallstudien (einmal wird eine junge Ehefrau von ihrem Jugendfreund verführt, dann betrügt ein junger Ehemann seine Frau mit einer Kollegin), daß Ehebrüche nicht unbedingt zur Scheidung führen müssen. – Ein Aufklärungsfilm.

Oswalt Kolle: Dein Mann, das unbekannte Wesen
BRD 1969.
R Werner M. Lenz. **B** Oswalt Kolle.
K Heinz Pehlke. **M** Heinz Kiessling.
D Kristina Weber (Elke), Peter Wallrath (Ulrich), Angelika Frey (Angelika), Volker Frey (Volker), Heidi Maien (Heidi), Michael Maien (Michael), Barbara Lankau (Inga), Walter Herbst (Manfred), Ingrid Steeger (Ingrid), Martina Grohn (Martina), Aurore Wend (Claudia), Marie-Claude Sebudandi (Patricia). **F** 99 (TV: 50) Min.
Oswalt Kolle zeigt in vier Episoden typisch männliche Verhaltensweisen: 1. Ulrich freut sich auf Elke, versagt jedoch im entscheidenden Moment. – 2. Volker kommt zu früh zum Orgasmus und läßt sich von Angelika zu einem Arztbesuch raten. – 3. Manfred ist sauer auf Inga, weil sie sich nach vier Ehejahren nicht mehr verführerisch gibt. – 4. Heidi entdeckt, daß Michael sich von Fotos anregen läßt, doch Michael macht ihr klar, daß der Reiz seiner Phantasien gerade darin besteht, sie nicht verwirklichen zu können. – Ein Aufklärungsfilm.

Oswalt Kolle: Dein Kind, das unbekannte Wesen
BRD 1970.
R Werner M. Lenz. **B** Oswalt Kolle.
K Heinz Pehlke/Werner M. Lenz/Günther Knuth/Horst Chlupka/Thomas Hartwig/Delef Geier. **M** Heinz Kiessling/Peter Schirmann. **D** Renate Weprich, Wolf-Michael Hoffmann, Oswalt Kolle, Cornelia Kolle, Till Kolle, Stefan Kolle, Marlies Kolle, Nino Kolle, Eric-Joey Pflüger.
F 93 Min.
Oswalt Kolle diskutiert mit seinen eigenen Kindern Nacktheit, vorehelichen Geschlechtsverkehr, die Pille für minderjährige Mädchen, Homosexualität und Onanie. Am Ende: die dokumenta-

Oswalt Kolle: Was ist eigentlich Pornographie?

Die Kinder am Strand von Sylt: *Oswalt Kolle: Dein Kind, das unbekannte Wesen* von Werner M. Lenz

rische Geschichte eines Paares, das ein Kind erwartet, und dessen Geburt. – Ein Aufklärungsfilm.

Oswalt Kolle: Was ist eigentlich Pornographie?
BRD 1971.
R Oswalt Kolle. **B** Oswalt Kolle.
K Horst Chlupka. **M** N.N. **D** N.N.
F 79 Min.
Oswalt Kolle sagt in diesem Dokumentarfilm seine Meinung zum Thema Pornographie aus politischer, juristischer und moralischer Sicht, zeigt anhand von (an entscheidenden Stellen geschwärzten) Filmbeispielen, wie, wo und warum Pornographie hergestellt und vertrieben wird, und was aus welchen Gründen nicht gezeigt werden darf. – Ein Aufklärungsfilm.

Oswalt Kolle: Liebe als Gesellschaftsspiel?
BRD 1972.
R Werner M. Lenz. **B** Oswalt Kolle.

Keine Probleme mit dem Sex? Szene aus *Oswalt Kolle: Liebe als Gesellschaftsspiel* von Werner M. Lenz

K Werner M. Lenz. M Heinz Kiessling/Giorgio Moroder. D Joey Pflüger, Anne-Marie Lebeau, Karin Böttcher, Michael Büttner, Dagmar Conrad, Angelika Wehbeck, Gerd Behrendt, Zenta Beyer-Ozols, Doris Grogorenz. F 85 (TV: 60) Min.

Thema dieses Films sind Partnertausch und Gruppensex am Beispiel eines Ehepaars, das seine Eifersucht überwindet und sich sexuelle Kontakte mit anderen gestattet. Außerdem kommen Paare zu Wort, die seit langem Partnertausch und Gruppensex praktizieren und von ihren Erfahrungen berichten. –»Die nackten Tatsachen kommen bei alledem natürlich nicht zu kurz. Und es ergibt sich wiederum die Frage: Sind die Beischlaf-Szenen nötige Illustrationen zu Kolles Sex-Thesen oder nur der Vorwand für die Auszieh-Filmerei?« (Georg Herzberg, FILMECHO/FILMWOCHE).

Otto, der Pflaumenpflücker

(PRENEZ LA QUEUE COMME TOUT LE MONDE). Fankreich/Italien 1973. R Jean-Francois Davy. B Daniel Geldreich/Jean-Francois Davy. K Rudy Le Roy. M Raymond Buer. D Philippe Gasté (Otto), Anne Libert (Juliette), Karine Jeantet (Francoise), Malisa Longo (Christa), Monique Vita (Monique), Jean Roche (Xavier), Christian Duroc (Claude), Pierre Danny (Max), Jean Droze (Kunde), Lita Rezio (Mutter), Philippe Dumat (Vater). F 72 Min.

Sehr zum Neid seiner Freunde und Kollegen fliegen dem Gebrauchtwagenverkäufer Otto die Herzen vieler Mädchen zu, und trotz zahlreicher Verwicklungen gelingt es ihm, seine Verlobte, seine Sekretärin und seine Kundinnen gegeneinander auszuspielen. – Eine Softsexkomödie, aber nicht zuletzt auch eine sanfte Satire auf Männlichkeitswahn.

P

Panorama Blue
Siehe **Sex-Side-Story**

Papaya, die Liebesgöttin der Kannibalen
(PAPAYA DEI CARIBI). Italien 1978.
R Joe d'Amato [= Aristide Massaccesi]. **B** N.N. **K** Guglielmo Vincioni. **M** Stelvio Cipriani. **D** Melissa (Papaya), Sirpa Lane (Sarah), Maurice Poli (Vincent). **F** 86 Min.
Sarah und ihr Freund, der US-Ingenieur Vincent, versuchen auf einer Karibikinsel, auf der ein Atomkraftwerk entstehen soll, dem Verschwinden einiger Techniker auf die Spur zu kommen. Die Inselschönheit Papaya macht ihnen klar, daß eine kannibalistische Untergrundorganisation die Fremden beiseiteschafft, um den Bau zu verhindern. Nach allgemeinem Friede, Freude, Eierkuchen (das Kraftwerk dient natürlich nur dem Wohl der Insel), kommt's dennoch zum Eklat. – Ein Sexfilm mit einigen kleinen Horroreinlagen.
Ⓥ UFA

Das Paradies
(LA PHILOSOPHIE DANS LE BOUDOIR). Frankreich 1969.
R Jacques Scandelari. **B** Jean Stuart/Jean-Pierre Deloux/Jacques Scandelari. **K** Jean-Marc Ripert. **M** Jean-Claude Pelletier. **D** Souchka (Xenia), Lucas de Chabanieux (Zenoff), Fred Saint-James (Yalo), Marc Coutant (Junger Mann), Sabry (Sabrina), Serge Halsdorf (Varlac), Michel Lablais (Gigolo), Milarca Nervi (Pisces), Dorsi Thon (Pantherfrau), Nadia Kempf

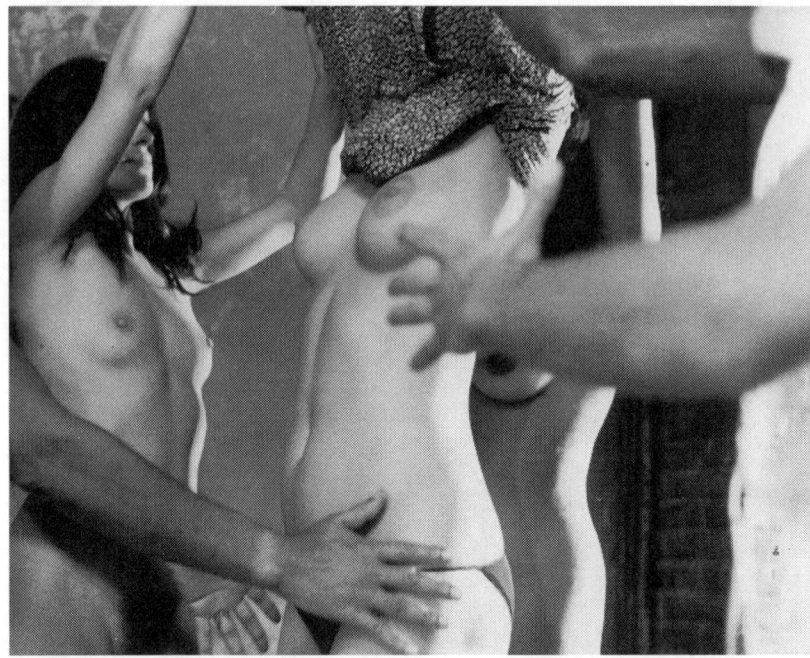

Der Busen von Sirpa Lane (Mitte) in *Papaya, die Liebesgöttin der Kannibalen* von Joe d'Amato

(Lolita), Ursula Pauly, Nicole Huc, Anita Bauer, Paul Péhel. **F** 89 Min.
Der junge Zenoff gerät auf der Suche nach seiner Geliebten Zenia in das Schloß des Sexkultisten Yalo, in dem es von geilen Hechten beiderlei Geschlechts und Voyeuren wimmelt. Er wird Zeuge einer Orgie, findet die Yalo verfallene Xenia und überredet sie zur Flucht. Der gemeinsame Ausbruch endet im Bett; am nächsten Tag heiratet Xenia Yalo in einer bizarren Zeremonie. Yalo führt Zenoff eine Gruppe maskierter Frauen vor: Kann er Xenia erkennen, darf er sie mitnehmen; anderenfalls muß er sein Sklave werden. Zenoff verliert und tötet Yalo. Xenia wird Yalos Nachfolgerin und entpuppt sich als noch schlimmer. Als Zenoff in masochistische Raserei verfällt, läßt Xenia ihn aus dem Schloß werfen. – Ein surrealer Trip durch die Psyche einer Gesellschaft, die als Gott nur die »eigene Geilheit« anerkennt. Ausgezeichnet fotografiert, doch abstrus in der Aussage und äußerst wirr im Dialog.

Paradies der Leidenschaften
(TROPIC OF DESIRE). USA 1979.
R Cash Baxter. **B** George Edwards. **K** Robert Carras. **M** N.N. **D** Matt Collins (Chase), Roxanne Gregory, Barbara Baxley, Pat Carroll, Eartha Kitt. **F** 92 Min.
Hier geht es um die Liebesabenteuer eines Burschen namens Chase, der als Callboy tätig ist und sich verstecken muß, weil eine Dame, die er zu leidenschaftlich beglückt hat, vom Schlag getroffen wurde.
Ⓥ VTD

Paradies ohne Hüllen
(WORLD WITHOUT SHAME). GB 1961.
R Donovan Winter. **B** Donovan Winter. **K** Alex Sheridan. **M** Isaac Isaacs/Rudolf Perak. **D** Yvonne Martell, Diana Valeri, Laurel Grey, Laura Beaumont, Larry Bowen, Jean Robert, Paul Christian, Michael Troy.
F 68 Min.
Ein Londoner Ehepaar erwirbt mit einem Totogewinn eine Insel im Mittelmeer und zieht sich mit zwei anderen Paaren, die genug von der Großstadt haben, dorthin zurück, um dem Nichstun und dem hüllenlosen Sonnenbaden zu frönen. – Ein Nudistenfilmchen über plantschende, tauchende, spielende, Ziegen hütende und Gemüse ziehende FKK-Fans, zu dem der FILMDIENST seinerzeit meinte: »Wer sich in der Öffentlichkeit nackt auszieht, ist geisteskrank oder pervers... Der Originaltitel »Welt ohne Scham« spricht deutlich aus, was dieser Schundstreifen ist: schamlos.«

Paris Intim
(PARIS PORNO). Frankreich 1976.
R Jack Regis [= Jacques Orth]. **B** N.N. **K** N.N. **M** Camille Sauvage. **D** Daniel Darnault, Marlene Miller, Pierre Taylor. **F** (79) 68 Min.
Ein unerfahrenes Paar vom Land läßt sich, um das Nachtleben kennenzulernen, von einem Kenner der Szene durch den Rotlichtbezirk von Paris schleifen. – Schlampig inszenierte Montage von Strip- und Strapsszenen, angereichert mit Schnittabfällen aus französischen Pornoproduktionen.

Paris Intim (2)
(LE GRANDE EXTASE).
Frankreich 1977.
R Alain Nauroy. **B** N.N. **K** N.N. **M** N.N. **D** Monique Fabre, Angela Doreno, Jacques Bernhard, Elise Hartford. **F** 69 Min.
Die ›große Ekstase‹ erlebt ein Pariser Manager überall dort, wo es sie käuflich zu erwerben gibt – bis er in einem der Läden, die er frequentiert, unverhofft seiner Gattin begegnet. – Trotz der Nu-

merierung keine Fortsetzung von PARIS INTIM (1).

Paris Intim (3)
(AGNES). Frankreich 1981.
R Alain Nauroy. **B** N.N. **K** N.N.
M N.N. **D** Corinne Alsace, Henri Grandu, Betty André, Angélique Fleury, Henriette Duvalé. **F** 77 Min.
Ein Pariser Privatdetektiv, der im Auftrag Fremdgänger kompromittiert, läßt sich von sexlüsternen Ehefrauen vernaschen und vermietet seine Mitarbeiterin für ähnliche Projekte. – »Schlimmer geht's nimmer«, meinte FILMJAHR 1982/1983, aber fairerweise muß man zugeben, daß der Film geiler ist als PELLE OHNESCHWANZ (Schweden 1981; **R** Stig Lasseby/Jan Gissberg). Trotz der Numerierung keine Fortsetzung von PARIS INTIM (1) und (2).

Paris Intim (4)
(LES CAPRICES D'UNE SOURIS). Frankreich 1983.
R Pierre B. Reinhard. **B** N.N. **K** N.N.
M Pichula/Annick Chatel. **D** Claudia v. Stadt, Barbara Boutet, Hubert Géral, Young Ryan. **F** 88 Min.
Ein Softporno des Regisseurs von DRESSAGE (Frankreich 1985), der möglicherweise identisch mit LUST AUF SEX. Trotz der Numerierung keine Fortsetzung von PARIS INTIM (1), (2) und (3).

Partnertausch im Liebesrausch
(LOVE MAKERS). USA 1971.
R Anonym. **B** Anonym. **K** Anonym.
M Anonym. **D** Anonym. **F** 55 Min.
Die junge Sandy trennt sich von ihrem Freund und kriecht bei einer Freundin und deren Freund Charles unter. Es folgen Drogen und (natürlich!) Gruppensex, bis Sandy den großen Katzenjammer kriegt, weil der gute Charles halt egoistisch und unersättlich ist. Hier wird nur wenig – und wenn doch, dann dumm – daher – geredet. Das orgiastische Leben der Berufskiffer wird in greulichen kitschigen Farben gemalt.

Partnertausch und Gruppensex
(THE WIFE SWAPPERS). GB 1970.
R Derek Ford. **B** Stanley A. Long/Barry Jacobs/Derek Ford. **K** Mike Francis/Richard Pope/Trevor Brooker.
M Michael Eaton/John Fiddy. **D** James Donnelly (Paul), Larry Taylor (Leonard), Valerie St. John (Ellen), Denys Hawthorne (Cliff), Bunty Garland (Sheila), Sandra Satwith (Carol), Fiona Fraser (Marion), Joan Hayward (Jean).
F 84 Min.
Zwei Ehepaare, die ein bißchen Pfeffer in ihr eintöniges Sexleben bringen wollen, finden sich zu dem zusammen, was schon im Titel steht.

Party Animal – Der Typ, der jede Bluse sprengt
(THE PARTY ANIMAL). USA 1983.
R David Beaird. **B** David Beaird.
K Bryan England. **M** REM/The Buzzcocks/Chelsea/Matthew Causey.
D Matthew Causey (Pondo Sinatra), Tim Carhart (Studley), Robin Harlan (Natasha), Jerry Jones (Harlan), Frank Galati (Professor), Lucy Roucis (Sophia), Joan Dykman (Schwester), Barbara Maylis (Madam), Frannie James (Dean). **F** 73 Min.
Pondo Sinatra, ein wegen seiner Schusseligkeit bei den Girls wenig begehrter, doch ständig geiler Typ, mixt sich nach vielen übel ausgegangenen Sexeskapaden ein Tränklein, das ihn zum heißesten Boy auf dem Campus macht und sämtliche Girls in heiße Furien verwandelt. – Tja, so sehen sie aus, die postpubertären Träume von David Beaird und den Boys, die seine Filme lieben. Wer über dieses Thema lachen will, sollte sich DER VERRÜCKTE PROFESSOR (USA 1962; **R** Jerry Lewis) ansehen. Ⓥ RCA/Columbia

Pasolinis tolldreiste Geschichten
(I RACCONTI DI CANTERBURY).
Italien 1971.
R Pier Paolo Pasolini. **B** Pier Paolo Pasolini. **K** Tonino Delli Colli. **D** Pier Paolo Pasolini (Geoffrey Chaucer), Laure Betti (Witwe), J.P. Van Dyne (Koch), Derek Deadman (Ablaßhändler), George Bethell Datch (Gastgeber), Hugh Griffith (Sir January), Josephine Chaplin (May), Oscar Pochetti (Damian), Giuseppe Arrigio (Pluto), Elizabetta Genovese (Prosperine), Franco Citti (Teufel), Daniel Buckler (Gerichtsbote), Tony Moore (Spion), Ninetto Davoli (Peterkin), Michael Balfour (John), Jenny Runacre (Alison), Dan Thomas (Nicholas), Peter Cain (Absalom), Martin Philips (Martin), Reg Stuart (4. Ehemann), Tom Baker (Jenkin), Judy Stewart-Murray (Alice), Eamon Howell (John), Patrick Duffet (Alan), Albert King (Simkin), Eileen King (Mrs. Simkin), Heather Johnson (Molly), Robert Asquith (Ruffo), Martin Whelar (Jack), John McLaren (Johnny), Edward Monteith (Dick), Alan Webb (Alter Mann), John Francis Lane (Mönch), Hugh McKenzie Bailey (Thomas), Settimio Castagna (Engel). **F** 111 Min.
Acht Episoden aus dem Verszyklus Canterbury-Geschichten des englischen Dichters Geoffrey Chaucer (1340 bis 1400). Zu Beginn erzählen sich Pilger auf der Reise zum Grab des heiligen Beckett in Canterbury Geschichten: – 1. Der alte Sir January erblindet kurz nach seiner Heirat mit der jungen Mary, erhält jedoch von Gott das Augenlicht rechtzeitig genug zurück, um das Treiben seiner Frau mit ihrem Liebhaber zu unterbinden. – 2. Ein Student schafft es, durch Verkündung einer neuen Sintflut einen Müller von seiner Frau fernzuhalten, wähnt sich jedoch zu früh am Ziel, da die Frau und ihr Liebhaber ihn hereinlegen. – 3. Der Teufel kauft die Seele eines Gerichtsboten, der Homosexuelle erpreßt. – 4. Der junge Peterkin verliert durch seine chaplinesken Eskapaden jeglichen Broterwerb. – 5. Zwei Cambridge-Studenten rächen sich an einem Müller, indem sie mit seiner Frau und seiner Tochter schlafen. – 6. Drei junge Rüpel suchen den Tod, finden einen Schatz und bringen sich gegenseitig um. – 7. Frau von Bath erzählt eine Geschichte aus ihrem bewegten Eheleben. – 8. Ein Bote malt ein Höllengemälde, wobei der Teufel Mönche scheißt. – Zwischen den einzelnen Episoden sieht man den schreibenden, über seine eigenen Aufzeichnungen lachenden Chaucer, gespielt von Pasolini. – »PASOLINIS TOLLDREISTE GESCHICHTEN... kamen zwar nicht besonders gut an, haben aber inzwischen mehr Anerkennung und Popularität gewonnen. Pasolini hat es gewagt, die Ära des Mittelalters als schmutzig, verslumt, vulgär und voller sozialer Ungerechtigkeit und Heuchelei darzustellen.« (ADULT MOVIES).

Patricia – Einmal Himmel und zurück
(PATRIZIA).
BRD/Österreich/Spanien 1980.
R Hubert Frank. **B** Hubert Frank/Nino Borghi. **K** Franz Xaver Lederle. **M** Roland Kovac. **D** Anne Parillaud (Patricia Cook), Sascha Hehn (Harry Miller), José Luis Villalonga (James Cook), Paca Gabaldon (Francoise), Eva Lyberten (Sheherasade), José Antonio Ceinos (Jacques), Brigitte Stein (Maggy), Molino Rojo (Sam), Carlos Martos (Olivier), Maria Rey, Roland Kovac, Jennifer Jones, Maite. **F** 100 (TV: 77) Min.
Der Chef eines Stahlkonzerns verfügt, daß der Rennfahrer Harry erst dann wieder Knete für seinen Wagen erhält, wenn er es schafft, seine scharfe Tochter Patri-

Sascha Hehn und Partnerin in *Patricia – Einmal Himmel und zurück* von Hubert Frank

cia, die ständig in Aktion ist, zu ehelichen. Dazu muß er sie einem Tenniscrack ausspannen und die Halbnackte durch ein Mönchskloster jagen. – »Um das für eine erotische Komödie halten zu können, muß man Lachgas mit ins Kino nehmen.« (FISCHER FILM ALMANACH 1985). Ⓥ Toppic

Patricia – Das süße Früchtchen
(J'AIME TOUT). Frankreich 1980.
R Antoine Sarrazin. **B** Antoine Sarrazin. **K** N.N. **M** David Longuen.
D Denise Loveville, Claudine Belfort, Richard Lennieuvre. **F** 83 Min.
Busen- und Pogegrabsche im Haus eines reichen Klavierlehrers, dessen Familie, Personal und Schüler ebenfalls nichts gegen die Laster des Lotterbetts einzuwenden haben.

Penny – die schmutzige Jungfrau
(BLOODY VIRGIN). Griechenland 1975.
R Kostas Andritsos. **B** N.N. **K** N.N.
M N.N. **D** Lefteris Giftopoulos, Lyn Fotopoulou, George Michalakis, Lia Flessa, Dim Zakinthinos, George Zaifidis, Magda Lekka, Ann Mitrou.
F 93 Min.
Ein reicher Knabe hält ein junges Dämchen aus und gerät auf einer griechischen Insel in den Dunstkreis eines Drogenschmugglers, der mit seiner Geliebten unter einer Decke steckt. – Mit Winz-Budget abgedrehter Schnellschuß-Schundi, der seinen Darstellern jede Menge Gelegenheit zu anderen Dingen gibt.

Pension Clausewitz
BRD 1967.
R Ralph Habib. **B** Nero Brandenburg.
K Benno Bellenbaum. **M** Horst A. Hass. **D** Wolfgang Kieling (Stemmka), Maria Brockerhoff (Marlies), Friedrich Schoenfelder (Zabel), Herbert Fux (Dr. Schlack), Rolf Eden (Langer), Maria Vincent (Monika), Doris Bierett

(Dagmar), Klaus Dahlen (Babyface), Wilhelm v. Homburg (Amerikaner), Michael Miller (Werner), Ralf Gregan (SSD-Offizier), Ekkehard Fritsch (Rehbock). **F** 92 Min.
Agenten diverser Geheimdienste observieren einen Atomphysiker, der in einem als Pension getarnten Edelpuff verkehrt. Böse DDR-Spione setzen ein Exmannequin auf ihn an und überwachen seine ›Tätigkeit‹ in der Pension Clausewitz mit versteckten Kameras und Abhörgeräten. – AT: Haus der Erotik.

Pension zur freien Liebe
(LA PENSION DU LIBRE AMOUR). Frankreich 1974.
R Jack Angel [= Eddy Matalon].
B Justin Lenoir/Paul Blade. **K** Arthur Lerry Ville. **M** N.N. **D** Colette Mareuil, Gerard Maró, Christine Locquin, Michel Naelz, Sarah Sterling, Tania Busselier. **F** 84 Min.

Aus Spiel wird ernst: Suzy Kendall (Mitte) in *Das Penthouse* von Peter Collinson

Eine spießige Pensionswirtin, die größten Wert auf Sauberkeit und Ordnung legt, wird von ihren Mietern bei jeder Gelegenheit geleimt, bis sie sich am Ende selbst der Sünde hingibt. – Ein Softsexfilmchen. – AT: Das Haus der freien Liebe.
Ⓥ Telerent

Das Penthouse
(THE PENTHOUSE). GB 1967.
R Peter Collinson. **B** Peter Collinson. **K** Arthur Lewis. **M** John Hawksworth. **D** Terence Morgan (Bruce Victor), Suzy Kendall (Barbara Wilson), Martine Beswick (Harry), Norman Rodway (Dick), Tony Beckley (Tom). **F** 97 Min.
Als der verheiratete Makler Bruce und seine Geliebte Barbara sich in das Penthouse eines halbfertigen Wohnhauses zu einem Schäferstündchen zurückziehen, werden sie überraschend von dem Trio

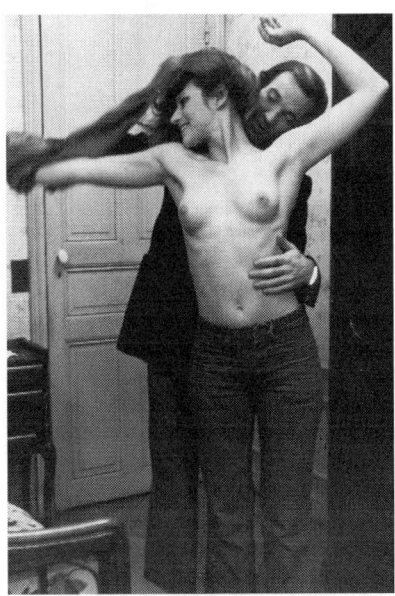

Zwei Lustmolche in der *Pension zur freien Liebe* von Jack Angel

Tom, Dick und Harry aufgesucht, die sich als Gasmänner vorstellen. Der Abend endet in einer Serie von ›Begegnungen‹, die nur Fans von Psychothrillern und Sado-Maso-Geplänkel interessieren dürfte. Folgerichtig haben die beiden ›Liebenden‹ anschließend voneinander die Nase voll.

Percy – Spatz in der Hand
(PERCY). GB 1970.
R Ralph Thomas. **B** Hugh Leonard. **K** Ernest Steward. **M** Ray Davies. **D** Hywel Bennett (Edwin Anthony), Elke Sommer (Helga), Denholm Elliott (Emmanuel Whitbread), Britt Ekland (Dorothy Chiltern-Barlow), Cyd Hayman (Moira Warrington), Janet Key (Hazel), Tracey Crisp (Miss Elder), Antonia Ellis (Rita La Rousse), Tracy Reed (Mrs. Penney), Patrick Mower (James Vaile), Pauline Delaney (Schwester Flannagan), Adrienne Posta (Maggie Hyde), Julia Foster (Mrs. Gold), Sheila Steafel, Arthur English, Angus MacKay, Rita Webb, Charles Hodgson, Sue Lloyd, Denise Coffey, Edward Malin. **F** 90 Min.

Ein untreuer Ehemann wird von seiner Gattin aus dem Fenster gestürzt, verliert sein Leben und trägt versehentlich dazu bei, daß dem jungen Antiquitätenhändler Edwin der Penis verlustig geht. Der ruhmgeile Chirurg Whitbread transplantiert Edwin den (Percy genannten) Schniedelwutz eines gerade verstorbenen Patienten. Als Edwin genesen ist, tut er sich mit der Gattin des Spenders zusammen: Von ihr mit einer Liste der Exgeliebten ihres toten Gatten versehen, brechen Edwin (und Percy!) zu einer Sexodyssee auf, die jedoch bald zu Ende ist, als Reporter von Dr. Whitbreads sensationeller Transplantation erfahren... – »Eine langweilige, schwerfällige und infantile Sexkomödie, die zum Himmel stinkt...« (NEW YORK TIMES).

Perfekt in allen Stellungen
Siehe **In allen Stellungen**

Personal Service
(PERSONAL SERVICE). GB 1986.
R Terry Jones. **B** David Leland. **K** Roger Deakins. **M** John Duprez. **D** Julie Walters (Christine Painter), Alec McCowen (Morton), Shirley Stelfox (Shirley), Danny Schiller (Dolly), Tim Woodward (Timms), Victoria Hardcastle (Rose), Dave Atkins, Leon Lissek, Benjamin Whitrow, Peter Cellier. **F** 110 Min.

Die in die Jahre kommende Prostituierte Christine kauft mit Unterstützung eines sexbesessenen Bankmenschen ein Haus und gründet mit Hilfe eines alten Transvestiten und einiger Damen ein Lustzentrum für die Genußsüchtigen. Als das orgiastische Treiben den Behörden zu

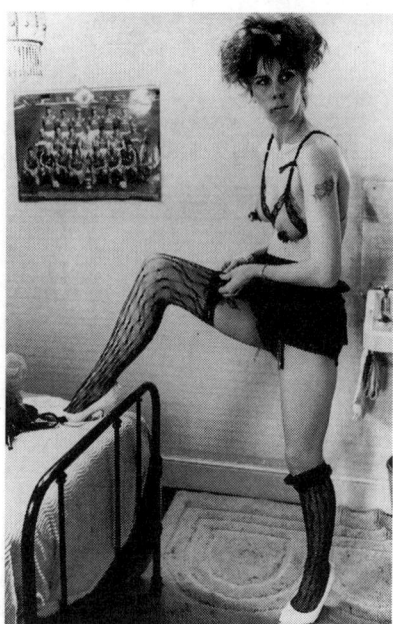

Victoria Hardcastle als Angehörige des horizontalen Gewerbes in *Personal Service* von Terry Jones

Ohren kommt, fliegt das Unternehmen auf, doch der Richter, vor dem Christine am Ende steht, entpuppt sich als einer ihrer besten Kunden. – Der Film, der auf einer wahren Geschichte basiert, entbehrt stellenweise nicht einer beißenden Komik: daß eifrige Masochisten sich darum reißen, Christines Haus zu renovieren, ist zum schießen, und wie die naive Prostituierte erst aufgrund der ›Nachfrage‹ den Service ihres Lädchens ausbaut, ist ein Lehrstück in Sachen kapitalistischer Wirtschaftspolitik. Ⓥ VCL

Petting
(LAST SUMMER). USA 1969.
R Frank Perry. **B** Eleanor Perry.
K Gerald Hirschfeld. **M** John Simon.
D Barbara Hershey (Sandy), Richard Thomas (Peter), Bruce Davison (Dan), Cathy Burns (Rhonda), Ernesto Gonzales (Anibal), Peter Turgeon (Caudell), Lou Gary, Andrew Krance, Wayne Mayer (Schläger), Ralph Waite (Peters Vater), Conrad Bain (Dans Vater), Eileen Latchworth (Dans Mutter), Maeve McGuire (Junge Frau), Ed Stevlingson (Sydney), Glenn Walker, Lydia Wilen. **F** 97 (TV: 93) Min.
Gelangweilte Kinder amerikanischer Mittelschichtler, die außer Zuneigung alles kriegen, was man mit Geld kaufen kann, treffen sich im Sommer auf einer Insel und machen erste Erfahrungen in Sachen Liebe, Trunk und Drogen, bis sich ihr Frust in einer abscheulichen Tat entlädt.

Der Pfaffenspiegel
BRD/Italien 1972.
R Aldo Grimaldi. **B** N.N. **K** N.N.
M N.N. **D** Edwige Fenech (Esmeralda), Jürgen Drews, Eva Garden, Don Backy. **F** 76 Min.
Sex, Sünde und dralle Weiber in einer italienischen Kleinstadt der Renaissance: Esmeralda hat ihrem Gatten Hörner aufgesetzt und soll auf dem Scheiterhaufen sterben. Ein Herzog, der gerade des Weges kommt, gibt ihr eine Chance. Sie und ihr Geliebter sollen vor den Augen des Magistrats eine Schaunummer hinlegen, zu deren Schiedsrichter ausgerechnet der Pfarrer bestellt wird. – Der Film hat nichts mit dem gleichnamigen Buch von Otto von Corvin zu tun. Und auch wenig mit Niveau. Ⓥ Telerent

Pfahl in meinem Fleisch
(BARA NO SORETSU). Japan 1969.
R Toshio Matsumoto. **B** Toshio Matsumoto. **K** Tatsuo Suzuki. **M** Joji Yuasa.
D Shinno Ikehata (Gini), Osamu Ogasawaro, Emiko Azuma, Yoshio Tsuchiya. **SW** 87 Min.
Die Story berichtet von der Buhlerei und vom Sexleben japanischer Transvestiten, die einander ebenso wenig grün sind wie eifersüchtige Heteros: So muß das Spektakel auch recht blutig enden.

Pink Nights – Rosarote Träume
(PINK NIGHTS). USA 1985.
R Philip Koch. **B** Philip Koch. **K** Charlie Lieberman. **M** Jim Tullio/Jeffrey Vanston. **D** Kevin Anderson (Danny), Shaun Allen (Terri), Peri Kaczmarek (Esme), Jessica Vitkus (Marcy), Larry King (Jeff), Jonathan Michaels (Zero), Mike Bacarella (Bruno), Ron Dean (Pop), Tom Towles (Ralph). **F** 84 Min.
Danny besucht eine High School in Chicago, doch im Gegensatz zu seinem Freund Jeff fällt es ihm nicht leicht, Mädchen aufzureißen. Als seine Mutter ihn am Wochenende allein läßt, wendet sich sein Glück: Zu Jeffs großem Schreck findet er gleich drei Mädchen, die bei ihm übernachten. (Wohlgemerkt: Übernachten!). – Eine belanglose Teeniesexkomödie, in der das Ticken der im Hintergrund tätigen Bartwickelmaschine sogar die Musik übertönt.
Ⓥ UFA

Jane Birkin und Maruschka Detmers in *Die Piratin* von Jacques Doillon

Die Piratin
(LA PIRATE). Frankreich 1984.
R Jacques Doillon. **B** Jacques Doillon. **K** Bruno Nuylten. **M** Philippe Sarde. **D** Jane Birkin (Alma), Maruschka Detmers (Carol), Philippe Léotard (Nr. 5), Andrew Birkin (Andrew), Laure Marsac (Mädchen), Didier Chambragne, Arséne Altmeyer, Michael Stevens. **F** 87 (TV: 85) Min.

Alma verläßt den sie abgöttisch liebenden Andrew und flüchtet vor der sie ebenfalls abgöttisch liebenden Carol, weil sie sich zwischen den beiden nicht entscheiden kann. Am Ende wird sie von einem mysteriösen kleinen Mädchen erschossen, und wir atmen alle auf, daß dieser elende Mist endlich zu Ende ist. – Die Story: verwickelt und konstruiert (woran man erkennt, daß der Regisseur Künstler ist); die Dialoge: geschwätzig; die Charaktere: nicht vorhanden. Maruschka Detmers' Body: phantastisch! Recht gut rüber kommt auch die drückende Atmosphäre, die die Story zusammenzuhalten versucht, wenn man auch nie genau weiß, was der Dichter uns sagen will.

Play Love – Ein Alphabet erotischer Möglichkeiten
(KÄRLEK-BREV TILL INGE & STEN). Schweden 1972.
R Torgny Wickman. **B** Inge Hegeler/Sten Hegeler. **K** N.N. **M** N.N. **D** Inge Hegeler, Sten Hegeler, Amateure. **F** 72 Min.

Aufklärerische Sex-Dokumentation über eine Live Sexshow, die Produktion eines Pornofilms sowie allgemeine ›Sexerziehung‹ (= kreative Betätigung in der Erotik), kommentiert vom schwedischen Sexologenehepaar Hegeler.

Playgirl
BRD 1965.
R Will Tremper. **B** Will Tremper. **K** Wolfgang Lührse/Benno Bellen-

baum. **M** Peter Thomas. **D** Eva Renzi (Alexandra Borowski), Harald Leipnitz (Bert Laner), Paul Hubschmid (Joachim Steigenwald), Umberto Orsini (Timo), Elga Stass (Hildchen Völker), Rudolf Schündler (Doktorchen), N. Sokatscheff (Bogdan), Hans-Joachim Ketzlin (007). **SW** 91 Min.
Alexandra, ein hochbezahltes Fotomodell, das beruflich durch die Welt jettet, trifft in Berlin ein, bewegt sich weltfraulich in Theatern, glitzernden Bars und auf Partys und läßt sich von wohlhabenden und zwielichtigen Männern bescharwänzeln und beschlafen, bis sie einen findet, der ihr genehm ist. – Unbedeutend, oberflächlich.

Die Playgirls
Siehe **Die intimen Momente der Madame Claude**

Eva Renzi in *Playgirl*. Regie von Will Tremper

Playmate Lady O.
(AUTUMN BORN). Kanada 1979.
R Sharon Christensen. **B** Sharon Christensen. **K** Lloyd A. Simandl. **M** N.N. **D** Dorothy Stratten (Tara), Thor Procak, Dory Jackson, Giselle Fredette. **F** 74 Min.
Ein Bösmann läßt seine Nichte Tara von Sexbesessenenen kidnappen, um sie sich gefügig zu machen, da er an ihr Vermögen herankommen will. – Ein erotischer Psychothriller der billigen Art (d.h. mit wenig Thrill). In der Hauptrolle das 1980 von seinem eifersüchtigen Ehemann ermordete *Playboy*-Model Dorothy Stratten, das in seinen Filmen »nie über das Niveau einer Barbie-Puppe hinauskam« (FILMDIENST).
Ⓥ UFA

Popcorn und Himbeereis
BRD 1978.
R F.J. Gottlieb. **B** Florian Burg. **K** B. Later. **M** Gerhard Heinz. **D** Olivia Pascal (Vivi), Gesa Gabor (Bea), Bobby (Benny), Zachi Noy (Johnny), Bea Fiedler, Alexander Grill, Karl H. Maslo, Margarete Kuske, Walter Kraus, Ursula Buchfellner, Erwin Neuwirth, Christina Gianna [= Dolly Dollar], Rosl Mayr, Hermann Klinger, Herbert Fux. **F** 89 Min.
Vivi und ihre Freundin Bea suchen in einem Hotel am Wörthersee ein Bett, in dem eine von ihnen nach einer stürmischen Liebesnacht einen Banknotenstapel hat liegen lassen. Dabei geraten sie, wie könnte es anderes sein, in mehrere andere Betten. – Eine typische deutsche Komödie.
Ⓥ UFA

Porky's (1)
(PORKY'S). Kanada 1981.
R Bob Clark. **B** Bob Clark. **K** Reginald H. Morris. **M** Carl Zittrer. **D** Kim Cattrall (Honeywell), Dan Monahan

(Pee Wee), Mark Herrier (Billy), Wyatt Knight (Tommy), Roger Wilson (Mikkey), Art Hindle (Ted Jarvis), Cyril O'Reilly (Tim), Tony Ganios (Meat), Nancy Parsons (Balbricker), Scott Colomby (Brian Schwartz), Kaki Hunter (Wendy), Alex Karras (Sheriff Wallace), Susan Clark (Cherry Forever), Boyd Gaines (Brackett), Doug McGrath (Warren), Wayne Maunder (Cavanaugh), Chuck Mitchell (Porky). **F** 98 Min.

1954: Schüler einer High School in Florida, die es ausschließlich nach Sex gelüstet, ohne daß die anvisierten Mädchen unbedingt ihren Geschmack teilen, vertreiben sich die Zeit mit Zoten, käuflicher Liebe und dem Besuch eines Striplokals, dessen Besitzer, ein Mann namens Porky, die pubertären Knilche ausnimmt, bis sie seinen Schuppen zu einer Gartenlaube zerlegen. – Einer der zahllosen flapsigen Teeniespäße, die seit Anfang der achtziger Jahre die deutsche Kinokultur ausmachen.
Ⓥ CBS/Fox

Porky's (2): Der Tag danach
(PORKY'S II: THE NEXT DAY). Kanada 1983.
R Bob Clark. **B** Roger E. Swaybill/ Allan Ormsby/Bob Clark. **K** Reginald H. Morris. **M** Carl Zittrer. **D** Dan Monahan (Pee Wee), Wyatt Knight (Tommy), Mark Herrier (Billy), Roger Wilson (Mickey), Cyril O'Reilly (Tim), Tony Ganios (Meat), Kaki Hunter (Wendy), Scott Colomby (Brian), Nancy Parsons (Ballbreaker), Joseph Running Fox (John Henry), Eric Christmas (Carter), Bill Wiley (Rev. Bubba Flevel), Cisse Cameron (Sandy Le Toi), Else Earl (Mrs. Morris).
F 95 Min.

Der Schüler Pee Wee, der es erstmals mit seiner Freundin Wendy ›getan‹ hat, besticht die Kirmes-Stripperin Sandy, es mit seinen Kumpanen zu treiben. Er ahnt freilich nicht, daß diese das rassige Girl schon unter der Hand bestochen haben, um ihn hereinzulegen. Außerdem werden noch die fette Miss Ballbreaker, der örtliche Ku-Klux-Klan, der Bürgermeister und ein bigotter Sektenprediger auf den Arm genommen, der Shakespeare für einen Pornoschreiber hält. – Ein öder Mist, der nur Leuten gefallen kann, die keine guten Filme kennen.
Ⓥ CBS/Fox

Porkys Rache
(PORKY'S REVENGE). Kanada 1985.
R James Komack. **B** Ziggy Steinberg. **K** Robert Jessup. **M** Dave Edmunds/ George Harrison/Robert Plant/Jeff Beck/Willie Nelson/Phil Collins.
D Wyatt Knight (Tommy), Dan Monahan (Pee Wee), Chuck Mitchell (Porky Wallace), Wendy Feign (Blossom Wallace), Mark Herrier (Billy), Tony Ganios (Meat), Kaki Hunter (Wendy), Scott Colomby (Brian), Nancy Parsons (Belah Balbricker), Rose McVeigh (Miss Webster), Wendy Feign (Blossom). **F** 89 Min.

Story: Siehe PORKY'S (1) und PORKY'S (2): DER TAG DANACH. – Neue Abenteuer einer Gruppe sexhungriger Oberschüler, die alle nur das eine wollen und mit allen Mitteln versuchen, wenigstens in Sachen Sexstudien und Ballspielen einen Abschluß zu machen. Auch der ›Lehrkörper‹ an der Angel Beach High School hat nur das eine im Kopf. – Ein nervtötendes Erlebnis.

Porno Baby
BRD 1970.
R Wolfgang Frank [= Erwin C. Dietrich]. **B** Gregor von Almassy. **K** Andreas Demmer. **M** Walter Baumgartner. **D** Renate Larsen, Claus Tinney, Michael Maien, Britta Aulin, Heidi Richter, Jocko Kannitzer, Jenny Jones,

Pennäler auf dem Sextrip: *Porky's (1)* von Bob Clark

Margit Klug, Terry Ricci, Kitty Larson, Raffael Pusterla, Heinz Graf, Raffael Britten, Hans Steiner, Emil Adler, Sabrina Manuela van Boogh.
F 75 Min.
Um dem Knast zu entgehen, verpflichtet sich eine wegen sexueller Ausschweifungen mit dem Gesetz in Konflikt geratene Dame zur ärztlichen Behandlung und weiht einen Psychiater in ihr orgiastisches Eheleben ein, das hauptsächlich aus lesbischen Begegnungen, dem Aufreißen von Männern im Kino, Triolen, dem Anschauen von Pornofilmen und Sexpartys mit Klavierbegleitung bestand.

Porno Center
Siehe **Das Hotel für Fremdenverkehr**

Porno Motel
(WEEKEND LOVERS). USA 1969.
R Dwayne Avery. **B** K. Evans/Dwayne Avery. **K** N.N. **M** Vic Lance. **D** Vic Lance, Christine Mathis, Antoinette Maynard, Sydney Carlysle, Elizabeth Thomas, Deirdre Nelson.
F (88) 79 Min.
Ein Film über Sexbesessene beiderlei Geschlechts, die sich am Wochenende in einem Motel treffen, um ihren Trieben zu frönen. Ein Mann stößt dabei auf eine Nymphomanin, die ihm so arg zusetzt, daß er sich freut, seine Geliebte wiederzusehen. Ein zweiter, im Hauptberuf Angestellter einer Partnervermittlungsagentur, begegnet, nachdem er das unverbindliche ›Naschen‹ satt hat, der Frau seines Lebens – um der Moral genüge zu tun.

Porno zwischen Sex und Sünde
(LUXURY WOMEN). USA 1969.
R Giorgios Papakostas. **B** N.N.
K Nikos Milas. **M** Christoph Mourabas. **D** John Bornet, Maria Mirka, Ellen Farnholt, Kai Westmoor, Kia Boutzu, Gikas Binaris, Derek Glenn, Jeff Doldinger, Bebe Bentley, Annete Segal, Lynn Benton. **SW** 89 Min.
Gewissenlose Schurken, die es immer wieder verstehen, naive Mädchen zum Agieren vor der Pornokamera zu erpressen, werden von einem mysteriösen Rächer gejagt, bis sie zurückschlagen, ihn in einen falschen Verdacht bringen und ihm die Polizei auf den Hals hetzen. – Ein wirrer Sexkrimi, der sich exakt über das empört, was er uns selbst vorsetzt.

Der Porno-Graf von Luxemburg
(HIPPY HIPPY SEX). Belgien 1968.
R Armand Lefert. **B** Catherine Nelissen. **K** André Notte. **M** Mac Arden.
D Monique Laurier, Ulfa Peeters.
SW 68 Min.
Ein Mann namens Bob erinnert sich in einer Bar an die Frauen (hauptsächlich Prostituierte), die er gehabt hat, an ein Zimmermädchen, das sein Liebeswerben als recht heftig empfand, und stößt auf eine Süchtige, die es für Geld mit ihm treiben will, doch einschläft, bevor er sich abreagieren kann. – In dem Streifen kommt weder ein Graf vor, noch hat er etwas mit Luxemburg zu tun. Und wer hätte das auch ernsthaft erwartet?

Der Porno-Graf von Schweden
(FOR MEN ONLY). GB 1967.
R Peter Walker. **B** Peter Walker.
K Gerry Lewis. **M** Harry South.
D David Kennan (Reggie Collins), Andrea Allen (Cynthia), Derek Aylward (Ronald Graham), Tom Gill (Vater), Mai Becon (Mutter), John Cazabon (Lamphrey Gussett), Monika Dietrich (Janet), Jill Field (Gunilla), Glyn Warship (Rudolf), Neville Whiting (Claude), Joan Ingram (Esther), Gladys Dawson (Mrs. Whitely), Apple Brooks (Empfangsdame). **F** 77 Min.
Reggie, Exredakteur eines Sexmagazins, bewirbt sich auf Drängen seiner Braut Cynthia um eine Stelle bei einer religiösen Zeitschrift und findet bei einem Besuch im Landhaus seines zukünftigen Brötchengebers heraus, daß dieser mit Hilfe hübscher Mädchen heimlich schlüpfrige Sexheftchen publiziert. Dann gibt es noch einen Überfall durch den Schlägertrupp der Konkurrenz – Pfffff! Der Porno-Graf von Schweden taucht auch nicht auf. – AT: EROTIK MIT GEBRAUCHSANWEISUNG.

Pornografie illegal?
BRD 1971.
R Alois Brummer. **B** N.N. **K** N.N.
M Fred Tornow. **D** Milena Stipanicev, Bertram Edelmann, Johannes Buzal-

ski, Elke Boltenhagen, Josef Moosholzer, Wolfgang Scherer. **F** 72 Min.
Zwei amerikanische Gangster setzen sich nach Hamburg ab, gehen eine Weile in St. Pauli ihren Geschäften nach, und versuchen es dann in München, wo sie schließlich – nach vielen, vielen Sexabenteuern mit willigen und manchmal auch lesbischen Frauen – gekascht werden; ebenso wie ihre beiden in den USA zurückgebliebenen Kumpane, die derweil fast das gleiche erleben.

Pornografie in Dänemark – Zur Sache, Kätzchen
BRD 1970.
R Renato Frustratus [= Michael Miller]. **B** Günter Vaessen/Michael Miller/Horst A. Hass. **K** Benno Bellenbaum. **M** Horst A. Hass. **D** Miriam Liv, Siegfrid Mayer, Ute Marin, Gary Duwner, Hans Werner Bussinger, Jürgen Büchmann, Chris Larsen, Günter Vaessen. **F** 78 Min.
Ein schüchterner Vertreter einer deutschen Brillenfirma gerät während einer Geschäftsreise in Begleitung einer drallen Einheimischen auf eine Sexmesse, delektiert sich als Zuschauer an der Herstellung eines Pornofilms, in dem sich Peitschenladys und Lesbierinnen rangeln, wird schlußendlich verführt und kehrt, aller Verklemmungen bar, in die Heimat zurück. – »Nach diesem Film zu urteilen, muß das Paradies von einer verzweifelnden Langeweile sein.« (FILMDIENST). – AT: X – BEIM SEX IST ALLES ERLAUBT (2).

Pornografie in Fesseln
(2069 A.D. – A SENSATION ODYSSEY). USA 1969.
R Sam Kopetsky. **B** Sam Kopetsky. **K** Vic Gross. **M** N.N. **D** Harvey Foster, Barbara Lynn, Sharon Matt. **F** 75 Min.
Ein Bösmann wird mit einem ›Zeitring‹ durch verschiedene Epochen der Menschheitsgeschichte geschickt und schaut sich u.a. an, wie die Lesbierinnen im alten Rom zur Aktion geschritten sind. – Sex im Science Fiction-Gewand.

Pornographie ohne Maske
(LIKE MOTHER, LIKE DAUGHTER). USA 1968.
R Robert V. O'Neill. **B** N.N. **K** Ross Kelsey. **M** Sonny Williams. **D** Sebastian Gregory (Tony), Joanne Mordan (Jamie), Vicky Todd, Victoria Bond. **F** 75 Min.
Tony, ein schräger Vogel, wie er im Buche steht, macht, als seine Schuldner ihm arg zusetzen, die hübsche Jamie an, in deren Bar nur ausgeflippte Sex-Freaks verkehren. Jamie hilft ihm aus allen Schwierigkeiten heraus, richtet ihm eine Modell-Agentur ein und legt ihn schließlich um, als er ihr Vertrauen mißbraucht und ihre Tochter Kim verführt. – Eine durch und durch schundige Billigproduktion.

Pornographische Aufnahmen
(THE CURIOUS FEMALE). USA 1969.
R Paul Rapp. **B** Winston R. Paul. **K** Don Birnkrant. **M** Stuart Phillips. **D** Angelique Pettyjohn (Susan), Charlene Jones (Pearl), Bunny Allister (Joan), David Westberg (Paul), Julie Connors (Andree), Michael Greer (Bixby), Sebastian Brook (Burton), Ron Gans (Jerome Bruce), David Pritchard (Guy Ryan), Slim Gaillard (Lushcomb), Elaine Edwards (Mrs. Wilde), Carol Jean Thompson (Gloria), Harry Sodoni (Harry), Lincoln Kilpatrick (Onkel Charlie), Mildred Harrison (Mrs. Lushcomb), Randee Jensen (Joy), David Buchanan (Junger Mann), Mary V. Pittman (Scarlet), Junero Jennings (Roy), Betty Gunn (Mädchen), Mike Castle (Everett), Chris Riordan (Troy), Ron Graham

(Rausschmeißer), Josh Bryant (Tower), David R. Osterhout (Hinkley), Al Quick (Weeny). **F** 84 Min.
Im Jahr 2177 wird das absolut sterile Liebesleben der Menschen von einem Computer überwacht. Abweichungen von der Norm werden nicht geduldet. Ein Pärchen, das auf einer Pazifikinsel (dem ehemaligen Los Angeles, das vom Festland getrennt wurde) lebt, beschließt, Filme aus dem ›Mittelalter‹ zu archivieren und vorzuführen. Dabei handelt es sich um harmlose Sexfilmchen von 1969. – »Humor und Ironie gehen auf Krücken.« (FILMBEOBACHTER). – AT: FUTURE LOVE.
Ⓥ Gloria (Future Love)

Das Porno-Haus der Fanny Hill
Siehe **Die lüsterne Tochter der Fanny Hill**

Das Pornohaus von Amsterdam
(BLUE MOVIE).
BRD/Niederlande 1971.
R Wim Verstappen. **B** Wim Verstappen/Charles Gormley/Rüdiger von Spies. **K** Jan de Bont/Werner Leckebusch. **M** Jürgen Drews/Apokalypse. **D** Ursula Blauth (Marianne), Hugo Maesters (Michael), Kees Brusse (Bernard), Ine Veen (Julia), Helmuth Wouldenberg (Eddy), Cary Tefsen (Elly), Arlette Lohmeier, Bruni Heinke, Wim Meijer. **F** 82 Min.
Nachdem Michael wegen der Verführung einer Minderjährigen im Knast gesessen hat, zieht er in ein von sexgierigen Frauen bewohntes Haus, die er der Reihe nach verführt. Zusammen mit der schönen Elly gründet er einen ›Blue Movie Club‹, der Pornofilme zeigt. Bald treffen sich bei ihnen die Hausbewohner gegen Entgelt zum lustvollen Beisammensein. Doch ungehemmter Sexgenuß, das wissen wir doch alle, bringt Herzeleid: Ein sensibler Partygast bringt sich um, der Gatte einer Frau, die allzu eifrig bei der Sache ist, verfällt dem Suff, und Michael sieht sich, als die Frau seiner Träume ihn erhört, schrecklichen Aussichten gegenüber: der Impotenz! – »Die übliche Masche, allzu bekannt, aber immer wieder gestrickt, weil man hofft, daß die Kasse stimmt. Schade um Wim Verstappen, daß er dabei mitmacht.« (FILMDIENST). – AT: DAS NACKTE GESICHT DER PORNOGRAFIE.
Ⓥ Euro (Das nackte Gesicht der Pornografie)

Die Pornokatzen
(THE PICK UP). USA 1969.
R Robert L. Frost. **B** Robert L. Frost/Wes Bishop. **K** Robert L. Frost.
M M.R. Terry. **D** Wesdon Bishop, Stephen Zena, Tracy Saunders, Lynn Harris, David R. Friedman, Robert W. Cresse. **SW** 83 Min.
Zwei Gangster, die im Auftrag eines Syndikats einen Batzen Geld transportieren, werden von zwei gerissenen Miezen aufs Kreuz gelegt und eilen hinter ihnen her, wobei sich in kaum zu glaubender Weise allerlei schlüpfrige Situationen ergeben, die besonders die Regenmantelfraktion begeistern dürften.

Porno-Killer
(LAS VEGAS STRANGLER). USA 1969.
R William Collins. **B** N.N. **K** N.N.
M N.N. **D** Robert Dix, Gillian Simpson, Liz Marshall. **SW** 76 Min.
Der psychisch gestörte Frauenmörder Jeff, der seine Mutter haßt (denn sie ist an allem Schuld), heiratet die nymphomane Lori, treibt sich auf Sexorgien herum und will sie, als man hinter sein Geheimnis kommt, umbringen.

Porno-Möpse beißen nicht
(THE CASE OF THE STRIPPING WIVES).
USA 1969.
R Manuel S. Conde. **B** N.N. **K** N.N.

M N.N. **D** Libby Jones, Natasha, Cindy Ambers, Logan Jones, Jack Cole, Sam Alpert. **F** 77 Min.
Zwei sexuell frustrierte amerikanische Ehefrauen erlernen die Kunst des Strippens, verunsichern mit ihren neugewonnenen Kenntnissen Milchmann und Briefträger und begeben sich in ein Nudistenlager, um dort weitere anregende Erfahrungen zu sammeln. – AT: UNSERE MÖPSE BEISSEN NICHT.

Porno-Reise zur Sexgöttin
(TRADER HORNEE). USA/BRD 1970.
R David F. Friedman/Mario d'Alcala.
B David F. Friedman. **K** Paul Hipp.
M Billy Allen/William Loose.
D Derek Sills (Algona), Buddy Pantsari (Hamilton Hornee), Elizabeth Monica (Jane Sommers), John Alderman (Max Matthews), Christine Murray (Doris Matthews), Lisa Grant (Tender Lee), Brandon Duffy (Kenya Adler), Fletcher Davies (Stanley Livingston), Neal Henderson (Allen) Andrew Herbert (Colin Carruthers-Carstairs), Debbie Douglas (Prentice als Kind), Ed Rogers (Medizinmann), Ben Cadlett (Ben), Chuck Wells (Krieger), Bill Babcock (Schläger), Dave Friedman (Penner).
F 78 (TV: 74) Min.
Eine Expedition schlägt sich auf der Suche nach der verschollenen Tochter eines reichen Knaben durch den Urwald. Diese hat sich inzwischen, wie weiland die gute Liane, als Königin eines Eingeborenenstammes etabliert und denkt nicht mehr daran, in die Zivilisation zurückzukehren: Was sie braucht, sind Liebhaber. – Auch wenn hier oft gekörpert wird: Von einer ›Porno-Reise‹ (was immer das sein soll) kann keine Rede sein. – AT: AUF DER SUCHE NACH DER SEX-GÖTTIN. REISE ZUR SEXGÖTTIN. IM URWALD SIND DIE NÄCHTE HEISS.
Ⓥ Focus (Reise zur Sexgöttin)

Porno-Spiele
Siehe **Pornospiele mit Stock und Peitsche**

Pornokratie
BRD 1970.
R Hans Mars [= Heinz Gerhard Schier]. **B** Heinz Gerhard Schier.
K Günter Urban. **M** Peter Weiner.
D Elfi Jannik, Helga Hartmann, Trude Evers. **F** 70 Min.
Elfi und Polly lassen sich von einem Sexfotografen anmachen. Sie vernaschen und berauben ihn und fahren mit seinem Wagen nach München, wobei sie unterwegs noch schnell zwei ›Gammler‹ bedienen. Dazu sehen wir noch einen Haufen Bilder zum Thema Prostitution in St. Pauli und über Pornos in Dänemark, die mit der ›Haupthandlung‹ nichts zu tun haben.

Pornoschwestern
(DÉBAUCHE DE MAJEURES). Belgien 1970.
R Joseph W. Rental. **B** N.N.
K E. Beurensky. **M** N.N. **D** Diane Dee (Jeanette), Nathalie Vernier (Eve), Numa, P. De Brunet, Vanina Cranfield, J. De Meester. **F** 76 Min.
Bedingt durch ein Testament, das ihnen jede Menge Kohle verspricht, müssen sich zwei Schwestern (die eine: ein ›Sexmuffel‹; die andere: sexy, doch ›verklemmt‹) in aller Eile in etwas verwandeln, was sie bisher nicht waren: kesse ›Sexbienen‹. – Was wieder mal zeigen soll, daß Geld auch sinnlich macht.

Pornospiele der sexten Klasse
Siehe **Sexualleben eines Neanderthalers**

Pornospiele mit Stock und Peitsche
(LOVE REBELLION). USA 1968.
R Joseph W. Sarno. **B** Joseph W.

Sarno. **K** Bruce Sparks. **M** Pier Marini. **D** Ginger Stevens (Wendy Fletcher), Melissa Ford (Jo Fletcher), Barbara Johnson (Riley), Alan Hall (Hank Wiggins), Jeremy Langham (Billy Carpenter), Angelique (Pamela Carpenter), Nadine Stark (Lee Doran), Cleo Nova (Nancy Lair), Nick Dundas (Don Halleck), Max Sydney (Hoag Barnes), Ginger Stern. **F** 73 Min.
Die verwitwete Unternehmerin Jo begibt sich in die sexuelle Abhängigkeit ihres abartigen Geschäftsführers Hank und macht sich Sorgen um ihre Tochter Wendy, als diese, aus dem Internat heimgekehrt, in eine Clique gerät, die sich mit dem Veranstalten von Sexorgien beschäftigt. Auch Hank treibt's mit Wendy; dafür treibt Jo es mit Wendys Freund Billy. Als Wendy und Billy zusammen die Stadt verlassen wollen, kommt es zum Knatsch: Hank killt Billy und wird von seiner Exgeliebten Nancy gekillt. – Sex and Crime-Dutzendware. – AT: PORNOSPIELE.

Portnoys Beschwerden
(PORTNOY'S COMPLAINT). USA 1971.
R Ernest Lehman. **B** Ernest Lehman. **K** Philip Lathrop. **M** Michel Legrand. **D** Richard Benjamin (Alex Portnoy), Karen Black (Mary Jane, Äffchen), Lee Grant (Sophie Portnoy), Jack Somack (Jack Portnoy), Jeannie Berlin (Bubbles Girardi), Jill Clayburgh (Naomi), D.P. Barnes (Dr. Otto Spielvogel), Francesca De Sapio (Lina), Kevin Conway (Smolka), Lewis Stadlen (Mandel), Renée Lippin (Hannah Portnoy), Jessica Rains (Büromädchen), Eleanor Zee (Patentin), William Pabst (Gasthausangestellter), Tony Brande (Taxifahrer), Darryl Seamen (Alex als Kind), Mike de Anda (Herrero), Carmen Zapata (Mrs. Herrero). **F** 101 Min.
Alex lebt in New York und hat ein Problem: Er ist immer geil und onaniert permanent. Seine jiddische Mamme hat ihn nicht nur voll im Griff, sondern warnt ihn auch, sich mit ›Schicksen‹ (= nichtjüdischen Mädchen) einzulassen. Doch was verboten ist, macht Alex richtig heiß: Er kann von den Schicksen nicht lassen. Besonders das Fotomodell Mary Jane hat es ihm angetan, denn sie ist gern bereit, seine sexuellen Phantasien zu erfüllen. Auf Reisen redet sie plötzlich von der Ehe. Alex flüchtet in Panik nach Israel, wo er die Naomi kennenlernt, doch die will von ihm und seinem ewigen Ständer nichts wissen. Als Alex, um sie zu besitzen, zum Äußersten schreitet, muß er feststellen, daß er impotent geworden ist. Er landet bei einem wenig hilfreichen Psychiater. – »Dies ist nichts für zarte Seelen, und schon längst nichts für junge Damen aus vornehmen Häusern... Die sexuelle Kost ist stark, die entsprechenden Vorführungen von einer Intensität und Genauigkeit, die viel Entgegenkommen beim Besucher voraussetzen und auch abgebrühte Beobachter einschlägiger Lichtspiele überrascht.« (Walter Müller-Bringmann, FILMECHO/ FILMWOCHE).

Positionen, Variationen
(FLYING AQUAINTANCES). USA 1973.
R Robert Steiner. **B** N.N. **K** N.N. **M** N.N. **D** Nicole Vadim, Allan Shackleton, Suzi Sean, John Perry. **F** 68 Min.
Episodischer Sexfilm über willige Mädchen, die, kaum daß sie einem Mann begegnet sind, in irgendwelchen Betten landen und nichts eiligeres zu tun haben, als ihre Freundinnen telefonisch von ihrer ›Eroberung‹ in Kenntnis zu setzen.

Pretty Baby
(PRETTY BABY). USA 1977.
R Louis Malle. **B** Polly Platt/Louis Malle. **K** Sven Nykvist. **M** Jerry Wexler. **D** Keith Carradine (E.J. Bellocq), Brooke Shields (Violet), Susan Saran-

Susan Sarandon in *Pretty Baby* von Louis Malle

don (Hattie), Antonio Fargas (Professor), Francis Faye (Madame Nell), Matthew Anton (Red Top), Diana Scarwid (Frieda), Barbare Steele (Josephine), Seret Scott (Flora), Cheryle Markowitz (Gussie), Susan Manskey (Fanny), Laura Zimmerman (Odette), Gerrit Graham (Highpockets), Mae Mercer (Mama Mosebery), Don Hood (Alfred Fuller), Don K. Lutenbacher (Violets 1. Freier). **F** 110 Min.
Violet, zwölf, wächst bei ihrer der Prostitution nachgehenden Mutter in einem Edelbordell von New Orleans auf und sehnt sich danach, möglichst bald in den Kreis der dort tätigen Damen aufgenommen zu werden. Als Mama sie für vierhundert Dollar als Jungfrau an einen Kunden versteigert, fängt ihre Karriere an. Mama wird später durch Heirat bürgerlich. Violet übernimmt ihre Position, bereut ihren Entschluß und heiratet den Fotografen Bellocq, mit dem sie sich bald in die Haare gerät. Sie hängt ihren Job an den Nagel und zieht zu Mama. − Der Film, der die zwölfjährige Brooke Shields international bekannt machte, erzeugte in den USA einen Sturm der Entrüstung, aber natürlich hat Louis Malle nicht im Traum daran gedacht, einen billigen Sexer für Päderasten zu machen. Ein ansehbares Sittenbild, gedreht nach Dokumenten und Aufzeichnungen des US-Fotografen E. J. Belloq, der sich in seiner Jugend oft in Bordellen herumgetrieben hat. Sehenswert.
Ⓥ CIC

Pretty Peaches
(PRETTY PEACHES). USA 1978.
R Alex De Renzy. **B** Alex De Renzy.
K N.N. **M** N.N. **D** Desirée Cousteau, John Leslie, Joey Silvera, Eileen Welles, Nancy Hoffman, Sharon Kane, Juliet Anderson. **F** 82 Min.
Eine hübsche, doch sehr dumme Frau wird in einen Autounfall verwickelt und verliert ihr Gedächtnis. Zwei gerissene Burschen, die sie finden, behaupten, der Wagen der Dame gehöre ihnen. In der Annahme, ihr Opfer könne reich sein, beschließen sie, ihr bei der Suche nach ihrer Vergangenheit zu helfen. Während der Forschungsarbeiten hat unsere Heldin allerlei Begegnungen, bei denen es mächtig dampft. − Desirée Cousteau wurde für ihre ›Leistung‹ mit einem Erotica Award (dem amerikanischen Sex-Oscar) ausgezeichnet.
Ⓥ Beate Uhse

The Princess Academy
(THE PRINCESS ACADEMY). USA/Jugoslawien/Frankreich 1986.
R Bruce Block. **B** Sandra Weintraub.
K Kent Wakeford. **M** Roger Bellon.
D Eva Gabor (Gräfin), Lu Leonard (Frl. Stinkenschmidt), Richard Paul (Drago), Carole Davis (Sonia), Lar Park Lincoln (Cindy), Badar Howar (Sarah), Barbara Rovsek (Izzie).
F 90 Min.

Einige höhere amerikanische Töchter werden in einem Schweizer Internat auf das große Leben vorbereitet, indem sie lernen, wie man mit Aktien, Boys und Credit Cards umgeht. Sie führen uns hin und wieder ihre Tages- und Nachtwäsche vor. Außerdem möchte die garstige Heimleiterin »Frau Stinkenschmidt« die hübsche Stipendiatin Cindy aus der Schule vergraulen.
Ⓥ Empire

Privat-Club für intime Spiele
(LES TENTATIONS DE MARIANNE).
Frankreich 1972.
R Francis Leroi. **B** Francis Leroi.
K Jean Gonnet. **M** N.N. **D** Patricia Novarini, Bob Asklof, Bernard Tixier, Gilles Signard, Andrée Damant, Evelyne Gaillard, Alain Quercy, Jean Roquel, Elisabeth Plaza, Katia Tchenko.
F 102 (88) Min.
Ein Mädchen aus einem französischen Dorf folgt einer Urlaubsliebe nach Paris und findet sich in einem Komplott und bei vielen, vielen Nummern wieder. – Die deutsche Fassung des ziemlich eindeutigen Films wurde zu einer seichten Liebesschnulze verkürzt. – AT: MARIANNES SÜSSE VERSUCHUNG.

Private School – Die Superanmacher
(PRIVATE SCHOOL). USA 1982.
R Noel Black. **B** Dan Greenburg/Suzanne O'Malley. **K** Walter Lassaly.
M Harry Nilsson/Stray Cats/Bill Wray, Rick Springfield/Phoebe Coates/Bruce Springsteen. **D** Phoebe Cates (Christine), Betsy Russell (Jordan), Matthew Modine (Jim), Michael Zorek (Bubba), Fran Ryan (Mrs. Dutchbok), Kathleen Wilhoite (Betsy) Ray Walston (Chauncey), Sylvia Kristel (Regina Copuletta), Jonathan Prince (Roy), Kari Lizer (Rita), Richard Stahl (Flugel), Julie Payne (Miss Whelan), Frank Aletter (Leigh-Jensen), Frances Bay (Birdie Fallmouth) **F** 97 (89) Min.
Kindische Collegeschüler, die nur Sex im Kopf haben, baggern die Schülerinnen eines Lyzeums an und betätigen sich als Voyeure in ihren Duschräumen. Christine und Jim, die eine echte Liebesbeziehung suchen, haben mit den Intrigen einer bösen Konkurrentin zu kämpfen – natürlich nur bis zum Happy End. – »Sylvia Kristel... hat einen flüchtigen Auftritt als Lehrerin in Sachen Aufklärung und ist mehr oder weniger die einzige Frau in diesem Film, die ständig angezogen ist.« (VARIETY).

Privatstunden der Lust
(CAMERIERE SENZA... MALIZIA).
Italien 1979.
R Lawrence Webber. **B** N.N. **K** N.N.
M N.N. **D** Marina Frajese (Olivia), Laura Levi (Liu), Enzo Pulcrano (Francis), Rod Ligari (Anthony), Caroline Postel. **F** 90 Min.
Ein junger Transportunternehmer heiratet, doch seine Gattin, dem Sex nicht abhold, vergnügt sich während seiner Geschäftsreisen gegen Bezahlung mit dem halben Ort, bis sie, als er dahinterkommt, soviel Geld auf der hohen Kante hat, daß er ihr nicht mehr böse sein kann.

Professor Bumskes Liebesschule
(TAKT OG TONE I HIMMELSENGEN).
Dänemark 1972.
R Sven Methling. **B** Sven Methling/Preben Kaas. **K** Rolf Rönne. **M** Sigurd Jansen. **D** Dirch Passer (Graf Axel), Axel Ströbye (Baron Joachim), Lone Hertz (Maria Hansen), Judy Gringer (Julie), Poul Bundgaard (Butler), Clara Pantoppidan (Gräfin), Judy Gringer (Julie), Gunnar Lemvigh (Flammevold), Ole Ishöy (Neffe), Sigrid Horne-Rasmussen (Frau Thorsen), Esper Hagen (Georg Thorsen), Kaj Holm, Claus Nissen, Jytte Breuning. **F** 88 Min.

Ein junger Wissenschaftler wird von seinem Onkel, der auf einem Schloß eine sogenannte Liebesschule betreibt, dazu gebracht, den Ernst des Lebens links liegen zu lassen und nur noch der Lust zu frönen, bis er seine Bemühungen schließlich auf eine Polizistin konzentriert.

Professor Lust und sein Vögelein
(PROFESSOR LUST). USA 1967.
R Warner Rose. **B** Herbert Lannard.
K William Pox. **M** Martin Ammon.
D Larry Swenson, Madison Arnold, Herbert Lannard. **SW** 86 Min.
Ein abartiger Wissenschaftler organisiert einen weltweiten Callgirl-Ring für Kunden seiner eigenen Couleur und geht schließlich einer cleveren Polizistin in die Falle.

Prostitution heute
BRD 1970.
R Ernst Hofbauer. **B** Günther Heller.
K Giorgio Tonti. **M** Kristian Schultze.
D Manfred Spiess, Claudia Gerstäcker, Marlene Rahn, Ursula Heyer, Christiane Dass, Evelyne Traeger, Günter Kieslich, Rolf Marnitz, Siegfried Munz, Karin Glier. **F** 88 Min.
Drei Fallstudien über Prostituierte und die Gründe, die dazu geführt haben, daß sie auf den Strich gingen. – ›Dokumentarfilm‹ mit eindeutig zweideutiger Spielhandlung, der sich das Mäntelchen einer rein sachlichen Auseinandersetzung mit dem Thema Strich umhängt, seinen Anspruch aber bald als reines Zweckgeschwafel verrät: Der Film ist, wie zahllose andere Sexreports, ein Exploitation-Movie, das nur auf Schaulust spekuliert. – AT: DIE SCHARFEN DIRNEN – PROSTITUTION HEUTE.
Ⓥ Atlantis/VTD

Prostitution international
(BRIGADE CRIMINELLE/PROSTITUTION INTERNATIONAL).
Frankreich/ Hongkong 1980.
R Elie Blorovich. **B** Elie Blorovich/En-

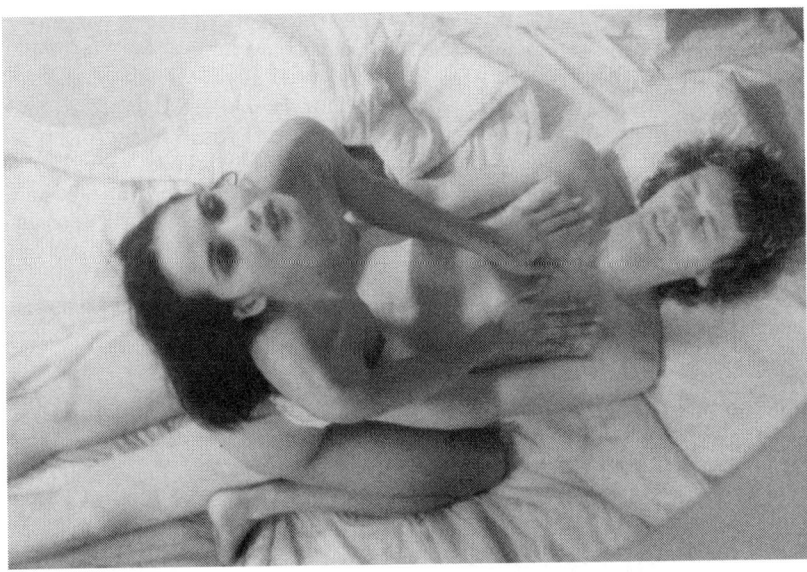

Laura Gemser und Partner in *Prostitution international* von Elie Blorovich

rico Verasis. **K** Jean Badal. **M** Thierry Geoffroy. **D** Laura Gemser (Tazzi), Gabriele Tinti (Tony Marcone), Jean-Louis Broust (Philippe Dega), Jolle Guillaud, Sophie Baudet, Linda Dugmore, Michael Schock. **F** 83 Min.
Kommissar Dega folgt dem flüchtigen Mörder Marcone durch Paris, Antwerpen, Hongkong und Bangkok. Er findet ihn mit Hilfe Tazzis, der Halbschwester seines Opfers. Doch bis er Marcone hat, müssen Tazzi und Dega sich durch endlose Sexorgien in Bordellen, Massagesalons und ›Schulen‹ für angehende Gunstgewerblerinnen schlagen.
Ⓥ UFA

Psychologie des Orgasmus
BRD 1970.
R Hermann Schnell. **B** Hermann Schnell. **K** Jerzy Lipman. **M** Ulrich Roever. **D** Angelika Baumgart-Frey (Vera), Volker Baumgart (Walter), Wolfgang Blönau (Horst), Uta Bone (Barbara), Sabrina Manuela van Boogh (Christa), Bernd Kummer (Jochen), Luise Bergschmidt (Psychotherapeutin), Evelyn Traeger (Renate), Dagobert Walter (Günter), Luise Manz. **F** 94 Min.
Eine Psychotherapeutin redet mit acht männlichen und weiblichen Patienten über diverse Erscheinungsformen der Sexualität (Masturbation, Inzest, lesbische Liebe, Gruppensex etc.) und zeigt ihnen mit Hilfe eingeblendeter ›Stellen‹, was man alles so miteinander machen kann. – Ein sogenannter Aufklärungsfilm.

Puberty Blues – Scharf aufs erste Mal
(PUBERTY BLUES). Australien 1981.
R Bruce Beresford. **B** Margaret Kelly. **K** Don McAlpine. **M** Tim Finn. **D** Nell Schofield (Debbie), Jad Capelja (Sue), Geoff Rhoe (Garry), Tony Hughes (Danny), Sandy Paul, Leander Brett, Jay Hackett. **F** 87 Min.
Zwei junge Mädchen dringen – des Sports, nicht des Sexes wegen – in eine Schüler- und Wellenreiter-Clique ein, werden jedoch erst von der Herrlichkeit akzeptiert, als sich zeigt, daß sie keine doofen Tussis sind, die alles mit sich machen lassen. – Der eindeutig zweideutige deutsche Titel geht mal wieder voll an der Sache vorbei, auch wenn die Kamera gelegentlich in Bildern praller Bikinischönheiten schwelgt. – »Beresfords Qualitäten reichen auf jeden Fall aus, die Sache der (seiner) Jugendlichen nicht plakativ zu sehen, sondern sie in ihrer Problematik möglichst ehrlich anzugehen.« (J. M. Thie, FILMBEOBACHTER).

Punition – Ausgepeitscht
(LA PUNITION). Frankreich 1972.
R Pierre-Alain Jolivet. **B** Richard Bohringer/Pierre-Alain Jolivet. **K** Bernard Daillencourt. **M** Bookie Binkley.
D Karin Schubert (Britt), Georges Geret (Manuel), Amidou (Raymond), Claudia Lange (Francoise), Anne Jolivet (Gloria), Bookie Binkley, Marc Doelnitz, Paul Marin, Henri Deus, Anne-Marie Coffinet, Albert Auger, Jean Lescot. **F** 93 Min.
Die gelangweilte junge Britt zieht nach Paris, gerät dort an ein Zuhälterduo und geht in einem Schloß, das von wohlhabenden Lüstlingen frequentiert wird, für sie anschaffen. Als ein edler Lump sich in Britt verliebt und sie aus den Krallen des Milieus befreien will, knallen die Pistolen. Ⓥ ITT Contrast

Pussy Talk
(LE SEXE QUI PARLE). Frankreich 1975.
R Frédéric Lansac [= Claude Mulot].
B Claude Mulot. **K** N.N. **M** N.N.
D Pénélope Lamour (Joelle), Nils Hortzs (Eric), Béatrice Harnois (Joelle

Karin Schubert (in einer ihrer besseren Rollen) und Amidou in *Punition – Ausgepeitscht* von Pierre-Alain Jolivet

als Teenie), Sylvia Bourdon, Ellen Earl, Hélène Copey, Richard Sadler, Vicky Messica, **F** 91 (74) Min.
Die französische Antwort auf Gerard Damianos DEEP THROAT (USA 1972) handelt von einer jungen Frau, die nicht nur Stimmbänder in der *Kehle* hat. Die Stimme, die aus ihrer Vagina erklingt, bringt sie permanent in haarsträubende Situationen. – »Obwohl der Film den gelackten, hohen Produktionsstandard aufweist, der für das erotische Kino Frankreichs typisch ist, wirken die Charaktere recht flach angelegt und die Sexszenen oftmals gezwungen.« (ADULT MOVIES).

Q

Quelle der Erotik
(BONITINHA MAS ORDINARIA).
Brasilien 1963.
R J.A. de Corvalho. **B** J.A. de Corvalho. **K** Amleto Daisse. **M** Carlos Lyra. **D** Lia Rossi (Maria Cecilia), André Villion (Perrault), Jece Valadao (Edgar), Odette Lara (Rita), Fregolente (Hector). **SW** 78 Min.
Edgar liebt Rita, aber ein Bekannter überredet ihn, seine Tochter Maria zu heiraten. Diese entpuppt sich als sexbesessene Bestie, was Edgar so schockiert, daß er lieber etwas mit Rita anfängt. Doch Rita ist noch schlimmer – sie war sogar auf dem Strich, um ihre Familie zu unterstützen. Edgar wirft das Handtuch.
– Ein brünstiger Kolportagefilm. Unbedeutend.

Quellen erotischer Lust
(JUNIOR COMES OF AGE).
USA/BRD 1974.
R Bethel Buckalew. **B** Bethel Buckalew. **K** Roger Dobek. **M** Ted Botkon. **D** John Tull, Terri Johnson, Linda Crae, Debbie Osborne, Josef Moosholzer, Brigitte Unrat. **F** 73 Min.
Deutscher Verschnitt eines amerikanischen Sexfilms, dessen ursprüngliche Fassung unter dem Titel EROTISCHE LUST (siehe dort) lief. Witzig ist an dieser Fassung zumindest der Einsatz einer Darstellerin, die Unrat heißt.

Ran an die hübsche Paukerin
(LA SUPPLENTE). Italien 1975.
R Guido Leoni. **B** N.N. **K** N.N.
M Renato Pascel. **D** Carmen Villani, Gisela Hahn, Birgit Boldt, Susi Klimm, Sandra Leoni, Alvaro Brunetti, Guido Braun, Peter Pasall.
F 86 Min.

Nachdem eine aufmüpfige Schulklasse ihre Biolehrerin ins Grab gebracht hat, wird sie von der blonden Laura übernommen, die sogleich mit dem Turnlehrer Tarzan ein Verhältnis anfängt. Stefan, ein Schüler, der sich in sie verliebt, gerät telefonisch an die Schwester der Lehrerin, verwechselt sie mit ihr, raspelt Süßholz und ärgert sich, daß seine Angebetete ihr Verhältnis mit Tarzan dennoch nicht beendet. Der Rest ist nicht immer saubere Rache. – Ein auf komödiantisch getrimmter Dutzendsexer.

Randy – Die Abenteuer des Sylvester Stallone
(THE ITALIAN STALLION). USA 1970.
R Morton Lewis. **B** N.N. **K** N.N.
M N.N. **D** Sylvester Stallone (Randy), Henrietta Holm (Kitty), Jodi Van Prang, Barbara Strom, Nicholas Warren, Frank Micelli. **F** 58 Min.

Der Vietnam-Veteran Randy kehrt zu seiner Freundin Kitty zurück und gesteht ihr, in der Waffen- und Mädchenhandelbranche tätig gewesen zu sein. Nun wollen sich seine Kumpane an ihm rächen. Randy treibt es mit Kitty, einer Schwarzen und ein paar anderen und landet auf einer Party, auf der man Hasch raucht und im Rudel zur Sache geht. – Stallone hat für diesen im Kino nie gezeigten Film zweihundert Dollar Gage erhalten. Da der erst 1980 aufgetauchte Streifen ein Copyrightdatum von 1978 hat und nur 58 Minuten lang ist, muß man sich fragen, wie viele Millionen der inzwischen im Gelde schwimmende ›italienische Deckhengst‹ (so der Originaltitel) investiert hat, um diese Amateur-Katastrophenproduktion zu kürzen.

Rasputin – Orgien am Zarenhof
BRD 1984.
R Ernst Hofbauer. **B** C.M Sherland/ Ernst Hofbauer. **K** Franz Xaver Lederle. **M** N.N. **D** Alexander Conte (Rasputin), Sandra Nova [= Uschi Karnat] (Gräfin Golowina), Frank Williams, Marion Berger, C.M. Sherland, Nadja Boyer, Vladimir Tartakovski, Enrico Franke, Maria Kocak, Tatjana Woroschin, Carlos Jansen, Eva Maria Falk.
F 91 Min.

Die Gattin des Zaren Nikolaus II. von Rußland schickt die nymphomane Gräfin Golowina nach Sibirien, um den als Wunderheiler bekannten Mönch Rasputin an das Krankenbett ihres Sohnes zu holen. Rasputin entpuppt sich als sexbesessener Wüstling, in dessen Bett auch die Gräfin und ihre Zofe landen. Als Rasputin den Zarewitsch geheilt hat, erhält er Privilegien, die er zu wilden Orgien und Saufgelagen nutzt, bis ein Staatsminister, dem sein Treiben nicht paßt, alles daran setzt, ihn aus der Welt zu schaffen. – Der »erste erotische deutsche Monumentalfilm« (so der Verleih) wurde von Alois Brummer produziert.

Das Rasthaus zur sexten Glückseligkeit
(I GROSSI BESTIONI/L'AMOUR CHEZ LES POIDS LOURDS). Italien/ Frankreich 1978.
R Jean-Marie Pallardy. **B** Oscar Roy. **K** René Guy. **M** Eddie Warner. **D** Elizabeth Turner (Pamela), Jean-Marie Pallardy (Eugene), Nikki Gentile, Ajita Wilson, Ely Galleani, Johnny Wessler, Jean-Claude Stromme, Georges Géret, Liliane Greco, Paola Maiolini, Franco Daddi. **F** (95) 74 Min.

Reich und gnadenlos

Mariangela Melato als Superkapitalistin und Michele Placido als Edelterrorist in *Reich und gnadenlos* von Lina Wertmüller

Fernfahrer treiben es in einem Sexrasthaus. Nur die holde Chefin Pamela verweigert sich ihnen, denn sie wartet auf die Rückkehr ihres verschollenen Gatten – ohne freilich zu ahnen, daß der sich mit willigen Gefährtinnen in einer Oase vergnügt. – Ein dröger Spaß, der als Posse daherkommt.
Ⓥ Mike Hunter (Truck Stop – Rasthaus zur sexten Glückseligkeit)

Die Rechnung ohne den Wirt
Anderer Tiel für **Im Netz der Leidenschaften**

Reich mir die Geige, ich will jodeln
Siehe **Liebesmarkt in Dänemark**

Reich und gnadenlos
(NOTTE D'ESTATE CON PROFILO GRECO, OCCHIA A MANDORLA ET ODORE DI BASILICO). Italien 1986. **R** Lina Wertmüller. **B** Lina Wertmüller. **K** Camillo Banzoni. **M** Dangio Greco. **D** Mariangela Melato (Fulvia), Michele Placido (Beppe), Roberto Herlitzka, Massimo Wertmüller.
F 99 (94) Min.
Nachdem der anarchistische Edelgangster Beppe die italienische Hochfinanz um diverse Milliarden erleichtert hat, läßt die Großkapitalistin Fulvia ihn von einem Söldnerkommando entführen und in ihr Schloß bringen, wo er – angekettet und mit verbundenen Augen – ihre Tiraden über sich ergehen lassen muß. Fulvia, die dem schicken Ganoven ihre Macht beweisen will, ist auch eine attraktive Frau, und der rotzfreche Widerstand ihres Gefangenen reizt sie bis aufs Blut. Als Beppe Sex will, um sich die Gefangenschaft zu versüßen, verwickelt die sinnliche Milliardärin ihn trotz ideologischer Differenzen in erotische Spielchen, bei denen sie die Fäden in der Hand zu halten glaubt. – Der Filmangriff

auf die sich bekriegenden Angehörigen der Schickeria karikiert das exzentrische Gehabe einer nach Macht und Profit strebenden Schicht.
Ⓥ Highlight

Reif auf junge Blüten
(FUTURES VEDETTES). Frankreich 1954. **R** Marc Allégret. **B** Roger Vadim/Marc Allégret. **K** Robert Juillard/Jean Lalier. **M** Jean Wiener. **D** Jean Marais (Eric Walter), Brigitte Bardot (Sophie), Denise Noel (Marie), Mischa Auer (Berger), Isabelle Pia (Elis), Yves Robert (Clément), Anne Collette (Marion), Odile Rodin (Erika), Lila Kedrova (Sophies/Marions Mutter), Yvette Etievant (Elis' Mutter), Edmond Beauchamp (Elis' Vater), Georges Reich (Dick), Guy Bedos (Rudi). **SW** 89 Min.

Der verheiratete, von seiner Frau getrennt lebende Opernsänger Eric arbeitet als Gastdozent an einer Wiener Musikhochschule. Die miteinander befreundeten Studentinnen Sophie und Elis buhlen um seine Gunst. Als Eric den Reizen Sophies erliegt, unternimmt Elis einen Selbstmordversuch. Die Rückkehr seiner Gattin beendet die Rivalitäten der Mädchen; sie wenden sich wieder der Musik zu. – Nach einem Roman von Vicki Baum (1888–1960); von Roger Vadim, dem Autor des Drehbuches, mit etwas Pfeffer versehen, um die junge B.B. herauszustellen.

Die Reifeprüfung
(THE GRADUATE). USA 1967. **R** Mike Nichols. **B** Calder Willingham. **K** Robert Surtees. **M** Dave Grusin/Paul Simon. **D** Anne Bancroft (Mrs. Robinson), Dustin Hoffman

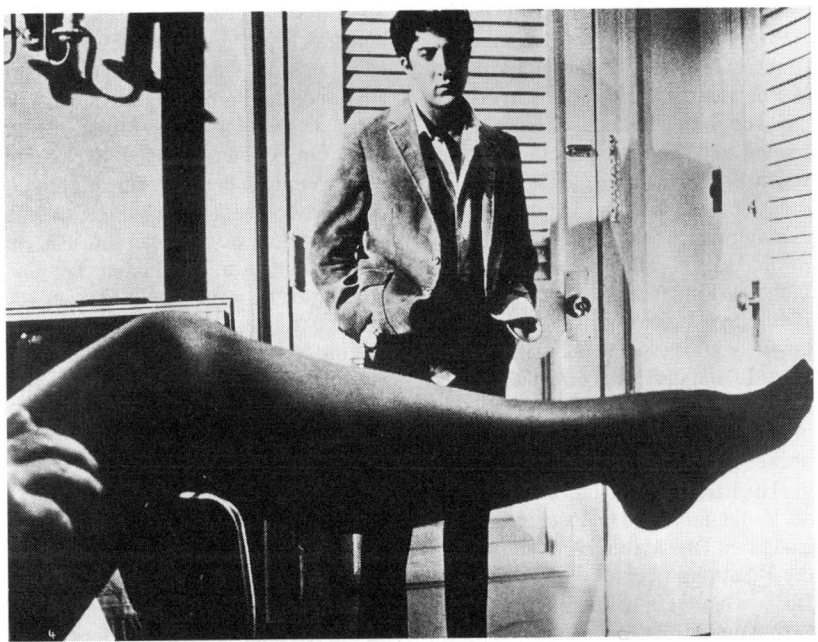

Dustin Hoffman und Anne Bancrofts Schenkel in *Die Reifeprüfung* von Mike Nichols

(Benjamin Braddock), Katharine Ross (Elaine Robinson), Murray Hamilton (Robinson), William Daniels (Braddock), Elizabeth Wilson (Mrs. Braddock), Buck Henry (Angestellter), Brian Avery (Carl Smith), Walter Brooke (Maguire), Norman Fell (McCleary), Alice Ghostman (Mrs. Singleman), Marion Lorne (Miss De Witt). **F** 105 (TV: 102) Min.
Nachdem Jung-Benjamin seinen Collegeabschluß gemacht hat, kehrt er ins Elternhaus nach L.A. zurück, wo man ihn auf einer Party dazu bringt, seinen neuen Taucheranzug vorzuführen. Mrs. Robinson, die Gattin eines Geschäftspartners seines Vaters, bittet Benjamin, ihn nach Hause zu fahren. Dort angekommen macht sie einen Versuch, den jungen Mann zu verführen, der nur durch das Eintreffen ihres Gatten verhindert wird. In einem Luxushotel entbrennt zwischen den beiden eine heftige Affäre. Als Mrs. Robinsons Tochter Elaine aus dem College zurückkehrt, gibt Mrs. Robinson Benjamin zu verstehen, er solle sich von ihr fernhalten. Bei einer Verabredung versucht er Elaine abzustoßen, indem er sie in ein Striplokal bringt. Sie rennt schreiend hinaus, und Benjamin erkennt, daß sie die einzige ist, mit der er reden kann. Mrs. Robinson will die blühende Romanze abwürgen, indem sie Elaine erzählt, Benjamin habe sie zu vergewaltigen versucht. Desillusioniert kehrt Elaine ins College zurück. Benjamin folgt ihr. Elaine glaubt ihm zwar und erkennt, daß ihre Mutter sie belogen hat, aber es ist zu spät. Mr. Robinson holt sie zur Hochzeit mit dem reichen Carl Smith ab. Benjamin folgt dem Paar, erreicht am Ende der Trauung die Kirche, entführt die Braut und flüchtet mit ihr in einem Bus. – Daß diese temporeiche und lockere Komödie ein gewaltiger Kinokassenrenner war, verdankt sie einem flotten Drehbuch, einer den Zeitgeist exakt treffenden Ausstattung und der Titelmusik von Simon & Garfunkel, die zum weltweiten Hit wurde. Auch für Dustin Hoffman war der Film eine Art Reifeprüfung, denn er machte ihn schlagartig bekannt. Regisseur Mike Nichols wurde mit dem Oscar ausgezeichnet.

Reifeprüfung auf der Schulbank
BRD 1982.
R Frank Hover [= Jan Apfeld]. **B** Jan Apfeld. **K** Günther Lemmer. **M** Jack Kruppa. **D** Frank Williams, Eleonore Melzer, Christine Krenner, Dorle Buchner, Günter Amann. **F** 85 Min.
Ein blasser Musikus vertritt einen urlaubenden Lehrerfreund an einem Gymnasium, zeigt den geilen Oberprimanerinnen, was er vom üblichen Unterricht hält und bringt sie dazu, eine ostfriesische Fußballmannschaft körperlich so auszulaugen, daß sie keine Chance hat, das Spiel des Jahres zu gewinnen. – »Das bumsfidelste Klassenzimmer, das es je gab«, sagt die Werbung zu diesem hart am Rande des Pornos angesiedelten Bildersalat. Der FILMBEOBACHTER meint: »Der Typ, der hier... als Lehrer ein- und alles Weibliche dieser Schule bespringt, ist ebenso albern wie fad.« Und die Schülerinnen, möchte man hinzufügen, halten Algebra mit Sicherheit für eine Fremdsprache. – AT: WILDE ORGIEN AUF DER SCHULBANK.
Ⓥ Hot Movie (Wilde Orgien auf der Schulbank)

Der Reigen
(LA RONDE). Frankreich 1950.
R Max Ophüls. **B** Jacques Natanson/ Max Ophüls. **K** Christian Matras. **M** Oscar Strauss. **D** Adolf Wohlbrück (Erzähler), Simone Signoret (Dirne), Serge Reggiani (Soldat), Simone Simon (Zofe), Daniel Gélin (Junger Herr), Danielle Darrieux (Junge Frau), Fernand Gravey (Ehemann), Odette

Simone Signoret als Hure und Serge Reggiani als Soldat in *Der Reigen* von Max Ophüls

Joyeux (Grisette), Jean-Louis Barrault (Dichter), Isa Miranda (Schauspielerin), Gérard Philippe (Leutnant).
SW 100 Min.

Ein Soldat besucht eine Dirne und verführt anschließend eine Zofe, das wiederum einem jungen Herrn entgegenkommt. Der hat es anschließend mit seiner Gattin, die es wiederum mit einem Ehemann treibt, der dann zu einer gewissen Grisette geht. Die es mit einem Dichter, der es mit einer Schauspielerin hat, und die wiederum ist einem Leutnant zu willen, den es gleich darauf wieder zu der Dirne treibt: Der Kreis hat sich geschlossen. – »Unter den durchwegs vorzüglichen Schauspielern ernteten vor allem Adolf Wohlbrück [...], Danielle Darrieux und Fernand Gravey Lob für ihre stilvollen Darstellungen. In den USA, wo der Film die deutlichste aller bis dahin öffentlich gezeigten Sexkomödien war, erregte er einen erheblichen Skandal und wurde in New York und

Szene aus *Der Reigen* von Roger Vadim

anderswo verboten.« (BUCHERS ENZY-KLOPÄDIE DES FILMS).

Der Reigen
(LA RONDE). Frankreich/Italien 1964.
R Roger Vadim. **B** Jean Anouilh.
K Henri Decae. **M** Michel Magne.
D Jane Fonda (Ehefrau), Jean-Claude Brialy (Sohn), Francine Berge (Schauspielerin), Marie Dubois (Prostituierte), Claude Giraud (Soldat), Anna Karina (Dienerin), Maurice Ronet (Ehemann), Bernard Noel, Jean Sorel, Catherine Spaak, Valérie Lagrange.
F 110 Min.
Remake des gleichnamigen Films von Max Ophüls (Frankreich 1950); ein bißchen freier in der Darstellung, aber immer noch nicht das, was Traci Lords-Fans gern sehen würden.
Ⓥ Euro

Der Reigen
BRD 1973.
R Otto Schenk. **B** Otto Schenk.
K Wolfgang Treu. **M** Francis Lai.
D Helmut Berger (Junger Herr), Maria Schneider (Süßes Mädel), Sydne Rome (Stubenmädchen), Erika Pluhar (Schauspielerin), Helmut Lohner (Graf), Michael Heltau (Dichter), Gertraud Jesserer (Dirne), Hans Brenner (Soldat), Peter Weck (Ehemann), Senta Berger (Junge Frau). **F** 122 Min.
Dritte Verfilmung des 1900 Aufsehen erregenden und Verbote (1904, 1921) provozierenden Theaterstücks von Arthur Schnitzler (1862–1931), das im Boudoir einer Prostituierten beginnt und nach zehn Episoden mit Partnerwechseln dort auch endet. Schenks Version ist die offenherzigste, aber auch die seichteste und am meisten ans Boulevardtheater erinnernde – trotz der ansehnlichen Damen, die mit ihren Reizen nicht geizen.
Ⓥ Telerent

Reise zur Sexgöttin
Siehe **Porno-Reise zur Sexgöttin**

Reitet das rosarote Pferdchen
(COME, RIDE THE WILD PINK HORSE). USA 1967.
R Joseph W. Sarno. **B** Joseph W. Sarno. **K** Bruce Sparks. **M** Piri Mirini.
D Mona Marshall, Stephen Wolff, Sheila Britt, René Valli. **F** 83 Min.
Eine junge Hausfrau, von ihrem spießigen Dasein angeödet, schließt sich einer Künstlerkommune an, die sie körperlich und finanziell ausbeutet. Eines Tages taucht der Mann ihrer voyeuristisch veranlagten besten Freundin als ›Kunde‹ auf, und damit geht die Sache dann zu Ende. – Das Ding liegt ganz auf der Linie seiner Zeit: Kommunen sind offenbar zum Vögeln erfunden worden.

Die Reitschule der Madame O
(I LOVENS TEGN). Dänemark 1976.
R Werner Hedman. **B** Werner Hedman/Edmondt Jensen/Anders Sandberg. **K** Rolf Rönne. **M** Ole Öyer.
D Sitter Horne-Rasmussen (Rosa), Else Petersen (Soffy), Poul Bundgaard (Anton F. Möller), Lizzi Varencke (Karin), Ole Söltoft (Toni), Karl Stegger (Rasmussen), Arthur Jensen (Petersen), William Kisum (Graf Johann), Ib Mossin (Graf Gert), Bent Warburg (Pilford), Bie Warburg (Emma), Judy Gringer (Bardame). **F** 85 Min.
Zwei ältere Damen, die einen Roman schreiben wollen, engagieren einen jungen Grafen als Strohmann, um ihr Werk mit Sexstories aus der Jugendzeit aufzupeppen. Ⓥ UFA

Rendezvous der Lust
Siehe **Töchter der Liebe**

Report der Erotik
(DON'T JUST LAY THERE). USA 1970.
R Philip Pine. **B** N.N. **K** N.N. **M** N.N.

D Barbara Caron, Mary Jane Shipper, Ron Dyer, John Matisse. F 76 Min.
Ein LSD-Tripper, der Mädchen für Sexmagazine ablichtet, hat einen drogenbedingten Ausflipp, wird zum Killer und murxt seine Modelle. Und da weiland (1970) in einem Film, in dem Drogen vorkommen, auch Orgien vorkommen mußten (LSD macht den Menschen ja bekanntlich zum Tier), hat unser Freak natürlich pausenlos geile Visionen.

Der Richter von Nevada
(BUTTERFLY). USA 1981.
R Matt Cimber [= Matteo Vitale].
B John Goff/Matt Cimber. **K** Eddy van der Enden. **M** Ennio Morricone.
D Stacy Keach (Jess Tyler), Pia Zadora (Kady), Orson Welles (Richter Rauch), Edward Albert (Wash Gillespie), Lois Nettleton Belle Morgan), James Franciscus (Moke Blue), Stuart Whitman (Reverend Rivers), Ed McMahon (Gillespie), June Lockhart (Mrs. Gillespie), Paul Hampton (Norton), Buck Flowers (Ed Lamey), Anne Dane (Janey), Greg Gault (Bridger), John O'Connor White (Billy Roy), Peter Jason (Allen).
F (107) 105 Min.
Nevada, 1930: Die siebzehnjährige Kindfrau Kady macht ihren Vater (einen Minenarbeiter) ausfinding, dringt in sein Leben ein und macht ihn dermaßen spitz, daß er, um ihre Habgier und seine Lüste zu befriedigen, auf die schiefe Bahn und wegen Inzest vor den Richter kommt. Doch Obacht! Es stellt sich heraus, daß er gar nicht der Vater der aufreizenden Kleinen ist! – Ein Softporno von Matt Cimber, von dem man nur weiß, daß er Dutzende von schlechten Filmen gemacht hat und der letzte Ehemann der Sexbombe Jayne Mansfield war. – Nach einem Roman von James M. Cain (1892–1977). – AT: Butterfly, der blonde Schmetterling.

Rinaldo bläst zum Zapfenstreich
Siehe **Graf Porno bläst zum Zapfenstreich**

Rinaldos flotte Mädchen
Siehe **Graf Porno und seine Mädchen**

Ring der Begierde
(RING OF DESIRE). USA 1982.
R Peter Balakoff [= Ted Roter]. **B** Lasse Braun. **K** N.N. **M** N.N. **D** Paul Thomas, Ron Jeremy, Chris Parker, William Margold, Jennifer West, Monique Faberge, Hillary Summers, Gena Lee, Georgina Spelvin. **F** (90) 70 Min.
Ein magischer Ring, der einem Anwalt aus Hollywood in die Hände fällt und ihn zu sexuellen Höchstleistungen ansport, geht von Hand zu Hand und läßt die jeweiligen Träger in Raserei verfallen – bis unser Held ihn am Finger seiner Ehefrau wiederfindet. – Produziert vom italienischen Pornopapst Lasse Braun.
Ⓥ Mike Hunter

Der Ritt der Lady Godiva
(LADY GODIVA RIDES). USA 1969.
R A.C. Stephen [= Stephen C. Apostolof]. **B** A.C. Stephen [= Stephen C. Apostolof]. **K** Robert Rubin. **M** Peter Weiner. **D** Marsha Jordan (Lady Godiva), Forman Shane (Tom Jones), Deborah Downey, James E. Myers, Lise Rene, Mark Delmonde, Mary Bauer, Abdul Khan, Lloyd Hudson, Bill Williams, Edie Tyson. **F** (105) 89 Min.
Lady Godiva betrügt ihren Gatten, einen Lord, mit dem potenten Tom Jones. Der Lord ertappt sie auf frischer Tat, doch Godiva tötet ihn und rettet Tom. Nachdem Godiva sich mit Sex und Tücke aus dem Kerker befreit hat, flieht sie mit anderen Mädchen und einer lesbischen Mädchenhändlerin nach Amerika, wo sie im Wildwestbordell des bösen Kirby landet. Als sie nackt durch die Stadt reitet, verliert Kirby die Kontrolle über

sich, und Tom kann ihn töten. Dann geht's wieder ins Bett zurück. – Krude Mischung aus Sex und Western.

Ritter Orgas muß mal wieder
BRD 1971.
R Charles M. Wakefield. **B** Ted Henner/R.M. Tänzler. **K** Ernst Stritzinger. **M** Dave Pike. **D** Herbert Fux (Ritter Orgas), Michael Maien, Heidi Maien, Rainer Weiss, Honoy Latz, Renée Hepp, Heidelore Kress, Katharina Herberg, Stephan Huber, Wolfgang Grönebaum, Rick West. **F** 81 Min.
Der dümmlich-geile Ritter Orgas verschleppt nach diversen lüsternen Abenteuern einen Nonnentrupp auf seine Burg und kriegt daraufhin Ärger mit Frau und Tochter.

Das Ritual
(LA MESSE DORÉE).
Frankreich/Italien 1974.
R Beni Montresor. **B** Beni Montresor. **K** Jean Monsigny. **M** Severino Gazzelloni. **D** Lucia Bosé, Maurice Ronet, Stefania Casini, Eva Axen, Benoit Ferreaux, Yves Morgan, Francois Dunoyer, Sylvie Meyer. **F** (90) 79 Min.
Ein Ehepaar mit fast erwachsenen Kindern zwingt eine Reihe junger Leute in einem Kastell zu einem Souper, wo auf die Initiative der Mutter hin die Tochter in einer rituellen Orgie entjungfert wird.

Robin Hood und seine lüsternen Mädchen
(THE RIBALD TALES OF ROBIN HOOD). USA 1969.
R Richard Kantner. **B** Richard Kantner. **K** Paul Hipp/Andreas Demmer. **M** Walter Baumgartner. **D** Ralph Jenkins (Robin Hood), James Brand (Sir Guy), Wendell Swink (Little John), Eddie Nova (Bruder Tuck), Al Cranston (Alan Dale), Danielle Carver (Lady Sallyforth), Dee Lockwood (Marian), Lawrence Adams (Prinz John),

Szene aus *Das Ritual* von Beni Montrésor

C.S. Poole (Sheriff von Nottingham), Paul Smith (Will Scarlet), Terry Sands (Tina), Scott Sizemore (Young Robin), Barbara Sanders (Robins Mutter), Raymond Renard (Robins Vater), Dee Howard (Anne), Bambi Allen, Kane Nicholas, Ingrid Young, Norman Vanden, Heidi Frey, Daniela Larsen. **F** (70) 79 Min.
Prinz Johns Schergen töten Robin Hoods Vater und vergewaltigen seine Mutter. Robin zieht sich mit seinen Freunden und mehreren rundlichen Maiden in den Sherwood Forest zurück, kidnapt den Sheriff von Nottingham und Lady Sallyforth und läßt sie bei einer Orgie zusehen, bei der sich seine Geliebte Polly der Lady annimmt. Als Robin den Sheriff und die Lady nackt auf ein Pferd gebunden zu Prinz John schickt, stellt dieser dem Wald-Anarcho mit Hilfe der falschen Schlange Polly eine Falle. Marian, Robins Exgeliebte, rettet unseren Helden; um Marian später aus den Händen von Lady Sallyforth zu retten, stürmen Robin und seine fröhlichen Halunken ihr Schloß. – Ein amerikanischer Sexabenteuerfilm, für den deutschen Sprachraum in der Schweiz (**R** Erwin C. Dietrich) mit zusätzlichen Szenen sexmäßig aufgepeppt.
Ⓥ VMP

Robinson und seine wilden Sklavinnen
(TROIS FILLES NUES DANS L'ILE DE ROBINSON). BRD/Frankreich 1978. **R** Frank Hollmann [= Jesus Franco Manera]. **B** Art Bernd. **K** Gérard Brissaud. **M** Daniel J. White. **D** Yehuda Barkan (Robinson), Andrea Rau, Anne Libert, Ingeborg Steinbach, Herbert Weissbach, Linda Hastreiter, Max Nossek, Howard Vernon, Paul Müller, Ruth Gassman. **F** 81 Min.
Ein frustrierter Apotheker zieht mit einem Schimpansen und einem Papagei auf die Südseeinsel seiner Träume und entdeckt auf einem Streifzug einige Mädchen, die sich über seine Anwesenheit sehr erfreut zeigen. – Und die Meereswogen rauschen dazu.
Ⓥ Toppic

Die Rocky Horror Picture-Show
(THE ROCKY HORROR PICTURE SHOW). USA 1974. **R** Jim Sharman. **B** Richard O'Brien. **K** Peter Suschitzky. **M** Richard O'Brien. **D** Tim Curry (Dr. Frank N. Furter), Susan Sarandon (Janet Weiss), Barry Bostwick (Brad Majors), Richard O'Brien (Riff-Raff), Patricia Quinn (Magenta), Little Nell (Columbia), Jonathan Adams (Dr. Everett V. Scott), Peter Hinwood (Rocky Horror), Meat Loaf (Eddie), Charles Gray (Kriminologe). **F** 94 (TV: 90) Min.
Als Janet und Brad, frisch verlobt und reichlich naiv, von einer Hochzeitsfeier kommend in einer Regennacht mit ihrem unzuverlässigen Wagen in der Wildnis stranden, suchen sie Hilfe in einem schloßartigen Haus, in dem gerade die ›Jahrestagung der Transsylvanier‹ abgehalten wird – den bisexuellen Bewohnern eines anderen Planeten, die die Erde unterwandert haben und sinistre Pläne verfolgen. Frank N. Furter, Oberboß der schwarzbestrapsten Transvestiten, erweckt – wie seinerzeit der alte Dr. Frankenstein – seinen Traummann Rocky zum Leben, doch der ist alles andere als begeistert über die ›Sympathie‹, die ihm sein ›Erzeuger‹ entgegenbringt. Voller Frust verführt Frank Janet in der Maske Brads, und den dämlichen Brad in der Maske Janets. Doch dunkle Wolken dräuen am Himmel: Ein CIA-Agent im Rollstuhl, der den Transsylvaniern auf die Schliche gekommen ist, dringt in die Festung ein; und Riff-Raff und Magenta, Franks rechte und linke Hand, planen den Putsch gegen ihren ›dekadenten‹

Herrn, dessen Sinnenlust ihn seinen Auftrag hat vergessen lassen.
Ⓥ CBS/Fox

Rolls Royce Baby
Schweiz 1975.
R Michael Thomas [= Erwin C. Dietrich]. **B** Manfred Gregor [= Erwin C. Dietrich]. **K** N.N. **M** N.N. **D** Lina Romay, Erik Falk, Ursula Maria Schäfer.
F (85) 55 Min.
Lina Romay masturbiert vor der Kamera und erzählt dem staunenden Publikum schlüpfrige Erlebnisse aus ihrem Leben als Porno-Aktrice, das sie im wirklichen Leben erst ein paar Jahre später begonnen hat. – Ein aus Schnittresten zusammengeklebter Schnellschuß aus der Werkstatt des Sexfabrikanten Erwin C. Dietrich, der bei diesem Produkt auch unter Pseudonym Regie geführt hat.

Roma Bene – Liebe und Sex in Rom
(ROMA BENE/SCANDALE A ROME). BRD/Italien/Frankreich.
R Carlo Lizzani. **B** Luciano Vincenzoni/Carlo Lizzani. **K** Giuseppe Ruzzolini. **M** Luis Enrique Bacalov. **D** Senta Berger (Prinzessin Dede Marescalli), Vittorio Caprioli (Baron Mauro De Vittis), Irene Papas, Franco Fabrizi (Mino Rappi), Philippe Leroy (Georgio Santis), Virna Lisi (Silvia Santi), Nino Manfredi (Kommissar Tartamella), Michéle Mercier (Wilma Rappi), Irene Papas (Elena Sabilius), Margaret Rose Keil (Suzy), Umberto Orsini (Prinz Rubio Marescalli), Gastone Moschin, Evi Maltagliati, Carlo Dori, Gigi Ballista. **F** 99 (TV: 95) Min.
Die römische High Society – durch die Bank »Party-Bienen, Emporkömmlinge, Neureiche, Callgirls, Diebe und Priester« (Verleihtext) frönen dem Dolce Vita und Dolce Farniente und treffen sich zu einer extravaganten Kreuzfahrt ohne Mannschaft. Nach dem Höhepunkt (einer Sexorgie) springt die Gesellschaft zu einem kühlen Bad ins Meer – und merkt, daß niemand daran gedacht hat, eine Strickleiter hinunterzulassen. – Na, wenn das nicht originell ist!

Rosalie – Heiße Körper
(ROSALIE SE DECOUVRE/ROSALIE OU LA DEBAUCHE D'UN ADOLESCENTE). Frankreich/Schweiz 1983.
R Michel Leblanc [= Michel Lemoine]. **B** Michel Lemoine. **K** N.N. **M** N.N. **D** Olinka Hardiman (Rosalie), Gabriel Pontello (Dr. Palmer), André Kay, Patricia, Dom Pat, Silvio Rey, Agnés Ardant, Esther Allen.
F 79 (TV: 60) Min.
Rosalie, ein farbloser Trampel vom Lande, kommt nach Zürich, um im Haushalt eines Mediziners zu arbeiten. Dr. Palmer und seine Frau bringen ihr bei, was man außer Putzen und Flicken sonst noch alles mit den Händen tun kann und nehmen sie auf einen Maskenball mit. Rosalies Verlobter taucht auf und holt sie ab, um sie zu heiraten.

Rosemaries Liebesreport in 3 Dimensionen
(THE FOUR DIMENSIONS OF GRETA). GB 1972.
R Peter Walker. **B** Murray Smith. **K** Peter Sinclair/Peter Jessop. **M** Harry South. **D** Tristan Rogers (Hans Wiemer), Karen Boyes (Sue), Leena Skog (Rosemarie), Alan Curtis (Rogers), Robin Askwith (Roger), Kenneth Hendel (Percy), John Clive (Phil), Nick Zaran (Johnny Maltese), Martin Wyldeck (Schickler), Godfrey Kenton (Gruber), Pearl Mackney (Frau Gruber), Erika Raffael (Karin), Felicity Devonshire (Serena), Jane Cardew (Kirsten), Carole Allen (Mrs. Marks), Bill Maynard (Big Danny), Marion Grimaldi (Amerikanerin), Steve Emerson (Halunke),

Minar Byrd (Cyn), Ralph Ball (Fred), Derek Keller (Fußballer). **F** 90 Min. Der deutsche Journalist Hans, beauftragt, über das Schicksal verschwundener Au-pair-Mädchen zu berichten, sucht in London nach einer gewissen Rosemarie, wobei ihn seine Odyssee durch eine Disco und ein Striplokal direkt in die Unterwelt führt. Seine ansehnliche Geliebte Sue ist ihm eine große Hilfe beim Aufspüren britischer Ganoven, die die ewig geile Rosemarie auf einer Jacht festhalten, weil sie zuviel von den Geschäften des Dunkelmannes Rogers mitbekommen hat. – Ein langweiliger Käse, mit vier ›scharfen‹ Stellen aufgepeppt, bei denen der Zuschauer eine 3-D-Brille tragen sollte, weil sie ihm sonst entgehen (mit Brille sieht er freilich auch nur verwackelte Bilder). – AT: VIER DIMENSIONEN DER LUST.
⑦ VMP (Vier Dimensionen der Lust)

Rosemaries Schleckerland
BRD 1978.
R Hans Billian. **B** Hans Billian.
K N.N. **M** N.N. **D** Hannelore Lust.
F 76 Min.
Ein Vertreter für Klosettschüsseln reist geschäftlich nach München und gerät in eine schicke Villa, die von der sinnlichen Rosemarie als Haus der Lüste betrieben wird. – Pseudokomödie mit viel Gestöhn und vielen Leibesübungen. – AT: FRÜHSTÜCK BEI FICKANY'S.

Rosemaries Tochter
BRD 1976.
R Rolf Thiele. **B** Ted Rose/Friedhelm Lehmann/Helmuth Ruge/Joe Berger.
K Charly Steinberger. **M** Norbert Schultze/ Christian Schultze. **D** Lillian Müller (Annemarie), Bela Erny (John), Werner Pochath (Horst), Hanne Wieder (Hanne), Tamara Lund (Lena), Herbert Fux (Vokurka), Silvia Simon (Karin), Jo Herbst (Joe), Karl Schönböck (Winkler), Walter Ullrich (CDU-Mann), Ernst Lothar (SPD-Mann), Tilo v. Berlepsch (Fürst), Gerd Riegauer (FDP-Mann), Günter v. Wyhl (Siegfried), Georg-Simon Schiller (CSU-Mann), Horst Frank (Mario), Paul Friedrichs, Harald Schreiber, Helmut Brasch, Klaus Guth, Walter Gnilka, Rolf Morell, Wolf Petersen, Werner Abrolat, Michael Gahr, Claus Fuchs, Hertha v. Walter, Fred Berhoff, Ursula Reit. **F** 92 (TV: 88) Min.
Die ansehnliche Annemarie, in einem Internat aufgewachsen, macht sich achtzehn Jahre nach dem Mord an ihrer Mut-

Lillian Müller in *Rosemaries Tochter* von Rolf Thiele

ter, der Prostituierten Rosemarie Nitribitt (ihre Lebensgeschichte wurde 1958 unter dem Titel DAS MÄDCHEN ROSEMARIE von Rolf Thiele verfilmt) auf die Suche nach den mußmaßlichen Mördern und recherchiert im Umfeld ihrer aus Politik, Wirtschaft und Unterwelt stammenden Kundschaft. – Ein schlaffer Nachzieher der Thieleschen Skandalgeschichte aus der Zeit der Ära Adenauer, der aber mit wesentlich mehr Haut aufwartet. – »Der grauenhafte letzte Film von Rolf Thiele.« (Joe Hembus, DER NEUE DEUTSCHE FILM 1960–1980).

Rote Lippen – Sadisterotica
(SADISTEROTICA).
BRD/Spanien 1969.
R Jess Franco [= Jesus Franco Manera]. B Jess Franco [= Jesus Franco Manera]/Gerd Günther Hoffmann.
K Jorge Herrero/Franz Hofer. M Jerry van Rooyen. D Janine Reynaud (Diana), Maria Rohm (Regine), Adrian Hoven (Tiller), Chris Howland, Alexander Engel, Michel Lemoine, Marta Reves. F 79 Min.
Zwei mondäne Detektivinnen, die sich pausenlos ausziehen, damit der Filmbetrachter sich an ihrer sündigen Unterwäsche ergötzen kann, suchen nach einem irren Killer, der acht Mannequins auf dem Gewissen hat. – Die steinalte Gruselstory vom närrischen Künstler, der seine Opfer in der Starre des Todes malt, ist weniger wichtig als Striptease.

Ruckzuck im Walde
(KOMEDI I HÄGERSKOG).
Schweden 1968.
R Torgny Anderberg. B Torgny Anderberg. K A. Dahlquist. M L. Farnlöf.
D Anita Björk, Monica Nordquist, Bente Dessau, Ulf Brunnberg. SW 68 Min.
Lüsterne junge Hexen zeigen brünstigen Männern in den nordischen Wäldern, was Sache ist.

Der Ruf der blonden Göttin
Schweiz 1977.
R Jess Franco [= Jesus Franco Manera]. B Manfred Gregor [= Erwin C. Dietrich]. K Andreas Demmer.
M Walter Baumgartner. D Vicky Adams (Susan House), Ada Tauler (Ines), Jack Taylor (Jack House), Karine Gambier, Ly Frey, Rita Moreno, Sandra Daenliker, Victor Mendez, Aida Gouveia. F 82 Min.
In Susan, der hübschen Gattin des britischen Konsuls auf Haiti, verdichtet sich der Verdacht, daß sie von geheimnisvollen Mächten bedroht wird, die ein Woodookomplott gegen sie ausbrüten. – Ein Thriller im Softpornomilieu, der sich zwar um Atmosphäre bemüht, aber nicht überzeugen kann.
Ⓥ Videophon

Rufnummer Kopenhagen
Sex Sex Sex
(IL PRIMO PREMIO SI CHIAMA IRENE).
Italien 1969.
R Renzo Ragazzi. B Fabio Pittorru/Massimo Felsatti/Bruno Todini.
K Tony Secchi. M Carlo Frajese.
D Amateure. F 99 Min.
Pseudodokumentarischer Sexstreifen (produziert von Dino De Laurentiis) über das in den sechziger Jahren gerühmte Dänemark und seinen unverklemmten Umgang mit der Pornografie: Spielhandlungen mit Amateuren zeigen, wie man es laut Handbuch richtig im Freien treibt; wie man es in in einer öffentlichen Telefonzelle macht; wie ein Schwuler seinen Eltern den Freund vorstellt; wie man in mit Hilfe von Alkohol Hemmungen überwindet, um Gruppensex zu betreiben; wie Studenten ein ›Love in‹ veranstalten; wie man über Agenturen Sexpartner findet; wie es die völlig Unverklemmten via Telefon machen, und – das Beste überhaupt! – wie man dokumentiert, was man von den Frauen

hält, wenn man sie bei Fotowettbewerben als *Preis* aussetzt! – Fazit: Ein dummer Schmarren.

Rufnummern der Lust
(PERSONALS). USA 1972.
R Armand Weston/Howard Winters.
B Howard Winters. K Howard Winters. M N.N. D Armand Weston (Interviewer). F/SW (90) 62 Min.

In dieser Dokumentation befragt der spätere Pornofilmer Armand Weston zehn Personen, die in einschlägigen Zeitschriften Partner suchen, die ihre Neigungen teilen: Lesbierinnen, Bisexuelle, Gruppensexler, Sado-Maso-Fans, Nymphomane, Transvestiten, Menage-à-trois-Akteure, und ein Paar, das in Pornofilmen mitspielt. Die deutsche Fassung wurde stark beschnitten.

Vicky Adams in *Ruf der blonden Göttin* von Jess Franco

St. [Saint] Tropez Vice
Siehe **Heiße Nächte in St. Tropez**

Salamander
(LA SALAMANDRE).
Frankreich/Italien 1970.
R Alberto Cavallone. **B** Alberto Cavallone. **K** Maurizio Centini. **M** Franco Potenza. **D** Erna Schürer, Beryl Cunningham, Anthony Vernon, Tony Carrel. **F** 93 Min.
Ein Psycho verguckt sich in eine schnieke Fotografin, die mit einer schwarzen Model in einem lesbischen Verhältnis lebt. Am Ende bereitet die betrogene Schöne der Sache ein blutiges Ende. – Ein Sexmarktprodukt, aber wenigstens versteht der Kameramann seine Arbeit.

Salon Kitty
(SALON KITTY).
BRD/Italien/Frankreich 1975.
R Tinto Brass. **B** Ennio de Concini/Maria Pia Fusco/Tinto Brass.
K Silvano Ippoliti. **M** Fiorenzo Carpi.
D Helmut Berger (Wallenberg), Ingrid Thulin (Kitty Kellermann), Theresa Ann Savoy (Margret), Bekim Fehmiu (Hans), John Ireland (Clift), Stefano Satta Flores (Dino), John Steiner (Biondo), Dan van Husen (Rauss), Alexandra Bogojevich (Gloria), Rosemarie Lindt (Susanne), Paola Senatore, Sara Sperati, Tina Aumont, Maria Michi, Gianfranco Bullo, Tito Leduc, Giancarlo Badessi, Gigi Ballista, Claus Rühle, Margherita Horowitz.
F (120) 106 Min.
SS-Truppen verwanzen im Dritten Reich das Edelbordell Kitty Kellermanns und belauschen die Gespräche der Kunden, um an Material über nicht linientreue Parteigenossen und ausländische Diplomaten heranzukommen. Die Prostituierte Margret verliebt sich in einen Offizier, der zu den Alliierten über-

Theresa Ann Savoy in *Salon Kitty* von Tinto Brass

laufen will und wird zu Spitzeldiensten gezwungen. – Ein von plumper Hand inszenierter Sexfilm mit Alibifunktion, der auch nicht vor ein paar Abscheulichkeiten zurückschreckt, auch wenn die Charaktere relativ solide und realistisch gezeichnet sind.
Ⓥ Euro

Salvation – Sex, Power, Money
(SALVATION). USA 1987.
R Beth B. **B** Beth B. **K** Francis Kenny. **M** New Order/Cabaret Voltaire/The Hood/Arthur Baker. **D** Stephen McHattie (Edward Randall), Dominique Davalos (Lenore), Viggo Mortensen (Jerome Stamples), Rockets Redglare, Exene Cervenka (Rhonda Stamples). **F** 80 Min.
Die Möchtegernsängerin Rhonda, ihr Mann Jerome und ihre Schwester Leno-

re erpressen den TV-Evangelisten Randall, da sie a) an seinen Verbindungen und b) an seiner mutmaßlichen sexuellen Potenz partizipieren wollen. Einer flotten Verführung im Namen des Herrn folgen eine ebenso flotte Erpressung sowie sexuelle Exzesse – bis die Probleme sich häufen. – Ein hin und wieder ganz lustiger Einblick in das religiöse Showgeschäft, das zum Glück nur in den USA in diesem Maße existiert.

St. [Sankt] Pauli Herbertstraße
BRD 1965.
R Akos von Ratony [= Hans Billian]. **B** C.V. Rock [= Kurt Roecken]. **K** Gunter Otto. **M** Herbert Jarczyk. **D** Eva Astor, Pinkas Braun, Elma Karlowa, Michael Cramer, Karin Field. **F** 89 Min.

Ein naives Mädchen vom Lande wird, nachdem ein Landstreicher es geschwängert hat, aus dem Elternhaus geworfen und landet in der sündigen Großstadt, wo es alsbald im Strichmilieu Geld verdient. Ein wackerer junger Mann rettet die Holde, bevor sie allzu tief im Sumpf versinkt.

St. [Sankt] Pauli Nachrichten: Thema Nr. 1
BRD 1971.
R Franz Marischka. **B** Manfred Seide/ Franz Marischka. **K** Helmut Bahr. **M** Hans Hammerschmid. **D** Helmut Förnbacher (Helmut), Brigitte Skay (Georgine), Harald Eggers (Dan), Gerlach Fiedler (Chef), Thomas Astan (Ronny), Reiner Brönneke (Uwe), Gerda Gmelin (Elfi), Irmgard Riessen (Maxi), Manuela van Boogh (Dolly), Christa Sowietzky (Molly), Eva Gross (Betty), Alena Sörje (Ann), Karl Heinz Hess (Polizist), Rolf Eden (Norbert), Peter Ahrweiler (Dr. Vogt), Gerda-Maria Jürgend (Frau Vogt), Karl Jobig, Werner Cartano, Will van Deeg, Uli Bachmann (Gäste), Jutta Forbes (Arzthelferin), Camillo Gadiel (Gerichtsvollzieher), Antonio Petersen (Student), Horst Warning (Konradt), Gundula Schwonke (Frau Konradt), Kurt Pratsch-Kaufmann (Richter), Willem Fricke (Krischan), Waltraud Tiedemann (Magd), Klaus-Peter Haase (Gatte), Hansi Waldherr (Portier), Alwin Woitek (Melvin), René Durand (René), Otto Habermann (Cäsar), Mario Amtmann, Holger Wanka (Rocker). **F** 86 Min.

Georgine arbeitet in der Redaktion der Sexzeitung *St. Pauli Nachrichten* als Mädchen für (fast) alles. Der TV-Reporter Helmut, der einen Film über den Kiez und das Milieu drehen will und sich speziell für die Kontaktsuch-Kleinanzeigen des ›Lustblattes der Weltstadt‹ interessiert, hat zwar beruflich nicht viel Glück, gewinnt aber Georgines Herz. – Ein völlig sinnloser Film, der lediglich die seinerzeitige Popularität der Zeitung *St. Pauli Nachrichten* (der ersten Publikation, die Sexkontaktanzeigen abdruckte) ausbeutet.

Sarah
BRD 1986.
R Reginald Puhl. **B** Jane Murray/ Reginald Puhl. **K** Martin Marszalek. **M** Nya Murray. **D** Jane Murray (Sarah), Gunhild Branchart (Julia), Maria Schulenburg (Kris), Ralph Winkler (Mark), Monica Burrasch (Nina), René Durand. **F** 109 Min.

Die Prostituierte Sarah läßt nach einem Nervenzusammenbruch ihr Leben Revue passieren und erinnert sich daran, wie alles angefangen hat: Wie sie nach dem Tod ihres Mannes mit ihrer Tochter Lucy und hohen Schulden allein dastand; wie sie keinen Job bekam; wie ihre Freundin Kris sie überredet hat, in einem Nachtklub zu arbeiten; wie ihr klar wurde, daß man dort nur Kohle

Jane Murray als Hure in *Sarah* von Reginald Puhl

macht, wenn man ›nett‹ zur Kundschaft ist; wie sie sich zum Strippen hat überreden lassen; wie sie es mit zwei Amerikanern zum ersten Mal für Geld getrieben hat; wie sie immer tiefer ins Milieu hineingeriet; und wie sie schließlich in St. Pauli im Schaufenster saß, um sich als Domina zu verkaufen. – Gott, ist das alles traurig! Ⓥ Starlight

Die Satansweiber von Tittfield
(FASTER, PUSSYCAT, KILL, KILL). USA 1966.
R Russ Meyer. **B** Jack Moran.
K Walter Schenk. **M** N.N. **D** Tura Satana (Varla), Haji (Rosie), Lori Williams (Billie), Susan Bernard (Linda), Stuart Lancaster (Alter Mann), Paul Trinka (Kirk), Dennis Busch (Depp), Tay Barlow (Tommy), Mickey Foxx (Attendant). **SW** 82 Min.

Die Satansweiber von Tittfield haben ›Busen wie Kanonenkugeln, töten die ihnen unterlegenen Männer und lieben Sex, Geld und Gewalt‹ (Verleihmitteilung), aber nicht unbedingt in dieser Reihenfolge: Nachdem Varla, Rosie und Billie als Stripperinnen Schiffbruch erlitten haben, rasen sie mit ihrem Wagen aus der Stadt und veranstalten ein waghalsiges Rennen mit einem Typen, der dabei draufgeht. Nachdem sie seine Freundin mitgenommen haben, wollen sie einen geilen Farmer ausplündern, der gerade eine hohe Versicherungssumme eingesackt hat. Doch das busenlastige Trio hat sich wenig unter Kontrolle: Varla bringt den Farmer, einen seiner Söhne und Billie um, ehe sie selbst von der Entführten erledigt wird. – Wer in der Story nur eine Killgeschichte sieht, ist selber schuld: Russ Meyer, schon immer auf wüste Weiber fixiert, ist ein Bursche, der hin und wieder durchaus etwas zu sagen hat, wenn seine Filme auch vordergründig von geilen Hechten und heißen Weibern wimmeln. Seine Prototypenstars symbolisieren das Amerika, wie er es sieht; sie sind Karrieretypen, die eifrig dem American Dream nachjagen, laut dem jede Frau ihres eigenen Glückes Schmiedin ist. Man kann den Streifen durchaus als Sex-Sozial-Report sehen, auch wenn der Tonfall der Typen manchmal an Spaghettiwestern erinnert. – »Ein lüstern elementares Drama über Sadomasochismus, das den Zuschauer für mindestens eine Woche in eine Art Delirium versetzt.« (NEW MUSICAL EXPRESS).

Scandali Nudi
(SCANDALI NUDI). Italien 1965.
R Enzo Di Gianni. **B** Ernesto Gastaldi.
K Alvaro Mancori. **M** Franco Pisano.
D Mario Ravas, Carlo Giuffré, Jenny Lewis, Mario Carotenuto, Vicky Ludovici. **F** 81 Min.

Der Manager einer Stripteaseshow in Kalabrien fährt gegen den Willen seiner Gattin und des Ortsgeistlichen nach Rom, um gut gebaute Damen für sein Unternehmen zu engagieren, wobei er in der italienischen Metropole allerlei Fleisch beschauen darf. – AT: ANFASSEN VERBOTEN.
Ⓥ UFA

Scharf in allen Stellungen
Siehe **In allen Stellungen**

Der scharfe Heinrich
BRD 1971.
R Rolf Thiele. **B** Vratislav Blazek/ Willibald Eser. **K** Rolf Wirth. **M** Rolf Wilhelm. **D** Grit Böttcher (Sabine), Horst Frank (Heinrich), Marlene Rahn (Uschi), Gunther Malzacher (Willi), Gaby Fuchs (Helene), Rüdiger Bahr (Bob), Helga Kruck (Mama), Christian Wölffer (Feuerwehrmann). **F** 87 Min.
Der Zahnarzt Heinrich wird plötzlich vom Geilheitsvirus gebissen und organisiert in seinem Haus eine Sexparty, auf der natürlich nicht das passiert, was auf derlei Partys zu passieren pflegt. Murphys Gesetz erweist sich als wahr: Alles, was schiefgehen kann, geht schief. – Eine frivole Komödie der Art, von denen Boulevardtheater leben.

Scharfe Katzen der Lust
(DEUX GAMINES). Frankreich 1982.
R Alain Nauroy. **B** N.N. **K** N.N. **M** N.N. **D** Cathy Stewart, Dominique Irissou, Diana Dubois, Céline, Denis De Myokinos, Guy Royer, Barbara Moose. **F** 70 Min.
Cathy Stewart, der französische Pornostar, erzählt uns ein paar saftige Storys aus ihrem Liebesleben.

Die scharfen Dirnen – Prostitution heute
Siehe **Prostitution heute**

Die Scharfmach-Klinik
(YOUNG NURSES IN LOVE). USA 1986.
R Chuck Vincent. **B** Craig Horrall. **K** Larry Revene. **M** William Heller. **D** Jeanne Marie (Schwester Ellis), Alan Fisler (Dr. Reilly), Jane Hamilton (Francesca), Jamie Gillis (Dr. Spencer), Harv Siegel (Dr. Young), Barbara Robb, James Davies, Jennifer Delora. **F** (90) 76 Min.
Eine sowjetische Agentin schleicht sich in eine US-Klinik ein, um eine Samenbank zu berauben, die das Sperma angeblicher Genies hortet, hat aber Probleme, an die Ware heranzukommen, da die Schwestern und Herren Doktoren außer Sex nichts im Kopf haben. – »Erotik-Komödie, die zwar auf allzu viel Tiefgang verzichtet, aber dennoch kurzweilige Unterhaltung bietet.« (VIDEO-MARKT). Inszeniert vom alten Pornomacher Chuck Vincent, der auch dem »größten Rammler der Industrie« (Jamie Gillis über Jamie Gillis) eine tragende Rolle gegeben hat. Ⓥ Lightning

Schicke deinen Teufel in meine heiße Hölle
(METTI LO DIAVOLO TUO NE LO MIO INFERNO). Italien 1972.
R Bitto Albertini. **B** Bitto Albertini/Marino Onorati. **K** Pier Luigi Santi. **M** Stelvio Cipriani. **D** Antonio Catafora, Melinda Pillon, Margaret Rose Keil, Mario Frera. **F** 87 Min.
Geschäftstüchtige Ratsherren eines italienischen Städtchens zerstören um das Jahr 1300 eine Brücke, um die nach Rom pilgernden Völkerscharen in ihren Ort zu locken und verkleiden den weiblichen Teil der Bevölkerung als Nonnen, die den geistlichen Herren zur Verfügung stehen. – »Ehemänner werden gehörnt, züchtige Frauen lassen heimliche Liebhaber in ihre Kammern, und ein unschuldiges Töchterlein windet sich ruhelos auf seinem linnenen Lager, bis die Glut

gelöscht ist... Die Regie läßt die mittelalterliche Erotik derb und deftig ausspielen, und über einige Szenen voller Unappetitlichkeit, die das Sonntagsnachmittagspublikum glucksend bewieherte, sei schamvoll geschwiegen.« (Helmut Müller, FILMECHO/FILMWOCHE).

Das Schiff der liebestollen Frauen
(THERE SHE BLOWS). USA 1969.
R Richard Kantner. **B** Dave Friedman. **K** Richard Kantner. **M** N.N. **D** Shari Mann (Sally), Vincent Stevens (Boby), Chris Mathis (Millionär), Stuart Lancaster (Sekretär). **F** 77 Min.
Ein sexuell besessener Großkapitalist, der mit seinem Sekretär und mehreren willigen Mädchen eine Jacht für eine Lustreise chartert, treibt den impotenten Kapitän, der zum Zeugen seiner wüsten Spielchen wird, ohne daran teilnehmen zu können, unbewußt in den Tod. – Der US-Titel ist witzig gemeint; er gibt den Ruf eines Seemanns wieder, der einen Wal blasen sieht.

Das Schiff der nackten wilden Mädchen
(SWITCHEROO). USA/BRD 1969/1971.
R John Donne/Knut Bauer. **B** John Donne/Knut Bauer. **K** N.N. **M** N.N. **D** Bettina Sanders, Vera Meyers. **F** 56 Min.
Ein Kapitän, der per Inserat hübsche Mädchen für eine sommerliche Kreuzfahrt nach Tahiti sucht, endet – von der Hand der Gattin gemeuchelt – als Leiche, nachdem er die Gäste mit einem Aphrodisiakum angeheizt und der Crew in die Arme getrieben hat. – US-Kurzfilm, mit deutschen Zutaten (Rahmenhandlung, in der eine Frau ihre Aussage zu Protokoll gibt) mühsam auf Länge gebracht. Ein Produkt aus der untersten Schublade.

Schinken mit Ei
Siehe **Süße, bring den Po in Stellung**

Schizophrenia
(THE SURROGATE). Kanada 1984.
R Don Carmody. **B** Robert Geoffin/Don Carmody. **K** Francois Protat. **M** Daniel Lanois. **D** Art Hindle, Carole Laure, Jim Bailey, Shannon Tweed, Michael Ironside, Marilyn Lightstone, Jackie Burroughs, Barbara Law, Gary Reineke, Jonathan Welsh. **F** 95 Min.
Sexuell gefrustetes Ehepaar praktiziert von einer Psychotherapeutin verordnete bizarre Sexspielchen, bis die Dame des Hauses ausklinkt und in der Freizeit killen geht. – Ein Streifen, der nicht recht weiß, ob er ein Sex- oder Schlitzerfilm ist. – »Könnte lustig sein, wenn's nicht so blöd wäre.« (INTERNATIONAL FILM GUIDE 1986). Ⓥ Lightning

Der Schlappschwanz
(WHAT'S GOOD FOR THE GOOSE). GB 1968.
R Menahem Golan. **B** Norman Wisdom. **K** William Brayne. **M** Reg Pilsley/The Pretty Things. **D** Norman Wisdom, Sally Geeson, Terence Alexander, Sarah Atkinson, Sally Bazely, Derek Francis. **F** 82 Min.
Dröger Bankmensch nimmt zwei Anhalterinnen mit, die ihm zeigen, wo die Glocken hängen. Von nun an ›hip‹ eingestimmt, versucht er, seine Gattin für das ›freie Leben‹ zu begeistern. – Eine flotte Komödie, die einmal mehr die alte Mär verbreitet, Hippies hätten nichts als Sex im Kopf. Ⓥ VPS (Öfter mal was Junges – Der Schlappschwanz)

Das Schloß der blauen Vögel
(LA BESTIA UCCIDE A SANGUE FREDDO). Italien 1971.
R F.D.Lee [= Fernando Di Leo]. **B** Fernando di Leo/Nino Latino. **K** Franco Villa. **M** Silvano Spadaccino. **D** Klaus

Norman Wisdom und Sally Geeson in *Der Schlappschwanz* von Menahem Golan

Kinski (Dr. Keller), Margaret Lee (Luise), Rosalba Neri (Ann Palmer), Monika Strebel, John Karlsen, Jane Garret, Giulia Desideri, John Ely, Fernando Cerulli, Sandro Rossi. **F** 84 Min.
Weil er seine Gattin umbringen will, tarnt sich ein Mann als irrer Killer und meuchelt die Patientinnen eines einsam gelegenen Sanatoriums, in dem vornehmlich Nymphomaninnen, die permanent wollüstige Träume haben, ›Heilung‹ suchen. – Verfilmung eines (für seine Zeit) recht freizügigen Romans von H.G. Konsalik (*1921).

Der Schlüssel
Siehe **The Key – Der Schlüssel**

Schlüsselparty in Texas
(UNA MOGLIE AMERICANA / LES FEMMES AMERICAINES).
Italien/Frankreich 1964.
R Gian Luigi Polidori. **B** Rodolfo Lonego/Rafael Azcona/Ennio Flaiani/Gian Luigi Polidori. **K** Benito Frattari/Marcello Gatti. **M** Nino Oliviero. **D** Ugo Tognazzi (Ricardo), Rhonda Fleming (Erbin), Marina Vlady (Carole), Graziella Granata (Hostess), Juliet Prowse (Gattin), Ruth Laney (Mädchen), Carlo Mazzone (Carlo), Louisette Rousseau (Callgirl). **F** 114 Min.
Ein italienischer Übersetzer versucht während einer USA-Reise das Herz einer Amerikanerin zu erobern, weil er, um die US-Staatsbürgerschaft zu bekommen, mit einer Einheimischen verheiratet sein muß. Nachdem er ein paar (meist verheiratete) Damen ausprobiert hat, kehrt er zu der Frau zurück, mit der er seit dreizehn Jahren verlobt ist. – Eine spritzige Sexkomödie.

Schlüsselloch-Report
BRD 1973.
R Walter Boos. **B** F.B. Allemann. **K** Klaus Werner/Ernst W. Kalinke. **M** K.A. Dilz. **D** Alexandra Bogojevic, Josef Moosholzer, Rinaldo Talamonti, Rosl Mayr. **F** 81 Min.
1. Der merkwürdigerweise Kölsch sprechende Kurti aus dem Ruhrpott besucht seine Tante Doris und deren Töchter und wird von allen dreien vernascht. – 2. Der Voyeur Mümmelmann agiert auf dem Campingplatz als Gesundheitsamt-Inspektor und ›untersucht‹ die Damen. – 3. Ein professioneller Gigolo verführt eine schicke Dame und erkennt, daß auch sie im horizontalen Gewerbe tätig ist. – 4. Zwei junge Männer schmuggeln ein Mädchen in ihr Zimmer erforschen mit Hilfe eines Handbuches den Sex. – 5. Ingrid vertritt ihren studierenden Verlobten nachts als Taxifahrerin. – 6. Der Etagenkellner Rico und seine Braut arbeiten in einem Hotel als Sex-Erpresser. – 7. Gisela finanziert das Studium ihres Freundes Rolf, indem sie heimlich als

Callgirl arbeitet. – Mit schrägem ›Humor‹ und zahlreichen sprachlichen Zoten angereicherter Episodenfilm über die Bemühungen männlicher und weiblicher Lustmolche, Bettpartner zu finden, wobei das Titel-›Schlüsselloch‹ nur einmal eine Rolle spielt. Ein fader Schinken, hauptsächlich von Amateuren gespielt. – AT: BETTGEHEIMNISSE.
Ⓥ VPS

Schneewittchen... doch ein Flittchen?
Siehe **Grimms Märchen von lüsternen Pärchen**

Schön, nackt und liebestoll
(RIVELAZIONI DI UN MANIACO SESSUALE). Italien 1972.
R Roberto Montero. **B** Luigi Angelo/Italo Fasan/Roberto Montero. **K** Fausto Rossi. **M** Giorgio Gaslini. **D** Farley Granger, Sylva Koscina, Silvano Tranquilli, Annabella Incontrera, Chris Avram. **F** 96 Min.
Die ›Offenbarungen eines Sexbesessenen‹ (so der Originaltitel) entpuppen sich als simples Mörderspiel, in dem ein Killer den schönen, nackten und liebestollen Damen des italienischen Jet Set mit Fotoapparat und Stilett zu Leibe rückt. – AT: SO SCHÖN, SO NACKT, SO TOT.
Ⓥ Loyal/VTD

Schöne Frauen, heiße Nächte
(NOTTI CALDE DE ORIENTE). Italien 1963.
R Roberto Montero. **B** Roberto Montero/Carlo Veo. **K** Francesco Izzarelli/Giuseppe la Torre/Giovanni Variano. **M** Marcllo Golombini. **D** Fatima, Aisha, Dodo von Bagdad, Tamara, Veronique, Claudine, Valerie, Maja, Nicole. **F** 91 Min.
Eine Pseudodokumentation (›Heiße Nächte im Orient‹) aus drei Dutzend in asiatischen Nachtlokalen abgefilmten Strip-, Tanz- und Shownummern, die laut einer Filmkritik von 1964 den Zweck haben, den Zuschauer sexuell aufzureizen. In den sechziger Jahren war das sehr leicht zu erreichen.

Die schönen Wilden von Ibiza
BRD 1980.
R Siggi Götz. **B** Florian Burg. **K** Heinz Hölscher. **M** Gerhard Heinz. **D** Regis Porte (Mike), Tanja Spiess (Susi), Michael Gspandl (Poldi), Beate Gränitz (Gilda), Margit Geissler (Nadja), Gesa Thoma (Ajita), Heidi Stroh (Muschi), Jan Hopmann, Karl Heinz Maslo, Rafael Molina, Manuel Aragones, Jean Henké, Carlos Delgado. **F** 87 (TV: 83) Min.
Mike und Susi werden auf der spanischen Insel Ibiza bestohlen und betrogen und vergnügen sich nach einer schwierigen Phase mit Sex- und Bäumchenwechsel-dich-Spielen. – Sünde unter heißer Sonne oder wie Klein-Mäxchen sich das ausschweifende Leben der Pauschaltouristen auf Neckermann Island vorstellt. – »Das Bemühen der Darsteller strotzt vor Lässigkeit – das ist aber auch schon das Beste, was man dazu sagen kann.« (Otto Kuhn, FILMBEOBACHTER).

Schönheit der Sünde
(LEPOTA POROKA). Jugoslawien 1986.
R Zivko Nicolic. **B** Zivko Nicolic. **K** Radoslav Vladic. **M** Zoran Simjanovic. **D** Mira Furlan (Jaglika), Miodrag Karadzic (Luka), Petar Bozovic (George), Mira Banjac, Eva Ras, Boro Stjepanovic, Ines Kotman, Alain Nouroy. **F** 109 Min.
Jaglika, ein Mädchen aus dem jugoslawischen Hochland, dem leicht einfältigen Luka versprochen, geht auf Anraten von Lukas Vetter George in eine Gegend, in der der Tourismus blüht. Sie reagiert zunächst verschreckt auf die FKK-Urlauber, läßt sich jedoch später

Die Schickis und die Mickis unter Palmen: Michael Gspandl (zweiter von links) und Heidi Stroh (Hintergrund) in *Die schönen Wilden von Ibiza* von Siggi Götz

von einem britischen Ehepaar verführen.
– »Eine stimmungsvolle Tragikkomödie, in der zwei grundsätzlich verschiedene Welten zusammenprallen: verklemmte Provinzprüderie und sexuelle Freiheit.« (VIDEO-MAGAZIN).
Ⓥ Starlight

School for Sex – Rund ums Bett
(SCHOOL FOR SEX). GB 1968.
R Peter Walker. **B** Peter Walker/Paul Mart. **K** Reg Phillips. **M** Harry South.
D Derek Aylward (Giles Wingate), Rose Alba (Herzogin Burwash), Hugh Latimer (Berridge), Nosher Powell (Hector), Bob Andrews (Sgt. Braithewaite), Vic Wise (Horace Clapp), Wilfrid Babbage (Richter), Robert Dorning (Beamter), Dennis Castle (Col. Roberts), Edgar K. Bruce (Fred), Julie May (Ethel), Cathy Howard (Sue Randall), Gilly Grant, Sylvia Barlow. **F** 78 Min.
Der Geschäftsmann Wingate, neunmal geschieden und der hohen Abfindungen wegen, die er seinen Exfrauen hat zahlen müssen, bankrott, verwandelt seinen Landsitz in eine Sexschule und bringt jungen Frauen bei, wie man Geldsäcke von ihrem Vermögen befreit – was bösen Nachbarn, die sein Unternehmen als Bordell einstufen, nicht gefällt.

Schrei nach Lust (Liebe als Köder)
BRD 1968.
R Günther Schlesinger. **B** Günther Schlesinger. **K** Wolfgang Lührs.
M Wolfgang Hartmeyer. **D** Karin Heske, Alexander Allerson, Monika Teuber. **SW** 88 Min.
Ein niederländisches Playgirl wird von Spionen als Köder eingesetzt, um einen Beamten des Verteidigungsministeriums auszuforschen, bis der gute Mann sich umbringt und seine Gespielin durch die Kugel einer Dirne das Zeitliche segnet. – Ein schmutziger kleiner Möchtegernthriller aus dem Bordell-, Bar- und Stripteasemilieu. Die Akteuse Monika Teuber ist heute Produzentin und Regis-

seurin von Leinwand-Langweilern wie PRIMEL MACHT IHR HAUS VERRÜCKT (BRD 1979) und KENN ICH... WEISS ICH... WAR ICH SCHON (BRD 1979).

Schüchtern, aber scharf wie Oskar
(FASCINATION). USA 1980.
R Larry Revene. B Chuck Vincent/ Jimmy James. K Steven W. Kaman. M N.N. D Ron Jeremy (Ernie Gordon), Candida Royalle, Marlene Willoughby, Samantha Fox, Christie Ford, Arcadia Lake, Mike Feline, Merle Michaels, Eric Edwards. F (79) 72 Min.
Ernie, ein tumber Tor, hat es so schwer bei den Frauen, daß er jeden Schritt, der ihn der Weiblichkeit näherbringen könnte, nach der Lektüre eines Handbuches ausrichtet. Trotzdem hat er nur Pech: Er kriegt es mit einem wütenden Ehemann zu tun, nachdem er eine üppige Blonde ins Bett gelockt hat. Als er eine Prostituierte engagiert, muß er feststellen, daß sie ein Mann ist. Ernie hat erst Glück, als er eine Frau trifft, die ein ebensolcher Pechvogel ist wie er. – AT: SEX APPEAL.

Schuld daran ist Rio
(BLAME IT ON RIO). USA 1983.
R Stanley Donen. B Charlie Peters /Larry Gelbart. K Reynaldo Villalobos. M Ken Wannberg/Oscar Castro Neves. D Michael Caine (Matthew Hollis), Joseph Bologna (Victor Lyons), Valerie Harper (Karen Hollis), Michelle Johnson (Jennifer Lyons), Rose Lewgoy (Nicole Marques), Lupe Gigliotti (Signora Botega), Demi Moore. F 110 Min.
Matthew und Victor, zwei Knaben in den besten Jahren, verbringen zusammen mit ihren Töchtern Nicole und Jennifer einen Urlaub in Rio, wobei Matthew den Reizen von Victors Tochter erliegt. – Eine harmlose Sexkomödie mit dem üblichen Tourismus-Busen-Strandhintergrund.

Michelle Johnson in *Schuld daran ist Rio* von Stanley Donen

Schule der Lüste
Siehe **Tanzstunden-Report**

Schüler lieben hübsche Hasen
(GRAZIE NONNA). Italien 1975.
R Franco Martinelli [= Marino Girolami]. B Marino Giroalami. K Salvatore Caruso. M Enrico Simonetti. D Gianfranco d'Angelo (Giorgio), Edwige Fenech (Marijuana), Giusua Fioraventi, Enrico Simonetti, Valeria Fabrizi, Graziella Mossini. F 95 Min.
Giorgio, der halbwüchsige Sohn eines Großindustriellen, verknallt sich in die überraschend aus Südamerika anreisende zweite Frau seines Opas, die zweiundzwanzigjährige (!) Marijuana. Sein Versuch, ›Oma‹ der Familie und dem Rest der Männerwelt zu verheimlichen, geht jedoch schief. Bald drängeln sich die Bewunderer vor ihrer Tür. Die Gute wendet sich ihrem jungen Bewunderer zu und läßt ihn die Liebe erleben. – Eine Sexkomödie, in der es hauptsächlich um

die körperlichen Rundungen Edwige Fenechs geht, da ihre Einheitsmiene kaum Ausdrücksfähigkeit zeigt.

Schüler-Report – Junge, Junge, was die Mädchen alles von uns wollen!
BRD 1971.
R Eberhard Schroeder. **B** Ernst Flügel/ Wolf Romberg. **K** Klaus Werner. **M** Gert Wilden. **D** Sascha Hehn (Max), Astrid Snyder (Bibi), Maria Raber (Anna), Hans Bergmann (Inspizient), Inge Moosholzer (Garderobiere), Heinz Kopitz (Karolus), Josef Moosholzer (Alfred), Edgar Wenzel (Hardy), Hans Kern (Mieter), Gerhard Ruhdorfer (Mischa), Kati Kienzle (Hilde), Astrid Boner (Frau Struckmeier), Uli Steigberg (Struckmeier), Dunja Lock (Frau Kohsiek), Jo Fröhlich (Kohsiek), Felix Franchy (Arzt), Elisabeth Volkmann (Linda), Thomas Brendl (Helmut), Peter Kranz (Günther), Angela Cenery (Mutter), Inge Vierzi (Hannelore), Hans Elwenspoek (Chefkoch), Sven Dolan (Kuni), Wolfgang Grimm (Peter), Monika Hagen (Anni), Rosl Mayr (Salatmamsell), Andy Vix (Toni), Birgit Tetzlaff (Bettina), Manuela Widmann (Mucki), Harald Prells (Walter), Wolfgang Philipp (Simon), Peter Capell (Arzt), Günther Kieslich (Hellwig), Sonja Spitzweg (Carla), Klaus Bradke (Olaf), Dorian Iwan (DJ), Helene Sedlakova (Doris), Martin Piloty (Conny), Arnim Hennig (Huppi), Dieter Stolzenberg (Schorsch), Michael v. Horbach (Otto), Imo Heite (Spieß), Felicitas Peters (Traudl), Alexandra (Susi), Enzi Fuchs (Lehrerin), Florian Fuchs-Nordhoff (Senn), **F** 85 Min.
Film, der zeigen soll, wie die Mädchen von ›heute‹ (bzw. 1971) aus der sexuellen Passivität heraustreten und Initiativen ergreifen. Folgendermaßen dokumentiert sich ihre Emanzipation: 1. Eine weibliche Schulklasse begegnet einem Gebirgsjägertrupp und bläst nicht nur zum Halali. – 2. Ein Bube gerät in die Krallen einer sinnlichen Opernsängerin. – 3. Ein Vater sitzt dem Irrglauben auf, daß seine Tochter die Jungs aus der Nachbarschaft vernascht. – 4. Ein junger Mann entdeckt die Reize der Mutter seines Freundes. – 5. Ein Geschwisterpaar vergrault mit derben Späßen den Partner des jeweils anderen. – 6. Ein Mädchen führt den Vater auf den Pfad der ehelichen Treue zurück. – 7. Ein Kochlehrling stellt fest, daß Statistiken, soweit sie Mädchen betreffen, auch fehlerhaft sein können. – Thema verfehlt, Ebi; das ist 'ne glatte 6! Ein Episodenfilm.

Schulmädchen '84
BRD 1984.
R Nikolai Müllerschön. **B** Wolfgang Büld/Rainer Grupe/Michael Wojatzek. **K** Franz Xaver Lederle. **M** Michael Heinkel/The Touch/Rockola/Barbara Benton. **D** Jacqueline Elber (Susi), Alexandra Atta (Turnlehrerin), Rolf Zacher, Petra Campbell (Claudia), Jonny Jürgens (Jürgen), Billy Aibel (Ricky), Angelika Böck (Petra), Rainer Grupe (Sebastian), Toto Reina (Reiner), Alexander Gittinger, Susan Winter, Pietro Giardine, Franz Marischka. **F** 80 Min.
Geschichtchen über Teenies von heute (bzw. 1984) und die wahnsinnig tollen Streiche, die sie einander spielen, festgemacht am Thema Nr. 1: Wie Rainer seine nackte Lehrerin unter der Dusche trifft; wie Jürgen sich zu einem Puffbesuch überreden läßt; wie Susi per Anhalter fährt etc. – »Schrill und ironisch« soll das sein, und »im rasanten Tempo unserer Zeit« (Nikolai Müllerschön). Tatsache ist, daß man das alles schon so oft gesehen hat, daß man nicht mehr weiß, wer diese ›Ideen‹ als erster auf Zelluloid

gebannt hat. – AT: SCHULMÄDCHEN VON DER KLASSE SEX.
Ⓥ Gloria, LVF

Schulmädchen lieben heiß
(OH DOLCI BACI E LANGUIDE CAREZZE). Italien 1969.
R Mino Guerrini. **B** Mino Guerini/Luciano Salce/Marino Onorati/Elvy Bajardo. **K** Carlo Carlini. **M** Peppino de Luca/Carlo Pes. **D** Luciano Salce (Carlo Valcini), Isabella Rey (Bimbi), Rita Calderoni (Colette), Gioia Desideri, Fiorenzo Fiorentini, Giuliana Rivera, Vincenzo Liberti, Luisa di Gaetano, Gualtiero Islenghi, Rita Guerreri, Nicolas Ladenius. **F** 90 Min.
Der Ingenieur Carlo lernt in einem Lokal die siebzehnjährige Bimbi kennen, deren Hippieschick ihn antörnt. Nachdem sie ihn mit ständig wechselnden Liebesaffären rasend gemacht hat, lädt sie Carlo zum Kiffen ein und gibt sich ihm hin. Doch da sie nicht nur minderjährig ist, sondern auch eine falsche Schlange, landet Carlo wegen Verführung Minderjähriger im Knast.

Schulmädchen – reif für die Liebe
Siehe **Nathalie**

Die Schulmädchen vom Treffpunkt Zoo
BRD 1979.
R Walter Boos. **B** Georg Elmer. **K** Klaus Werner. **M** Gerhard Heinz. **D** Katja Bienert (Petra), Marco Kröger (Mick), Benjamin Carwath (Dirk), Ingeborg Steinbach (Dr. Bauer), Wolfgang Plumhoff (Steinberger), Dagmar v. Thomas (Petras Mutter), Tobias Meister (Toni), Horst Nowack (Freier), Karin König (Tina), Martina Engel (Gaby), Fritz Hammer (Udo), Benjamin Witte (Bill). **F** 90 (TV: 83) Min.
Die siebzehnjährige Schülerin Petra gerät durch ihre Bekanntschaft mit dem drogenabhängigen Mick immer tiefer in die Berliner Heroin- und Hurenszene hinein, aber in Filmschundis wie diesem ist das alles gar nicht schlimm: Fixer werden nämlich, wie wir erfahren, ganz leicht in zwei Wochen geheilt. – Ein Schnellschuß, der Motive des Buchbestsellers »Wir Kinder vom Bahnhof Zoo« ausbeutet, jedoch mehr Wert auf jene ›Stellen‹ legt, die man in Sexfilmen und ›Schulmädchen‹-Reports findet.
Ⓥ UFA

Schulmädchen von der Klasse Sex
Siehe **Schulmädchen '84**

Schulmädchen-Report (1): Was Eltern nicht für möglich halten
BRD 1970.
R Ernst Hofbauer. **B** Günther Heller. **K** Klaus Werner. **M** Gert Wilden. **D** Friedrich von Thun (Reporter), Günther Kieslich, Wolf Harnisch, Helga Kruck, Waltraud Schäffler, Lisa Fitz, Claudio Höll, Sandra Krüger, Gitti Netzle, Mascha Rabben, Susanne Woelfel, Gundi Schwöbel, Marion Haberl, Karin Simsel, Jutta Speidel. **F** 90 Min.
Nachdem Barbara auf dem Schulausflug einen Busfahrer verführt hat und ihr der Rausschmiß droht, berichtet ein Jugendpsychologe über Fälle aus seiner Praxis, die uns per Rückblende serviert werden: Wie Barbara ihren Stiefvater verführt; wie Susanne Petting- statt Mathenachhilfe nimmt; wie Elisabeth von ihren Eltern beim Masturbieren erwischt wird; wie Michelle es mit drei Männern hintereinander treibt, usw. usf. – Woraufhin das Lehrerkollegium einsieht, daß Sexualität 'ne ganz natürliche Sache ist (und Barbara auf der Schule bleiben darf). Ein Sex-Episodenfilm, der sich pädagogisch gibt, aber nichts anderes im Sinn hat, als jede Menge Kohle einzufahren. Ⓥ VPS

**Schulmädchen-Report (2):
Was Eltern den Schlaf raubt**
Siehe **Der Neue Schulmädchenreport (2): Was Eltern den Schlaf raubt**

**Schulmädchen-Report (3):
Was Eltern nicht mal ahnen**
BRD 1972.
R Ernst Hofbauer/Walter Boos.
B Günther Heller. **K** Klaus Werner.
M Siegfried Franz. **D** Friedrich von Thun (Reporter), Michael Schreiner, Werner Abrolat, Günther Möhner, Claudia Höll, Karin Götz, Uli Steigberg, Josef Moosholzer, Dieter Gröst, Josef Fröhlich. **F** 97 (TV: 81) Min.
Ein Film über das angebliche Verhalten von Schülerinnen: – 1. Ein Mädchen verführt einen erwachsenen Mann und stellt, als die Sache herauskommt, die Tatsachen entgegengesetzt dar. – 2. Ein Mädchen, dessen Mutter im Krankenhaus liegt, gibt sich dem Vater hin, um zu verhindern, daß er sich eine Geliebte sucht. – 3. Ein Schuldiener erpreßt Mädchen, die er bei sexuellen Aktivitäten beobachtet hat. – 4. Ein Junge und ein Mädchen, die sich aufgrund ihrer spießigen Eltern nicht treffen dürfen, wollen sich umbringen, was jedoch mißlingt. – 5. Ein Lehrer verführt seine Schülerinnen, die jedoch durch die daraufhin erfolgende polizeiliche Untersuchung größeren Schaden nehmen. – 6. Eine Schülerin beobachtet ihre Schwester und deren Freund beim Menscheln und macht sich – davon angeregt – auf, den Vetter zu verführen. – 7. Ein emanzipiertes Mädchen ergreift bei einem Mann die Initiative und wird von diesem als Lustobjekt behandelt. Ein Episodenfilm.
Ⓥ VPS

**Schulmädchen-Report (4):
Was Eltern oft verzweifeln läßt**
BRD 1972.
R Ernst Hofbauer. **B** Günther Heller.

K Klaus Werner. **M** Gert Wilden.
D Christina Lindberg, Gunther Möhner, Wolf Harnisch, Anne Graf, Ulrike Butz, Hellmuth Haupt, Marina Blümel, Walter Feuchtenberg, Ruth Küllenberg, Sascha Hehn, Monica Fleischer, Ellinor Leipert, Erika v. Jockisch, Claudia Fielers, Elfriede Payer, Rinaldo Talamonti, Josef Moosholzer, Ingrid Steeger, Carmen Jäckel, Rainer Fischer, Birgit Tetzlaff, Karin Böttcher, Hermann Roebeling, Johann Gumpinger, Rosl Mayr, Wolfgang Jansen, Christian van Bergen. **F** 88 Min.
Ein Film zum Thema ›unersättliche Schülerinnen‹: – 1. Ein junger Mann tarnt sich als Schularzt, um das Mädchen, das er begehrt zu einem Schäferstündchens besuchen zu können. – 2. Drei Mädchen ›vergewaltigen‹ einen Muskelprotz, der sie zuvor abgewiesen hat. – 3. Schülerinnen gründen ein geheimes Schulbordell, das auffliegt, weil ein ›häßliches Entlein‹ nicht mitmachen darf. – 4. Eine Schülerin, die Angst hat, durchs Abi zu rasseln, verführt und erpreßt einen Lehrer. – 5. Eine farbige Schülerin wird diskriminiert. – 6. Ein Geschwisterpaar, das aufgrund beengter Wohnverhältnisse im gleichen Raum schlafen muß, schreitet zum Inzest. – 7. Zwei Mädchen haben unterschiedliche Ansichten zum Thema Sex: Das eine spart sich für große Liebe auf, die andere hat keine Hemmungen. – 8. Zwei junge Männer tricksen ihre spießige Wirtin aus und schmuggeln Mädchen auf ihr Zimmer. Ein Episodenfilm.
Ⓥ VPS

**Schulmädchen-Report (5):
Was Eltern wissen sollten**
BRD 1973.
R Walter Boos/Ernst Hofbauer.
B Günther Heller. **K** Klaus Werner.
M Gert Wilden. **D** Cleo Kretschmer.
F 86 Min.

Schulmädchen-Report (6): Was Eltern gern vertuschen möchten

1. Drei Schülerinnen vernaschen bei einer Bergwanderung einen Assessor. – 2. Ein sechzehnjähriges Luder verführt seinen Opa und erpreßt ihn. – 3. Nach einem erfolglosen sexuellen Techtelmechtel suchen ein Mädchen und ein Junge Rat bei einem Untermieter bzw. einer Tante und werden von ihnen in die Praxis eingewiesen. – 4. Eine Fünfzehnjährige legt sich ins Bett eines jungen Kaplans und verführt ihn. – 5. Zwei Schülerinnen verführen zwei Handwerker, die in einer Turnhalle tätig sind. – 6. Eine streng erzogene Frühreife mit nymphomanischen Neigungen wird auf einer Party von mehreren Jungs vergewaltigt. – 7. Eine achtzehnjährige Jungfrau wird von ihren Freundinnen in einer Diskothek an einen potenten Stenz verkuppelt, der sich in sie verliebt. Ein Episodenfilm.
Ⓥ VPS

Schulmädchen-Report (6): Was Eltern gern vertuschen möchten
BRD 1973.
R Ernst Hofbauer. **B** Günther Heller. **K** Klaus Werner. **M** Gert Wilden. **D** Sascha Hehn. **F** 89 (TV: 84) Min.
Ein Film mit kurzer Rahmenhandlung: Nachdem ein Schüler und eine Schülerin im Physikraum bei einem biologischen Experiment ertappt worden sind, setzt sich der Elternbeirat zusammen, um den Fall durchzuhecheln. Dabei kommen diverse ähnlich gelagerte Fälle zur Sprache: 1. Eine lesbische Schülerin, die bei einer Lehrerin nicht landen kann, erpreßt die Angebetete mit ihrem Wissen, daß sie es mit einem verheirateten Kollegen treibt. – 2. Ein arroganter Flegel legt ein naives Mädchen um, das in ihn verliebt ist. Als er ihm zu verstehen gibt, daß es für ihn nur ein Objekt war, rächt es sich an ihm. – 3. Mehrere Schülerinnen lassen sich es während des Unterrichts von einem feixenden Fensterputzer besorgen, während eine kurzsichtige Lehrerin von der weiblichen Überlegenheit schwafelt. – 4. Vater erwischt Tochter mit einem jungen Mann, und als dieser ihm Schweigegeld anbietet, kommt er auf die Idee, das Mädchen fortan des öfteren auf diese Weise ›einzusetzen‹. – 5. Ein verheirateter Lehrer, der intime Beziehungen zu einem frühreifen Früchtchen aufgenommen hat, wird seiner Geliebten hörig. Der Versuch, sich von ihr zu lösen, erweist sich als nicht einfach, da das Mädchen Sex mit Liebe verwechselt. Ein Episodenfilm.
Ⓥ VPS

Schulmädchen-Report (7): Doch das Herz muß dabei sein
BRD 1974.
R Ernst Hofbauer. **B** Günther Heller. **K** Klaus Werner. **M** Gert Wilden. **D** Judith Armbruster, Elke Deuringer, Margot Mahler. **F** 93 (TV: 89) Min.
Eine siebzehnjährige Schülerin erfährt, daß ihr Bruder in einer angemieteten Wohnung ein florierendes Schulmädchenbordell betreibt. Als sie ihn zur Aufgabe bewegen will, gerät sie an einen Kunden, der glaubt, sie gehöre zum Personal. Die Verwechslung führt zu einer Auseinandersetzung, zu einem Polizeieinsatz, und schließlich zu einer Gerichtsverhandlung, die ausführlich schildert, was sich in dem Geheimbordell zugetragen hat.
Ⓥ VPS

Schulmädchen-Report (8): Was Eltern nie erfahren dürfen
BRD 1974.
R Ernst Hofbauer. **B** Günther Heller. **K** Klaus Werner. **M** Gert Wilden. **D** Liz Keterge, Claus Tinney, Elke Deuringer. **F** 88 Min.
Auf einer Busfahrt ins Schullandheim informieren ein paar Abiturientinnen einander von zurückliegenden sexuellen

Auch von Erwachsenen kann man etwas lernen: *Schulmädchenreport (7): Doch das Herz muß dabei sein* von Ernst Hofbauer

Begegnungen: wie Gisela den Gärtnerlehrling Rolf verführt hat; wie Annette den Studenten Jürgen verführt hat, der nun in der Nähe des Schullandheims zeltet. Blah, blah, blah...
Ⓥ VPS

Schulmädchen-Report (9): Reifeprüfung vor dem Abitur
BRD 1975.
R Walter Boos. **B** Günther Heller.
K Klaus Werner. **M** Gert Wilden.
D Peter Hahn, Eva Leuze, Eleonore Leipert, Birgit Bergen, Helga König, Werner Singh, Heiner Lauterbach.
F 92 Min.
1. Eine Schülerin heirat einen Mechaniker, erkennt, daß sie nichts gemeinsam haben, und macht das Abitur als Geschiedene. – 2. Eine frustrierte Neunzehnjährige, die noch unschuldig ist, will während einer Party endlich zuschlagen, doch ein heimlich in sie verliebter Schüler versetzt ihren Drink mit einem Schlafmittel. – 3. Eine Schülerin erfährt im Krankenhaus, daß ihre Freundin schwanger ist und informiert den Arzt über ihre Vergangenheit. – 4. Eine Schülerin bringt ihren Freund mit nach Hause und ist entsetzt über ihre sich ultramodern gebenden Eltern. – 5. Eine Schülerin wartet im Krankenhaus auf das Erwachen ihres Freundes, den sie durch ihr Verhalten in die Arme einer anderen und in einen Unfall getrieben hat. – 6. Eine Schülerin, die wegen schlechter Leistungen von der Schule abgehen muß, besorgt ihrem Freund auf pfiffige Weise einen Job. Ein Episodenfilm.
Ⓥ VPS

Schulmädchen-Report (10): Irgendwann fängt jede an
BRD 1976.
R Walter Boos. **B** Günther Heller.
K Werner Kurz. **M** Gert Wilden/ K.A. Dilz. **D** Astrid Boner, Yvonne Kerstin, Heiner Lauterbach. **F** 80 Min.
1. Ein Nachhilfestunden gebender Lehrer wird von einer Schülerin verführt und landet vor Gericht. – 2. Eine von Sexphantasien besessene Schülerin treibt es mit einer Freundin und deren Bruder sowie einem Rocker und dessen Kumpanen, bis sie bei einem Selbstmordversuch auf den Richtigen trifft. – 3. Ein Mädchen, das seine junge Stiefmutter kompromittieren will, überredet seinen Freund, die Dame zu verführen. Doch der Freund verliebt sich in sein Opfer, und der Vater heiratet ein Mädchen, das nur ein Jahr älter ist als seine Tochter. – 4. Ein Pärchen, das nie Gelegenheit zu einem Schäferstündchen hat, täuscht einen Fall von satanischer Besessenheit

vor, damit das Mädchen sich obszön benehmen und der Junge es »exorzieren« kann. (!) – 5. Ein Mädchen aus kleinen Verhältnissen trifft sich regelmäßig mit einem verheirateten Generaldirektor. Als der Mann sich wieder seiner Frau zuwendet, nimmt sein Neffe seinen Platz ein, doch als er das Zuhause des Mädchens sieht, nimmt er reißaus. Ein Episodenfilm.
Ⓥ Telerent, VMP

Schulmädchen-Report (11): Probieren geht über studieren
BRD 1977.
R Ernst Hofbauer. **B** Günther Heller.
K Klaus Werner. **M** Gert Wilden.
D Evelyne Bugram, Elke Deuringer, Astrid Boner, Heiner Lauterbach.
F 79 (TV: 77) Min.
1. Eine Schülerin, deren Noten immer schlechter werden, läßt sich von einem Jungen Nachhilfe erteilen, der als Honorar Sex verlangt. Sie nimmt Tabletten, um dem Streß zu entfliehen und bringt sich schließlich um. – 2. Überreizte Phantasien bringen eine Schülerin dazu, einen jungen Nachhilfelehrer der Unzucht mit Abhängigen zu bezichtigen. – 3. Zwei unberührte Mädchen verabreden sich mit zwei Jungs, die sich ebenfalls als Anfänger in Sachen Liebe entpuppen, und sehen sich gezwungen, die Initiative zu ergreifen. – 4. Eine Schülerin, deren Leistungen immer mehr nachlassen, entpuppt sich als heimliche Amateurprostituierte, die von einer Bande zum Sex mit Gastarbeitern gezwungen wird. – 5. Schülerinnen verkuppeln die einzige ›Unschuldige‹ der Klasse mit einem Casanova. Ein Episodenfilm.
Ⓥ Telerent

Schulmädchen-Report (12): Junge Mädchen brauchen Liebe
BRD 1978.
R Walter Boos. **B** Günther Heller.
K Klaus Werner. **M** Gert Wilden/ K.A. Dilz. **D** Karin Kernke, Elisabeth Weltz, Claus Tinney. **F** 83 Min.
1. Eine Schwester nimmt eine inzestuöse Beziehung zu ihrem erwachsenen Bruder auf, der (damit die Moral auch stimmt) am nächsten Tag bei einem Autounfall ums Leben kommt. – 2. Bei einem Ausflug beobachten Schülerinnen im Wald ein heftig menschelndes Liebespaar, was sie dazu anregt, das Gesehene mit den männlichen Klassenkameraden auf einem Heuboden auszuprobieren. – 3. Der Installateur Ballermann, der an einem Mittwoch in der Praxis eines Frauenarztes zu tun hat, wird mit diesem verwechselt und ›untersucht‹ mit einem meterlangen Fieberthermometer eine siebzehnjährige Patientin. – 4. Eine mathematisch begabte Schülerin, die aus einer völlig kaputten Familie stammt, leidet an ›krankhafter Geilheit‹, läßt sich mit einem reichen Motorradfreak ein, kommt mit Heroin in Berührung und geht bald auf den Strich, um sich Geld für die Befriedigung ihrer Sucht zu verdienen. – 5. Ein französischer Austauschschüler, der für einen sportlichen Wettkampf trainiert, quartiert sich bei einer deutschen Familie ein und wird von der Tochter des Hauses verführt. – All dies ist mehr oder weniger auf ›lustig‹ getrimmte Hausmannskost. Die 4. Episode steht hart am Rand der Pornographie. Ein Episodenfilm.
Ⓥ Telerent

Schulmädchen-Report (13): Vergiß beim Sex die Liebe nicht
BRD 1980.
R Walter Boos. **B** Günther Heller.
K Klaus Werner. **M** K.A. Dilz.
D Katja Bienert, Sylvia Engelmann, Gaby Fritz, Rosl Mayr, Renate Langer, Alexander Arndt, Don Bahner, Tonio v.d. Meden, Peter Steiner, Manuela Kohlhofer, Helena Rosenkranz, Josef

Spieglein, Spieglein, an der Wand... *Schulmädchenreport (11): Probieren geht über studieren* von Ernst Hofbauer

Moosholzer, Thomas Müller, Andreas Reinl, Margarete Gerber, Klaus Holzner. **F** 86 (TV: 83) Min.
1. Ein Mädchen klaut in einer Boutique einen schwarzen Slip und wird vom Ladeninhaber zu sexuellen Handlungen gezwungen. – 2. Der größte Umleger der Schule wettet, daß er die Klassenjungfrau verführen kann, fällt jedoch entsetzlich auf die Nase. – 3. Ein junges Mädchen, das Probleme mit der Mutter hat, versucht es (erfolglos) mit Alkohol und Sex. – 4. Drei unerfahrene Girls wollen es mit drei angeblich erfahrenen Jungen ausprobieren, die sich ebenfalls als ahnungslos entpuppen. – 5. Ein Schüler, der bereits eine Freundin hat, wird von einer jungen Französin angemacht und versucht sich im Doppelspiel. Ein Episodenfilm.
Ⓥ Euro

Die Schulschwänzerin
(LA RIPENTE FA L'OCCHIETTO AL PRESIDE). Italien 1980.
R Mariano Laurenti. **B** Mariano Laurenti/Francesco Malizia. **K** Federico Zanni. **M** Gianni Ferrio. **D** Anna Maria

Rizzoli (Angela) Lino Banfi (Becafico), Alvaro Vitali, Carlo Sposito, Ria De Simone, Leo Colonna, Loredana Martinez, Renzo Ozzano, Walter Margara. **F** 83 (TV: 80) Min.
Angela, die reichlich alt aussehende Tochter eines reichen Industriellen, beschließt wieder zur Schule zu gehen. Dort trifft sie, wie in allen grauenhaften Filmen, in denen der italienische Klamottenfilm uns seine sogenannten ›flotten Teens‹ vorführt, den Schwachsinn in Gestalt von zotenreißenden Schülern, infantilen Lehrern und unfähigen Drehbuchautoren.

Schwabing-Report
Siehe **Cream – Schwabing-Report**

Schwarze Aphrodite
(BLACK APHRODITE). Griechenland 1977. **R** Saul Filipstein. **B** Nicola Angostini. **K** N.N. **M** N.N. **D** Ajita Wilson, Harry Stevens, Annik Borel, Clay Half, Anita Bartolomy. **F** 86 Min.
Eine Bande von Waffenschiebern versichert sich der Dienste einer ›schwarzen Aphrodite‹, um einen Verräter in den eigenen Reihen zu entlarven. Die wenig ansehnliche und völlig untalentierte schwarze Agentin betreibt ihre Aufklärungsarbeit vorzugsweise im Bett. – Entsetzlich!

Schwarze Katzen – heiße Lust
Siehe **Black Cats**

Die schwarze Nymphomanin
(GOLA PROFONDA NERA). Italien 1983. **R** Albert Moore [= Guido Zurli]. **B** N.N. **K** Alfredo Lupi. **M** Alberto Baldam Bembo. **D** Ajita Wilson (Claudine), Ronald Mardenbro (Paul), Patricia Webley (Angelica), Agnes Kalpagos (Francine), Ivano Staccioli (José Depardieu), Attilio Dottesio, Johnny Deangelis, Gianni Adamo. **F** (95) 82 Min.
Die knochige Journalistin Claudine, deren Busen offenbar das Montagsprodukt eines besoffenen Silikontechnikers ist, will gegen den Willen ihres Chefs einen Orgienkreis ausforschen, der von einem schmierigen Filmregisseur geleitet wird, und macht sich deswegen an eine lesbische Ärztin heran. Zwischendurch wird Claudine von unerklärlichen nymphomanischen Anfällen gepackt, die sie zwingen, sich fremden Männern hinzugeben: die Folge eines Kindheitstraumas, das à la Hitchcock geklärt wird. – Eine schlampig inszenierte, von grauenhafter Musik begleitete und von untalentierten Darstellern gespielte Geschichte, deren internationaler Verkaufstitel (BLACK DEEP THROAT) Bezüge zu Gerard Damianos DEEP THROAT (1972) herzustellen versucht, die sie nicht halten kann.
Ⓥ VPS

Schwarzer Markt der Liebe
BRD 1966. **R** Ernst Hofbauer. **B** Ernst Hofbauer. **K** Andreas Demmer/Günther Knuth. **M** Frank Valdor. **D** Uta Levka (Uta), Karin Field (Rosanna), Astrid Frank (Astrid), Claus Tinney (Harald v. Gröpen), Tilly Lauenstein (Gräfin). Rolf Eden (Rolf), Omero Antonutti (Lemaire), Rico Peter (Wirt). Karl Gretler (Charly), Elio Manni (Flip), Christiane Dass (Antoinette), Karin Glier (Mary), Li Hardes (Birgit), Helga Schwartz (Anne), Nahid (Nahid), Manfred Meurer (Exzellenz). **SW** 83 Min.
Junge Mädchen, die eine Karriere als Tänzerin anstreben, werden von schrägen Ottos per Inserat angelockt und anschließend an orientalische Bordelle verkauft. – Ein früher deutscher Exploiter, der angesichts der gegenwärtigen fil-

mischen Entwicklung kaum mehr ein Grinsen erzeugt.

Schwarzer Nerz auf zarter Haut
BRD 1969.
R Michael Thomas [= Erwin C. Dietrich]. **B** Manfred Gregor [= Erwin C. Dietrich]. **K** Peter Baumgartner. **M** Walter Baumgartner. **D** Erwin Strahl, Herbert Fux, Tamara Baroni. **F** 87 Min.
Männliche und weibliche Agenten, die die meiste Zeit damit beschäftigt sind, einander aus- und in die Betten zu ziehen, wollen einem Forscher, der sich an Bord eines Luxusliners aufhält, Geheimpapiere abjagen. Leider erfüllen weder das Publikum noch der Luxusdampfer selbst die Erwartungen, die man an den Jet Set stellt. Da ist jede TV-Traumschiff-Folge spannender und erotischer.

Schwarzwaldröschen ohne Höschen Siehe **Die fleißigen Bienen vom fröhlichen Bock**

Das schwarz-weiß-rote Himmelbett
BRD 1962.
R Rolf Thiele. **B** Ilse Lotz-Dupont/ George Laforet. **K** Heinz Schnackertz/ Friedl Behn-Grund. **M** Rolf Wilhelm. **D** Thomas Fritsch (Jean), Daliah Lavi, Marie Versini, Martin Held, Margot Hielscher, Karl Schönböck, Elisabeth Flickenschild, Elfriede Kuzmany, Margarete Haagen. **F** 100 Min.
Nachdem der Primaner Jean, angeregt durch den lockeren Lebenswandel seines Herrn Vaters, eine Opernsängerin für sich entflammt hat und mit deren ›Finanzier‹ aneinandergeraten ist, entfleucht er in die Provinz und vergnügt sich im Hause seiner anziehenden Zimmerwirtin. – Eine harmlose, stellenweise satirisch gemeinte Veralberung der spießigen Moral der ›besseren‹ Kreise im Wilhelminischen Deutschland. Ⓥ VPS

Das Schwedenmädchen Anita
(ANITA). Schweden/Frankreich 1973.
R Torgny Wickman. **B** Torgny Wickman. **K** Hasse Dittmer. **M** N.N. **D** Christina Lindberg (Anita), Stellan Skarsgard, Daniel Vlaminck, Michel David, Per Matsson, Evert Granholm, Erika Wickman. **F** 95 Min.
Anita, eine Nymphomanin im Schulalter, schläft sich, da ihre Eltern elende Spießer sind, von einem Bett zum anderen, spielt eine Hauptrolle in einem Pornofilm und vertreibt sich die Zeit mit einer Lesbierin, einem Vibrator und etwas Sado-Maso. Bis ihr ein verständnisvoller Student klarmacht, daß die Erziehung Schuld an ihrem Leiden ist. Der reinen, wahren Liebe steht nun nichts mehr im Wege. – Sexfilm-Dutzendware.

Schwedenmädel in Paris
(CRAZY SWEDISH HOLIDAYS IN PARIS). Schweden 1979.
R Anonym. **B** Anonym. **K** Anonym. **M** Anonym. **D** Anonym. **F** 81 Min.
Zwei junge Schwedinnen fahren nach Paris, wo sie ein sexuelles Abenteuer mit zwei schrägen Vögeln erleben, die sie ausrauben. Die beiden fassen den Plan, sich auf die gleiche Weise an anderen Männern zu rächen. Sie locken sie ins Bett etc. pp. – Ein Sexfilm eindeutiger und handwerklich jämmerlicher Machart.

Schwedische Nächte
Siehe **Stockholm 2 Uhr nachts**

Schwedischer Sommerwind
BRD/GB 1975.
R Peter Cullan. **K** Jost Graf von Hardenberg. **M** N.N. **D** Anna Bergman (Pamela), Linda Marlowe, Nicholas Day, George Murcell, Horst G. Fleck, Benno Hummer, Ron Kitchen jr., Judith de la Couronne. **F** 90 Min.
Die junge Pamela, ihre Mutter und ein

gewisser Jeremiah Johnson handeln mit gefälschten Gemälden und erleben dabei erotische Abenteuer, denn die internationalen Kunsthändler, denen sie ihre Schinken andrehen, sind in der Regel erst dann in Kauflaune, wenn sie sich zuvor auf einer Orgie ausgetobt haben. – Ein Sexfilm, in dem sich die Tochter des schwedischen Regisseurs Ingmar Bergman von ihrer besten Seite zeigt.
Ⓥ Mike Hunter

Das Schweigen
(TYSTNADEN). Schweden 1963.
R Ingmar Bergman. **B** Ingmar Bergman. **K** Sven Nykvist. **M** Johann Sebastian Bach. **D** Ingrid Thulin (Esther), Gunnel Lindblom (Anna), Jörgen Lindström (Johan), Birger Malmsten (Kellner im Restaurant), Hakan Jahnberg (Kellner im Hotel), Theo Eduardini (Sieben Zwerge), Eduardo Guiterrez (Manager) Lissi Alandh (Kabarettmädchen), Leif Forstenberg (Mann im Kabarett) Nils Waldt (Kino-Kassierer), Birger Lensander (Platzanweiser), Eskail Kalling, Karl-Arne Bergman, Olof Widgren (Schatten).
SW 95 (TV: 91) Min.
Die Schwestern Esther und Anna unterbrechen eine Reise, da die an Tbc leidende Esther sich schlecht fühlt. Sie gehen in ein Hotel. Esther, lesbisch, intellektuell, fühlt sich von der sorglosen Anna, der Mutter eines zehnjährigen Jungen, sexuell angezogen. Während Esther sich mit Alkol betäubt und ihr Leiden sich langsam verschlimmert, beobachtet Anna im Kino ein Paar beim Vögeln und regt sich anschließend an einem Kellner ab. Ihr Sohn begegnet derweil den sieben Zwergen, die ihm Frauenkleider anziehen und ihn in der Obhut eines Hotelkellners zurücklassen. Als Esther von Annas Zeitvertreib erfährt, masturbiert sie. Nach einem Streit verläßt Anna mit ihrem Sohn das Hotel; Esther bleibt allein zurück und wartet auf ihren Tod. – So konfus der Film auch ist und so deutlich er zeigt, daß es dem Regisseur wahrlich um andere Dinge ging als dem Aufgeilen von Voyeuren, gab es 1963, als er in den deutschen Kinos lief, nicht nur Entrüstungs-, sondern auch Kassenstürme.

Schwestern der Wollust
(MARASCHINO CHERRY). USA 1978.
R Henry Paris [= Radley Metzger].
B N.N. **K** N.N. **M** N.N. **D** Gloria Leonard (Cherry), Waldo Nicholas, Eric Edwards, Annette Haven, Lesllie Bovee, Constance Money, C. J. Laing, Jenny Baxter, Susan McBain.
F 83 Min.
Unschuld vom Lande besucht ihre Schwester Cherry in der Großen Stadt und muß erkennen, daß sie eine Puffmutter ist. Doch statt abgestoßen zu sein, zeigt sie sich interessiert – speziell an den männlichen Kunden, von denen der eine irrer ist als der andere. Schwesterlein Cherry bringt ihr viele Dinge bei, die das monotone Leben auf dem Land viel interessanter machen. Den Hauptteil des Lehrplans nimmt dabei die Erforschung der weiblichen Anatomie ein. – Ein Film, der mit Sicherheit an einem Wochenende entstanden ist; inszeniert von einem Regisseur, der auch in anderen Genres schon Besseres geleistet hat.
Ⓥ Tabu

Screen Test – Die affengeile Mattscheibe
(SCREEN TEST). USA 1985.
R Sam Auster. **B** Sam Auster/Laura Auster. **K** Jeff Jur. **M** Don Harrow.
D Michael Allan Bloom (Terry), Robert Bundy (Clayton), Paul Leuken (Dan), David Simpatico (Stevie), Cynthia Kahn (Cindy), Mari Laskarin (Therese), Katharine Sullivan (Sally Ann), William Dick (Dr. De Sade),

Monique Gabrielle (Roxanne), Vito D'Ambrosio (Guido), David Katz (Boss), Cindy Froberg (Gemini), Karen Vaccaro (Nancy). **F** (83) 81 Min.

Vier Jungs, die Probleme mit dem schönen Geschlecht haben, suchen per Inserat Darstellerinnen für einen Pornofilm. Nachdem sie einige ansehnliche und zu allen Schandtaten bereite Madln getestet haben, stellt sich heraus, daß ihr Star Therese die Tochter eines Mafiabosses ist. Und der hat etwas gegen die Aktivitäten der Möchtegernproduzenten. Da es den jugendlichen Filmemachern erstaunlicherweise nicht gelingt, Geld für eine Videokassette aufzutreiben, kommt es auch nicht zu den geplanten Aufnahmen mit Therese. Doch die Mafia verlangt die Herausgabe des Films, und so fragen sich unsere Helden: Was tun?
ⓥ VPS

Screwballs – Das affengeile Klassenzimmer
(SCREWBALLS). USA 1983.
R Rafael Zielinski. **B** Jim Wynorski.
K Miklos Lente. **M** Tim McCauley/Johnny Dee Fury. **D** Peter Keleghan (Rick McKay), Lynda Speciale (Purity Busch), Alan Daveau (Howie Bates), Kent Deuters (Brent Van Dusen III), Jason Warren (Melvin Jerkovski), Linda Shayne (Bootsie Goodhead), Jim Coburn (Tim Stevenson), Raven de la Croix (Anna Tommical), Donnie Bowes (Stuckoff), Terrea Foster (Chesty Colgate). **F** 79 Min.

Fünf geile Schüler, die außer Basketball nur ›Fleischverstecken‹ im Sinn haben, nehmen sich vor, die schöne High School-Queen Purity Busch zu verführen, die offenbar die einzige Jungfrau an ihrer Lehranstalt ist. – Ein Dusch-, BH- und Schlüpferfilmchen mit faden Scherzen.

Jörgen Lindström in *Das Schweigen* von Ingmar Bergman

Sechs Schwedinnen auf der Alm

–»SCREWBALLS ist ein PORKY für Arme« meint VARIETY. Ob PORKY überhaupt zu unterbieten ist?
Ⓥ Constantin

Sechs Schwedinnen auf der Alm
BRD 1983.
R Michael Thomas [= Paul Grau].
B Paul Grau. **K** Peter Baumgartner.
M Walter Baumgartner. **D** Michaela Kloess, Petra Schrott, Marianne Aubert, Evelyn Valade, Anita Amsler, Brigitte Hawas, Mike Lederer, Uli Falk. **F** 90 Min.
Sechs Schwedinnen, die zwar den gleichen Vater, aber verschiedene Mütter haben, kommen in die Schweiz, um ihr Erbe anzutreten. Doch da Schweizer Anwälte weniger schnell sind als die preußischen, bleibt ihnen genügend Zeit für den Urlaub auf der Alm: Sie verführen einen Senner und heizen die Phantasie eines Fischers, eines Försters, eines Gemüsehändlers, eines Lehrers und eines Wirts an.
Ⓥ UFA

Sechs Schwedinnen auf Ibiza
(IBIZA AL DESNUDO).
Schweiz/Spanien 1981.
R Gérard Loubeau. **B** Michael Thomas [= Erwin C. Dietrich]. **K** Peter Baumgartner. **M** Walter Baumgartner.
D Olinka Hardiman, Kitty Hilaire, Marianne Aubert, Dominique Patricia Sejourne, Laurence Eymard, Linda Ordonez, Eric Falk, Daniel Schmid, Nicolas Suter, Roman Huber.
F 83 Min.
Sechs Schwedinnen, die auf Ibiza urlauben, gehen ihrer Pässe und Finanzen verlustig. Sie quartieren sich bei einer dunkelhäutigen Schönen ein und gehen bis zum Happy End Ferienjobs nach, die ausnahmslos in den Betten potenter Stenze und stets erhitzter Frauen enden. –»Kaum zu glauben, daß sich derartig mechanisierter Sex noch verkauft, doch sind die Herstellungskosten eines solchen Films wohl so niedrig, daß sich eine Produktion dennoch lohnt.« (Rainer Casper, FILMBEOBACHTER).
Ⓥ UFA

Die ausgeflippte Generation am Ball: *Screwballs – Das affengeile Klassenzimmer* von Rafael Zielinski

Sechs Schwedinnen hinter Gittern
(BALL GAME). USA 1980.
R Bob Fletcher [= Ann Perry]. **B** Ann Perry. **K** N.N. **M** N.N. **D** Candida Royalle (Lolita), Susan Nero (Wache), Lisa De Leeuw (Sekretärin), Jennifer West, Sir Lawrence Rothchild (Direktor), Connie Peters, Tiffany Clark, Maria Tortuga, Mike Ranger, Rachel Livingston, R.J. Reynolds, Tawny Pearl, Jesse Adams. **F** 84 (76) Min.
Diverse Bordsteinschwalben, die im Knast brummen, wehren sich gegen die Haftbedingungen. Als sie entdecken, daß die Gefängnisleitung korrupt ist, kommen sie mit dem Direktor überein, ein Ballspiel gegen die Wachen zu organisieren: Gewinnen sie, muß sich allerhand verändern. Und um zu verhindern, daß die Wachen gewinnen, laugt man sie vorher aus. Wen wundert es da noch, daß das Spiel in einer Orgie endet? – »In dem Film ist soviel los«, resümierte HUSTLER, »daß man die Stars zwischen all den Titten völlig aus den Augen verliert.«

Sechs Schwedinnen im Pensionat
Schweiz/Frankreich 1979.
R Michael Thomas [= Erwin C. Dietrich]. **B** Manfred Gregor [= Erwin C. Dietrich]. **K** Andreas Demmer/Rudi Küttel. **M** Walter Baumgartner.
D Diane Kelly (Frl. Stein), Brigitte Lahaie (Greta), Nadine Pascal (Inga), France Lomay (Kerstin), Dany White (Lil), Kathleen Kane (Astrid), Elsa Maroussia (Selma), Mike Montana (Mike Muller), Erik Falk, Edgar del Ponte, Roman Huber. **F** 91 (85) Min.
Sechs schwedische Mädchen, die in einem Schweizer Internat untergebracht sind, basteln sich ein Masturbationsfahrrad und radeln, falls sie dem gestrengen Fräulein Stein entgehen können, durch die Gegend, wobei sie alles vernaschen, was ihren Weg kreuzt, Turnlehrer Mike inklusive. Ⓥ UFA

Kerstin aus Uppsala törnt den Fernseher an. Szene aus *Sechs Schwedinnen von der Tankstelle* von Michael Thomas

Sechs Schwedinnen von der Tankstelle
Schweiz 1980.
R Michael Thomas [= Erwin C. Dietrich]. **B** Manfred Gregor [= Erwin C. Dietrich]. **K** Peter Baumgartner. **M** Walter Baumgartner. **D** Brigitte Lahaie, Jane Baker. **F** 91 Min.
Sechs Schwedinnen betreiben eine Tankstelle und überzeugen einen Bürgermeister und seine Mannen, daß sie für die Ortschaft in jeder Hinsicht unentbehrlich sind.
Ⓥ Videophon

Sei zärtlich, Pinguin
BRD/Österreich 1982.
R Peter Hajek. **B** Peter Hajek/Peter Weibel/Barbara Ossenkopp/Fritz Müller-Scherz. **K** Jacques Steyn/Walter

Seid nett aufeinander

Kindler. **M** Christian Kolonovits/ Debbie Neon. **D** Marie Colbin (Nina), Heinz Hönig (Mick), Rainer Hunold (Tommy), Debbie Neon (Debbie), Helga Uhlig (Eva), Robert Schäfer (Frank), André Heller (Gast), Herb Andress. **F** 94 Min.
Nina, Leiterin eines Eheanbahnungsinstituts, kann zwar vielen Fremden helfen, den passenden Partner zu finden, doch beim Matratzensport mit dem körperlich fitten Mick kommt sie, was das Ausleben privater Gelüste angeht, nicht zum Zuge: Denn Mick hat immer die Stoppuhr dabei. Als Nina ihm sagt, daß sie unbefriedigt ist, ist Mick schwer gekränkt. Sie sucht ihr Glück zunächst bei einer anderen Dame, doch als Mick, durch die Lektüre einschlägiger Broschüren aus dem Frauenbuchladen (!) gebildet, sich in ihrem Sinne positiv entwickelt, zieht sie zu ihm zurück. – Wie originell.

Seid nett aufeinander
(LA RIVOLUZIONE SESSUALE). Italien 1969.
R Riccardo Ghione. **B** Riccardo Ghione. **K** Alessandro Sarrandrea. **M** Teo Usuelli. **D** Lorenza Guerrieri (Rita), Riccardo Cucciolla (Emilio Missiroli), Laura Antonelli (Liliana), Christian Alegny (Cesare), Marisa Mantovani (Marcella Segre), Ruggero Miti (Georg), Giulio Girola (Dino Segre), Guy Heron (Marco), Maria Luisa Bavastro (Nana Missiroli), André José Cruz (Tony), Gaspare Zola (Uccio), Maria Rosa Sclauzero (Journalistin), Rosa Bianca Scerrino (Annamaria), Leo Gavero (Kommissar), Carmen Montero (Gaby), Gabriella Malachi, Maria Montero, Pilar Castel, Isabel Ruth. **F** 92 Min.
Professor Missorelli, Psychologe und Sexualwissenschaftler, betreibt in einem leeren Hotel mit mehreren Testpersonen Experimente in Sachen Partnertausch, um Wilhelm Reichs Sexualtheorien zu beweisen. Doch die Erziehung der Beteiligten verhindert, daß sein Vorhaben mit Erfolg abgeschlossen werden kann: Eifersucht und persönliche Abneigungen lassen seinen ›Partnertausch per Los‹ zu einem Fehlschlag werden.

Sein bestes Stück verkauft man nicht
Siehe **Die liebestollen Abenteuer von Baron X**

Sein Schlachtfeld war das Bett
(LE CALDE NOTTI DI DON GIOVANNI/ LOS AMORES DE DON JUAN). Italien/Spanien 1971.
R Al Bradley [= Alfonso Brescia]. **B** Arpad De Riso. **K** Raffael Pacheco. **M** N.N. **D** Robert Hoffman (Don Juan), Barbara Bouchet (Esmeralda), Annabella Incontrera (Maddalena), Edwige Fenech (Aiscia), Lucretia Love (Königin v. Zypern), Ira von Fürstenberg (Isabella), Pat Nigro. **F** (110) 100 Min.
Der Lüstling Don Juan verführt die Gattinnen mehrerer spanischer Edelmänner, wird in die Wüste verbannt und erobert eine Prinzessin. Wenn er nicht gerade mit üppigen Weibern balzt, duelliert er sich mit bösen Lumpen; das eine wie das andere sichtlich desinteressiert. – Ein Mantel- und Degen-Film, dessen Sexszenen ebenso müde wirken wie seine auf Action getrimmten; die TV-Fassung läuft 92 Min. – AT: LIEBE UND ABENTEUER DES DON JUAN. DON JUANS 1001. NACHT.
Ⓥ IP (Don Juans 1001. Nacht)

Seine Gefangene
(LA PRISONNIÉRE/LA PRIGIONIERA). Frankreich/Italien 1968.
R Georges Henri Clouzot. **B** Georges Henri Clouzot. **K** Andreas Winding.

M Gilbert Amy. **D** Laurent Terzieff (Stanislas Hassler), Elisabeth Wiener (Josie), Bernard Fresson (Gilbert Moreau), Dany Carrel (Maguy), Dario Moreno (Sala), Daniel Riviere (Maurice), Michel Etcheverry, Claude Pieplu, Noelle Adam, Gilberte Geniat, Michel Piccoli, Charles Vanel, André Luguet, Annie Fargue, Germaine Delbat.
F 105 Min.

Stanislas, der Besitzer einer Kunstgalerie, frönt einem ungewöhnlichen Hobby: Er steht nämlich, wahrscheinlich weil er als Jungmann Probleme mit seiner Mama hatte, auf Sado-Maso und leidet an Impotenz. Die schöne Josie, die seinetwegen einen Künstler verläßt, reagiert recht bestürzt, als sie von seiner Neigung erfährt, und noch bestürzter ist sie, als Stanislas dazu übergeht, ihr seinen Willen aufzuzwingen. – »Clouzots psychodramatisher Versuch wurde kunstgewerblich peinliche Kolportage.« (Leo Schönecker, FILMDIENST).

Seitensprung auf italienisch
(ADULTERIO ALL'ITALIANA).
Italien 1966.
R Pasquale Festa Campanile. **B** Luigi Malerba/Pasquale Festa Campanile/Ozzavio Alessi. **K** Roberto Gerardi. **M** Amando Travaioli. **D** Catherine Spaak (Marina Finali), Nino Manfredi (Franco Finali), Maria Gracia Buccella (Gloria), Akim Tamiroff (Generaldirektor), Gino Pernice (Max), Vittorio Caprioli (Bacchus), Mario Pisi.
F 82 Min.

Die Italienerin Marina, von ihrem Gatten Franco ausgerechnet mit der besten Freundin betrogen, emanzipiert sich insofern, indem sie mit ihm gleichzieht –

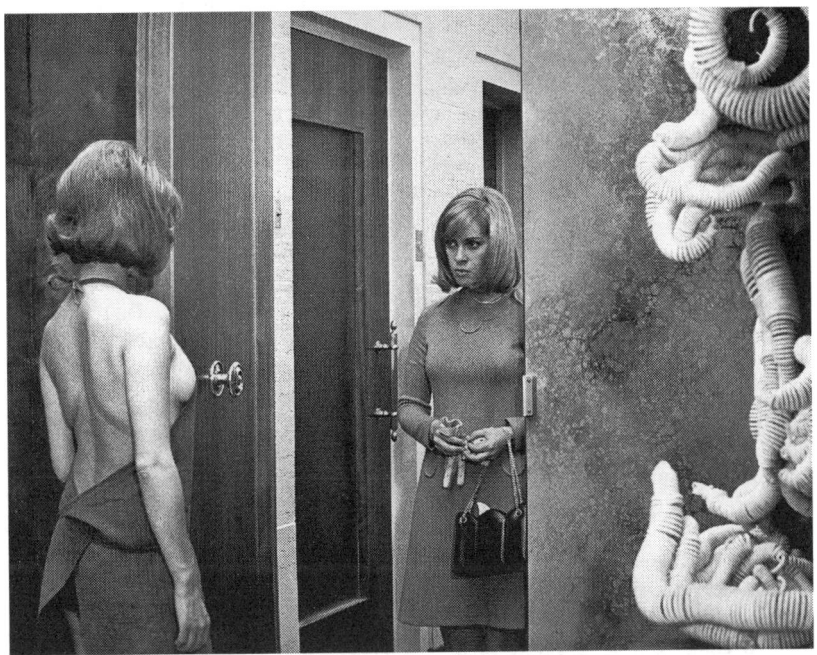

Dany Carel (links) und Elisabeth Wiener in *Seine Gefangene* von Georges Henri Clouzot

Seitensprünge

was zumindest 1966 bei den italienischen Männern auf gar nicht viel Verständnis stieß.
Ⓥ VPS

Seitensprung-Report
Siehe **Ehemänner-Report**

Seitensprünge
(EXTRACONIUGALE). Italien 1964.
R Massimo Franciosa/Mino Guerrini/Giuliano Montaldo. **B** Castellano & Pipolo/Mino Guerrini. **K** Tonino delli Colli/Enrico Menczer/Alfio Contini. **M** Luis Enriquez Bacalov/A.F. Lavagnino/Piero Umiliani. **D** Gastone Moschin, Enzo la Torre, Renato Salvatori, Liliana Orfei, Franca Rame, Maria Perschy. **SW** 99 Min.
Ein dreiteiliger Film über flinke Seitenspringer: 1.»Die Welt der Reichen«: Ein schüchterner Bürohengst, der mit einem angeblichen Totogewinn auf den Arm genommen wird, gibt seinem ekligen Chef Saures, wehrt sich erstmals gegen seine herrschsüchtige Frau, macht die üppige Schöne von Gegenüber zu seiner Geliebten und läßt von seinem neuen Status auch nicht ab, als sich sein Reichtum als Luftblase entpuppt. – 2.»Schwedische Moral«: Als ein junger Italiener seiner Familie seine schwedische Ehefrau vorstellt, wittern alle Angehörigen sofort Unmoral, denn Schwedinnen treiben es ja, wie man sagt, mit jedem. Als als der Gatte einen vermeintlichen Nebenbuhler erschießt, bejubeln sie Zucht und Ordnung. – 3.»Die Dusche«: Ein Baulöwe, der unter seinem parasitären Schwager leidet, lernt dessen zukünftige Gattin kennen, demonstriert ihr, wie schön es unter der Dusche sein kann, und besteht darauf, daß Schwager und neue Schwägerin nach geschlossener Ehe in seinem Haus wohnen – damit auch er mal ein bißchen schmarotzen kann. – Eine ganz schön hämische Sexkomödie.

Seitensprünge lohnen sich
Siehe **Kommt pudelnackt, das Erbe lacht**

Sekretärinnen-Report
(OFFICE LOVE-IN, WHITE-COLLAR STYLE). USA 1968.
R Charles Baulton [= Stephen C. Apostolof]. **B** J.T. Casey. **K** Robert Rubin. **M** Igor O'Gigaguski. **D** Kathy Williams (Stephanie), Foreman Shane, Monica Woods, Colleen Murphy, Nemo Nomus, Felicia Park. **SW** 81 Min.
Die Sekretärin Stephanie, bei einem Eheanbahnungsinstitut beschäftigt, geht, der Karriere wegen, nicht nur mit dem Chef ins Bett, sondern bandelt auch mit dem transvestitischen Personalchef, dem Sohn ihres Brötchengebers und mit dessen Gattin an, die sie zu lesbischen Spielchen verführt. Außerdem sieht sie sich Pornofilme an und versucht's beim Gruppensex.

Sekretärinnen-Report (2)
(AMOUR OUI, MAIS). Luxemburg 1972.
R Alfred Geima. **B** N.N. **K** N.N. **M** N.N. **D** Regina Peters, Carsten Peters, Barbara Horn, Brigitte Helms. **F** 71 Min.
Ein Großindustrieller, der es treibt, wo er nur kann, wird mit heimlich aufgenommenen Fotos seiner Bettbemühungen erpreßt, bis er per Tod den Abschied einreicht und die Erpresser lange Gesichter machen. – Wie übrigens auch die Zuschauer dieses handwerklich und technisch erbärmlichen Produkts. Der Film hat mit dem SEKRETÄRINNEN-REPORT von Charles Baulton nichts zu tun.

Semmel, Wurst und Birkenwasser
BRD 1972.
R H.D. Bornhauser. **B** H.D. Bornhauser. **K** Friedrich v. Rosseck. **M** H.D. Bornhauser. **D** Michael Jacot (Eugen), Walter Kraus (Otto), Lajos v.

Baghy (Wilhelm), Anne Graf (Margot), Birgit Bergen (Leila), Dorothea Rau (Marie), Rinaldo Talamonti (Caruso), André Eismann (Bobby), Ulrike Butz (Doris), Noni Kuzmin (Kundin), Renate Markl (Hausfrau), Hasso Preiss (Opa), Elke Boltenhagen. **F** 82 Min.
Eugen, Otto und Wilhelm, drei deutsche Kleinstädter, die, obwohl sie die schönsten Frauen zu Hause haben, aus dem »täglichen Einerlei« ausbrechen und ihre »Träume« in die Tat umsetzen wollen, haben bei ihren heimlichen Sexeskapaden nur Pech. Ihre Frauen, durch einen Film von »Oswald Bolle« belehrt, bringen sie wieder zur Vernunft. Am Ende erkennen die Männer, daß eine Spießerexistenz besser zu ihnen paßt. – »Ein einschlägiges Publikum lachte.« (FILM-ECHO/FILMWOCHE). – »Eine Geschichte, die in Bild und Dialog auf Gossenniveau angesiedelt ist.« (FILMDIENST).

Sensations
(SENSATIONS). Frankreich 1975.
R Lasse Braun [= Alberto Ferro].
B Lasse Braun [= Alberto Ferro].
K N.N. **M** N.N. **D** Brigitte Maier, Veronique Monet, Pierre Latour, Frederique Barral, John Wilson, Trixie Heinen, Shirley Cox, Bent Rohweder, Nicole Velna, Va Quang, Walter Wolf, Nathalie Morin, Patrick Anderson, Robert Le Ray, Tuppy Owens, Claudio Rosso, Tania Bussel, J.C. Baboulin.
F 90 Min.
Die Amerikanerin Margret besucht ihren Freund, einen Fotografen, in Amsterdam. Als sie ihn in flagranti bei diversen Stellungen mit seinen Models ertappt, wirft sie sich einer Lesbe an den Hals, die sie zu einer Vernissage mitnimmt, bei der man auf intellektuelles Geplauder keinen großen Wert legt. Schließlich lassen zehn Männer und Frauen Margret vergessen, daß Amsterdam außer Tulpen auch anderes zu bieten hat. – Einer der besseren Filme des Italieners Alberto Ferro, der unter dem Namen Lasse Braun auch in Schweden und Holland Einschlägiges in Szene gesetzt hat.
Ⓥ Mike Hunter

Sessomatto – Niemand ist vollkommen
(SESSOMATTO). Italien 1974.
R Dino Risi. **B** Ruggero Maccari/Dino Risi. **K** Alfio Contini. **M** Armando Travaioli. **D** Giancarlo Giannini (in neun Rollen), Laura Antonelli (in acht Rollen), Paola Borboni (Esperia), Cinzia Romanazzi (Giovanna), Duilio Del Prete (Vittorio), Carla Mancini (Kellnerin), Lorenzo Piani, Alberto Lionello, Lino Puglisi, Patrizia Mauro, Franca Scagnetti, Pippo Starnazza, Brugnaro.
F (116) 82 Min.
›Sexverrückt‹ (so der Originaltitel) sind sie alle in diesem Episodenfilm – die Schöne, die ihren Kammerherren vernascht; der Nekromantiker, der auf Siebzigjährige und deren Mütter steht; der Fetischist, der heftige Bewegungen braucht, um zum Höhepunkt zu kommen (weshalb er es mit seiner Frau im Expreßlift treibt); die Witwe, die den Mörder ihres Mannes ehelicht, um ihn mit ihrer Unersättlichkeit ins Grab zu bringen; und der schüchterne Jungmann, der auf einen Transvestiten hereinfällt, der sich am Ende gar als sein eigener Bruder entpuppt. Die deutsche Fassung wurde stark gekürzt.

Setsuko – Nackt und brutal
(JINNIKU NO ISHI). Japan 1968.
R Yoshitaka Kimata. **B** N.N. **K** N.N. **M** N.N. **D** Eri Ashikawa (Setsuko), Miki Hayashi, Noriki Katsumi. **F** 69 Min.
Die geldgierige Nachtklubbesitzerin Setsuko erpreßt junge japanische Mädchen zur Prostitution. Als sie in den Mädchenhandel einsteigt, gerät sie in Schwierigkeiten, die sich nur mit der

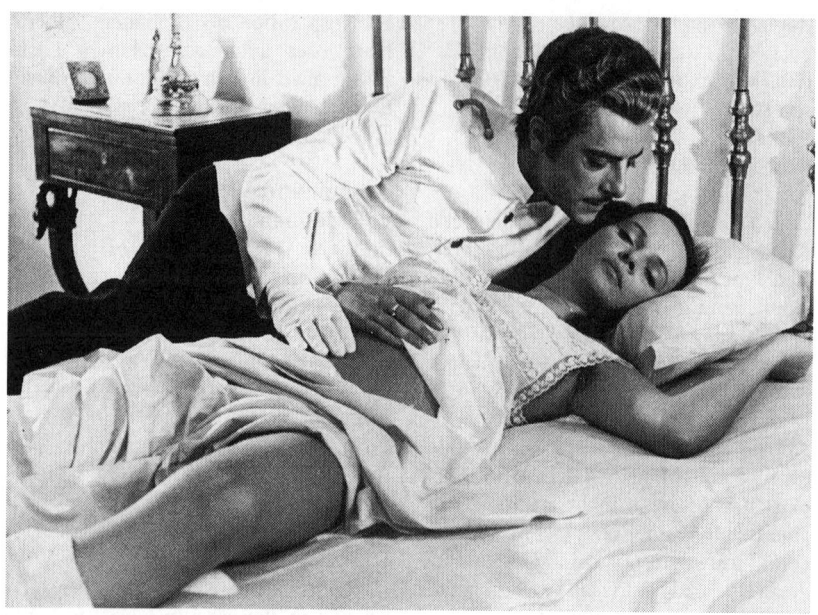

Laura Antonelli und Partner in *Sessomatto – Niemand ist vollkommen* von Dino Risi

Waffe aus der Welt schaffen lassen. Doch die böse Konkurrenz kann Setsuko dennoch ausschalten: Am Ende beißt sie ins Gras, während ihren Opfern die Flucht gelingt.

Sex and Drive
(ROADSIDE SERVICE). USA 1973.
R Howland Water. **B** Howland Water. **K** N.N. **M** N.N. **D** Becky Sharpe, Evan Steele, June Louise, Jack Driscoll. **F** 67 Min.

Junge amerikanische Prostituierte bereist das Land ›geschäftlich‹ mit einem Wohnwagen und gerät mit einer Zuhälterbande aneinander, bis sie Hilfe von einem harten Burschen erhält, der in sie verliebt ist.

Sex and Life (1)
(MARU HISEI TO SEIKATSU). Japan 1969.
R Tatsuishi Takamori/Karl Heinz Frank. **B** N.N. **K** Dieter v. Soden/ Masahiko Jimura. **M** Koichi Kawabe. **D** Kenjiro Ishiyama (Gynäkologe), Teruo Yoshida (Sohn), Mariko Ko (Sprechstundenhilfe), Yoko Mihara (Patientin), Shingo Yamashiro, Bokuzen Hidari. **F** 81 Min.

Ein Arzt unterweist seine naiven Patienten in der Kunst des Liebens und freut sich, als er von seinem Sohn hört, daß er in seine Fußstapfen treten will. – Ein Episodenfilm auf dem Niveau einer *Bravo*-Serie, zusammengeschnitten aus einem japanischen ›Aufklärungsfilm‹ und deutschen Pfefferszenen.
Ⓥ Telerent

Sex and Life (2)
(MARUHI SEKKUSU KYOFUSHO). Japan 1970.
R Tatsuichi Takamori/Karl Heinz Frank. **B** Ishiro Ikeda. **K** Masahiko Iimura **M** Toshiaki Tsushima **D** Ken-

taro Kudo (Kosuke Izawa), Yuki Kagawa (Sawako), Hosei Komatsu (Junichi), Rosemarie Heinikel, Inge Steinbach, Didi Wadidi, Teruo Yoshida, Karin Götz, Katja Büchele. **F** 92 Min.
Ein Polizist lernt eine Designerin kennen, deren gestörtes Verhältnis zur Sexualität in einem Ohnmachtsanfall gipfelt. Er bringt sie zu seinem medizinisch geschulten Bruder, der sich bemüht, die Ursache ihrer ›Verklemmung‹ herauszufinden, indem er ihr schlüpfrige Filme zeigt, was aber auch nichts nützt. Das Problem erledigt sich schließlich von selbst. – Japanisches Melodram aus der Schema-F-Kiste, aufgepeppt mit diversen Sexszenen deutscher Produktion.

Sex Appeal
(SEX APPEAL). USA 1986.
R Chuck Vincent. **B** Chuck Vincent/ Craig Horrall. **K** Larry Revene. **M** Ian Shaw/Kai Joffee. **D** Louie Bonnano (Tony Cannelloni), Tally Britanny (Corrine), Marcia Karr (Christina Cannelloni), Jerome Brenner (Joseph Cannelloni), Marie Sawyer (Louise Cannelloni), Philip Campanaro (Ralph), Jeff Eagle (Donald Cromonic), Gloria Leonard, Molly Morgan, Veronica Hart, Candida Royalle, Taija Rae, Stasia Micula, Kim Kafkaloff, Jill Kumer, Norris O'Neil, Stephen Raymond, Edwina Thorne, Cindy Joy, Terry Powers, Ron Chalon, Robin Leonard, Janice Doskey, Johnny Nineteen, Larry Catanzo, Anne Tylar, Suzanne Vale. **F** 84 Min.
Der tolpatschige Tony verläßt die Wohnung seiner Eltern und richtet sich in New York ein Liebesnest ein, in dem er sich bemüht, Damen aller Klassen zu verführen – ziemlich erfolglos, weil er ein geborener Pechvogel ist und seine Eroberungen meist an gewaltigen Makken leiden. Sein Nachbar Donald, ein Schriftsteller, der gern an Wänden lauscht, veröffentlicht derweil jede Menge Artikel über die Ausschweifungen des vermeintlichen Casanovas an die Schlüpferpresse. – Ein komödiantisch aufgemotztes Softcore-Remake von FASCINATION (SCHÜCHTERN, ABER SCHARF WIE OSKAR [USA 1980; **R** Larry Revene, der hier die Kamera führt]).

Sex auf Rädern
Siehe **Die Auto-Nummer – Sex auf Rädern**

Sex Boat
(SEX BOAT). USA 1980.
R David I. Frazer. **B** David I. Frazer. **K** Joao Fernandez. **M** Ivan Claude Leweles. **D** Roxanne Potts (Capt. Scabbard), Candy Barbour (Zahlmeisterin), Robert Lyon, Randy West (Blinde Passagiere), Jeanette James, Camilla Franklin, Eve Evans (Crew). **F** 80 Min.
Zwei Blinde Passagiere verstecken sich auf einem ausschließlich von sexgierigen Frauen bevölkerten Luxusschiff und haben ihren Spaß beim Zusehen. Als sie entdeckt werden, will man sie aussetzen, was jedoch durch das Auftauchen böser Piraten verhindert wird: Jetzt braucht man die heimlichen Voyeure zur Verteidigung. – Eine deftige Verulkung der TV-Serie »Love Boat«, die mit der BRD-Produktion »Traumschiff« zu vergleichen ist. – »Randy West und Robert Lyon sind als Hähne ihm Hühnerstall nicht zu verachten. [SEX BOAT] wimmelt von üppigen Fotomodell-Typen in netten Badeanzügen, aber der Film ist eher blöd als lustig.« (ADULT MOVIES).
Ⓥ Mike Hunter

Sex hinter geschlossenen Türen
BRD 1972.
R Jörg Michael [= Jürgen Enz].
B Jürgen Enz. **K** Paul Fix. **M** Kurt Matthäus. **D** Monica Marell, Gabriele

Schwab, Kurt Deubler, Natascha Negri, Gerhard Schartel, Peter Krüss, James Jacob. **F** 72 Min.
1. Eine Frau befriedigt sich selbst, nachdem ein Student, den sie in ihre Wohnung gelockt hat, sie nicht hat befriedigen können. – 2. Ein Wäschefetischist sieht sich plötzlich einer nackten Frau gegenüber. – 3. Ein Pärchen berichtet von seiner ersten sexuellen Begegnung. – Ein Episodenfilm. – AT: LUSTRAUSCH WILDER MÄDCHEN.

Sex Holidays
Siehe **Heißer Sex in Frankreich**

Sex im Dunkeln
Siehe **Küß mich, als gäb's kein Morgen**

Sex im Frauengefängnis
(99 WOMEN/99 MUJERES/99 DONNE). GB/BRD/Spanien/Italien 1969.
R Jess Franco. **B** Jess Franco/Carlo Farda/Milo G. Cuccia. **K** Manuel Merino/Javier Perez. **M** Bruno Nicolai. **D** Maria Schell (Leonie), Luciana Paluzzi (Natalie), Mercedes McCambridge (Thelma), Herbert Lom (Gouverneur), Maria Rohm (Marie), Rosalba Neri (Zoe), Valentina Godoy (Rosalie), Elisa Montés (Helga), Maria Perschy. **F** (107) 94 Min.
Nachdem eine Gefangene unter mysteriösen Umständen in einer einsam gelegenen südamerikanischen Strafkolonie gestorben ist, wird eine Soziologin namens Leonie mit der Klärung des Falles beauftragt, doch Thelma, die sadistische Lagerkommandantin, hängt ihr eine lesbische Affäre mit einer anderen Gefangenen an. Zwei Frauen, die aus dem Gefängnis fliehen, fallen einem männlichen Suchkommando in die Hände und erleben ein böses Ende, und der Gouverneur, von dem sie sich Hilfe erhofft haben, entpuppt sich als Thelmas Komplize: er deckt ihre Machenschaften, da sie seine sexuelle Begierde mit der ›Lieferung‹ ihr unterstellter Gefangener befriedigt. – SEX IM FRAUENGEFÄNGNIS ist ein Vorläufer der zahlreichen Frauenknastfilme, die seit den achtziger Jahren die Videotheken überfluten und ihre fragwürdig-brutalen Stories nur als Alibi benutzen, um ausführlich lesbische Liebesszenen zu zeigen. Wie die anderen Streifen dieses Genres baut auch dieses Franco-Produkt hauptsächlich auf Brutalität und Voyeurismus. Daß es zudem handwerklich unter aller Kanone ist, gehört eigentlich schon dazu. – AT: DER HEISSE TOD.

Sex kreuz und quer
(THE VERY FRIENDLY NEIGHBOURS / THE COMMUNAL MARRIAGE). USA 1969.
R Albert Zugsmith. **B** Albert Zugsmith. **K** Bob Maxwell. **M** N.N. **D** Angelica Caron, Alain Germaine, Amy Paisley, Alexander Beckett, Sally Sanford. **F** 78 Min.
Ein Hollywoodstarlet, mit einem reichen Knaben verheiratet, überredet ein Nachbarpärchen zum Partnertausch. Ein Geldsack hypnotisiert ein Mädchen und verführt und heiratet es. Ein Starlet verführt ein Ehepaar zum Gruppensex, findet auch diese Art der Freizeitgestaltung allmählich öde und fängt ein neues Leben an. – »Zum Vergessen.« (James W. Limbacher). Ein Episodenfilm.

Sex, Love and Happiness
BRD 1973.
R Frank Sürth. **B** Frank Sürth. **K** N.N. **M** N.N. **D** Rick Lutz, René Bond, Uschi Digard. **F** 78 Min.
Eine Pseudodokumentation über einen reichen Knaben, der sich von einem Sexologen anhand von Bildbeispielen zeigen läßt, wie ›es‹ so vor sich geht bzw. welche heißen Träume Frauen haben. –

Ein aus mehreren US-Streifen zusammengeschustertes Flickwerk.

Sex x Sex
(24 HEURES D'UN AMERICAIN A PARIS). Frankreich 1963.
R José Benazeraf. **B** José Benazeraf.
K Alain Derobe. **M** Louiguy. **D** Dick Randall (Sam Smith), Nancy Holloway, Poupée la Rose, Jessica Rubicon, Dodo de Hambourg, Pamela Holhouse, Roberto Talamo, Claudine Hogleneel, Stephanie Underdorn, Cosette Blanche, Chantal Delor, Monique Sivers, Jane Jonason, Beatrice de L'Etang. **F** 90 (71) Min.
Sam Smith, ein wohlhabender US-Tourist, stürzt sich ins Pariser Nachtleben: Er besucht den bekannten Nachtklub Crazy Horse, bandelt versehentlich mit drei Lesben an und entpuppt sich als zu plump, um eine Französin zu verführen. Doch da er seinen kurzen Aufenthalt nicht ohne ein echtes ›französisches Abenteuer‹ beenden möchte, macht er eine Landsmännin an. – Mit deppertem Off-Kommentar versehener Abfall aus den Mülltonnen einer Garagenproduktion; heute nur noch von dokumentarischem Interesse. (Was mag wohl aus Dodo de Hambourg geworden sein?)

Sex mit den Stars
Siehe **Liebesspiele**

Sex mit sechzehn
Siehe **Intime Stunden auf der Schulbank**

Sex pervers
BRD 1970.
R Günter Lemmer. **B** Günter Lemmer.
K Dieter v. Hanstein. **M** Kristian Schultze. **D** G. Gunter, Franco, Evelyn Bienert, Sylvia Mathews, Semika Pinargüer, Rex Müller-Darson, Günter Friedmann, Frank George, Gerd Siepert, Undine Selz, Barbara Pötter, Fred Howe, Melitta Tegeler, Bernhard Feldmann, Sylvia Perell, Claudia Muller, Gitte Porta, James Nickel, Monique de Mont, Klaus Honoff. **F** 79 Min.
In diesem ›Aufklärungsfilm‹ informiert uns ein Pfarrer und Psychotherapeut über sogenannte sexuelle Verirrungen. – Als da wären: Fetischismus, Sadomasochismus, Nekromantie, Voyeurismus, Masturbation, Fellatio und Gruppensex. – Und damit die Sache nicht allzu öde wird, werden seine Ausführungen von Spielhandlungen illustriert.

Der Sex trinkt Champagner
(JE SUIS UNE NYMPHOMANE). Frankreich 1970.
R Max Pécas. **B** Max Pécas/Claude Mulot. **K** Robert Lefébvre. **M** Derry Hall. **D** Sandra Julien (Carole), Janine Raynaud (Murielle), Yves Vincent (Priester), Patrick Verde (Michel), Alain Hitier (Eric), Michel Vocoret (Olivier), André Chazel (Psychiater), Bob Ingarao, Michel Charrel (Zigeuner), Saint-Bris (Vater), France Noelle (Mutter), Antoinette Martin (Lucie), Patrice Dubois (Arzt), Hélène Tossy, Colette Mareuil, Michel Lemoine.
F 91 Min.
Die Kleinstädterin Carole verwandelt sich nach einem Sturz mysteriöserweise in eine Nymphomanin, die ihre Reaktionen nicht mehr unter Kontrolle hat. Sie entschwindet nach Paris, wo sie zum Spielball der erotischen Gelüste von Männern und Frauen wird, die ihre ›Krankheit‹ zur eigenen Triebbefriedigung ausnutzen. Nach einem mißglückten Suizid lernt sie einen Arzt kennen, der sie heilt. – Bleibt nur die Frage, wieso der ›Sex‹ Champagner trinkt.

Sex und Liebe per Kontaktanzeige
(THE LOVE BOX). GB 1972.
R Billy White/Teddy White. **B** Billy

White/Teddy White. **K** Grenville Middleton. **M** Mike Vickers. **D** Chris Williams, Paul Aston, John Mattocks, Jane Cardew, Leonore Little, Basil Clarke, Elaine Baillee, Ann Henning, Richard Wattis, Maggie Wright, Peggy Ann Clifford, Barlett Mullins, Anthony Howard. **F** 90 Min.
Hier geht's u.a. um ein ›Ausbildungslager‹ für angehende Callgirls und ihre Kunden, die per ›Kontaktanzeige‹ zu ihnen finden. – Nicht der Rede werter Softsexfilm.

Sex wie Eis und Feuer
(TAKE OFF). USA 1978.
R Armand Weston. **B** Armand Weston/Daria Price. **K** Joao Fernandez. **M** Elephant's Memory. **D** Wade Nichols (Darren Blue), Georgina Spelvin (Henrietta), Lesllie Bovee (Linda), Eric Edwards (Max), Annette Haven (Virginia), Holly Woodlawn, Susan London. **F** 103 Min.
Darren, in den zwanziger Jahren ein berühmter Filmstar, lädt die junge Linda in sein Haus ein und verführt sie. Als Linda ihn fragt, wieso er äußerlich so jung geblieben ist, führt er ihr eine Reihe von schlüpfrigen Filmen vor, die von den zwanziger Jahren bis in die Gegenwart reichen: In ihnen altert er sehr wohl, aber er persönlich bleibt jung. – Die Sexversion von Oscar Wildes (1854–1900) Dorian Gray-Geschichte.

Sex World
(SEX WORLD). USA 1978.
R Anthony Spinelli. **B** Anthony Spinelli/Dean Rogers. **K** N.N. **M** Berry Lipman. **D** Lesllie Bovee, Annette Haven, Sharon Thorpe, Kay Parker, Desiree West, Amber Hunt, John Leslie, Kent Hall, Joey Silvera, Peter John. **F** (90) 70 Min.
Ein Trupp sexuell Frustrierter besucht einen futuristisch ausgestatteten Ferienpark, um sich dort an Sexrobotern zu delektieren, doch die Akteure werden in einer unterirdischen Zentrale auf Monitoren beobachtet. – Ein Science Fiction-Sexer, der auf der Idee von Richard T. Heffrons FUTUREWORLD (USA 1976) aufbaut, dem Original aber inhaltsmäßig nicht das Wasser reichen kann. – »Der Film hat zwar ein paar nette Dekorationen, einen hohen Produktionsstandard und simuliert auf mancherlei Weise das, was man zur Hauptsendezeit im Fernsehen sehen kann, wird seiner SF-Reklame aber nicht gerecht.« (ADULT MOVIES).

Das Sexabitur – Liebe in Blue Jeans
BRD 1978.
R Kenneth Howard [= Jürgen Enz]. **B** Jürgen Enz. **K** N.N. **M** N.N. **D** Ginny Noack, Irene Falke, Mario Pollak. **F** 96 Min.
Die mehr an Sex als an guten Noten interessierte Schülerin Anne, die mit Recht befürchten muß, durchs Abitur zu rasseln, tauscht die Rolle mit ihrer Mutter, die ihr zum Verwechseln ähnlich sieht. Mama gelingt es mit ihren Reizen nicht nur, den geilen Klassenlehrer zu becircen, sondern gibt sich auch mit Freuden den Klassenkameraden ihrer Tochter hin. Und natürlich artet die Abiturfeier zu einer gewaltigen Sexorgie aus.
Ⓥ Hot Movie

Das Sexabitur (2)
BRD 1981.
R Kenneth Howard [= Jürgen Enz]. **B** Jürgen Enz. **K** Lutz Ziervogel. **M** Jack Kruppa. **D** Mario Pollak, Carola Reyen, Peter Steiner, Andrea Blauen. **F** 80 Min.
Mehrere Schülerinnen, die damit rechnen, daß sie durchs Abitur rasseln, beeinflussen ihren Lehrer bei der Notengebung mit den Waffen der Sexindustrie. –

Ein inhaltlicher Nachzieher des Films DAS SEXABITUR – LIEBE IN BLUE JEANS (BRD 1978; **R** Kenneth Howard), der aber auch keine höheren Ansprüche erhebt.

Die Sexabenteuer der drei Musketiere
BRD 1971.
R Michael Thomas [= Erwin C. Dietrich]. **B** Manfred Gregor [= Erwin C. Dietrich]. **K** Peter Baumgartner/ Andreas Demmer. **M** Walter Baumgartner/Peter Hedrich. **D** Peter Graf (d'Artagnan), Achim Hammer (Porthos), Thomas Larisch (Athos), Jörg Coray (Aramis), Li Huber (Zigeunerin), Loni Grunwald (Schankmagd), Nadia Pilar (Dickes Mädchen), Alfred Codona (Graf de Voyeur), Ingrid Steeger (Magd), Yvonne Sollin (Gräfin De Voyeur), Rico Peter, Raffael Britten. **F** 76 Min.
Während der junge d'Artagnan auf dem Gut seines Vaters erste sexuelle Erfahrungen macht, hocken Alexandre Dumas'‹ Musketiere (falls sie nicht gerade tatenlos auf Schaukelpferden durch einen Wald reiten) in der Taverne und erzählen zwei rundlichen Schankmaiden ihre angeblich aufregenden Sexabenteuer. – Daß der Film zwei Kameras brauchte, bestätigt eine Vermutung jedes aufmerksamen Betrachters: Hier wurden zwei Reste zusammengeklebt. Indiz 1: D'Artagnan, der in Paris Musketier des Königs werden will, irrt noch drei Monate nach seinem Aufbruch ziellos durch die Wälder. Indiz 2: Porthos, Athos und Aramis haben auch keine Ahnung, wohin die Reise geht. Lüsterne Mönche, eine heißblütige Zigeunerin, geile Zofen, eine adlige Dame, die Peitschen mag, und ein Graf namens de Voyeur (der sprechen kann, ohne die Lippen zu bewegen) sind weitere Bestandteile dieses peinlichen Schnipselsalats.

Sexaktive Verführerinnen
Siehe **Duett im Bett**

Der Sexathlet
(WILBUR AND THE BABY FACTORY). USA 1970.
R Tom Wolfe. **B** Tom Wolfe. **K** Lloyd W. Knechtel. **M** Michael Terresco. **D** Tom Shea (Wilbur Steele), Keith McConnell (Dr. Wednesday), Larisa Schubert (Karen/Kristine), Lisa Grant (Monica Brigstick), Stuart Lancaster (W.W.), Patrick M. Legrand (Mawson), Catherine Philippe (Angelique), James Anthony (Bulle), Sue Silva (W.W.'s Freundin), Frank Belt (Jäger), Edward Murphy (Spanner), Larry Verdugo (Anwalt), Lewis Clark (Thermometer), Diana Cope (Miss Thermometer). **F** 78 Min.
Der Student Wilbur wird als ›Zuchtbulle‹ für ein geheimes genetisches Experiment ausgewählt, in dessen Verlauf er zweitausend Kinder zeugen soll. Doch Wilburs Vergnügen hält nicht lange an: Vom ständigen Leistungsdruck gefrustet, unternimmt er einen Fluchtversuch aus der Isolierstation. – Komödiantisch angehauchter Sexfilm.

Der Sexbaron von St. Pauli
BRD 1979.
R Jürgen Enz. **B** N.N. **K** Lutz Ziervogel. **M** N.N. **D** Herbert Warnke, Margit Rauthe, Andrea Wedekind, Peter Thom, Horst Sieger, Jürgen Bigalkes. **F** 81 Min.
Ein Hamburger Ganove, der finanziell recht knapp dasteht, versucht mit Hilfe von Betrügereien seine Existenz im einschlägigen Milieu zu finanzieren. Nachdem er auf eine Dame hereingefallen ist, die ebenfalls in der Hochstaplerbranche arbeitet, bildet er mit ihr ein Duo. – AT: LASS KNACKEN, SCHÄTZCHEN. DIE MASCHE MIT DEM SCHLITZ.
Ⓥ IP (Laß knacken, Schätzchen)

Sexbomber
(PENSIONE AMORE SERVIZIO COMPLETO). Italien 1980.
R Luigi Russo. **B** Luigi Russo/Enzio Passadore. **K** Luigi Russo. **M** Stelvio Cipriani. **D** Christian Borromeo (Gerry), Loredana de Santo (Lucy), Marina d'Annia, Ajita Wilson, Clara Colosimo, Angie Vibekers, Cosimo Melone, Francesco Guidato. **F** 86 Min.
Ein superpotenter Über-Mann (Enkel einer spießigen Pensionswirtin) verhilft einer stets am Rande der Pleite herumkrebsenden Pension zu neuem Auftrieb und wird auf dem Höhepunkt seiner Karriere impotent. – Eine einfältige Sexkomödie.
Ⓥ USA

Die Sexbrille
(MAGIC SPECTACLES). USA 1961.
R Bob Wehling. **B** Arch Hall jr. **K** Vilis Lapenieks. **M** N.N. **D** Tommy Holden (Dr. Paul De Nude/Angus L. Farnsworth), June Parr (Myra Farnsworth), Margo Mehling (Sekretärin), Kay Cramer, Cindy Tyler, Danice Daniels, Jean Cartwright, Carla Olson (Go Go Girls). **F** 74 Min.
Amerikanischer Werbekaufmann stößt auf eine von einem Wissenschaftler entwickelte Brille, die Kleiderstoffe durchsichtig macht, und macht eine Reise durch Hollywood, um die Unterwäsche der Damenwelt zu bestaunen. Doch bald ist ihm die Gattin auf der Spur! – Yak! Yak!

Sex-Export aus Amsterdam (1)
BRD 1970.
R Frank Sürth. **B** Frank Sürth/Monika Hoffmann. **K** Kevin Duffy/Gerhard Fromm/Frank Sürth/Hal Guthu. **M** Erich Hartl. **D** Robert Seeley (Adrian), Bambi Allen, Lynn van Dyck, Joyce Fender, Erich Hartl, Imka La Paz, Ingeborg Buck. **F** 79 Min.
Der niederländische Blumenzüchter Adrian entwickelt ein Hormonpräparat für Tulpen, das sich auch auf die männliche Potenz auswirkt. In den USA wird das Wundermittel bald zu einem begehrten Medikament in den Kreisen der High Snobiety. – Ein aus deutschen und US-Filmen zusammengeflicktes Anthologiewerk.

Sex-Export aus Amsterdam (2)
BRD 1975.
R Frank Sürth. **B** Frank Sürth. **K** N.N. **M** N.N. **D** Robert Seeley (Adrian), Bambi Allen, Lynn van Dyck, Joyce Fender. **F** 72 Min.
Bildersalat aus SEX-EXPORT AUS AMSTERDAM (1) und einem nicht identifizierbaren Sexstreifen ähnlicher Machart. – Das wirre Getue der Akteure, die grundlos aus der Handlung verschwinden, lassen dieses Fiasko zu einem Erlebnis für Freunde wirklich schlechter Filme werden. – Ein aus deutschen und US-Filmen zusammengeflicktes Anthologiewerk.

Sexexpress in Oberbayern
Siehe **Liebesgrüße aus der Lederhose (3): Sexexpreß in Oberbayern**

Sexfieber
Siehe **Frauen hinter Zuchthausmauern**

Sexgrüße aus dem Lederhöschen
Siehe **Witwen-Report**

Sexkarussell – Via Erotica
Österreich 1967.
R Fritz Fronz. **B** Marcel Trousant. **K** Peter Kodera. **M** Erwin Matula. **D** Frank Roberts, Tanja Gruber, Renate Bernhardt, Olga Loncar, Elisabeth Terval. **SW** 73 Min.
Mühsam auf Kinolänge gebrachter Streifen um zwei Journalisten, die schlüpfrige Storys erfinden, damit der

Regisseur Gelegenheit hat, ein paar Stripgirls vor die Kamera zu lotsen. – AT: VIA EROTICA 6.

Die Sexklinik
(SERRE-MOI CONTRE TOI, J'AI BESOIN DE CARESSES). Frankreich 1973.
R Jean Levitte. B Michel Lebrun/Jean Levitte. K Robert Lefebvre. M Didier Vasseur. D Monique Vita, Sylvie Solar, Jean-Michel Dhermay, Anne Libert, Olivier Mathot. F (90) 75 Min.
Ein junges Ehepaar, in dessen Leben nach Beendigung der Flitterwochen die Langeweile ausbricht, begibt sich in eine Sexklinik, dessen Personal sie in die Mysterien außergewöhnlicher Sexualpraktiken einführt. Bis es zwischen den beiden wieder klappt. – Ein heftig geschnittener und modisch gelackter Weichzeichner-Softporno.
Ⓥ Euro

Sexklub der Triebhaften
(CASTING CALL). USA 1971.
R Kendall Stewart. B Clyde Rogers. K Stan Slate. M Oliver Howard. D John Long, Sarah Warren, Stephen Treadwell, Susan Bergdahl, Valerie Lauron, Heidi Soler, Judy Angel, Zoltan Narish, Michael Valentine, Linda Vroom. F (90) 70 Min.
Ein sexuell ständig geladener Hollywoodproduzent ›testet‹ junge Frauen, die beim Film Karriere machen wollen, ohne auch nur im Traum daran zu denken, ihnen Rollen zu geben. – »Weder Darstellung noch technische Bewältigung erreichen ein handwerkliches Mittelmaß.« (FILMDIENST).
Ⓥ Telerent

Sexköniginnen der Nacht
(PER UNA VALIGIA PIENA DI DONNE). Italien 1964.
R Renzo Russo. B Carlo Manzoni/ Renzo Russo. K Adriano Bernacchi. M Armando Sciascia. D Elio Crovetto, Angela Guy. F 78 Min.
Ein Mann fährt mit dem Taxi von einem Pariser bzw. Londoner Stripteaselokal zum anderen, schaut sich die dort angebotenen Nummern an und wird am Ende von seiner Gattin zur Schnecke gemacht. – Eine Nummernshow mit (müder) Rahmenhandlung, typisch für die angehende Sexwelle der frühen sechziger Jahre.

Die Sexmaschine
(CONVIENE FAR BENE L'AMORE). Italien 1975.
R Pasquale Festa Campanile. B Pasquale Festa Campanile. K Franco di Giacomo. M Fred Bongusto. D Luigi Proietti (Prof. Enrico Coppola), Agostina Belli (Francesca De Renzi), Eleonora Giorgi (Piera), Christian de Sica (Daniele Vanturoli), Maria Scaccia (Mons. Alberoni), Adriana Asti (Irene Nobili), Franco Agostini (Dr. Spina), Quinto Parmaggiani (De Renzi), Gino

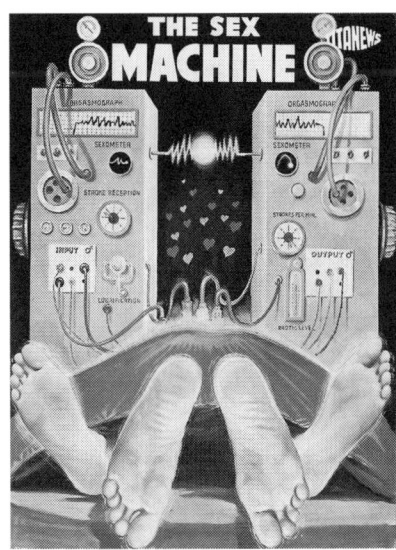

Plakat zu *Die Sexmaschine* von Pasquale Festa Campanile

Sexmission

Pernice (Assistent), Mario Pisu (Minister), Monica Strebel (Angela), Franco Agrisano (Hauswirt), Oreste Lionello (Fahrer), Mario Maranzana (General), Pietro Tordi, Roberto Antonelli, Armando Bandini, Pupo de Luca, Leo Frasso, Ettore Carloni, Vincenzo Maggio. **F** 84 Min.

1999, als sämtliche irdischen Energiequellen erschöpft sind, macht der Biologe Coppola (!) eine sensationelle Entdeckung: Der menschliche Körper erzeugt während der sexuellen Betätigung Elektrizität, die man mit einer speziell entwickelten Maschine in Strom umwandeln kann. Die Kirche unterstützt Coppola bei der Veranstaltung von Massenorgien, aber als die Kopulanten sich ineinander verlieben, ist es mit dem fröhlichen Getümmel bald aus: Von oben wird verordnet, daß Sex fortan nur noch rein emotionslos zu erfolgen hat. – Die Sexkomödie mit dem Science Fiction-Hintergrund hebt nie richtig ab.

Sexmission

(SEKSMISJA). Polen 1983.
R Juliusz Machulski. **B** Juliusz Machulski/Jolanta Hartwig/Pavel Hajny. **K** Jerzy Lukaszewicz. **M** Henryk Kuzniak. **D** Olgierd Lukaszewicz (Albert), Jerzy Stuhr (Max), Bozena Stryjkowna (Lamia), Boguslawa Pawelec (Emma), Hanna Stankowna (Tekla), Beata Tyskiewicz (Berna), Ryszarda Hanin (Dy Yanda), Barbara Ludwizanka (Babcia), Miroslawa Marceluk (Sekretärin), Hanna Mikuc (Linda), Elzbieta Zajacowna (Instruktorin), Dorota Stalinska (TV-Reporterin), Janusz Michalowski (Prof. Kuppelweiser), Piotr Stefaniak (Assistent), Juliusz Lisowski, Magdalena Kuta, Anna Wesolowska, Grazyna Trela, Malgorzata Rogacka, Beata Maj, Alicja Zommer, Elzbieta Jasinska, Teresa Makarska, Wieslaw Michnikowski. **F** 120 Min.

Nach einem fehlgeschlagenen Tiefschlafexperiment erwachen Max und Albert fünfzig Jahre später auf einer Erde, die keine Männer mehr braucht. Die Frauen leben in einer unterirdischen Stadt und pflanzen sich ohne Männer fort. Albert paßt sich nur schwer an, Max hält die Lage für vorzüglich. Trotzdem stoßen seine Annäherungsversuche auf Widerstand: Die Frauen halten die Männer für überflüssig und für Urheber allen Übels. Als man unsere Helden per Operation in ›natürliche Wesen‹ verwandeln will, werden sie von einer Frau gerettet und fliehen mit ihr. Auf der angeblich unbewohnbaren Erdoberfläche stoßen sie auf eine gesunde Flora und Fauna und ein komfortables Haus, in dem sie sich zu mit einer zweiten Frau, die ihnen gefolgt ist, niederlassen und den irdischen Genüssen frönen, bis sie den Hausherrn kennenlernen – die Präsidentin, die sich als Mann entpuppt. Bald wird der erste Junge geboren. – »Wie

Zwei Zukunftsschönheiten aus *Sexmission* von Juliusz Machulski

[Juliusz Machulski] mit ironisch-frechem Augenzwinkern in ein drapiertes Morgen äugt, dabei auf schwarzen Humor nicht verzichtet und nicht auf erotisches Beiwerk, das ist schon amüsant, ist ein intelligenter Spaß, der sich letztlich als eine schöne wie heitere Liebeserklärung an unsere Welt von heute, ihre Schönheit, Freundlichkeit und ihre leiblichen Genüsse begreift.« (Hans-Dieter Tok, LEIPZIGER VOLKSZEITUNG).
Ⓥ UFA

Sex-Lehrer-Report
(PRETTY MAIDS ALL IN A ROW). USA 1970.
R Roger Vadim. B Gene Roddenberry. K Charles Rosher. M Lalo Schifrin.
D Rock Hudson (Tiger McGrew), Angie Dickinson (Miss Smith), Telly Savalas (Surcher), John David Carson (Ponce), Roddy McDowall (Proffer), Keenan Wynn (Poldaski), James Doohan (Follo), William Campbell (Grady), Susan Tolsky (Miss Krähmaler), Barbara Leigh (Jean), Gretchen Burrell (Marjorie), Amy Eccles (Hilda), Joanna Cameon (Yvonne), Margaret Markov (Polly), June Fairchild (Sonny), Joy Bang (Rita), Brenda Sykes (Pamela), Diane Sherry (Sheryl), Philip Brown (Jim), Mark Malmborg (Dink), Kyle Johnson (Dave), Warren Seabury (Harold), Gary Tigerman, Tim Ray, Alberto Isaac (Boys), Stephanie Mizrahi (McGrews Tochter), Larry Marmorstein (TV-Mann), Orville Sherman (Pastor), Estrellita Rania (Hildas Mutter), Otis Greene (Gerichtsmediziner). F 91 Min.
Rock Hudson – ausgerechnet! – als geiler und mörderischer Sportlehrer an einer Schule, deren Schülerinnen allesamt nur Sex im Kopf haben. – Hudsons Versuch, sich nach mehreren mit Doris Day entstandenen Erfolgsfilmen ein neues Image aufzubauen, ging schmählich in die Hose. Wie übrigens auch dieser Film, dessen Drehbuch vom »Star Trek«-Erfinder Gene Roddenberry stammt.

Sex-Play
Siehe **Hurra... Die Deutsche Sex-Partei**

Sexpraxis
Siehe **Sexpraxis '75**

Sexpraxis '75
(DROP OUT WIFE). USA 1973.
R A.C. Stephen [= Stephen C. Apostolof]. B N.N. K N.N. M N.N. D N.N. F 57 Min.
Frustrierte Ehefrau, deren Gatte im Bett ›nichts bringt‹, zieht zu einer allein lebenden Freundin und holt sich bei ihr und deren Freunden, was ihr fehlt. Bis sie sich irgendwann wieder eines Besseren besinnt. – Das hatten wir schon allzu oft. – AT: SEXPRAXIS.

Sex Proibitissimo
(SEX PROIBITISSIMO). Italien 1962.
R Marcello Martinelli. B Marcello Martinelli. K Adalberto Albertini. M Lallo Gori. D Stripper und TänzerInnen. SW 91 Min.
Ein Film, der bei den Neandertalern beginnt und in der Science Fiction endet. – »Wir nehmen teil am Leben der *Höhlenmenschen* und erleben den Prozeß der *Phryne*, die durch ihren Liebreiz die Dichter so begeisterte, daß sie freigesprochen wurde. *Kleopatras* Bad ruft fast eine Meuterei hervor, und *Salome* macht durch den Tanz der sieben Schleier den düsteren König Herodes ihren Wünschen gefügig. Wir wandern durch das *Mittelalter*, die keusche *Lady Godiva* reitet an uns vorbei, und einige Zeit später muß sogar der scheußliche *Frankenstein* kapitulieren, denn gegen die Waffen des ›schwachen Geschlechts‹ ist selbst der stärkste Mann hilflos. *Eine*

Sexreport blutjunger Mädchen von Fritz Fronz

junge Französin rettet während der Revolution durch ihren Charme und ihre Klugheit ihr Leben – der Henker ist nicht der erste Mann, der wegen einer schönen Frau den Kopf verliert –, und die Marsbewohner machen Stielaugen beim Anblick der *ersten Astronautin. Hervorragende Tanzgruppen* in New York, Las Vegas, Rio de Janeiro, Mexiko und Paris bereichern diese Parade schöner Frauen – es ist unmöglich, die vielen Kapitel dieses Films in wenigen Zeilen zu beschreiben.« (ILLUSTRIERTER FILM-KURIER). Und da dieser ›Dokumentarfilm‹ 1962 entstand, enden die Ausziehnummern natürlich bei den Dessous.

Sexreport blutjunger Mädchen
Österreich/BRD 1972.
R Fritz Fronz. **K** Marcel Troussant.
K Wolfgang Lührse. **M** Theo Braun.
D Frank Roberts (Pierre), Erica Gapp (Daniele), Marika Minszenty (Simone), Eva Maria Bergen (Christine), Renée Felten (Denise), Eddy Singer (Gilbert), Peter Tiller (Georges), Martine Thelen, Maja Hoppe, Jane Lee,

Sylvia Pabel, Ute Pisare, Ilonka Princz, Brigitte Viel, Tanja Weiser, Felice Cervi, Phil Herb, John Palt.
F 86 (TV: 82) Min.

Sechs ehemalige Internatsschülerinnen treffen sich in einem Café und flunkern sich eins vor: Die erste berichtet von ihrem strengen Chef, der in Wahrheit auf Sado-Maso und unter ihrer Fuchtel steht; die zweite, die sich gar nicht für Männer interessiert, entpuppt sich als Nymphomanin; die dritte, die nicht genug von den Männern kriegen kann, ist lesbisch; die vierte hat einen Freund, der alles für sie tut – bloß ist er homosexuell. Die fünfte, die in ihrer Ehe mit einem Filmproduzenten das größte Los gezogen hat, verschweigt, daß ihr Mann im Pornomilieu tätig ist. Die sechste sagt nichts – sie hat ein Gspusi mit dem Kellner. – AT: HUREN-REPORT. SEXVARIATION BLUTJUNGER MÄDCHEN.

Sex-Revolution der Hemmungslosen
(THE TAKERS). USA 1971.
R Carlos Monsoya. **B** Dash Freemont.

K Gary Troy. **M** N.N. **D** Susan Apple, Fred Bush, Coe Bart, Kim Kiya, Louise Douglas, Deborah Borroli, Dennis Troy, Rulo Thumb, Tony Zero, Carlos Monsoya.
F 59 Min.
Zwei Tunichtgute, die ihr süßes Leben mit Drogenhandel und Räubereien finanzieren, bewegen zwei reiche Frauen, die in einem luxuriösen Bungalow wohnen dazu, ihre reichlich seltsamen sexuellen Wünsche zu erfüllen, bis ihnen das Schicksal in Gestalt eines wutschnaubenden Ehemannes begegnet.

Sex-Roulette
(INITIATION). USA 1968.
R William Wellburn. **B** Ron Sands/Tom Parker. **K** Robert Caramico. **M** N.N. **D** Denise Lynn (Tangi), Rick Strausser (Kelly), Sean Ohlen (Chuck), Rachel Raid (Linda), Walter Willison (Tommy), Lawrence Andrews (Steve), Rusty Beauchane (Ray), Linnell Barrett (Girl), Sandy Baker (Henrietta), Erica Gavin (Jan).
F (72) 70 Min.
Tangi, die Schwester des in Vietnam zum Drogensüchtigen gewordenen Ex-GIs Kelly, betätigt sich als Zuschauerin bei den Sexorgien, die ihr Bruder Chuck mit Kelly, seinen Freunden und einigen stets bereiten Girls im Gästehaus ihrer Familie veranstaltet – bis ein Lüstling auch über sie herfällt und Chuck sie rettet. – Ein Machofilm, in dem die Frauen den ›Herren‹ beim ›Wettsaufen‹ sogar noch als ›Preise‹ dienen.

Sex-Roulette
BRD 1977.
R Alan Vydra. **B** Alan Vydra. **K** N.N. **M** N.N. **D** Jean de Villroy, Vanessa de Villroy, Vanessa Melville, Desiree Bastareaud, Anita Berenson, Christine Baer.
F 115 Min.

Der steinreiche Ex-Spieler Robert De Chamoix lebt in der Gesellschaft üppiger Frauen, und als seine bei ihm lebende Nichte den Sex entdeckt, hilft er ihr, sich auszuleben, indem er in High Society-Kreisen ein paar heiße erotische Spielchen organisiert, die Lesbiertum und Voyeurismus mit einschließen. – »Eine flotte und erotische Satire auf den internationalen Spieler-Jet Set.« (ADULT MOVIES).
Ⓥ Beate Uhse

Sex-Saison in Las Vegas
BRD 1982.
R Mike Hunter. **B** Mike Hunter. **K** Joao Fernandez. **M** Mark Contadino. **D** Annette Haven (Julie), Richard Pacheco (Jim), John Leslie (Ron), Rhonda Jo Patty (Gloria), Lisa de Leeuw (Rita), Paul Thomas (Jerry) Ilene Carter, Linda Rush, Jeanette James, Connie Sharper, Manfred de Luca, Blair Harris, Nicole Black, Manfred de Luca, Gina Ciotti, Michael Morrison, Natra Ensley, Holly McCall, Gabriele Carter, Lisa La Monte, Samantha H. Ruth, Jan Mason, Chantal Losters, John H. Thomsen, Connie S. Shofer, Freddie Bogley, Paul Petersen, Debbie Smith, Regina Eichten.
F 90 Min.
Die Geheimagentin Julie sucht in der sonnigen Umgebung von Las Vegas nach einem Irren, der zwei Mädchen umgebracht und geschworen hat, auch die drei Zimmergenossinnen seiner Opfer zu töten. Sie dringt in das Haus eines Sexgurus und seiner Gespielinnen ein und erledigt den Killer mehr aus Zufall. Der Rest der Story zeigt die in spe-Opfer und ihre Bemühungen, ihren Sexualtrieb zu befriedigen. – Das Drehbuch hat Löcher, durch die man einen Ozeandampfer schieben kann. Softfassung des Films LAS VEGAS MANIACS.
Ⓥ Mike Hunter

Sex-Shop
(SEX SHOP).
BRD/Frankreich/Italien 1972.
R Claude Berri. **B** Claude Berri.
K Pierre Lhomme. **M** Serge Gainsbourg.
D Claude Berri (Claude), Juliet Berto (Isabelle), Nathalie Delon (Jacqueline), Jean-Pierre Marielle (Lucien), Jacques Martin (Bernard), Grégoire Aslan (Schwiegervater), Luisa Colpeyn (Schwiegermutter), Elisabeth Volkmann (Muriel), Francesca Romana Coluzzi (Lulu). **F** 90 Min.
Weil die Geschäfte mit den Klassikern schlecht gehen, läßt sich der Buchhändler Claude von einem Freund überreden, aus seinem Laden einen Sexshop zu machen. Kontakte mit seinen lüsternen Kunden verführen Claude dazu, selbst einen Blick in die bösen Bücher zu tun – mit dem Ergebnis, daß er fortan Anforderungen an seine Frau Isabelle stellt, denen sie nicht gewachsen ist. Nachdem Claude in Kundenkreisen Erfahrungen in Sachen Gruppensex gesammelt hat, willigt Isabelle ein, an einer Triole teilzunehmen, doch das zu diesem Zweck geladene Mädchen steht mehr auf Frauen. Oh, Frust! Auf einer Seesexreise täuscht Isabelle Claude vor, daß sie es mit einem Zahnarzt treibt. Claude, von Eifersucht gepackt, wird klar, daß er im Grunde ebenso monogam ist wie seine Gattin. – »Was formal zweifellos sauberer gearbeitet ist als vieles vergleichbare in diesem Genre, scheitert letztlich daran, daß keine Entscheidung getroffen wurde zwischen Komödie und Pornofilm. Zu dem einen fehlt die Leichtigkeit, zu dem anderen die Diskretion.« (FILMDIENST).

Sex Side-Story
(L'INSATISFAITE). Frankreich 1971.
R Jean-Marie Pallardy. **B** N.N. **K** N.N.
M N.N. **D** Patrice Cuny, Pierre Oudry, Daniele Vignault. **F** 90 Min.
In der Tradition von Dokumentarfilmen wie THIS IS CINERAMA (USA 1953; **R** Ernest B. Schoedsack) zusammengeschnittener Sexstreifen mit Nuditäten und Orgien, die zeigen sollen, daß die Bilder gleichzeitig laufen und vögeln lernten. – AT: PANORAMA BLUE.

Die Sexsklavinnen von Schloß Porno
(LA MAINE NOIRE/LA MANO NERA).
Frankreich/Italien 1968.
R Max Pécas. **B** Max Pécas. **K** Raymond Lemoigne. **M** Derry Hall.
D James Harris (Jack Saunders), Chantal Bonneau (Leonore), Jean Topart (Dr. Bernard), Anny Nelsen (Albane), Jacques Bernard (Louis), Janine Raynaud (Mafalda), Alfred Baillou (Tankwart), Dorothy Thon (Vivian Ray), Chanel (Butler), Pierre Tissot, Colette Regis, Fred Morgan, Martine Brochart.
F 75 Min.
Ein abartiger Mediziner führt in seinem Schloß mysteriöse Experimente an gekidnappten Jet Set-Schönheiten durch und stirbt schließlich an einem Herzschlag. Ein beherzter Agent, der eine verschwundene Studentin sucht, läßt seinen Laden mit Hilfe einer Kollegin auffliegen und befreit die Gefangenen aus dem Verlies. – Sexkrimi mit Gruseleinschlag; von Porno keine Spur.

Sexspiele für Liebestolle
Siehe **Neue Spiele für Liebestolle**

Sexspiele und Ekstasen
(ONE NAKED NIGHT). USA 1968.
R Ken Martine. **B** N.N. **K** N.N.
M N.N. **D** Barbara Morris (Candy), Joe Marshall (Joe), Ina Miller (Charles), Sally Lane (Laura), Allen Merson (Bill), Audrey Campbell (Barbara).
SW 72 Min.
Als Candy erfährt, daß ihre Mutter, ein leichtes Mädchen, Selbstmord begangen

hat, fährt sie nach New York. Sie zieht bei einer Lesbierin ein, die sie verführt; sie gibt sich dem Fotografen Charlie hin, der sie betrügt; sie gibt sich dem Künstler Joe hin, der ihr bald den Laufpaß gibt; sie wird von Bill mittels enthemmender Drogen verführt, landet erneut in den Armen der Lesbierin und nimmt an einer Orgie teil, bis der Katzenjammer sie packt und sie sich das Leben nimmt. – Sexfilm-Dutzendware.

Die Sexspionin
(THE MINX). USA 1969.
R Raymond Jacobs. **B** Raymond Jacobs/Herbert Jeffrey. **K** Victor Petrashevic. **M** Tom Dawes/Tom Danneman. **D** Jan Sterling (Louise Baxter), Michael Beirne (John Lawson), Robert Rodan (Henry Baxter), William Gleason (Sam Burke), Ned Cary (Benjamin Thayer), Shirley Parker (Terry), Robbie Heywood (Susan), Adrienne Jalbert (Nicole), Allan Dellay (Walter Harris), Philip Faversham (Charles Brennan), Russell Baker (Oppenheimer). **F** 78 Min.
Der Großindustrielle Baxter versucht mit illegalen Mitteln einen Konkurrenzkonzern in die Hände zu bekommen und lädt zwei Aufsichtsratsmitglieder der Firma zu einem Wochenendausflug ein. Mit von der Partie: drei kurvenreiche Girls; denn Baxter will die Herren anschließend mit delikaten Fotos erpressen. Was er nicht ahnt: Sein Schwiegersohn Lawson arbeitet für die Konkurrenz und tut alles, um zu beweisen, was für ein Schuft er ist. – Eine lumpige Erpressergeschichte, die nur in den Verleih kam, weil der Produzent bereit war, die fade Story mit gepfefferten Sexszenen aufzumotzen. – AT: THE MINX.

Das Sex-Taxi
(6969 TAXI PER SIGNORA). Italien 1982.
R Alan W. Cools [= Mario Bianchi].
B Mario Bianchi. **K** N.N. **M** N.N.
D Rick Miller, Marina Frajese, Pauline Teutscher, Marianne Remont, Anna Garek, John Harrison. **F** (87) 73 Min.
Ein Taxifahrer ist einer Kundin für fünfzigtausend Lire zu Willen, und weil er so gut bei ihr ankommt, ist er bald damit beschäftigt, auch ihren Bekannten zu befriedigen. Der Film ist auch in einer schärferen Version zu haben.
Ⓥ Action

Der sexte Sinn
BRD 1986.
R Dagmar Beiersdorf/Lothar Lambert.
B Dagmar Beiersdorf/ Lothar Lambert. **K** Hans Günter Bücking.
M AlbertKittler. **D** Albert Heins (Alfred), Ingolf Gorges (Hans), Ulrike Schirm. (Angelika), Barbara Morawiecz (Mama), Ela Behrends, Jutta Kloppel, Susanne Stahl. **F** 85 Min.
Nachdem Muttersöhnchen Hans die dominierende Mama verloren hat, strolcht er mit seinem Bruder Alfred, einem Body Building-Fan, durch Berlin, um sich endlich alle sexuellen Phantasien zu erfüllen. Dabei stößt er auf die dralle Angestellte Angelika, die ebenfalls libidinöse Probleme hat. – Der ›erste Sexfilm für die ganze Familie‹ (ab 12 Jahren) handelt von der Emanzipation des Mannes, ›die freilich nur durch die Frau erfolgen kann‹. (CINEMA).

Sexträume entzückender Mädchen
Siehe **Die wilde Lady**

Sex-Träume-Report
BRD 1973.
R Walter Boos. **B** Fred Denger.
K Ernst W. Kalinke. **M** N.N. **D** Elke Boltenhagen, Karin Böttcher, Ulrike Butz, Josef Moosholzer, Claus Tinney, Rinaldo Talamonti, Dieter Groest.
F 87 Min.
Fünf Personen erteilen einem Psycholo-

gen Auskunft über ihre sexuellen Phantasien, die wir dann zu sehen kriegen – was den Herrn Forscher wiederum dazu ermuntert, seine Phantasien mit seiner Assistentin in die Tat umzusetzen. – AT: VERKEHR MUSS SEIN.

Sexual Acts
(SEXUAL COMMUNICATION).
USA 1971.
R Albert Irving. **B** Albert Irving.
K N.N. **M** N.N. **D** N.N. **F** 62 Min.
Ein Aufklärungsfilm mit Spielhandlung – über kaputte Ehebeziehungskisten, die laut Autor und Regisseur Irving durch zu wenig Geschlechtsverkehr entstehen.

Sexual Practic in Sweden
(SEXUAL PRACTICES IN SWEDEN).
Schweden 1971.
R Karl Hansen. **B** Karl Hansen.
K Bertil Johannsen. **M** N.N. **D** N.N.
F 74 Min.
Ein Arzt erläutert dem Publikum anhand von Bildbeispielen, daß es nicht nur die Missionarsstellung gibt; Fellatio inklusive. Nebenher müht sich ein Paar ab, um Stellungen auszuprobieren, die sich ein paar Schlangenmenschen ausgedacht haben. – Ein voyeuristischer ›Aufklärungsfilm‹, der sich zwar bemüht, den Eindruck zu erwecken, Sex spiele sich nur unter Ehepaaren ab, aber von der FSK seinerzeit dennoch ein X-Prädikat bekam.

Sexualität in der Liebe
(SEX, LOVE AND MARRIAGE).
GB 1970.
R Terry Gould [= David Hamilton-Grant]. **B** Stephen Black/Brian Boyle/David Hamilton-Grant. **K** John Millcocks. **M** N.N. **D** Carol Jones, James Paterson, Jean Watson, Stephanie Stevenson, Richard Stevenson, Barbara Christie, Tony Clarke. **F** 75 Min.
In diesem ›Aufklärungsfilm‹ geht's – meist in Form von Trickfilmen – um ›Stellungen‹, die, wenn man's glaubt, offenbar nur von verheirateten Paaren praktiziert werden.

Das Sexualleben eines Neandertalers
(THE NINE AGES OF NAKEDNESS).
GB 1969.
R George Harrison Marks. **B** George Harrison Marks. **K** Terry Maher.
M Peter Jeffries. **D** George Harrison Marks (Seine Ahnen und er selbst), Max Wall, Max Bacon, Julian Orchard, Cardew Robinson, Bruno Elrington, June Palmer, Oliver McGreavey, Rita Webb. **F/SW** 87 Min.
Ein vom Frust geplagter Modefotograf legt sich auf die Couch einer Psychiaterin und berichtet in neun Episoden von den Problemen, die schon seine Ahnen mit der holden Weiblichkeit hatten. – Ein wirres, aber witzig gemeintes Sammelsurium von Kurzfilmen, die teilweise nicht das geringste miteinander zu tun haben. – AT: PORNOSPIELE DER SEXTEN KLASSE.

Sexualrausch
(THE TOY BOX). USA 1971.
R Ron Garcia. **B** Ron Garcia.
K H.P. Edwards. **M** Raoul Kraushaar.
D Evan Steele (Helfer), Anne Myers (Donna), Neal Bishop (Ralph), Deborah Osborne, Marie Arnold, Lisa Goodman, Steve Moon, T.E. Brown, Ralph Dale, Karen Hutt, Marsha Jordan, Kathie Hilton, Jack King, Patti Mendosa, Nancy Freese, Casey Lerrin.
F 72 Min.
Ein Außerirdischer vom Planeten Arcon (Perry Rhodan läßt grüßen!) lebt in einem finsteren irdischen Kastell und läßt sich von Mietlingen Sexualakte vorführen, um die ›menschliche Verkommenheit‹ zu studieren. Anschließend werden die Sexualartisten auf grausame Art um-

Außerirdischer Lüstling: *Sexualrausch* von Ron Garcia

gebracht. – So war's zumindest in der US-Originalfassung. Die deutsche Version ist ein Sex- und Horrorfilm, in dem ein Kommentator Bezüge zwischen Kapitalismus, Konsumterror und dem Götzen Geld herzustellen versucht.

Sexualrausch in China

(GAMES OF LOVE). Hongkong 1973.
R John Cahn. **B** John Cahn. **K** Robert Risst. **M** Dick Young. **D** Dick Young, Linda Lin, Christine Hsu, Nana Ho.
F 91 Min.
Ein junger Bock streift durch Hongkong und kommt bei den dortigen Mädchen voll auf seine Kosten. Dazu sehen wir – nicht immer üble – touristische Aufnahmen der chinesischen Stadt, die den Produzenten zweifellos geholfen haben, ihr Machwerk auf die nötige Kinolänge zu strecken.

Sexualterror der entfesselten Vampire

(LE FRISSON DES VAMPIRES).
Frankreich 1970.
R Jean Rollin. **B** Jean Rollin. **K** Jean-Jacques Renon. **M** Groupe A. Cantrus.
D Sandra Julien (Ise), Jean-Marie Durant (Antoine), Dominique (Isolde), Michel Delahaye, Jacques Robiolles (Vettern), Marie-Pierre Tricot, Kuélan (Zofen), Nicole Nacel (Isabella).
F 79 Min.
Auf der Hochzeitsreise besuchen Ise und Antoine ein Schloß, daß Ises Vettern gehört. Von zwei Zofen erfahren sie, daß die Vettern nicht mehr leben. Nachts erhält Ise Besuch von Isolde, der vampirischen Geliebten ihrer Vettern, die sie auf einem nahen Friedhof in die Sitten der Blutsauger einweiht. Am nächsten Tag tauchen die totgeglaubten Vettern auf und führen endlose Gespräche über das Dilemma, in dem sie leben müssen. Isolde verführt Ise. Antoine will seine Frau zur Abreise überreden, doch sie ist den Vampiren verfallen. Isolde und die Vettern fesseln Antoine. Antoine befreit sich und findet Ise bei einer Vampirzeremonie wieder. Isolde, die bei Tagesanbruch ihren Sarg nicht erreichen kann, löst sich auf. Die Vettern bringen Ise erneut in ihre Gewalt und bewegen sie zu einer Triole. Als sie vom Tageslicht überrascht werden, verbrennen sie. – »Im Gegensatz zu dem mageren Plot... ist dieser Streifen jedoch aufgrund seiner magisch aufgeladenen Atmosphäre und Kameraführung ein wahrer Augenschmaus. Die rätselhaften, in ihren durchsichtigen Gewändern sehr sexy wirkenden Zofen und die etwas kaputt und struppig wirkenden Vampire, die altersmäßig nicht so recht zu ihrer poppigen Carnaby Street-Kleidung passen wollen, wirken äußerst beeindruckend und lass den Mangel an innerer Logik rasch vergessen.« (LEXIKON DES HORROR-FILMS).

Die sexuelle Erfüllung
Siehe **He and She – Der perfekte Liebesakt**

Sexuelle Gelüste triebhafter Mädchen
Siehe **Liebesmarkt**

Sexuelle Partnerschaft
Siehe **Oswalt Kolle: Sexuelle Partnerschaft**

Sexuelle Perversionen – Libido Mania (2)
(LIBIDO MANIA II). Italien 1982.
R George Smith. **B** N.N. **K** N.N.
M G. Dell'Orso. **D** N.N. **F** 86 Min.
Eine Pseudodokumentation über Sexualpraktiken allerorten (Neuguinea inklusive), dazu eine Schludermontage einschlägiger Filmchen. LIBIDO MANIA (1) (Panama 1978; hier nicht verzeichnet) ist ein wirrer Bildersalat ähnlichen Inhalts. – AT: LIBIDO MANIA (2).
Ⓥ All

Sexuelle Spiele
(DIARY OF A SWINGER). USA 1967.
R John Amero/Lem Amero. **B** John Amero/Lem Amero. **K** N.N. **M** N.N.
D Bill Field, Rose Conte. **F** 90 Min.
Ein Psychiater kommentiert die per Rückblende erzählte Story eines Mädchens, das nach zwei unerfreulichen sexuellen Erlebnissen nach New York geht, sich auf einer Orgie als Lustobjekt betätigt und nach einem Suizidversuch ein lesbisches Verhältnis aufnimmt. Wie das Leben halt so spielt.

Die sexuellen Wünsche der Männer
(LOVE ME LIKE I DO). USA 1970.
R Jean van Hearn. **B** Jean van Hearn.
K Bob Maxwell. **M** Elsa Singman.
D Peter Carpenter (Bill Sloane), Dyanne Thorne (Sharon Sloane), Paul Fleming (Keith Hunter), Maria de Aragon (Marge), Lynne Gordon (Rothaarige), Richard Karie (Pilot), Ralph J. Rose (Anwalt), Arnold Roberts (Polizeichef), Jacqueline Dalya (Frau des Anwalts), Joey Du Prez (Go Go Girl), Elaine Hill (Sängerin). **F** 83 Min.
Sharon, die Frau des Industriellen Bill, ärgert sich über die Seitensprünge ihres Gatten. Sie betrügt ihn mit seinem Konkurrenten Hunter und entflieht mit ihm, als Bill davon erfährt, nach Las Vegas. Bill, dessen Firma vor der Pleite steht, dreht durch und beginnt einen Amoklauf an, der in letzter Sekunde vereitelt wird. – Ein Sex and Crime-Flick über die angeblich in US-Vorstädten grassierende Sünde. – »Wie üblich verführt hier jeder jeden und hat seinen Spaß dabei.« (James W. Limbacher).

Sexvariation blutjunger Mädchen
Siehe **Sex-Report blutjunger Mädchen**

Sexy Gang
(SEXY GANG). Frankreich 1966.
R Henri Jacques. **B** Henri Jacques.
K Jean-Michel Boussaguet. **M** Armand Seggian. **D** Linda Véras, Agnés Datin, Karine Ker, Sylvain Corthay, Jean-Louis Tristan, Pascal Ogé, Kim Camba, Sandrine. **SW** 87 Min.
Eine abenteuerlustige junge Frau stürzt sich, als sie aus dem Gefängnis entlassen wird, ins pralle (Sex-) Leben und gerät in Ganovenkreise, aus denen sie sich mit Hilfe eines Malers zu retten versucht. Was ihr aber nicht gelingt.

Sexy Variant
(SEXY NUDO). Italien 1963.
R Roberto Montero. **B** Roberto Montero. **K** N.N. **M** N.N. **D** N.N. **F** 74 Min.
Eine pseudodokumentarische Reise durch die Stripschuppen der Welt, in Szene gesetzt von einem Veteranen der Auszieh- und Bauernfänger-Branche.

Shampoo
(SHAMPOO). USA 1975.
R Hal Ashby. **B** Robert Towne/Warren Beatty. **K** Laszlo Kovacs. **M** Paul Simon. **D** Warren Beatty (George) Julie Christie (Jackie Shane), Goldie Hawn (Jill Haynes), Lee Grant (Felicia Karpf), Jack Warden (Lester Karpf), Tony Bill (Johnny Pope), Carrie Fisher (Lorna), Jay Robinson (Norman), George Furth (Pettis), Jaye P. Morgan (Tina), Ann Weldon (Mary), Randy Scheer (Dennis), Susanna Moore (Gloria), Mike Olton (Ricci), Luana Anders (Devra), Brad Dexter (Sen. East), William Castle (Sid Roth), Jack Bernardi (Izzy), Doris Packer (Rosalind), Hal Buckley (Kenneth), Howard Hesseman (Red Dodd). **F** 110 Min.

Der potente, von willigen reichen Damen umgebene Modefriseur George lebt in Hollywood. Zwar hat er in der süßen Jill eine nette Freundin, doch er vermag sich den »toll aussehenden und gut riechenden« Weibern von Beverly Hills nicht entziehen. Kaum betritt er eine Villa, um der Dame des Hauses die Haare zu legen, geht man ihm an die Wäsche. Sind die Damen nicht daheim, haben sie Töchter, die George expressis verbis fragen, ob er sie »ficken« möchte. George, bemüht, Geld aufzutreiben, um sich selbständig zu machen, begeht auf einer Party den Fehler seines Lebens, als er sich mit der Frau seines zukünftigen Finanziers Lester einläßt und von Lester und Jill ertappt wird. Jill gibt George den Laufpaß; Lester lehnt es ab, sein Geschäft zu finanzieren. – Ein Porträt der größten Filmmetropole der Welt und ihrer geld- und karrieregeilen Bewohner. Für die Zeitschrift NEW REPUBLIC, die sich nur über die brünstigen Damen empörte, war SHAMPOO ein »verkappter Porno der abstoßendsten Art«.
Ⓥ RCA/Columbia

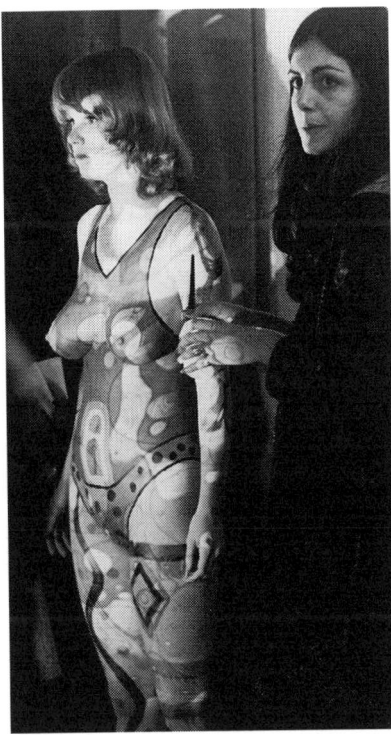

Szene aus *Shampoo* von Hal Ashby

Sie lebten wie im Paradies
(NUDES OF THE WORLD). GB 1961.
R Arnold Louis Miller. **B** Stanley A. Long. **K** J. Donovan. **M** Keith Papworth. **D** Vivienne Raymond (Carol Wilson), Geoffrey Denton (Lord Greystone), Douglas Cameron (Sgt. Roberts), Joyce Gregg (Mrs. Haines), Margherita Lopez (Margherita Sanchez), Monique Ammon (Monique Beauclaire), Susan Clift (Gerda), Julia Nicholaides (Niki), Anthony Dell (Ron Wilson), Colin Goddard (Peter Graham), Stephanie Robert (Mrs. Haines' Tochter). **F** 68 Min.

Mehrere Damen, die vergebens um Aufnahme in einen Nudistenklub nachsuchen, gründen auf dem Gelände eines reichen Mannes einen eigenen Verein

Sie tanzte nur einen Sommer

und sehen sich alsbald der kochenden Volksseele ausgesetzt, da ihre Nachbarschaft derlei Ferkeleien nicht duldet. Erst die finanziellen Einnahmen eines abendlichen Nackedeifestes, die der Mutter eines kranken Kindes zugute kommen, führen dazu, daß die Dörfler sich ordentlich schämen und über Toleranz nachdenken.

Sie tanzte nur einen Sommer
(HON DANSADE EN SOMMAR).
Schweden 1951.
R Arne Mattson. **B** W. Semitjov.
K Göran Strindberg. **M** Sven Sköld.
D Folke Sundquist (Göran), Ulla Jacobsson (Kerstin), Edvin Adolphson (Anders Persson), Irma Christensson (Sigrid), Gösta Gustavsson (Bernd Larsson), Berta Hall (Anna), John Elfström (Pfarrer). **SW** 95 Min.
Schweden, in den vierziger Jahren: Nach dem Abitur fährt Göran zu Onkel und Tante aufs Land, wo er das Bauernmädchen Kerstin kennenlernt. Die beiden verlieben sich, doch die puritanische Einstellung der Landbewohner bringt sie in zunehmende Schwierigkeiten. Ein salbadernder Pfarrer, der alle jungen Leute am liebsten permanent in der Kirche sähe, und spießige Eltern verhindern das junge Glück. Als Kerstin und Göran ›ertappt‹ werden, muß das Mädchen zu Verwandten in ein anderes Dorf ziehen. Göran stöbert sie auf. Die beiden baden nackt in einem See und umarmen sich. Als Göran mit Kerstin Motorrad fährt, verunglückt das Mädchen tödlich. Der Pfarrer und die Kerstins bigotte Sippschaft geben Göran die Schuld an ihrem Tod.

Sie tötete in Ekstase
(MRS. HYDE). BRD/Spanien 1970.
R Frank Hollmann [= Jesus Franco Manera]. **B** Frank Hollmann [= Jesus Franco Manera]. **K** Manuel Merino.
M Manfred Hübler/Siegfried Schwab/Bruno Nicolai. **D** Susann Korda [= Soledad Miranda] (Mrs. Johnson), Fred Williams (Dr. Johnson), Paul Müller (Dr. Franklin Houston), Howard Vernon (Prof. Jonathan Walker), Ewa Stroemberg (Dr. Crawford), Jess Franco (Dr. Donen), Horst Tappert (Inspektor). **F** 77 Min.
Dr. Johnson wird wegen zweifelhafter genetischer Experimente mit Berufsverbot belegt und nimmt sich das Leben. Seine Witwe rächt sich an den ›Schuldigen‹, indem sie ihren Körper als Köder einsetzt. Dem Masochisten Walker schlitzt sie die Kehle auf; die lesbische Dr. Crawford erstickt sie mit einem Kissen. Dr. Houston tötet sie mit einer Schere, den Medicus Donen verschleppt sie, nachdem sie seine Frau getötet hat, um ihn zu foltern. Durchgedreht rast sie mit der Leiche ihres Mannes im Auto in einen Abgrund. Inspektor Tappert meint, sie sei eine »ganz normale« Frau gewe-

Folke Sundquist und Ulla Jacobsson in dem Melodram *Sie tanzte nur einen Sommer* von Arne Mattson

Ewa Stroemberg (oben) und Susann Korda in *Sie tötete in Ekstase* von Frank Hollmann

sen. Hätte man nur ihrem Gatten nicht so übel mitgespielt. – Mit Sex aufgepeppter, banaler Horrorfilm, in dem die Rachefeldzüge der Witwe nur Vorwand dafür sind, sie in Dessous und Posen zu zeigen. Die Filmmusik ist eine reine Katastrophe. Ⓥ Toppic

Sie trugen nur die braune Haut
(TAKE OFF YOUR CLOTHES AND LIVE). GB 1962.
R Arnold Louis Miller. **B** Arnold Louis Miller. **K** Stanley A. Long. **M** Tony Kind. **D** Jenny Lane, Maureen Haydon, Susan Irwick-Clark, Gino Neenan. **F** 58 Min.
Ein Rudel Londoner Girls düst ans Mittelmeer und verbringt dort seinen Urlaub. – Ein harmloser Nudistenfilm, in dem sorgfältig darauf geachtet wird, daß nichts des Zuschauers Auge erreicht, was ihn ›sozialethisch (so heißt das wohl) verwirren‹ könnte.

Sie und er im Rausch der Wollust
BRD 1973.
R Jürgen Schindler. **B** Jürgen Schindler. **K** Gernot Roll/ Hubertus Hagen. **M** N.N. **D** Elke Boltenhagen, Ulrike Butz, Konstantin Wecker. **F** 78 Min.
Episodischer Sexfilm, der für Partnertausch plädiert und einige Kommunarden sowie den Vorsitzenden der Deutschen Sex-Partei (die gab's wirklich mal!) zu Wort kommen läßt. – Ein filmisches Unikum, das die Ansicht vertritt, die von der modernen Industriegesellschaft erzeugten Hemmungen und Verklemmungen seien durch sexuelle Promiskuität zu überwinden. Da fragt man sich, in welcher Situation der gute Konstantin Wecker gerade war, der an diesem Ding mitgewirkt hat. – AT: HE AND SHE – IM REICHE DER WOLLUST).
Ⓥ Euro (He and She – Im Reiche der Wollust)

Sie will's wissen (Ich bin neugierig – blau)
(JAG ÄR NYFIKEN – BLA). Schweden 1968.
R Vilgot Sjöman. **B** Vilgot Sjöman. **K** Peter Wester. **M** Bengt Palmers/Bengt Ernryd. **D** Lena Nyman

Lena Nyman wagt den Sprung ins kalte Wasser: *Sie will's wissen* von Vilgot Sjöman

(Lena), Börje Ahlstedt (Börje), Peter Lindgren (Vater), Marie Göransson (Börjes Frau), Hans Hellberg (Lenas Ex), Gunnel Broström (Inselmädchen), Hanne Sandemose (Freundin), Frej Lindquist (Gatte), Sonja Lindgren (S.J.), Gudrun Östbye, Magnus Nilsson. **SW** (107) 80 Min.
Während Lena und Börje es an allen möglichen Orten miteinander treiben, verhöhnen sie eifrig die schwedische Sozialdemokratie und alles andere, was ihnen mächtig auf den Senkel geht. – Sjömans Nachzieher zu Ich bin Neugierig (Gelb) (1967). Seine politischen Aussagen haben – abgesehen von ein paar Polit-Snobs – niemanden interessiert; daß der Film trotzdem Zuschauer hatte, lag an den ›Stellen‹, die schon damals nicht erotisch waren. – »Leider waren es die provozierenden sexuellen Passagen und nicht die intelligente Gesellschaftskritik und ihre gekonnte technische Realisierung, die diesen Filmen ihren notorischen Ruf verschafften und Sjöman... als Pornografen abstempelten.« (RoRoRo Filmlexikon).

Siebzehn – Vier Mädchen machen einen Mann
(SYTTEN). Dänemark 1965.
R Anneliese Meineche. **B** Bob Ramsing. **K** Ole Lytken. **M** Ole Hover.
D Ole Söltoft (Jacob), Ghita Nörby (Vibeke), Lily Broberg (Frl. Rosegod), Hasse Christensen (Prof. Petersen), Ingolf David (Provisor), Susanne Heinrich (Hansigne), Lise Rosendahl (Sophie), Ole Monty (Onkel), Bodil Steen (Tante), Jörgen Kiil (Dr. Mogensen), Annie Birgit Garde (Mädchen).
F 81 Min.
Im Sommer 1913 treibt Jung-Jacob es mit seiner Cousine, einem Dienstmäd-

chen, einer Haushälterin, einer Reisenden im Zug und – daheim mit seiner Zofe.

Siegfried und das sagenhafte Liebesleben der Nibelungen
BRD 1971.
R Adrian Hoven. **B** Fred Denger. **K** Hannes Staudinger. **M** Daniele Patucci. **D** Raimund Harmstorf (Siegfried), Sybill Danning (Kriemhild), Heidy Bohlen (Brunhild), Carlheinz Heitmann (Gunther), Fred Koplan (Hagen), Walter Kraus (Gernot), Fred Berghoff (Giselher), Peter Berling (Hänsel), Achim Kaden (Locker), Celine Bernier (Loreley), Rosemarie Heinikel, Katharina Gianni, Christine

Sybil Danning und Raimund Harmstorf in *Siegfried und das sagenhafte Liebesleben der Nibelungen* von Adrian Hoven

Noack, Marianne Sock, Marie-Ann Dutoit, Flavia Keyt, Michael v. Harbach, Angela Bergmann, Ilona Heinen, Olivia Frodenhagon, Ula Kopa, Adrian Hoven, Alf Ekberg, Marguerite H. Boulware. **F** 82 Min.
Siegfried von Xanten will die holde Kriemhild freien, doch ein alter Brauch schreibt vor, daß ihr Bruder König Gunther als erster unter der Haube sein muß. Gunther hat ein Auge auf die geile Königin Brunhild geworfen, die jeden Bewerber umbringt, dem es nicht gelingt, drei wüste Nächte mit ihr zu überstehen. Siegfried und Gunther nehmen mit Hilfe einer Tarnkappe abwechselnd den Kampf gegen sie auf. Zwar können sie die Unersättliche mit vereinten Kräften schlagen, doch spätestens in der Hochzeitsnacht erfährt Brunhild, daß man sie genasführt hat. Für Gunther und Siegfried brechen harte Zeiten an. – Die Sexversion der Nibelungen-Sage, von der der FILMDIENST weiland meinte, dabei handle es sich um einen Film, »der so unter dem Strich ist, daß sogar Alois Brummers Pornoprodukte schamrot anlaufen würden.« – Na, na! – AT: THE LUSTFUL BARBARIAN.
Ⓥ All (The Lustful Barbarian)

Sinfonie in Nackt
(SUNSWEPT). GB 1961.
R Michael Keatering. **B** Anthony Craven. **K** N.N. **M** John Brunel. **D** Elizabeth, Yannick, Ingrid, Lita Soria, Caren. **F** 49 Min.
Pseudodokumentarfilm mit magerer Spielhandlung über FKK-Strände in England Frankreich, Korsika und auf der Insel Rab; dazu neckische Unterwasseraufnahmen und blanke Busen.

Sinnliche Lippen
(THE AMAZING TRANSPLANT).
USA 1970.
R Louis Silverman [= Doris Wishman]. **B** Dawn Whitman [= Doris Wishman]. **K** N.N. **M** N.N. **D** Juan Fernandez, Linda Southern, Larry Hunter, Olive Deneccio, Sandy Eden. **F** 80 Min.
Nach dem Tod seines Freundes Felix, der ein großer Umleger vor dem Herrn war, zwingt der sexuell gefrustete Arthur einen Arzt, ihm dessen Penis zu transplantieren. Nach gelungener Operation ist Arthur so heiß, daß er mit seinen Trieben nicht mehr haushalten kann: Er hechelt durch die Stadt und führt sich weniger sinnlich als böse auf. Als seine Freundin Mary sagt, er sei krank, wird er noch böser und erwürgt sie. Arthurs Onkel, ein Cop, stellt ihm eine Falle. Arthur erkennt, daß er ein *ernstes* Problem hat und stellt sich den Behörden. – Ein handwerklich unbeholfener Schundfilm, produziert von der FKK-Filmerin Doris Wishman, die in den frühen Nudies von Herschell Gordon Lewis als Nackedei auftrat.

Skandal
Siehe **Der verlogene Akt**

Skandal-Mädchen
(DEBBIE DOES DALLAS).
USA 1978.
R Jim Clark. **B** N.N. **K** N.N. **M** N.N. **D** Bambi Woods, Misty Winter, Arcadia Lake, Christie Ford, Merle Michaels, Robin Byrd, Richard Bolla, Eric Edwards, Jake Teague, David Morris, Herschel Savage.
F 80 Min.
Mehrere Cheerleaders (die Girls, die im Footballstadion das Publikum hüpfend und singend zum Anfeuern ihrer Mannschaft bewegen) wollen für ihren Verein Geld sammeln und merken recht schnell, daß sie am meisten kriegen, wenn sie mit kapitalkräftigen Spendern ins Bett gehen. – Eine Brunftplotte, die in den USA nur Erwachsene sehen durften.

Skandalöse Emanuelle – Die Lust am Zuschauen
(VOGLIA DI GUARDARE). Italien 1986.
R Joe d'Amato [= Aristide Massaccesi]. **B** Donatella Donati. **K** Aristide Massacesi. **M** Guido Anelli/Stefano Mainetti. **D** Jenny Tamburi (Christina), Marino Masé (Diego), Sebastiano Somma (Andrea), Laura Gemser, Lilli Carati, Aldina Martano. **F** 84 Min.
Die unausgefüllte Arztgattin Christina läßt sich mit dem Playboy Andrea ein, der darauf besteht, ihre Schäferstündchen im Studio einer Künstlerin abzuhalten (die Künstlerin ist in Wahrheit seine Geliebte). Nachdem Andrea sich in Christina verliebt hat, erfährt sie von seiner Geliebten, daß ihr Gatte Diego die Affäre eingefädelt hat – der ist nämlich Voyeur und hat ihren Stellungsspielen durch einen Einwegspiegel zugeschaut.

Skandalschule – Mädchen ohne Höschen
(THE SECOND COMING OF EVA). Dänemark 1974.
R Bert Torn [= Mac Ahlberg]. **B** N.N. **K** N.N. **M** N.N. **D** Brigitte Maier (Eva), Teresa Svenson, Monica Anders, Agda Dahl, Suzy Anderson, Peter Berk, Jack Frank, Jim Styf. **F** (80) 73 Min.
Die sexuell ständig geladene Eva wird von der Mama beim Masturbieren erwischt und muß zur Strafe auf eine Privatschule gehen. Dort stellt sich alsbald heraus, daß ihre Mitschülerinnen ebenso wenig wie sie selbst auf Mathematik stehen: Sie betätigen sich hauptsächlich lesbisch und lassen keine Chance ungenutzt, das Lehrpersonal zu korrumpieren. Softfassung des Pornofilms SKANDALSCHULE. Ⓥ VMP

Skandinavische Lust
(BEL AMI). USA/Schweden 1976.
R Bert Torn [= Mac Ahlberg]. **B** Edward Mannering [= Mac Ahlberg]. **K** Anton Berg. **M** Oliver Toussaint. **D** Harry Reems (Georges Duroy), Christa Linder (Anita), Maria Lynn [= Maria Forssa] (Suzanne), André Chazel (Forestier), Bic Warburg (Clothilde), Jacqueline Laurent (Madeleine), Bent Warburg, Lucienne Camille, Preben Mahre, Lisa Olssen. **F** (91) 76 Min.
Georges, der für eine stinkseriöse Illustrierte arbeitet, erhält das Angebot, für ein Sexmagazin zu schreiben. Für ein beträchtliches Honorar läßt er sich schließlich breitschlagen. Er macht aufgrund seiner sexuellen Talente schnell Karriere bei den Sekretärinnen und der Verlegersgattin und bringt es bis zum Chefredakteur. – »Reems ist zwar kein dynamischer oder guter Schauspieler, aber er macht seine Sache gut und hat eine Nase für das Komödiantische, so daß ihm die Publikumssympathie schnell zufliegt. Die Akteusen in den Nebenrollen brillierten zwar nicht durch große Kunst, sind aber ansehnlich und attraktiv und liefern eine sinnliche Vorstellung.« (ADULT MOVIES). – Softfassung des Pornos DER HURENBOCK.
Ⓥ Mike Hunter (Der Hurenbock)

Skihasen-Report
Siehe **Skihaserl-Report**

Skihaserl-Report
BRD 1973.
R Franz Vass [= Ferencz Vass]. **B** N.N. **K** N.N. **M** N.N. **D** Alexander Miller, Albert Hehn, Anne Graf, Romana Rombach, Monica Marc, Marguerite Boulewarde, Hans Budzalski, Sharon Shira. **F** (90) 78 Min.
Ein Pärchen, das in den Winterurlaub fährt, um für einen lernfaulen Studenten Material über den Skisport zu sammeln, kommt am Forschungsort nur selten zum Zuge: Die meiste Zeit verbringt es

– ebenso wie die übrigen Urlauber – gut ausgeleuchtet im Bett und in der Badewanne. – AT: Skihasen-Report.
Ⓥ Tabu (Skihasen-Report)

Sklaven des Eros
(THE WILD PUSSY CAT).
Griechenland 1968.
R Dimitri Dadiras. **B** John Giotti.
K Dimitri Papacostula. **M** Nikolai Ignatoff. **D** Gisella Dalli (Nantia), Dean Byron (Nick), Kathy Impro (Mädchen), Dean Kerr (Nantias Begleiter), Vivian Virna (Nicks Freundin), Jonathan Drake (Voyeur), Paul Dillon (Junge). **SW** 75 Min.
Das Mädchen Nantia rächt sich an dem skrupellosen Sexprotz Nick, dem Verführer und Peiniger ihrer ums Leben gekommenen Schwester, indem sie ihn gefesselt dazu verurteilt, ihren sexuellen Aktivitäten zuzusehen, bei denen sie es u.a. auch mit Nicks neuer Freundin treibt. – Ein rechter Dreck.

Sklavenhölle der Mandingos
(DRUM). USA 1976.
R Steve Carver. **B** Norman Wexler.
K Lucien Ballard. **M** Charlie Smalls.
D Warren Oates (Hammond Maxwell), Isela Vega (Marianna), Yaphet Kotto (Blaise), Ken Norton (Drum), Pamela Grier (Regine), John Colicos (De Marigny), Fiona Lewis (Augusta Chauvet), Paula Kelly (Rachel), Royl Dano (Zeke Montgomery), Lillian Hayman (Lucrezia Borgia), Rainbeaux Smith (Sophie Maxwell), Alain Patrick (Lazare), Brenda Sykes (Calinda), Clay Tanner, Lila Finn, Henry Wills, Donna Garrett, Harvey Parry, May Boss. **F** 100 Min.
Fortsetzung zu Mandingo (USA 1975; **R** Richard Fleischer): Homosex, Lesbiertum und Bordellszenen im Sklavenhaltermilieu des 18. Jahrhunderts. Ein Sklavenhalter und seine Tochter treiben's mit den Sklaven, und die Sklaven treiben's miteinander. – Ungenießbar.

Sklavenmarkt der weißen Mädchen
(VIA DELLA PROSTITUZIONE).
Italien 1979.
R Joe d'Amato [= Aristide Massaccesi]. **B** Romano Scandariato/Aristide Massaccesi. **K** Aristide Massaccesi.
M Nico Fidenco. **D** Laura Gemser (Emmanuelle), Gabriele Tinti (Francis Marley), Ely Galleani (Susan Towers), Venantino Venantini (Rivetti), Pierre Marfurt (Prinz Ansani), Gota Golbert (Madame Claude), Bryan Rostron (Stefan), Manuela Romano. **F** 87 Min.
Die Journalistin Emmanuelle, zwischendurch auch mal Emanuela genannt, schleicht sich mit ihrer stets willigen Freundin Susan und mit Hilfe eines Prinzen bei dem in Kenia lebenden Großunternehmer Rivetti ein, kommt eher zufällig einem gewissen Marley auf die Spur, der mit Mädchen handelt und spitzelt in New York eine Girl-Auktion aus. Nachdem sie Marley in der Maske eines geldgierigen Hippies auf die Bude rückt, läßt sie sich in einen Hostessenklub nach San Diego vermitteln, der von einer gewissen Madame Claude und einer Tunte geleitet wird. Die Lage wird etwas brenzlig für sie, doch dank ihrer ansehnlichen Rundungen kann sie eine lesbische Bewacherin und eine ganze Schiffsmannschaft becircen. – Ein Softsexer der Schundklasse A. Selten hat man so viele nackte Menschen mit so großer Lustlosigkeit vor der Kamera agieren sehen. Die Naturaufnahmen von Kenia sind die reinste Labsal. – AT: Hemmungslose Emanuela.
Ⓥ VTD

Sklavin der Sinnlichkeit
(CRI DU DESIR). Frankreich 1977.
R Alain Nauroy. **B** Monique André/Alain Nauroy. **K** Claude Becognee.

Wehe, wenn sie losgelassen... *Die Sklavenhölle der Mandingos* von Steve Carver

M Daniel Carlet/Gilles Marchal.
D Michéle Perello, Monique Règne, Henri Czarnik, Richard Darbois, Chris Martin, André Chazel. **F** 76 Min.
Ein reicher Bursch geht ein Verhältnis mit seiner Stiefmutter ein, was natürlich nicht gut ausgehen kann.

Sklavin der Wollust
(LA DÉBAUCHE OU LES AMOURS BUISSONIÉRE). Libanon 1970.
R Jean Francois Davy. **B** Jean François Davy. **K** Philippe Theaudiere.
M Pierre Raph/Richard Strauss.
D Karine Jeantet (Francoise), Michel Lemoine (Michel), Denyse Roland (Sylvie), Philippe Gasté (Pierre), Roger Lumont (Stufio Boss), Manuelle Perthuisot, Patrice Marc, Paul Pavel, Marie France Broquet, Dominique Erlanger, Kuelan Herce, Anne Marie, Ursula Pauly, Natalie Perrey, Agnés Petit, Muriel Suffren, Edgar Baum, Joseph Gaubert, Toto Tomasi. **F** 71 Min.
Pierre, ein Aktfotograf, treibt's heimlich mit dem Modell Sylvie in deren Landhaus, was Sylvies Gatten Michel veranlaßt, Pierres Ehefrau Francoise aufzusuchen und es erst solo und dann zusammen mit einem Mädchen mit ihr zu treiben.

Sklavin für einen Sommer
(L'ALCOVA). Italien 1984.
R Joe d'Amato [= Aristide Massacesi]. **B** Ugo Moretti. **K** Federico Slonisco.
M Manuel de Sica. **D** Lilli Carati (Alessandra De Silvestri), Annie Belle (Virna), Laura Gemser (Zerbal), Al Cliver (Elio De Silvestri), Roberto Caruso (Furio). **F** 93 (TV: 87) Min.
Der italienische Schriftsteller Elio De Silvestri kehrt in den dreißiger Jahren nach dem Abessinienfeldzug in seine Heimat zurück. Ein abessinischer Fürst, den er geschlagen hat, gibt ihm als Zei-

chen der Unterwerfung seine Tochter Zerbal als Sklavin mit. Während Elio versucht, mit einem Buch über den Krieg Geld für sein großes Anwesen aufzutreiben, vergnügt sich seine bisexuelle Gattin Alessandra mit seiner Sekretärin Virna. Die beiden Frauen behandeln Zerbal wie Dreck, also sinnt sie auf Rache. Zerbal überredet Elio, sie Alessandra zu schenken. Sie erweckt die Begierde ihrer neuen Herrin, was zu einem Bruch mit der eifersüchtigen Virna führt. Virna konzentriert sich auf Elios Sohn Furio, einen jungen Marineoffizier. Als Elio und Alessandra, wieder mal in Geldnöten, Virna zwingen, in einem pornographischen Heimfilm mitzuspielen, nimmt diese mit Furios Hilfe Rache. Zerbal, inzwischen im Begriff, sich im Haus der Silvestris als Herrin aufzuschwingen, geht in Flammen auf. – Ein relativ spannungsloser Softporno, in dem hauptsächlich Frauen agieren.
Ⓥ GMP

Sklavin ihrer Triebe
(TOP SENSATION). Italien 1968.
R Ottavio Alessi. **B** Ottavio Alessi /Nelda Minucci/Lorenzo Ricciardi. **K** Alessandro d'Eva. **M** Sante M. Romitelli. **D** Maud de Belleroche (Mudy), Maurizio Bonuglia (Aldo), Edwige Fenech (Ulla), Ruggero Miti (Tony), Rosalba Neri (Paula), Salvatore Puntillo (Aldo), Eva Thulin (Beba).
F 99 Min.
Auf einer Jacht möchte die Milliardärin Mudy ihren abartigen Sohn Tony von der üppigen Ulla ›normalisieren‹ lassen. Paula und Aldo, zwei weitere Gäste an Bord, wollen eine Ölkonzession von ihr. Der Rest der Handlung besteht aus Sex und Gewalt: Mudy treibt es mit Paula, Aldo treibt es mit Ulla. Tony holt eine Bäuerin an Bord, ihren Mann betört Paula mit Sex und Whisky. Die Bäuerin ›lebt ab‹. Paula will die Sache ›in Ordnung‹ bringen, falls Mudy ihr die Konzession gibt. Paula tötet den Gatten der Bäuerin und läßt die Leichen verschwinden. Tony nähert sich seiner Mutter in unzweideutiger Absicht; er streichelt ihren Hals, bis sie tot umfällt. Es gibt ein böses Ende. – Sex and Crime aus der untersten Schublade.

Sklavin in Leder
(WEEKEND AVEC CAROLINE). Frankreich 1982.
R Alain Nauroy. **B** N.N. **K** N.N. **M** N.N. **D** Annibelle Carlton, Richard Fontaine, Monique Barnard. **F** 70 Min.
Die Sado-Maso-Leder-Peitschen-Spielchen nicht abgeneigte Gattin eines Polizisten läßt sich von einem nicht weniger eigenartigen alten Geldsack zu einem fröhlichen Wochenende in sein Chateau einladen – freilich ohne zu ahnen, daß der gute Mann und seine Freunde nicht nur Sex und Sukiyaki im Sinn haben. – For Sado-Maso-Fans only.

Sklavinnen der Lust
Siehe **Justine und Juliette**

Die Sklavinnen
Schweiz 1976.
R Jess Franco [= Jesus Franco Manera]. **B** Manfred Gregor [= Erwin C. Dietrich]. **K** Peter Baumgartner. **M** Walter Baumgartner. **D** Lina Romay (Arminda), Jess Franco (Gorilla), Aida Vargas (Minon), Martine Stedil (Martine Radeck), Peggy Markoff (Vicky), Victor Mendes (Rock), Karl Gysling (Amos Radeck), Raymond Hardy (Raymond), Esther Moser (Lola), Roman Huber, Mike Lederer. **F** 75 Min.
Der Millionär Radeck läßt die Puffmutter ›Madame‹ Arminda aus dem Knast befreien, weil er glaubt, sie habe seine Tochter Martine entführt, die trotz seiner Lösegeldzahlung verschwunden bleibt.

Arminda hat Martine zwar verführt, drogenabhängig gemacht und in ihrem Etablissement arbeiten lassen, doch die Erpresser sind andere. Da Arminda zu wissen scheint, wo das Lösegeld geblieben ist, wird sie zum Schein befreit. Als sie das Lösegeld findet, wird sie von Radecks Gorilla erschossen. Der Koffer enthält nur Altpapier, weil Radeck meint »Keine Frau ist fünf Millionen Dollar wert; nicht mal meine Tochter.« – Die Hawaii-Insel, auf der die Geschichte spielt, sieht aus wie Mallorca; der Multimillionär Radeck sieht aus wie ein in die Jahre gekommener Rausschmeißer; und die an den Haaren herbeigezogene Kriminalgeschichte ist nur ein Alibi, um uns leicht bekleidete, wenig ansehnliche Frauen bei lesbischen Tätigkeiten vorzuführen. – AT: Die Verschleppten.
Ⓥ Movie (Die Verschleppten)

Skrupellos
(SENZA SCRUPOLI). Italien 1985. **R** Tonino Valeri. **B** Riccardo Ghione/ Tonino Valerii/Mino Roli. **K** Giulio Albonico. **M** James Senese/Joe Amoroso. **D** Sandra Wey (Silvia), Marzio Honorato (Diego), Antonio Marsina (Massimo), Cinzia De Ponti, Sandra Canale, Vincenzo Cavaliere, Giuseppe Mendolicchio. **F** 88 Min.
Die attraktive Turinerin Silvia, die sich die Zeit mit Fernsehen vertreibt, während ihr Gatte wichtigen Geschäften nachgeht, gerät mit einem Kriminellen aneinander, der sie vergewaltigt. Da niemand Verständnis für sie zeigt, gelangt sie zu dem Schluß, daß er der einzige Mensch ist, dem etwas an ihr liegt. Sie mausert sich zu seiner Komplizin. – Auch dieses für das italienische Kino der achtziger Jahre typische Sexdrama verkauft Gewalt und Erniedrigung als Lustgewinn.

Skrupellos II
(SENZA SCRUPOLI II). Italien 1988. **R** Carlo Ausino. **B** Riccardo Ghione/ Emiliano di Meo. **K** Carlo Ausino.

Martine Stedil (links) und Lina Romay in *Die Sklavinnen* von Jess Franco

M Serfran. **D** Virna Anderson (Sandra), Marcello Garcia Fascal (Marco), Luana Perdon (Luana), Angela Minimi (Claudia), Marino Masé, Daniela Airoldi, Loris Liberatori, Daniela Regellato. **F** 86 Min.

Eine Fotografin gerät auf die Spur eines geheimnsvollen Callgirlrings, dessen Betreiber seine Mitarbeiterinnen mit Hypnose enthemmt. – Sex and Crime nach üblichem Zuschnitt. Softsex-Dutzendware.

Ⓥ VPS

Snow Bunnies – Die lüsternen Betthäschen
(SNOW BUNNIES). USA 1972.
R A.C. Stephen [= Stephen C. Apostolof]. **B** Stephen C. Apostolof. **K** N.N.
M N.N. **D** Marsha Jordan, Starlyn Combe, Sandy Carey, Terry Johnson.
F 75 Min.

Vier Mädchen machen Skiurlaub in einer Berghütte und vergnügen sich in den Betten und auf der Piste. – Ein armselig fotografierter, musikalisch grauenhaft untermalter und jämmerlich gespielter Softporno aus der Ein-Mann-Fabrik des Mr. Apostolof, dem man allerhand nachsagen kann; nur nicht, daß er je etwas Ansehbares auf die Beine gestellt hat.

Ⓥ Telerent

So gute Freunde
(SUCH GOOD FRIENDS). USA 1971.
R Otto Preminger. **B** Esther Dale.
K Gayne Rescher. **M** Thomas Z. Shepard. **D** Dyan Cannon (Julie Messinger), James Coco (Dr. Timmy Spector), Jennifer O'Neil (Miranda Graham), Ken Howard (Cal Whiting), Nina Foch (Mrs. Wallman), Laurence Luckinbill (Richard Messinger), Luise Lasser (Marcy Berns), Burgess Meredith (Bernard Kalman), Sam Levene (Onkel Eddie), William Redfield (Barny Halstead), James Beard (Dr. Mahler), Rita Gam (Doria Perkins), Nancy Guild (Molly Hastings), Elaine Joyce (Marion Spector), Nancy R. Pollack (Tante Harriet), Doris Roberts (Mrs. Gold). **F** 102 Min.

Julie, die Gattin eines erfolgreichen Werbemenschen muß, als ihr Gatte unter den Messern von Krebsoperateuren liegt, erkennen, daß er sie ihr Leben lang mit Frauen aus dem Bekanntenkreis betrogen hat. Weswegen sie es ihm aus Rache auf die gleiche Weise heimzahlt.
– Komödie.

So schön, so nackt, so tot
Siehe **Schön, nackt und liebestoll**

Sodom 2000
(ACTION). Italien 1980.
R Tinto Brass. **B** Tinto Brass/Giancarlo Fusco/Roberto Lerici. **K** Silvano Ippoliti. **M** Riccardo Gionvannini.
D Luc Meranda (Bruno), Alberto Sorrentino (Erik Garibaldi), Adriana Asti (Florence), Alberto Lupo (Joe), Tinto Brass (Regisseur), Franco Fabrizi (Produzent) Susanna Iavicoli, Paola Senatore, Gianfranco Bullo, Giancarlo Badesson. **F** 91 Min.

Der Schauspieler Bruno und seine weltfremde Kollegin Doris lassen sich aus wirtschaftlichen Gründen in Pornofilmen verheizen. Als der Streß ihnen zu groß wird, brechen sie aus. Sie ziehen durch eine aus gewaltigen Müllhalden bestehende Welt und begegnen dabei einem alten Anarchisten und Punks, die nur Sex und Zerstörung im Sinn haben. Schließlich landen sie in einem Irrenhaus, in dem die Patienten mit Kissenschlachten und Sexorgien therapiert werden. – Eine fast surrealistisch anmutende Szenenfolge. »Tinto Brass ist mit Sicherheit nicht der Chronist geheimer Wünsche und Laster der modernen Gesellschaft... sondern einer jener Parasiten, die davon leben, im Dreck der anderen zu wühlen.« (Rainer Casper, FILMBE-OBACHTER).

Solo für eine Superfrau
(BUONA COME IL PANE). Italien 1981.
R Riccardo Sesoni. **B** N.N. **K** N.N.
M N.N. **D** Carmen Russo (Lisette), Julian Yenkins (Filippo), Saverio Marconi. **F** 83 Min.
Als der schusselige Wissenschaftler Filippo in einem Café Lisette begegnet, der heißesten Frau der Stadt, verfolgt er sie an ihren Arbeitsplatz hinterher – in ein Bordell –, ohne zu ahnen, daß sie eine Hure ist.
Ⓥ IHV

Sommerferien – total verrückt
(MEATBALLS III: SUMMER JOB). Kanada 1986.
R George Mendeluk. **B** Michael Paseornek/Bradley Kesden. **K** Peter Benison. **M** Paul Zaza. **D** Sally Kellerman (Roxy du Hour), Patrick Dempsey (Rudy), Al Waxman (Petrus), Isabelle Mejias (Wendy).
F 90 Min.
Rudy, ein von seinen Mitschülern und seinem gemeinen Chef geplagter Feriencampjobber, zieht das große Los, als die ehemalige Pornoaktrice Roxy von himmlischen Mächten in seine Gegend verschlagen wird, um eine letzte gute Tat zu begehen: Dank ihrer Hilfe lernt er die von allen heiß begehrte ›Liebesgöttin‹ kennen, was ihm recht bald den Ruf des schärfsten Lovers der Welt einbringt. – Eine Teeniekomödie voller Zoten und üppigem darstellerischem Unvermögen.
Ⓥ UFA

Sommerliebelei
(UN AMOUR DE PLUIE). Frankreich/BRD/Italien 1973.
R Jean-Claude Brialy. **B** Jean-Claude Brialy/Yves Simon. **K** Andreas Winding. **M** Francis Lai. **D** Romy Schnei-

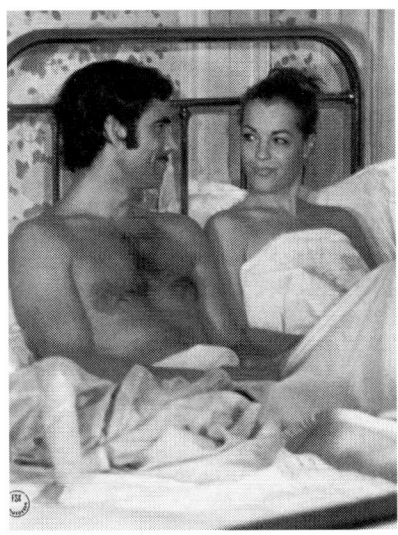
Nino Castelnuovo und Romy Schneider in *Sommerliebelei* von Jean-Claude Brialy

der (Elisabeth), Nino Castelnuovo (Giovanni), Benedicte Bucher, Mehdi El Glaoui, Suzanne Flon, Jacques Villeret, Jean-Claude Brialy.
F 90 Min.
Romy als Frau zwischen zwei Männern: der eine lebt in geordneten Verhältnissen, der andere ist eine Urlaubsbekanntschaft, von dem sie weiß, daß er nicht ewig bei ihr bleibt. Zur gleichen Zeit macht ihre vierzehnjährige Tochter erste erotische Erfahrungen mit einem Hotel-Küchenjungen. Schöner Kitsch.
Ⓥ UFA

Sonne, Sand und heiße Schenkel
(PECCATI DI GIORENTU). Italien 1975.
R Silvio Amadio. **B** Silvio Amadio.
K N.N. **M** N.N. **D** Gloria Guida (Gloria), Dagmar Lassander (Irene), Fred Robsham (Vater), Rita Orlando.
F 93 Min.
Eine Tochter bandelt auf die lesbische Tour mit der Geliebten ihres Vaters an,

um sie bloßzustellen, doch ihr Freund, dem das Geld über alles geht, erpreßt die Dame mit heimlich aufgenommenen eindeutig zweideutigen Fotos.
Ⓥ Movie Star

Sonne, Sylt und kesse Krabben
BRD 1967.
R Jerzy Macc. **B** Peter M. Thouet/Michael Haller/Rolf Schulz. **K** Giorgio Tonti. **M** N.N. **D** Christine Schuberth (Sabine), Achim Stritzel (Weber), Maria Körber (Frau Weber), Wolfgang Gruner (Ansager), Ingrid Steeger (Ingrid), Klaus Hagen-Latwesen (Jens), Gaby Glöckler (Claudia), Monica Marc (Katrin), Gerhard Bormann (Markus), Horst Heuck (Thorsten), Hans Irle (Weiler), Monika Rohde (Frau Weiler), Jörn Hinck (Stefan), Rose Renée Roth (Frau Brix), Eric Wedekind (Edgar), Ina Lane (Ina), Sigrid v. Richthofen (Frau Piepenbrink).
F 82 (TV: 75) Min.
Liebe, Lust und Leidenschaft in der Urlaubszeit. Bunte Episödchen um junge, nicht mehr so ganz junge und ältere Ferienreisende, die angesichts wippender Brüste und knackiger Hinterteile auf der Sonneninsel Sylt immer nur das eine im Kopf haben. – Belanglos. – AT: NACKTER SEX AUF SYLT. NACKTE LIEBE IM HEISSEN SAND.
Ⓥ VPH

Spielball der Lust
Siehe **Die Macht des Stärkeren**

Spielen wir Liebe
(MALADOLESCENZA).
BRD/Italien 1977.
R Pier Giuseppe Murgia. **B** Pier Giuseppe Murgia. **K** Lothar Stickelbrucks. **M** Jürgen Drews. **D** Martin Loeb (Fabrizio), Lara Wandel (Laura), Eva Ionesco (Sylvia).
F 93 Min.

Die elfjährige Eva Ionesco in *Spielen wir Liebe* von Pier Giuseppe Murgia

Der zwölfjährige Fabrizio gammelt durch die Wälder eines Ferienortes und paart sich im Wald und auf der Heide mit der gleichaltrigen Laura, bis die blonde Eva in ihre Puppy Love-Beziehung eindringt und die beiden dazu verführt, recht seltsamen, aber eindeutigen Sexspielchen zu frönen. – »Was dem Autor und Regisseur... in seinem Erstlingsfilm vorgeschwebt hat, ist eine Fabel von Grausamkeit und Eros von Kindern, die die Schwelle der Pubertät überschreiten. Was herauskam ist ein Elaborat von Geschmacklosigkeiten und Langeweile... Voyeure werden eventuell über die ›Superdiva in Windeln‹ begeistert sein, ein Großteil Kinobesucher war es nicht.« (Karl Correns, FILMECHO/FILMWOCHE). – Ein Film für Päderasten.
Ⓥ VMP

Splitternackt und voller Lust
(WHO DID COOK ROBIN?). USA 1971.
R Don Jones. **B** N.N. **K** N.N. **M** N.N.
D Frank Cuva, Maria Lease, Monica Gayle. **F** 83 Min.
Ein Mann erwacht im Krankenhaus und erfährt, daß sein Bruder ermordet wurde. Er macht sich auf, den Mörder zu suchen. In der Orgienhöhle eines Gangsterchefs glaubt er, auf eine Spur gestoßen zu sein. Nach einer heftigen Rauferei landet er erneut im Krankenhaus – und erinnert sich, daß er selbst der Täter war. Brüderchen ist nämlich seiner Braut an die Wäsche gegangen, weshalb unser Held ausgeklinkt ist.

Sprechen, flüstern, stöhnen – Michi-no-sex
(MICHI NO SEX). Japan 1966.
R Osman Yamashita. **B** Tadao Okuwaki. **K** Shizuga Takeda. **M** N.N.
D Michiko Shiroyama, Jan Yoshida, Masoyoshi Nogami. **SW** 67 Min.
Drei japanische Ehepaare aus verschiedenen sozialen Schichten, die in einem dünnwandigen Mietshaus wohnen, werden unfreiwillige Zeugen dessen, was sich bei den Nachbarn so tut. Und was tut sich da? – Sprechen, flüstern, stöhnen! – Ein Stöhnfilm ohnegleichen.

Stachel für heiße Bienen
(BETWEEN THE SHEETS). USA 1979.
R Anthony Spinelli. **B** Michael Ellis. **K** Paul Lomas. **M** N.N. **D** Seka, Chelsea Manchester, John Leslie, Arcadia Lake, Randy West, Annette Haven, Veronica Hart, Vanessa Del Rio, Richard Pacheco, Eric Edwards, Joey Silvera. **F** (91) 88 Min.
Ein Bett (!) und eine Matratze (!) unterhalten sich in einem süffisanten Tonfall darüber, was im Laufe der Jahre so alles auf ihnen passiert ist. – Dreimal darfste raten. – AT: DIE LIEBESNACHT.
Ⓥ Movie Star (Die Liebesnacht)

Star '80
(STAR 80). USA 1983.
R Bob Fosse. **B** Bob Fosse. **K** Sven Nyvuist. **M** Ralph Burns. **D** Mariel Hemingway (Dorothy Stratten), Eric Roberts (Paul Snider), Cliff Robertson (Hugh Hefner), Caroll Baker (Dorothys Mutter), Roger Rees (Aram Nicholas), David Clennon (Geb). **F** 104 Min.
Die hübsche Dorothy Stratten mausert sich binnen kurzer Zeit von der Unschuld vom Lande zum Sexkätzchen des Jahres, wird in der High Society herumgereicht und macht Karriere beim Film – bis Paul, ihr Freund und selbsternannter Manager, den nicht unberechtigten Eindruck hat, daß sie sich ihm mehr und mehr entzieht. Woraufhin er in blinder Eifersucht zuerst sie und dann sich tötet. – Verfilmung der Lebensgeschichte des Fotomodells Dorothy Stratten, das u.a. in Filmen wie MANHATTAN (USA 1978;

Bunny im Playboyland: Mariel Hemingway in *Star 80* von Bob Fosse

R Woody Allen), GALAXINA (USA 1980; R William Sachs) und SIE HABEN ALLE GELACHT (USA 1981; R Peter Bodgdanovich) zu sehen war.

Stellungen
BRD 1970.
R Wulf D. Schneider. B Gert Ellinghaus. K Leo Jamm. M Irgendeine Null mit Hammond-Orgel. D Katja Büchele, Hans-Dieter Heyse. SW/F 65 Min.
Während der Befragung von Straßenpassanten, die durch die Bank etwas dagegen haben, daß der Staat bestimmen soll, ob mündige Bürger Pornos lesen darf und was sie in ihren Betten treiben dürfen, führen uns drei Pärchen im Garten, auf der Wiese und auf der Hollywoodschaukel mit blutstauender Monotonie läppische ›Stellungen‹ vor. – Ein echter Horrorfilm!

Die Stewardessen
Schweiz 1971.
R Michael Thomas [= Erwin C. Dietrich]. B Manfred Gregor [= Erwin C. Dietrich]. K Peter Baumgartner/Andreas Demmer. M Walter Baumgartner. D Evelyne Traeger, Ingrid Steeger, Margit Siegel, Raphael Britten, Kathrin Heberle, Detlev Heyse, Bernd Wilczewsky. F (85) 79 Min.
Vier Geschichtchen aus dem Leben von Stewardessen internationaler Luftfahrtgesellschaften. Wohin sie auch kommen, wohin sie auch gehen: Ob im Hotel oder im Cockpit – überall begegnet ihnen das pralle Leben in Gestalt des Sexus. – Das Beste an diesem Streifen? Sein Werbespruch: »Die Stewardessen – sie fliegen durch die Lüfte. Vögeln gleich.« Ham wir gelacht.

Stille Tage in Clichy
(STILLE DAGE I CLICHY).
Dänemark 1969.
R Jens Jörgen Thorsen. B Jens Jörgen Thorsen. K Jesper Höm/Veit Jörgensen. M Joe McDonald, Ben Webster/Young Flowers/Andy Sundström/Papa Bues Viking Jazz Band. D Paul Valjean (Joey), Wayne John Rodda (Carl), Ulla Lemvigh-Muller (Nys), Avi Sagild (Mara), Susanne Krage (Christine), Louise White (Surrealistin), Petronella (Adrienne), Elsebet Reingaard (Colette), Lisbeth Lundquist (Jeanne), Olaf Ussing (Vater), Noemi Roos (Mutter), Anne Kehlet (Corinne), Herman Woldsgaard-Iversen, Britten Jensen, Elsa Jackson, Mette Aare Thorsen, Marianne Bergh, Mai Wechselmann, Ben Webster, Maria Stentz, Bamse Kragh-Jacobsen, Marie France Hamou, Roger de Monenstral, Marcel Doumerg, Jacques Spezia, Françoise Heselman, Jens Jörgen Thorsen.
SW 95 Min.
Joey und Carl, zwei arme schriftstellern-

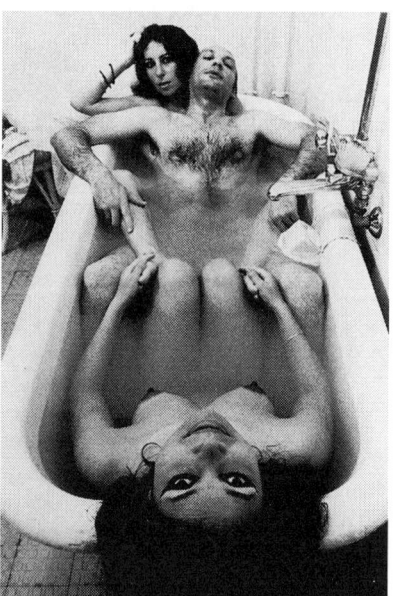

Paul Valjean als Henry Miller im Bade: *Stille Tage in Clichy* von Jens Jörgen Thorsen

de Amerikaner in Paris, scheren sich als die Lebenskünstler, die sie sind, einen Dreck ums Geld, solange sie genug zum Futtern und zum Vögeln haben. Sie nehmen alles mit ins Bett, was sich ihnen an Weiblichem bietet, und tun sich auch mit der minderjährigen Colette zusammen, die auf Triolen steht. Als Colette sich von ihnen trennt, begeben sie sich auf die Suche nach einem Mädchen, das sie ersetzen kann. – Nach dem gleichnamigen Roman von Henry Miller (1891–1980).

Das Stöhnen
(WILD GYPSIES). USA 1969.
R Marc B. Ray. **B** Marc B. Ray.
K Steve Burum. **M** Richard La Salle.
D Todd Grange (Anton), Wayne Lundy (Juan), Ray Rappa (Armendero), Wynn Geary (Helena), Laura Welcome (Julia), Carmen Filpi (Felipe), Eli Hadash (Victor), Kay Dahlquist (Anna), Demian Oliver (Paula), Samantha Scott (Marguerite), Glen Jacobson (Erik), Ruth Marcus (Mama), Barry Michlin (Amos). **F** 85 Min.
Eine Zigeunersippe entführt ein junges Geschwisterpaar, um sich an ihm zu verlustieren, doch ein ›Ausgestoßener‹, der sich an seinem Stamm rächen will, macht aus dem Sexgerangel ein blutiges Mörderspiel.

Die Story von Joanna
(THE STORY OF JOANNA). USA 1975.
R Gerard Damiano. **B** Gerard Damiano. **K** Harry Flecks. **M** Edward Erle.
D Terri Hall (Joanna), Juliet Graham (Gena), Jamie Gillis (Jason), Zebedy Colt (Griffin), Steven Lark (Tänzer), John Busch. **F** (86) 70 Min.
Die hübsche junge Joanna gerät in den Bann eines reichen auf Sadomasochismus stehenden Lustmolches, der sich ihr sexuell nicht nähert, sondern sie als Lustobjekt an seinen Freundeskreis weiterreicht. Joanna findet bei Fellatio, Koi-

Terri Hall in Ketten: *Die Story von Joanna* von Gerard Damiano

tus a tergo und lesbischem Zungenspiel als Sexsklavin die ›Erfüllung‹. – Ein (in der Originalfassung) härterer Aufguß der altbekannten GESCHICHTE DER O, inszeniert von Gerard Damiano, dem Regisseur des Porno-Klassikers DEEP THROAT (USA 1972). Die deutsche Version, zum ›anständigen‹ Softporno zersäbelt, ist eine Quelle unfreiwilligen Humors: Wer in astreinem Synchronesisch ekstatisch hervorgestoßene Sätze wie »Ich bin eine Scheide!« hören will, darf diesen Film unter keinen Umständen verpassen!
Ⓥ VMP

Die Stoßburg
BRD 1974.
R Franz Marischka. **B** Franz Marischka/F.G. Marcus. **K** Gunter Otto.
M Peter Weiner. **D** Peter Steiner (Ar-

chibald), Johnny Kraaykamp, Helga König, Anne Graf, Rinaldo Talamonti, Miriam Daniel, Eleonore Leipert, Peter Martell, Birgit Zamulo, Sandra Monte, Hartmut Neugebauer, Jean Droze, Walter Kraus, Erich Frank.
F 98 Min.
Ritter Archibald rüstet Frau, Tochter und Geliebte mit (im Sonderangebot erstandenen) Keuschheitsgürteln aus und begibt sich, bevor er gegen die Preußen in den Krieg zieht, auf ein Fest, das sein Kumpel Sigurd veranstaltet. Doch nicht nur auf dem Fest wird ausgiebig geferkelt – auch die daheim gebliebenen Damen bemühen sich derweil mit Unterstützung heimlicher Liebhaber, ihre triebhemmenden Eisenhöschen loszuwerden.

Stoßtrupp Venus bläst zum Angriff
Österreich/BRD 1974.
R Hans G. Keil [= Georg Tressler].
B Willy Pribil [= Willi Fritsch].
K Michael Marszalek. **M** Hans Hammerschmid. **D** Nina Frederic, Catherina Conti, Heidrun Hankammer, Alena Penz, Gerti Schneider, Michael Maien, Franz Muxeneder, Raoul Retzer, Herbert Hisel. **F** 85 Min.
Mädchen von der Venus kommen in einem UFO (= Unidentifizierbaren Fliegenden Objekt) zur Erde, um Sperma zu sammeln, damit sich ihr vom Aussterben bedrohtes Volk wieder fortpflanzen kann. – Softsexfilm mit aufgesetztem Science Fiction-Hintergrund; in den USA ist dieser Streifen unter dem Titel SPACE GIRLS allerdings ein Kabelhit! –
AT: ACH, JODEL MIR NOCH EINEN.
Ⓥ Toppic (Ach, jodel mir noch einen)

Stoßverkehr
(BLUE MONEY). USA 1972.
R Alain-Patrick Chappuis. **B** Michael Stringer. **K** N.N. **M** Jay Torrey.
D Alain Patrick Chappuis, Barbara Caron, Inga Maria, Jeff Gall, Oliver Aubrey, Steve Roberson, John Parker, Sergio Regules, Art Jenoff. **F** 88 Min.
Ein Sexfilm über einen feschen amerikanischen Knipser, der Pornos produziert, weil er seinen hohen Lebensstandard halten will, und ein paar herumschnüffelnde Cops, die sich bemühen, ihm das Handwerk zu legen.
Ⓥ VMP

Stoßzeit
BRD 1970.
R Alexis Neve. **B** Alexis Neve.
K Carsten Krüger. **M** Manfred Hübler.
D Anna Christina, Lydia Bauer, Lilly Barwig, Marcel André, Klaus Dahlen, Sascha Duvalier, Dolly v. Doll.
F 96 Min.
Der Lebenslauf der Bordsteinschwalbe Kirsten Kosinski, die mittlere Reife und keine Illusionen hat, keinen Unterschied zwischen bezahltem Sex und Sex in der Ehe sieht und vorhat, mit ihrem Gesparten irgendwann eine schicke Boutique zu eröffnen. – Ansätze zur Sozialkritik kann man dem Film zwar pauschal nicht absprechen, aber fraglos wurde er gemacht, damit er Geld einspielt.

Die Strandbiene
(GIFT). Dänemark 1966.
R Knud Leif Thomsen. **B** Knud Leif Thomsen. **K** Claus Loof. **M** Niels Viggo Bentzon. **D** Sören Strömberg (Per), Sisse Reingaard (Susanne), Astrid Villaume (Hjördis, ihre Mutter), Poul Reichhardt (Henrik, ihr Vater), Judy Gringer (Hausmädchen), Grethe Mogensen (Frau Jacobsen), Karl Stegger, Vic Salomonsen, Tine Schmedes, Per Goldschmidt, Jess Kölpin.
SW 98 Min.
Peer, ein junger Schwede, propagiert die ›freie Liebe‹, weil er meint, Sex und Erotik seien die einzigen Faktoren, die in ›unserer Zeit‹ (= 1966) noch Gültig-

keit haben. Er veranstaltet sogenannte Love-ins am Strand und hält sie mit einer Kamera fest. Später verführt er das Maklertöchterlein Susanne und das Hausmädchen ihrer Familie, doch als er auch noch die Mutter rannehmen will, kriegt er etwas aufs Maul.

Strandgeflüster
(IL CASOTTO). Italien 1977.
R Sergio Citti. **B** Citti Cerami/Vincenzo Cerami. **K** Tonino Delli Colli. **M** Gianni Mazza. **D** Jodie Foster (Tersina), Mariangela Melato (Kundin), Michele Placido (Junggeselle), Luigi Proietti (Junggeselle), Paolo Stoppa (Opa), Flora Mastroianni (Oma), Ugo Tognazzi (Cerquette), Cathérine Deneuve, Franco Citti, Ninetto Davoli, Flora Carabella. **F** (114) 92 Min.
In diesem Film geht es um ein Wochenende am Strand, wobei die Badegäste durchaus auch andere Dinge im Kopf haben als sich nur von der Sonne braten zu lassen. Ein älteres Paar versucht die schwangere Enkelin (Jodie Foster) an den Mann zu bringen; nackerte Bienen wollen dem reichen und überpotenten Ugo Tognazzi an die Brieftasche, und Michele Placido bemüht sich, bei Catherine Deneuve zu landen. – Ein müdes Ding, in der BRD nur auf Video.
Ⓥ Atlas

Das Strandhaus
(DEEP INSIDE). USA 1968.
R Joseph W. Sarno. **B** Joseph W. Sarno. **K** Bruce Sparks. **M** Pier Marini.
D Lara Danielli (Pamela Lewis), Esme Kane (Millicent Redmont), Nick Dundas (Bill Lewis), Ron Vial (Don Vincent), Sheila Britt (Jean), Monique Drevon (Joy Ponds), Bella Donna (Mavis Kitchell), Michelle Fox (Norma), Aaron Green (Pete), Mary Park (Linda), Justin Moreau (Harry), Tia Waters (Neva), Tony Garette (Martin Ponds), Pete Hall (Jay), Jeremy Langham (Roger). **F** (87) 71 Min.
Die voyeuristische Millicent hat Freude daran, ihre weiblichen Bekannten mit manipulativen Tricks dazu zu verführen, es miteinander und mit anderen zu treiben: Sie hilft der nymphomanen Linda bei der Befriedigung ihrer Triebe, heizt die Lesbierinnen Neva und Jean an, verkuppelt eine weitere Frau an junge Burschen und Jung-Pamela an einen irren Künstler. Dann kommt es zu einem Mord. Als den Manipulierten die Motive Millicents klar werden, wenden sie sich gegen sie. – Der Film existiert in drei unterschiedlichen Fassungen; im deutschen Sprachraum war nur die kürzeste zu sehen.

Das Strandhotel
(L'HOTEL DE LA PLAGE). Frankreich 1977.
R Michel Lang. **B** Michel Lang. **K** Daniel Gaudry. **M** Mort Shuman.
D Daniel Ceccaldi (Euloge St. Prix), Hélène Bateux (Mme. Guedel), Valérie Boisgel (Rose-Annies Mutter), Myriam Boyer (Alinde Dandrel), Marcelle-Jeanne Bretonniere (Odette Vermaelen), Madeleine Bouchez (Oma Dandrel), Rosine Cadoret (Cécile St. Prix), Geoffroy Carey (Dave), Germaine Delbat (Mme. Léonce), Anna Gael (Brenda), Michéle Grellier (Marie-Laure Delambre), Francis Lemaire (Lucien Vermaelen), Robert Lombard (Guedel), Guy Marchand (Hubert Delambre), Jean-Paul Muel (Paul Dandrel), Blanche Ravalec (Yveline), Michel Robin (Léonce), Martine Sarcey (Elisabeth Rouvier), Sophie Barjac (Catherine Guedel), Marie-Laure Bunel (Claudie), Maryline Canto (Juliette Guedel), Gérard Gustin (Jean-Pierre), Bruno Lavergne (Cyril), Denis Lefebvre du Prey (Stéphane), Anne Parillaud (Estelle), Philippe Ruggieri (Pierre-

Alain), Bernard Soufflet (Bertrand), Bruno du Louvat (Antoine).
F 110 (TV: 100) Min.

Ein buntes Gewimmel von Erwachsenen und Jugendlichen bevölkert ein sommerliches Strandhotel in der Bretagne – und dazu gehören natürlich auch die unausweichlichen pubertären Knaben und Bikinischönheiten, die den lieben langen Tag damit verbringen, etwas aufzureißen, was nicht selten zu Verwicklungen, Verwechslungen und Eifersüchteleien führt, wie man sie aus Filmen dieser Art kennt: »Bertrand hat nur einen Gedanken im Kopf: Elisabeth, die Hotelchefin, eine Frau, die seine Mutter sein könnte... Während sich Catherine auf das große Schlagerfestival vorbereitet, versucht ihre kleine Schwester Juliette verzweifelt, ihre Brüste größer erscheinen zu lassen, um Dave... zu verführen. Brenda, die hübsche Engländerin, versucht ihrerseits, Euloge den Kopf zu verdrehen. Dieser jedoch verliebt sich... in die junge Bedienung des Hotels, Yveline. Mit Hilfe von Hubert... zettelt Euloge eine Intrige an, um Aline... in die Arme Luciens zu treiben, der ›so ehrlich und treu‹ ist, wie es nur Belgier sein können...« (Produktionsmitteilung). – »Das ist stark überzeichnet, wenig originell, kaum erheiternd, aber wenigstens frei von jeder Zotenhaftigkeit.« (FILMDIENST).
Ⓥ Atlas

Strange Love
(SECRETS). USA/BRD 1972.
R Sigi Krämer. **B** N.N. **K** N.N.
M Fred Tornow. **D** N.N. **F** 73 Min.
Wertloses deutsch-amerikanisches Zelluloidflickwerk, das mit angeblich versteckter Kamera Prostitution und sexuelle Perversionen aufs Korn nimmt, um den Eindruck zu erwecken, dokumentarisch zu sein.

Straßenbekanntschaften auf St. Pauli
BRD 1967.
R Werner Klingler. **B** Jürgen Buchmann/Jürgen Knop. **K** Günther Knuth.

Dagmar Lassander in *Straßenbekanntschaften in St. Pauli* von Werner Klingler

Szene aus *Streetwalkin'* von Joan Freeman

M N.N. **D** Günther Stoll (Komm. Torbach), Rainer Brandt (Ingo Werner), Suse Wohl (Susanne Petersen), Sybille Gilles (Renate Petersen), Dagmar Lassander (Gerti Weber), Reinhard Kolldehoff (Radebach), Jürgen Feindt (Jensen). **F** 80 Min.
Ein schweinischer Nachtklubbesitzer auf St. Pauli will eine allzu eifrige Kommissarin der Sittenpolizei korrumpieren und schickt seine Vasallen aus, die ihre Tochter in eine pikante Situation lotsen wollen, damit sie schlüpfrige Fotos von ihr machen können. – Sex and Crime-Film, mit Betonung auf Crime und Schund.

Streetwalkin'
(STREETWALKIN'). USA 1984.
R Joan Freeman. **B** Joan Freeman/Robert Alden. **K** Steven Fierberg.
M Matthew Ender/Douglas Timm.
D Melissa Leo, Dale Midkiff, Leon Rubinson, Julie Newmar, Randall Batinkoff, Annie Golden. **F** 82 Min.
Nachdem die junge Cookie vor ihrem sexbesessenen Stiefvater mittellos nach New York geflüchtet ist, lernt sie den Zuhälter Duke kennen. Duke kümmert sich um sie, bis sie schließlich für ihn auf dem Times Square anschaffen geht. Doch Duke erweist sich als prügelnder Macho; Cookie wechselt den Manager und läßt sich fortan von einem Farbigen beschützen.
Ⓥ VPS

Strip-Poker
(THE ORGY AT LIL'S PLACE).
USA 1963.
R J. Nehemiah. **B** J. Nehemiah/Neil Lewis. **K** Ben Zvi. **M** N.N. **D** Carrie Knudsen (Ann), Bob Curtis (Charles), John Lyon (Bob), June Ashlyn (Sally), Myles Stuart (Mark), Trri Powers (Lil), Karen Lynn, Anita Ventura, Don Paradise, Davy Decker, Joyce Bonner, Princess Zobeide. **SW/F** 83 Min.
Ann, ein ehrgeiziges Mädchen vom Dorf, fährt zu ihrer Schwester nach Sin City (New York), um dort Karriere als Schauspielerin zu machen. Über eine Kunstklasse, die weibliche Akte malt, gerät sie, wie's sich für Filme dieser Art

gehört, in die Fänge lüsterner Agenten, und damit setzt ihr moralischer Abstieg ein.

Stripped To Kill
(STRIPPED TO KILL). USA 1987.
R Katt Shea Ruben. **B** Andy Ruben/ Katt Shea Ruben. **K** John Leblanc. **M** John O'Kennedy. **D** Kay Lenz (Cody), Greg Evigan (Heineman), Norman Fell (Ray), Pia Kamakaha (Eric), Tracey Crowder, Debby Nassar, Athena Worthy. **F** 83 Min.
Die Polizistin Cody und ihr Partner suchen einen Killer, der eine Stripperin gemeuchelt hat: Cody nimmt in dem Nachtklub, in dem das Opfer gearbeitet hat, einen Job als Tänzerin an, um den Bösmann zu locken. (Die neue Arbeit macht ihr unerwartet Spaß). – Ein Erotikthriller mit wenig Thrill, aber die abgefilmten Stripteasenummern sind nicht übel. Wie schade, daß Kay Lenz mehr mit ihren Tanz- als mit ihren Schauspielkünsten überzeugt. Ⓥ IMV

Stripper
(STRIPPER). USA 1986.
R Jerome Gary. **B** N.N. **K** Ed Lachman. **M** Buffy Sainte-Marie/Jack Nitzsche. **D** Janette Boyd (Janette), Sara Costa (Sara), Kimberly Holcomb (Danyel), Loree Menton (Maus), Lisa Suarez (Gio), Ellen Claire McSweeney (Shakti Om), Jamal Rofeh (Clubbesitzer). **F** 90 Min.
Eine ›Dokumentation‹ über das Leben und Streben von Stripteasetänzerinnen, die so eindeutig gestellt ist, daß es nicht einmal dem vielzitierten Blinden mit dem Krückstock entgeht.
Ⓥ Cannon/VMP

Studentenfutter
(REKTOR PA SENGEKANTEN).
Dänemark 1972.
R John Hilbard. **B** Bob Ramsing/Finn Henriksen. **K** Mikael Salomon. **M** Ole Hoyer. **D** Ole Söltoft (Max), Birte Tove (Line), Annie Birgit Garde (Frau Bosted), Axel Ströbye (Kultusminister), Paul Hagen (Holst), Susanne Jagd (Jytte), Sören Strömberg (Fabian), Karl Stegger (Barneweller), Hans W. Petersen (Dr. Hansen), Björn Puggard-Müller (Bruun), Miskow Makwarth (De Fontenay), Christoffer Bro (Erik), Willy Rathnov (Direktor), Gertie Jung (Sekretärin), John Martinus (Bräutigam), Lise-Lotte Norup (Braut), Kirsten Passer, Effie Scou, Jan Priskorn, Ulla Jessenn. **F** 85 Min.
In dieser dänischen Sexklamotte geht es um ein Internat, das man kurzfristig zu einem Hotel umfunktioniert hat. Eine schlitzohrig in die Handlung eingeschmuggelte Sexdroge macht das Etablissement zeitweilig zu einem Liebesnest für Geilhuber aller Altersstufen.
Ⓥ Splendid

Studentinnen-Report
BRD 1978.
R Pavlos Parashakis. **B** Peter Hunt. **K** Benno Bellenbaum. **M** N.N. **D** Gina Jansen, Giorgios Stratigakis, Helga Wild, Sigrun Theil. **F** 81 Min.
Ein Softporno auf dem Niveau der Report-Filme; diesmal verbreitet man sich über das ausschweifende Sexualleben der Studentinnen.

Stundenplan einer Verführung
(STRANGERS). USA 1972.
R David Spelvin [= Larry Price].
B David Larry Price. **K** N.N. **M** N.N.
D Michael Simon (Paul), Michelle Simon (Andrea), Quentin James (Tom), Lisa Marie (Marie), Adam Richards. **F** 78 Min.
Der Musikproduzent Paul hat berufliche Probleme, da ihn seine Gattin Andrea sexuell nicht mehr erregt. Um seine Potenz zu steigern, organisiert er Sexspiel-

chen, in denen er seiner besseren Hälfte als sexhungriger Exknastologe oder als Einbrecher etc. pp. gegenübertritt. Als auch das nicht viel bringt, nimmt das Paar Kontakt zu einem anderen auf und treibt sich bald in der Swinger-Szene herum. – Welch putzige Idee – wäre sie nur nicht so jämmerlich schlecht gespielt und abgefilmt!

Die Stute
(THE STUD). GB 1977.
R Quentin Masters. **B** Jackie Collins.
K Peter Hannan. **M** Sammy Cahn.
D Joan Collins (Fontaine Khaled), Oliver Tobias (Tony Blake), Sue Lloyd (Vanessa), Emma Jacobs (Alexandra Khaled), Walter Gotell (Ben Khaled), Mark Burns, Doug Fisher **F** 90 Min.
Die mondäne gelackte Jet Set-Mieze Fontaine Khaled macht den aus proletarischem Milieu stammenden Kellner Tony Blake zum Geschäftsführer ihres Schickerianachtklubs und läßt ihn eine Weile in dem Glauben leben, er gehöre zur ›großen Welt‹. Als Tony sich zaghaft emanzipiert und aufmuckt, als Fontaine ihn an ihre dekadenten Bekannten ›ausleiht‹, stößt sie ihn eiskalt in die Gosse zurück. – Ein nicht sehr spannender, vage sozialkritischer Sexfilm mit modischem Disko-Getue und mißverstandenem Originaltitel: Ein ›Stud‹ ist keine Stute, sondern ein Deckhengst. – AT: DAS SUPERBIEST.
Ⓥ Heeres, Cannon (Das Superbiest)

Summer Camp
(SUMMER CAMP). USA 1978.
R Chuck Vincent. **B** Avram Schnitzer.
K Ken Gibb. **M** Sparky Sugarman.
D Michael Abrams (Dr. Fox), Jake Barnes (Herman), Kashka Bartisick (Cindy), Bud Bogart (Dick), Louise Carmona (Alice), John C. McLaughlin, Matt Michaels, Verkina Flower, Brenda Fogarty, Barbara Gold, Shelley Hart, Walt Hill. **F** 85 Min.

Oliver Tobias und Gespielin in *Die Stute* von Quentin Masters

Die Sünden der ganz jungen Mädchen

Eine Horde geiler US-Teenies verbringt einen Sommer in einem Ferienlager und vertreibt sich die Zeit mit öden Scherzchen (z.b. dem Mopsen von Slips – huch, wie komisch!) und Sex. – Ein echter Schmuddler aus der Schnellschußwerkstatt des ehemaligen Pornofilmers Chuck Vincent.
Ⓥ VCL

Die Sünden der ganz jungen Mädchen
(SCANDALO IN FAMIGLIA).
Italien 1976.
R Marcello Andrei. **B** Marcello Andrei. **K** Luciano Trasatti. **M** Enrico Simonetti. **D** Gloria Guida, Gianluigi Ghirizzi, Lucretia Love, Giuseppe Anatrelli, Loredana Martinez, Carlo Maietto, Carlo Giuffre, Gianni Nazarro. **F** 88 Min.
Eine junge Italienerin, die aller Welt den Kopf verdreht, wirft ein Auge auf ihren Stiefonkel und schafft es mit ihren Reizen, ihn auf sich aufmerksam zu machen. Allerdings erst dann, nachdem beide sich anderweitig verheiratet haben. – Eine Klamotte nach altbewährtem Strickmuster.
Ⓥ Madison

Die Sünden der Lucrezia Borgia
Siehe **Die heißen Nächte der Lucrezia Borgia**

Der Sündenpfuhl von Entenbach
Siehe **Liebesgrüße aus der Lederhose (3)**

Die Sünderin
BRD 1950.
R Willi Forst. **B** Gerhard Menzel.
K Vaclav Vich. **M** Theo Mackeben.
D Hildegard Knef (Marina), Gustav Fröhlich (Alexander), Robert Meyn (Stiefvater), Aenne Bruck (Mutter), Jochen-Wolfgang Meyn (Stiefbruder), Andreas Wolf (Arzt), Theo Tecklenburg, Wera Friedberg, Carl Voscherau, Benno Gellenbeck, Karl Kramer, Horst v. Otto. **SW** 90 Min.
Während des Dritten Reiches muß der den Nazis suspekte Stiefvater der jungen Martina aus seiner Villa in eine kleine Mietwohnung umziehen. Martinas an Gut und Geld gewöhnte Mutter verkraftet den sozialen Abstieg nur, indem sie ihr Glück fortan in den Armen wohlhabender Angehöriger der Oberklasse sucht. Als ihr Mann ihr auf die Schliche kommt und sie als Hure beschimpft, läßt sie die Familie sitzen. Als die Gestapo Martinas Vater abholt, bleibt sie mit ihrem älteren Stiefbruder allein in der Wohnung zurück und verkauft sich an ihn. Der Vater kehrt zurück, erkennt die Lage und wirft Martina auf die Straße. Nach dem Krieg – Martina arbeitet als Bordsteinschwalbe – lernt sie den heruntergekommenen, an einem Hirntumor leidenden Maler Alexander kennen, in den sie sich verliebt. Um seine Operation finanzieren zu können, geht Martina erneut auf den Strich. Mit dem verdienten Geld läßt sie Alexander in Wien operieren. Alexander fühlt sich besser, doch der Tumor wächst nach. Nur Martina weiß, daß er erblinden und sterben wird. Sie bringt Alexander mit Tabletten um und nimmt sich ebenfalls das Leben. – »[DIE SÜNDERIN] ist der interessanteste schlechte deutsche Film aus einer Zeit, da es fast nur schlechte deutsche Filme gab... Er besteht aus einem endlosen, bebilderten Monolog Martinas, die vor dem Griff nach dem Veronal noch mit ihren Gedanken in der Vergangenheit herumspringt. Bei besserer Verarbeitung des Sujets und etwas mehr Kunstverstand hätte der Film eine kühne Vorwegnahme heutiger filmischer Erzählstrukturen werden können. Wie die Dinge liegen, wirkt er mehr wie ein nachträglich mit Ton versehener Stummfilm, der

Das sündige Bett

Hildegard Knef und Robert Meyn in *Die Sünderin* von Willi Forst

Heidrun Hankammer und Knut Reschke in *Das sündige Bett* von Ilja von Anutroff

einem verwirrten Cutter in die Hände gefallen ist. Aber er hat die Faszination aller heillos chaotischen und wüst verkitschten Filme.« (Joe Hembus, KLASSIKER DES DEUTSCHEN TONFILMS).

Das sündige Bett
BRD 1973.
R Ilja von Anutroff [= Ralf Gregan].
B Michael Wildberger. **K** Michael Alexander. **M** Rolf Bauer. **D** Heidrun

Hankammer, Knut Reschke, Artur Binder, Waltraud Habicht, Judith Fritsch, Dorothea Thiel, Günther Glaser, Felix Langenstein, Gaby Heine, Rena Bergen. **F** 85 (TV: 72) Min.
Ein Mann und eine Frau erstehen ein altes Messingbett, das sich, während sie es nach Hause transportieren, an fünf Kopulationsepisödchen erinnert, die zwischen 1908 und 1973 auf seinen Matratzen stattgefunden haben. – Mann, ist das lustig!

Die sündige Erbschaft
Siehe **Kommt pudelnackt, das Erbe lacht**

Die sündige Kleinstadt
BRD 1974.
R Rainer Brönneke. **B** Rainer Brönneke. **K** Heiko Hagemann. **M** Ralph Bonda. **D** Kai Fischer (Waltraud Henze), Eva Pflug (Frl. Stubentreu), Joachim Wolff (Max-Dieter Hanemann), Helga Feddersen (Frau Hanemann), Gerda Gmelin (Barbesitzerin), Chinesen-Babs (Babs), Gaby Steiner (Monika), Bärbel Mössinger. **F** 83 Min.
Monika, die Tochter eines Bum(s)burger Kaufmanns, schreibt ihre pubertären Phantasien in ein ›intimes Tagebuch‹ und vergißt es in der Schule. Im Glauben, daß Monika es mit allen Männern des Ortes (inklusive Rektor und Kriminalkommissar) getrieben hat, entfacht ihre spießige Lehrerin einen Skandal: Eine Reporterin, die den Fall publizistisch ausbeuten will, bringt mittels Erpressung alles wieder ins Lot. – Eine lustlose abgefilmte Sexkomödie, in der halbnackte Mädchen unentwegt kichernd zu dritt im Bett liegen und biedere Ehemänner ›dienstlich‹ Stripteasebars besuchen, während sich ihre Gattinnen als geile Heuchlerinnen entpuppen. Die ›nackten Tatsachen‹ werden von hoffnungslos untalentierten Laien dargeboten; die ›Stars‹ ersparen uns zum Glück das Vorzeigen sexueller Freiübungen. Daß Eva Pflug und Helga Feddersen in diesem Schinken aufgetreten sind, legt von der Lage deutscher Schauspieler beredt Zeugnis ab.

Sündige Lippen
(PASSIONS BRULANTES / SUPERCLIMAX). Frankreich/Italien 1981.
R Alexandre Borski [= Aristide Massaccesi]. **B** Joe d'Amato [= Aristide Massaccesi]. **K** N.N. **M** N.N. **D** Laura Levi, Mark Shannon, Monica Nickel, Joanna Kolpen, Jacques Baltimore, Linda Lacelove. **F** 75 Min.
Die Exprostituierte Louise, Gattin eines erfolgreichen Mannes, arbeitet nach der Eheschließung weiter in einem Bordell, bis sie von einem Kunden sexuell erpreßt wird. Sie läßt den Mann von einem Zuhälter verprügeln, doch ihr Gatte merkt dennoch, was sie freiberuflich so treibt. – Als toleranter Mensch nimmt er ihr natürlich nichts übel. Wer Augen hat zu sehen, wird erkennen, daß dieser Streifen eine prominente Vorlage hat: BELLE DE JOUR – DIE SCHÖNE DES TAGES von Luis Buñuel (1967). Was natürlich nicht heißen soll, daß die Kopie die Qualität des Originals erreicht.

Sunshine Reggae auf Ibiza
BRD 1983.
R Francois Petit [= Franz Marischka]. **B** Florian Burg. **K** Fritz Baader. **M** Gerhard Heinz. **D** Karl Dall (Karl), Olivia Pascal (Krista), Chris Roberts (Bernie), Jacqueline Elber (Barbara), Alexander Gittinger (Slowly), Jonny Jürgens (Franz), Isa Haller (Linda Lu), Helga Feddersen (Suleika), Olli Meyer (Sekretär), Bea Fiedler (Rita), Werner Böhm. **F** 86 (TV: 81) Min.
Der Ostfriesenbauer Karl reist nach Ibiza, um seinen Schwarm, die dümmliche Sängerin Linda Lu, kennenzulernen. Er

gerät finanziell ins Abseits und schlägt sich durch, bis ein reicher Adliger, der ihm zum Verwechseln ähnlich sieht, einen fatalen Job für ihn hat. Nebenher hat die geile Wirtin Rita Probleme mit ihrem depperten Mann. – Ein T and A-Film für die Kleinen; eine schauerlich blöde Klamotte für die Anspruchslosen.
Ⓥ VPS

Das Superbiest
Siehe **Die Stute**

Super-Sex-Report
(DON'T JUST LAY THERE). USA 1970.
R Philip Pine. **B** Philip Pine. **K** Ernest Beauchemin. **M** Steve Margulies/ Martin Margulies. **D** Barbara Caron (Rusty), Mary Jane Shipper (Eva), Ron Dyer (Rock), Jon Matisse (Creighton), Kathy Hilton (Baller), N.N. Weggener (Sloan), Bridget (Billie), Fern Hall-Brook (Lori), Diane Lewis (Smokey). **F** 80 Min.
Eine voyeuristische Fotografin fährt mit ihren Modellen in eine Berghütte, um Aufnahmen zu machen. Ihre lesbische Zimmergenossin und die übrigen Damen betreiben dort alle Arten von Sex und werden dabei geknipst. Dann gibt es noch eine Orgie, und ein Killer schlägt zu – der Chef der Modellagentur, der LSD eingeworfen und ein bewegtes Traumleben hat.

Supergirls in 3-D
BRD 1983.
R Amato Bozelli [= Walter Molitor]. **B** Horst Alexander. **K** Werner Lang/ Peter Übereiner/Ronald Voss. **M** Gerhard Heinz. **D** Olinka Hardiman, Yvonne Monaco, Lisa de Carlo, Eva Cordes, Peter Jansen, The Leasing Girls. **F** 83 Min.
Ein Schickeriafotograf treibt es mit einem seiner Modelle, was seine ansehnliche Gattin wiederum dazu animiert, ihm zu zeigen, daß sie derlei auch kann – bis der Haussegen wieder geradehängt.

Die Superhexe der Liebesinsel
(BRIGADE MONDAINE: VAUDOU AUX CARAIBES). BRD/Frankreich 1981.
R Philippe Monnier. **B** Gérard de Villiers. **K** Francois About. **M** Cerrone. **D** Patrice Valota (Corentin), Jacques Bouanich (Brichot), Julie Margo (Chiméne), Marcel Dalio (Mazoyer), Corinne Carol (Eliane), Jean-François Garreaud (Bertil), Francisco Charles (Adrien). **F** (97) 88 Min.
Angehörige der internationalen Sittenpolizei ›Brigade Mondaine‹ klären auf der Insel Martinique den ekelhaften Mord an einem Polizeispitzel auf, der einer Bande von Drogenschmugglern auf der Spur war. – Ein Krimi der Güteklasse C mit Softpornoeinlagen; nicht der Rede wert. – AT: WOODOO IN DER KARIBIK.

Supervixens Eruption
(SUPERVIXENS). USA 1975.
R Russ Meyer. **B** Russ Meyer. **K** Russ Meyer. **M** William Loose. **D** Shari Eubank (Supervixen), Charles Pitts (Clint Ramsey), Charles Napier (Harry Sledge), Uschi Digard (Supersoul), Henry Rowland (Martin Borman), Christy Hartburg (Superlorna), John Lazar (Cal McKinney), Stuart Lancaster (Lute), Glenn Dixon (Luther), Sharon Kelly (Supercherry), Deborah McGuire (Supereula), Big Jack Provan (Sheriff), Haji (Superhaji), Garth Pillsbury, Ron Sheridan, John Lawrence, F. Rufus Owens, Paul Fox. **F** 105 Min.
Nach dem Mord an seiner der Wollust frönenden Frau muß Clint aus seinem kleinen Ort fliehen, da der Bösmann Harry, der ihm recht ähnlich sieht, keine Probleme hat, ihm die Tat anzuhängen. Auf Achse erlebt Clint mehrere Abenteuer: Er wird in flagranti mit der Braut

Shari Eubank in *Supervixens Eruption* von Russ Meyer

eines Bauern erwischt, hat eine Affäre mit einem üppigen schwarzen Girl und trifft in einer Raststätte auf eine einsame, hübsche Frau, die seiner Exgattin wie aus dem Gesicht geschnitten ist. Clint verliebt sich in sie, doch der Killer kommt erneut vorbei, entführt seine neue Geliebte, und will sie beide töten. – »Die Frauen in SUPERVIXENS sind vollbusig, attraktiv und sehr intelligent, während die Männer in der Regel sexbesessen und bösartig sind und ihnen nicht das Wasser reichen können. Meyer bombardiert sein Publikum zwar in der Regel mit erotischen Bildern – großen Brüsten, willigen Weibern und simulierter Liebe –, doch hier kommt er uns mit mehreren sadistischen Szenen, die echte Abschlaffer sind.« (ADULT MOVIES).

Susanna, Tochter des Lasters
(SUSANA, CARNE Y DEMONIO).
Mexiko 1950.
R Luis Buñuel. **B** Luis Buñuel/Jaime Salvador/Rodolfo Usigli. **K** José Ortiz Ramos. **M** Raul Lavista. **D** Rosita Quintana (Susanna), Fernando Soler (Don Guadelupe), Matilde Palou (Dona Carmen), Victor Manuel Mendoza (Jesus), Maria Gentil Arcos (Felisa), Lius López Somoza (Alberto). **SW** 86 Min.
Die Hure Susanna entflieht aus einem Gefängnis, schlägt sich auf eine Hazienda durch und läßt nichts unversucht, die drei dort lebenden Männer aufzuheizen, bis die Besitzerin der Plantage zur Peitsche greift und die Polizei einschreiten muß.

Das süße Leben
(LA DOLCE VITA).
Italien/Frankreich 1960.
R Federico Fellini. **B** Federico Fellini/Tullio Pinelli/Ennio Flaiano. **K** Otello Martelli. **M** Nino Rota. **D** Marcello Mastroianni (Marcello), Anita Ekberg (Sylvia), Anouk Aimée (Maddalena),

Yvonne Fourneaux (Emma), Alain Cuny (Steiner), Annibale Ninchi (Marcellos Vater), Valeria Ciangottini Paola), Lex Barker (Robert), Nadia Gray (Nadia), Magali Noel (Fanny).
SW 178 (166) Min.
Der zynische Journalist Marcello, der sich vorwiegend als Beobachter auf den Festen der Reichen und Müßiggänger herumtreibt und der Meinung ist, von der Welt unabhängig zu sein, muß erkennen, daß er mehr und mehr den Bezug zum ›wahren Leben‹ verliert. – Kein Film für ›Sehleute‹, aber dennoch einer, der es in sich hat.

Das süße Leben der Nonne von Monza
(LA VERA STORIA DELLA MONACO DI MONZA). Italien 1980.
R Stefan Oblowsky. **B** Claudio Fracassi. **K** Giuseppe Bernardini. **M** Gianni Marchetti. **D** Zora Kerová, Mario Cutini, Paola Corazzi, Mario Noelli, Franca Stoppi, Fabio Spaltro, Franco Garofallo, Anna Carol Edel, Giovanna Attanasio, Tom Felleghi.
F (90) 88 Min.
Eine Nonne, der es nicht geglückt ist, den Verlockungen des Fleisches zu entgehen, die ihr in Gestalt eines jungen Edelmannes begegnet sind, wird am Ende zur Strafe in ihre Zelle eingemauert. – Ein Psychodrama, das nicht ohne Sensationslüsternheit die Frage zu beantworten versucht, was sich zur Zeit der Inquisition wirklich hinter Klostermauern abgespielt hat.

Süße, bring den Po in Stellung
(ATTENTION LES YEUX). Frankreich 1975.
R Gérard Pires. **B** Nicole de Buron. **K** Michel Sarrazin. **M** Guy Marchand. **D** Claude Brasseur (Manuel), André Pousse (Rotberger), Guy Marchand (Bob Panzani), Sonia Vareuil (Barbie), Robert Castel (Chouchou), Jean-Pierre Darras (Ko-Produzent), Daniel Auteuil (Alex), Nathalie Courval (Jenny),

Marcello Mastroianni in *Das süße Leben* von Federico Fellini

Catherine Lachens (Laurence), Christine Dejoux (Rosalie), Anemone (Eva), Michel Delahaye (Boudon), Gerard Hernandez (Restaurator), Bernard Sury (Bernard), Bouboule (Dédé), Jacques Chailleux (Patrick), Josy McGregor (Joseline), Serge Marquand, Didier Clotte, John Arkan (Söldner), Gunilla Persson (Ulla), Grace Jones (Cuidy), Marie-Christine Deshayes (Jerry), Tanya Lopert (Tanya), Anne Josset (Maguy), Vebeke Knusson, Georges Adet, Georges Descriéres, Moustache, Maurice Baquet, Jean-Claude Bouttier, Eddie Vartan, Jean-Claude Andruet. **F** 74 Min.
Ein junger Regisseur erhält von seinem Produzenten den Auftrag, ›künstlerisch wertvolle‹ Pornos zu drehen und schreitet mit einem Heer von Darstellern sogleich zur Tat. – Das Ganze ist natürlich parodistisch gemeint. – AT: SCHINKEN MIT EI.

The Swap
(THE SWAP). USA 1990.
R Paul Thomas. **B** Ashley Richards. **K** Ed Holtzman. **M** N.N. **D** Jennifer Stewart, Sharon Kane, Ameiko Madison, Bridget Monroe, Terry Richardson. **F** 72 Min.
Zwei befreundete Ehepaare betreiben ohne Eifersucht Partnertausch, bis beide Damen nach vielen Stellungen und noch mehr Gestöhn schwanger werden. – Softsexfilm des bekannten Pornodarstellers Paul Thomas, der ins Regiefach gewechselt hat und in der amerikanischen Pornoszene einen kommerziellen Erfolg nach dem anderen einfährt. Ansehbar.

Sweet Playgirls
Siehe **Nackt und keß am Königssee**

Sweet Playgirls (2)
Siehe **Die Liebesvögel (1979)**

Sylvia im Reich der Wollust
BRD 1977.
R F.J. Gottlieb. **B** Mia Sorell. **K** Franz Xaver Lederle. **M** Gerhard Heinz. **D** Corinne Cartier (Sylvia), Gianni Garko (Jörg), Ajita Wilson, Olivia Pascal, Betty Verges, Frits Hassolt, Brigitte Strobel, Fee Heger, Hubert Berger, Michel Jacot. **F** 89 (TV: 84) Min.
Hier geht es um die sexuellen Phantasien einer frustrierten jungen Dame, die in Berlin eine Boutique betreibt. Leider interessiert sich ihr Freund Jörg mehr für Geschäfte und Luxusweibchen als fürs Bett, deswegen macht die gute Sylvia nach der Lektüre eines eindeutigen Romans eine Urlaubsbekanntschaft zum Mittelpunkt ihres sexuellen Daseins. – AT: FREUDE AM FLIEGEN. Ⓥ Telerent

Symphonie der Sinnlichkeit
(LES PETITES GARCES). Frankreich 1979.
R Alain Nauroy. **B** N.N. **K** N.N. **M** N.N. **D** Daniele Troger, Jacques Gateau, Cathy Brival. **F** 82 Min.
Der flotte Privatsekretär eines verstorbenen Millionärs legt dessen Töchter flach, um herauszufinden, welcher von ihnen wohl das große Los winkt. – Ein seichter Softporno.

Syrtaki – Erotik ohne Maske
(SYRTAKI TIS AMARTIAS). Griechenland 1966.
R Giorgios Papakostas. **B** N.N. **K** Nikos Milas. **M** N.N. **D** Eleni Prokopiou, Byron Pallis, Tina Trianti. **SW** 84 Min.
Ein junge Griechin büxt aus, weil sie etwas erleben will, und endet in den lüsternen Krallen ihres Schwagers, seiner Spießgesellen und eines triebhaften Mediziners. – Ein Sexschundi aus Griechenland, der nicht beabsichtigt, Mädchen vom Durchbrennen abzuhalten: Dafür sind die Bettszenen zu genüßlich.

Das Tagebuch der Josefine Mutzenbacher
Siehe **Die heißen Nächte der Josefine Mutzenbacher**

Das Tagebuch einer Kammerzofe
(LE JOURNAL D'UNE FEMME DE CHAMBRE). Frankreich 1964.
R Luis Buñuel. **B** Luis Buñuel/Jean-Claude Carrière. **K** Roger Fellous. **M** N.N. **D** Jeanne Moreau (Celestine), Michel Piccoli (Monteil), Georges Gèret (Joseph), Francoise Lugagne (Mme. Monteil), Daniel Ivernel (Mauger), Jeanne Ozenne (Rabour), Gilberte Géniat (Rose), Bernard Musson (Küster), Jean-Claude Carrière (Pfarrer), Muni (Marianne), Claude Jaeger (Richter), Dominique Sauvage (Claire), Dominique Zardi (Gendarm), Madeleine Damien, Geymond Vital, Jean Franval, Marcel Rouzé, Jeanne Pérez, Andrée Tainsy, Françoise Bertin, Pierre Collet, Aline Bertrand, Joelle Bernard, Michelle Daquin, Marcel Le Floch, Marc Eyraud, Gabriel Gobin. **SW** 97 Min.

Die aus der Stadt stammende Kammerzofe Celestine tritt im Frankreich der frühen dreißiger Jahre eine Stelle bei einer hochherrschaftlichen Familie auf dem Land an, um sich einen wohlhabenden Mann zu angeln. Bald findet sie heraus, welche sexuellen Frustrationen, Untugenden und Geheimnisse die bürgerliche Fassade ihrer Herrschaft ausmachen: Die Madame ist so fromm und blind wie keine zweite, ihrem Gatten geht nichts über die Nähe zum Küchenpersonal, und Großvater ist mehr an Damenstiefelchen als an Damen interessiert. – Eine ätzende Satire auf das Großbürgertum; nach einem Roman von Octave Mirbeau (1848–1917), den Luis Buñuel in die dreißiger Jahre verlegt hat.

Taifun der Zärtlichkeit
(THE STORY OF THE DOLLS). BRD/Philippinen 1984.
R Hubert Frank. **B** Hubert Frank. **K** Franz Xaver Lederle. **M** Gerhard Heinz. **D** Tetcha Akbayani (Li), Max Thayer (Tom Hunter), Josephine Manuel (Chen), Carina Schally (Mari-

Max Thayer und Tetcha Akbayani in *Taifun der Zärtlichkeit* von Hubert Frank

sa), Brigitta Cimarolli, Sabine Mucha, Vanessa Vaylord, Leo Hermosa, Jean Saburit. **F** 90 Min.
Der Fotograf Tom rettet auf den Philippinen das Mädchen Li vor einem bösen Buben. Er nimmt Li mit nach Manila und macht Aktfotos von ihr, um ihr eine Karriere als Fotomodell zu eröffnen, doch die Moralvorstellungen ihrer Familie, die flotten europäischen Models, die Tom umgarnen, und die Chinesin Chen, die Li gern als Bestandteil ihres Bordells sehen möchte, bringen das Paar ständig in Bedrängnis. – Ein Fleischfilm mit Naturaufnahmen. – AT: DIE GESCHICHTE DER PUPPEN.
Ⓥ All (Die Geschichte der Puppen)

The Takers – Sex-Revolution der Hemmungslosen
Siehe **Sex-Revolution der Hemmungslosen**

Tall, Dark and Handsome
(TALL, DARK AND HANDSOME). USA 1987.
R Steve Banerjee. **B** Jane Ballard/ Barry Samson/Steve Merritt/George Solomon/Maureen Murphy. **K** Barry Samson. **M** Ross Vanelli. **D** Judy Landers (Andrea), Maureen Murphy, George Solomon, Lea Dedrick, Jodi Laine, George Solomon. **F** 69 Min.
Zwei Freundinnen laden eine Andrea einen Tag vor ihrer Hochzeit in ein Striplokal ein, in dem sich die ›hochgewachsenen, dunkelhaarigen und stattlichen‹ Männer des Originaltitels vor meist weiblichem Publikum entblättern. Was die drei Damen dazu anregt, die begabten Striptänzer in der Phantasie für sich allein zu haben. – Ein Sexfilm für Frauen, geschrieben von fünf (!) Drehbuchautoren, die weit davon entfernt sind, das Pulver erfunden zu haben.
Ⓥ Focus

Tanja – die Nackte von der Teufelsinsel
BRD 1967.
R Julius Hofherr. **B** Julius Hofherr. **K** Julius Hofherr. **M** Peter Weiner. **D** Ann Famoss (Tanja), Gregor Uhlberg (Förster). **SW** 62 Min.
Die Studentin Tanja erforscht pudelnackt die Flora und Fauna einer Insel, deren geheimnisvoller Name uns bis zur letzten Einstellung ein Rätsel bleibt (dann erst taucht ihr als Dracula verkleideter Freund auf und macht ›Buh‹) und trifft dabei auf zwei Mädchen, die ebenso sonnenbegeistert sind wie sie. – Handlung: Null. Wert: Null.

Tannenzapfen unter dem Rücken
(KÄPY SELÄN ÄLLA). Finnland 1966.
R Mikko Niskanen. **B** Marja-Leena Mikkola. **K** Esko Nevalainen. **M** Kay Chydenius. **D** Kristiina Halkola (Riita), Kirsti Wallasvaara (Leena), Pekka Autiovouri (Timo), Eero Melasniomi (Santtu), Anneli Sauli (Anneli), Jukka Sipilä (Knecht), Kasperi (Kasperi). **SW** 88 Min.
Vier junge Leute verleben ihren Urlaub in der Einsamkeit der finnischen Wälder, diskutieren über Gott und die Welt und leben ihre Vorstellungen und Leidenschaften aus.

Tanyas Island
(TANYA'S ISLAND). Kanada 1981.
R Alfred Sole. **B** Pierre Brousseau. **K** Mark Irwin. **M** Jean Musy. **D** D.D. Winters (Tanya), Richard Sargent (Lobo), Mariette Levesque (Kelly), Don McCloud (Blue). **F** 82 Min.
Tanya tritt in TV-Werbefilmen auf. Als sie sich mit ihrem Freund Lobo verkracht, »träumt« sie sich auf eine einsame Insel. Dort lernt sie einen Gorilla kennen, den sie – seiner schönen blauen Augen wegen – Blue nennt. Nachdem Tanya lange durch die Gegend gelaufen

Auf Quickies nicht versessen: Maud Adams und Bruce Dern in *Tattoo* von Bob Brooks

ist und uns ihren ansehnlichen Körper gezeigt hat (denn er allein war der Grund, den Film zu machen), nimmt sie ein ›Verhältnis‹ mit Blue auf. Lobo taucht auf und zeigt uns die Moral von der Geschicht: Der Mensch ist viel gemeiner als das Tier! – »Die zahlreichen Nuditäten werden zwar Voyeure befriedigen, doch die Szenen, in denen man etwas von den Schauspielern erwartet, sind primitiv und lächerlich.« (VARIETY). Die Hauptdarstellerin D. D. Winters (wirklicher Name: Denise Matthews) ist später unter dem Pseudonym Vanity als TV-Akteuse und ständige Begleiterin des Popstars Prince bekannt geworden. Ⓥ Acron

Tanz der Sünde
Siehe **Ekstasen der Lust**

Tanzstunden-Report
BRD 1973.
R John Weeran [= Wolfgang Bellenbaum]. **B** Henry Vulpin/ John Weeran [= Wolfgang Bellenbaum]. **K** Michael Marszalek. **M** Rolf Bauer. **D** Marlies Petersen (Frau Amsel), Dorothea Rau (Lisa), Wolfgang Draeger (Horst), S. Frank Zügel (Siggi), Natascha Verell, Sandro Castell, Michael Zanirati, Birgit Zamulo, Carmen von der Poel, Holger Ratschat, Angelika Duwié, Gérard Pascal, Ute Vehse, W. Michael Büttner. **F** 79 (TV: 73) Min. Auch während der Tanzstunde haben deutsche Buben und Mädchen nur das im Kopf, was die Regisseure sich für's lüsterne Publikum so ausdenken: Gefummel, Geknete, Geknutsche und Gesauge allerorten, und zwar nicht nur auf dem Abschlußball. Für die nötige »Komik« (Stöhn!) sorgen eine spießige und sächselnde Tanzlehrerin, ein übersextes Dickerchen, das nie zum Zuge kommt, und ein stotterndes Faktotum, dem offenbar Harald Juhnke die Stimme geliehen hat, damit er seinen Deckel an der Bar des Interconti einlösen konnte. – AT: SCHULE DER LÜSTE.

Tattoo
(TATTOO). USA 1981.
R Bob Brooks. B Joyce Bunuel.
K Arthur Ornitz. M Barry Devorzon.
D Bruce Dern (Karl Kinsky), Maud Adams (Maddy), Leonard Frey (Halsey), Rikke Borge (Sandra), John Getz (Buddy), Peter Ianchangelo.
F (103) 96 Min.
Der Tätowierungskünstler Kinsky verliebt sich in das schicke Mannequin Maddy, das er für Fotoaufnahmen bemalen soll. Als Kinsky Maddy klarmacht, daß er von Flirts und flüchtigen Reizen ebenso wenig hält wie von profaner Hautbemalung, daß für ihn im im Beruf wie in der Liebe nur das totale Engagement zählt, gibt die nur an Quicky-Affären interessierte Maddy ihm den Laufpaß. Kinsky schreitet zur Tat: Er betäubt Maddy mit Chloroform und bedeckt ihren Leib als Zeichen seiner Liebe mit einem – wie er findet – Meisterwerk. – »Psychoschocker, der mit immer neuen Einfällen die Gruselstimmung verstärkt, die verkündeten moralischen Grundsätze jedoch ins Gegenteil verkehrt.« (FILM-DIENST).
Ⓥ RCA/Columbia

Technik der körperlichen Liebe
BRD 1968.
R Dietrich Krausser. B Dietrich Krausser. K Erhard Kühne. M Manfred Burtzlaff. D Ruth Gassmann, Annelie Gebhardt, Eva Caroll, Werner Sippel, Tony Caroll.
F 82 Min.
Zwanzig Jahre nach HELGA zeigt uns Ruth Gassman, wo's in der sexuellen Technik lang geht – freilich nur in der Videofassung von 1988.
Ⓥ Focus

Teenage Emanuelle – Geständnisse einer Siebzehnjährigen
Siehe **Annie Belle – Zur Liebe geboren**

Teenager – Ein französischer Internatsreport
(PAPILLON D'OR). Frankreich 1979.
R Anonym. B Anonym. K Anonym. M Anonym. D Anonym. F 88 Min.
Hetero- und homosexuelles Bettengerangel in einem feudalen französischen Mädchenpensionat, in dem der Lehrkörper sich in Gestalt verkindschter und völlig weltfremder ›Akademiker‹ manifestiert. – AT: INTIME SPIELE IM MÄDCHENPENSIONAT.

Teenager-Liebe
(JOHN TRAVOLTA... DA UN INSOLITO DESTINO). Italien 1978.
R Neri Parenti. B Gianni Simonelli/Massimo Franciosa/Neri Parenti.
K Alberto Spagnoli. M Paolo Vasile.
D Giuseppe Spezia, Enzo Cannavale, Ilona Staller, Gloria Piedimonte, Angelo Infanti, Massimo Vanni, Adriana Russo. F 87 Min.
Ein italienischer Koch zieht die Aufmerksamkeit einer attraktiven blonden Tänzerin (Ilona Staller) auf sich, indem er sich als Showstar ausgibt.

Teenager-Report – Die ganz jungen Mädchen
BRD 1973.
R Robert Furch. B Bob Richardson/André Ketiv/Klaus E.R. v. Schwarze. K Richard R. Rimmel. M Anthony Marshall/Gerhard Heinz. D Ulrike Butz, Irina Kant, Petra Bald. F 85 Min.
Ein episodischer Sexfilm, der zu zeigen vorgibt, wie es in den siebziger Jahren an unseren Schulen und anderswo zugegangen sein soll: Lüsterne Pauker und Paukerinnen und hemmungslose Teenies, wohin man blickt, und weder Mann noch Frau ist vor ihnen sicher.

Teeny-Häschen
(TEENY BUNS). USA 1978.
R Godfrey Daniels. B N.N. K N.N.

M N.N. **D** Judy Harris, Donna Ruberman, Kathy Kane, John Simon, Tyler Reynolds, Jerry Barr, Phyllis Wolf. **F** 80 Min.

Als Judy bei einer Taxifahrt unverhofft hundert Dollar verdient, kommt sie mit mit ihren beiden Freundinnen auf den Dreh, daß man mit dem, was man ohnehin am liebsten tut, auch Geld verdienen kann.
Ⓥ Transvideo

Tentazione... die Geschichte der »A«
(TENTAZIONE). Italien 1987.
R Sergio Bergonzelli. **B** Sergio Bergonzelli/Enzo Gallo. **K** Roberto Girometti. **M** Fabio Frizzi. **D** Katrine Michelsen (Katrin), Olivia Link [= Olinka Hardiman] (Ann), Antonio Marsina (Dario), Marzio Honorato, Emy Cooper. **F** 77 Min.
Eine schöne blonde Witwe, die von einem betrügerischen Playboy gedemütigt wird, rächt sich an selbigem und seinem Umgang. – Ein Erotikthriller ohne Thrill, aber vielen ›Abgründen von Lust und Leidenschaft‹.
Ⓥ VPS

Teorema – Geometrie der Liebe
(TEOREMA). Italien 1968.
R Pier Paolo Pasolini. **B** Pier Paolo Pasolini. **K** Giuseppe Ruzzolini. **M** Ennio Morricone. **D** Terence Stamp (Gast), Silvana Mangano (Lucia), Massimo Girotti (Paolo), Anne Wiazemsky (Odetta), Laura Betti (Emilia), André José Cruz (Pietro), Ivan Scrutaglia (Angelino) Ninetto Davoli, Carlo De Mejo. **F** 97 Min.
Ein gut aussehender junger Mann wird von einer Mailänder Industriellenfamilie als Gast aufgenommen und kurz darauf von allen Hausbewohnern – Vater, Mutter, Tochter, Sohn und Dienstmädchen – angebetet. Der Gast schenkt allen seine Liebe, doch als er wieder abreist, verändert sich abrupt das Dasein der Menschen, die bis zur Selbstaufgabe um seine Gunst gebuhlt haben: Emilia wird zur wundertätigen Heiligen, Odetta wird apathisch; Pietro beendet das Studium und wird abstrakter Maler; Mutter verliert sich zwischen Sex und Mystik, und Vater verschenkt seine Fabrik und taucht in der Stadt unter.

Teufel der Wollust
(THE GIRL WITH THE HUNGRY EYES).
USA 1967.
R William Rotsler. **B** William Rotsler.

Auf der Suche nach Ersatz: Silvana Mangano und Partner in *Teorema* von Pier Paolo Pasolini

K William Rotsler. **M** N.N. **D** Cathy Crawfoot, Scott Avery, Shannon Larsen, Vicky Dee, Pat Barrington. **F** 55 Min.
Eine böse Lesbierin bringt einen Mann um, der bei ihrer Geliebten Eindruck macht. Während einer Orgie kommt es zu einer erneuten Auseinandersetzung mit einem anderen Freund ihrer Geliebten, die schlußendlich zu ihrem Ableben beiträgt.

Teufel im Leib
(IL DIAVOLO IN CORPO). Italien 1986. **R** Marco Bellocchio. **B** Marco Bellocchio/Ennio de Concini. **K** Giuseppe Lanci. **M** Carlo Crivelli. **D** Maruschka Detmers (Giulia), Federico Pitzalis (Andrea), Anita Laurenzi (Signora Pulcini), Riccardo de Torrebruna (Giacomo Pulcini), Anna Orso (Signora Dozza), Alberto Di Stasio (Raimondi), Catherine Diamant (Signora Raimondi), Claudio Botosso (Don Pisacane), Lidia Broccolino, Stefano Abbati (Terroristen). **F** 110 Min.
Der Schüler Andrea, Sohn eines Psychiaters, verliebt sich in die schöne Giulia, die zwar mit dem reichen und im Knast sitzenden Terroristen Giacomo verlobt ist, aber nichts dagegen hat, mit ihm zu schlafen. Obwohl der Psychiater-Papa Andrea ernstlich vor Giulia warnt kann er nicht von ihr lassen. Giacomo, der seine Genossen in die Pfanne haut, will fortan ›Durchschnitt‹ sein und steht zur Entlassung an. Bald sieht es so aus, als sei Giulia wirklich im Begriff, den Verstand zu verlieren. – Wer aufgrund der genüßlich ausgemalten Presseberichte von diesem Film eine pausenlose Abfolge von schmatzenden Leibern erwartet, wird das Kino nach dreißig Minuten schäumend verlassen, denn das Werk hat nicht nur beträchtliche Längen, sondern gibt sich auch keine Mühe, Giulias Probleme auszuloten. TEUFEL IM LEIB ist ein Remake von Claude Autant-Laras LE DIABLE AU CORPS (Frankreich 1947), der nicht weniger skandalträchtig aufgenommen wurde. – »Ein Film für alle, die exzentrisches Kino lieben und sich einlassen wollen auf Maruschkas sinnliche Seelenreise in ihrem grandiosen ›Letzten Tango‹ in Rom.« (Werner Stocker, VIDEO-MAGAZIN).

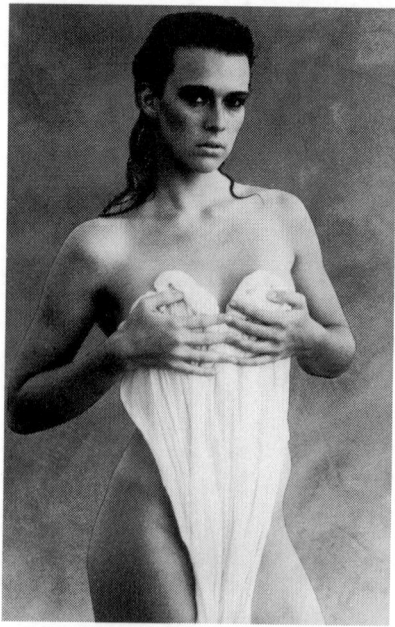

Fellatrix Maruschka Detmers in *Teufel im Leib* von Marco Bellocchio

Der Teufel in Miß Jonas
Schweiz 1974.
R Michael Thomas [= Erwin C. Dietrich]. **B** Manfred Gregor [= Erwin C. Dietrich]. **K** Peter Baumgartner. **M** N.N. **D** Christa Free (Miß Jonas), Herbert Fux, Marianne Dupont, Michel Jacot. **F** 73 Min.
Trotz ihres promiskuitiven Lebenswandels fährt Miß Jonas aus Versehen zu früh in die Hölle: Satan gibt sich einsichtig und schickt sie auf die Erde zurück,

Herr Satan gibt sich die Ehre: Herbert Fux und Christa Free in *Der Teufel in Miss Jonas* von Michael Thomas

wo sie sofort zur Tat schreitet, um ihre trauernden Freunde zu trösten. Bis sie erneut im Reich des Herrn der Finsternis landet – doch nur kurz, denn alles war nur ein böser Traum. – Ein Softcore-Remake des Pornohits THE DEVIL IN MISS JONES (USA 1973; **R** Gerard Damiano).

Das Teufelsweib
(STRANGE GIRL IN LOVE). Griechenland 1973.
R Olav Stratis. **B** N.N. **K** N.N. **M** N.N. **D** Dora Galami, Peter Spencer. **F** 74 Min.
Schwüler Sexfilm um eine junge Ehefrau, deren Phantasien böse enden. – AT: DIE WILDE SEX-LADY.

Teuflische Brüste
(DEADLY WEAPONS). USA 1973.
R Doris Wishman. **B** J.J. Kendall [= Doris Wishman]. **K** Juan Fernandez. **M** N.N. **D** Chesty Morgan, Harry Reems, Greg Reynolds, Saul Meth, Philip Stahl, Mitchell Fredericks, Denise Purcell, John McMokon, Louis Burdi, Donny Lee. **F** 73 Min.
Eine üppige Gangsterbraut rächt den Mord an ihrem Geliebten, indem sie dessen Expartner – die allesamt Mitarbeiter eines Drogenhändlersyndikats sind – betrunken macht und so lange an die Brust drückt, bis sie das Atmen vergessen. – Der Streifen hat die Qualität eines Amateurfilms.
Ⓥ VMP

Teuflische Gelüste
(TEENIE TULIP / LA FEMME NUE). USA/Tunesien 1970.
R Gerard Damiano. **B** Gerard Damiano. **K** Jay Ryder. **M** F & D. **D** Steve

Valerie Karipsky (links) und Partnerin in *Teuflische Umarmung* von Christopher Frank

Dickenson (Dr. Jason Luv), Peggy Simpson (Karen Stuart), Linda Southern (Jane Goodwill), Jackie Richards (Modern), Don Nardo (Jim Harrington), Hack Rightor (Dr. Butler), Ron Wertheim (Dr. Waldron), Donny Lee (Clyde), Brenda Baines (Wanda). **F** 84 (70) Min.
In der Praxis des Sexualberaters Dr. Luv hat jeder Patient Gelegenheit, seine Triebe voll auszuleben: Voyeure gucken zu, Masochisten kriegen die Peitsche. Erst als ein Experiment mit einer Frau und einem Hengst (!) mißlingt, interessieren sich die Behörden für Dr. Luvs Betrieb. Als eine Patientin auspackt, die sich von dem flotten Mediziner allzu oft ›behandelt‹ fühlt, geht's dem Lustmolch im weißen Kittel an den Kragen. – Eindeutiger Sexreißer; eine andere Quelle gibt Charles Camello als Regisseur an.

niak/Nina Hagen. **D** Valerie Kaprisky (Chris), Bernard Girardeau (Romain), Caroline Céllier (Claude), Jacques Perrin (Vic), Pierre Vaneck (Pierre), Philippe Lemaire (Lamotte), Béatrice Agenin (Marianne), Barbara Nielsen (Barbara), Betty Assenza, Charlotte Kardi. **F** 110 Min.
Chris, eine junge Dame aus besseren Kreisen, beherrscht mit ihrer erotischen Ausstrahlung die Männer und Frauen am Strand von St. Tropez. Eines Tages trifft sie auf den Gigolo und Gelegenheitszuhälter Romain, der sie verschmäht, weil er instinktiv erkennt, daß sie seinem Vorwärtskommen nicht dienlich sein kann. Da Chris es nicht ertragen kann, daß jemand ihr nicht verfällt, setzt sie alles daran, Romain zu verführen… mit tödlichem Ausgang.
Ⓥ UFA

Teuflische Umarmung
(L'ANNÉE DES MEDUSES).
Frankreich 1984.
R Christopher Frank. **B** Christopher Frank. **K** Renato Berta. **M** Alain Wis-

Die teuflischen Schwestern
Schweiz 1977.
R Jess Franco [= Jesus Franco Manera]. **B** Manfred Gregor [= Erwin C. Dietrich]. **K** Peter Baumgartner.

M Walter Baumgartner. **D** Karine Gambier (Edna v. Stein), Pamela Stanford (Millie v. Stein), Jack Taylor (Dr. Barrios), Eric Falk, Kurt Meinicke, Marianne Graf, Esther Moser.
F 79 (74) Min.

Weil die tückische Edna v. Stein das väterliche Erbe in ihren alleinigen Besitz bringen und ihre Schwester Millie für unzurechnungsfähig erklären lassen will, füttert sie sie mit Medikamenten, die sie zur Nymphomanin machen. Mit dem Resultat, daß die arme Millie nun im Duo und im Trio alle Stellungen vorführen muß, die Regisseur Franco schon immer mal sehen wollte. – Von »teuflischem Kampf zwischen einer Erotomanin und einer Sadistin«, wie die Werbung verspricht, kann keine Rede sein: Das Herzeigen von Nummern ist Thema dieses Films – nicht die aufgesetzte Erbschleicherstory.
Ⓥ Movie

Die Teuflischen von Mykonos
(CRUEL DESTINATION).
Griechenland/Australien 1982.
R Nico Mastorakis. **B** Nico Mastorakis. **K** Nich Gardellis. **M** N.N. **D** Bob Belling, Jane Royale, John Blackman, Jessica Dublin, Nico Tsachiridi.
F 99 Min.

Ausgeklinkter Jungmann, der der Ansicht frönt, als Killer in die Dienste Got-

Pamela Stanford in *Die teuflischen Schwestern* von Jess Franco

Therese und Isabell

tes treten zu müssen, kriegt am Ende sein Fett. – Sadosex und Inzest auf der Insel Mykonos. – Ein Schundprodukt fürs Bahnhofskino.

Therapie d'Amour
Siehe **Massagesalon der jungen Mädchen**

Therese und Isabell
(THERESE AND ISABELLE).
USA/BRD 1968.
R Radley Metzger. **B** Jesse Vogel. **K** Hans Jura. **M** Georges Auric. **D** Essy Persson (Therese), Anna Gael (Isabell), Barbara Laage (Thereses Mutter), Anne Vernon (Mlle. Leblanc), Maurice Teynac (Martin), Remy Longa (Pierre), Simone Paris (Madame), Suzanne Marchellier (Mlle. Germain), Nathalie Nort (Renée), Darcy Pullian (Agnés), Martine Leclerc (Martine), Bernadette Stern (Francoise), Serge Geraert, Edith Ploquin, Alexander Kobes. **SW** (118) 91 Min.

Nach dem Tod ihres Vaters wird die junge Therese vom neuen Mann ihrer Mutter als Störfaktor empfunden und in ein Internat geschickt. Isabelle läßt sich mit dem Studenten Pierre ein und lehnt sich später eng an ihre Mitschülerin Isabell an, bis sich zwischen ihnen ein lesbisches Verhältnis entwickelt. Am Ende wird sie von ihren Eltern nach Hause geholt; Therese und Isabelle sehen sich nie wieder. – Ein früher Sexfilm des späteren Pornoregisseurs und Produzenten Radley Metzger.

Tiefe Kehle
Siehe **Deep Throat**

Das Tier
(THE ANIMAL). USA 1968.
R Robert L. Frost. **B** Robert W. Cresse. **K** Robert L. Frost. **M** M.R. Terr. **D** David Holmes (Ted), Virginia Gordon (Joan), Linda Stiles (Kim), Sharon Wells (Angela). **SW** 82 Min.

Der sexbesessene Ted, der unter der Fuchtel seiner dominierenden Mutter steht, richtet seinen Geschlechts- und Voyeurtrieb per Telefon und Fernglas auf nicht immer unwillige Frauen und eine wohlhabende Dame, die er zu abartigen Spielchen drängt. Zwar folgt die Dame bereitwillig seinen Vorschlägen, doch irgendwann hat auch sie genug und vergiftet ihn. – Ein Machwerk aus der Sexküche des US-Billigfilmers Frost, bei dem man sich fragt, was man mehr verabscheuen soll: das Untalent der Darsteller oder der Zynismus, mit dem hier – der Schundfilm wird von einem ›Wissenschaftler‹ eingeleitet – ›Aufklärung‹ betrieben wird.

Töchter der Liebe
(DOVE VA SE IL VIZIETTO NON CE L'HAI?). Italien 1979.
R Franco Martinelli. **B** Franco Martinelli. **K** Federico Zanni. **M** Fabrizio De Angelis. **D** Renzo Montagnani, Alvaro Vitali, Stefano Amato, Loredana del Santo, Angie Vibeker, Loredana del Santo, Sabrina Siani. **F** 87 Min.

Zwei beknackte Detektive sollen den Gatten einer reichen Dame beschatten, der sich aber nicht als Ehebrecher, sondern als heimlicher Transvestit erweist. – Alberner Sexschwank mit billigen Scherzchen, für infantile Geister aber durchaus spaßig. – AT: Rendezvous der Lust. Ein Haus voll Verrückter. Ein Zwinger voll Verrückter.

Töchter der Lust
(DOSSIER EROTIQUE D'UN NOTAIRE). Frankreich 1972.
R Jean-Marie Pallardy. **B** N.N. **K** N.N. **M** N.N. **D** Evelyn Scott, Claude Sandron, Reine Thirion, Angela Hansen. **F** 80 Min.

Französischer Anwalt steigt pausenlos

jungen Frauen nach, veranstaltet in seiner Villa Sexorgien und bringt am Ende die der lesbischen Liebe frönende Freundin seiner Geliebten um.

Der Tod in Venedig
(MORTE A VENEZIA/LA MORT A VENICE). Italien/Frankreich 1970.
R Luchino Visconti. **B** Luchino Visconti/Nicola Badalucco. **K** Pasquale de Santis. **M** Gustav Mahler/Ludwig van Beethoven. **D** Dirk Bogarde (Gustav Aschenbach), Björn Andresen (Tadzio), Silvana Mangano (Tadzios Mutter), Romolo Valli (Hotelier), Mark Burns (Alfred), Nora Ricci (Tadzios Gouvernante), Io (Jascio), Ciro Cristofoletti (Hotelangestellter), Antonio Apicella (Hausierer), Bruno Boschetti (Bahnhofsvorsteher), Franco Fabrizi (Friseur), Luigi Battaglia (Tunichtgut), Dominique Darel (Engländerin), Masha Predit (Sängerin), Mirella Pompili (Frau im Gasthaus).
F 130 Min.
Der in die Jahre gekommene Komponist Aschenbach begegnet während eines Venedigurlaubs dem jungen Polen Tadzio, dessen Schönheit ihn so fasziniert, daß er zu einer heftigen (platonischen) Liebe zu ihm entbrennt. Der junge Mann wird für ihn zu einer Obsession, so daß er trotz einer langsam ausbrechenden Epidemie in der Stadt bleibt, bis er umkommt. – Ein ein filmisches Meisterwerk nach der Novelle »Der Tod in Venedig« (1912) von Thomas Mann (1875–1955), die Herrn Aschenbach freilich als Schriftsteller und Tadzio weniger deutlich als homoerotisches Ojekt darstellt.

Die Todesgöttin des Liebescamps
BRD 1981.
R Christian Anders. **B** Christian Anders. **K** Vaskis Christomoglou. **M** Christian Anders. **D** Laura Gemser (Göttliche), Christian Anders (Dorian), Simone Brahmann (Patricia), Sascha Borysenko (Tanga), Gabriele Tinti (Gabriel), Maximilian Wolters, Veronika Schecker, Bob Burrows.
F 80 Min.
Laura Gemser in der Rolle einer ›göttlichen‹ Sektenchefin, die in ihrem ›Liebeslager‹ auf Zypern die freie Liebe propagiert. In ihren Krallen landet der blonde Schmalhans Dorian, bis ihn die Liebe des Mädchens Patricia wieder zur Vernunft bringt. – Der Film ist eine schamlose Ausbeutung des Themas Jugendsekten und ein Anwärter auf den Titel des schlechtesten deutschen Films seit 1492.
Ⓥ Transvideo

Die tödliche Lady
Siehe **Killing Devil – Die gefährlichste Waffe: Ihr Körper**

Together – Die Lust zu zweit
(TOGETHER). USA 1970.
R Sean S. Cunningham. **B** Sean S. Cunningham. **K** Roger Murphy. **M** Manny Vardi. **D** Marylin Chambers. **F** 90 Min.
Der Sexforscher Dr. Curry bringt in seinem kalifornischen Sommerlager junge Leute zusammen, die beim Umsetzen der Lehren des indischen Kamasutra bis auf die falschen Wimpern nackt durch grüne Auen hüpfen, und weiht sie in die Freuden des Gruppensex ein. – »Nur für Voyeure«. (James W. Limbacher, SEXUALITY IN WORLD CINEMA). Regisseur Cunningham hat sich nach dem »größten Aufklärungsfilm, der je gedreht wurde« (Verleihwerbung) im Horror-Genre beheimatet, wo er aber auch unter ›Ferner liefen‹ rangiert.
Ⓥ Mike Hunter

Toilettengeflüster
Siehe **Das bumsfidele Häuschen**

Tokugawa – Gequälte Frauen
(TOKUGAWA ONNA KEIBATSUSHI).
Japan 1968.
R Teruo Ishii. **B** Takatoshi Suzuki.
K Motonari Washio. **M** Masao Yagi.
D Teruo Yoshida (Tanamo Yoshioka), Yuki Kagawa (Reiko), Reiko Mikasa (Hana), Miki Obana (Myoshi), Masumi Tachibana (Mitsu), Fumio Watanabe (Nanbara), Asao Koike (Shinza). **F** 86 Min.
Drei Erzählungen aus dem Japan des 17. Jahrhunderts: 1. Nachdem der junge Shinza sich verletzt hat, gibt sich seine Schwester Mitsu einem reichen Kaufmann hin, der im Gegenzug die Arztrechnung bezahlt. Als Shiza davon erfährt und seine Schwester tröstet, vergessen die beiden im Eifer des Gefechts, daß sie Geschwister sind. – 2. Reiko, die Oberin eines Klosters, ist in einen Priester verliebt, der auch von der Nonne Myoshi begehrt wird. Nachdem der Priester und Myoshi sich heimlich in einem Tempel getroffen haben, bringt Reiko den Priester um. – 3. Der berühmte Tätowierer Horisho wird Zeuge einer Folterung, die an jungen Ausländerinnen vorgenommen wird. Er tätowiert das, was er gesehen hat, auf die Haut eines Mädchens und bringt den Folterer um, um auch dessen Todesangst künstlerisch wiederzugeben. – AT: FRAUEN – GEQUÄLT UND GESCHÄNDET.

Tokugawa (2) – Das Freudenhaus von Nagasaki
(TOKUGAWA IREZUMISHI – SEMEJIGOKU), Japan 1969.
R Teruo Ishii. **B** Masahiro Kakefuda/ Teruo Ishii. **K** Motoya Washio.
M Masao Yagi. **D** Teruo Yoshida (Horihide), Masumi Tachibana (Osuzu), Kamiko Katayama (Yumi), Mieko Fujimoto (Oriyu), Asao Koike (Asao), Haruo Tanaka (Samejima), Yuki Kagawa, Miki Obana. **F** 84 Min.

Yuki Kagawa und Partner in *Tokugawa – Gequälte Frauen* von Teruo Ishii

Japan 1842: Auf der Insel Dejima betreibt der Kaufmann Clayton zusammen mit der lesbischen Oryu einen florierenden Mädchenhandel. Yumi, die Tochter eines verschuldeten Bauern, gezwungen, im Bordell zu arbeiten, wird Oryus Favoritin. Ein Aufseher vergewaltigt sie, Oryu legt ihr einen Keuschheitsgürtel an. Yumi flieht und wird zum Feuertod verurteilt. Oryu will ihre Mädchen an Clayton verkaufen. In Nagasaki fallen sie in die Hände von Sadisten und Voyeuren. Zu den Mädchen gehört auch Osuzu; doch bevor man Osuzu verkaufen kann, nimmt sie sich das Leben. Osuzus Geliebter Horihide entführt Claytons Tochter. Es kommt zum Kampf. Clayton stirbt, Oryu wird zum Tode verurteilt. – »Ein Inferno grausamer Leidenschaften und perverser Lüste!« (Verleihwerbung). Ⓥ Euro (Das Freudenhaus von Nagasaki)

Tokugawa (3) – Im Rausch der Sinne
(GENROKU ONNA KEIZU). Japan 1970.
R Teruo Ishii. **B** Teruo Ishii/Masahiro Kakefuda. **K** Sadatsugu Yoshida. **M** Masao Yagi. **D** Teruo Yoshida (Dr. Gentatsu), Toyozo Yamamoto (Hanji), Mitsuko Aoi (Chisé), Akira Ishihama (Chokichi), Asao Koike (Masachika), Masumi Tachibana, Yuki Kagawa.
F 85 Min.
Japan im 18. Jahrhundert: Ein Gynäkologe namens Gentatsu berichtet drei Fälle aus seiner Praxis: 1. Weil er das Leben einer Prostituierten retten will, wagt er zum ersten Mal einen Kaiserschnitt, doch seine Patientin kommt um. – 2. Gentatsu bemüht sich, mittels Hypnose eine Nymphomanin namens Chisé von ihrem Trieb zu heilen, aber sie wird von ihrem Diener Chokichi umgebracht. – 3. Gentatsu bewahrt das Kind des irren und sadistischen Landesherren Masachika vor dem sicheren Feuertod in einem brennenden Palast. – Viel Sinnesrauschen spürt man im dritten Teil der TOKUGAWA-Reihe allerdings nicht: Wahrscheinlich liegt es daran, daß man dem Streifen der besseren Werbewirksamkeit wegen einen Titel verpaßte, den er in der Originalfassung gar nicht hat.

Toll trieben es die alten Germanen
(QUANDO LE DONNE PERSERO LA CODA). BRD/Italien 1972.
R Pasquale Festa Campanile. **B** Marcello Coscia/Ottavio Jemma/Maria Grazia Fistri. **K** Silvano Ippoliti. **M** Ennio Morricone/Bruno Nicolai. **D** Senta Berger (Fili), Lando Buzzanca (Ham), Frank Wolff (Grrr), Renzo Montagnani (Maluc), Nino Toffolo (Put), Francesco Mulé (Uto), Aldo Puglisi (Zog), Mario Adorf (Pap), Fiammetta Baralla (Katorcia).
F 102 (TV: 95) Min.
Letzten Freitag, in der Steinzeit: Sechs haarige und naive Jungmänner, die zusammen mit ihrer üppigen Gespielin Filli dem Dolce Farniente frönen, erfahren von einem Schlitzohr namens Ham, wie der Frühkapitalismus funktioniert und daß dicke Frauen ›besonders wertvoll‹ sind. – Eine gelegentlich witzige Urzeitklamotte, die sich hauptsächlich in harmloser Fleischbeschau gefällt. Fortsetzung des ähnlich gelagerten Streifens ALS DIE FRAUEN NOCH SCHWÄNZE HATTEN.

Die tolldreisten Geschichten – nach Honoré de Balzac
Siehe **Komm, liebe Maid und mache**

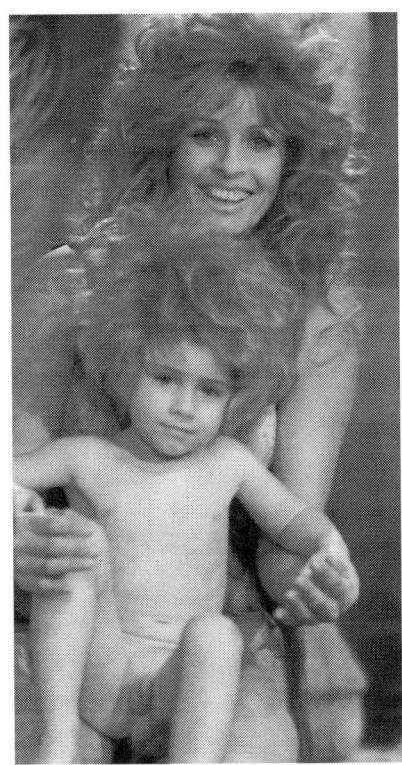

Senta Berger und Siggi Schniedelwutz in *Toll trieben es die alten Germanen* von Pasquale Festa Campanile

Die tolle Geschichte der C.
(CINDERELLA). USA 1977.
R Michael Pataki. **B** Frank Ray Perilli.
K Joseph Mangine. **M** Andrew Belling. **D** Cheryl Smith (Cinderella), Sy Richardson (Stiefmutter), Kirk Scott (Prinz), Brett Smiley, Yana Nirvana, Marilyn Corwin, Jennifer Doyle, Buckley Norris, Pamela Stonebrook.
F (94) 77 Min.
Der vertrottelte Zeremonienmeister eines Königshauses verkündet in allen Hütten, daß der Prinz eine Braut sucht, wobei er sich keine Gelegenheit entgehen läßt, die geladenen Mädchen mit eigener Hand zu prüfen. Cinderellas böse Stiefmutter und ihre gemeinen Schwestern gehen allein aufs Schloß, doch ein Dieb, der den Zauberstab einer Fee gestohlen hat, schenkt Cinderella ein schönes Kleid und eine Kutsche. Da sie zudem über Kräfte verfügt, die den Prinzen in Ekstase versetzen, dauert es nicht lange, bis er die richtige Frau gefunden hat. – Die alte Mär von Aschenputtel – mit ausgeflippten Typen, lesbischer Liebe, viel nacktem Fleisch und Diskomusik auf den ›neuesten Stand‹ gebracht. Ⓥ VPM

Top Model
(TOP MODEL). Italien 1987.
R Joe d'Amato [= Aristide Massaccesi]. **B** Sarah Asproon [= Aristide Massaccesi]/Gloria Miles. **K** Fred Slonisko. **M** Piero Montanari. **D** Jessica Moore (Sarah Asproon), James Sutterfield (Cliff Perry), Ale Douglas (Dorothy), Laura Gemser. **F** 85 Min.
Weil sie einen Enthüllungsbericht über die dekadente Welt der High Society schreiben will, nimmt die Autorin Sarah in der ›Begleitagentur‹ Papillon einen Job an. Als die Geschäfte der Firma besser gehen, benötigt man einen Experten für Computer – doch der Zufall will es, daß Mr. Perry, auf den Sarah fliegt, homosexuell ist. Da Sarah besonders auf Männer abfährt, die auf ihre Reize nicht reagieren, geht sie zum Angriff über. Zwar kann Perry sich überwinden, mit ihr zu schlafen, doch halten kann sie ihn nicht... Und wen wundert das? – AT: ELF TAGE, ELF NÄCHTE (2).
Ⓥ Highlight (Elf Tage, elf Nächte [2])

Der tosende Liebesquell
Siehe **Das bumsfidele Heiratsbüro**

Das tosende Mädchenpensionat
(I JOMFRUENS TEGN). Dänemark 1973.
R Andrew Oppenheim [= Finn Karlsson]. **B** N.N. **K** Torbjörn Lindquist. **M** N.N. **D** Ole Söltoft (Armand), Bent Warburg (Professor), Sigrid-Horne Rasmussen (Lehrerin), Lone Helmer (Puffmutter), Benny Hansen (Ehemann), Vivi Rau, Susan Skog, Ditte Maria, Anne Bie, Jan Klevbrand, Frauke Granholm, Soretta Eversheim, Anja Gothard, Michael Wuthenau, Frank Stein. **F** 88 Min.
Um sexuellen Ausschweifungen vorzubeugen, die aufgrund astrologischer Berechnungen in einem Mädchenheim auszubrechen drohen, schickt die Schulbehörde einen naiven Beamten mit einem triebdämpfenden Pulver in die Provinz. Da sich ein irrer Wissenschaftler mit einem neuen Potenzpulver gleichzeitig dorthin begibt, ist die Verwechslung der Mittelchen natürlich vorprogrammiert: Als die Stunde schlägt, werden die Mädchen zu lüsternen Furien. – Ansatz: komödiantisch. Dialoge: stellenweise zotig. Und der Plot taugt auch nichts: Warum der Herr Professor ausgerechnet etwas entwickeln muß, was auch die Konstellation der Sterne schafft und in den Testpersonen ›von Natur aus‹ enthalten ist, ist gewiß nicht die einzige Frage, die man sich stellt. – AT: VENUS-PASSAGE. HEISSE GIRLS AUS DÄNEMARK. Ⓥ Skyline

Das tosende Paradies
(DET TOSSEDE PARADIS).
Dänemark 1962.
R Gabriel Axel. **B** Bob Ramsing/ Gabriel Axel. **K** Henning Bendtsen. **M** Ib Glindemann. **D** Dirch Passer (Angelus), Ove Sprogoe (Simon), Hans W. Petersen (Thor), Ghita Nörby (Edith), Paul Hagen (Vikar), Bodil Steen (Bertha Virginius), Karl Stegger (Per Mortensen), Lone Hertz (Greta), Lily Borberg (Anne), Judy Gringer (Ursula), Kjeld Petersen (Ove Bierman), Kai Holm (Premierminister), Jörgen Ryg (Von Adel), Axel Ströbye (Hjalmar), Gunnar Lemvigh (Trommesen), Poul Muller (Thomas Asmussen), Valsö Holm (Janus), Keld Markuslund (Casper), Arthur Jensen (Dreischwanz), Hugo Herrestrup (Frederik), Gunnar Strömvad (Laurids), Helge Scheuer (Jens), Lotte Tarp (Karin), Erik Paaske (Borge), Elsbeth Larsen (Betsy), Henning Moritzen. **F** 104 Min.
Der auf einer Insel im Kattegatt lebende Angelus saugt Eier mit aphrodisiakischer Wirkung aus, die seine Manneskraft erhalten, und treibt die einheimischen Frauen in einen sexuellen Wahn. Als sich die Insel von Dänemark lossagt, wird die Agentin Bertha Virginius ausgeschickt, um nach dem Rechten zu sehen, doch auch sie unterwirft sich dem brünstigen Knaben. Als die beiden die Insel verlassen, erfährt Angelus' Sohn Thor vom Geheimnis der Eier und wird zum Nachfolger seines Vaters bei den Frauen. – »Ein schwerfälliger Plot, aber gelegentlich durchaus lustig.« (THE MOTION PICTURE GUIDE).

Total versext
Österreich 1967.
R Frits Fronz. **B** N.N. **K** Sepp Huber. **M** N.N. **D** Walter Regelsberger, Walter Raha, Frits Fronz, Felix Czerny. **SW** 80 Min.
Fünf Lustmolche ›in den besten Jahren‹ erzählen einander in episodenhafter Form ›erotische‹ Begegnungen, die sie mit dürftig bekleideten Damen hatten. – »Von... nicht zu überbietender Primitivität und Dummheit... mit haarsträubendem Dilettantismus inszeniert.« (FILMDIENST). – AT: MÄNNER IN DEN BESTEN JAHREN.

Totale Lust
(THE TWO FACES OF LOVE).
Griechenland 1972.
R Dimitrios Efstratiadis. **B** N.N. **K** N.N. **M** N.N. **D** Anna Gonsou (Elena), Andreas Barke, Marc Elliot, H. Roda. **F** 82 Min.
Elena, die nymphomanische Ehefrau eines stark beschäftigten Managers, führt ein Doppelleben, indem sie es in einem Hafenbordell mit fremden Männern treibt und sich auf Orgien austobt. – Ein anspruchsloses griechisches Sexfilmchen aus der Wollustfabrik der Gebrüder Efstratiadis.

Toujours l'Amour – Immer die Liebe
(L'ETA DEL MALESSERE). Italien 1968.
R Giuliano Biagetti. **B** N.N. **K** Antonio Borghesi. **M** Stefano Torossi. **D** Haydee Politoff, Salvo Randone, Jean Sorel, Eleonora Rossi-Drago, Yorgo Voyagis, Gabriele Ferzetti. **F** 100 Min.
Die harmlosen Sexgeschichten eines jungen Mädchens von sechzehn Jahren, das sich bemüht, bei drei Männern die Liebe zu erfahren, aber ausnahmslos auf Lüsternheit stößt. – Italienische Dutzendware.

Trashi
(TRASHI). USA 1981.
R Louis Lewis. **B** Louis Lewis. **K** N.N. **M** N.N. **D** Lisa De Leeuw (Trashi), Michael Morrison (Dr.

Shtup), David Morris (Bic Boner), Joey Silvera (Insp. Crotch), Loni Sanders, Sharon Mitchell, Serena, Nicole Noir, Copper Penny, Carol Doda, Serena (Sexroboter), Paul Thomas, Kevin James. **F** 75 Min.
Der dem altbekannten Dr. Frankenstein in seinem Gehabe nicht unähnliche Wissenschaftler Dr. Shtup erschafft die ›perfekte Frau‹ aus Einzelteilen von (so sieht's jedenfalls aus:) Leichen. Trashi (zu deutsch: Mülli), sein Superweib, ist zur absoluten Sexbombe programmiert, entwickelt aber im Laufe der Zeit nur allzu menschliche Gefühle.
Ⓥ Gold Medal

Träume einer geschiedenen Frau
(FOR RICHER, FOR POORER).
USA 1980.
R Gerard Damiano. **B** Gerard Damiano. **K** N.N. **M** N.N. **D** Georgina Spelvin, Richard Bolla, Bobby Astyr, Mary Margaret, Debbie Revenge.
F (90) 72 Min.
Georgina Spelvin, der Star zahlloser US-Pornos, in der Rolle einer Frau, deren Ehe in die Brüche gegangen ist: In der Rückblende sieht man sie und ihren Mann noch beim Erkunden erogener Zonen, doch nach dem Ausbruch der Routine flaut die Leidenschaft ab. Männe sucht sein Vergnügen anderswo; Frauchen tut es ihm zwar gleich, doch am Ende ist es gelackmeiert. – Ein gekürzter Porno, dessen deutsche Fassung als Softsexer rüberkommt. Ⓥ Silwa

Träume im Zwielicht
(HAKUJITSUMU). Japan 1964.
R Tetsuji Takechi. **B** Tetsuji Takechi. **K** Masayoshi Kayanuma. **M** Sukashisa Shiba. **D** Kanako Michi (Chieko), Akira Ishihama (Kurahashi), Chojuro Hanakawa (Zahnarzt). **SW** 92 Min.
Als der Maler Kurahashi halb narkotisiert im Nachbarstuhl liegt, besteigt ein

Kanako Michi in *Träume im Zwielicht* von Tetsuji Takechi

Zahnarzt im Behandlungszimmer die Sängerin Chieko: Kurahashi, unter dem Einfluß der Narkose, erlebt mehrere erotische Phantasien mit wechselnden Schauplätzen. Er folgt Chieko und dem Zahnarzt in ein Hotel, wo sie sadomasochistische Praktiken ausüben. Chiekos Gesicht zeigt zuerst Schmerz, dann ekstatischen Genuß. Kurahashi, in der Position des hilflosen Beobachters, kann nur zusehen – und der Zahnarzt öffnet sogar die Gardinen, damit er alles sieht. Die Szene wechselt zum Dachgarten eines Kaufhauses, ins Innere des Kaufhauses, in ein Teehaus. Stets ist der Zahnarzt eher bei Cheiko – und bedroht Kurahashi mit einer Pistole. Kurahashi tötet ihn mit einem Messer, doch an seiner Stelle stirbt Chieko. Als er aus der Narkose erwacht, bietet Chieko ihm an, ihn in ihrem Wagen mitzunehmen. Sie hat eine Wunde an der Brust. War wirklich alles nur ein Traum…? – Ein wirres, aber nicht uninteressantes Sex-Kunstgewerbeprodukt.

Die Traumfrau
Siehe **Zehn – Die Traumfrau**

Die Trauminsel
(DUE GOCCE NELL'AQUA SALATA).
Italien 1981.
R John Wilder [= Enzo Doria]. **B** Enzo Doria. **K** Luigi Russo. **M** Franco Piersanti. **D** Sabrina Siani (Bonnie), Fabio Meyer (Billy), Mario Pedone.
F 92 Min.
Bonnie und Billy, zwei hellblonde Achtzehnjährige, retten sich nach einem Flugzeugabsturz auf eine unbewohnte paradiesische Palmeninsel, kommen sich menschlich näher und fürchten sich vor einem hünenhaften Schwarzen, den sie irrtümlich für einen Bösling halten. – Ein lumpiger italienischer Nachzieher des US-Teeniesexstreifens DIE BLAUE LAGUNE, der ebenso wenig zu sagen hat.
Ⓓ UFA

Treibjagd auf Liebeshexen
(HELL HOLE). USA/Philippinen 1982.
R Cirio H. Santiago. **B** Ken Metcalfe. **K** Ben L. Lobo. **M** Nonong Buencamino. **D** Ingrid Greer, Nanette Martin, Carry Nichols, Beate Williams.
F 82 Min.
Üppige Weiber in den Händen lüsterner Buben, die auf einer abseits gelegenen Insel vorwiegend sexuellen Ausschweifungen frönen. – Ganz schön mistig, sogar für das wahrlich nicht an allzu hohen Ansprüchen leidende Genre des Frauenknastfilms.

Triebe und Gelüste
Siehe **Nackt und keß am Königssee**

Triebe unter nackter Haut
(ORGY GIRL). USA 1968.
R Robert Canton. **B** Robert Canton. **K** Mona Odegard/David Howe. **M** Harmon Thornbury. **D** Sandra Harris (Abigail), Sam Hart (Vertreter), Jane Austin (Jane), Mary Stacy (Ann), Frank Rogers (Harry), Marilyn Stevens (Tia), Rochelle Francis (Marilyn), Steve Louis (Fotograf), Lois Wingate (Modell), Gale Farrell (Mary Ellen), Frank Simpson (Vater).
SW (80) 70 Min.
1. Ein Vertreter vernascht eine einsame Hausfrau. – 2. Männlein und Weiblein lieben sich; eine zweite Frau gesellt sich dazu. – 3. Zwei Frauen treiben es miteinander. – 4. Ein Model verführt während einer Session einen Fotografen. – 5. Ein Mädchen kifft mit einem Mann, der es wieder auf den rechten Weg bringen möchte. – »Was dem Film… fehlt, ist bei weitem nicht so schnell aufzuzählen wie das, was er an Vorzügen aufzuweisen hat: Nichts.« (FILMDIENST).

Triebhaft wie die nackte Lust
(L'ISOLA DEI SENSI PERDUTI).
Italien/Griechenland 1972.
R Chris Liambos. **B** Kostas Dritsos. **K** Bogas Karamandis. **M** Dimitri Basili. **D** Lisa Lorenzi, Costa Rizzini, Rita Barchia. **F** 86 Min.
Sex und Sünde auf einer einsamen Insel.

Die Triebhaften
(AKUJO). Japan 1964.
R Yusuke Watanabe. **B** Kikuma Shimozaka/Yusuke Watanabe. **K** S. Nishikawa. **M** C. Watanabe. **D** Ken Mitsuda (Manager), Tatsuo Umemiya (Sohn aus 1. Ehe), Mako Midori (Tochter aus 1. Ehe), Hizuro Takachiho (2. Gattin), Kazuo Kitamura (Fernfahrer), Mayumi Ogawa (Hausangestellte), Haruko Sugimura (Vermittlerin). **SW** 81 Min.
Ein unschuldiges Mädchen, mit einem Fernfahrer verlobt, nimmt eine Stelle im Hause einer reichen japanischen Familie an (der Vater: träge; die Stiefmutter: heimlich dessen Sohn verbunden) und sorgt ungewollt für Veränderungen, indem es die Aufmerksamkeit des triebhaften Sohnes auf sich zieht und sich den lesbischen Avancen der Tochter ausgesetzt sieht.

Szene aus *Die Triebhaften* von Yusuke Watanabe

Trio der Lust
(BYLETH/IL DEMONE DELL'INCESTO).
Italien 1973.
R Leopoldo Savona. **B** Norbert Blake/Leopoldo Savona. **K** Giovanni Crisci. **M** Vassil Kojukaroff. **D** Marc Damon, Claudia Gravy, Aldo Bufi Landi. **F** 80 Min.
Ein adliger Jungmann wird von seinem perversen Vater, der längst im Jenseits wandelt, dazu getrieben, Lustmorde zu begehen, damit der alte Knabe etwas hat, woran er sich weiden kann. – Ein ganz schön abgefahrener Okkultistenquatsch aus Italien, der mit voyeuristischem Sex und Horror hausieren geht.

Trio Infernal
(LE TRIO INFERNAL).
BRD/Frankreich/Italien 1974.
R Francis Girod. **B** Francis Girod. **K** Andreas Winding. **M** Ennio Morricone. **D** Romy Schneider (Philomene Schmidt), Michel Piccoli (Georges Sarret), Mascha Gonska (Catherine), Andrea Ferreol (Noemi), Monica Fiorentini (Magali), Philippe Brizard (Chambon), Jean Rigaux (Villette), Papinou (Luffeaux), Hubert Deschamps (Deltreuil), Monique Tarbes (Krankenschwester), Pierre Dac (Arzt/Versicherung), Francis Claude (Arzt), Jean-Pierre Honoré, Henri Piccoli, Adolfo Cerni, Fanny Renan, Ralph Spath, Maurice Gilbert, Jean Harnois, Raymond Lemoigne. **F** 105 Min.
Frankreich, in den dreißiger Jahren: Philomene Schmidt, die bei einer reichen Dame arbeitet, steht nach dem Tod ihrer Chefin mittellos da. Wenn sie keinen Arbeitsplatz nachweist, droht ihr die Ausweisung nach Deutschland. Der Anwalt Sarret überredet sie, den alten Villette zu heiraten. Doch Villette ist verheiratet. Sarret läßt Villettes verschollene Frau für tot erklären. Philomenes Schwester Catherine, die zur Hochzeit kommt, verliebt sich in Sarret, der eine neue Chance wittert. Er überredet sie, den Clochard Deltreuil zu ehelichen, um im Fall seines Ablebens eine hohe Lebensversicherung zu kassieren. Sarrets Komplize Chambon unterzieht sich stellvertretend für Deltreuil der ärztli-

chen Untersuchung. Nach dem Tod des Clochards kassiert Sarret die Versicherung. Als Chambon und seine Geliebte aus dem Mordgeschäft aussteigen wollen, bringt Sarret sie um. Das nächste Opfer soll die junge Magali werden, aber der Plan mißlingt. Catherine stürzt zu Tode. Philomena kassiert ihre Lebensversicherung und heiratet Sarret. –»Eine widerwärtige Mischung aus Sex und Verbrechen.« (FILMDIENST) Ⓥ Atlas

Troll
(TROLL). Schweden 1971.
R Vilgot Sjöman. **B** Vilgot Sjöman/ Solveig Ternström. **K** Rune Ericson/ Ulf Björk. **M** Lasse Farnlöf. **D** Solveig Ternström (Maja), Börje Ahlstedt (Richard), Margaretha Bergström (Lillemor), Frej Lindquist (Sture), Jan-Olof Strandberg (Priester), Ake Carlsson (Herr), Sven Björling, Nina Gaines, Gösta Bredefeldt, Barbro Ericsson, Rolf Björling, Hans Johansson, Ingegärd Käll, Rolf Jupither.
F (99) 90 Min.
Maja und Richard versagen sich dem Geschlechtsverkehr, weil sie aufgrund religiöser Überzeugung glauben, daß man danach stirbt. Nach fünf masturbationsreichen Jahren kommen Richard allmählich Zweifel, doch als er zärtlich werden will, setzt Maja ihn vor die Tür. Er flüchtet in ein Bordell, in dem gerade eine Orgie steigt; Maja donnert sich als Prostituierte auf, um endlich ihre Unschuld zu verlieren. Beide entdecken, daß sie lieber sterben wollen, als ohne Sex zu leben. – »Tempo und Schwung der Inszenierung lassen streckenweise bis zur Langatmigkeit nach.« (FILMDIENST). Nicht zu verwechseln mit TROLL (USA 1985; **R** John C. Buechler).

Das turboscharfe Spanner-Motel
(TALKING WALLS). USA 1984.
R Stephen Verona. **B** Stephen Verona. **K** Scott Miller. **M** Richard Glasser. **D** Stephen Shellen (Paul), Marie Laurin, Sybil Danning, Sally Kirkland, Barry Primus (Prof. Hirsh).
F 80 Min.
Ein Student bohrt Löcher in die Wände eines Motels, um ahnungslose Pärchen

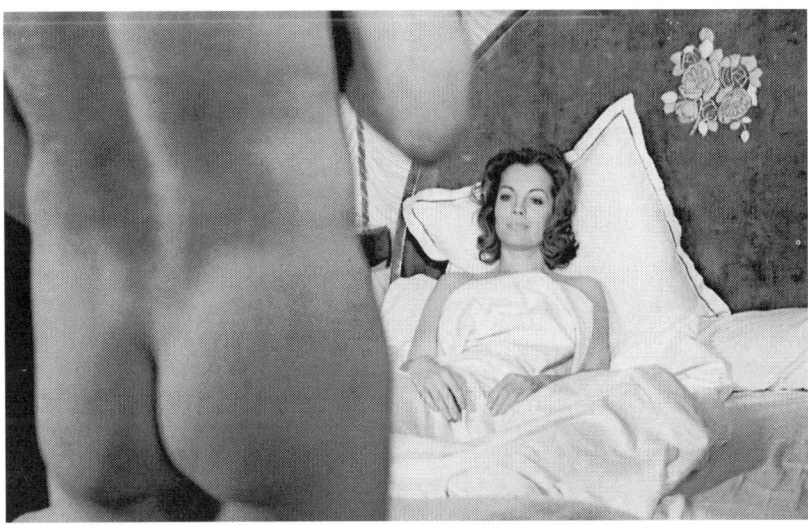

Romy Schneider und Michel Piccoli in *Trio Infernal* von Francis Girod

Der Turm der sündigen Frauen

bei sexuellen Spielen mit seiner Videokamera zu filmen. – Bis er die süße Jeanne, den Traum seiner Träume, in den Armen seines Professors entdeckt...
Ⓥ Highlight

Der Turm der sündigen Frauen
(LA TOUR LE NESLE/LA TORRE DEL PIACERE). Frankreich/Italien 1954. **R** Abel Gance. **B** Abel Gance/N.N. Fuzellier. **K** André Thomas. **M** Henri Verdun. **D** Silvana Pampanini, Pierre Brasseur, Paul Guers, Henri Toja, Marcel Raine.
F 105 Min.
»Im mittelalterlichen Paris entrollt sich ein schillerndes Sittenbild voller Glut, voller Sinnlichkeit, voller grausamer Verbrechen und heldenhafter Kämpfe.« (Werbespruch von 1955). Und zwar in grellen Farben von einem Weltklasse-Filmer inszeniert: Margarete, die Gattin des französischen Königs Ludwig X., feiert mit ihren Schwestern in einem finsteren Turm in Paris nächtliche Sexorgien, die in der Regel mit dem Tod ihrer (natürlich adligen, schließlich ist man ja wer) Liebhaber enden, weil sie als junge Frau in der Liebe zu kurz gekommen ist. Woran man wieder mal erkennen kann, zu welch schauerlichen Missetaten die fehlende Nestwärme so führt. Daß sich der gute Abel Gance (immerhin hat er mit NAPOLEON ein Meisterwerk verbrochen) für diesen Schund hergegeben hat, wird wohl rein pekuniäre Gründe gehabt haben. Auch Starregisseure müssen schließlich von irgend etwas leben. – Nach einem Bühnenstück von Alexandre Dumas (1802–1870). Remake: DER TURM DER VERBOTENEN LIEBE (**R** Francois Legrand, 1968).

Terry Torday (Mitte) mit Hofdamen in *Der Turm der verbotenen Liebe* von Francois Legrand

Der Turm der verbotenen Liebe
(LA TOUR DE NESLE/LA TORRE DEL PIACERE).
BRD/Frankreich/Italien 1968.
R Francois Legrand [= Franz Antel].
B Kurt Nachmann. **K** Oberdan Troiani. **D** Terry Torday (Marguerite), Jean Piat (Capt. Bourdan), Uschi Glas (Blanche), Veronique Vendell (Jeanne), Frank Olivier (Orsini), Dada Gallotti (Fluerette), Marie-Agnes Anies (Catherine), Rudolf Forster (Honoré De la Tour), Franz Rudnik, Karlheinz Fiege, Jörg Pleva, Jacques Herlin, Georg Markus, Rolf Becker, Werner Fliege. **F** 90 Min.
Hier geht's um das ausschweifende Sexualleben der französischen Königin Marguerite und die Orgien, die sie in einem Turm feiert: Natürlich auf recht schickliche Weise, schließlich haben wir es hier mit ernsthafter Schauspielerei zu tun. – Ein Remake des Films DER TURM DER SÜNDIGEN FRAUEN (Frankreich 1954; **R** Abel Gance), nach dem Roman von Alexandre Dumas (1802–1870).
Ⓥ VPS

Der Typ mit dem goldenen Fifi
(LA PARTE PIU APPETITOSA DEL MASCHIO). Italien 1979.
R P. Hamilton [= Petunia Lawrence].
B Giovanni Simonelli. **K** Giuseppe Tinelli. **M** Roberto Pregadio. **D** Paolo de Manincor, Rosa Calogero, Renzo Rinaldi, Pauline Teutscher, Rossella Vergari, Cathy Greiner, Cinzia Codetti. **F** 81 Min.
Ein Einbrecher, der ein Sexarchiv ausplündern will, wird von zwei Wissenschaftlern gezwungen, mit ihren Assistentinnen ›positionsmäßig‹ das nachzustellen, was ihre Forschungen ergeben haben. – Eine nicht sonderlich erfolgreiche Sexkomödie.

Der Typ mit dem irren Blick
(ZAPPED!). USA 1982.
R Robert J. Rosenthal. **B** Bruce Robin/ Robert J. Rosenthal. **K** Daniel Pearl. **M** Charles Fox. **D** Scott Baio (Barney Springboro), Willie Ames (Peyton), Robert Mandan (Walter Johnson), Roger Bowen (Mr. Springboro), Felice Schachter (Bernadette), Heather Thomas (Jane Mitchell), Marya Small (Mrs. Springboro).
F 98 Min.
Der Collegestudent Barney bastelt sich eine Apparatur, um synthetische Drogen herzustellen. Als sich der Inhalt einer Schnapsbuddel versehentlich mit seinem neuen Wundermittel mischt und die ganze Chose explodiert, ergibt sich eine völlig neue Lage: Barney beherrscht die Telekinese und setzt seine Kräfte fortan dazu ein, hübschen Mädchen per Ferneinwirkung die Kleider vom Leib zu reißen. – Urkomisch, Rosenthal, wirklich!
Ⓥ Taurus

U

Die Unbefriedigte
(BRUCIA, RAGAZZI, BRUCIA).
Italien 1968.
R Fernando Di Leo. **B** Antonio Racioppi/Fernando Di Leo. **K** Franco Villa. **M** Gino Peguri. **D** Francoise Prevost (Clarissa Renos), Gianni Macchia (Gian), Michel Bardinet (Silvio Renos), Monica Strebel (Marina), Anna Pagano (Monika), Danika (Tante Bice), Franca Sciutto, Miriam Alex, Ettore Geri, Maria Luisa Sala, Marco Veliante. **F** 85 Min.
Weil ihr Gatte Silvio ein Workaholic ist, stürzt sich die schöne Clarissa, ein Mitglied der Florentiner High Society, in eine heftige Beziehung mit dem Studenten Gian, der in den Ferien als Bademeister arbeitet und ihr den ersten Orgasmus des Lebens beschert. Vom Gewissen geplagt, gesteht Clarissa die Schandtat ihrem Gatten, der kein Verständnis für ihre Lage zeigt und mit Scheidung droht. – »Die Story von der Wollust des Untergangs!« (Verleihwerbung).
Ⓥ UFA

Und Amor sagt O.K. dazu
Siehe **Die lüsterne Tochter der Fanny Hill**

Und die Frau erschuf die Liebe
(ET LA FEMME CREA L'AMOUR).
Frankreich 1966.
R Fabien Collin. **B** Philippe Marcay/Fabien Collin. **K** Michael Kelber. **M** Michel Legrand. **D** Olivier Despax, Juliette Villard, Diana Lepvrier, Claudine Coster, Michel Forain, Beatrice Altariba, Michel Bardinet. **F** 89 Min.
Der Pariser Jungplayboy Laurent und seine Freunde haben nur schnelle Autos, Feten und heiße Hasen im Kopf. Um sein Schmarotzerdasein zu finanzieren, nimmt Laurent ältere Damen aus. Dem Maler Kardec gefällt es, Busenabdrücke auf die Leinwand zu bringen; der fette Tatal kauft sich Mädchen, und der Psychiater Francois ist im Begriff, sich mit seiner Spielsucht zugrunde zu richten. Zwei Frauen geraten in diese Clique: die unerfahrene Clo, die eine Millionenerbschaft erwartet, und die selbstbewußte Sonja. Zwar verfallen auch sie Laurents Charme, doch nach einigen Konflikten können sie aus der Welt der Zügellosigkeit ausbrechen und Liebe finden. Clo begegnet sie in der Gestalt von François, der sie auf den rechten Weg führt. Laurent wird von Sonja gerettet, die in tiefster Not zu ihm hält. – »So lieben junge Leute von heute!« (Werbespruch). Kolportage und Kitsch aus Frankreich.

Und ewig knarren die Betten
(SURFTIDE FEMALE FACTORY).
USA 1971.
R Robert L. Frost. **B** Robert L. Frost/Duane Weaver. **K** Andy Jenacz. **M** N.N. **D** Tom Bourne, Bob Cross, Wayne White. **F** 79 Min.
Eine reiche Lady heuert einen Privatdetektiv an, der ihre Nichte aufstöbern soll, denn sie soll ein Riesenvermögen erben. Während der Suche gerät unser Mann von einer Nacktszene zur anderen, und die reiche Lady, so stellt sich heraus, ist auch nicht das, was sie zu sein vorgibt. – Die Verantwortung für diesen Schrott übernimmt Robert L. Frost, kein besonders großes Talent.
Ⓥ Loyal/VTD

Und immer lockt das Weib
(ET DIEU CREA LA FEMME / PIACE A TROPPI). Frankreich/Italien 1956.
R Roger Vadim. **B** Roger Vadim/Raoul J. Levy. **K** Armand Thirard. **M** Paul Misraki. **D** Brigitte Bardot (Juliette Hardy), Curd Jürgens (Eric Carradine), Jean-Louis Trintignant (Michel Tardieu), Christian Marquand (Antoine

Brigitte Bardot in *Und immer lockt das Weib* von Roger Vadim

Tardieu), Georges Poujouly (Christian Tardieu), Jeanne Marken (Mme. Morin), Isabelle Corey (Lucienne), Jean Lefebvre (René), Philippe Grenier (Perri), Jacqueline Ventura (Mme. Vigier-Lefrance), Jean Tissier (Vigier-Lefrance), Jany Mourey (Schöne Frau), Marie Glory (Mme. Tardieu), Jacques Giron (Roger), Paul Faivre (Mori), Leopoldo Frances (Tänzer), Toscano (René), Claude Vega.
F (95) 89 Min.

Die von der Natur großzügig mit Kurven bedachte Juliette kommt aus dem Waisenhaus zu ihrer Tante nach St. Tropez. Um dort bleiben zu können, heiratet sie den Naivling Michel, obwohl sie eigentlich auf seinen Bruder Antoine aus ist. Auch Antoine landet nach kurzer Zeit in ihrem Bett, und Michel schäumt. Juliette bringt die Männerwelt der Côte d'Azur kräftig zum Sabbern – speziell den reichen Industriekapitän und Lustmolch Eric. – Heute vielleicht ein alter Hut, aber 1956 eine erotisch-revolutionäre Bombe!

Und keine Stellung war ihr fremd
(SEX AND OFFICE GIRLS). USA 1972.
R Ron Clark. **B** N.N. **K** N.N. **M** N.N.
D Mary Worthington, Kay Brynner, Lee Cory. **F** 73 Min.
Der kreative Geist der Angestellten einer Werbeagentur dokumentiert sich an den phantastischen ›Stellungen‹, zu denen sie fähig sind: Nachdem sich der Chef von seiner sexbesessenen und fingerfertigen besseren Hälfte getrennt hat, führt er seinen Leuten aufreizende Filmchen vor, die ihr Blut dermaßen in Wallung bringen, daß sie flugs zur großen Orgie schreiten.

Und mehrmals täglich quietschen die Matratzen
BRD 1972.
R Claus Tinney. **B** Claus Tinney.
K Benno Bellenbaum. **M** Rolf Bauer.
D Heidi Keppler, Karl Heinz Bauer, Karin Wieland, Michael Büttner, Michele Boersch, Siegfried Unruh, Uschi Mikulski, Natascha Verell, Claus Tinney. **F** 75 Min.
Ein Mann erzählt seiner Exfrau, wie er in die Fänge eines brünstigen Fotomodells und ihrer abartigen Freunde geriet und wie es ihm schließlich nach vielen Stellungen an allen möglichen Orten gelungen ist, sich dem wollüstigen Treiben zu entziehen. Weil er nämlich erkannt hat, daß er im Grunde ein absolut solider und moralischer Typ ist.

Und noch nicht sechzehn
BRD 1967.
R Peter Baumgartner. **B** Peter Baumgartner. **K** Andreas Demmer. **M** Walter Baumgartner. **D** Rosemarie Heinikel (Rosy), Peter Capra (Rolf), Helen Vita (Helen), Andy Burton (Johnny).
SW 90 Min.
Rosy brennt von zu Hause durch. Im Sündenbabel Frankfurt gerät sie an Typen, die in einer Nachtbar verkehren. Sie nistet sich bei dem Studenten Rolf ein und lernt Angehörige der Schickeria und des Nachtgewerbes kennen. Als sie an einer ausschweifenden Party teilnimmt, wird sie von dem Zuhälter Harry an einen alten Lüstling verkuppelt, bis Rolf Harry eins aufs Maul haut und dabei das Leben verliert. – Sex und Crime-Dutzendware.

Und samstags nackt
(NUDIST PARADISE). GB 1958.
R Charles Saunders. **B** Denise Kaye/ Leslie Bell. **K** Henry Hall. **M** Horace Shepherd. **D** Anita Love (Joan Stanton), Carl Conway (Mike Malone), Kathy Cashfield (Pat Beatty), Dennis Carnell (Jimmy Ross). **F** 67 Min.
Eine als Werbefilm für den Nudismus aufgezogene Schmonzette über junge Leute, die sich in einem FKK-Camp kennen und lieben lernen. (Und dabei allerlei Verrenkungen ausführen, um ihre Blößen zu bedecken, sobald die Kamera allzu nahe herankommt). – Erstaunlich, wie ›frei‹ doch die britischen Nudisten Anno 1958 waren.

Und sie genießen die Liebe
BRD 1976.
R Johnny Wyder. **B** Johnny Wyder.
K Wolfgang Knigge. **M** N.N.

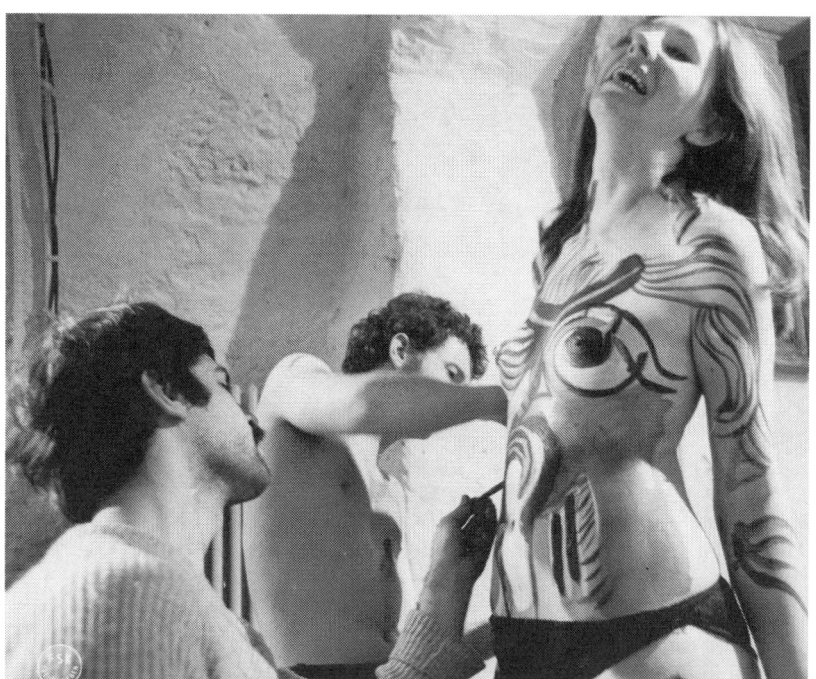

In Frankfurt sind die Nächte heiß: *Und noch nicht sechzehn* von Peter Baumgartner

D Remus Peets, Günter Notthoff, Rena Bergen, Heidi Kappler, Brigitte Boore, Gilda Gregory, Nicole Walden, Waltraud Schaadt, Ricky Huhnholz, Marcel Gerard.
F 93 Min.
Ein Exknastbruder schlägt sich mit Betrügereien und Erpressungen durchs Leben, aber das ist natürlich alles nur Hülle für die zahlreichen Paarungen, die er hinter sich bringen muß – damit die Story nicht noch lahmer wird.

Und vor Lust zu sterben
(ET MOURIR DE PLAISIR).
Frankreich 1960.
R Roger Vadim. **B** Claude Brule/Roger Vaillant/Claude Martin/Roger Vadim. **K** Claude Renoir. **M** Jean Prodomés. **D** Mel Ferrer (Leopoldo de Karnstein), Elsa Martinelli (Georgia Monteverdi), Annette Vadim (Carmilla de Karnstein), Jacques-René Chauffard (Dr. Velari), Marc Allegret (Richter Monteverdi), Alberto Bonucci (Carlo Ruggieri), Serge Marquand (Giuseppe), Gabrielle Farinon (Lisa), Renato Speziali (Guidonaldo), Edythe Peters (Köchin), Gianni de Benedetto (Inspektor), Carmilla Stroyberg (Marthe), Nathalie de Foret (Marie).
F 85 Min.
1961 plant Leopoldo de Karnstein auf einem römischen Landsitz mit seiner Verlobten Georgia einen Maskenball. Seine Cousine Carmilla ist fasziniert, als er von der vampirischen Vergangenheit der Familie erzählt: Vor zweihundert Jahren, besagt die Mär, haben Bauern die Gräber der Karnsteins geöffnet und die

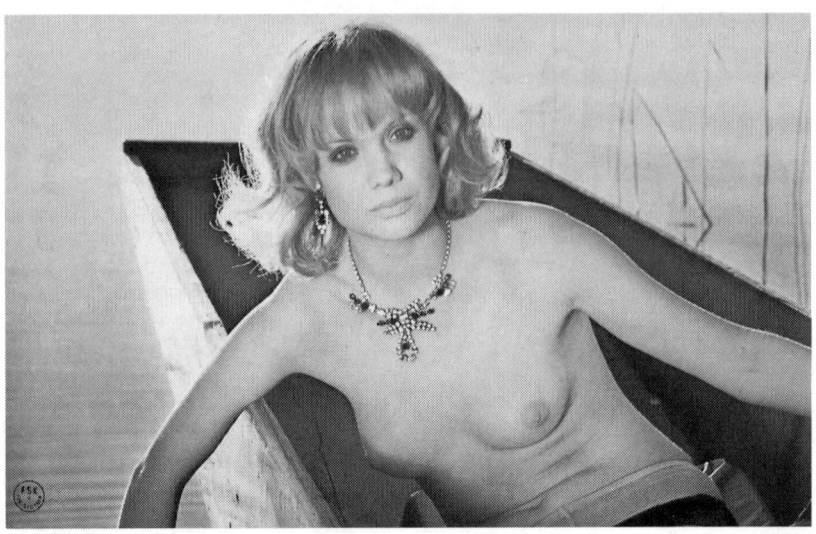

Angela von Radloff in *Undine 74* von Rolf Thiele

Toten gepfählt. Nur die hübsche Millarca ist ihnen entgangen. Carmilla besucht den Ball in Millarcas Gewand. Als eine Explosion eine nahe Abtei einstürzen läßt, streift sie leichtbekleidet dort umher, stößt auf Millarcas Grab und wird vom Geist der Toten beherrscht. Man findet die Leiche des Küchenmädchens: sie hat Bißwunden am Hals. Georgia sticht sich an einer Dorne, der Anblick ihres blutenden Fingers erregt Carmilla so, daß sie einen Annäherungsversuch macht. Nachts hat Georgia einen Alptraum: Millarca erscheint ihr und behauptet, sie habe Carmilla getötet. Georgia erwacht, Carmilla beugt sich über sie und flieht. An der Abtei wird die nächste Sprengung in Angriff genommen. Die Druckwelle ergreift Carmilla, ein Holzpflock durchbohrt ihr Herz. – Horrorfilm mit sexuellen Motiven nach »Carmilla« von J. Sheridan Le Fanu (1814–1873), der ersten Geschichte ihrer Art, die auf den Sexhunger der Vampire Bezug nimmt. Der Film bemüht sich um Atmosphäre.

Undine 74
BRD/Österreich 1973.
R Rolf Thiele. **B** Ted Rose/Josef Czech. **K** Wolf Wirth. **M** N.N. **D** Angela v. Radloff (Undine), Ingo Thouret (Hans), Gundy Grand (Bertha), Elisabeth Flickenschildt (Altnixe), Heidrun Hammerdinger, Kurt Heintel, Werner Pochath, Herbert Fux. **F** 84 Min.
Die Nixe Undine wird auf die Menschen losgelassen, denn sie will die Liebe kennenlernen, wozu man bekanntlich eine Seele braucht. Sie lernt einen gewissen Hans kennen, doch der liebt sie nicht so, wie sie es gern hätte, deswegen zieht sie sich ins Wasser zurück. Fünf Jahre später (in Neptuns Reich sind jedoch erst fünf Tage vergangen) sucht sie ihn wieder auf. Doch Hans ist inzwischen mit Bertha zusammen, und die – eifersüchtig bis zum geht nicht mehr – greift zum Revolver. Wie alle Nixen, die's mit Menschen treiben wollen, bringt auch Undine nur Verhängnis: Der Schuß geht daneben – Hans ist der Dumme. – Unbedeutend. Nach Friedrich de la Motte-

Fouqués (1777–1843) Erzählung »Undine« (1811).

Unersättliche Triebe
(KINJIRARETA TECHNIQUE). Japan 1966. **R** Hiroshi Mukai. **B** Toshio Godai. **K** Shiro Suzuki. **M** N.N. **D** Shusaku Muto, Kaoru Miya, Kazuko Kano, Yuishi Minato. **F** 73 Min.
Ein japanischer Boxmeister wird von einer nymphomanen Frau um seine Manneskraft gebracht und versucht mit Hilfe einer Masseuse – erfolglos – zu retten, was zu retten ist.

Die unersättlichen Spiele der Reichen
(FELLA). Frankreich 1980. **R** Mattin De Blanche. **B** N.N. **K** N.N. **M** N.N. **D** Desirée Furlan, Daniele Mettel, Patrice Molin. **F** 79 Min.
Ein zusammenmontiertes Abfallprodukt aus den Mülleimern diverser Produzenten einschlägiger Filmchen. – Nicht gerade das, was das Herz der Fellini-Fans erfreut.

Die Unersättlichen von Beverly Hills
(SAY NEVER NO). USA 1984. **R** F.J. Lincoln. **B** N.N. **K** N.N. **M** N.N. **D** Joey Silvera, Teresa Orlowski, Tiffany Clark, Gabriela, Rebecca Savage. **F** 79 Min.
Ein von der Weiblichkeit frustrierter US-Modefotograf begibt sich aus dem ›unersättlichen‹ Beverly Hills nach Europa. Dort gabelt er eine Frau namens Eva auf und nimmt sie mit in seine Heimat. Doch auch Eva hat nichts als Sex im Kopf und treibt es mit jedem, der es mit ihr treiben will. – In dieser Fassung ein mit einem Säbel geschnittener Softsexer, der stets an den Stellen abbricht, die von Seh-Leuten am meisten geschätzt werden.
Ⓥ AB

Ungezähmte Erotik
(SEXY DIARY). Japan 1965. **R** Shinya Yamamoto. **B** Akitaka Kiwata. **K** Hideo Ishi. **M** N.N. **D** Katori Sen, Yuichi Minato, Kenji Ohara. SW 73 Min.
Ein japanischer Gangster vergewaltigt eine Filmdiva und läßt sie dabei zu Zwecken der Erpressung fotografieren. Die Diva rächt sich, indem sie sich den Erpressern hingibt, um diese anschließend umzubringen.

Die unglaubliche und traurige Geschichte von der unschuldigen Erendira und ihrer herzlosen Großmutter
(LA INCREDIBLE Y TRISTE HISTORIA DE LA CANDIDA ERENDIRA Y DE SU ABUELA DESALMADA). Frankreich/Mexiko/BRD 1982. **R** Ruy Guerra. **B** Gabriel Garcia Marquez. **K** Denys Clerval/Roberto Rivera. **M** Maurice Lecouer. **D** Irene Papas (Großmutter), Claudia Ohana (Erendira), Michel Lonsdale (Senator), Oliver Wehe (Ulysses), Blanca Guerra (Ulysses' Mutter), Pierre Vaneck (Ulysses' Vater), Rufus (Fotograf). **F** 105 Min.
Die vierzehnjährige Erendira lebt wie Aschenputtel im Haus ihrer gemeinen und herrschsüchtigen Oma. Brav, wie sie ist, verrichtet sie alle Arbeiten, bis sie eines Tages aus Versehen das Haus in Brand steckt. Oma zwingt sie, den Schaden zum Preis ihrer Unschuld wiedergutzumachen. Erendira zieht von Ort zu Ort, schläft mit den Männern und wird zu einer Art Jahrmarktsattraktion – bis eines Tages der gute Ulysse in ihr Zelt kommt und aus ihr eine liebende Frau macht. Erendira und Ulysses wollen zusammenbleiben – doch Oma steht ihnen im Weg. Ergo... – »Es geht um eine Parabel, die von Liebe und Leidenschaft, Ausbeutung und Revolte, Lethargie und

Tod handelt.« (H. J. Weber, FILM-ECHO/FILMWOCHE). Nach einem Roman des argentinischen Autors Gabriel Garcia Marquez (*1928). Ⓥ Atlas

Die Unmoralische
(L'IMMORALE). Frankreich 1980.
R Claude Mulot. **B** Claude Mulot.
K Roger Fellous. **M** Jean-Claude Nachon. **D** Silvia Lamo (Carole), Yves Jouffroy, Anna Périni, Maurice Travail, Anne Fabien, Isabelle Legentil, Victor Béniard, Patrice Chéron, Paul Gonzalves. **F** 87 Min.

Carole, ein Luxuscallgirl, verliert bei einem Autounfall das Gedächtnis und erinnert sich beim Abhören eines Tonbandes, das sie zuvor besprochen hat, schrittweise an ihre Vergangenheit. Bei dem Versuch, ihre Identität wiederzufinden, erlebt sie die Liebe völlig neu, doch gleichzeitig wird sie immer mehr von ihrer Vergangenheit eingeholt – und die ist nicht in jeder Hinsicht erfreulich. – »Besser als die Dramaturgie der Handlung sind Lichtführung, Ausstattung und Wahl der filmischen Mittel, die streckenweise an die Perfektion eines Werbefilms erinnern«, meint der (auch technisch interessierte) FILMBEOBACHTER. Die Werbung des Verleihs sieht die Sache platter: »Wer Sex sucht, hier findet er ihn reichlich.« Ⓥ UFA

Silvia Lamo in *Die Unmoralische* von Claude Mulot

Unmoralische Engel
(LES HÉROïNES DU MAL). Frankreich 1977.
R Walerian Borowczyk. **B** Walerian Borowczyk. **K** Bernard Daillencourt.
M Olivier Dassault/Philippe d'Aram.
D Marina Pierro (Margherita), Françoise Guetary (Raffael Sanzio), Jean-Claude Dreyfus (Bini), Jean Martinelli (Papst), Roger Lefrere (Michelangelo), Gaelle Legrand (Marcelline), Assan Fall (Petrus), France Rumilly (Mme. Cain), Yves Gouvil (Cain), Lisbeth Arno (Floka) Pascale Christophe (Marie), Gérard Ismaél (Gangster), Henri Piegay (Gatte). **F** 114 Min.

1. Die Bäckerstochter Margherita vergiftet den Maler Raffael und seinen Bankier, erbt Raffaels Vermögen und tut sich mit ihrem Geliebten, einem Schäfer, zusammen. – 2. Als die Eltern der jungen Marcelline ihr als Festessen den Lieblingshasen vorsetzen, läßt sie sich von einem Metzger entjungfern und schneidet ihren Erzeugern anschließend die Kehle durch. – 3. Marie, die Gattin eines Kunsthändlers, wird von einem Gangster entführt. Ihr Hund nimmt ihre Spur auf und sorgt dafür, daß niemand Marie zu nahe treten kann – inklusive Ehemann, der bei einem diesbezüglichen Versuch seiner Nüsse verlustig geht. Der Hund ist doch der Menschin bester Freund. Ein Episodenfilm. Sehenswert. Ⓥ VCL

Unmoralische Geschichten
(CONTES IMMORAUX).
Frankreich 1973.
R Walerian Borowczyk. **B** Walerian Borowczyk. **K** Bernard Daillencourt/Guy Durban/Michel Zolat/Noel Véry. **M** Maurice Le Roux. **D** Lise Danvers (Julie), Fabrice Luchini (André), Charlotte Alexandra (Thérèse), Paloma Picasso (Elisabeth Bathory), Pascale Christophe (Istvan), Florence Bellamy (Lucrezia Borgia), Jacopo Berizini (Papst Alexander), Lorenzo Berizini (Cesare Borgia). **F** 103 Min.
1. »Die Flut«: Der Pariser Student André verbringt die Ferien im Haus seiner Tante in der Normandie und erklärt seiner Cousine Julie, als sie, von der Flut überrascht, auf einem Geröllhaufen Zuflucht suchen, die Gezeiten und auch sonst noch einiges. – 2. »Thérèse Philosophe«: Zu spät von der Messe zurückgekehrt, wird die fromme Thérèse in der Rumpelkammer eingeschlossen und entdeckt ein erotisches Buch, das ihre Leidenschaft erregt. Als sie von einem Tramp geschändet wird, verlangt man im Dorf ihre Heiligsprechung. – 3. »Elisabeth Bathory«: Die ungarische Gräfin Bathory läßt alle jungen Mädchen eines Dorfes auf ihr Schloß bringen, verführt sie mit einem geheimnisvollen Nektar, der sie lüstern macht, und badet anschließend in ihrem Blut. Bis ein Page sie an einen königlichen Offizier verrät. – 4. »Lukrezia Borgia«: Ungeachtet der heftigen Predigten eines Dominikanermönchs gegen Unzucht und sexuelle Ausschweifungen legt Lucrezia zusammen mit ihrem Vater und ihrem Bruder einen flotten Inzest auf die Bettmatte. Der Mönch hingegen endet auf dem Scheiterhaufen im Feuertod. – Ein sehr ironischer Episodenfilm. Mit Sicherheit sehenswert.
Ⓥ Atlas

Klosterfrau in Not: *Unmoralische Novizinnen* von Walerian Borowczyk

Unmoralische Novizinnen
(INTERNO DI UN CONVENTO).
Italien 1977.
R Walerian Borowczyk. **B** Walerian Borowczyk. **K** Luciano Tovoli. **M** Sergio Montori. **D** Ligia Branice, Howard Ross, Marina Pierro, Gabrielle Giacobbe, Rodolfo dal Pra, Loredana Martinez, Maria Maranzano, Alessandro Partexano. **F** 93 Min.
In einem Kloster in der italienischen Provinz des 19. Jahrhunderts nehmen es die Novizinnen nicht sonderlich genau mit der Keuschheit: Sobald sich eine Gelegenheit bietet, ›erforschen‹ sie ihre Körper und geben sich sexuellen Phantasien hin, für die unter anderem auch ein Metzger und ein Maler herhalten müs-

sen. Auch der Mutter Oberin und dem zu Hilfe eilenden Bischof gelingt es nicht, dem lüsternen Treiben ein Ende zu bereiten: Die Oberin fällt dem Giftattentat einer rachsüchtigen Novizin zum Opfer.
– Frei nach Stendhals (1783–1842) »Spaziergänge in Rom« (1829).
Ⓥ Telerent

Unruhige Töchter
BRD/Schweiz 1967.
R Hansjörg Amon. **B** Wolfgang Steinhardt. **K** Peter Baumgartner. **M** Walter Baumgartner. **D** Brigitte Skay, Jörg Anderson, Maria Caleita, Peter Capra, Bella Neri. **F** 89 Min.
Die frühreife Gymnasiastin Susanne treibt es mit dem Lehrer und einer lesbischen Mitschülerin. Und wie das Leben so spielt, wird sie durch die Bekanntschaft mit einem Regisseur auch noch Filmstar. – Ein billiger Sexer.

Die Unschuld
(L'INNOCENTE/L'INNOCENT).
Italien/Frankreich 1975.
R Luchino Visconti. **B** Suso Cecchi d'Amico/Enrico Medioli/Luchino Visconti. **K** Pasquale de Santis. **M** Franco Mannino. **D** Laura Antonelli (Giuliana), Giancarlo Giannini (Tullio Hermil), Jennifer O'Neill (Teresa Raffo), Marc Porel (Filippo d'Arborio), Massimo Girotti (Graf Stefano Egano), Didier Haudepin (Federico Hermil), Rina Morelli (Tullios Mutter), Marie Dubois (Prinzessin), Roberta Paladini (Elviretta), Claude Mann (Prinz). **F** 129 Min.
Der junge Edelmann Tullio, der der Philosophie der freien Liebe anhängt, wird von einem leichten Grausen befallen, als seine junge Frau Giuliana seine Theorien in die Praxis umsetzt. Arg gefrustet begeht er Selbstmord. – Viscontis letzter Film; nach einem Roman des Italieners Gabriele d'Annunzio (1863–1938).

Unsere Möpse beißen nicht
Siehe **Porno-Möpse beißen nicht**

Der Untergang des amerikanischen Imperiums
(LE DECLINE DE L'EMPIRE AMERICAINE). Kanada 1986.
R Denys Arcand. **B** Denys Arcand. **K** Guy Dufaux. **M** Francois Dompierre. **D** Dominique Michel (Dominique), Dorothee Berryman (Louise), Louise Portal (Diane), Genivieve Rioux (Danielle), Pierre Curzi (Pierre), Rémy Girard, Yves Jacques, Daniel Briére, Gabriel Arcand. **F** 101 Min.
Während ihre Männer und Freunde in einem schicken Bungalow gemeinsam ein üppiges Mahl zubereiten, vertreiben sich ein paar Frauen die Zeit in einem Fitness-Center mit Gesprächen über Sex, Seitensprünge und sonstige Lebenserfahrungen. Später, als sie mit den Herren zu Tisch sitzen, erweist sich, daß alle Beteiligten mehr oder weniger an ihrem Frust statt an ihrer Lust leiden. – In diesem Film wird zwar pausenlos über Sex geschwafelt, aber als Handlung kommt er nicht vor.
Ⓥ Marketing

Unterm Dirndl wird gejodelt
BRD 1973.
R Alois Brummer. **B** Alois Brummer. **K** Hubertus Hagen. **M** N.N. **D** Gisela Schwarz, Annemarie Wendl, Edgar Antiker, Bertram Edelmann, Franz Muxeneder. **F** 91 Min.
Die oberbayerische Dorfschönheit Heidi, die im verruchten München zur Schule geht, wo sie es versteht, mit Hilfe ihrer körperlichen Vorzüge gute Noten zu erreichen, kommt während der Ferien in ihr Heimatdorf, damit sich auch die Landbevölkerung in der Scheune, im Kuhstall und auf der Wiese an ihrem Körper delektieren kann. – Eins der vielen kleinen Schmutzfilmchen, die Alois

Brummer der Filmhistorie hinterlassen hat. – AT: MÄDCHEN FÜRS WOCHENENDE.

Unterm Holderbusch
(HERE WE GO ROUND THE MULBERRY BUSH). GB 1967.
R Clive Donner. **B** Hunter Davies/ Larry Kramer. **K** Alex Thomson. **M** Spencer Davis Group. **D** Barry Evans (Jamie McGregor), Judy Geeson (Mary Gloucester), Angela Scoular (Caroline Beauchamp), Adrienne Posta (Linda), Vanessa Howard (Audrey), Diane Kean (Claire), Denholm Elliot (Mr. Beauchamp), Maxine Audley (Mrs. Beauchamp), Moyra Fraser (Mrs. McGregor), Michael Bates (Mr. McGregor). **F** 96 Min.
Jamie, ein jungfräulicher, vom Sexus besessener Student, unternimmt im letzten Studienjahr einen Versuch nach dem anderen, um endlich ›mitreden‹ zu können, doch seine Bemühungen enden stets in einem Fiasko. – Eine britische Komödie, die heutzutage recht bieder wirkt, zur Zeit ihrer Produktion jedoch als höchst gepfeffert galt. – AT: BIENEN SIND ZUM STECHEN DA.

Unterm Röckchen stößt das Böckchen
BRD 1974.
R Hubert Frank. **B** Hubert Frank. **K** Laszlo Nemeth. **M** Peter Thomas. **D** Dieter Assmann (Georg), Anne Peters (Susanne), Alena Penz (Danny), Gustav Schneller (Fausto), Eva Gross (Senta), Michael Maien (Flipper), Klaus Münster (Dicky), Karin Gruas (Manuela), Reinhold Tischler (Horst), Hilde Rom (Frau Seifert), Otto Ambross (Seifert). **F** 75 Min.
Ein neureiches Ehepaar, das mit Potenz-

Barry Evans und Angela Scoular in *Unterm Holderbusch* von Clive Donner

problemen zu kämpfen hat und dem nichts mehr einfällt, sucht per Inserat ein ›Mädchen für heitere Liebesspiele‹ sowie eine Putzfrau. Doch da die Damen, die sich melden, einander sehr ähnlich sind, wird auch kein Unterschied zwischen ihnen gemacht. Als ein Elektriker und eine Räuberbraut auftauchen, ist es bis zu dem, was der böse Nachbar für eine Orgie hält, nicht mehr weit.
Ⓥ Euro

Unternehmen Nackte Schönheit
(EUROPA: OPERAZIONE STRIPTEASE).
Italien 1965.
R Renzo Russo. **B** Renzo Russo.

Sex made in Germany: *Unterm Röckchen stößt das Böckchen* von Hubert Frank

K Mario Cimini. **M** A. Sciasca.
D Gianni Agus, Elio Covetti. **F** 80 Min.
Ein Filmproduzent schickt einen Kameratrupp aus, der die nackten Schönheiten der Welt (hier: Paris, Rom, London, Hamburg) vor die Linse holen soll. – Ein einfältiger Stripperfilm, der so tut, als präsentiere er Attraktionen. Dabei sind's nur unfreiwillige Komik und Dilettantismus.

Up 'n Coming
(UP 'N COMING). USA 1983.
R Godfrey Daniels. **B** Godfrey Daniels. **K** Peter Meter. **M** Jack Jackoff.
D Marilyn Chambers (Cassie Harland), Cody Nicole (Melanie), Loni Sanders (Dixie), Lisa De Leeuw (Althea Anderson), Herschel Savage (Jimmy King), Richard Pacheco Paul Fallon), Tom Byron, John Holmes.
F 83 (TV: 70) Min.
Die Sängerin Cassie darf, nachdem sie dem Manager Jimmy im Bett gezeigt hat, was 'ne Harke ist, im Vorprogramm der C&W-Sängerin Althea Anderson auftreten und sticht die versoffene und versexte Dame aus, was Anlaß zu Eifersüchteleien gibt. Cassies Versuch, den Road Manager Paul ins Bett zu kriegen, geht schief, so daß sie sich mit zwei standfesten Musikern begnügen muß. Auch der Rest der Showtruppe hat nur eins im Kopf. Am Rande wird das Schmieren von DJs und Presseleuten angeprangert. – Ein Film eindeutiger Machart, der in der TV-Fassung freilich nur noch zu langanhaltendem Gähnen führt. Überraschend: Lisa De Leeuw kann wirklich singen! – AT: LIEBLING, ICH KOMME!

Urlaubsgrüße aus dem Unterhöschen
BRD 1973.
R Walter Boos. **B** Jean C. Aurive [= August Rieger]. **K** Klaus Beckhau-

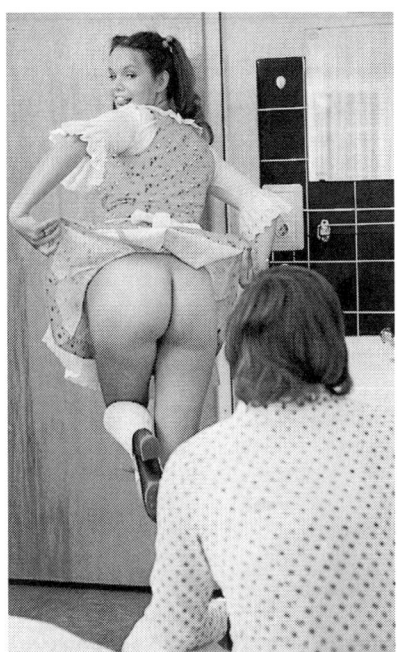

Hasch mich, ich bin der Frühling...
Szene aus *Urlaubsgrüße aus dem Unterhöschen* von Walter Boos

Zwei scharfe Hechte wollen in einem sen. **M** N.N. **D** Franz Muxeneder, Josef Moosholzer, Gernot Möhner, Jana Sindelar, Eva Gross. **F** 77 Min.

bayerischen Dorf den Tourismus ankurbeln, indem sie die ›herkömmlichen‹ (d.h. spießigen) Urlauber vergraulen und liebeshungrige Damen herankarren. Die männliche Landjugend steht ihnen dabei hilfreich zur Seite. – Ein Sexlustspiel, in dem es nichts zu lachen gibt. Ⓥ VPS

Urlaubsreport – Worüber Reiseleiter nicht sprechen dürfen
BRD 1971.
R Ernst Hofbauer. **B** Günther Heller. **K** Giorgio Tonti. **M** Peter Thomas/Fred Strittmaier. **D** Helen Vita (Gitta Mitterer), Ralf Wolter (Horst Dieter Mitterer), Astrid Frank (Andrea), Max Griesser (Xaver), Sybill Danning (Tramperin), Karin Götz (Skihase), Margot Mahler, Elisabeth Volkmann, Marianne Sock, Gernot Möhner, Hans Hass jr., Harald Baerow, Jochen Mann, Werner Abrolat, Wolf Harnisch, Josef Fröhlich, Laurence Bien. **F** 96 (TV: 91) Min.
Ein Episodenfilm über sexuelle Freizügigkeit im Urlaub, der die Ansicht verbreitet, Sonne, Sand und Hamburger könnten aus biederen Ehefrauen Nymphomaninnen und aus steifen Angestellten potenzstarke Böcke machen.
Ⓥ VPS

V

Vagabund in tausend Nöten
(THE BAWDY ADVENTURES OF TOM JONES). GB 1979.
R Cliff Owen. **B** Jeremy Lloyd. **K** Douglas Slocombe. **M** Paul Holden. **D** Nicky Henson (Tom Jones), Trevor Howard (Squire Western), Terry Thomas (Square), Arthur Lowe (Dr. Thwackum), Georgia Brown (Jenny Jones), Joan Collins (Black Bess), William Mervyn (Squire Alworthy), Murray Melvin (Blifil). **F** 92 Min.
Im England des 18. Jahrhunderts wird der Findling Tom Jones von einem Adligen in sein Haus aufgenommen und heiratet nach vielen erotischen und sonstigen Abenteuern die Tochter seines Ziehvaters. – Klamaukig inszenierte Musical-Version des Films TOM JONES (GB 1963; **R** Tony Richardson). – »Pralle Brüste, Lüsternheit, gehörnte Ehemänner und unmännliches Verhalten sind die Hauptbestandteile dieser Scharfmachversion des [Bildungs-] Romans von Henry Fielding.« (1707 bis 1754). (James W. Limbacher, SEXUALITY IN WORLD CINEMA).

Vampyros Lesbos – Erbin des Dracula
(EL SIGNO DEL VAMPIRO). BRD/Spanien 1970.
R Jess Franco [= Jesus Franco Manera]. **B** Jess Franco [= Jesus Franco Manera]/Jaime Chavarri. **K** Manuel Merino. **M** Paul Grasel/Manfred Hübler/Siegfried Schwab. **D** Susann Korda (Nadine Karoly), Dennis Price (Dr. Seward), Ewa Stroemberg (Linda Westinghouse), Paul Müller (Dr. Steiner), Heidrun Kussin (Agra), Victor Feldman (Morpho), Jess Franco (Mehmet), Michael Berling (Omar), J. Martinez Blanco. **F** 100 (89) Min.
Nadine, vor zweihundert Jahren von Graf Dracula zum Vampir gemacht, tritt in einer Erotikshow auf. Linda, die orgasmisch von Nadine träumt, ohne sie zu kennen, erhält von einem Psychiater den Rat, sich einen besseren Liebhaber zu suchen. Linda sucht Nadine beruflich auf, verfällt ihr und wacht bald darauf in der Privatklinik von Dr. Seward auf, der Zugang zu den Vampiren sucht, was ihn das Leben kostet. Lindas wird von ihrem Liebhaber Omar abgeholt. Nadine beißt ihre Bühnenassistentin tot. Linda wird auf Nadines Insel entführt. Sie findet Nadine geschwächt vor und tötet sie. Nadines Diener Morpho begeht Selbstmord. Omar und Dr. Steiner holen Linda ab. – Motivation: keine. Fragt sich, warum eine Lesbierin sich auf der Bühne männlichen Blicken aussetzt, zumal sie es wirtschaftlich nicht nötig hat.
Ⓥ Toppic

Van de Velde: Die vollkommene Ehe
BRD 1968.
R F.J. Gottlieb. **B** Franz Seitz. **K** Klaus König. **M** Peter Thomas. **D** Ingrid Back, Frank Nossack, Ruth Eder, Rainer Brandt, Biggi Freyer, Harald Dietl, Günther Stoll, Eva Christian. **F** 85 Min.
Auf den Grundlagen der Erkenntnisse des für seine Zeit recht fortschrittlichen niederländischen Mediziners Dr. Th. H. Van de Velde erfahren wir allerlei Wissenswertes über richtige Partnerwahl, Familienplanung und sexuelle Verhaltensweisen. Daß man Van de Veldes Standardwerk »Die vollkommene Ehe« (1928) zur Grundlage eines Aufklärungsfilms von 1968 zu machen versuchte, ist kaum verständlich.

Van De Velde: Das Leben zu zweit – Sexualität in der Ehe
BRD 1969.
R F.J. Gottlieb. **B** Paul Hengge. **K** Klaus König. **M** Peter Thomas.

D Barbara Klingered, Stephan Schwarz, Renate Heuer, Hans Hass jr., Karin Fehlhaber, Daria Damar, Inge Wolffberg, René Schönenberger, Heidrun Hankammer, Margot Trooger, Corny Collins, Barbara Capell, Karl-Heinz Bauer, Rainer Brandt, Ruth Eder, Eva Christian, Günther Stoll, Ingrid Back, Frank Nossack.
F 93 (TV: 84) Min.
Ein Wischi-Waschi-Pseudo-Aufklärer über Treue, Untreue und Sex, nach dem 1928 (!) erschienenen Buch »Die vollkommene Ehe« des berühmten niederländischen Mediziners und Sexologen Th. H. Van de Velde.

Vanessa
BRD 1976.
R Hubert Frank. **B** Joos de Ridder. **K** Franz Xaver Lederle. **M** N.N.
D Olivia Pascal (Vanessa), Anton Diffring (Direktor), Uschi Zech (Jackie), Günter Clemens, Eva Garden, Eva Leuze, Tom Garven. **F** 90 Min.
Die katholische Klosterschülerin Vanessa, die auch dem weiblichen Geschlecht nicht abgeneigt ist, erbt von einem Onkel in Hongkong eine Bordellkette nebst Plantage. Sie vergnügt sich dort einige Zeit im Bett und am Pool, läßt sich von einem asiatischen Prinzen in die Kunst des telepathischen Orgasmus einweihen und gerät schlußendlich unter die Peitsche eines Lüstlings, bis sie, der Stellungsspiele müde, wieder gen Europa entschwindet. – »Statt Erotik plumper Bums... Und die Ideologie des feudalen Orgasmus-Gestöhns wird nur noch übertönt vom ach so fröhlichen Singsang der chinesischen Plantagen-Arbeiterinnen.« (FILMECHO/FILMWOCHE). Ⓥ Telerent

Vanilleeis und Petting Coats
(THE REVENGE OF THE CHEERLEADERS). USA 1976.
R Richard Lerner. **B** Ted Greenwald/Nathaniel Dorsky/Ace Baandage. **K** Nathaniel Dorsky. **M** John Sterling.
D Jerii Woods (Gail), Rainbeaux Smith (Heather), Helen Lang (Leslie), Patrice Rohmer (Sesame), Susi Elene (Tishi), Edda Gale, William Bramley, Norman T. Marshall, Regine Gleason.
F 83 Min.
Cheerleaders sind hüpfende Girls, die in US-Stadien das Publikum zum Jubeln animieren, aber in diesem Film machen sie auch allerhand andere Sachen. – Der Film ist ein heißer Anwärter für die ersten Plätze jeder Filmografie der schlechtesten Zelluloid-Machwerke aller Zeiten. Ⓥ Lightning

Variationen der Liebe (1)
(UR KÄRLEKENS SPRAK).
Schweden 1969.
R Torgny Wickman. **B** N.N. **K** Lars Björne. **M** N.N. **D** N.N. **F** 71 Min.
Eine Expertenrunde redet über allgemeinen Sex und Themen wie Petting, Onanie und diverse Stellungen beim Geschlechtsverkehr. Ein Aufklärungsfilm von Torgny Wickman, der, wie viele ›frühe Aufklärer‹ später zum Sexfilm übergelaufen ist.

Variationen der Liebe (2)
(MERA UR KÄRLEKENS SPRAK).
Schweden 1970.
R Torgny Wickman. **B** Inge Hegeler/Sten Hegeler/Maj-Britt Bergström-Walan. **K** Lars Björne. **M** Mats Olsson. **D** Maj-Britt Bergström-Walan, Inge Hegeler, Sten Hegeler, Bertil Hansson, Johan Wallin, Bengt Lindkvist, Bruno Kaplan, Tommy Hedlund, Anna Berggren, Mirjam Israel. **F** 78 Min.
Ein ›Aufklärungsfilm‹ über die Themen Impotenz, lesbische Liebe, Perversionen und alle damit verbundenen Fragen – inklusive ihrer Demonstration durch männliche und weibliche Darsteller.

Variationen der Pornographie
(MILLIONNAIRE'S WOMEN).
USA 1970.
R Peter Duncan. **B** Peter Duncan.
K Robert Rubin. **M** The Bang Bang Boys. **D** Lisa Taylor, Barbara Lancaster, Vera Burton, Bill Clark, Dee Nelson, Richard Cameron. **F** 72 Min.
Sechs gelangweilte Ehefrauen aus der amerikanischen High Society toben sich, wenn ihr Chef sie nicht gerade privaten Tests unterzieht, ohne Hemmungen mit Männern und Frauen in einem Sexklub mit dazugehörigem Swimming Pool aus, bis ihre müden Ehemänner davon erfahren.

Venus
(BLACK VENUS). Spanien/USA 1983.
R Claude Mulot. **B** Peter Welbeck.
K Julio Burgos/Jacques Assuerus.
M Gregorio A. Segura. **D** Josephine Jacqueline Jones (Venus), José Antonio Ceinos (Armand), Emiliano Redondo (Jacques), Helga Liné (Mme. Jean), Florence Guerin (Louise), Mandy Rice-Davies (Mme. Lili), Karin Schubert (Marie). **F** 90 Min.
Paris, um die Jahrhundertwende: Der Maler Armand lernt durch den Kunstsammler Jacques die dunkelhäutige, aus der Karibik stammende Venus kennen, in die er sich verliebt. Er fertigt eine Plastik ihres Körpers an. Als brotloser Künstler hat Armand stets Schwierigkeiten mit seinem geldgierigen Hauswirt. Als Venus für eine Schneiderin Modell steht und so das Geld verdient, das sie zum Leben brauchen, verfällt Armand zunächst der Eifer- und dann der Trunksucht. Um ihn zu retten, zieht Venus aus und läßt sich mit der bisexuellen Marie ein, doch auch das Haus dieser Dame muß sie nach einer Begegnung mit ihrem perversen Gatten verlassen. Von ihrer Bekannten Louise dazu überredet, in Madame Lilis Edelpuff zu arbeiten, läßt Venus die Männer fortan für ihre Liebesdienste zahlen. Jacques kauft dem kranken Armand die Venus-Plastik ab und zieht mit Venus und Louise in seine Villa am Meer. Armand taucht auf, er tötet Venus und wird von Jacques getötet. – Prosper Mérimées »Venus von Ille« (1837) soll zu dieser Geschichte Pate gestanden haben. Ⓥ VMP

Venus im Pelz
(LA MALIZE DI VENERE).
BRD/Italien 1968.
R Max Dillmann [= Massimo Dallamano]. **B** Inge Hilger. **K** Sergio d'Offizi.
M Gianfranco Riverberi. **D** Laura Antonelli (Wanda), Régis Vallée (Severin), Werner Pochath (Manfred), Renate Kasché (Gracia), Josil Raquel (Carmen), Mady Rahl (Helga), Wolf Ackva (Gutsverwalter), Peter Heeg

Laura Antonelli schwingt die Gerte:
Venus im Pelz von Max Dillman

(Gärtner), Ewing Loren (Bruno), Michael Kroll (Maler), Fred Newman (Psychiater). **F** 86 Min.

Der reiche und masochistisch veranlagte Schriftsteller Severin erzählt einem Psychiater sein sexuelles Vorleben und enthüllt, wie er die Exstripperin Wanda dazu gebracht hat, seine ›Herrin‹ zu werden. Wanda schwingt die Peitsche! Wanda treibt es mit fremden Männern und läßt Severin zuschauen! Wanda steckt Severin in eine Chauffeursuniform und läßt sich mit einem kräftigen Proleten ein, der seine Neigungen gar nicht schätzt! Severin dreht durch und erwürgt beinahe ein Strichmädchen, das Wanda aufs Haar gleicht. Dann die Pointe: Das Strichmädchen *ist* Wanda! Und sie gesteht ihm, daß sie genau das gleiche braucht, wie er: Demütigungen. Kein Wunder, daß Severin ob dieser Schicksalsironie am Ende nur noch kreischen kann – wie auch die meisten, die diesen Film gesehen haben.

Venus im Pelz
(VENUS IN FURS/PUO UNA MORTA RIVIVERE PER AMORE?). BRD/GB/Italien 1970.
R Jess Franco [= Jesus Franco Manera]. **B** Malvin Wald/Jesus Franco Manera/Bruno Leder/Carlo Fadda/Milo G. Cuccia. **K** Angelo Lotti. **M** Manfred Mann/Mike Hugg. **D** James Darren (Jimmy Logan), Barbara McNair (Rita), Maria Rohm (Wanda Reed/Venus), Adolfo Lastretti (Inspektor), Paul Muller (Clubbesitzer), Klaus Kinski (Ahmed), Margaret Lee (Olga), Dennis Price (Kapp), Mirella Pamphili. **F** 86 Min.
Nachdem der Musiker Jimmy gesehen hat, wie der Sadist Ahmed, die Lesbe Olga und der Schwule Kapp eine schöne Frau ermorden, begegnet er der Verblichenen in einem Club wieder, wo sich bald auch die Killer zeigen. Sie fallen der vermeintlichen Toten zum Opfer, die sie erst verführt und dann um die Ecke bringt. – Der Film hat zwar – wie Francos NECRONOMICON – GETRÄUMTE SÜNDEN (BRD 1967) – eine erotische und nicht selten gespenstische Atmosphäre, weiß aber im Grunde ebenso wenig, was er sagen will.

Venusberg
BRD 1963.
R Rolf Thiele. **B** Rolf Thiele. **K** Wolf Wirth. **M** Rolf Wilhelm. **D** Marisa Mell (Florentine), Nicole Badal (Pony), Monica Flodquist (Christine), Christine Granberg (Lola), Ina Duscha (Inge), Claudia Marus (Vera), Jane Axell (Ruth). **SW** 88 Min.
Sieben ansehnliche Frauen schlagen in einer luxuriösen Villa die Zeit damit tot, indem sie über Liebe, Erotik, Sex und sich selbst reden: Die erste fragt sich, ob sie den Hausherrn ehelichen soll, obwohl er schon (mit ihrer besten Freundin) verheiratet ist; die zweite will sich von ihrem Verlobten trennen, weil er sie wohl doch nicht heiraten wird; die dritte ist lesbisch und hat es mit der vierten, die wiederum von der fünften angemacht wird; die sechste ist schwanger und sinnt über Abtreibung nach; und die siebente, ein Mannequin, ist narzißtisch in sich selbst verliebt. – »Sie gehen nicht, sie schreiten. Sie frühstücken nicht, sie nehmen eine Tasse Tee zu sich. Sie ziehen sich nicht aus, sie schlüpfen aus ihren Dessous... Und baden sie, sind sie nicht nackt, sondern Akt... Der Pornographiker Thiele war noch nie so delikat; doch auch noch nie so deutlich geworden, wie sehr er Sex schon für Erotik hält.« (FILMKRITIK).

Die Venusfalle
BRD 1988.
R Robert van Ackeren. **B** Robert van Ackeren/Catherina Zwerenz. **K** Jürgen

Jürges. **M** Peer Raben. **D** Myriam Roussel (Marie), Horst Günter Marx (Max), Sonja Kirchberger (Coco), Hanns Zischler (Kurt), Rolf Zacher (Dr. Steiner), Ellen Umlauf.
F 103 Min.
Weil seine attraktive Freundin Coco – eine Frau, deren Ansprüche nicht anders sind als die eines Mannes – ihn am liebsten mit Haut und Haaren vernaschen würde, reißt der an Schlaflosigkeit leidende Arzt Max laufend Nachtschichten ab und sucht auf dem Heimweg und in seiner Phantasie eine neue Idealfrau. Er findet sie in der jungen Marie, die freilich auch recht körperlich agiert. – »In den zahlreichen erotischen Szenen geht es heftig zur Sache, ohne daß jemals auch nur der leiseste Anflug von Pornografie entstünde. Mit anderen Worten: Was auf der Leinwand (zum Teil nicht) passiert, setzt sich nahtlos im Kopf des Zuschauers fort.« (Rolf Thissen, CINEMA).
Ⓥ Starlight

Venus-Passage
Siehe **Das tosende Mädchenpensionat**

Verboten
(MARCY). USA 1969.
R Joseph W. Sarno. **B** Joseph W. Sarno. **K** Bruce Sparks. **M** N.N. **D** Artie Giannini (Marcy Wiggins), Sheila Britt (June Rutland), Nick Dundas (Dalton Christie), Barbara Lance (Sharon Christie), Aaron Green (Norbert Justin), Linda Boyce (Carrie Sue Justin), Alex Mann (Will Diehl).
SW (95) 81 Min.
Als Schülerin hatte Marcy eine Romanze mit Dalton; jetzt lebt Dalton mit seiner Frau Sharon und den Helfern Carrie und Justin in ihrer Nähe auf einer Farm. Die eifersüchtige Sharon setzt das Gerücht in die Welt, Marcy habe ein lesbisches Verhältnis mit einer gewissen June. Das Gerücht führt zu mehreren Begegnungen zwischen verschiedenen Personen: June verführt Marcys Knecht Will und auch Marcy. Carrie treibt es mit June. Sharon treibt es mit Norbert. June, Carrie und Marcy treiben es zu dritt. Marcy und Dalton finden erneut zueinander. – Platter Sexfilm eines Regisseurs, der mehrere hundert ähnliche Produkte meist mit Amateuren gedreht hat. – AT: Heisse Stuten.

Verbotene Frauen – Verbotene Nächte
(SEXY AD ALTA TENSIONE / SEXY PROIBITO). Italien 1963.
R Osvaldo Civirani/Vinicio Marinucci/Oscar de Fina. **B** Heinz Fiedler. **K** Osvaldo Civirani/Luigi Filippo Carta/Franco de Giacomo/Augusto di Giovanni. **M** Marcello Giombini/Lallo Gori/Armando Sciascia. **D** Betty v. Zeppelin, Carmen Bronx u.v.a.
F 90 Min.
Ein Bilderbogen über das glitzernde italienische Nachtleben und die ›verbotenen Frauen‹, die sich für Geld auf Showbühnen ausziehen. – Igitt!

Verbotene Lust im Sperrbezirk
Siehe **Die Mädchen aus der Peep Show**

Verbotene Spiele auf der Schulbank
BRD 1980.
R Kenneth Howard [= Jürgen Enz].
B Anonym. **K** Anonym. **M** Anonym.
D Verena Lessing, Mario Pollak, Soraya Athigi, Elke Iro, Monika Wolf, Karl Griess, Herbert Steinbach, Horst Sieger, Heidi Krämer. **F** 75 Min.
Ein sexbesessenes Mädchen, das neu an eine Schule kommt, läßt seinen Trieben freien Lauf und treibt es ohne Unterlaß mit Mitschülern, Mitschülerinnen und dem Lehrkörper. – Autor, Kameramann und Filmkomponist waren sich ihres

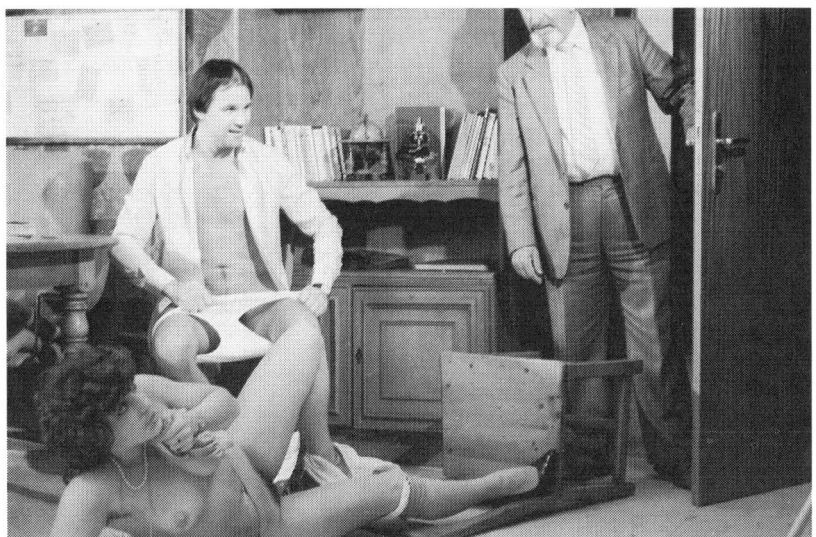

In Geilheit die Note 1: *Verbotene Spiele auf der Schulbank* von Kenneth Howard

Unvermögens offenbar schamhaft bewußt: Sie haben von vornherein darauf verzichtet, ihre Namen zu nennen.
Ⓥ VPS

Verbotene Zärtlichkeiten
(IO CRISTIANE, STUDENTESSA DEGLI SCANDALI). Italien 1971.
R Serge Bergon [= Sergio Bergonzelli]. **B** Sergio Bergonzelli. **K** Tonino Maccoppi. **M** Carlo Savina. **D** Malisa Longo, Glenn Saxon, Patricia Reed, Antonella Murgia, Gregory Gandolfo. **F** 83 Min.
Eine Bande pseudorevolutionärer Studenten will einen reaktionären Lehrer bloßstellen und schickt ihm zu diesem Zweck die dralle Cristiane als Agent provocateur auf den Hals. Leider verliebt sich die Schöne in den adretten Pauker, was ihr viele Gelegenheiten gibt, sich lustvoll mit ihm zu betätigen. Ein Sexfilm wie tausend andere; nicht zu verwechseln mit einem Streifen gleichen Titels von Jean-Claude Roy (Frankreich 1982). Ⓥ IP

Verbotene Zärtlichkeiten
(EDUCATION ANGLAISE). Frankreich 1982.
R Jean Claude Roy. **B** Jean-Claude Roy. **K** Robert Millie. **M** Philippe Bréjean. **D** Jean Antolinos, Véronique Catanzaro, Jean-Claude Dreyfus, Obaya Roberts, Bernard Musson, Véronique Gaullard, Caroline Laurence, Roger Trapp. **F** 82 Min.
Von ›englischer Erziehung‹ (so der Originaltitel) ist in diesem Film weniger die Rede: In einem deutschen Mädchenpensionat während der dreißiger Jahre herrschen in erster Linie Sado-Maso-Praktiken vor. – Eine billige und lächerliche Stiefelleckerei.
Ⓥ IP

Verdammt noch mal! Wo bleibt die Zärtlichkeit?
(ET LA TENDRESSE?... BORDEL!). Frankreich 1978.
R Patrick Schulmann. **B** Patrick Schulmann. **K** Jacques Assuérus. **M** Patrick Schulmann. **D** Jean-Luc Bideau (Fran-

Verdammt noch mal! Wo bleibt die Zärtlichkeit? (2)

çois), Marie-Catherine Conti (Carole), Bernard Giraudeau (Luc), Evelyne Dress (Eva), Régis Porte (Léo), Anne-Marie Philippe (Julie), Marie-Noelle Barre (Anna), Erik Colin (Tim), Katia Tchenko (Mona), Léo Campion (Noe), Janine Mondon (Julies Mutter), Roland Giraud (Begleiter), Etienne Draber (Marc), Jean-René Gossard (Lüstling), Patrick Langlade (Musikus). **F** 90 Min.

Eine saftige satirische Story über drei französische Paare und ihre Art, mit Liebe und Sex umzugehen: François und Carole haben eine reine Bettbeziehung; Leo und Julie, die leicht Gehemmten, erstarren alsbald in monotoner Routine; und Luc und Eva, seit längerer Zeit verheiratet, lassen sich durch nichts voneinander abbringen.
Ⓥ UFA

Verdammt noch mal! Wo bleibt die Zärtlichkeit? (2)
(ET LA TENDRESSE?... BORDEL! NO. 2). Frankreich 1982.
R Patrick Schulmann. **B** Patrick Schulmann. **K** Gilberto Azevedo. **M** Patrick Schulmann. **D** Diane Bellego (Cat), Christian François (Gil), Fabrice Luchini (Bob), Ronny Couture (Romo), Philippe Khorsand (Inspektor), Béatrice Avoine (Mona). **F** 99 Min.
Der farbenblinde Grafiker (!) Gil, der in seiner Normalität in keinster Weise dem Klischee entspricht, das man sich von Künstlern macht, gibt sich alle Mühe, die karrierebewußte und lediglich aufs Vögeln erpichte Fernsehmoderatorin Cat dazu zu bewegen, die Mutter seiner Kinder zu werden (wobei er so weit geht, ihre Pillen zu vertauschen), während sein sexbesessener Fotografen-Freund Bob nichts anderes im Kopf hat, als seine voyeuristischen Neigungen auszuleben.
– Eine schreiend komische, sehr flotte Geschichte mit oft hektischer At-

Plakat zu *Verdammt noch mal! Wo bleibt die Zärtlichkeit?* von Patrick Schulmann

mosphäre, originellen Pointen und zahllosen Subplots, die ihr echten Drive verleihen. Ⓥ UFA

Verdammt zur Lust
(SCARF OF MIST, THIGH OF SATIN). USA 1967.
R Joseph W. Sarno. **B** Joseph W. Sarno. **K** Bruce Sparks. **M** N.N. **D** Cleo Nova (Betta Clay), Sheila Britt (Drusilla Harmon), Justin Moreau (Neil Furman), Nadja Sibirskaja, Maurice Baquet. **F** (82) 75 Min.
Betta und Drusilla, die ein Modehaus in New York besitzen, leben in Spannungen, da sich Drusillas Entwürfe nicht verkaufen lassen und ihr Laden, der eher einer Abstellkammer gleicht, kurz vor der Pleite steht. Ansonsten geht's um Sex-Parties und Orgien in New York, nymphomane Frauen, zu allem bereite Männer, Erpressung und den Klau von Entwürfen.

Das verflixte siebente Jahr
(THE SEVEN YEAR ITCH). USA 1955.
R Billy Wilder. **B** Billy Wilder.
K Milton Krasner. **M** Alfred Newman.
D Tom Ewell (Richard Sherman), Marilyn Monroe (Blondine), Oscar Homolka (Dr. Brubaker), Sonny Tufts (Tom McKenzie), Evelyn Keyes (Helen Sherman), Robert Strauss (Kruhulik), Marguerita Chapman (Miss Morris), Victor Moore (Klempner), Donald MacBride (Brady), Carolyn Jones (Miss Finch), Doro Merande (Kellnerin), Butch Bernard (Ricky), Dorothy Ford (Indianerin), Mary Young (Frau am Bahnhof), Ralph Sanford (Kontrolleur). **SW** 100 Min.
Der Taschenbuchverleger Richard Sherman wird von einer lebhaften Phantasie geplagt, was nicht zuletzt darauf zurückgeht, daß er beruflich allerlei Schundromane lesen muß: Als seine Frau und sein Sohn in Urlaub fahren, er jedoch geschäftlich in New York bleiben muß, lernt er eine in seinem Haus wohnende Blondine kennen, die seine Phantasie sofort in Brand versetzt. Während die beiden mit den unschuldigsten Dingen beschäftigt sind, sieht Richard sich in Gedanken als großen Aufreißer und malt sich die aufregendsten Situationen aus. Seine Phantasie geht schließlich so weit, daß er sich vorstellt, was wohl passieren würde, wenn sein ›Verhältnis‹ mit der Blonden herauskäme – und das macht seine Situation immer unerträglicher. Als ein Freund zu Besuch kommt, bildet Richard sich ein, daß er ›alles‹ weiß und ihn nun bei seiner Frau in die Pfanne haut. – Bis er wieder auf den Teppich zurückkehrt, vergehen turbulente hundert Minuten, die zum Schönsten gehören, was Billy Wilder je auf Zelluloid gebannt hat – nicht zuletzt wegen der Szene, in der Marilyn Monroe sich von einem U-Bahn-Luftschacht Kühle unters Röckchen blasen läßt.

Der Verführer läßt schön grüßen
(ALFIE). GB 1965.
R Lewis Gilbert. **B** Bill Naughton.
K Otto Heller. **M** Sonny Rollins.
D Michael Caine (Alfie), Shelley Winters (Ruby), Millicent Martin (Siddie), Julia Foster (Gilda), Jane Asher (Annie), Shirley Ann Field (Carla), Vivian Merchant (Lily), Eleanor Bron (Ärztin), Denholm Elliot (Smith), Aldie Bass (Harry), Graham Stark (Humphrey), Murray Melvin (Nat), Sydney Tafler (Frank). **F** 113 Min.
Der charmante Taugenichts Alfie ist ein gnadenloser Umleger, der keine Frau ungeschoren läßt, die den Fehler begeht, auf ihn hereinzufallen: Er schwängert die junge Gilda und läßt sie mit ihrem Kind sitzen. Die geile Carla will offenbar selbst nur Sex statt Liebe. Die süße Annie denkt sowieso nur an sich. Die üppige Ruby zahlt sogar für Sex, und die biedere Lily, die nur ein Abenteuer sucht, um aus ihrer langweiligen Ehe auszubrechen, muß abtreiben lassen, was Alfie auch mit links arrangiert. – Alfie ist fraglos ein ›Schwein‹; doch am Ende kriegt er sein Fett. Ein Film, der nachdenklich macht; eine gute Leistung von Michael Caine, der so mutig war, diese unsympathische Rolle zu spielen.

Verführerinnen-Report
BRD 1972.
R Hans Billian. **B** Hans Billian.
K Charlie Bundt. **M** Rolf Bauer.
D Britta Corvin (Monika), Kurt Meinicke (Thomas), Alexander Braun, Gerd Bredemeyer, Angelika Schlerf, Hendrick Winston, Gaby Borck, Angelika Frank. **F** 84 Min.
Junger Lustmolch macht seine noch zögernde Geliebte heiß, indem er sie mit scharfen Geschichten und dem Besuch in einer Sexshow antörnt. Bis auch sie nur noch eins im Kopf hat. – Ein Titel, der mal wieder die Tatsachen verdreht.

Verführt, enttäuscht, verfallen
Siehe **Hemmungslos**

Der verführte Mann
(A LITTLE SEX). USA 1982.
R Bruce Paltrow. **B** Robert De Laurentis. **K** Ralf Bode. **M** Georges Delerue. **D** Kate Capshaw (Katherine), Tim Matheson (Michael Donovan), Edward Herrmann (Tommy), John Glover (Walter), Joan Copeland (Mrs. Harrison), Susanne Dalton (Nancy). Wallace Shawn. **F** 95 Min.
Michael, Produzent von Werbespots, ist zwar ein promiskuitiver Typ, doch irgendwann beschließt er doch, ein monogames Leben zu führen. Und dann geht es erst richtig los: Der Gelegenheiten sind einfach zu viele. Er kann es nicht mehr lassen, den Mädchen nachzusteigen, nachdem er die ansehnliche Catherine geheiratet hat – was an seinem Beruf liegt, denn er ist ständig den schlimmsten Verlockungen ausgesetzt. – AT: DER AUFREISSER. KEINE FRAU FÜR EINE NACHT. Ⓥ Pegasus (Der Aufreißer)

Verführung: Die grausame Frau
BRD 1984.
R Elfi Mikesch/Monika Treut. **B** Elfi Mikesch/Monika Treut. **K** Elfi Mikesch. **M** Marran Gosov. **D** Mechthild Grossmann (Wanda), Sheila McLaughlin (Justine), Udo Kier (Gregor), Carola Regnier (Caren), Georgette Dee (Friederike), Peter Weibel (Mährsch), Judith Flex, Barbara Ossenkopp, Daniela Ziegler. **F** 84 Min.
Wanda, eine Hohepriesterin des Sadomasochismus, führt mit ihrem Sklaven Gregor und ihrer lesbischen Gespielin Caren nach einer Phase als Privat-Domina der Schickeria in einer Galerie bizarre Erotikshows vor. – Kein Porno, sondern Kunst. – »Der Zuschauer entdeckt Trug- und Spiegelbilder seiner Wünsche und wird mit ihnen konfrontiert. Diese Interaktion, das Spiel mit unerhörten Phantasien, macht einen Teil der Faszination dieses mysteriösen Films aus. Nichts ist hier Selbstzweck. Im Gegenteil. Die verschwenderisch schönen Bilder erzeugen einen Sog, dem man sich nur schwer entziehen kann.« (CINEMA).

Verführung auf der Schulbank
BRD 1979.
R Kenneth Howard [= Jürgen Enz]. **B** Anonym. **K** Anonym. **M** Anonym. **D** Helen Thomas, Günther Bayer, Rolf Kochenhofer, Regula Mertens, Helmy Rubei, Biggi Stenzhorn, Elke Hermann, Gertrud Saller. Susi v. d. Velde, Erik Nielsen. **F** 87 Min.
Die reichlich gesäßlastige, exhibitionistisch veranlagte Lehrerin Linda, die auch gegen masochistische Spielchen nichts einzuwenden hat, läßt sich mit ihrem schüchternen Schüler Uwe ein und wird dabei von dessen Klassenkameraden Wolf fotografiert. Wolf erpreßt Linda und bringt sie mehrfach dazu, sich vor der Jungenklasse zu entblößen. – Ein voyeuristischer Fast-Porno, der äußerst wirr endet und dessen Hersteller wohlweislich auf die Nennung ihrer Namen verzichtet haben.

Verführung auf Französisch
(COMMENT LES SÉDUIRE). Frankreich 1967.
R Jean-Claude Roy. **B** N.N. **K** Jacques Lacourie. **M** Cisco el Rubio. **D** Jacques Bernard, Sylvie Coste, Geniève Saint-Laurent, Viviane Landford, Pierre Greber, Victor Vignon. **F** 75 Min.
Ein alter Playboy, der beschlossen hat, den Abschied einzureichen, erzählt von seinen sexuellen Abenteuern mit Nicole, Germaine, Janine, Doris, Simone und Beatrice und begleitet fünf junge Männer bei ihren Eroberungszügen durch die Stadt.

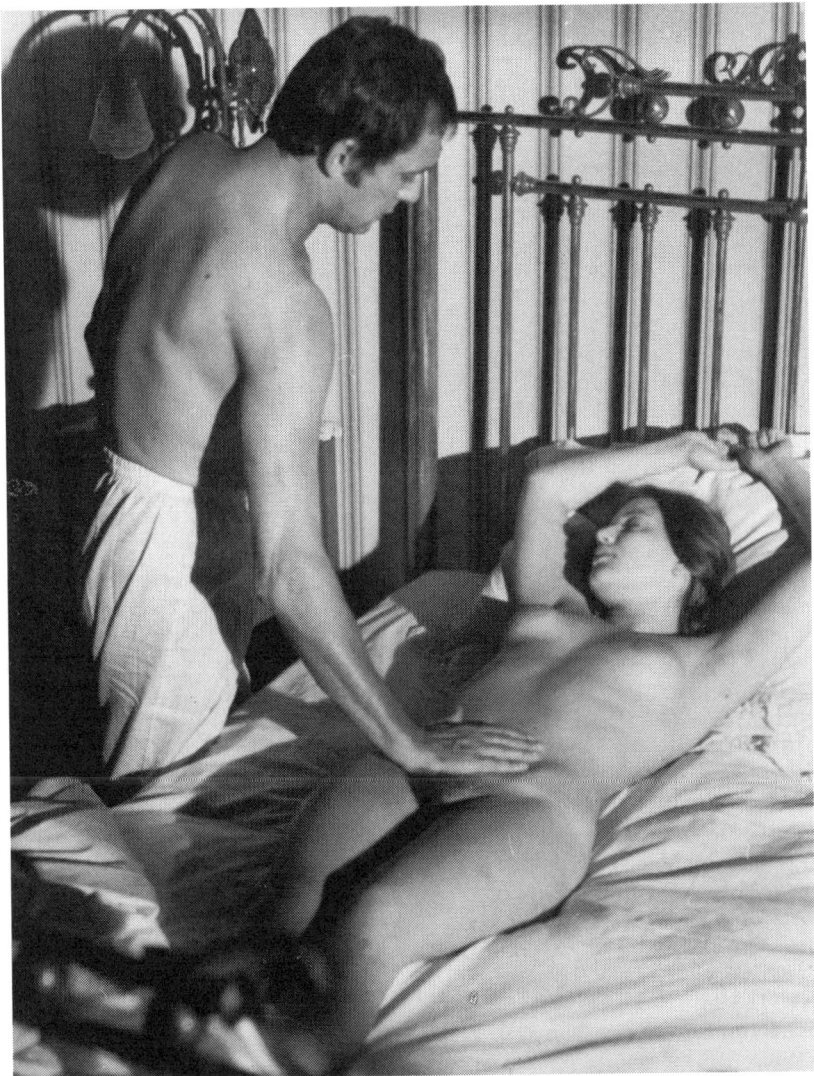

Maurice Ronet und Jenny Tamburi in *Verführung einer Sizilianerin* von Fernando Di Leo

Verführung einer Nonne
(LA NOVIZIA). Italien 1975.
R Pier Giorgio Ferretti. **B** N.N.
K N.N. **M** N.N. **D** Gloria Guida (Anna), Gino Milli (Toni), Lionel Stander (Onkel), Femi Benussi, Flore Altoviti, Maria Pia Conte, Beppe Loparco. **F** (90) 71 Min.
Während der alte Onkel sich darauf vorbereitet, das Zeitliche zu segnen, vertreibt sich der Neffe, ein flotter Umleger, die Zeit mit seinen Gespielinnen – bis

Anna kommt, die als Ordensnovizin und Versuchskrankenschwester in ihrem Beruf so engagiert ist (sie führt dem Onkel eine Kollektion Reizwäsche vor), daß er sie am Ende überreden kann, auf das Kloster zu pfeifen.

Verführung einer Sizilianerin
(LA SEDUZIONE). Italien 1973.
R Fernando Di Leo. **B** N.N. **K** N.N.
M Luis Enriquez Bacalov. **D** Jenny Tamburi (Graziella), Maurice Ronet (Giuseppe), Lisa Gastoni (Caterina), Graziella Galvani, Barbara Marzano, Pino Caruso. **F** 85 (TV: 80) Min.
Die ansehnliche Witwe Caterina begegnet auf Sizilien erneut ihrer Jugendliebe Giuseppe und verliebt sich in ihn, doch ihre Tochter Graziella buhlt ebenfalls um seine Gunst. Giuseppe gibt dem jungen Mädchen nach, und das Chaos nimmt seinen Lauf... – Nach einem Roman von Ercole Patti.

Verführung in Blond
Siehe **Zwischen Lust und Hörigkeit**

Verführung in der Pause
(COLLEGE GIRLS). USA 1970.
R A.C. Stephen [= Stephen C. Apostolof]. **B** Bruce Mitchell. **K** Robert Maxwell. **M** N.N. **D** Forman Shane, Capri, Sean O'Hara, Marsha Jordan, Randy Lee, Gee Gentell, Lynda Styles, Ron Negri, Dianna Rosano, Ray Cyr. **SW** 72 Min.
Ein Biopauker an einem amerikanischen College läßt es sich für bessere Noten, von willigen Schülerinnen besorgen und organisiert ›freizügige‹ Partys, bei denen er sich mit LSD zudröhnt. Seine Gattin probt derweil die lesbische Liebe.

Vergewaltigt
Schweiz 1976.
R Pierre Chevalier. **B** N.N. **K** N.N.
M N.N. **D** Uschi Karnat, Esther Moser, Uli Falk, Roman Huber. **F** 61 Min.
Junge Frau gerät in die Kreise potenter Stenze und williger Girls, und nimmt an deren orgiastischem Treiben teil, bis einer der Herren sich bemüßigt fühlt, sie gegen ihren Willen zu schwängern. – Nun müßte man sich fragen, was Vergewaltigung mit Erotik zu tun hat, aber diese Primitivproduktion aus den Eurocine-Studios gehört natürlich zu den Sexploitation-Movies jener Art, in denen die Mädchen nach der ersten Vergewaltigung freudig mitmachen. Die Hauptdarstellerin Uschi Karnat (alias Sandra Nova) ist parallel zu diesem Film in mehreren hundert Pornos aufgetreten.

Die Vergnügungsspalte
BRD 1969.
R Heinz Gerhard Schier. **B** Heinz Gerhard Schier. **K** Gunter Otto. **M** Peter Weiner. **D** Adele Cauler, Carlo Backes, Michaela Martin, Dithe Faul, Werner Cartano. **F** 73 Min.
Lüsterne Bauerntochter, der es auf dem Land zu fad ist, reist durch Europa und Nordafrika und landet dortselbst zielstrebig in fremden Betten, bis sie in Bella Italia den Mann fürs Leben findet. – Der Titel ist zwar recht eindeutig, die sprunghaft-wirre Handlung aber weniger.

Verkehr muß sein
Siehe **Sex-Träume-Report**

Verlockung
Siehe **Eine Schwedin in Paris**

Der verlogene Akt
BRD/Italien 1969.
R Rolf von Sydow. **B** Rolf von Sydow. **K** Franco Delli Colli. **M** Hans Posegga. **D** Gabriele Buch, Günter Schramm, Elisabeth Fanti, Michael Hinz. **F** 85 Min.
Frau aus der High Society bekommt ein schwarzes Baby, wird des Fremdgehens

mit einem Schwarzen verdächtigt und von ihrem Gatten verlassen. Schuldig ist der alte Heuchler aber selbst, denn bevor er es mit seiner Gattin hatte, hatte er es mit einer anderen Dame, und die hatte es kurz zuvor mit dem ›schwarzen Mann‹. – Eine Story, die man kaum glauben kann, auch wenn sie sich auf eine wahre Geschichte beruft. – AT: SKANDAL.

Der verrückte Apotheker
(LES ZIZIS EN FOLIE). Frankreich 1978.
R Patrick Aubin [= Jean-Claude Roy].
B Jean-Claude Roy. **K** Pierre Robés.
M Guy Sandeur. **D** Jean-Louis Vattier, Nadia Santes, Diana Christie, Joelle Lequement, Daniele Troeger.
F 66 Min.
Eine Schloßbesitzerin kann nur dann in den Genuß eines anstehenden Erbes kommen, wenn sie Nachkommen hat und ihr Personal einen moralischen Lebenswandel führt. Was recht schwierig ist, da in ihrem Hause alles durcheinanderpennt. Eine mit der Axt gekürzte Pornokomödie, deren Rest-Handlung zu verfolgen kaum möglich ist.

Die verrückte Liebesklinik
(WHAT'S UP, SUPERDOC?). GB 1978.
R Derek Ford. **B** Derek Ford.
K Geoffrey Glover. **M** Frank Barber.
D Harry H. Corbett (Goodwin), Christopher Mitchell (Dr. Robert Todd), Julia Goodman (Dr. Annabel Leith), Angela Grant (Kim), Bill Pertwee (Woody), Chic Murray (Bernie), Hugh Green (Bob Scratchitt), Julie Kirk (Empfangsdame), Sheila Steafel.
F 85 Min.
Als Student hat Dr. Todd anonym an einem Programm für künstliche Befruchtung teilgenommen und ist so Vater von achthundertsiebenunddreißig Kindern geworden. Nun hat eine Arzthelferin seinen Namen ausgeplaudert. Die Presse feiert ihn, und die Frauen jagen

»Und jetzt machst du langsam das Mündchen auf… Yeah, Baby, geil!«
Szene aus *Die verrückte Liebesklinik* von Derek Ford

hinter ihm her. – Eine Klamaukkomödie.
Ⓥ Heeres

Das verrückte Strandhotel
Siehe **Dirndljagd am Kilimandscharo**

Die versaute Hochzeitsnacht
Siehe **Liebesgrüße aus der Lederhose (4)**

Die Verschleppten
Siehe **Die Sklavinnen**

Verschwiegene Spiele
(NATTLEK). Schweden 1966.
R Mai Zetterling. **B** Mai Zetterling/David Hughes. **K** Rune Ericson.
M Jan Johanson/Georg Riedel.
D Ingrid Thulin (Irene), Keve Hjelm (Jan), Jörgen Lindstrom (Jan als Kind), Lona Brundin (Marianne), Naima

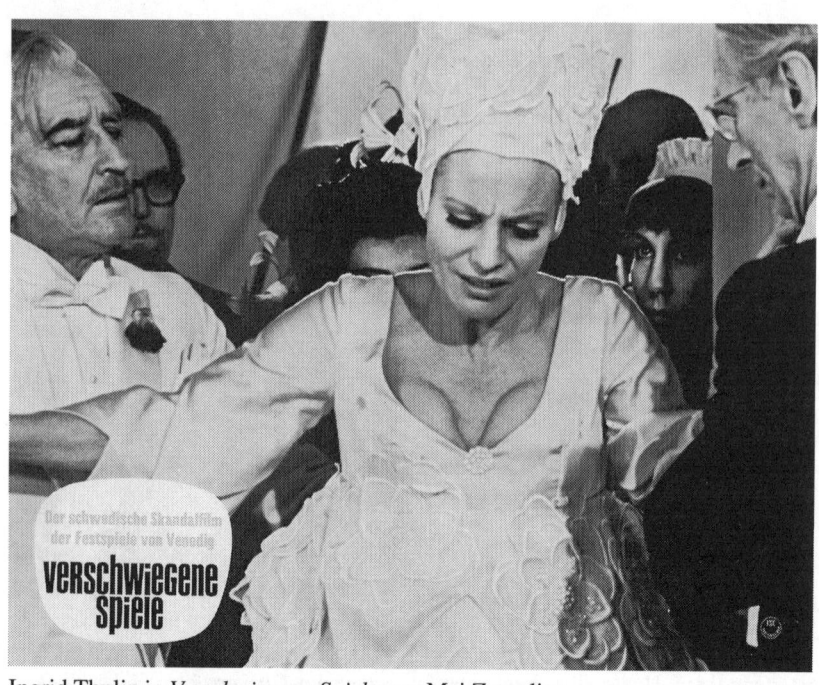

Ingrid Thulin in *Verschwiegene Spiele* von Mai Zetterling

Wifstrand, Monica Zetterlund, Lissi Alandh, Lauritz Falk, Rund Lindström, Christian Bratt, Ragnar Arvedson. **SW** 97 Min.
Der sexuell mächtig schwer gefrustete Sven kehrt auf das Schloß seiner Eltern zurück und erinnert sich an jene Zeiten, die seinen Frust erst hervorgebracht haben: Seine Mutter war nämlich eine herrschsüchtige Frau, die ein sexuell ausschweifendes Leben führte und unter ihrem Dach wüste Orgien veranstaltete, die der gute Jan als Kind heimlich beobachtet hat. – Ein Angriff auf die oberen Zehntausend, kompliziert wie ein Film von Ingmar Bergman. Ansehbar. – AT: NACHTSPIELE.

Die Verstoßene (Aus dem intimen Tagebuch einer Halbjungfrau)
(FÖRSTA STEGEN). Schweden 1968.
R Torgny Wickman. **B** N.N. **K** Max Wilén. **M** Mats Olsson. **D** Solveig Andersson (Eva), Siw Mattson, Erland Josephson, Hans Walgren, Barbro Hjort af Ornäs, Einer Axelson, Jan Erik Lindkvist, Segol Mann. **F** 89 Min.
Eva, noch minderjährig, wird von der Polizei wegen ihrer zahlreichen sexuellen Beziehungen zu den Männern ihres Dorfes verhört und erzählt uns, wie alles angefangen hat: Schuld daran, daß sie zur Hure wurde, waren die Verhältnisse. – »Doch das alles dient nur als Alibi, um ebenso kunstgewerblich wie spekulativ und genüßlich obszöne Dialoge und entkleidete Mädchen zu präsentieren.« (FILMDIENST).

Versuchung am See
(KUU ON VAARALLINEN).
Finnland 1961.
R Toivo Sarkka. **B** Toivo Sarkka.
K Olavi Tuomi. **M** Einar Englund.

D Liana Kaarina (Elga), Toivo Makela (Sten Lehtoja), Esko Salminen (Reino), Eero Roine (Vater), Rose-Marie Precht (Maja), Aake Lindman (Polizist), Kaarlo Wilska (Kommissar).
SW 98 Min.
Sten, Direktor einer florierenden Textilfabrik, verliebt sich in die attraktive Anhalterin Elga und nimmt sie mit in sein Landhaus, wo sie gleich ein heimliches Verhältnis mit dem armen Dorfcasanova Reino aufnimmt. Hin- und hergerissen zwischen der finanziellen Sicherheit, die Sten ihr bietet, und der animalischen Anziehungskraft des jungen Reino beginnt Elga ein Doppelspiel, das für einen ihrer Galane tödlich endet. – Der Film mag 1961 aufregend gewesen sein (Werbespruch: »Begehren, Haß und Eifersucht – verhängnisvolle Triebe des Menschen«), reißt aber heute niemanden mehr vom Stuhl.

Vertreterinnen-Report
Siehe **Liebe zwischen Tür und Angel – Vertreterinnen-Report**

Video Vixens
(VIDEO VIXENS). USA 1984.
R Ronald Sullivan. **B** Joel Gross.
K Arthur D. Marks. **M** Jacques Urbont. **D** Robyn Hilton (Inge), Harrison Philips (Gordon Gordon), Rainbeaux Smith, Sandy Dempsey.
F 82 Min.
Der Präsident der US-TV-Gesellschaft KLIT (!) strahlt mit Hilfe eines Moderatorenpärchens eine Anti-Oscar-Sendung aus, in der die besten Filme, Darsteller, Regisseure etc. von Sexfilmen mit Preisen ausgezeichnet werden. – Eine ziemlich episodische Komödie.
Ⓥ RCA/Columbia

Vier Dimensionen der Lust
Siehe **Rosemaries Liebesreport in 3 Dimensionen**

Villa Porno
(IN LOVE WITH DEATH). Belgien 1969.
R Guy J. Nijs. **B** Jeannine De Coster.
K Guy J. Nijs. **M** N.N. **D** Ona Hills, Diane Dee, Guy Bonny. **SW** 77 Min.
Eine anstehende Erbschaft bringt eine junge Frau dazu, diverse Morde zu begehen. Lesbierinnen spielen zwar eine Rolle, Porno (siehe Titel) jedoch nicht.

Virgin Witch
(VIRGIN WITCH/LESBIAN TWINS).
GB 1973.
R Ray Austin. **B** Klaus Vogel.
K Gerald Moss. **M** Ted Dicks. **D** Anne Michelle (Christine), Patricia Haines (Sybil Waite), Vicki Michelle (Betty), Keith Buckley (John), James Chase (Peter), Neal Hallett (Gerald Amberley), Helen Downing (Abby Drake), Paula Wright (Mrs. Wendell).
F 85 Min.
Christine und Betty, zwei Mädchen vom Lande, wollen nach London, um in der Modebranche Karriere zu machen, doch sie geraten an die lesbische Sybil, die neben einer Modell-Agentur auch einen Hexenkult betreibt. – Unergiebige Mixtur aus Horror und Lesbensex. Ein ziemlich schlechter Film.

Vixen – Ohne Gnade, Schätzchen
Siehe **Ohne Gnade, Schätzchen**

Vögelein, wo steht dein Bett
(UNE FEMME LIBRE).
Frankreich/Italien 1969.
R Claude Pierson. **B** Claude Pierson.
K N.N. **M** N.N. **D** Christine Davray, Juliette Villard, Bernard Verley, Roger Hanin, Mauro Parenti. **F** 91 Min.
Während sie allerlei Liebesabenteuer erleben fragen sich zwei französische Betthupferl, ob sie sich verheiraten oder lieber ungebunden bleiben sollen. – AT: LIEBESSPIELE VON 1–33.

Vöglein, Vöglein an der Wand
(LE GRAND CEREMONIAL).
Frankreich 1968.
R Pierre Alain Jolivet. **B** Pierre Alain Jolivet/Serge Gance. **K** Bernard Daillencourt. **M** Jack Arel. **D** Ginette Leclerc, Michel Tureau, Marcela St. Aman, Jean-Daniel Ehrmann.
F 87 Min.
Sado-Maso-Perverser, der 'ne zu dominierende Mutter hat, wird von einem netten Mädchen eines Besseren bekehrt.

Von der Zensur verboten
(SENSATION GENERATION).
USA 1969.
R Rex Sampson. **B** Rex Sampson.
K Rex Sampson/Harry Orstein.
M Lola Kersnoft. **D** Sherry King (June), Mickie Thomas (Penny), Bill Emory (Anhalter), Rud Arthur (Jim Pritchard), Cosmo Gumpkin (Fred Eldridge), Omar Haggerty (Phil), Ernest Swartz (Detective), Harry Grove, Tom Johnson, June Sundae, Marie Marcus, Betty Wonder, Sandra Smilie, Shari Mann, Chris Mathis, David Friedman. **F** 74 Min.
Zwei Collegeabsolventinnen, die sich sexuell austoben wollen, gurken mit einem Auto durch die USA und erleben lesbische und sadomasochistische Ausschweifungen, bis das Schicksal sie ereilt und sie für ihre Promiskuität bezahlen müssen. Und all das, so berichtet eine Off-Stimme, sei ein »echtes Porträt der heutigen« (1969er) Jugend. – AT: HITZE AM STRAND.

Von Haut zu Haut
BRD 1969.
R John Scott [= Hans Schott-Schöbinger]. **B** M.W. Garden/ Arnulf Mann.
K Hans Matula. **M** Hans Hammerschmid. **D** Dagmar Lassander (Karen), Sophia Kammara (Nicki), Barbara Zimmermann (Bonnie), Rudolf Forster (Trödler), Christian Ghera (Jerry), Andreas Fricsay (Polawski), Richard Bohne (Leeb), Wolf Parr (Unbekannter). **F** 73 Min.
Die Schwestern Karen und Nicki, die seit frühester Kindheit miteinander in telepathischer Verbindung stehen (was zur Folge hat, daß die eine die sexuellen Begegnungen der anderen ›miterlebt‹) begegnen mysteriösen Gestalten, die ihnen nach dem Leben trachten. – Konfuser Psi-Quatsch mit Sexeinlagen.

Vorstadtfrauen – Lustgefühle am Vormittag
(SUBURBAN WIVES). GB 1971.
R Derek Ford. **B** Derek Ford. **K** Bill Holland/Toy Poynter. **M** Terry Carr.
D Eva Whislaw (Sarah), Maggie Wright (Irene), Peter May (John), Barry Linehan (Chef), Nicola Austin (Jean), Claire Gordon (Sheila), Paul Antrim (Buchmacher), James Donnelly (Klient), Heather Chasen (Kathy), Denys Hawthorne (Kathys Mann), Gabrielle Drake (Sekretärin), Yokki Rhodes (Yokki), Ian Sinclair (Wasserskilehrer), Jane Cardew (Carole), Robin Culver (Fotograf), Pauline Pearl (Mavis), Richard Thorpe (Sarahs Mann), Brian Miller (Freund), Sidonie Bond (Jill), Timothy Parkes (Jills Mann), Mia Martin (Helen). **F** 89 Min.
Eine Journalistin geht der Frage nach, was die ›Grünen Witwen‹ in den Vorstädten treiben, wenn die Gatten ihrem Job nachgehen. Gibt's da eine Frage? Sie vergnügen sich natürlich bei Sexabenteuern mit Jägern, Buchmachern, Wasserskilehrern, Fotografen oder den Chefs und Freunden ihrer Männer. – Episodischer Sexfilm. Unbedeutend.
Ⓥ Scala

W

Die Wahrheit über Rosemarie
BRD 1959.
R Rudolf Jugert. **B** J. Joachim Bartsch.
K Georg Krause. **M** Willy Mattes.
D Belinda Lee (Rosemarie), Walter Rilla (Woltikoff), Paul Dahlke (Reimer), Jan Hendriks (Salzmann), Hans Nielsen (Bernbeil), Karl Schönböck (von Riedendank), Claus Wilcke (Fred Guttberg), Lina Carstens (Frau Huber), Annette Grau (Gisela), Hanna Micaela, Paula Braend, Bobby Todd, Edith Schultze-Westrum, Paul Bös, Karl Lieffen, Wolfgang Büttner, Ernst G. Schiffner. **SW** 101 Min.
Nach DAS MÄDCHEN ROSEMARIE (BRD 1958; **R** Rolf Thiele) erfahren wir in dieser Neuverfilmung die ›wahre‹ Story und neuerliche Spekulationen über das 1957 unter nie geklärten Umständen ermordete Frankfurter Edelcallgirl Rosemarie Nitribitt. – AT: GLANZ UND ELEND EINER VERLORENEN.

Waidmannsheil im Spitzenhöschen
BRD 1982.
R Kenneth Howard [= Jürgen Enz].
B N.N. **K** Günter Lemmer. **M** N.N.
D Sandra Atia, Eleonore Melzer, Mario Pollak, Günther Ammann, Evi Rosta, Günter Steck. **F** 93 Min.
Ein gräfliches Schlößchen, aus Geldmangel zur Jagdschule umfunktioniert, wird von männlichen und weiblichen Kursusteilnehmern zum ›Liebesnest‹ gemacht, bis das Finanzamt mit dem Kuckuck droht. – Ein Werbespruch: »Man übt und treibt es wild im Gras – bei diesem Waidmannswerk wird sogar der Förster blaß!« – Der Kritiker nicht minder.
Ⓥ Sunrise

Wall Street Blondie – Der Skandal
(STOCKS AND BLONDES). USA 1984.
R Arthur Greenstands. **B** N.N. **K** Steve Kaman/Sven Nuco. **M** N.N. **D** Leigh

Mario Pollak und Partnerin beim Fleischverstecken: *Waidmannsheil im Spitzenhöschen* von Kenneth Howard

Wallstreet Woman

Wood, Veronica Hart, Jaime Kantor, Dick Beil, Samantha Fox. **F** 79 Min. Eine angehende New Yorker Wirtschaftswissenschaftlerin recherchiert das Leben der Inhaberin einer riesigen US-Versicherung und findet heraus, daß sie die Aktionäre zuerst sexuell von sich abhängig gemacht und anschließend erpreßt hat. Um die unbequeme Rechercheurin zum Schweigen zu bringen, erhält sie, fast wie im richtigen Leben, einen Aufsichtsratsposten. – Als »Niete« bezeichnete die Zeitschrift KINO diesen Film, weil er »wie ein Porno, aus dem man die Sexszenen herausgeschnitten hat« aussieht, und »die groß angekündigte Samantha Fox weder im Vorspann noch im Film zu entdecken« ist. – 1. Dies *ist* ein Porno, aus dem man die Sexszenen herausgeschnitten hat. 2. Die in der Werbung genannte Samantha Fox ist nicht das britische Tittenwunder, sondern eine amerikanische Porno-Queen gleichen Namens.
Ⓥ Vestron

Wallstreet Woman
(HIGH FINANCE WOMAN).
USA/Italien 1989.
R Joe d'Amato [= Aristide Massaccesi]. **B** Daniel Davis. **K** Federico Slonisco. **M** Piero Montanari. **D** Tara Buckman, Charlie Edwards, Dan Smith, Paul Van Gent, Julia Howard, Louis Elias. **F** 89 Min.
Sexbesessene Börsenmaklerin gerät unter Mordverdacht. Erotik-›Thriller‹ mit den üblichen Klischees.

Warum läufst du immer nackt herum?
(DOVE VAI TUTTA NUDA?).
Italien 1969.
R Pasquale Festa Campanile. **B** Luigi Malerba/Ottavio Jemma/Sandro Continenza/Pasquale Festa Campanile.
K Roberto Gerardi. **M** Armando Travaioli. **D** Thomas Milian (Dr. Manfredo Luna), Maria Grazia Bucella (Tonino), Vittorio Gassman (Rufus), Angela Luce (Prostituierte), Lea Leander (Gattin des Präsidenten), Gastone Moschin (Präsident), Giancarlo Badessi (Diener), Tito Leduc. **F** 93 Min.
Der Akademiker Manfredo ehelicht im Zustand der Trunkenheit das Fotomodell Tonino, das einen Nacktfimmel hat, sich in allen möglichen und unmöglichen Situationen bis auf die Haut entkleidet und ihn von einer peinlichen Lage in die nächste bringt, bis er es ihr schließlich gleichtut. – Ein harmloser Sexklamauk, der nicht mal mehr zur Zeit seiner Entstehung irgendwie ›gewagt‹ war.

Was?
(CHE?). BRD/Italien/Frankreich 1972.
R Roman Polanski. **B** Gérard Brach/Roman Polanski. **K** Marcello Gatti/Giuseppe Ruzzolini. **M** Wolfgang Amadeus Mozart. **D** Marcello Mastroianni (Alex), Sydne Rome (Candide), Romolo Valli (Administrator), Hugh Griffith (Besitzer der Villa), Guido Alberti (Priester), Giancarlo Piacenti (Hengst) Carlo Delle Piane (Junge), Roman Polanski (Zanzara), Dieter Hallervorden, Henning Schlüter.
F 114 (TV: 107) Min.
Die hübsche Candide, per Anhalter unterwegs, verirrt sich in eine gewaltige Villa und lernt dort in episodischer Manier mehrere Perverslinge wie den impotenten Homosexuellen Alex kennen, dessen Leben durch ihr Erscheinen eine Änderung erfährt. – »Roman Polanski hat mit WAS? einen Film gemacht, in dem er seine Neigungen zu Nonsens und Schwarzem Humor, aber auch zur tückischen Clownerie gründlich befriedigen konnte. Seine besten Episoden sind fast immer gekoppelt mit saftigem Sex.« (WAZ). – »Zwar kein schlechter Film, aber bestimmt der schlechteste Film Po-

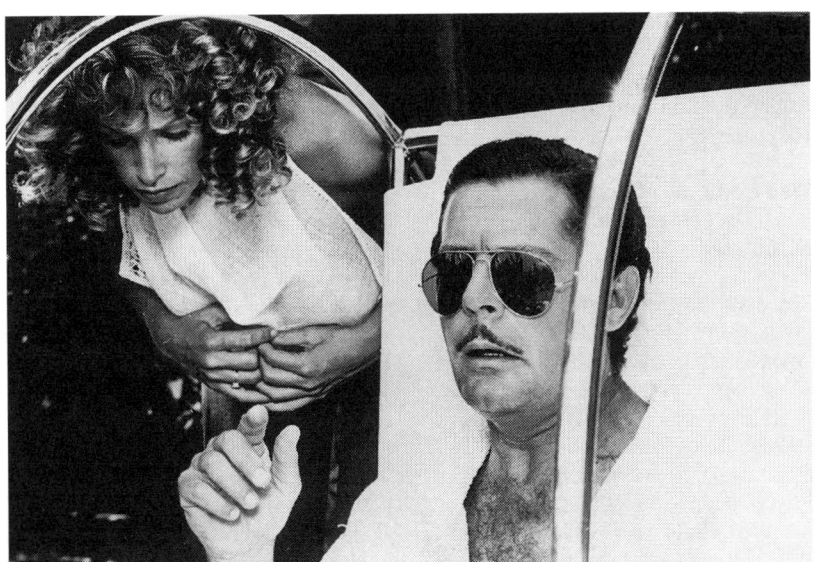

Sydne Rome und Marcello Mastroianni in *Was?* von Roman Polanski

lanskis.« (THE MOTION PICTURE GUIDE).
Ⓥ VPS

Was ist eigentlich Pornographie?
Siehe **Oswalt Kolle: Was ist eigentlich Pornographic?**

Was Männer nicht für möglich halten
Siehe **Der neue heiße Sexreport: Was Männer nicht für möglich halten**

Was Schulmädchen verschweigen
BRD 1973.
R Ernst Hofbauer. **B** Erich Tomek.
K Peter Reimer. **M** Gerhard Heinz.
D Erich Padelewski, Pirko Zenker, Waltraud Schäffler, Elisabeth Volkmann, Christina Lindberg, Jörg Nagel, Christina v. Stratow, Enzi Fuchs, Bruno W. Pantel, Rolf Castell, Peter Hamm, Arthur Brauss, Willy Harlander, Hans Elwenspoek.
F 80 (TV: 74) Min.
Episodenfilm um fünf junge Mädchen, die der Meinung sind, es sei an der Zeit, sich entjungern zu lassen, weshalb sie zu sexuellen Abenteuern ausziehen, die über kurz oder lang im Bett enden.
Ⓥ VMP

Was sehe ich! Was sehe ich!
(WAT ZIEN IK?). Niederlande 1971.
R Paul Verhoeven. **B** Gerard Soeteman. **K** Jan De Bont. **M** Julius Steffaro. **D** Silvia de Leur (Nell), Ronnie Biermann (Greet), Piet Roemer (Piet), Jules Hamel (Jack), André van den Heuvel, Henk Molenberg (Stubenmädchen), Albert Mol (Herr mit Nelke), Bernhard Droog (Bob), Eric van Ingen, Allard van der Scheer, Jan Verhoeven, Helmert Woudenberg, Trudy Labij, Dini de Neef, Garry Tefsen.
F 90 Min.
Greet und Nell, zwei niederländische Bordsteinschwalben, die sich alle Mühe geben, den absonderlichen Wünschen ihrer Kunden nachzukommen, haben ihren Job satt und planen den Ausstieg.

Die Washington-Affäre

Greet verliebt sich in einen Freier, doch aus der festen Bindung wird nix. Nell landet bei einem Fleckenwasserkaufmann aus Eindhoven schließlich im Hafen der Ehe. Ⓥ VPS

Was treibt die Maus im Badehaus
Siehe **Drei Oberbayern auf Dirndljagd**

Die Washington-Affäre
(THE HAPPY HOOKER GOES TO WASHINGTON). USA 1977.
R William Levey. **B** Robert Kaufman. **K** Robert Caramico. **M** N.N. **D** Joey Heatherton (Xaviera Hollander), George Hamilton (Ward Thompson), Ray Walston (Sturgis), Jack Carter (Caruso), Phil Foster (Krause), David White (Rawlings), Louisa Mortiz.
F (89) 81 Min.
Xaviera Hollander, die ›fröhliche Nutte‹, wird als Expertin vor einen US-Senatsausschuß geladen, um ein Gutachten darüber abzugeben, ob der Sex die große Nation in den Abgrund führt. Um die Herren Senatoren vom Gegenteil zu überzeugen, erzählt sie ein paar Dönekes aus ihrem wildbewegten Leben. – Harmlos und versuchsweise komödiantisch.
Ⓥ Cannon/VMP

Wehe, wenn die Lust uns packt
(LA BELLA ANTONIA, PRIMA MONICA E POI DIMONIA). Italien 1972.
R Mariano Laurenti. **B** Carlo Veo. **K** Tino Santoni. **M** Berto Pisano. **D** Edwige Fenech, Piero Poccacia, Lucrezia Love. **F** 80 Min.
Ein Maler, der zur Zeit der Renaissance für seine Modelle modische Unterwäsche ›erfindet‹ und auch sonst eher in den Betten stets bereiter Damen anzutreffen ist, wird in diverse Intrigen verwickelt. – »Die Gespräche«, fand der FILMDIENST, »stammen, mindestens in der Synchronisation, aus neudeutschen Gossen«, und riet vom Besuch dieses Machwerks ab. Ⓥ PolyGram

Weiße Haut auf schwarzem Markt
BRD 1969.
R Michael Thomas [= Erwin C. Dietrich]. **B** Erwin C. Dietrich. **K** Peter Baumgartner. **M** Walter Baumgartner. **D** James Groot, Christiane Maybach, Peter Hamm, Astrid Boner, Peter Capra, Christa Maien, Peter Fischer, Arwed von Hannow, Coralie.
F 81 Min.
Hier gehts zwar zum Schein um die bösen Methoden internationaler Mädchenhändler, aber ansonsten ganz läppisch um stramme Schenkel und sonstige körperliche Attribute ansehnlicher Girls, die sich vor der Kamera entblättern.
Ⓥ Heeres

Weiße Haut auf schwarzen Schenkeln
Siehe **Weiße Haut und schwarze Schenkel**

Weiße Haut und schwarze Schenkel
Schweiz 1976.
R Michael Thomas [= Erwin C. Dietrich]. **B** Erwin C. Dietrich. **K** Peter Baumgartner. **M** Walter Baumgartner. **D** Esther Moser, Karl Gyslin, Diotta Fatou. **F** 74 Min.
Weiße und schwarze Stripperinnen und ihre erotischen Beziehungen untereinander bilden den Haupthandlungsfaden dieses Exploiters. – AT: WEISSE HAUT AUF SCHWARZEN SCHENKELN.

Weißer Strand und heiße Katzen
(DU DÉSIR PLEIN LES YEUX). Frankreich 1983.
R Serge Gracieux. **B** Serge Gracieux. **K** N.N. **M** N.N. **D** Jean-Pierre Armand, Alban Ceray, Edwina Esnault, Ingrid Willems. **F** 76 Min.

Ein Softporno über ständig erhitzte Tussis und potente Machos, der in deutschen Kinos möglicherweise nur aus einem Grund 76 Minuten lang läuft: Weil man ihn um die schärfsten Stellen beschnitten hat.

Wendekreis des Krebses
(TROPIC OF CANCER). USA 1969.
R Joseph Strick. **B** Joseph Strick/Betty Botley. **K** Alain de Robe. **M** Stanley Myers. **D** Rip Torn (Henry Miller), James Callahan (Fillmore), Ellen Burstyn (Mona), David Bauer (Carl), Laurence Lignères (Ginette), Phil Brown (Van Norden), Dominique Delpierre (Vite Chéri), Stuart de Silva (Ranji), Raymond Gérome (Schulleiter), Giséle Grimm (Germaine), Ginette Leclerc (Mme. Hamilton), Francoise Lugagne (Iréne), Magali Noel (Prinzessin), Sheila Steafel (Tania), Elliot Sullivan (Peckover), Sabine Sun (Elsa), George Birt (Sylvester), Steve Eckhardt (Cronstadt), Philippe Gasté (Reisender), Eléonore Hirt (Yvette), Ed Marcus (Boris), Henry Miller (Zuschauer), Christine Oscar (Helen), Gladys Berry (Lady), Jo Lefevre (Musiker), Roger Lumont (Cafébesitzer), Guy Marly (Hundeliebhaber), Loryanne, Catherine d'Hugues, Nada Vasil, Liane Saunier, Bernard Taine, Yves Rannon, Lionel Bejean.
F 87 Min.
Der Film beschreibt mehrere Episoden aus dem Leben des amerikanischen Schriftstellers Henry Miller (1891–1980), der in den zwanziger Jahren in Paris lebte. Wir sehen Henry als arbeitsscheuen Tunichtgut, Kleingauner, Schnorrer, Vernascher der Geliebten seiner Freunde (und zwar ausgiebig), unkonventionellen Englischpauker, Syphilitiker, Beinahe-Gatte der schwangeren Ginette und als Freund der Huren und Trunkenbolde. – Ein biographischer Film, der trotz des Themas und des Ru-

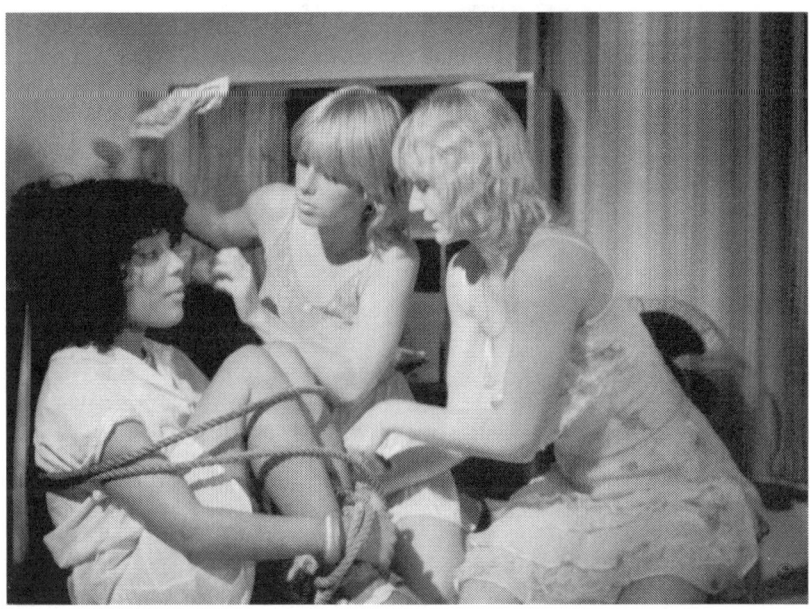

Sex aus Frankreich: *Weißer Strand und heiße Katzen* von Serge Gracieux

Rip Torn als Henry Miller in *Wendekreis des Krebses* von Joseph Strick

fes seines Helden ohne Ächzen und Stöhnen auskommt. Ansehbar.

Wenn bei süßen Teens die Hüllen fallen
(QUELLA ETA MALIZIOSA).
Italien 1975.
R Silvio Amadio. **B** Silvio Amadio.
K Antonio Maccoppi. **M** Roberto Pregadio. **D** Gloria Guida (Paola), Nino Castelnuovo (Napoleon), Anita Sanders (Mutter), Mimmo Palmara, Mario Garriba, Kirsten Baker, Richard Singer, Andrea Aureli.
F 87 (TV: 80) Min.

Auf der Flucht vor seiner xanthippenhaften Gattin verschlägt es einen Mann namens Napoleon auf die Insel Elba, wo er als Gärtner im Hause einer lüsternen Dame und deren Tocher landet. Doch das gute Spiel endet böse: Man schiebt ihm einen Mord in die Schuhe. – Ein Film, der nicht so recht weiß, ob er dem Sex- oder dem Mörderspiel frönen soll. Was der deutsche Titel zu bedeuten hat, erfragt man am besten bei einem Psychiater. – AT: FLOTTE TEENS UND HEISSE TYPEN.
Ⓥ VTD

Wenn der Postmann zweimal klingelt
(THE POSTMAN ALWAYS RINGS TWICE). USA 1980.
R Bob Rafelson. **B** David Mamet.
K Sven Nykvist. **M** Michael Small.
D Jack Nicholson (Frank Chambers), Jessica Lange (Cora Papadakis), John Colicos (Nick Papadakis), Michael Lerner (Katz), John P. Ryan (Kennedy), Anjelica Houston (Madge), William Taylor (Sackett), Tom Hill (Barlow). **F** (123) 101 Min.
Remake des gleichnamigen Films (USA 1946) von Tay Garnett. (Inhalt siehe IM NETZ DER LEIDENSCHAFTEN). Rafelsons 1980 entstandene Version unterscheidet sich von der alten Fassung eigentlich nur durch gewaltige Überlänge und die deutlich ausgespielte sexuelle Beziehung zwischen Nick und Cora, die auch in der Presse ein großes Echo fand: Es ist die nackte Gier, die sie zusammenbringt (wie man an der wüsten Begegnung auf dem Küchentisch erkennt). Auch hier mißlingt der erste Anschlag auf Coras Mann. Der Anwalt, der sie freipaukt, als die Polizei von der Lebensversicherung des Toten erfährt, ist der typische US-Rechtsverdreher. Auch hier: kein Happy End. Cora, schwanger, kommt bei einem Autounfall ums Leben. – Waren das Zei-

ten, als die ›Postmänner‹ noch Briefträger hießen.
Ⓥ Grundig Star

Wenn die Hüllen fallen
(PASSION HOLIDAY). USA 1962.
R Wynn Mavis. **B** Wynn Mavis. **K** Hal Carrington. **M** N.N. **D** Christy Foushee (Cathy), Linda Hall (Anne), Yanka Mann (Dixie), Stella Palma (Betty), Bruce Brown (Frank), Harry Hocker (Harry), Fred Kost (Eddie), Bob Lee (George), Ed Ross (Emil), Larry Roberts (Sam), Dick Kennedy (Joe), Sam Segal, Jack Gundersen, Monroe Myers, Harold Richter, Leon Label. **F** (75) 60 Min.
FKK-Impressionen (Splish! Splash!) von Floridas sonnigen Stränden, in eine banale Urlaubshandlung verpackt. Ein typisches Prickteaser-Nudie seiner Zeit. Heute nur noch komisch.

Wenn die Hüllen fallen
(DINGLE, DANGLE). USA 1966.
R Ken Stewart. **B** Thomas Payne/Tod Talbert. **K** Stan State. **M** N.N.
D Michael Finn, Robert Lee, Jack Moran. **F** 65 Min.
Agenten einer Anti-Porno-Brigade schleichen sich in die Reihen der von ihnen bekämpften ›Degenerierten‹ ein und stellen fest, daß es ihnen in deren Szene außerordentlich gut gefällt. – Kleiner Sexschunder ohne Tiefgang.

Wenn die Jungfrau mit dem Stier
BRD 1971.
R Dieter von Soden. **B** Peter Boddin/ Wolfgang Döbereiner. **K** Dieter von Soden. **M** Gerhard Nauholz. **D** Klaus Krüger (Astrologe), Helga Kiene (Renate), Michael Conti (Günter), Natascha Michowna (Astrid), Thomas Mai (Michael), Monica Rohde (Bri-

Jack Nicholson und Jessica Lange vergessen ihre Erziehung in *Wenn der Postmann zweimal klingelt* von Bob Rafelson

Wenn die prallen Möpse hüpfen 546

gitte), Eva Berkley (Eva), Laurence Bien (Wassermann), Hansi Lohmann (Löwenfrau), Dieter Barell (Sportwagenfahrer), Gerdy Zimmerer (Vera), Nino v. Remmetz (Nino), Liz Vosswinkel (Karin), Manfred Bürkle (Ralph), Florian Endlicher. **F** 84 Min.
Renate und Günter heiraten, doch schon bald treten die ersten Schwierigkeiten auf, denn Günter ist nicht nur egoistisch, er will im Bett auch Sexfotos machen. Ein Astrologe erläutert Renate anhand von fünf Beispielen, wie Paare zueinander finden, wenn ihre Sternzeichen harmonieren. Renates Scheidung ist nicht aufzuhalten. – Der doofe Günter kann sich darüber hoffentlich nur freuen! – AT: ASTROLOGIE UND SEXUALITÄT.

Wenn die prallen Möpse hüpfen
BRD 1974.
R Ernst Hofbauer. **B** Günther Heller. **K** Klaus Werner. **D** Ulrike Butz, Judith Fritsch, Eva Gross, Sonja Jeanine, Heidi Kappler, Rosl Mayr, Günther Kieslich, Josef Moosholzer.
F 75 (TV: 71) Min.
Peter erzählt seiner Freundin drei Sexgeschichten aus dem prallen Leben. Und die Möpse, die hier hüpfen, sind so prall nun auch wieder nicht. Eine Handlung ist schwer auszumachen. Das beste ist noch der Titel. – AT: FLOTTE BIENEN – WILDER HONIG. Ⓥ VPS

Wenn Mädchen heiß den Frühling spüren
(NEIGES BRULANTES).
Frankreich 1982.
R Michel Leblanc [= Michel Lemoine]. **B** Michel Lemoine. **K** Philippe Théaudière/Guy Maria. **M** N.N.
D Olinka Hardiman (Muriel), Gabriel Pontello (Gérard), Claudia Nabel, Anthony Debray, Olivia Flores, Gregory. **F** 77 Min.
Die knackige Blondine Muriel, ein Marilyn Monroe-Lookalike, sucht in einem Wintersportgebiet ihren Verlobten und wird von den dort urlaubenden Herren konsequent mit einem verruchten Feger verwechselt, was ihr viel Gelegenheit gibt, sich in fremden Betten zu räkeln.

Wenn Mädchen mündig werden
Siehe **Geilermanns Töchter – Wenn Mädchen mündig werden**

Wenn Mädchen zum Manöver blasen ✓
Österreich/BRD 1974.
R Francois Legrand [= Franz Antel].
B Florian Burg. **K** Heinz Hölscher.
M N.N. **D** Alexander Grill (Poldi Novak/ Leopold Haslinger), Alena Penz (Kathi), Rinaldo Talamonti (Mario Carotti), Nina Frederik (Ilona), Hans Terofal (Hawelka), Kurt Sobotka (Oberst Bodo), Erich Padalewski (Hptm. v. Pissewitz), Tilla Hohenfels (Irene), Raoul Retzer (Oberstabsarzt), Joanna Jung (Comtesse Julia), Marika Mindszenty (Olga Haslinger), Erhard Pauer (Rudi Nagel), Sylvia Sand (Nina), Dieter Assmann (Geza v. Lajos), Eva Gros (Resi), Eduard Meisel (Kodaj). **F** 82 (TV: 74) Min.
Ein k.u.k-Feldwebel namens Poldi wird in einem Internat voller offenherziger höherer Töchter, die sich nicht genieren, jedermann in flotten Dessous entgegenzutreten, mit einem Lehrer verwechselt, und die ihm unterstellten Soldaten haben auch nichts als Sex und Zoten im Kopf. – AT: MÄDCHEN, STILLGESTANDEN.
Ⓥ UFA

Wer einmal in das Posthorn stößt
Siehe **Briefträger-Report**

Wer macht was mit wem, und warum nicht mit mir?
(MARIA ROSA LA GUARDONA).
Italien 1973.

Joanna Jung, Alexander Grill und Sepp Skelett in *Wenn Mädchen zum Manöver blasen* von Francois Legrand

R Franco Martinelli. **B** Carlo Veo/ Leila Buongiorno. **K** Angelo Lotti. **M** Alessandro Alessandrini. **D** Isabella Biagini, Ninetta Davoli, Riccardo Garrone. **F** 91 Min.
Die voyeuristisch veranlagte Maria Rosa nimmt eine Stelle in einem Hotel an und verbringt den Tag damit, den Gästen beim Grabbeln etc. zuzusehen. – Auf humoristisch getrimmter Sexfilm. – AT: KOMM, SPIEL MIT MIR.

Wer spritzt denn da am Mittelmeer?
(MIEUX VAUT ÊTRE RICHE ET BIEN PORTANT QUE FAUCHE ET MAL FOUTU). BRD/Frankreich/Spanien.
R Max Pécas. **B** Claude Mulot.
K Roger Fellous. **M** Georges Gavarentz. **D** Sylvia Green (Cri-Cri), Claus Obalski (Rudy), Victoria Abril (Mercedes), Inge Steinbach (Carole), Gérard Croce (Maitre Lauzac), Michel Vocoret, Jean Vinci, Daniel Derval, Olivia Dutron. **F** 84 Min.
Zwei Halbbrüder suchen nach ihrer Halbschwester, die sich in Tunesien einer mysteriösen Sekte angeschlossen hat. Sie müssen sie finden, denn sie können ihr Erbe nur gemeinsam antreten. Der Nudistenklub, in dem sie suchen, ist für die Zielgruppe des Films viel wichtiger als die alberne Verfolgungsstory.

Wer trägt bei Rosie schon Pyjamas?
(THE FIRST TIME/YOU DON'T NEED PAJAMAS AT ROSIE'S). USA 1968.
R James Neilson. **B** Jo Heims.
K Ernest Laszlo. **M** Kenyon Hopkins.
D Jacqueline Bisset (Anna), Wes Stern (Kenneth), Rick Kelman (Mike), Wink Roberts (Tommy), Gerard Parkes (Charles), Sharon Acker (Pamela), Cosette Lee (Großmutter), Vincent Marino (Frankie), Eric Lane (Joe), Murray Westgate (Zollbeamter), Leslie Yeo (Barmann), Guy Sanvido (Fremder), William Barringer (Liftboy).
F 90 Min.
Der halbwüchsige Kenneth schwindelt seinen Brieffreunden Mike und Tommy vor, er habe sexuelle Erfahrungen im Etablissement einer gewissen Rosie gesammelt. Als sie zu Besuch kommen, steckt er in der Klemme. Zum Glück treffen die drei Buben auf Anna, die sie für ein Callgirl halten. Sie knobeln um sie, doch sie versuchen, näheren ›Kontakt‹ mit ihr aufzunehmen, zeigt sich, daß Anna keineswegs das ist, was die Jungen erwartet haben. Kenneth, der sie trösten will, verliert bei ihr seine Unschuld. – Eine Sexkomödie der betulicheren Art.

Wer weint denn schon im Freudenhaus?
BRD 1970.
R Rudolf Lubowski. **B** Rudolf Lubowski. **K** Rainer Walzel. **M** Kristian Schulze. **D** Hannes Andersen (Dr. Hans-Hermann Brandelhuber), Hannelore Cremer (Lore Brandelhuber), Karin Heske (Rita), Camilla Horn (Paula), Bum Krüger (Krautenschulte), Rolf Wanka (Gerichtspräsident), Klaus Höft (Peter), Sylvia Frank (Dixi), Sabine Plessner (Elfi), Jutta Simon (Sylvia), Thomas Reiner (Psychiater), Manfred Andre, Karl-Heinz Peters (Anwälte), Alexis von Hagemeister (Apotheker), Scarlett (Trudchen), Roswitha Randl. **F** 82 Min.

Da es bei Hans-Hermann und Lore nicht mehr so richtig klappt, wendet Lore sich ihrem Neffen Peter zu. Hans-Hermann machts aus Eifersucht mit dem Callgirl Rita. Die Scheidung folgt auf dem Fuße. Hans-Hermann heiratet Rita, aber bald sind seine Potenzprobleme wieder da, und er besucht wieder Ritas früheren Betrieb. Als die dortigen Damen ihn zur Schnecke machen, geht er nach Hause, wo seine Frau ihn wieder ›aufrichtet‹. – Zwischendurch verlangen ein paar demonstrierende Irre per Spruchband ›Sexuelle Befriedigung für alle‹.

What and Why – Sex in Skandinavien
(WHAT AND WHY – SEX IN SCANDINAVIA). Dänemark 1973.
R Jeff Williams. **B** Jeff Williams. **K** Nils Sorensen. **M** Fred Tornow. **D** Monique Laroche, Connie Jenkins, Lisa Björnquist, Aldo de Hozisse. **F** 75 Min.

Ein altbackener Aufklärungsfilm mit ödem Gelaber über Vor-, Haupt- und Nachspiel; eine Hausfrau, die lesbisch wird, weil ihr Mann sie vernachlässigt; Frigidität und Impotenz.

Why?
(HVORFOR GOER DE DET?). Dänemark 1970.
R Eberhard & Phyllis Kronhausen. **B** Phyllis Kronhausen/Eberhard Kronhausen. **K** Mikael Salomon. **M** Ole Höyer. **D** Bodil Joensen, Keld Holm, Sören Stromberg, Phyllis Kronhausen, Eberhard Kronhausen, Effie, Marianne, Alex, Lisa, Connie, Flemming, Constance. **F** 83 Min.

Sexdokumentation: Unter der Anleitung der Sexualwissenschaftler Eberhard und Phyllis Kronhausen reden geladene Gäste über lesbische Liebe, Prostitution, Sodomie, Partnertausch, Gruppensex und Porno-Live-Shows. – Eine abgefilmte Talkshow mit Aufklärungscharakter, in der keine ›Experten‹ reden, sondern ›Macher‹. – »Aufschlußreiche, doch keineswegs sensationelle Gespräche mit den Darstellern wechseln ab mit Diskussionen, an denen gelangweilte, fasziniert, erschreckte oder erregte dänische Studenten teilnehmen. Sie wohnen als Zuschauer den Demonstrationen bei, die in einer durch das Aufstellen zweier Trainingsmatratzen in eine Hochburg für Sex umgewandelten Sporthalle stattfinden.« (Amos Vogel, KINO WIDER DIE TABUS).

Wie der nackte Wind des Meeres
(SOM HAVETS NAKNA VIND). Schweden 1968.
R Gunnar Höglund. **B** Gunnar Höglund. **K** Lars Björne. **M** Bengt-Arne Wallin. **D** Hans Gustafsson (Leander), Lillemor Olsson (Mejt), Siw Mattson (Aino), Anne Nord (Gerda), Barbro Hedström (Lola), Ingrid Swedin (Susanne), Barbro Hjort af Ornas (Aida), Gudrun Brost (Torinna), Stephan Carlsen (Ture), Charlie Elvegard (Adolf), Chris Wahlström (Modern). **F** 93 Min.

Der schwedische Musikstudent Leander kehrt in den Ferien von einem Schweizer

Konservatorium in seine Heimat zurück und vertreibt sich die Zeit mit drei willigen blonden Gespielinnen, bis er merkt, daß ihm auch seine Halbschwester Mejt Gefühle entgegenbringt. – Ein recht dröger Film, der hauptsächlich aus den Begegnungen Leanders mit seinen Freundinnen besteht, die ihm auch gern erzählen, wie sie ihre Unschuld verloren haben.

Wie hat man Erfolg in der Liebe
(LOVE VARIATIONS). GB 1970.
R Terry Gould [= David Hamilton-Grant]. **B** David Hamilton-Grant. **K** Ron Robson. **M** N.N. **D** Carol Jones, Derek Stephen Tracy. **F** 73 Min.
Ein junges Paar demonstriert vierzig Positionen der geschlechtlichen Vereinigung und verklickert den Zuschauern von 1970, was Masturbation und Empfängnisverhütung ist. – Ein dröger britischer Aufklärungsfilm; geschrieben und produziert von einem Herrn, der sich kurze Zeit später auf die Verbreitung harter Pornos spezialisierte.

Wie, ihr wollt schon wieder?
Siehe **Charlys Nichten**

Wie kommt ein so reizendes Mädchen zu diesem Gewerbe?
Siehe **Mir hat es immer Spaß gemacht**

Wie sag ich's meinem Kinde?
BRD 1970.
R Roland Cämmerer/Klaus E. R. v. Schwarze. **B** Klaus E.R. v. Schwarze. **K** Dieter v. Soden/Wedigo v. Schultzendorf. **M** Helmut Trunz. **D** Astrid Boner, Anke Syring, Ingeborg Stein-

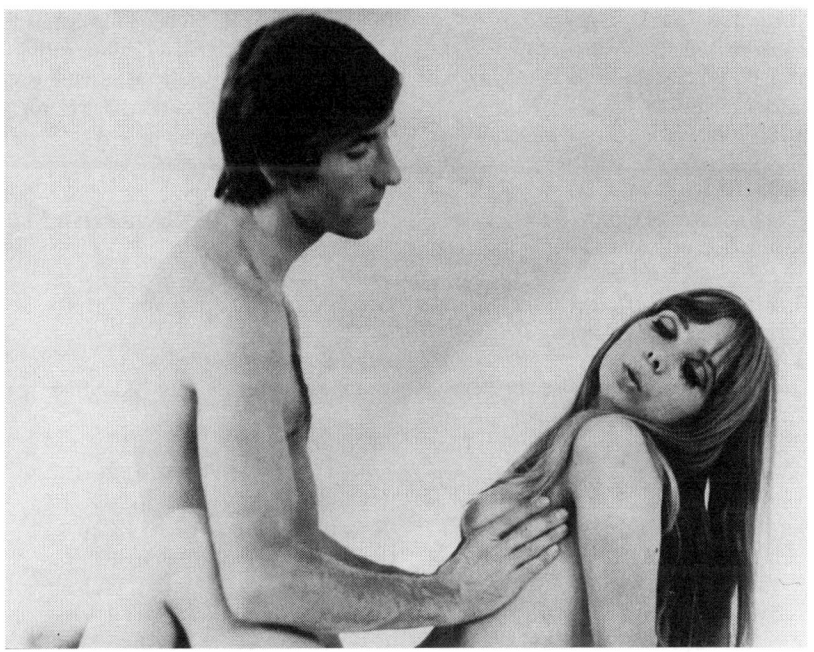

Derek Tracy und Carol Jones in der Stellungsschmonzette *Wie hat man Erfolg in der Liebe* von Terry Gould

bach, Hans Bergmann, Christian Fredersdorf, Friedrich Karl Grund, Joachim Hackethal, Klaus Krüger, Gudrun Gundlach, Florence Denger, Stefan Dollinger, Sabine Dorp, Florian Halm, Martin Halm, Sabine Otto, Marius Reisse, Pirko Zenker. **F** 88 Min.
Der Film bemüht sich, mittels episodischer Spielhandlungen darzustellen, wie man kindliche Fragen zur Sexualität beantwortet. Etwa: Woher kommen die kleinen Kinder? Wie kommen die Babys in den Bauch der Mutter? Was ist ein Sittlichkeitsverbrecher? Wie erklärt man Ausdrücke, die Kinder auf der Straße hören? – Aufklärungsfilm.

Wien im Lustwandel der Zeiten
Siehe **Komm nach Wien, ich zeig dir was**

Wieviel Liebe braucht ein normales Paar?
(COMMON LAW CABIN / HOW MUCH LOVE DOES A NORMAL COUPLE NEED?). USA 1967.
R Russ Meyer. **B** John E. Moran/Russ Meyer. **K** Wady C. Medawar/Jack Lucas. **M** Igo Cantor. **D** Adele Rein (Coral), Babette Bardot (Babette), Alaina Capri (Shelia), Jack Moran (Dewey Hoople), Ken Swofford (Barney Rickert), Frank Bolger (Craker), John Furlong (Dr. Ross), Andrew Harga (Erbe). **F** 69 Min.
Dewey Hoople betreibt eine abgelegene Erholungsfarm für Streßopfer aus der Großstadt. Drei üppige Weiber sind den Gästen dienlich, und Juwelendiebe sorgen für das Chaos, das die Nicht-Handlung vorantreiben soll. – Der Film ist nicht das, was man von Russ Meyer gewohnt ist, aber wer über die laienhafte Synchronisation hinwegsieht, könnte seinen Spaß haben. – AT: DIE LIEBESTOLLEN HEXEN.
Ⓥ Focus (Die liebestollen Hexen)

Wild auf junge Knospen
(L'INITIATION). Kanada 1969.
R Denis Heroux. **B** Yves Thériault. **K** René Verzier. **M** Francois Cosineau. **D** Chantal Renaud (Victoire), Danielle Quimet (Nadine), Jacques Riberolles (Gervais Messiambre), Gilles Chartrand (Pierre), Céline Lomez (Christine), Louise Turcot (Judith), Daniel Gadovas, Serge Laprade, Jean-Pierre Payette, Francine Dionne, Michel Girouard, Janine Sutto, Jacques Zouvi, Béatrice Picard. **F** 80 Min.
Die Studentin Victoire teilt mit Nadine eine Wohnung. Nadine hat vor der Liebe keine Scheu, doch Victoire, die ein romantisches Verhältnis mit Pierre verbindet, ist nach ihrer ersten sexuellen Begegnung enttäuscht. Als der Messiambre, der Autor einer Aufklärungsschrift ein Erotikseminar abhält, besuchen es die beiden. Messiambre verführt Victoire. Pierre, darüber enttäuscht, läßt sich von der erfahrenen Nadine verführen, um seine so erworbenen Kenntnisse nach Messiambres Abreise nach Europa bei Victoire anzuwenden.

Wild aufs erste Mal
Siehe **Honeybun – Wild aufs erste Mal**

Wild Playgirls
Siehe **Mädchen, jung und lüstern**

Wild Swedish Girls
Siehe **Feuchter Sex aus Skandinavien**

Wild und sexy
(ANGELICA – THE YOUNG VIXEN). USA 1970.
R Revilo Ekard. **B** Revilo Ekard. **K** Bill de Diego. **M** Ralph Stanley. **D** Dixie Donovan (Molly), William Johnson (Ned Hurley), Lou d'Jena (Friedensrichter Blaine), Josie Kirk (Marylou Blaine), Vincent Ricco (Nick), Richard Smedley (Jeff),

William Fosterwick (Sheriff), Paula Lorca (Sängerin). **F** 76 Min.

Um die Männer auf einer Farm in den Südstaaten davon abzuhalten, sich ihretwegen zu massakrieren, gibt sich die dralle Magd Molly einem nach dem anderen hin. Dann heiratet sie den Friedensrichter Blaine, der aufgrund ihrer sexuellen Aktivitäten bald das Zeitliche segnet. Mollys Hoffnung auf ein großes Erbe erfüllt sich aber nicht: Sie muß den Besitz ihres Gatten – und ihr Bett – mit dessen Tochter teilen, was den männlichen Teil der Landbevölkerung ordentlich vergrätzt.

Wilde Betten – Lippenstift-Tigerinnen
(LETTI SELVAGGI / CAMAS CALIENTES). Italien/Spanien 1978.
R Luigi Zampa. **B** Tonino Guerra/Giorgio Salvoni. **K** Giuseppe Ruzzolini.
M Riz Ortolani. **D** Sylvia Kristel, Ursula Andress, Laura Antonelli, Monica Vitti, Orazio Orlando, Michele Placido, José Sacristan, José-Luis Lopez Vázquez. **F** 99 (TV: 91) Min.

Ein Film in acht Episoden, in denen vier hübsche Frauen Paschas, Patriarchen und Papagalli in die Falle locken, um ihnen zu zeigen, was sie zu erwarten haben. – Nicht viel, wie es scheint: die cleveren Damen wissen zwar ihre Reize gekonnt in Szene zu setzen, denken aber nur in den seltensten Fällen daran, den geilen Gockeln, das zu geben, wonach sie gieren. Skrupellos tun sie, was sonst – angeblich – die Männer tun, dem eigenen Profit zum Nutzen, und als gerissene Auflehnung gegen ein Lustobjekt-Dasein. Ein ironisches, stellenweise gemeines Spiel mit der Lust. – »Zampi braucht etwas Anlaufzeit, um das richtige und lockere Komödien-Tempo zu finden, doch dann entwickelt sich eine unterhaltsame Leinwand-Erotik: luftig, frech, pikant, aber nie von jener plumpen Art, auf die der Titel anspielt.« (Axel Winterstein, FILMBEOBACHTER).
Ⓥ UFA

Wilde Emmanuelle im Paradies der Lust
(TOKYO EMMANUELLE). Japan 1976.
R Akira Kato. **B** Toshio Ashizawa.
K Mashisa Himeda. **M** Ken Sata.
D Kumi Taguchi, Mitsuyaso Mainu, Katsunori Hirose, Midori Otani.
F 96 Min.

Eine Japanerin, die ihren Mann in Paris an eine andere verloren hat, reist nach Tokio zurück und rächt sich, indem sie sich ins ›Paradies der Lust‹ begibt und jeden auf die Matratze wirbelt, der nicht schnell genug eine Fliege machen kann. – Weil sie nämlich nur so zur ›wirklichen Befreiung‹ finden kann. – »Sexistisch und idiotisch.« (TIME OUT).

Wilde Erotik einsamer Frauen
Siehe **Dralle Brüste, steile Schenkel**

Wilde Körper
(FREE LOVE CONFIDENTIAL).
USA 1968.
R Gordon Heller. **B** Sanford White.
K Manuel Conde. **M** Miklos Robag.
D Karen Miller, Yvette Corday, John Warren. **F** 62 Min.

Zwei junge Frauen, die auf der Suche nach etwas Nervenkitzel sind, posieren für gewagte Fotos, und werden später von einer bösen Lesbe gezwungen, ihr zu Willen zu sein, wenn sie die Fotos zurückhaben wollen. Als die Dame auch noch Geld verlangt, bekommen unsere Heldinnen ernsthafte Probleme. – Ein Erpresserfilmchen, das u.a. zeigen soll, wie tückisch doch die Schwulen sind.

Die wilde Lady
(THE PERFECT ARRANGEMENT). USA 1971.
R Ted Leversuch. **B** Margot Stevens.

K William Swenning. **M** John Barth.
D Sergio Regules (Gregg Randolph), Barbara Caron (Carolyn Normand), Art Jenoff (Lennie Normand), Don Raymond (Insp. Jenner), Jack Estrom (Marco), Russ Reiss (Billy), Dan Hall (Bobo), Lenore Galloway (Pat), Ron Grant (Polizist), Dan Roth (Frank), George Mirko (FBI-Agent). **F** 72 Min.
Der Schriftsteller Gregg lernt Carolyn, die nymphomane Frau des homosexuellen Hollywood-Filmproduzenten Lenny, kennen und beginnt ein Verhältnis mit ihr. Lenny hat nichts dagegen einzuwenden. Als Gangster die Liebenden überfallen und Carolyn kidnappen, kommt Gregg zu Tode. Lenny zahlt das Lösegeld, die Gangster werden aufgerieben. Carolyn sucht sich einen neuen Liebhaber. – Sex and Crime nach Schema F. Ein billiges Schundprodukt. – AT: SEXTRÄUME ENTZÜCKENDER MÄDCHEN.

Wilde Lust
(I LOVE YOU, I LOVE YOU NOT). USA 1974.
R James Bryan. **B** N.N. **K** N.N. **M** N.N. **D** Lynn Harris, Frank Michaels, Kathy Hilton. **F** 72 Min.
Die unersättliche Gattin eines Exsoldaten gerät aufgrund ihrer umtriebigen Gelüste ins gesellschaftliche Abseits und zieht, als sie es erkennt, die Konsequenzen, indem sie sich das Leben nimmt. – Technisch und darstellerisch ein einziger Jammer.

Wilde Lust
Siehe **Fontäne der Lust**

Wilde Nächte im Pornoclub
(SUBURBAN PAGANS). USA 1968.
R Shannon Carse. **B** Shannon Carse. **K** Sam Rayven. **M** Rayven Prod.
D Cara Peters, Christine Thomas, Vincent Stevens, Clint Randall, Carole Saunders. **F** 81 Min.

Im Zuge eines TV-Interviews mit einem Polizeioffizier aus Los Angeles erfährt die staunende Welt mittels episodischer Rückblenden, daß die in sogenannten Pornoklubs fröhlich dem Partnertausch und Gruppensex frönenden Personen durch die Bank heimlich gefilmt und anschließend erpreßt werden.

Wilde Orchidee
(WILD ORCHID). USA 1990.
R Zalman King. **B** Patricia Knop/Zalman King. **K** Gale Tattersall. **M** Geoff McCormack/Simon Goldenberg.
D Mickey Rourke (James Wheeler), Carré Otis (Emily Reed), Jacqueline Bisset (Claudia Lirones), Assumpta Serna (Hanna), Oleg Vidoc (Otto).
F 112 Min.
Die unverdorbene Junganwältin Emily geht als Assistentin der schicken Claudia nach Rio und lernt dort den Millionär Wheeler kennen. Wheeler bringt sie in in schlüpfrige Situationen, was Emily fasziniert. Der voyeuristisch veranlagte Wheeler hat nur Ferkeleien im Kopf, die Emily beinahe die Kontrolle über sich verlieren lassen. – Daß WILDE ORCHIDEE wie ein zweiter Aufguß von NEUNEINHALB WOCHEN (USA 1984) wirkt, liegt daran, daß Regisseur King und Patricia Knop an letzterem Projekt als Autoren beteiligt waren. Ansehbarer Sexfilm.
Ⓥ Starlight

Wilde Orgien auf der Schulbank
Siehe **Reifeprüfung auf der Schulbank**

Die wilde Sex-Lady
Siehe **Das Teufelsweib**

Wilde Spiele, heiße Mädchen
(HOLD UP POUR LAURA). Frankreich 1967.
R Jean Maley. **B** N.N. **K** N.N.

M Claude Sauvage. **D** Henri Lambert (Jo Costello), Sylvie Breal (Laura), Alain Bouvette, Claude Delveaux. **F** 83 Min.

Der Gangster Jo entwischt mit Hilfe seiner Mieze Laura aus dem Knast, hat aber nicht viel Zeit, sich mit ihr zu vergnügen, da ein Kumpan ihm wegen seines Beuteanteils auf den Fersen ist. – »Ein erfrischend freches und flottes französisches Sex-Knallbonbon«, meint der Verleih zu diesem billigen Reißer mit Sexeinlagen.
Ⓥ VPS

Wilde Stuten
(SO INTIMATE). Griechenland 1969.
R Omiros Efstratiadis. **B** N.N. **K** N.N.
M N.N. **D** Theodor Rambow, Gisella Dalli, Joanna Hammerfield, Alex Mann. **SW** 82 Min.

Ein auf einer griechischen Insel an Land gespülter Millionär mit Gedächtnisschwund kommt bei der Wirtin eines Gasthofes unter, in deren Haus sich allerlei Lustmolche treffen. Nach diversen Stellungen klärt sich seine Identität, und er zieht mit einer weiblichen Eroberung ab. – Zusammenhangloser Sex-Bildersalat aus Hellas, notdürftig verbunden durch ein umherschleichendes Zimmermädchen, das seinem voyeuristischen Trieb frönt.

Die wilden nackten Mädchen
(THE WILD FEMALES). USA 1971.
R Carlos Samoya. **B** N.N. **K** N.N.
M N.N. **D** Amber Arnett (Lonnie), Marsha Jordan (Rella), Moe Martin (Shep), Nick Titles (Hal), Buck Bucky (Tom), Fern Holbrook (Nettie), Ron Rocco (Ted), Damon Sorrenson (Vater), June Reynolds (Mutter). **SW** 79 Min.

Nachdem die junge Lonnie ihre Mutter bei lüsternen Spielchen ertappt hat, flüchtet sie schockiert zu ihrer filmschauspielenden Schwester Rella nach Hollywood. Aber auch Rella hat auch nur Sex und Orgien im Kopf und verdient ihren Lebensunterhalt vorwiegend in der Horizontale. Nach diversen Enttäuschungen mit Männern flüchtet Lonnie in die Arme einer lesbischen Masseuse, aber am Ende kriegt sie einen netten Burschen. – Ein infantiler Sexfilm, inhaltlich und handwerklich unbefriedigend.

Die wilden Stunden der schönen Mädchen
(WILD PLAYGIRLS II). BRD 1984.
R Michel Jean. **B** Michel Jean. **K** N.N.
M N.N. **D** Alban Ceray (Alban), Richard Allan (Christian), Barbara Legrand, Eva Kleber, Olinka Petrowna. **F** 90 Min.

Fortsetzung von MÄDCHEN – JUNG UND LÜSTERN bzw. WILD PLAYGIRLS. (BRD 1982). – Zwei Männer in den mittleren Jahren funktionieren ein Schloß zu einer Schönheitsfarm um und ›therapieren‹ sexuell vernachlässigte Damen durch eine Liebeskur. – Die eindeutigere Fassung heißt EXZESSE AUF DER SCHÖNHEITSFARM, und dieser Titel kommt dem Inhalt wahrlich näher.
Ⓥ Ribu (Exzesse auf der Schönheitsfarm)

Die wilden Stuten vom Rosenhof
Siehe **Liebesgrüße aus der Lederhose (6): Die wilden Stuten vom Rosenhof**

Die wilden Töchter von Glücksburg
Siehe **Die liebestollen Baronessen**

Wilder Honig
(WILD HONEY). USA 1971.
R Don Edmonds. **B** Don Edmonds.
K David Ming-Li Love. **M** Peter Donald. **D** Donna Young (Gypsy), K.W. Christian, Carol Hill, Alan Warwick, Kip Whitman, Donna Stanley, Mark Edwards, Jeffrey Sands, Ray

Sebastian, Michael D. O'Donnell.
F 90 Min.
Die Farmerstochter Gypsy geht, nachdem ein Galan sie in die ›Liebe‹ eingeführt hat, in die Großstadt und findet sich bald im Kreise lüsterner und eifrig Gruppensex praktizierender Hollywood-Maniacs wieder. Sie mausert sich zur Lebedame, gerät in die Hände eines perversen Playboys und fällt am Schluß der eigenen Gier zum Opfer. – »Hintertreppengeschichte mit pornografischer Drastik und einem an verbalen Fehlleistungen reichen Dialog.« (FILMDIENST).

Wilder Sex frühreifer Mädchen
Siehe **Wilder Sex junger Mädchen**

Wilder Sex junger Mädchen
BRD 1971.
R Jürgen Schindler/Nino Casale.
B Franz Graf v. Treuberg /Jürgen Schindler. **K** Gernot Roll. **M** Jürgen Drews. **D** Astrid Kilian (Nadine), Katharine Mayberg (Stiefmutter), Monica Marc (Susi), Jost Neubauer (Jochen). **F** 73 Min.
Die siebzehnjährige Schülerin Nadine wird nach ihrem ersten sexuelles Erlebnis mit einer Internatsleiterin von ihrer Stiefmutter in die Mysterien der Buhlerei eingeweiht und erweist sich nach voyeuristischen Studien, in denen dieselbe eine tragende Rolle spielt, als dermaßen gelehrige Schülerin, daß sie bald nicht nur ihr, sondern auch anderen attraktiven Frauen den Rang abläuft. – AT: WILDER SEX FRÜHREIFER MÄDCHEN – TAGEBUCH EINER FRÜHREIFEN. AUS DEM TAGEBUCH EINER FRÜHREIFEN. TAGEBUCH EINER FRÜHREIFEN.
Ⓥ Euro (Tagebuch einer Frühreifen)

Die Wildkatze
(LA ISLA DE LA MUERTE).
BRD/Spanien 1969.
R Jess Franco [= Jesus Franco Manera]. **B** Erich Kröhnke. **K** Manuel Merino. **M** Hans G. Leonhardt. **D** Marie Liljedahl (Eugenie), Christopher Lee (Dolmance), Jack Taylor (Mirvel), Herbert Fux (Hardin), Nino Korda (Roches), Paul Müller (Vater), Maria Luisa Ponte (Mutter), Colette Giacobine (Colette), Maria Rohm (Mme. Saint Ange), Kathy Lagarde (Zofe), Anney Kablan (Augustin). **F** 81 Min.
Sexbesessenes Halbgeschwisterpaar lebt in einer inzestuösen Verbindung, gründet auf einer Insel einen De Sade-Kult und bringt einen lüsternen Vater dazu, ihnen seine Tochter Eugenie zuzuführen. Unter Drogen gesetzt wohnt Eugenie dem orgastischen Sado-Maso-Treiben der beiden Wüstlinge bei, bis sich zeigt, daß sie, angeregt durch die Lektüre De Sadescher Werke, alles nur geträumt hat. – Christopher ›Dracula‹ Lee, der in diesem Sex-Schundprodukt eine tragende Rolle spielt, war über den fertigen Film so erbost, daß er den Regisseur darum bat, seinen Namen aus dem Vorspann zu nehmen und von den Plakaten zu streichen. – AT: DIE JUNGFRAU UND DIE PEITSCHE.

Wildkatzen kennen kein Pardon
Siehe **Der Himmel drückt ein Auge zu**

Willst du ewig Jungfrau bleiben?
BRD 1968.
R Hubert Frank. **B** Hubert Frank. **K** Michael Marszalek. **M** Hans Günther Leonhardt. **D** Marie Liljedahl, Thomas Astan, René Schoenenberger, Karin Schubert, Ariane Calix, Alexander Allerson, Ingrid van Bergen, Gitta Körner, Helga Körner, Walter Regelsberger. **F** 89 Min.
Mädchen, angewidert von den sexuellen Eskapaden der Eltern, faßt den naiven Beschluß, auf ewig Jungfrau zu bleiben. Natürlich hält das Gelübde nicht lange vor, denn die Boys sind ja so nett. – Die

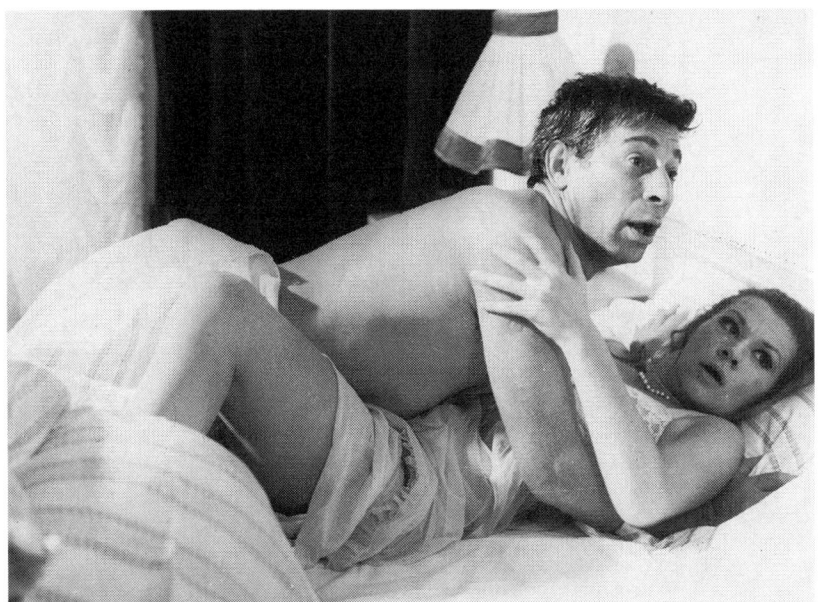

Alexander Allerson und Ingrid van Bergen schockieren ihr Töchterlein in *Willst du ewig Jungfrau bleiben?* von Hubert Frank

erste Hauptrolle für die blonde Karin Schubert, die seit Mitte der achtziger Jahre nur mehr Pornos dreht. Dutzendware.

Die Wirtin von der Lahn
Österreich 1967.
R Franz Antel. **B** Kurt Nachmann. **K** Siegfried Hold. **M** Gianni Ferrio/ Johannes Fehring. **D** Terry Torday (Susanne), Pascale Petit (Caroline), Harald Leipnitz (Ferdinand), Klaus Ringer (Roderich), Hannelore Auer (Sophie), Jacques Herlin (Comte Dulac), Rosemarie Lindt (Berthe), Franz Muxeneder (Pumpernickel), Oskar Sima (Göppelmann), Raoul Retzer (Sergeant), Karl Krittl (Bitterling), Gunther Philipp (Wendich), Mike Marshall (Anselm). **F** 91 Min.
Zu Napoleons Zeiten: Die Schauspielerin Susanne erbt in der Nähe von Gießen ein Wirtshaus. Ihr Konkurrent Göppelmann bemüht sich, sie bei den Behörden in ein schlechtes Licht zu rücken, wobei ihm einige Studenten zur Seite stehen, die mit obszönen Gesängen verkünden, Susanne sei eine Hure. Als eine Moralkommission eintrifft, um die Lage zu prüfen, geht alles schief; bald sieht es wirklich so aus, als sei das Wirtshaus nicht nur ein Bordell, sondern auch das Hauptquartier der Widerstandskämpfer gegen die französische Besatzung. – Biederer Sexfilm nach einem alten deutschen Zotenlied.

Das Wirtshaus der sündigen Töchter
BRD 1978.
R Walter Boos. **B** Walter Boos. **K** Ernst W. Kalinke. **M** N.N. **D** Gina Janssen (Lilly/Christl), Claus Richt, Peter Linow, Robert Seidl, Eva Gross,

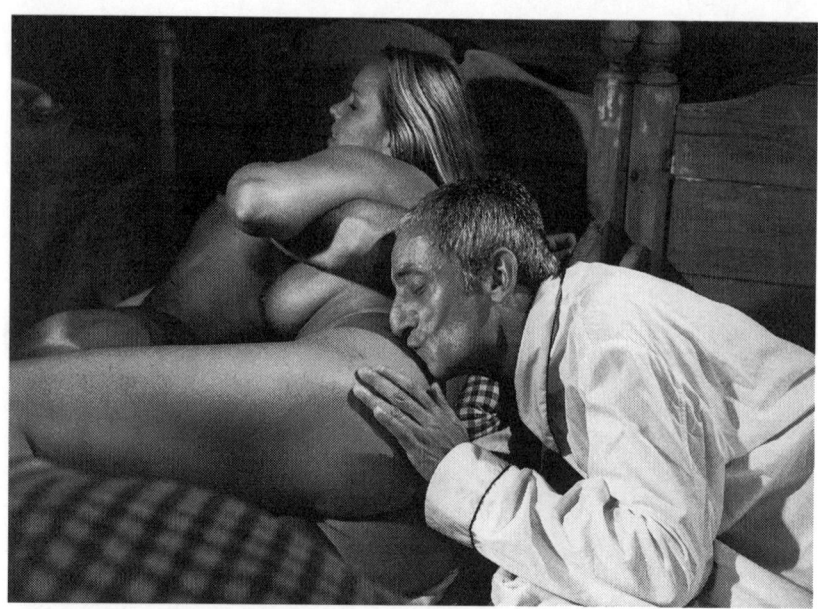

Gina Janssen und Jacques Herlin in *Das Wirtshaus der sündigen Töchter* von Walter Boos

Dagobert Walter, Kalle Möllmann, Jacques Herlin, Dorothea Buchner, Rainer Häuselmayer. **F** 86 (TV: 82) Min.
Den Zwillingen Lilly und Christl – die eine lebenslustig und ›sündig‹, da sie viele Verehrer hat; die andere ungeschickt und bieder – steht eine Erbschaft ins Haus, die sie jedoch erst antreten können, wenn sie beide unter der Haube sind. Wenn das kein Grund ist… – Kohlhiesels Töchter lassen grüßen! Lahme Komödie mit zotigen Dialogen.
Ⓥ VMP

Wo der Wildbach durch das Höschen rauscht – Witwen-Report
BRD 1974.
R Jürgen Enz. **B** Jürgen Enz. **K** N.N. **M** N.N. **D** Mascha Sieger, Josef Moosholzer, Eva Gross, Birgit Bergen.
F 76 Min.
Nach dem Tod eines bayerischen Dorfbürgermeisters stößt dessen Witwe auf sein Tagebuch und erfährt von seinem orgiastischen Treiben. – Sexfilm. – AT: SEXGRÜSSE AUS DEM LEDERHÖSCHEN.
Ⓥ Toppic (Sexgrüße aus dem Lederhöschen)

Wo schlafen wir heut nacht?
Siehe **Kreuzberger Liebesnächte**

Wo sind die süßen Däninnen?
Siehe **Mazurka im Bett**

Wo, wann, mit wem?
(COME, QUANDO, PERCHÉ).
Italien 1968.
R Antonio Pietrangeli. **B** Tullio Pinelli/Antonio Pietrangeli. **K** Mario Montuori. **M** Armando Travaioli. **D** Danièle Gaubert (Paola), Horst Buchholz (Alberto), Philippe Leroy (Marco), Lilli Lembo (Lucy), Elsa Albani, Liana Orfei, Claude Trionfi, Colette Descombes. **F** 101 Min.

Paola, Gattin des italienischen Industriellen Marco, der es nebenher mit einer gewissen Lucy hat, fährt nach Sardinien und stößt dort auf den Playboy Alberto, einen Freund ihres Mannes, der ihr so so heftig den Hof macht, bis sie sich mit ihm einläßt. Die beiden setzen das Verhältnis auch nach Paolas Rückkehr fort, doch als Alberto verlangt, daß sie sich von Marco trennen soll, weigert sie sich. Paola und Marco finden – nicht zuletzt durch die ›Lehre‹, durch die Paola bei Alberto gegangen ist – wieder zueinander. – Biederer, flacher Sexfilm.

Wochen wilder Wonnen
(LE SORELLE/LES DEUX SOEURS).
Frankreich/Italien 1969.
R Roberto Malenotti. **B** Brunello Rondi. **K** Giulio Albonico. **M** Giorgio Gaslini. **D** Susan Strasberg, Nathalie Delon, Massimo Girotti, Giancarlo Giannini, Lars Bloch, Franco Abbina, Gianni Puloni. **F** 104 Min.

Zwei Schwestern, die miteinander leben und einander unterschwellig in lesbischer Liebe zugetan sind, trennen sich, als die jüngere einen wohlhabenden Geschäftsmann heiratet. Der kann sie aber nicht glücklich machen, weshalb sie sich einen Geliebten sucht und die ältere alles unternimmt, um die ›Macht‹ über sie zurückzugewinnen. – AT: UMARMUNG. Ⓥ Heeres

Wonnekloß
BRD 1972.
R Marran Gosov. **B** Marran Gosov.
K Bernd Fiedler/Helga Harnisch.
M Comedian Harmonists. **D** Dieter Augustin, Daisy v. Lilienfeld, Dinka Mirkowatschki, Toni Netzle, Klaus

Horst Buchholz und Danièle Gaubert in *Wo, wann, mit wem?* von Antonio Pietrangeli

Buszinski, Fritz Pauli, Hans Jacob, Jan Odenthal. **F** 79 Min.
Der Optimist Wonnekloß, der in der Leistungsgesellschaft nicht seinen ›Mann‹ stehen will, soll im Auftrag eines Fotohändlers ein Porno-Video produzieren, doch die Sache kommt nicht zustande, weil sein Schamgefühl dies vereitelt und er sich in die Hauptdarstellerin verliebt, die freilich auf seinen Freund abfährt. – »Nicht mal ein guter Kalauer ist dem Regisseur eingefallen; man wartet vergeblich auf die geringste Ursache, nicht einzuschlafen.« (FILMDIENST).

Woodoo Baby – Insel der Leidenschaft
(WOODOO BABY).
Dominikanische Republik 1980.
R Joe d'Amato [= Aristide Massaccesi]. **B** Aristide Massaccesi. **K** Alberto Spagnoli. **M** Stelvio Cipriani. **D** Lucia Ramirez (Haini), Susan Scott, Richard Harrison. **F** 90 Min.
Ein Anthropologe hat ein paar Probleme mit seiner Frau und fährt mit ihr nach Haiti, wo sie sich in die Arme einer dunkelhäutigen Schönheit flüchtet. Was ihn dazu treibt, mit der Schönen das gleiche zu tun. Was sie wiederum anregt, es auch mit ihm zu tun. Was die Schöne dazu anregt, die beiden mit einem Woodoo-Bann zu belegen. – Alles klar? – AT: WOODOO BABY – SEX UND SCHWARZE MAGIE IN DER KARIBIK.

Woodoo Baby – Sex und schwarze Magie in der Karibik
Siehe **Woodoo Baby – Insel der Leidenschaft**

Working Girls
(WORKING GIRLS). USA 1986.
R Lizzie Borden. **B** Lizzie Borden/Sandra Kay [= Marusia Zach]. **K** Judy Irola. **M** David van Tieghem. **D** Louise Smith (Molly), Ellen McElduff (Lucy), Amanda Goodwin (Dawn), Marusia Zach (Gina), Janne Peters (April), Fred Neumann (Fantasy Fred), Roger Brabb (Paul), Helen Nicholas, Deborah Banks, Liz Caldwell, Bommer Tibbs. **F** 93 Min.
Das Leben und Treiben in einem amerikanischen Bordell: Die Mädchen, ihre Arbeitsbedingungen, ihre Kunden und deren ausgefallene Wünsche, ihre Schwierigkeiten mit der Chefin, das Warten auf einen Job, die allgemeine Problematik des Nuttendaseins – ganz unromantisch und sachlich abgefilmt, um zu zeigen, daß Sex auch eine Ware ist, die man sich kaufen kann. – »Ein weiteres Beispiel für jenen verlogenen Dokumentarismus, der so vielen ›Dokumentarspielen‹ im Fernsehen anhaftet, der bloße Behauptung bietet statt verführerischer Phantasie.« (Norbert Grob, DIE ZEIT).
Ⓥ Virgin

The World is Full of Married Men
(THE WORLD IS FULL OF MARRIED MEN). GB 1980.
R Robert Young. **B** Jackie Collins. **K** R.D. Robinson/Alan Steckery/Denny Clairmont. **M** Bob Lind. **D** Anthony Franciosa (David Cooper), Carroll Baker (Linda Cooper), Gareth Hunt, Georgina Hale, Anthony Steel, Sherrie Lee Cronin, Paul Nicholas, Jean Gilpin, John Nolan, Hot Gossip. **F** (106) 80 Min.
Tony Franciosa als lüsterner Bock, der fleißig junge Mädchen umlegt, bis er zu seinem Schrecken erkennen muß, daß seine Angetraute es hinter seinem Rücken mit einem Popmusiker hat. Ein Softporno, den sich die einschlägig bekannte Jackie Collins ausgedacht hat.
Ⓥ Telerent

Wovon Frauen träumen
Siehe **Der Orgasmologe**

Louise Smith (Mitte) versucht ihr Glück im Gunstgewerbe: *Working Girls* von Lizzie Borden

W. R. – Mysterien des Organismus

(W.R. MISTERIJE ORGANIZMA). Jugoslawien 1971. **R** Dusan Makavejev. **B** Dusan Makavejev. **K** Pega Popovic/Aleksandar Petkovic. **M** Bojana Makavejev. **D** Milena Dravic (Milena), Jagoda Kaloper (Jagoda), Ivica Vidovic (Vladimir Iljic), Miodrag Andric (Soldat), Zoran Radmilovic (Zoran), Tuli Kupferberg (US-Soldat), Jackie Curtis, Zivka Matic, Nikola Milic, Dragoljub Ivkov, Milan Jelic. **F** 84 Min.

Ausgehend von der Theorie des österreichischen Psychoanalytikers Wilhelm Reich (1897–1957), daß ›sexuelle Entladungen‹ eine kosmische Energie namens Orgon erzeugen, erzählt der Film mit großem Geschick in einer komischen Handlung von Neurosen. Milena, die der Meinung ist, Politik sei nur etwas für Leute, die keinen Orgasmus haben,

»Ja, wir jungen Leute von heute...« (1969): *Wunderland der Liebe* von Dieter Geissler

wird von zwei Sexologinnen untersucht, die von der körperlichen Natur menschlicher Beziehungen besessen sind. – »Der Film ist ein Angriff gegen Repressionen jeglicher Art – politische oder moralische – und eine Ode an den hemmungslosen Geschlechtsverkehr: Repression macht krank und versklavt, während die körperliche Freude der Natur den menschlichen Geist freimacht.« (ADULT MOVIES).

Das Wunder der Liebe
Siehe **Oswalt Kolle: Das Wunder der Liebe**

Wunderland der Liebe – Der große deutsche Sexreport
BRD 1969.
R Dieter Geissler. **B** Joe Hembus/ Karl Heinz Freynik/ Günther Rupp.

K Hubertus Hagen. **M** The Apocalypsis. **D** Sabine Clemens, Jürgen Drews. **F** 87 Min.
Sexreport über das, was sich 1969 unter deutschen Dächern an Neuem tat: Interview mit Lesbierinnen, Interview mit dem Herausgeber eines Schwulenmagazins über Homosexualität, Interview mit einem Stricher.

Wunderland der Pornographie
(CODE NAME: RAW HIDE). USA 1971.
R Ken Stewart. **B** Ken Stewart. **K** Ken Slater. **M** N.N. **D** Michael Finn (Frank Aloutta), Tony Lane (Barney Armstead), Jack Moran (Gordon Rank), Fred Dingle (Mausi), Sally Simple (Barbara). **F** 74 Min.
Zwei Agenten der amerikanischen Sittenpolizei, die es auf Pornofilm-Produzenten und Buchhändler abgesehen ha-

ben, geben sich alle Mühe, den Verbreitern von Lüsternheiten das Handwerk zu legen, bis sie am Ende erkennen, daß ihr Chef vom Verkauf dieses Schmuddelkrams profitiert und sie selbst auch nicht gegen die Reize gefeit sind, was sie offiziell bekämpfen müssen. – Simple Sexkomödien-Dutzendware.

Der Wüstling
(IJO SEAI KIROKU, HARENCHI).
Japan 1969.
R Teruo Ishii. **B** Teruo Ishii. **K** Motoya Washyo. **M** Masao Yag. **D** Masumi Tachibana, Kyoko Tange, Kichijiro Ueda, Eiji Wakasuki, Shinrichiro Hayashi, Asao Koike, Teruo Yoshida.
F 78 Min.

Böser Unternehmer erpreßt die arme Noriko dazu, ihm und seiner Geliebten zu willen zu sein, weil er ihren Vater in der Hand hat. Zum Glück lernt die nette Unschuld aber einen wohlhabenden Mann kennen, der es dem bösen Perversling ordentlich gibt und sie aus ihrer Lage rettet. – Kolportage reinsten Wassers.

Ⓥ VPS

X / Y

X – Beim Sex ist alles erlaubt
Siehe **Lasse Brauns Liebesgeflüster**

X – Beim Sex ist alles erlaubt (2)
Siehe **Pornographie in Dänemark**

X + YY: Formel des Bösen
BRD 1970.
R Teja Piegeler/Pavel Jocic. **B** Teja Piegeler/Miklos Dénes. **K** Franz Vass. **M** Schmid-Produktion. **D** Luba Samardy (Red Mitchell), Gertrud Oswald (Opfer), Kai Fischer (Odette), Albert Hehn (Staatsanwalt), Mica Orlovic (Kommissar Donat), Hilde Brand (Opfer), Manuela Koblich (Opfer), Alexander Miller (Gangster), Georg Geston (Gangster), Mikitza Milock (Professor), Suncica Stanojwic (Tänzerin), Stefan Zessner (Kriminalassistent), Leonina Pavlovic (Millionärstochter), Klaus Kühn (Partygast), Elfriede Schleicher (Mordopfer), Teja Piegeler, Vessna Jurkovic, Petar Radenkovic, Tschik Cajkovski, Wolfgang Farian. **F** 78 Min.
Red Mitchell, ein Opfer seiner verdrehten Gene, läßt sich von einer Barbesitzerin aushalten, an die er sich sexuell nicht herantraut, sieht Mädchen mit Hilfe seines Röntgenblicks nackt, zieht sie aus und ertränkt sie, bis die Polizei ihn zur Strecke bringt.

X + YY: Nackt sind seine Opfer
Siehe **X + YY: Formel des Bösen**

Yellow Emanuelle
(IL MONDO DEI SENSI DE EMY WONG). Italien 1976.
R Albert Thomas [= Alberto Albertini]. **B** Adam Ambrogio. **K** Guido Mancori. **M** Nico Fidenco. **D** Chai Lee (Dr. Emanuelle Wong), Giuseppe Pambieri (Gianni), Ilona Staller (Helga), Claudio Giorgi, Rik Battaglia. **F** 88 Min.

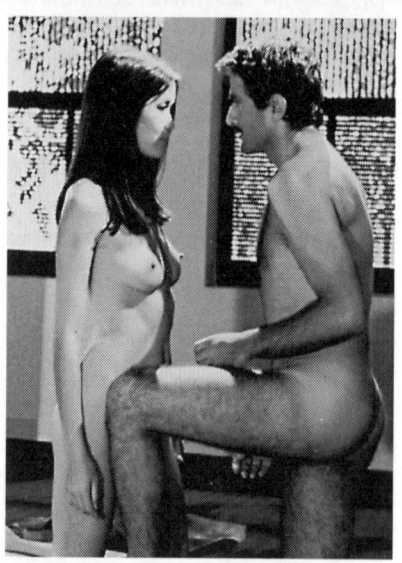

Chai Lee und Giuseppe Pambieri in *Yellow Emanuelle* von Albert Thomas

Der Pilot Gianni kommt in Hongkong unter die Räder und landet im Krankenhaus, wo er sich in die Ärztin Emy Wong verliebt, was seiner liederlichen Exfreundin Helga nicht gefällt. Als der Beruf Gianni ins Ausland ruft, wird Emy arbeitslos und muß im Bordell jobben gehen. Wenn wir unseren Helden und jenen, die ihren Weg kreuzen, mal nicht beim Körpern zusehen, liefert Guido Mancori uns einen hübschen Tourismus-Bilderbogen aus der asiatischen Wolkenkratzer-Metropole. Die ›gelbe‹ Emanuelle, von der der neudeutsche Titel schwärmt, ist nur ein mieser Trick, um die Sylvia Kristel- und Laura Gemser-Fans auszunehmen. – »Die Story ist so sentimental und albern, wie sie nur die Italiener erfinden können, deren Nachahmungstrieb… dem der Japaner nur wenig nachsteht… Eine richtige Story ist Nebensache; Logik ist nicht nur überflüssig, sondern manchmal sogar störend.« (Otto Kuhn, FILMBEOBACHTER).

Z

Zarte Knospen
(TENDRE ADOLESCENTE).
Frankreich 1983.
R André Marchand [= Claude Pierson]. **B** Claude Pierson. **K** N.N. **M** N.N. **D** Loretta Lowe (Nadine), Chuck Ballinger, Isa Pigot, Fred Durey. **F** 83 Min.
Die junge Nadine reißt, weil sie Probleme mit ihrer Mutter hat, nach New York aus, um eine Freundin zu besuchen, und stößt auf zwei Machos, die ein böses Spielchen mit ihr spielen. Ein junger Mann, den sie auf einer Fähre kennenlernt, nimmt sich ihrer an. – »Wenig durchkonzipierte Mischung aus Erotik und kritischer Milieustudie. Allenfalls einige Schauwerte können überzeugen.« (VIDEO-MARKT). Ⓥ VPS

Zartes Fleisch
Siehe **Junge Lady Chatterley**

Zärtlich, aber frech wie Oskar
BRD 1980.
R F.J. Gottlieb. **B** Florian Burg. **K** Franz Xaver Lederle. **M** Gerhard Heinz. **D** Patricia Zenker (Billi), Régis Porte (Peter), Babsi May (Christl), Renate Langer (Marie-Louise), Heinz Eckner (Leopold), Herbert Fux (Pfarrer), Rosl Mayr (Tante Rosl), Werner Röglin (Josef), Tobias Meister, Alexander Grill, Marie Luise Lusewitz, Esther Cosica, Gesa Thoma, Corinna Gillwald, Walter Kraus, Otto W. Retzer. **F** 86 Min.
Der Münchner Vorstadtcasanova Peter verguckt sich in Billi, eine Tankwartin vom Wörther See, kann aber vom Rest der Weiblichkeit, der ihn vor der Dörflerin bewahren will, nicht immer lassen. Und Hochwürden Fux hat was gegen das Oben-ohne-Baden der Jugend. – Ein biederer Sexschwank; mehr Klamauk als Sex. Ⓥ PolyGram

Zärtlich fängt die Liebe an
(PRIVATE LESSONS). USA 1980.
R Alan Myerson. **B** Dan Greenburg. **K** Jan de Bont. **M** Rod Stewart/Eric Clapton/Air Supply/Earl Klugh/Earth, Wind & Fire/John Cougar/Crazy Horse/Willie Nile/Rudy Van Warner. **D** Sylvia Kristel (Nicole), Howard Hesseman (Lester), Eric Brown (Philly Fillmore), Patrick Piccinini (Sherman), Ed Begley jr. (Jack Travis), Pamela Bryant (Joyce), Meredith Baer (Miss Phipps), Ron Foster (Phillys Vater), Peter Elbling (Kellner), Dan Barrows (Green), Marian Gibson (Florence), Dan Greenburg (Hotelier). **F** 87 Min.
Philly und Sherman, zwei reiche Knäblein, kriegen einen Rüffel, weil sie Schülerinnen beim Entkleiden beobachten. Die Haushälterin Nicole nimmt Philly die Unschuld in der Badewanne. Doch Nicole steckt mit dem bösen Chauffeur Lester unter einer Decke und mimt ihren Tod beim Sex. Lester hebt ihr Grab aus. Dann verschwindet Nicoles

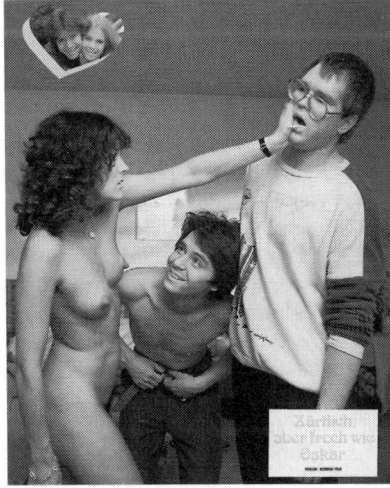

Vorstadtcasanova sucht das Glück:
Zärtlich, aber frech wie Oskar von Franz Joseph Gottlieb.

Leiche, und jemand verlangt zehntausend Dollar. Philly bestiehlt Papa. Nicole taucht wieder auf; Philly erfährt, daß Lester sie erpreßt hat. Mit Hilfe eines Sportlehrers wird Lester in die Flucht geschlagen. Als alles vorbei ist, kann Philly es auch mit der hübschen Lehrerin ›aufnehmen‹. – »Ein Verwirrspiel, das alles enthält außer zärtlichen Momenten, aber dennoch eine flotte Familiengeschichte, die zwar anspruchslos unterhält, aber immerhin unterhält.« (Guntram Lenz, FILMECHO/FILMWOCHE).
Ⓥ CIC

Zärtliche Cousinen
(TENDRES COUSINES).
BRD/Frankreich 1981.
R David Hamilton. **B** Pascal Laine/Werner P. Zibaso. **K** Bernard Daillencourt. **M** Karin Trouw. **D** Anja Schüte (Julia), Thierry Tevini (Julien), Valerie Dumas (Puone), Laure Dechasnel (Clementine), Hannes Kaetner (Prof. Schönberg), Silke Rein (Liselotte) Elisa Cervier (Claire), Pierre Chantepier (Mathieu), Anne Fontaine (Justine), Evelyn Dandry, Carmen Weber, Macha Meril, Catherine Rouvel, Jean-Yves Chatelais, Pierre Vernier.
F 92 (TV: 86) Min.
1939 wird der vierzehnjährige Julien auf einem Landgut in der französischen Provence von einer sinnlichen Hilfskraft in die Mysterien der Sexualität eingeführt und darf auch seine angebetete Cousine lieben. Nebenher geht es zu wie in allen Hamilton-Filmen: Junge Mädchen aalen sich in hauchdünnen Gewändern, und es wird getändelt und geschwärmt, bis auch der Gutwilligste (von den Päderasten, die nicht auf ihre Kosten kommen, abgesehen) gähnend das Weite sucht. Nebenbei erfahren wir, daß der Krieg ausgebrochen ist. – Ein Softporno wie viele andere, nur eben schöner fotografiert.
Ⓥ Atlas

Zauberstab zur Selbstmassage
(DESIRES OF WOMEN). USA 1967.
R Louis Silverman [= Doris Wishman]. **B** Louis Silverman [= Doris Wishman]. **K** C. Davis Smith. **M** N.N. **D** Buck Starr (Mike), Sharon Kent, Lee Taylor. **SW** 65 Min.
Mike, ein Potenzprotz, der sich alles vornimmt, was seine Wege kreuzt, zieht in die Wohnung eines Sado-Maso-Fans und lebt dort und anderswo seine fragwürdigen Neigungen aus. – Was uns der Originaltitel als die ›Sehnsüchte der Frauen‹ unterjubeln will, sind nichts anderes als die verklemmten Phantasien einer unter Pseudonym agierenden Dame, die zu den wenigen Sexproduzentin-

Anja Schüte in *Zärtliche Cousinen* von David Hamilton

Bo Derek und Dudley Moore in *Zehn – Die Traumfrau* von Blake Edwards

nen der Filmwelt gehört. – »Hörige Frauen unter dem lüsternen Sex-Terror eines abgefeimten Sado-Snobs!« (Verleihwerbung). Da rollen sich einem glatt die Fußnägel auf.

Zehn – Die Traumfrau
(TEN). USA 1978.
R Blake Edwards. B Blake Edwards.
K Frank Stanley. M Henri Mancini.
D Dudley Moore (George Webber),

Julie Andrews (Sam Taylor), Bo Derek (Jenny), Robert Webber (Hugh), Dee Wallace (Mary Lewis), Sam Jones (David), Brian Dennehy (Mixer), Max Showalter (Pfarrer), John Hancock (Dr. Croce), Rad Daly (Josh), Nedra Volz (Mrs. Kissel), James Noble (Fred Miles), Virginia Kiser (Ethel Miles), John Hawker (Covington), Deborah Rush (Zahnarzthelferin), Don Calfa (Nachbar), Walter George Alton (Larry). **F** 122 (TV: 117) Min.
George Webber, erfolgreicher Popkomponist, Verbalerotiker und Hobbyvoyeur, gerät in die Midlife Crisis. Er verläßt sein schmuckes Heim und seine Freundin Sam in Beverly Hills, um in einem mexikanischen Luxushotel Urlaub zu machen. Am Strand stößt er auf die Traumfrau Jenny und ihren kretinösen Bräutigam David. George gibt sich Mühe, Jennys Aufmerksamkeit zu erregen, und nach vielen Pleiten gelingt ihm dies, als er den tumben David aus Seenot rettet. Doch die Realität versetzt seiner Imagination einen schweren Schlag, als er ihr näherkommt. Seine Traumfrau hat es nämlich faustdick hinter den Ohren: George ist für sie nur eine ›Nummer‹, was ihm gar nicht gefällt. – Ein netter Ulk über das ›sündige‹ Dasein in exklusiven Hollywood-Villen, US-Touristen im Ausland und die Demontage der Träume eines frustrierten Vierzigers.
Ⓥ Warner

Zeig mir deins, ich zeig dir meins
(COCKTAIL HOSTESSES). USA 1973.
R Stephen C. Apostolof. **B** N.N.
K N.N. **M** N.N. **D** René Bond, Terri Johnson, Lynn Harris, Kathy Hilton, Forman Shane, Susan Gale, Jimmy Longdale. **F** 68 Min.
Eine Exsekretärin, nun in einer Bar tätig, nimmt ihren ehemaligen Chef aus, als dieser sich an ihren neuen Arbeitsplatz verirrt, denn Anno ›dunnemals‹ hat er sich an ihr verlustiert, ohne sie für ihre Mühe zu honorieren. – Ein billiger Sexfilm ohne Handlung. René Bond, die Heldin, hat sich kurz darauf in der Hardcore-Szene etabliert. – AT: COCKTAIL HOSTESS.
Ⓥ Heeres (Cocktail Hostess)

Zeig mir, wie man's macht
(MALIZIA EROTICA/EL PERISCOPIO).
Italien/Spanien 1979.
R José R. Larraz. **B** José R. Larraz.
K Roberto Girometti. **M** Ubaldo Continiello. **D** Laura Gemser, Barbara Rey, José Sazatornil, Angel Herraiz, Mila Stanic, Daniele Vargas. **F** (88) 75 Min.
Zwei Krankenschwestern, die der lesbischen Liebe frönen, werden von einem jungen Voyeur, der sie mit einem Fernglas beobachtet, in flagranti ertappt, woraufhin sie ihm zeigen, daß sie nicht nur auf das eigene Geschlecht fixiert sind.
Ⓥ Monte

Zieh dich aus, Puppe
BRD 1968.
R Akos von Ratony [= Hans Billian].
B Akos von Ratony [= Hans Billian].
K Klaus v. Rautenfeld. **M** N.N.
D Anke Syring (Sylvia), Astrid Frank (Marianne), Christiane Rücker (Liane), Gaby Gasser (Rita), Linda Carroll (Jessica), Petra Mood (Andrea), Elisabeth Volkmann (Diana), Christine Schuberth (Christine), Felix Franchy (Micky), Michael Berger (Johannes), Michael Maien (Horst), Günther Stahl (Lorenz), Wolfram Schaerf (Vater), Otto Stern (Direktor), Arthur Binder (Krautkopf), Hans Elwenspoek (Portier), Annemarie Wendl (Garderobiere), Marina Paal (Heike), G. Seywirth (Mörder). **F** 86 Min.
Die Tochter eines Industriekapitäns reißt, nachdem sich ihr Geliebter als schnöder Erbschleicher erwiesen hat,

von zu Hause aus und nimmt einen Job in einem Striplokal an. Dort macht sie Bekanntschaft mit ›Rauschgift‹ und der Zyniker-Mafia, deren Interessen sich schon im Filmtitel äußern. Sie erlebt, wie ihre Kolleginnen sich verkaufen und dem Gift verfallen, und tritt – geläutert und von der Männerwelt enttäuscht – den Heimweg an. – Obwohl weiland (1968) die Werbung tönte:»Sie tun es nicht nur aus Berechnung, sondern auch aus Leidenschaft.« – Da hatte der gute Billian wohl einen anderen Film geplant. Ⓥ IP

Zimmermädchen der Lust
(BONNE A TOUT FAIRE).
Frankreich 1980.
R André Marchand [= Claude Pierson]. **B** Claude Pierson. **K** N.N. **M** N.N. **D** Sophia André, Gregory Salvatin, Dominique Bonval. **F** 79 Min.
Das Zimmermädchen der Lust arbeitet in einem vornehmen Haus, dessen Bewohner – ebenso wie sie – nur das eine im Kopf haben. Und dabei spielt es dann auch mit, und zwar bis zum bitterbösen Ende.

Zorro – Spiel mir das Lied der Wollust
(LES AVENTURES GALANTES DE ZORRO). Belgien 1972.
R William Russell. **B** Henri Bral de Boitselier. **K** Johan Vincent. **M** Gilbert Gardet. **D** Jean-Michel Dhermay (Zorro), Evelyne Scott, Alice Arno, Evelyne Galou, Christine Chantrel, Rose Kiekens, Ghislaine Kay, Martine van Liden, Hélène Machefel, Madeleine Revardy, Valérie Jalain, Sylvie Picot, Christine Casalonga, Arlette Bontemps, Louise Petit, Antoine Fontaine, Yeladi Luk, Johnny Weissler, Mikaela Wood, Fatou, Marie-Thérèse Lecomble. **F** 78 Min.
Zorro, weltbekannt als Rächer der Enterbten, Witwen und Waisen, verführt in dieser Sexschmonzette die Gattin des korrupten Bösmanns und Gouverneurs Don Manuel und spießt alles auf seinen Säbel, was der vollbusig des Weges kommt. – Dennoch: Dies ist *kein* Film für Western-Afficionados!

Zorro und seine lüsternen Mädchen
(THE EROTIC ADVENTURES OF ZORRO). USA/BRD/Frankreich 1973.
R Robert Freeman. **B** Mona Lott/Joy Boxe/David F. Friedman/Robert W. Cresse. **K** Fred Sebastian. **M** Billy Allan/William Loose. **D** Douglas Frey (Zorro), Jackie Guroux, Penny Bolan, Jude Farese, John Alderman, Lynn Harris, Michelle Simon, Bruce Gibson, Sebastian Gregory, Mike Peratta, Kathy Hilton, Allen Bloomfield, Gerald Broulard, Cory Brandon, David Villa, Dave Friedman, Robert W. Cresse. **F** (101) 85 Min.
Eine Mantel-und-Degen Farce mit Softsex-Einlagen, bei denen Zorro leider keine tragende Rolle spielt. – Der Film, in neun Tagen mit einem 60.000-Dollar-Budget gedreht, existiert in zwei Fassungen: im englischen Sprachraum als Komödie, und auf dem europäischen Kontinent als Sexfilm. – »Die Deutschen ziehen harten Sex vor. Sie mögen Auspeitsch- und Folterszenen«, meinte Produzent und Drehbuchautor David Friedman, der im Übrigen auch gesagt hat: »Ich bin wahrscheinlich schuldig an der Verbreitung von höchst ekelhaftem Abfall.«
Ⓥ Silwa (Zorro und seine lüsternen Mädchen)

Die Zuchtfarm der Sklaven
(EMMANUELLE BIANCA E NERA). Italien 1979.
R Mario Pinzauti. **B** N.N. **K** N.N. **M** N.N. **D** Antonio Gismondi, Marisa

Longo, Rita Manna, Percy Hogan.
F 82 Min.
Die verlotterte Tochter eines Sklavenhändlers richtet einen Sklaven ab, ihr ›dienlich‹ zu sein und läßt ihn, als sie seiner überdrüssig ist, umbringen. – Ein Machwerk, das im Originaltitel mit der sanften Emanuelle hausieren geht.

Das Zuhältersyndikat
Siehe **Frauen, die uns nachts begegnen**

Zum Beispiel Ehebruch
Siehe **Oswalt Kolle: Zum Beispiel Ehebruch**

Zum Gasthof der spritzigen Mädchen
BRD 1979.
R Franz Marischka. **B** N.N. **K** Ernst W. Kalinke. **M** N.N. **D** Peter Steiner, Rosl Mayr, Margot Mahler, Fred Stillkrauth, Franz Helminger, Margit Geissler, Alena Penz, Jacques Herlin, Toni Netzle, Hermann Giefer, Josef Moosholzer, Franz Muxeneder.
F 87 (TV: 67) Min.
Bayerische Dorfjugendliche, die Probleme mit der Kirche und dem Trunk haben, kommen dahinter, daß ihre Eltern auch nicht ohne waren: Kaum einer von ihnen hat den Vater, der sich für selbigen ausgibt. – »Hier wird kein Bier warm und kein Bett kalt!« meint die listige Verleiherbung dazu. Aber die Milch wird sauer. – AT: DAS GASTHAUS DER STRAMMEN MÄDCHEN.
Ⓥ ITT Contrast

Zum Teufel mit der Jungfernschaft
(PARTIRONO PRETI, TORNARONO... CURATI). Italien 1978.
R Mariano Laurenti. **B** N.N. **K** N.N. **M** N.N. **D** Alvaro Vitali, Anita Strindberg, Francesca Milizia, Stefano Patrizi. **F** (86) 78 Min.
Sekretärin eines Direktors sorgt in dessen Palazzo mit den ihr von der Natur zur Verfügung gestellten ›Waffen‹ dafür, daß bald alles hinter ihr herlechzt. – Eine Sexklamotte harmloser Natur.

Zum Teufel mit der Unschuld
(GOOD BYE, COLUMBUS). USA 1968.
R Larry Peerce. **B** Arnold Schulman. **K** Charles Fox. **M** Gerald Hirschfeld.
D Richard Benjamin (Neil Klugman), Ali McGraw (Brenda Patimkin), Jack Klugman (Patimkin), Nan Martin (Mrs. Patimkin), Michael Meyers (Ron), Lori Shelle (Julie). **F** 102 Min.
Der Bibliothekar Neil lernt am Swimming Pool die reiche Brenda kennen, wird zum ständigen Gast im Haus ihrer Eltern, raubt ihr die Unschuld, die sie unbedingt loswerden will, und schleicht sich Nacht für Nacht in ihr Zimmer, bis er zu seinem Schrecken feststellt, daß sie keine Verhüterli verwendet. Als Mrs. Patimkin im Zimmer ihrer Tochter ein Pessar findet, gewinnt Neil den Eindruck, daß man ihn in eine Falle locken will und packt seine Koffer. – »Gefällig-konventionell inszenierte Unterhaltung im unverbindlichen Hollywoodstil.« (FILMDIENST). Ⓥ CIC

Zum zweiten Frühstück: Heiße Liebe
BRD 1972.
R Hubert Frank. **B** Hubert Frank. **K** Günter Knuth. **M** Schacht Verlag.
D Frank Glaubrecht (Oliver), Anna Kristina (Freundin), Barbara Berent, Inge Steinbach, Eva Strömberg, Ingrid Steeger, Marlene Rahn, Ingrid van Bergen, Evelyn Bienert, Hillary Peetz, Dorit Henke, Rena Bergen (Grüne Witwen), Andreas Mannkopff, Jürgen Grossmann, Rolf Schumacher, Michael Büttner (Ehemänner), Herbert Rüdiger, Konrad Jank, Bernd Kummer, Reiner Peetz, Hans Hardt, Bernd Bergemann (Liebhaber). **F** 77 Min.

Der (ebenso wie der Drehbuchautor) an Einfallslosigkeit leidende Journalist Oliver will eine Reportage über ›Grüne Witwen‹ zu schreiben, die nach landläufiger Filmproduzentenmeinung schon nach dem Frühstück für Ferkeleien aller Art zu haben sind. Und seine Recherchen geben ihm recht: Margot treibt's mit Vertretern; Inge macht den Hauswirt spitz; die reiche Anita macht es mit dem Gärtner und läßt ihre Tochter dabei zusehen; zwei Ehepaare betreiben Partnertausch, wobei die Frauen merken, daß es wahre Liebe nur unter den Weibern gibt; Frau Freitag treibt's mit dem Schwiegersohn; die Kassiererin Eva ›bedient‹ die Kundschaft auch zu Hause; und in der Erosschule leitet Elga die Grünen Witwen an.
– Wer's denn glaubt…
Ⓥ Toppic

Zur Sache, Kätzchen
Siehe **Pornographie in Dänemark** – **Zur Sache, Kätzchen**

Zwei Däninnen in Lederhosen
BRD 1979. **R** Franz Marischka. **B** Franz Marischka. **K** Lothar Stickelbrucks. **M** Pepi Scherfler. **D** Nathalie Neumann (Rosi), Sylvia Engelmann (Ulla), Rinaldo Talamonti (Tonio), Franz Muxeneder (Pfarrer), Fred Stillkrauth, Margot Mahler, Herbert Fux, Deborah Mooney, Günter Fersch, Peter Steiner, Dolfi Kauer. **F** 93 (TV: 89) Min.
Die Kellnerinnen Rosi und Ulla verlieren ihren Job in einem Münchner Striplokal und brausen mit einem ›entliehenen‹ Straßenkreuzer, in dem sich eine potenzsteigernde Droge befindet, aufs Land. Tonio, der auf sie angesetzt wird, soll den Stoff wieder herbeischaffen. Als Rosi und Ulla sich in Mutzenbach niederlassen, bricht der Sexrausch aus. – »Eine ›Komödie‹ ist's schon, aber mit dem Lachen ist das so eine Sache‹.« (Guntram Lenz, FILMBEOBACHTER). – »Primitiver Klamauk, der sich kaum eine Gelegenheit zu Zoten in Wort und Bild entgehen läßt.« (FILMDIENST).
Ⓥ UFA

Zwei Freundinnen
(LES BICHES). Frankreich 1969. **R** Claude Chabrol. **B** Claude Chabrol/Paul Gegauff. **K** Jean Rabier. **M** Pierre Jansen. **D** Stephane Audran (Frédérique), Jean Louis Trintignant (Paul Thomas), Jacqueline Sassard (Why), Henri Attal (Robègue), Dominique Zardi (Riais), Nane Germon (Violetta), Serge Bento (Buchhändler), Henri Frances, Claude Chabrol. **F** 99 Min.
Frédérique, eine reiche, lesbische Werftbesitzerin aus St. Tropez, nimmt die herumstreunende Pflastermalerin Why bei sich auf, doch die Kleine verguckt sich in den Architekten Paul. Um das sich anbahnende Verhältnis im Keim zu er-

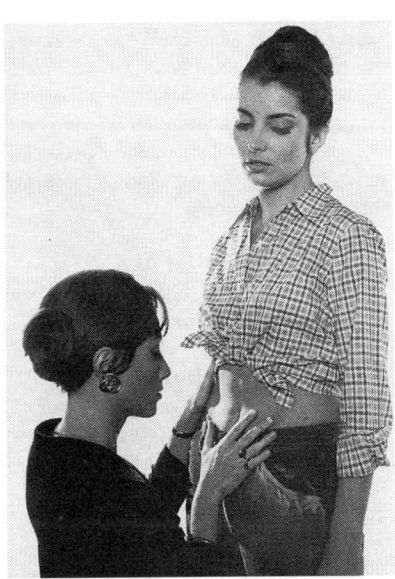

Stephane Audran und Jacqueline Sassard in *Zwei Freundinnen* von Claude Chabrol

Kumpel Anton, Zenzerl und der »obszöne Vogel der Lust« in *Zwei Kumpel in Tirol* von Alois Brummer

sticken, bandelt Frédérique mit ihrem Rivalen an. Der daraus erwachsende Konflikt führt zu einer Katastrophe in bester Thriller-Manier: Why, von rasender Eifersucht getrieben, ersticht Frédérique, ›verwandelt‹ sich in ihre Konkurrentin und nimmt deren Verabredung mit Paul wahr. – Eine spannende Dreiecksgeschichte, in der Seh-Leute nicht auf ihre Kosten kommen.

Zwei Kumpel auf der Alm
Siehe **Laß jucken, Kumpel (4): Zwei Kumpel auf der Alm**

Zwei Kumpel in Tirol
BRD 1978.
R Alois Brummer. **B** Alois Brummer. **K** Hubertus Hagen. **M** N.N. **D** Ingrid Steeger, Franz Muxeneder, Rinaldo Talamonti, Ruth Witt. **F** 79 Min.
Zwei angebliche Ruhrpöttler vernaschen in München und Tirol jedes weibliche Wesen, das nicht schnell genug »Ups!« sagen kann.
Ⓥ UFA

Zwei stramme Bayern in Kopenhagen
Siehe **Liebesmarkt in Dänemark**

Zwischen Beat und Bett
(THE TOUCHABLES). GB 1967.
R Robert Freeman. **B** Ian Le Frenais. **K** Alan Pudney. **M** Ken Thorne. **D** Judy Huxtable (Sadie), Esther Anderson (Melanie), Marilyn Rickard (Busbee), Kathy Simmons (Samson), David McBride (Christian), Ricky Starr (Ricky), James Villiers (Twyning), John Ronane (Kasher), Harry Baird (Lillywhite), Michael Chow (Denzil), Joan Bakewell, William Dexter, Roy Davies, Danny Lynch, Bruno Elrington, Steve Veidor, Peter Gordeno. **F** 94 Min.
Vier ansehnliche Mädchen entführen den Popsänger Christian in ihren ›Lustdom‹, wo er ihnen sexuell dienlich sein muß. Währenddessen hat Christians Manager Ärger mit der Unterwelt – und auch sonst ist dieser Film von beschränktem Interesse.

Zwölf Schwedinnen in Afrika
(BELLES, BLONDES ET BRONZÉES / BELLAS, RUBIAS Y BRONCEADAS). BRD/Frankreich/Spanien 1981. **R** Max Pécas. **B** Max Pécas. **K** Roger Fellous. **M** Roger Candy/Jean Bouchety. **D** Philippe Klébert (Alain), Xavier Lepetit (Marc), Daniel Derval, Michel Vocoret, Sylvia Aguilar, Corinne Brodbeck, Ana Obregon, Otto W. Retzer. **F** 90 (TV: 83) Min.
Gaunergeschichte um fünfhundert Millionen geklaute Franc, ein Dutzend draller Mädchen, die sich in einem afrikanischen Luxushotel verführerisch breitmachen, und ein Ganoventrio, das hinter ihnen her ist, wobei sich der Hauptteil der Story im Schlafzimmer, am Pool oder unter der Dusche abspielt. – »Max Pécas versteht sich zwar auf die handelsüblichen Lüsternheiten, läßt aber ein Gespür für Spannung vermissen.« (FILMBEOBACHTER).
Ⓥ PolyGram

Die Regisseure und ihre Filme

(*): Ko-Regie; (E): Episode

A

Abramson, Hans	Löckchen – Ein nackter Spatz in fremden Federn
Ackeren, Robert van	Die flambierte Frau, Harlis, Die Venusfalle
Adamson, Al	Liebe im Raumschiff Venus
Adloff, Manfred	Die goldene Pille
Ahlberg, Mac	Drei Arten Liebe, Fanny Hill auf schwedisch, Ich, eine Frau (als Bert Torn), Justine und Juliette (als Bert Torn), Die Keusche mit den feuchten Lippen (als Bert Thorn), Kommt her, ihr wilden Schwedinnen (als Bert Torn), Liebling, vergiß die Peitsche nicht, Mißbraucht, Nana, Skandalschule – Mädchen ohne Höschen (als Bert Torn), Skandinavische Lust (als Bert Torn)
Albertini, Bitto	Schicke deinen Teufel in meine heiße Hölle
Albin, Hans	Gräfin Porno von Ekstasien
Aldrich, Robert	Das Doppelleben der Schwester George
Alessi, Ottavio	Sklavin ihrer Triebe
Alew, Buck (Siehe Bethel Buckalew)	
Alexander, Sascha	Born For Love
Allan, Elkan	Liebespraxis in unserer Zeit
Allégret, Marc	Reif auf junge Blüten
Allen, Lloyd	Nicht zugelassen
Almodóvar, Pedro	Das Gesetz der Begierde
Amadio, Silvio	Leidenschaften einer Minderjährigen, Liebe ohne Stundenplan, Sonne, Sand und heiße Schenkel, Wenn bei süßen Teens die Hüllen fallen
Ambesser, Axel von	Das Liebeskarussell (E)
Amero, Lem	*Bacchanale, die totale Erotik, Das Haus der tausend Perversionen, *Sexuelle Spiele
Amero, John	*Bacchanale, die totale Erotik, *Sexuelle Spiele
Amon, Hansjörg	Unruhige Töchter
Anderberg, Torgny	Ruckzuck im Walde
Anders, Christian	Die Todesgöttin des Liebescamps
Anderson, Robert J.	*Nackte Engel sind gefährlich
Anderson, Terry	*Nackte Engel sind gefährlich
Andrei, Marcello	Die Sünden der ganz jungen Mädchen
Andrews, Eric [= Eduardo Mulargia]	Lesbos Hohe Schule der Liebe
Andritsos, Kostas	Penny, die schmutzige Jungfrau
Angel, Jack [= Eddy Matalon]	Pension zur freien Liebe
Angelucci, Gianfranco	
Anonym	Honey Feuchter Sex aus Skandinavien, Hot Swedish Summer Night, Mädchen für verbotene Spiele, Man and Wife – Alles über

Antel, Franz	die körperliche Liebe, Partnertausch im Liebesrausch, Schwedenmädel in Paris, Teenager – Ein französischer Internatsreport Blutjung und liebeshungrig, Casanova & Company (als François Legrand), Frau Wirtin bläst auch gern Trompete, Frau Wirtin hat auch eine Nichte, Frau Wirtin hat auch einen Grafen, Frau Wirtin treibt es jetzt noch toller, Frau Wirtins tolle Töchterlein, Liebe durch die Hintertür, Das Love-Hotel in Tirol, Turm der verbotenen Liebe (als François Legrand), Wenn Mädchen zum Manöver blasen (als François Legrand), Die Wirtin von der Lahn
Antonioni, Michelangelo	Blow Up
Anutroff, Ilja von [= Ralf Gregan]	Bett-Kanonen, Bettkarriere, Das sündige Bett, Frühreife Betthäschen, Liebe zwischen Tür und Angel
Apostolof, Stephen C.	Drop Out – Mysterien blutjunger Mädchen, Heißes Verlangen blutjunger Mädchen (als A.C. Stephen), Hot Ice, Hotel Eros Intim (als A.C. Stephen), Die Nymphomanin (als Marco Macaroni), Der Ritt der Lady Godiva (als A.C. Stephen), Sekretärinnen-Report (als Charles Baulton), Sexpraxis '75 (als A.C. Stephen), Snow Bunnies – Die lüsternen Betthäschen (als A.C. Stephen), Verführung in der Pause (als A.C. Stephen), Zeig mir deins ich zeig dir meins
Arcand, Denys	Der Untergang des amerikanischen Imperiums
Ardolino, Emile	Dirty Dancing
Armorn, John	Die Massagesalons von Bangkok
Arsan, Emmanuelle	Laura
Arkless, Robert	Fiktive Intimitäten
Ashby, Hal	Shampoo
Ashcroft, Ronnie	Mädchen zum Mitnehmen
Aston, Brian Smedley	Erotica
Aubin, Patrick (Siehe Jean-Claude Roy)	Ausino, Carlo, Skrupellos II, Auster, Sam, Screen-Test – Die affengeile Mattscheibe, Austin, Ray, Virgin Witch, Autant-Lara, Claude, Das älteste Gewerbe der Welt (E)
Avallone, Marcello	Meine drei Cousinen
Avery, Dwayne	Das geheime Sexualleben des Casanova, Porno Motel
Axel, Gabriel	*Die Auto-Nummer Sex auf Rädern, Das liebste Spiel, Das tosende Paradies
Ayala, Fernando	Das Hotel für Fremdenverkehr, Playboy und Nymphe

B

B., Beth	Salvation Sex, Power, Money
Balakoff, Peter (Roter, Ted)	Ring der Begierde
Balducci, Richard	Komm, liebe mich
Balletti, Elio	Hexenkessel der Erotik
Ballmann, Herbert	Eva, Helgalein (Trimm dich durch Sex)
Baltasa, Jack	Ekstase zwischen Gier und Lust
Banerjee, Steve	Tall, Dark And Handsome
Bannert, Walter	Eis am Stiel (7)

Baratier, Jacques	Haben Sie Interesse an der Sache?
Barcelloni, Gianni	Desideria
Bareto, Bruno	Dona Flor und ihre zwei Ehemänner, Gabriela
Barzini, Andrea	Giulia
Bassi, Reynald	Die Nächte der Gamiani
Bauer, Knut	*Das Schiff der nackten wilden Mädchen
Baulton, Charles (Siehe Stephen C. Apostolof)	
Baumgartner, Peter	Und noch nicht sechzehn
Baxter, Cash	Paradies der Leidenschaften
Bazzini, Sergio	Das nimmersatte Weib
Beaird, David	Party Animal, Der Typ, der jede Bluse sprengt
Beale, Lee	Mädchen in Schwierigkeiten
Beaudine, William	Falsche Scham
Becker, Vernon P.	Die jüngsten Kätzchen sind die schärfsten
Beiersdorf, Dagmar	*Der sexte Sinn
Bellocchio, Marco	Teufel im Leib
Benazeraf, José	Frustration, Die ganz teuren Mädchen, Heißer Strand, La Bonne Auberge, Sex x Sex
Bender, Erich F.	Helga, Helga und Michael
Beresford, Bruce	Puberty Blues – Scharf aufs erste Mal
Bergman, Ingmar	Das Schweigen
Bergon, Serge (Siehe Sergio Bergonzelli)	
Bergonzelli, Sergio	Hot Summer
	Joy – 1 1/2 Stunden wilder Lust (als Serge Bergon), *Libido – Das große Lexikon der Lust, Tentazione… die Geschichte der »A« (als Serge Bergon), Verbotene Zärtlichkeiten (als Serge Bergon)
Bernardin, Alain	Die Girls vom Crazy Horse
Berneis, Peter	*Gräfin Porno von Ekstasien
Berri, Claude	Aller Anfang macht Spaß, Die gierigen jungen Biester, Die kleinen Französinnen Das erste Mal, Sex-Shop
Berruti, Giulio	Geständnis einer Nonne
Berry, Denis	Die große Ekstase
Bertolucci, Bernardo	Der letzte Tango in Paris
Bertrand, Jacques	Der leise Atem der Lust
Berwick, Irvin	Erotik in Fesseln
Beshears, James	Hausaufgaben
Biagetti, Giuliano	Toujours l'Amour Immer die Liebe
Bille, Torben (Siehe Werner Hedman)	
Billian, Hans	Die Beichte der Josefine Mutzenbacher, Die fleißigen Bienen vom fröhlichen Bock, Das Haus der geheimen Lüste, Heiße Fleischeslust, Die heißen Nächte der Josefine Mutzenbacher, Hörig bis zur letzten Sünde, Im Gasthaus zum scharfen Hirschen, Im Liebesnest der Hippiemädchen, Intime Liebschaften, Josefine Mutzenbacher – Wie sie wirklich war (1), Josefine Mutzenbacher – Wie sie wirklich war (2), Die Jungfrauen von Bumshausen, Liebesjagd durch 7 Betten, Die

	Liebesschule der Josefine Mutzenbacher, Das Mädchen mit der heißen Masche, Rosemaries Schleckerland, Verführerinnen-Report
Bing, Mac	*Gabriela – blutjung und unbefriedigt
Black, Noel	Private School Die Superanmacher
Blackwood, Michael	Hütet eure Töchter (E)
Blier, Bertrand	Ausgerechnet ihr Stiefvater, Frau zu verschenken
Blorovich, Elie	Prostitution international
Boerner, Moritz	Catch Your Dreams
Boese, Volker	Mädchen, die es wissen wollen
Boger, Chris	Justine – Grausame Leidenschaften
Bolognini, Mauro	Das älteste Gewerbe der Welt (E), Die Kameliendame, Liebesfeuer in Venedig
Boman, Barbro	Eine Schwedin in Paris
Bonucci, Alberto	Erotica
Boos, Walter	Charlys Nichten, Drei Schwedinnen auf der Reeperbahn, Die jungen Ausreißerinnen, Kesse Teens und irre Typen, Krankenschwestern-Report, Liebe in 3 Dimensionen, Mädchen, die nach München kommen, Ostfriesen-Report: O mei, haben die Ostfriesen Riesen, Schlüsselloch-Report, Die Schulmädchen vom Treffpunkt Zoo, *Schulmädchen-Report (3): Was Eltern nicht mal ahnen, *Schulmädchen-Report (5): Was Eltern wissen sollten, Schulmädchen-Report (9): Reifeprüfung vor dem Abitur, Schulmädchen-Report (10): Irgendwann fängt jede an, Schulmädchen-Report (12): Junge Mädchen brauchen Liebe, Schulmädchen-Report (13): Vergiß beim Sex die Liebe nicht, Sex-Träume-Report, Urlaubsgrüße aus dem Unterhöschen, Das Wirtshaus der sündigen Töchter
Borden, Lizzie	Working Girls
Bornhauser, Hans D.	Autostop-Lustreport, Der Bumsladen-Boß, Hurra... die Deutsche Sex-Partei, Semmel, Wurst und Birkenwasser
Borowczyk, Walerian	Ars amandi – Die Kunst der Liebe, Emanuela 77 La Marge, Emmanuelle 5, La Bête, Lulu (1980), Unmoralische Engel, Unmoralische Geschichten, Unmoralische Novizinnen
Borski, Alexandre (Siehe Joe d'Amato)	
Bottari, Franco	Ein nacktes Mädchen weiß zuviel
Bowers, George	Die Klassenfete
Bozelli, Amato	Supergirls in 3-D
[= Walter Molitor]	
Bradley, Al (= Siehe Alfonso Brescia)	
Brass, Tinto	Attraction, Caligula, Die italienische Affäre, Miranda, Salon Kitty, Sodom 2000, The Key Der Schlüssel
[= Giovanni Brass]	
Braun, Lasse	Heiße Fingerspiele (als Joseph F. Robertson), Lasse Brauns
(= Alberto Ferro)	Geheime Träume, Lasse Brauns Liebesgeflüster
Brazzi, Oscar	Das Luder
Brescia, Alfonso	Im Labyrinth der Sexualität, Messalina (2): Poppea, die Hure von Rom, Sein Schlachtfeld war das Bett (als Al Bradley)
Brialy, Jean-Claude	Sommerliebelei

Brickman, Paul	Lockere Geschäfte
Britton, Gregory B.	Her mit den kleinen Playboys
Brönneke, Rainer	Heißes Pflaster Ibiza, Die sündige Kleinstadt
Bronstein, Joseph L. [= José L. Gill]	Der französische Salon der Lady O
Brooks, Bob	Tattoo
Brown, Clifford (Siehe Jesus Franco Manera)	
Brown, John	Monique oder die Sache mit dem Dreieck
Bruck, Roswitha vom	Ich das Abenteuer, heute eine Frau zu sein
Brummer, Alois	Beichte einer Liebestollen, Beim Jodeln juckt die Lederhose, Gefährlicher Sex frühreifer Mädchen (1), Gefährlicher Sex frühreifer Mädchen (2), Geilermanns Töchter – Wenn Mädchen mündig werden, Graf Porno bläst zum Zapfenstreich, He, Marie, ich brauch mehr Schlaf, Kursaison im Dirndlhöschen, Obszönitäten, Pornografie illegal, Unterm Dirndl wird gejodelt, Zwei Kumpel in Tirol
Bryan, James	Wilde Lust
Brynych, Zbynek	Oh Happy Day
Buckalew, Bethel	Der Fummeltrick der jungen Sally, Erotische Lust (als Buck Alew), Im Fummelschuppen von Buffy County, Laß jucken im Heu, Lust auf heiße Lippen, Die Nackten und die Perversen, Oben ohne, unten nix, Quellen erotischer Lust
Bundt, Charlie	Italienische Früchtchen
Buñuel, Luis	Belle de Jour – Schöne des Tages, Dieses obskure Objekt der Begierde, Susanne, Tochter des Lasters, Tagebuch einer Kammerzofe
Byrum, John	Nahaufnahme

C

Cachoux, Georges	Die Mädchen vom Erziehungsheim
Cahn, John	Sexualrausch in China
Caiano, Mario	Die Liebesvögel
Calvi, Enrico	Heiße Feigen
Cameron, Ken	The Good Wife
Cämmerer, Roland	Helga und die Männer, *Wie sag ichs meinem Kinde
Campanile, Pasquale Festa	Der Keuschheitsgürtel, Das Mädchen von Triest, Das nackte Cello, Ornella, die Unwiderstehliche, Seitensprung auf italienisch, Die Sexmaschine, Toll trieben es die alten Germanen, Warum läufst du immer nackt herum?
Canton, Robert	Die Liebespeitsche, Triebe unter nackter Haut
Capetanos, Leon	Cream Schwabing-Report
Capogna, Sergio	Fluch der Erotik
Cardiff, Jack	Nackt unter Leder
Carle, Gilles	Bitte, bitte, eine Frau
Carlino, Lewis John	Class – Vom Klassenzimmer zur Klassefrau
Carmody, Don	Schizophrenia
Carnimeo, Giuliano	Flotte Teens und Sex nach Noten, Hilfe, meine Frau geht wieder zur Schule, Männer mögen's heiß

Die Regisseure und ihre Filme

Carse, Shannon	Wilde Nächte im Pornoclub
Carver, Steve	Die Sklavenhölle der Mandingos
Casale, Nino	*Wilder Sex junger Mädchen
Casaril, Guy	Die Geliebte meines Vaters, Die Novizinnen
Casstner, Sergio	Bademeister-Report
Castellani, Renato	Drei Liebesnächte (E)
Cattarinich, Domenico	Little Lips
Cavallone, Alberto	Salamander
Cavani, Liliana	Die Haut, Leidenschaften, Der Nachtportier
Cervi, Tonino	Die heißen Engel, Die nackte Bourgeoisie
Chabrol, Claude	Zwei Freundinnen
Chaffey, Don	Bettys roter Salon, Frauen, die uns nachts begegnen
Chappuis, Alain-Patrick	Stoßverkehr
Chee, Don	Der Freudenspender
Chevalier, Pierre	Mit Rohrstock und Peitsche (als Peter Knight), Karawane der nackten Frauen, Vergewaltigt
Chevreuse, Christian	Das Haus voller Liebesnarren
Chinn, Bob	Blondes Feuer
Christensen, Sharon	Playmate Lady O.
Cicero, Nando	Die Bumsköpfe
Cimber, Matt (= Matteo Vitale)	He and She – Der perfekte Liebesakt, Der Richter von Nevada
Citti, Sergio	Strandgeflüster
Civirani, Osvaldo	*Verbotene Frauen, verbotene Nächte
Clark, Bob	Porky's, Porky's II Der Tag danach
Clark, Jim	Haferbrei macht sexy, Skandal-Mädchen
Clark, Ron	Und keine Stellung war ihr fremd
Clouzot, Georges Henri	Seine Gefangene
Colbert, André	Die heißen Nächte der Lucrezia Borgia
Collet, Paul	*Die Keusche
Collin, Fabien	Und die Frau erschuf die Liebe
Collins, William	Der Pornokiller
Collinson, Peter	Das Penthouse, Comenici, Luigi, Drei Liebesnächte (E), Conde, Manuel S., Heißblütig (als Gregory Sandor), Porno-Möpse beißen nicht
Coolidge, Martha	Joy of Sex
Cools, Alan W. [= Mario Bianchi]	Eine Frau für alle Fälle, Das Sex-Taxi
Coppola, Francis Ford	Das gibt es nur im wilden Westen
Corbucci, Bruno	Als die Frauen das Bett erfanden, Boccaccio, Messalina, Kaiserin und Hure
Cornell, Jonas	Eva modern Spiele zu dritt
Coste, Yves	Die Nutte von 18 Karat
Crane, Larry	Nackt in deinen Händen
Crispino, Armando	Casanova Frankenstein
Cukor, George	Der Chapman-Report, Die Kameliendame
Cullan, Peter	Schwedischer Sommerwind
Cunningham, Sean S.	Together Die Lust zu zweit
Cziffra, Geza von	Josefine, das liebestolle Kätzchen

D

d'Alcala, Mario	Das bumsfidele Häuschen, *Draculas lüsterne Vampire, Porno-Reise zur Sex-Göttin
d'Amato, Joe [= Aristide Massaccesi]	Afternoon – Stunden der Leidenschaft, Black Emanuelle (2), Black Emanuelle – Stunden wilder Lust, Dancing is my Life, Elf Tage und elf Nächte, Emanuela – Alle Lüste dieser Welt, Foltergarten der Sinnlichkeit, Die Lust, Mit der Pille umso toller, Die nackte Eva, Papaya, Liebesgöttin der Kannibalen, Skandalöse Emanuelle – Die Lust am Zuschauen, Sklavenmarkt der weißen Mädchen, Sklavin für einen Sommer, Sündige Lippen (als Alexandre Borski), Top Model, Wallstreet Woman, Woodoo Baby – Sex und Schwarze Magie in der Karibik
d'Ambrosio, Enzio	Emanuelle: Insel ohne Tabus
Dadiras, Dimitri	Sklaven des Eros
Daert, Daniel	Les Felines – Der Hengst und die Nymphe
Dahlberg, Hannes	*Erotik auf der Schulbank
Dallamano, Massimo	Annie Belle – Zur Liebe geboren, Das Bildnis des Dorian Gray, Venus im Pelz (als Max Dillman)
Damiano, Gerard	Alpha Blue – Liebe im 21. Jahrhundert, Deep Throat (als Jerry Gerard), Fantasy, Die Story von Joanna, Teuflische Gelüste, Träume einer geschiedenen Frau
Daniels, Godfrey	Teeny-Häschen, Up 'n Coming
Darling, Joan	Junge Liebe
Davidson, Boaz	Eis am Stiel (1), Eis am Stiel (2): Feste Freundin, Eis am Stiel (3): Liebeleien, Eis am Stiel (4): Hasenjagd, Die letzte amerikanische Jungfrau
Davy, Jean Francois	Exhibition, French Love, Otto, der Pflaumenpflücker, Sklavin der Wollust
Dawn, Vincent (Siehe Bruno Mattei)	
De Blanche, Mattin	Die unersättlichen Spiele der Reichen
De Broca, Philippe	Das älteste Gewerbe der Welt (E)
De Carvalho, J.A.	Quelle der Erotik
De Feo, Francesco	Nackt und ohne Hüllen
De Fina, Oscar	*Verbotene Frauen, verbotene Nächte
Deforges, Christine	Hemmungslose Erotik
Deitch, Donna	Desert Hearts
De Leon, Jerry	Frauen hinter Zuchthausmauern
De Molinis, Claudio	Ein Mann für eine Nacht
De Serge, Charlton	Die Liebesorgien des Heinrich VIII.
De Sica, Vittorio	Boccaccio 70 (E)
Delli Azzeri, Luca	Eine Jungfrau in Blue Jeans
Demme, Jonathan	Das Zuchthaus der verlorenen Mädchen
Deodato, Ruggero	Die Jungfrau mit der scharfen Klinge
Deray, Jacques	Mörderischer Engel
Derek, John	Ekstase
Deville, Michael	Benjamin – Aus dem Tagebuch einer männlichen Jungfrau
Di Gianni, Enzo	Scandali Nudi

Di Leo, Fernando — Oben ohne unten Jeans, Das Schloß der blauen Vögel (als F.D. Lee), Die Unbefriedigte, Verführung einer Sizilianerin

Dietrich, Erwin C. — Die Betthostessen (als Michael Thomas), Die Blonde mit dem süßen Busen (als Michael Thomas), Blutjunge Masseusen (als Michael Thomas), Blutjunge Verführerinnen (1) (als Michael Thomas), Blutjunge Verführerinnen (2) (als Michael Thomas), Die bumsfidelen Mädchen vom Birkenhof (als Michael Thomas), Champagner für Zimmer 17 (als Michael Thomas), Eine Armee Gretchen, Frauen, die für Sex bezahlen (als Michael Thomas), Heißer Mund auf feuchten Lippen (als Michael Thomas), Heißer Sex in Bangkok (als Michael Thomas), Hinterhöfe der Liebe (als Michael Thomas), Ich ein Groupie (als Fred Williams), In 80 Betten um die Welt (als Michael Thomas), Julchen und Jettchen, die verliebten Apothekerstöchter (als Michael Thomas), Mädchen, die nach Liebe schreien, Mädchen, die sich hocharbeiten (als Michael Thomas), Mädchen, die sich selbst bedienen (als Michael Thomas), Mädchen nach Mitternacht (als Michael Thomas), Mädchen mit offenen Lippen (als Michael Thomas), Mädchen ohne Männer (als Michael Thomas), Die Mädchenhändler (als Michael Thomas), Mein Körper will genommen sein (als Michael Thomas), Nackter Norden (als Michael Thomas), Die Neffen des Herrn General (als Michael Thomas), Die Nichten der Frau Oberst (1979), Die Nichten der Frau Oberst (2): Mein Bett ist meine Burg, Schwarzer Nerz auf zarter Haut (als Michael Thomas), Sechs Schwedinnen im Pensionat (als Michael Thomas), Sechs Schwedinnen von der Tankstelle (als Michael Thomas), Die Sex-Abenteuer der drei Musketiere (als Michael Thomas), Die Stewardessen (als Michael Thomas), Der Teufel in Miss Jonas (als Michael Thomas), Weiße Haut auf schwarzem Markt (als Michael Thomas), Weiße Haut und schwarze Schenkel (als Michael Thomas)

Dillman, Max (Siehe Massimo Dallamano)

Dmytryk, Edward — Der blaue Engel

Doillon, Jacques — Die Piratin

Donen, Stanley — Schuld daran ist Rio

Donne, John — *Das Schiff der nackten wilden Mädchen

Donner, Clive — Unterm Holderbusch

Donner, Jörn — Memory of Love
69 – Vorspiel zur Ekstase

Dorn, Rudi — Im Fieber der Lust

Drouot, Pierre — *Die Keusche

Duncan, Peter — Variationen der Pornographie

Duval, Danil — Die Aussteigerin

Dyke, A. van [= Amasi Damiani] — Ein zärtliches Biest

E

Edmonds, Don	Wilder Honig
Edwards, Blake	Frauen waren sein Hobby, Zehn – Die Traumfrau
Efstratiadis, Dimitrios	Totale Lust
Efstratiadis, Omiros	Heißer als die Sonne, Wilde Stuten
Ege, Ole	Das fröhliche Bordell
Ehmke, Peter	*Intim-Report
Ekard, Revilo	Wild und sexy
Elliot, B. Ron	Django Nudo und die lüsternen Mädchen von Porno Hill
Emerson, Les	Im Liebesgarten
Endfield, Cy	Das ausschweifende Leben des Marquis de Sade
Englund, Axel C.	Elisabeth Eine Frau lebt ihre Träume
Enz, Jürgen	Das liebestolle Internat, Drei Dirndl in Paris, Gaudi in der Lederhose (als William Howard), Geheime Lüste blutjunger Mädchen, Heiße Träume auf der Schulbank (als Kenneth Howard), Intime Stunden auf der Schulbank (als Kenneth Howard), Kohlpiesels Töchter (als Kenneth Howard), Die Liebesvögel (als Kenneth Howard), Nackt und keß am Königssee, Die neuen Abenteuer des Sanitätsgefreiten Neumann, Das Sex-Abitur – Heiße Liebe in Blue Jeans (als Kenneth Howard), Sex-Abitur (2) (als Kenneth Howard), Verbotene Spiele auf der Schulbank (als Kenneth Howard), Verführung auf der Schulbank (als Kenneth Howard), Waidmannsheil im Spitzenhöschen (als Kenneth Howard), Wo der Wildbach durch das Höschen rauscht – Witwen-Report
Ericson, Stig Ossian	Adam in Schweden
Erman, John	Making It
Ernst, Rainer [= Ernst W. Kalinke]	Die liebestollen Lederhosen
Ersgerd, Hakan	Erotik unter vier Augen

F

Falck, Ake	Der Himmel drückt ein Auge zu
Fanaka, Jamaa	Penitentiary – Hölle hinter Gittern
Farwagi, André	Leidenschaftliche Blümchen
Feiffer, Jules	Der obszöne Vogel der Lust
Felix, Louis	Schwüle Stunden
Fellini, Federico	Boccaccio 70 (E), Fellinis Satyricon, Fellinis Stadt der Frauen, Fellinis Casanova, Das süße Leben
Ferreri, Marco	Allein mit Giorgio, Ganz normal verrückt, Die Geschichte der Piera, Das große Fressen
Ferretti, Pier Giorgio	Verführung einer Nonne
Filipstein, Saul	Schwarze Aphrodite
Fleischmann, Peter	Dorotheas Rache
Fletcher, Bob	Sechs Schwedinnen hinter Gittern
Fleury, Georges [= Jean Desvilles]	Das geile Mädchenpensionat, Neue Spiele für Liebestolle
Ford, Derek	Ein verrücktes Freudenhaus, High Society Club, Liebe ohne

	Feigenblatt, Das liebestolle Hospital, Partnertausch und Gruppensex, Die verrückte Liebesklinik, Vorstadtfrauen – Lustgefühle am Vormittag
Förnbacher, Helmut	Beiß mich, Liebling, Köpfchen in das Wasser, Schwänzchen in die Höh
Forque, José Maria	Die Frau vom heißen Fluß, Die Macht des Stärkeren
Forst, Willi	Die Sünderin
Fosse, Bob	Star 80
Foxx, Conrad	Dauernd erregt
Franciosa, Massimo	Seitensprünge (E)
Franco, Jess (Siehe Jesus Franco Manera)	
Frank, Christopher	Teuflische Umarmung
Frank, Hubert	Auf der Alm da gibt's koa Sünd, Catherine, Ceylon My Love (als Jack Regis), Hochzeitsnacht-Report, Insel der tausend Freuden, Jagdrevier der scharfen Gemsen, Jagdzeit für Naschkätzchen, Liebesmarkt, Liebling, sei nicht albern, Melody in Love, Muschi-Maus mags grad heraus, Paris Intim (als Jack Regis), Patricia, *Sechs Schwedinnen im Pensionat, Taifun der Zärtlichkeit, Unterm Röckchen stößt das Böckchen, Vanessa, Willst du ewig Jungfrau bleiben?, Zum zweiten Frühstück heiße Liebe
Frank, Jess (Siehe Jesus Franco Manera)	
Frank, Karl Heinz	*Sex and Life (1), *Sex and Life (2)
Frank, Wolfgang (Siehe Jesus Franco Manera)	
Frawley, James	American Eiskrem
Frazer, David I.	Sex Boat
Freda, Riccardo	In der Glut des Mittags
Freeman, Joan	Streetwalkin'
Freeman, Robert	Zorro und seine lüsternen Mädchen, Zwischen Beat und Bett
Fritz, Roger	Erotik auf der Schulbank (E), Häschen in der Grube, Mädchen... nur mit Gewalt
Frobenius, Max	Barbara, die Unkeusche
Fronz, Fritz	Baron Pornos nächtliche Freuden, In allen Stellungen, Sexkarussell – Via Erotica, Sexreport blutjunger Mädchen, Total versext
Frost, Robert Lee	Gräfin Frankensteins Liebestempel, Heiße Sporen, Mondo Sexuality, Pornokatzen, Das Tier, Und ewig knarren die Betten
Frustratus, Renato [= Benno Bellenbaum/ Günter Vaessen]	Liebesmarkt in Dänemark
Frustratus, Renato [= Michael Miller]	Der lüsterne Türke, Pornografie in Dänemark Zur Sache, Kätzchen
Fuest, Robert	Aphrodite
Fujii, Katsuhiko	Die Liebesnächte der Madame X
Furch, Robert	Geheimtechniken der Sexualität, Teenager-Report – Die ganz jungen Mädchen

G

Gainsbourg, Serge	Je t'aime
Gamba, Giuliana	Lorenza
Gance, Abel	Der Turm der sündigen Frauen
Garcia, Ron	Erotische Gelüste, Sexualrausch
Garner, Fred [= Franco Rosetti]	Intime Beichte einer Frau
Garnett, Tay	Im Netz der Leidenschaften
Gary, Jerome	Stripper
Gastaldi, Romano	Hemmungslos der Lust verfallen
Geima, Alfred	Sekretärinnen-Report
Geissler, Dieter	Wunderland der Liebe
Génovès, Andre	Ein Slip auf Trip
Gerard, Jerry (Siehe Gerard Damiano)	
Gerber, Paul	Heißer Sex in Dänemark Keyhole Heißer Sex aus Dänemark
Ghione, Riccardo	Seid nett aufeinander
Giacobetti, Franco	Emanuela (2): Im Garten der Liebe Emmanuelle (4)
Gilbert, Guy	Frühreif und liebestoll
Gilbert, Guy [= Jacques Guy]	Les Baiseuses
Gilbert, Lewis	Der Verführer läßt schön grüßen
Gillard, Stuart	Das blaue Paradies
Gion, Christian	Im Garten der Qualen
Girod, Francis	Trio Infernal
Girolami, Marino	Flotte Teens, runter mit den Jeans, Schüler lieben hübsche Hasen (als Franco Martinelli)
Glaeser, Henri	Andrea
Glickler, Paul	Fans Fans Fans runter mit den Pants
Godard, Jean-Luc	Das älteste Gewerbe der Welt (E)
Golan, Menahem	Der Schlappschwanz
Gordon, Bert I.	Das erste Mal Nachhilfe in Sachen Liebe
Gordon, Lewis H. (Siehe Herschell Gordon Lewis)	
Gordon, Michael	Sexy
Gosov, Marran	Engelchen oder Die Jungfrau von Bamberg, Wonnekloß
Gottlieb, F.J.	Auf der Alm da gibts koa Sünd, Ehepaar sucht gleichgesinntes, Hänsel und Gretel verliefen sich im Wald, Hurra, die Schwedinnen sind da, Liebesspiele junger Mädchen – Muntere Pärchen packen aus, Popcorn und Himbeereis, Sylvia im Reich der Wollust, Van de Velde: Das Leben zu zweit – Die Sexualität in der Ehe, Zärtlich, aber frech wie Oskar
Götz, Siggi	Alpenglühn im Dirndlrock, Bohr weiter, Kumpel, Cola, Candy, Chocolate, Drei Schwedinnen in Oberbayern, Geh, zieh dein Dirndl aus, Griechische Feigen, Heiße Kartoffeln, Die schönen Wilden von Ibiza

Gould, Terry (Siehe David Hamilton Grant)	
Gracieux, Serge	Weißer Strand und heiße Katzen
Gran, Alba	Ein Simmer voller Liebe
Grassia, Nini	Liebe, Triebe, Seitenhiebe
Grauman, Walter	Nymphomania
Graver, Gary	Blutjunge Unschuld, Erikas heißer Sommer
Greenstands, Arthur	Wall Street Blondie Der Skandal
Gregan, Ralf	Die Goldene Banane von Bad Porno
Gregory, George	Mädchen im Internat
Gregory, Sebastian	Eine nach der anderen, Laß fummeln, Puppe
Griffi, Giuseppe Paroni	Der Käfig
Griffin, Jack (Siehe Jesus Franco Manera)	
Grimaldi, Aldo	Engel sind nackt am schönsten, Die Mausefalle im Stundenhotel, Der Pfaffenspiegel
Grosdard, Jean-Loup	Mädchenhandel lohnt sich nicht
Grossman, Sam	Machen wirs im Auto
Guerra, Ruy	Die unglaubliche und traurige Geschichte von der unschuldigen Erendira und ihrer herzlosen Großmutter
Guerrini, Mino	Decamerone – Abenteuer der Wollust, Ein flottes Hausmädchen, Schulmädchen lieben heiß, Seitensprünge (E)
Guest, Val	Au-pair-Girls
Guevara, Enrique	Jill Satan in Blond
Gulbrandsen, Peer	Komteß Elisa Das Loch im goldenen Käfig
Guralnik, Robert	Frauen im Bordell

H

Habib, Ralph	Pension Clausewitz
Haggard, Mark	Danish Flowers
Haid, Bert	Das französische Frühstück
Haims, Jeffrey	101 Acts of Love – Wege zur Sexuellen Freiheit
Hajek, Peter	Sei zärtlich, Pinguin
Hamilton, David	Bilitis, Ein Sommer in St. Tropez, Erste Sehnsucht, Die Geschichte der Laura M., Zärtliche Cousinen
Hamilton, P.	Der Typ mit dem goldenen Fifi
Hamilton-Grant, David	Sexualität in der Liebe (als Terry Gould), Wie hat man Erfolg in der Liebe (als Terry Gould)
Hani, Susumi	Das Mädchen Nanami
Hanikson, Don	Im Paradies der Lüste
Hansen, Karl	Sexual Practic in Sweden
Hard, Jay [= Jerome Hamlin]	Invasion der Liebesdrohnen
Harrington, Curtis	Mata Hari
Harris, Mike	Hot Love
Hart, Harvey	Der Callgirl Club
Hart, Wolf	Hütet eure Töchter (E)
Hauff, Eberhard	Hütet eure Töchter (E)
Hauff, Werner	Insel der Begierde, *Libido Das große Lexikon der Lust

Hayes, John	Auf und nieder – ich könnt schon wieder, Junge Körper hemmungslos, Norma Verbotene Erotik
Hearn, Jean van	Arschibald, der Porno-Butler, Liebestoll, Die sexuellen Wünsche der Männer
Hedman, Werner	Als im P... das Licht ausging, Graf Bobby und seine Nichten (als Torben Bille), Madame O und ihre ganz teuren Mädchen (als Anders Sandberg), Die Reitschule der Madame O
Hellen, M.C. van	Love and Sexual Freedom
Heller, Gordon	Wilde Körper
Hemert, Ruud van	Honeybun Wild aufs erste Mal
Hendel, Günther	Ein langer Ritt nach Eden, Eros Center Hamburg, Graf Porno und seine Mädchen, Graf Porno und seine liebesdurstigen Töchter, Soviel nackte Zärtlichkeit
Henderson, Don	Candy – Das Traumgirl, Die Liebesdose
Herbert, Henry	Emily
Hermosillo, Jaime Humberto	Die Hausaufgabe
Heroux, Denis	Wild auf junge Knospen
Herrington, Ramsey	Eva unter nackter Sonne
Hilbard, John	Deine Frau betrügt uns, Mazurka im Bett, Mutti, Mutti, er hat doch gebohrt!, Studentenfutter
Hill, Jack	Footballmatch und süße Girls
Hofbauer, Ernst	Die dressierte Frau, Erotik im Beruf, Der Frühreifen-Report, Gejodelt wird im Unterhöschen, Hausfrauenreport International, Lehrmädchen-Report, Mädchen beim Frauenarzt, Der neue heiße Report: Was Männer nicht für möglich halten, Prostitution heute, Rasputin Orgien am Zarenhof, Schulmädchen-Report (1): Was Eltern nicht mal ahnen, Schulmädchen-Report (2): Was Eltern den Schlaf raubt, *Schulmädchen-Report (3): Was Eltern nicht mal ahnen, Schulmädchen-Report (4): Was Eltern oft verzweifeln läßt, *Schulmädchen-Report (5): Was Eltern wissen sollten, Schulmädchen-Report (6): Was Eltern gern vertuschen möchten, Schulmädchen-Report (7): Doch das Herz muß dabei sein, Schulmädchen-Report (8): Was Eltern nie erfahren dürfen, Schulmädchen-Report (11): Probieren geht über studieren, Schwarzer Markt der Liebe, Urlaubsreport Worüber Reiseleiter nicht sprechen dürfen, Was Schulmädchen verschweigen, Wenn die prallen Möpse hüpfen
Hofherr, Julius	Tanja Die Nackte von der Teufelsinsel
Höglund, Gunnar	Nach Stockholm, der Liebe wegen, Wie der nackte Wind des Meeres
Hollmann, Frank (Siehe Jesus Franco Manera)	
Holm, Niels	Ich, ein Liebhaber
Holt, Jason	Mädels, Mieder, Millionäre
Houwer, Rob	Hütet eure Töchter (E)
Hoven, Adrian	Siegfried und das sagenhafte Liebesleben der Nibelungen
Hover, Frank (Siehe Jan D. Lefpa)	

Die Regisseure und ihre Filme

Hovmand, Annelise	Danish Movie
Howard, Howard	Ein heißer Eislutscher
Howard, Kenneth (Siehe Jürgen Enz)	
Howard, William (Siehe Jürgen Enz)	
Hughes, Ken	Alfie, der liebestolle Schürzenjäger
Hunt, Scott	Katharina, die nackte Zarin
[= Klaus König]	
Hunter, Mike	Sex-Saison in Las Vegas
[= Gerd Wasmund]	

I

Ida, Tan	Das Badehaus zu den sieben Glückseligkeiten
Ikonomous, Nikos	Kätzchen zum Vernaschen
Indovina, Franco	Das älteste Gewerbe der Welt (E)
Infascelli, Carlo	Hattu Keuschheitsgürtel, muttu knabbern
Irving, Albert	Erotische Raffinessen, Sexual Acts
Irwin, Bud	Hotelzimmer-Report
Ishii, Teruo	Tokugawa (1): Gequälte Frauen, Tokugawa (2): Das Freudenhaus von Nagasaki, Tokugawa (3): Im Rausch der Sinne, Der Wüstling
Israel, Neal	Junggesellenparty

J

Jacobs, Raymond	Die Sexspionin
Jacques, Henri	Sexy Gang
Jaeckin, Just	Emanuela, Die Geschichte der O, Girls – Die kleinen Aufreißerinnen, Gwendoline, Lady Chatterleys Liebhaber, Madame Claude und ihre Gazellen
Jaeger, Kobi	Kamasutra Vollendung der Liebe
Jancso, Miklos	Die große Orgie
Jean, Michel	Heiße Höschen, Mädchen, jung und lüstern, Die wilden Stunden der schönen Mädchen
Jess, Gabriel von	Liebesschule blutjunger Mädchen
[= Gustav Ehmck]	
Jocic, Pavel	*X + YY Formel des Bösen
Johnson, J.P. (Siehe Jesus Franco Manera)	
Jolivet, Pierre Alain	Punition
	Vöglein, Vöglein an der Wand
Jones, Don	Kommt nur her, ihr süßen kleinen Amerikanerinnen, Splitternackt und voller Lust
Jones, Terry	Personal Service
Juschi, Rolf	Ein lasterhafter Sommer

K

Kantner, Richard	Mädchen in der Rückenlage, Robin Hood und seine liebestollen Mädchen, Von der Zensur verboten
Kaplan, Nelly	Néa – Ein Mädchen entdeckt die Liebe
Kato, Akira	Wilde Emanuelle im Paradies der Lust
Kawadri, Anwar	Claudia, Liebesspiele
Kazan, Elia	Baby Doll
Keatering, Michael	Sinfonie in nackt
Keido, Ichiro	Entfesselte Begierde
Keil, Hans Georg [= Georg Tressler]	Die Kleine mit dem süßen Po, Stoßtrupp Venus bläst zum Angriff
Kenny, N.N.	Animal Love
Kessler, Christian	Oktoberfest da kann man fest
Kikoine, Gerard	Gefährliche Leidenschaften, Hey, Baby, hey, Die Karriere der Frances B., Die Mädchen von St. Tropez
Kimata, Yoshitaka	Setsuko nackt und brutal
King, Zalman	Wilde Orchidee
Klein, Erwin	Dornwittchen und Schneeröschen
Kleiser, Randall	Die blaue Lagune
Klingler, Werner	Straßenbekanntschaften auf St. Pauli
Knight, Arthur	Nackt ist keine Sünde
Knight, Peter (Siehe Pierre Chevalier)	
Knight, Sydney	I Feel it Coming – Ich fühl es kommen
Koch, Philip	Pink Nights – Rosarote Träume
Kolle, Oswalt	Oswalt Kolle: Was ist eigentlich Pornografie?
Komack, James	Porkys Rache
Kopetsky, Sam	Pornografie in Fesseln
Koundouros, Nikos	Junge Aphroditen
Krämer, Sigi	Manche mögens prall Strange Love
Krause, Rudolf	Die munteren Sexspiele unserer Nachbarn
Krausser, Dietrich	Funny Boys und Funny Girls Liebe 80 Technik der körperlichen Liebe
Kronhausen, Eberhard	*Freiheit für die Liebe, *Why?
Kronhausen, Phyllis	*Freiheit für die Liebe, *Why?
Kubrick, Stanley	Lolita
Kumashiro, Tatsumi	Die Frau mit dem roten Hut
Kümel, Harry	Blut an den Lippen

L

Lambert, Lothar	Fucking City, *Der sexte Sinn
Lamond, John D.	Banana Airlines – Die verrückteste Lustlinie der Welt, Felicity – Sündige Versuchung
Lanfranchi, Mario	Die Herrenreiterin
Lang, Michel	Ein pikantes Geschenk, Her mit den kleinen Engländerinnen, Her mit den Jungs, Das Strandhotel

Lang, Michel (Siehe Franz Marischka)	
Langton, Simon	Casanova
Lansac, Frédéric (Siehe Claude Mulot)	
Lara, Christian	Super-Biester
Larraz, José R.	Flashlight
	Zeig mir, wie mans macht
Lattuada, Alberto	Bleib, wie du bist
Launder, Frank	Die blaue Lagune
Laurenti, Mariano	Das Hotel der heißen Teens, Ein nackter Po im Schnee, Flotte Teens jetzt ohne Jeans, Flotte Teens und die neue Schulmieze, Der Idiotenzwinger, Jetzt treibt sie's auch noch mit dem Pauker, Nachtschwester müßte man sein, Die Schulschwänzerin, Wehe, wenn die Lust uns packt, Zum Teufel mit der Jungfernschaft
Laureux, Jean-Claude	Der Chauffeur von Madame
Lavia, Gabriele	Gilda
Le Hung, Eric	Fetzig, frei und endlich high
Lean, David	Begegnung
Leblanc, Michel (Siehe Michel Lemoine)	
Lee, F.D. (Siehe Fernando Di Leo)	
Lefert, Armand	Der Porno-Graf von Luxemburg
Lefpa, Jan D. [= Jan Apfeld]	Flotte Biester auf der Schulbank, Reifeprüfung auf der Schulbank (als Frank Hover)
Legrand, Bernard	Intime Spiele junger Pärchen
Legrand, Francois (Siehe Franz Antel)	
Lehman, Ernest	Portnoys Beschwerden
Leigh, Malcolm	Games That Lovers Play
Leland, Kurt	Im Rausch der Wollust
Lemmer, Günter	Sex pervers
Lemoine, Michel	Alice – Wild und unersättlich (als Michel Leblanc), Desert Lovers – Heiße Liebe im Wüstensand (als Michel Leblanc), Ein Sommer voller Leidenschaft (als Michel Leblanc), Haus der Begierde (als Michel Leblanc), Heiße Haut im Sommerwind (als Michel Leblanc), Heiße Sehnsucht (als Michel Leblanc), Ich schenk dir meinen Körper (als Michel Leblanc), Die kleinen Scheinheiligen, Marilyn – Geheimste Leidenschaften (als Michel Leblanc), Marilyn – Heiß wie ein Vulkan (als Michel Leblanc), Rosalie – Heiße Körper (als Michel Leblanc), Wenn Mädchen heiß den Frühling spüren
Lenz, Werner M.	Das ehrliche Interview, Oswalt Kolle: Dein Kind, das unbekannte Wesen, Oswalt Kolle: Dein Mann, das unbekannte Wesen, Oswalt Kolle: Liebe als Gesellschaftsspiel
Lenzi, Umberto	Entschuldigen Sie, sind Sie normal?
Léon, Jean	Jungfrau, reich garniert
Leoni, Guido	Ran an die hübsche Paukerin
Lepage, Henri	Die Insel der Frauen

Die Regisseure und ihre Filme

Lerner, Richard	Vanilleeis und Petting Coats
Leroi, Francois	Cine-Girl, Erstes Öffnen junger Lippen, Heiße Nächte auf Jamaica
	Privat-Club für intime Spiele
Leterrier, Francois	Goodbye, Emmanuelle
Leversuch, Ted	Die wilde Lady
Levey, William	Die Washington-Affäre
Levitte, Jean	Die Sexklinik
Lewin, Albert	Das Bildnis des Dorian Gray
Lewis, Herschell Gordon	Ach, blas mir doch mal einen Marsch (als Armand Parys), *Californien-Story (als Lewis H. Gordon), Der Nackten Moral (als Lewis H. Gordon)
Lewis, Morton	Randy – Die Abenteuer des Sylvester Stallone
Liambos, Chris	Triebhaft wie die nackte Lust
Liberatore, Ugo	Bora Bora
Lincoln, Fred J.	Mister Billions Dollar Babies
Lindgren, Lars Magnus	Lieber John
Lippman Eric	Die elftausend Ruten: Schlag mich, Liebling!
Lizzani, Carlo	Romane Bene Liebe und Sex in Rom
Logar, Juan	Bitter Whisky
Logothetis, Dimitri	Die Bikini-Falle
Lohmann, Dieter	Mädchen auf Stellungssuche – Der Hostessen-Sex-Report
Long, Stanley	Benny, der Pechvogel
Lopez, Albert	Die nackte Carmen
Loubeau, Gerard	Ein Sommer auf dem Lande, Französische Küsse, Heißer Sex auf Ibiza, Internatsgeheimnisse junger Mädchen, Sechs Schwedinnen auf Ibiza
Loy, Mino	Lockende Nächte
Lubowski, Rudolf	Wer weint denn schon im Freudenhaus
Lucas, Frank C.	Lady of the Orient Express
Lupo, Michele	Die Geliebte
Luret, Jean	Marilyne – Im Paradies der Sinnlichkeit
Lynch, David	Blue Velvet
Lyne, Adrian	Eine verhängnisvolle Affäre, Neuneinhalb Wochen

M

Macaroni, Marco (Siehe Stephen C. Apostolof)	
Macc, Jerzy	Heißer Sand auf Sylt, Sonne, Sylt und kesse Krabben
Machaty, Gustav	Ekstase
Machulski, Juliusz	Sexmission
Mahon, Barry	Nackt am Tigerriff
Makavejev, Dusan	Die Ballade der Lucy Jordan
	Ein Liebesfall
	WR – Mysterien des Organismus
Malenotti, Robert	Wochen wilder Wonnen
Maley, Jean	Wilde Spiele, heiße Mädchen
Malle, Louis	Herzflimmern, Die Liebenden, Pretty Baby

Manera, Jesus Franco	Die Blonde mit dem süßen Busen (als Michael Thomas), Blutjunge Verführerinnen (3) (als Michael Thomas), Downtown – Die Puppen der Unterwelt (als Wolfgang Frank), Entfesselte Begierde (als J.P. Johnson), Das Frauenhaus (als Jess Franco), Frauen für Zellenblock 9 (als Jess Franco), Frauen im Liebeslager (als Jess Franco), Frauen ohne Unschuld (als Jess Franco), Frauengefängnis (als Jess Franco), Gefangene Frauen (als Michael Thomas), Heiße Berührungen (als Jess Franco), Jungfrauenreport (als Jess Frank), Küß mich, Monster (als Jess Franco), Liebesbriefe einer portugiesischen Nonne (als Jess Franco), Lolita am Scheideweg (als Jess Franco), Mädchen für intime Stunden (als Clifford Brown), Mädchen im Nachtverkehr (als Jess Franco), Marquis de Sade: Justine (als Jess Franco), Die Marquise von Sade (als Jess Franco), Die nackten Superhexen vom Rio Amore (als Jack Griffin), Necronomicon Geträumte Sünden (als Jess Franco), Die Nichten der Frau Oberst (1968) (als Michael Thomas), Die Nonnen von Clichy (als Clifford Brown), Paroxysmus (als Jess Franco), Porno Baby (als Wolfgang Frank), Robinson und seine wilden Sklavinnen (als Frank Hollmann), Rote Lippen – Sadisterotica (als Jess Franco), Der Ruf der blonden Göttin (als Jess Franco), Sex im Frauengefängnis (als Jess Franco), Sie tötete in Ekstase (als Frank Hollmann), Die Sklavinnen (als Jess Franco), Die teuflischen Schwestern (als Jess Franco), Vampyros Lesbos – Die Erbin des Dracula (als Jess Franco), Venus im Pelz (als Jess Franco), Die Wildkatze (als Jess Franco)
Manfredi, Nino	Erotica (E)
Mankiewicz, Joseph L.	
March, Alex	Die barfüßige Gräfin
Marchand, André (Siehe Claude Pierson)	Nancy, ein eiskaltes Playgirl
Marinucci, Vinicio	*Verbotene Frauen, verbotene Nächte
Marischka, Franz	Abarten der körperlichen Liebe, Champagner aus dem Knobelbecher, Dirndljagd am Kilimandscharo, Drei Lederhosen in St. Tropez, Ein dreifach Hoch dem Sanitätsgefreiten Neumann, Der Kurpfuscher und seine fixen Töchter, Laß jucken, Kumpel (1), Laß jucken, Kumpel (2): Das Bullenkloster, Laß jucken, Kumpel (3): Maloche, Bier und Bett, Laß jucken, Kumpel (4): Der Kumpel läßt das jucken nicht, Laß jucken, Kumpel (5): Zwei Kumpel auf der Alm, Laß jucken, Kumpel (6): Laß laufen, Kumpel, Liebesgrüße aus der Lederhose (1), Liebesgrüße aus der Lederhose (2), Liebesgrüße aus der Lederhose (5), Der Mann mit dem goldenen Pinsel, St. Pauli-Nachrichten Thema Nr. 1, Die Stoßburg, Sunshine Reggae auf Ibiza (als Francois Petit), Zum Gasthaus der spritzigen Mädchen, Zwei Däninnen in Lederhosen
Marks, Arthur	*Gabriela, blutjung und unbefriedigt
Marks, George Harrison	Das Sexualleben des Neandertalers
Marquandt, Christian	Candy

Mars, Hans (Siehe Heinz Gerhard Schier)	
Marshak, Philip	Liebling, du beißt so gut
Mart, Paul	*Californien-Story
Martinez, René	Im Lustgarten der wilden Mädchen
Martin, Frank (Siehe Franco Martinelli)	
Martin, Jay	Nackt durch die Welt
Martin, Paul	Fieber unter nackter Haut
Martine, Ken	Sexspiele und Ekstasen
Martinelli, Franco	Flying Sex – Die kessen Stewardessen (als Frank Martin), Komm, spiel mit mir, Komm, wir machen Liebe, Schüler lieben hübsche Hasen
Martinelli, Marcello	Sex Proibitissimo
Martino, Sergio	Müssen Männer schön sein?
Masters, Quentin	Die Stute
Mastorakis, Nico	Die Teuflischen von Mykonos
Matsumura, Yasuzo	Manji – Die Liebenden, Naomi – Die Unersättliche
Matheus, Jimmy (Siehe Bruno Mattei)	
Matsumoto, Toshio	Pfahl in meinem Fleisch
Mattei, Bruno	Caligula und Messalina (als Anthony Ross), Emanuelle: Sinnlichkeit hat 1000 Namen (als Jimmy Matheus), *Ein zärtliches Biest (als Jimmy Matheus), Laura, eine Frau geht durch die Hölle (als Vincent Dawn), *Nero und die Huren des römischen Reiches (als Vincent Dawn)
Mattson, Arne	Heiße Spiele, Sie tanzte nur einen Sommer
Mavis, Wynn	Wenn die Hüllen fallen
Maxwell, Alexander	Mysterien der Pornografie
Mazursky, Paul	Bob & Caroline & Ted & Alice
McBride, Jim	Clinch
McCallum, J.	Die erotischen Abenteuer von Annette Haven
Meineche, Annelise	Siebzehn – Vier Mädchen machen einen Mann
Mendeluk, George	Sommerferien total verrückt
Merrick, Laurence	*Draculas lüsterne Vampire
Methling, Sven	Professor Bumskes Liebesschule
Metzger, Radley	Carmen Baby, Jung, hübsch und hemmungslos (als Henry Paris), Kameliendame 2000, Mädchen zwischen Sex und Sünde, Misty Beethofen (als Henry Paris), Naked Came the Stranger (als Henry Paris), Therese und Isabell
Meyer, Russ	Blumen ohne Duft, Drüber, drunter und drauf, Fanny Hill, Im Garten der Lust, Im tiefen Tal der Superhexen, Lorna, Megavixens, Mondo Topless, Null Null Sex, Ohne Gnade, Schätzchen, Die Satansweiber von Tittfield, Supervixens Eruption, Wieviel Liebe braucht ein normales Paar?
Michael, Jörg	Feuchte Träume junger Frauen, Sex hinter verschlossenen Türen
Mikesch, Elfi	*Verführung: Die grausame Frau
Miller, Arnold Louis	Glut der heißen Körper, Sie lebten wie im Paradies, Sie trugen nur die braune Haut

Miller, Roland	He and She Brother and Sister
Milligan, Andy	Alles was Erotik bieten kann
Mimet, Francois	Die intimen Momente der Madame Claude
Mitrotti, Robert	Kleines Mädchen, großer Schock
Mock, Joachim	*Intim-Report
Monicelli, Mario	Boccaccio 70 (E)
Monnier, Philippe	Die Superhexe der Liebesinsel
Monsoya, Carlos	Sex-Revolution der Hemmungslosen
Montaldo, Giuliano	Seitensprünge (E)
Montero, Edward	*Im Liebesgarten, Lustgefühle
Montero, Roberto	Die heißen Nächte des Caligula, Schön, nackt und liebestoll, Schöne Frauen, heiße Nächte, Sexy variant
Montresor, Beni	Das Ritual
Moore, Albert [= Guido Zurli]	Die schwarze Nymphomanin
Morrissey, Paul	Andy Warhols Dracula, Andy Warhols Frankenstein, Hollywood
Mouris, Caroline A.	*Anfängerglück
Mouris, Frank	*Anfängerglück
Mukai, Hiroshi	Deep Throat in Tokio, Lustvoll eine Schlange streicheln, Die Mißbrauchte, Nacktes Fleisch, Unersättliche Triebe
Mukai, Kan	Der Köder
Müllerschön, Nikolai	Schulmädchen '84
Mulot, Claude	Pussy Talk (als Frédéric Lansac), Die Unmoralische, Venus
Muras, Claus	*Der große Arztreport
Murgia, Pier Giuseppe	Spielen wir Liebe
Myerson, Alan	Zärtlich fängt die Liebe an
Mylonakos, Ilias	Emanuelle: Die Nackte von Sados, Heiße Semesterferien, Kaffeebraun und nymphoman, Nathalie

N

Nachmann, Kurt	Auch Fummeln will gelernt sein (als Fred Wagner), Feuchte Träume, heiße Betten, Josefine Mutzenbacher, Josefine Mutzenbacher – Meine 365 Liebhaber, Mache alles mit, Die nackte Gräfin
Naumann, Albert	Heiße Bräute auf der Schulbank
Nauroy, Alain	Heiße Kolleginnen, Heißer Sex in Frankreich, Im Taumel der Erotik, Lagune der Lust, Paris intim (2), Paris intim (3), Scharfe Katzen der Lust, Sklavin der Sinnlichkeit, Sklavin in Leder, Symphonie der Sinnlichkeit
Nehemiah, J.	Nackt erobern wir New York, Strip-Poker
Neilson, James	Wer trägt bei Rosie schon Pyjamas?
Neve, Alexis	Die liebestollen Baronessen, Oswalt Kolle: Deine Frau, das unbekannte Wesen, Oswalt Kolle: Das Wunder der Liebe, Oswalt Kolle: Zum Beispiel Ehebruch, Stoßzeit
Newland, John	Inzest
Newley, Anthony	Die Gelüste des Hieronymus
Nichols, Mike	Die Kunst zu lieben, Die Reifeprüfung
Nicolic, Zivko	Schönheit der Sünde

Nicolle, Douglas C.	*Midnight Ladies
Nijs, Guy J.	Die Liebeskerze, Villa Porno, Nur für Erwachsene
Niskanen, Mikko	Tannenzapfen unter dem Rücken
Nizet, Charles	Bestie der Wollust, Insel der grausamen Mädchen
Novotny, Franz	Exit... nur keine Panik
Nuchtern, Simon	New York Nights
Nussbaum, Raphael	Animal Women – Animalische Frauen
Nyberg, Börje	Mich will jeder

O

O'Connell, Jack	Geliebte Christa, Stewardessen lieben heiß
O'Hara, Gerry (= Quentin Masters)	Fanny Hill
O'Hara, John	Die Oase der gefangenen Frauen
O'Neil, Robert V.	Pornographie ohne Maske
Oblowsky, Stefan	Das süße Leben der Nonne von Monza
Olivera, Hector	Komm auf die Couch, Luise
Olsen, Rolf	Ein Kaktus ist kein Lutschbonbon
Olsen, William	Die Highschool-Fete
Olsson, Lennart	Liebe 1-1000
Omuna, Masura	Im Kloster der heißen Nonnen
Onivas, Benjamin	Frau Professor kanns noch besser
Ophüls, Max	Der Reigen
Oppenheim, Andrew [= Finn Karlsson]	Das tosende Mädchenpensionat
Oshima, Nagisa	Im Reich der Leidenschaft, Im Reich der Sinne, Nackte Jugend
Otto, Gunther	Josefine Mutzenbacher: Mein Leben für die Liebe (1), Josefine Mutzenbacher: Mein Leben für die Liebe (2), Liebesgrüße aus der Lederhose (3), Liebesgrüße aus der Lederhose (4), Liebesgrüße aus der Lederhose (6)
Owen, Cliff	Vagabund in tausend Nöten

P

Pabst, G.W.	Lulu (1929)
Pachard, Henri (Siehe Ron Sullivan)	
Pallardy, Jean-Marie	Die fröhlichen Holzfäller der nickenden Fichten, Im Rasthaus der sexten Glückseligkeit, Liebesrausch, Sex-Side-Story, Töchter der Lust
Palm, Kurt	Liebestechnik für Fortgeschrittene
Paltrow, Bruce	Der verführte Mann
Pandorias, Peter	Exzesse im Folterkeller
Paolella, Domenico	Der Nonnenspiegel
Papakostas, Giorgios	Fontäne der Lust, Porno zwischen Sex und Sünde, Syrtaki Erotik ohne Maske
Papeyre, Bernard	Mädchen auf der Matratze
Parenti, Neri	Teenager-Liebe

Die Regisseure und ihre Filme 594

Paris, Jerry (Siehe Radley Metzger)
Parker, Percy G. Im Schloß der blutigen Begierde, Das Mädchen aus der Peep Show
Parra, Pim de la Besessen – Das Loch in der Wand, Frank und Eva
Parys, Armand (Siehe Herschell Gordon Lewis)
Pasolini, Pier Paolo Decameron, Erotische Geschichten aus 1001 Nacht, Pasolinis tolldreiste Geschichten, Teorema – Geometrie der Liebe
Pataki, Michael Die tolle Geschichte der C.
Patzak, Peter Das Einhorn
Payet, Alain Nach Bangkok, der Liebe wegen
Pécas, Max Geißeln der Erotik, Greta, die Fremde kam nackt, Das Haus der ausgefallenen Wünsche, Her mit den kleinen Französinnen, Hot Dogs auf Ibiza, Im Garten der Wollust Porqoui?, Die kleinen englischen Girls in: Let's do it, Der Sex trinkt Champagner, Die Sexsklavinnen von Schloß Porno, Töchter der Sünde, Wer spritzt denn da am Mittelmeer?, Zwölf Schwedinnen in Afrika
Peerce, Larry Zum Teufel mit der Unschuld
Pelc, Stanley Eva und das nackte Paradies
Perkins, Harold Ein Körper voller Lust
Perry, Frank Petting
Petit, Francois (Siehe Franz Marischka)
Pfleghar, Michael Das älteste Gewerbe der Welt (E)
Phillip, Harald Ehemänner-Report
Piegeler, Teja *X + YY – Formel des Bösen
Pierson, Claude Lexikon der Liebesspiele, Justine – Lustschreie hinter Klostermauern, Vögelein, wo steht dein Bett?, Die Liebessklavin (als André Marchand), Zarte Knospen (als André Marchand), Zimmermädchen der Lust (als André Marchand)
Pietrangeli, Antonio Wo, wann, mit wem?
Pine, Philip Report der Erotik
Pinheiro, José Mon Bel Amour
Pinzauti, Mario Die Zuchtfarm der Sklaven
Pirau, Reine (Siehe Pierre Unia)
Pires, Gérard Erotissimo, Süße, bring den Po in Stellung
Polanski, Roman Was?
Polidori, Gian Luigi Die Degenerierten
 Schlüsselparty in Texas
Polop, Francisco Lara Alfreds unheimliche Begegnung mit der Reizwäsche
Polselli, Renato Im Lusthaus der teuflischen Begierden
Poore, Robert A. Das intime Liebesleben von Bunny und Clod
Portici, Emilio Fleischeslust
Powell, Michael Das Mädchen vom Korallenriff
Preminger, Otto So gute Freunde
Price, Paul Emanuela – Dein wilder Erdbeermund
[= Paolo Poeti]
Puhl, Reginald Sarah

R

Rafelson, Bob	Wenn der Postmann zweimal klingelt
Ragazzi, Renzo	Rufnummer Kopenhagen sex sex sex
Rapp, Paul	Pornographische Aufnahmen
Raski, Vidal	Das Haus der verlorenen Mädchen
Ratony, Akos von	Der nächste Herr, dieselbe Dame, Jungfrau aus zweiter Hand,
[= Hans Billian]	St. Pauli Herbertstraße, Zieh dich aus, Puppe
Ray, Marc B.	Das Stöhnen
Regan, Willy S.	Der letzte Harem
Regis, Jack (Siehe Hubert Frank)	
Reinhard, Pierre B.	Le Diable Rose – Das liebesstolle Freudenhaus, Dressage, Paris Intim (4)
Reisch, Harry	Der Inseraten-Report
Reitman, Ivan	Babyspeck und Fleischklößchen
Relin, Veit	Liebe unter 17
Rental, Joseph W.	Die Pornoschwestern
Retzer, Otto W.	Babystrich im Sperrbezirk, Bei Anruf Liebe, Her mit den kleinen Schweinchen
Revene, Larry	Schüchtern, aber scharf wie Oskar
Rieger, August	Engel der Sünde, Hausfrauenreport (6): Warum gehen Frauen fremd?, 69 Liebesspiele
Rimmel, Richard	*Die Auto-Nummer Sex auf Rädern, Welt-Sex-Report
Risi, Dino	Sessomatto – Niemand ist vollkommen
Roberts, Alan	Die Hollywood-Affäre
	Junge Lady Chatterley
Robertson, Joseph F. (Siehe Lasse Braun)	
Rochat, Eric	Die Geschichte der O (2)
Rollin, Jean	Das Lustschloß der grausamen Frauen, Sexual-Terror der entfesselten Vampire
Ronke, K.H.	Baden Sie nackt?
Rose, Warner	Professor Lust und seine Vögelein
Rosenthal, Robert J.	Der Typ mit dem irren Blick
Ross, Anthony (Siehe Bruno Mattei)	
Ross, Bob J.	Intimo
Ross, Herbert	Die Eule und das Kätzchen
Rossati, Nello	Eine Frau für die Nacht, Operation mißlungen – Patient lebt
Rossi, Franco	Drei Liebesnächte (E)
Roth, Bobby	Die Herzensbrecher
Rothemund, Sigi	Der Liebesschüler
Rotsler, William	Engel der Erotik, Teufel der Wollust, Laila
Rougerie, Jean	Heiße Nächte in St. Tropez
Rouse, Russell	Madame P. und ihre Mädchen
Roy, Jean-Claude	Die frühreifen Mädchen, Liebe gegen Barzahlung, Verbotene Zärtlichkeiten, Verführung auf französisch, Der verrückte Apotheker (als Patrick Aubin)
Rozier, Willy	Dany, die Anhalterin

Die Regisseure und ihre Filme

Ruaman, A.C. [= Ed Hall]	Erotik am Abgrund
Ruben, Katt Shea	Stripped to Kill
Russell, Ken	China Blue, bei Tag und Nacht
Russell, William	Zorro – Spiel mir das Lied von der Wollust
Russo, Luigi	Sexbomber
Russo, Renzo	Sexköniginnen der Nacht, Unternehmen Nackte Schönheit
Rydell, Mark	The Fox

S

Sala, Adimara	Die Lust und die Gewalt
Salce, Luciano	Das gewisse Etwas der Frauen
Saller, Eddy	Geile Nichten, Liebe durch die Autotür, Monique – Mein heißer Schoß
Samoya, Carlos	Die wilden nackten Mädchen
Samperi, Salvatore	Erste Klasse, Hunger nach Zärtlichkeit, Malizia, Nene, die Frühreife
Sampson, Rex	Von der Zensur verboten
Sandberg, Anders (Siehe Werner Hedman)	
Sanders, Bob W. [= Jean Claude Marchetti]	Ein Sommer voller Zärtlichkeit
Sandor, Gregory (Siehe Manuel S. Conde)	
Sangster, Jimmy	Nur Vampire küssen blutig
Santiago, Cirio H.	Treibjagd auf Liebeshexen
Santis, Giuseppe de	Bitterer Reis
Sarne, Michael	Myra Breckinridge, Mann oder Frau
Sarno, Joseph W.	Bibi sündig und heiß, Butterfly, Der Fluch der schwarzen Schwestern, Grüne Witwen, billig zu haben, Heiße Stuten, Ich habe Lust (2): Meine Nächte mit Sven, Inga – ich habe Lust, Katja, alle brauchen Liebe, Leslie Abigail – Ich will immer, Die Liebesklinik, Die Liebesorgel, Nackt für eine Nacht, Pornospiele mit Stock und Peitsche, Reitet das rosarote Pferdchen, Das Strandhaus, Verboten, Verdammt zur Lust
Sarrazin, Antoine	Patricia – Das süße Früchtchen
Sasdy, Peter	Karriere durch alle Betten
Saunders, Charles	Und samstags nackt
Saurel, Jacques	Joy und Joan
Savary, Jerome	Der erotische Zirkus
Saville, Philip	Ein liebenswertes Freudenhaus
Savona, Leopoldo	Trio der Lust
Scandelari, Jacques	Give Me Love, Das Paradies
Scattini, Luigi	Il Corpo Black Erotic
Schain, Don	Killing Devil – Die gefährlichste Waffe: Ihr Körper, Die kühle Blonde mit der heißen Masche
Schedereit, Karl	Hütet eure Töchter (E)
Schellerup, Henning	Black Cats

Schenk, Otto
Schier, Heinz Gerhard
Schindler, Jürgen

Schivazappa, Pietro
Schlesinger, Günter

Schmidt, Eckart
Schneider, Wulf D.
Schnell, Hermann
Schott-Schöbinger, Hans

Schrader, Paul
Schroeder, Eberhard

Schroeter, Werner
Schulmann, Patrick

Schwartz, Kenneth
[= Warren Evans]
Schwarze, Klaus
E. R. von
Scola, Ettore
Scott, John (Siehe Hans Schott-Schöbinger)
Selnig, Wolfgang
Sequi, Mario
Sesoni, Riccardo
Shalbert, Joseph K.
Sharon, Rubin
Shindo, Kaneto
Siciliano, Mario
Silliman jr., Al
Silverman, Louis (Siehe Doris Wishman)
Simandl, Lloyd A.
Simon, Jean-Daniel
Sindell, Gerald S.
Sjöberg, Alf
Sjöman, Vilgot
Skolimowski, Jerzy
Smith, George
Smith, Maurice
Smithee, Alan
Soden, Dieter von

Der Reigen (1973)
Pornokratie (als Hans Mars), Die Vergnügungsspalte
Sie und er im Rausch der Wollust, *Wilder Sex junger Mädchen
Angelina Von allen begehrt
Ich spüre deine Haut, Die Mädchen der Madame, Schrei nach Lust (Liebe als Köder)
Erotik auf der Schulbank (E)
Stellungen
Anatomie des Liebesaktes, Pychologie des Orgasmus
Andrea – Wie ein Blatt auf nackter Haut, Die nackte Bovary, Von Haut zu Haut (als John Scott)
Ein Mann für gewisse Stunden
Hausfrauenreport (1): Unglaublich, aber wahr, Der Neue Hausfrauenreport (2), Hausfrauenreport (3), Hausfrauenreport (4): International, Hausfrauenreport (5), Junge Mädchen mögens heiß, Hausfrauen noch heißer, Die Klosterschülerinnen, Massagesalon der jungen Mädchen, Matratzentango, Schüler-Report – Junge, Junge, was die Mädchen alles von uns wollen
Das Liebeskonzil
Verdammt noch mal… Wo bleibt die Zärtlichkeit? (1), Verdammt noch mal… Wo bleibt die Zärtlichkeit? (2)
Fiona, ein Körper voller Feuer, Laß uns Doktor spielen

*Wie sag ich's meinem Kinde

Frivole Spiele

Flucht ins Paradies
Die Lüsternen und die Schwestern, Nackt jeden Abend
Solo für eine Superfrau
Mädchen, die am Wege liegen
*Intim-Report
Onibaba – Die Töterinnen
Bettgeknister, Sexgeflüster
Die Girls vom Jumbo-Jet

*Midnight Ladies
Adelaide
American Teens
Fräulein Julie
Ich bin neugierig – gelb, Sie will's wissen, Troll
Deep End
Sexuelle Perversionen – Libido Mania II
Love Swedish Style
High-Life-Klinik
Wenn die Jungfrau mit dem Stier

Sole, Alfred	Tanyas Island
Sole, Marco	Gasthaus zur Wollust
Sollima, Sergio	Erotica (E)
Sone, John	Ein Sommer der wilden Liebe, Liebe, stärker als Hunger und Durst
Spelvin, David	Stundenplan einer Verführung
Spinelli, Anthony	Feuer zwischen den Lippen, It's Called Murder, Baby (als Sam Weston), Die Nacht der wilden Ladies, Nothing But Love, Sex World, Stachel für heiße Bienen
Spofford, Robert	Ich, Christine Keeler
Staller, Ilona	Italienische Liebesgrüße
Stegani, Giorgio	Ein Sommer voller Zärtlichkeit, Ich war ihm hörig
Steiner, Robert	Erotische Bestien, Positionen, Variationen
Stend, Herbert	Insel der Lüste
Steno [= Stefano Vanzina]	Der Kleine mit dem dicken Hammer, Die liebestollen Abenteuer von Baron X
Stenzel, Hans Christof	Obszön – Der Fall Peter Herzl
Stephen, A.C. (Siehe Stephen C. Apostolof)	
Stern, Steven Hillyard	B.S. I Love You
Sternberg, Josef von	Der blaue Engel
Stewart, Kendall	Liebe am Vormittag, Sexklub der Triebhaften, *Wenn die Hüllen fallen, *Wunderland der Pornografie
Stivell, Arne	Auch Engel baden manchmal nackt
Stootsberry, Arthur P.	Geheime Perversionen der Cleopatra, Das geheime Sexualleben von Romeo und Julia, Die lüsterne Tochter der Fanny Hill
Stratis, Olav	Das Teufelsweib
Strick, Joseph	Wendekreis des Krebses
Stuck, Viktor	Das Lustschloß im Spessart
Sullivan, Ronald	Gelüste der Frauen, Intime Stunden der Lust (als Henri Pachard), Video Vixens
Summers, Jeremy	Das Haus der tausend Freuden
Sürth, Frank	Sex-Export aus Amsterdam (1), Sex-Export aus Amsterdam (2), Sex, Love and Happiness
Suzuki, Seijun	Nakito Profis der Liebe
Sydow, Rolf von	Der verlogene Akt

T

Takamori, Tatsuishi	*Sex and Life (1), *Sex and Life (2)
Takechi, Tetsuji	Träume im Zwielicht
Tanner, Alain	Eine Flamme in meinem Herzen
Tarantini, Michele M.	Flotte Teens jetzt ohne Jeans, Flotte Teens und heiße Jeans, Die Hauslehrerin, Helm auf, Hose runter, Kommt pudelnackt, das Erbe lacht
Terry, Norbert	Charleys Tante nackt
Thiele, Rolf	Frisch, fromm, fröhlich, frei, Gelobt sei, was hart macht, Grimms Märchen von lüsternen Pärchen, Komm nach Wien, ich zeig dir was, Komm nur, mein liebstes Vögelein, Das Liebeskarussell (E), Lulu (1962), Rosemaries Tochter, Der scharfe Heinrich, Undine 74

Thomas, Albert
[= Adalberto Albertini]
Thomas, Gerald
Thomas, John
Thomas, Michael (Siehe Erwin C. Dietrich)
Thomas, Michael (Siehe Jesus Franco Manera)
Thomas, Michael
[= Paul Grau]
Thomas, Paul
Thomas, Ralph
Thomsen, Knud Leif
Thorsen, Jens Jörgen
Tichat, Leo
Tiedemans, Claus (Siehe Claus Tinney)
Tinney, Claus

Tobalina, Carlos
Tod, Cesar
Todd, Stephen
Torena, Pablo Juan
Torn, Bert (Siehe Mac Ahlberg)
Townsend, Bud
Townsend, Pat
Tremper, Will
Trenalg, Albert
[= Atze Glanert]
Treut, Monika
Treyens, Jacques
Troy, Gary
Truffaut, Francois

Tsusuki, Jonosuke

Ubell, Mark (Siehe Chuck Vincent)
Umgelter, Fritz
Unia, Pierre

Vadim, Roger

Black Emmanuelle, Yellow Emmanuelle

Mach weiter, Emmanuelle
Mädchen voller Sinnlichkeit

Sechs Schwedinnen auf der Alm

The Swap
Percy – Spatz in der Hand
Die Strandbiene
Stille Tage in Clichy
*Egon Schiele: Exzesse

Auch Ninotschka zieht ihr Höschen aus, Kreuzberger Liebesnächte, Nackt und heiß auf Mykonos (als Claus Tiedemans), Und mehrmals täglich quietschen die Matratzen
*Der Große Arztreport
Die Orgien der Cleopatra
Heißer Reiz der Sinnlichkeit
Ekstasen, Mädchen und Millionen

Alice in Wonderland, Der Hollywood-Clan
The Beach Girls – Strandhasen
Mir hat es immer Spaß gemacht, Playgirl, Sperrbezirk
Dr. Fummel und seine Gespielinnen, Gestatten... Vögelein im Dienst
*Verführung: Die grausame Frau
Emanuel und seine Gespielinnen
Dralle Brüste, steile Schenkel
Die Frau von nebenan, Geraubte Küsse, Der Mann, der die Frauen liebte
Die Nackten des Eros

U

Mit Eva fing die Sünde an
Baby Cat, Beatrice – Im Reich der Sinnlichkeit (als Reine Pirau), Die Liebesschule

V

Barbarella, Don Juan 73, Ein wildes Leben, Gefährliche Liebschaften, Der Reigen, Sex-Lehrer-Report, Und immer lockt das Weib, Und vor Lust zu sterben

Die Regisseure und ihre Filme

Valeri, Tonino	Das Mädchen Julius, Skrupellos
Varga, Alan	Love Dreams
Vass, Franz	Skihaserl-Report
Vatelli, Paul G.	Agentin für Sex
Venuti, Joe	Nadines erotische Sehnsüchte
Verhoeven, Michael	Engelchen macht weiter – hoppe, hoppe Reiter, Wer im Glashaus liebt
Verhoeven, Paul	Das Mädchen Keetje Tippel, Was sehe ich! Was sehe ich!
Vernuccio, Gianni	Junge Haut
Verona, Stephen	Das turboscharfe Spanner-Motel
Verstappen, Wim	Das Pornohaus von Amsterdam
Vesely, Herbert	*Egon Schiele: Exzesse
Vicario, Marco (= Renato Marvi)	Blutjung und zur Lust verführt, Frau und Geliebte
Vidor, King	Duell in der Sonne
Vincent, Chuck	Hollywood Hot Pools, Hot T-Shirts, In Love Sex um jeden Preis, Jack und Jill entdecken die Lust (als Mark Ubell), Lady L. und ihre lüsternen Mädchen, New York Finest, Die Scharfmach-Klinik, Sex Appeal, Summer Camp
Visconti, Luchino	Boccaccio 70 (E), Ossessione – Von Liebe besessen, Der Tod in Venedig, Die Unschuld
Vivarelli, Piero	Africa Erotica
Vohrer, Alfred	Das gelbe Haus am Pinnasberg, Herzblatt

W

Wagner, Fred (Siehe Kurt Nachmann)	
Wakamatsu, Koji	Akamoru, das dunkle, wilde Begehren, Geschichten hinter Wänden
Wakefield, Charles M.	Ritter Orgas muß mal wieder
Walker, Peter	Die Liebesmuschel, Der Porno-Graf von Schweden, Rosemaries Liebesreport in drei Dimensionen, Die Sexparty, School for Sex – Rund ums Bett
Warfield, Chris	Champagner zum Frühstück, Duett im Bett
Warren, Joseph [= Giuseppe Vari]	Die Nonne und das Biest
Warren, Norman J.	Loving Feeling, Sklavin des Satans
Watanabe, Yusuke	Night Ladies, Die Triebhaften
Water, Howland	Sex and Drive
Webber, Lawrence	Flavia – Die Sex-Sklavin des Cäsar, Privatstunden der Lust
Wehling, Bob	Die Sexbrille
Weidenmann, Alfred	Das Freudenhaus, Das große Liebesspiel, Das Liebeskarussell (E)
Weiss, Helmut	Donnerwetter! Donnerwetter! Bonifatius Kiesewetter
Wellburn, William	Sex-Roulette
Weeran, John [= Wolfgang Bellenbaum]	Jagd auf Jungfrauen, Ob Dirndl oder Lederhos, gejodelt wird ganz wild drauflos, Tanzstunden-Report
Werner, Thomas	Der kleine Dicke mit dem großen Langen
Wertmüller, Lina	Reich und gnadenlos

Weston, Armand	Love in Action, *Rufnummern der Lust, Sex wie Eis und Feuer
Weston, Sam (Siehe Anthony Spinelli)	
White, Andrew [= Andrea Bianchi]	Die erotischen Träume einer Frau, Komm, und mach's mit mir
White, Billy	*Sex und Liebe per Kontaktanzeige
White, Teddy	*Sex und Liebe per Kontaktanzeige
Wickman, Torgny	Liebe ohne Tabu, Die mannstollen Weiber, Play Love – Ein Alphabet erotischer Möglichkeiten, Das Schwedenmädchen Anita, Variationen der Liebe (1), Variationen der Liebe (2), Die Verstoßene
Wilder, Billy	Das verflixte siebente Jahr
Wilder, John [= Enzo Doria]	Die Trauminsel
Williams, Fred (Siehe Erwin C. Dietrich)	
Williams, Jeff	What and Why – Sex in Skandinavien
Williams, Lester C. [= Andreas Katsimitsouilas]	Myriam – Meine wilden Freuden
Wilson, R. Charleton	Michaela – Liebesclub der Unersättlichen
Winner, Michael	Manche mögen's kühl
Winter, Donovan	Flesh and Love Die hungrigen Mädchen, Paradies ohne Hüllen
Winters, Howard	*Rufnummern der Lust
Wishman, Doris	Ein superheißes Ding, Ich will dich ohne, Im Paradies der Nackten, Nackt im Sommerwind, Der nackte Reigen, Sinnliche Lippen (als Louis Silverman), Teuflische Brüste, Zauberstab zur Selbstmassage (als Louis Silverman)
Wolfe, Tom	Der Sexathlet
Wolman, Dan	Eis am Stiel (5): Die große Liebe, Eis am Stiel (6): Ferienliebe, Nana
Wright, Patrick	Hollywood High – Die neckischen Spielchen der College-Girls
Wuest, Harry	Im Bett der nackten Schwestern
Wyder, Johnny	Ein guter Hahn wird selten fett, Und sie genießen die Liebe

Y

Yamamoto, Shinya	Ungezähmte Erotik
Yamashita, Osman	Sprechen, flüstern, stöhnen – Michi-no-sex
Young, Robert	The World is Full of Married Men
Young, Terence	Die amourösen Abenteuer der Moll Flanders

Z

Zacher, Joseph	Alle Kätzchen naschen gern, Komm, liebe Maid, und mache, Die tolldreisten Geschichten
Zampa, Luigi	Ladies, Ladies, Wilde Betten – Lippenstift-Tigerinnen

Zenkel, Gerhard — Du – Zwischenzeichen der Sexualität
Zetterling, Mai — Verschwiegene Spiele
Ziehm, Howard — Flesh Gordon
Zielinski, Rafael — Screwballs – Das affengeile Klassenzimmer
Zugsmith, Albert — Sex kreuz und quer
Zulawski, Andrzej — Die öffentliche Frau

Verzeichnis der Originaltitel

A

A HOUSE IS NOT A HOME Madame P und ihre Mädchen 311
A LITTLE SEX Der verführte Mann 532
A NOUS LE GARCONS Her mit den Jungs 204
A NOUS LES PETITES ANGLAISES Her mit den kleinen Engländerinnen 204
A PROMISE OF BED Liebe ohne Feigenblatt 281
A PROPOS DE LA FEMME Lexikon der Liebesspiele 277
A RAGE TO LIVE Nymphomania 371
A WOMAN'S URGE Erotik am Abgrund 115
ACTION Sodom 2000 472
ADAM I SVERIGE Adam in Schweden 11
ADELAIDE Adelaide 11
ADOLESCENTES AU PENSIONNAT Mädchen im Internat 315
ADULTERIO ALL'ITALIANA Seitensprung auf italienisch 441
ADVENTURES OF A PLUMBER'S MATE Benny, der Pechvogel 38
AFFAEREN CHRISTINE KEELER Ich, Christine Keeler 216
L'AFFITACAMERE Das Hotel der heißen Teens 212
AFTERNOON Afternoon – Stunden der Leidenschaft 12
AGE OF CONSENT Das Mädchen vom Korallenriff 319
AGENT 69 JENSEN – I SKORPIONENS TEGN Madame O und die ganz teuren Mädchen 310
AGNES Paris Intim (3) 384
THE AGONY OF LOVE Engel der Erotik 111
AI NO BOREI Im Reich der Leidenschaft 224
AI NO CORRIDA Im Reich der Sinne 224
AIMEZ-VOUS LES FEMMES? Jungfrau, reich garniert 244
AKUJO Die Triebhaften 507
L'ALCOVA Sklavin für einen Sommer 469
ALFIE Der Verführer läßt schön grüßen 531
ALFIE DARLING Alfie, der liebestolle Schürzenjäger 13
ALICE IN WONDERLAND Alice in Wonderland 13
ALICE – RENT A GIRL Alice – Wild und unersättlich 13
THE ALL AMERICAN GIRLS Danish Flowers 70
THE ALLEY CATS Mädchen zwischen Sex und Sünde 321
ALLEY TRAMP Ach, blas mir doch mal einen Marsch 11
ALTRI DESIDERI Die erotischen Träume einer Frau 118
LAS ALUMNAS DE MADAME OLGA Der französische Salon der Lady O 140
LES AMANTES Die Liebenden 283
AMANTI MIEI Engel sind nackt am schönsten 112
THE AMAZING TRANSPLANT Sinnliche Lippen 466
AMERICAN GIGOLO Ein Mann für gewisse Stunden 93
AMICHE MEI Kommt pudelnackt, das Erbe lacht 261
L'AMORE DIFFICILE Erotica 114
AMORE IN PRIMA CLASSE Erste Klasse 119
L'AMOUR Komm, liebe mich 259
L'AMOUR CHEZ LES POIDS LOURDS Das Rasthaus zur sexten Glückseligkeit 405
L'AMOUR EN PRÉMIERE CLASSE Erste Klasse 119
AMOUR OUI, MAIS Sekretärinnen-Report (2) 442
THE AMOUROS ADVENTURES OF MOLL FLANDERS Die amourösen Abenteuer der Moll Flanders 19
ANDREA Andrea 19
ANGELICA – THE YOUNG VIXEN Wild und sexy 550
THE ANIMAL Das Tier 500
ANIMAL LOVE Animal Love 21
ANITA Das Schwedenmädchen Anita 435
ANN OCH EVA – DE EROTISKA Heiße Spiele 197
L'ANNÉE DES MEDUSES Teuflische Umarmung 498
APHRODITE Aphrodite 22
ARCHIPEL – LES FRUITS DE LA PASSION Lagune der Lust 267

Verzeichnis der Originaltitel

L'ART D'AIMER Ars Amandi – Die Kunst der Liebe 22
ATTENTION LES YEUX Süße, bring den Po in Stellung 489
L'ATTRAZIONE Nadines erotische Sehnsüchte 346
AU-PAIR GIRLS Au-pair Girls 23
AUTUMN BORN Playmate Lady O. 391
AVERE VENT'ANNI Oben ohne – unten Jeans 373
LES AVENTURES GALANTES DE ZORRO Zorro – Spiel mir das Lied der Wollust 567

B

B... COMME BEATRICE Beatrice – im Reich der Sinnlichkeit 35
B.S. I LOVE YOU B.S. I Love You 56
BABY CAT Baby Cat 29
BABY DOLL Baby Doll – Begehre nicht des andere Weib 29
BABY FACE Baby Face 30
BABY LOVE Bibi – sündig und heiß 40
BABY LOVE Eis am Stiel (5): Die große Liebe 102
BABY VICKIE Ein Körper voller Lust 92
THE BABYSITTER Die Liebesdose 286
BACCHANALE Bacchanale, die totale Erotik 30
BACHELOR PARTY Junggesellenparty 31
BAD GIRLS GO TO HELL Ich will dich ohne 218
BAISERS VOLES Geraubte Küsse 165
LES BAISEUSES Les Baiseuses 275
BAKSMÄLLA Memory of Love 332
BANANAS MECANIQUES French Love 149
BANGKOK PORNO Nach Bangkok, der Liebe wegen 343
BARA NO SORETSU Pfahl in meinem Fleisch 389
BARBARELLA Barbarella 33
THE BAREFOOT CONTESSA Die barfüßige Gräfin 34
THE BAREST HEIRESS Nackt durch die Welt 347
THE BEACH GIRLS The Beach Girls – Strandhasen 34
BEAU PERE Ausgerechnet ihr Stiefvater 26
BEAUTY TRAPPER Exzesse im Folterkeller 124
BEGINNER'S LUCK Anfängerglück 21

BEL AMI Skandinavische Lust 467
LA BELLA ANTONIA, PRIMA MONICA E POI DIMONIA Wehe, wenn die Lust uns packt 542
BELLE DE JOUR Belle de Jour – Schöne des Tages 37
BELLAS, RUBIAS Y BRONCEADAS Zwölf Schwedinnen in Afrika 571
BELLES, BLONDES ET BRONZÉES Zwölf Schwedinnen in Afrika 571
BELOW THE BELT Die Nackten und die Perversen 355
BENEATH THE VALLEY OF THE ULTRAVIXENS Im tiefen Tal der Superhexen 226
BENJAMIN OU LES MÉMOIRES D'UN PUCEAU Benjamin – Aus dem Tagebuch einer männlichen Jungfrau 37
BESAME MONSTRUO Küß mich, Monster 264
THE BEST HOUSE IN LONDON Ein liebeswertes Freudenhaus 92
LA BESTIA UCCIDE A SANGUE FREDDO Das Schloß der blauen Vögel 422
LA BÉTE La Bête 265
BETWEEN THE SHEETS Stachel für heiße Bienen 475
BEVERLY HILLS MADAM Der Callgirl Club 59
BEYOND THE VALLEY OF DOLLS Blumen ohne Duft 49
LES BICHES Zwei Freundinnen 569
THE BIG BET Nachhilfe in Sachen Liebe 343
THE BIG BOUNCE Nancy, ein eiskaltes Playgirl 358
LES BIJOUX DE FAMILLE Der Chauffeur von Madame 66
BILITIS Bilitis 42
BLACK ALLEY CATS Black Cats 44
BLACK APHRODITE Schwarze Aphrodite 434
BLACK VENUS Venus 526
BLAME IT ON RIO Schuld daran ist Rio 426
BLONDE FIRE Blondes Feuer 48
BLOODY VIRGIN Penny – die schmutzige Jungfrau 386
BLOW UP Blow Up 48
THE BLUE ANGEL Der blaue Engel 46
THE BLUE LAGOON Die blaue Lagune (1948) 47

THE BLUE LAGOON Die blaue Lagune (1980) 47
BLUE MONEY Stoßverkehr 478
BLUE MOVIE Das Porno-Haus von Amsterdam 396
BOB & CAROL & TED & ALICE Bob & Carol & Ted & Alice 53
BOCCACCIO Boccaccio 54
BOCCACCIO 70 Boccaccio '70 54
BOKO SHOJO NIKKI Lustvoll eine Schlange streicheln 308
BOLERO Ekstase 104
BONITINHA MAS ORDINARIA Quelle der Erotik 404
BONNE A TOUT FAIRE Zimmermädchen der Lust 567
BORA BORA Bora Bora 55
BORDELLET – EN GLAEDESPIGES ERINDRINGER Das fröhliche Bordell 151
LES BRANCHES A ST. TROPEZ Her mit den kleinen Französinnen 204
BRAND OF SHAME Djano Nudo und die lüsternen Mädchen von Porno Hill 78
BRIGADE CRIMINELLE Prostitution International 401
BRIGADE MONDAINE Give Me Love 172
BRIGADE MONDAINE: VAUDOU AUX CARAIBES Die Superhexe der Liebesinsel 487
BROTHER AND SISTER He and She – Brother and Sister 193
BRUCIA, RAGAZZI, BRUCIA Die Unbefriedigte 512
BUNNY AND CLOD Das intime Liebesleben von Bunny und Clod 231
BUONA COME IL PANE Solo für eine Superfrau 473
BUTTERFLY Butterfly 58
BUTTERFLY Der Richter von Nevada 411
BYLETH Trio der Lust 508

C

LA CADEAU Ein pikantes Geschenk 94
LE CALDE NOTTI DI CALIGOLA Die heißen Nächte des Caligula 198
LE CALDE NOTTI DI DON GIOVANNI Sein Schlachtfeld war das Bett 440
CALIGOLA E MESSALINA Caligula und Messalina 59

CAMAS CALIENTES Wilde Betten – Lippenstift-Tigerinnen 551
LA CAMERIERA SEDUCE I VILLEGGIANTI Die Mausefalle im Stundenhotel 330
CAMERIERE SENZA... MALIZIA Privatstunden der Lust 400
CAMILLE 2000 Kameliendame 2000 249
CAMILLE Die Kameliendame 1936 247
CAN HIERONYMUS MERKIN EVER FORGET MERCY HUMPPE AND FIND TRUE HAPPINESS? Die Gelüste des Hieronymus 164
CANDIDO EROTICO Ein Mann für eine Nacht 93
CANDY Candy 59
LES CAPRICES D'UNE SOURIS Paris Intim (4) 384
CARGO OF LOVE Erotische Bestien 116
CARMEN BABY Carmen Baby 60
CARMEN NUE Die nackte Carmen 350
CARNAL KNOWLEDGE Die Kunst zu lieben 263
CARNE PER FRANKENSTEIN Andy Warhols Frankenstein 20
CAROSELLO DI NOTTE – SEXY SHOW Hexenkessel der Erotik 206
CARRY ON, EMMANUELLE Mach weiter, Emmanuelle 309
LA CASA DE LAS MIL MUNECAS Das Haus der tausend Freuden 187
IL CASANOVA DI FELLINI Fellinis Casanova 127
CASANOVA Casanova 61
THE CASE OF THE STRIPPING WIVES Porno-Möpse beißen nicht 396
CASOTTO Strandgeflüster 479
CASTING CALL Sexklub der Triebhaften 451
CATHÉRINE CHERIE Cathérine 63
CELESTINE, BONNE A TOUT FAIRE Mädchen für intime Stunden 315
CEREMONY – PRIVATE PLEASURES Elisabeth – Eine Frau lebt ihre Träume 106
CEREMONY Insel der Begierde 228
CET OBSCUR OBJET DU DESIRE Dieses obskure Objekt der Begierde 76
CHAMPAGNE FOR BREAKFAST Champagner zum Frühstück 64
THE CHAPMAN REPORT Der Chapman-Report 64
LE CHATEAU Die Klosterschülerinnen 256

Verzeichnis der Originaltitel

THE CHEERLEADERS Fans – Fans – Fans – runter mit den Pants 127
CHERRY, HARRY AND RAQUEL Megavixens 331
LA CHIAVE The Key – Der Schlüssel 252
CHIJIN NO AL Naomi – Die Unersättliche 358
CHIWA TAIYO YORI AKAI Akamoru, das dunkle, wilde Begehren 12
CHRISTA – SWEDISH FLY GIRLS Geliebte Christa – Stewardessen lieben heiß 162
CICCIOLINA AMORE MIO Ein zärtliches Biest 98
CINDERELLA Die tolle Geschichte der C. 504
CINDERELLA 2000 Liebe im Raumschiff Venus 281
CINDY AND DONNA Nackte Engel sind gefährlich 351
CINE GIRL Cine-Girl 66
LA CINTURA DI CASTITA Der Keuschheitsgürtel 252
LA CITTA DELLE DONNE Fellinis Stadt der Frauen 129
CLAUDIA Claudia 67
CLASS Class – Vom Klassenzimmer zur Klassefrau 66
THE CLASS REUNION Heißes Verlangen blutjunger Mädchen 201
CLAUDE ET GRETA Greta – Die Fremde kam nackt 178
CLEOPATRA, REGINA D'EGITTO Die Orgien der Cleopatra 376
CLINIC EXCLUSIVE Bettys roter Salon 39
CLOSE ENCOUNTERS OF A HANDYMAN Ein guter Hahn wird selten fett 90
CLUB PRIVÉE POUR COUPLES AVERTIS Das Haus der ausgefallenen Wünsche 187
COCKTAIL HOSTESSES Zeig mir deins, ich zeig dir meins 566
CODE NAME: RAW HIDE Wunderland der Pornographie 560
LA COGNATITA Hot Summer 212
COLLEGE GIRLS Verführung in der Pause 534
LES COLLEGIENNES Heiße Kolleginnen 194
COLLEGIENNES A TOUT FAIRE Das geile Mädchenpensionat 160

COME BACK, PETER Flesh and Love – Die hungrigen Mädchen 134
COME IMPARAI AD AMARE LE DONNE Das gewisse Etwas der Frauen 170
COME ONE, COME ALL Eine nach der anderen – Laß fummeln, Puppe 99
COME, QUANDO, PERCHÉ Wo, wann, mit wem? 556
COME, RIDE THE WILD PINK HORSE Reitet das rosarote Pferdchen 410
COMMENT LES SÉDUIRE Verführung auf Französisch 532
COMMON LAW CABIN Wieviel Liebe braucht ein normales Paar? 550
THE COMMUNAL MARRIAGE Sex kreuz und quer 446
LA COMTESSE NOIRE Entfesselte Begierde 113
LA CONSEQUENZA Fluch der Erotik 136
CONTE DE LA FOLIE ORDINAIRE Ganz normal verrückt 155
CONTES IMMORAUX Unmoralische Geschichten 519
CONVIENE FAR BENE L'AMORE Die Sexmaschine 451
COOL IT, CAROL Die Liebesmuschel 290
IL CORPO Il Corpo – Black Erotic 219
THE CORPORATE QUEEN Haus der tausend Perversionen 188
COSI COME SEI Bleib wie du bist 47
LES COUPLES DU BOIS DE BOLOGNE Intime Spiele junger Pärchen 231
COVER GIRLS Die ganz teuren Mädchen 156
CRAZY HORSE DE PARIS Die Girls vom Crazy Horse 171
CRAZY SWEDISH HOLIDAYS IN PARIS Schwedenmädel in Paris 435
CRI DU DESIR Sklavin der Sinnlichkeit 468
CRIMES OF PASSION China Blue – Bei Tag und Nacht 66
CROISIÉRE EROTIQUE Mädchen auf der Matratze 311
CRUEL DESTINATION Die Teuflischen von Mykonos 499
CRUEL PASSION Justine – Grausame Leidenschaften 246
CUGINE MIEI Meine drei Cousinen 332
LA CULPA Im Rausch der Wollust 224
THE CURIOUS FEMALE Pornographische Aufnahmen 395

D

DA SKA DU FA EN GUNGSTOL AV MIG – EN BLA Erotik unter vier Augen 116
DABIDE NO HOSHI Exzesse im Folterkeller 124
DADDY DARLING Katja – Alle brauchen Liebe 250
DAGMARS HETA TROSOR Die jüngsten Kätzchen sind die schärfsten 245
LA DAMA DELLA CAMELIE Die Kameliendame 228
LA DAME AUX CAMÉLIAS Die Kameliendame 228
THE DANCERS Die Nacht der wilden Ladies 344
DANDY Michaela – Liebesclub der Unersättlichen 333
DANY LA RAVAGEUSE Dany – die Anhalterin 70
DAUGHTER OF THE SUN Der Nackten Moral 75
DE SADE Das ausschweifende Leben des Marquis de Sade 26
DEADLY WEAPONS Teuflische Brüste 497
THE DEAN'S WIFE Frau Professor kanns noch besser 141
DEBBIE DOES DALLAS Skandal-Mädchen 466
DÉBAUCHE DE MAJEURES Pornoschwestern 397
LA DÉBAUCHE – OU LES AMOURS BUISONIÉRE Sklavin der Wollust 469
IL DECAMERONE Decameron 71
LE DECAMERON Decameron 71
DECAMERONE N. 2 – L'ALTRE NOVELLE DEL BOCCACCIO Decamerone – Abenteuer der Wollust 72
IL DECAMERONE NERO Africa Erotica 12
IL DECAMERONE PROIBITO Hattu Keuschheitsgürtel, muttu knabbern 186
LE DECKINE DE L'EMPIRE AMERICAINE Der Untergang des amerikanischen Imperiums 520
DEEP END Deep End 73
DEEP INSIDE Das Strandhaus 479
DEEP THROAT Deep Throat 74
LES DELICES DU TOSSING Hey, Baby, hey 206
IL DEMONE DELL'INCESTO Trio der Lust 508
LOS DEMONIOS Die Nonnen von Clichy 367
DEN SVARA PRÖVNINGEN Die mannstollen Weiber 326
DER KOM EN SOLDAT Komteß Elisa – Das Loch im goldenen Käfig 261
DERNIÉR TANGO A PARIS Der letzte Tango in Paris 277
LA DÉROBADE Die Aussteigerin 26
DESERT HEARTS Desert Hearts 75
DESERT LOVERS Desert Lovers – Heiße Liebe im Wüstensand 75
LES PETITES SAINTES Y TOUCHENT Die kleinen Scheinheiligen 256
DESIDERANDO GIULIA Giulia 172
DESIDERIA – LA VITA INTERIORE Desideria 76
DESIRES OF WOMEN Zauberstab zur Selbstmassage 564
DET KAERE LEGETOJ Das liebste Spiel 297
DEUX GAMINES Scharfe Katzen der Lust 421
LES DEUX SOEURS Wochen wilder Wonnen 557
LE DIABLE ROSE Le Diable Rose – Das liebesstolle Freudenhaus 272
LE DIAMANT NU Nur für Erwachsene 370
DIARIO DI UNA HOSTESS Flying Sex – Die kessen Stewardessen 137
DIARY OF A NUDIST Der nackte Reigen 354
DIARY OF A SWINGER Sexuelle Spiele 460
IL DIAVOLO IN CORPO Teufel im Leib 496
IL DIO CHIAMATO DORIAN Das Bildnis des Dorian Gray (1969) 41
DINGLE, DANGLE Wenn die Hüllen fallen 545
DIRTY DANCING Dirty Dancing 77
DIRTY LOVE Dancing is my Life 70
THE DIRTY MIND OF YOUNG SALLY Der Fummeltrick der jungen Sally 152
DISPOSTA A TUTTA Ich war ihm hörig 218
DIVA FUTURA Italienische Liebesgrüße 234
THE DIVORCEE Die Nymphomanin 371
DIXIE RAY, HOLLYWOOD STAR It's Called Murder, Baby 234
LE DOLCE SIGNORE Ladies, Ladies 265
LA DOLCE VITA Das süße Leben 488
LA DOLCE VITA 2000 Heißer Sex in Frankreich 200

Verzeichnis der Originaltitel

DON JUAN OU SI DON JUAN ETAIT UNE FEMME Don Juan '73 78
DON'T JUST LAY THERE Report der Erotik 410
DONA FLOR ET SUS DUOS MARIDOS Dona Flor und ihre zwei Ehemänner 79
LA DONNA DELLA CALDA TERRA Die Frau vom heißen Fluß 141
DORTOIR DES GRANDES Die Liebesschule 291
DOSSIER EROTIQUE D'UN NOTAIRE Töchter der Lust 500
DOSSIER PROSTITION Liebe gegen Barzahlung 280
LA DOTTORESSA VA IN CASERNA Helm auf, Hose runter 202
DOUBLE AGENT 73 Ein superheißes Ding 96
DOVE VAI TUTTA NUDA? Warum läufst du immer nackt herum? 540
DRACULA SUCKS Liebling, du beißt so gut 295
DRACULA VUOLE VIVERE: CERCA SANGUE DI VERGINE Andy Warhols Dracula 19
DRESSAGE Dressage 86
DROP OUT Drop Out – Mysterien blutjunger Mädchen 87
DROP OUT WIFE Sexpraxis '75 453
DRUM Sklavenhölle der Mandingos 468
DU DÉSIR PLEIN LES YEUX Weißer Strand und heiße Katzen 542
DUE GOCCE NELL'AQUA SALATA Die Trauminsel 507
DUE MASCHI PER ALEXA Bitterer Whisky 43

E

EDUCATION ANGLAISE Verbotene Zärtlichkeiten 529
EMANUELLE NERA Black Emanuelle 44
EMILY Emily 111
EMMANUELLE Emanuela 106
EMMANUELLE BIANCA E NERA Die Zuchtfarm der Sklaven 567
EMMANUELLE E FRANÇOISE – LE SORELLINE Foltergarten der Sinnlichkeit 137
EMMANUELLE (4) Emanuelle 4 109
EMMANUELLE (5) Emanuelle 5 110
EMMANUELLE (6) Emanuelle 6 110
EMMANUELLE IN AMERICA Black Emanuelle – Stunden wilder Lust 45
EMMANUELLE L'ANTIVIERGE Emanuela (2): Im Garten der Liebe 106
EMMANUELLE NERA ORIENT REPORTAGE Black Emanuelle II 45
EMMANUELLE: PERCHE VIOLENZE ALLE DONNE Emanuela: Alle Lüste dieser Welt 108
L'EMPIRE DE LA PASSION Im Reich der Leidenschaft 224
L'ENTREINTE Die Keusche 251
ERENDIRA Die unglaubliche und traurige Geschichte von der unschuldigen Erendira und ihrer herzlosen Großmutter 517
ERICA'S HOT SUMMER Erikas heißer Sommer 114
THE EROTIC ADVENTURES OF ZORRO Zorro und seine lüsternen Mädchen 567
EROTICA Erotica 115
EROTISSIMO Erotissimo 118
ESA Der Köder 257
ESKIMO LIMON/LEMON POPSICLE Eis am Stiel (1) 101
ET DIEU CREA LA FEMME Und immer lockt das Weib 512
ET DOGN MED ILSE Danish Movie 70
ET LA FEMME CREA L'AMOUR Und die Frau erschuf die Liebe 512
ET LA TENDRESSE?... BORDEL! (1) Verdammt noch mal! Wo bleibt die Zärtlichkeit? (1) 529
ET LA TENDRESSE?... BORDEL! (2) Verdammt noch mal! Wo bleibt die Zärtlichkeit? (2) 530
ET MOURIR DE PLAISIR Und vor Lust zu sterben 515
L'ETA DEL MALESSERE Toujours l'Amour – Immer die Liebe 505
L'ETE LES PETITES CULOTTES S'ENVOLENT Ein Sommer voller Leidenschaft 96
L'ETERNITE POUR NOUS Heißer Strand 200
EUGENIE – HISTORIA DE UNA PERVERSION Lolita am Scheideweg 300
EUROPA: OPERAZIONE STRIP-TEASE Unternehmen nackte Schönheit 522
EVA NERA Die nackte Eva 352
EVERY HOME SHOULD HAVE ONE Haferbrei macht sexy 185

Verzeichnis der Originaltitel

EVERYDAY – WELL ALMOST Her mit den kleinen Playboys 205
EXHIBITION Exhibition 123
THE EXOTIC DREAMS OF CASANOVA Das geheime Sexualleben des Casanova 160
EXPOSE ME LOVELY Love in Action 302
EXTASE Ekstase – Symphonie der Liebe 104
EXTRACONIUGALE Seitensprünge 142

F

FANNY HILL (1964) Fanny Hill 125
FANNY HILL (1983) Fanny Hill 126
FANNY HILL, SVERIGE Fanny Hill auf Schwedisch 126
FANTASY Fantasy 127
FASCINATION Schüchtern, aber scharf wie Oskar 426
IL FASCINO SOTTILE DE PECCATIO Liebe, Triebe, Seitenhiebe 282
FASTER, PUSSYCAT, KILL, KILL Die Satansweiber von Tittfield 420
FATAL ATTRACTION Eine verhängnisvolle Affäre 99
FEAR OF LOVE Fleischeslust 133
FELICITY Felicity – Sündige Versuchung 127
LES FÉLINES Les Felinés – Der Hengst und die Nymphe 275
FELLA Die unersättlichen Spiele der Reichen 517
THE FEMALE Der Freudenspender 149
LA FEMME D'A CôTÉ Die Frau von nebenan 142
LA FEMME NUE Teuflische Gelüste 497
LA FEMME PUBLIQUE Die öffentliche Frau 374
FEMMES EN CAGE Frauengefängnis 147
FESTIVAL GIRL Küß mich, als gäb's kein Morgen 264
LE FEU SOUS LA PEU Gefährliche Leidenschaften 157
FIERAS SIN JAULA Bitterer Whisky 43
LA FIÉVRE DANS LA PEAU Fieber unter nackter Haut 131
LES FILLES DE MADAME CLAUDE/ CONTES PERVERS Hemmungslose Erotik 203
LES FILLES DE ST. TROPEZ Heiße Nächte in St. Tropez 195
THE FILTHY FIVE Alles was Erotik bieten kann 14

FINDERS KEEPERS, LOVERS WEEPERS Null Null Sex 369
LA FINE DELL'INNOCENZA Annie Belle – Zur Liebe geboren 22
FINO A FARTI MALE Adelaide 11
FIONA ON FIRE Fiona, ein Körper voller Feuer 132
IL FIORE DELLE MILLE E UNA NOTTE Erotische Geschichten aus 1001 Nacht 117
FIRST LOVE Junge Liebe 242
THE FIRST TIME Wer trägt bei Rosie schon Pyjamas? 547
FLAVIA Flavia – Die Sex-Sklavin des Cäsar 133
FLESH GORDON Flesh Gordon 134
THE FLESH IS WEAK Frauen, die uns nachts begegnen 146
FLOSSIE – EN VENUS PÄR 15 Die Keusche mit den feuchten Lippen 252
LES FOLIES D'ELODIE Ein Slip auf Trip 94
FOR MEMBERS ONLY High Society Club 208
FOR RICHER, FOR POORER Träume einer geschiedenen Frau 506
FÖRSTA STEGEN Die Verstoßene 536
FOTOGRAFANDO PATRIZIA Hunger nach Zärtlichkeit 214
FOUNTAINS OF LUST Fontäne der Lust 138
THE FOUR DIMENSIONS OF GRETA Rosemaries Liebesreport in 3 Dimensionen 414
THE FOX The Fox 139
FRANK AND I Die Karriere der Frances B. 249
FRANK EN EVA Frank und Eva 140
FRANKENSTEIN ALL'ITALIANA Casanova Frankenstein 61
FRATELLO HOMO SORELLA BONA Die Lüsternen und die Schwestern 306
FRATERNITY VACATION American Eiskrem 17
FREE LOVE CONFIDENTIAL Wilde Körper 551
FRÖKEN JULIE Fräulein Julie 148
FRUSTRATION Frustration 152
FUTURES VEDETTES Reif auf junge Blüten 407

G

LA GABBIA Der Käfig 247
GABRIELA Gabriela 154

GABRIELA Gabriela, blutjung und unbefriedigt 154
THE GAME IS SEX Im Bett der nackten Schwestern 219
GAMES OF LOVE Sexualrausch in China 459
GENROKU ONNA KEIZU Tokugawa (3) – Im Rausch der Sinne 503
GENTLEMEN PREFER NATURE GIRLS Im Paradies der Nackten 224
GETTING INTO HEAVEN Lustgefühle 307
GETTING IT ON Die Highschool-Fete 208
GIFT Die Strandbiene 478
IL GINECOLOGO DELLA MUTUA Mit der Pille umso toller 336
GIOVENTU DI NOTTE Nackt jeden Abend 348
GIRL FROM SEX Agentin für Sex 12
THE GIRL ON A MOTORCYCLE Nackt unter Leder 349
GIRL WITH AN ITCH Mädchen zum Mitnehmen 320
THE GIRL WITH THE HUNGRY EYES Teufel der Wollust 495
GIRLS Girls – Die kleinen Aufreißerinnen 171
GIRLS ARE FOR LOVING Die kühle Blonde mit der heißen Masche 263
GOISSA Kätzchen zum Vernaschen 251
GOLA PROFONDA NERA Die schwarze Nymphomanin 434
GOOD BYE, COLUMBUS Zum Teufel mit der Unschuld 568
GOOD BYE, EMMANUELLE Good Bye, Emanuelle 175
THE GOOD, THE BAD, AND THE BEAUTIFUL Die Liebespeitsche 291
THE GOOD WIFE The Good Wife 175
THE GRADUATE Die Reifeprüfung 407
LE GRAND CEREMONIAL Vöglein, Vöglein an der Wand 538
LE GRAND DÉLIRE Die große Ekstase 180
LA GRANDE ABUFFATA Das große Fressen 180
LE GRANDE EXTASE Paris Intim (2) 383
THE GRASSHOPPER Jung, hübsch und hemmungslos 240
GRAZIE NONNA Schüler lieben hübsche Hasen 426
GUESS WHAT HAPPENED TO COUNT DRACULA Draculas lüsterne Vampire 82
GWENDOLINE Gwendoline 184

H

HAKUJITSUMU Träume im Zwielicht 506
THE HANG UP Norma – Verbotene Erotik 368
THE HAPPY HOOKER GOES TO HOLLYWOOD Die Hollywood-Affäre 209
THE HAPPY HOOKER GOES TO WASHINGTON Die Washington-Affäre 542
HATSUKOI JIGOKUHEN Das Mädchen Nanami 318
HEALERS Laß uns Doktor spielen 270
THE HEARTBREAKERS Die Herzensbrecher 205
HEAT Hollywood 209
HELL HOLE Treibjagd auf Liebeshexen 507
HER PRIVATE LIFE Heißer als die Sonne 199
HERE WE GO ROUND THE MULBERRY BUSH Unterm Holderbusch 521
LES HÉROïNES DU MAL Unmoralische Engel 518
HETEROSEXUALS Auf und nieder – ich könnt schon wieder 25
HIGH FINANCE WOMAN Wallstreet Woman 540
HIPPY HIPPY SEX Der Porno-Graf von Luxemburg 394
L'HISTOIRE D'O Die Geschichte der O 166
L'HISTOIRE D'O, CHAPITRE II Die Geschichte der O (2) 167
HISTORIA DE EVA Little Lips – Der zärtliche Tod 298
HISTORIA DE S Alfreds unheimliche Begegnung mit der Reizwäsche 13
HOLD UP POUR LAURA Wilde Spiele, heiße Mädchen 552
HOLLYWOOD HIGH Hollywood High – Die neckischen Spielchen der College-Girls 210
HOLLYWOOD HOT TUBS Hollywood Hot Pools 210
HOMEWORK Hausaufgaben 189
L'HOMME QUI AMAIT LES FEMMES Der Mann, der die Frauen liebte 324
HONEYBUN – Honeybun – Wild aufs erste Mal 211
L'HOTEL DE LA PLAGE Das Strandhotel 479
HON DANSADE EN SOMMAR Sie tanzte nur einen Sommer 462

HOPLA PA SENGKANTEN Deine Frau betrügt uns 75
HOT DESIRE Heiße Sehnsucht 196
HOT ICE Hot Ice 212
HOT SPURS Heiße Sporen 197
HOT SWEDISH SUMMER NIGHT Hot Swedish Summer Night 212
HOT TIMES Clinch 68
HOT T-SHIRTS Hot T-Shirts 212
HOTEL ALOJAMENTO Das Hotel für Fremdenverkehr 213
H.O.T.S. American Teens 18
THE HOUSE NEAR THE PRADO Liebestoll 293
HOUSE ON BARE MOUNTAIN Gräfin Frankensteins Liebestempel 177
HOW MUCH LOVE DOES A NORMAL COUPLE NEED? Wieviel Liebe braucht ein normales Paar? 550
101 ACTS OF LOVE 101 Acts of Love – Wege zur sexuellen Freiheit 214
HUYENDO DE SI MISMO Karawane der nackten Frauen 249
HVORFOR GOER DE DET? Why? 548

I

I FEEL IT COMING I Feel it Coming – Ich fühl es kommen 216
I GROSSI BESTIONI Das Rasthaus zur sexten Glückseligkeit 405
I JOMFRUENS TEGN Das tosende Mädchenpensionat 504
I LOVE YOU, I LOVE YOU NOT Wilde Lust 552
I LOVENS TEGN Die Reitschule der Madame O 410
I RACCONTI DI CANTERBURY Pasolinis tolldreiste Geschichten 385
I TYRENS TEGN Graf Bobby und seine Nichten 176
IBIZA AL DESNUDO Sechs Schwedinnen auf Ibiza 438
IJO SEAI KIROKU, HARENCHI Der Wüstling 561
L'ILE AUX FEMMES NUES Die Insel der Frauen 229
L'ILE DES PASSIONS/RITUELS DE LA PASSION Ceylon My Love 63
L'IMMORALE Die Unmoralische 518
IN LOVE In Love – Sex um jeden Preis 228

IN LOVE WITH DEATH Villa Porno 537
L'INFERMIERA Operation mißlungen – Patient lebt 376
L'INFERMIERA DI CAMPAGNA Eine Frau für alle Fälle 99
INFERMIERA DI NOTTE Nachtschwester müßte man sein 346
L'INFERMIERA NELLA CORSIA DEI MILITARI Der Idiotenzwinger 219
LES INFORTUNATES DE LA VERTU Marquis de Sade: Justine 327
INFRASEXUM Der Große Arztreport 180
INGA Inga – Ich habe Lust 228
INGA: NAGON ATT ELSKA Ich habe Lust (2): Meine Nächte mit Sven 218
INGA'S SEX LIFE Danish Flowers 70
INHIBITION EMMANUELLE Emanuela: Dein wilder Erdbeermund 109
INITIATION Sex-Roulette 455
L'INITIATION Wild auf junge Knospen 550
L'INNOCENT Die Unschuld 520
L'INSATISFAITE Sex-Side-Story 456
L'INSEGNATE Die Bumsköpfe 57
L'INSEGNATE BALLA... CON TUTTA LA CLASSE Flotte Teens und Sex nach Noten 136
L'INSEGNATE VA IN COLLEGGIO Flotte Teens und die neue Schulmieze 135
L'INSEGNATE VIENE A CASA Die Hauslehrerin 191
INSERTS Nahaufnahme 355
INSIDE MARILYN II Marilyn – Heiß wie ein Vulkan 327
INTERNO BERLINESE Leidenschaften 272
INTERNO DI UN CONVENTO Unmoralische Novizinnen 519
INTIMO Intimo 233
INVASION OF THE LOVE DRONES Invasion der Liebesdrohnen 233
IO CRISTIANE STUDENTESSA DEGLI SCANDALI Verbotene Zärtlichkeiten 529
LA ISLA DE LA MUERTE Die Wildkatze 554
L'ISOLA DEI SENSI PERDUTI Triebhaft wie die nackte Lust 507
THE ITALIAN STALLION Randy – Die Abenteuer des Sylvester Stallone 405
IT'S ALL FOR SALE Mysterien der Pornographie 341

Verzeichnis der Originaltitel

J

J'AIME TOUT Patricia – Das süße Früchtchen 386
JACK 'N JILL/POWER PLAY OF SEX Jack und Jill entdecken die Lust 235
JAG ÄR NYFIKEN, GUL Ich bin neugierig – gelb 216
JANUARIUS Erotische Raffinessen 117
LE JARDIN DES SUPPLICES Im Garten der Qualen 220
JE SUIS FRIGIDE – POURQUOI? Im Garten der Wollust – Pourqoui? 221
JE SUIS UN CALL GIRL Die Nutte von 18 Karat 371
JE SUIS UNE NYMPHOMANE Der Sex trinkt Champagner 447
JE T'AIME, MOI NON PLUS Je t'aime 235
JE T'OFFRE MON CORPS Ich schenk dir meinen Körper 218
JEG, EN ELSKER Ich, ein Liebhaber 217
JEG, EN KVINDE (2) Mißbraucht 335
JEG, EN KVINDE (1) Ich, eine Frau 217
JEG, EN MARKI Liebling, vergiß die Peitsche nicht 296
LA JEUNE FILLE ASSASSINÉE Ein wildes Leben 97
JEUNESSE DE NUIT Nackt jeden Abend 348
JEUX INTIMES AUX DOMICILE Im Taumel der Erotik 226
JEUX POUR COUPLES INFIDELES Neue Spiele für Liebestolle 362
JILL Jill – Satan in Blond 236
JINNIKU NO ISHI Setsuko – Nackt und brutal 443
JOHN TRAVOLTA... DA UN INSOLITO DESTINO Teenager-Liebe 494
LE JOURNAL D'UNE FEMME DE CHAMBRE Das Tagebuch einer Kammerzofe 491
LE JOURNAL EROTIQUE D'UN BUCHERON Die fröhlichen Holzfäller der nickenden Fichten 151
JOUNAL D'UNE MAISON DE CORRECTION Die Mädchen vom Erziehungsheim 319
JOY ET JOAN Joy und Joan 239
JOY Joy – 1 1/2 Stunden wilder Lust 238
JOY OF SEX Joy of Sex 239
JULIE IS NO ANGEL Nackt in deinen Händen 348
JUNIOR COMES OF AGE Quellen erotischer Lust 404
JUSTINE DE SADE Justine – Lustschreie hinter Klostermauern 246
JUSTINE OCH JULIETTE Justine und Juliette 246
JUSTINE OVVERO LA DISAVENTURA DELLA VIRTU Marquis de Sade: Justine 327

K

KABE NO NAKANO HIME GOTO Geschichten hinter Wänden 168
KÄPY SELÄN ÄLLA Tannenzapfen unter dem Rücken 492
KÄRE JOHN Lieber John 283
KARLA Die Liebesklinik 289
KÄRLEK 1-1000 Liebe 1-1000 278
KÄRLEK-BREV TILL INGE & STEN Play Love – Ein Alphabet erotischer Möglichkeiten 390
KÄRLEKENS XYZ Liebe ohne Tabu 282
KEEP IT UP Dauernd erregt 71
KEEP IT UP, JACK Ein verrücktes Freudenhaus 97
KEETJE TIPPEL Das Mädchen Keetje Tippel 317
THE KILLING OF SISTER GEORGE Das Doppelleben der Schwester George 80
KINFOLK Junge Körper – hemmungslos 241
KINJIRARETA TECHNIQUE Unersättliche Triebe 517
THE KILLING OF SISTER GEORGE Das Doppelleben der Sister George 80
KOMEDI I HÄGERSKOG Ruckzuck im Walde 416
KOSHOKU Entfesselte Begierde 113
KUUSIKYMMENTÄYHDEKSÄN Neunundsechzig – Vorspiel zur Ekstase 364
KVINNELOK Mich will jeder 333

L

LADIES OF LOTUS Midnight Ladies 334
LADY CHATTERLEY IN TOKIO Die Liebesnächte der Madame X 290
LADY CHATTERLEY'S LOVER Lady Chatterleys Liebhaber 265
LADY GODIVA RIDES Der Ritt der Lady Godiva 411

Verzeichnis der Originaltitel

LADY OF THE ORIENT EXPRESS Lady of the Orient Express 267
LAS VEGAS STRANGLER Porno-Killer 396
THE LAST AMERICAN VIRGIN Die letzte amerikanische Jungfrau 276
LAST SUMMER Petting 389
LAURA, LES OMBRES DE L'ETE Die Geschichte der Laura M. 165
LAURE Laura 271
LE DIECI MERAVIGLIE DELL'AMORE Libido – Das große Lexikon der Lust 277
LEGAMI NON POSSIBILE Das nimmersatte Weib 367
LEMON POPSICLE (1) Eis am Stiel (1) 101
LEMON POPSICLE (2) Eis am Stiel (2): Feste Freundin 101
LEMON POPSICLE (3) Eis am Stiel (3): Liebeleien 102
LEMON POPSICLE (4) Eis am Stiel (4): 102
LEMON POPSICLE (5) Eis am Stiel (5): 102
LEMON POPSICLE (6) Eis am Stiel (6): Ferienliebe 102
LEMON POPSICLE (7): YOUNG LOVE Eis am Stiel (7): Verliebte Jungs 103
LEMON POPSICLE (8): WEST OF EDEN Eis am Stiel (8): Summertime Blues 104
LEPOTA POROKA Schönheit der Sünde 424
LES PETITS DESSOUS DES GRANDS ENSEMBLES Das Haus voller Liebesnarren 188
LES PETITES SAINTES Y TOUCHENT Die kleinen Scheinheiligen 256
LES TREIZE FEMMES POUR CASANOVA Casanova & Company 62
LESBIAN TWINS Virgin Witch 537
LESLIE ABIGAIL IS BACK IN TOWN Leslie Abigail – Ich will immer 275
LET'S DO IT Das erste Mal 119
LETTI SELVAGGI Wilde Betten – Lippenstift-Tigerinnen 551
LEVRES ROUGES ET BOTTES NOIRES Heiße Berührungen 193
LA LEY DEL DESEO Das Gesetz der Begierde 168
LES LIAISONS DANGEREUSES Gefährliche Liebschaften 157
LIBIDO MANIA II Sexuelle Perversionen – Libido Mania II 460
LA LICEALE Flotte Teens und heiße Jeans 136

LA LICEALE AL MARE CON L'AMICA DI PAPA Flotte Teens, runter mit den Jeans 136
LICEALE NELLA CLASSE DEI RIPETENTI Flotte Teens jetzt ohne Jeans 135
LA LICEALE SEDUCE I PROFESSORI Jetzt treibt sie's auch noch mit dem Pauker 236
LIKE MOTHER, LIKE DAUGHTER Pornographie ohne Maske 395
LILLE MAND, PAS PA! Als im P... das Licht ausging 17
LINDA Die nackten Superhexen vom Rio Amore 354
LISA'S FOLLY Hot Love 212
THE LITTLE BLUE BOX Ein heißer Eislutscher 90
LITTLE GIRL, BIG TEASE Kleines Mädchen, großer Schock 256
LITTLE LIPS Little Lips 298
LITTLE MISS INNOCENCE Duett im Bett 88
LIZA Allein mit Giorgio 14
LJUBAVNI SLUCA ILI TRAGEDIJA SLUZBENICE Ein Liebesfall 92
LA LOCANDA DELLA MALADOLESCENZA Gasthaus zur Wollust 156
LOLITA Lolita 298
LORNA Lorna 301
LOS AMORES DE DON JUAN Sein Schlachtfeld war das Bett 440
LOVE AND SEXUAL FREEDOM IN DENMARK Love and Sexual Freedom 301
THE LOVE BOX Sex und Liebe per Kontaktanzeige 447
LOVE GARDEN Frühreif und liebestoll 151
LOVE IN A FOUR LETTER WORLD Liebe – stärker als Hunger und Durst 282
LOVE IN OUR TIME Liebespraxis in unserer Zeit 291
LOVE, LUST AND EXTASY Kaffeebraun und nymphoman 247
LOVE MAKERS Partnertausch im Liebesrausch 384
LOVE ME LIKE I DO Die sexuellen Wünsche der Männer 460
LOVE REBELLION Pornospiele mit Stock und Peitsche 397
LOVE SCENES Der Hollywood-Clan 210

Verzeichnis der Originaltitel

LOVE SWEDISH STYLE Love Swedish Style 302
LOVE VARIATIONS Wie hat man Erfolg in der Liebe 549
LOVE WITH THE STARS Liebesspiele 291
LOVING AND LAUGHING Ein Sommer der wilden Liebe 95
LOVING FEELING Loving Feeling 302
LUCREZIA GIOVANE Die heißen Nächte der Lucrezia Borgia 198
LUST FOR A VAMPIRE Nur Vampire küssen blutig 370
LUXURY WOMEN Porno zwischen Sex und Sünde 394

M

MADAME CLAUDE (2) Die Intimen Momente der Madame Claude 232
MADAME CLAUDE (1) Madame Claude und ihre Gazellen 310
MAGIC SPECTACLES Die Sexbrille 450
LA MAINE NOIRE Die Sexsklavinnen von Schloß Porno 456
LA MAISON DES MILLE ET UN PLAISIRS Haus der Begierde 185
MAKING IT Making it 322
MALABIMBA Komm und mach's mit mir 260
MALADOLESCENZA Spielen wir Liebe 474
LES MALES Bitte, bitte, eine Frau 42
LA MALIZE DI VENERE Venus im Pelz 524
MALIZIA EROTICA Zeig mir, wie man's macht 566
MALIZIA Malizia 323
THE MAN WHO LOVED WOMEN Frauen waren sein Hobby 146
MAN AND WIFE – Man and Wife – Alles über die körperliche Liebe 324
LA MANO NERA Die Sexsklavinnen von Schloß Porno 456
MANTIS IN LACE Laila – Vampir der Lust 267
MARCHE PAS SUR MES LACETS Die kleinen englischen Girls in: Let's do it 276
MARCY Verboten 528
LA MARGE Emanuela 77 108
MARILYNE Marilyne – Im Paradies der Sinnlichkeit 327
MARU HISEI TO SEIKATSU Sex and Life 444
MARUHI SEKKUSU KYOFUSHO Sex and Life II 444
MARILYN IN LOVE Marilyn – Heiß wie ein Vulkan 327
MARILYN, MON AMOUR Marilyn – Geheimste Leidenschaften 326
MASSACRE POUR UNE ORGIE Mädchenhandel lohnt sich nicht 321
MASSAGE GIRLS Die Massagesalons von Bangkok 329
MATA HARI Mata Hari 329
MATINEE WIVES Liebe am Vormittag 278
MAZURKA PA SENGEKANTEN Mazurka im Bett 330
MEATBALLS Babyspeck und Fleischklößchen 30
MEATBALLS (3): SUMMER JOB Sommerferien – total verrückt 473
IL MEDICO... LA STUDENTESSA Liebe ohne Stundenplan 281
MELAMPO Allein mit Giorgio 14
MERA UR KÄRLEKENS SPRAK Variationen der Liebe (2) 525
IL MERLO MASCHIO Das nackte Cello 351
MESSALINA, MESSALINA Messalina – Kaiserin und Hure 332
LA MESSE DORÉE Das Ritual 412
METTI LO DIAVOLO TUO NE LO MIO INFERNO Schicke deinen Teufel in meine heiße Hölle 421
MIA MOGLIE TORNA A SCUOLA Hilfe, meine Frau geht wieder zur Schule 208
MICHI NO SEX Sprechen, flüstern, stöhnen – Michi-no-sex 475
MIDNIGHT PLOWBOY Erotische Lust 117
MIDNIGHT WOMAN Intime Stunden der Lust 232
MIELE DI DONNE Honey 211
MIEUX VAUT êTRE RICHE ET BIEN PORTANT QUE FAUCHE ET MAL FOUTU Wer spritzt denn da am Mittelmeer? 547
MIKRES APHRODITES Junge Aphroditen 240
MILLIONNAIRE'S WOMEN Variationen der Pornographie 526
THE MINX Die Sexspionin 457
MIRANDA Miranda 334
MISTER BILLION'S DOLLAR BABIES Mister Billions Dollar Babies 335
IL MITO Die Lust und die Gewalt 306

MOGLIAMANTE Frau und Geliebte 141
LA MOGLIE VERGINE Komm, wir machen Liebe 260
MOI, FLEUR BLEU Fetzig, frei und endlich high 130
MOLLY Kommt her, ihr wilden Schwedinnen 260
MOM AND DAD Falsche Scham 125
MON BEL AMOUR Mon Bel Amour 337
MON NOM EST FEMME Barbara, die Unkeusche 32
IL MONDO DEI SENSI DE EMY WONG Yellow Emanuelle 562
MONDO FREUDO Mondo Sexuality 338
MONDO NUDO Nackt und ohne Hüllen 349
IL MONDO PORNO DI DUE SORELLE Intime Beichte einer Frau 230
MONDO TOPLESS Mondo Topless 338
MONIQUE Monique oder die Sache mit dem Dreieck 339
MONTENEGRO Die Ballade der Lucy Jordan 32
MORTE A VENEZIA Der Tod in Venedig 501
MOTEL CONFIDENTIAL Hotel Eros – Intim 213
MRS. HYDE Sie tötete in Ekstase 462
MRS. STONE'S THING Heiße Fingerspiele 194
MUDHONEY Im Garten der Lust 220
LA MUJER DE LA TIERRA CALIENTE Die Frau vom heißen Fluß 141
MUSTANG: THE HOUSE THAT JOE BUILT Frauen im Bordell 146
MY LOVER, MY SON Inzest 233
MY TUTOR Die Klassenfete 254
MYKONOS, OU LE PAYS GAY Insel der Lüste 229
MYRA BRECKINRIDGE Myra Breckinridge – Mann oder Frau 341

N

9 1/2 WEEKS Neuneinhalb Wochen 363
NANA Nana 356
NANA Nana, die Nymphomanin 357
NANA 70 Nana, die Nymphomanin 357
NATHALIE Nathalie 358
NATHALIE, L'AMOUR S'EVEILLE Mit Rohrstock und Peitsche 336
NATTLEK Verschwiegene Spiele 535
NATURE'S PLAYMATES Californien-Story 59
NEA Néa – ein Mädchen entdeckt die Liebe 358
NEIGES BRULANTES Wenn Mädchen heiß den Frühling spüren 546
NEL LABIRINTO DEL SESSO/PSYCHIDION Im Labyrinth der Sexualität 221
NENE Nene, die Frühreife 360
NERONE E POPEIA Nero und die Huren des römischen Reiches 360
NESSUNO E PERFETTO Ornella, die Unwiderstehliche 376
NEW YORK FINEST New York Finest 364
NEW YORK NIGHTS New York Nights 365
NIHIKI NE MESUINU Night Ladies 367
NIKU Nacktes Fleisch 355
NIKUTAI NO MON Nakito – Profis der Liebe 356
THE NINE AGES OF NAKEDNESS Das Sexualleben eines Neandertalers 458
NO ES MADA, MAMA, SOLO UN JUEGO Die Macht des Stärkeren 309
NOGLEHULLET Keyhole – Heißer Sex aus Dänemark 253
NOTHING TO HIDE Nothing But Love 369
THE NOTORIOUS CLEOPATRA Geheime Perversionen der Cleopatra 159
THE NOTORIOUS DAUGHTER OF FANNY HILL Die lüsterne Tochter der Fanny Hill 306
LA NOTTATA Die heißen Engel 197
NOTTE DESTATE CON PROFILO GRECO, OCCHIA A MANDORLA ET ODORE DI BASILICO Reich und gnadenlos 406
NOTTI CALDE D'ORIENTE Schöne Frauen, heiße Nächte 424
NOTTI PORNO NEL MONDO Emanuelle: Sinnlichkeit hat 1000 Namen 111
99 [NOVENTA Y NUEVE] MUJERES Sex im Frauengefängnis 446
LES NOVICES Die Novizinnen 369
LA NOVIZIA Verführung einer Nonne 533
NUDES OF THE WORLD Sie lebten wie im Paradies 461
NUDES ON TIGER REEF Nackt am Tigerriff 347
NUDIST PARADISE Und samstags nackt 519
THE NUDIST STORY Eva unter nackter Sonne 123

Verzeichnis der Originaltitel

NUITS TRES CHAUDES AUX CARAIBES Heiße Nächte auf Jamaika 195
NYMPHS ANONYMOUS Heißblütig 193

O

L'OASIS DES FILLES PERDUES Oase der gefangenen Frauen 372
OBSESSIONS Besessen – Das Loch in der Wand 38
L'ODYSSÉE DE L'EXTASE Mädchen voller Sinnlichkeit 319
OFFICE LOVE-IN, WHITE-COLLAR STYLE Sekretärinnen-Report 442
OGGETTO SESSUALE Dreieck der Lust 86
OH DOLCI BACI E LANGUIDE CAREZZE Schulmädchen lieben heiß 428
ON NE MEURT QUE DEUX FOIS Mörderischer Engel 339
ON MY WAY TO THE CRUSADES I MET A GIRL WHO... Der Keuschheitsgürtel 252
ONE NAKED NIGHT Sexspiele und Ekstasen 456
ONIBABA Onibaba – Die Töterinnen 375
ONNA UKIYO BURO Das Badehaus zu den sieben Glückseligkeiten 31
LES ONZE MILLE VERGES Die elftausend Ruten: Schlag mich, Liebling! 105
THE ORGY AT LIL'S PLACE Strip-Poker 481
ORGY GIRL Triebe unter nackter Haut 507
OSSESSIONE Ossessione... Von Liebe besessen 378
OVER 18 AND READY Nicht zugelassen 365
THE OWL AND THE PUSSYCAT Die Eule und das Kätzchen 121

PACIFIC BANANA Banana Airlines – Die verrückteste Lustlinie der Welt 32
LA PADRONA E SERVITA Die Herrenreiterin 205
IL PADRONE E L'OPERARIO Der Kleine mit dem dicken Hammer 255
PANDORE Die Liebeskerze 289
PAPAYA DEI CARIBI Papaya, die Liebesgöttin der Kannibalen 382
PAPILLON D'OR Teenager – Ein französischer Internatsreport 494
PAPPA VAR FOR ÄR DU ARG Auch Engel baden manchmal nackt 23
PARADISE Das blaue Paradies 47

PARIS PORNO Paris Intim 383
PARLONS FEMMES Frivole Spiele 150
LA PARTE PIU APPETITOSA DEL MASCHIO Der Typ mit dem goldenen Fifi 511
PARTIRONO PRETI, TORNARONO... CURATI Zum Teufel mit der Jungfernschaft 568
THE PARTY ANIMAL Party Animal – Der Typ, der jede Bluse sprengt 384
PASSION HOLIDAY Wenn die Hüllen fallen 545
PASSIONS BRULANTES Sündige Lippen 486
PATRIZIA Patricia 385
LA PEAU Die Haut 191
PECCATI DI GIORENTU Sonne, Sand und heiße Schenkel 473
LA PELLE Die Haut 191
LA PENSION DU LIBRE AMOUR Pension zur freien Liebe 387
PENSIONE AMORE SERVIZIO COMPLETO Sexbomber 450
THE PENTHOUSE Das Penthouse 387
PER UNA VALIGIA PIENA DI DONNE Sexköniginnen der Nacht 451
PERCY Percy – Spatz in der Hand 388
THE PERFECT ARRANGEMENT Die wilde Lady 551
PERSONAL SERVICE Personal Service 388
PERSONALS Rufnummern der Lust 417
LES PETITES COLLEGIENNES Im Paradies der Lüste 223
LES PETITES FILLES MODELES Die frühreifen Mädchen 151
LES PETITES GARCES Symphonie der Sinnlichkeit 490
PETS Animal Women – Animalische Frauen 22
LE PEUR ET L'AMOUR Geißeln der Erotik 161
LA PHILOSOPHIE DANS LE BOUDOIR Das Paradies 382
IL PIACERE Die Lust 305
THE PICK UP Die Porno-Katzen 396
THE PICTURE OF DORIAN GRAY Das Bildnis des Dorian Gray 40
THE PIGKEEPER'S DAUGHTER Oben ohne – unten nix 373
PINK NIGHTS Pink Nights – Rosarote Träume 389

LA PIRATE Die Piratin 390
LES PLAISIRS SOLITAIRES Erstes Öffnen junger Lippen 120
THE PLEASURE MACHINES Erotische Gelüste 117
LES PLUS VIEUX METIÉR DU MONDE Das älteste Gewerbe der Welt 16
POPPEA, LA PUTANA DI ROMA Messalina (2): Poppea, die Hure von Rom 332
PORKY'S (2): THE NEXT DAY Porky's II – Der Tag danach 392
PORKY'S (1) Porky's 391
PORKY'S REVENGE (3) Porkys Rache 392
PORNO LUI EROTICA LEI Bettgeknister, Sexgeflüster 38
IL PORTIERE DI NOTTE Der Nachtportier 345
PORTNOY'S COMPLAINTS Portnoys Beschwerden 398
THE POSTMAN ALWAYS RINGS TWICE Im Netz der Leidenschaften 223
THE POSTMAN ALWAYS RINGS TWICE Wenn der Postmann zweimal klingelt 544
POURVU QU'ON AIT L'IVRESSE Die Nächte der Gamiani 344
PREMIER DÉSIR Erste Sehnsucht 120
LA PREMIER FOIS Die kleinen Französinnen – Das erste Mal 255
PRENEZ LA QUEUE COMME TOUT LE MONDE Otto, der Pflaumenpflücker 381
PREPAREZ VOS MOUCHOIRS Frau zu verschenken 145
IL PRETO SPOSATO Blutjung zur Lust verführt 51
PRETTY BABY Pretty Baby 398
PRETTY LADY DAMNED TO KILL Ekstase zwischen Gier und Lust 105
PRETTY MAIDS ALL IN A ROW Sex- Lehrer-Report 453
PRETTY SMART Die Bikini-Falle 40
LA PRIGIONIERA Seine Gefangene 440
PRIMITIVE LONDON Glut der heißen Körper 173
IL PRIMO PREMIO SI CHIAMA IRENE Rufnummer Kopenhagen Sex Sex Sex 416
THE PRINCE AND THE NATURE GIRL Nackt im Sommerwind 348
LA PRISONNIÉRE Seine Gefangene 440
PRIVATE LESSONS Zärtlich fängt die Liebe an 563
PRIVATE SCHOOL Private School – Die Superanmacher 400
LA PROF ENSEIGNE SANS PRESERVATIFS Ein Sommer voller Zärtlichkeit 96
PROFESSOR LUST Professor Lust und sein Vögelein 401
PROFUMO Lorenza 301
PROSSIGA APERTURA CASA DI PIACERE Die große Ekstase 180
PROSTITUTION INTERNATIONAL Prostitution international 401
PSEXOANALISIS Komm auf die Couch, Luise 257
PUBERTY BLUES Puberty Blues – Scharf aufs erste Mal 402
LA PUNITION Punition – ausgepeitscht 402
PUO UNA MORTA RIVIVERE PER AMORE? Venus im Pelz (1970) 527
PUSS OCH KRAM Eva modern – Spiele zu dritt 122

Q

QUANDO GLI UOMINI ARMARONO LA GLAVE E… CON LE DONNE FECERO DIN-DON Als die Frauen das Bett erfanden 16
QUANDO LE DONNE PERSERO LA CODA Toll trieben es die alten Germanen 503
QUARANTI GRADI ALL OMBRA DEL LENZUOLO Müssen Männer schön sein? 340
QUELLA ETA MALIZIOSA Leidenschaften einer Minderjährigen 272
QUELLA ETA MALIZIOSA Wenn bei süßen Teens die Hüllen fallen 544

R

LA RAGAZZA ALLA PARI Das flotte Hausmädchen 90
LA RAGAZZA DI NOME GIULIO Das Mädchen Julius 316
LA RAGAZZA DI TRIESTE Das Mädchen von Triest 320
RAPT IN LOVE Französische Küsse 140
THE RAVAGER Bestie der Wollust 38
REKTOR PA SENGEKANTEN Studentenfutter 482

Verzeichnis der Originaltitel

LE REMPART DES BEGUINES Die Geliebte meines Vaters 162
THE REVENGE OF THE CHEERLEADERS Vanilleeis und Petting Coats 525
THE RIBALD TALES OF ROBIN HOOD Robin Hood und seine lüsternen Mädchen 412
RING OF DESIRE Ring der Begierde 411
RISKY BUSINESS Lockere Geschäfte 298
RISO AMARO Bitterer Reis 43
RITRATTO DI BORGHESIA IN NERO Die nackte Bourgeoisie 350
RIVELAZIONI DI UN MANIACO SESSUALE Schön, nackt und liebestoll 424
LA RIVOLUZIONE SESSUALE Seid nett aufeinander 440
ROADSIDE SERVICE Sex and Drive 444
THE ROCKY HORROR PICTURE SHOW Die Rocky Horror Picture-Show 413
ROMA BENE Roma Bene – Liebe und Sex in Rom 414
LA RONDE Der Reigen 408
LA RONDE Der Reigen 1964 410
ROOM 11 Hotelzimmer-Report 213
ROSALIE SE DECOUVRE/ROSALIE OU LA DEBAUCHE D'UN ADOLESCENTE Rosalie – Heiße Körper 414
LE ROUGE AUX LÉVRES Blut an den Lippen 50

S

SADISTEROTICA Rote Lippen – Sadisterotica 416
LA SALAMANDRE 418
SALON KITTY Salon Kitty 418
SALVATION Salvation – Sex, Power, Money 418
SANDRA, THE MAKING OF A WOMAN Blutjunge Unschuld 52
SANDY, THE RELUCTANT NATURE GIRL Eva und das nackte Paradies 122
SAPICHES/PRIVATE POPSICLE Eis am Stiel (4): Hasenjagd 101
SASSY SUE Laß jucken im Heu 268
SATYRICON Die Degenerierten 74
SATYRICON Fellinis Satyricon 128
SAY NEVER NO Die Unersättlichen von Beverly Hills 517
SCANDALE A ROME Roma Bene – Liebe und Sex in Rom 414
SCANDALI NUDI Scandali Nudi 420
SCANDALO IN FAMIGLIA Die Sünden der ganz jungen Mädchen 484
SCANDALOSA GILDA Gilda 171
SCARF OF MIST, THIGH OF SATIN Verdammt zur Lust 530
SCHOOL FOR SEX School for Sex – Rund ums Bett 425
SCORPIO 70 Gelüste der Frauen 164
SCREEN TEST Screen Test – Die affengeile Mattscheibe 436
SCREWBALLS Screwballs – Das affengeile Klassenzimmer 437
SCUSI, LEI E NORMALE? Entschuldigen Sie, sind Sie normal? 113
SE PERMETTE PARLIAMO DI DONNE Frivole Spiele 150
SEARCH FOR VENUS Nackt ist keine Sünde 348
THE SECOND COMING OF EVA Skandalschule – Mädchen ohne Höschen 467
THE SECRET SEX LIFES OF ROMEO AND JULIET Das geheime Sexualleben von Romeo und Julia 160
SECRETES EROTIQUES D'EMMANUELLE/EMMANUELLE – QUEEN OF SADOS Emanuelle: Die Nackte von Sados 111
SECRETS Strange Love 480
THE SEDUCTION OF INGA Ich habe Lust (2): Meine Nächte mit Sven 218
LA SEDUZIONE Verführung einer Sizilianerin 534
SEGRETE EXPERIENZE DE LUCA E FANNY Ein Sommer auf dem Lande 95
SEISHUN ZANKOKU MONOGATARI Nackte Jugend 353
SEKSMISJA Sexmission 452
SENSATION GENERATION Von der Zensur verboten 538
SENZA SCRUPOLI Skrupellos 471
SENZA SCRUPOLI II Skrupellos II 471
SERRE-MOI CONTRE TOI, J'AI BESOIN DE CARESSES Die Sexklinik 451
LA SERVANTE Der leise Atem der Lust 274
6969 (SESSANTANOVE SESSANTANOVE) TAXI PER SIGNORA Das Sex-Taxi 457
SESSOMATTO Sessomatto – Niemand ist vollkommen 443

LA SETTIMANA BIANCA Ein nackter Po im Schnee 94
THE SEVEN YEAR ITCH Das verflixte siebente Jahr 531
SEX AND OFFICE GIRLS Und keine Stellung war ihr fremd 514
SEX APPEAL Sex Appeal 445
SEX BOAT Sex Boat 445
SEX, LOVE AND MARRIAGE Sexualität in der Liebe 458
SEX PROIBITISSIMO Sex Proibitissimo 453
SEX SHOP Sex-Shop 456
SEX WORLD Sex World 448
LE SEXE QUI PARLE Pussy Talk 402
THE SEXIEST STORY EVER TOLD Im Lustgarten der wilden Mädchen 222
THE SEXPERTS Nackt erobern wir New York 347
SEXUAL COMMUNICATION Sexual Acts 458
SEXY AD ALTA TENSIONE Verbotene Frauen, verbotene Nächte 528
SEXY DIARY Ungezähmte Erotik 517
SEXY GANG Sexy Gang 460
SEXY NUDO Sexy Variant 460
SEXY PROIBITO Verbotene Frauen, verbotene Nächte 528
THE SHAMELESS Nackt durch die Welt 347
SHAMPOO Shampoo 461
SHIFSHUF NAIM/HOT BUBBLEGUM Eis am Stiel (3): Liebeleien 102
SHOJOKAIKIN Die Nackten des Eros 354
EL SIGNO DEL VAMPIRO Vampyros Lesbos – Erbin des Dracula 524
LA SIGNORA DELLA NOTTE Angelina – Von allen begehrt 21
THE SINFUL DWARF Das Haus der verlorenen Mädchen 188
SISTER LUNA Im Kloster der heißen Nonnen 221
SLAMMER GIRLS Knastakademie 257
SLAVES OF LOVE Insel der grausamen Mädchen 229
SNOW BUNNIES Snow Bunnies – Die lüsternen Betthäschen 472
SO INTIMATE Wilde Stuten 553
SOLLAZZEVOLI STORIE DI MOGLI GAUDENTE E MARITI PENITENTI Hemmungslos der Lust verfallen 203
SOM HAN BÄDDAR FAR HON LIGGA Nach Stockholm, der Liebe wegen 343
SOM HAVETS NAKNA VIND Wie der nackte Wind des Meeres 548
SOME LIKE IT COOL Manche mögen's kühl 324
SONJA – 16 ÄR Löckchen – Ein nackter Spatz in fremden Federn 298
SOFFIO A CUORE Herzflimmern 206
LE SORELLE Wochen wilder Wonnen 557
LE SOUFFLE A COEUR Herzflimmern 206
SOUTHERN COMFORTS Im Fummelschuppen von Buffy County 220
LA SPIAGGIA DEL DESIDERIO Emanuelle: Insel ohne Tabus 110
STAR 80 Star '80 475
STARLET Mädchen in der Rückenlage 316
THE STEWARDESSES Die Girls vom Jumbo-Jet 172
STILLE DAGE I CLICHY Stille Tage in Clichy 476
STITCHES High-Life-Klinik 207
STOCKS AND BLONDES Wall Street Blondie – Der Skandal 539
STORIA DI PIERA Die Geschichte der Piera 167
STORIA DI UNA MONACA DI CLAUSURA Der Nonnenspiegel 368
STORIA ORDINARIA FOLLIA Ganz normal verrückt 155
THE STORY OF JOANNA Die Story von Johanna 477
THE STORY OF THE DOLLS Taifun der Zärtlichkeit 491
STRANGE COMPULSION Erotik in Fesseln 116
STRANGE GIRL IN LOVE Das Teufelsweib 497
STRANGERS Stundenplan einer Verführung 482
STREETWALKIN' Streetwalkin' 481
STRIPPED TO KILL Stripped To Kill 482
STRIPPER Stripper 482
THE STUD Die Stute 483
SUBURBAN PAGANS Wilde Nächte im Pornoclub 552
SUBURBAN WIVES Vorstadtfrauen – Lustgefühle am Vormittag 538
SUCH GOOD FRIENDS So gute Freunde 472
SUMMER CAMP Summer Camp 483
SUNSWEPT Sinfonie in nackt 466

Verzeichnis der Originaltitel

SUOR EMMANUELLE/SISTER EMMANUELLE Die Nonne und das Biest 367
SUOR OMICIDI Geständnis einer Nonne 169
SUPERCLIMAX Sündige Lippen 486
SUPERSEXY SESSANTAQUATTRO Lockende Nächte 298
SUPERVIXENS Supervixens Eruption 487
LA SUPPLENTE Ran an die hübsche Paukerin 405
SURFTIDE FEMALE FACTORY Und ewig knarren die Betten 512
THE SURROGATE Schizophrenia 422
SUSANA, CARNE Y DEMONIO Susanna, Tochter des Lasters 488
SVENSKA FLICKOR I PARIS Eine Schwedin in Paris 99
THE SWAP The Swap 490
THE SWAP AND HOW THEY MADE IT Grüne Witwen, billig zu haben 183
SWEATER GIRLS Kommt nur, ihr süßen kleinen Amerikanerinnen 260
SWEET SEXY SLIPS Heiße Höschen 194
THE SWINDLE Mädels, Mieder, Millionäre 322
THE SWINGING CHEERLEADERS Footballmatch und süße Girls 138
SWITCHEROO Das Schiff der nackten wilden Mädchen 422
SYRTAKI TIS AMARTIAS Syrtaki – Erotik ohne Maske 490
SYTTEN Siebzehn – Vier Mädchen machen einen Mann 464

T

TAKE HER BY SURPRISE Im Fieber der Lust 219
TAKE OFF Sex wie Eis und Feuer 448
TAKE OFF YOUR CLOTHES AND LIVE Sie trugen nur die braune Haut 463
THE TAKERS Sex-Revolution der Hemmungslosen 454
TAKT OG TONE I HIMMELSENGEN Professor Bumskes Liebesschule 400
TALL, DARK AND HANDSOME Tall, Dark And Handsome 492
TALKING WALLS Das turboscharfe Spanner-Motel 509
THE TAMING Fiktive Intimitäten 132
TANDLAEGE PA SENGEKANTEN Mutti, Mutti, er hat doch gebohrt 340
TANYA'S ISLAND Tanyas Island 492
LA TAREA Die Hausaufgabe 189
TATTOO Tattoo 494
TEENAGE BRIDE Dralle Brüste, steile Schenkel 83
TEENIE BUNS Teeny-Häschen 494
TEENIE TULIP Teuflische Gelüste 497
TEN Zehn – Die Traumfrau 565
TENDRE ADOLESCENTE Zarte Knospen 563
TENDRES COUSINES Zärtliche Cousinen 564
LES TENTATIONS DE MARIANNE Privat-Club für intime Spiele 400
TENTAZIONE Tentazione... die Geschichte der »A« 495
TEOREMA Teorema – Geometrie der Liebe 495
THERE SHE BLOWS Das Schiff der liebestollen Frauen 422
THERESE AND ISABELLE Therese und Isabell 500
THIS LADY IS A TRAMP Lady L. und ihre lüsternen Mädchen 267
TOBACCO ROADIE Lust auf heiße Lippen 305
TOGETHER Together – Die Lust zu zweit 501
TOKIO DEEP THROAT Deep Throat in Tokio 74
TOKUGAWA IREZUMISHI – SEMEJIGOKU Tokugawa (2) – Das Freudenhaus von Nagasaki 502
TOKUGAWA ONNA KEIBATSUSHI Tokugawa – Gequälte Frauen 502
TOKYO EMMANUELLE Wilde Emmanuelle im Paradies der Lust 551
TONIGHT FOR SURE Das gibt es nur im wilden Westen 70
TOO HOT TO HANDLE Killing Devil – Die gefährlichste Waffe: Ihr Körper 253
TOP MODEL Top Model 504
TOP SENSATION Sklavin ihrer Triebe 470
DET TOSSEDE PARADIS Das tosende Paradies 505
THE TOUCHABLES Zwischen Beat und Bett 570
LA TOUR LE NESLE Der Turm der sündigen Frauen 510
THE TOY BOX Sexualrausch 458
TRADER HORNEE Porno-Reise zur Sexgöttin 397

IL TRAPIANTO Die liebestollen Abenteuer von Baron X 294
TRE NOTTI D'AMORE Drei Liebesnächte 84
TRE SLAGS KAERLIGHEID Drei Arten Liebe 83
LES TREIZE FEMMES POUR CASANOVA Casanova & Company 62
LE TRIO INFERNAL Trio Infernal 508
TROIS FILLES NUES DANS L'ILE DE ROBINSON Robinson und seine wilden Sklavinnen 413
TROLL Troll 509
TROPIC OF CANCER Wendekreis des Krebses 543
TROPIC OF DESIRE Paradies der Leidenschaften 383
2069 A.D. – A SENSATION ODYSSEY Pornografie in Fesseln 395
TYSTNADEN Das Schweigen 436

U

UDEN EN TRAEVL Die Jungfrau von 18 Karat 244
L'ULTIMO HAREM Der letzte Harem 276
L'ULTIMO TANGO A PARIGI Der letzte Tango in Paris 277
UN AMORE Junge Haut 241
UN AMOUR DE PLUIE Sommerliebelei 473
UN MOMENT D'EGAREMENT Die gierigen jungen Biester 170
UNA DONNA COME ME Don Juan '73 78
UNA DONNA DI NOTTE Eine Frau für die Nacht 99
UNA MOGLIE AMERICANA Schlüssel Party in Texas 423
UNA STORIA D'AMORE Die Geliebte 161
THE UNDERCOVER SCANDALS OF HENRY VIII Liebesorgien des Heinrich VIII. 290
UNDICI GIORNI, UNDICI NOTTE Elf Tage und Nächte 105
UNE FEMME LIBRE Vögelein, wo steht dein Bett 537
UNE FEMME SPECIALE Liebesrausch 291
UNE FLAMME DANS MON COEUR Eine Flamme in meinem Herzen 98
UNE GARCE INCONSCIENTE Junge Haut 241
UNE HISTOIRE DU 17. SIECLE Der Nonnenspiegel 368

UNE VERGINE E FAMIGLIA Eine Jungfrau in Blue Jeans 99
LE UOMO DAL PENNELLO D'ORO Der Mann mit dem goldenen Pinsel 326
UP Drüber, drunter und drauf 87
UP 'N COMING Up 'n Coming 522
UR KÄRLEKENS SPRAK Variationen der Liebe (1) 525
URSULA Die Liebessklavin 292

V

V – THE HOT ONE Die erotischen Abenteuer von Annette Haven 118
LE VAMPIRE NUE Das Lustschloß der grausamen Frauen 307
THE VAN Machen wir's im Auto – The Van 309
IL VANGELO SECONDO SATANA Lusthaus der teuflischen Begierden 307
LA VEDOVA DEL TRULLO Ein nacktes Mädchen weiß zuviel 94
LA VENEXIANA Liebesfeuer in Venedig 286
VENUS IN FURS Venus im Pelz (1970) 527
LA VERA STORIA DELLA MONACA DI MONZA Das süße Leben der Nonne von Monza 489
THE VERY FRIENDLY NEIGHBOURS Sex kreuz und quer 446
VIA DELLA PROSTITUZIONE Sklavenmarkt der weißen Mädchen 468
VIDEO VIXENS Video Vixens 537
VIENI DOLCE MORTE Liebesvögel 295
VINDINGEVALS Der Himmel drückt ein Auge zu 208
24 (VINGT-QUATTRE) HEURES D'UN AMERICAIN A PARIS Sex x Sex 447
VIOLENZA IN UN CARCERE FEMMINILE Laura – Eine Frau geht durch die Hölle 271
VIRGIN WITCH Virgin Witch 537
VIRGINIA Ein Sommer voller Liebe 96
VISTA VALLEY P.T.A. Feuer zwischen den Lippen 131
VITA SEGRETA DI UNA CICIOTENNE Das Luder 303
VIXEN Ohne Gnade, Schätzchen 375
VIZI PRIVATI, PUBBLICHE VIRTU Die große Orgie 187
VOGLIA DI GUARDARE Skandalöse Emanuelle – Die Lust am Zuschauen 467

Verzeichnis der Originaltitel

VOUS INTERESSEZ – VOUS A LA CHOSE? Haben Sie Interesse an der Sache? 185

W

WALL OF FLESH Die Liebesorgel 290
WAT ZIEN IK? Was sehe ich! Was sehe ich! 541
WE, A FAMILY Arschibald, der Porno-Butler 23
WEEKEND AVEC CAROLINE Sklavin in Leder 470
WEEKEND LOVERS Porno Motel 394
WEEKEND WITH THE BABYSITTER Candy – Das Traumgirl 60
WHAT AND WHY – SEX IN SCANDINAVIA What and Why – Sex in Skandinavien 548
WHAT'S GOOD FOR THE GOOSE Der Schlappschwanz 422
WHAT'S UP, NURSE? Das liebestolle Hospital 293
WHAT'S UP, SUPERDOC? Die verrückte Liebesklinik 535
WHIRLPOOL Flashlight 133
WHO DID COOK ROBIN? Splitternackt und voller Lust 475
THE WIFE SWAPPERS Partnertausch und Gruppensex 384
WILBUR AND THE BABY FACTORY Der Sexathlet 449
THE WILD FEMALES Die wilden nackten Mädchen 553
WILD GYPSIES Das Stöhnen 477
WILD HONEY Wilder Honig 553
WILD ORCHID Wilde Orchidee 552
WILD PLAYGIRLS Mädchen, jung und lüstern 316

WILD PLAYGIRLS II Die wilden Stunden der schönen Mädchen 353
THE WILD PUSSY CAT Sklaven des Eros 468
WILD SWEDISH GIRLS Feuchter Sex aus Skandinavien 131
WOMEN IN CAGES Frauen hinter Zuchthausmauern 146
WOODOO BABY Woodoo Baby – Insel der Leidenschaft 558
WORKING GIRLS Working Girls 558
THE WORLD IS FULL OF MARRIED MEN The World is Full of Married Men 558
WORLD WITHOUT SHAME Paradies ohne Hüllen 383
W.R. MISTERIJE ORGANIZMA W. R. – Mysterien des Organismus 559

Y

YOU DON'T NEED PAJAMAS AT ROSIE'S Wer trägt bei Rosie schon Pyjamas? 547
YOUNG LADY CHATTERLEY Junge Lady Chatterley 242
YOUNG NURSES IN LOVE Die Scharfmach-Klinik 421

Z

ZAPPED! Der Typ mit dem irren Blick 511
ZENABEL Die Jungfrau mit der scharfen Klinge 244
ZERO IN AND SCREAM/SEX POWER Im Liebesgarten 222
LES ZIZIS EN FOLIE Der verrückte Apotheker 535
ZOKU JOJI NO RIREKISHO Die Mißbrauchte 336

Bibliographie

Aguilar, Carlos: Guia del Video-Cine. Madrid 1987.
Anonym (Hrsg.): Sex im Kino. Hamburg 1979.
Anonym (Hrsg.): Hustler's Erotic Film Guide 1984. Los Angeles 1984.
Anonym (Hrsg.): The Hustler Guide to X-Rated Films. Los Angeles 1983.
Bär, Willi/Hans Jürgen Weber: Fischer Film Almanach 1981. Frankfurt am Main 1981.
Bär, Willi/Jörg Altendorf: Sex im Kino '87. Hamburg 1987.
Bawden, Liz-Anne/Wolfram Tichy (Hrsg.): Rororo Filmlexikon. Reinbek 1983.
Berg, Ingmar: Nackte Liebesspiele vor der Kamera. Nürnberg 1969.
Brüne, Klaus/Katholisches Institut für Medieninformation (Red.): Lexikon des internationalen Films. Band 1-10. Reinbek 1987.

Dahlberg, Hannes/Isolde König: Video Cassetten Katalog 82. Hamburg o.J. [1982].
Dörrie, Doris/Robert Fischer (Hrsg.): Kino 78. München 1978.

Fischer, Robert (Hrsg.): Kino 79/80. München 1979.
Fischer, Robert (Hrsg.): Kino 80/81. München 1980.
Fischer, Robert (Hrsg.): Kino 81/82. München 1981.
Fischer, Robert (Hrsg.): Kino 82/83. München 1982.

Geevers, Marja (Hrsg.): Speelfilm Encyclopedie. Haarlem 1986.
Geevers, Marja (Hrsg.): Encyclopedie van Films op Video. Haarlem 1985.
Giesen, Rolf: Kino, wie es keiner mag. Frankfurt am Main, Berlin, Wien 1984.

Hahn, Ronald M./Volker Jansen/Norbert Stresau: Lexikon des Fantasy-Films. München 1986
Hahn, Ronald M./Volker Jansen: Lexikon des Horror-Films. Bergisch-Gladbach 1985.
Hahn, Ronald M./Volker Jansen: Lexikon des Science Fiction-Films. München 1987.
Halliwell, Leslie: Halliwell's Filmguide. London, Glasgow, Toronto, Sydney, Auckland 1987.
Hembus, Joe: Der Neue deutsche Film 1960-1980. München 1981.

Jurgan, Hans Wolfgang: Filmbibliographisches Jahrbuch der BRD 1970. Taunusstein-Neuhof/Wiesbaden 1971.
Jurgan, Hans Wolfgang: Filmbibliographisches Jahrbuch der BRD 1971. Taunusstein-Neuhof/Wiesbaden 1973.
Jurgan, Hans Wolfgang: Filmbibliographisches Jahrbuch der BRD 1972. Taunusstein-Neuhof/Wiesbaden 1975.
Just, Lothar (Hrsg.): Filmjahr '79. München 1980.
Just, Lothar (Hrsg.): Filmjahr '80/'81. München 1981.
Just, Lothar (Hrsg.): Filmjahr '81/'82. München 1981.
Just, Lothar (Hrsg.): Filmjahr '82/'83. München 1983.
Just, Lothar (Hrsg.): Filmjahr '85. München 1985.
Just, Lothar (Hrsg.): Filmjahrbuch 1987. München 1987.
Just, Lothar (Hrsg.): Filmjahrbuch 1988. München 1988.
Just, Lothar (Hrsg.): Filmjahrbuch 1989. München 1989.
Just, Lothar (Hrsg.): Filmjahrbuch 1990. München 1990.
Just, Lothar (Hrsg.): Filmjahrbuch 1991. München 1991.
Just, Lothar (Hrsg.): Filmjahrbuch 1992. München 1992.

Koll, Horst Peter/Hans Messias/Kath. Institut für Medieninformation (Red.): Lexikon des internationalen Films 1987-1988. Reinbek 1989.
Koll, Horst Peter/Hans Messias/Kath. Institut für Medieninformation (Red.): Lexikon des Internationalen Films 1989/1990. Reinbek 1991

Lenne, Gérard: Der erotische Film. München 1983.
James L. Limbacher: Sexuality in World Cinema. Metuchen (N.J.)/London 1983.

Bibliographie

Manthey, Dirk (Hrsg.): Film-Jahrbuch 1982. Hamburg 1981.
Manthey, Dirk (Hrsg.): Film-Jahrbuch 1983. Hamburg 1982.
Manthey, Dirk (Hrsg.): Film-Jahrbuch 1984. Hamburg 1983.
Manthey, Dirk (Hrsg.): Film-Jahrbuch 1985. Hamburg 1984.
Manthey, Dirk (Hrsg.): Film-Jahrbuch 1986. Hamburg 1985.
Manthey, Dirk (Hrsg.): Film-Jahrbuch 1988. Hamburg 1987.
Manthey, Dirk (Hrsg.): Kino der Lüste. Hamburg 1982.
Manthey, Dirk (Hrsg.): Sex im Kino '83. Hamburg: [o.J.].
Manthey, Dirk (Hrsg.): Sex im Kino '84. Hamburg: [o.J.].
Manthey, Dirk (Hrsg.): Erotik im Kino '86. Hamburg: [o.J.].
Manthey, Dirk/Jörg Altendorf, Willi Bär (Hrsg.): Sex im Kino 88. Hamburg 1988.
Manthey, Dirk/Willi Bär, Jörg Altendorf (Hrsg.): Sex im Kino 89. Hamburg 1989.
Martin, Mick/Marsha Porter: Video Movie Guide 1988. New York 1987.
Meyers, Richard: For One Week Only. Piscataway (N.J.) 1983.

Nash, Jay Robert/Stanley Ralph Ross (Hrsg.): The Motion Picture Guide. Chicago 1986.

Leo Phelix/Rolf Thissen: Pioniere und Prominente des modernen Sexfilms. München 1983.
Pérez Goméz, Angel/José L. Martinez Montalban: Cine Español 1951-1978. Bilbao 1978.

Rimmer, Robert H.: The X-Rated Videotape Guide. New York 1986.
Rimmer, Robert H.: The X-Rated Videotape Guide II. Buffalo, New York 1991.

Schmidt, Burkhard (Hrsg.): Video-Programmverzeichnis '90. Hamburg 1990
Schmidt, Friedrich: Video Gesamtkatalog 84/85. Starnberg/München o.J. [1985].
Schobert, Walter/Hans Jürgen Weber u.a. (Hrsg.): Fischer Film Almanach 1982. Frankfurt am Main 1982.
Schobert, Walter/Jürgen Berger u.a. (Hrsg.): Fischer Film Almanach 1983. Frankfurt am Main 1983.
Schobert, Walter/Jürgen Berger u.a. (Hrsg.): Fischer Film Almanach 1984. Frankfurt am Main 1984.
Schobert, Walter/Horst Schäfer (Hrsg.): Fischer Film Almanach 1985. Frankfurt am Main 1985.
Schobert, Walter/Horst Schäfer (Hrsg.): Fischer Film Almanach 1986. Frankfurt am Main 1986.
Schobert, Walter/Horst Schäfer (Hrsg.): Fischer Film Almanach 1987. Frankfurt am Main 1987.
Schobert, Walter/Horst Schäfer (Hrsg.): Fischer Film Almanach 1988. Frankfurt am Main 1988.
Schobert, Walter/Horst Schäfer (Hrsg.): Fischer Film Almanach 1989. Frankfurt am Main 1989.
Schobert, Walter/Horst Schäfer (Hrsg.): Fischer Film Almanach 1990. Frankfurt am Main 1990.
Schobert, Walter/Horst Schäfer (Hrsg.): Fischer Film Almanach 1991. Frankfurt am Main 1991.
Schobert, Walter/Horst Schäfer (Hrsg.): Fischer Film Almanach 1992. Frankfurt am Main 1992.
Schrader, Wolfgang (Hrsg.): Video + Super 8-Jahrbuch 81/82. Hamburg 1981.
Schrader, Wolfgang (Hrsg.): Film '82. Hamburg 1981.
Seeßlen, Georg: Liebe! Sehnsucht! Abenteuer! Frankfurt am Main/ Berlin 1988.
Seeßlen, Georg: Der pornographische Film. Frankfurt am Main/Berlin 1990.
Smith, Kent/Darrell W. Moore/Merl Reagle: Adult Movies. New York 1982.

Thissen, Rolf: Russ Meyer – Der König des Sexfilms. München 1985.
The Phantom of the Movies: The Phantom's Ultimate Video Guide. New York 1989.

Uhse, Beate: Story des erotischen Films. Flensburg 1985

Vale, V./Andrea Juno (Hrsg.): Incredibly Strange Films. San Francisco 1986.

Weldon, Michael: The Psychotronic Encyclopedia of Film. New York 1983.

Zeitschriften

Cinema, Filmbeobachter, Film, Filmecho/Filmwoche, Filmfacts, Filmkritik, Filmdienst, Kino, Konkret, Moviestar, Spontan, Variety, Video, Video Markt, Video-Magazin, Videoplay, Video-Programm.